国家统一法律职业资格考试

百日通关攻略

21天突破民法

❖ 嗨学法考 组编 ❖ ❖ 段波 王霞 编著 ❖

中国人民大学出版社
·北京·

图书在版编目(CIP)数据

国家统一法律职业资格考试·百日通关攻略. 21天突破民法/嗨学法考组编;段波,王霞编著. --北京:中国人民大学出版社,2021.12
ISBN 978-7-300-30071-9

Ⅰ.①国… Ⅱ.①嗨…②段…③王… Ⅲ.①民法-中国-资格考试-自学参考资料 Ⅳ.①D92

中国版本图书馆CIP数据核字(2021)第254535号

国家统一法律职业资格考试·百日通关攻略·21天突破民法
嗨学法考 组编
段波 王霞 编著
Guojia Tongyi Falü Zhiye Zige Kaoshi · Bairi Tongguan Gonglüe · 21 Tian Tupo Minfa

出版发行	中国人民大学出版社	
社　　址	北京中关村大街31号	**邮政编码**　100080
电　　话	010 - 62511242(总编室)	010 - 62511770(质管部)
	010 - 82501766(邮购部)	010 - 62514148(门市部)
	010 - 62515195(发行公司)	010 - 62515275(盗版举报)
网　　址	http://www.crup.com.cn	
经　　销	新华书店	
印　　刷	涿州市星河印刷有限公司	
规　　格	185 mm×260 mm　16开本	**版　　次**　2021年12月第1版
印　　张	17.75	**印　　次**　2021年12月第1次印刷
字　　数	362 000	**定　　价**　258.00元(全8册)

目　录

第三编　合同

第四编 人格权

第五编 婚姻家庭

第六编 继承

第七编 侵权责任

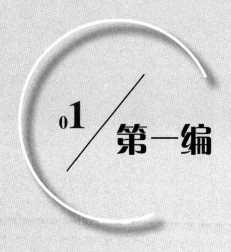

01 / 第一编

总　则

第一章
自然人

 本章导读

　　本章需要考生理解各个考点的概念，重点掌握自然人的民事权利能力的开始和终止，胎儿利益的特殊保护，自然人的民事行为能力的类型及特点，监护的设立和撤销规则，宣告失踪和宣告死亡的效力及撤销的法律后果。

 知识点

一、自然人的民事权利能力

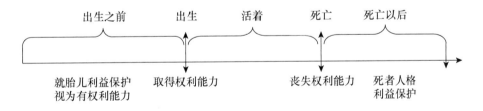

　　1. 权利能力的起止：自然人从出生时起到死亡时止，具有民事权利能力，依法享有民事权利，承担民事义务。自然人的出生时间和死亡时间，以出生证明、死亡证明记载的时间为准；没有出生证明、死亡证明的，以户籍登记或者其他有效身份登记记载的时间为准。有其他证据足以推翻以上记载时间的，以该证据证明的时间为准。（证据＞出生证明＞户籍证明）

　　2. 胎儿权利能力：涉及遗产继承、接受赠与等胎儿利益保护的，胎儿视为具有民事权利能力。但是，胎儿娩出时为死体的，其民事权利能力自始不存在。（《民法典》第16条）

　　例　甲死亡时，父亲早已去世，留有母亲和怀孕的妻子，B超检查为宫内单胎。甲留有遗产30万元，在分割遗产时，视为胎儿有权利能力，参与继承。若胎儿出生为死体，则其民事权利能力自始不存在，甲的遗产由甲的继承人（母亲和妻子，每人二分之一）继承。若胎儿出生时为活体随即死亡（先活后死），则该部分财产先被出生的婴儿继承（该婴儿、甲妻、甲母各三分之一），婴儿死亡后该部分遗产再被婴儿的继承人（甲的妻子）继承，此时妻子得三分之二（甲母得三分之一）。

【例题】（2020真题回忆版）甲怀孕期间因身体不适就医，因医生用药错误，致甲险些流产，虽保住了胎儿，但造成了胎儿乙残疾，甲也受到了身体伤害，甲因此向医院主张侵权赔偿。对此，下列哪一说法是正确的？

A. 甲、乙均有损害赔偿请求权

B. 只有甲有损害赔偿请求权

C. 甲、乙均无损害赔偿请求权

D. 只有乙有损害赔偿请求权

【答案】A

3. 胎儿接受赠与要分为两个层次，第一，胎儿有权利能力，因而有接受赠与的资格；第二，胎儿没有行为能力，因而需要其父母以"未来的"法定代理人的身份代为接受赠与。

例 郭某意外死亡，其妻甲怀孕两个月。郭某父亲乙与甲签订协议："如把孩子顺利生下来，就送十根金条给孩子。"当日乙把八根金条交给了甲。孩子顺利出生后，乙与甲签订的附条件的赠与协议条件成就，协议生效。

4. 死者没有人格权，但其人格利益受法律保护。

《民法典》第994条 死者的姓名、肖像、名誉、荣誉、隐私、遗体等受到侵害的，其配偶、子女、父母有权依法请求行为人承担民事责任；死者没有配偶、子女且父母已经死亡的，其他近亲属有权依法请求行为人承担民事责任。

《民法典》第185条 侵害英雄烈士等的姓名、肖像、名誉、荣誉，损害社会公共利益的，应当承担民事责任。

二、自然人的民事行为能力

1. 行为能力与民事法律行为：

行为能力制度仅仅适用于法律行为和准法律行为，不适用于事实行为（如先占、创作、无因管理）。

（1）无民事行为能力人实施的民事法律行为无效。（《民法典》第144条）

（2）限制民事行为能力人实施的纯获利益的民事法律行为或者与其年龄、智力、精神健康状况相适应的民事法律行为有效；实施的其他民事法律行为经法定代理人同意或者追认后有效。（《民法典》第145条）

（3）完全民事行为能力人可以独立实施民事法律行为——不代表一定有效。（《民法典》第18条）

2. 关于纯获利益，以接受赠与而言，须注意以下三个层次：

（1）胎儿、无民事行为能力人、限制民事行为能力人都有权利能力；

（2）如法定代理人代为接受赠与，则一律有效；

（3）无民事行为能力人自行接受赠与无效，限制民事行为能力人自行接受赠与有效

（后者父母没有否决的权利，亦即，即使父母拒绝追认，也是有效的）。

【例题】（2021真题回忆版）国家专业舞蹈演员张某到基层调研，观看某小学舞蹈演出，现场发现10周岁的杨某在舞蹈方面颇有天赋，于是决定向杨某资助100万元，专门用于舞蹈培训和舞蹈学习方面的支出，杨某现场欣然接受。杨某父母知道后坚决反对，果断拒绝。对此，下列说法正确的是：

A. 该赠与合同有效

B. 该赠与合同因父母拒绝而无效

C. 该赠与合同属于纯获利，杨某父母不应该拒绝

D. 杨某父母有权拒绝接受赠与

【答案】A

3. 在电子商务中推定当事人具有相应的民事行为能力。但是，有相反证据足以推翻的除外——行为能力的举证责任在买家。

4. 16周岁以上不满18周岁的自然人，能够以自己的劳动取得收入，并能维持当地群众一般生活水平的，可以认定为以自己的劳动收入为主要生活来源的完全民事行为能力人。

例　小明今年15周岁，就读于某电影学院，片酬已为其主要生活来源。但因其未满16周岁不能视为完全民事行为能力人，所以其所实施的法律行为仍以效力待定为原则。而事实行为（如创作、先占、无因管理等）不以行为能力为要件，因此小明民事行为能力的欠缺不影响事实行为的效力。

【例题】（2018真题回忆版）甄女和贾男结婚，2009年1月生一子贾小男，贾男重病，甄女悉心照料，贾男父亲老贾从未过问。后贾男病故，其父老贾心怀愧疚，遂分别于2015年1月和2017年8月将一副价值百万元的名画和一块价值10万元的表赠送给贾小男，但随后都被甄女拒绝。则关于两次赠与的效力，下列说法正确的有：

A. 两个赠与合同都有效

B. 送表合同有效，送画合同无效

C. 两个赠与合同都无效

D. 送画合同有效，送表合同无效

【答案】B

三、监护

（一）对无民事行为能力人和限制民事行为能力人"现在的"监护人的确定

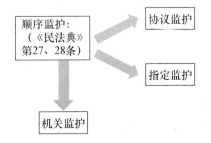

1. 法定监护的一般情形。

（1）当然监护：未成年人的父母是未成年人的监护人。

（2）顺位监护：未成年人的父母已经死亡或者没有监护能力的，依次担任监护人的有：①祖父母、外祖父母；②兄、姐；③经该未成年人住所地居民委员会、村民委员会或者民政部门同意的愿意担任监护人的个人或者组织。根据《民法典》第28条规定，对无民事行为能力或者限制民事行为能力的成年人，其法定监护人的范围和顺序是：①配偶；②父母、成年子女；③其他近亲属；④经该成年人所在地居民委员会、村民委员会或者民政部门同意的愿意担任监护人的个人或者组织。

（3）单位监护：《民法典》第32条规定，没有依法具有监护人资格的人的，监护人由民政部门担任，也可以由具备履行监护职责条件的被监护人住所地的居民委员会、村民委员会担任。

2. 协议监护和指定监护。

（1）协议监护。《民法典》第30条规定：依法具有监护资格的人之间可以协议确定监护人。协议确定监护人应当尊重被监护人的真实意愿。

（2）指定监护。指定监护是指有法定监护资格的人之间对监护人的确定有争议时，由特定单位（组织）指定监护人。

民法典规定的有权指定监护人的单位，是被监护人住所地的居民委员会、村民委员会或者民政部门。有关当事人对指定不服的，可以向人民法院申请指定监护人；有关当事人也可以直接向人民法院申请指定监护人。（一步到位或者两步到位均可）

指定监护的原则有二：其一，最有利于被监护人；其二，尊重被监护人的真实意愿。

例 未成年人甲的父亲已经去世，母亲病重，生活全靠社区和社会力量帮扶，无力担任监护人。（1）若其他具有监护资格的人对担任监护人有争议的，可向甲住所地的居民委员会或者民政部门申请指定监护，也可直接向人民法院申请指定监护。在指定监护人前，甲的权益处于无人保护状态的，可由居民委员会、法律规定的有关组织或者民政部门担任临时监护人。（2）若甲已没有依法具有监护资格的人，监护人由民政部门或者居民委员会担任。

【例题】（2020真题回忆版）陆某因抢劫罪被判处刑罚，其妻孟某与之离婚，双方协议约定儿子小勇由陆某抚养，实际由陆某父母看管。关于小勇的监护人，下列哪一说法是正确的？

A. 陆某是其唯一监护人　　　　　　B. 孟某是其唯一监护人

C. 孟某和陆某父亲母亲是其监护人　　D. 陆某和孟某是其监护人

【答案】D

（二）设立"将来的"监护人的两种方式

（1）遗嘱监护（给无民事行为能力人和限制民事行为能力人设立"将来的"监护人）。遗嘱指定监护仅适用于父母担任监护人的情形，故遗嘱监护于遗嘱人死亡时生效。

（2）附条件委托监护（给完全民事行为能力人设立"将来的"监护人）。附条件委托监护是依条件成立委托合同的监护。《民法典》第33条规定：具有完全民事行为能力的成年人，可以与其近亲属、其他愿意担任监护人的个人或者组织事先协商，以书面形式确定自己的监护人，在自己丧失或者部分丧失民事行为能力时，由该监护人履行监护职责。附条件委托监护合同，属于附生效条件之合同，须书面方式订立，该委托合同成立后并不立即生效，要在委托人丧失或者部分丧失民事行为能力时才生效。

（三）监护人责任

1. 监护人责任：监护人不履行监护职责或者侵害被监护人合法权益的，应当承担法律责任。

例　监护人将被监护人的财产的一部分赠与其长辈（比如给爷爷奶奶节日礼物）构成侵权，监护人将被监护人的财产用于炒股发生亏损也认定为侵权；但是，监护人将被监护人的财产为其购买房产不能认定为侵权。

2. 监护人的撤销：（1）申请主体：其他依法具有监护资格的人，居民委员会、村民委员会、学校、医疗机构、妇女联合会、残疾人联合会、未成年人保护组织、依法设立的老年人组织、民政部门等。（2）撤销主体：人民法院。（3）撤销事由：严重损害被监护人身心健康、怠于履责以及无法履责且拒绝将监护职责委托给他人。（4）撤销后果：①父母子女配偶的法定义务（抚养、扶养、赡养）仍然存在；②父母子女的监护资格在撤销后可以恢复，但对被监护人实施故意犯罪的除外。

3. 因发生突发事件等紧急情况，监护人暂时无法履行监护职责，被监护人的生活处于无人照料状态的，被监护人住所地的居民委员会、村民委员会或者民政部门应当为被监护人安排必要的临时生活照料措施。

例　甲为乙的父亲（同时为监护人），对乙有严重的虐待行为（构成犯罪）：

（1）人民法院可依有关个人和组织的申请，撤销甲的监护资格。

（2）甲对乙的抚养义务不变。

（3）甲的监护人资格不能恢复。

（4）对于甲侵害乙的行为，甲应当承担法律责任（时效从监护人资格被撤销时起算）。

【例题】（2018真题回忆版）小学生甲天赋极高从小参加影视剧拍摄，报酬颇丰。其父母为了让其报酬增值遂以甲的名义与多处房产商订立购房合同，恰逢该市的房价暴跌。下列选项说法正确的有：

A. 父母的行为构成侵权，从童星成年开始计算3年诉讼时效

B. 该购房合同无效，房产商返还购房款及利息

C. 父亲没有义务替甲保值其财产

D. 父母承担保管甲报酬的责任

【答案】D

四、宣告失踪和宣告死亡

条件	宣告失踪	宣告死亡
失踪期与公告期	2年＋3个月 （失去音讯之日起算） （战争结束之日起算） （有关机关确定的下落不明之日起算）	①4年＋1年 ②意外事故下落不明：2年＋1年 ③意外事故下落不明经有关机关证明该自然人不可能生存：无须失踪期，公告期3个月
申请主体	利害关系人：配偶、父母、子女、兄弟姐妹、祖父母、外祖父母、孙子女、外孙子女、其他有民事权利义务关系的人（无先后顺序）	

续表

条件	宣告失踪	宣告死亡
宣告效力	1. 构成离婚的法定事由（不代表婚姻关系当然解除） 2. 产生财产代管人（由发生争议的法院指定），代管人对失踪人的财产没有处分权 3. 代管人失去代管能力、渎职、侵权的，利害关系人可以申请法院变更代管人 4. 代管人有正当理由也可申请变更代管人 5. 代管人承担过错责任，且轻过失免责	1. 死亡时间：人民法院宣告死亡的判决作出之日视为其死亡的日期；因意外事件下落不明宣告死亡的，意外事件发生之日视为其死亡的日期 2. 死亡后果：发生和自然死亡相同的效果（遗产继承、配偶可以再婚） 3. 自然人并未死亡但被宣告死亡的，不影响该自然人在被宣告死亡期间实施的民事法律行为的效力（不意味着一定有效）
二者关系	申请宣告失踪或宣告死亡的利害关系人，包括被申请宣告失踪或宣告死亡人的配偶、父母、子女、兄弟姐妹、祖父母、外祖父母、孙子女、外孙子女以及其他与被申请人有民事权利义务关系的民事主体。宣告失踪不是宣告死亡的必经程序，利害关系人可以不经申请宣告失踪而直接申请宣告死亡。但是，为了确保各方当事人权益的平衡保护，对于配偶、父母、子女以外的其他利害关系人申请宣告死亡，人民法院审查后认为申请人通过申请宣告失踪足以保护其权利，其申请宣告死亡违背《民法典》第132条关于不得滥用民事权利的规定的，不予支持① 注意：如果失踪人不满足宣告死亡的条件（如下落不明仅3年，则只能主张宣告失踪）	
死去活来	1. 申请撤销死亡宣告的主体：本人或者利害关系人 2. 申请撤销死亡宣告的条件：本人重新出现 3. 被宣告死亡的人的婚姻关系，自死亡宣告之日起消除。死亡宣告被撤销的，婚姻关系自撤销死亡宣告之日起自行恢复。但是，其配偶再婚或者向婚姻登记机关书面声明不愿意恢复的除外 4. 被撤销死亡宣告的人有权请求依照民法典继承编取得其财产的民事主体返还财产；无法返还的，应当给予适当补偿（第三人非通过继承而是合法取得的财产则无须返还） 利害关系人隐瞒真实情况，致使他人被宣告死亡而取得其财产的，除应当返还财产外，还应当对由此造成的损失承担赔偿责任	

例 2012年1月20日，甲外出旅游遇山洪暴发再无音讯。2014年6月5日，甲父去世。之后甲被法院宣告死亡。甲和甲父留下诸多遗产，且甲父和甲的子女众多，就分财析产产生纠纷，就甲和甲父之间的继承关系，根据《民法典》第48条的规定，因意外事件下落不明宣告死亡的，意外事件发生之日为死亡之日。故甲的死亡日（2012.1.20）早于甲父的死亡日（2014.6.5），则：

（1）可以推定甲父继承甲的遗产；

（2）甲的儿子可以代位继承甲父遗产的相应份额。

【例题】（2021真题回忆版）黄某有两个孩子黄伟和黄美，黄某一直和儿子黄伟住在一起，黄美与前夫有一子赵小星，后二人离婚，离婚后黄美与卢某再婚后共同抚养其与前妻的孩子卢小东直至成年，2021年2月1日黄美因车祸去世，一个月后黄某也去世，并留下3套房屋，则

---

① 《全国法院贯彻实施民法典工作会议纪要》第1条。

谁有权继承黄某的遗产？

A. 黄伟　　　　　B. 赵小星　　　　　C. 卢某　　　　　D. 卢小东

【答案】AB

第二章

法　人

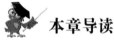 **本章导读**

　　本章要求考生熟练掌握法人民事权利能力、民事行为能力和责任能力，法人的合并与分立规则以及法人的分类，了解法人概念和特征、法人设立方式和设立的要件以及非法人组织相关法律概念。

 知识点

一、法人的权利能力和行为能力

　　1. 自然人有完整的人身权和财产权。法人有完整的财产权、有限的人格权（名称权、名誉权和荣誉权），法人没有物质性人格权（生命权、健康权、身体权），没有身份权，没有一般人格权，且不能主张精神损害赔偿（性质限制）。

　　2. 公益法人不得投资普通合伙企业，不得为保证人（法律限制）。

　　3. 法人的民事权利能力范围，以其目的事业为限，原则上由法人章程或设立目的决定。基金会的权利能力则由捐赠人的意思决定。法人超越目的事业范围，违反专营、专卖或法律禁止性规定的，属于违禁行为，该行为无效（目的事业限制）。

　　4. 若法人行为超越其核准登记或章程规定的范围或程序，但该行为并非法律禁止的，则属于越权行为，不当然无效。《民法典》第 505 条规定：当事人超越经营范围订立的合同的效力，应当依照本法第一编第六章第三节和本编的有关规定确定，不得仅以超越经营范围确认合同无效。

二、法人的一生

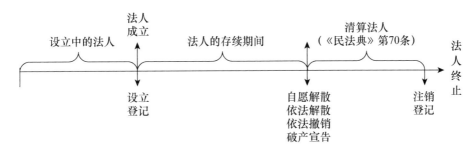

1. 设立中的法人没有民事权利能力，设立人之间成立合伙关系，如果法人设立失败，由设立人承担连带责任。

2. 须登记的法人，其权利能力始于设立登记，终于注销登记（营利法人和捐助法人必须登记，机关法人的设立无须登记）。

3. 清算法人有清算事务范围之内的权利能力。

4. 法定代表人责任：法人章程或者法人权力机构对法定代表人代表权的限制，不得对抗善意相对人。法人承担民事责任后，依照法律或者法人章程的规定，可以向有过错的法定代表人追偿。

5. 设立人为设立法人从事的民事活动，其法律后果由法人承受；法人未成立的，其法律后果由设立人承受，设立人为二人以上的，享有连带债权，承担连带债务。

设立人为设立法人以自己的名义从事民事活动产生的民事责任，第三人有权选择请求法人或者设立人承担。

三、法人的分类

营利法人	有限责任公司、股份有限公司、其他企业法人	营利目的 登记设立	必设：权力机构＋执行机构 可设：监督机构	利润分配于出资人 剩余财产在清算后分配于出资人
非营利法人	事业单位法人（公立的学校、医院、电视台）	提供公益服务 部分须登记，部分不需要登记	可设：理事会（决策机构）	1. 不向出资人分配利润 2. 不向出资人分配剩余财产 3. 剩余财产用于公益目的或者转给其他目的相似的公益法人
	社会团体法人（工会、研究会）	公益或者其他非营利目的 部分须登记，部分不需要登记	应设：权力机构＋执行机构（理事会）	
	捐助法人（基金会、宗教场所）	公益目的或者宗教目的 登记设立	应设：决策机构（理事会）＋执行机构＋监督机构	
特别法人	机关法人——成立之日起取得法人资格 农村集体经济组织、城镇农村的合作经济组织、基层群众性自治组织（村民委员会、居民委员会）都是特别法人 《民法典》第98条：机关法人被撤销的，法人终止，其民事权利和义务由继任的机关法人享有和承担；没有继任的机关法人的，由作出撤销决定的机关法人享有和承担。			

1. 法人的分类：法人分为营利法人、非营利法人和特别法人。（1）营利法人和非营利法人中的捐助法人必须登记，自登记之日起取得法人资格；（2）机关法人无须登记，成立之日取得法人资格；（3）非营利法人中的事业单位法人和社会团体法人一部分需要登记（登记日取得法人资格），一部分无须登记（成立日取得法人资格）。

2. 非营利法人：为公益目的成立的非营利法人终止时，不得向出资人、设立人或者会员分配剩余财产。剩余财产应当按照法人章程的规定或者权力机构的决议用于公益目的；无法按照法人章程的规定或者权力机构的决议处理的，由主管机关主持转给宗旨相同或者相近的法人，并向社会公告。

3. 法人的机关：营利法人的必设机构包括权力机构和执行机构，社会团体法人的必设机构包括权力机构与执行机构（理事会），捐助法人的必设机构包括决策机构（理事会）、执行机构和监督机构。

4. 理事会：事业单位法人和捐助法人以理事会为决策机构，社会团体法人以理事会为执行机构。

例 甲出资100万元，设立捐助法人——宏志基金会，用来研究、治疗蛔虫疾病。该基金会，决策机构（理事会）、执行机构、监督机构必须一应俱全，设立该基金会还必须制定章程并且需要经过批准与登记。该基金会可以从事赚取利润的活动，但不得向出资人甲分配利润。

5. 非法人组织包括：个人独资企业、合伙企业、不具有法人资格的专业服务机构。

四、法人的分支机构

	缔约能力	诉讼能力	责任能力
分支机构	有	有	无
子公司	有	有	有
组织机构	无	无	无

第三章
民事法律行为

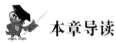 **本章导读**

  本章需要考生熟练掌握民事法律行为成立的共同要件、特别要件，民事法律行为成立的效力、民事法律行为的有效和生效的要件、意思表示的类型和生效、附条件与附期限的民事法律行为、可撤销民事行为、效力未定民事法律行为、无效民事法律行为的类型、效果。

 知识点

第一节　一般规定

一、民事法律行为的类型

类型	概念	举例
单方行为	一个意思表示创设权利义务（注意：赠与不是单方行为）	单方允诺（发出生效）、形成权的行使（到达生效）、代理权的授予（到达生效）、遗嘱（完成生效）、抛弃（完成生效）、财团法人的捐助（完成生效）
双方行为	两个或多个对立统一的意思表示创设权利义务	合同行为
多方行为	两个或多个完全一致的意思表示创设权利义务	合伙协议、发起人协议、公司章程
决议行为	组织内部以多数达成一致的不具有外部约束力的民事法律行为	股东会决议、董事会决议、业主大会决议

二、民事法律行为的形式

民事法律行为可以采用书面形式、口头形式或者其他形式；法律、行政法规规定或者当事人约定采用特定形式的，应当采用特定形式。（《民法典》第135条）

行为人可以明示或者默示作出意思表示。沉默只有在有法律规定、当事人约定或者符合当事人之间的交易习惯时，才可以视为意思表示。（《民法典》第140条）

第二节　意思表示

一、意思表示的生效

无相对人的意思表示——表示完成时生效。

以公告方式作出的意思表示——公告发布时生效。

有相对人的意思表示

以对话方式作出的意思表示，相对人知道其内容时生效。

以非对话方式作出的意思表示，到达相对人时生效。

以非对话方式作出的采用数据电文形式的意思表示，相对人指定特定系统接收数据电文的，该数据电文进入该特定系统时生效；未指定特定系统的，相对人知道或者应当知道该数据电文进入其系统时生效。

二、意思表示的解释

有相对人的意思表示的解释，应当按照所使用的词句，结合相关条款、行为的性质和目的、习惯以及诚信原则，确定意思表示的含义。

无相对人的意思表示的解释，不能完全拘泥于所使用的词句，而应当结合相关条款、行为的性质和目的、习惯以及诚信原则，确定行为人的真实意思。（《民法典》第142条）

第三节　民事法律行为的效力

一、生效要件

1. 生效要件（《民法典》第143条）：

（1）行为人具有相应的民事行为能力；

（2）意思表示真实；

（3）不违反法律、行政法规的强制性规定，不违背公序良俗。

2. 法律对某些行为有特别要求的，必须满足该要求时，民事法律行为方能生效。例如，法律规定不动产买卖与抵押、法人合并与分立等均需经过登记程序，未经登记时即使其他条件都符合要求，也不能生效。

3. 小提示：

（1）无权处分不影响买卖合同的效力，影响的是物权变动的效力（效力待定）。

（2）一物二卖不影响买卖合同的效力，普通动产一物数卖的物权归属规则是：受领交付者优先于付款者，付款者优先于合同成立在先者。

（3）先租后卖不影响买卖合同的效力，但对承租人有买卖不破租赁的保护。如果承租人没有得到通知，则追究出租人的违约责任。

二、效力瑕疵概览

行为能力瑕疵	无民事行为能力人：无效（《民法典》第 144 条）	
	限制民事行为能力人：待定（《民法典》第 145 条）	
意思表示瑕疵	意思与表示不一致	虚假意思表示（《民法典》第 146 条，无效）
		重大误解（《民法典》第 147 条，可撤销）
	意思表示不自由	欺诈及第三人欺诈（《民法典》第 148、149 条，可撤销）
		胁迫及第三人胁迫（《民法典》第 150 条，可撤销）
		乘人之危导致显失公平（《民法典》第 151 条，可撤销）
标的违法	违背公序良俗或者违反效力性强制性规定	
	恶意串通	

（一）虚假意思表示

《民法典》第 146 条规定：行为人与相对人以虚假的意思表示实施的民事法律行为无效。

以虚假的意思表示隐藏的民事法律行为的效力，依照有关法律规定处理。

1. 基本结构

通谋虚伪行为在结构上包括内外两层行为：外部的表面行为系双方当事人共同作出与真实意思不一的行为，亦称伪装行为；内部的隐藏行为则是被掩盖于表面行为之下、代表双方当事人真意的行为，亦称非伪装行为。例如，甲乙双方以买卖之名行赠与之实，买卖契约为表面行为，赠与契约则为隐藏行为。通谋虚伪行为的特点在于：表面行为不应生效系双方当事人合意的结果。

2. 效力规则

通谋虚伪行为既然包括两层行为，效力即须分别观察。《民法典》第 146 条正是这一逻辑的体现："行为人与相对人以虚假的意思表示实施的民事法律行为无效。以虚假的意思表示隐藏的民事法律行为的效力，依照有关法律规定处理。"

首先，表面行为无效。原因在于：该"意思表示"所指向的法律效果非当事人所欲求的，且双方已就此达成合意，若为有效，显属效果强加，与私法自治相悖；表面行为由双方通谋有意作出，非一方意志自由受到侵害需要矫正或意思表示存在单方错误的问题，不存在撤销的问题；该伪装行为与第三人无关，故效力不必待定。

其次，隐藏行为未必无效。隐藏行为虽不为外人所知，却是当事人真正的意思表示，其效力依一般规则确定。

【例题】（2018真题回忆版）艺术家甲设计了一款三层镂空艺术品，接受电视节目采访时，甲向主持人说没有人能设计出四层的，主持人问，那有人设计出来怎么办？甲说那我就把我所有的艺术品都赠与他，并与主持人击掌为证，全场观众当场见证。一年后，乙设计出四层的艺术品。则下列说法正确的有：

A. 甲的行为构成悬赏广告

B. 甲的行为属于和主持人戏谑的言语，甲无须将艺术品赠与乙

C. 赠与承诺可随时撤销

D. 乙有权向甲要艺术品

【答案】B

例1 甲早年丧妻，和寡居之人乙交好。甲拟将房屋赠与乙，恐子女有不同意见，遂与乙通谋订立房屋买卖合同，实际上乙并未给付价金，登记在乙的名下。后来乙将房子卖给不知情的丙换钱给甲治病。下列说法正确的是：

A. 甲、乙之间买卖合同有效

B. 甲、乙之间赠与合同有效

C. 丙对房子善意取得所有权

D. 乙、丙之间的合同效力待定

【答案】B

例2 甲出卖某屋给乙，但尚未完成登记。其后见房价高涨，意图避免乙之强制执行，与丙约定假装作成买卖，办完所有权移转登记，并交屋于丙。下列说法正确的是：

A. 乙得向甲主张违约责任

B. 乙得向甲主张返还原物请求权

C. 乙得向丙主张返还原物请求权

D. 如丙擅将该屋出售不知情的丁，并办完所有权移转登记，丁可以善意取得该屋

【答案】AD

（二）可撤销（先生效，然后被撤销，以诉讼或者仲裁的方式撤销）

事由	主体	除斥期间	
欺诈	受欺诈方		自民事法律行为发生之日起5年内没有行使撤销权的，撤销权消灭
第三人欺诈	须相对人恶意时受欺诈方才有撤销权。如第三人欺诈买方，买卖双方签合同，只有卖方知情或应该知情的，才能撤销	自知道或者应当知道撤销事由之日起1年	
胁迫、第三人胁迫	受胁迫方（不考虑相对人善恶意）	胁迫行为终止之日起1年	
重大误解	行为人可以主张撤销	知情日起90天	
乘人之危导致显失公平	受损害方（须利用危困或缺乏判断能力）	自知道或者应当知道撤销事由之日起1年	

例 甲捡到一个破碗，高价卖给了乙，则有以下可能：

（1）乙因过失误将该破碗错误判断为古代文物，则构成重大误解，可撤销但除斥期间仅为90天；

（2）甲以曝光乙的隐私迫使乙买下该破碗，此时乙有撤销权，除斥期间自胁迫行为终止之日起算1年；

（3）专家丙故意出具虚假鉴定报告诱骗乙买下该破碗，则在甲知情时乙才有撤销权，除斥期间从乙知道受欺诈之日起算1年。

【例题】（2017-3-3）齐某扮成建筑工人模样，在工地旁摆放一尊廉价购得的旧蟾蜍石雕，冒充新挖出文物等待买主。甲曾以5 000元从齐某处买过一尊同款石雕，发现被骗后正在和齐某交涉时，乙过来询问。甲有意让乙也上当，以便要回被骗款项，未等齐某开口便对乙说："我之前从他这买了一个貔貅，转手就赚了，这个你不要我就要了。"乙信以为真，以5 000元买下石雕。关于所涉民事法律行为的效力，下列哪一说法是正确的？

A．乙可向甲主张撤销其购买行为

B．乙可向齐某主张撤销其购买行为

C．甲不得向齐某主张撤销其购买行为

D．乙的撤销权自购买行为发生之日起2年内不行使则消灭

【答案】B

【例题】（2019真题回忆版）钱某有一幅祖传古画，市值100万元，高某为了低价收购该古画，伙同某艺术品鉴定家孟某欺骗钱某该画是赝品，价值不超过10万元，钱某信以为真。后钱某以15万元将古画卖给了不知情的陈某。关于本案，下列哪一选项是正确的？

A．因陈某乘人之危，钱某可以撤销与陈某的买卖合同

B．因遭受高某欺诈，钱某可以撤销与陈某的买卖合同

C．属于重大误解，钱某可以撤销与陈某的买卖合同

D．属于显失公平，钱某可以撤销与陈某的买卖合同

【答案】C

【例题】（2020真题回忆版）湖蓝公司提供其董事长胡某在2019年7月7日在某市立医院就医病例，诉称与清河公司洽谈时被灌醉并趁机签订违背远期商业规划且明显不利于湖蓝公司的合作协议，故依法请求撤销协议。湖蓝公司可基于哪一请求主张撤销该合作协议？

A．乘人之危

B．第三人胁迫

C．恶意串通

D．无权代理

【答案】A

三、概念辨析

1. 欺诈的定义。

欺诈的构成要件有四：第一，主观上有欺诈他人的故意，如果是过失使得他人陷入错误认识则可能适用重大误解的相关内容；第二，客观上有欺诈的行为，包括积极欺诈（如虚构事实）和消极欺诈（隐瞒真相），构成消极欺诈须有告知的义务而未告知；第三，基

于欺诈作出了错误的意思表示（上当的结果）；第四，相对人的错误意思表示是由被欺诈引起，即行为和结果之间存在因果关系。

2. 欺诈与胁迫、重大误解、显失公平（乘人之危）的区别。

（1）欺诈与胁迫的区别：因错误而自愿 VS 因恐惧而无奈。

行为人因对行为的性质、对方当事人、标的物的品种、质量、规格和数量等的错误认识，使行为的后果与自己的意思相悖，并造成较大损失的，人民法院可以认定为《民法典》第147条、第152条规定的重大误解。

故意告知虚假情况，或者故意隐瞒真实情况，诱使当事人作出错误意思表示的，人民法院可以认定为《民法典》第148条、第149条规定的欺诈。

以给自然人及其亲友的生命、身体、健康、名誉、荣誉、隐私、财产等造成损害或者以给法人、非法人组织的名誉、荣誉、财产等造成损害为要挟，迫使其作出不真实的意思表示的，人民法院可以认定为《民法典》第150条规定的胁迫。[①]

例　甲说，如不将藏獒卖给甲，则举报乙犯罪。乙照办，后查实乙不构成犯罪。此时，甲虽然虚构事实但仍然构成胁迫而非欺诈。

【例题】（2020真题回忆版）甲（男）与乙（女）同居一段时间后，乙提出分手，甲不想分手，谎称有乙的隐私照片，暗示如果不结婚就会公布。乙心生恐惧，遂与甲结婚。关于该结婚行为的法律后果，下列哪个说法是正确的？

A. 因胁迫可撤销

B. 因欺诈可撤销

C. 因非真实意思而无效

D. 甲侵犯了乙的隐私权

【答案】A

（2）欺诈和重大误解都是基于错误，欺诈引发的错误来自欺诈方，重大误解的错误来自表意人自身。

（3）胁迫和乘人之危都是基于危难，胁迫中的危难来自胁迫方，乘人之危的危难来自表意人自身。前者如威胁举报对方犯罪，后者如因疾病被迫低价卖房。只要有胁迫即可主张撤销，但乘人之危必须同时显失公平才能撤销，如果乘人之危但价格合理，则不能撤销。

例　甲因妻子重病急需医疗费，知情人乙表示愿以市价购买家传名画，虽然之前一直坚持不卖，但此次经考虑再三，甲终忍痛以市价售出。事后，甲不得以危难被乘为由主张撤销。

3. 重大误解是指行为人基于对行为的性质、相对人以及标的物的品种、质量、规格和数量等的错误认识实施的民事法律行为。基于重大误解实施的民事法律行为，行为人有权请求人民法院或者仲裁机构予以撤销，但动机错误不构成重大误解。

例　张某出国前将一副齐白石的画交给李某保管，李某去世后，李小某以为是父亲的画，继承了该画，某日邀请朋友刘某来家里玩，刘某看上了该画，知道该画为齐白石真迹，但是李小某以为是他父亲临摹的，于是刘某就以3 000元购买了该画，后张某回国，找李某要画，李

---

① 《全国法院贯彻实施民法典工作会议纪要》第2～4条。

小某才知是真迹，则下列说法正确的是：

    A. 刘某可以善意取得该画的所有权

    B. 张某可以主张返还原物请求权

    C. 李小某可以基于无权处分请求买卖合同无效

    D. 李小某可因重大误解撤销买卖合同

【答案】BD

第四节　民事法律行为的附条件和附期限

一、法条概说

1. 附条件的民事法律行为。

民事法律行为可以附条件，但是根据其性质不得附条件的除外。附生效条件的民事法律行为，自条件成就时生效。附解除条件的民事法律行为，自条件成就时失效。（《民法典》第158条）附条件的民事法律行为，当事人为自己的利益不正当地阻止条件成就的，视为条件已经成就；不正当地促成条件成就的，视为条件不成就。（《民法典》第159条）

2. 附期限的民事法律行为。

民事法律行为可以附期限，但是根据其性质不得附期限的除外。附生效期限的民事法律行为，自期限届至时生效。附终止期限的民事法律行为，自期限届满时失效。（《民法典》第160条）

二、相关考点

（一）条件的类型

1. 延缓条件与解除条件。这是根据条件的效力为标准而区分的，同时也是最基本的分类。

（1）延缓条件，是限制民事法律行为效力发生，使法律行为只有当约定的事实出现时，才发生效力的条件。

延缓条件的作用在于使民事法律行为暂时不生效，因此，也称停止条件。民事法律行为附延缓条件后，法律行为的效力就获延缓或暂时停止，待所附条件出现时再发生效力。易言之，如果所附条件最终未出现，该民事法律行为即确定地不生效。

（2）解除条件，是限制民事法律行为效力的存续，使已发生效力的民事法律行为在条件实现时终止的条件。解除条件的作用，在于使条件所附的已生效的民事法律行为的效力归于消灭。例如，甲、乙订立房屋租赁合同，约定出租人甲的儿子一旦留学归国并需要住房，就终止合同。"留学归国并需要住房"就是房屋租赁合同所附的解除条件。

2. 积极条件与消极条件：

（1）积极条件是以所设事实发生为内容的条件。易言之，在积极条件，以设定事实的发生为条件成就。停止条件与解除条件，均可设定积极条件。

（2）消极条件是以所设事实不发生为内容的条件。易言之，在消极条件，所设定事实是消极的。条件的积极与消极，其区别仅在设定的角度不同。前述"留学归国并需要住房，就终止合同"，属积极条件，而反过来约定"如留学后定居不归国，就续租合同"，则属消极条件。两者条件内容并无不同，但条件的性质，却有积极与消极之分。

（二）始期和终期

这是以期限效力为标准而对期限作的区分。

1. 始期。这是使民事法律行为效力发生的期限，在始期届至之前，民事法律行为的效力是停止的，在期限到来时，民事法律行为的效力方始发生，故也称停止期限。如签订合同注明"自明年1月1日生效"，该日期就是该合同的始期。

2. 终期。这是使民事法律行为效力终止的期限，在终期届至时，既有的效力便告解除，故也称解除期限。如合同条款中约定"本合同于明年年底终止"，明年年底就是该合同所附的终期。

（三）如何区分期限与条件

在实务中，同一件事，究竟应认定为期限，还是应认定为条件，须基于必成事实抑或偶成事实。在长期的司法实务和学说理论中，积淀了不少区分方法。

1. 条件是不确定的偶然性事实，期限是确定的必然性事实。

（1）时期确定，到来不确定，为条件。例如，"俟60大寿送电视一台"，60岁虽确定，但人之寿命不可测，是否能活到60岁不可知，具有偶发性。

（2）时期不确定，到来也不确定，为条件。如"司法考试通过之日"，能否考得过，已属不确定，至于哪一年考得过，则更加不确定，故显然属于条件。

2. 条件之事实成就与否是不确定的，期限是肯定会到来的。

（1）时期确定，事实的发生也确定，如"今年9月9日"，是期限。

（2）时期不确定，到来确定，为期限。例如，"临终时将某物送给你"，何时死虽难预料，但人必有一死，死期终会到来。

第四章

代 理

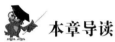 **本章导读**

　　本章需要考生掌握代理权的发生、授予，代理权的滥用，狭义无权代理的类型、效果，表见代理的要件、效果；了解代理的概念、特征和法律效果，代理的类型，代理权的概念。

 知识点

一、代理的一般规定

1. 代理法律关系图示

2. 委托与代理的关系

（1）委托事项可以是法律行为也可以是事实行为，但只有前者才成立代理。

（2）委托合同是双方行为，代理权授予是单方行为，委托合同是代理权授予的原因行为，代理权授予的效力不受委托合同效力的影响。

（3）委托合同解决内部关系亦即委托人与代理人的关系问题；代理权授予解决外部关系即第三人相信受托人有代理权的问题。

　　例　甲公司与15周岁的网络奇才陈某签订委托合同，授权陈某为甲公司购买价值不超过50万元的软件。陈某的父母知道后，明确表示反对。则：（1）委托合同因陈某的父母不追认而无效。（2）但代理权授予是单方法律行为，无须追认即有效。（3）软件买卖合同有效。（4）软件的所有权归属于甲公司。

3. 代理行为三不可

（1）事实行为不可代理，代理的标的仅仅限于民事法律行为。

（2）身份行为等专属性行为不得代理，如结婚登记、董事会投票等。

（3）违法行为不得代理，如张三委托李四打人，则张三、李四须承担共同侵权责任。

结论：

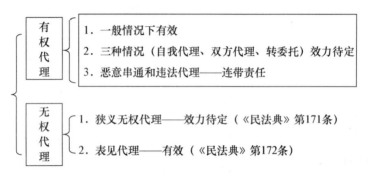

代理制度效力图

二、有权代理

1. 有权代理的效力

有权代理原则上有效，被代理人要承受法律后果，但有三种情况效力待定：自我代理、双方代理和转委托。此三种情况须被代理人的同意或者追认方可有效。

《民法典》第 168 条规定：代理人不得以被代理人的名义与自己实施民事法律行为，但是被代理人同意或者追认的除外。代理人不得以被代理人的名义与自己同时代理的其他人实施民事法律行为，但是被代理的双方同意或者追认的除外。

2. 转委托的法律后果

（1）有效的转委托（法律关系：A—C—D）中，复代理人（C）取得代理权，以被代理人（A）名义作出的代理行为的效果直接归属于被代理人（A），代理的三方当事人是被代理人（A）、复代理人（C）和相对人（D）；最终的后果由被代理人（A）和相对人（D）承受。转委托如果有效，委托代理人只须承担选任和指示责任。

（2）无效的转委托（法律关系：B—C—D）中，被代理人（A）与本代理人（B）之间成立代理关系（但是并没有发生能够约束 A 的法律事实），本代理人（B）与第三人（C）之间成立另一个代理关系。在后一法律关系中，本代理人（B）作为被代理人，第三人（C）作为其代理人。第三人（C）所作所为的效果直接归属于本代理人（B），代理的三方当事人是本代理人（B）、第三人（C）和相对人（D）；最终的后果由本代理人（B）和相对人（D）承受。

3. 有权代理中的两个连带责任：恶意串通与违法代理

（1）代理人和相对人恶意串通，损害被代理人合法权益的，代理人和相对人应当承担连带责任。

例 甲公司员工唐某受公司委托从乙公司订购一批空气净化机，甲公司对净化机单价未作明确限定。唐某与乙公司私下商定将净化机单价比正常售价提高200元，乙公司给唐某每台100元的回扣。商定后，唐某以甲公司名义与乙公司签订了买卖合同。此时唐某与乙公司恶意串通损害了甲公司的利益，须对甲公司承担连带责任。

（2）代理人知道或者应当知道代理事项违法仍然实施代理行为，或者被代理人知道或者应当知道代理人的代理行为违法未作反对表示的，被代理人和代理人应当承担连带责任。

例 甲委托乙向丙销售一批货物，甲明知乙以走私方式运输该批货物而不表示反对，后货物被海关查扣，甲与乙须向丙就违约责任承担连带责任。再如，甲委托乙代理销售假药，丙购买了该假药，后丙与丁服用该假药致害。甲与乙须对丙和丁就侵权责任承担连带责任。

三、无权代理

（一）狭义无权代理

无权代理的规则：

（1）被代理人的追认权：行为人没有代理权、超越代理权或者代理权终止后，仍然实施代理行为，未经被代理人追认的，对被代理人不发生效力。

（2）相对人的催告权和撤销权：相对人可以催告被代理人自收到通知之日起30日内予以追认。被代理人未作表示的，视为拒绝追认。行为人实施的行为被追认前，善意相对人有撤销的权利。撤销应当以通知的方式作出。

（3）不被追认的后果：行为人实施的行为未被追认的，善意相对人有权请求行为人履行债务或者就其受到的损害请求行为人赔偿。但是，赔偿的范围不得超过被代理人追认时相对人所能获得的利益。相对人知道或者应当知道行为人无权代理的，相对人和行为人按照各自的过错承担责任（信赖利益）。

例 甲委托乙前往丙厂采购男装，乙觉得丙厂生产的女装市场看好，便自作主张以甲的名义向丙厂订购。丙厂未问乙的代理权限，便与之订立了买卖合同。——此时丙厂有过失

（1）若甲拒绝追认，且丙厂善意，则丙厂可向乙主张服装价款（丙厂的合同利益可以实现）。

（2）若甲拒绝追认，且丙厂恶意，则乙与丙厂分担合同无效的损失（丙厂的合同利益落空）。

【例题】（2019真题回忆版）丙系甲香烟制造公司的市场专员，因舞弊被开除后，寻思着捞一票并报复甲公司。后伪造甲公司公章后，以甲公司的名义与不知情的乙公司于4月20日订立合同，约定："甲公司向乙公司出售熊猫牌香烟50箱，价款500万元。"5月1日，因丙请求乙公司将价款打入其指定的账户，乙公司经询问才得知丙已被开除。同时，甲公司对乙公司表示，是否接受该合同须考虑几天再做决定。5月10日，甲公司通知乙公司，不接受丙订立的合同。对此，下列哪一表述是错误的？

A. 5月1日后至5月10日前，乙公司有权通知甲公司撤销合同

B. 5月10日后，乙公司有权请求甲公司履行合同义务

C. 5月10日后，乙公司有权选择请求丙履行交付义务

D. 5月10日后，乙公司有权选择请求丙赔偿转卖香烟可能获得的利润损失

【答案】 B

（二）表见代理

1. 要件：无权代理＋权利外观（有足以让相对人相信的假象)＋相对人善意且无过失。

2. 后果：与有权代理同样的法律后果，即法律后果由被代理人和相对人承受。

例 吴某是甲公司员工，持有甲公司授权委托书。吴某与温某签订了借款合同，该合同由温某签字、吴某用甲公司合同专用章盖章。后温某要求甲公司还款。

第一种情况，甲公司的确委托吴某去借钱，此时认定为有权代理，有效，甲公司还款。

第二种情况，甲公司没有委托吴某去借钱，也没给过授权，此时是无权代理，效力待定。

第三种情况，甲公司给过吴某授权，但是委托合同到期了，授权书却没收回，此时的温某善意，并且有足够理由相信授权，因此构成表见代理。

第四种情况，若吴某出示的甲公司授权委托书载明甲公司仅授权吴某参加投标活动或者吴某出示的甲公司空白授权委托书已届期，则温某存在过失，该代理行为不构成表见代理。

（三）表见代理与表见代表

1. 法人的法定代表人以法人名义从事的行为如果超越内部授权为表见代表，不得对抗善意相对人（即，该行为对恶意相对人无效）。

2. 法人的管理人员（有职务）。

（1）职权范围内正常履行职务，为有权代理，被代理人（即法人）承担代理行为后果。

（2）超越职权但相对人恶意，为无权代理，由行为人和恶意相对人分担信赖利益的赔偿责任。

（3）超越职权且相对人善意，为表见代理，被代理人承担代理行为后果。

3. 没有职权的普通员工未经授权，为无权代理。

例 甲公司开发的系列楼盘由乙公司负责安装电梯设备。乙公司完工并验收合格投入使用后，甲公司一直未支付工程款，乙公司也未催要。诉讼时效期间届满后，乙公司组织工人到甲公司讨要。因高级管理人员均不在，甲公司新录用的法务小王，擅自以公司名义签署了同意履行付款义务的承诺函，工人们才散去。该承诺函属于小王无权代理，效力待定。

第五章

诉讼时效

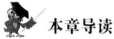 **本章导读**

本章需要考生熟练掌握诉讼时效的法律要件、适用范围和法律效果，不适用诉讼时效的请求权，诉讼时效期间的起算以及中止、中断、延长，期间计算方法，确定始期与终期的基本规则；了解诉讼时效的概念和特征，诉讼时效与除斥期间的区别。

 知识点

一、法律性质

1. 时效抗辩权——债务人主张时效抗辩权可以获得胜诉判决；债务人未主张抗辩而履行义务的，该履行有效，债权人不构成不当得利。

2. 强制性规定。

诉讼时效的期间、计算方法以及中止、中断的事由由法律规定，当事人约定无效。

当事人对诉讼时效利益的预先放弃无效。

3. 司法中立，不主动适用。

当事人未提出诉讼时效抗辩的，《民法典》第193条规定，人民法院不得主动适用诉讼时效的规定。即人民法院不应主动释明或提示适用诉讼时效，甚至主动适用诉讼时效的规定进行裁判。

当事人在一审期间未提出诉讼时效抗辩，在二审期间提出的，人民法院不予支持，但其基于新的证据能够证明对方当事人的请求权已过诉讼时效期间的情形除外。

【考查模型】对时效理论的实例化问答

张三欠李四3 000元，2017年1月到期，2020年3月，李四想起此事，遂向张三主张债权，张三拒绝归还，李四诉至法院。

①债权还存在否？——存在。

②张三可否不还？——可以。

③如张三归还欠款后遇他人指点，方知诉讼时效一事，能否要求李四返还？——不能。

④法院受理否？——受理。

⑤受理后，如张三主张时效抗辩，法院如何裁判？——判决驳回诉讼请求。

⑥法院可否主动对诉讼时效予以释明？——不能。

⑦法院可否主动适用诉讼时效予以判决？——不能。

⑧如债务已过诉讼时效，但债权人与债务人仍然达成了还款协议，可否？——可以。

⑨如张三与李四协议将诉讼时效延长3年，可否？——不能（事先不得延长、缩短和排除）。

二、适用范围

1. 下列债权请求权不适用诉讼时效：

（1）支付存款本金及利息请求权；

（2）兑付国债、金融债券以及向不特定对象发行的企业债券本息请求权；

（3）基于投资关系产生的缴付出资请求权；

（4）业主大会请求业主缴付公共维修基金。

2. 下列物权请求权不适用诉讼时效：

（1）停止侵害、排除妨碍和消除危险请求权；

（2）不动产物权和登记的特殊动产物权（船舶、航空器、机动车）的权利人请求返还财产不适用诉讼时效——亦即，普通动产和未登记的特殊动产的返还原物请求权要适用诉讼时效。（有登记，无时效；无登记，有时效）

3. 共有物分割请求权名为请求权实为形成权，不适用诉讼时效的规定。

4. 占有保护请求权不适用诉讼时效。《民法典》第462条第2款规定：占有人返还原物的请求权，自侵占发生之日起1年内未行使的，该请求权消灭。

5. 基于人身权被侵害产生的停止侵害、恢复名誉、赔礼道歉、消除影响等请求权不具有财产利益内容，而且关系到作为民事主体的人的人格存续、生存利益以及伦理道德问题，故不应适用诉讼时效的规定。

6. 基于身份权被侵害产生的给付赡养费、抚养费和扶养费请求权关涉人的生存，义务人如不支付上述费用将使得权利人的生存面临困境，基于保护权利人的生存权和公序良俗的考量，上述请求权不适用诉讼时效的规定。

例 下列哪些情形，乙不得以诉讼时效期间届满为由提出抗辩？

A. 甲欠乙1000元拖欠不还，乙抢走甲的电动自行车。1年后，甲以占有被侵害为依据，请求乙返还自行车

B. 甲在乙银行办理3年期定期存款，到第6年，甲持存单到乙银行取款

C. 甲持有乙公司公开发行的企业债券，于债券到期3年后，前往乙公司请求兑付本息

D. 甲公司股东乙承诺在甲公司成立后半年内，缴清出资款项。现在甲公司已经成立5年，乙依然未履行出资义务。现甲公司请求乙缴纳出资

【答案】ABCD

三、期间长度

1. 3年，自权利人知道或者应当知道权利受到损害以及义务人之日起计算。

2. 自权利受到损害之日起超过20年的，人民法院不予保护，有特殊情况的，人民法院可以根据权利人的申请决定延长。

四、时效起算

1. 当事人约定同一债务分期履行的，诉讼时效期间自最后一期履行期限届满之日起计算。

2. 无民事行为能力人或者限制民事行为能力人对其法定代理人的请求权的诉讼时效期间，自该法定代理终止之日起计算。

3. 未成年人遭受性侵害的损害赔偿请求权的诉讼时效期间，自受害人年满18周岁之日起计算。

无人、限人（含成年人）	仅仅针对法定代理人	任何侵害	从法定代理终止之日起算时效
未成年人（不含成年人）	任何侵权方	性侵害	从年满18周岁之日起算时效

4. 未约定履行期限的合同，依照《民法典》第510、511条的规定，可以确定履行期限的，诉讼时效期间从履行期限届满之日起计算；不能确定履行期限的，诉讼时效期间从债权人要求债务人履行义务的宽限期届满之日起计算，但债务人在债权人第一次向其主张权利之时明确表示不履行义务的，诉讼时效期间从债务人明确表示不履行义务之日起计算。

5. 合同被撤销，返还财产、赔偿损失请求权的诉讼时效期间从合同被撤销之日起计算。

例 下列关于诉讼时效的计算，表述正确的是：

A. 未成年人小明遭到成年人张某无端殴打，小明对张某的损害赔偿请求权自小明年满18周岁之日起算

B. 天才少年15周岁的孙某因创作歌曲而取得不菲报酬。其监护人将其报酬用来炒股，损失惨重。孙某对其监护人的损害赔偿请求权自监护终止之日起算

C. 张某分期购买一部苹果手机，但因为经济原因后五期价款全部没有偿还。手机店对张某的债权诉讼时效自最后一期到期之日起算

D. 2013年10月1日，甲借20万元给朋友乙，借期1年。2017年6月1日，甲死亡，7月1日，才确定丙为其唯一继承人。甲对乙的债权诉讼时效于2017年11月1日届满

【答案】BC

【例题】（2019真题回忆版）徐某和张某离婚，育有一子小徐9周岁，由徐某抚养。后徐某经常殴打小徐，且将祖父母赠送给小徐的一只玉佩用于赌博并将其输掉。关于本案，下列哪些说法是正确的？

A. 张某有权向法院提起诉讼撤销徐某的监护人资格

B. 徐某应对小徐进行赔偿

C. 小徐向徐某主张损害赔偿的诉讼时效期间自年满18周岁之日起计算

D. 小徐生活的抚养费，不适用诉讼时效规定

【答案】ABD

五、时效中止

在诉讼时效期间的最后 6 个月内，因下列障碍，不能行使请求权的，诉讼时效中止：

（1）不可抗力；

（2）无民事行为能力人或者限制民事行为能力人没有法定代理人，或者法定代理人死亡、丧失民事行为能力、丧失代理权；

（3）继承开始后未确定继承人或者遗产管理人；

（4）权利人被义务人或者其他人控制；

（5）其他导致权利人不能行使请求权的障碍。

自中止时效的原因消除之日起满 6 个月，诉讼时效期间届满。

波波点睛

自中止时效的原因消除之日起满 6 个月，诉讼时效期间届满。即中止原因消除后，无论时效期间剩余多少，一概再给 6 个月。

六、时效中断

1. 有下列情形之一的，诉讼时效中断，从中断、有关程序终结时起，诉讼时效期间重新计算：

（1）权利人向义务人提出履行请求；

（2）义务人同意履行义务；

（3）权利人提起诉讼或者申请仲裁；

（4）与提起诉讼或者申请仲裁具有同等效力的其他情形。

	发生期间	发生事由	法律后果	时间
时效中止	最后 6 个月	不可抗力或者其他障碍（客观性）	暂时停止	再给 6 个月
时效中断	诉讼时效期间内	权利人主张权利或义务人同意（主观性）	重新起算	再给 3 年

2. 时效中断的效力的延伸：

（1）部分债权中断的效力及于剩余债权；

（2）连带债权（债务）一人中断及于他人；

（3）代位权诉讼，债权人起诉次债务人同时中断债权人对债务人的债权；

（4）债权转让与债务承担中的时效中断。

增值服务

扫码获取直播增值服务
名师直播，实时互动，带学点睛

月份	主题	详细内容
1-2月	备考攻略	全年备考规划+各学科备考方法
3-4月	科目导图	知识体系脉络思维导图
5-6月	大纲解读	考试大纲变动详解
7-8月	客观突破	各科考点聚焦两小时+考试注意事项提醒
9-10月	主观突破	主观论述题、案例题方法论+考试注意事项提醒

—— "九大名师百日通关"助您完美收官 ——

付费升级

听课效率低？学习没方向？重难点苦恼？正确率不高？
九大名师速效提分方式，专治疑难杂症

50人小班教学

> 导师带队制订省时计划，时间节省30%，效率翻一番！

> 九位名师倾囊相授：金题集训+母题特训+现场密训，三训闯关

> 私教悉心辅导：周计划+周作业+周班会+周反馈+周回访，五步提升

《《《 问题答疑入口

须备注信息：百日通关+手机号

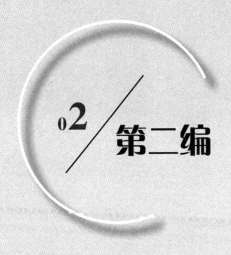

02／第二编

物　权

第一分编

通　则

第一章
物、物权与所有权

 **本章导读**

本章要求考生熟练掌握物权的效力，物权变动的原则，物权变动的原因，物权的公示方式，物权的保护方法；了解或理解物权的概念与特征，物权法定的原则，物权的分类标准及意义，物权变动的概念以及变动模式。

 知识点

一、物权的客体

（一）物（非人格性与可支配性）

1. 与人体结合、不可分离的有体物为人格权的客体，伤害其构成人格侵权。

《民法典》第 1179 条　侵害他人造成人身损害的，应当赔偿医疗费、护理费、交通费、营养费、住院伙食补助费等为治疗和康复支出的合理费用，以及因误工减少的收入。造成残疾的，还应当赔偿辅助器具费和残疾赔偿金；造成死亡的，还应当赔偿丧葬费和死亡赔偿金。

2. 与人体分离的器官、血液等可以成为物权的客体，但活体捐赠只能由完全民事行为能力人无偿捐赠，不得有偿买卖。尸体是特殊的物，仅仅用于特定用途。

3. 自然人生前未表示不同意捐献的，该自然人死亡后，其配偶、成年子女、父母可以共同决定捐献，决定捐献应当采用书面形式。

4. 非法利用、损害死者遗体遗骨者，死者的配偶、父母和子女可以主张精神损害赔偿。

（二）孳息的归属

孳息原则上归属于原物的所有权人，注意三点：

1. 土地的用益物权人优先于所有权人。

2. 买卖合同适用交付主义，标的物交付之前孳息归出卖人，交付之后孳息归买受人。

3. 夫妻一方个人财产的婚后孳息和自然增值，依然为个人财产（投资收益和劳务增值为共同财产）。

二、物的分类

（一）不动产与动产

不动产，是指土地及其定着物。动产，是指不动产以外的物，其中，船舶、航空器、机动车等为特殊动产。区分不动产与动产的意义在于：第一，物权变动的公示方法不同，不动产物权变动公示以登记为原则，动产物权变动公示以交付为原则。第二，能够设立的物权类型不同，动产和不动产上都可存在所有权。但是，在他物权中，用益物权的客体原则上仅限于不动产，动产原则上只能成为担保物权的客体（抵押权除外）。

（二）主物与从物

非主物的成分，常助主物之效用而同属于一人的物，为从物。为从物所辅助的物，为主物。如锁与钥匙、电视机和遥控器、台灯与灯罩。区分主物与从物的意义在于：

"从"随"主"走——主物转让的，从物随主物转让，但是当事人另有约定的除外。

注意特例：房屋与窗户、上衣和裤子、汽车与轮胎不是主从物关系，但汽车与备胎是主从物关系。

> **波波点睛**
>
> 从物的认定总结为12个字：存在独立、功能附属、归属一人。

（三）原物与孳息

原物是产生孳息的物，孳息是指由原物产生的新物，包括天然孳息（如果树的果实、生下的小牛）、法定孳息（如利息、租金）、射幸孳息（如彩票奖金）。股息和投资收益不属于孳息（孳息是"不劳而获"的收入）。区分原物与孳息的意义在于：确定孳息归何人所有。

1. 天然孳息，由所有权人取得；既有所有权人又有用益物权人的，由用益物权人取得。当事人另有约定的，按照约定。法定孳息，当事人有约定的，按照约定取得；没有约定或者约定不明确的，按照交易习惯取得。

2. 在买卖合同中，标的物在交付之前产生的孳息，归出卖人所有；交付之后产生的孳息，归买受人所有。但是，当事人另有约定的除外。

3. 夫妻一方个人财产在婚后产生的收益，除孳息和自然增值外，应认定为夫妻共同财产。即：劳动增值和投资收益为共同财产，孳息和自然增值为个人财产。

三、物权法定

物权法定主义包括类型法定和内容法定两个方面。如果一项约定违反物权法定，如约定不动产质押权、邻居之间的优先购买权等，则：

（1）不发生物权效力（即该约定不对抗第三人）。

（2）具有债法效力（即该约定有效，可以约束相对人）。

（3）违反该约定产生违约责任。

例 甲将其父去世时留下的毕业纪念册赠与胜利中学，赠与合同中约定该纪念册只能用于收藏和陈列，不得转让。则：

（1）此约定限制了胜利中学对纪念册的处分权，因而违反物权法定原则；

（2）故，如胜利中学再行转让该纪念册为有权处分，受让人可以取得所有权；

（3）甲只能追究胜利中学的违约责任。

四、返还原物请求权

《民法典》第235条　无权占有不动产或者动产的，权利人可以请求返还原物。

1. 前提：

（1）物必须仍然存在，否则将构成事实上的履行不能，将转化为损害赔偿请求权（法律不强人所难）。

（2）凡是返还原物权利之主张（包括《民法典》第235条和第462条）的共同前提是只能向占有标的物的现时占有人主张（包括实际占有人和间接占有人），如该占有人已经丧失占有，则为法律上的履行不能，同样无此条之适用（2014年卷三第9题C项）。

2. 要件：

（1）《民法典》第235条的请求权主体为享有占有权能的物权人（不包括抵押权人）。

例　甲以自有房屋向乙银行抵押借款，办理了抵押登记。丙因甲欠钱不还，强行进入该房屋居住。借款到期后，甲无力偿还债务。该房屋由于丙的非法居住，难以拍卖，纵然甲怠于行使对丙的返还请求权，乙银行也不能依据抵押权直接对丙行使返还请求权。

（2）本条的法定事由为无权占有（有权占有常见的三个本权：所有权、他物权、合同债权）。

特别注意：遗失物的拾得人对遗失物的占有为无权占有[①]而非有权占有。

（3）本条的义务人为无权占有的现时占有人，包括无权占有的直接占有人和间接占有人。

特别注意：

①义务人不包括占有辅助人，如乙捡到甲的锤子，交给自己的雇员丙使用，此时丙对甲不承担返还义务——占有辅助人不具有独立的支配占有物的意思。

②如为有权占有人，自然不承担《民法典》第235条所规定的返还义务。

③如果占有人已经丧失占有，则不能对其主张返还原物请求权（只能主张损害赔偿）。

3. 结论：享有占有权能的物权人向无权占有的现时占有人主张返还。

例　2007年4月2日，王某与丁某约定：王某将一栋房屋出售给丁某，房价20万元。丁某支付房屋价款后，王某交付了房屋，但没有办理产权移转登记。丁某接收房屋作了装修，于2007年5月20日出租给叶某，租期为2年。2007年5月29日，王某因病去世，全部遗产由其子小王继承。小王于2007年6月将该房屋卖给杜某，并办理了所有权移转登记。

过户前：所有权人——王某（小王）

（1）能否要求丁某（间接占有）返还房屋？答：不能——基于买卖合同的有权占有。

（2）能否要求叶某（直接占有）返还房屋？答：不能——有权占有在占有连续中的传递。

---

① 《民法典》第312条　所有权人或者其他权利人有权追回遗失物。

过户后：所有权人——杜某

（3）能否要求丁某（间接占有）返还房屋？答：可以——基于债权的有权占有的相对性。

（4）能否要求叶某（直接占有）返还房屋？答：不能——买卖不破租赁（仅仅限于先租后卖）。

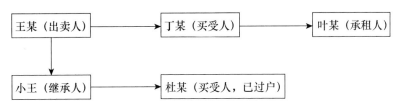

4. 时效：不动产物权和登记的动产物权（船舶、航空器、机动车）的权利人请求返还财产不适用诉讼时效——亦即，普通动产和未登记的特殊动产的返还原物请求权要适用诉讼时效（3年）。

第二章
物权变动

 本章导读

  本章需要考生熟练掌握物权中公示原则、公信原则，物权取得、消灭的原因，交付及其法律效果，登记及其法律效果。

知识点

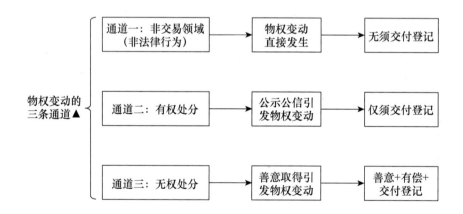

  考查模式：三条通道融入一个案例，考查物权归属。

  吴某和李某共有一套房屋，所有权登记在吴某名下。2010年2月1日，法院判决吴某和李某离婚，并且判决房屋归李某所有，但是并未办理房屋所有权变更登记。3月1日，李某将该房屋出卖给张某，张某基于对判决书的信赖支付了50万元价款，并入住了该房屋。4月1日，吴某又就该房屋和王某签订了买卖合同，王某在查阅了房屋登记簿确认房屋仍归吴某所有后，支付了50万元价款，并于5月10日办理了所有权变更登记手续。问本题中所有权的流转轨迹如何？

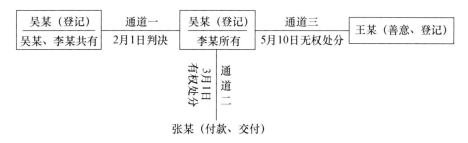

一、通道一：非基于法律行为而发生的物权变动▲

1. 不需要进行公示即可发生物权变动：人民法院、仲裁机构的法律文书，人民政府的征收决定，继承，合法建造、拆除房屋。

【相关法条】

《民法典》第229条　因人民法院、仲裁机构的法律文书或者人民政府的征收决定等，导致物权设立、变更、转让或者消灭的，自法律文书或者征收决定等生效时发生效力。

《民法典》第230条　因继承取得物权的，自继承开始时发生效力。

《民法典》第231条　因合法建造、拆除房屋等事实行为设立或者消灭物权的，自事实行为成就时发生效力。

2. 再行处分该物权时，法律规定需要进行登记的，应当首先进行宣示登记，然后再进行变更（过户）登记。

例　张大去世——张三取得所有权——宣示登记——变更登记——李四取得所有权。

【相关法条】

《民法典》第232条　处分依照本节规定享有的不动产物权，依照法律规定需要办理登记的，未经登记，不发生物权效力。

（1）物权变动在先，宣示登记在后，宣示登记是物权变动的确认。

▲注意：此时的登记既非生效要件，也非对抗要件。

（2）变更登记在先，物权变动在后，变更登记是物权变动的前提。

3. 形成裁判。

【相关法条】

《民法典》第229条　因人民法院、仲裁机构的法律文书或者人民政府的征收决定等，导致物权设立、变更、转让或者消灭的，自法律文书或者征收决定等生效时发生效力。

《最高人民法院关于适用〈中华人民共和国民法典〉物权编的解释（一）》（简称《民法典物权编解释（一）》）第7条　人民法院、仲裁机构在分割共有不动产或者动产等案件中作出并依法生效的改变原有物权关系的判决书、裁决书、调解书，以及人民法院在执行程序中作出的拍卖成交裁定书、变卖成交裁定书、以物抵债裁定书，应当认定为《民法典》第229条所称导致物权设立、变更、转让或者消灭的人民法院、仲裁机构的法律文书。

《最高人民法院关于适用〈中华人民共和国民事诉讼法〉的解释》（简称《民诉解释》）第493条　拍卖成交或者依法定程序裁定以物抵债的，标的物所有权自拍卖成交裁定或者抵债裁定送达买受人或者接受抵债物的债权人时转移。

（1）形成裁判包括：共有物分割之诉的裁判（判决书、裁决书、调解书）、债权人撤销权之诉的裁判以及执行程序中的拍卖成交裁定书、变卖成交裁定书、以物抵债裁定书。

（2）区别。

①确认判决——判决前后都是 A 的——不变动法律关系——登记错误的对应更正登记。

例 1　房 A 登记在甲名下，乙认为自己是所有权人，遂提起确权之诉，现乙胜诉。此时，生效确权判决的内容是"房 A 是乙的"，而不是"将甲的房 A 判归乙"。故此时物权并未变动。当然，乙要出卖房 A 给丙，需要先行宣示登记到自己名下，再过户登记给丙。

例 2　某房屋登记簿上所有权人为甲，但乙认为该房屋应当归自己所有，遂申请仲裁。仲裁裁决争议房屋归乙所有，但裁决书生效后甲、乙未办理变更登记手续。——此仲裁裁决为确认裁判房屋应归乙所有。

②给付判决——过户前是 A 的，过户后是 B 的——基于当事人的行为——对应变更登记。

例　甲、乙和丙于 2012 年 3 月签订了散伙协议，约定登记在丙名下的合伙房屋归甲、乙共有。后丙未履行协议。同年 8 月，法院判决丙办理该房屋过户手续，丙仍未办理。——此为给付判决，法院判决的内容是丙去办理过户手续而非把房屋直接判归甲、乙。

③形成判决——判决前是 A 的，判决后是 B 的——基于国家司法权——对应宣示登记。

例 1　吴某和李某共有一套房屋，所有权登记在吴某名下。2010 年 2 月 1 日，法院判决吴某和李某离婚，并且判决房屋归李某所有。——此为形成裁判，即法院把诉争房屋直接判归李某。

例 2　房屋 A 登记在甲的名下，乙对此登记有异议，遂诉诸法院。经审理，法院判决确认房屋 A 为乙所有。以下说法何者正确？

A. 判决生效时，该房屋即归乙所有

B. 判决生效时，乙将该房屋过户到自己名下时，该房即归乙所有

C. 无论乙是否将该房屋过户登记在自己名下，均可将该房为银行设立抵押权

D. 乙将该房屋抵押给银行，银行抵押权的取得，必须以办理抵押登记为条件

【答案】D

二、通道二：基于有权处分而发生的物权变动▲

（一）区分原则、有因性与公示公信原则

1. 区分原则。

《民法典》第 215 条规定：当事人之间订立有关设立、变更、转让和消灭不动产物权的合同，除法律另有规定或者当事人另有约定外，自合同成立时生效；未办理物权登记的，不影响合同效力。——这意味着：（1）合同效力不受登记的影响；（2）合同生效原则上也不能直接引发物权变动（区分原则）。

2. 有因性与公示公信原则。

物权变动一般情况下适用强制公示规则——须有效合同（有因性）＋交付登记（公示公信）。

3. 物权变动的公式：

有效的债权合同＋交付＝动产物权变动；有效的债权合同＋登记＝不动产物权变动。

例1 张三将房屋抵押给李四，签订了抵押合同但没有办理抵押登记。此时，抵押权虽未设立，但不影响抵押合同的效力。

例2 甲出售A房于乙，登记机关错误地把B房登记于乙，问乙是否取得B房的所有权？——不能。因为B房虽有登记，但不是双方真实意思表示，欠缺交易基础。

例3 甲出售某房屋于乙并完成交付；其后甲再将该屋出售于丙并完成登记。问房屋所有权归谁？——归丙。

例4 甲出卖手表于乙并完成交付，随后甲又以欺诈为由起诉撤销该买卖合同，则：

如乙进入破产程序，甲可以主张何种权利？——破产取回权。

如乙将手表卖于第三人丙，则丙在何种情况下才能取得所有权？——善意取得。

【例题】（2021真题回忆版）甲把表借给乙，乙把表借给丙一个礼拜，不知情的丁看到丙的表要买，丙说表不是自己的，丙以为是乙的，然后丙积极促成乙、丁完成表的买卖，然后乙、丙、丁三人合计，乙把表卖给了丁，但是丙先戴一个礼拜，一个礼拜后把表给丁。下列说法正确的是：

A. 甲享有返还原物请求权

B. 丙属于无权处分

C. 丁善意取得该表

D. 丁侵害了甲的所有权

【答案】A

（二）以下情况为例外

（1）土地承包经营权的设立，仅仅以合同生效为必要，而且无须登记即可对抗第三人。土地承包经营权合同生效，不仅能引起物权变动（承包权设立），而且能够使承包权具有对抗第三人的效力。县级以上地方政府发放土地承包经营权证、登记造册，为纯粹的行政管理手段，不具备民法上的意义，其既不能引起承包权的设立，也不能赋予承包权以对抗效力。

合同生效＝物权变动＋对抗善意第三人。

（2）"动土地"（动产抵押的设立、土地承包经营权的互换转让、地役权的设立），合同生效即可变动物权，非经登记不得对抗善意第三人，此为任意公示规则。

合同生效＝物权设立；登记＝对抗善意第三人。

例 甲公司为担保自己的贷款，将一台机器设备向乙银行抵押，与乙银行订立了机器设备抵押合同，该合同成立时即生效，但在抵押登记之前，所享有的抵押权不具有对抗效力。

波波点睛

土地承包经营权的物权变动，包括两类：一是土地承包权的设立。土地承包权的设立，发生在集体与承包权人之间，为承包权的初次取得。二是土地承包权的互换、转让。土地承包权的互换、转让，发生在土地承包权人之间，为初次取得之后，土地承包权的流转。二者的物权变动模式不同，前者自承包合同生效时设立，不存在是否登记对抗的问题；而后者自合同生效时发生变动，但非经登记不得对抗善意第三人。

（3）船舶、航空器和机动车的转让，以交付为生效要件，以登记为对抗要件。

《民法典》第 224 条　动产物权的设立和转让，自交付时发生效力，但是法律另有规定的除外。

《民法典》第 225 条　船舶、航空器和机动车等的物权的设立、变更、转让和消灭，未经登记，不得对抗善意第三人。

《民法典物权编解释（一）》第 6 条　转让人转让船舶、航空器和机动车等所有权，受让人已经支付合理价款并取得占有，虽未经登记，但转让人的债权人主张其为《民法典》第 225 条所称的"善意第三人"的，不予支持，法律另有规定的除外。

①公式。

买受人受领交付＝取得所有权；

买受人受领交付＋付款＝对抗债权人的强制执行；

买受人受领交付＋登记＝对抗善意第三物权人（抵押权人）。

②考查模型。

甲将其名下的 A 车转让给乙并完成交付，但在双方办理车辆过户登记之前，甲的一般债权人丙通过法院判决执行查封了 A 车，导致车辆无法办理过户。此时，乙作为车辆的所有权人有权向执行法院提出执行异议要求排除对 A 车的执行措施。甲把车过户给乙之前，又把车抵押给丁并且完成抵押登记。

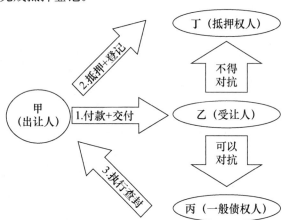

例 1　甲的车卖给乙并交付，乙付款，但未登记；后来甲又把车卖给不知情的丙并完成登记，问：丙能否主张自己为善意第三人从而对抗未登记的乙？——物权优先于债权

例 2　甲的车卖给乙，交付但未登记，乙付款。然后甲又把车抵押给不知情的丙并完成抵押登记，问：丙能否主张自己为善意第三人从而对抗未登记的乙？——非经登记不得对抗善意物权人

例 3　甲的车卖给乙，交付但未登记，乙付款。后来车被丙毁损。乙向丙提出损害赔偿，问：丙能否主张自己为善意第三人从而对抗未登记的乙？——物权优先于债权

例 4　甲的车卖给乙，交付但未登记，乙付款。问：如果乙向甲请求过户登记，甲能否主张自己为善意第三人从而对抗未登记的乙？——甲为当事人而非第三人

例 5　甲的车卖给乙，交付但未登记，乙付款。甲去世，小甲为唯一继承人，问：小甲能否主张自己为善意第三人从而对抗未登记的乙？——小甲与甲的法律地位一致，小甲也为当事

人而非第三人

[答案]

【例1】不能。基于物权优先于债权的法理，结合本题，丙仅仅是合同当事人而非物权人，乙的物权优先于丙的债权。

【例2】可以。机动车物权的转让，未经登记，不得对抗善意第三人。结合本题，甲转让车于乙但未登记，因此，丙作为善意第三人，依法取得抵押权。

【例3】不能。丙为损害车辆的侵权行为人，并不是第三人。同时，丙对车的损害产生侵权之债的关系，并不发生物权关系。

【例4】不能。甲是车辆转让中的当事人，不是第三人。

【例5】不能。小甲是甲的唯一继承人，在甲死亡后，就车辆的转让，小甲与甲的法律地位一致，小甲属于当事人而非第三人。

【例题】（2021真题回忆版）张某将一块家传宝玉卖给李某，二人签订协议X，其中附有条款：（1）张某未来两年有权随时以原价120％买回这块玉，李某不能拒绝；（2）如果这期间李某把玉卖给别人，此协议失效。1年后李某把玉卖给王某，并与王某说明有关协议X的情况，在王某知晓协议X的情况下与其签订协议Y，李某将宝玉交付给王某。对此，下列说法正确的是：

A. Y协议严重损害张某的利益，因此Y协议无效

B. 王某与李某之间的Y协议有效

C. 王某取得该宝玉的所有权

D. 张某有权请求李某承担违约责任

【答案】BCD

（三）动产交付

1. 现实交付：权物同步——何为交付？

例1　甲出卖某车于乙，由甲的司机将汽车交付于乙的司机。

例2　甲出卖某画于乙，乙转售于丙，乙请甲将画直接交付于丙，甲同意并照做。

2. 观念交付：简易交付、占有改定、指示交付。

【相关法条】

《民法典》第226条　动产物权设立和转让前，权利人已经占有该动产的，物权自民事法律行为生效时发生效力。

《民法典》第228条　动产物权转让时，当事人又约定由出让人继续占有该动产的，物权自该约定生效时发生效力。

《民法典》第227条　动产物权设立和转让前，第三人占有该动产的，负有交付义务的人可以通过转让请求第三人返还原物的权利代替交付。

《民法典物权编解释（一）》第17条　《民法典》第311条第1款第1项所称的"受让人受让该不动产或者动产时"，是指依法完成不动产物权转移登记或者动产交付之时。

当事人以《民法典》第226条规定的方式交付动产的，转让动产民事法律行为生效时为动产交付之时；当事人以《民法典》第227条规定的方式交付动产的，转让人与受让人之间有关转让返还原物请求权的协议生效时为动产交付之时。

法律对不动产、动产物权的设立另有规定的，应当按照法律规定的时间认定权利人是否为善意。

▲小结：三种观念交付之对比，以买卖合同为例。

	简易交付	占有改定	指示交付
顺序	占有在先，物权在后	物权在先，占有在后	物权在先，占有在后
要件	买受人占有＋买卖合同	买卖合同＋占有改定协议（出卖人占有）	第三人占有＋买卖合同
物权变动	买卖合同生效时完成物权移转	占有改定协议生效时完成物权移转	双方达成的返还请求权的"让与合意"生效时完成物权移转，通知第三人是对第三人生效的要件（类似于债权让与）

【例题】(2017-3-5) 庞某有1辆名牌自行车，在借给黄某使用期间，达成转让协议，黄某以8 000元的价格购买该自行车。次日，黄某又将该自行车以9 000元的价格转卖给了洪某，但约定由黄某继续使用1个月。关于该自行车的归属，下列哪一选项是正确的？

A. 庞某未完成交付，该自行车仍归庞某所有

B. 黄某构成无权处分，洪某不能取得自行车所有权

C. 洪某在黄某继续使用1个月后，取得该自行车所有权

D. 庞某既不能向黄某，也不能向洪某主张原物返还请求权

【答案】D

例 甲继承其父遗留的小提琴，随即出卖于乙，约定于4月3日交琴。甲于4月3日向乙表示愿意让与该琴所有权，但欲借用3日，乙同意，并即开具支票支付。甲又于4月4日将该琴出售于善意之丙，并即交付与丙。甲又于4月5日将该琴出卖于丁，对丁虚称该琴系借丙使用，愿将其对丙的返还请求权让与丁，以代交付，移转该琴所有权。享有该琴所有权的是谁？

A. 甲　　　　　　B. 乙　　　　　　C. 丙　　　　　　D. 丁

【答案】C

(四) 不动产登记

1. 登记簿与权属证书

《民法典》第216条　不动产登记簿是物权归属和内容的根据。不动产登记簿由登记机构管理。

《民法典》第217条　不动产权属证书是权利人享有该不动产物权的证明。不动产权属证书记载的事项，应当与不动产登记簿一致；记载不一致的，除有证据证明不动产登记簿确有错误外，以不动产登记簿为准。

《民法典物权编解释（一）》第2条　当事人有证据证明不动产登记簿的记载与真实权利状态不符、其为该不动产物权的真实权利人，请求确认其享有物权的，应予支持。

《民法典物权编解释（一）》第2条的适用情形主要包括：

（1）共有财产登记于一方名下：如甲、乙夫妻婚后购买的房子，两人商量仅登记在甲名下，然后就房屋归属发生纠纷。此时如乙有证据证明该房屋为双方共有，则可以推翻前述登记。

（2）遗产登记于部分继承人名下：如张大去世，留有房屋，两个儿子，但仅登记于长子名下，然后就房屋归属发生纠纷。此时如次子有证据证明该房屋为双方共同继承进而形

成共同共有，则可以推翻前述登记。

（3）借名登记：如甲在乙寺院出家修行，立下遗嘱，将乙寺院出资购买并登记在甲名下的房产分配给女儿丙，此时如乙寺院有证据证明该房屋为乙寺院所有，则可以推翻前述登记。

（4）共有物分割未变更登记：如张三与李四离婚，法院判登记在张三名下房子归李四所有，此时如李四能够举出法院判决的证据，则可以推翻前述登记。

结论1：不动产登记与不动产物权的真实状态不一致时，后者可以以证据推翻前者（事实大于登记簿，登记簿大于权属证书）。

结论2：区分内外关系，内部证据可以推翻推定，外部保护交易安全，第三人取得物权。

2. 更正登记与异议登记

（1）更正登记：

权利人：确有证据证明登记错误可以主张更正登记。

利害关系人：经登记权利人书面同意可以主张更正登记。

（2）异议登记：

《民法典》第220条　权利人、利害关系人认为不动产登记簿记载的事项错误的，可以申请更正登记。不动产登记簿记载的权利人书面同意更正或者有证据证明登记确有错误的，登记机构应当予以更正。

不动产登记簿记载的权利人不同意更正的，利害关系人可以申请异议登记。登记机构予以异议登记，申请人自异议登记之日起15日内不提起诉讼的，异议登记失效。异议登记不当，造成权利人损害的，权利人可以向申请人请求损害赔偿。

《民法典物权编解释（一）》第3条　异议登记因《民法典》第220条第2款规定的事由失效后，当事人提起民事诉讼，请求确认物权归属的，应当依法受理。异议登记失效不影响人民法院对案件的实体审理。

《民法典物权编解释（一）》第15条　具有下列情形之一的，应当认定不动产受让人知道转让人无处分权：

（一）登记簿上存在有效的异议登记……

a. 申请人——权利人不同意更正登记时由利害关系人单方提出。

b. 性质。

b1：程序性登记：登记机关"三不"——不审查、不确认、不赔偿。

b2：临时性登记：15日内不起诉的，异议登记失效（起诉会持续有效）。

b3：异议登记作为程序性登记，不影响过户，但登记机关须提示风险。①

异议登记失效后，申请人就同一事项以同一理由再次申请异议登记的，不动产登记机构不予受理。

c. 异议登记的效力。

c1：有效的异议登记仅仅限于：①异议登记之日起15日内；②前述15日内如果申请

---

①　相关法条——《不动产登记暂行条例实施细则》第84条　异议登记期间，不动产登记簿上记载的权利人以及第三人因处分权利申请登记的，不动产登记机构应当书面告知申请人该权利已经存在异议登记的有关事项。申请人申请继续办理的，应当予以办理，但申请人应当提供知悉异议登记存在并自担风险的书面承诺。

人起诉的，该异议登记持续有效。有效的异议登记的价值在于阻挡第三人的善意取得。

c2：15日内未起诉的，异议登记将失效，此时异议登记无法阻挡善意取得，但不影响异议申请人可以继续提起民事诉讼请求确认物权归属。

结论：15日内可诉可挡；15日后可诉不可挡。

甲：登记人；乙：异议登记申请人。

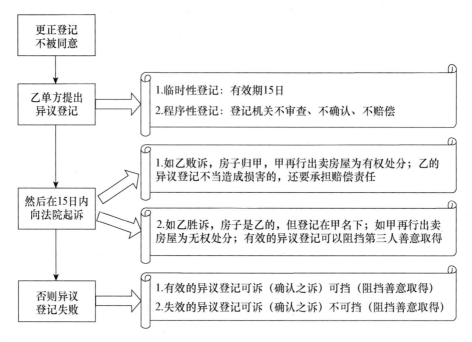

例 甲的房子，乙认为自己是共有人，提异议登记，然后甲卖房子给丙。假如异议登记后乙诉至法院，而且甲（登记名义人）和丙（买受人）完成过户，又将如何？

答：首先明确一点，异议登记生效后丙即为恶意第三人，然后分三种情况：

第一种情况：乙胜诉，甲为无权处分，丙作为恶意第三人，无法取得物权。

第二种情况：乙败诉，甲为有权处分，丙的善恶意不影响物权变动，丙可以取得物权。

第三种情况：如果乙在异议登记失效后才起诉，丙将成为善意第三人，即使甲无权处分，丙的善意取得也不受影响。（亦即，失效的异议登记无法阻挡第三人的善意取得）

3. 预告登记

《民法典》第221条 当事人签订买卖房屋的协议或者签订其他不动产物权的协议，为保障将来实现物权，按照约定可以向登记机构申请预告登记。预告登记后，未经预告登记的权利人同意，处分该不动产的，不发生物权效力。

预告登记后，债权消灭或者自能够进行不动产登记之日起90日内未申请登记的，预告登记失效。

▲小结：

（1）预告登记的申请人是谁？——合同双方当事人共同申请。

（2）预告登记所登记的客体是什么？——合同债权。

（3）预告登记后，再次处分该不动产产生的效力如下。

《民法典物权编解释（一）》第4条 未经预告登记的权利人同意，转让不动产所有权等物权，或者设立建设用地使用权、居住权、地役权、抵押权等其他物权的，应当依照《民法典》第221条第1款的规定，认定其不发生物权效力。

①不影响债权合同效力——预告登记后再出卖、抵押、出租的合同有效。

②阻挡其后的物权变动。

③转而寻求违约责任的救济——履行不能，损害赔偿。

▲考查模型：

例 张三、李四签订不动产的买卖合同并作预告登记后：

①张三、王五签订买卖或者抵押合同并以不正当手段完成登记——买卖、抵押合同有效，物权变动无效，追究违约责任。

②张三、赵六签订租赁合同并交付租赁物于赵六——租赁合同有效，赵六取得租赁权。

③在②中，如果将来张三、李四完成过户登记，赵六能否主张买卖不破租赁？

答：不能。买卖不破租赁适用于先租赁后买卖，上例情况则在租赁前已经有了买卖的预告登记。

《民法典》第725条 租赁物在承租人按照租赁合同占有期限内发生所有权变动的，不影响租赁合同的效力。

（4）预告登记的时间限度是什么？——90天。

（5）预告登记的失效。

《民法典》第221条 当事人签订买卖房屋的协议或者签订其他不动产物权的协议，为保障将来实现物权，按照约定可以向登记机构申请预告登记。预告登记后，未经预告登记的权利人同意，处分该不动产的，不发生物权效力。

预告登记后，债权消灭或者自能够进行不动产登记之日起90日内未申请登记的，预告登记失效。

《民法典物权编解释（一）》第4条 未经预告登记的权利人同意，转让不动产所有权等物权，或者设立建设用地使用权、居住权、地役权、抵押权等其他物权的，应当依照《民法典》第221条第1款的规定，认定其不发生物权效力。

《民法典物权编解释（一）》第5条 预告登记的买卖不动产物权的协议被认定无效、被撤销，或者预告登记的权利人放弃债权的，应当认定为《民法典》第221条第2款所称的"债权消灭"。

思考：预告登记失效后会如何？

例 甲公司开发写字楼一幢，于2008年5月5日将其中一层卖给乙公司，约定半年后交房，并于2008年5月6日申请办理了预告登记。2008年6月2日甲公司因资金周转困难，在乙公司不知情的情况下，以该层楼向银行抵押借款。下列说法正确的有：

A. 抵押合同有效，但抵押权不能设立

B. 抵押合同有效，在银行不知情的情况下，抵押权能被银行通过抵押登记而善意取得

C. 无论抵押合同是否有效，只要乙公司同意，银行即可经登记取得抵押权

D. 如果甲公司、乙公司之间协议解除合同，那么预告登记失效

【答案】AD

特别注意：预告登记具有实体法上的效力，因而预告登记后，登记机关不得再行进行物权变动的登记。(《不动产登记暂行条例实施细则》第 85 条)

【民诉链接】

《最高人民法院关于人民法院办理执行异议和复议案件若干问题的规定》第 30 条 金钱债权执行中，对被查封的办理了受让物权预告登记的不动产，受让人提出停止处分异议的，人民法院应予支持；符合物权登记条件，受让人提出排除执行异议的，应予支持。

4. 四个责任

(1) 异议登记不当，造成权利人损害的，权利人可以向申请人请求损害赔偿。

(2) 当事人提供虚假材料申请登记，造成他人损害的，应当承担赔偿责任。

(3) 因登记错误，造成他人损害的，登记机构应当承担赔偿责任。

(4) 登记机构赔偿后，可以向造成登记错误的人追偿。

▲小结：上述（2）（3）（4）的两种考查模式：

第一种：登记机关自己错误，与他人无关，须承担无过错责任。

第二种：第三人提供虚假材料（如伪造的权利人的同意进行更正登记）导致登记机关登记错误，此时登记机关与第三人承担不真正连带责任，亦即：

——受害人首先可以选择第三人或者登记机关请求赔偿；

——如受害人直接选择第三人追究责任，则由第三人承担；

——如受害人选择登记机关追究责任，则登记机关可以向第三人追偿。

第三章
所有权取得的特别方式

 本章导读

本章需要考生熟练掌握无权处分相关法律规定，善意取得的法律要件及其产生的法律效果，以及遗失物、无主物、添附相关的法律规定。

 知识点

一、无权处分与善意取得

（一）善意取得与合同效力

具有下列情形之一，受让人主张依据《民法典》第 311 条规定取得所有权的，不予支持：

（1）转让合同被认定无效；

（2）转让合同被撤销。

例 丙以将乙出轨的事情告知其丈夫甲为由，威胁乙将其房屋以市价出卖给丙，事实上该房屋为甲、乙夫妻共有。乙无奈将房屋过户给了丙。乙未经甲同意出卖该房屋为无权处分，乙因受胁迫享有撤销权。

（1）在法院判决撤销该房屋买卖合同后，丙不能取得该房屋的所有权。

（2）如该撤销权消灭，则丙善意取得该房屋所有权不受影响。

注意：丙对无权处分一事不知情，亦即丙始终是善意的，丙是善意恶意不取决于丙是否有胁迫而取决于丙是否知情。

（二）善意取得的一般条件

《民法典》第 311 条　无处分权人将不动产或者动产转让给受让人的，所有权人有权追回；除法律另有规定外，符合下列情形的，受让人取得该不动产或者动产的所有权：

（一）受让人受让该不动产或者动产时是善意；

（二）以合理的价格转让；

（三）转让的不动产或者动产依照法律规定应当登记的已经登记，不需要登记的已经交付给受让人。

受让人依据前款规定取得不动产或者动产的所有权的，原所有权人有权向无处分权人请求损害赔偿。

当事人善意取得其他物权的，参照适用前两款规定。

《民法典物权编解释（一）》第14条　受让人受让不动产或者动产时，不知道转让人无处分权，且无重大过失的，应当认定受让人为善意。

真实权利人主张受让人不构成善意的，应当承担举证证明责任。

《民法典物权编解释（一）》第15条　具有下列情形之一的，应当认定不动产受让人知道转让人无处分权：

（一）登记簿上存在有效的异议登记；

（二）预告登记有效期内，未经预告登记的权利人同意；

（三）登记簿上已经记载司法机关或者行政机关依法裁定、决定查封或者以其他形式限制不动产权利的有关事项；

（四）受让人知道登记簿上记载的权利主体错误；

（五）受让人知道他人已经依法享有不动产物权。

真实权利人有证据证明不动产受让人应当知道转让人无处分权的，应当认定受让人具有重大过失。

《民法典物权编解释（一）》第16条　受让人受让动产时，交易的对象、场所或者时机等不符合交易习惯的，应当认定受让人具有重大过失。

《民法典物权编解释（一）》第17条　《民法典》第311条第1款第1项所称的"受让人受让该不动产或者动产时"，是指依法完成不动产物权转移登记或者动产交付之时。

《民法典物权编解释（一）》第18条　《民法典》第311条第1款第2项所称"合理的价格"，应当根据转让标的物的性质、数量以及付款方式等具体情况，参考转让时交易地市场价格以及交易习惯等因素综合认定。

《民法典物权编解释（一）》第19条　转让人将《民法典》第225条规定的船舶、航空器和机动车等交付给受让人的，应当认定符合《民法典》第311条第1款第3项规定的善意取得的条件。

设：甲为权利人；乙为无权处分人；丙为第三人。

1. 乙为无权处分人，却具有有权处分的外观。

（1）无权处分是善意取得的基本前提。

（2）乙具有所有权人的外观。这意味着：

①如果乙向丙无权处分的标的物为不动产，乙必须是不动产的登记人，即，登记名义人和实际权利人的分离——常见的如：

a. 夫妻共同财产或继承未分割的财产登记于一方名下，例如：甲、乙婚后购买房屋一套，房屋登记于甲名下，甲未经乙同意，擅自将房屋卖给丙，完成过户登记。

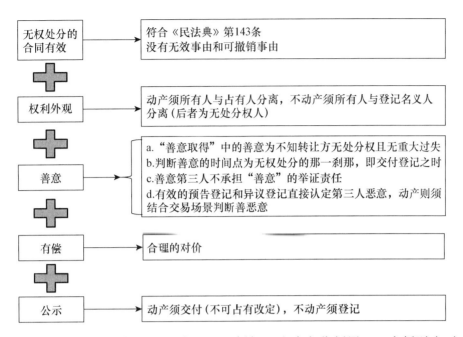

b. 法院作出形成判决但尚未过户登记，例如：法院在分割甲、乙离婚财产时，将共同共有的登记于甲名下的房屋，判决归乙个人所有，判决生效后房屋更名之前，甲将房屋擅自出卖于丙，完成过户登记。

c. 合同无效或者被撤销后产生的二者分离，例如，甲因受欺诈，将房屋出卖给乙，完成过户登记。后甲、乙的买卖合同被法院撤销。在判决生效后，乙擅自出卖房屋于丙，完成过户登记。

d. 虚假意思表示产生的二者分离。例如：甲以出卖房屋的形式作为民间借贷合同的担保，向乙贷款50万元，房屋过户于乙名下，乙擅自出卖房屋于丙，完成过户登记。

以上四种情况都属于登记名义人和实际权利人分离而引起的无权处分。

②如果乙向丙无权处分的标的物为动产，乙必须是动产的占有人。

③如果乙向丙无权处分的标的物为特殊动产，乙必须同时是动产的占有人和登记人（乙占有才能完成交付，登记在乙名下丙才能被认定为善意）。

2. 乙与丙之间为等价有偿的合法交易。

3. 丙为善意。

（1）丙不知乙为无权处分且无重大过失，即丙基于对乙的占有、登记的信赖，相信乙就是所有权人，为有权处分。

（2）判断善意的时间点为无权处分的那"一刹那"，即动产交付、不动产登记之时。

（3）善意第三人不承担"善意"的举证责任——原则上消极事实无须举证，当事人主张受让人不构成善意的，应当承担举证证明责任。

（4）无权处分下对第三人善意与恶意的判断，要把动产和不动产区别对待，不动产主要从登记簿（预告登记、异议登记）出发，动产则主要从交易的对象、场所或者时机等交易习惯而论。

4. 完成公示，即丙获得占有、登记——此时发生善意取得，所有权归属于善意第三人。

特别注意：占有改定不能发生善意取得，但指示交付可以发生善意取得。

例1　甲的相机借给乙使用，乙将其以合理价格出卖给丙，丙无法证明自己对于乙无权处分不知情，甲也无法证明丙对乙无权处分知情，此时应推定丙为善意，于是丙可以善意取得该相机的所有权。

例2　甲的相机借给乙使用，乙以合理价格出卖给不知情的丙并于2018年1月1日完成交付，1月2日丙从朋友处得知相机是甲所有，感到后背发凉，但此时的丙已经善意取得相机的所有权。

例3　甲的相机借给乙使用，乙将其以合理价格出卖给丙，但约定由乙代为保管，此时丙不能善意取得该相机的所有权。

例4　甲的相机借给乙使用，乙谎称是自己的，先出租于丙，再出卖于丁，乙、丁之间可以达成返还请求权的让与协议，此时丁通过指示交付善意取得该相机的所有权。

（三）无权处分的法律后果

《民法典》第597条　因出卖人未取得处分权致使标的物所有权不能转移的，买受人可以解除合同并请求出卖人承担违约责任。

法律、行政法规禁止或者限制转让的标的物，依照其规定。

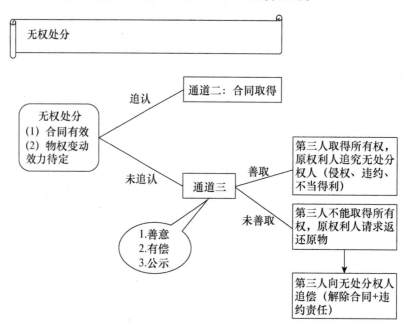

第一种结果，无权处分被追认——适用通道二：有因性＋公示公信原则。

第二种结果，无权处分不被追认且不发生善意取得，第三人不能取得所有权，原权利人有权请求第三人返还原物；第三人向无处分权人追偿，请求解除合同并请求其承担违约责任。

第三种结果，无权处分不被追认且发生善意取得，第三人取得所有权，原权利人追究无处分权人（侵权、违约、不当得利）。

【例题】（2019真题回忆版）陈某与肖某系夫妻。婚后两人共同购买了一套房屋，登记在陈某名下。2019 年 2 月 3 日，陈某找来老相好蔡某，以夫妻名义做了一张假结婚证和蔡某一起将房屋过户给不知情的秦某。妻子肖某发现后，要求撤销合同。关于本案，下列说法正确的有：

A. 虽然房屋登记在陈某名下，但依然系陈某和肖某共同共有

B. 肖某有权请求撤销房屋买卖合同

C. 秦某有权主张善意取得房屋所有权

D. 肖某有权请求蔡某赔偿损失

【答案】ACD

(四) 机动车的善意取得

《民法典物权编解释 (一)》第 19 条　转让人将《民法典》第 225 条规定的船舶、航空器和机动车等交付给受让人的，应当认定符合《民法典》第 311 条第 1 款第 3 项规定的善意取得的条件。

例　甲的车交给乙保管，乙将其出卖于丙，如该机动车未登记，则丙在完成交付之时可以善意取得 (如机动车登记于甲的名下，则丙为恶意，不能善意取得)。

二、遗失物的拾得

《民法典》第 312 条　所有权人或者其他权利人有权追回遗失物。该遗失物通过转让被他人占有的，权利人有权向无处分权人请求损害赔偿，或者自知道或者应当知道受让人之日起 2 年内向受让人请求返还原物；但是，受让人通过拍卖或者向具有经营资格的经营者购得该遗失物的，权利人请求返还原物时应当支付受让人所付的费用。权利人向受让人支付所付费用后，有权向无处分权人追偿。

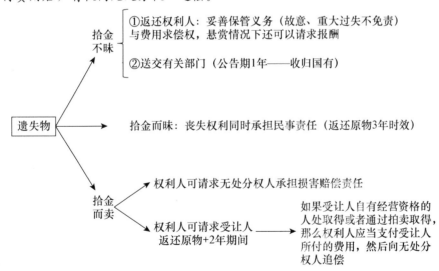

(一) 拾金不昧

1. 返还权利人：妥善保管义务 (故意、重大过失不免责) 与费用求偿权，悬赏情况下还可以请求报酬 (但不得主张留置权)。

2. 送交有关部门 (公告期 1 年——收归国有)。

（二）拾金而昧——据为己有：丧失权利同时承担民事责任

（三）拾金而"卖"

设：甲为失主、乙为拾得人、丙为受让人，则：

1. 甲、乙：损害赔偿请求权（债权请求权，3年时效）。

2. 甲、丙：返还原物请求权。

另须注意《民法典》第312条规定的公开市场原则限制：如果丙自有经营资格的人处取得或者通过拍卖取得，那么甲应当支付受让人丙所付的费用，然后向乙追偿。

例1　甲的手机遗失，被乙拾得后，出卖给知情的丙手机商店。丙商店将该手机转卖给不知情的丁。自甲知道或应当知道丁之日起2年内，甲有权请求丁返还原物，但需支付丁购买手机的价款。

例2　甲的精密仪器丢失，发布悬赏广告称捡到并送回给予一定报酬，后乙捡到，交给公安机关，公安机关发布一遗失物领取公告，甲因看到该公告取回遗失物。本案中，行政机关不收取费用，乙可以向甲主张悬赏报酬。

例3　黄某将皮夹克扔掉但不知贵重手表在衣服里，被拾荒者乙捡到，并将手表卖给不知情的丙。案情中，抛弃属于法律行为，由于黄某没有抛弃手表的意思表示，所以黄某对手表不构成抛弃。故本案应该适用《民法典》第312条的遗失物规则。

例4　甲出国留学前将自己的一幅名人字画委托好友乙保管。在此期间乙一直将该字画挂在自己家中欣赏，来他家的人也以为这幅字画是乙的。后乙因生意需要在家中宴请政府官员丙。丙对该字画赞不绝口，于是乙顺势将该字画赠送给了丙。丙在回家的途中因酒醉糊涂，将字画遗留在出租车上。出租车司机丁略通收藏，发现该字画后便将其私藏，后通过拍卖所进行拍卖。收藏家戊在拍卖会上以3万元的价格买得此字画。一年后，甲回国，查得该字画已被戊收藏，便上门向戊索要。下列有关本案的表述中不正确的是：

A. 该字画仍应归甲所有，但应支付3万元给戊

B. 因乙是将该字画赠送给丙的，所以丙不可能拥有该字画的所有权

C. 丁负有赔偿损失的责任

D. 戊作为善意第三人，从拍卖会上竞买下该字画，应当获得该字画的所有权

【答案】D

【例题】（2020真题回忆版）张三在路边捡到一块玉，准备交到失物招领处，途中遇见李四，向其炫耀一番，并说该玉为自己所有，由于李四想把玩几天，遂暂借给李四。次日，玉被王二盗走，王二准备在二手市场交易，被失主赵五恰巧碰到。对此，下列说法正确的是：

A. 张三是无权占有

B. 李四可请求王二返还原物

C. 李四是恶意占有

D. 赵五可请求王二返还原物

【答案】ABD

三、先占无主物

（一）抛弃

1. 抛弃属于单方法律行为，因此，抛弃人应具有相应的行为能力。

2. 抛弃人应具有抛弃物之意思。

3. 抛弃人应与抛弃物脱离占有。

（二）先占的构成

1. 先占物应为无主物。

2. 占有是一种事实，因此先占不对先占人有行为能力的要求。

3. 先占人应对物有占有意思与利用意思。

4. 先占人对物形成管领力。

甲带领 5 岁的儿子丙在乙经营的农庄吃饭时，丙十分喜爱农庄上面飞来飞去的鸽子（非家养），乙表示为丙抓一只，乙交给丙后，丙爱心泛滥要还鸽子以自由，手一松鸽子飞走了，问鸽子归谁？

例　下列行为构成先占的是：

A. 甲房屋太多，于是将老家的破旧房屋丢弃不管，乙可以径自占有

B. 甲失恋，把情书丢进可燃烧的垃圾桶内，燃烧之前乙拿起保存

C. 12 周岁的甲把自家的黄金切着玩，把黄金块丢到马路上，路人乙捡起

D. 甲一夜暴富，将自己价值昂贵但使用多年的手表丢弃，乙以为别人遗失，据为己有

【答案】D

【例题】（2020 真题回忆版）中学生甲（13 周岁）每天下午都去篮球场打篮球，顺带买一瓶可乐饮用。乙是拾荒者，以捡垃圾为生，经常在篮球场捡瓶子。一日甲打完篮球后就喝可乐，之后将装有半瓶可乐的瓶子放在球场上，拿着书包就和同学丙一起离开了球场。乙随后捡走了可乐瓶。关于本案，下列哪一说法是正确的？

A. 甲的行为是赠与

B. 甲的行为是抛弃

C. 甲的行为不需要意思表示

D. 可乐瓶属于遗失物

【答案】B

四、添附

添附一般是附合、混合的通称，广义的添附还包括加工在内。这三者都是动产所有权的取得方法，在法律效果上有共同点；但与前述的先占、即时取得（善意取得）、拾得遗失物、发现埋藏物不同，它是指数个不同所有人的物结合成一物（合成物、混合物），或由所有人以外的人加工而成新物（加工物）。

基于添附的事实而产生的所有权归属问题，我国《民法典》第 322 条规定，因加工、附合、混合而产生的物的归属，有约定的，按照约定；没有约定或者约定不明确的，依照法律规定；法律没有规定的，按照充分发挥物的效用以及保护无过错当事人的原则确定。因一方当事人的过错或者确定物的归属造成另一方当事人损害的，应当给予赔偿或者补偿。

例 1　贾某是小偷惯犯，某日路过王某家，见王某家中一件价值 1 万元的貂皮，于是心生贼念，夜晚趁王某一家人不在家之际，将貂皮弄到手转手卖给不知情的李某，李某交付雇佣工

裁缝郑某将该貂皮加工成一件价值 2.5 万元的貂皮小袄，郑某将小袄卖给王某。根据民法知识下列正确的是：

A. 李某善意取得貂皮的所有权

B. 李某原始取得小袄的所有权

C. 郑某原始取得小袄的所有权

D. 王某继受取得小袄的所有权

【答案】BD

例 2　甲将自己的一块未雕琢的鸡血玉石质押给乙，并且交给了乙，乙为妥善保存放入地下室纸箱中，时隔多日乙顺手将纸箱丢到垃圾站，恰好被路过的丁取走，丁知此物为鸡血石，于是回家雕刻成玉佛，使之价格翻 2 倍。根据所学知识下列说法错误的是：

A. 甲和乙之间的质押合同自甲将玉石交付给乙时才生效

B. 乙把玉石放入地下室属于直接占有和恶意占有

C. 玉石所有权最终由丁取得

D. 乙的质押权没有消灭

【答案】AB

【例题】（2019 真题回忆版）刘某是一个小有名气的雕刻家，孟某喜欢收藏各种奇石。刘某借孟某收藏的一块太湖石（价值 3 万元）和一块汉白玉（价值 1 万元）把玩欣赏。后刘某在装修房屋时将太湖石镶嵌在自己家中的电视背景墙中，并将汉白玉雕刻成了柏拉图雕像（价值 3 万元）。对此，下列哪些说法是正确的？

A. 因太湖石已经与背景墙附合，应归刘某所有

B. 刘某应该因太湖石给予孟某补偿

C. 柏拉图雕像可以归刘某所有

D. 刘某应因柏拉图雕像给予孟某补偿

【答案】ABCD

补充资料：原始取得和继受取得

	非基于法律行为的取得	基于法律行为的取得
原始取得	善意取得（《民法典》第 311 条） 天然孳息所有权的取得（《民法典》第 321 条） 基于人民法院、仲裁机构的法律文书或者人民政府的征收决定（《民法典》第 229 条） 添附 先占、时效取得（《民法典》未作规定）	
继受取得	继承	双方法律行为：买卖、互易、赠与等 单方法律行为：遗赠

物权的发生，指物权与特定主体结合而言，自物权人方面观察，为物权的取得（广义，包括设定），可分为原始取得和继受取得。

1. 原始取得，指非依据他人既存的权利而取得的物权，如无主物的先占。原始取得既非继受他人的权利，因此标的物上的一切负担均因原始取得而消灭。

2. 继受取得，指就他人的权利而取得物权，又可分为转移取得和创设取得。转移取

得，指就他人的物权依其原判而取得，如基于买卖、赠与而受让某物所有权（特定继受取得）；基于继承而取得被继承人的一切物权（概括继受取得）。所谓创设取得，指于他人的权利上设定用益物权或担保物权。

第二分编

所有权

第四章
所有权概述

**本章导读**

本章要求考生理解或了解所有权的概念与性质，国家所有权的概念和特征、客体、保护，私人所有权的内容。

知识点

一、所有权的概念与性质

所有权是财产所有人在法律规定的范围内，对属于他的财产享有的占有、使用、收益、处分和排除他人干涉（返还原物、排除妨碍、消除危险）的权利。所有权是最典型的物权，或物权的原型，是指在法律限度内，对物全面支配的权利。所有权以永久存续为本质，当事人不得依合同预定其存续期间，但所有权人必须在法律限度内对其物进行支配与利用。

二、国家所有权

（一）国家所有权的概念

国家所有权是指国家对国有财产的占有、使用、收益与处分的权利，其本质是全民所有制在法律上的表现。

（二）国家所有权的范围——专属于国家的土地所有权和自然资源所有权无须登记

1. 城市的土地，属于国家所有。法律规定属于国家所有的农村和城市郊区的土地，属于国家所有。

2. 矿藏、水流、海域属于国家所有。

3. 森林、山岭、草原、荒地、滩涂等自然资源，属于国家所有，但是法律规定属于集体所有的除外。

4. 法律规定属于国家所有的野生动植物资源，属于国家所有。

5. 无线电频谱资源属于国家所有。

6. 法律规定属于国家所有的文物，属于国家所有。

7. 国防资产属于国家所有。

8. 铁路、公路、电力设施、电信设施和油气管道等基础设施，依照法律规定为国家所有的，属于国家所有。

9. 无居民海岛属于国家所有，国务院代表国家行使无居民海岛所有权。

波波点睛

无条件归国家的财产有哪些？

口诀："国上海水需屏障"

——国（国防资产）土（城市土地）海（海域、海岛）水（水流）需屏（无线电频谱资源）障（矿藏）。

例　下列关于所有权的说法，不正确的有：

A. 一个物上只能有一个所有权，但共有除外

B. 森林、山岭、草原、荒地、滩涂等自然资源全部属于国家所有

C. 国家机关对其直接支配的不动产和动产，享有占有、使用、收益以及依照法律和国务院的有关规定处分的权利

D. 国家对国有独资公司的财产享有国家所有权

【答案】ABCD

（三）国家所有权的行使

1. 国家机关对其直接支配的不动产和动产，享有占有、使用以及依照法律和国务院的有关规定处分的权利。

2. 国家举办的事业单位对其直接支配的不动产和动产，享有占有、使用以及依照法律和国务院的有关规定收益、处分的权利。

3. 国家出资的企业，由国务院、地方人民政府依照法律、行政法规规定分别代表国家履行出资人职责，享有出资人权益。

三、集体所有权（略）

四、私人所有权

私人所有权，是自然人、法人等民事主体依法对于不动产、动产享有的所有权。它不同于个人所有权，私人所有权既包括作为自然人的个人的所有权，也包括个体工商户、合伙、各类企业法人、三资企业、社会团体等非公有制经济主体享有的所有权。

第五章
业主的建筑物区分所有权

 **本章导读**

本章需要考生熟练掌握业主的建筑物区分所有权的行使规则，业主的建筑物区分所有权的内容（专有部分的单独所有权、共有部分的共有权、业主的管理权）。

 知识点

一、建筑物区分所有权的概念

建筑物区分所有权是我国民法典规定的不动产所有权一种形态。所谓建筑物区分所有权，指的是权利人即业主对于一栋建筑物中自己专有部分的单独所有权、对共有部分的共有权以及因共有关系而产生的管理权的结合。

二、业主

业主身份，是享有建筑物区分所有权的前提。业主的范围包括：取得建筑物专有部分所有权的人；基于与建设单位之间的商品房买卖民事法律行为，已经合法占有建筑物专有部分，但尚未依法办理所有权登记的人。

例1 甲与开发商订立买卖合同，获得交付，办理了过户登记——甲为业主。

例2 乙与开发商订立买卖合同，获得交付，尚未办理过户登记——乙也为业主。

业主人数的确定方法。第一，按照专有部分的数量计算，一个专有部分按一人计算；第二，同一买受人拥有一个以上专有部分的，按一人计算；第三，建设单位尚未出售和虽已出售但尚未交付的部分，开发商为业主，按一人计算。在这里，"尚未出售"的部分，开发商为业主；"虽已出售但尚未交付"的部分，买受人不具有业主身份，仍以开发商为业主。此时，开发商视为"一人拥有一个以上专有部分"。

三、业主的专有权

（一）专有部分与专有权

专有部分是在一栋建筑物内区分出的住宅或者商业用房等单元。该单元须具有构造上的独立性与利用上的独立性。业主对其专有部分享有单独所有权，即对该部分为占有、使用、收益和处分的排他性的支配权，凡能够登记成为特定业主所有权的客体的部分，都为专有部分。

（二）住宅商用的限制

《民法典》第279条　业主不得违反法律、法规以及管理规约，将住宅改变为经营性用房。业主将住宅改变为经营性用房的，除遵守法律、法规以及管理规约外，应当经有利害关系的业主一致同意。

1. 业主对其专有部分，将住宅用房改为经营用房，无论是自己经营，还是出租于他人从事经营，均应具备如下条件：

（1）遵守法律、法规以及管理规约；

（2）经"有利害关系的业主"同意。在这里，"有利害关系的业主"包括：

第一，本栋建筑物内的其他业主；

第二，本栋建筑物之外，能够证明其房屋价值、生活质量受到或者可能受到不利影响的业主。

2. 业主基于对住宅、经营性用房等专有部分特定使用功能的合理需要，无偿利用屋顶以及与其专有部分相对应的外墙面等共有部分的，不应认定为侵权。但违反法律、法规、管理规约，损害他人合法权益的除外。

例　业主在楼顶上安装太阳能板，为自家洗澡之用，以及在卧室外面安装空调室外机的行为都属于正当行为。但是未取得全部有利害关系的业主同意就将住宅用房改为经营用房，以及以自己从来不使用网络为由拒绝承担建筑物铺设的网络维修费用属于违法行为。

四、业主的共有权

（一）共有部分

共有部分是指区分所有的建筑物及其附属物的共同部分，即专有部分以外的建筑物的其他部分。共有部分既有由全体业主共同使用的部分，如地基、屋顶、梁、柱、承重墙、外墙、地下室等基本构造部分，楼梯、走廊、电梯、给排水系统、公共照明设备、贮水塔、消防设备、大门、通信网络设备以及物业管理用房等公用部分，道路、停车场、绿地、树木花草、楼台亭阁、游泳池等附属公共设施；也有仅为部分业主共有的部分，如各相邻专有部分之间的楼板、隔墙，部分业主共同使用的楼梯、走廊、电梯等。

（二）共有部分的权利归属

1. 建筑区划内的土地，依法由业主共同享有建设用地使用权，但属于业主专有的整栋建筑物的规划占地或者城镇公共道路、绿地占地除外。

2. 建筑区划内的道路，属于业主共有，但是属于城镇公共道路的除外（这个除外归国家）。建筑区划内的绿地，属于业主共有，但是属于城镇公共绿地或者明示属于个人的除外。

3. 建筑区划内的其他公共场所、公用设施和物业服务用房，属于业主共有。

4. 建筑区划内，规划用于停放汽车的车位、车库应当首先满足业主的需要。建筑区划内，规划用于停放汽车的车位、车库的归属，由当事人通过出售、附赠或者出租等方式约定。占用业主共有的道路或者其他场地用于停放汽车的车位，属于业主共有。

（三）维修资金

1. 建筑物及其附属设施的维修资金，属于业主共有。经业主共同决定，可以用于电梯、屋顶、外墙、无障碍设施等共有部分的维修、更新和改造。建筑物及其附属设施的维修资金的筹集、使用情况应当定期公布。

紧急情况下需要维修建筑物及其附属设施的，业主大会或者业主委员会可以依法申请使用建筑物及其附属设施的维修资金。

2. 建设单位、物业服务企业或者其他管理人等利用业主的共有部分产生的收入，在扣除合理成本之后，属于业主共有。

3. 建筑物及其附属设施的费用分摊、收益分配等事项，有约定的，按照约定；没有约定或者约定不明确的，按照业主专有部分面积所占比例确定。

五、业主的共同管理权

（一）概念

业主的管理权：基于区分所有建筑物的构造，业主在建筑物的权利归属以及使用上形成了不可分离的共同关系，并基于此一共同关系而享有管理权。

（二）类型

1. 表决权

业主有权决定区分建筑物相关事项。下列事项由业主共同决定：（1）制定和修改业主大会议事规则；（2）制定和修改管理规约；（3）选举业主委员会或者更换业主委员会成员；（4）选聘和解聘物业服务企业或者其他管理人；（5）使用建筑物及其附属设施的维修资金；（6）筹集建筑物及其附属设施的维修资金；（7）改建、重建建筑物及其附属设施；（8）改变共有部分的用途或者利用共有部分从事经营活动；（9）有关共有和共同管理权利的其他重大事项。

业主共同决定事项，应当由专有部分面积占比 2/3 以上的业主且人数占比 2/3 以上的业主参与表决。

决定上述第 6 项至第 8 项规定的事项，应当经参与表决专有部分面积 3/4 以上的业主且参与表决人数 3/4 以上的业主同意。

决定上述其他事项，应当经参与表决专有部分面积过半数的业主且参与表决人数过半数的业主同意。

2. 撤销权

业主大会或者业主委员会的决定，对业主具有法律约束力。业主大会或者业主委员会作出的决定侵害业主合法权益的，受侵害的业主可以在知道或者应当知道该决定之日起 1 年内，请求人民法院予以撤销。

3. 选择权与单方解除权

业主可以自行管理建筑物及其附属设施，也可以委托物业服务企业或者其他管理人管理。对建设单位聘请的物业服务企业或者其他管理人，业主有权依法更换。

4. 知情权

业主请求公布、查阅下列应当向业主公开的情况和资料的，人民法院应予支持：（1）建筑物及其附属设施的维修资金的筹集、使用情况；（2）管理规约、业主大会议事规则，以及业主大会或者业主委员会的决定及会议记录；（3）物业服务合同、共有部分的使用和收益情况；（4）建筑区划内规划用于停放汽车的车位、车库的处分情况；（5）其他应当向业主公开的情况和资料。

《民法典》第944条第3款 物业服务人不得采取停止供电、供水、供热、供燃气等方式催交物业费。

《民法典》第942条第2款 对物业服务区域内违反有关治安、环保、消防等法律法规的行为，物业服务人应当及时采取合理措施制止、向有关行政主管部门报告并协助处理。

【例题】（2021真题回忆版）某小区开发商与物管公司签订物业服务合同，业主因车位被他人占用，拒交物业管理费，业主的抗辩理由成立的是：

A. 业主长期居住外地，没有享受物业服务

B. 物业瑕疵

C. 停水停电来催交

D. 业主以未签订合同为由

【答案】B

第六章

相邻关系

（略）

第七章

共 有

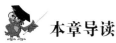

本章导读

本章要求考生理解或了解共有的概念和类型；熟练掌握共有内、外部关系的基本规则，共有人优先购买权的行使规则。

知识点

一、共有的概念与类型

1. 何为按份共有，何为共同共有：

共有是2个或2个以上的人（自然人或法人）对同一项财产享有所有权。按份共有，亦称分别共有，是指2个或2个以上的人对同一项财产按照份额享有所有权。共同共有是指2个或2个以上的人基于共同关系，共同享有一物的所有权。

波波点睛 1
　　一个物，一个所有权，多人共有。

2. 如何判断按份共有还是共同共有（《民法典》第308、309条）：（1）有约定的，从约定；（2）无约定或者约定不明确的，有共同关系的，为共同共有（婚姻、家庭生活、共同继承、无效婚姻）；（3）无共同关系的，推定为按份共有；（4）按份共有人对共有的不动产或者动产享有的份额，没有约定或者约定不明确的，按照出资额确定；不能确定出资额的，视为等额享有。

波波点睛 2
　　按份共有为原则，共同共有为例外——简化物权关系。

二、内外关系

(一) 管理与处分

《民法典》第 301 条 处分共有的不动产或者动产以及对共有的不动产或者动产作重大修缮、变更性质或者用途的,应当经占份额 2/3 以上的按份共有人或者全体共同共有人同意,但是共有人之间另有约定的除外。

特别注意 1: 按份共有人转让自己的份额为有权处分,其他共有人有优先购买权;转让共有物为无权处分。

如:在合伙企业法上,合伙人出让合伙财产为无权处分,第三人可以善意取得;出让自己份额为有权处分,但须合伙人一致同意以维护人合性。

特别注意 2: 夫妻日常生活中处分非重大财产可单独为之(家事代理权)。

例 甲、乙、丙三人各自出资购买一套别墅,甲出资 300 万元,乙出资 200 万元,丙出资 100 万元。甲、乙、丙之间没有任何约定。下列说法正确的是:

A. 甲、乙将别墅出让必须经过丙的同意,否则属于无权处分

B. 丙、乙将别墅出让必须经过甲的同意,否则属于无权处分

C. 别墅内的自来水管开裂,丙不必经过甲、乙的同意即可以找人维修

D. 别墅内的自来水管开裂,产生的维修费用由甲、乙、丙平均承担

【答案】BC

【例题】(2021 真题回忆版)甲、乙、丙三人是好友,共同出资购买了一条狗,甲出资 5 000 元,乙出资 12 000 元,丙出资 5 000 元,三人约定轮流养,在丙照管期间,丙将该狗以 36 000 元的价格出卖给了甲,之后丙向乙分钱的时候,乙才知道此事。对此,下列说法正确的是:

A. 乙享有优先购买权

B. 丙出卖该狗的行为构成无权处分

C. 丙是属于份额转让

D. 甲享有优先购买权

【答案】B

(二) 分割

共有人约定不得分割共有的不动产或者动产,以维持共有关系的,应当按照约定,但是共有人有重大理由需要分割的,可以请求分割;没有约定或者约定不明确的,按份共有人可以随时请求分割,共同共有人在共有的基础丧失或者有重大理由需要分割时可以请求分割。因分割造成其他共有人损害的,应当给予赔偿。

共有人可以协商确定分割方式。达不成协议,共有的不动产或者动产可以分割且不会因分割减损价值的,应当对实物予以分割;难以分割或者因分割会减损价值的,应当对折价或者拍卖、变卖取得的价款予以分割。

共有人分割所得的不动产或者动产有瑕疵的,其他共有人应当分担损失。

例 1 甲、乙为朋友。甲出资 60 万元、乙出资 40 万元,共同购买一套商品房。双方约定,自入住之日起 10 年之内,任何一方不得分割共有物。入住 4 年时,因甲要移民国外,急

需用钱，遂请求分割共有物，乙则以双方存在不可分割的约定为由，予以拒绝。在上述情况下，甲有权对外转让共有份额，实现自己的财产价值，也可以通过请求分割共有物，取回自己的财产价值。若甲通过请求分割共有物取回自己的财产价值，如给乙造成损失，甲应承担赔偿责任，同时，若甲分割所得的财产有瑕疵的，乙应当分担甲的损失。

例2 甲、乙、丙三人各自出资300万元购买一座三层楼各楼层同样的楼房。甲、乙、丙约定自取得房屋所有权之日起，未来4年内不得分割共有物。乙第二年将份额转让给丁，丁对此约定毫不知情且该约定未登记。下列说法不正确的是：

A. 甲、乙、丙未来4年不得请求分割

B. 4年之后，如甲请求分割，该权利适用诉讼时效

C. 丁不受约定的限制可以随时主张分割请求权

D. 分割属于处分行为，分割完毕后需要变更登记

【答案】AB

三、优先购买权

《民法典物权编解释（一）》

第9条 共有份额的权利主体因继承、遗赠等原因发生变化时，其他按份共有人主张优先购买的，不予支持，但按份共有人之间另有约定的除外。

第10条 《民法典》第305条所称的"同等条件"，应当综合共有份额的转让价格、价款履行方式及期限等因素确定。

第11条 优先购买权的行使期间，按份共有人之间有约定的，按照约定处理；没有约定或者约定不明的，按照下列情形确定：

（一）转让人向其他按份共有人发出的包含同等条件内容的通知中载明行使期间的，以该期间为准；

（二）通知中未载明行使期间，或者载明的期间短于通知送达之日起15日的，为15日；

（三）转让人未通知的，为其他按份共有人知道或者应当知道最终确定的同等条件之日起15日；

（四）转让人未通知，且无法确定其他按份共有人知道或者应当知道最终确定的同等条件的，为共有份额权属转移之日起6个月。

第12条 按份共有人向共有人之外的人转让其份额，其他按份共有人根据法律、司法解释规定，请求按照同等条件优先购买该共有份额的，应予支持。其他按份共有人的请求具有下列情形之一的，不予支持：

（一）未在本解释第11条规定的期间内主张优先购买，或者虽主张优先购买，但提出减少转让价款、增加转让人负担等实质性变更要求；

（二）以其优先购买权受到侵害为由，仅请求撤销共有份额转让合同或者认定该合同无效。

第13条 按份共有人之间转让共有份额，其他按份共有人主张依据《民法典》第305条规定优先购买的，不予支持，但按份共有人之间另有约定的除外。

（一）基本概念

1. 按份共有人可以转让其享有的共有的不动产或者动产份额。其他共有人在同等条件下享有优先购买的权利。共同共有一般不存在优先购买权。

2. 按份共有人优先购买权＞次承租人优先购买权＞承租人优先购买权。

3. 共同共有财产分割后，一个或者数个原共有人出卖自己分得的财产时，如果出卖的财产与其他原共有人分得的财产属于一个整体或者配套使用，其他原共有人享有优先购买权。

（二）按份共有人的优先购买权的例外——四不可

1. 内部转让不可——即，按份共有人之间转让共有份额，其他共有人没有优先购买权。

2. 继承遗赠不可——即，共有份额的权利主体因继承、遗赠等原因发生变化，其他共有人不得主张优先购买权。

3. 超期行使不可——即，合理期限内可以主张优先购买权，超出合理期限，其他共有人不得主张优先购买权。

4. 非同等条件不可——即，其他共有人在合同金额、付款期限、付款方式、其他负担等转让条件不同时不得主张优先购买权。

【例题】（2017-3-54）甲、乙、丙、丁按份共有某商铺，各自份额均为 25％。因经营理念发生分歧，甲与丙商定将其份额以 100 万元转让给丙，通知了乙、丁；乙与第三人戊约定将其份额以 120 万元转让给戊，未通知甲、丙、丁。下列哪些选项是正确的？

A. 乙、丁对甲的份额享有优先购买权

B. 甲、丙、丁对乙的份额享有优先购买权

C. 如甲、丙均对乙的份额主张优先购买权，双方可协商确定各自购买的份额

D. 丙、丁可仅请求认定乙与戊之间的份额转让合同无效

【答案】 BC

（三）按份共有人优先购买权的行使期间包括四种情况（约定——通知——法定）

第一，有约定从约定（约定期限）；

第二，无约定有通知者，以通知期限为准，且该期限不得少于 15 日，通知期限不足 15 日，以 15 日为准；

第三，无通知但知情者，为 15 日（法定期间），知情者从知道或者应当知道最终确定的同等条件之日起；

第四，无通知且不知情者，为 6 个月（法定期间），从共有份额权属转移之日起算。（真正含义是，如果不知情，过 6 个月，优先购买权消灭——当然，如果在 6 个月内知情，则从知情日开始计算 15 日的法定期间）

（四）多个按份共有人同时主张优先购买权

2 个以上按份共有人主张优先购买，可先协商；协商不成的，按照转让时各自的共有份额比例行使优先购买权。

例 甲、乙、丙按 20％、20％和 60％的份额共有一间房屋。三人将房屋出租给丁，现甲欲转让自己的份额给戊。下列哪些表述是错误的？

A. 乙、丙、丁均有优先购买权，且丙最优先

B. 如果甲没有通知乙、丙，则乙、丙可以直接起诉主张甲的转让合同无效

C. 乙、丙表示愿意以同样价格分期付款购买，法院应该支持

D. 如果甲欲将份额转让给乙，则只有丁有优先购买权

【答案】ABCD

四、债务关系

因共有的不动产或者动产产生的债权债务，在对外关系上，共有人享有连带债权、承担连带债务，但是法律另有规定或者第三人知道共有人不具有连带债权债务关系的除外；在共有人内部关系上，除共有人另有约定外，按份共有人按照份额享有债权、承担债务，共同共有人共同享有债权、承担债务。偿还债务超过自己应当承担份额的按份共有人，有权向其他共有人追偿。

第三分编

用益物权

第八章

用益物权概述

（略）

第九章
土地承包经营权

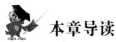

本章导读

本章要求考生理解或了解土地承包权的概念和特征；熟练掌握土地承包经营权的取得，承包人的权利和义务，发包人的权利和义务以及土地经营权的流转。

知识点

一、土地承包经营权的概念

土地承包经营权是指承包人依法通过承包而取得的对农村土地使用和收益的权利。权利人依法享有对其承包经营的耕地、林地、草地等加以占有、使用和收益的权利，有权从事种植业、林业、畜牧业等农业生产。土地承包经营权具有特定性与稳定性。

二、三权分置

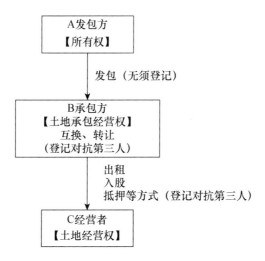

三、土地承包经营权的类型

	一般农村土地	四荒土地（荒山、荒沟、荒丘、荒滩）
承包主体	本集体经济组织成员（只能内部承包）	①本集体经济组织成员（享有优先承包权） ②本集体经济组织成员以外的单位和个人（应当事先经本集体经济组织成员的村民会议 2/3 以上成员或者 2/3 以上村民代表的同意，并报乡（镇）人民政府批准）
承包方式	家庭承包（排除市场化手段）	公开承包（招标、拍卖、公开协商）
物权变动	自土地承包经营权合同生效时设立，并可以对抗善意第三人。互换、转让自合同生效时完成物权变动，非经登记不得对抗善意第三人。	
流转	出租、入股	出租、入股、抵押
	流转期限为 5 年以上的土地经营权，自流转合同生效时设立。当事人可以向登记机构申请土地经营权登记；未经登记，不得对抗善意第三人。 土地经营权人有权在合同约定的期限内占有农村土地，自主开展农业生产经营并取得收益。	
继承	①土地承包经营权本身不能继承，承包人应得的承包收益可以继承； ②以家庭承包方式取得的林地承包经营权，承包人死亡的，其继承人可以在承包期内继续承包； ③以招标、拍卖、公开协商等方式设立的承包经营权（四荒土地承包经营权），承包人死亡的，其继承人可以在承包期内继续承包。	

农村土地承包经营权分为两类，一类为通过家庭承包方式取得的农村土地承包经营权，另一类为通过招标、拍卖、公开协商等方式取得的农村土地承包经营权。前者以一般农村土地为常见，后者以"四荒"土地为常见。兹以一般农村土地与四荒土地为比较，对比学习。

【例题】（2021 真题回忆版）甲有 50 亩承包地，甲用 20 亩跟同村乙换 15 亩，30 亩以土地承包经营权出租给某公司没有登记，下列说法正确的是：

A. 某公司对 30 亩土地没有土地经营权

B. 甲对 50 亩土地没有土地承包经营权

C. 甲对 50 亩土地有土地承包经营权

D. 甲只有 45 亩土地有土地承包经营权

【答案】D

第十章
建设用地使用权

（略）

第十一章

宅基地使用权

（略）

第十二章
居住权

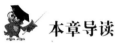**本章导读**

本章需要考生理解或了解居住权的概念和特征；熟练掌握居住权的设立和内容及其变动规则，居住权的消灭相关的法律规定。

知识点

【引子】三个例子。

关于居住权的三个案例：

例1 老王在老伴去世之后一直独自生活。随着年纪越来越大，老王一方面想把现居住的房屋在生前就过户给子女，以减少遗产税等支出，也让子女安心照顾他；但另一方面又害怕子女在房屋过户之后对其不孝，让其住无所居，无所依靠。

在《民法典》出台之后，老王的愿望即可以通过设立居住权予以实现。他可以与子女签订设立居住权的合同，约定在老王将房屋过户给子女之后，仍能够在其有生之年享有对此房屋的居住权。

例2 小张和小李在婚姻关系存续期间购买了一套房屋，后二人感情破裂而离婚，双方协议约定由男方享有全部的房屋所有权，并由男方补偿房屋折价款100万元给女方。不过女方担心其放弃了房屋所有权之后，男方不能如期向其补偿相应款项，故双方还约定在男方全额支付补偿款之前，女方有权在该房屋内居住。

在《民法典》出台之后，女方即可以通过与男方约定设立居住权的方式，更好地保护自身利益。双方可以在离婚时协议约定房屋归男方所有，男方应当向女方支付一定数额的房屋折价补偿款，并且女方在男方足额给付前述房屋折价补偿款之前对于该房屋享有居住权。

在居住权存续期间，女方对于房屋所享有的居住权可以对抗男方的房屋所有权，即使男方将该房屋另行出售，因为该居住权已经登记，女方对于房屋所享有的居住权亦可以对抗房屋买受人。

例3 老吴在其妻子去世之后一直在国内生活，子女均在国外工作生活，难以照料父亲的日常起居，便给父亲聘请了王大妈做保姆。老吴感念王大妈多年如一的悉心照料，担心王大妈在其死后无处可居，想给她提供一个居所保障，但又怕将房屋留给她之后子女对此心有嫌隙，弄得亲人之间反目成仇。

在《民法典》出台之后，老吴可以在设立遗嘱的同时，在遗嘱中明确在该房屋上为王大妈设立一个居住权，居住权的存续期间以王大妈的有生之年为限。如此一来，在老吴百年之后，子女可以继续按照遗嘱继承的形式取得房屋的所有权。

在登记之后，老吴的子女需要保证王大妈在有生之年有权继续在该房屋内居住，不得予以妨碍。

1. 用益物权。居住权是为了满足生活居住的需要，对他人的住宅享有占有、使用的用益物权。居住权可以通过合同设立，也可以通过遗嘱设立。

（1）主体：自然人。

（2）客体：住宅（不包括商铺等经营性用房）。

（3）权能：占有、使用，另有约定时可以包括收益，但不包括处分。

（4）设立方式：合同、遗嘱。

2. 要式合同。设立居住权，当事人应当采用书面形式订立居住权合同。

3. 无偿。居住权无偿设立，但是当事人另有约定的除外。设立居住权的，应当向登记机构申请居住权登记。居住权自登记时设立。

【提示1】无偿设立的主要目的在于保护弱势群体如离婚妇女、保姆、老人等；而有偿的居住权主要是商事性质的居住权如分时度假酒店、民宿等。

【提示2】居住权采登记生效主义。

4. 专属性。居住权不得转让、继承。——但是，设有居住权的房屋可以转让、继承。

5. 设立居住权的住宅不得出租，但是当事人另有约定的除外。

【提示】转让和继承没有例外，出租则有。

6. 居住权的消灭。居住权期限届满或者居住权人死亡的，居住权消灭。居住权消灭的，应当及时办理注销登记。

第十三章

地役权

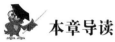 **本章导读**

　　本章需要考生理解或了解地役权的概念和特征；熟练掌握地役权的取得，地役权人的权利和义务，以及地役权消灭的相关法律规定。

 知识点

一、地役权的概念与特征

　　地役权是土地所有权人或者使用人为了便利地使用自己的土地，而通过法律行为设定的或者依法取得的对他人所有或使用的土地加以使用的权利（如观景地役权、取水地役权、眺望地役权）。在地役权法律关系中，需要其他土地提供便利的土地称为需役地，而提供此种便利的土地称为供役地。在涉及地役权的问题上，需要注意以下几点：

　　1. 地役权可以存在于不相邻的两个不动产之间。

　　2. 地役权法律关系当事人不限于所有权人，用益物权人也可设立，但供役地抵押权人不得设立。

　　3. 地役权合同属于要式合同，但不一定是有偿合同。

　　4. 地役权的期限由当事人约定，但不得超过用益物权的剩余期限。

　　5. 地役权人在约定的付款期限届满后的合理期限内经两次催告未支付费用的，供役地权利人有权解除地役权合同。

　　6. 地役权的特征：

　　（1）从属性：从属于需役地，不得单独转让或者单独抵押。

　　（2）不可分性：需役地与供役地的部分转让不影响地役权的效力。

二、地役权的设立

(一) 模式

地役权自地役权合同生效时设立，未经登记，不得对抗善意第三人。

(二) 登记对抗

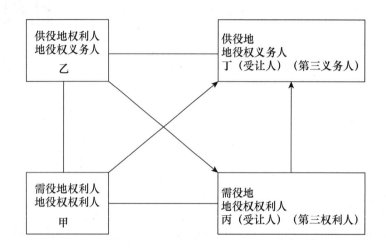

1. 甲转让需役地于丙，丙之地役权非经登记能否对抗乙？——可以。

2. 乙转让供役地于丁，甲之地役权非经登记能否对抗丁？——不可以。

3. 甲、乙分别转让土地于丙、丁，丙之地役权非经登记能否对抗丁？——不可以。

小结：需役地转让，地役权不受影响；供役地转让，非经登记不得对抗善意第三人。

【例题】(2013-3-56) 2013年2月，M地块使用权人甲公司与N地块使用权人乙公司约定，由乙公司在N地块上修路。同年4月，甲公司将M地块过户给丙公司，6月，乙公司将N地块过户给不知上述情形的丁公司。下列哪些表述是正确的？

A. 2013年2月，甲公司对乙公司的N地块享有地役权

B. 2013年4月，丙公司对乙公司的N地块享有地役权

C. 2013年6月，甲公司对丁公司的N地块享有地役权

D. 2013年6月，丙公司对丁公司的N地块享有地役权

【答案】AB

(三) 与《民法典》第378、379条的结合考查

第378条 土地所有权人享有地役权或者负担地役权的，设立土地承包经营权、宅基地使用权等用益物权时，该用益物权人继续享有或者负担已经设立的地役权。

第379条 土地上已经设立土地承包经营权、建设用地使用权、宅基地使用权等用益物权的，未经用益物权人同意，土地所有权人不得设立地役权。

总结：

地役权在先，其他用益物权在后，地役权仍然有效；用益物权在先，地役权在后，须经用益物权人同意。(口诀：小先大后，继续有效；大先小后，须经同意)

例 甲在自己的一块四荒土地（A 地）上为乙之 B 地设立观景地役权，约有费用若干，双方签订了书面合同，并办理了登记手续。后来，甲将 A 地设土地承包经营权于丙；再后来，乙将 B 地发包于庚，又与申约定，由乙在整个 B 地上为申之 C 地设定取水地役权。关于本案中的地役权和担保物权，说法正确的有：

A. 丙取得 A 地的土地承包经营权须经乙的同意

B. 丙取得 A 地的土地承包经营权后，乙在 A 地上的地役权消灭

C. 丙取得 A 地的土地承包经营权后，须继续负担地役权义务

D. 庚取得 B 地的土地承包经营权后，观景地役权消灭

E. 在 B 地上，申之取水地役权须经登记方可对抗庚

【答案】C

三、地役权与相邻关系的区别

（一）性质
地役权为独立的用益物权，相邻关系为不动产的相邻关系。

（二）设定
地役权由当事人意定产生，相邻关系由法律规定产生。

（三）登记
地役权登记对抗善意第三人，相邻关系无须登记即可对抗善意第三人。

（四）内容
地役权超越相邻关系限度的限制，相邻关系是最低限度内的必要限制。

（五）价金
取得相邻权的一方无须向对方支付金钱或其他代价，地役权则是由双方通过地役权合同设定的用益物权，是否支付对价由当事人自行协商。而在通常情况下，地役权人都要向对方支付一定的金钱对价。这也是区分相邻关系与地役权的最醒目之处。

例 张三与李四为邻居，张三每次出行需要从李四家路过，此时仅涉及相邻关系；若张三买一重型卡车，需要每次从李四家路过，此时张三需要与李四签订地役权合同，李四为张三的卡车的出行提供便利。

四、地役权的消灭（略）

第四分编

担保物权

第十四章
概　述

 **本章导读**

　　本章要求考生理解或了解担保物权的概念与特征，担保财产的特征以及财产范围；熟练掌握基于法律行为而设立担保物权、基于法律规定而产生担保物权，物的担保和人的担保并存及其处理，担保物权所担保的债权范围，主债权债务合同的变更、转让对担保物权的影响，担保物权的物上代位，担保物权的消灭。

 知识点

一、担保物权概述

（一）担保物权的概念

　　担保物权，是指以确保债务的清偿为目的，于债务人或第三人所有之物或权利所设定的物权。担保物权以支配担保物的交换价值为内容，当债务人不履行到期债务或者发生当事人约定的实现担保物权的情形时，担保物权人可以将担保财产拍卖、变卖或折价，并就所得价款优先受偿。简言之，担保物权属于具有优先受偿效力的他物权。

　　依据发生的原因，可以将担保物权分为法定担保物权与约定担保物权。前者是根据法律规定的构成要件而当然发生的一种担保物权，如留置权；后者以当事人的法律行为为基础，包括抵押权和质权。

（二）担保物权的特征

1. 从属性。这是指担保物权从属于主债权。

（1）转让的从属性——从随主走。

（2）效力的从属性。以主债权的成立为前提，原则上因主债权的消灭而消灭。主债权债务合同无效的，担保合同无效，但是法律另有规定的除外。

　　《最高人民法院关于适用〈中华人民共和国民法典〉有关担保制度的解释》（简称《民

法典担保制度解释》)第2条 当事人在担保合同中约定担保合同的效力独立于主合同,或者约定担保人对主合同无效的法律后果承担担保责任,该有关担保独立性的约定无效。主合同有效的,有关担保独立性的约定无效不影响担保合同的效力;主合同无效的,人民法院应当认定担保合同无效,但是法律另有规定的除外。

因金融机构开立的独立保函发生的纠纷,适用《最高人民法院关于审理独立保函纠纷案件若干问题的规定》。

担保合同被确认无效后,债务人、担保人、债权人有过错的,应当根据其过错各自承担相应的民事责任。

《民法典担保制度解释》第17条 主合同有效而第三人提供的担保合同无效,人民法院应当区分不同情形确定担保人的赔偿责任:

（一）债权人与担保人均有过错的,担保人承担的赔偿责任不应超过债务人不能清偿部分的1/2;

（二）担保人有过错而债权人无过错的,担保人对债务人不能清偿的部分承担赔偿责任;

（三）债权人有过错而担保人无过错的,担保人不承担赔偿责任。

主合同无效导致第三人提供的担保合同无效,担保人无过错的,不承担赔偿责任;担保人有过错的,其承担的赔偿责任不应超过债务人不能清偿部分的1/3。

（3）责任的从属性。

《民法典担保制度解释》第3条 当事人对担保责任的承担约定专门的违约责任,或者约定的担保责任范围超出债务人应当承担的责任范围,担保人主张仅在债务人应当承担的责任范围内承担责任的,人民法院应予支持。

担保人承担的责任超出债务人应当承担的责任范围,担保人向债务人追偿,债务人主张仅在其应当承担的责任范围内承担责任的,人民法院应予支持;担保人请求债权人返还超出部分的,人民法院依法予以支持。

2. 不可分性。这是指在被担保的债权未受全部清偿前,担保物权人可以就担保物的全部行使权利。被担保的债权即使经过分割、部分清偿或消灭,担保物权仍为了担保各部分债权或剩余债权而存在;担保财产即使经过分割或部分灭失,各部分或余存的担保财产仍为担保全部债权而存在。

3. 物上代位性。担保期间,担保财产毁损、灭失或者被征收等,担保物权人可以就获得的保险金、赔偿金或者补偿金等优先受偿。被担保债权的履行期限未届满的,也可以提存该保险金、赔偿金或者补偿金等。

（三）担保主体与合同效力

《民法典担保制度解释》第5条 机关法人提供担保的,人民法院应当认定担保合同无效,但是经国务院批准为使用外国政府或者国际经济组织贷款进行转贷的除外。

居民委员会、村民委员会提供担保的,人民法院应当认定担保合同无效,但是依法代行村集体经济组织职能的村民委员会,依照村民委员会组织法规定的讨论决定程序对外提供担保的除外。

《民法典担保制度解释》第6条 以公益为目的的非营利性学校、幼儿园、医疗机构、养老机构等提供担保的，人民法院应当认定担保合同无效，但是有下列情形之一的除外：

（一）在购入或者以融资租赁方式承租教育设施、医疗卫生设施、养老服务设施和其他公益设施时，出卖人、出租人为担保价款或者租金实现而在该公益设施上保留所有权；

（二）以教育设施、医疗卫生设施、养老服务设施和其他公益设施以外的不动产、动产或者财产权利设立担保物权。

登记为营利法人的学校、幼儿园、医疗机构、养老机构等提供担保，当事人以其不具有担保资格为由主张担保合同无效的，人民法院不予支持。

总结：

1. 保证合同一律无效。

2. 在既有公益财产上设立的担保物权一律无效。

3. 非公益财产可以设立担保物权。

4. 购入或者租赁新的公益财产可以签订所有权保留或者融资租赁的合同。

（四）主合同解除对担保合同的影响

在主合同解除的情况下，担保合同依然有效，担保人的责任，依然为担保责任。因债务人违约，导致债权人解除主合同时，债权人对债务人的违约金请求权，或赔偿损失请求权，不受影响，依然存在。相应地，担保人对主债权人的担保责任，也不受影响，继续存在，担保对象就是主债权人对主债务人依然享有的违约金请求权、赔偿损失请求权。

二、公司法定代表人越权对外担保

《公司法》第16条 公司向其他企业投资或者为他人提供担保，依照公司章程的规定，由董事会或者股东会、股东大会决议；公司章程对投资或者担保的总额及单项投资或者担保的数额有限额规定的，不得超过规定的限额。

公司为公司股东或者实际控制人提供担保的，必须经股东会或者股东大会决议。

前款规定的股东或者受前款规定的实际控制人支配的股东，不得参加前款规定事项的表决。该项表决由出席会议的其他股东所持表决权的过半数通过。

三、公司担保效力（结构图见下页）

《民法典担保制度解释》第7条 公司的法定代表人违反公司法关于公司对外担保决议程序的规定，超越权限代表公司与相对人订立担保合同，人民法院应当依照《民法典》第61条和第504条等规定处理：

（一）相对人善意的，担保合同对公司发生效力；相对人请求公司承担担保责任的，人民法院应予支持。

（二）相对人非善意的，担保合同对公司不发生效力；相对人请求公司承担赔偿责任的，参照适用本解释第17条的有关规定。

法定代表人超越权限提供担保造成公司损失，公司请求法定代表人承担赔偿责任的，人民法院应予支持。

第1款所称善意，是指相对人在订立担保合同时不知道且不应当知道法定代表人超越

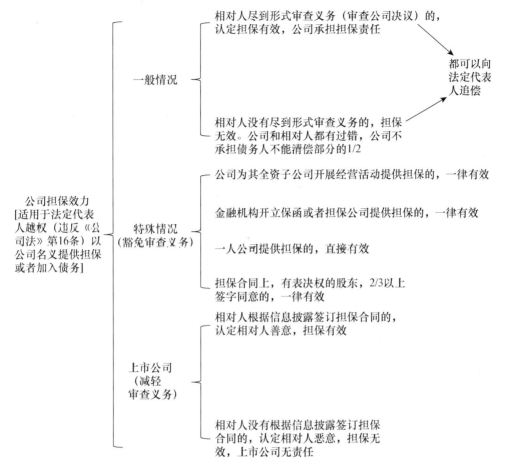

权限。相对人有证据证明已对公司决议进行了合理审查，人民法院应当认定其构成善意，但是公司有证据证明相对人知道或者应当知道决议系伪造、变造的除外。

《民法典担保制度解释》第 8 条 有下列情形之一，公司以其未依照公司法关于公司对外担保的规定作出决议为由主张不承担担保责任的，人民法院不予支持：

（一）金融机构开立保函或者担保公司提供担保；

（二）公司为其全资子公司开展经营活动提供担保；

（三）担保合同系由单独或者共同持有公司 2/3 以上对担保事项有表决权的股东签字同意。

上市公司对外提供担保，不适用前款第 2 项、第 3 项的规定。

《民法典担保制度解释》第 9 条 相对人根据上市公司公开披露的关于担保事项已经董事会或者股东大会决议通过的信息，与上市公司订立担保合同，相对人主张担保合同对上市公司发生效力，并由上市公司承担担保责任的，人民法院应予支持。

相对人未根据上市公司公开披露的关于担保事项已经董事会或者股东大会决议通过的信息，与上市公司订立担保合同，上市公司主张担保合同对其不发生效力，且不承担担保责任或者赔偿责任的，人民法院应予支持。

相对人与上市公司已公开披露的控股子公司订立的担保合同，或者相对人与股票在国务院批准的其他全国性证券交易场所交易的公司订立的担保合同，适用前两款规定。

《民法典担保制度解释》第10条　一人有限责任公司为其股东提供担保，公司以违反公司法关于公司对外担保决议程序的规定为由主张不承担担保责任的，人民法院不予支持。公司因承担担保责任导致无法清偿其他债务，提供担保时的股东不能证明公司财产独立于自己的财产，其他债权人请求该股东承担连带责任的，人民法院应予支持。

四、公司分支机构对外越权担保

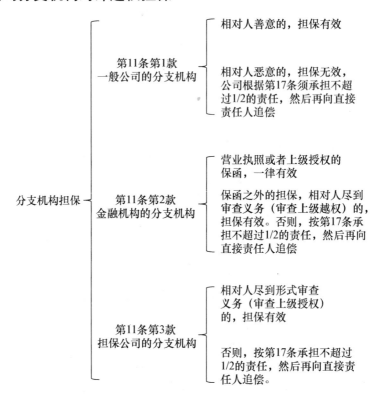

《民法典担保制度解释》第11条　公司的分支机构未经公司股东（大）会或者董事会决议以自己的名义对外提供担保，相对人请求公司或者其分支机构承担担保责任的，人民法院不予支持，但是相对人不知道且不应当知道分支机构对外提供担保未经公司决议程序的除外。

金融机构的分支机构在其营业执照记载的经营范围内开立保函，或者经有权从事担保业务的上级机构授权开立保函，金融机构或者其分支机构以违反公司法关于公司对外担保决议程序的规定为由主张不承担担保责任的，人民法院不予支持。金融机构的分支机构未经金融机构授权提供保函之外的担保，金融机构或者其分支机构主张不承担担保责任的，人民法院应予支持，但是相对人不知道且不应当知道分支机构对外提供担保未经金融机构授权的除外。

担保公司的分支机构未经担保公司授权对外提供担保，担保公司或者其分支机构主张不承担担保责任的，人民法院应予支持，但是相对人不知道且不应当知道分支机构对外提供担保未经担保公司授权的除外。

公司的分支机构对外提供担保，相对人非善意，请求公司承担赔偿责任的，参照本解释第17条的有关规定处理。

《民法典担保制度解释》第12条　法定代表人依照《民法典》第552条的规定以公司名义加入债务的，人民法院在认定该行为的效力时，可以参照本解释关于公司为他人提供担保的有关规则处理。

五、共同担保及追偿

1. 债务人提供担保＋第三人提供担保——第三人可以向债务人追偿，并且享有相应的担保物权。

《民法典担保制度解释》第18条　承担了担保责任或者赔偿责任的担保人，在其承担责任的范围内向债务人追偿的，人民法院应予支持。

同一债权既有债务人自己提供的物的担保，又有第三人提供的担保，承担了担保责任或者赔偿责任的第三人，主张行使债权人对债务人享有的担保物权的，人民法院应予支持。

《民法典》第524条【第三人清偿规则】　债务人不履行债务，第三人对履行该债务具有合法利益的，第三人有权向债权人代为履行；但是，根据债务性质、按照当事人约定或者依照法律规定只能由债务人履行的除外。

债权人接受第三人履行后，其对债务人的债权转让给第三人，但是债务人和第三人另有约定的除外。

2. 两个第三人提供担保——无合意，不分担；无合意，不追偿。

《民法典担保制度解释》第13条　同一债务有两个以上第三人提供担保，担保人之间约定相互追偿及分担份额，承担了担保责任的担保人请求其他担保人按照约定分担份额的，人民法院应予支持；担保人之间约定承担连带共同担保，或者约定相互追偿但是未约定分担份额的，各担保人按照比例分担向债务人不能追偿的部分。

同一债务有两个以上第三人提供担保，担保人之间未对相互追偿作出约定且未约定承担连带共同担保，但是各担保人在同一份合同书上签字、盖章或者按指印，承担了担保责任的担保人请求其他担保人按照比例分担向债务人不能追偿部分的，人民法院应予支持。

除前两款规定的情形外，承担了担保责任的担保人请求其他担保人分担向债务人不能追偿部分的，人民法院不予支持。

《民法典担保制度解释》第14条　同一债务有两个以上第三人提供担保，担保人受让债权的，人民法院应当认定该行为系承担担保责任。受让债权的担保人作为债权人请求其他担保人承担担保责任的，人民法院不予支持；该担保人请求其他担保人分担相应份额的，依照本解释第13条的规定处理。

六、流质条款

流质条款，是指在债务履行期限届满前，担保物权人与担保人约定，债务人不履行到期债务时，担保物即归债权人所有。流质条款为法律所禁止，《民法典》第401条规定，抵押权人在债务履行期限届满前，与抵押人约定债务人不履行到期债务时抵押财产归债权人所有的，只能依法就抵押财产优先受偿。第428条规定，质权人在债务履行期限届满前，与出质人约定债务人不履行到期债务时质押财产归债权人所有的，只能依法就质押财产优先受偿。

总结要点：

1. 附属于担保合同；

2. 债务履行期限届满之前；

3. 以物权移转代替优先清偿；

4. 担保物权人与担保人约定流质条款的，其约定不具有移转所有权的效力，仅仅具有优先受偿的效力。

七、担保物的孳息收取权

（一）抵押财产的孳息收取权

1. 在抵押期间，抵押财产的孳息的所有权依然归抵押人，因为抵押人是抵押财产的所有权人。

2. 债务人不履行到期债务，致使抵押财产被人民法院依法扣押的，自扣押之日起抵押权人有权收取该抵押财产的孳息。收取权并不是所有权。

3. 抵押权人在抵押财产被人民法院依法扣押后，如欲收取抵押财产的法定孳息，必须以通知应当清偿法定孳息义务人为条件。

4. 抵押权人所收取的孳息，应当先充抵收取孳息的费用。

（二）质押财产、留置财产的孳息收取权

1. 在质押、留置期间，质押财产、留置财产的孳息，由质权人、留置权人随时收取，此收取权依然不是所有权。和抵押财产的孳息收取相比，质押财产和留置财产的孳息收取无须等到财产被扣押。

2. 质权人、留置权人所收取的孳息，应当先充抵收取孳息的费用。

例　7月10日，甲将房屋A抵押给乙，用以担保甲对乙的债务。之后，又将该房屋A出租给丙，租金为2000元/月。12月10日，房屋A被法院扣押。12月11日，乙即通知丙房屋A扣押之事，要求丙将租金交予乙，通知费用为300元。——如扣押后，甲未能履行债务，乙有权就房屋A及依法收取的孳息优先受偿，但依法收取的孳息应当首先用来充抵300元通知费用。反之，如扣押后，甲主动履行全部债务，乙依法收取的孳息应返还予甲。

八、以物抵债与让与担保

1.【履行期限届满后达成的以物抵债协议】当事人在债务履行期限届满后达成以物抵债协议，抵债物尚未交付债权人，债权人请求债务人交付的，人民法院要着重审查以物抵债协议是否存在恶意损害第三人合法权益等情形，避免虚假诉讼的发生。经审查，不存在以上情况，且无其他无效事由的，人民法院依法予以支持。

当事人在一审程序中因达成以物抵债协议申请撤回起诉的，人民法院可予准许。当事人在二审程序中申请撤回上诉的，人民法院应当告知其申请撤回起诉。当事人申请撤回起

诉，经审查不损害国家利益、社会公共利益、他人合法权益的，人民法院可予准许。当事人不申请撤回起诉，请求人民法院出具调解书对以物抵债协议予以确认的，因债务人完全可以立即履行该协议，没有必要由人民法院出具调解书，故人民法院不应准许，同时应当继续对原债权债务关系进行审理。

2.【履行期限届满前达成的以物抵债协议】当事人在债务履行期限届满前达成以物抵债协议，抵债物尚未交付债权人，债权人请求债务人交付的，因此种情况不同于《全国法院民商事审判工作会议纪要》第 71 条规定的让与担保，人民法院应当向其释明，其应当根据原债权债务关系提起诉讼。经释明后当事人仍拒绝变更诉讼请求的，应当驳回其诉讼请求，但不影响其根据原债权债务关系另行提起诉讼。

3.【让与担保】《民法典担保制度解释》第 68 条规定：债务人或者第三人与债权人约定将财产形式上转移至债权人名下，债务人不履行到期债务，债权人有权对财产折价或者以拍卖、变卖该财产所得价款偿还债务的，人民法院应当认定该约定有效。当事人已经完成财产权利变动的公示，债务人不履行到期债务，债权人请求参照民法典关于担保物权的有关规定就该财产优先受偿的，人民法院应予支持。

债务人或者第三人与债权人约定将财产形式上转移至债权人名下，债务人不履行到期债务，财产归债权人所有的，人民法院应当认定该约定无效，但是不影响当事人有关提供担保的意思表示的效力。当事人已经完成财产权利变动的公示，债务人不履行到期债务，债权人请求对该财产享有所有权的，人民法院不予支持；债权人请求参照民法典关于担保物权的规定对财产折价或者以拍卖、变卖该财产所得的价款优先受偿的，人民法院应予支持；债务人履行债务后请求返还财产，或者请求对财产折价或者以拍卖、变卖所得的价款清偿债务的，人民法院应予支持。

债务人与债权人约定将财产转移至债权人名下，在一定期间后再由债务人或者其指定的第三人以交易本金加上溢价款回购，债务人到期不履行回购义务，财产归债权人所有的，人民法院应当参照第 2 款规定处理。回购对象自始不存在的，人民法院应当依照《民法典》第 146 条第 2 款的规定，按照其实际构成的法律关系处理。

流质条款	附属于债务关系中的担保合意＋物权合意	担保合意有效 物权移转的合意无效
债务届满之前的以物抵债协议	独立于债务关系的抵债合意（无物权合意）	因为不具有确定性而无效
债务届满之后的以物抵债协议	独立于债务关系的抵债合意（无物权合意）	有效（债法效力） 该协议被履行以后方能转移物权并消灭债务
让与担保协议＋未公示	附属于债务关系的形式上的买卖合意＋实质的担保合意	买卖合意无效 担保合意有效 （未公示的仅仅在当事人之间有效，不具有对于第三人的优先受偿效力）
让与担保协议＋已公示	附属于债务关系的形式上的买卖合意＋实质的担保合意	买卖合意无效 担保合意有效 （公示的具有对于第三人的优先受偿效力）

> 规律：
> 1. 约定直接转移所有权的一律无效；
> 2. 只有公示才有对抗第三人的优先受偿效力。

【例题】（2021 真题回忆版）甲、乙签订卖房合同，约定甲把房卖给乙，乙再将房租给甲，丙为乙担保，其实该房屋根本不存在，甲、乙对此知情，丙不知情。对此，下列说法正确的是：

A. 甲、乙之间名为房屋买卖合同，实为借款合同

B. 借款合同有效，担保合同无效

C. 借款合同无效，担保合同无效

D. 买卖合同无效，担保合同可撤销

【答案】AB

第十五章
抵押权

 本章导读

　　本章要求考生理解或了解抵押权的概述；熟练掌握抵押权的设定，抵押登记，同一财产之上设立多个抵押，以公益为目的的非营利法人的抵押，禁止抵押的财产以及房地一并抵押，抵押人和抵押权人的权利和义务，抵押的顺位，动产抵押，最高额抵押和抵押权的实现。本章是法考的重点之一。

 知识点

一、抵押权的成立

| 抵押财产（可转让、可估值） | | 抵押合同（要式合同，可履行治愈） | | 抵押登记①不动产：登记生效②动产：登记对抗 |

可以抵押的财产（《民法典》第395条）	不可抵押的财产（《民法典》第399条）
(1) 建筑物和其他土地附着物； (2) 建设用地使用权——▲注意：房地一体主义 (3) 生产设备、原材料、半成品、产品； (4) 交通运输工具； (5) 正在建造的建筑物、船舶、航空器； (6) 海域使用权。	(1) 土地所有权； (2) 集体土地使用权——▲例外："四荒"用地（荒山、荒沟、荒丘、荒滩等农村土地）、乡镇企业用地（随厂房）； (3) 公益法人的公益设施——▲例外：非公益财产为自身债务； (4) 违法、违章建筑。
《民法典担保制度解释》 第37条　当事人以所有权、使用权不明或者有争议的财产抵押，经审查构成无权处分的，人民法院应当依照《民法典》第311条的规定处理。 　　当事人以依法被查封或者扣押的财产抵押，抵押权人请求行使抵押权，经审查查封或者扣押措施已经解除的，人民法院应予支持。抵押人以抵押权设立时财产被查封或者扣押为由主张抵押合同无效的，人民法院不予支持。 　　以依法被监管的财产抵押的，适用前款规定。	

（一）抵押合同与抵押权的效力

总结：抵押合同看《民法典》第143条，动产抵押设立看合同效力（登记对抗），不动产抵押看登记。

例　（1）甲将其宅基地抵押给同村外嫁他村的乙用于借款。

（2）甲、乙达成抵押合意，未签订合同，但已经办理抵押登记。

【例题】（2015-3-53）甲向某银行贷款，甲、乙和银行三方签订抵押协议，由乙提供房产抵押担保。乙把房本交给银行，因登记部门原因导致银行无法办理抵押物登记。乙向登记部门申请挂失房本后换得新房本，将房屋卖给知情的丙并办理了过户手续。甲届期未还款，关于贷款、房屋抵押和买卖，下列哪些说法是正确的？

A. 乙应向银行承担违约责任

B. 丙应代为向银行还款

C. 如丙代为向银行还款，可向甲主张相应款项

D. 因登记部门原因未办理抵押登记，但银行占有房本，故取得抵押权

【答案】AC

【例题】（2019真题回忆版）乙向甲借款，以自己的房屋设立抵押权，并办理了抵押登记。乙又向丙借款，以同一房屋设立抵押权，并办理了抵押登记。后乙与甲签订了房屋买卖合同并办理了过户。下列哪一选项是正确的？

A. 甲的抵押权消灭

B. 丙的抵押权消灭

C. 甲和丙的抵押权均未消灭

D. 甲、乙之间的房屋买卖合同无效

【答案】C

（二）抵押登记（《民法典担保制度解释》第46条到第50条）

1. 不动产抵押登记

（1）抵押登记与违约责任。

抵押财产因不可归责于抵押人自身的原因灭失或者被征收等导致不能办理抵押登记，债权人请求抵押人在约定的担保范围内承担责任的，人民法院不予支持。

不可归责于抵押人的原因导致无法办理抵押登记的，不能追究抵押人的违约责任，只能去主张物上代位。（赔偿金、补偿金、保险金作为担保）

因抵押人转让抵押财产或者其他可归责于抵押人自身的原因导致不能办理抵押登记，债权人有权请求抵押人在约定的担保范围内承担责任。

《民法典担保制度解释》第46条　不动产抵押合同生效后未办理抵押登记手续，债权人请求抵押人办理抵押登记手续的，人民法院应予支持。【登记属于抵押合同的合同义务】

抵押财产因不可归责于抵押人自身的原因灭失或者被征收等导致不能办理抵押登记，债权人请求抵押人在约定的担保范围内承担责任的，人民法院不予支持；但是抵押人已经获得保险金、赔偿金或者补偿金等，债权人请求抵押人在其所获金额范围内承担赔偿责任的，人民法院依法予以支持。【不能登记的处理A——非抵押人原因】

因抵押人转让抵押财产或者其他可归责于抵押人自身的原因导致不能办理抵押登记，

债权人请求抵押人在约定的担保范围内承担责任的,人民法院依法予以支持,但是不得超过抵押权能够设立时抵押人应当承担的责任范围。【不能登记的处理B——抵押人原因】

《民法典担保制度解释》第47条 不动产登记簿就抵押财产、被担保的债权范围等所作的记载与抵押合同约定不一致的,人民法院应当根据登记簿的记载确定抵押财产、被担保的债权范围等事项。【抵押登记与抵押合同不一致的处理】

《民法典担保制度解释》第48条 当事人申请办理抵押登记手续时,因登记机构的过错致使其不能办理抵押登记,当事人请求登记机构承担赔偿责任的,人民法院依法予以支持。【登记机关的赔偿责任】

(2)抵押登记与合同效力。

以违法的建筑物抵押的,抵押合同无效。

标的物属于被查封扣押的、无权处分的,划拨用地上的,或者是建设用地设立抵押但是上面存在有违法建筑的,抵押合同一律有效。

《民法典担保制度解释》第49条 以违法的建筑物抵押的,抵押合同无效,但是一审法庭辩论终结前已经办理合法手续的除外。抵押合同无效的法律后果,依照本解释第17条的有关规定处理。

当事人以建设用地使用权依法设立抵押,抵押人以土地上存在违法的建筑物为由主张抵押合同无效的,人民法院不予支持。【违法建筑物设抵】

《民法典担保制度解释》第50条 抵押人以划拨建设用地上的建筑物抵押,当事人以该建设用地使用权不能抵押或者未办理批准手续为由主张抵押合同无效或者不生效的,人民法院不予支持。抵押权依法实现时,拍卖、变卖建筑物所得的价款,应当优先用于补缴建设用地使用权出让金。

当事人以划拨方式取得的建设用地使用权抵押,抵押人以未办理批准手续为由主张抵押合同无效或者不生效的,人民法院不予支持。已经依法办理抵押登记,抵押权人主张行使抵押权的,人民法院应予支持。抵押权依法实现时所得的价款,参照前款有关规定处理。【划拨建设用地上的建筑物抵押的,不影响抵押合同效力】

2. 动产抵押登记

(1)以动产抵押的,抵押权自抵押合同生效时设立;未经登记,不得对抗善意第三人。(《民法典》第403条)

例如,自然人甲向乙借款并将其手表抵押给乙,然后不知情的丙从甲处买走这款手表,则乙的抵押权如果没有登记则不得对抗丙。

《民法典担保制度解释》第54条 动产抵押合同订立后未办理抵押登记,动产抵押权的效力按照下列情形分别处理:

(一)抵押人转让抵押财产,受让人占有抵押财产后,抵押权人向受让人请求行使抵押权的,人民法院不予支持,但是抵押权人能够举证证明受让人知道或者应当知道已经订立抵押合同的除外;

(二)抵押人将抵押财产出租给他人并移转占有,抵押权人行使抵押权的,租赁关系不受影响,但是抵押权人能够举证证明承租人知道或者应当知道已经订立抵押合同的除外;

（三）抵押人的其他债权人向人民法院申请保全或者执行抵押财产，人民法院已经作出财产保全裁定或者采取执行措施，抵押权人主张对抵押财产优先受偿的，人民法院不予支持；

（四）抵押人破产，抵押权人主张对抵押财产优先受偿的，人民法院不予支持。

▲总结：非经登记的动产抵押权不得对抗善意且受领交付的买受人，不得对抗善意且受领交付的承租人，不得对抗财产保全和强制执行中的债权人，不得对抗破产程序中的债权人。

（2）以动产抵押的，不得对抗正常经营活动中已经支付合理价款并取得抵押财产的买受人。（《民法典》第404条）

例如，开钟表店的甲向乙借款并将其手表抵押给乙，然后丙去甲店内买走这款手表，则乙的抵押权无论是否登记都不得对抗丙。

《民法典担保制度解释》第56条　买受人在出卖人正常经营活动中通过支付合理对价取得已被设立担保物权的动产，担保物权人请求就该动产优先受偿的，人民法院不予支持，但是有下列情形之一的除外：

（一）购买商品的数量明显超过一般买受人；

（二）购买出卖人的生产设备；

（三）订立买卖合同的目的在于担保出卖人或者第三人履行债务；

（四）买受人与出卖人存在直接或者间接的控制关系；

（五）买受人应当查询抵押登记而未查询的其他情形。

前款所称出卖人正常经营活动，是指出卖人的经营活动属于其营业执照明确记载的经营范围，且出卖人持续销售同类商品。前款所称担保物权人，是指已经办理登记的抵押权人、所有权保留买卖的出卖人、融资租赁合同的出租人。

3. 房地一体主义

《民法典》第397条【房地产抵押关系】　以建筑物抵押的，该建筑物占用范围内的建设用地使用权一并抵押。以建设用地使用权抵押的，该土地上的建筑物一并抵押。

抵押人未依据前款规定一并抵押的，未抵押的财产视为一并抵押。

《民法典》第417条【以建设用地使用权抵押的特别规定】　建设用地使用权抵押后，该土地上新增的建筑物不属于抵押财产。该建设用地使用权实现抵押权时，应当将该土地上新增的建筑物与建设用地使用权一并处分。但是，新增建筑物所得的价款，抵押权人无权优先受偿。

《民法典担保制度解释》第51条　当事人仅以建设用地使用权抵押，债权人主张抵押权的效力及于土地上已有的建筑物以及正在建造的建筑物已完成部分的，人民法院应予支持。债权人主张抵押权的效力及于正在建造的建筑物的续建部分以及新增建筑物的，人民法院不予支持。

当事人以正在建造的建筑物抵押，抵押权的效力范围限于已办理抵押登记的部分。当事人按照担保合同的约定，主张抵押权的效力及于续建部分、新增建筑物以及规划中尚未建造的建筑物的，人民法院不予支持。

抵押人将建设用地使用权、土地上的建筑物或者正在建造的建筑物分别抵押给不同债权人的，人民法院应当根据抵押登记的时间先后确定清偿顺序。

特别注意：新增建筑一并处分但不优先受偿。

设：甲、乙为债权人，丙为债务人，丙有 B 地，B 地上盖有 A 房，丙以 A 房为甲设抵押权后，又新盖了 C 房。

A 房 B 地（各 300 万元）——第一次抵押（甲的 700 万元债权）：仅抵 A 房——AB 一起抵。

A 房 C 房 B 地（各 300 万元）——第二次抵押（乙的 200 万元债权）：仅抵 B 地——ABC 一起抵。

结论：AB 上两个抵押权，C 上只有一个抵押权。

——甲 600 万元优先受偿，乙 200 万元优先受偿，剩下 100 万元甲和其他债权人比例受偿。

4. 抵押预告登记

《民法典担保制度解释》第 52 条　当事人办理抵押预告登记后，预告登记权利人请求就抵押财产优先受偿，经审查存在尚未办理建筑物所有权首次登记、预告登记的财产与办理建筑物所有权首次登记时的财产不一致、抵押预告登记已经失效等情形，导致不具备办理抵押登记条件的，人民法院不予支持；经审查已经办理建筑物所有权首次登记，且不存在预告登记失效等情形的，人民法院应予支持，并应当认定抵押权自预告登记之日起设立。

当事人办理了抵押预告登记，抵押人破产，经审查抵押财产属于破产财产，预告登记权利人主张就抵押财产优先受偿的，人民法院应当在受理破产申请时抵押财产的价值范围内予以支持，但是在人民法院受理破产申请前 1 年内，债务人对没有财产担保的债务设立抵押预告登记的除外。

二、抵押权的效力

（一）效力范围

（1）债权范围：主债权、利息、违约金、损害赔偿金、实现抵押权的费用（注意顺序：费用——利息——主债权）。

（2）抵押物范围：抵押物、从物、孳息、代位物、添附物或基于添附而产生的不当得利。

《民法典担保制度解释》第 40 条　从物产生于抵押权依法设立前，抵押权人主张抵押权的效力及于从物的，人民法院应予支持，但是当事人另有约定的除外。

从物产生于抵押权依法设立后，抵押权人主张抵押权的效力及于从物的，人民法院不予支持，但是在抵押权实现时可以一并处分。

《民法典担保制度解释》第 41 条　抵押权依法设立后，抵押财产被添附，添附物归第三人所有，抵押权人主张抵押权效力及于补偿金的，人民法院应予支持。

抵押权依法设立后，抵押财产被添附，抵押人对添附物享有所有权，抵押权人主张抵押权的效力及于添附物的，人民法院应予支持，但是添附导致抵押财产价值增加的，抵押权的效力不及于增加的价值部分。

抵押权依法设立后，抵押人与第三人因添附成为添附物的共有人，抵押权人主张抵押权的效力及于抵押人对共有物享有的份额的，人民法院应予支持。

本条所称添附，包括附合、混合与加工。

《民法典担保制度解释》第42条　抵押权依法设立后，抵押财产毁损、灭失或者被征收等，抵押权人请求按照原抵押权的顺位就保险金、赔偿金或者补偿金等优先受偿的，人民法院应予支持。

给付义务人已经向抵押人给付了保险金、赔偿金或者补偿金，抵押权人请求给付义务人向其给付保险金、赔偿金或者补偿金的，人民法院不予支持，但是给付义务人接到抵押权人要求向其给付的通知后仍然向抵押人给付的除外。

抵押权人请求给付义务人向其给付保险金、赔偿金或者补偿金的，人民法院可以通知抵押人作为第三人参加诉讼。

（二）抵押权人的权利

1. 变价优先受偿权（《民法典》第410条）

（1）变价方式：拍卖、变卖、折价（抵押权人也可以依照约定自行变卖）。

《民法典担保制度解释》第45条　当事人约定当债务人不履行到期债务或者发生当事人约定的实现担保物权的情形，担保物权人有权将担保财产自行拍卖、变卖并就所得的价款优先受偿的，该约定有效。因担保人的原因导致担保物权人无法自行对担保财产进行拍卖、变卖，担保物权人请求担保人承担因此增加的费用的，人民法院应予支持。

（2）行使步骤：

①双方先协议决定实现抵押权的方法，该协议损害其他债权人利益的，其他债权人在知道或者应当知道撤销事由之日起1年内有撤销权（通过人民法院行使）。

②达不成协议的，请求人民法院拍卖、变卖。

（3）行使期限：主债权诉讼时效内。

（4）《民法典》第401条规定：抵押权人在债务履行期限届满前，与抵押人约定债务人不履行到期债务时抵押财产归债权人所有的，只能依法就抵押财产优先受偿。

2. 保全请求权（《民法典》第408条）

《民法典》第408条　抵押人的行为足以使抵押财产价值减少的，抵押权人有权请求抵押人停止其行为；抵押财产价值减少的，抵押权人有权请求恢复抵押财产的价值，或者提供与减少的价值相应的担保。抵押人不恢复抵押财产的价值，也不提供担保的，抵押权人有权请求债务人提前清偿债务。

（1）非因抵押人行为（不可抗力或者第三人原因）导致抵押财产灭失，有保险金、赔偿金、补偿金的，抵押权人可以就获得的保险金、赔偿金或者补偿金等优先受偿——物上代位（此时不存在保全请求权）；

（2）非因抵押人行为导致抵押财产灭失，没有保险金、赔偿金、补偿金的，担保物权消灭（此时同样不存在保全请求权）；

（3）因抵押人的行为足以使抵押财产价值减少的，抵押权人可主张保全请求权，具体包括停止行为、恢复价值、提供担保和提前清偿四项以保全抵押权为目的的权利。

3. 孳息收取权（《民法典》第 412 条）

自抵押财产被扣押之日，抵押权人有权收取孳息，但抵押权人未通知应当清偿法定孳息义务人的除外。孳息应当先充抵收取孳息的费用。（▲注意："收取"何意）

4. 处分抵押权（《民法典》第 409 条第 2 款）

（1）转让：从随主走。

（2）变更顺位：

①协议本身有效，变更协议无须其他抵押权人同意；

②变更对其他抵押权人有利的要执行；

③未经其他抵押权人书面同意，不得对其他抵押权人产生不利影响（多退少不补）。

	A 债权	B 债权	C 债权
50 万元财产	10 万元债权	20 万元债权	40 万元债权
	C 债权	B 债权	A 债权
50 万元财产	40 万元债权	20 万元债权	10 万元债权

——结论：C 30 万元，B 20 万元，A 没有。

	C 债权	B 债权	A 债权
50 万元财产	40 万元债权	20 万元债权	10 万元债权
	A 债权	B 债权	C 债权
50 万元财产	10 万元债权	20 万元债权	40 万元债权

——结论：A 10 万元，B 20 万元，C 20 万元。

（3）放弃：债权人放弃债务人提供的物的担保的，其他提供担保的第三人相应免责。

（三）抵押人的权利——所有权之限制

1. 占有

抵押人占有标的物——自主、直接、有权占有。

2. 使用

伤害抵押财产的，抵押权人可以主张保全请求权。

3. 处分

（1）仍可就抵押财产为他人设定抵押权。（已登记＞未登记；先登记＞后登记；都未登记比例受偿）

（2）仍可转让其抵押财产。

《民法典》第 406 条　抵押期间，抵押人可以转让抵押财产。当事人另有约定的，按照其约定。抵押财产转让的，抵押权不受影响。

抵押人转让抵押财产的，应当及时通知抵押权人。抵押权人能够证明抵押财产转让可能损害抵押权的，可以请求抵押人将转让所得的价款向抵押权人提前清偿债务或者提存。转让的价款超过债权数额的部分归抵押人所有，不足部分由债务人清偿。

据此，可以得出三点结论：

第一，抵押期间，抵押人依然可以自由转让抵押财产，无须抵押权人的同意转让合同也是有效的。

第二，抵押权人的抵押权继续有效，如果已经完成抵押登记，可以继续向受让人主张（动产抵押非经登记当然不能对抗善意第三人）。

第三，抵押权人能够证明抵押财产转让（比如《民法典》第404条项下的抵押物转让）可能损害抵押权的，可以请求抵押人提前清偿债务或者提存。

《民法典担保制度解释》第43条　当事人约定禁止或者限制转让抵押财产但是未将约定登记，抵押人违反约定转让抵押财产，抵押权人请求确认转让合同无效的，人民法院不予支持；抵押财产已经交付或者登记，抵押权人请求确认转让不发生物权效力的，人民法院不予支持，但是抵押权人有证据证明受让人知道的除外；抵押权人请求抵押人承担违约责任的，人民法院依法予以支持。

当事人约定禁止或者限制转让抵押财产且已经将约定登记，抵押人违反约定转让抵押财产，抵押权人请求确认转让合同无效的，人民法院不予支持；抵押财产已经交付或者登记，抵押权人主张转让不发生物权效力的，人民法院应予支持，但是因受让人代替债务人清偿债务导致抵押权消灭的除外。

结论：

（1）无论有无登记，转让合同一律有效。

（2）如果没有公示，禁止转让的约定只能对抗恶意受让人，不能对抗善意受让人，亦即善意受让人依然可以取得抵押财产的所有权。

（3）如果有公示（登记），则该转让不发生物权效力，亦即受让人不能取得物权，除非受让人代为清偿消灭抵押权——无公示，不对抗。

例　甲以其机动车为甲、乙的借款之债提供抵押担保，双方签订抵押合同并办理了抵押登记以及禁止抵押财产转让的登记，甲随后将机动车转让给丙，则虽然甲、丙的买卖合同有效，但丙不能取得所有权，除非丙对乙代为清偿甲的债务。

4. 收益——仍可出租其抵押物

《民法典》第405条　抵押权设立前，抵押财产已经出租并转移占有的，原租赁关系不受该抵押权的影响。

▲小结——后抵先租且占有：抵押不能破租赁；先抵后租：登记的抵押权可以打破租赁。

特别注意：先登记的抵押权打破租赁，如何救济？——关键在于是否尽到告知义务——尽到告知义务的承租人自担风险，否则，出租人承担违约责任。

（四）时效

《民法典担保制度解释》第44条　主债权诉讼时效期间届满后，抵押权人主张行使抵押权的，人民法院不予支持；抵押人以主债权诉讼时效期间届满为由，主张不承担担保责任的，人民法院应予支持。主债权诉讼时效期间届满前，债权人仅对债务人提起诉讼，经人民法院判决或者调解后未在民事诉讼法规定的申请执行时效期间内对债务人申请强制执行，其向抵押人主张行使抵押权的，人民法院不予支持。

三、动产浮动抵押

《民法典》第396条　企业、个体工商户、农业生产经营者可以将现有的以及将有的生产设备、原材料、半成品、产品抵押，债务人不履行到期债务或者发生当事人约定的实现抵押权的情形，债权人有权就抵押财产确定时的动产优先受偿。

四、最高额抵押（准用最高额质权）

（1）一定期间内连续发生的债权予以担保＋确定的最高额度。

（2）最高额抵押担保的债权确定前，部分债权转让的，最高额抵押权不得转让。

（3）最高额抵押担保的债权确定前，抵押权人与抵押人可以通过协议变更债权确定的期间、债权范围以及最高债权额。但是，变更的内容不得对其他抵押权人产生不利影响。

（4）抵押权人实现最高额抵押权时，如果实际发生的债权余额高于最高限额的，以最高限额为限，超过部分不具有优先受偿的效力；如果实际发生的债权余额低于最高限额的，以实际发生的债权余额为限对抵押物优先受偿。

例　甲公司与乙公司存在长期的供货关系，2003 年 10 月 15 口，甲公司为担保其货款的支付，请丙公司为乙公司的债权提供抵押担保，丙公司与乙公司签订了最高额抵押合同，合同约定，丙公司在今后两年内对甲公司 1 000 万元以内的债务提供抵押担保。丙公司以其价值约为 2 000 万元的厂房与乙公司办理了抵押登记。2003 年 12 月，丙公司为担保自身债务，又以该厂房抵押担保自己 1 000 万元债务，并办理了抵押登记。后由于业务增长，乙公司要求增加抵押担保，丙公司与乙公司协商将担保最高债权额变更为 1 200 万元。那么，下列说法正确的有：

A. 若变更最高额抵押合同前，甲公司、乙公司双方实际发生的债权、债务标的额为 1 100 万元，丙公司对超出最高限额的部分不承担担保责任

B. 乙公司的最高额抵押权优先于丙公司自己的债权人的抵押权

C. 假如，乙公司、丙公司变更抵押合同最高限额后，甲公司在两年内实际欠乙公司 1 200 万元货款，乙公司不得以其变更对抗丙公司的抵押权人

D. 若在 2005 年 10 月 15 日之前，甲公司实际欠乙公司货款 800 万元，丙公司的担保责任并不减少

【答案】ABC

第十六章
质权与留置权

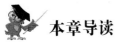 **本章导读**

　　本章要求考生理解或了解质权的概念与特征，留置权的概念与特征；熟练掌握动产质权的设立，动产质权当事人的权利和义务，权利质权的标的，留置权取得的积极要件和消极要件，留置权的效力和消灭。本章也是重要考点之一，通常会在与抵押权顺位排序题目中考查。

 知识点

一、动产质权的效力

　　1. 效力范围（同抵押权）

　　（1）债权范围：主债权、利息、违约金、损害赔偿金、实现质权费用、质押财产保管费用（注意顺序：费用——利息——主债权）。

　　（2）质押财产范围：质押财产、从物、孳息、代位物、添附物或基于添附而产生的不当得利（▲注意：从物未随同质押财产移交质权人占有的，质权的效力不及于从物）。

　　2. 动产质押的生效：质押合同＋交付（不含占有改定）

二、质权人的权利

　　（1）占有权（《民法典》第 235 条返还原物＋《民法典》第 462 条占有返还）

　　（2）孳息收取权（随时收，无须扣押）

　　（3）保全质押财产的权利：补充担保、提前变价

> 出质人——没有机会伤害质押财产
> 质权人有可能伤害质押财产——出质人保全：提存、提前清偿＋返还
> 非质权人的原因可能伤害质押财产——质押权人保全：追加担保或者提前清偿
> 质押财产已经毁损、灭失的——物上代位："三金"（保险金、赔偿金、补偿金）继续作为担保

《民法典》第 433 条 因不可归责于质权人的事由可能使质押财产毁损或者价值明显减少，足以危害质权人权利的，质权人有权请求出质人提供相应的担保；出质人不提供的，质权人可以拍卖、变卖质押财产，并与出质人协议将拍卖、变卖所得的价款提前清偿债务或者提存。

（4）转质权

《民法典》第 434 条 质权人在质权存续期间，未经出质人同意转质，造成质押财产毁损、灭失的，应当承担赔偿责任。

①承诺转质中，造成质押财产毁损、灭失的，转质权人承担赔偿责任。

②责任转质中，造成质押财产毁损、灭失的，质权人和转质权人承担不真正连带责任。

例如：甲的手表出质于乙，乙未经甲同意转质于丙，如手表在丙处毁损、灭失，甲可以选择乙或者丙承担赔偿责任，乙赔偿后可以向丙追偿——此时的乙承担无过错责任。

（5）变价优先受偿权

三、质权人的义务

《民法典》第 432 条 质权人负有妥善保管质押财产的义务；因保管不善致使质押财产毁损、灭失的，应当承担赔偿责任。

质权人的行为可能使质押财产毁损、灭失的，出质人可以请求质权人将质押财产提存，或者请求提前清偿债务并返还质押财产。

四、流动质押

《民法典担保制度解释》第 55 条 债权人、出质人与监管人订立三方协议，出质人以通过一定数量、品种等概括描述能够确定范围的货物为债务的履行提供担保，当事人有证据证明监管人系受债权人的委托监管并实际控制该货物的，人民法院应当认定质权于监管人实际控制货物之日起设立。监管人违反约定向出质人或者其他人放货、因保管不善导致货物毁损灭失，债权人请求监管人承担违约责任的，人民法院依法予以支持。

在前款规定情形下，当事人有证据证明监管人系受出质人委托监管该货物，或者虽然受债权人委托但是未实际履行监管职责，导致货物仍由出质人实际控制的，人民法院应当认定质权未设立。债权人可以基于质押合同的约定请求出质人承担违约责任，但是不得超过质权有效设立时出质人应当承担的责任范围。监管人未履行监管职责，债权人请求监管人承担责任的，人民法院依法予以支持。

【解读】对于由债权人、出质人与监管人订立的三方监管协议中，需要区分监管人的委托方是哪一方：

1. 监管人系受债权人的委托监管并实际控制该货物的：质权于监管人实际控制货物之日起设立；（总结：货物听监管人的，监管人听债权人的）

2. 监管人系受出质人委托监管该货物，或者虽然受债权人委托但是未实际履行监管职责，导致货物仍由出质人实际控制的，应当认定质权未设立。

在监管人导致货物毁损灭失时，对于第一种情况，债权人只能去追究自己委托的监管人的违约责任；对于第二种情况，债权人有选择权，可以基于质押合同请求出质人承担违约责任，也可以基于委托合同请求监管人承担违约责任。

五、留置权的成立

1. 债权人留置的动产，应当与债权属于同一法律关系，但企业之间留置的除外。

2. 构成要件：动产＋合法占有＋债权届清偿期＋同一法律关系＋不违背公序良俗。

《民法典担保制度解释》第 62 条　债务人不履行到期债务，债权人因同一法律关系留置合法占有的第三人的动产，并主张就该留置财产优先受偿的，人民法院应予支持。第三人以该留置财产并非债务人的财产为由请求返还的，人民法院不予支持。

企业之间留置的动产与债权并非同一法律关系，债务人以该债权不属于企业持续经营中发生的债权为由请求债权人返还留置财产的，人民法院应予支持。

企业之间留置的动产与债权并非同一法律关系，债权人留置第三人的财产，第三人请求债权人返还留置财产的，人民法院应予支持。

例 1　A 企业是汽车运输公司，B 是修理厂。A 企业所有的 1 号车到 B 修理厂进行修理。该汽车是 A 企业所有的债务人财产，以 1 号车的维修合同留置 1 号车属于同一法律关系，可以留置 1 号车。

A 企业借路人甲的一辆车，到 B 企业进行修理，此时车辆属于第三人财产，尽管此时车辆是第三人财产，但是属于同一法律关系，因此可以留置，只要是车辆的维修费，都可以留置路人甲的车来担保维修费债权。

A 运输公司的 1—20 号车在 B 修理厂修理，签订了 20 个修理合同。汽车都是 A 公司所有，维修汽车是 B 修理厂的主营业务，是持续经营的。此时可以用 3 号车担保 2 号车的维修费用，留置 3 号车（债务人财产＋持续经营的债权）。但是如果用 3 号车担保 A 公司与 B 修理厂之间的借款合同（非持续经营的债权），或者 3 号车属于第三人的财产，就不能进行留置。

例 2　下列哪些情形不得作为留置权的标的物？

A. 窃贼因对盗赃物支出了必要费用而行使留置权

B. 张三因李四拒绝支付悬赏报酬而留置了李四的钱包

C. 殡仪馆因死者亲属拒绝支付殡仪费而留置死者的骨灰

D. 承运人在运送途中以未付运费为由而留置货物

【答案】ABCD

六、留置权人的权利

1. 留置权人的权利：（1）占有权；（2）孳息收取权；（3）变价优先受偿权。

2. 留置权行使中的宽限期。

（1）当事人在合同中约定宽限期的，宽限期过后，债权人可以直接行使留置权（不低于 60 天）。

（2）当事人未约定宽限期的，留置权人应当给债务人 60 天以上履行债务的期限，但是鲜活易腐等不易保管的动产除外。

（3）债务人请求债权人行使留置权的，不存在宽限期的问题。

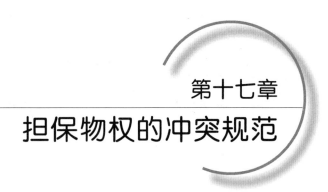

第十七章
担保物权的冲突规范

本章导读

本章要求考生综合掌握抵押权与质权的竞合，抵押权与留置权的竞合，留置权与质权的竞合；理解或了解担保物权竞合的概念和成立条件。本章考点都是综合考查。

知识点

一、动产质权与动产抵押权的冲突（先来后到）

根据民法典的规定，同一财产既设立抵押权又设立质权的，拍卖、变卖该财产所得的价款按照登记、交付的时间先后确定清偿顺序。分为以下两种情况：

（一）登记的动产抵押权与交付设立的质权的冲突

由于登记的动产抵押权与交付设立的质权都存在公示效力，因此在登记的动产抵押权与交付设立的质权存在冲突时，应按公示的先后判断优先。若抵押权登记先于质权设立，则抵押权优于质权；若质权设立先于抵押权登记，则质权优于抵押权。

（二）未登记的动产抵押权与交付设立的质权的冲突

由于未登记的动产抵押权没有公示效力，而交付设立的质权有公示效力，所以，交付设立的质权优于未登记的动产抵押权。

（三）未登记的动产抵押权与未交付的质权的冲突

如果质权的标的物没有交付，抵押权未办理抵押登记的，此时质权未有效设立，但抵押权已经有效设立，故抵押权优先受偿。

二、抵押权之间的冲突（先来后到）

根据民法典的规定，同一财产向两个以上债权人抵押的，拍卖、变卖抵押财产所得的价款依照下列规定清偿：

（1）抵押权已经登记的，按照登记的时间先后确定清偿顺序；

（2）抵押权已经登记的先于未登记的受偿；

（3）抵押权未登记的，按照债权比例清偿。

三、特殊规定（后发先至）

动产抵押担保的主债权是抵押物的价款，标的物交付后 10 日内办理抵押登记的，该抵押权人优先于抵押物买受人的其他担保物权人受偿，但是留置权人除外。

例如，3 月 1 日，甲的一块手表出售于乙并完成交付，乙尚未付款。乙拿到手表后于 3 月 2 日向丙借款并以该手表为借款设定抵押，然后又在 3 月 5 日和甲协商，因偿还不了手表的价款愿意以手表为甲的价款设定抵押权，两个抵押权均已依次完成登记。则，因为甲的抵押登记是在交付后 10 日内完成的，所以虽然甲的抵押登记晚于丙的抵押登记，但甲的抵押权依然优先于丙的抵押权受偿。

再如，该手表请丁维修后未付维修款被丁留置的，则甲的抵押权不得优先于丁的留置权。

《民法典担保制度解释》第 57 条　担保人在设立动产浮动抵押并办理抵押登记后又购入或者以融资租赁方式承租新的动产，下列权利人为担保价款债权或者租金的实现而订立担保合同，并在该动产交付后 10 日内办理登记，主张其权利优先于在先设立的浮动抵押权的，人民法院应予支持：

（一）在该动产上设立抵押权或者保留所有权的出卖人；

（二）为价款支付提供融资而在该动产上设立抵押权的债权人；

（三）以融资租赁方式出租该动产的出租人。

买受人取得动产但未付清价款或者承租人以融资租赁方式占有租赁物但是未付清全部租金，又以标的物为他人设立担保物权，前款所列权利人为担保价款债权或者租金的实现而订立担保合同，并在该动产交付后 10 日内办理登记，主张其权利优先于买受人为他人设立的担保物权的，人民法院应予支持。

同一动产上存在多个价款优先权的，人民法院应当按照登记的时间先后确定清偿顺序。

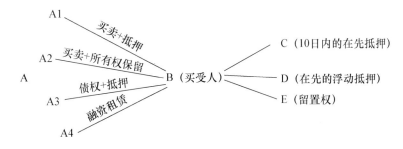

结论：A 优先于 C、D；A1、A2、A3、A4 之间按登记时间先后，E 最优先。

1. 留置权优先于价款优先权（留置权排第一）。

2. 价款优先权优先于设立在先的其他抵押（包括浮动抵押）（价款优先权排第二）。

3. 不具有超级抵押效力的一般抵押权按照先来后到规则。

4. 未登记的抵押权排在倒数第一。

5. 多个价款优先权之间按照登记时间先后。

四、动产抵押权、动产质押权与留置权

动产抵押权与质权都因法律行为而产生，属于意（约）定优先权，而留置权则属于法定优先权。在法定优先权与意定优先权发生冲突时，一般遵循"法定＞约定"一般原则，具体分为两种情况：

（一）动产抵押权与留置权

抵押权与留置权的冲突仅存在于动产之中，不存在于不动产之中，因为留置权的客体不包括不动产。在动产抵押权与留置权发生冲突时，无论抵押权是否登记，留置权优于抵押权，这也符合法定优先权优于约定优先权的一般原理。根据民法典的规定，同一动产上已设立抵押权，该动产又被留置的，留置权人优先受偿。

（二）动产质押权与留置权

1. 质物被留置。同一动产上已经设立质权，该动产又被留置的，留置权人优先受偿。

例如，债权人取得动产质权后，将质物交于第三人保管，由于作为寄存人的债权人没有按照保管合同的约定支付保管费及其他费用，保管人对该质物享有留置权，留置权优于质权。

2. 留置物被出质。由于动产质权的设定中，质物的交付可以采用指示交付的方式，因此出质人在其已经成为留置权标的物的动产上依然可以设定质权。此时，无论是适用法定优于约定的一般原理，还是按产生先后，留置权应优于质权。

例1：甲的手表质押给乙，乙弄坏以后拿去找丙修理，修好后，乙拒付修理费，手表被丙留置（丙＞乙）。

例2：甲的手表请丙修好后，甲拒付修理费，手表被丙留置，然后甲又把手表质押给乙（丙＞乙）。

波波点睛

注意特例：留置物被留置权人无权处分进而被第三人善意取得的情况，如——甲的手表拿去找丙修好后，甲拒付修理费，手表被丙留置，然后丙又把手表质押给乙（乙＞丙），其背后的法理为善意取得也是法定取得而非合意取得。

【例题】(2011-3-7) 同升公司以一套价值100万元的设备作为抵押，向甲借款10万元，未办理抵押登记手续。同升公司又向乙借款80万元，以该套设备作为抵押，并办理了抵押登记手续。同升公司欠丙货款20万元，将该套设备出质给丙。丙不小心损坏了该套设备送丁修理，因欠丁5万元修理费，该套设备被丁留置。关于甲、乙、丙、丁对该套设备享有的担保物权的清偿顺序，下列哪一排列是正确的？

A. 甲乙丙丁　　　B. 乙丙丁甲　　　C. 丙丁甲乙　　　D. 丁乙丙甲

【答案】D

第五分编

占 有

第十八章

占 有

**本章导读**

　　本章要求考生理解或了解占有的概念和性质，占有的种类，占有的取得和消灭；熟练掌握占有的事实推定和权利推定的效力，占有人与返还请求权人的关系，占有人的自力救济权和占有保护请求的基本原则。

知识点

一、概念

		构成占有	不构成占有
体素	空间支配	1. 房屋、土地因使用而占有 2. 放置在家中的衣物、家具等财产属于主人占有 3. 停放汽车于路边数日并不丧失占有	遗失钱包于车站后不久返回已经丧失占有
	时间持续	旅客住宿房间成立占有	1. 在饭店使用餐具、公园坐卧于长椅、图书馆取阅杂志不成立占有 2. 亲友被招待家中过夜不成立占有
	心素	1. 不要求行为能力 2. 须特定占有意思	1. 将毛毛虫放入女同学的书包，如该女同学知情并欣然受领，则具有占有意思 2. 投入小区住户邮箱之信函，该住户即取得占有	1. 将毛毛虫放入女同学的书包，如该女同学不知情，则不具有占有意思 2. 逃犯被警察追捕，匆忙间将赃物投入甲的信箱，甲并不取得该赃物的占有——甲的占有意思在于取得属于自己的信件

二、占有的分类

是否以所有权人心态占有	自主占有（以所有权人心态占有）	他主占有（不以所有权人心态占有）
	1. 盗赃物都是自主占有	1. 基于合同占有标的物并且不打算据为己有的，都是他主占有，如租赁、承揽、保管、质押等
	2. 买下完成交付未登记的房屋	2. 试用买卖期间尚未决定购买的占有
	3. 拾得遗失物不打算归还	3. 拾得遗失物打算归还
	4. 继承人误把死者借用之物当作死者所有之物而继承	4. 继承人误把死者所有之物当作死者借用之物而准备归还
是否通过占有媒介关系占有	直接占有（无须通过占有媒介关系占有）	间接占有（通过占有媒介关系占有）
	甲（间接占有人）——乙（媒介占有人）——物 不构成间接占有的特例： 1. 雇员为占有辅助人，不是占有人，相当于雇主的占有 2. 公司的车，董事长乘坐，司机开——公司为占有人，司机为占有辅助人	
是否享有占有本权	有权占有（享有占有本权）（所有权、他物权、合同债权）	无权占有（不享有占有本权）
	1. 监护人、宣告失踪中的财产代管人、遗嘱执行人和破产管理人的权利也可以构成占有本权 2. 抵押权人是否可以主张有权占有——抵押权不能构成有效的占有本权 3. 承租人的占有——基于合同关系的相对性，其对于出租人为有权占有，对于其他人为无权占有	
无权占有中，是否知道自己无权占有	善意占有（不知道自己无权占有）	恶意占有（知道自己无权占有）
	1. 善意取得人不是善意占有人——因为善意取得人是有权占有人 2. 购买遗失物、盗赃物是否为善意占有人取决于购买者是否知情 3. 遗失物的拾得人不是善意占有人——因为拾得人知道自己无权占有 例：张三的羊交由李四保管，李四将其卖与不知情的王五。则此时，王五为自主占有、直接占有、有权占有。	

例1　判断下列情况下的占有类型：

（1）张三遗失的羊被李四捡到好生照顾，李四属于何种占有？——他主的、直接的、无权的恶意占有人。

（2）如果该羊被李四卖给了不知情的王五，王五属于何种占有？——自主的、直接的、无权的善意占有人。

（3）如果张三将羊交给李四保管，李四把羊卖给了不知情的王五，王五属于何种占有？——自主的、直接的、有权占有人。

例2　甲有某画，出借给乙，乙交由其受雇人丙保管；不久，乙死亡，由其在国外之子丁继承财产，丁不知借画之事。在此情形，乙为直接占有人；丙系乙的占有辅助人；甲为间接占有人；乙死后，丁因继承为该画直接占有人。

三、占有权利推定

受权利推定的占有人（包括直接占有人和间接占有人），免除举证责任，即在其有实体权利争议时，占有人可以直接援用该推定对抗相对人，无须证明自己是权利人。当然在相对人提出反证时，占有人为推翻该反证，仍须举证。

言外之意：举证不明时，程序利益归于占有人，如举证不明，将作出对非占有人不利的推定。

例　甲向法院起诉，主张乙所占有的自行车是甲的，并请求乙返还自行车。乙则主张自己是自行车的所有权人，并拒绝返还。在上述情况下，如果没有任何证据显示自行车是谁的，法院将推定乙为自行车的所有权人；如果甲能够证明自己曾经占有该自行车，而乙不能证明自己占有的合法来源，法院将推定甲为自行车的所有权人；如果甲能够证明自己曾经占有该自行车，而乙则能够证明自己从甲处购买自行车，法院将认定乙为自行车的所有权人。

四、占有保护请求权

《民法典》第462条　占有的不动产或者动产被侵占的，占有人有权请求返还原物……

占有人返还原物的请求权，自侵占发生之日起1年内未行使的，该请求权消灭。

（1）第462条的请求权主体为前占有人（即占有物被侵占前的占有人）。此条所保护的对象是占有的事实状态，所以，无论是合法占有人的占有，还是非法占有人如小偷对盗赃物的占有，都受到本条的保护。

如小偷偷来的东西，强盗也无权抢走（和平秩序，程序正义）。

（2）本条的法定事由为因侵占而产生的瑕疵占有，这里的瑕疵指的是其占有来自对他人的侵占。动产主要体现为盗、抢和错拿三种情况，不动产则主要体现为非法进入。

特别注意，以下三种情形不能适用《民法典》第462条。

①如果取得占有是基于占有人的意思，如甲自愿出借手表于乙，乙随后拒绝归还时，对占有的和平秩序没有伤害，不属于侵占占有，甲可以主张《民法典》第235条的物权返还请求权，也可以基于借用合同主张返还。

②通过欺诈、胁迫取得占有不属于侵占占有，救济途径可以为撤销合同，依据《民法典》第508条请求对方返还。

③如果甲丢失的东西被乙捡到，同样不构成侵占，甲可以依据《民法典》第312条请求乙返还。

（3）第462条受1年除斥期间限制，注意是从侵占之日起算。

例1　张三在商场偷了一部手机后被李四偷走，此时张三可以依据第462条向李四主张占有返还请求权。

例2　张三在商场偷了一部手机后丢失，被李四捡到，此时张三不可以依据第462条向李四主张占有返还请求权。

例3　张三租给李四的房屋到期，李四拒绝归还，张三可以请求李四返还原物，也可以请求李四承担租赁合同中的返还义务，却不可以依据第462条主张占有返还请求权。

五、无权占有人与返还请求权人的关系

	善意占有	恶意占有
返还责任	返还原物与孳息，有必要费用请求权	返还原物与孳息，无必要费用请求权（拾得遗失物且不据为己有的除外，其虽为恶意占有人，但是可以主张必要费用请求权）
损害赔偿（占有人本人将标的物毁损、灭失）	①自主占有人不承担赔偿责任 例：成年精神病人（无行为能力）甲将其自行车出卖于不知情的乙且完成交付——买卖合同无效，此时乙不知道自己没有所有权，乙为善意的自主占有人，乙没有过错，若乙将标的物毁损、灭失，无须承担赔偿责任。 ②他主占有人承担赔偿责任 例：成年精神病人（无行为能力）甲将其自行车出租于不知情的乙且完成交付——租赁合同无效，此时乙不知道自己没有租赁权，但知道自己没有所有权，乙为他主的善意占有人，若乙将标的物毁损、灭失，应当承担赔偿责任。	无论是自主占有人还是他主占有人一律承担赔偿责任 例1：成年精神病人（无行为能力）甲将其自行车出卖于知情的乙且完成交付——买卖合同无效，此时乙知道自己没有所有权，乙为无权的恶意占有人，若乙将标的物毁损、灭失，应当承担赔偿责任。 例2：成年精神病人（无行为能力）甲将其自行车出租于知情的乙且完成交付——租赁合同无效，此时乙知道自己没有租赁权，乙为他主的恶意占有人，若乙将标的物毁损、灭失，应当承担赔偿责任。
风险负担（不可归责于占有人的原因导致标的物毁损、灭失）	返还"三金"（侵权人支付赔偿金、保险公司支付保险金、因其他原因获得补偿金），占有人拿到多少还多少	返还"三金"，"三金"不够的，恶意占有人补足剩余价值

例 1　高某向周某借用一头耕牛，在借用期间高某意外死亡，其子小高不知耕牛非属高某所有而继承。不久，耕牛产下一头小牛。期满后周某请求小高归还耕牛及小牛，但此时小牛已因小高管理不善而死亡。则：

（1）周某是否有权请求小高归还耕牛及小牛？

答：周某有权请求小高返还耕牛，但是无权请求小高返还小牛。

（2）周某是否应向小高支付必要费用？

答：因为小高为自主的、善意的占有人，故周某应该支付小高必要费用。

（3）周某可否请求小高赔偿小牛死亡的损失？

答：因为小高为自主的、善意的占有人，故周某不可以请求小高赔偿小牛死亡的损失。

例 2　甲是一个牧民，乙的2只羊混入了甲的羊群，甲不知这2只羊不是自己的而予以饲养。其中羊1被小偷丙偷走；羊2生下一只小羊。下列说法不正确的有：

A. 甲对这2只羊的占有是有权占有

B. 乙有权请求丙返还羊1，甲无权请求丙返还羊1

C. 乙只能请求甲返还羊2，但不能请求返还小羊，因为甲是善意占有

D. 如果甲将羊2宰杀吃肉，则甲需要承担赔偿责任

【答案】ABCD

解析：A项：甲没有占有这两只羊的本权，属于无权占有，A项表述错误。

B项：甲作为占有人，对侵夺其占有的丙，有占有返还请求权，B项表述错误。

C项：无权占有人应返还原物与孳息，不论善意恶意。C项表述错误。

D项：善意占有人不承担赔偿责任，D项表述错误。

综上，本题答案为ABCD。

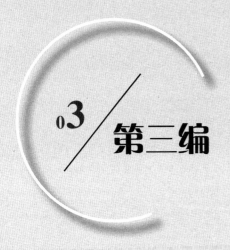

03／第三编

合　同

第一分编

通 则

第一章

债的概述

本章导读

　　本章要求考生理解或了解债的概念、要素和发生原因以及债的分类。本章考点在法考中无论是客观卷的选择题还是主观卷的案例分析题都会对考生进行考查。

知识点

第一节　债的概念和要素

一、债的概念

　　通说认为，债是特定当事人之间请求为一定给付的民事法律关系。在债的关系中，一方享有请求对方为一定给付的权利，即债权，该方当事人称为债权人；另一方负有向对方为一定给付的义务，即债务，该方当事人称为债务人。

二、债的要素

　　债的要素，即债的构成所必须具备的要件，包括债的主体、债的内容和债的客体。

　　（一）债的主体

　　债的主体也称债的当事人，是指参与债的关系的双方当事人，即债权人和债务人。其中，享有权利的一方当事人称为债权人，负有义务的一方当事人称为债务人。

　　（二）债的内容

　　债的内容，是指债的主体所享有的权利和负担的义务，即债权和债务。

　　1. 债权。债权是债权人享有的请求债务人为特定行为（给付）的权利。债权的特征包括债权为请求权、相对权和债权具有相容性。下文重点介绍债的相对性。

2. 债务。债务是指债务人依当事人约定或法律规定应为特定行为的义务。债务的内容可表现为实施特定的行为（作为义务），也可以表现为不实施特定的行为（不作为义务）。给付的对象，即债的标的，包括物、智力成果、劳务等。其中，当债的标的为"物"时，被称为"标的物"。

债务包括给付义务和附随义务。给付义务包括主给付义务和从给付义务。

三、债的相对性

（一）相对性的一般原理

《民法典》第 522 条第 1 款　当事人约定由债务人向第三人履行债务，债务人未向第三人履行债务或者履行债务不符合约定的，应当向债权人承担违约责任。

《民法典》第 523 条　当事人约定由第三人向债权人履行债务，第三人不履行债务或者履行债务不符合约定的，债务人应当向债权人承担违约责任。

合同的相对性，指合同项下的权利、义务仅在合同当事人之间发生拘束力。合同相对性包括主体的相对性、内容的相对性与责任的相对性，其中责任的相对性是合同相对性的核心和本质。下面我们通过几道例题来理解。

（1）主体的相对性：合同仅仅约束相对人，不约束第三人。

例 1　张三于情人节向甲鲜花店订购鲜花，要求送给女朋友李四，甲鲜花店因当天订购量巨大向张三提出由其子公司乙鲜花店送货，张三同意。问李四能否直接要求乙鲜花店履行合同？

答：不可以。本例中合同当事人是张三和甲鲜花店，但提供履行的是第三人乙鲜花店，接受履行的是第三人李四，这就属于涉他合同。该合同仍然只约束张三和甲鲜花店，合同的权利义务仍然仅仅归属于张三和甲鲜花店，此即合同的相对性。

（2）责任的相对性：向第三人履行或者第三人代为履行不影响合同当事人的违约责任。

例 2　张三于情人节向甲鲜花店订购鲜花，要求送给女朋友李四，甲鲜花店因当天订购量巨大向张三提出由其子公司乙鲜花店送货，张三同意。问如果鲜花有瑕疵，李四能否提出赔偿请求？能否要求乙鲜花店赔偿？

答：不可以。本例中虽然约定债务人（甲鲜花店）须向第三人李四完成给付义务，但基于债的相对性，李四并不受到合同关系的约束，只有合同当事人张三有权请求甲鲜花店承担违约责任，而第三人李四无权请求鲜花店承担违约责任。同理，合同当事人为张三和甲鲜花店，不论第三人乙鲜花店是否履行，合同责任只能由合同当事人（甲鲜花店）承担，而不能由第三人乙鲜花店承担。此即责任的相对性。

（3）第三人过错不影响违约责任的承担。

例 3　张三向甲鲜花店预订 99 朵玫瑰，要求其在情人节当天将玫瑰送往李四住所，后在甲鲜花店欲送花时，隔壁乙花店嫉妒其生意兴隆，将玫瑰花根部破坏，以致李四收到了毁坏的玫瑰花，问甲店能否以乙店过错为由免予承担违约责任？

答：不可以。违约责任是一种无过错责任，不论当事人是否有过错，只要有违约行为，就需要承担违约责任（《民法典》第 577 条）。基于债的相对性，合同关系仅仅约束合同当事人，合同责任仅仅由当事人来承担，第三人过错不是当事人在合同上的免责事由。因此，甲店应该首先承担违约责任，然后可以向乙店进行追偿。总之，合同债务人因第三人原因违约的，仍应对合同债权人承担违约责任，债务人与第三人的关系另行解决。

【例题】(2014-3-11) 方某为送汤某生日礼物，特向余某定作一件玉器。订货单上，方某指示余某将玉器交给汤某，并将订货情况告知汤某。玉器制好后，余某委托朱某将玉器交给汤某，朱某不慎将玉器碰坏。下列哪一表述是正确的？

A. 汤某有权要求余某承担违约责任

B. 汤某有权要求朱某承担侵权责任

C. 方某有权要求朱某承担侵权责任

D. 方某有权要求余某承担违约责任

【答案】D

分析：方某（定作人）——汤某（第三人）——余某（承揽人）——朱某（第三人）。

● 合同责任：《民法典》第 593 条。

● 侵权责任：承揽合同所有权移转规则：原材料主义为原则，交付主义为例外。

(二) 真正利益第三人合同

《民法典》第 522 条第 2 款　法律规定或者当事人约定第三人可以直接请求债务人向其履行债务，第三人未在合理期限内明确拒绝，债务人未向第三人履行债务或者履行债务不符合约定的，第三人可以请求债务人承担违约责任；债务人对债权人的抗辩，可以向第三人主张。

（1）适用前提："法律规定或者当事人约定"，如第三者责任保险中受害者对保险人的请求权。

（2）就权利取得方式而言，只要第三人未在合理期限内明确拒绝，即可取得合同为他设定的权利；第三人也可以在合理期限内明确拒绝他人对自己无故加利，一旦第三人明确拒绝，则关于第三人利益的条款不生效力。

（3）法律效果上，若债务人未向第三人履行债务或者履行债务不符合约定的，第三人可以请求债务人承担违约责任。换言之，第三人的权利效果表现为请求债务人给付的请求权，继续履行和赔偿损失是债务人向第三人承担责任的主要形式，第三人并不享有合同当事人才享有的变更、撤销、解除的权利。

（4）在抗辩关系上，债务人对债权人的抗辩，可以向第三人主张。原因在于，第三人的权利从属于债权人和债务人之间的基础关系，第三人的权利不能且不应强于基础关系中的债权人。

第二节　债的发生

债作为一种法律关系，其之产生，依赖于民事法律事实。在民法上，引起债的产生的民事法律事实包括：合同、单方允诺、不当得利、无因管理与侵权行为。相应地，由这些法律事实所引起的债，就是合同之债、单方允诺之债、不当得利之债、无因管理之债、侵权之债。

第三节　债的分类

一、意定之债与法定之债

按照债的设定及其内容是否允许当事人以自由意思决定，债可以分为意定之债与法定之债。意定之债，是指债的发生及其内容由当事人依其自由意思决定的债。合同之债和单方允诺之债均为意定之债。法定之债，是指债的发生及其内容均由法律予以规定的债。侵权行为之债、无因管理之债和不当得利之债均属法定之债。

区分意定之债与法定之债的意义在于，前者贯彻意思自治原则，在债的客体、内容及债务不履行的责任等方面均可由当事人约定；而在后者，债的发生及效力均由法律规定。

二、财物之债与劳务之债

根据债务人所负给付义务的不同内容，债可分为财物之债和劳务之债。凡债的标的为给付财物的，为财物之债，如买卖合同之债；债的标的为提供劳务的，为劳务之债，如委托合同之债。二者的主要区别在于，当债务人不履行债务时，财物债务可强制履行，而劳务债务则不得强制履行。

三、特定之债与种类之债

根据债的标的物的不同属性，债可划分为特定之债和种类之债。以特定物为标的的债称为特定之债，以种类物为标的的债称为种类之债。在前者，债发生时，其标的物即已特定化；在后者，债成立时其标的物尚未特定化，甚至尚不存在，当事人仅就其种类、数量、质量、规格或型号等达成协议。

区分特定之债与种类之债的意义在于：其一，在特定之债，除非债务履行前标的物已灭失，债务人不得以其他标的物代为履行，而种类之债则无此问题；其二，二者在风险转移方面规则也有不同，下文买卖合同部分详解。

四、单一之债与多数人之债

根据债的主体双方是单一的还是多数的，债可分为单一之债和多数人之债。单一之债，是指债的主体双方即债权人和债务人均为一人的债；多数人之债，是指债权人和债务人至少有一方为二人或二人以上的债。

区分单一之债和多数人之债，有助于准确地确定债的当事人之间的权利义务关系。在单一之债中，当事人之间的权利义务关系较为简单明了。多数人之债则既涉及债权人与债务人之间的权利义务关系，又涉及多数债权人之间或多数债务人之间的权利义务关系，其法律关系较为复杂。

五、简单之债与选择之债

1. 定义

根据债的标的有无选择性,债可分为简单之债和选择之债。简单之债,是指债的履行标的只有一项,债务人只能按照该项标的履行、债权人也只能请求债务人按该项标的履行的债。选择之债,是指债的履行标的有数项,债务人可从中选择其一履行或债权人可选择其一请求债务人履行的债。二者的主要区别在于,简单之债的标的无可选择,而选择之债则可在数项标的中选择履行。

▲口诀:简单之债与单一之债的区别:单一之债看主体,简单之债看行为。

记住特例:麦当劳的餐券、通行路线之选择、买大米或者白面五斤。

▲注意:不同标的的选择为选择之债,同一标的的不同的"数量级"的选择为简单之债。

2. 选择权

债务标的有多项而债务人只需履行其中一项的,债务人享有选择权;但是,法律另有规定、当事人另有约定或者另有交易习惯的除外。

享有选择权的当事人在约定期限内或者履行期限届满未作选择,经催告后在合理期限内仍未选择的,选择权转移至对方。

当事人行使选择权应当及时通知对方,通知到达对方时,标的确定。标的确定后不得变更,但是经对方同意的除外。

可选择的标的发生不能履行情形的,享有选择权的当事人不得选择不能履行的标的,但是该不能履行的情形是由对方造成的除外。

【例题】(2009-3-9)甲对乙说:如果你在三年内考上公务员,我愿将自己的一套住房或者一辆宝马轿车相赠。乙同意。两年后,乙考取某国家机关职位。关于甲与乙的约定,下列哪一说法是正确的?

A. 属于种类之债

B. 属于选择之债

C. 属于连带之债

D. 属于劳务之债

【答案】B

六、按份之债与连带之债

1. 定义。

对于多数人之债,根据多数一方当事人之间权利义务关系的不同状态,可分为按份之债和连带之债。

按份之债,是指债的多数人一方当事人各自按照确定的份额享有权利或者承担义务的债。其中,债权人为两人以上,各自按照确定的份额分享权利的,称为按份债权;债务人为两人以上,各自按照确定的份额分担义务的,称为按份债务。在按份债权中,各个债权人只能就自己享有的债权份额请求债务人给付和接受给付,无权请求和接受债务人的全部给付;在按份债务中,各债务人只对自己分担的债务份额负责清偿,无须向债权人清偿全部债务。按份债权人或者按份债务人的份额难以确定的，视为份额相同。

连带之债，是指债的多数人一方当事人之间有连带关系的债。所谓连带关系，是指对于当事人中一人发生效力的事项对于其他当事人同样发生效力。连带之债有连带债权和连带债务之分。在连带之债中，享有连带权利的每个债权人都有权请求债务人履行义务，负有连带义务的每个债务人都负有清偿全部债务的义务。实际承担债务超过自己份额的连带债务人，有权就超出部分在其他连带债务人未履行的份额范围内向其追偿，并相应地享有债权人的权利，但是不得损害债权人的利益。其他连带债务人对债权人的抗辩，可以向该债务人主张。被追偿的连带债务人不能履行其应分担份额的，其他连带债务人应当在相应范围内按比例分担。连带债权或者连带债务，由法律规定或者当事人约定。连带债务人之间的份额难以确定的，视为份额相同。

2. 区分按份之债和连带之债的主要意义在于二者的效力不同。在按份之债中，任一债权人接受了其应受份额义务的履行或任一债务人履行了其应负担份额的义务后，与其他债权人或债务人均不再发生任何权利义务关系。在连带之债中，连带债权人的任何一人接受了全部债务的履行，或者连带债务人的任何一人清偿了全部债务时，虽然原债归于消灭，但在连带债权人或连带债务人内部则会产生新的按份之债。

3. 连带之债的涉他效力。

部分连带债务人履行、抵销债务或者提存标的物的，其他债务人对债权人的债务在相应范围内消灭；该债务人可以依据相关规定向其他债务人追偿。

部分连带债务人的债务被债权人免除的，在该连带债务人应当承担的份额范围内，其他债务人对债权人的债务消灭。

部分连带债务人的债务与债权人的债权同归于一人的，在扣除该债务人应当承担的份额后，债权人对其他债务人的债权继续存在。

债权人对部分连带债务人的给付受领迟延的，对其他连带债务人发生效力。

【例题】(2011-3-10) 甲公司向银行贷款 1 000 万元，乙公司和丙公司向银行分别出具担保函："在甲公司不按时偿还 1 000 万元本息时，本公司承担保证责任。"关于乙公司和丙公司对银行的保证债务，下列哪一表述是正确的？

A. 属于选择之债

B. 属于连带之债

C. 属于按份之债

D. 属于多数人之债

【答案】B

七、主债与从债

在存在从属关系的两个债中，根据其不同地位，可分为主债和从债。主债是指能够独立存在，不以其他债的存在为前提的债。从债是指不能独立存在，必须以主债的存在为存在前提的债。主债和从债是相互对应的，没有主债不发生从债，没有从债也无所谓主债。主债与从债之分常见于设有担保的债中，被担保的债（如买卖合同、借贷合同之债）为主债，为担保该债而设之债（如保证合同、抵押合同之债）为从债。

第二章

合同的订立

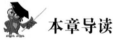**本章导读**

　　本章要求考生熟练掌握合同订立的基本规则及合同成立的标准，格式条款的订立、效力规则和解释规则；理解或了解合同的形式和内容，合同订立、成立、生效、格式条款、缔约过失责任的概念。

知识点

第一节　合同的订立

一、合同订立的一般程序

（略）

二、合同的成立

（一）合同成立的含义及认定

　　合同的成立是指当事人之间形成合意，产生了合同关系。一般认为，双方没有另外约定的情况下，能够确定合同的标的、数量、相对人，合同即可成立，合同其他内容可以通过合同解释规则填补。

（二）合同成立的时间

　　1. 对于诺成、不要式合同而言，承诺生效（合意达成）的时间，为合同成立的时间。

　　2. 对于实践合同而言，须交付标的物合同方可成立。（定金合同、保管合同、自然人借贷合同）

3. 对于要式合同而言，在承诺生效（合意达成）之后，法定或约定的形式要件具备的时间，为合同成立的时间。应当注意：

①当事人采用合同书形式订立合同的，自当事人均签名、盖章或者按指印时合同成立。在签名、盖章或者按指印之前，当事人一方已经履行主要义务，对方接受时，该合同成立。法律、行政法规规定或者当事人约定合同应当采用书面形式订立，当事人未采用书面形式但是一方已经履行主要义务，对方接受时，该合同成立。

②当事人采用信件、数据电文等形式订立合同要求签订确认书的，签订确认书时合同成立。当事人一方通过互联网等信息网络发布的商品或者服务信息符合要约条件的，对方选择该商品或者服务并提交订单成功时合同成立，但是当事人另有约定的除外。

（三）合同成立的地点

承诺生效的地点为合同成立的地点。

采用数据电文形式订立合同的，收件人的主营业地为合同成立的地点；没有主营业地的，其住所地为合同成立的地点。当事人另有约定的，按照其约定。

当事人采用合同书形式订立合同的，最后签名、盖章或者按指印的地点为合同成立的地点，但是当事人另有约定的除外。

三、三个特殊的合同

（一）预约合同

当事人约定在将来一定期限内订立合同的认购书、订购书、预订书等，构成预约合同。

当事人一方不履行预约合同约定的订立合同义务的，对方可以请求其承担预约合同的违约责任。

（二）须审批的合同

依法成立的合同，自成立时生效，但是法律另有规定或者当事人另有约定的除外。依照法律、行政法规的规定，合同应当办理批准等手续的，依照其规定。未办理批准等手续影响合同生效的，不影响合同中履行报批等义务条款以及相关条款的效力。应当办理申请批准等手续的当事人未履行义务的，对方可以请求其承担违反该义务的责任。

依照法律、行政法规的规定，合同的变更、转让、解除等情形应当办理批准等手续的，适用上述规定。

（三）电子合同

当事人一方通过互联网等信息网络发布的商品或者服务信息符合要约条件的，对方选择该商品或者服务并提交订单成功时合同成立，但是当事人另有约定的除外。

通过互联网等信息网络订立的电子合同的标的为交付商品并采用快递物流方式交付的，收货人的签收时间为交付时间。电子合同的标的为提供服务的，生成的电子凭证或者实物凭证中载明的时间为提供服务时间；前述凭证没有载明时间或者载明时间与实际提供服务时间不一致的，以实际提供服务的时间为准。

电子合同的标的物为采用在线传输方式交付的，合同标的物进入对方当事人指定的特定系统且能够检索识别的时间为交付时间。

电子合同当事人对交付商品或者提供服务的方式、时间另有约定的，按照其约定。

四、格式条款合同的订立规则

（一）格式条款的概念

格式条款是当事人为了重复使用而预先拟定，并在订立合同时未与对方协商的条款。

1. 特点：单方制定、不可协商；定型化；重复适用。

2. 优点：提高交易效率，降低交易成本。

3. 缺点：伤害契约自由与契约正义——因而需要规制以对冲这些缺点。

（二）格式条款的订立规则

1. 订立阶段：提示和说明义务（后果：不进入合同）

采用格式条款订立合同的，提供格式条款的一方应当遵循公平原则确定当事人之间的权利和义务，并采取合理的方式提示对方注意免除或者减轻其责任等与对方有重大利害关系的条款，按照对方的要求，对该条款予以说明。提供格式条款的一方未履行提示或者说明义务，致使对方没有注意或者理解与其有重大利害关系的条款的，对方可以主张该条款不成为合同的内容。

2. 订入之后：效力评价（后果：无效）

有下列情形之一的，该格式条款无效：

（1）具有民法典总则编第六章第三节和《民法典》第 506 条规定的无效情形；

（2）提供格式条款一方不合理地免除或者减轻其责任、加重对方责任、限制对方主要权利；

（3）提供格式条款一方排除对方主要权利。

3. 生效之后：格式合同的解释（后果：不利于提供方）

对格式条款的理解发生争议的，应当按照通常理解予以解释。对格式条款有两种以上解释的，应当作出不利于提供格式条款一方的解释。格式条款和非格式条款不一致的，应当采用非格式条款。

【例题】（2017-3-11）甲与乙公司订立美容服务协议，约定服务期为半年，服务费预收后逐次计扣，乙公司提供的协议格式条款中载明"如甲单方放弃服务，余款不退"（并注明该条款不得更改）。协议订立后，甲依约支付 5 万元服务费。在接受服务 1 个月并发生费用 8 000元后，甲感觉美容效果不明显，单方放弃服务并要求退款，乙公司不同意。甲起诉乙公司要求返还余款。下列哪一选项是正确的？

A. 美容服务协议无效

B. "如甲单方放弃服务，余款不退"的条款无效

C. 甲单方放弃服务无须承担违约责任

D. 甲单方放弃服务应承担继续履行的违约责任

【答案】B

第二节　合同的内容和解释

一、合同的内容

合同的内容，在实质意义上是指合同当事人的权利义务，在形式意义上即为合同的条款。《民法典》第 470 条第 1 款规定：合同的内容由当事人约定，一般包括下列条款：（1）当事人的姓名或者名称和住所；（2）标的；（3）数量；（4）质量；（5）价款或者报酬；（6）履行期限、地点和方式；（7）违约责任；（8）解决争议的方法。这是《民法典》对合同条款的倡导性规定。

应当注意：合同条款可分为必要条款和一般条款。

必要条款，是指合同必须具备的条款。若欠缺必要条款，合同便不能成立。一般认为，合同的必要条款有三：当事人的姓名或者名称；标的；数量。一般条款，是指必要条款以外的合同条款。若欠缺一般条款，并不能影响合同的成立。

《全国法院贯彻实施民法典工作会议纪要》规定：当事人对于合同是否成立发生争议，人民法院应当本着尊重合同自由，鼓励和促进交易的精神依法处理。能够确定当事人名称或者姓名、标的和数量的，人民法院一般应当认定合同成立，但法律另有规定或者当事人另有约定的除外。对合同欠缺的当事人名称或者姓名、标的和数量以外的其他内容，当事人达不成协议的，人民法院依照《民法典》第 466 条、第 510 条、第 511 条等规定予以确定。

二、合同的解释

（略）

第三章

合同的效力

（略）

第四章
合同的履行

本章导读

  本章要求考生熟悉掌握缔约过失责任的构成要件和赔偿范围，合同效力的一般和特殊的规则，合同履行的主要内容及其确定规则，合同履行的特殊规则，同时履行抗辩权、不安抗辩权、顺序履行抗辩权的成立条件和行使规则，情势变更的构成要件和法律后果。

知识点

第一节　债的履行规则

一、履行主体

（一）债务人履行

  债的履行主体，首先为债务人，除法律规定、当事人约定或性质上必须由债务人本人履行的债务以外，履行可由债务人的代理人进行。但代理只有在履行行为为法律行为时方可适用。

（二）第三人代为履行

  1. 代为清偿的适用条件为：

  （1）依债的性质，可以由第三人代为清偿。

  （2）债权人与债务人之间无不得由第三人代为清偿的约定。

  （3）债权人没有明确拒绝代为清偿的正当理由，债务人也无提出异议的正当理由。

  （4）代为清偿的第三人必须有为债务人清偿的意思。

  2. 代为清偿的效力：

（1）对债权人与债务人之间：债的关系归于消灭，债务人免除义务。

（2）对债权人与第三人之间：债权人的权利转移给第三人。

（3）对第三人与债务人之间：第三人在其求偿的范围内，得对债务人行使债权人的一切权利。债务人对于债权人有可得抗辩的事由，有可供抵消的债权的，也可以对第三人主张。

3. 债务人不履行债务，第三人对履行该债务具有合法利益的，第三人有权向债权人代为履行；但是，根据债务性质、按照当事人约定或者依照法律规定只能由债务人履行的除外。

债权人接受第三人履行后，其对债务人的债权转让给第三人，但是债务人和第三人另有约定的除外。

例如：次承租人的代为履行。

因承租人拖欠租金，出租人请求解除合同时，次承租人可以请求代承租人支付欠付的租金和违约金以抗辩出租人的合同解除权。

【例题】（2017-3-9）甲经乙公司股东丙介绍购买乙公司矿粉，甲依约预付了100万元货款，乙公司仅交付部分矿粉，经结算欠甲50万元货款。乙公司与丙商议，由乙公司和丙以欠款人的身份向甲出具欠条。其后，乙公司未按期支付。关于丙在欠条上签名的行为，下列哪一选项是正确的？

A. 构成第三人代为清偿

B. 构成免责的债务承担

C. 构成并存的债务承担

D. 构成无因管理

【答案】C

二、履行标的

（略）

三、履行期限

当事人就有关合同内容约定不明确，依据《民法典》第510条的规定仍不能确定的，适用下列规定：履行期限不明确的，债务人可以随时履行，债权人也可以随时请求履行，但是应当给对方必要的准备时间。

四、履行地点

《民法典》第511条第3项　当事人就有关合同内容约定不明确，依据前条规定仍不能确定的，适用下列规定：履行地点不明确，给付货币的，在接受货币一方所在地履行；交付不动产的，在不动产所在地履行；其他标的，在履行义务一方所在地履行。

《最高人民法院关于审理民间借贷案件适用法律若干问题的规定》（简称《民间借贷规定》）第3条　借贷双方就合同履行地未约定或者约定不明确，事后未达成补充协议，按照合同有关条款或者交易习惯仍不能确定的，以接受货币一方所在地为合同履行地。

《民法典》第 603 条　　出卖人应当按照约定的地点交付标的物。

当事人没有约定交付地点或者约定不明确，依据本法第 510 条的规定仍不能确定的，适用下列规定：

（一）标的物需要运输的，出卖人应当将标的物交付给第一承运人以运交给买受人；

（二）标的物不需要运输，出卖人和买受人订立合同时知道标的物在某一地点的，出卖人应当在该地点交付标的物；不知道标的物在某一地点的，应当在出卖人订立合同时的营业地交付标的物。

五、履行方式

当事人有关于履行方式的约定时，依其约定，无此约定时，按照有利于实现合同目的的方式履行。债权人可以拒绝债务人部分履行债务，但是部分履行不损害债权人利益的除外。

六、履行费用

《民法典》第 511 条第 6 项　　当事人就有关合同内容约定不明确，依据前条规定仍不能确定的，适用下列规定：履行费用的负担不明确的，由履行义务一方负担；因债权人原因增加的履行费用，由债权人负担。

第二节　双务合同履行抗辩权

一、合同履行抗辩权▲

前提条件：同一双务合同中的对待给付且都没有履行完毕（履行多少失去多少抗辩权）。

$$
\begin{cases}
\text{无先后履行顺序：双方均有同时履行抗辩权} \\
\text{有先后履行顺序}
\begin{cases}
\text{先履行一方：不安抗辩权} \\
\text{后履行一方：先履行抗辩权}
\end{cases}
\end{cases}
$$

二、不安抗辩权

1. 构成要件：（1）在同一双务合同中互负债务；（2）双方债务有先后履行顺序；（3）先给付一方债务届至；（4）先给付一方发现有令其对待给付不能实现的不安事由。

《民法典》第 527 条　　应当先履行债务的当事人，有确切证据证明对方有下列情形之一的，可以中止履行：

（一）经营状况严重恶化；

（二）转移财产、抽逃资金，以逃避债务；

（三）丧失商业信誉；

（四）有丧失或者可能丧失履行债务能力的其他情形。

当事人没有确切证据中止履行的,应当承担违约责任。

《民法典》第528条 当事人依据前条规定中止履行的,应当及时通知对方。对方提供适当担保的,应当恢复履行。中止履行后,对方在合理期限内未恢复履行能力且未提供适当担保的,视为以自己的行为表明不履行主要债务,中止履行的一方可以解除合同并可以请求对方承担违约责任。

2. 行使方式:(1)先给付一方有确切证据证明对方有不能为对待给付的危险;(2)中止履行,并及时通知对方;(3)若对方恢复履行能力或提供适当担保的,应当继续履行;(4)对方未能及时恢复履行能力,亦未提供担保的,可以解除合同并可以请求对方承担违约责任。

例 下列情形,符合《民法典》确立的不安抗辩权制度的有:

A. 画家乙与甲约定由其为甲画像,甲于5月1日前支付报酬3000元,乙在收款一周内为其画像,甲于4月29日赴乙处支付报酬时发现乙身染重病,于是拒绝付款

B. 甲向乙出售货物,约定甲于4月15日至30日向乙发货,乙收货后于5月10日付款。甲于4月16日向乙送去一半货物,数日后听到传言说乙拖欠他人货款不能偿还,资金严重困难,遂停止运送另一半货物并要求乙返还已收到的一半货物

C. 甲向乙出售名画一幅,约定先由乙付款,甲在收款次日交画。乙准备向甲付款时,发现甲已在3天前将画卖给丙并已交付,则乙可拒付画款

D. 甲向乙出售房屋,约定先由甲交付房屋并代为办理过户手续,然后由乙付款,甲在履行期限届满前将房屋交付给丙并办理了过户手续,则乙可行使不安抗辩权拒付房款

【答案】AC

三、合同履行抗辩权的延伸考查▲

一方根本违约,对方可以同时主张三项权利:合同履行抗辩权、违约责任请求权、合同解除权。

——如果是后履行预期违约,则先履行方主张不安抗辩权、违约责任请求权和合同解除权(例1、例4)。

——如果是先履行根本违约,则后履行方主张顺序履行抗辩权、违约责任请求权和合同解除权(例2)。

如果一方尚未达到根本违约(即合同目的不能实现)的程度,则另一方只能主张违约责任,不能主张合同履行抗辩权和合同解除权(例3)。

例1 甲与乙订立买卖合同,约定甲先交货,乙后付款。现甲债务到期时,得知乙经营状况恶化。此时,甲有权中止交货,并有权请求乙提供适当担保。否则,甲有权解除合同,追究乙的预期违约责任。

例2 甲与乙订立买卖合同,约定甲先交货,乙后付款。现甲逾期未交货。此时,乙的债务到期后,乙有权拒绝付款,解除合同并追究甲的现实违约责任。

例3 甲与乙公司签订的房屋买卖合同约定:乙公司收到首期房款后,向甲交付房屋和房屋使用说明书;收到二期房款后,将房屋过户给甲。甲交纳首期房款后,乙公司交付房屋但未立即交付房屋使用说明书。甲无权以此为由拒不支付二期房款。因为甲的付款义务与乙公司交付房屋使用说明书不形成主给付义务对应关系,甲不能行使先履行抗辩权,所以无权以乙公司

未交付房屋使用说明书为由拒不支付二期房款。

例4 甲公司与乙公司签订服装加工合同，约定乙公司支付预付款1万元，甲公司加工服装1 000套，3月10日交货，乙公司于3月15日支付余款9万元。3月10日，甲公司仅加工服装900套，乙公司此时因濒临破产致函甲公司表示无力履行合同。则：

(1) 甲公司有权以乙公司已不可能履行合同为由，请求乙公司承担违约责任；

(2) 因乙公司丧失履行能力，甲公司可行使不安抗辩权；

(3) 因乙公司丧失履行能力，甲公司可主张解除合同。

分析：乙（预付款）——甲（交货）——乙（余款）。

第三节　情势变更原则

一、情势变更原则的含义

合同成立后，合同的基础条件发生了当事人在订立合同时无法预见的、不属于商业风险的重大变化，继续履行合同对于当事人一方明显不公平的，受不利影响的当事人可以与对方重新协商；在合理期限内协商不成的，当事人可以请求人民法院或者仲裁机构变更或者解除合同。

不可抗力：想不到、躲不开、搞不定。

情势变更：想不到、躲不开、搞得定但明显不公平。

商业风险：想得到。

二、情势变更原则的适用

1. 情势发生变更，也即合同成立时所赖以存在的基础条件发生了重大变化。如物价飞涨、汇率大幅度变化、国家政策出现重大调整（如限购、限贷）等。

2. 情势变更发生在合同成立之后，履行完毕之前。

3. 该情势变更并非不可抗力造成，也不属于商业风险。

4. 当事人在订立合同时无法预见到该情势变更。

5. 情势发生变更后，若继续履行合同对当事人一方明显不公平。

三、法律效力

出现情势变更后，受不利影响的当事人可以与对方重新协商；在合理期限内协商不成的，当事人可以请求人民法院或者仲裁机构变更或者解除合同。人民法院或者仲裁机构应当结合案件的实际情况，根据公平原则变更或者解除合同。

例　甲与乙教育培训机构就课外辅导达成协议，约定甲交费5万元，乙机构保证甲在接受乙机构的辅导后，高考分数能达到二本线。若未达到该目标，全额退费。结果甲高考成绩仅达去年二本线，与今年高考二本线尚差20分。关于乙机构的承诺，下列哪一表述是正确的？

A. 属于无效格式条款

B. 因显失公平而可变更

C. 因情势变更而可变更

D. 虽违背教育规律但属有效

【答案】D

【例题】（2021真题回忆版）甲公司是发包人，乙公司是承包人，签订工程承包合同，工程价款固定单价工程价，且无任何其他情形价格调整条款。在施工期间受到全球疫情影响，一种施工材料上涨150％，如果工程价款不进行调整，乙公司将面临巨额亏损。于是乙公司找到甲公司请求调整工程价款，遭拒绝。乙公司诉至法院。对于本案，下列说法正确的是：

A. 适用情势变更

B. 符合商业风险自担

C. 该合同符合自愿原则

D. 该合同违反公序良俗

【答案】A

第五章
合同的保全

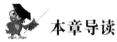 **本章导读**

本章要求考生熟练掌握并能够运用债权人代位权、债权人撤销权的成立要件、行使规则及其效力；理解或了解合同保全概念，合同担保的种类。

 知识点

第一节　代位权

一、代位权的要件

1. 债权人对债务人的债权合法有效，且已到期。

2. 债务人对次债务人的债权合法有效，已到期，且为非专属性的金钱债权。

★专属债权：基于扶养关系、抚养关系、赡养关系、继承关系产生的给付请求权和劳动报酬、退休金、养老金、抚恤金、安置费、人寿保险、人身伤害赔偿请求权等权利为专属性债权。

需要注意的是，债权人专为保存债务人权利的行为，如中断时效、申请登记、申报破产债权等，可以不必等债权到期即可行使。债权人的债权到期前，债务人的债权或者与该债权有关的从权利存在诉讼时效期间即将届满或者未及时申报破产债权等情形，影响债权人的债权实现的，债权人可以代位向债务人的相对人请求其向债务人履行、向破产管理人申报或者作出其他必要的行为。

3. 债务人怠于行使其债权：不以"诉讼"或"仲裁"方式向次债务人主张到期债权。[①]

4. 对债权人造成损害（债务人的现有财产不足以清偿债务）。

二、代位权的行使

1. 行使方式：起诉。

（1）当事人：原告——债权人（以自己名义）；被告——次债务人；第三人——债务人。

（2）管辖法院：次债务人所在地人民法院。

（3）债务人对债权人的债权提出异议，经审查成立的，人民法院应当裁定驳回债权人的起诉。

（4）债权人请求人民法院对次债务人的财产采取保全措施的，应当提供相应的财产担保。

2. 代位权诉讼主张的范围。（▲注意：就低不就高）

（1）不得超过债务人所负债务额。

（2）不得超过次债务人对债务人所负债务额。

三、行使代位权的后果

1. 次债务人直接向债权人履行清偿义务；履行后，债权人与债务人、债务人与次债务人之间相应的债权债务关系即予消灭。

2. 行使代位权的费用的承担。

第一，诉讼费，次债务人承担；

第二，除此之外的其他必要费用，债务人承担。

3. 一次诉讼，中断两个时效（AB、BC两个债权的时效同时中断）。

第二节　撤销权

一、撤销权的成立条件

1. 债权人 A——债务人 B——第三人（次债务人、受让人、转让人）C。

2. 三要件：（1）债权人与债务人的债之关系，已经成立；（2）债务人实施导致其责任财产减少的行为；（3）债务人实施导致其责任财产减少的行为，有损于债权（如果债务人的财产还足以清偿债务则不能行使债权人撤销权——相对性的维护与突破的平衡）。

---

① 《全国法院贯彻实施民法典工作会议纪要》第8条　《民法典》第535条规定的"债务人怠于行使其债权或者与该债权有关的从权利，影响债权人的到期债权实现的"，是指债务人不履行其对债权人的到期债务，又不以诉讼方式或者仲裁方式向相对人主张其享有的债权或者与该债权有关的从权利，致使债权人的到期债权未能实现。相对人不认为债务人有怠于行使其债权或者与该债权有关的从权利情况的，应当承担举证责任。

特别注意：上述（1）（2）在时间上的先后关系（须债务关系在先逃债行为在后），如果债务关系成立在后（如先赠与再成立债务），则债务人没有恶意，不适用债权人撤销权。

例 甲公司在 2011 年 6 月 1 日欠乙公司货款 500 万元，届期无力清偿。2010 年 12 月 1 日，甲公司向丙公司赠送一套价值 50 万元的机器设备。2011 年 3 月 1 日，甲公司向丁基金会捐赠 50 万元现金。2011 年 12 月 1 日，甲公司向戊希望学校捐赠价值 100 万元的电脑。甲公司的 3 项赠与行为均尚未履行。下列哪一选项是正确的？

A. 乙公司有权撤销甲公司对丙公司的赠与

B. 乙公司有权撤销甲公司对丁基金会的捐赠

C. 乙公司有权撤销甲公司对戊学校的捐赠

D. 甲公司有权撤销对戊学校的捐赠

【答案】C

3. 债务人实施的导致其责任财产减少的行为包括：

（1）放弃到期债权。

（2）债务人放弃其未到期的债权或放弃债权担保，或者恶意延长到期债权的履行期。

（3）无偿转让财产（无论受让人善意或者恶意均可以撤销）。

（4）以明显不合理的低价转让财产（须受让人恶意即受让人知道该行为会损及债权人的债权）。

（5）以明显不合理的高价收购他人财产（须转让人恶意即转让人知道该行为会损及债权人的债权）。

超过市场价格的 130% 为明显不合理的高价，不足市场价格的 70% 为明显不合理的低价。[①]

4. 注意债权人撤销权三不可：

（1）身份行为不撤销：如债务人因协商监护、收养子女而导致财产支出增加的。

（2）消极行为不撤销：债务人的不作为适用代位权，财产上利益的拒绝行为（如债务人拒绝接受赠与）法律不干预。

（3）劳务行为不撤销：以提供劳务为目的的行为。

二、撤销权的行使

1. 行使方式：提起诉讼。

（1）当事人：原告——债权人；被告——债务人；第三人——受让人、转让人、次债务人。

（2）管辖法院：被告（债务人）住所地法院。

---

① 《全国法院贯彻实施民法典工作会议纪要》第 9 条 对于《民法典》第 539 条规定的明显不合理的低价或者高价，人民法院应当以交易当地一般经营者的判断，并参考交易当时交易地的物价部门指导价或者市场交易价，结合其他相关因素综合考虑予以认定。

转让价格达不到交易时交易地的指导价或者市场交易价 70% 的，一般可以视为明显不合理的低价；对转让价格高于当地指导价或者市场交易价 30% 的，一般可以视为明显不合理的高价。当事人对于其所主张的交易时交易地的指导价或者市场交易价承担举证责任。

2. 撤销权的除斥期间。

（1）除斥期间（主观起算）：知道或者应当知道撤销事由之日起 1 年。

（2）最长保护期（客观起算）：行为发生之日起 5 年——以 1 年为准，但是必须在 5 年之内。

三、撤销的后果

1. 一经撤销，行为自始无效——返还原物于债务人（入库规则）。

2. 诉讼费由债务人承担，债权人行使撤销权所支付的律师代理费、差旅费等必要费用，由债务人负担；第三人有过错的，应当适当分担。

【例题】（2014-3-54）杜某拖欠谢某 100 万元。谢某请求杜某以登记在其名下的房屋抵债时，杜某称其已把房屋作价 90 万元卖给赖某，房屋钥匙已交，但产权尚未过户。该房屋市值为 120 万元。关于谢某权利的保护，下列哪些表述是错误的？

A. 谢某可请求法院撤销杜某、赖某的买卖合同

B. 因房屋尚未过户，杜某、赖某买卖合同无效

C. 如谢某能举证杜某、赖某构成恶意串通，则杜某、赖某买卖合同无效

D. 因房屋尚未过户，房屋仍属杜某所有，谢某有权直接取得房屋的所有权以实现其债权

【答案】ABD

第六章

合同的变更和转让

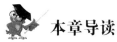**本章导读**

    本章要求考生熟练掌握并能够运用合同变更、债权转让、债权转移和债权加入的基本原则，合同权利概括和转移；理解或了解合同变更、转让的概念以及合同变更的条件和效力。

知识点

    《民法典》第 545 条　债权人可以将债权的全部或者部分转让给第三人，但是有下列情形之一的除外：

    （一）根据债权性质不得转让；

    （二）按照当事人约定不得转让；

    （三）依照法律规定不得转让。

    当事人约定非金钱债权不得转让的，不得对抗善意第三人。当事人约定金钱债权不得转让的，不得对抗第三人。

    《民法典》第 546 条　债权人转让债权，未通知债务人的，该转让对债务人不发生效力。

    债权转让的通知不得撤销，但是经受让人同意的除外。

    《民法典》第 547 条　债权人转让债权的，受让人取得与债权有关的从权利，但是该从权利专属于债权人自身的除外。

    受让人取得从权利不因该从权利未办理转移登记手续或者未转移占有而受到影响。

    《民法典》第 548 条　债务人接到债权转让通知后，债务人对让与人的抗辩，可以向受让人主张。

    《民法典》第 549 条　有下列情形之一的，债务人可以向受让人主张抵销：

    （一）债务人接到债权转让通知时，债务人对让与人享有债权，且债务人的债权先于转让的债权到期或者同时到期；

（二）债务人的债权与转让的债权是基于同一合同产生。

《民法典》第 550 条　因债权转让增加的履行费用，由让与人负担。

《民法典》第 551 条　债务人将债务的全部或者部分转移给第三人的，应当经债权人同意。

债务人或者第三人可以催告债权人在合理期限内予以同意，债权人未作表示的，视为不同意。

《民法典》第 552 条　第三人与债务人约定加入债务并通知债权人，或者第三人向债权人表示愿意加入债务，债权人未在合理期限内明确拒绝的，债权人可以请求第三人在其愿意承担的债务范围内和债务人承担连带债务。

《民法典》第 553 条　债务人转移债务的，新债务人可以主张原债务人对债权人的抗辩；原债务人对债权人享有债权的，新债务人不得向债权人主张抵销。

《民法典》第 554 条　债务人转移债务的，新债务人应当承担与主债务有关的从债务，但是该从债务专属于原债务人自身的除外。

《民法典》第 556 条　合同的权利和义务一并转让的，适用债权转让、债务转移的有关规定。

债权让与与债务承担之对比		
一	债权让与（A——B——C）	（免责的）债务承担（A——B——C）
内部效力	让与人（A）与第三人（C）达成合意后债权让与合同成立并生效	债务人（B）和第三人（C）之间直接生效
外部效力	①通知债务人（B）对债务人（B）生效	①经债权人（A）同意对债权人生效
	②从随主走，主债权移转的，其担保物权、保证债权、预告登记一并移转（通知担保人是对担保人生效的要件）	②非经担保人书面同意，担保人（物保、人保）免责
债务人保护	①抗辩延续：债务人（B）接到债权转让通知后，债务人（B）对让与人（A）的抗辩，可以向受让人（C）主张——权利人的变化不影响债务关系的同一性	①抗辩延续：第三人（C）取得原债务人（B）的地位并取得原债务人（B）对债权人（A）的抗辩权——义务人的变化不影响债务关系的同一性
	②抵销延续 让与前：A——B（互负债权债务） 让与后：C——B（债务人未发生变化） 结论：B之前的抵销权不因债权让与而消灭，故可延续，即B对A的抵销权可以向C主张，但须B的债权先于A的债权到期或者同时期	②抵销不延续 承担之前：A——B（互负债权债务） 承担之后：A——C（债务人发生变化） 结论：C之前对A没有债权，债务承担后同样没有债权，也就没有抵销权——B对A的债权依然由B主张，不得由C主张
时效	可中断时效	可中断时效
归纳总结	成立生效、通知生效、抗辩延续、抵销延续、从随主走、时效中断	内部有效，外部须同意；抗辩延续，抵销不延续

特别注意，债权让与中抵销延续的特殊要求。

例1 甲和乙签订货物买卖合同，甲交完货之后将其对乙的价款债权转让给丙并通知乙。丙向乙请求支付价款时，乙以甲交的货有质量瑕疵为由，可以主张以乙对甲享有的违约赔偿债权抵销该支付价款债权。

例2 甲向乙借款300万元，于2008年12月30日到期，丁提供保证担保，丁仅对乙承担保证责任。后乙从甲处购买价值50万元的货物，双方约定2009年1月1日付款。2008年10月1日，乙将债权让与丙，并于同月15日通知甲，但未告知丁。则：

（1）成立生效：2008年10月1日债权让与在乙、丙之间生效。

（2）通知生效：2008年10月15日债权让与对甲生效。

（3）抗辩延续：甲对乙的抗辩权可以向丙主张。

（4）抵销不延续：因为甲的债权后到期，所以甲不得向丙主张抵销权。

（5）从随主走之例外：2008年10月15日后丁的保证债务不再有效（因为另有约定）。

例3 甲向乙借款300万元，于2008年12月30日到期，丁提供保证担保，丁仅对乙承担保证责任。后乙从甲处购买价值50万元的货物，双方约定2009年1月1日付款。2008年10月1日，甲将债务转移于丙承担，但是未告知乙。则：

（1）成立生效：2008年10月1日债务承担在甲、丙之间生效。

（2）非经债权人乙同意，对乙不生效力。

（3）抗辩延续：丙可以对乙主张甲对乙的抗辩权。

（4）抵销不延续：丙不可以对乙主张甲对乙的抵销权。

（5）非经担保人丁同意，丁可免除担保责任。

第七章
合同权利义务的终止

 **本章导读**

本章需要考生熟悉掌握并能够运用合同权利义务终止的事由及其构成要件，合同解除的基本规则；理解或了解合同权利义务的概念和法律效果。

 知识点

第一节　概述

一、合同权利义务终止的原因

有下列情形之一的，债权债务终止：

（1）债务已经履行；

（2）债务相互抵销；

（3）债务人依法将标的物提存；

（4）债权人免除债务；

（5）债权债务同归于一人；

（6）法律规定或者当事人约定终止的其他情形。

合同解除的，该合同的权利义务关系终止。

二、清偿

（一）清偿的概念

清偿，是指当事人（债务人）实现债权目的的行为。

（二）清偿抵充

《民法典》第 560 条　债务人对同一债权人负担的数项债务种类相同，债务人的给付不足以清偿全部债务的，除当事人另有约定外，由债务人在清偿时指定其履行的债务。

债务人未作指定的，应当优先履行已经到期的债务；数项债务均到期的，优先履行对债权人缺乏担保或者担保最少的债务；均无担保或者担保相等的，优先履行债务人负担较重的债务；负担相同的，按照债务到期的先后顺序履行；到期时间相同的，按照债务比例履行。

总结：约定优先于债务人指定，债务人指定优先于法定。

【例题】（2014-3-13）胡某于 2006 年 3 月 10 日向李某借款 100 万元，期限 3 年。2009 年 3 月 30 日，双方商议再借 100 万元，期限 3 年。两笔借款均先后由王某保证，未约定保证方式和保证期间。李某未向胡某和王某催讨。胡某仅于 2010 年 2 月归还借款 100 万元。关于胡某归还的 100 万元，下列哪一表述是正确的？

A. 因 2006 年的借款已到期，故归还的是该笔借款

B. 因 2006 年的借款无担保，故归还的是该笔借款

C. 因 2006 年和 2009 年的借款数额相同，故按比例归还该两笔借款

D. 因 2006 年和 2009 年的借款均有担保，故按比例归还该两笔借款

【答案】A

三、抵销

（略）

四、提存

（一）提存的条件

有下列情形之一，难以履行债务的，债务人可以将标的物提存：

（1）债权人无正当理由拒绝受领；

（2）债权人下落不明；

（3）债权人死亡未确定继承人、遗产管理人，或者丧失民事行为能力未确定监护人；

（4）法律规定的其他情形。

标的物不适于提存或者提存费用过高的，债务人依法可以拍卖或者变卖标的物，提存所得的价款。

（二）提存的成立

债务人将标的物或者将标的物依法拍卖、变卖所得价款交付提存部门时，提存成立。

提存成立的，视为债务人在其提存范围内已经交付标的物。

（三）提存的效力

（债权人有领取权和孳息收取权，并承担风险；债务人有抗辩权和取回权——谁最终得到提存物谁承担费用）

1. 标的物提存后，债务人应当及时通知债权人或者债权人的继承人、遗产管理人、监护人、财产代管人。

2. 标的物提存后，毁损、灭失的风险由债权人承担。提存期间，标的物的孳息归债权人所有。提存费用由债权人负担。

3. 债权人可以随时领取提存物。但是，债权人对债务人负有到期债务的，在债权人未履行债务或者提供担保之前，提存部门根据债务人的要求应当拒绝其领取提存物。

4. 债权人领取提存物的权利，自提存之日起 5 年内不行使而消灭，提存物扣除提存费用后归国家所有。但是，债权人未履行对债务人的到期债务，或者债权人向提存部门书面表示放弃领取提存物权利的，债务人负担提存费用后有权取回提存物。

总结：债权人履行合同义务并支付提存费用的，所有权归债权人；

否则债务人支付提存费用后，可以取回提存物，所有权归债务人；

如果二人均不付提存费用，拍卖提存物支付费用后归国家。

五、免除

（一）免除的概念

1. 免除，又称债务免除，是指债权人放弃自己的债权、免除债务人债务的行为。免除是一种有特定相对人的民事行为，故免除意思表示必须向债务人或其代理人作出，方能引起免除的法律后果。

2. 免除的意思表示构成民事法律行为，因此民法关于民事法律行为的规定适用于免除。免除可以由债权人的代理人为之，也可以附条件或期限。

3. 免除是一种单方民事法律行为，故免除行为的成立，只需要债权人单方作出免除意思表示即可，不以债务人的同意为条件。

（二）免除的效力

1. 免除发生债务绝对消灭的效力；债权系他人权利的标的时，从保护第三人的合法权益出发，债权不消灭。例如债权为他人质权的标的，为了保护质权人的利益，不使债权因混同而消灭。

2. 保证债务的免除不影响被担保债务的存在，被担保债务的免除则使保证债务消灭。

六、混同

混同，是指基于特定法律事实，一个法律关系中的债权、债务，由同一个人享有和承担。债权债务的混同，由债权或债务的承受而产生，债权债务的概括承受是发生混同的主要原因。混同事实是指导致混同发生的事实。常见的引起混同发生的事实为继承与法人合并。

根据《民法典》第 576 条的规定，混同的法律后果是：

1. 原则上，混同的债权、债务归于消灭；

2. 损害第三人利益的除外。

第二节　合同的解除

一、解除权

（一）法定解除权的种类

类型	解除权主体	赔偿责任	行使方式
不可抗力解除权	双方解除（谁受影响谁解除）	无赔偿	通知
情势变更解除权	双方解除（或变更）（谁受影响谁解除）	无赔偿	诉讼
不定期合同	双方解除	无赔偿	通知
任意解除权	谁选择，谁解除	谁解除，谁赔偿	通知
僵局解除权	谁违约，谁解除	谁违约，谁赔偿	诉讼
违约解除权	谁违约，对方解除（须根本违约）	谁违约，谁赔偿	通知

1. 不可抗力解除权：双方解除无赔偿。

不可抗力：无法预见（想不到）、无法避免（躲不开）、无法克服（搞不定）。

2. 情势变更解除权：双方解除无赔偿。

3. 违约解除权：谁违约，对方解除；谁违约，谁赔偿。

（1）一方迟延履行主要债务，经催告后在合理期限内仍未履行，另一方当事人可解除合同。

（2）因履行迟延而导致合同目的不能实现，不须催告即可解除合同。

（3）一方预期违约主要债务，另一方可解除合同。

（4）一方根本违约，另一方可解除合同。

（5）根据《民法典》第528条，不安抗辩权人有解除权（注意前提）。

（6）根据《民法典》第634条，分期付款买受人未付款达合同总额1/5以上，出卖人有解除权。

（7）根据《民法典》第673条，借款人违反贷款用途时，贷款人有解除权。

（8）根据《民法典》第772条第2款，承揽人擅自转包时，定作人有解除权。

（9）根据《民法典》第778条，定作人不履行协助义务，承揽人催告无效的，承揽人有解除权。

（10）根据《最高人民法院关于审理买卖合同纠纷案件适用法律问题的解释》（简称《买卖合同解释》）第19条，从义务之违反导致合同目的不能实现可以解除合同。

（▲租赁合同中的解除权详见租赁合同部分）

4. 任意解除权：谁选择，谁解除；谁解除，谁赔偿。

（1）根据《民法典》第787条，承揽合同的定作人（单方＋赔偿损失）有任意解除权。

（2）根据《民法典》第829条，货运合同的托运人（单方＋赔偿损失——交付货物给收货人之前）有任意解除权。

（3）根据《民法典》第933条，委托合同的双方（双方＋赔偿损失）都有任意解除权。

（4）根据《最高人民法院关于审理旅游纠纷案件适用法律若干问题的规定》（简称《旅游纠纷规定》）第12条，旅游合同中的旅游者（单方＋支付合理费用）有任意解除权。

《旅游纠纷规定》第12条 旅游行程开始前或者进行中，因旅游者单方解除合同，旅游者请求旅游经营者退还尚未实际发生的费用，或者旅游经营者请求旅游者支付合理费用的，人民法院应予支持。

（5）《民法典》第946条规定：业主依照法定程序共同决定解聘物业服务人的，可以解除物业服务合同。决定解聘的，应当提前60日书面通知物业服务人，但是合同对通知期限另有约定的除外。

依据前款规定解除合同造成物业服务人损失的，除不可归责于业主的事由外，业主应当赔偿损失。

例 某律师事务所指派吴律师担任某案件的一、二审委托代理人。第一次开庭后，吴律师感觉案件复杂，本人和该事务所均难以胜任，建议不再继续代理。但该事务所坚持代理。一审判决委托人败诉。下列哪些表述是正确的？

A. 律师事务所有权单方解除委托合同，但须承担赔偿责任

B. 律师事务所在委托人一审败诉后不能单方解除合同

C. 即使一审胜诉，委托人也可解除委托合同，但须承担赔偿责任

D. 只有存在故意或者重大过失时，该律师事务所才对败诉承担赔偿责任

【答案】AC

5. 僵局解除权（非违约方要求继续履行，但此项履行对违约方显失公平）。

《民法典》第580条 当事人一方不履行非金钱债务或者履行非金钱债务不符合约定的，对方可以请求履行，但是有下列情形之一的除外：

（一）法律上或者事实上不能履行；

（二）债务的标的不适于强制履行或者履行费用过高；

（三）债权人在合理期限内未请求履行。

有前款规定的除外情形之一，致使不能实现合同目的的，人民法院或者仲裁机构可以根据当事人的请求终止合同权利义务关系，但是不影响违约责任的承担。

例 【"新宇"案法院判决说理】部分

履行费用过高，可以根据履约成本是否超过各方所获利益来进行判断。当违约方继续履约所需的财力、物力超过合同双方基于合同履行所能获得的利益时，应该允许违约方解除合同，用赔偿损失来代替继续履行。在本案中，如果让新宇公司继续履行合同，则新宇公司必须以其6万余平方米的建筑面积来为冯某某的22.50平方米商铺提供服务，支付的履行费用过高；而在6万余平方米已失去经商环境和氛围的建筑中经营22.50平方米的商铺，事实上也达不到冯某某要求继续履行合同的目的。一审衡平双方当事人利益，判决解除商铺买卖合同，符合法律规定，是正确的。冯某某关于继续履行合同的上诉理由，不能成立。

6. 不定期合同（不定期租赁、不定期保管、不定期物业、不定期合伙、不定期肖像

使用）中的任意解除权：双方解除无赔偿。

《民法典》第 730 条【租赁期限没有约定或约定不明确时的法律后果】　当事人对租赁期限没有约定或者约定不明确，依据本法第 510 条的规定仍不能确定的，视为不定期租赁；当事人可以随时解除合同，但是应当在合理期限之前通知对方。

《民法典》第 899 条【领取保管物】　寄存人可以随时领取保管物。

当事人对保管期限没有约定或者约定不明确的，保管人可以随时请求寄存人领取保管物；约定保管期限的，保管人无特别事由，不得请求寄存人提前领取保管物。

《民法典》第 976 条　合伙人对合伙期限没有约定或者约定不明确，依据本法第 510 条的规定仍不能确定的，视为不定期合伙。

合伙期限届满，合伙人继续执行合伙事务，其他合伙人没有提出异议的，原合伙合同继续有效，但是合伙期限为不定期。

合伙人可以随时解除不定期合伙合同，但是应当在合理期限之前通知其他合伙人。

《民法典》第 948 条　物业服务期限届满后，业主没有依法作出续聘或者另聘物业服务人的决定，物业服务人继续提供物业服务的，原物业服务合同继续有效，但是服务期限为不定期。

当事人可以随时解除不定期物业服务合同，但是应当提前 60 日书面通知对方。

《民法典》第 1022 条第 1 款　当事人对肖像许可使用期限没有约定或者约定不明确的，任何一方当事人可以随时解除肖像许可使用合同，但是应当在合理期限之前通知对方。

（二）解除权的期限

法律规定或者当事人约定解除权行使期限，期限届满当事人不行使的，该权利消灭。

法律没有规定或者当事人没有约定解除权行使期限，自解除权人知道或者应当知道解除事由之日起 1 年内不行使，或者经对方催告后在合理期限内不行使的，该权利消灭。

（三）解除与催告的关系

1. 法条依据。

（1）根据《民法典》第 563 条第 1 款第 3 项规定，当事人一方迟延履行主要债务，经催告后在合理期限内仍未履行，对方当事人有权解除合同。

（2）根据《民法典》第 564 条第 2 款规定，法律没有规定或者当事人没有约定解除权行使期限，经对方催告后在合理期限内不行使的，该权利消灭。

2. 要点：

（1）迟延履行——非违约方催告——合理期间——非违约方取得解除权。

（2）违约方催告——合理期间——解除权消灭。

【例题】（2009-3-11）关于合同解除的表述，下列哪一选项是正确的？

A. 赠与合同的赠与人享有任意解除权

B. 承揽合同的承揽人享有任意解除权

C. 没有约定保管期间保管合同的保管人享有任意解除权

D. 居间合同的居间人享有任意解除权

【答案】C

【例题】(2014-3-12) 甲公司向乙公司购买小轿车，约定7月1日预付10万元，10月1日预付20万元，12月1日乙公司交车时付清尾款。甲公司按时预付第一笔款。乙公司于9月30日发函称因原材料价格上涨，需提高小轿车价格。甲公司于10月1日拒绝，等待乙公司答复未果后于10月3日向乙公司汇去20万元。乙公司当即拒收，并称甲公司迟延付款构成违约，要求解除合同，甲公司则要求乙公司继续履行。下列哪一表述是正确的？

A. 甲公司不构成违约

B. 乙公司有权解除合同

C. 乙公司可行使先履行抗辩权

D. 乙公司可要求提高合同价格

【答案】A

二、合同解除的程序

(一) 单方解除的程序

关于解除权的行使程序，《民法典》第565条规定：(1) 当事人一方依法主张解除合同的，应当通知对方。合同自通知到达对方时解除；通知载明债务人在一定期限内不履行债务则合同自动解除，债务人在该期限内未履行债务的，合同自通知载明的期限届满时解除。对方对解除合同有异议的，任何一方当事人均可以请求人民法院或者仲裁机构确认解除行为的效力。(2) 当事人一方未通知对方，直接以提起诉讼或者申请仲裁的方式依法主张解除合同，人民法院或者仲裁机构确认该主张的，合同自起诉状副本或者仲裁申请书副本送达对方时解除。

【例题】(2011-3-13) 甲公司与乙公司签订并购协议："甲公司以1亿元收购乙公司在丙公司中51%的股权。若股权过户后，甲公司未支付收购款，则乙公司有权解除并购协议。"后乙公司依约履行，甲公司却分文未付。乙公司向甲公司发送一份经过公证的《通知》："鉴于你公司严重违约，建议双方终止协议，贵方向我方支付违约金；或者由贵方提出解决方案。"3日后，乙公司又向甲公司发送《通报》："鉴于你公司严重违约，我方现终止协议，要求你方依约支付违约金。"下列哪一选项是正确的？

A. 《通知》送达后，并购协议解除

B. 《通报》送达后，并购协议解除

C. 甲公司对乙公司解除并购协议的权利不得提出异议

D. 乙公司不能既要求终止协议，又要求甲公司支付违约金

【答案】B

(二) 协议解除的程序

协议解除的实质为原合同当事人之间重新成立一个以解除合同为目的的合同，因此应遵循由要约到承诺的一般缔约程序及其他相关要求，以实现当事人双方意思表示一致。法律、行政法规规定解除合同应当办理批准、登记等手续的，依照其规定。

合同约定的解除条件成就时，守约方以此为由请求解除合同的，人民法院应当审查违约方的违约程度是否显著轻微，是否影响守约方合同目的的实现，根据诚实信用原则，确定合同应否解除。违约方的违约程度显著轻微，不影响守约方合同目的的实现，守约方请求解除合同的，人民法院不予支持；反之，则依法予以支持。

三、合同解除的效力

(一) 一般规定

《民法典》第 566 条第 1 款规定,合同解除后,尚未履行的,终止履行;已经履行的,根据履行情况和合同性质,当事人可以请求恢复原状或者采取其他补救措施,并有权请求赔偿损失。该规定确立了合同解除的两方面效力:一是向将来发生效力,即终止履行;二是合同解除可以产生溯及力(即引起恢复原状的法律后果)。非继续性合同的解除原则上有溯及力,继续性合同的解除原则上无溯及力。

(二) 合同解除与损害赔偿

合同解除后,尚未履行的,终止履行;已经履行的,根据履行情况和合同性质,当事人可以请求恢复原状或者采取其他补救措施,并有权请求赔偿损失。

合同因违约解除的,解除权人可以请求违约方承担违约责任,但是当事人另有约定的除外。

(三) 部分条款的独立性

1. 主合同解除后,担保人对债务人应当承担的民事责任仍应当承担担保责任,但是担保合同另有约定的除外。

2. 合同的权利义务关系终止,不影响合同中结算和清理条款的效力。

3. 合同不生效、无效、被撤销或者终止的,不影响合同中有关解决争议方法的条款的效力。

4. 违约金条款不一并解除。

第八章
违约责任与缔约过失责任

本章导读

　　本章需要考生重点掌握并熟练运用违约责任的构成要件和免责事由，各种违约责任形式的适用条件，缔约过失责任的构成要件和赔偿范围；理解或了解违约行为的概念和主要形态，违约责任的概念、构成要件、免责事由。

知识点

一、违约责任形式

（一）强制履行

1. 构成要件：违约行为（一要件）。

2. 金钱债务一定可以强制履行（《民法典》第 579 条）。

3. 三种情况不适用强制履行：（1）法律上或者事实上不能履行；（2）债务的标的不适于强制履行或者履行费用过高；（3）债权人在合理期限内未要求履行。法律上的履行不能：买卖合同，标的物一物二卖；保管合同，标的物被善意取得。事实上的履行不能：标的物的毁损灭失，当事人的死亡。

4. 强制履行与赔偿损失可以同时主张。

　　《民法典》第 583 条　当事人一方不履行合同义务或者履行合同义务不符合约定的，在履行义务或者采取补救措施后，对方还有其他损失的，应当赔偿损失。

（二）替代履行

　　《民法典》第 581 条　当事人一方不履行债务或者履行债务不符合约定，根据债务的性质不得强制履行的，对方可以请求其负担由第三人替代履行的费用。

（三）补救措施

　　《民法典》第 582 条【瑕疵履行违约责任】　履行不符合约定的，应当按照当事人的约

定承担违约责任。对违约责任没有约定或者约定不明确，依据本法第510条的规定仍不能确定的，受损害方根据标的的性质以及损失的大小，可以合理选择请求对方承担修理、重作、更换、退货、减少价款或者报酬等违约责任。

（四）损害赔偿

1. 构成要件：违约行为、损害后果、因果关系（三要件）。
2. 损害赔偿的类型。

$$
损害赔偿金
\begin{cases}
惩罚性法定损害赔偿金 \\
补偿性法定损害赔偿金
\begin{cases}
实际损失（现实损失）\\
可得利益损失（未来损失）
\end{cases}
\end{cases}
$$

（1）惩罚性损害赔偿（从略）。

（2）补偿性损害赔偿。

①完全赔偿规则：实际损失＋可得利益（含转售利益）。

②合理预见规则：违约方的合理预见。

《民法典》第584条【损害赔偿范围】　当事人一方不履行合同义务或者履行合同义务不符合约定，造成对方损失的，损失赔偿额应当相当于因违约所造成的损失，包括合同履行后可以获得的利益；但是，不得超过违约一方订立合同时预见到或者应当预见到的因违约可能造成的损失。

③减损规则：不真正义务。

《民法典》第591条【减损规则】　当事人一方违约后，对方应当采取适当措施防止损失的扩大；没有采取适当措施致使损失扩大的，不得就扩大的损失请求赔偿。

当事人因防止损失扩大而支出的合理费用，由违约方负担。

④过错相抵规则。

《民法典》第592条　当事人都违反合同的，应当各自承担相应的责任。当事人一方违约造成对方损失，对方对损失的发生有过错的，可以减少相应的损失赔偿额。

⑤损益同销。

《买卖合同解释》第23条　买卖合同当事人一方因对方违约而获有利益，违约方主张从损失赔偿额中扣除该部分利益的，人民法院应予支持。

【例题】（2019真题回忆版）某超市经常向郊区农民采购2年以上老母鸡。采购价每只100元，市零售价250元，常年应求。某日，超市与农民李某签订每季度供应20只老母鸡合同。李某对零售价和批发价无异议。第二季度，超市只采购到10只鸡，并对应支付1 000元。对尚未交付的10只鸡，超市可就下列哪一利益对李某主张损害赔偿？

A. 生产利润1 500元

B. 采购价格1 000元

C. 转售利润1 500元

D. 零售价格2 500元

【答案】C

（五）违约金与定金

1. 构成要件：违约行为、特约条款（二要件）。

2."三金"（损失赔偿金、违约金、定金）的关系。

（1）定金与损害赔偿金原则上可以并用，但不得超过因违约所造成的损失。

《民法典》第588条第2款　定金不足以弥补一方违约造成的损失的，对方可以请求赔偿超过定金数额的损失。

（2）违约金与损失赔偿金不得并用（适用违约金，适当调整，《民法典》第585条①）。

▲小结：三种情况②

第一种：约定的违约金低于造成的损失的——予以增加。

第二种：约定的违约金一般高于（不超过30%）造成的损失的——不变。

第三种：约定的违约金过分高于（超过30%）造成的损失的——适当减少。

特别注意：这里的超过不含本数，亦即，如果违约金刚好等于损失的30%，则不作调整。

▲特别注意《买卖合同解释》所规定的法院的释明义务。

《买卖合同解释》第21条　买卖合同当事人一方以对方违约为由主张支付违约金，对方以合同不成立、合同未生效、合同无效或者不构成违约等为由进行免责抗辩而未主张调整过高的违约金的，人民法院应当就法院若不支持免责抗辩，当事人是否需要主张调整违约金进行释明。

一审法院认为免责抗辩成立且未予释明，二审法院认为应当判决支付违约金的，可以直接释明并改判。

（3）定金罚则与违约金不得并用，只能择一行使（《民法典》第588条）。

①定金的要点：要式且实践合同，最高20%。

②定金罚则。

《民法典》第586条　当事人可以约定一方向对方给付定金作为债权的担保。定金合同自实际交付定金时成立。

定金的数额由当事人约定；但是，不得超过主合同标的额的20%，超过部分不产生定金的效力。实际交付的定金数额多于或者少于约定数额的，视为变更约定的定金数额。

《民法典》第587条　债务人履行债务的，定金应当抵作价款或者收回。给付定金的一方不履行债务或者履行债务不符合约定，致使不能实现合同目的的，无权请求返还定

---

① 《民法典》第585条【支付违约金】　当事人可以约定一方违约时应当根据违约情况向对方支付一定数额的违约金，也可以约定因违约产生的损失赔偿额的计算方法。

约定的违约金低于造成的损失的，人民法院或者仲裁机构可以根据当事人的请求予以增加；约定的违约金过分高于造成的损失的，人民法院或者仲裁机构可以根据当事人的请求予以适当减少。

当事人就迟延履行约定违约金的，违约方支付违约金后，还应当履行债务。

② 《全国法院贯彻实施民法典工作会议纪要》第11条　当事人请求人民法院增加违约金的，增加后的违约金数额以不超过《民法典》第584条规定的损失为限。增加违约金以后，当事人又请求对方赔偿损失的，人民法院不予支持。

当事人请求人民法院减少违约金的，人民法院应当以《民法典》第584条规定的损失为基础，兼顾合同的履行情况、当事人的过错程度等综合因素，根据公平原则和诚信原则予以衡量，并作出裁判。约定的违约金超过根据《民法典》第584条规定确定的损失的30%的，一般可以认定为《民法典》第585条第2款规定的"过分高于造成的损失"。当事人主张约定的违约金过高请求予以适当减少的，应当承担举证责任；相对人主张违约金约定合理的，也应提供相应的证据。

金；收受定金的一方不履行债务或者履行债务不符合约定，致使不能实现合同目的的，应当双倍返回定金。

③出卖人通过认购、订购、预订等方式向买受人收受定金作为订立商品房买卖合同担保的，如果因当事人一方原因未能订立商品房买卖合同，应当按照法律关于定金的规定处理；因不可归责于当事人双方的事由，导致商品房买卖合同未能订立的，出卖人应当将定金返还买受人。

④如何选择——就高不就低。

例　设合同标的额 100 万元，定金已经支付，卖方违约，对当事人最有利的诉讼请求：

（1）定金 10 万元，违约金 30 万元——主张违约金，诉讼请求为 40 万元（包括原路退回的 10 万元定金）。

（2）定金 30 万元，违约金 10 万元——主张定金，诉讼请求为 50 万元（20×2＋10＝50）。

（3）定金 30 万元，违约金 30 万元——主张违约金，诉讼请求为 60 万元（包括原路退回的 30 万元定金）。

（4）定金 30 万元，违约金 30 万元，实际损失 40 万元——主张违约金，诉讼请求为 70 万元（违约金调整为 40 万元，加上原路退回的 30 万元定金）。

二、缔约过失责任（《民法典》第 500、501 条）

1. 基本类型：
（1）恶意磋商导致合同不成立（第 500 条第 1 项）。
（2）订约欺诈导致合同归于无效（第 500 条第 2 项）。
（3）泄露或不当使用在合同订立中知悉的对方商业秘密（第 501 条）。
（4）因一方过失致合同无效或被撤销（第 508 条）——无过失不承担缔约责任。

例　甲、乙同为儿童玩具生产商。六一节前夕，丙与甲商谈进货事宜。乙知道后向丙提出更优惠条件，并指使丁假借订货与甲接洽，报价高于丙以阻止甲与丙签约。丙经比较与乙签约，丁随即终止与甲的谈判，甲因此遭受损失。——丁对甲承担缔约过失责任。

2. 构成要件：
（1）过错责任；
（2）合同生效之前（合同不成立，合同未生效，合同被撤销）；
（3）违反合同前义务（协助、照顾、保护、通知、保密等）。

例　甲公司在与乙公司协商购买某种零件时提出，由于该零件的工艺要求高，只有乙公司先行制造出符合要求的样品后，才能考虑批量购买。乙公司完成样品后，甲公司因经营战略发生重大调整，遂通知乙公司：本公司已不需此种零件，终止谈判。

3. 法律后果：信赖利益的赔偿（缔约谈判成本与履行准备费用）。

三、侵权与违约的责任竞合

1. 三同一：受害方就同一损害对同一责任人享有两项以上的权利。
2. 常考合同类型：医疗合同、运输合同、保管合同、承揽合同、安保义务人侵权责任与违约责任的竞合、产品责任、旅游纠纷。

3. **产品质量责任何时构成责任竞合。**

例　大学生甲在寝室复习功课，隔壁寝室的学生乙、丙到甲的寝室强烈要求甲打开电视观看足球比赛，甲只好照办。由于质量问题，电视机突然爆炸，甲、乙、丙三人均受重伤。

（1）非购买者起诉生产者——侵权。

（2）非购买者起诉销售者——侵权。

（3）购买者起诉生产者——侵权。

（4）购买者起诉销售者——侵权违约竞合。

4. **如何行使：择一行使。**

例　赵某从商店购买了一台甲公司生产的家用洗衣机，洗涤衣物时，该洗衣机因技术缺陷发生爆裂，叶轮飞出造成赵某严重人身损害并毁坏衣物。

第二分编

典型合同

第九章

买卖合同

本章导读

本章需要考生理解买卖合同的概念和特征，买卖合同的成立及效力；熟练掌握并运用标的物交付和所有权转移，标的物风险负担和孳息归属问题，以及买卖合同的违约责任，所有权保留，特种买卖合同（分期付款买卖、凭样品买卖合同、试用买卖等）。

知识点

一、基本规则——一交三转

（一）所有权转移

交付主义为原则，两项例外。

▲注意：交付主义的含义是什么？

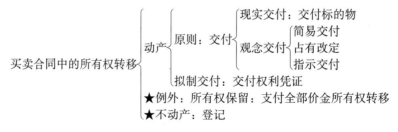

（二）风险分担

1. 何为风险：由于非可归责于当事人的原因导致标的物毁损、灭失。

▲要点小结：

①损失——不可归责于双方当事人的标的物毁损、灭失。

②谁承担——法律来分配（有约定的除外），这种分配注定是不公正的。

③结果——必须接受的不公正（法律是一种规则，而非万能守护神）。

④出卖人承担风险——标的物毁损、灭失，出卖人不能获得价金。

⑤买受人承担风险——标的物毁损、灭失，买受人必须支付价金。

⑥就标的物的灭失而言，何为风险，何为责任——可归责，追究责任；不可归责，分配风险（二选一）。

2. 交付主义为原则，两项例外。

（1）前提：特定物和特定化的种类物（种类物在特定化之前，风险是出卖人的）。

《买卖合同解释》第11条　当事人对风险负担没有约定，标的物为种类物，出卖人未以装运单据、加盖标记、通知买受人等可识别的方式清楚地将标的物特定于买卖合同，买受人主张不负担标的物毁损、灭失的风险的，人民法院应予支持。

《买卖合同解释》第8条　《民法典》第603条第2款第1项规定的"标的物需要运输的"，是指标的物由出卖人负责办理托运，承运人系独立于买卖合同当事人之外的运输业者的情形。标的物毁损、灭失的风险负担，按照《民法典》第607条第2款的规定处理。

（2）规则。

①交付主义。

《民法典》第607条　【需要运输的标的物风险负担】出卖人按照约定将标的物运送至买受人指定地点并交付给承运人后，标的物毁损、灭失的风险由买受人承担。

当事人没有约定交付地点或者约定不明确，依据本法第603条第2款第1项的规定标的物需要运输的，出卖人将标的物交付给第一承运人后，标的物毁损、灭失的风险由买受人承担。

②例外。

《民法典》第605条　因买受人的原因致使标的物未按照约定的期限交付的，买受人应当自违反约定时起承担标的物毁损、灭失的风险。（买方迟延）

《民法典》第608条　【买受人不收取标的物的风险负担】出卖人按照约定或者依据本法第603条第2款第2项的规定将标的物置于交付地点，买受人违反约定没有收取的，标的物毁损、灭失的风险自违反约定时起由买受人承担。（买方迟延）

《民法典》第606条　出卖人出卖交由承运人运输的在途标的物，除当事人另有约定外，毁损、灭失的风险自合同成立时起由买受人承担。（路货买卖）

③电子商务法新增。

《电子商务法》第20条 电子商务经营者应当按照承诺或者与消费者约定的方式、时限向消费者交付商品或者服务，并承担商品运输中的风险和责任。但是，消费者另行选择快递物流服务提供者的除外。

> **波波点睛**
>
> 网购中，卖家指定快递的，运输途中标的物意外毁损、灭失的风险由卖家承担（不同于《民法典》的货交承运人规则）；如果买家指定快递，则运输途中标的物意外毁损、灭失的风险由买家承担。

（三）孳息归属

买卖合同中适用交付主义（没有例外）。

标的物在交付之前产生的孳息，归出卖人所有；交付之后产生的孳息，归买受人所有。但是，当事人另有约定的除外。

▲小结：基本规则——一交三转四例外。

所有权的移转——例外包括：不动产登记、动产所有权保留。

风险负担的移转——例外包括：路货买卖、买方迟延。

孳息的移转——没有例外。

（四）瑕疵担保责任

1. 瑕疵担保之类型。

《民法典》第612条【出卖人权利瑕疵担保义务】 出卖人就交付的标的物，负有保证第三人对该标的物不享有任何权利的义务，但是法律另有规定的除外。

《民法典》第617条【质量瑕疵担保责任】 出卖人交付的标的物不符合质量要求的，买受人可以依据本法第582条至第584条的规定请求承担违约责任。

2. 异议期限：

（1）异议期限包括约定的检验期限以及无约定情况下法院裁量的合理期限（自收到标的物起算最长2年，该2年期限为不变期间，不适用诉讼时效中止、中断或者延长的规定）。

①当事人约定的检验期限过短，根据标的物的性质和交易习惯，买受人在检验期限内难以完成全面检验的，该期限仅视为买受人对标的物的"外观瑕疵"提出异议的期限。买受人对隐蔽瑕疵提出异议的期限，为根据合同的具体情形所确定的"合理期限"。

②当事人约定的检验期限或者质量保证期短于法律、行政法规规定期限的，以法律、行政法规规定的期限为准。反之，当事人约定的检验期限或者质量保证期长于法律、行政法规规定的期限的，以当事人约定的检验期限或者质量保证期为准。

（2）在此期间内，须完成检验和通知义务，否则视为标的物符合合同约定，买受人丧失违约责任请求权。如买受人在异议期间提出异议，自提出异议之日起，起算违约责任诉讼时效。

（3）例外情形：出卖人恶意不受通知期间之限制

例 关于买卖合同，下列说法错误的是：

A. 甲公司与乙公司签订了设备买卖合同，合同中约定设备的质量保证期是 10 年，乙公司收到设备后进行了检验，未发现质量问题，乙公司将设备安装后投入使用，使用至第 6 年，设备出现质量问题，经仔细检验发现当时合同约定的用铜铸造的零部件，是用合金铸造的，乙公司有权请求甲公司承担违约责任

B. 丙公司与丁公司签订了货物买卖合同，合同约定丙公司交付货物之日起 7 日内丁公司进行检验并提出异议，丙公司交付货物后，丁公司工作人员由于忙于设备的维修，直到第 10 日方进行检验，发现货物数量短少，丁公司有权请求丙公司承担违约责任

C. 戊公司从己公司处购买了一套设备，戊公司使用后发现有质量问题，戊公司隐瞒了真实情况，将设备卖给了庚公司，庚公司一直未使用设备，3 年后庚公司使用设备时发现质量问题，庚公司有权请求戊公司承担违约责任

D. 辛公司与壬公司签订了设备买卖合同，合同未约定检验期限，壬公司收到设备进行了检验，未发现质量问题，由于市场行情变化，壬公司一直未将设备投入使用，3 年后壬公司将设备投入使用时，发现有质量问题，壬公司有权请求辛公司承担违约责任

【答案】BD

【相关法条】

《民法典》第 620 条【标的物检验】 买受人收到标的物时应当在约定的检验期限内检验。没有约定检验期限的，应当及时检验。

《民法典》第 621 条【标的物检验】 当事人约定检验期限的，买受人应当在检验期限内将标的物的数量或者质量不符合约定的情形通知出卖人。买受人怠于通知的，视为标的物的数量或者质量符合约定。

当事人没有约定检验期限的，买受人应当在发现或者应当发现标的物的数量或者质量不符合约定的合理期限内通知出卖人。买受人在合理期限内未通知或者自收到标的物之日起 2 年内未通知出卖人的，视为标的物的数量或者质量符合约定；但是，对标的物有质量保证期的，适用质量保证期，不适用该 2 年的规定。

出卖人知道或者应当知道提供的标的物不符合约定的，买受人不受前两款规定的通知时间的限制。

《买卖合同解释》第 12 条 人民法院具体认定《民法典》第 621 条第 2 款规定的"合理期限"时，应当综合当事人之间的交易性质、交易目的、交易方式、交易习惯、标的物的种类、数量、性质、安装和使用情况、瑕疵的性质、买受人应尽的合理注意义务、检验方法和难易程度、买受人或者检验人所处的具体环境、自身技能以及其他合理因素，依据诚实信用原则进行判断。

《民法典》第 621 条第 2 款规定的"2 年"是最长的合理期限。该期限为不变期间，不适用诉讼时效中止、中断或者延长的规定。

《民法典》第 622 条 当事人约定的检验期限过短，根据标的物的性质和交易习惯，买受人在检验期限内难以完成全面检验的，该期限仅视为买受人对标的物的外观瑕疵提出异议的期限。

约定的检验期限或者质量保证期短于法律、行政法规规定期限的，应当以法律、行政法规规定的期限为准。

【例题】（2021真题回忆版）甲公司和乙公司签订合同，甲公司提供参数，乙公司提供技术，利用乙公司的锅炉炼制，乙公司在指定地点安装并负责调试。甲公司与乙公司之间是什么合同？

A. 买卖合同

B. 承揽合同

C. 技术服务合同

D. 建设工程合同

【答案】C

二、特种买卖

（一）所有权保留

《民法典》第641条 当事人可以在买卖合同中约定买受人未履行支付价款或者其他义务的，标的物的所有权属于出卖人。

出卖人对标的物保留的所有权，未经登记，不得对抗善意第三人。

《民法典担保制度解释》第64条 在所有权保留买卖中，出卖人依法有权取回标的物，但是与买受人协商不成，当事人请求参照民事诉讼法"实现担保物权案件"的有关规定，拍卖、变卖标的物的，人民法院应予准许。

出卖人请求取回标的物，符合《民法典》第642条规定的，人民法院应予支持；买受人以抗辩或者反诉的方式主张拍卖、变卖标的物，并在扣除买受人未支付的价款以及必要费用后返还剩余款项的，人民法院应当一并处理。

基本要点：

（1）仅仅适用于动产，不适用不动产。

（2）出卖人仅仅保留所有权，不保留风险。

（3）制度属性：非典型担保。出卖人对标的物保留的所有权，未经登记，不得对抗善意第三人。

例 甲企业一年前曾经向银行贷款并办理了浮动抵押登记，后来，甲企业向乙企业购入生产设备，因未付全款，乙企业保留了所有权并在交付后10日内办理了所有权保留的登记。甲企业在拿到生产设备的次日就将其质押于丙企业用于资金拆借的担保。丙企业保管不善损坏了该机器设备只好拿到丁修理厂去修理，因为没有付修理费用而被留置。请问，银行和乙企业、丙企业、丁修理厂的权利实现顺序如何？

答：丁修理厂、乙企业、银行、丙企业。

（4）制度价值：以出卖人取回权担保合同价款。

《民法典》第642条 当事人约定出卖人保留合同标的物的所有权，在标的物所有权转移前，买受人有下列情形之一，造成出卖人损害的，除当事人另有约定外，出卖人有权取回标的物：

（一）未按照约定支付价款，经催告后在合理期限内仍未支付；

（二）未按照约定完成特定条件；

（三）将标的物出卖、出质或者作出其他不当处分。

出卖人可以与买受人协商取回标的物；协商不成的，可以参照适用担保物权的实现程序。

特别注意：行使取回权不代表解除买卖合同。

（5）制度限制：出卖人取回权的两项限制。

买受人已经支付标的物总价款的75%以上，出卖人主张取回标的物的，人民法院不予支持。

在《民法典》第642条第1款第3项情形下，第三人依据《民法典》第311条的规定已经善意取得标的物所有权或者其他物权，出卖人主张取回标的物的，人民法院不予支持。

（6）回赎（《民法典》第643条）。

（7）大结局——清算（《民法典》第643条）。

《民法典》第643条 出卖人依据前条第1款的规定取回标的物后，买受人在双方约定或者出卖人指定的合理回赎期限内，消除出卖人取回标的物的事由的，可以请求回赎标的物。

买受人在回赎期限内没有回赎标的物，出卖人可以以合理价格将标的物出卖给第三人，出卖所得价款扣除买受人未支付的价款以及必要费用后仍有剩余的，应当返还买受人；不足部分由买受人清偿。

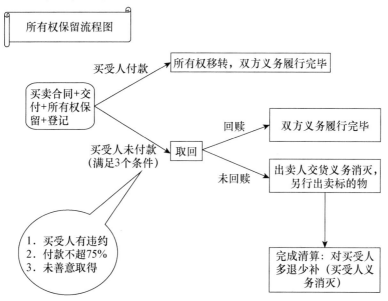

例1 甲、乙签订一批电视机的买卖合同，价金10万元，分三期支付（3万元—3万元—4万元），交付加所有权保留，乙如期支付两期价款后，无力支付第三期价款。甲行使取回权并再行出卖，发生各种费用1万元。

（1）如再行出卖得款8万元，清算结果如何？8-1-4=3；甲将3万元返还给乙，乙承担3万元的亏损。

（2）如再行出卖得款5万元，清算结果如何？5-1-4=0；乙承担6万元的亏损。

（3）如再行出卖得款3万元，清算结果如何？3-1-4=-2；乙还需补给甲2万元。

例2 甲公司借用乙公司的一套设备，在使用过程中不慎损坏一关键部件，于是甲公司提出买下该套设备，乙公司同意出售。双方还口头约定在甲公司支付价款前，乙公司保留该套设备的所有权。不料在支付价款前，甲公司生产车间失火，造成包括该套设备在内的车间所有财物被烧毁。对此，下列哪些选项是正确的？

A. 乙公司已经履行了交付义务，风险责任应由甲公司负担

B. 在设备被烧毁时，所有权属于乙公司，风险责任应由乙公司承担

C. 设备虽然已经被烧毁，但甲公司仍然需要支付原定价款

D. 双方关于该套设备所有权保留的约定应采用书面形式

【答案】AC

（二）分期付款买卖

《民法典》第634条 分期付款的买受人未支付到期价款的数额达到全部价款的1/5，经催告后在合理期限内仍未支付到期价款的，出卖人可以请求买受人支付全部价款或者解除合同。

出卖人解除合同的，可以向买受人请求支付该标的物的使用费。

（三）试用买卖

1. 试用买卖的认定

《买卖合同解释》第30条 买卖合同存在下列约定内容之一的，不属于试用买卖。买受人主张属于试用买卖的，人民法院不予支持：

（一）约定标的物经过试用或者检验符合一定要求时，买受人应当购买标的物；

（二）约定第三人经试验对标的物认可时，买受人应当购买标的物；

（三）约定买受人在一定期限内可以调换标的物；

（四）约定买受人在一定期限内可以退还标的物。

2. 同意购买的认定（《民法典》第638条）

《民法典》第638条【试用买卖的效力】 试用买卖的买受人在试用期内可以购买标的物，也可以拒绝购买。试用期限届满，买受人对是否购买标的物未作表示的，视为购买。

试用买卖的买受人在试用期内已经支付部分价款或者对标的物实施出卖、出租、设立担保物权等行为的，视为同意购买。

3. 使用费的认定

《民法典》第639条 试用买卖的当事人对标的物使用费没有约定或者约定不明确的，出卖人无权请求买受人支付。

4. 试用期间的认定

《民法典》第637条 试用买卖的当事人可以约定标的物的试用期限。对试用期限没有约定或者约定不明确，依据本法第510条的规定仍不能确定的，由出卖人确定。

5. 试用期间风险归谁

《民法典》第640条 标的物在试用期内毁损、灭失的风险由出卖人承担。

【例题】（2021真题回忆版）某商场为了推广炒菜机器人，承诺购买炒菜机器人的均试用15天，不满意的可以退还，甲购买一个回家试用，但是第二天就把它出租给一个饭店。但是该机器人在饭店使用期间发生了爆炸。乙也拿了一个回家使用，用过之后不太满意，在试用期满后第二天去归还商场，因此与商场发生纠纷。对于此案，下列说法正确的是：

A. 甲把机器人出租给饭店的行为，视为同意购买了该机器人

B. 乙超期归还视为默示购买

C. 试用期间发生自然灾害卖家承担风险

D. 试用期间发生自然灾害买家承担风险

【答案】ABC

三、一物二卖

1. 普通动产的一物二卖

出卖人就同一普通动产订立多重买卖合同，在买卖合同均有效的情况下，买受人均要求实际履行合同的，应当按照以下情形分别处理：

（1）先行受领交付的买受人请求确认所有权已经转移的，人民法院应予支持（确认之诉）；

（2）均未受领交付，先行支付价款的买受人请求出卖人履行交付标的物等合同义务的，人民法院应予支持（给付之诉）；

（3）均未受领交付，也未支付价款，依法成立在先合同的买受人请求出卖人履行交付标的物等合同义务的，人民法院应予支持（给付之诉）。

例 甲为出售一台挖掘机分别与乙、丙、丁、戊签订买卖合同，具体情形如下：2016年3月1日，甲胁迫乙订立合同，约定货到付款；4月1日，甲与丙签订合同，丙支付20%的货款；5月1日，甲与丁签订合同，丁支付全部货款；6月1日，甲与戊签订合同，甲将挖掘机交付给戊。上述买受人均要求实际履行合同，就履行顺序产生争议。关于履行顺序，下列哪一选项是正确的？

A. 戊、丙、丁、乙

B. 戊、丁、丙、乙

C. 乙、丁、丙、戊

D. 丁、戊、乙、丙

【答案】A

2. 特殊动产之一物二卖

出卖人就同一船舶、航空器、机动车等特殊动产订立多重买卖合同，在买卖合同均有效的情况下，买受人均要求实际履行合同的，应当按照以下情形分别处理：

（1）先行受领交付的买受人请求出卖人履行办理所有权转移登记手续等合同义务的，人民法院应予支持；

（2）均未受领交付，先行办理所有权转移登记手续的买受人请求出卖人履行交付标的物等合同义务的，人民法院应予支持；

（3）均未受领交付，也未办理所有权转移登记手续，依法成立在先合同的买受人请求出卖人履行交付标的物和办理所有权转移登记手续等合同义务的，人民法院应予支持；

（4）出卖人将标的物交付给买受人之一，又为其他买受人办理所有权转移登记，已受领交付的买受人请求将标的物所有权登记在自己名下的，人民法院应予支持。

《民法典》第225条 **【特殊动产登记的效力】**船舶、航空器和机动车等的物权的设立、变更、转让和消灭，未经登记，不得对抗善意第三人。

第十章
保证合同

**本章导读**

本章需要考生熟练掌握保证合同的成立和效力，保证合同的主要内容及履行规则以及保证责任；理解或了解保证合同的概念和法律特征。

知识点

一、保证概述

（一）保证的定义

保证，是指第三人和债权人约定，当债务人不履行或不能履行其债务时，该第三人按照约定或法律规定履行债务或者承担责任的担保方式。这里的第三人称为保证人；债权人既是主合同中的债权人，又是保证合同中的债权人，保证债权具有从属性，其成立、消灭、效力、移转都从属于主债权。

1. 保证与担保物权的区别

保证：保证人的全部财产承担责任非优先受偿。

担保物权：担保人的担保财产承担责任且优先受偿。

2. 保证与债务加入的区别

【▲司法解释新规】

《民法典担保制度解释》第36条 第三人向债权人提供差额补足、流动性支持等类似承诺文件作为增信措施，具有提供担保的意思表示，债权人请求第三人承担保证责任的，人民法院应当依照保证的有关规定处理。

第三人向债权人提供的承诺文件，具有加入债务或者与债务人共同承担债务等意思表示的，人民法院应当认定为《民法典》第552条规定的债务加入。

前两款中第三人提供的承诺文件难以确定是保证还是债务加入的，人民法院应当将其认定为保证。

第三人向债权人提供的承诺文件不符合前三款规定的情形，债权人请求第三人承担保证责任或者连带责任的，人民法院不予支持，但是不影响其依据承诺文件请求第三人履行约定的义务或者承担相应的民事责任。

（二）一般保证和连带责任保证

1. 概念。

一般保证，是指当事人在保证合同中约定，债务人不能履行债务时，由保证人承担保证责任的保证。所谓连带责任保证，是指当事人在保证合同中约定保证人与债务人对债务承担连带责任的保证。这两种保证之间最大的区别在于保证人是否享有先诉抗辩权。在一般保证情况下，保证人享有先诉抗辩权，即"一般保证的保证人在主合同纠纷未经审判或者仲裁，并就债务人财产依法强制执行仍不能履行债务前，有权拒绝向债权人承担保证责任"。而在连带责任保证的情况下，保证人不享有先诉抗辩权，即"连带责任保证的债务人不履行到期债务或者发生当事人约定的情形时，债权人可以请求债务人履行债务，也可以请求保证人在其保证范围内承担保证责任"。基于对保证人保护的理念，如果当事人没有明确约定为连带责任保证，原则上推定为一般保证。

《民法典担保制度解释》第25条　当事人在保证合同中约定了保证人在债务人不能履行债务或者无力偿还债务时才承担保证责任等类似内容，具有债务人应当先承担责任的意思表示的，人民法院应当将其认定为一般保证。

当事人在保证合同中约定了保证人在债务人不履行债务或者未偿还债务时即承担保证责任、无条件承担保证责任等类似内容，不具有债务人应当先承担责任的意思表示的，人民法院应当将其认定为连带责任保证。

2. 先诉抗辩权的消灭。

一般保证的保证人在主合同纠纷未经审判或者仲裁，并就债务人财产依法强制执行仍不能履行债务前，有权拒绝向债权人承担保证责任，但是有下列情形之一的除外：

（1）债务人下落不明，且无财产可供执行；

（2）人民法院已经受理债务人破产案件；

（3）债权人有证据证明债务人的财产不足以履行全部债务或者丧失履行债务能力；

（4）保证人书面表示放弃先诉抗辩权。

3. 诉讼地位。

（1）连带责任保证：可单列任何1人，也可同时列为被告（类似于连带责任）。

（2）一般保证：

①可单列债务人，不可单列保证人（保证人有先诉抗辩权，避免浪费诉讼资源）。

②可列为共同被告。

《民法典担保制度解释》第26条　一般保证中，债权人以债务人为被告提起诉讼的，人民法院应予受理。债权人未就主合同纠纷提起诉讼或者申请仲裁，仅起诉一般保证人的，人民法院应当驳回起诉。

一般保证中，债权人一并起诉债务人和保证人的，人民法院可以受理，但是在作出判决时，除有《民法典》第687条第2款但书规定的情形外，应当在判决书主文中明确，保证人仅对债务人财产依法强制执行后仍不能履行的部分承担保证责任。

债权人未对债务人的财产申请保全，或者保全的债务人的财产足以清偿债务，债权人申请对一般保证人的财产进行保全的，人民法院不予准许。

【例题】（2020 真题回忆版）于某因公司周转向汪海银行借款 50 万元，姜某做连带保证人。两个月后又追加借款 20 万元。告知姜某，姜某未置可否。关于姜某的保证责任，说法正确的是：

    A. 姜某可以向汪海银行行使先诉抗辩权

    B. 于某对汪海银行的抗辩权，姜某也可以对银行主张

    C. 姜某应为于某 70 万元承担保证责任

    D. 姜某应为于某 50 万元承担保证责任

【答案】BD

4. 一般保证的保证人在主债务履行期限届满后，向债权人提供债务人可供执行财产的真实情况，债权人放弃或者怠于行使权利致使该财产不能被执行的，保证人在其提供可供执行财产的价值范围内不再承担保证责任。

（三）保证人

保证人须有代为清偿的能力，但不能以保证人不具有代偿能力为由认定保证合同不具有法律效力。

1. 机关法人提供担保的，人民法院应当认定担保合同无效，但是经国务院批准为使用外国政府或者国际经济组织贷款进行转贷的除外。

居民委员会、村民委员会提供担保的，人民法院应当认定担保合同无效，但是依法代行村集体经济组织职能的村民委员会，依照村民委员会组织法规定的讨论决定程序对外提供担保的除外。

2. 以公益为目的的非营利性学校、幼儿园、医疗机构、养老机构等提供担保的，人民法院应当认定担保合同无效，但是有下列情形之一的除外：

（1）在购入或者以融资租赁方式承租教育设施、医疗卫生设施、养老服务设施和其他公益设施时，出卖人、出租人为担保价款或者租金实现而在该公益设施上保留所有权；

（2）以教育设施、医疗卫生设施、养老服务设施和其他公益设施以外的不动产、动产或者财产权利设立担保物权。

登记为营利法人的学校、幼儿园、医疗机构、养老机构等提供担保，当事人以其不具有担保资格为由主张担保合同无效的，人民法院不予支持。

二、保证合同

1. 保证合同是单务、无偿、要式、诺成合同。

2. 保证合同的形式：保证合同、保证条款、保证人的单方担保书（被接受且无异议）、保证人身份签名或者盖章。

3. 保证人须作出承担保证责任的意思表示。

（1）他人在借据、收据、欠条等债权凭证或者借款合同上签名或者盖章，但是未表明

其保证人身份或者承担保证责任，或者通过其他事实不能推定其为保证人，不能认定为保证人。

（2）网络贷款平台的提供者仅提供媒介服务的，并未明示或者没有其他证据证明其为借贷提供担保的，不承担保证责任。

三、保证的效力

（一）保证的范围

《民法典》第 691 条规定：保证的范围包括主债权及其利息、违约金、损害赔偿金和实现债权的费用。当事人另有约定的，按照其约定。

（二）保证合同的法律关系

1. 保证人与主债权人的关系。

（1）债权人的权利。债权人对保证人享有请求承担保证责任（履行保证债务）的权利。该权利的行使以主债务不履行为前提，以保证责任已届承担期为必要。

（2）保证人的权利。保证合同是单务、无偿合同，保证人对债权人不享有请求给付的权利，所享有的只是抗辩权或其他防御性的权利。具体包括：

第一，保证人有权援引债务人的抗辩权。该抗辩权主要有三类：其一，权利未发生的抗辩权，例如，主合同未成立；其二，权利已消灭的抗辩权，例如，主债权因履行而消灭；其三，拒绝履行的抗辩权，例如，时效完成的抗辩权、同时履行抗辩权、不安抗辩权等。即使债务人放弃上述抗辩权，保证人也有权主张，因为保证人主张主债务人的抗辩权并非代为主张，而是基于保证人的地位而独立行使。

第二，基于保证人的地位特有的抗辩权。基于保证人的地位而特有的抗辩权，即先诉抗辩权，此项抗辩权专属于一般保证的保证人。

第三，基于一般债务人的地位享有的权利。债务人对债权人享有抵销权或者撤销权的，保证人可以在相应范围内拒绝承担保证责任。

★小结：

①保证人放弃自己的抗辩权帮债务人还债，属于"神队友"，可以向债务人追偿（损己利人）。

②保证人放弃债务人的抗辩权去清偿债务的，属于帮债务人倒忙的"猪队友"，不得向债务人追偿（损己不利人）。

③债务人放弃自己的抗辩权[①]，保证人也有权主张。

2. 保证人与主债务人的关系。保证人与主债务人的关系，主要表现为保证人的求偿权。

保证人的求偿权，又称保证人的追偿权，是指保证人承担保证责任后，可以向主债务人请求偿还的权利。保证人承担保证责任后，除当事人另有约定外，有权在其承担保证责任的范围内向债务人追偿，享有债权人对债务人的权利，但是不得损害债权人的利益。

---

① 《民法典担保制度解释》第 35 条　保证人知道或者应当知道主债权诉讼时效期间届满仍然提供保证或者承担保证责任，又以诉讼时效期间届满为由拒绝承担保证责任或者请求返还财产的，人民法院不予支持；保证人承担保证责任后向债务人追偿的，人民法院不予支持，但是债务人放弃诉讼时效抗辩的除外。

例 债权人 A，债务人 B，债务金额 100 万元，保证人 C 承担 50 万元的保证责任，债务人提供了一套价值 50 万元的房屋抵押。一般情况下，债权人 A 应该先去行使对债务人 B 的抵押权，但是，如果保证人 C 主动承担了保证责任，那么可以取得 A 对 B 的债权，同时将取得 A 对 B 的抵押权。此时如果容许 C 向 B 追偿时行使该抵押权，则 A 的另外 50 万元债权将失去抵押权的保护。所以，此时，C 不得行使 A 对 B 的抵押权，此即"不得损害债权人的利益"。

四、保证期间与保证诉讼时效

《民法典》第 692 条 保证期间是确定保证人承担保证责任的期间，不发生中止、中断和延长。

债权人与保证人可以约定保证期间，但是约定的保证期间早于主债务履行期限或者与主债务履行期限同时届满的，视为没有约定；没有约定或者约定不明确的，保证期间为主债务履行期限届满之日起 6 个月。

债权人与债务人对主债务履行期限没有约定或者约定不明确的，保证期间自债权人请求债务人履行债务的宽限期届满之日起计算。

《民法典》第 693 条 一般保证的债权人未在保证期间对债务人提起诉讼或者申请仲裁的，保证人不再承担保证责任。

连带责任保证的债权人未在保证期间请求保证人承担保证责任的，保证人不再承担保证责任。

《民法典》第 694 条 一般保证的债权人在保证期间届满前对债务人提起诉讼或者申请仲裁的，从保证人拒绝承担保证责任的权利消灭之日起，开始计算保证债务的诉讼时效。

连带责任保证的债权人在保证期间届满前请求保证人承担保证责任的，从债权人请求保证人承担保证责任之日起，开始计算保证债务的诉讼时效。

《民法典担保制度解释》第 27 条 一般保证的债权人取得对债务人赋予强制执行效力的公证债权文书后，在保证期间内向人民法院申请强制执行，保证人以债权人未在保证期间内对债务人提起诉讼或者申请仲裁为由主张不承担保证责任的，人民法院不予支持。

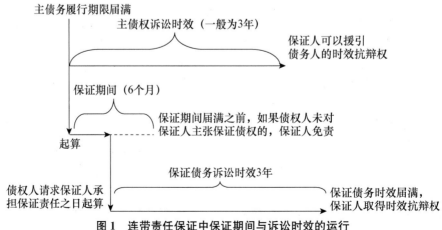

图 1 连带责任保证中保证期间与诉讼时效的运行

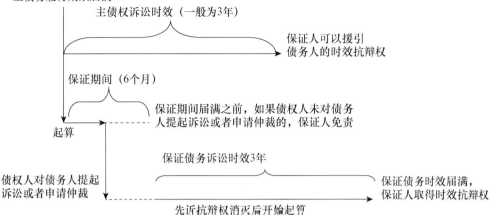

图 2　一般保证中保证期间与诉讼时效的运行

（一）保证期间

1. 功能：保证期间是债权人将保证人"拉下水"的期间，亦即，保证期间是表明是否追究保证责任的一个"表态"期间。

（1）未表态──债权人放弃了追究保证债务的权利①。

表态──拴住了保证人（保证债务被确定）──将迎来保证合同（债务）的诉讼时效。

（2）怎样表态：对于一般保证，须向债务人提起诉讼或者申请仲裁；对于连带责任保证，须向保证人主张权利。

①同一债务有两个以上保证人，债权人以其已经在保证期间内依法向部分保证人行使权利为由，主张已经在保证期间内向其他保证人行使权利的，人民法院不予支持。

同一债务有两个以上保证人，保证人之间相互有追偿权，债权人未在保证期间内依法向部分保证人行使权利，导致其他保证人在承担保证责任后丧失追偿权，其他保证人主张在其不能追偿的范围内免除保证责任的，人民法院应予支持。

②一般保证的债权人在保证期间内对债务人提起诉讼或者申请仲裁后，又撤回起诉或者仲裁申请，债权人在保证期间届满前未再行提起诉讼或者申请仲裁，保证人主张不再承担保证责任的，人民法院应予支持。

连带责任保证的债权人在保证期间内对保证人提起诉讼或者申请仲裁后，又撤回起诉或者仲裁申请，起诉状副本或者仲裁申请书副本已经送达保证人的，人民法院应当认定债权人已经在保证期间内向保证人行使了权利。

---

① 《民法典担保制度解释》第 34 条　人民法院在审理保证合同纠纷案件时，应当将保证期间是否届满、债权人是否在保证期间内依法行使权利等事实作为案件基本事实予以查明。

债权人在保证期间内未依法行使权利的，保证责任消灭。保证责任消灭后，债权人书面通知保证人要求承担保证责任，保证人在通知书上签字、盖章或者按指印，债权人请求保证人继续承担保证责任的，人民法院不予支持，但是债权人有证据证明成立了新的保证合同的除外。

《民法典担保制度解释》第 33 条　保证合同无效，债权人未在约定或者法定的保证期间内依法行使权利，保证人主张不承担赔偿责任的，人民法院应予支持。

2. 起算：主债务履行期限届满之日。

3. 期限：

①有约定的依约定；

②无约定的，主债务履行期限届满之日起 6 个月；

③约定过短——早于或者等于主债务履行期限——→约定无效——→保证期间为 6 个月①；

④保证期间不发生中断、中止、延长。

（二）保证期间与主债务诉讼时效、保证债务诉讼时效的关系（三条线）

1. 三条线的起算与承接：

（1）主债务的诉讼时效与保证期间同时起算，都是从主债务履行期限届满之日或者宽限期届满之日起算。

（2）保证期间内，债权人如果作出"表态"，即一般保证中向债务人提起诉讼或者申请仲裁，连带责任保证中向保证人主张权利，那么，保证期间功成身退，将迎来保证债务的诉讼时效。

（3）一般保证的债权人在保证期间届满前对债务人提起诉讼或者申请仲裁的，从保证人的先诉抗辩权消灭之日起，开始计算保证债务的诉讼时效。连带责任保证的债权人在保证期间届满前请求保证人承担保证责任的，从债权人请求保证人承担保证责任之日起，开始计算保证债务的诉讼时效。

例 甲于 2004 年 8 月 9 日向乙借款 5 万元，约定 1 年后还款，由丙作甲的保证人。合同中没有关于丙保证方式的约定，也没有约定丙承担保证责任的期间。后来，甲、乙、丙三人对合同进行了修改，在合同中添加条款说明丙为连带责任保证人，甲的还款时间为 2006 年 1 月 1 日，丙的保证期间至甲偿还完借款本息之日止。对此，下列说法不正确的是：

A. 若甲、乙、丙三人没有对合同进行修改，丙也应承担连带保证责任

B. 若甲、乙、丙三人没有对合同进行修改，丙的保证责任期间应至 2006 年 2 月 9 日

C. 在甲、乙、丙三人对合同进行修改后，丙的保证期间至 2006 年 7 月 1 日

D. 在甲、乙、丙三人对合同进行修改后，丙的保证期间至 2008 年 1 月 1 日

【答案】AD

2. 三条线的作用以及保证人的追偿：

（1）第一条线——主债务的时效届满后，主债务人取得时效抗辩权，保证人必须援引，否则不得追偿。

（2）第二条线——保证期间届满，保证责任消灭，保证人不再是保证人，如果仍然以保证人身份对债权人清偿的，为非债清偿。

（3）第三条线——保证债务的时效届满后，保证人取得时效抗辩权。保证人如放弃保证债务的时效抗辩清偿债务的，可以向债务人追偿。

五、主合同变更对保证责任的影响

1. 债权人和债务人未经保证人书面同意，协商变更主债权债务合同内容，减轻债务

---

① 《民法典担保制度解释》第 32 条　保证合同约定保证人承担保证责任直至主债务本息还清时为止等类似内容的，视为约定不明，保证期间为主债务履行期限届满之日起 6 个月。

的，保证人仍对变更后的债务承担保证责任；加重债务的，保证人对加重的部分不承担保证责任。

债权人和债务人变更主债权债务合同的履行期限，未经保证人书面同意的，保证期间不受影响。

2. 债权人转让全部或者部分债权，未通知保证人的，该转让对保证人不发生效力。

保证人与债权人约定禁止债权转让，债权人未经保证人书面同意转让债权的，保证人对受让人不再承担保证责任。

3. 债权人未经保证人书面同意，允许债务人转移全部或者部分债务，保证人对未经其同意转移的债务不再承担保证责任，但是债权人和保证人另有约定的除外。

第三人加入债务的，保证人的保证责任不受影响。

第十一章
融资租赁合同

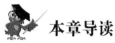

本章导读

本章需要考生熟练掌握并运用融资租赁合同的认定及效力，融资租赁合同的主要内容及履行规则，融资租赁合同的解除，融资租赁物的所有权归属；理解或了解融资租赁合同的概念和特征。

知识点

一、融资租赁的判定

融资租赁合同是出租人根据承租人对出卖人、租赁物的选择，向出卖人购买租赁物，提供给承租人使用，承租人支付租金的合同。

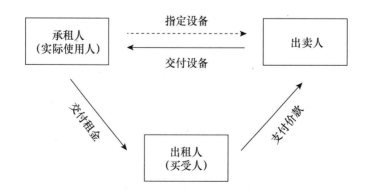

1. 当事人以虚构租赁物方式订立的融资租赁合同无效。
2. 售后回租（A 先卖给 B 再租回来）认定为融资租赁。
3. 融资租赁的特点：①承租人指定租赁物；②租金总和基本相当于租赁物购买价款

及利息及合理利润；③租赁期满双方可以约定，承租人有权以象征性价格取得租赁物的所有权。满足这三个条件，某一交易行为就可以直接认定为融资租赁行为。

当事人约定租赁期限届满，承租人仅需向出租人支付象征性价款的，视为约定的租金义务履行完毕后租赁物的所有权归承租人。

4. 合同的形式——采用书面形式。

5. 依照法律、行政法规的规定，对于租赁物的经营使用应当取得行政许可的，出租人未取得行政许可不影响融资租赁合同的效力。

6. 无效的融资租赁原则上返还原物（有约定从约定自不待言）。但有两个例外（物尽其用，保护无过错方）：

（1）返还后会显著降低租赁物效用的，给予合理补偿；

（2）因承租人原因导致合同无效且出租人不请求返还租赁物的，给予合理补偿。

例　甲融资租赁公司与乙公司签订融资租赁合同，约定乙公司向甲公司转让一套生产设备，转让价为评估机构评估的市场价 200 万元，再租给乙公司使用 3 年，乙公司向甲公司支付租金 300 万元。甲公司与乙公司之间构成融资租赁合同关系。

二、融资租赁的担保功能

《民法典》第 745 条　出租人对租赁物享有的所有权，未经登记，不得对抗善意第三人。

《民法典担保制度解释》第 65 条第 1 款　在融资租赁合同中，承租人未按照约定支付租金，经催告后在合理期限内仍不支付，出租人请求承租人支付全部剩余租金，并以拍卖、变卖租赁物所得的价款受偿的，人民法院应予支持；当事人请求参照民事诉讼法"实现担保物权案件"的有关规定，以拍卖、变卖租赁物所得价款支付租金的，人民法院应予准许。

买卖合同	付款	出租人负担标的物的价金义务（付给出卖人）
	所有权	除非另有约定，否则归出租人（买受人）
	交付	承租人有权从出卖人处直接受领标的物
	瑕疵担保责任	承租人可以依照约定对出卖人直接主张损害赔偿
租赁合同	租金	承租人付给出租人
	使用收益权	承租人享有使用收益权利，出租人不得不当干预
	维修义务	承租人承担
	物件侵权责任	承租人承担
	风险承担	承租人承担标的物意外毁损、灭失的风险
	转让债的关系	出租人得自由转让合同中的权利义务（买卖不破融资租赁）
租赁物的无权处分		出租人对租赁物享有的所有权，未经登记，不得对抗善意第三人 承租人未经出租人同意，将租赁物转让、抵押、质押、投资入股或者以其他方式处分的，出租人可以解除融资租赁合同

三、融资租赁的权属关系

例 1　甲公司请求乙融资租赁公司和丙订立买卖合同，由乙公司购买设备，然后按照约定将设备出租给甲公司，他们之间的协议约定，乙公司直接支付价款，而甲公司负责受领租赁物。则：

（1）甲公司受领标的物时，所有权转移给乙公司；

（2）如果受领的标的物不符合约定，甲公司可直接向丙主张权利；

（3）丙迟延履行，甲公司催告并且设定了合理的催告期限，丙仍不履行的，甲公司可以拒绝受领标的物；

（4）如果甲公司在使用过程中，机器设备不慎掉落零件，砸伤了前来参观的王某，由甲公司进行赔偿。

例 2 甲让乙融资租赁公司向丙购买设备，出租给甲 15 年，15 年后所有权归甲。丙向甲交付，略有瑕疵，甲受领后设备因地震损毁。则下列说法正确的有：

A. 因地震甲可以解除受领

B. 甲仍需支付租金

C. 因有瑕疵丙承担风险

D. 该设备存在瑕疵，乙应承担修复责任

【答案】 B

四、出租人的义务和责任

1. 协助索赔的义务。

出租人、出卖人、承租人可以约定，出卖人不履行买卖合同义务的，由承租人行使索赔的权利。承租人行使索赔权利的，出租人应当协助。

承租人对出卖人行使索赔权利，不影响其履行支付租金的义务。但是，承租人依赖出租人的技能确定租赁物或者出租人干预选择租赁物的，承租人可以请求减免相应租金。

出租人有下列情形之一，致使承租人对出卖人行使索赔权利失败的，承租人有权请求出租人承担相应的责任：

（1）明知租赁物有质量瑕疵而不告知承租人；

（2）承租人行使索赔权利时，未及时提供必要协助。

出租人怠于行使只能由其对出卖人行使的索赔权利，造成承租人损失的，承租人有权请求出租人承担赔偿责任。

租赁物不符合约定或者不符合使用目的的，出租人不承担责任。但是，承租人依赖出租人的技能确定租赁物或者出租人干预选择租赁物的除外。

2. 出租人应当保证承租人对租赁物的占有和使用。

出租人有下列情形之一的，承租人有权请求其赔偿损失：

（1）无正当理由收回租赁物；

（2）无正当理由妨碍、干扰承租人对租赁物的占有和使用；

（3）因出租人的原因致使第三人对租赁物主张权利；

（4）不当影响承租人对租赁物占有和使用的其他情形。

五、承租人的义务与责任

1. 物件侵权责任。

承租人占有租赁物期间，租赁物造成第三人人身损害或者财产损失的，出租人不承担责任。

2. 保管与维修义务。

承租人应当妥善保管、使用租赁物。

承租人应当履行占有租赁物期间的维修义务。

3. 风险责任。

承租人占有租赁物期间，租赁物毁损、灭失的，出租人有权请求承租人继续支付租金，但是法律另有规定或者当事人另有约定的除外。

4. 支付租金的义务。

承租人应当按照约定支付租金。承租人经催告后在合理期限内仍不支付租金的，出租人可以请求支付全部租金；也可以解除合同，收回租赁物。

5. 不得无权处分的义务。

承租人未经出租人同意，将租赁物转让、抵押、质押、投资入股或者以其他方式处分的，出租人可以解除融资租赁合同。

六、融资租赁合同的履行和转让

（一）融资租赁合同的履行

1. 两种情形下可以拒绝受领标的物：

（1）标的物严重不符合约定；

（2）未按照约定交付标的物，经承租人或者出租人催告后在合理期限内仍未交付。

2. 承租人拒收的，有通知义务。

3. 承租人无正当理由拒领，造成出租人损失的，出租人可以诉承租人损害赔偿。

（二）融资租赁合同的转让

1. 融资租赁的承租人可以主张买卖不破融资租赁（承租人可以向受让人继续主张融资租赁的权利）。

2. 买卖不破融资租赁性质上属于债权让与，通知生效（通知前后，租金给付的对象不同）。

3. 融资租赁的承租人没有优先购买权。

例　甲公司通过乙融资租赁公司承租从丙公司购得的电信设备（设备完成了融资租赁登记），租期3年，每月月末支付租金，则：

（1）在租赁期限内，甲公司将租赁物转让给第三人的行为属于无权处分，因设备完成了融资租赁登记，第三人主张善意取得的不予支持；

（2）在租赁期限内，乙公司将合同中的权利转让给他人，属于有权处分，此时甲公司可以主张买卖不破融资租赁，但不得主张优先购买权；

（3）租期届满后，电信设备的所有权归属于乙公司。

七、租赁物补偿规则

1. 租赁物因意外事件毁损、灭失，风险由承租人承担。

2. 产生合同解除权（不可抗力解除权）：

（1）合同解除，承租人仅仅以折旧情况进行补偿——租赁物自身的价值（一次性付）。

（2）合同不解除，承租人继续支付租金（承租人承担租赁物意外毁损、灭失的风险）——租赁物自身的价值＋利润（分期付）。

例 甲公司与乙融资租赁公司签订融资租赁合同，乙公司出资购买一套生产线，然后出租给甲公司。租赁期限，因为地震该套生产线全部损毁，则甲公司有权解除合同，乙公司可以请求甲公司按照租赁物折旧情况给予补偿，若未解除合同，甲公司应继续支付租金。此即甲公司承担风险的表现。

八、融资租赁合同的解除

有下列情形之一的，出租人或者承租人可以解除融资租赁合同：

（1）出租人与出卖人订立的买卖合同解除、被确认无效或者被撤销，且未能重新订立买卖合同；

（2）租赁物因不可归责于当事人的原因毁损、灭失，且不能修复或者确定替代物；

（3）因出卖人的原因致使融资租赁合同的目的不能实现。

承租人未经出租人同意，将租赁物转让、抵押、质押、投资入股或者以其他方式处分的，出租人可以解除融资租赁合同。

第十二章
保理合同

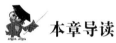**本章导读**

本章需要考生熟练掌握保理合同的主要内容及履行规则。

知识点

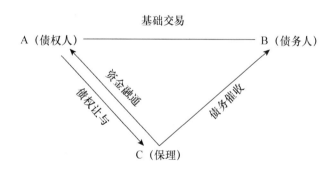

1. 保理合同是应收账款债权人将现有的或者将有的应收账款转让给保理人，保理人提供资金融通、应收账款管理或者催收、应收账款债务人付款担保等服务的合同。

2. 保理合同应当采用书面形式。

3. 应收账款债权人与债务人虚构应收账款作为转让标的，与保理人订立保理合同的，应收账款债务人不得以应收账款不存在为由对抗保理人，但是保理人明知虚构的除外。

4. 保理人向应收账款债务人发出应收账款转让通知的，应当表明保理人身份并附有必要凭证。

5. 应收账款债务人接到应收账款转让通知后，应收账款债权人与债务人无正当理由协商变更或者终止基础交易合同，对保理人产生不利影响的，对保理人不发生效力。

6. 当事人约定有追索权保理的，保理人可以向应收账款债权人主张返还保理融资款本息或者回购应收账款债权，也可以向应收账款债务人主张应收账款债权。保理人向应收账款债务人主张应收账款债权，在扣除保理融资款本息和相关费用后有剩余的，剩余部分应当返还给应收账款债权人。

7. 当事人约定无追索权保理的，保理人应当向应收账款债务人主张应收账款债权，保理人取得超过保理融资款本息和相关费用的部分，无需向应收账款债权人返还。

8. 应收账款债权人就同一应收账款订立多个保理合同，致使多个保理人主张权利的，已经登记的先于未登记的取得应收账款；均已经登记的，按照登记时间的先后顺序取得应收账款；均未登记的，由最先到达应收账款债务人的转让通知中载明的保理人取得应收账款；既未登记也未通知的，按照保理融资款或者服务报酬的比例取得应收账款（《民法典》第 768 条）。

9. 同一应收账款同时存在保理、应收账款质押和债权转让，当事人主张参照《民法典》第 768 条的规定确定优先顺序的，人民法院应予支持。

巩固提升

"百闻不如一见，百看不如一练。"下载嗨学课堂 APP，多多做题，勤于思考，善于总结，方能学以致用，一举通关！

第十三章

物业服务合同

 本章导读

本章要求考生熟练掌握并运用物业服务合同的主要内容及履行规则；理解或了解物业服务合同的概念和法律特征。

 知识点

一、物业服务合同概述

物业服务合同是物业服务人在物业服务区域内，为业主提供建筑物及其附属设施的维修养护、环境卫生和相关秩序的管理维护等物业服务，业主支付物业费的合同。

物业服务人包括物业服务企业和其他管理人。

物业服务合同的内容一般包括服务事项、服务质量、服务费用的标准和收取办法、维修资金的使用、服务用房的管理和使用、服务期限、服务交接等条款。

物业服务人公开作出的有利于业主的服务承诺，为物业服务合同的组成部分。

物业服务合同应当采用书面形式。

建设单位依法与物业服务人订立的前期物业服务合同，以及业主委员会与业主大会依法选聘的物业服务人订立的物业服务合同，对业主具有法律约束力。

建设单位依法与物业服务人订立的前期物业服务合同约定的服务期限届满前，业主委员会或者业主与新物业服务人订立的物业服务合同生效的，前期物业服务合同终止。

二、物业服务法律关系

（一）物业服务人的义务

1. 物业服务人将物业服务区域内的部分专项服务事项委托给专业性服务组织或者其他第三人的，应当就该部分专项服务事项向业主负责。

物业服务人不得将其应当提供的全部物业服务转委托给第三人，或者将全部物业服务支解后分别转委托给第三人。

2. 物业服务人应当按照约定和物业的使用性质，妥善维修、养护、清洁、绿化和经营管理物业服务区域内的业主共有部分，维护物业服务区域内的基本秩序，采取合理措施保护业主的人身、财产安全。

对物业服务区域内违反有关治安、环保、消防等法律法规的行为，物业服务人应当及时采取合理措施制止、向有关行政主管部门报告并协助处理。

3. 物业服务人应当定期将服务的事项、负责人员、质量要求、收费项目、收费标准、履行情况，以及维修资金使用情况、业主共有部分的经营与收益情况等以合理方式向业主公开并向业主大会、业主委员会报告。

（二）业主的义务

1. 业主应当按照约定向物业服务人支付物业费。物业服务人已经按照约定和有关规定提供服务的，业主不得以未接受或者无需接受相关物业服务为由拒绝支付物业费。

业主违反约定逾期不支付物业费的，物业服务人可以催告其在合理期限内支付；合理期限届满仍不支付的，物业服务人可以提起诉讼或者申请仲裁。

2. 业主装饰装修房屋的，应当事先告知物业服务人，遵守物业服务人提示的合理注意事项，并配合其进行必要的现场检查。

业主转让、出租物业专有部分、设立居住权或者依法改变共有部分用途的，应当及时将相关情况告知物业服务人。

（三）物业服务合同的解除

1. 解聘物业服务人，应当由专有部分面积占比 2/3 以上的业主且人数占比 2/3 以上的业主参与表决，且应当经参与表决专有部分面积过半数的业主且参与表决人数过半数的业主同意。

2. 业主依照法定程序共同决定解聘物业服务人的，可以解除物业服务合同。决定解聘的，应当提前 60 日书面通知物业服务人，但是合同对通知期限另有约定的除外。

依据上述规定解除合同造成物业服务人损失的，除不可归责于业主的事由外，业主应当赔偿损失。

（四）物业服务合同的届满与续聘

1. 物业服务期限届满前，业主依法共同决定续聘的，应当与原物业服务人在合同期限届满前续订物业服务合同。

物业服务期限届满前，物业服务人不同意续聘的，应当在合同期限届满前 90 日书面通知业主或者业主委员会，但是合同对通知期限另有约定的除外。

2. 物业服务期限届满后，业主没有依法作出续聘或者另聘物业服务人的决定，物业服务人继续提供物业服务的，原物业服务合同继续有效，但是服务期限为不定期。

当事人可以随时解除不定期物业服务合同，但是应当提前 60 日书面通知对方。

3. 物业服务合同终止后，在业主或者业主大会选聘的新物业服务人或者决定自行管理的业主接管之前，原物业服务人应当继续处理物业服务事项，并可以请求业主支付该期间的物业费。

第十四章
合伙合同

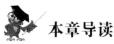**本章导读**

本章需要考生熟练掌握并运用合伙财产、合伙事务，合伙利润分配与债务承担以及合伙合同的终止；理解或了解合伙合同的概念和特征。

知识点

一、概述

合伙合同是两个以上合伙人为了共同的事业目的，订立的共享利益、共担风险的协议。

合伙人应当按照约定的出资方式、数额和缴付期限，履行出资义务。

二、合伙财产

合伙人的出资、因合伙事务依法取得的收益和其他财产，属于合伙财产。

合伙合同终止前，合伙人不得请求分割合伙财产。

三、合伙事务执行

合伙人就合伙事务作出决定的，除合伙合同另有约定外，应当经全体合伙人一致同意。

合伙事务由全体合伙人共同执行。按照合伙合同的约定或者全体合伙人的决定，可以委托一个或者数个合伙人执行合伙事务；其他合伙人不再执行合伙事务，但是有权监督执行情况。

合伙人分别执行合伙事务的，执行事务合伙人可以对其他合伙人执行的事务提出异议；提出异议后，其他合伙人应当暂停该项事务的执行。

合伙人不得因执行合伙事务而请求支付报酬，但是合伙合同另有约定的除外。

四、合伙的利润分配和亏损分担

合伙的利润分配和亏损分担，按照合伙合同的约定办理；合伙合同没有约定或者约定不明确的，由合伙人协商决定；协商不成的，由合伙人按照实缴出资比例分配、分担；无法确定出资比例的，由合伙人平均分配、分担。

五、合伙债务

合伙人对合伙债务承担连带责任。清偿合伙债务超过自己应当承担份额的合伙人，有权向其他合伙人追偿。

六、合伙份额

除合伙合同另有约定外，合伙人向合伙人以外的人转让其全部或者部分财产份额的，须经其他合伙人一致同意。

合伙人的债权人不得代位行使合伙人依照《民法典》第27章规定和合伙合同享有的权利，但是合伙人享有的利益分配请求权除外。

七、合伙期限

合伙人对合伙期限没有约定或者约定不明确，依据《民法典》第510条的规定仍不能确定的，视为不定期合伙。

合伙期限届满，合伙人继续执行合伙事务，其他合伙人没有提出异议的，原合伙合同继续有效，但是合伙期限为不定期。

合伙人可以随时解除不定期合伙合同，但是应当在合理期限之前通知其他合伙人。

八、合伙终止

合伙人死亡、丧失民事行为能力或者终止的，合伙合同终止；但是，合伙合同另有约定或者根据合伙事务的性质不宜终止的除外。

第十五章
租赁合同

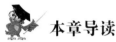 **本章导读**

本章要求考生熟练掌握并运用租赁合同的主要内容及履行规则、买卖不破租赁的相关法律规定，房屋租赁合同；理解或了解租赁合同的概念、特征和种类。

知识点

一、租赁合同的效力

（一）无效的法定事由

违法建筑出租的，合同无效——违法建筑包括：（1）未取得建设工程规划许可证或者未按照建设工程规划许可证的规定建设的房屋；（2）未经批准或者未按照批准内容建设的临时建筑；（3）租赁期限超过临时建筑的使用期限，超过部分无效。

（二）无效租赁合同之补正

一审法庭辩论终结之前，取得建设工程规划许可证或者经主管部门批准建设或者经主管部门批准延长使用期限的，合同有效。

（三）关于租赁合同登记备案的效力认定

登记备案并非租赁合同的法定有效要件。当事人未按照法律、行政法规规定办理租赁合同登记备案手续的，不影响合同的效力。

（四）房屋租赁合同无效的后果

1. 承租人支付房屋占有使用费——在性质上属于不当得利。

2. 双方根据过错分担合同无效造成的损失——此为缔约过失责任。

例 下列关于租赁合同的效力，说法正确的有：

A. 以没有取得规划许可证的房屋出租的，租赁合同绝对无效，不可补正

B. 前述租赁合同必须在举证责任期限届满之前取得规划许可证，才视为有效

C. 房屋租赁合同以备案登记为要件，未经备案登记，租赁合同无效

D. 如果一方当事人履行主要义务，对方接受的，即使没有进行备案登记，也应当视为合同有效

E. 房屋租赁合同无效的，当事人有权主张房屋占有使用费并请求有过错的对方当事人承担违约责任

【答案】D

二、一房数租

《最高人民法院关于审理城镇房屋租赁合同纠纷案件具体应用法律若干问题的解释》（简称《城镇房屋租赁合同解释》）第5条规定：出租人就同一房屋订立数份租赁合同，在合同均有效的情况下，承租人均主张履行合同的，人民法院按照下列顺序确定履行合同的承租人：（1）已经合法占有租赁房屋的；（2）已经办理登记备案手续的；（3）合同成立在先的。不能取得租赁房屋的承租人请求解除合同、赔偿损失的，依照民法典的有关规定处理。亦即，一房数租的数个租赁合同都有效，最终何人承租按照"占有—登记—合同"的规则确定，不能取得租赁房屋的承租人有权请求解除合同、赔偿损失——此责任为违约责任。

【例题】（2021真题回忆版）将一套房租给了四个人，都没交付，但收了首月的租金，四承租人均主张履行合同的，则房子给：

A. 最先给付租金的

B. 先登记备案的

C. 最先签订租赁合同的

D. 租金定价最高的

【答案】B

三、租赁合同当事人的权利义务

（一）出租人的义务

1. 适租义务——不适租者，承租方有解除权，具体包括：

（1）租赁物被司法机关或者行政机关依法查封、扣押；

（2）租赁物权属有争议；

（3）租赁物具有违反法律、行政法规关于使用条件的强制性规定情形。

2. 维修义务。出租人应当履行租赁物的维修义务，但是当事人另有约定的除外。承租人在租赁物需要维修时可以请求出租人在合理期限内维修。出租人未履行维修义务的，承租人可以自行维修，维修费用由出租人负担。因维修租赁物影响承租人使用的，应当相应减少租金或者延长租期。因承租人的过错致使租赁物需要维修的，出租人不承担上述的维修义务。

3. 权利瑕疵担保责任。

当租赁物有瑕疵或存在权利瑕疵致使承租人不能依约使用、收益时，承租人有权解除

合同，承租人因此所受损失，出租人应负赔偿责任，但承租人订约时明知有瑕疵的除外。

（二）承租人的义务

1. 交付租金——如违反，出租人有解除权。

2. 按照约定的方法或者根据租赁物的性质使用租赁物——如违反，出租人有解除权并得请求赔偿损失。承租人按照约定的方法或者根据租赁物的性质使用租赁物，致使租赁物受到损耗的，不承担赔偿责任。

3. 妥善保管义务。承租人应以善良管理人的注意妥善保管租赁物，未尽妥善保管义务，造成租赁物毁损、灭失的，应当承担赔偿责任。

4. 不得擅自改建或者增设他物——如违反，出租人得请求恢复原状或者损害赔偿。此外，承租人擅自变动房屋建筑主体和承重结构或者扩建，在出租人要求的合理期限内仍不予恢复原状，出租人还可以请求解除合同并要求赔偿损失。

5. 返还租赁物。租赁合同终止时，承租人应将租赁物返还出租人。

（三）租金

1. 支付期限。

承租人应当按照约定的期限支付租金。对支付租金的期限没有约定或者约定不明确，依据《民法典》第510条的规定仍不能确定，租赁期限不满1年的，应当在租赁期限届满时支付；租赁期限1年以上的，应当在每届满1年时支付，剩余期限不满1年的，应当在租赁期限届满时支付。

2. 欠付租金的解除权。

承租人无正当理由未支付或者迟延支付租金的，出租人可以请求承租人在合理期限内支付；承租人逾期不支付的，出租人可以解除合同。

3. 第三人主张权利。

因第三人主张权利，致使承租人不能对租赁物使用、收益的，承租人可以请求减少租金或者不支付租金。

第三人主张权利的，承租人应当及时通知出租人。

4. 代偿请求权。

承租人拖欠租金的，次承租人可以代承租人支付其欠付的租金和违约金，但是转租合同对出租人不具有法律约束力的除外。

次承租人代为支付的租金和违约金，可以充抵次承租人应当向承租人支付的租金；超出其应付的租金数额的，可以向承租人追偿。

四、转租

承租人经出租人同意，可以将租赁物转租给第三人。承租人转租的，承租人与出租人之间的租赁合同继续有效；第三人造成租赁物损失的，承租人应当赔偿损失。

承租人未经出租人同意转租的，出租人可以解除合同。

承租人经出租人同意将租赁物转租给第三人，转租期限超过承租人剩余租赁期限的，超过部分的约定对出租人不具有法律约束力，但是出租人与承租人另有约定的除外。

出租人知道或者应当知道承租人转租，但是在6个月内未提出异议的，视为出租人同意转租。

> **波波点睛**
>
> 在承诺转租（经过出租人同意的转租）中，承租人与出租人的租赁合同继续有效，第三人不履行对租赁物妥善保管义务造成损失的，由承租人向出租人负违约赔偿责任，第三人（次承租人）如构成侵权，须对出租人承担侵权责任，出租人可以择一行使。如果出租人选择追究承租人的违约责任，则承租人可以向第三人（次承租人）追偿，此为不真正连带责任。

例 甲将自己的一套房屋租给乙住，乙又擅自将房屋租给丙住。丙是个飞镖爱好者，因练飞镖将房屋的墙面损坏。下列哪些选项是正确的？

A. 甲有权在6个月之内请求解除与乙的租赁合同

B. 甲有权请求乙赔偿墙面损坏造成的损失

C. 甲有权请求丙支付租金

D. 甲有权在1年之内宣告乙、丙之间的合同无效

E. 甲有权请求丙赔偿墙面损坏造成的损失

F. 如甲解除合同，丙应当腾房返还于甲

G. 如丙逾期腾房，则应向甲支付逾期腾房占有使用费

【答案】ABEFG

【例题】（2016-3-60）居民甲将房屋出租给乙，乙经甲同意对承租房进行了装修并转租给丙。丙擅自更改房屋承重结构，导致房屋受损。对此，下列哪些选项是正确的？

A. 无论有无约定，乙均有权于租赁期满时请求甲补偿装修费用

B. 甲可请求丙承担违约责任

C. 甲可请求丙承担侵权责任

D. 甲可请求乙承担违约责任

【答案】CD

五、租赁期限

租赁期限6个月以上的，应当采用书面形式。当事人未采用书面形式，无法确定租赁期限的，视为不定期租赁。

租赁期限届满，承租人继续使用租赁物，出租人没有提出异议的，原租赁合同继续有效，但是租赁期限为不定期。

不定期租赁合同当事人都有权随时解除合同，但是应当在合理期限之前通知对方。

承租人在房屋租赁期限内死亡的，与其生前共同居住的人或者共同经营人可以按照原租赁合同租赁该房屋。

租赁期限届满，承租人应当返还租赁物。返还的租赁物应当符合按照约定或者根据租赁物的性质使用后的状态。

租赁期限届满，房屋承租人享有以同等条件优先承租的权利。

六、买卖不破租赁

租赁物在承租人按照租赁合同占有期限内发生所有权变动的，不影响租赁合同的效力。

七、租房人的优先购买权

（一）适用范围

仅仅限于房屋租赁且不得对抗房屋的按份共有人和近亲属①。

（二）通知期间

（1）出租人出卖租赁房屋的，应当在出卖之前的合理期限内通知承租人。

（2）出租人委托拍卖人拍卖租赁房屋的，应当在拍卖5日前通知承租人。承租人未参加拍卖的，视为放弃优先购买权。

（三）行使期间

出租人履行通知义务后，承租人在15日内未明确表示购买的，视为承租人放弃优先购买权。

（四）侵害优先购买权之救济

（1）出租人出卖租赁房屋未在合理期限内通知承租人或者存在其他侵害承租人优先购买权情形，承租人有权请求出租人承担赔偿责任。

（2）出租人与第三人签订的房屋买卖合同的效力不受影响。

例　甲将房屋租给乙，在租赁期限内未通知乙就把房屋出卖并过户给不知情的丙。乙得知后劝丙退出该交易，丙拒绝。关于乙可以采取的民事救济措施，下列哪一选项是正确的？

A. 请求解除租赁合同，因甲出卖房屋未通知乙，构成重大违约

B. 请求法院确认买卖合同无效

C. 主张由丙承担侵权责任，因丙侵犯了乙的优先购买权

D. 主张由甲承担赔偿责任，因甲出卖房屋未通知乙而侵犯了乙的优先购买权

【答案】D

八、继续租赁权（法定承受）

承租人在房屋租赁期限内死亡的，与其生前共同居住的人或者共同经营人可以按照原租赁合同租赁该房屋。

九、租赁合同中的解除权

1. 出租人法定解除权（违约解除权）：

（1）承租人未按照约定的方法或者未根据租赁物的性质使用租赁物；

（2）承租人擅自变动房屋建筑主体和承重结构或者扩建；

---

① 《民法典》第726条第1款　出租人出卖租赁房屋的，应当在出卖之前的合理期限内通知承租人，承租人享有以同等条件优先购买的权利；但是，房屋按份共有人行使优先购买权或者出租人将房屋出卖给近亲属的除外。

（3）责任转租；

（4）承租人未付或延付租金。

2. 承租人法定解除权（违约解除权）：

（1）出租人拒不交付租赁房屋；

（2）租赁物因意外部分或者全部毁损、灭失；

（3）一房数租时，未能取得租赁房屋的承租人享有解除权。

3. 不定期租赁之任意解除权。

4. 租赁物危及承租人安全或健康时的随时解除权。

十、租赁物意外毁损、灭失的风险

因不可归责于承租人的事由，致使租赁物部分或者全部毁损、灭失的，承租人可以请求减少租金或者不支付租金；因租赁物部分或者全部毁损、灭失，致使不能实现合同目的的，承租人可以解除合同。

十一、租赁合同中涉及装修装饰问题的分析

《城镇房屋租赁合同解释》第7条　承租人经出租人同意装饰装修，租赁合同无效时，未形成附合的装饰装修物，出租人同意利用的，可折价归出租人所有；不同意利用的，可由承租人拆除。因拆除造成房屋毁损的，承租人应当恢复原状。

已形成附合的装饰装修物，出租人同意利用的，可折价归出租人所有；不同意利用的，由双方各自按照导致合同无效的过错分担现值损失。

《城镇房屋租赁合同解释》第8条　承租人经出租人同意装饰装修，租赁期间届满或者合同解除时，除当事人另有约定外，未形成附合的装饰装修物，可由承租人拆除。因拆除造成房屋毁损的，承租人应当恢复原状。

《城镇房屋租赁合同解释》第9条　承租人经出租人同意装饰装修，合同解除时，双方对已形成附合的装饰装修物的处理没有约定的，人民法院按照下列情形分别处理：

（一）因出租人违约导致合同解除，承租人请求出租人赔偿剩余租赁期内装饰装修残值损失的，应予支持；

（二）因承租人违约导致合同解除，承租人请求出租人赔偿剩余租赁期内装饰装修残值损失的，不予支持。但出租人同意利用的，应在利用价值范围内予以适当补偿；

（三）因双方违约导致合同解除，剩余租赁期内的装饰装修残值损失，由双方根据各自的过错承担相应的责任；

（四）因不可归责于双方的事由导致合同解除的，剩余租赁期内的装饰装修残值损失，由双方按照公平原则分担。法律另有规定的，适用其规定。

《城镇房屋租赁合同解释》第10条　承租人经出租人同意装饰装修，租赁期间届满时，承租人请求出租人补偿附合装饰装修费用的，不予支持。但当事人另有约定的除外。

《城镇房屋租赁合同解释》第11条　承租人未经出租人同意装饰装修或者扩建发生的费用，由承租人负担。出租人请求承租人恢复原状或者赔偿损失的，人民法院应予支持。

第十六章
建设工程施工合同

 本章导读

　　本章重点需要考生熟练掌握并运用建设工程合同的订立和效力，建设工程合同的主要内容及履行规则，建设工程合同的违约责任；理解或了解建设工程合同的概念和特征。

 知识点

一、建设工程合同的转包与分包

　　1. 发包人可以与总承包人订立建设工程合同，也可以分别与勘察人、设计人、施工人订立勘察、设计、施工承包合同。发包人不得将应当由一个承包人完成的建设工程支解成若干部分发包给数个承包人。

　　2. 总承包人或者勘察、设计、施工承包人经发包人同意，可以将自己承包的部分工作交由第三人完成。第三人就其完成的工作成果与总承包人或者勘察、设计、施工承包人向发包人承担连带责任。承包人不得将其承包的全部建设工程转包给第三人或者将其承包的全部建设工程支解以后以分包的名义分别转包给第三人。

　　3. 禁止承包人将工程分包给不具备相应资质条件的单位。禁止分包单位将其承包的工程再分包。建设工程主体结构的施工必须由承包人自行完成。

二、建设工程合同的效力

　　1. 建设工程施工合同具有下列情形之一的，应当依据《民法典》第 153 条第 1 款的规定，认定无效：

　　（1）承包人未取得建筑业企业资质或者超越资质等级的；

　　（2）没有资质的实际施工人借用有资质的建筑施工企业名义的；

　　（3）建设工程必须进行招标而未招标或者中标无效的。

2. 承包人因转包、违法分包建设工程与他人签订的建设工程施工合同，应当依据《民法典》第153条第1款及第791条第2款、第3款的规定，认定无效。

3. 招标人和中标人另行签订的建设工程施工合同约定的工程范围、建设工期、工程质量、工程价款等实质性内容，与中标合同不一致，一方当事人请求按照中标合同确定权利义务的，人民法院应予支持。

4. 招标人和中标人在中标合同之外就明显高于市场价格购买承建房产、无偿建设住房配套设施、让利、向建设单位捐赠财物等另行签订合同，变相降低工程价款，一方当事人以该合同背离中标合同实质性内容为由请求确认无效的，人民法院应予支持。

5. 当事人以发包人未取得建设工程规划许可证等规划审批手续为由，请求确认建设工程施工合同无效的，人民法院应予支持，但发包人在起诉前取得建设工程规划许可证等规划审批手续的除外。

发包人能够办理审批手续而未办理，并以未办理审批手续为由请求确认建设工程施工合同无效的，人民法院不予支持。

6. 承包人超越资质等级许可的业务范围签订建设工程施工合同，在建设工程竣工前取得相应资质等级，当事人请求按照无效合同处理的，人民法院不予支持。

7. 具有劳务作业法定资质的承包人与总承包人、分包人签订的劳务分包合同，当事人请求确认无效的，人民法院依法不予支持。

8. 建设工程施工合同无效，一方当事人请求对方赔偿损失的，应当就对方过错、损失大小、过错与损失之间的因果关系承担举证责任。

三、建设工程合同的效力与工程款

1. 建设工程施工合同无效，但是建设工程经验收合格的，可以参照合同关于工程价款的约定折价补偿承包人。

建设工程施工合同无效，且建设工程经验收不合格的，按照以下情形处理：

（1）修复后的建设工程经验收合格的，发包人可以请求承包人承担修复费用；

（2）修复后的建设工程经验收不合格的，承包人无权请求参照合同关于工程价款的约定折价补偿。

发包人对因建设工程不合格造成的损失有过错的，应当承担相应的责任。

2. 当事人就同一建设工程订立的数份建设工程施工合同均无效，但建设工程质量合格，一方当事人请求参照实际履行的合同关于工程价款的约定折价补偿承包人的，人民法院应予支持。

实际履行的合同难以确定，当事人请求参照最后签订的合同关于工程价款的约定折价补偿承包人的，人民法院应予支持。

四、违约责任与过错相抵

1. 因施工人的原因致使建设工程质量不符合约定的，发包人有权请求施工人在合理期限内无偿修理或者返工、改建。经过修理或者返工、改建后，造成逾期交付的，施工人应当承担违约责任。

2. 发包人具有下列情形之一，造成建设工程质量缺陷，应当承担过错责任：

（1）提供的设计有缺陷；

（2）提供或者指定购买的建筑材料、建筑构配件、设备不符合强制性标准；

（3）直接指定分包人分包专业工程。

承包人有过错的，也应当承担相应的过错责任。

五、建设工程合同的解除

1. 承包人将建设工程转包、违法分包的，发包人可以解除合同。

2. 发包人提供的主要建筑材料、建筑构配件和设备不符合强制性标准或者不履行协助义务，致使承包人无法施工，经催告后在合理期限内仍未履行相应义务的，承包人可以解除合同。

3. 合同解除后，已经完成的建设工程质量合格的，发包人应当按照约定支付相应的工程价款；已经完成的建设工程质量不合格的，参照《民法典》第793条的规定处理。

六、建设工程款优先权

1. 发包人未按照约定支付价款的，承包人可以催告发包人在合理期限内支付价款。发包人逾期不支付的，除根据建设工程的性质不宜折价、拍卖外，承包人可以与发包人协议将该工程折价，也可以请求人民法院将该工程依法拍卖。建设工程的价款就该工程折价或者拍卖的价款优先受偿。

2. 与发包人订立建设工程施工合同的承包人，依据《民法典》第807条的规定请求其承建工程的价款就工程折价或者拍卖的价款优先受偿的，人民法院应予支持。

3. 承包人根据《民法典》第807条规定享有的建设工程价款优先受偿权优于抵押权和其他债权。

4. 装饰装修工程具备折价或者拍卖条件，装饰装修工程的承包人请求工程价款就该装饰装修工程折价或者拍卖的价款优先受偿的，人民法院应予支持。

5. 建设工程质量合格，承包人请求其承建工程的价款就工程折价或者拍卖的价款优先受偿的，人民法院应予支持。

6. 未竣工的建设工程质量合格，承包人请求其承建工程的价款就其承建工程部分折价或者拍卖的价款优先受偿的，人民法院应予支持。

7. 承包人建设工程价款优先受偿的范围依照国务院有关行政主管部门关于建设工程价款范围的规定确定。

承包人就逾期支付建设工程价款的利息、违约金、损害赔偿金等主张优先受偿的，人民法院不予支持。

8. 承包人应当在合理期限内行使建设工程价款优先受偿权，但最长不得超过十八个月，自发包人应当给付建设工程价款之日起算。

9. 发包人与承包人约定放弃或者限制建设工程价款优先受偿权，损害建筑工人利益，发包人根据该约定主张承包人不享有建设工程价款优先受偿权的，人民法院不予支持。

七、诉讼当事人

1. 因建设工程质量发生争议的，发包人可以以总承包人、分包人和实际施工人为共同被告提起诉讼。

2. 实际施工人以转包人、违法分包人为被告起诉的，人民法院应当依法受理。

实际施工人以发包人为被告主张权利的，人民法院应当追加转包人或者违法分包人为本案第三人，在查明发包人欠付转包人或者违法分包人建设工程价款的数额后，判决发包人在欠付建设工程价款范围内对实际施工人承担责任。

八、垫资

当事人对垫资和垫资利息有约定，承包人请求按照约定返还垫资及其利息的，人民法院应予支持，但是约定的利息计算标准高于垫资时的同类贷款利率或者同期贷款市场报价利率的部分除外。

当事人对垫资没有约定的，按照工程欠款处理。

当事人对垫资利息没有约定，承包人请求支付利息的，人民法院不予支持。

准 合 同

第十七章
无因管理

本章导读

　　本章需要考生熟练掌握并运用无因管理的成立要件，无因管理之债的内容；理解或了解无因管理的概念。

$$
无因管理\begin{cases}构成要件\begin{cases}没有法律义务\\客观上管理他人事务\\主观上为他人利益\end{cases}\\法律后果\begin{cases}管理人义务\\被管理人义务\end{cases}\end{cases}
$$

知识点

一、无因管理的构成要件

（一）管理人没有法律上的义务

　　法律上的义务，既包括法定义务，也包括约定义务。管理人在没有法律上的义务的情况下，对被管理人的事务加以管理，方才构成无因管理。否则，无因管理不能成立。

　　（1）法定的义务：父母对未成年子女的抚养、监护义务；财产代管人对失踪人财产的管理义务；破产管理人对破产财产的管理义务；警察的救助义务；消防员的救火义务。

　　（2）约定的义务如涉他合同不构成无因管理：如甲与乙的合同中规定甲为丙修理房屋，甲为丙修理房屋的行为对丙便不构成无因管理。

　　（3）涉他合同无效后如何处理？如甲（保证人）受乙（债务人）委托而为保证，对丙（债权人）为清偿，甲清偿后，发现委托合同不成立，甲可以向乙主张不当得利请求权，请求乙返还因甲的清偿行为所受的利益。

　　结论：第三人代为履行如有有效合同则为履行合同义务，不构成无因管理和不当得利；如该合同无效则可以向债务人主张不当得利；如不存在合同，则属于对债务人的无因管理。

例　甲聘请乙负责照看小孩，丙聘请丁做家务。甲和丙为邻居，乙和丁为好友。一日，甲突生急病昏迷不醒，乙联系不上甲的亲属，急将甲送往医院，并将甲的小孩委托给丁临时照看。丁疏于照看，致甲的小孩在玩耍中受伤。则产生如下法律关系：

（1）乙将甲送往医院的行为无法定和约定义务，属于无因管理。

（2）丁受托照看小孩的行为不属于无因管理，承担受托人义务。

（3）情况紧急下的转委托无须委托人同意，因此甲、乙、丁的转委托有效，丁对甲的小孩的医疗费承担赔偿责任，乙无须承担甲的小孩的医疗费。

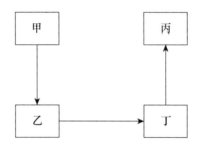

（二）无因管理的客观要件：管理他人事务

1. 所管理的事务可以为法律行为，亦可为事实行为；可以为经济性事务，亦可为非经济性事务。前者如为他人利益出租其房屋，后者如修缮房屋、照顾孩童、收取果实、救火救灾等。

2. 特别注意：三不可：违法行为不可（隐匿赃物），不作为不可，专属行为（结婚、董事会投票）不可。

3. 管理人所为的法律行为既可以以自己的名义为之，也可以以本人的名义为之。在以本人名义为之时，涉及无权代理问题，如甲有一房屋，有意出租，后因病入院无法处理，乙为甲的利益，以甲的名义出租于第三人，在这里乙的出租房屋的行为构成无权代理，但不妨碍甲与乙之间成立无因管理关系。管理的行为也不限于单纯的管理，保存行为、改良行为、利用行为及处分行为也包括在内。

（三）无因管理的主观要件：为他人利益的意思

为他人利益的意思，又称管理意思，是指管理人知道他所管理的是他人的事务，并欲使管理事务所生利益归于本人，即通过自己的管理行为增加本人利益或避免本人发生损失的主观意思。无因管理的阻却违法性的效力就源于管理人的管理意思符合社会的善良道德。

另有两种特殊情况：

第一，为本人履行法定或者公益债务之行为，即使违反本人意思，也构成无因管理（如缴纳税款、赡养老人等）。

第二，本人意思如违反善良风俗，则即使违反本人意思，也构成无因管理（如救助自杀者）。

例1　甲见邻居房屋失火，前往救助，后查明该房屋系乙所有，出租于丙，抵押于丁，投保于戊，并已经出卖于庚（未过户）——对乙、丙可以构成无因管理。

例2　甲见友人乙驾车撞伤路人丙，遂送丙就医——对乙、丙可以构成无因管理。

波波点睛 1

管理意思须符合他人明示或者可推知的意思，否则须承担相应责任。

例1　把他人院中的名贵花草当作杂草拔掉不构成无因管理，须承担赔偿责任。

例2　替他人偿还已过诉讼时效的债务不构成无因管理，不得向债务人追偿。

波波点睛 2

特别注意：以下特例——主观为他人，客观为他人。

（1）主观为自己，客观为别人——误信他人事务为自己事务（误信管理）——不构成无因管理——成立不当得利。

如甲误把乙的牛当作自己的牛予以饲养——乙须向甲返还不当得利。

如甲误把乙的孩子当作自己的孩子予以抚养——乙须向甲返还不当得利。

（2）主观为他人，客观为自己——误把自己事务当作他人事务（假想管理）——不构成无因管理，不产生法律关系。

如甲误把自己的牛当作他人的牛予以饲养。

（3）主观为张三，客观为李四——构成无因管理。

如甲误把李四的牛当作张三的牛予以饲养——甲和李四成立无因管理。

（4）主观为大家，客观为大家（不特定多数人）——不构成无因管理，不产生法律关系。

【例题】（2013-3-21）下列哪一情形会引起无因管理之债？

A. 甲向乙借款，丙在明知诉讼时效已过后擅自代甲向乙还本付息

B. 甲在自家门口扫雪，顺便将邻居乙的小轿车上的积雪清扫干净

C. 甲与乙结婚后，乙生育一子丙，甲抚养丙 5 年后才得知丙是乙和丁所生

D. 甲拾得乙遗失的牛，寻找失主未果后牵回暂养。因地震致屋塌牛死，甲出卖牛皮、牛肉获价款若干

【答案】D

二、无因管理的法律效果

（一）管理人的义务

1. 适当管理义务。管理人自管理承担时起，就应依本人明示或可推知的意思，以利于本人的方法为管理。管理人是否尽到善良管理人应尽的注意义务，应结合管理人的管理能力或水平、管理事务性质、社会通常管理常识综合判断，如果管理人因未尽善良管理人的注意义务而违反了适当管理义务，造成了本人的损害，管理人应承担债务不履行的损害赔偿责任。但是如果管理人所管理事务处于紧迫状态，不迅速处理就会使本人遭受损失时，管理人除有恶意或重大过失外，对不适当管理，不应承担责任，如救助遭遇车祸的

人，非因恶意或重大过失致其随身物品遗失，对此管理人不负赔偿责任。

2. 继续管理的义务。

3. 报告、计算及移交管理成果的义务。

（二）管理人的权利

1. 请求偿还必要费用。管理人为管理本人事务而支出的必要费用，本人应当予以偿还，并应同时偿还自支出时起的利息。

2. 请求清偿必要债务。管理人为管理事务，而以自己名义向第三人负担的必要债务，管理人有权请求本人清偿。在此种场合，本人并不直接向第三人负担债务，第三人的债务人仍是管理人，此即债的相对性，管理人先向债权人清偿，然后再向本人追偿。

3. 损害赔偿请求权。管理人因管理事务受有损害的，得向本人请求损害赔偿。

波波点睛

无因管理的三个需要注意的考点：

▲注意1：不要求有实际受益的后果（如救火未救灭，修房子没修好）。

▲注意2：既为他人利益，又为自己利益——构成无因管理（城门失火，殃及池鱼）。

▲注意3：无因管理之债的管理人无报酬请求权。

【例题】（2014-3-20）甲的房屋与乙的房屋相邻。乙把房屋出租给丙居住，并为该房屋在A公司买了火灾保险。某日甲见乙的房屋起火，唯恐大火蔓延自家受损，遂率家人救火，火势得到及时控制，但甲被烧伤住院治疗。下列哪一表述是正确的？

A. 甲主观上为避免自家房屋受损，不构成无因管理，应自行承担医疗费用

B. 甲依据无因管理只能向乙主张医疗费赔偿，因乙是房屋所有人

C. 甲依据无因管理只能向丙主张医疗费赔偿，因丙是房屋实际使用人

D. 甲依据无因管理不能向A公司主张医疗费赔偿，因甲欠缺为A公司的利益实施管理的主观意思

【答案】D

第十八章
不当得利

 本章导读

　　本章需要考生熟练掌握不当得利的成立要件，不当得利的基本类型，不当得利之债的内容；理解或了解不当得利的概念以及相关法律规定。

 知识点

一、不当得利的概念

　　不当得利是指无法律上的原因而受利益，致使他人受损失的事实。不当得利既可以基于一方当事人的法律行为而发生，如基于合同而占有另一方当事人的财产，合同被宣告无效或撤销后，依据合同而取得的财产权便成为不当得利；也可以基于自然事实而发生，如邻家池塘的鱼跳入己家池塘，这也构成不当得利。因此，不当得利本质上是一种事件，不以得利人有行为能力或识别能力为前提。

二、不当得利的构成要件

（一）不当得利的构成要件概述

　　1. 得利人获得利益。

　　（1）财产或利益的积极增加。①取得财产权或其他财产利益，包括所有权、用益物权、债权、担保物权、知识产权以及占有。②财产权的扩张或效力的加强，受益人在原有权利的基础上扩张了行使权利标的范围或效力范围，也属受有利益。如因第一次序抵押权消失而使后次序抵押权依次上升。③权利或利益上的限制或负担消灭，如存在于所有物上的抵押权消灭，对所有人也属一种得利。

　　（2）财产或利益的消极增加。①债务的减少或消灭。②本应设定的权利负担未设定。③劳务或物的使用（节约了不该节约的钱）。如甲雇人耕田，雇工误耕了乙的数亩待耕之

198

田；再如甲在饭店吃饭，服务员误把乙点的菜送到了甲的餐桌并被甲吃掉。

特别注意：占有虽非一种权利，但通说认为占有是一种具有财产利益性质的法律上的地位，通过占有亦可获得财产上的利益，故可因占有而成立不当得利。

2. 受损人遭受损失。

仅仅有一方受有财产上的利益，而未给他人带来任何损失，不成立不当得利。如甲投资兴建广场，邻近的乙的房屋价值剧增，乙获有利益但未给甲带来损失，乙对甲而言不成立不当得利。

3. 得利与受损之间，有因果关系。

4. 得利与受损，均没有法律依据。

各种不同类型的不当得利有其存在的不同基础，大体可以分为给付型不当得利和非给付型不当得利两类。对于给付型不当得利，无法律上的原因是指欠缺给付目的（原因）；而非给付型不当得利，无法律上的原因，是指无法律上的权利。

（二）不当得利的分类

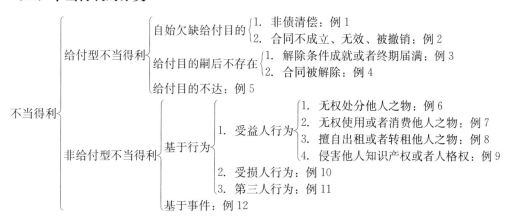

1. 给付型不当得利

给付型不当得利，指受益人受领他人基于给付行为而移转的财产或利益，因欠缺给付目的而发生的不当得利。这种欠缺给付目的既可以是自始欠缺给付目的，也可以是给付目的嗣后不存在，或者是给付目的不达。这里的给付目的，即给付的原因。给付者给与财产总有一定目的或原因，或为债务的消灭，或为债权的发生，或为赠与，这里的目的或原因就成了受领给付者受取利益的法律上的根据。如果由于某种原因，给付目的（原因）不存在或不能达到，那么受领给付者的受有利益便会因为无法律上的根据而成为不当得利。

（1）自始欠缺给付目的。这是指给付之时即不具有给付的原因，其典型为非债清偿及作为给付的原因（合同关系）不成立、无效或被撤销。非债清偿是指没有任何法律上的债务而以清偿目的为一定给付的行为。如甲对于其已清偿的欠乙的债务疏于注意又进行清偿，乙所受的第二次清偿，便构成非债清偿的不当得利。

例1 甲雇人耕田，雇工误耕了乙的数亩待耕之田。

例2 某公司向某甲出售了月球上的一块土地，售价300万元。

（2）给付目的嗣后不存在。这是指给付时虽有法律上的原因，但其后该原因不存在，因一方的给付而发生不当得利。属于这种不当得利的主要有：附解除条件或终期的法律行为，条件成就或期限届满，当事人一方因该民事法律行为受有另一方的给付；依双务合同交付财产后，因不可归责于双方当事人的事由致一方不能为对待给付，该方所受的给付；合同解除后因先前生效合同而受领的给付。

例3 甲赠与乙汽车一辆，约定以乙出国为该赠与合同之解除条件，后乙出国。

例4 甲、乙达成买卖小鸡的合同，甲先付款，约定次日交货，当晚大火烧死小鸡。

（3）给付目的不达。为实现将来某种目的而为给付，但因种种障碍，给付目的不能按照给付意图实现的，受领给付欠缺保有给付利益的正当性，因而构成不当得利。如预期条件的成就而为附条件债务的履行，结果条件不成就，因而不达给付的目的。

例5-1 甲、乙约定，如乙通过司法考试，将赠送乙图书一本，即时交付，但乙未考过。

例5-2 当事人请求返还按照习俗给付的彩礼的，如果查明属于以下情形，人民法院应当予以支持：（1）双方未办理结婚登记手续的；（2）双方办理结婚登记手续但确未共同生活的；（3）婚前给付并导致给付人生活困难的。

2. 非给付型不当得利

非给付型不当得利，是指基于给付以外的事由而发生的不当得利，包括人的行为、自然事件以及法律规定。人的行为，又可分为受益人的行为、受损人的行为和第三人的行为。基于这些事由构成不当得利的原因，是受益者无受其利益的权利，所以，非给付型不当得利的"无法律上的原因"即为受益者无权利而受有利益。

（1）基于受益人的行为。基于受益人的行为而发生的不当得利，主要指侵害他人权益而发生的不当得利，在司法实践中，基于受益人的行为而发生的不当得利主要有：

①无权处分他人之物。

例6-1 张三将一幅画交给李四保管，李四将其出售给了不知情的王五，完成了交付——此时王五善意取得，张三向李四主张不当得利。

例6-2 张三将一幅画交给李四保管，李四将其出售给了知情的王五，完成了交付——此时王五不能善意取得，张三可以向王五请求返还原物，或者请求李四返还不当得利。

②无权使用或者消费他人之物。如擅自在他人墙壁上张贴广告牌，未经他人同意使用他人的度假屋等。

例7 甲久别归家，误把乙的鸡当成自家的鸡吃掉/某广告公司未经同意在金某的院墙上刷写了一条广告。

③擅自出租或者转租他人之物。如甲与乙签订的房屋租赁合同到期后，承租人甲未返还房屋给出租人乙，而是将其转租给丙，由此获得的租金构成不当得利，乙可以向其主张不当得利的返还。

例8 甲的房屋委托乙照看并叮嘱不要出租，乙擅自转租于丙，获利3 000元。

④侵害他人知识产权或者人格权。如无权使用他人知识产权因使用而获得利益的，可以构成不当得利，权利人可以请求返还；再如未经他人同意擅自使用他人的姓名或名称而获得利益的，对权利人也构成不当得利。

受益者的上述行为在有故意或过失时通常也构成侵权行为，如未经他人同意使用他人的名称构成了对权利人人格权的侵犯，受损人也由此享有对受益人的侵权损害赔偿请求权，产生了不当得利请求权与侵权损害赔偿请求权的竞合，受损人可择一行使。

例9 甲未经同意在商品包装上印刷了乙的头像以促进销售，销量大增。

（2）基于受损人的行为。这种不当得利以误信管理最为典型，如误将他人的家畜当作自己的家畜饲养，误以他人事务为自己的事务而管理。

例10 甲误将乙家的牛当作自家的牛喂养了一月。

（3）基于第三人的行为。基于第三人的行为的不当得利主要有：债权的让与人在让与通知前，债务人对让与人清偿，致债权的受让人有损害；第三人将甲的肥料施予乙的田地中。

例11 甲家施工，雇工乙误把丙的水泥当作甲家的水泥使用在了甲的房子上。

（4）基于事件。因附合、混合而获取被添附物所有权时，允许被添附物原所有人向受益人依据不当得利请求权主张以被添附物价值相当的利益返还。

例12 因天降暴雨，甲家的鱼跳入了乙家的鱼塘；甲饲养的家禽吃掉乙的饲料。

三、不当得利的排除

在以下情形中，虽没有给付原因，但排除不当得利的成立：

1. 履行道德义务而为给付。基于道德上的义务为给付行为符合社会道德观念，一旦给付，即不得依不当得利请求返还。如对无抚养义务的亲属误以为有抚养义务而予以抚养，对被抚养的亲属不得依据不当得利要求返还支出的抚养费。是否为道德义务，应依一般社会观念及当事人之间的关系、给付标的物的价值等情况认定。

2. 为履行未到期债务而清偿。债务人放弃期限利益提前清偿的，债权人有权受领，不构成不当得利。

3. 明知无债务而为清偿。给付人明知无给付义务而任意为给付，不发生不当得利。

4. 因不法原因而为给付。不法原因是指给付原因违反国家的强行法规范以及违反社会公共利益，如为清偿赌债、行贿受贿而为的给付。但不法原因仅存在于受领人一方时，不阻却不当得利的发生，如给绑匪的赎金。

5. 强迫得利不产生不当得利。

强迫得利指受损人违反受益人的意思而使受益人受有利益。对于强迫得利可以从两个角度分析：

（1）从无因管理的角度：不符合本人明示或者可推知的意思，不能成立无因管理。

（2）从不当得利的角度：以主观化的标准，得利人没有受益，不能产生不当得利。

例1 王先生驾车前往某酒店就餐，将轿车停在酒店停车场内。饭后驾车离去时，停车场工作人员称："已经给你洗了车，请付洗车费5元。"王先生表示"我并未让你们帮我洗车"，双方发生争执。

例2 甲请装修队装修新房，结果却误装了甲的邻居乙的新房。

6. 反射利益不构成不当得利。

反射利益指仅仅有一方受有财产上的利益，而未给他人带来任何损失，不成立不当得利。如甲投资兴建广场，邻近的乙的房屋价值剧增，乙获有利益但未给甲带来损失，乙对甲而言不成立不当得利。

国家统一法律职业资格考试·百日通关攻略·21天突破民法

波波点睛

非债清偿相关问题总结：

（1）不知无债务而误以为是自己债务去偿还者，为非债清偿，构成不当得利。

（2）明知无债务，仍然作为自己的债务去偿还者，视为赠与，不构成不当得利。

（3）明知为他人债务，且该债务无抗辩权，为债务人利益而代为清偿者，构成无因管理。

（4）明知为他人债务，且该债务有抗辩权，依然代为清偿者，不得向债务人追偿。

【例题】（2013-3-20）下列哪一情形产生了不当得利之债？

A. 甲欠乙款超过诉讼时效后，甲向乙还款

B. 甲欠乙款，提前支付全部利息后又在借期届满前提前还款

C. 甲向乙支付因前晚打麻将输掉的2 000元现金

D. 甲在乙银行的存款账户因银行电脑故障多出1万元

【答案】D

四、不当得利的法律后果

第一种情况：不当得利没有灭失——无论受益人是否恶意，都需要返还所受利益。

第二种情况：不当得利部分或者全部灭失——如果受益人善意，返还现存利益。

第三种情况：不当得利部分或者全部灭失——如果受益人恶意，返还所受利益。

04 / 第四编

人 格 权

本编导读

本编要求考生熟练掌握人格要素的适用（许可适用、合理使用），人格权延伸保护，各个具体人格权的保护，新增的个人信息权与隐私权的区分，人格权请求权与诉讼时效，违约责任与人格权保护，人格权侵权责任的认定；理解或了解人格权的概念与特征，人格权与身份权的区分，人格权的分类，各个具体人格权的概念。

 知识点

一、民事权利的分类

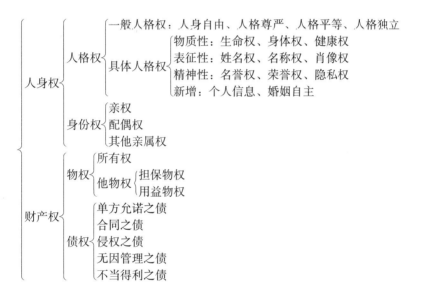

二、人格权概述

1. 概念。

人格权是民事主体享有的生命权、身体权、健康权、姓名权、名称权、肖像权、名誉权、荣誉权、隐私权等权利。

此外，自然人享有基于人身自由、人格尊严产生的其他人格权益。

2. 特点：人格权具有专属性，不得放弃、转让或者继承。

3. 人格权的商品化。

民事主体可以将自己的姓名、名称、肖像等许可他人使用，但是依照法律规定或者根据其性质不得许可的除外。

4. 死者人格利益保护。

死者的姓名、肖像、名誉、荣誉、隐私、遗体等受到侵害的，其配偶、子女、父母有权依法请求行为人承担民事责任；死者没有配偶、子女且父母已经死亡的，其他近亲属有权依法请求行为人承担民事责任。

5. 人格侵权。

（1）因当事人一方的违约行为，损害对方人格权并造成严重精神损害，受损害方选择请求其承担违约责任的，不影响受损害方请求精神损害赔偿。（例如，美容合同、医疗合同、摄影服务合同等）

（2）民事主体有证据证明行为人正在实施或者即将实施侵害其人格权的违法行为，不及时制止将使其合法权益受到难以弥补的损害的，有权依法向人民法院申请采取责令行为人停止有关行为的措施。

（3）认定行为人承担侵害除生命权、身体权和健康权外的人格权的民事责任，应当考虑行为人和受害人的职业、影响范围、过错程度，以及行为的目的、方式、后果等因素。

（4）为公共利益实施新闻报道、舆论监督等行为的，可以合理使用民事主体的姓名、名称、肖像、个人信息等；使用不合理侵害民事主体人格权的，应当依法承担民事责任。

（5）行为人因侵害人格权承担消除影响、恢复名誉、赔礼道歉等民事责任的，应当与行为的具体方式和造成的影响范围相当。

行为人拒不承担上述民事责任的，人民法院可以采取在报刊、网络等媒体上发布公告或者公布生效裁判文书等方式执行，产生的费用由行为人负担。

《民法典》第 995 条　人格权受到侵害的，受害人有权依照本法和其他法律的规定请求行为人承担民事责任。受害人的停止侵害、排除妨碍、消除危险、消除影响、恢复名誉、赔礼道歉请求权，不适用诉讼时效的规定。

三、人格权分述

（一）生命权

生命权是法律赋予自然人的以生命维持和生命安全为内容的权利。《民法典》第 1002 条规定：自然人享有生命权。自然人的生命安全和生命尊严受法律保护。任何组织或者个人不得侵害他人的生命权。

（1）活的权利，但不包括死的权利（阻挡他人自杀不侵犯生命权）。

（2）生命权与人身权优先于财产权。

【例题】（2016-3-22）下列哪一情形构成对生命权的侵犯？

A. 甲女视其长发如生命，被情敌乙尽数剪去

B. 丙应丁要求，协助丁完成自杀行为

C. 戊为报复欲置己于死地，结果将己打成重伤

D. 庚医师因误诊致辛出生即残疾，辛认为庚应对自己的错误出生负责

【答案】B

（二）健康权、身体权

1. 身体权是指自然人对其肢体、器官和其他组织的完整依法享有的权利。

《民法典》第 1003 条规定：自然人享有身体权，自然人的身体完整和行动自由受法律

保护。任何组织或者个人不得侵害他人的身体权。

2. 健康权是自然人依法享有的以保持其自身及其器官以至身体整体的功能安全为内容的人格权。

《民法典》第 1004 条规定：自然人享有健康权。自然人的身心健康受法律保护。任何组织或者个人不得侵害他人的健康权。

3. 注意三种特殊情况：

（1）侵犯身体权同时侵犯健康权：如手术误摘他人肾脏。

（2）侵犯身体权但不侵犯健康权：如强行剪去他人长发，殴打他人且未影响生理机能。

（3）侵犯健康权但不侵犯身体权：如注射艾滋病毒。

1. 身体权涉及对人体组成部分的处分，需注意以下几点．

（1）完全民事行为能力人有权依法自主决定无偿捐献其人体细胞、人体组织、人体器官、遗体。任何组织或者个人不得强迫、欺骗、利诱其捐献。

完全民事行为能力人依据上述规定同意捐献的，应当采用书面形式，也可以订立遗嘱。

自然人生前未表示不同意捐献的，该自然人死亡后，其配偶、成年子女、父母可以共同决定捐献，决定捐献应当采用书面形式。

（2）禁止以任何形式买卖人体细胞、人体组织、人体器官、遗体。

违反上述规定的买卖行为无效。

（3）为研制新药、医疗器械或者发展新的预防和治疗方法，需要进行临床试验的，应当依法经相关主管部门批准并经伦理委员会审查同意，向受试者或者受试者的监护人告知试验目的、用途和可能产生的风险等详细情况，并经其书面同意。

进行临床试验的，不得向受试者收取试验费用。

（4）从事与人体基因、人体胚胎等有关的医学和科研活动，应当遵守法律、行政法规和国家有关规定，不得危害人体健康，不得违背伦理道德，不得损害公共利益。

（三）肖像权

1. 肖像权的概念。

（1）肖像权是指公民通过各种形式在客观上再现自己形象而享有的专有权。《民法典》第 1018 条规定：自然人享有肖像权，有权依法制作、使用、公开或者许可他人使用自己的肖像。肖像是通过影像、雕塑、绘画等方式在一定载体上所反映的特定自然人可以被识别的外部形象。

（2）作为肖像权客体的肖像一定要具有可识别性，即能够与权利主体建立连接，故：①仅仅使用部分面部特征（如鼻子、嘴巴），不具有可识别性的，不属于肖像侵权；②演员剧照（表演形象）如果与演员本人肖像相差较大，不受肖像权的保护。

2. 肖像侵权的方式（《民法典》第 1019 条）。

（1）以丑化、污损，或者利用信息技术手段伪造等方式侵害他人的肖像权。

（2）未经肖像权人同意，制作、使用、公开肖像权人的肖像，但是法律另有规定的除外。

（3）未经肖像权人同意，肖像作品权利人以发表、复制、发行、出租、展览等方式使用或者公开肖像权人的肖像。

▲规则：拍摄谁，谁肖像；谁创作，谁版权；无许可，则侵权；交付谁，谁物权。

3. 肖像权的合理使用（《民法典》第1020条）。

合理实施下列行为的，可以不经肖像权人同意：

（1）为个人学习、艺术欣赏、课堂教学或者科学研究，在必要范围内使用肖像权人已经公开的肖像；

（2）为实施新闻报道，不可避免地制作、使用、公开肖像权人的肖像；

（3）为依法履行职责，国家机关在必要范围内制作、使用、公开肖像权人的肖像；

（4）为展示特定公共环境，不可避免地制作、使用、公开肖像权人的肖像；

（5）为维护公共利益或者肖像权人合法权益，制作、使用、公开肖像权人的肖像的其他行为。

小结：肖像权的合理使用（无须许可＋无须付费）包括：教学科研、新闻报道、履行职责、公共环境、正当利益。

4. 肖像使用许可合同（《民法典》第1021、1022条）。

（1）当事人对肖像许可使用合同中关于肖像使用条款的理解有争议的，应当作出有利于肖像权人的解释。

（2）肖像使用许可合同的解除：

不定期的使用许可合同，肖像权人直接解除，无须理由，没有赔偿责任。

定期的使用许可合同，肖像权人依然有任意解除权，但是须合理理由且有赔偿责任，但不可归责于肖像权人的事由无须赔偿。

例　下列情况构成肖像侵权的有：

A. 照相馆遗失甲的结婚照及底片，甲主张肖像侵权并请求精神损害赔偿

B. 乙根据《阿Q正传》绘制阿Q形象用于其产品的外包装，鲁迅先生的儿子起诉主张死者肖像利益被侵害

C. 丙以硫酸报复情敌致其毁容

D. 丁整容为琛琛老师的形象为法考机构做宣传

E. 画家戊应邀为模特拍摄裸照，然后根据照片创作油画并拍卖

【答案】E

解析：A项中，照相馆遗失甲的结婚照及底片，仅仅侵犯财产权，不侵犯当事人的肖像权。

B项中，阿Q是虚构的小说人物，无法与现实生活中的人物构成本质上的联系，不存在侵权问题。

C项中，丙以硫酸报复情敌的行为是对其健康权的侵害，虽致其毁容，但不符合肖像侵权的构成要件。

D项中，肖像不具有专属性和排他性，丁虽整容成琛琛老师的形象，但他并不是以琛琛老师为载体，而是以他自己为载体为法考机构宣传，故丁未构成肖像侵权。

E项中，画家戊未经模特同意擅自公开其裸体画像，已侵犯该模特的肖像权及隐私权。

【例题】（2020真题回忆版）张某为唐山大地震孤儿，仅有一张与父母的合影。张某为留作纪念，将照片交给某照相馆修复，不料照相馆晚上意外发生火灾，遭受重大财产损失，张某的照片也被损毁。据此，下列选项说法正确的是：

A. 照相馆侵犯了张某的肖像权

B. 张某可请求精神损害赔偿

C. 照相馆侵犯了张某的隐私权

D. 照相馆不承担侵权责任

【答案】 B

（四）姓名权与名称权

1. 概述。

《民法典》第1012条　自然人享有姓名权，有权依法决定、使用、变更或者许可他人使用自己的姓名，但是不得违背公序良俗。

《民法典》第1013条　法人、非法人组织享有名称权，有权依法决定、使用、变更、转让或者许可他人使用自己的名称。

《民法典》第1016条　自然人决定、变更姓名，或者法人、非法人组织决定、变更、转让名称的，应当依法向有关机关办理登记手续，但是法律另有规定的除外。

民事主体变更姓名、名称的，变更前实施的民事法律行为对其具有法律约束力。

《民法典》第1017条　具有一定社会知名度，被他人使用足以造成公众混淆的笔名、艺名、网名、译名、字号、姓名和名称的简称等，参照适用姓名权和名称权保护的有关规定。

2. 根据《民法典》第1015条的规定，公民可以选择的姓氏包括：（1）父姓；（2）母姓；（3）其他直系长辈血亲的姓氏；（4）扶养人姓氏；（5）不违背公序良俗的其他正当理由的姓氏。

3. 侵犯姓名权有三种方式：冒用、盗用、干涉他人使用。例如：医院网站未经他人许可使用他人姓名。任何组织或个人不得以干涉、盗用、假冒等方式侵害他人的姓名权或者名称权。

4. 概念对比。

（1）冒用他人姓名和无权代理的区别：

①A对B说，我是C——此为冒名顶替；

②A对B说，我是C的代理人——此为无权代理。

（2）姓名权与署名权。

署名权：是否署名，署谁名字，署名顺序，排除他人。

例：A的作品：

①A署了A的名字——不侵权。

②A 署了 B 的名字——行使 A 的署名权，侵犯 B 的姓名权。

③B 署了 A 的名字——侵犯 A 的署名权和姓名权。

④B 署了 B 的名字——行使 B 的姓名权，侵犯 A 的署名权。

（五）名誉权、荣誉权和隐私权

一	名誉权	荣誉权	隐私权
概念	名誉权是自然人或法人对自己在社会生活中获得的社会评价、人格尊严享有的不可侵犯的权利。	荣誉权，是指自然人、法人或非法人组织所享有的，因自己的突出贡献或特殊劳动成果而获得光荣称号或其他荣誉的权利。	隐私权又称个人生活秘密权，是指自然人不愿公开或让他人知悉个人秘密信息的权利。①保护之范围：隐私是自然人的私人生活安宁和不愿为他人知晓的私密空间、私密活动、私密信息。②限制之界限：公共利益与公众兴趣（行业相关）。
	名誉权：社会评价，可好可坏，人兼有之。荣誉权：组织评价，一定正面，人或有之。		
侵权认定	侮辱：贬损他人人格。诽谤：捏造虚假事实。	非法侵占、剥夺、贬损。他人荣誉。	非法获取和披露他人隐私。
权利限制	公众人物的人格利益在法律保护上应当适当克减。公众人物对他人的批评和指责应有一定的宽容度量，以保证公民在涉及公共事务的辩论中享有充分的言论自由。作为公众人物，享受了较多的公众关注及相关便利，对来自他人的负面评价也应负有一定的容忍义务。		

1. 关于名誉侵权，注意以下数点（《民法典》第 1025—1029 条）：

（1）行为人为公共利益实施新闻报道、舆论监督等行为，影响他人名誉的，不承担民事责任，但是有下列情形之一的除外：

①捏造、歪曲事实；

②对他人提供的严重失实内容未尽到合理核实义务；

③使用侮辱性言辞等贬损他人名誉。

（2）认定行为人是否尽到上述第 2 项规定的合理核实义务，应当考虑下列因素：

①内容来源的可信度；

②对明显可能引发争议的内容是否进行了必要的调查；

③内容的时限性；

④内容与公序良俗的关联性；

⑤受害人名誉受贬损的可能性；

⑥核实能力和核实成本。

例 余某某状告某杂志社编辑肖某某侵害其名誉权一案一审词节选：

法院认为，被告肖某某所写文中所涉"深圳送别墅"内容，是其未经核实即采用的传言；肖某某受评论性文章的时限性、评论文章作者调查的非强制性等诸多因素限制，加上余某某对深圳文化的褒扬，使得被告肖某某对这一信息的真实性未产生怀疑而予以使用的说法合乎事理，因此，不能认定这是被告故意凭空捏造的。

在原告并不否认该文主旨是进行文化批评的前提下，通观文章全篇，被告使用这一信息，只是加强其某一论点的说服力。尽管被告文章中"深圳送别墅"的言辞令原告产生不快，但在社会变革、价值取向多元化的今天，在利益行为与法不悖的情况下，并未超越时代的主流观念，不会使余某某应有的社会评价降低，不能认定其具有贬低、损害原告名誉的性质。

（3）行为人发表的文学、艺术作品以真人真事或者特定人为描述对象，含有侮辱、诽谤内容，侵害他人名誉权的，受害人有权依法请求该行为人承担民事责任。行为人发表的文学、艺术作品不以特定人为描述对象，仅其中的情节与该特定人的情况相似的，不承担民事责任。

（4）民事主体有证据证明报刊、网络等媒体报道的内容失实，侵害其名誉权的，有权请求该媒体及时采取更正或者删除等必要措施。

（5）民事主体可以依法查询自己的信用评价；发现信用评价不当的，有权提出异议并请求采取更正、删除等必要措施。信用评价人应当及时核查，经核查属实的，应当及时采取必要措施。

2. 以下行为均认定为隐私侵权（《民法典》第 1033 条）：

（1）以电话、短信、即时通讯工具、电子邮件、传单等方式侵扰他人的私人生活安宁；

（2）进入、拍摄、窥视他人的住宅、宾馆房间等私密空间；

（3）拍摄、窥视、窃听、公开他人的私密活动；

（4）拍摄、窥视他人身体的私密部位；

（5）处理他人的私密信息；

（6）以其他方式侵害他人的隐私权。

《民法典》第 1039 条　国家机关、承担行政职能的法定机构及其工作人员对于履行职责过程中知悉的自然人的隐私和个人信息，应当予以保密，不得泄露或者向他人非法提供。

3. 关于隐私侵权，注意以下几点（《民法典》第 1010、1011 条）：

（1）违背他人意愿，以言语、文字、图像、肢体行为等方式对他人实施性骚扰的，受害人有权依法请求行为人承担民事责任。机关、企业、学校等单位应当采取合理的预防、受理投诉、调查处置等措施，防止和制止利用职权、从属关系等实施性骚扰。

（2）以非法拘禁等方式剥夺、限制他人的行动自由，或者非法搜查他人身体的，受害人有权依法请求行为人承担民事责任。

（六）个人信息权

1. 概述。

自然人的个人信息受法律保护。个人信息是以电子或者其他方式记录的能够单独或者与其他信息结合识别特定自然人的各种信息，包括自然人的姓名、出生日期、身份证件号码、生物识别信息、住址、电话号码、电子邮箱、健康信息、行踪信息等。

个人信息中的私密信息，适用有关隐私权的规定；没有规定的，适用有关个人信息保护的规定。

2. 个人信息权和隐私权的区别在于：

第一，隐私主要体现的是人格利益，侵害隐私权也主要导致的是精神损害。而个人信息权既包括了精神价值，也包括了财产价值。

第二，隐私权强调私密性，而个人信息权强调身份识别性以及对个人信息的支配和自主决定。对个人信息权的侵害主要体现为未经许可而收集和利用个人信息，比如非法搜集、非法利用、非法存储、非法加工或非法倒卖个人信息等行为形态。

第三，隐私权是一种消极的、防御性的权利，在该权利遭受侵害之前，个人无法积极主动地行使权利，而只能在遭受侵害的情况下请求他人排除妨碍、赔偿损失等。个人信息权并不完全是一种消极地排除他人使用的权利。权利人除了被动防御第三人的侵害之外，还可以对其进行积极利用。个人信息权作为一种积极的权利，在他人未经许可收集、利用其个人信息时，权利人有权请求行为人更改或者删除其个人信息，以排除他人的非法利用行为或者使个人信息恢复到正确的状态。

例　某公司为了获得消费者信息，宣布其网站商品半价出售，并在买卖合同上写明卖家发货合同成立，大量顾客购买后被退单，之后甲公司利用其获得的信息，向消费者发送其他广告。本案中，某公司搜集他人信息群发广告的行为，侵犯了公民的个人信息权，须承担侵权责任。

3. 个人信息的收集与处理。

（1）处理个人信息的，应当遵循合法、正当、必要原则，不得过度处理，并符合下列条件：

①征得该自然人或者其监护人同意，但是法律、行政法规另有规定的除外；

②公开处理信息的规则；

③明示处理信息的目的、方式和范围；

④不违反法律、行政法规的规定和双方的约定。

个人信息的处理包括个人信息的收集、存储、使用、加工、传输、提供、公开等。

（2）自然人可以依法向信息处理者查阅或者复制其个人信息；发现信息有错误的，有权提出异议并请求及时采取更正等必要措施。自然人发现信息处理者违反法律、行政法规的规定或者双方的约定处理其个人信息的，有权请求信息处理者及时删除。

（3）处理个人信息，有下列情形之一的，行为人不承担民事责任：

①在该自然人或者其监护人同意的范围内合理实施的行为；

②合理处理该自然人自行公开的或者其他已经合法公开的信息，但是该自然人明确拒绝或者处理该信息侵害其重大利益的除外；

③为维护公共利益或者该自然人合法权益，合理实施的其他行为。

（4）信息处理者不得泄露或者篡改其收集、存储的个人信息；未经自然人同意，不得向他人非法提供其个人信息，但是经过加工无法识别特定个人且不能复原的除外。信息处理者应当采取技术措施和其他必要措施，确保其收集、存储的个人信息安全，防止信息泄露、篡改、丢失；发生或者可能发生个人信息泄露、篡改、丢失的，应当及时采取补救措施，按照规定告知自然人并向有关主管部门报告。

4. 关于人脸识别的特别规定：

（1）信息处理者处理人脸信息有下列情形之一的，人民法院应当认定属于侵害自然人人格权益的行为：

①在宾馆、商场、银行、车站、机场、体育场馆、娱乐场所等经营场所、公共场所违

反法律、行政法规的规定使用人脸识别技术进行人脸验证、辨识或者分析；

②未公开处理人脸信息的规则或者未明示处理的目的、方式、范围；

③基于个人同意处理人脸信息的，未征得自然人或者其监护人的单独同意，或者未按照法律、行政法规的规定征得自然人或者其监护人的书面同意；

④违反信息处理者明示或者双方约定的处理人脸信息的目的、方式、范围等；

⑤未采取应有的技术措施或者其他必要措施确保其收集、存储的人脸信息安全，致使人脸信息泄露、篡改、丢失；

⑥违反法律、行政法规的规定或者双方的约定，向他人提供人脸信息；

⑦违背公序良俗处理人脸信息；

⑧违反合法、正当、必要原则处理人脸信息的其他情形。

（2）有下列情形之一，信息处理者以已征得自然人或者其监护人同意为由抗辩的，人民法院不予支持：

①信息处理者要求自然人同意处理其人脸信息才提供产品或者服务的，但是处理人脸信息属于提供产品或者服务所必需的除外；

②信息处理者以与其他授权捆绑等方式要求自然人同意处理其人脸信息的；

③强迫或者变相强迫自然人同意处理其人脸信息的其他情形。

（3）有下列情形之一，信息处理者主张其不承担民事责任的，人民法院依法予以支持：

①为应对突发公共卫生事件，或者紧急情况下为保护自然人的生命健康和财产安全所必需而处理人脸信息的；

②为维护公共安全，依据国家有关规定在公共场所使用人脸识别技术的；

③为公共利益实施新闻报道、舆论监督等行为在合理的范围内处理人脸信息的；

④在自然人或者其监护人同意的范围内合理处理人脸信息的；

⑤符合法律、行政法规规定的其他情形。

（4）物业服务企业或者其他建筑物管理人以人脸识别作为业主或者物业使用人出入物业服务区域的唯一验证方式，不同意的业主或者物业使用人请求其提供其他合理验证方式的，人民法院依法予以支持。

（5）信息处理者采用格式条款与自然人订立合同，要求自然人授予其无期限限制、不可撤销、可任意转授权等处理人脸信息的权利，该自然人依据《民法典》第497条请求确认格式条款无效的，人民法院依法予以支持。

（七）一般人格权

人格权是法律赋予民事主体以人格利益为内容的，作为一个独立的法律人格所必须享有且与其主体人身不可分离的权利。人格权包括一般人格权和具体人格权。

一般人格权，指自然人享有的概括人格平等、人格独立、人格自由、人格尊严全部内容的一般人格利益，并由此产生和规定具体人格权的基本权利。一般人格权专属于自然人，法人、非法人组织不享有一般人格权。规定一般人格权的意义在于：即使加害人的行为尚未侵犯自然人的具体人格权，只要严重侵害了自然人的人格平等、人格独立、人格自由、人格尊严，受害人即可以一般人格权受侵害为由，请求加害人停止侵害并承担精神损害赔偿。

人身自由，是指公民依法享有的人身不受侵犯和自主行为的权利。

人格尊严是指民事主体作为"人"所应有的最基本社会地位、社会评价，并得到最起码尊重的权利。

人格独立指民事主体的人格由自己支配，其存在不依赖任何外在力量，其意志不受任何外部势力的干预与强制。

人格平等指民事主体间地位平等，不存在人身依附与从属关系，任何一方不得将自己的意志强加给另一方。人格平等意味着民事主体享有平等的资格和机会。

05／第五编

婚姻家庭

第一章

结　婚

 本章导读

本章需要考生掌握结婚的条件，无效婚姻、可撤销婚姻的基本规则；理解或了解结婚的概念。

 知识点

一、结婚的概念和特征

结婚，又称婚姻的成立，是指男女双方依照法律规定的条件和程序，确立夫妻关系的民事法律行为。结婚行为的主体必须是男女双方，同性别的人之间不能结婚；结婚行为的法律后果是确立夫妻关系。

二、结婚的条件

1. 结婚应当男女双方完全自愿，禁止任何一方对另一方加以强迫，禁止任何组织或者个人加以干涉。
2. 结婚年龄，男不得早于 22 周岁，女不得早于 20 周岁。
3. 直系血亲或者三代以内的旁系血亲禁止结婚。

三、结婚登记机关和程序

要求结婚的男女双方应当亲自到婚姻登记机关申请结婚登记。符合民法典规定的，予以登记，发给结婚证。完成结婚登记，即确立婚姻关系。未办理结婚登记的，应当补办登记。

登记结婚后，按照男女双方约定，女方可以成为男方家庭的成员，男方可以成为女方家庭的成员。

登记程序瑕疵不得申请宣告婚姻无效，只能申请行政复议或者提起行政诉讼。

例 大伟与小伟系双胞胎兄弟，长相颇为相似，大伟与芳芳系情侣，去民政局登记结婚的路上大伟遇车祸被送往医院，因不想错过领证时间，便叫小伟冒充其身份与芳芳办理结婚登记手续。大伟在医院治疗期间与护士小冯互生好感，大伟遂向法院起诉以非本人登记结婚为由请求确认其与芳芳的婚姻关系无效。则下列说法正确的有：

A. 登记结婚是身份行为，不能代理，登记无效

B. 大伟没有亲自去登记结婚，无效

C. 此种主张无效的理由不是民法中规定的婚姻无效事由

D. 大伟可以以登记程序瑕疵为由提起行政复议或者行政诉讼

【答案】D

四、无效婚姻

无效婚姻，是指不符合结婚的实质条件的男女两性结合，在法律上不具有合法效力的婚姻。

（一）无效婚姻的情形

有下列情形之一的，婚姻无效：

（1）重婚的；（绝对无效）

（2）有禁止结婚的亲属关系；（绝对无效）

（3）未到法定婚龄。（可以补正）

（二）无效婚姻的法律后果

无效的或者被撤销的婚姻自始没有法律约束力，当事人不具有夫妻的权利和义务。同居期间所得的财产，由当事人协议处理；协议不成的，由人民法院根据照顾无过错方的原则判决。对重婚导致的无效婚姻的财产处理，不得侵害合法婚姻当事人的财产权益。当事人所生的子女，适用民法典关于父母子女的规定。

婚姻无效或者被撤销的，无过错方有权请求损害赔偿。

（三）起诉主体

有权依据《民法典》第 1051 条规定向人民法院就已办理结婚登记的婚姻请求确认婚姻无效的主体，包括婚姻当事人及利害关系人。其中，利害关系人包括：

（1）以重婚为由的，为当事人的近亲属及基层组织；

（2）以未到法定婚龄为由的，为未到法定婚龄者的近亲属；

（3）以有禁止结婚的亲属关系为由的，为当事人的近亲属。

【例题】（2011-3-22）甲与乙登记结婚 3 年后，乙向法院请求确认该婚姻无效。乙提出的下列哪一理由可以成立？

A. 乙登记结婚的实际年龄离法定婚龄相差 2 年

B. 甲婚前谎称是海归博士且有车有房，乙婚后发现上当受骗

C. 甲与乙是表兄妹关系

D. 甲以揭发乙父受贿为由胁迫乙结婚

【答案】C

五、可撤销婚姻

可撤销的婚姻，是指已成立的婚姻关系，因欠缺结婚的真实意思，受胁迫的一方当事人可依法向婚姻登记机关或者人民法院请求撤销该婚姻。可撤销婚姻在撤销前，现存婚姻具有法律效力，一旦被撤销则自始不发生法律效力。

(一) 胁迫

因胁迫结婚的，受胁迫的一方可以向人民法院请求撤销婚姻。

请求撤销婚姻的，应当自胁迫行为终止之日起1年内提出。

被非法限制人身自由的当事人请求撤销婚姻的，应当自恢复人身自由之日起1年内提出。

(二) 隐瞒重大疾病

一方患有重大疾病的，应当在结婚登记前如实告知另一方；不如实告知的，另一方可以向人民法院请求撤销婚姻。

请求撤销婚姻的，应当自知道或者应当知道撤销事由之日起1年内提出。

【例题】(2019真题回忆版)甲男（60周岁）与乙女（25周岁）约定："如乙好好照顾甲，婚后甲就将自己名下唯一一套住房赠送给乙。"乙表示同意。婚后，甲如约将房屋过户到乙名下。乙对甲却态度冷漠，将甲赶出家门。下列哪项是正确的？

A. 甲可向法院主张撤销该婚姻

B. 甲和乙之间的婚姻无效

C. 甲可以撤销对乙的赠与

D. 甲的赠与是合法自愿的，不能撤销

【答案】C

第二章
离　婚

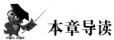

本章要求考生熟练掌握协议离婚和诉讼离婚的基本规则，离婚的法律后果；理解或了解离婚的概念。

 知识点

一、协议离婚

夫妻双方自愿离婚的，应当签订书面离婚协议，并亲自到婚姻登记机关申请离婚登记。

离婚协议应当载明双方自愿离婚的意思表示和对子女抚养、财产以及债务处理等事项协商一致的意见。

自婚姻登记机关收到离婚登记申请之日起30日内，任何一方不愿意离婚的，可以向婚姻登记机关撤回离婚登记申请。

上述规定期限届满后30日内，双方应当亲自到婚姻登记机关申请发给离婚证；未申请的，视为撤回离婚登记申请。

婚姻登记机关查明双方确实是自愿离婚，并已经对子女抚养、财产以及债务处理等事项协商一致的，予以登记，发给离婚证。

例　甲与乙离婚，甲、乙的子女均已成年，与乙一起生活。甲与丙再婚后购买了一套房屋，登记在甲的名下。后甲因中风不能自理，常年卧床。丙见状离家出走达3年之久。甲、乙的子女和乙想要回房屋，进行法律咨询。下列哪些意见是错误的？

A. 因房屋登记在甲的名下，故属于甲个人房产

B. 丙在甲中风后未尽妻子责任和义务，不能主张房产份额

C. 甲、乙的子女可以申请宣告丙失踪

D. 甲本人向法院提交书面意见后，甲、乙的子女可代理甲参与甲与丙的离婚诉讼

【答案】ABC

二、诉讼离婚

诉讼离婚，是指夫妻双方对离婚、离婚后子女抚养或遗产分割等问题不能达成协议，由一方向人民法院起诉，人民法院依诉讼程序审理后，调解或判决解除婚姻关系的法律制度。

（一）法定离婚事由

人民法院审理离婚案件，有下列情形之一，调解无效的，应当准予离婚：

（1）重婚或者与他人同居（有配偶者与婚外异性，不以夫妻名义，持续、稳定地共同居住）；

（2）实施家庭暴力或者虐待、遗弃家庭成员（持续性、经常性的家庭暴力，可以认定为"虐待"）；

（3）有赌博、吸毒等恶习屡教不改；

（4）因感情不和分居满2年；

（5）一方被宣告失踪；

（6）夫以妻擅自中止妊娠侵犯其生育权为由请求损害赔偿的，人民法院不予支持；夫妻双方因是否生育发生纠纷，致使感情确已破裂，一方请求离婚的，人民法院经调解无效，应依照《民法典》第1079条第3款第5项的规定处理。

▲经人民法院判决不准离婚后，双方又分居满1年，一方再次提起离婚诉讼的，应当准予离婚。

完成离婚登记，或者离婚判决书、调解书生效，即解除婚姻关系。

（二）女方的特殊保护

女方在怀孕期间、分娩后1年内或者终止妊娠后6个月内，男方不得请求离婚；但是，女方提出离婚或者人民法院认为确有必要受理男方离婚请求的除外。

（三）现役军人的特殊保护

现役军人的配偶要求离婚，应当征得军人同意，但是军人一方有重大过错的除外。

例　高甲患有精神病，其父高乙为监护人。2009年高甲与陈小美经人介绍认识，同年12月陈小美以其双胞胎妹妹陈小丽的名义与高甲登记结婚，2011年生育一子高小甲。2012年高乙得知儿媳的真实姓名为陈小美，遂向法院起诉。诉讼期间，陈小美将一直由其抚养的高小甲户口迁往自己原籍，并将高小甲改名为陈龙，高乙对此提出异议。下列哪一选项是正确的？

A. 高甲与陈小美的婚姻属无效婚姻

B. 高甲与陈小美的婚姻属可撤销婚姻

C. 陈小美为高小甲改名的行为侵害了高小甲的合法权益

D. 陈小美为高小甲改名的行为未侵害高甲的合法权益

【答案】D

【例题】（2021真题回忆版）甲男和乙女协议离婚，协议中约定孩子由乙女抚养，甲男一次性给付抚养费若干，孩子改随乙女姓。离婚后乙女发现甲男隐瞒100万元财产，于是诉至法

院请求分割，此外还发现婚姻期间甲男因打牌欠了 50 万元债务。对于本案，下列说法正确的是：

　　A. 协议中有关孩子改随乙女姓的约定有效

　　B. 乙女有权请求重新分割 100 万元财产

　　C. 乙女需要承担 25 万元债务

　　D. 协议中有关甲男一次性给付抚养费的约定有效

【答案】ABD

三、离婚时的财产处理

　　如果夫妻双方以书面形式约定婚姻关系存续期间所得财产归个人所有，则在离婚时不发生夫妻共有财产的分割问题。如果在婚姻存续期间，夫妻所有财产实行法定财产制及夫妻双方约定为共同所有或部分各自所有、部分共同所有，在离婚时则须对共同共有财产部分进行分割。

　　1. 婚姻存续时分割共同财产（《民法典》第 1066 条）

　　婚姻关系存续期间，有下列情形之一的，夫妻一方可以向人民法院请求分割共同财产：

　　（1）一方有隐藏、转移、变卖、毁损、挥霍夫妻共同财产或者伪造夫妻共同债务等严重损害夫妻共同财产利益的行为；

　　（2）一方负有法定扶养义务的人患重大疾病需要医治，另一方不同意支付相关医疗费用。

　　2. 离婚时请求分割夫妻共同财产

　　（1）离婚时，夫妻的共同财产由双方协议处理；协议不成的，由人民法院根据财产的具体情况，按照照顾子女、女方和无过错方权益的原则判决。对夫或者妻在家庭土地承包经营中享有的权益等，应当依法予以保护。

　　（2）夫妻一方隐藏、转移、变卖、毁损、挥霍夫妻共同财产，或者伪造夫妻共同债务企图侵占另一方财产的，在离婚分割夫妻共同财产时，对该方可以少分或者不分。离婚后，另一方发现有上述行为的，可以向人民法院提起诉讼，请求再次分割夫妻共同财产。诉讼时效期间为 3 年，从当事人发现之日起计算。

　　（▲离婚时唯一可以少分或不分的情形）

　　3. 离婚后请求再次分割夫妻共同财产

　　（1）离婚后，一方以尚有夫妻共同财产未处理为由向人民法院起诉请求分割的，经审查该财产确属离婚时未涉及的夫妻共同财产，人民法院应当依法予以分割。

　　（2）婚姻关系存续期间，夫妻一方作为继承人依法可以继承的遗产，在继承人之间尚未实际分割，起诉离婚时另一方请求分割的，人民法院应当告知当事人在继承人之间实际分割遗产后另行起诉。

　　例　乙起诉离婚时，才得知丈夫甲此前已着手隐匿并转移财产。关于甲、乙离婚的财产分割，下列哪一选项是错误的？

　　A. 甲隐匿转移财产，分割财产时可少分或不分

B. 就履行离婚财产分割协议事宜发生纠纷，乙可再起诉

C. 离婚后发现甲还隐匿其他共同财产，乙可另诉再次分割财产

D. 离婚后因发现甲还隐匿其他共同财产，乙再行起诉不受诉讼时效限制

【答案】D

四、抚养义务与探望权

1. 父母与子女间的关系，不因父母离婚而消除。离婚后，子女无论由父或者母直接抚养，仍是父母双方的子女。

离婚后，父母对于子女仍有抚养、教育、保护的权利和义务。

离婚后，不满2周岁的子女，以由母亲直接抚养为原则。已满2周岁的子女，父母双方对抚养问题协议不成的，由人民法院根据双方的具体情况，按照最有利于未成年子女的原则判决。子女已满8周岁的，应当尊重其真实意愿。

《最高人民法院关于适用〈中华人民共和国民法典〉婚姻家庭编的解释（一）》（简称《民法典婚姻家庭编解释（一）》）第44条　离婚案件涉及未成年子女抚养的，对不满2周岁的子女，按照《民法典》第1084条第3款规定的原则处理。母亲有下列情形之一，父亲请求直接抚养的，人民法院应予支持：

（一）患有久治不愈的传染性疾病或者其他严重疾病，子女不宜与其共同生活；

（二）有抚养条件不尽抚养义务，而父亲要求子女随其生活；

（三）因其他原因，子女确不宜随母亲生活。

《民法典婚姻家庭编解释（一）》第45条　父母双方协议不满2周岁子女由父亲直接抚养，并对子女健康成长无不利影响的，人民法院应予支持。

《民法典婚姻家庭编解释（一）》第46条　对已满2周岁的未成年子女，父母均要求直接抚养，一方有下列情形之一的，可予优先考虑：

（一）已做绝育手术或者因其他原因丧失生育能力；

（二）子女随其生活时间较长，改变生活环境对子女健康成长明显不利；

（三）无其他子女，而另一方有其他子女；

（四）子女随其生活，对子女成长有利，而另一方患有久治不愈的传染性疾病或者其他严重疾病，或者有其他不利于子女身心健康的情形，不宜与子女共同生活。

2. 离婚后，子女由一方直接抚养的，另一方应当负担部分或者全部抚养费。负担费用的多少和期限的长短，由双方协议；协议不成的，由人民法院判决。

上述规定的协议或者判决，不妨碍子女在必要时向父母任何一方提出超过协议或者判决原定数额的合理要求。

3. 离婚后，不直接抚养子女的父或者母，有探望子女的权利，另一方有协助的义务。

行使探望权利的方式、时间由当事人协议；协议不成的，由人民法院判决。

父或者母探望子女，不利于子女身心健康的，由人民法院依法中止探望；中止的事由消失后，应当恢复探望。

【例题】（2021真题回忆版）甲、乙离婚，孩子由乙抚养，甲、乙约定甲一个月可以探望孩子两次。但离婚后乙不让甲看望孩子，甲遂起诉乙。对于本案，下列说法正确的是：

A. 法院可以对乙罚款

B. 法院可以拘留乙

C. 乙可以指定地点让甲看

D. 法院可以要求乙让甲到乙家看望孩子

【答案】D

五、离婚救济

（一）离婚困难帮助请求权

离婚时，如果一方生活困难，有负担能力的另一方应当给予适当帮助。具体办法由双方协议；协议不成的，由人民法院判决。

（二）离婚经济补偿权

夫妻一方因抚育子女、照料老年人、协助另一方工作等负担较多义务的，离婚时有权向另一方请求补偿，另一方应当给予补偿。具体办法由双方协议；协议不成的，由人民法院判决。

（三）离婚损害赔偿请求权

1. 主体：无过错方诉过错方。（排除双方都有过错情形）

2. 事由：（1）重婚；（2）与他人同居；（3）实施家庭暴力；（4）虐待、遗弃家庭成员；（5）有其他重大过错。（不忠和暴力）

3. 程序要求：离婚损害赔偿请求权以判决准予离婚为前提条件。

（1）如果人民法院判决不准离婚，对于当事人提出的损害赔偿请求，不予支持。

（2）在婚姻关系存续期间，当事人不起诉离婚而单独提起损害赔偿请求的，人民法院"不予受理"。

4.《民法典婚姻家庭编解释（一）》第86条规定：《民法典》第1091条规定的"损害赔偿"，包括物质损害赔偿和精神损害赔偿。涉及精神损害赔偿的，适用《最高人民法院关于确定民事侵权精神损害赔偿责任若干问题的解释》的有关规定。

【例题】（2016-3-19）钟某性情暴躁，常殴打妻子柳某，柳某经常找同村未婚男青年杜某诉苦排遣，日久生情。现柳某起诉离婚，关于钟、柳二人的离婚财产处理事宜，下列哪一选项是正确的？

A. 针对钟某家庭暴力，柳某不能向其主张损害赔偿

B. 针对钟某家庭暴力，柳某不能向其主张精神损害赔偿

C. 如柳某婚内与杜某同居，则柳某不能向钟某主张损害赔偿

D. 如柳某婚内与杜某同居，则钟某可以向柳某主张损害赔偿

【答案】C

第三章
夫妻关系

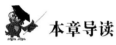 **本章导读**

本章需要考生掌握夫妻之间日常家事代理权，法定夫妻财产制（夫妻共同财产、夫妻一方个人财产、夫妻共同债务）、约定夫妻财产制，婚内夫妻财产分割请求权。

 知识点

一、夫妻人身关系

1. 夫妻在婚姻家庭中地位平等。夫妻双方都有各自使用自己姓名的权利。

2. 夫妻双方都有参加生产、工作、学习和社会活动的自由，一方不得对另一方加以限制或者干涉。

3. 夫妻双方平等享有对未成年子女抚养、教育和保护的权利，共同承担对未成年子女抚养、教育和保护的义务。

4. 夫妻有相互扶养的义务。需要扶养的一方，在另一方不履行扶养义务时，有要求其给付扶养费的权利。

5. 对亲子关系有异议且有正当理由的，父或者母可以向人民法院提起诉讼，请求确认或者否认亲子关系。对亲子关系有异议且有正当理由的，成年子女可以向人民法院提起诉讼，请求确认亲子关系。

二、夫妻财产关系

（一）夫妻共同财产的认定

1. 夫妻在婚姻关系存续期间所得的下列财产，为夫妻的共同财产，归夫妻共同所有：

（1）工资、奖金、劳务报酬；

（2）生产、经营、投资的收益；

（3）知识产权的收益；

（4）继承或者受赠的财产，但是《民法典》第 1063 条第 3 项规定的除外；

（5）其他应当归共同所有的财产。

夫妻对共同财产，有平等的处理权。

2. 下列财产为夫妻一方的个人财产：

（1）一方的婚前财产；

（2）一方因受到人身损害获得的赔偿或者补偿；

（3）遗嘱或者赠与合同中确定只归一方的财产；

（4）一方专用的生活用品；

（5）其他应当归一方的财产。

3. 男女双方可以约定婚姻关系存续期间所得的财产以及婚前财产归各自所有、共同所有或者部分各自所有、部分共同所有。约定应当采用书面形式。

夫妻对婚姻关系存续期间所得的财产以及婚前财产的约定，对双方具有法律约束力。夫妻对婚姻关系存续期间所得的财产约定归各自所有，夫或者妻一方对外所负的债务，相对人知道该约定的，以夫或者妻一方的个人财产清偿。

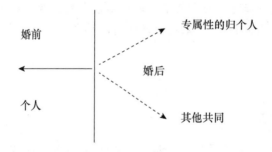

《民法典婚姻家庭编解释（一）》第 25 条　婚姻关系存续期间，下列财产属于《民法典》第 1062 条规定的"其他应当归共同所有的财产"：

（一）一方以个人财产投资取得的收益；

（二）男女双方实际取得或者应当取得的住房补贴、住房公积金；

（三）男女双方实际取得或者应当取得的基本养老金、破产安置补偿费。

《民法典婚姻家庭编解释（一）》第 26 条　夫妻一方个人财产在婚后产生的收益，除孳息和自然增值外，应认定为夫妻共同财产。

《民法典婚姻家庭编解释（一）》第 27 条　由一方婚前承租、婚后用共同财产购买的房屋，登记在一方名下的，应当认定为夫妻共同财产。

《民法典婚姻家庭编解释（一）》第 30 条　军人的伤亡保险金、伤残补助金、医药生活补助费属于个人财产。

（二）夫妻重大共同财产的处理

《民法典》第 1060 条　夫妻一方因家庭日常生活需要而实施的民事法律行为，对夫妻双方发生效力，但是夫妻一方与相对人另有约定的除外。

夫妻之间对一方可以实施的民事法律行为范围的限制，不得对抗善意相对人。

日常生活所需：互为家事代理人

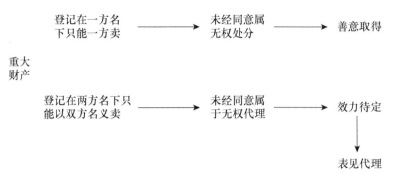

《民法典婚姻家庭编解释（一）》第28条　一方未经另一方同意出售夫妻共同所有的房屋，第三人善意购买、支付合理对价并已办理不动产登记，另一方主张追回该房屋的，人民法院不予支持。

夫妻一方擅自处分共同所有的房屋造成另一方损失，离婚时另一方请求赔偿损失的，人民法院应予支持。

（三）夫妻共同债务

1. 婚前一方所欠债务的归属规则是：原则上，该债务为个人债务；该债务用于婚后共同生活的，为共同债务。

2. 婚后负债：

有明示的认定为共同债务如签名或者追认；

无明示但在家事代理范围之内（小额）的继续认定为共同债务；

无明示且超越家事代理（大额）原则上认定为个人债务，但债权人举证证明是共同债务（夫妻共同生活或者共同经营）的除外。

3. 非法债务不受保护：

（1）夫妻一方在从事赌博、吸毒等违法犯罪活动中所负债务。

（2）夫妻一方与第三人串通，虚构债务。

离婚时，夫妻共同债务应当共同偿还。共同财产不足清偿或者财产归各自所有的，由双方协议清偿；协议不成的，由人民法院判决。

例　A、B夫妻一起租住单位的公房，后妻子B去世，A请了保姆C照顾，产生感情，A、C领结婚证。婚后A领退休金10万元，买了先前租用的公房并进行了房产登记，后A去世。本案中，该房属于A、C的夫妻共同财产。

【例题】（2017-3-18）刘男按当地习俗向戴女支付了结婚彩礼现金10万元及金银首饰数件，婚后不久刘男即主张离婚并要求返还彩礼。关于该彩礼的返还，下列哪一选项是正确的？

A. 因双方已办理结婚登记，故不能主张返还

B. 刘男主张彩礼返还，不以双方离婚为条件

C. 已办理结婚登记，未共同生活的，可主张返还

D. 已办理结婚登记，并已共同生活的，仍可主张返还

【答案】C

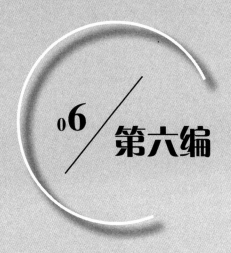

06 / 第六编

继　承

 **本编导读**

本编需要考生掌握继承权的取得、放弃、丧失以及保护，法定继承权的使用条件，继承人的范围与顺序，代位继承的适用条件，法定继承中的遗产分配的基本规则，遗嘱的形式及其效力规则，遗嘱的法律特征及其效力规则，遗产分割和债务清偿的基本规则，无人继承又无人受遗赠的遗产处理规则；理解或了解继承、法定继承、遗嘱继承、遗赠的概念和适用条件，遗产管理人的概念、确定及其职责。

 知识点

一、遗产与遗产管理人

1. 遗产和债务的范围，注意三点：第一，夫妻共同财产要分开。第二，有限继承原则，即，仅以继承的遗产份额为限承担债务。第三，死亡赔偿金不属于遗产。

2. 遗产管理人。

（1）继承开始后，遗嘱执行人为遗产管理人；没有遗嘱执行人的，继承人应当及时推选遗产管理人；继承人未推选的，由继承人共同担任遗产管理人；没有继承人或者继承人均放弃继承的，由被继承人生前住所地的民政部门或者村民委员会担任遗产管理人。

（2）对遗产管理人的确定有争议的，利害关系人可以向人民法院申请指定遗产管理人。

（3）遗产管理人应当依法履行职责，因故意或者重大过失造成继承人、受遗赠人、债权人损害的，应当承担民事责任。

（4）遗产管理人可以依照法律规定或者按照约定获得报酬。

二、遗嘱继承

1. 遗嘱的效力。

（1）遗嘱的形式要求。

①代书、录音录像、口头、打印遗嘱须见证人，见证人要求两名以上，有行为能力，无利害关系。

②遗嘱人在危急情况下，可以立口头遗嘱。口头遗嘱应当有两个以上见证人在场见证。危急情况消除后，遗嘱人能够以书面或者录音录像形式立遗嘱的，所立的口头遗嘱无效。

③代书遗嘱应当有两个以上见证人在场见证，由其中一人代书，并由遗嘱人、代书人和其他见证人签名，注明年、月、日。

④打印遗嘱应当有两个以上见证人在场见证。遗嘱人和见证人应当在遗嘱每一页签名，注明年、月、日。

⑤以录音录像形式立的遗嘱，应当有两个以上见证人在场见证。遗嘱人和见证人应当在录音录像中记录其姓名或者肖像，以及年、月、日。

【例题】（2014-3-24）甲有乙、丙和丁三个女儿。甲于2013年1月1日亲笔书写一份遗嘱，写明其全部遗产由乙继承，并签名和注明年月日。同年3月2日，甲又请张律师代书一份遗嘱，写明其全部遗产由丙继承。同年5月3日，甲因病被丁送至医院急救，甲又立口头遗嘱一份，内容是其全部遗产由丁继承，在场的赵医生和李护士见证。甲病好转后出院休养，未立新遗嘱。如甲死亡，下列哪一选项是甲遗产的继承权人？

A. 乙

B. 丙

C. 丁

D. 乙、丙、丁

【答案】A

（2）无效遗嘱的情况：①无民事行为能力人或者限制民事行为能力人所立的遗嘱无效；②受欺诈、胁迫所立的遗嘱无效；③伪造的遗嘱无效；④遗嘱被篡改的，篡改的内容无效。

（3）遗嘱人未保留缺乏劳动能力又没有生活来源的继承人的遗产份额，遗产处理时，应当为该继承人留下必要的遗产，所剩余的部分，才可参照遗嘱确定的分配原则处理——这并不意味着遗嘱无效。

（4）遗嘱效力的变更和撤回。

①在后的有效遗嘱变更在先的有效遗嘱。

②遗嘱人生前的行为与遗嘱的意思表示相反，而使遗嘱处分的财产在继承开始前灭失、部分灭失或所有权转移、部分转移的，遗嘱视为被撤回或部分被撤回。

a. 遗嘱人将财产毁损的，视为撤回遗嘱。

b. 遗嘱人将财产出卖于他人，仅仅签订买卖合同没有完成交付或者登记的，遗嘱依然有效。

c. 遗嘱人将财产出卖于他人，签订买卖合同并且完成交付或者登记的，视为撤回遗嘱。

【例题】（2015-3-21）老夫妇王冬与张霞有一子王希、一女王楠，王希婚后育有一子王小力。王冬和张霞曾约定，自家的门面房和住房属于王冬所有。2012年8月9日，王冬办理了公证遗嘱，确定门面房由张霞和王希共同继承。2013年7月10日，王冬将门面房卖给他人并办理了过户手续。2013年12月，王冬去世，不久王希也去世。关于住房和出售门面房价款的继承，下列哪一说法是错误的？

A. 张霞有部分继承权

B. 王楠有部分继承权

C. 王小力有部分继承权

D. 王小力对住房有部分继承权、对出售门面房的价款有全部继承权

【答案】D

（5）遗赠扶养协议。

①非继承人才能签订遗赠扶养协议。

②拒不履行扶养协议中的义务的，协议可以解除。

③其效力优先于遗赠、遗嘱继承和法定继承。

【例题】(2012-3-24)甲与保姆乙约定：甲生前由乙照料，死后遗产全部归乙。乙一直细心照料甲。后甲的女儿丙回国，与乙一起照料甲，半年后甲去世。丙认为自己是第一顺序继承人，且尽了义务，主张甲、乙约定无效。下列哪一表述是正确的？

A. 遗赠扶养协议有效

B. 协议部分无效，丙可以继承甲的一半遗产

C. 协议无效，应按法定继承处理

D. 协议有效，应按遗嘱继承处理

【答案】A

2. 遗嘱继承人（是否活着、是否放弃继承权、是否丧失继承权）。

（1）丧失继承权的情况①：①故意杀害被继承人；②为争夺遗产而杀害其他继承人；③遗弃被继承人，或者虐待被继承人情节严重；④伪造、篡改、隐匿或者销毁遗嘱，情节严重；⑤以欺诈、胁迫手段迫使或者妨碍被继承人设立、变更或者撤回遗嘱，情节严重。

继承人有上述第 3 项至第 5 项行为，确有悔改表现，被继承人表示宽恕或者事后在遗嘱中将其列为继承人的，该继承人不丧失继承权。

【例题】(2008-3-14)甲立下一份公证遗嘱，将大部分财产留给儿子乙，少部分的存款留给女儿丙。后乙因盗窃而被判刑，甲伤心至极，在病榻上当着众亲友的面将遗嘱烧毁，不久去世。乙出狱后要求按照遗嘱的内容继承遗产。对此，下列哪一选项是正确的？

A. 乙有权依据遗嘱的内容继承遗产

B. 乙只能依据法定继承的规定继承遗产

C. 乙无权继承任何遗产

D. 可以分给乙适当的遗产

【答案】A

（2）继承开始后，继承人放弃继承的，应当在遗产处理前，以书面形式作出放弃继承的表示；没有表示的，视为接受继承。

受遗赠人应当在知道受遗赠后 60 日内，作出接受或者放弃受遗赠的表示；到期没有表示的，视为放弃受遗赠。

（3）遗嘱继承转为法定继承的五种情形：①遗嘱继承人放弃继承或者受遗赠人放弃受遗赠；②遗嘱继承人丧失继承权或者受遗赠人丧失受遗赠权；③遗嘱继承人、受遗赠人"先于"遗嘱人死亡或者终止；④遗嘱无效部分所涉及的遗产；⑤遗嘱未处分的遗产。

【例题】(2012-3-66)甲育有二子乙和丙。甲生前立下遗嘱，其个人所有的房屋死后由

---

① 相关法条：《最高人民法院关于适用〈中华人民共和国民法典〉继承编的解释（一）》

第 6 条 继承人是否符合《民法典》第 1125 条第 1 款第 3 项规定的"虐待被继承人情节严重"，可以从实施虐待行为的时间、手段、后果和社会影响等方面认定。

虐待被继承人情节严重的，不论是否追究刑事责任，均可确认其丧失继承权。

第 7 条 继承人故意杀害被继承人的，不论是既遂还是未遂，均应当确认其丧失继承权。

第 8 条 继承人有《民法典》第 1125 条第 1 款第 1 项或者第 2 项所列之行为，而被继承人以遗嘱将遗产指定由该继承人继承的，可以确认遗嘱无效，并确认该继承人丧失继承权。

第 9 条 继承人伪造、篡改、隐匿或者销毁遗嘱，侵害了缺乏劳动能力又无生活来源的继承人的利益，并造成其生活困难的，应当认定为《民法典》第 1125 条第 1 款第 4 项规定的"情节严重"。

乙继承。乙与丁结婚，并有一女戊。乙因病先于甲死亡后，丁接替乙赡养甲。丙未婚。甲死亡后遗有房屋和现金。下列哪些表述是正确的？

A. 戊可代位继承

B. 戊、丁无权继承现金

C. 丙、丁为第一顺序继承人

D. 丙无权继承房屋

【答案】AC

【例题】（2021真题回忆版）张甲公证遗嘱两套房，X房有产权证，Y房无产权证，由儿子张乙继承。后女儿张丙因生意失败，张甲将X房过户给了张丙，张乙不满意，对张甲言语辱骂，张甲遂自书遗嘱将Y房改为让侄子继承，则下列说法正确的是：

A. 张乙不因辱骂行为丧失继承权

B. 两套房屋由张乙继承

C. 张丙可以取得X房的所有权

D. Y房由侄子继承

【答案】ACD

三、法定继承

1. 法定继承人的范围。

（1）第一顺位继承人的范围实际不仅仅限于配偶、父母、子女。

①子女、父母均包括"亲生的""收养的""有扶养关系的"三种情况——但养子女与生父母不再互为继承人。

②丧偶女婿、丧偶儿媳对被继承人尽了主要赡养义务的，作为第一顺序继承人。

③遗产分割时，应当保留胎儿的继承份额。

④如果被代位的继承人为第一顺位继承人，则代位继承人也要参加第一顺位继承。

【例题】（2016-3-66）熊某与杨某结婚后，杨某与前夫所生之子小强由二人一直抚养，熊某死亡，未立遗嘱。熊某去世前杨某孕有一对龙凤胎，于熊某死后生产，产出时男婴为死体，女婴为活体但旋即死亡。关于对熊某遗产的继承，下列哪些选项是正确的？

A. 杨某、小强均是第一顺位的法定继承人

B. 女婴死亡后，应当发生法定的代位继承

C. 为男婴保留的遗产份额由杨某、小强继承

D. 为女婴保留的遗产份额由杨某继承

【答案】ACD

【例题】（2014-3-65）甲（男）与乙（女）结婚，其子小明20周岁时，甲与乙离婚。后甲与丙（女）再婚，丙子小亮8周岁，随甲、丙共同生活。小亮成年成家后，甲与丙甚感孤寂，收养孤儿小光为养子，视同己出，未办理收养手续。丙去世，其遗产的第一顺序继承人有哪些？

A. 小明

B. 小亮

C. 甲

D. 小光

【答案】BC

例 徐老头有一独生子英年早逝，儿媳与他共同生活并照顾他。后儿媳与田某再婚，三年前生下儿子小田，一年前儿媳不幸逝世，半年前田某也相继离世。若日后徐老头死亡发生继承，则小田可以：

A. 代位继承

B. 转继承

C. 无继承权

D. 可适当分得遗产

【答案】C

（2）分配规则：三多一少。

同一顺序继承人继承遗产的份额，一般应当均等。对生活有特殊困难又缺乏劳动能力的继承人，分配遗产时，应当予以照顾。对被继承人尽了主要扶养义务或者与被继承人共同生活的继承人，分配遗产时，可以多分。有扶养能力和有扶养条件的继承人，不尽扶养义务的，分配遗产时，应当不分或者少分。

2. 适当分得遗产人。

（1）对继承人以外的依靠被继承人扶养的人，或者继承人以外的对被继承人扶养较多的人，可以分给适当的遗产（如，有事实上收养关系但没有办理收养登记的养父母和养子女）。

被收养人对养父母尽了赡养义务，同时又对生父母扶养较多的，除可以继承养父母的遗产外，还可以分得生父母适当的遗产。

（2）适当意味着可多可少。

【例题】（2006-3-67）唐某有甲、乙、丙成年子女三人，于2002年收养了孤儿丁，但未办理收养登记。甲生活条件较好但未对唐某尽赡养义务，乙丧失劳动能力又无其他生活来源，丙长期和唐某共同生活。2004年5月唐某死亡，因分配遗产发生纠纷。下列哪些说法是正确的？

A. 甲应当不分或者少分遗产

B. 乙应当多分遗产

C. 丙可以多分遗产

D. 丁可以分得适当的遗产

【答案】ABCD

【例题】（2005-3-83）马俊1991年去世，其妻张桦1999年去世，遗有夫妻共有房屋5间。马俊遗有伤残补助金3万元。张桦1990年以个人名义在单位集资入股获得收益1万元。双方生有一子马明，1995年病故。马明生前与胡芳婚后育有一子马飞。张桦长期患病，生活不能自理，由表侄常生及改嫁儿媳胡芳养老送终。下列关于常生可否得到补偿的说法何者正确？

A. 应当得到补偿，分配数额应当小于法定继承人

B. 应当得到补偿，分配数额可以等于或大于法定继承人的继承份额

C. 如常生明知法定继承人分割遗产而未提出请求，即丧失遗产分配权

D. 如常生要求参与分割遗产，应在继承开始后 1 年内提出请求

【答案】BC

3. 法定继承人（是否活着、是否放弃继承权、是否丧失继承权）。

【例题】（2011-3-23）下列哪一行为可引起放弃继承权的后果？

A. 张某口头放弃继承权，本人承认

B. 王某在遗产分割后放弃继承权

C. 李某以不再赡养父母为前提，书面表示放弃其对父母的继承权

D. 赵某与父亲共同发表书面声明断绝父子关系

【答案】A

4. 代位继承与转继承。

	代位继承（继承人先死亡然后发生继承）	转继承（继承人先继承遗产然后死亡）
本质	继承权的转移	两次继承
发生时间	继承人先于被继承人死亡	继承开始后遗产分割前继承人死亡
适用范围	法定继承	法定继承、遗嘱继承、遗赠
权利主体	被继承人子女的晚辈直系血亲或者被继承人的兄弟姐妹的子女	继承人的法定继承人和受遗赠人
单向与双向〔张大（爷爷）——张三（爸爸）——张小三（儿子）〕	● 张三先死，张大后死，张小三代位继承 ● 张三先死，张小三后死，张大不能代位继承	● 张大先死，张三后死，张小三转继承 ● 张小三先死，张三后死，张大转继承

【例题】（2013-3-66）甲自书遗嘱将所有遗产全部留给长子乙，并明确次子丙不能继承。乙与丁婚后育有一女戊、一子己。后乙、丁遇车祸，死亡先后时间不能确定。甲悲痛成疾，不久去世。丁母健在。下列哪些表述是正确的？

A. 甲、戊、己有权继承乙的遗产

B. 丁母有权转继承乙的遗产

C. 戊、己、丁母有权继承丁的遗产

D. 丙有权继承、戊和己有权代位继承甲的遗产

【答案】ACD

5. 无人继承也无人受遗赠的，遗产归国家。

07／第七编

侵权责任

第一章
侵权责任概述

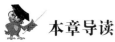 **本章导读**

本章需要考生掌握侵权责任的基本构成要件，数人侵权的侵权责任（共同加害行为，共同危险行为，教唆、帮助行为，无意思联络的数人侵权），侵权责任的承担方式，侵权责任的归责原则（过错责任、过错推定责任、无过错责任、公平责任），侵权责任的免除和减轻事由（受害人过错、受害人故意、第三人过错、自甘风险、自助行为）。

 知识点

一、侵权行为的概念和特征

侵权行为，是指民事主体侵害他人受保护的民事权益，依法应承担侵权责任的行为。

1. 侵权行为性质是事实行为，其不以致害人具有民事行为能力为条件。因此，不具有民事行为能力的人，也可以成为侵权行为的主体（但责任由其监护人承担）。

2. 侵权行为所侵害的对象包括两类：

（1）绝对权，包括人格权、物权、知识产权；

（2）受法律保护的非权利性质的利益，如侵害他人的占有。

3. 侵权行为不具有法律上的正当性。因此，正当防卫、紧急避险、私力救济、执行公务等行为，纵然侵害他人的绝对权或受法律保护的利益，因其行为具有正当性，故不构成侵权行为。

二、侵权行为的归责原则

侵权责任的归责原则，是指侵权责任的承担，是否应当以侵权行为人具有过错为要件。由此可见，侵权责任的归责原则，仅是就侵权责任的构成要件中的"过错"要件而言的，是对于"过错"要件的进一步展开，包括过错责任原则、无过错责任原则和公平责任原则，而不涉及其他的侵权责任构成要件。

（一）过错责任原则

1. 过错责任原则是指以过错作为归责的依据和责任的构成要件，任何人仅在过错侵害他人民事权益时，方才承担侵权责任。

2. 过错责任在侵权责任中具有原则性地位，如果没有法律的特殊规定一律适用过错责任，其价值在于划定了行为人自由与责任的边界——无过错，无责任。

3. 过错责任下侵权责任的构成：过错、行为、结果、因果关系（下文详述）。

4. 共同过错与受害人过错：共同过错——共同责任；受害人过错——过失相抵，故意免责（下文详述）。

5. 过错责任的适用范围。

如无特别规定，侵权责任原则上适用过错责任，特别强调以下条文：

（1）经营场所、公共场所的经营者、管理者或者群众性活动的组织者，未尽到安全保障义务，造成他人损害的责任；

（2）无民事行为能力人或者限制民事行为能力人被校外第三人侵权时的教育机构责任；

（3）限制民事行为能力人在教育机构遭受人身损害时的教育机构责任；

（4）患者在诊疗活动中受到损害时的医疗机构责任；

（5）完全民事行为能力人对自己的行为暂时没有意识或者失去控制造成他人损害的责任；

（6）网络用户利用网络服务实施侵权行为时的网络服务提供者的责任；

（7）将高度危险物交由他人管理的所有人的责任；

（8）承揽人在完成工作过程中造成第三人损害或者自己损害且定作人对定作、指示或者选任有过错的定作人责任。

【例题】（2021 真题回忆版）某村有一处杨梅种植园，农户们在园区内种植杨梅。杨梅成熟时该某园区对外开放，但考虑安全问题，该园区不开放采摘杨梅的项目，但是园区内没有挂不可以采摘水果的牌子，也没有注意安全的提示牌。甲到了李某的杨梅园，看杨梅熟了，问村民吴某是否可以采摘，吴某说没人管，于是甲去采摘杨梅，在采摘杨梅时甲不慎摔伤，则对于甲的损害应由谁承担责任？

A. 甲自己承担责任

B. 吴某承担责任

C. 李某承担责任

D. 园区承担责任

【答案】A

（二）过错推定责任原则

1. 过错推定责任是指依据法律规定推定行为人有过错，行为人不能证明自己没有过错的，应当承担侵权责任。

2. 过错推定责任下侵权责任的构成：过错、行为、结果、因果关系。

例　甲对乙侵权致乙损害，现乙对甲提起侵权损害赔偿诉讼。此时，如果适用过错推定责任，乙无须举证证明"甲具有过错"，而应当由甲举证证明"自己没有过错"。如果甲无法证明，法院将推定"甲有过错"。

3. 在过错推定责任中，使加害人承担责任的归责事由仍然是过错，过错推定责任只是过错责任原则的特殊形态，而非一项独立的归责原则。

4. 过错推定的适用范围。

（1）无民事行为能力人在教育机构遭受人身损害的，推定教育机构具有过错。

（2）患者在诊疗活动中受到损害，有下列情形之一的，推定医疗机构具有过错：①违反法律、行政法规、规章以及其他有关诊疗规范的规定；②隐匿或者拒绝提供与纠纷有关的病历资料；③遗失、伪造、篡改或者违法销毁病历资料。

（3）动物园的动物致人损害的，推定动物园具有过错。

（4）建筑物、构筑物或者其他设施及其搁置物、悬挂物发生脱落、坠落致人损害的，推定其所有人、管理人或者使用人具有过错（注意：建筑物倒塌、塌陷适用无过错责任）。

（5）堆放物倒塌、滚落或者滑落致人损害的，推定堆放人具有过错。

（6）因林木折断、倾倒或者果实坠落致人损害的，推定林木的所有人或者管理人具有过错。

（7）窨井等地下设施造成他人损害，推定管理人具有过错。

（8）非法占有高度危险物中所有人、管理人的过错推定责任。

（9）在公共道路上堆放、倾倒、遗撒妨碍通行的物品造成他人损害的，公共道路管理人的过错推定责任。

【例题】（2021真题回忆版）甲家住某小区三楼，某日家里小孩（5周岁）玩耍时拿金箍棒把三楼阳台的花瓶打倒，花瓶掉落砸伤正在送快递的快递员韩某，则对于韩某的损失由谁来承担赔偿责任？

A. 小孩承担赔偿责任

B. 小孩父母承担

C. 快递公司承担

D. 快递公司和小孩父母共同承担

【答案】 B

【例题】（2021真题回忆版）金某回家需经过小区一内部道路，但有辆皮卡违规停放多日，物业未做处理。金某只好绕道而行，不料大风吹落19楼史某家阳台上的木质晾衣竿，正好砸中金某，金某重伤。关于金某的人身损害赔偿，正确的是：

A. 史某承担赔偿责任

B. 史某与物业公司承担连带责任

C. 物业公司承担补偿责任

D. 本案应按照高空抛物处理

【答案】A

（三）无过错责任原则

1. 无过错责任原则，是指在法律有特别规定的情况下，不考虑行为人是否存在主观过错，行为人都要对造成的他人损害承担赔偿责任。在法律适用上，无过错责任原则的适用，也采取法定主义原则，即法律规定适用无过错责任原则的，从其规定；否则，适用过错认定责任。

2. 无过错责任下侵权责任的构成：行为、结果、因果关系。

3. 无过错责任的适用范围。

（1）无民事行为能力人、限制民事行为能力人致人损害的，监护人承担无过错责任；

（2）用人单位的工作人员因执行工作任务致人损害的，用人单位承担无过错责任；

（3）提供个人劳务一方因劳务致人损害的，接受劳务一方承担无过错责任；

（4）饲养的动物致人损害的，动物饲养人或者管理人承担无过错责任（但动物园承担过错推定责任）；

（5）机动车与非机动车驾驶人、行人之间发生道路交通事故的，机动车一方承担无过错责任（《道路交通安全法》第76条）；

（6）因污染环境、破坏生态致人损害的，侵权人承担无过错责任；

（7）高度危险责任中，从事高度危险作业致人损害的，高度危险物品的经营者、占有人承担无过错责任；

（8）因产品存在缺陷致人损害的，生产者、销售者承担无过错责任；

（9）建筑物、构筑物或者其他设施倒塌、塌陷致人损害的，建设单位与施工单位承担无过错责任；

（10）在公共道路上堆放、倾倒、遗撒妨碍通行的物品致人损害的，由行为人承担无过错责任。

【例题】（2016-3-67）4 名行人正常经过北方牧场时跌入粪坑，1 人获救 3 人死亡。据查，当地牧民为养草放牧，储存牛羊粪便用于施肥，一家牧场往往挖有三四个粪坑，深者达三四米，之前也发生过同类事故。关于牧场的责任，下列哪些选项是正确的？

A. 应当适用无过错责任原则

B.　应当适用过错推定责任原则

C.　本案情形已经构成不可抗力

D.　牧场管理人可通过证明自己尽到管理职责而免责

【答案】BD

【例题】（2021真题回忆版）甲和乙住同小区，甲购买了一辆汽车，并为该车上了交强险。为了方便，乙每天搭乘甲的便车去上班。某天乙照常搭乘甲的车上班，路上，因为甲边开车边玩手机，结果发生车祸，导致乙面部受伤。对于此案，下列说法正确的是：

A.　因该车买了交强险，对于乙的损害由保险公司承担责任

B.　甲要承担赔偿责任，但是可以减轻

C.　甲无须承担赔偿责任

D.　甲承担全部赔偿责任

【答案】D

（四）公平分担损失原则

适用公平分担损失原则的情形包括：

1.　自然原因引发的紧急避险：紧急避险人不承担责任或者给予适当补偿。（《民法典》第182条）

2.　因保护他人民事权益使自己受到损害的，由侵权人承担民事责任，受益人可以给予适当补偿。没有侵权人、侵权人逃逸或者无力承担民事责任，受害人请求补偿的，受益人应当给予适当补偿。（《民法典》第183条）

3.　完全民事行为能力人对自己的行为暂时没有意识或者失去控制造成他人损害有过错的，应当承担侵权责任；没有过错的，根据行为人的经济状况对受害人适当补偿。（《民法典》第1190条）

4.　提供劳务期间，因第三人的行为造成提供劳务一方损害的，提供劳务一方有权请求第三人承担侵权责任，也有权请求接受劳务一方给予补偿。接受劳务一方补偿后，可以向第三人追偿。（《民法典》第1192条）

5.　禁止从建筑物中抛掷物品。从建筑物中抛掷物品或者从建筑物上坠落的物品造成他人损害的，由侵权人依法承担侵权责任；经调查难以确定具体侵权人的，除能够证明自己不是侵权人的外，由可能加害的建筑物使用人给予补偿。可能加害的建筑物使用人补偿后，有权向侵权人追偿。（《民法典》第1254条）

（五）四个归责原则之间的关系（特别条款——一般条款——兜底条款）

（1）有法定事由的，适用无过错责任或者过错推定责任。

（2）无法定事由，但当事人有过错的，适用过错责任。

（3）既无法定事由，也无过错的，适用公平分担损失。

例　张某正被赵某养的狗攻击，刘某看到随手拿起王某的伞与狗搏斗，伞毁坏，刘某受伤，赵某无赔偿能力。本案中，侵权人赵某无赔偿能力，受益人张某应对刘某和王某补偿。

三、一般归责原则的构成要件

（一）违法行为

违法行为，是指民事主体所实施的违反法定义务的行为。一方面，违法行为在客观上

违反了法律的相关规定；另一方面，违法行为中的"行为"具体是指受到意思支配的人的行为。该行为不包括不受意思支配的无意思的举止，如梦游中伤人。

（二）损害事实

损害是指因一定的行为或事件造成的某人财产上或人身上的确定的不利益。这种不利益通常表现为财产减少、生命丧失、身体残疾、名誉受损、精神痛苦等。损害是侵害合法权益的结果。依据损害的后果不同，损害可以分为财产性损害和非财产性损害。财产性损害是一种经济损失，可以用金钱来估量，而非财产性损害则通常不能用金钱来估量，可以请求承担赔礼道歉、恢复名誉、消除影响等其他侵权责任。

（三）因果关系

因果关系是指行为人的行为及其物件与损害事实之间存在引起与被引起的客观联系（考试从来没考过，从略）。

（四）主观过错

主观过错是一般侵权行为构成要件中的核心要素。过错是指行为人通过违反义务的行为所表现出来的一种应受非难的心理状态。过错通常可分为故意和过失。故意是指行为人预见到自己行为的结果，却仍然希望或者放任这一有害结果的发生。过失是指行为人应当预见自己的行为可能发生不良后果而没有预见，或是虽然预见到了却轻信此种结果可以避免的心理状态。过失还可以进一步区分为一般过失和重大过失。如果法律在某些情况下对一行为人的注意程度有较高要求时，行为人尽管没有遵守这种较高的要求，但却未违背一般人应当注意的标准，此时构成一般过失；如果行为人不仅没有遵守法律特别规定的较高要求，甚至连一般人能尽到的注意义务也未达到时，就构成重大过失。

四、多数人侵权

多数人侵权
- 有意思联络
  - 共同加害行为：连带责任
  - 教唆、帮助完全民事行为能力人侵权：连带责任
- 无意思联络
  - 教唆、帮助欠缺民事行为能力人侵权：按份责任
  - 共同危险行为：连带责任
  - 数人分别侵权，因果关系聚合：连带责任
  - 数人分别侵权，因果关系竞合：按份责任

（一）共同加害行为

共同加害行为，是指两人以上的行为人基于共同过错致使他人合法权益遭受损害，依法应承担连带责任的行为。这里的共同过错包括共同故意和共同过失两种情况。

【例1】（共同故意）甲、乙两个小偷一起合作偷盗一户民宅。

> **波波点睛**
>
> 对于任一共同加害人超越事前的意思联络而实施的侵权行为，其他加害人不负连带责任。

如在合作偷盗民宅的过程中，甲趁乙在楼下偷盗之机，对楼上女业主施暴，乙对甲的行为，不负连带责任。

【例2】（共同过失）张三、李四在工厂共同操作一台大型仪器设备，皆欲图简便而不完全按照安全规程操作，经过简单沟通后认为不致发生不利后果，之后因一起违规操作导致该大型仪器失火报废。

例　下列情况需要承担连带责任的有：

A. 甲、乙合作行窃，甲趁乙在楼下放风时，对女主人施暴

B. 甲、乙在操作单位设备时一致决定违规操作导致该仪器失火报废

C. 甲、乙、丙合谋抢劫银行，后甲因病未参加

D. 甲、乙在库房抽烟乱丢烟头导致失火，但无法查明何人烟头引发火灾

【答案】BCD

（二）教唆、帮助侵权行为

1. 教唆、帮助完全民事行为能力人侵权的，由教唆、帮助人和被教唆、帮助人承担连带责任。

2. 教唆、帮助欠缺民事行为能力人（包括限制民事行为能力人和无民事行为能力人）侵权的，由教唆、帮助人承担侵权责任，该无民事行为能力人、限制民事行为能力人的监护人未尽到监护职责的，应当承担相应的责任。

> **波波点睛**
>
> ▲小结1—过错相应责任：
>
> 第一种情况：监护人尽到监护职责，监护人不承担责任（过错为零，责任为零），教唆人承担全部责任。
>
> 第二种情况：监护人没有尽到监护职责，监护人承担与其过错相当的责任（过错多少，责任多少），其余责任由教唆人承担。
>
> ▲小结2—4种情况：
>
> 大人：完全民事行为能力人；小孩：无民事行为能力人或者限制民事行为能力人
>
> （1）大人甲教唆大人乙：甲、乙连带责任。
>
> （2）大人甲教唆小孩小乙：甲主要责任，小乙没有责任，小乙的监护人过错相应责任。
>
> （3）小孩小甲教唆大人乙：小甲没有责任，小甲的监护人和乙连带责任。
>
> （4）小孩小甲教唆小孩小乙：小甲和小乙没有责任，小甲的监护人主要责任，小乙的监护人过错相应责任。

（三）共同危险行为

共同危险行为，是指二人以上实施危及他人人身安全或财产安全的危险行为，仅是其中的一人或数人的行为实质上造成他人的损害，但又无法确定实际侵害人的情形。

1. 责任人：不能确定具体侵权人的，行为人承担连带责任。

2. 免责事由：证明具体谁是真正的侵权行为人。

3. 特别注意：共同危险与高空抛物的区别。

禁止从建筑物中抛掷物品。从建筑物中抛掷物品或者从建筑物上坠落的物品造成他人损害的，由侵权人依法承担侵权责任；经调查难以确定具体侵权人的，除能够证明自己不

是侵权人的外，由可能加害的建筑物使用人给予补偿。可能加害的建筑物使用人补偿后，有权向侵权人追偿。

（1）判断。

共同危险行为的特征：数行为一损害，不知何人所为（责任人不确定）。

高空抛物行为的特征：一行为一损害，不知何人所为（行为人不确定）。

（2）区别。

①几个行为：共同危险有数个危险行为人，高空抛物一般只有一个行为人实施危险行为；

②免责事由：共同危险行为的免责事由必须确定侵权行为人，高空抛物可以证明自己不是侵权人而免责；

③责任主体：共同危险行为的责任人是危险行为人，高空抛物行为的责任人是可能加害的建筑物使用人；

④责任方式：共同危险行为的责任方式是连带责任，高空抛物行为的责任方式是给予补偿。

波波点睛

共同危险行为有数个行为，但责任人不确定；高空抛（坠）物则只有一个行为，行为人是谁不确定。

例 甲（男）与乙（女）在某小区相依散步，突然被某楼层抛掷的垃圾砸中，乙受伤。甲见状不禁开口大骂，该楼层的丙、丁、戊甚是生气，于是向甲扔硬物，结果甲被击伤。经查证，该楼层居住着丙、丁、戊、戌四家，戌家事发当日全部外出不在家，丙、丁均随手扔甲的是烟灰缸，戊扔出的是手中正在吃的馒头。经鉴定，甲的伤为烟灰缸之类的硬物所致，不是馒头，但也无法确定是丙、丁中哪一个投的烟灰缸。则下列说法正确的是：

A. 乙可以请求丙、丁、戊三家承担连带赔偿责任

B. 甲可以请求丙、丁、戊、戌四家承担连带赔偿责任

C. 甲可以请求丙、丁、戊承担连带赔偿责任

D. 甲只能请求丙、丁承担连带赔偿责任

【答案】D

【例题】（2016-3-24）张小飞邀请关小羽来家中做客，关小羽进入张小飞所住小区后，突然从小区的高楼内抛出一块砚台，将关小羽砸伤。关于砸伤关小羽的责任承担，下列哪一选项是正确的？

A. 张小飞违反安全保障义务，应承担侵权责任

B. 顶层业主通过证明当日家中无人，可以免责

C. 小区物业违反安全保障义务，应承担侵权责任

D. 如查明砚台系从 10 层抛出，10 层以上业主仍应承担补充责任

【答案】B

（四）无意思联络的数人侵权行为

无意思联络的数人侵权行为，是指二人以上没有进行意思联络，客观上分别实施侵权

行为造成同一损害的行为。

1. 因果关系竞合型的无意思联络数人侵权。任何一个人的行为都不足以造成全部损害，侵权行为人之间承担按份责任。

2. 因果关系聚合型的无意思联络数人侵权。每个人的侵权行为都足以造成全部损害，侵权行为人之间承担连带责任。

【例题】（2017-3-67）甲、乙、丙三家毗邻而居，甲、乙分别饲养山羊各一只。某日二羊走脱，将丙辛苦栽培的珍稀药材悉数啃光。关于甲、乙的责任，下列哪些选项是正确的？

A. 甲、乙可各自通过证明已尽到管理职责而免责

B. 基于共同致害行为，甲、乙应承担连带责任

C. 如能确定二羊各自啃食的数量，则甲、乙各自承担相应赔偿责任

D. 如不能确定二羊各自啃食的数量，则甲、乙平均承担赔偿责任

【答案】CD

【例题】（2010-3-20）甲晚 10 点 30 分酒后驾车回家，车速每小时 80 公里，该路段限速 60 公里。为躲避乙逆向行驶的摩托车，将行人丙撞伤，丙因住院治疗花去 10 万元。关于丙的损害责任承担，下列哪一说法是正确的？

A. 甲应承担全部责任

B. 乙应承担全部责任

C. 甲、乙应承担按份责任

D. 甲、乙应承担连带责任

【答案】C

【例题】（2020 真题回忆版）甲在地铁里下天桥楼梯，边走边低头看手机，突然被地面翘起来的铁皮绊了一下，甲未受伤，但却把上楼梯的乙撞倒，造成重伤。关于赔偿责任主体，下列哪些说法是正确的？

A. 地铁公司应承担责任

B. 甲应承担责任

C. 甲与地铁公司按份承担责任

D. 甲与地铁公司连带承担责任

【答案】C

【例题】（2021 真题回忆版）A 牵着自己的小型犬在一楼等电梯，然后 B 牵着自己的大型犬从电梯出来，大型犬想去逗小型犬，A 就拖拽自己的小型犬，然后摔倒了。对于 A 的损失，下列说法正确的是：

A. 无论 B 是否尽到注意义务，均应承担赔偿责任

B. 因为大型犬没有碰到 A，所以 B 不承担责任

C. A 自己拖拽摔倒的，自己承担责任

D. 大型犬没有攻击小型犬，所以 B 不承担责任

【答案】B

第二章
损害赔偿

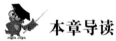 **本章导读**

    本章需要考生掌握侵权责任的主要承担方式，财产损害赔偿（人身伤亡的财产损害赔偿、侵害其他人身权益的财产损害赔偿、侵害财产权益的财产损害赔偿），非财产损害赔偿，惩罚性赔偿。

 知识点

一、一般规定

    因同一侵权行为造成多人死亡的，可以以相同数额确定死亡赔偿金。

    被侵权人死亡的，其近亲属有权请求侵权人承担侵权责任。被侵权人为组织，该组织分立、合并的，承继权利的组织有权请求侵权人承担侵权责任。

    被侵权人死亡的，支付被侵权人医疗费、丧葬费等合理费用的人有权请求侵权人赔偿费用，但是侵权人已经支付该费用的除外。

    损害发生后，当事人可以协商赔偿费用的支付方式。协商不一致的，赔偿费用应当一次性支付；一次性支付确有困难的，可以分期支付，但是被侵权人有权请求提供相应的担保。

二、侵权责任的免责事由和减责事由

（一）过失相抵与受害人故意

法定情形	故意	重大过失	轻过失
一般情况	免责	减责	减责
占有或者使用高度危险物	免责	减轻	不减责

续表

法定情形	故意	重大过失	轻过失
高度危险活动（从事高空、高压、地下挖掘活动或者使用高速轨道运输工具）	免责	减轻	不减责
动物侵权	免责	减轻	不减责
民用核设施或者运入运出核设施的核材料	免责	不减责	不减责
民用航空器	免责	不减责	不减责

过失相抵，是指当受害人对于损害的发生或者损害结果的扩大也具有过错时，依法减轻或者免除赔偿义务人的损害赔偿责任的制度。

受害人故意是指受害人明知自己的行为会发生损害自己的后果，而希望或者放任此种结果的发生。

特别提示：受害人故意是损害发生的唯一原因的，行为人免责；如果行为人也有过错的，则适用过失相抵。

例　甲忘带家门钥匙，邻居乙建议甲从自家阳台攀爬到甲家，并提供绳索以备不测，丙、丁在场协助固定绳索。甲在攀越时绳索断裂，从三楼坠地致重伤。各方当事人就赔偿事宜未达成一致，甲诉至法院。下列哪种说法是正确的？

A. 法院可以酌情让乙承担部分赔偿责任

B. 损害后果应由甲自行承担

C. 应由乙承担主要责任，丙、丁承担补充责任

D. 应由乙、丙、丁承担连带赔偿责任

【答案】A

（二）第三人过错

第三人过错是指当事人之外的第三人对被侵权人损害的发生或扩大具有过错。第三人过错是损害发生的唯一原因的，第三人应当承担侵权责任；如果行为人和第三人都有过错的，则认定为多数人侵权（此时就不是第三人而是当事人了）。

波波点睛

　　第三人过错，第三人承担责任为原则，不真正连带责任为例外。

（1）不真正连带责任的特点：内部任选其一，外部追偿全部（即，存在一个终局责任人）。

（2）适用范围：

《民法典》第1203条　因产品存在缺陷造成他人损害的，被侵权人可以向产品的生产者请求赔偿，也可以向产品的销售者请求赔偿。

产品缺陷由生产者造成的，销售者赔偿后，有权向生产者追偿。因销售者的过错使产品存在缺陷的，生产者赔偿后，有权向销售者追偿。

《民法典》第1223条　因药品、消毒产品、医疗器械的缺陷，或者输入不合格的血液造成患者损害的，患者可以向药品上市许可持有人、生产者、血液提供机构请求赔偿，也可以向医疗机构请求赔偿。患者向医疗机构请求赔偿的，医疗机构赔偿后，有权向负有责

任的药品上市许可持有人、生产者、血液提供机构追偿。

《民法典》第1233条 因第三人的过错污染环境、破坏生态的，被侵权人可以向侵权人请求赔偿，也可以向第三人请求赔偿。侵权人赔偿后，有权向第三人追偿。

《民法典》第1250条 因第三人的过错致使动物造成他人损害的，被侵权人可以向动物饲养人或者管理人请求赔偿，也可以向第三人请求赔偿。动物饲养人或者管理人赔偿后，有权向第三人追偿。

（三）不可抗力

不可抗力是指不能预见、不能避免、不能克服的客观情况，包括自然灾害、政府行为、社会异常事件等。不可抗力是侵权责任的一般免责事由。

在特殊情况下，虽然存在不可抗力，也不能免责，具体包括[①]：

（1）民用核设施或者运入运出核设施的核材料发生核事故造成他人损害的。

（2）民用航空器造成他人损害的。

（四）正当防卫

因正当防卫造成损害的，不承担民事责任。

正当防卫超过必要的限度，造成不应有的损害的，正当防卫人应当承担适当的民事责任。

（五）紧急避险

1. 紧急避险，是指为了避免公共利益、自己或他人的合法权益因现实的急迫危险而造成损害，在迫不得已的情况下采取的加害他人的行为。

2. 紧急避险中行为人的责任承担。

第一层次：人为因素引发险情，引发险情的人承担；

第二层次：自然原因引发险情，避险行为人不承担或者给予适当补偿；

第三层次：避险行为不当（无论人为因素还是自然原因），避险行为人须承担适当责任。

（六）自甘风险

自愿参加具有一定风险的文体活动，因其他参加者的行为受到损害的，受害人不得请求其他参加者承担侵权责任；但是，其他参加者对损害的发生有故意或者重大过失的除外。

活动组织者的责任适用安保义务人责任或者教育机构责任。

【例题】（2021真题回忆版）张某是A市篮球运动员，李某是B市篮球运动员，张某扣篮时候，李某没来得及躲闪，导致受伤，B市篮球运动员陈某认为张某是故意的，于是拿起篮球往张某扔去，导致张某重伤。对于本案，下列说法正确的是：

---

① 根据《国务院关于核事故损害赔偿责任问题的批复》第6条的规定，民用核设施的营运单位在发生核事故的情况下造成他人损害的，只有能够证明损害是因战争、武装冲突、敌对行动或者暴乱所引起，或者是因受害人故意造成的，才免除其责任。而因不可抗力的自然灾害造成他人损害的，不能免除核设施的营运单位的责任。

根据《民用航空法》第160条的规定，民用航空器造成他人损害的，民用航空器的经营者只有能够证明损害是武装冲突、骚乱造成的，或者是因受害人故意造成的，才免除其责任。因不可抗力的自然灾害造成他人损害的，不能免除民用航空器的经营者的责任。

A. 李某和陈某应对张某承担连带责任

B. 李某系自甘风险，张某无须对李某承担责任

C. 陈某应该对张某承担侵权责任

D. 张某应对李某承担侵权责任

【答案】BC

（七）自助行为

合法权益受到侵害，情况紧迫且不能及时获得国家机关保护，不立即采取措施将使其合法权益受到难以弥补的损害的，受害人可以在保护自己合法权益的必要范围内采取扣留侵权人的财物等合理措施；但是，应当立即请求有关国家机关处理。

受害人采取的措施不当造成他人损害的，应当承担侵权责任。

【例题】（2017-3-23）刘婆婆回家途中，看见邻居肖婆婆带着外孙小勇和另一家邻居的孩子小囡（均为4岁多）在小区花园中玩耍，便上前拿出几根香蕉递给小勇，随后离去。小勇接过香蕉后，递给小囡一根，小囡吞食时误入气管导致休克，经抢救无效死亡。对此，下列哪一选项是正确的？

A. 刘婆婆应对小囡的死亡承担民事责任

B. 肖婆婆应对小囡的死亡承担民事责任

C. 小勇的父母应对小囡的死亡承担民事责任

D. 属意外事件，不产生相关人员的过错责任

【答案】D

三、财产损害赔偿和精神损害赔偿

—		侵害财产权	侵害人身权
财产损害赔偿	赔偿范围	财产损失	1. 医疗费、护理费、营养费、误工费、交通费、住院伙食补助费 2. 造成残疾的，还应当赔偿辅助器具费和残疾赔偿金；造成死亡的，还应当赔偿丧葬费和死亡赔偿金
	计算方式	按照损失的市场价赔偿	损失——利益——自由裁量
精神损害赔偿		原则上不得主张、故意或者重大过失侵害人格意义物品例外	可以主张

《民法典》第1183条　侵害自然人人身权益造成严重精神损害的，被侵权人有权请求精神损害赔偿。

因故意或者重大过失侵害自然人具有人身意义的特定物造成严重精神损害的，被侵权人有权请求精神损害赔偿。

精神损害赔偿——六可六不可：

（1）侵权可，违约不可（违约侵犯人身权例外）。

（2）自然人可，法人不可。

（3）人身权可，财产权原则上不可（人格意义的物品和死者的遗体遗骨除外）。

（4）死者的近亲属可以，其他人不可。

（5）造成严重后果的可，没有造成严重后果的不可。

（6）诉讼或者书面承诺的可以继承，否则不可。

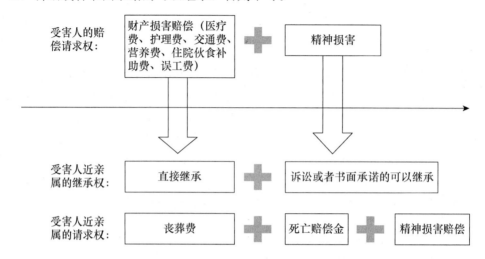

例1　姚某旅游途中，前往某玉石市场参观，在唐某经营的摊位上拿起一只翡翠手镯，经唐某同意后试戴，并问价。唐某报价18万元（实际进货价8万元，市价9万元），姚某感觉价格太高，急忙取下，不慎将手镯摔断。姚某应赔偿唐某吗？赔偿范围是多少？

【答案】姚某应赔偿唐某，赔偿范围为玉镯市价9万元。试用买卖中，标的物的所有权属于出卖人。因试用人的过错导致标的物毁损、灭失的，应当承担侵权责任。侵害他人财产的，财产损失按照损失发生时的市场价格或者其他合理方式计算。本题中手镯市价为9万元，所以应赔偿9万元。

例2　张某因病住院，医生手术时误将一肾脏摘除。张某向法院起诉，请求医院赔偿治疗费用和精神损害抚慰金。法院审理期间，张某术后感染医治无效死亡。关于此案，下列哪些说法是正确的？

A. 医院侵犯了张某的健康权和生命权

B. 张某的继承人有权继承张某的医疗费赔偿请求权

C. 张某的继承人有权继承张某的精神损害抚慰金请求权

D. 张某死后其配偶、父母和子女有权另行起诉，请求医院赔偿自己的精神损害

E. 张某死后其配偶、父母和子女有权另行起诉，请求医院赔偿丧葬费和死亡赔偿金

【答案】ABCDE

第三章
责任主体的特殊规定

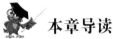 **本章导读**

本章需要考生掌握监护人责任的构成要件、责任承担以及减轻，用人者责任的构成要件、责任承担以及提供劳务一方受害的侵权责任，定作人责任，网络侵权责任中通知规则下和知道规则下的网络侵权责任，违反安全保障义务责任的构成要件和责任承担，教育机构侵权责任归责原则、侵权责任构成要件以及侵权责任承担。

 知识点

一、监护人的侵权责任

监护人责任，是指作为被监护人的无民事行为能力人、限制民事行为能力人造成他人损害的，监护人应当承担的侵权责任。监护人责任重点掌握以下"八个不免责"：

1. 监护人尽到监护职责的，可以减轻其侵权责任。（尽责不免责——有例外）

2. 夫妻离婚后，未成年子女致人损害的，首先由与其共同生活的一方承担替代责任，如果与其共同生活的一方独立承担确有困难，由未与其共同生活的一方承担"补充责任"。（离婚不免责）

3. 有财产的无民事行为能力人、限制民事行为能力人造成他人损害的，从本人财产中支付赔偿费用；不足部分，由监护人赔偿。（有钱不免责）

4. 单位作为监护人的，单位也应当承担替代责任。（单位不免责）

5. 监护人被指定后，不得自行变更。擅自变更的，由原被指定的监护人和变更后的监护人承担监护责任。（变更不免责）

6. 无民事行为能力人、限制民事行为能力人造成他人损害，监护人将监护职责委托给他人的，监护人应当承担侵权责任；受托人有过错的，承担相应的责任。（委托不免责）

【例题】（2015-3-24）甲的儿子乙（8岁）因遗嘱继承了祖父遗产10万元。某日，乙玩耍时将另一小朋友丙的眼睛划伤。丙的监护人要求甲承担赔偿责任2万元。后法院查明，甲已尽到监护职责。下列哪一说法是正确的？

  A. 因乙的财产足以赔偿丙，故不需用甲的财产赔偿

  B. 甲已尽到监护职责，无需承担侵权责任

  C. 用乙的财产向丙赔偿，乙赔偿后可在甲应承担的份额内向甲追偿

  D. 应由甲直接赔偿，否则会损害被监护人乙的利益

【答案】A

二、完全民事行为能力人对自己的行为暂时没有意识或者失去控制致人损害的侵权责任

  完全民事行为能力人对自己的行为暂时没有意识或者失去控制造成他人损害有过错的，应当承担侵权责任；没有过错的，根据行为人的经济状况对受害人适当补偿。

  完全民事行为能力人因醉酒、滥用麻醉药品或者精神药品对自己的行为暂时没有意识或者失去控制造成他人损害的，应当承担侵权责任。

三、用人单位、用工单位的侵权责任

（一）用人单位责任：无过错责任、替代责任

  用人单位的工作人员因执行工作任务造成他人损害的，由用人单位承担侵权责任。用人单位承担侵权责任后，可以向有故意或者重大过失的工作人员追偿。

（二）劳务派遣责任

  劳务派遣期间，被派遣的工作人员因执行工作任务造成他人损害的，由接受劳务派遣的用工单位承担侵权责任；劳务派遣单位有过错的，承担相应的责任。

  【例题】（2013-3-67）甲赴宴饮酒，遂由有驾照的乙代驾其车，乙违章撞伤丙。交管部门认定乙负全责。以下假定情形中对丙的赔偿责任，哪些表述是正确的？

  A. 如乙是与甲一同赴宴的好友，乙不承担赔偿责任

  B. 如乙是代驾公司派出的驾驶员，该公司应承担赔偿责任

  C. 如乙是酒店雇佣的为饮酒客人提供代驾服务的驾驶员，乙不承担赔偿责任

  D. 如乙是出租车公司驾驶员，公司明文禁止代驾，乙为获高额报酬而代驾，乙应承担赔偿责任

【答案】BC

四、个人之间形成劳务关系中接受劳务一方的侵权责任

  个人之间形成劳务关系，提供劳务一方因劳务造成他人损害的，由接受劳务一方承担侵权责任。接受劳务一方承担侵权责任后，可以向有故意或者重大过失的提供劳务一方追偿。提供劳务一方因劳务受到损害的，根据双方各自的过错承担相应的责任。

  提供劳务期间，因第三人的行为造成提供劳务一方损害的，提供劳务一方有权请求第三人承担侵权责任，也有权请求接受劳务一方给予补偿。接受劳务一方补偿后，可以向第三人追偿。

五、承揽人责任

承揽人在完成工作过程中造成第三人损害或者自己损害的，定作人不承担侵权责任。但是，定作人对定作、指示或者选任有过错的，应当承担相应的责任。

六、网络用户、网络服务提供者的侵权责任

《民法典》第1194条　网络用户、网络服务提供者利用网络侵害他人民事权益的，应当承担侵权责任。法律另有规定的，依照其规定。

《民法典》第1195条　网络用户利用网络服务实施侵权行为的，权利人有权通知网络服务提供者采取删除、屏蔽、断开链接等必要措施。通知应当包括构成侵权的初步证据及权利人的真实身份信息。

网络服务提供者接到通知后，应当及时将该通知转送相关网络用户，并根据构成侵权的初步证据和服务类型采取必要措施；未及时采取必要措施的，对损害的扩大部分与该网络用户承担连带责任。（"通知——转送——取下"规则）

权利人因错误通知造成网络用户或者网络服务提供者损害的，应当承担侵权责任。法律另有规定的，依照其规定。

《民法典》第1196条　网络用户接到转送的通知后，可以向网络服务提供者提交不存在侵权行为的声明。声明应当包括不存在侵权行为的初步证据及网络用户的真实身份信息。

网络服务提供者接到声明后，应当将该声明转送发出通知的权利人，并告知其可以向有关部门投诉或者向人民法院提起诉讼。网络服务提供者在转送声明到达权利人后的合理期限内，未收到权利人已经投诉或者提起诉讼通知的，应当及时终止所采取的措施。（"声明——转送——恢复"规则）

《民法典》第1197条　网络服务提供者知道或者应当知道网络用户利用其网络服务侵害他人民事权益，未采取必要措施的，与该网络用户承担连带责任。

1. 避风港规则：

（1）网络服务提供者在接到通知之前没有责任。

（2）网络服务提供者在接到通知之后采取删除、屏蔽、断开链接等适当措施的免责。

（3）网络服务提供者在接到错误通知之后采取删除、屏蔽、断开链接等适当措施的免责。

▲小结：确有侵权的，上传者担责——没有侵权的，错误通知者担责。

2. 红旗规则：网络服务提供者知情须与网络用户承担连带责任。

3. 实施细则：

（1）人民法院适用《民法典》第1195条第2款的规定，认定网络服务提供者采取的删除、屏蔽、断开链接等必要措施是否及时，应当根据网络服务的类型和性质、有效通知的形式和准确程度、网络信息侵害权益的类型和程度等因素综合判断。

（2）其发布的信息被采取删除、屏蔽、断开链接等措施的网络用户，主张网络服务提供者承担违约责任或者侵权责任，网络服务提供者以收到《民法典》第1195条第1款规

定的有效通知为由抗辩的，人民法院应予支持。

（3）人民法院依据《民法典》第1197条认定网络服务提供者是否"知道或者应当知道"，应当综合考虑下列因素：①网络服务提供者是否以人工或者自动方式对侵权网络信息以推荐、排名、选择、编辑、整理、修改等方式作出处理；②网络服务提供者应当具备的管理信息的能力，以及所提供服务的性质、方式及其引发侵权的可能性大小；③该网络信息侵害人身权益的类型及明显程度；④该网络信息的社会影响程度或者一定时间内的浏览量；⑤网络服务提供者采取预防侵权措施的技术可能性及其是否采取了相应的合理措施；⑥网络服务提供者是否针对同一网络用户的重复侵权行为或者同一侵权信息采取了相应的合理措施；⑦与本案相关的其他因素。

（4）人民法院认定网络用户或者网络服务提供者转载网络信息行为的过错及其程度，应当综合以下因素：①转载主体所承担的与其性质、影响范围相适应的注意义务；②所转载信息侵害他人人身权益的明显程度；③对所转载信息是否作出实质性修改，是否添加或者修改文章标题，导致其与内容严重不符以及误导公众的可能性。

七、经营者、管理人和组织者违反安全保障义务的侵权责任

《民法典》第1198条 宾馆、商场、银行、车站、机场、体育场馆、娱乐场所等经营场所、公共场所的经营者、管理者或者群众性活动的组织者，未尽到安全保障义务，造成他人损害的，应当承担侵权责任。

因第三人的行为造成他人损害的，由第三人承担侵权责任；经营者、管理者或者组织者未尽到安全保障义务的，承担相应的补充责任。经营者、管理者或者组织者承担补充责任后，可以向第三人追偿。

安全保障义务是指宾馆、商场、银行、车站、机场、体育场馆、娱乐场所等经营场所、公共场所的经营者、管理者或者群众性活动的组织者负有保障他人人身安全、财产安全的注意义务。违反安全保障义务的侵权责任适用的是一般的过错责任原则。物业服务企业等建筑物管理人应当采取必要的安全保障措施防止高空抛物和高空坠物的发生；未采取必要的安全保障措施的，应当依法承担未履行安全保障义务的侵权责任。

第三人的行为下未尽到安保义务：过错补充责任。具体而言，分三种情况：

第一种情况，第三人有能力的，独立承担责任；

第二种情况，第三人没有能力或者没有足够能力，但安保义务人无过错的，安保义务人不承担责任；

第三种情况：第三人没有能力或者没有足够能力，但安保义务人有过错的，安保义务人承担与其过错相应的补充责任。经营者、管理者或者组织者承担补充责任后，可以向第三人追偿。

例 A请B、C去饭店吃饭。A、B、C三人均未成年。其间B、C产生冲突，饭店老板王某和员工均未劝说，也未报警。后B上厕所时，C趁机用饮料瓶将B打伤。则下列说法正确的有：

A. 王某要和C承担连带责任

B. 王某要承担补充责任

C. A的监护人要承担责任

D. C的监护人要承担责任

【答案】BD

【例题】(2015-3-23)某洗浴中心大堂处有醒目提示语："到店洗浴客人的贵重物品，请放前台保管"。甲在更衣时因地滑摔成重伤，并摔碎了手上价值20万元的定情信物玉镯。经查明：因该中心雇用的清洁工乙清洁不彻底，地面湿滑导致甲摔倒。下列哪一选项是正确的？

A. 甲应自行承担玉镯损失

B. 洗浴中心应承担玉镯的全部损失

C. 甲有权请求洗浴中心赔偿精神损害

D. 洗浴中心和乙对甲的损害承担连带责任

【答案】C

八、教育机构的侵权责任

无民事行为能力人或者限制民事行为能力人在幼儿园、学校或者其他教育机构学习、生活期间，是由教育机构而非其监护人实际履行教育和管理职责，如果教育机构未尽到相关职责，而使无民事行为能力人或者限制民事行为能力人受到人身伤害的，理应由教育机构承担相应的侵权责任。

《民法典》第1199条 无民事行为能力人在幼儿园、学校或者其他教育机构学习、生活期间受到人身损害的，幼儿园、学校或者其他教育机构应当承担侵权责任；但是，能够证明尽到教育、管理职责的，不承担侵权责任。

《民法典》第1200条 限制民事行为能力人在学校或者其他教育机构学习、生活期间受到人身损害，学校或者其他教育机构未尽到教育、管理职责的，应当承担侵权责任。

《民法典》第1201条 无民事行为能力人或者限制民事行为能力人在幼儿园、学校或者其他教育机构学习、生活期间，受到幼儿园、学校或者其他教育机构以外的第三人人身损害的，由第三人承担侵权责任；幼儿园、学校或者其他教育机构未尽到管理职责的，承担相应的补充责任。幼儿园、学校或者其他教育机构承担补充责任后，可以向第三人追偿。

	校内侵权（学生打学生）	校外第三人侵权（流氓打学生）
无民事行为能力人受侵害	过错推定责任	过错补充责任
限制民事行为能力人受侵害	过错责任	＋向第三人追偿

波波点睛

教育机构责任的隐含前提：完全民事行为能力人遭受损害教育机构不赔，非学习、生活期间教育机构不赔，财产损害教育机构不赔。

例 关于教育机构的侵权责任，下列说法正确的是：

A. 大一新生甲（18周岁）因与大三学生乙发生争执，被打伤花去医药费600元，新生甲可以要求学校承担适当的补偿责任

B. 小甲（7周岁）在校期间，被高年级的同学乙打伤，小甲的父母如果要求学校承担责任，则需要证明学校未尽到教育、管理职责

C. 小甲（7周岁）在校期间，因被学校门前卖东西的小商贩乙怀疑偷东西而打伤，小甲的父母如果要求学校承担责任，则需要举证学校未尽到教育、管理职责

D. 小甲（11周岁）在校期间，被高年级同学乙打伤，小甲的父母如果要求学校承担责任，则需要举证学校未尽到教育、管理职责

【答案】CD

【例题】（2009－3－23）某小学组织春游，队伍行进中某班班主任张某和其他教师闲谈，未跟进照顾本班学生。该班学生李某私自离队购买食物，与小贩刘某发生争执被打伤。对李某的人身损害，下列哪一说法是正确的？

A. 刘某应承担赔偿责任

B. 某小学应承担赔偿责任

C. 某小学应与刘某承担连带赔偿责任

D. 刘某应承担赔偿责任，某小学应承担相应的补充赔偿责任

【答案】D

九、被帮工人、帮工人的侵权责任

无偿提供劳务的帮工人，在从事帮工活动中致人损害的，被帮工人应当承担赔偿责任。被帮工人承担赔偿责任后向有故意或者重大过失的帮工人追偿的，人民法院应予支持。被帮工人明确拒绝帮工的，不承担赔偿责任。

无偿提供劳务的帮工人因帮工活动遭受人身损害的，根据帮工人和被帮工人各自的过错承担相应的责任；被帮工人明确拒绝帮工的，被帮工人不承担赔偿责任，但可以在受益范围内予以适当补偿。

帮工人在帮工活动中因第三人的行为遭受人身损害的，有权请求第三人承担赔偿责任，也有权请求被帮工人予以适当补偿。被帮工人补偿后，可以向第三人追偿。

【例题】（2014－3－66）甲家盖房，邻居乙、丙前来帮忙。施工中，丙因失误从高处摔下受伤，乙不小心撞伤小孩丁。下列哪些表述是正确的？

A. 对丙的损害，甲应承担赔偿责任，但可减轻其责任

B. 对丙的损害，甲不承担赔偿责任，但可在受益范围内予以适当补偿

C. 对丁的损害，甲应承担赔偿责任

D. 对丁的损害，甲应承担补充赔偿责任

【答案】AC

十、见义勇为中受益人的补偿责任

《民法典》第183条　因保护他人民事权益使自己受到损害的，由侵权人承担民事责任，受益人可以给予适当补偿。没有侵权人、侵权人逃逸或者无力承担民事责任，受害人请求补偿的，受益人应当给予适当补偿。

《民法典》第184条　因自愿实施紧急救助行为造成受助人损害的，救助人不承担民事责任。

第四章
产品责任

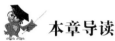 **本章导读**

本章要求考生熟练掌握产品责任的归责原则，产品责任的构成要件，产品责任的承担主体，惩罚性赔偿责任以及产品责任的免责事由。

知识点

一、产品责任的构成要件

产品责任，是指产品因存在缺陷而致人损害，生产者、销售者等应当承担的侵权责任。

产品责任的构成要件为：

（1）产品存在缺陷。所谓产品的缺陷，是指产品存在危及人身、他人财产安全的不合理的危险；产品有保障人体健康和人身、财产安全的国家标准、行业标准的，是指不符合该标准。

（2）缺陷产品造成了受害人民事权益的损害。

（3）缺陷产品与受害人的损害后果之间存在因果关系。

二、产品责任的承担主体

产品责任的承担主体主要是生产者和销售者。在外部关系上，产品的生产者和销售者都对缺陷产品的受害人承担无过错责任。在其内部关系上，产品缺陷由生产者造成的，销售者赔偿后，有权向生产者追偿。因销售者的过错使产品存在缺陷的，生产者赔偿后，有权向销售者追偿。此时，产品的生产者承担的是无过错责任，只要销售者能够证明缺陷产品是由生产者造成，以及其已向受害人承担赔偿责任；而产品的销售者承担的是过错责任，生产者一般应当证明销售者有过错，以及其已向受害人承担赔偿责任，即可向销售者追偿。基于上述，产品的生产者和销售者对缺陷产品的受害人承担的是不真正连带责任，而非连带责任。

另外，缺陷产品运输者、仓储者等第三人应承担过错责任。产品的运输者、仓储者等第三人不按照有关规定和产品包装上标明的储藏、运输等标准进行储存、运输，造成产品缺陷，应对缺陷产品造成他人损害承担侵权责任。但是，因运输者、仓储者等第三人的过错使产品存在缺陷，造成他人损害的，一般应先由产品的生产者或者销售者向缺陷产品的受害人赔偿，生产者或者销售者在实际赔偿之后方有权向缺陷产品运输者、仓储者等第三人追偿。

三、产品责任的免责事由

产品责任是无过错责任，被诉请承担产品责任的人一般不得以自己无过错为由而主张免责，但是《产品质量法》第41条第2款为生产者规定了以下三种免责事由：（1）生产者能够证明未将产品投入流通的；（2）生产者能够证明产品投入流通时，引起损害的缺陷尚不存在的；（3）生产者能够证明将产品投入流通时的科学技术水平尚不能发现缺陷的存在的。同时，是否存在上述免责事由，应由生产者负举证责任。

【例题】（2013-3-15）李某用100元从甲商场购买一只电热壶，使用时因漏电致李某手臂灼伤，花去医药费500元。经查该电热壶是乙厂生产的。下列哪一表述是正确的？

A. 李某可直接起诉乙厂要求其赔偿500元损失

B. 根据合同相对性原理，李某只能要求甲商场赔偿500元损失

C. 如李某起诉甲商场，则甲商场的赔偿范围以100元为限

D. 李某只能要求甲商场更换电热壶，500元损失则只能要求乙厂承担

【答案】A

【例题】（2011-3-67）甲系某品牌汽车制造商，发现已投入流通的某款车型刹车系统存在技术缺陷，即通过媒体和销售商发布召回该款车进行技术处理的通知。乙购有该车，看到通知后立即驱车前往丙销售公司，途中因刹车系统失灵撞上大树，造成伤害。下列哪些说法是正确的？

A. 乙有权请求甲承担赔偿责任

B. 乙有权请求丙承担赔偿责任

C. 乙有权请求惩罚性赔偿

D. 甲的责任是无过错责任

【答案】ABD

四、特殊责任

产品投入流通后发现存在缺陷的，生产者、销售者应当及时采取停止销售、警示、召回等补救措施；未及时采取补救措施或者补救措施不力造成损害扩大的，对扩大的损害也应当承担侵权责任。

依据上述规定采取召回措施的，生产者、销售者应当负担被侵权人因此支出的必要费用。

明知产品存在缺陷仍然生产、销售，或者没有依据上述规定采取补救措施，造成他人死亡或者健康严重损害的，被侵权人有权请求相应的惩罚性赔偿。

第五章

机动车交通事故责任

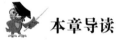

本章导读

本章需要考生熟练掌握机动车交通事故责任的归责原则、机动车交通事故责任的构成要件，机动车交通事故责任的责任主体。

 知识点

一、机动车交通事故责任的归责原则

（一）归责原则

机动车之间发生交通事故的，适用过错责任；机动车与非机动车驾驶人、行人之间发生交通事故的，机动车一方承担无过错责任。

（二）过失相抵

1. 机动车之间发生交通事故，双方都有过错的，按照各自过错的比例分担责任。

2. 机动车与非机动车驾驶人、行人之间发生交通事故，有证据证明非机动车驾驶人、行人有过错的，根据过错程度适当减轻机动车一方的赔偿责任；机动车一方没有过错的，承担不超过10％的赔偿责任。

（三）受害人故意免责

交通事故的损失是由非机动车驾驶人、行人故意碰撞机动车造成的，机动车一方不承担赔偿责任。

（四）好意同乘

非营运机动车发生交通事故造成无偿搭乘人损害，属于该机动车一方责任的，应当减轻其赔偿责任，但是机动车使用人有故意或者重大过失的除外。

二、机动车交通事故责任的责任主体

1. 合法使用时，谁控制，谁责任（即驾驶人、使用人、有控制力的驾驶培训单位），包括以下情况：

（1）租赁、借用导致的所有人和使用人的分离——使用人承担（所有人过错相应）。

（2）转让机动车交付未登记（含多次转让）——受让人承担。

（3）未经允许驾驶他人机动车——驾驶人承担（所有人过错相应）。

（4）接受机动车驾驶培训活动中——驾驶培训单位承担。

（5）机动车试乘过程中发生交通事故造成试乘人损害——试乘服务者承担（试乘是指在经销商指定人的驾驶下，顾客乘坐在汽车上）。

2. 涉及违法时，谁违法，谁责任，具体包括：

（1）买卖拼装报废车，含多次买卖的——所有的转让受让人连带。

（2）盗窃、抢劫、抢夺机动车的——盗抢人承担，盗窃人、抢劫人或者抢夺人与机动车使用人并非同一人，发生交通事故后属于该机动车一方责任的，由盗窃人、抢劫人或者抢夺人与机动车使用人承担连带责任。

（3）驾车逃逸的——机动车驾驶人发生交通事故后逃逸，该机动车参加强制保险的，由保险人在机动车强制保险责任限额范围内予以赔偿；机动车不明、该机动车未参加强制保险或者抢救费用超过机动车强制保险责任限额，需要支付被侵权人人身伤亡的抢救、丧葬等费用的，由道路交通事故社会救助基金垫付。道路交通事故社会救助基金垫付后，其管理机构有权向交通事故责任人追偿。

（4）套牌车——套牌车的所有人、管理人承担（被套者知情的连带）。

3. 与机动车责任险的关系。

机动车发生交通事故造成损害，属于该机动车一方责任的，先由承保机动车强制保险的保险人在强制保险责任限额范围内予以赔偿；不足部分，由承保机动车商业保险的保险人按照保险合同的约定予以赔偿；仍然不足或者没有投保机动车商业保险的，由侵权人赔偿。

【例题】（2011-3-6）周某从迅达汽车贸易公司购买了1辆车，约定周某试用10天，试用期满后3天内办理登记过户手续。试用期间，周某违反交通规则将李某撞成重伤。现周某困难，无力赔偿。关于李某受到的损害，下列哪一表述是正确的？

A. 因在试用期间该车未交付，李某有权请求迅达公司赔偿

B. 因该汽车未过户，不知该汽车已经出卖，李某有权请求迅达公司赔偿

C. 李某有权请求周某赔偿，因周某是该汽车的使用人

D. 李某有权请求周某和迅达公司承担连带赔偿责任，因周某和迅达公司是共同侵权人

【答案】C

第六章

医疗损害责任

 **本章导读**

本章需要考生熟练掌握医疗损害责任的构成要件，医疗活动中的其他责任，医疗损害责任的免责事由。

知识点

一、医疗损害责任

（一）构成要件

医疗损害责任是指医疗机构或者其医务人员在诊疗活动中因过错导致患者遭受损害，医疗机构因此需要承担的侵权责任。

医疗损害责任应具备四个构成要件：

（1）医疗机构或者其医务人员在诊疗活动中存在违法行为。

（2）存在患者遭受损害的事实。①人身伤害。②名誉权、隐私权遭受损害。③财产损害。④精神损害，对以上权益的侵害都有可能造成患者的精神损害。

（3）医疗机构或者其医务人员的违法医疗行为与患者遭受损害的事实之间存在因果关系。

（4）医疗机构或者其医务人员存在过错。

根据《最高人民法院关于审理医疗损害责任纠纷案件适用法律若干问题的解释》第4条的规定，患者需要承担的举证责任包括：（1）患者到医疗机构就诊的证据；（2）患者到医疗机构就诊受到损害的证据；（3）医疗机构或者其医务人员有过错的证据；（4）诊疗行为与损害之间具有因果关系的证据。

患者无法提交医疗机构或者其医务人员有过错、诊疗行为与损害之间具有因果关系的证据，可以提出医疗损害鉴定申请。

医疗损害责任的一般归责原则是过错责任原则而且举证责任不倒置（三种情况除外，下文详述）。

（二）三种情形下的医疗过失推定

1. 以下三种情况推定医疗机构有过错，医疗机构不能证明自己无过错的，须承担侵权责任：

（1）患者在诊疗活动中受到损害，医疗机构违反法律、行政法规、规章以及其他有关诊疗规范的规定。

（2）患者在诊疗活动中受到损害，医疗机构隐匿或者拒绝提供与纠纷有关的病历资料。

（3）患者在诊疗活动中受到损害，医疗机构遗失、伪造、篡改或者违法销毁病历资料。

2. 对医疗机构或者其医务人员的过错，应当依据法律、行政法规、规章以及其他有关诊疗规范进行认定，可以综合考虑患者病情的紧急程度、患者个体差异、当地的医疗水平、医疗机构与医务人员资质等因素。医务人员在诊疗活动中未尽到与当时的医疗水平相应的诊疗义务，造成患者损害的，医疗机构应当承担赔偿责任。

（三）免责事由

【相关法条】

《民法典》第1224条　患者在诊疗活动中受到损害，有下列情形之一的，医疗机构不承担赔偿责任：

（一）患者或者其近亲属不配合医疗机构进行符合诊疗规范的诊疗；

（二）医务人员在抢救生命垂危的患者等紧急情况下已经尽到合理诊疗义务；

（三）限于当时的医疗水平难以诊疗。

前款第一项情形中，医疗机构或者其医务人员也有过错的，应当承担相应的赔偿责任。

波波点睛

医疗责任要点有三：

过错责任为原则，过错推定为例外。特殊措施须同意，情况紧急有例外。免责事由有三项，最为特殊第一项。

【例题】（2016-3-23）田某突发重病神志不清，田父将其送至医院，医院使用进口医疗器械实施手术，手术失败，田某死亡。田父认为医院在诊疗过程中存在一系列违规操作，应对田某的死亡承担赔偿责任。关于本案，下列哪一选项是正确的？

A. 医疗损害适用过错责任原则，由患方承担举证责任

B. 医院实施该手术，无法取得田某的同意，可自主决定

C. 如因医疗器械缺陷致损，患方只能向生产者主张赔偿

D. 医院有权拒绝提供相关病历，且不会因此承担不利后果

【答案】A

(四) 两种特殊情况中的责任

1. 两个以上医疗机构的诊疗行为造成患者同一损害,患者请求医疗机构承担赔偿责任的,应当区分不同情况,依照《民法典》第1168条、第1171条或者第1172条的规定,确定各医疗机构承担的赔偿责任。

2. 医疗机构邀请本单位以外的医务人员对患者进行诊疗,因受邀医务人员的过错造成患者损害的,由邀请医疗机构承担赔偿责任。

二、医疗伦理责任

医务人员在诊疗活动中应当向患者说明病情和医疗措施。需要实施手术、特殊检查、特殊治疗的,医务人员应当及时向患者具体说明医疗风险、替代医疗方案等情况,并取得其明确同意;不能或者不宜向患者说明的,应当向患者的近亲属说明,并取得其明确同意。医务人员未尽到上述义务,造成患者损害的,医疗机构应当承担赔偿责任,但未造成患者人身损害的除外。

因抢救生命垂危的患者等紧急情况,不能取得患者或者其近亲属意见的,经医疗机构负责人或者授权的负责人批准,可以立即实施相应的医疗措施。因抢救生命垂危的患者等紧急情况且不能取得患者意见时,下列情形可以认定为《民法典》第1220条规定的不能取得患者近亲属意见:(1)近亲属不明的;(2)不能及时联系到近亲属的;(3)近亲属拒绝发表意见的;(4)近亲属达不成一致意见的;(5)法律、法规规定的其他情形。上述情形,医务人员经医疗机构负责人或者授权的负责人批准立即实施相应医疗措施,患者因此请求医疗机构承担赔偿责任的,不予支持;医疗机构及其医务人员怠于实施相应医疗措施造成损害,患者请求医疗机构承担赔偿责任的,应予支持。

医疗机构及其医务人员应当按照规定填写并妥善保管住院志、医嘱单、检验报告、手术及麻醉记录、病理资料、护理记录等病历资料。患者要求查阅、复制上述病历资料的,医疗机构应当及时提供。

医疗机构及其医务人员应当对患者的隐私和个人信息保密。泄露患者的隐私和个人信息,或者未经患者同意公开其病历资料的,应当承担侵权责任。

医疗机构及其医务人员不得违反诊疗规范实施不必要的检查。

三、医疗产品责任

"医疗产品"包括药品、消毒产品、医疗器械等。

(一) 惩罚性赔偿

医疗产品的生产者、销售者、药品上市许可持有人明知医疗产品存在缺陷仍然生产、销售,造成患者死亡或者健康严重损害,被侵权人请求生产者、销售者、药品上市许可持有人赔偿损失及2倍以下惩罚性赔偿的,人民法院应予支持。

(二) 医疗产品责任 (不真正连带责任)

因药品、消毒产品、医疗器械的缺陷,或者输入不合格的血液造成患者损害的,患者可以向药品上市许可持有人、生产者、血液提供机构请求赔偿,也可以向医疗机构请求赔偿。患者向医疗机构请求赔偿的，医疗机构赔偿后，有权向负有责任的药品上市许可持有人、生产者、血液提供机构追偿。

（三）医疗产品生产者、销售者与医疗机构分别侵权（连带责任）

缺陷医疗产品或者输入不合格血液与医疗机构的过错诊疗行为共同造成患者同一损害，患者请求医疗机构与医疗产品的生产者、销售者、药品上市许可持有人承担连带责任的，应予支持。

医疗机构或者医疗产品的生产者、销售者、药品上市许可持有人承担赔偿责任后，向其他责任主体追偿的，应当根据诊疗行为与缺陷医疗产品或者输入不合格血液造成患者损害的原因力大小确定相应的数额。

第七章

环境污染和生态破坏责任

 **本章导读**

　　本章要求考生掌握环境污染责任，生态破坏责任，环境污染和生态破坏责任的构成要件，环境污染和生态破坏责任的形式。

 知识点

一、环境污染和生态破坏责任的责任承担

　　1. 环境污染和生态破坏损害赔偿适用无过错责任原则。

　　2. 举证责任：污染者应当就其行为与损害之间不存在因果关系承担举证责任。

　　3. 在数人实施污染环境、破坏生态行为造成同一损失的情形下，可能构成共同加害行为、因果关系聚合型的无意思联络数人侵权或因果关系竞合型的无意思联络数人侵权。对此，可以根据不同情况分别确定责任承担。这其中有一种特殊情形，即两个以上侵权人分别实施污染环境、破坏生态行为造成同一损害，部分侵权人的污染环境、破坏生态行为足以造成全部损害，部分侵权人的污染环境、破坏生态行为只造成部分损害，被侵权人可以请求足以造成全部损害的侵权人与其他侵权人就共同造成的损害部分承担连带责任，并对全部损害承担责任。

　　4. 侵权人违反法律规定故意污染环境、破坏生态造成严重后果的，被侵权人有权请求相应的惩罚性赔偿。

　　5. 违反国家规定造成生态环境损害，生态环境能够修复的，国家规定的机关或者法律规定的组织有权请求侵权人在合理期限内承担修复责任。侵权人在期限内未修复的，国家规定的机关或者法律规定的组织可以自行或者委托他人进行修复，所需费用由侵权人负担。违反国家规定造成生态环境损害的，国家规定的机关或者法律规定的组织有权请求侵权人赔偿下列损失和费用：

（1）生态环境受到损害至修复完成期间服务功能丧失导致的损失；

（2）生态环境功能永久性损害造成的损失；

（3）生态环境损害调查、鉴定评估等费用；

（4）清除污染、修复生态环境费用；

（5）防止损害的发生和扩大所支出的合理费用。

例 甲厂在东，乙厂在西，中间是一块农田 10 亩，甲厂排放的工业废水是红色的，乙厂排放的工业废水是绿色的：

若甲厂与乙厂排放的废水均可以将 10 亩农田全部污染，则甲厂与乙厂对农田的损失承担连带责任；

若甲厂的废水造成 4 亩损害，乙厂的废水造成 6 亩损害，则甲厂与乙厂承担按份责任；

若甲厂的废水造成 10 亩损害，乙厂的废水造成 4 亩损害，则就此 4 亩农田甲厂与乙厂承担连带责任，其余 6 亩农田由甲厂自己承担责任。

二、环境污染和生态破坏责任的免责事由

环境污染和生态破坏责任的免责事由主要有两项：（1）不可抗力；（2）受害人故意。而减责事由是重大过失。这些免责事由和减责事由都应由侵权人来举证证明。

除此之外，第三人过错不构成环境污染和生态破坏责任的免责事由或减责事由。因第三人的过错污染环境、破坏生态的，被侵权人可以向侵权人请求赔偿，也可以向第三人请求赔偿。侵权人赔偿后，有权向第三人追偿。被侵权人可以分别或者同时起诉侵权人、第三人。被侵权人请求第三人承担赔偿责任的，人民法院应当根据第三人的过错程度确定其相应赔偿责任。此处第三人和侵权人之间承担的是不真正连带责任。

【例题】（2015-3-22）甲、乙、丙三家公司生产三种不同的化工产品，生产场地的排污口相邻。某年，当地大旱导致河水水位大幅下降，三家公司排放的污水混合发生化学反应，产生有毒物质致使河流下游丁养殖场的鱼类大量死亡。经查明，三家公司排放的污水均分别经过处理且符合国家排放标准。后丁养殖场向三家公司索赔。下列哪一选项是正确的？

A. 三家公司均无过错，不承担赔偿责任

B. 三家公司对丁养殖场的损害承担连带责任

C. 本案的诉讼时效是 2 年

D. 三家公司应按照污染物的种类、排放量等因素承担责任

【答案】D

第八章

高度危险责任

 **本章导读**

本章要求考生掌握民用核事故致害责任，民用航空器致害责任，高度危险物致害责任，高度危险活动致害责任，高度危险区域致害责任。

 知识点

一、高度危险责任的类型

高度危险责任，是指从事高度危险作业造成他人损害应当承担的侵权责任。从事高度危险作业造成他人损害的，应当承担侵权责任。高度危险责任可以区分为：（1）高度危险物品致害责任，包括民用核设施致害责任和高度危险物致害责任；（2）高度危险活动致害责任，包括民用航空器致害责任和高空、高压、地下挖掘活动致害责任；（3）高度危险区域致害责任，包括高速轨道运输工具致害责任和高度危险区域管理人的责任。

二、高度危险责任的责任主体和免责事由

高危行为类型	责任主体	归责原则	免责事由
民用核设施或者运入运出核设施的核材料	营运单位	无过错责任	战争、武装冲突、暴乱、受害人故意
民用航空器	经营者	无过错责任	战争①、受害人故意
占有或者使用高度危险物	占有人或者使用人	无过错责任	受害人故意和不可抗力免责，受害人重大过失减责

---

① 《民用航空法》第160条　损害是武装冲突或者骚乱的直接后果，依照本章规定应当承担责任的人不承担责任。

续表

高危行为类型	责任主体	归责原则	免责事由
遗失、抛弃高度危险物	所有人	无过错责任	限于法律规定
将高度危险物交由他人管理	（1）管理人	无过错责任	限于法律规定
	（2）有过错的所有人承担连带责任	过错责任	
非法占有高度危险物	（1）非法占有人	无过错的责任	限于法律规定
	（2）有过错的所有人、管理人承担连带责任	过错推定	所有人对防止非法占有尽到高度注意义务
未经许可进入高度危险活动区域或者高度危险物存放区域	管理人	无过错责任	管理人已经采取足够安全措施并尽到充分警示义务
从事高空、高压、地下挖掘活动或者使用高速轨道运输工具	经营者	无过错责任	受害人故意和不可抗力免责，受害人重大过失减责

第九章
饲养动物损害责任

 本章导读

本章需要考生掌握饲养动物损害责任的构成要件，饲养动物损害责任的承担，饲养动物损害责任的减轻或免责事由。

 知识点

一、饲养动物损害责任的归责原则与免责事由

饲养动物损害责任，是指饲养的动物造成他人损害，动物饲养人或者管理人应当承担的侵权责任。

动物侵权适用三层次的归责原则，即"绝对无过错责任——一般无过错责任——过错推定责任"。

（1）禁止饲养的烈性犬等危险动物造成他人损害的，动物饲养人、管理人承担无过错责任且没有免责事由。

（2）没有安全措施的动物造成他人损害的，动物饲养人、管理人承担无过错责任，能够证明损害是因被侵权人故意造成的，可以减轻责任。

（3）一般的动物侵权，动物饲养人、管理人承担无过错责任；如果受害人有故意或者重大过失的，动物饲养人、管理人可以减轻或者免除责任。

（4）动物园的动物造成他人损害的，动物园承担过错推定责任，可以证明自己无过错而免责。

二、第三人原因导致的动物侵权

因第三人的过错致使动物造成他人损害的，被侵权人可以向动物饲养人或者管理人请求赔偿，也可以向第三人请求赔偿。动物饲养人或者管理人赔偿后，有权向第三人追偿。

此条规定属于不真正连带责任，被侵权人可以在动物饲养人或者管理人和第三人之间择一起诉，但终局责任人为第三人，即动物饲养人或者管理人赔偿后可以向第三人追偿，但第三人不能向动物饲养人或者管理人追偿。

【例题】（2015—3—67）关于动物致害侵权责任的说法，下列哪些选项是正确的？

A. 甲8周岁的儿子翻墙进入邻居院中玩耍，被院内藏獒咬伤，邻居应承担侵权责任

B. 小学生乙和丙放学途经养狗的王平家，丙故意逗狗，狗被激怒咬伤乙，只能由丙的监护人对乙承担侵权责任

C. 丁下夜班回家途经邻居家门时，未看到邻居饲养的小猪趴在路上而绊倒摔伤，邻居应承担侵权责任

D. 戊带女儿到动物园游玩时，动物园饲养的老虎从破损的虎笼蹿出将戊女儿咬伤，动物园应承担侵权责任

【答案】ACD

第十章
物件损害责任

 **本章导读**

本章要求考生掌握建筑物、构筑物或者其他设施倒塌、塌陷致害责任,建筑物、构筑物或者其他设施及其搁置物、悬挂物脱落、坠落致害责任,建筑物中抛掷物品或者建筑物上坠落物品致害责任,堆放物倒塌、滚落或者滑落致害责任,公共道路堆放、倾倒、遗撒妨碍通行的物品致害责任,地下施工及地下设施致害责任。

 知识点

一、物件损害责任归责原则

物件损害责任,是指建筑物、构筑物、道路、林木等人工物造成他人损害时,责任人应当承担的侵权责任。物件损害责任在《民法典侵权责任编》规定有数种具体类型,不同类型适用不同的归责原则,概括而言,就是一句口诀——物件侵权都推定,只有个别是例外。

(1) 适用过错推定责任的,包括建筑物等脱落、坠落致害责任,堆放物倒塌、滚落或者滑落致害责任,公共道路妨碍通行物致害责任,林木折断、倾倒或者果实坠落致害责任,窨井等地下设施致害责任,地面施工致害责任。

①建筑物、构筑物或者其他设施及其搁置物、悬挂物发生脱落、坠落造成他人损害,所有人、管理人或者使用人不能证明自己没有过错的,应当承担侵权责任。所有人、管理人或者使用人赔偿后,有其他责任人的,有权向其他责任人追偿。

②堆放物倒塌、滚落或者滑落造成他人损害,堆放人不能证明自己没有过错的,应当承担侵权责任。

③在公共道路上堆放、倾倒、遗撒妨碍通行的物品造成他人损害的,由行为人承担侵权责任。公共道路管理人不能证明已经尽到清理、防护、警示等义务的,应当承担相应的

责任。

④因林木折断、倾倒或者果实坠落等造成他人损害，林木的所有人或者管理人不能证明自己没有过错的，应当承担侵权责任。

⑤在公共场所或者道路上挖掘、修缮安装地下设施等造成他人损害，施工人不能证明已经设置明显标志和采取安全措施的，应当承担侵权责任。

⑥窨井等地下设施造成他人损害，管理人不能证明尽到管理职责的，应当承担侵权责任。

（2）适用无过错责任的：建筑物、构筑物或者其他设施倒塌、塌陷致害责任。

建筑物、构筑物或者其他设施倒塌、塌陷造成他人损害的，由建设单位与施工单位承担连带责任，但是建设单位与施工单位能够证明不存在质量缺陷的除外。建设单位、施工单位赔偿后，有其他责任人的，有权向其他责任人追偿。

因所有人、管理人、使用人或者第三人的原因，建筑物、构筑物或者其他设施倒塌、塌陷造成他人损害的，由所有人、管理人、使用人或者第三人承担侵权责任。

（3）适用公平责任的：抛掷物、坠落物致害责任（高空抛物）。

禁止从建筑物中抛掷物品。从建筑物中抛掷物品或者从建筑物上坠落的物品造成他人损害的，由侵权人依法承担侵权责任；经调查难以确定具体侵权人的，除能够证明自己不是侵权人的外，由可能加害的建筑物使用人给予补偿。可能加害的建筑物使用人补偿后，有权向侵权人追偿。

物业服务企业等建筑物管理人应当采取必要的安全保障措施防止上述情形的发生；未采取必要的安全保障措施的，应当依法承担未履行安全保障义务的侵权责任。

发生上述情形的，公安等机关应当依法及时调查，查清责任人。

二、三种情况的区分

一	建筑物倒塌、塌陷	脱落、坠落	高空作业	高空抛物
归责原则	无过错	过错推定	无过错	公平补偿
责任主体	建设单位与施工单位	所有人、管理人或者使用人	高空作业人	可能加害的建筑物使用人
追偿	向其他责任人追偿	向其他责任人追偿	——————	向侵权人追偿

【例题】（2008-3-16）大华商场委托飞达广告公司制作了一块宣传企业形象的广告牌，并由飞达公司负责安装在商场外墙。某日风大，广告牌被吹落砸伤过路人郑某。经查，广告牌的安装存在质量问题。关于郑某的损害，下列哪一选项是正确的？

A. 大华商场承担赔偿责任，飞达公司承担补充赔偿责任

B. 飞达公司承担赔偿责任，大华商场承担补充赔偿责任

C. 大华商场承担赔偿责任，但其有权向飞达公司追偿

D. 飞达公司承担赔偿责任，大华商场不承担责任

【答案】C

【例题】（2020真题回忆版）洪某在某小区被不明业主高空抛下的物品砸伤，花费医疗费数万元，于是将二楼以上住户、小区物业公司、管区派出所告上法庭索赔。对此，下列哪些说

法是正确的？

A. 二楼以上住户、物业公司不承担连带责任

B. 二楼以上住户若能证明自己不在家，则不承担责任

C. 派出所承担查清案件事实的责任

D. 物业公司承担安全保障责任

【答案】ABCD

巩固提升

"百闻不如一见，百看不如一练。"下载嗨学课堂 APP，多多做题，勤于思考，善于总结，方能学以致用，一举通关！

国家统一法律职业资格考试

百日通关攻略

14天突破民诉法

→ 嗨学法考 组编 ← → 郭翔 编著 ←

中国人民大学出版社

·北京·

图书在版编目(CIP)数据

国家统一法律职业资格考试·百日通关攻略. 14 天突破民诉法 / 嗨学法考组编；郭翔编著. -- 北京：中国人民大学出版社，2021.12

ISBN 978-7-300-30071-9

Ⅰ. ①国… Ⅱ. ①嗨… ②郭… Ⅲ. ①民事诉讼法-中国-资格考试-自学参考资料 Ⅳ. ①D92

中国版本图书馆 CIP 数据核字（2021）第 250326 号

国家统一法律职业资格考试·百日通关攻略·14 天突破民诉法

嗨学法考　组编

郭翔　编著

Guojia Tongyi Falü Zhiye Zige Kaoshi · Bairi Tongguan Gonglüe · 14 Tian Tupo Minsufa

出版发行	中国人民大学出版社		
社　　址	北京中关村大街 31 号	**邮政编码**	100080
电　　话	010 - 62511242（总编室）		010 - 62511770（质管部）
	010 - 82501766（邮购部）		010 - 62514148（门市部）
	010 - 62515195（发行公司）		010 - 62515275（盗版举报）
网　　址	http://www.crup.com.cn		
经　　销	新华书店		
印　　刷	涿州市星河印刷有限公司		
规　　格	185 mm×260 mm　16 开本	**版　次**	2021 年 12 月第 1 版
印　　张	7.25	**印　次**	2021 年 12 月第 1 次印刷
字　　数	166 000	**定　价**	258.00 元（全 8 册）

目 录

1

第一章
诉的理论

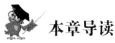 **本章导读**

　　本章考生重点了解诉讼标的的概念，并与诉讼标的物、诉讼请求以及诉讼标的额相区别，了解诉的分类，重点掌握反诉的概念及其构成要件。本章内容是法考核心考点之一，考生需要掌握并能够熟练运用。

 知识点

一、诉讼标的

1. 是什么：民事权利义务关系。
2. 判断步骤：原告—〉权利—〉（不可再细分的）权利义务关系。

精讲精练

　　案情：张老大和张老二是兄弟。张老大喜欢半夜看恐怖片，张老二喜欢吓唬张老大。农历 7 月 14 日晚上 11 点，张老大如往常一样，戴着耳机坐在电脑前看恐怖片。张老二匍匐到张老大脚下，用力紧紧地抓住张老大的腿往后拽。正好这个时候电影中的情节是地上出现了女鬼的手抓主人公的腿。一时间张老大被吓得大小便失禁，还用东西砸张老二的头，导致张老二头部受伤。

　　问题：如果张老二起诉张老大赔偿医疗费 2 000 元。本案的诉讼标的是什么？

　　答案：人身侵权法律关系。诉讼标的是双方有争议的原告起诉时要求法院审理的权利义务关系。案件中所涉及的各种法律关系不可能都成为本案的诉讼标的。在本案中，张老大和张老二之间的兄弟关系就不是诉讼标的。

📖 **精讲精练**

题目： 甲和乙订立借款合同，约定甲到期返还本金 20 万元和 1 万元利息，如逾期不还，应支付 2 万元罚息。后乙向法院提起诉讼，请求：（1）返还本金 20 万元；（2）甲支付利息 1 万元、罚息 2 万元。关于本案的诉讼标的，下列说法正确的是：（2021 年考生回忆版真题/单选题）

A. 有三个诉讼标的

B. 只有一个诉讼标的

C. 有本息返还和罚息支付两个诉讼标的

D. 有本金 20 万元返还和利息 3 万元支付两个诉讼标的

答案： D

解析： 诉讼标的是（不可再细分的）民事权利义务关系。在本案中，由于借款合同关系还可以具体分为主合同关系和从合同关系，所以借款合同关系不是本案的诉讼标的。主合同关系和从合同关系是两个法律关系，因此本案中有两个诉讼标的。2 万元罚息，是合同中主合同关系中的约定，也是从合同关系中的约定。无论是违反主合同还是违反从合同，都应当承担罚息。遵守合同约定，就不会承担罚息。

3. 需要区别的几个概念。

（1）诉讼标的物：有争议的具体东西（表现为金钱、财产或行为）。

（2）诉讼请求：作出特定判决的具体要求。

①不同之处：诉讼请求是具体的要求，诉讼标的是抽象的双方争议的权利义务关系。

②相同之处：（恰当的）诉讼请求＝诉讼标的。

📖 **精讲精练**

案情： 甲因咨询合同纠纷起诉乙，要求乙支付咨询费 2 万元。法院审理中查明，该合同约定的咨询费共 20 万元，乙从未支付，法院遂问甲是否主张 20 万元，甲明确表示，乙的拖欠行为违反诚信，因此要分 10 次起诉惩罚乙。（根据 2021 年考生回忆版真题改编）

问题 1： 本案的诉讼请求和诉讼标的分别是什么？

答案： 本案的诉讼请求是要求乙支付咨询费 2 万元。本案的诉讼标的是咨询合同关系。

问题 2： 原告的诉讼请求是否恰当？

答案： 原告请求不完整。基于咨询合同关系，原告应当主张 20 万元。如果原告只主张 2 万元，法院针对咨询合同关系作出了生效判决，则余下 18 万元原告不得另行起诉。

（3）诉讼标的额：双方当事人争议的金钱数额。

二、诉的分类

1. 判断方式

按照当事人诉讼请求的目的和内容的不同，诉讼案件可以分为三类。

2. 具体类型

（1）确认之诉：确认法律关系。

（2）给付之诉：给付内容是财物或行为，不能是人身。

（3）变更之诉：变更现有法律关系。

三、反诉

1. 概念

（1）独立的诉。法院准许本诉原告撤诉的，应当对反诉继续审理。（《民诉法解释》第239条）

（2）与反驳不同。反驳是被告的单纯防御行为，而反诉则是被告通过发动进攻进行防御。

解题技巧

如果没有原告提起的本诉，看被告的请求能不能单独存在，能够单独存在的，则被告提的就是反诉，不能单独存在，被告提的就是反驳。

精讲精练

案情：王某和刘某订立房屋租赁合同，后王某向法院起诉，要求刘某依照合同支付租金。而刘某则向法院提出，王某支付租金的请求已经过了诉讼时效。

问题：刘某的陈述可不可以构成反诉？

答案：不可以。因为刘某没有自己的要求，作为反诉必须要有诉讼请求，这只是反驳。

2. 反诉的构成要件（《民诉法解释》第233条）

（1）本诉的被告对本诉的原告提出。反诉的当事人应当限于本诉的当事人的范围。

（2）反诉与本诉有牵连关系。反诉与本诉的诉讼请求基于相同法律关系、诉讼请求之间具有因果关系，或者反诉与本诉的诉讼请求基于相同事实的，人民法院应当合并审理。

解题技巧

反诉与本诉是否有牵连关系的判断方法：证据是否共通。

精讲精练

案情：甲被乙打伤，现甲起诉乙要求赔偿医疗费，在法院审理过程中，乙起诉甲偿还借款3 000元。

问题：乙提起的诉讼与甲提起的诉讼之间，是否具有牵连关系？

答案：没有。在两个诉讼中，尽管当事人相同，但证据方面不具有共通性。无论欠不欠钱，都不应该打人，借贷纠纷案件中的证据，在侵权纠纷案件中用不上。因此乙提起的诉讼不是反诉。

（3）在本诉进行中提出。在案件受理后，法庭辩论结束前。（《民诉法解释》第232 条）

（4）向受理本诉的法院提出，且受诉法院对反诉有管辖权。反诉应由其他人民法院专属管辖的，裁定不予受理，告知另行起诉。

（5）反诉应与本诉适用同一诉讼程序。

3. 法院对反诉的处理

（1）在一审过程中：可以合并审理。

（2）在二审过程中：调解不成的，告知当事人另行起诉。

第二章

基本原则

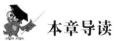 **本章导读**

本章为民事诉讼法中七大基本原则：诉讼权利平等原则；同等原则与对等原则；辩论原则；处分原则：自行处分实体权利和程序权利；法院调解自愿和合法的原则；诚实信用原则；检察监督原则。法考要求考生了解民事诉讼法基本原则的含义，熟练掌握各基本原则在民事诉讼中的体现，并能够具体举例说明。本章内容是法考高频考点之一。

 知识点

一、诉讼权利平等原则

1. 双方当事人拥有完全相同的权利，如原告和被告都有权委托诉讼代理人。
2. 双方当事人拥有相对应的权利，如原告有权起诉，被告有权反诉。

二、同等原则与对等原则

1. 同等原则：外国主体与中国主体有同样的待遇。
2. 对等原则：我国法院对该外国主体加以同样的限制。

三、辩论原则

1. 可以是口头的，也可以是书面的。
2. 可以是实体方面的，可以是程序方面的，也可以是证据方面的。
3. 贯穿审判程序（一、二、再审）的始终。但特别程序、非讼程序和执行程序无法辩论。
4. 辩论权是当事人的权利，证人没有辩论权。

四、处分原则：自行处分实体权利和程序权利

1. 判决内容不能超出原告的请求范围。
2. 调解协议内容超出诉讼请求的，人民法院可以准许。
3. 处分权的行使，法院可进行必要的监督。

📄 **精讲精练**

案情： 张某和李某是同一个宿舍的同学，两人逐渐产生感情，不顾众人反对于1990年在老家举行了婚礼。最近张某怀疑李某移情别恋，到法院起诉离婚。在法院审理本案过程中，张某决定向法院撤回离婚诉讼。

问题： 对于张某的撤诉申请，法院是否应当准许？

答案： 不应当准许。张某和李某是同一个宿舍的同学，这属于不符合结婚条件的情形。由于本案属于无效婚姻，即便原告要求撤回离婚诉讼，法院也不应当准许，而应当判决宣告婚姻关系无效。

五、法院调解自愿和合法的原则

六、诚实信用原则（《民事诉讼法》第13条）

七、检察监督原则（《民事诉讼法》第14条）

1. 行使主体：人民检察院。
2. 监督对象：法院或者法官的审判权。
3. 监督方式：
（1）抗诉：生效裁判。
（2）检察建议：
①生效裁判；
②审判人员的违法行为；
③对执行活动进行法律监督。

📄 **解题技巧**

抗诉只能针对错误的生效裁判。但是生效裁判有错误，既可以抗诉，也可以提检察建议。

📄 **精讲精练**

案情： 王法官在审理一起合同纠纷案件时接受了原告5万元的礼品。

问题： 检察机关可不可以对王法官的行为进行抗诉？

答案： 不可以，抗诉只能针对错误的生效裁判。这种情况下只能提出检察建议。

第三章
基本制度

 **本章导读**

　　本章主要讲民事诉讼法中四大基本制度：合议制度、回避制度、两审终审以及公开审判制度。法考要求考生了解各基本制度的含义与内容，并熟练运用到具体案例中。

 知识点

一、合议制度

　　1. 独任制的常见考点

　　（1）适用案件：

　　①简易程序案件；

　　②特别程序案件，但是选民资格案件或者重大、疑难案件应适用合议制；

　　③督促程序案件；

　　④公示催告阶段案件。

　　（2）组织形式：审判员一人。

　　（3）适用法院：基层法院及其派出法庭。

　　（4）适用审级：

　　①一审案件；

　　②被二审人民法院发回重审，或者依照审判监督程序决定再审时，尽管适用一审程序，却必须实行合议制。

　　2. 合议制的重点问题

　　（1）第一审合议庭：

　　①可以由审判员组成合议庭；

　　②也可以由审判员和人民陪审员组成合议庭；

③特别程序中的选民资格案件或重大、疑难的案件，必须由审判员组成合议庭审理。

（2）第二审合议庭：必须由审判员组成。

（3）二审发回重审或再审程序：原审合议庭成员或独任审判员不得参加重审或再审合议庭。

📄 原理解释

发回重审，指的是用一审程序重新审。

对于发回重审的案件和用一审程序再审的案件来讲，本质上是在用一审程序审理案件，因此一审合议庭，是允许由审判员和陪审员共同组成的。

📄 精讲精练

案情：原告诉被告的借款纠纷案件，由马法官独任审理，并作出一审判决。后来这个案件上诉到二审法院以后被发回重审。

问题：发回重审的合议庭可不可以有陪审员参加？

答案：可以。因为只要是一审程序就可以由审判员和陪审员共同组成合议庭。

（4）审判长：

①院长或者庭长参加审判的，由院长或者庭长担任；

②由院长或者庭长指定审判员 1 人担任。

（5）合议庭评议：

①实行少数服从多数的原则；

②形成不了多数意见时，提交审委会讨论；

③不同意见，必须如实记入笔录。

二、回避制度

1. 适用对象

（1）审判人员（包括审判员和人民陪审员）、书记员、翻译人员、鉴定人、勘验人。（《民事诉讼法》第 44 条、《民诉法解释》第 48 条）

（2）执行员适用审判人员回避的有关规定。（《民诉法解释》第 49 条）

2. 回避的决定权

（1）院长担任审判长时的回避：审判委员会决定。

（2）审判人员、执行员和书记员的回避：院长决定。（2021 年官方辅导用书观点）

（3）其他人员（翻译人员、鉴定人、勘验人）的回避：审判长决定。

3. 法定原因　（《民事诉讼法》第 44 条）

（1）是本案当事人或者当事人、诉讼代理人近亲属的；

（2）与本案有利害关系的：担任过本案的证人、鉴定人、辩护人、诉讼代理人、翻译人员的；（《民诉法解释》第 43 条）

（3）与本案当事人、诉讼代理人有其他关系，可能影响对案件公正审理的；

（4）接受当事人、诉讼代理人请客送礼，或者违反规定会见当事人、诉讼代理人的

（这种情况不仅要回避，还应追究法律责任）。（《民诉法解释》第 44 条）

4．回避方式

（1）审判人员自行回避。

（2）当事人申请回避。

（3）院长或者审判委员会决定其回避的情形：审判人员有应当回避的情形，没有自行回避，当事人也没有申请其回避的，由院长或者审判委员会决定其回避。（《民诉法解释》第 46 条）

5．申请回避的期间

（1）通常开始审理时提出。

（2）回避事由在案件开始审理后知道的，在法庭辩论终结前提出。

6．申请回避的效果

被申请回避的人员应当暂停参与本案的工作。

7．回避决定的复议

（1）回避决定可以复议一次。

（2）复议期间，被申请回避的人员，不停止参与本案的工作。

8．决定回避的法律后果

诉讼程序继续进行。

三、两审终审

1．诉讼案件：两审终审。

2．以下情况：一审终审。

（1）最高人民法院作为一审法院审理的案件。

（2）人民法院按照特别程序以及督促程序、公示催告程序、破产还债程序审理的案件。

（3）民事诉讼法规定的不得上诉的裁定。

（4）调解书。

（5）小额诉讼案件。

四、公开审判制度

1．审理公开（《民事诉讼法》第 134 条）

（1）通常公开审理。

（2）一律不公开审理的案件：

①涉及国家秘密的案件；

②涉及个人隐私的案件。

（3）经过当事人申请才不公开审理的案件：

①离婚案件；

②涉及商业秘密的案件。

2．合议庭评议一律不公开

3．判决一律公开

第四章
当事人

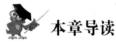 **本章导读**

　　本章主要讲民事诉讼中的当事人，原告、被告、第三人、共同诉讼人、诉讼代表人都属于当事人的范畴。法考要求考生了解各个当事人的概念及特点，并理解司法解释对当事人地位确定的相关内容，结合实际案例确定不同民事主体在诉讼中的地位。

 知识点

一、谁有资格成为民诉当事人

　　1. 自然人

　　2. 法人

　　3. 可以作为民事诉讼当事人的其他组织（《民诉法解释》第52条）

　　（1）依法登记领取营业执照的个人独资企业。

　　（2）依法登记领取营业执照的合伙企业。

　　①依法登记领取营业执照的合伙企业：该合伙企业是当事人。

　　②未依法登记领取营业执照的个人合伙：全体合伙人为共同诉讼人。（《民诉法解释》第60条）

　　（3）依法设立并领取营业执照的法人的分支机构。

二、谁是本案的真正当事人

　　1. 通常标准：争议的民事法律关系（诉讼标的）的主体，就是适格当事人。

　　2. 扩大标准：

　　（1）失踪人的财产代管人；（《民法典》第43条）

　　（2）股东代表诉讼中的股东；（《公司法》第152条）

（3）遗产管理人、遗嘱执行人；（《民法典》第 1145 条）

（4）有权提起公益诉讼的法定机关和组织；（《民事诉讼法》第 55 条）

（5）在确认之诉中，对诉讼标的有确认利益的人或组织。

三、具体案件中的原告与被告

1. 个体工商户（《民诉法解释》第 59 条）

（1）有登记的字号时：以营业执照上登记的字号为当事人，但应同时注明该字号经营者的基本信息。个体工商户可以起字号。（《民法典》第 54 条）

（2）没有登记的字号时：

①个体工商户以营业执照上登记的经营者为当事人；

②营业执照上登记的经营者与实际经营者不一致的，以登记的经营者和实际经营者为共同诉讼人。

精讲精练

案情： 个体户张三经营了一家饭店，领有营业执照。后来因为张三的儿子生病急需用钱，张三将这个饭店转让给了李四，但双方没有及时到工商局办理营业执照的变更手续。李四在经营过程中，导致顾客王五食物中毒。

问题： 现在王五打算向法院起诉要求赔偿，请问本案能不能以张三和李四为共同被告？简要说明理由。

答案： 能。本案中没有出现登记的字号，并且张三和李四双方没有到工商局办理营业执照的变更手续，两人应当作为共同被告。

精讲精练

题目： 刘某经营一家个体餐馆，取字号"刘大厨私家菜"，进行工商登记。后与张某达成协议将餐馆交由张某实际经营。餐馆经营管理中因供货质量问题与供货商甲公司发生争议，拟向法院提起诉讼。关于本案原告，下列哪一说法是正确的？（2020 年考生回忆版真题/单选题）

A. "刘大厨私家菜"为原告

B. 刘某、张某为共同原告

C. 张某为原告

D. 刘某为原告

答案： A

解析： 个体工商户有字号的，以营业执照上登记的字号为当事人。

2. 老板当被告

（1）法人或者其他组织的工作人员执行工作任务造成他人损害的，该法人或者其他组织为当事人。（《民诉法解释》第 56 条）

（2）提供劳务一方因劳务造成他人损害，受害人提起诉讼的，以接受劳务一方为被

告。(《民诉法解释》第57条)

（3）在劳务派遣期间，被派遣的工作人员因执行工作任务造成他人损害的，以接受劳务派遣的用工单位为当事人。当事人主张劳务派遣单位承担责任的，该劳务派遣单位为共同被告。(《民诉法解释》第58条)

📄 **精讲精练**

案情： 某保安公司，将刚刚招聘的保安派到某小区物业公司工作。该保安在巡逻过程中，不小心将某个业主的轿车刮坏。

问题： 如果该业主在起诉时，只以该保安公司为本案的被告，法院应当如何处理？

答案： 因为保安公司只能在本案中作共同被告，既然业主已经起诉了该保安公司，法院就必须将该物业公司追加为本案共同被告。

3. 企业法人

（1）企业合并分立：合并分立后的企业是当事人。(《民诉法解释》第63、336条)

①企业法人合并的，因合并前的民事活动发生的纠纷，以合并后的企业为当事人；

②企业法人分立的，因分立前的民事活动发生的纠纷，以分立后的企业为共同诉讼人。

📄 **精讲精练**

案情： 原告海洋公司和被告南方公司因买卖合同，到法院进行诉讼。一审判决，原告海洋公司胜诉，被告南方公司不服，提起上诉。在二审程序中海洋公司分立成大江公司和大湖公司。被告南方公司向法院提出：原来的原告海洋公司已经注销，大江公司和大湖公司并不是买卖合同的相对方，希望二审法院以本案当事人错误为由，将整个案件发回一审法院重审。

问题： 在这样的情况下，法院应当如何处理本案当事人的问题？

答案： 二审法院应当将大江公司和大湖公司列为共同诉讼人，进行调解或者判决。不得以当事人错误为由，将本案发回一审法院重审。

（2）企业法人解散的：(《民诉法解释》第64条)

①依法清算并注销前，以该企业法人为当事人；

②未依法清算即被注销的，以该企业法人的股东、发起人或者出资人为当事人。

📄 **精讲精练**

案情： 王老板开了一家个体餐饮店，因认识贸易公司大股东钱老板，每日给贸易公司提供午餐，餐费每月月底结算。贸易公司因为业务不好，拖欠餐费。不久之后，王老板发现贸易公司已经被注销，由于没有依法清算，贸易公司欠王老板的午餐费没有得到解决。

问题： 根据上述案情，如果王老板要通过诉讼的方式行使权利，应当以谁为被告？简要说明理由。

答案：王老板可以起诉该贸易公司的股东钱老板。由于贸易公司已经被注销，不得以贸易公司为被告。由于贸易公司没有依法清算，所以可以以股东钱老板为被告。

4. 涉及保证合同的诉讼（《民诉法解释》第 66 条、《最高人民法院关于审理民间借贷案件适用法律若干问题的规定》第 4 条）

（1）保证人为借款人提供连带责任保证：

①出借人仅起诉借款人的，人民法院可以不追加保证人为共同被告；

②出借人仅起诉保证人的，人民法院可以追加借款人为共同被告。

（2）保证人为借款人提供一般保证：

①出借人仅起诉借款人的，人民法院可以不追加保证人为共同被告；

②出借人仅起诉保证人的，人民法院应当追加借款人为共同被告。

（3）当事人在保证合同中对保证方式没有约定或者约定不明确的，按照一般保证承担保证责任。（《民法典》第 686 条）

5. 常考的侵权案件当事人（责任人为被告）

（1）机动车一方责任：因租赁、借用等情形机动车所有人、管理人与使用人不是同一人时，发生交通事故造成损害，属于该机动车一方责任的：（《民法典》第 1209 条）

①由机动车使用人承担赔偿责任；

②机动车所有人、管理人对损害的发生有过错的，承担相应的赔偿责任。

（2）第三人引起的校园事故责任：无民事行为能力人或者限制民事行为能力人在幼儿园、学校或者其他教育机构学习、生活期间，受到幼儿园、学校或者其他教育机构以外的第三人人身损害的：（《民法典》第 1201 条）

①由第三人承担侵权责任；

②幼儿园、学校或者其他教育机构未尽到管理职责的，承担相应的补充责任；

③幼儿园、学校或者其他教育机构承担补充责任后，可以向第三人追偿。

精讲精练

案情：小明是一个 3 岁的男孩，在某幼儿园上学期间，给幼儿园送水果的王某被小明踢了一下，因此王某踹了小明一脚，小明摔在地上，造成骨折。

问题：如果小明的父亲作为法定代理人，打算向法院起诉，应当以谁作为本案的被告？

答案：王某和幼儿园是共同被告。在考试中只要问到"应当"以谁作为本案的被告，问的就是正确的被告有哪些。如果只告其中一部分被告，这种答案拿不到满分。

（3）公共场所管理者责任：（《民法典》第 1198 条）

①侵权责任：经营场所、公共场所的经营者、管理者或者群众性活动的组织者，未尽到安全保障义务，造成他人损害的，应当承担侵权责任。

②补充责任：因第三人的行为造成他人损害的，由第三人承担侵权责任。经营者、管理者或者组织者未尽到安全保障义务的，承担相应的补充责任。经营者、管理者或者组织

者承担补充责任后，可以向第三人追偿。

📄 **精讲精练**

题目： 朱某去某4S店购车，该4S店提供试驾服务，为测试汽车性能，朱某提议前往某高速公路，4S店派经理程某一同前往。行驶至某一路段，行人曾某横穿马路，朱某虽采取紧急制动，但因刹车距离过近致使曾某受伤。现曾某欲提起诉讼，哪个主体可作适格被告人？（2021年考生回忆版真题/多选题）

A. 高速公路管理人　　　　　　　　　　B. 某4S店

C. 程某　　　　　　　　　　　　　　　D. 朱某

答案： ABD

解析： 朱某是机动车使用人。测试汽车性能会引起一些突发的情况，4S店提议前往某高速公路测试对于损害的发生有过错。高速公路管理人为公共场所的管理者，未尽到安全保障义务，导致行人曾某横穿马路受伤。

（4）建筑物、构筑物或者其他设施及其搁置物、悬挂物发生脱落、坠落造成他人损害：所有人、管理人或者使用人为共同被告。（《民法典》第1253条）

四、第三人

1. 第三人的特点

（1）第三人（有独三和无独三）参加诉讼的时间：被告应诉时起，到一审法庭辩论终结止。

（2）第三人不能提出管辖权异议。

2. 有独立请求权第三人

（1）有独立请求权第三人（有独三）参加诉讼的依据：对本诉的诉讼标的有独立请求权。（《民事诉讼法》第56条）

（2）有独立请求权第三人（有独三）的判断：既反对原告，又反对被告；有不同于原告请求权的另一个请求权。

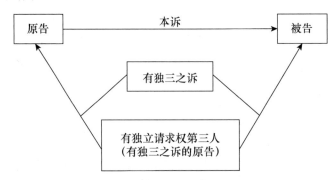

第1步：找到原告的诉讼请求（民事实体权利）。

第2步：找到第三人的诉讼请求（民事实体权利）。

第 3 步：进行对比。如果是同一民事实体权利，属于必要共同原告；如果不是同一民事实体权利，就是有独立请求权第三人。

精讲精练

案情：赵某与刘某将共有商铺出租给陈某。刘某瞒着赵某，与陈某签订房屋买卖合同，将商铺转让给陈某，后因该合同履行发生纠纷，刘某将陈某诉至法院。赵某得知后，坚决不同意刘某将商铺转让给陈某。

问题：如果赵某申请参加诉讼，法院应当如何确定赵某的诉讼地位？简要说明理由。

答案：赵某是本案中有独立请求权的第三人，不是共同原告。①本案中刘某是基于合同关系起诉陈某，主张的是债权请求权。②赵某是物权人参加诉讼，主张的是物权请求权。③由于物权请求权和债权请求权是两个不同的请求权，因此赵某是有自己独立请求权的第三人。由于请求权的性质不同，赵某不可以作为共同原告。

精讲精练

案情：原告张三起诉被告李四，要求法院确认标的物古董花瓶是原告张三所有。在法院审理过程中，案外人王五对法院说，古董花瓶是自己和张三共有的，自己是共有人，希望加入诉讼。

问题：这种情况下，法院应当如何确定王五的诉讼地位？简要说明理由。

答案：王五只是必要共同原告之一。王五所主张的请求权，与原告起诉时所主张的请求权，在民法上是同一个请求权，王五并没有独立于原告请求权的另一个请求权。

（3）有独三参加诉讼的方式：提起诉讼。（《民事诉讼法》第 56 条、《民诉法解释》第 81 条）

（4）有独三的案件中有两个诉：本诉与第三人之诉。

（5）有独三的诉讼地位：有独三相当于原告。

3. 无独立请求权第三人

（1）无独立请求权第三人（无独三）参加诉讼的依据：对本诉的诉讼标的没有独立请求权，但案件处理结果同他有法律上的利害关系。（《民事诉讼法》第 56 条）

（2）无独立请求权第三人（无独三）的判断：与无独三有法律关系的当事人败诉的结果，对无独三不利。

①三个人（原告、被告、无独三）；

②两个法律关系；

③向同一方向诉讼。

📄 **精讲精练**

案情：钱某起诉某汽车贸易公司，认为该汽车贸易公司所交付的汽车外观有破损，违反合同约定。在诉讼过程中，汽车贸易公司称汽车之所以存在问题，是因为汽车厂在运输过程中将汽车损坏了，希望将汽车厂追加到诉讼中，作为当事人。

问题：如果法院将汽车厂追加到诉讼中来，汽车厂的诉讼地位是什么？简要说明理由。

答案：汽车厂是本案的无独立请求权第三人。钱某和汽车贸易公司之间有合同关系，钱某向汽车贸易公司提出了诉讼请求。汽车贸易公司与汽车厂之间有买卖合同关系。汽车贸易公司能够向汽车厂提出赔偿的请求。由于是向同一个方向提请求，即钱某能够向汽车贸易公司提请求，汽车贸易公司能够向汽车厂提请求，汽车厂为本案的无独立请求权第三人。

（3）不属于无独三的典型情况：与原被告双方争议的诉讼标的无直接牵连和不负有返还或者赔偿等义务的人。

（4）无独三参加诉讼的方式：自己申请参加；由法院通知参加。（《民诉法解释》第 81 条）

其中，法院通知参加：可以是基于法院职权通知无独立请求权第三人参加；也可以是应当事人的申请而通知无独立请求权第三人参加。

（5）判决承担民事责任的无独三有权提出上诉。（《民诉法解释》第 82 条）

①不是完全独立的当事人，因此不享有与当事人相等的诉讼权利：无权提出管辖权异议，无权放弃、变更诉讼请求或者申请撤诉。

②被判决承担民事责任的，有权提起上诉。

五、第三人撤销之诉

1. 第三人撤销之诉起诉条件：（《民事诉讼法》第 56 条、《民诉法解释》第 292 条）

（1）当事人：（《民诉法解释》第 298 条）

①原告：应当参加前诉但没能够参加的有独立请求权第三人和无独立请求权第三人。

②被告：前诉的当事人。

③生效判决、裁定、调解书中没有承担责任的无独立请求权的第三人列为第三人。

📄 **精讲精练**

题目：甲对乙有 20 万元债权到期，乙对丙有 20 万元债权。甲对丙提起代位权诉讼，法院依法将乙列为第三人。诉讼中甲、丙达成调解协议，约定丙将一条价值 20 万元的手链交付给甲，用于清偿该笔债务，法院依法制作调解书送达当事人。但丁主张手链是自己的，欲提起第三人撤销之诉。下列关于本案当事人的表述正确的是：（2019 年考生回忆版真题/单选题）

A. 甲、乙、丙为被告

B. 甲、丙为被告，乙是第三人

C. 甲、乙是被告，丙为第三人

D. 甲为被告，乙和丙是第三人

答案：B

解析：生效调解书中没有承担责任的无独立请求权第三人乙，在第三人撤销之诉中应当被列为第三人。

（2）理由：

①因不能归责于本人的事由未参加诉讼。（《民诉法解释》第 295 条）

②发生法律效力的判决、裁定、调解书的部分或者全部内容错误。

③并且损害其民事权益。

（3）有证据材料。

（4）对象：对已经发生法律效力的判决、裁定、调解书提起撤销之诉。

（5）时间：应当自知道或者应当知道其民事权益受到损害之日起 6 个月内。

（6）管辖：向作出生效判决、裁定、调解书的人民法院提出。

📖 精讲精练

案情： 原告张某起诉被告李某返还古砚一案。二审法院将古砚判归原告张某所有。判决生效后，案外人王某认为，自己是古砚的共有人，应当作为共同原告参加诉讼。

问题： 案外人王某能否提起第三人撤销之诉？简要说明理由。

答案： 王某不能提第三人撤销之诉。因为王某不是前案中的第三人。

2. 法院中止执行的条件：受理第三人撤销之诉案件后，原告提供相应担保，请求中止执行的，人民法院可以准许。（《民诉法解释》第 299 条）

3. 第三人撤销之诉的裁判：撤销＋确认。（《民诉法解释》第 300 条）

（1）请求成立且确认其民事权利的主张全部或部分成立的，改变原判决、裁定、调解书内容的错误部分。

（2）请求成立，但确认其全部或部分民事权利的主张不成立，或者未提出确认其民事权利请求的，撤销原判决、裁定、调解书内容的错误部分。

（3）请求不成立的，驳回诉讼请求。

（4）原判决、裁定、调解书的内容未改变或者未撤销的部分继续有效。

撤销请求	确认请求	处理
√	√	改变
√	×	撤销
×	×	驳回

六、共同诉讼

（一）普通共同诉讼与必要共同诉讼的区分

1. 普通共同诉讼

（1）当事人一方或双方为 2 人以上。

（2）诉讼标的为同一种类。

①诉讼标的为 2 个以上；

②2 个以上诉讼标的同类。

2. 必要共同诉讼

（1）当事人一方或者双方为 2 人以上。

（2）当事人之间的诉讼标的是共同的。

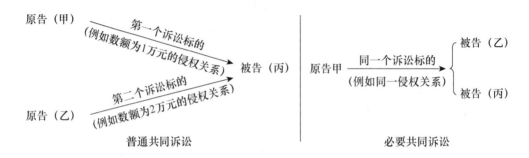

（二）必要共同诉讼当事人的追加与不追加

1. 必须共同进行诉讼的当事人没有参加诉讼的，应当追加：（《民诉法解释》第 73 条）

（1）法院通知追加。

（2）当事人申请追加。

2. 对必要共同原告的不追加：（《民诉法解释》第 74 条）

（1）应当追加的原告，已明确表示放弃实体权利的，可不予追加。

（2）既不愿意参加诉讼，又不放弃实体权利的，仍应追加为共同原告，其不参加诉讼，不影响人民法院对案件的审理和依法作出判决。

（三）常见的必要共同诉讼案件

1. 挂靠方与被挂靠方作为共同诉讼人：以挂靠形式从事民事活动，当事人请求由挂靠人和被挂靠人依法承担民事责任的，该挂靠人和被挂靠人为共同诉讼人。（《民诉法解释》第 54 条）

📑 **精讲精练**

案情：张山开了一家个体打印店，为了更好地对外开展经营活动，与大成广告公司签订了一份协议，约定张山的个体打印店以大成广告公司名义对外从事广告业务，张山每年向大成广告公司交管理费 5 万元。一天，某餐饮公司到张山的打印店打印一批菜单，出现质量纠纷。餐饮公司向法院起诉。

问题：本案应当以谁为被告？

答案：被告的确定有两种情况：（1）如果原告餐饮公司不提到挂靠关系，基于合同的相对性，就以大成广告公司为被告。（2）如果原告餐饮公司提到了挂靠关系，应当将挂靠人张山以及被挂靠人大成广告公司列为本案的共同被告。

2. 无民事行为能力人、限制民事行为能力人造成他人损害的：无民事行为能力人、限制民事行为能力人和其监护人为共同被告。(《民诉法解释》第 67 条)

3. 继承遗产类案件：(《民诉法解释》第 70 条)

(1) 部分继承人起诉的，人民法院应通知其他继承人作为共同原告参加诉讼。

(2) 被通知的继承人不愿意参加诉讼又未明确表示放弃实体权利的，人民法院仍应将其列为共同原告。

(3) 应当追加的原告，已明确表示放弃实体权利的，可不予追加为共同原告。(《民诉法解释》第 74 条)

4. 共有人可以作为共同原告：共有财产权受到他人侵害，部分共有权人起诉的，其他共有权人为共同诉讼人。(《民诉法解释》第 72 条)

5. 赡养费诉讼应当追加所有的义务人为共同被告。

七、诉讼代表人

1. 代表人诉讼的特点

(1) 当事人一方人数众多的共同诉讼：一般指 10 人以上。(《民诉法解释》第 75 条)

(2) 代表人为 2～5 人，每位代表人可以委托 1～2 人作为诉讼代理人。(《民诉法解释》第 78 条)

2. 人数确定的代表人诉讼

起诉时当事人人数已经确定。

3. 人数不确定的代表人诉讼

(1) 起诉时当事人人数尚未确定。

(2) 人数不确定的诉讼代表人的产生：(《民诉法解释》第 77 条)

①推选：由当事人推选代表人。

②协商：推选不出可以由人民法院提出人选与当事人协商。

③指定：协商不成可以由人民法院在起诉的当事人中指定代表人。

4. 诉讼代表人的权限

(1) 通常当然生效。

(2) 四项必须经被代表的当事人同意才生效：变更，放弃诉讼请求，承认对方当事人的诉讼请求，进行和解。

5. 证券纠纷代表人诉讼的调解

(1) 调解书对被代表的原告发生效力。

(2) 对申请退出调解的原告，诉讼继续审理，并依法判决。(《最高人民法院关于证券纠纷代表人诉讼若干问题的规定》第 21 条)

八、当事人变更

1. 因当事人死亡(《民诉法解释》第 55 条)

(1) 在诉讼中，一方当事人死亡，需要等待继承人表明是否参加诉讼的，裁定中止诉讼。

（2）人民法院应当及时通知继承人作为当事人承担诉讼。

（3）被继承人已经进行的诉讼行为对承担诉讼的继承人有效。

📗 **精讲精练**

案情：李大爷起诉公交公司要求其承担侵权责任的诉讼中，李大爷在开庭后因病情加重死亡，法院需要中止诉讼，并通知李大爷的儿子小李来参加诉讼。

问题：李大爷已经提交过相关证据，小李还需不需要重复提交？

答案：不需要。因为被继承人李大爷已经进行的诉讼行为，对承担诉讼的继承人有效。

2. 因在诉讼中争议的民事权利义务转移

（1）原则上：（《民诉法解释》第 249 条）

①当事人恒定。受让人申请以无独立请求权的第三人身份参加诉讼的，人民法院可予准许。

②人民法院作出的发生法律效力的判决、裁定对受让人具有拘束力。

（2）例外时，当事人变更：受让人申请替代当事人承担诉讼的，人民法院可以根据案件的具体情况决定是否准许。（《民诉法解释》第 249 条）

①不予准许的：可以追加其为无独立请求权的第三人。

②人民法院准许受让人替代当事人承担诉讼的，裁定变更当事人。诉讼程序以受让人为当事人继续进行。原当事人应当退出诉讼。原当事人已经完成的诉讼行为对受让人具有拘束力。（《民诉法解释》第 250 条）

📗 **解题技巧**

在诉讼中争议的民事权利义务转移之后，判断受让人的诉讼地位时要分成三种情况考虑：

（1）如果法院准许其替代，受让人成为诉讼的当事人。

（2）受让人作为无独立请求权第三人参加诉讼。

（3）受让人不进入本案的诉讼中。

📗 **精讲精练**

案情：钱老板以商铺漏水为由起诉物业公司，要求损害赔偿。在第一次开庭以后，钱老板将该商铺转让给了马老板，马老板申请替代钱老板作为本案当事人继续诉讼。

问题：法院应如何列明马老板的诉讼地位？

答案：（1）法院可以裁定变更马老板为本案当事人。（2）法院也可以追加马老板为本案的无独立请求权第三人。由于马老板已经申请参加诉讼，就不必再考虑不进入诉讼的情况了。

九、诉讼代理人

1. 法定诉讼代理人的确定

无民事行为能力人、限制民事行为能力人的监护人是其法定代理人。(《民诉法解释》第83条)

2. 委托诉讼代理人的确定

(1) 下列人员可以被委托为诉讼代理人:(《民事诉讼法》第58条)

① 律师、基层法律服务工作者;

② 当事人的近亲属或者工作人员;

③ 当事人所在社区、单位以及有关社会团体推荐的公民。

(2) 通常要提交授权委托书,但简易程序中可以当场口头委托。

(3) 特别授权:诉讼代理人代为承认、放弃、变更诉讼请求,进行和解,参加调解,提起反诉或者上诉,必须有委托人的特别授权。(《民诉法解释》第89、147条)

(4) 一般授权:授权委托书仅写"全权代理"而无具体授权的,不是特别授权。

3. 离婚案件的特殊问题(《民诉法解释》第147条)

(1) 在离婚诉讼中,即使有委托诉讼代理人,本人仍然需要出庭诉讼。

(2) 离婚案件当事人确因特殊情况无法出庭参加调解的,应当出具书面意见。

(3) 本人不能表达意志的,不用出庭参加调解,也不用出具书面意见。但他的法定代理人应当到庭。(《民诉法解释》第148条)

📖 **精讲精练**

案情: 钱某起诉张某离婚的案件,如果在开庭时,张某的法定代理人已经到庭。

问题: 请问张某本人是否需要到庭?

答案: 张某本人不必到庭,既然张某已经有法定代理人,则张某属于不能表达意志的人。

第五章
主管与管辖

 **本章导读**

　　本章所讲的管辖是指各级法院之间和同级法院之间受理第一审民事案件的分工与权限。它是确定具体的某一民事案件由哪个法院行使民事审判权的一项制度。法考要求考生了解民事主管、民事管辖的概念，确定民事诉讼管辖的原则，民事诉讼法所规定的民事诉讼各类管辖的具体内容、不同类别管辖之间的关系、管辖权异议和管辖恒定制度，精确掌握各类管辖适用的条件。本章内容是法考的核心考点之一。

 知识点

一、主管

　　1. 民事诉讼与民商事仲裁（具有民间性）的关系（《民诉法解释》第215、216条）

情形	处理	说明
（1）有仲裁协议	不得向法院起诉	当事人在书面合同中订有仲裁条款，或者在发生纠纷后达成书面仲裁协议，一方向人民法院起诉的，人民法院应当告知原告向仲裁机构申请仲裁，其坚持起诉的，裁定不予受理
（2）没有仲裁协议	法院受理	仲裁条款或者仲裁协议不成立、无效、失效、内容不明确无法执行的，法院有权依法受理
（3）法院受理后，有仲裁协议的	应当裁定驳回起诉	在人民法院首次开庭前，被告以有书面仲裁协议为由对受理民事案件提出异议，仲裁协议有效的，人民法院应当裁定驳回起诉

2. 民事诉讼与劳动仲裁的关系

（1）可以不经过劳动争议调解委员会调解而直接申请仲裁。

（2）不经过劳动仲裁委员会的仲裁，人民法院不予受理。

二、级别管辖

根据诉讼标的额，确定管辖法院。

（一）基层法院管辖

第一审民事案件原则上由基层法院管辖。

（二）中级法院管辖

1. 重大的涉外案件。

2. 本辖区内有重大影响的案件：诉讼标的额大或诉讼单位为省、自治区、直辖市以上。（《最高人民法院关于调整中级人民法院管辖第一审民事案件标准的通知》第1、2条）

（1）诉讼标的额5亿元以上：当事人住所地均在或者均不在受理法院所处省级行政辖区的。

（2）诉讼标的额1亿元以上：当事人一方住所地不在受理法院所处省级行政辖区的。

精讲精练

案情： 原告李某住所地在北京，被告张某住所地在上海。双方之间发生了争议金额为3亿元的投资合同纠纷。

问题： 原告李某打算向上海法院起诉，应当向哪一级法院起诉？

答案： 中级人民法院。当事人一方住所地不在受理法院所处省级行政辖区的，中级人民法院管辖诉讼标的额1亿元以上的第一审民事案件。本案中原告李某住所地在北京，被告张某住所地在上海，争议金额为3亿元。

3. 最高人民法院确定由中级法院管辖的案件。

（1）海事、海商案件：海事法院管辖。（《民诉法解释》第2条）

（2）专利纠纷案件：（《民诉法解释》第2条）

①北京、上海和广州：由知识产权法院管辖。（《最高人民法院关于北京、上海、广州知识产权法院案件管辖的规定》第1、2条）

②其他地方：最高人民法院确定的中级人民法院和基层人民法院管辖。

（3）申请确认仲裁协议效力案件的管辖法院：由仲裁协议约定的仲裁机构所在地、仲裁协议签订地、申请人住所地、被申请人住所地的中级人民法院或者专门人民法院管辖。（《最高人民法院关于审理仲裁司法审查案件若干问题的规定》第2条）

（三）高级法院管辖

高级法院管辖在本辖区内有重大影响的案件。

高级人民法院管辖诉讼标的额50亿元（人民币）以上（包含本数）或者其他在本辖区有重大影响的第一审民事案件。（《最高人民法院关于调整高级人民法院和中级人民法院管辖第一审民事案件标准的通知》）

（四）最高人民法院管辖

1. 在全国有重大影响的案件
2. 认为应当由本院审理的案件

四级法院管辖的案件			
最高人民法院	（1）在全国有重大影响的案件		（2）认为应当由本院审理的案件
高级人民法院	50 亿元（人民币）以上（包含本数）		
中级人民法院	（1）5 亿元以上＋1 亿元以上	（2）重大的涉外案件	（3）最高人民法院确定由中级法院管辖的案件
基层人民法院	5 亿元以下＋1 亿元以下		

三、地域管辖

根据诉讼标的，按照下列顺序，确定管辖法院：

专属管辖（不动产纠纷＋继承遗产纠纷）；

约定管辖（协议管辖＋应诉管辖）；

特殊地域管辖（合同纠纷＋侵权纠纷＋公司诉讼）；

一般地域管辖（被告法院管辖＋原告法院管辖）。

（一）专属管辖

1. 国内案件专属管辖

（1）因不动产纠纷提起的诉讼，由不动产所在地人民法院管辖。（《民诉法解释》第 28 条）

①不动产纠纷是指因不动产的权利确认、分割、相邻关系等引起的物权纠纷。

②农村土地承包经营合同纠纷、房屋租赁合同纠纷、建设工程施工合同纠纷、政策性房屋买卖合同纠纷，按照不动产纠纷确定管辖。

（2）因继承遗产纠纷提起的诉讼，由被继承人死亡时住所地或者主要遗产所在地人民法院管辖。

📌 **精讲精练**

案情：北京的张老头去世，留下了 90 万元的存款在上海。张老头有两个儿子张大和张二，都住在四川。

问题 1：如果张大要向法院起诉张二侵犯其继承权，本案是什么纠纷案件？

答案：本案是一个继承遗产纠纷案件。

问题 2：在确定管辖法院的时候，本案属于专属管辖、约定管辖、特殊地域管辖和一般地域管辖中的哪一种情况？

答案：专属管辖。

问题 3：本案应当由何地法院管辖？

答案：本案应由北京法院或上海法院管辖。继承遗产纠纷提起的诉讼，由被继承人死亡时住所地或者主要遗产所在地人民法院管辖。北京法院是张老头这个被继承人死亡时的住所地法院，而上海法院是主要遗产所在地法院。

2. 涉外案件专属管辖

因在中华人民共和国履行中外合资经营企业合同、中外合作经营企业合同、中外合作勘探开发自然资源合同发生纠纷提起的诉讼，由中华人民共和国人民法院管辖。这是对外国法院管辖的排斥。

（二）约定管辖

1. 协议管辖（《民事诉讼法》第 34 条）

（1）适用案件：财产类。

（2）只能以书面合同形式。（《民诉法解释》第 29 条）

（3）与争议有实际联系的地点的人民法院。（《民事诉讼法》第 34 条、《民诉法解释》第 531 条）

①国内：可以书面协议选择原告住所地、被告住所地、合同签订地、合同履行地、标的物所在地法院等与争议有实际联系的地点的人民法院管辖。（《民事诉讼法》第 34 条）

②涉外：可以书面协议选择原告住所地、被告住所地、合同签订地、合同履行地、标的物所在地、侵权行为地等与争议有实际联系地点的外国法院管辖。（《民诉法解释》第 531 条）

（4）可以选多个法院：管辖协议约定 2 个以上与争议有实际联系的地点的人民法院管辖，原告可以向其中一个人民法院起诉。（《民诉法解释》第 30 条）

（5）按格式条款处理，未提请消费者注意无效：经营者使用格式条款与消费者订立管辖协议，未采取合理方式提请消费者注意，消费者主张管辖协议无效的，人民法院应予支持。（《民诉法解释》第 31 条）

（6）不得违反民事诉讼法对级别管辖和专属管辖的规定。

（7）合同转让。（《民诉法解释》第 33 条）

合同的管辖协议对合同受让人：

①通常：有效。

②两种无效：转让时受让人不知道有管辖协议，或者转让协议另有约定且原合同相对人同意的。

2. 应诉管辖（《民事诉讼法》第 127 条）

（1）案件：无论什么案件均适用。

①国内与涉外。

②各类案件，包括财产与人身。

（2）条件：

①对于原告提起的诉讼，本院原本没有管辖权。

②被告未提出管辖异议，并应诉答辩。

精讲精练

案情：陈某向原本没有管辖权的乙县法院提起违约之诉，要求邵某赔偿经济损失 50 万元。邵某向乙县法院提出了管辖权异议之后，担心自己的管辖权异议不会被法院采纳，第二天，邵某又向乙县法院提交了答辩状。

问题：乙县法院能否取得本案的管辖权？简要说明理由。

答案：不能。因为被告已提出管辖权异议，法院不能应诉管辖。

（3）例外：违反级别管辖和专属管辖规定的除外。

（三）特殊地域管辖

1. 合同纠纷的管辖

（1）明确约定了合同履行地的合同纠纷：由被告住所地或者合同履行地人民法院管辖。

（2）没有明确约定合同履行地的合同纠纷，根据案件性质确定管辖法院：

1）财产租赁合同、融资租赁合同：由被告住所地或租赁物使用地法院管辖。（《民诉法解释》第19条）

2）以信息网络方式订立的买卖合同：（《民诉法解释》第20条）

①通过信息网络交付标的的：由被告住所地或买受人住所地法院管辖。

②通过其他方式交付标的的：由被告住所地或收货地法院管辖。

📋 **解题技巧**

网购合同的管辖法院：首先看双方有没有明确约定履行地点或者交付地点：

如果有：由被告住所地或约定的履行地点管辖。

如果双方没有明确约定履行地点或者交付地点，则需要看具体的交付方式：

①如果所买的东西是通过网上交付的：由被告住所地或买受人住所地法院管辖。

②如果所买的东西是通过线下交付的：由被告住所地或收货地法院管辖。

📋 **精讲精练**

案情：广东的张某通过淘宝网向深圳的卖家订购了一台存储容量为4T的移动硬盘。为了检验该硬盘是否能够使用，张某要求卖家用影片拷满移动硬盘。卖家承诺，保证硬盘和影片张某都喜欢，如有任何不满意，可以无条件调换。张某在江西老家收到硬盘后，发现该硬盘中的影片都是喜羊羊等动画片，非常失望，要求卖家更换硬盘，并特别强调一定要拷最新的法考资料。卖家表示硬盘本身无质量问题，因此不予更换，如张某一定要求更换影片，必须承担运费。张某表示卖家出尔反尔属于不诚信的行为，决定向法院起诉，不仅要求解除合同而且要求卖家承担违约责任。

问题：对于本案何地法院有管辖权？

答案：深圳法院或江西法院有管辖权。本案属于网购合同，双方没有约定具体的交付地点，并且是通过线下的方式交付的，因此应当由被告住所地深圳法院或收货地江西法院管辖。

3）因财产保险合同纠纷提起的诉讼，如果保险标的物是运输工具或者运输中的货物，可以由被告住所地、运输工具登记注册地、运输目的地、保险事故发生地人民法院管辖。（《民诉法解释》第21条）

4）因人身保险合同纠纷提起的诉讼，可以由被告住所地或被保险人住所地人民法院管辖。

　　5）因铁路、公路、水上、航空运输和联合运输合同纠纷提起的诉讼，由运输始发地、目的地或者被告住所地人民法院管辖。

　　（3）没有明确约定合同履行地的合同纠纷，根据争议标的确定管辖法院：（《民诉法解释》第18条）

　　①争议标的为给付货币的：由被告住所地或接收货币一方所在地法院管辖。

　　②交付不动产的：由被告住所地或不动产所在地法院管辖。

　　③其他标的：由被告住所地或履行义务一方所在地法院管辖。

　　④即时结清的合同：由被告住所地或交易行为地法院管辖。

　　（4）合同没有实际履行，当事人双方住所地都不在合同约定的履行地的：（《民诉法解释》第18条）

　　①仅由被告住所地人民法院管辖；

　　②合同履行地没有管辖权。

　　（5）担保合同的管辖：（《最高人民法院关于适用〈中华人民共和国民法典〉有关担保制度的解释》第21条）

　　①仲裁条款的合同不得起诉：主合同或者担保合同约定了仲裁条款的，人民法院对约定仲裁条款的合同当事人之间的纠纷无管辖权。

　　②同时起诉主从合同时以主合同确定管辖法院：债权人一并起诉债务人和担保人的，应当根据主合同确定管辖法院。

　　③仅就连带保证合同起诉时根据从合同确定管辖法院：债权人依法可以单独起诉担保人且仅起诉担保人的，应当根据担保合同确定管辖法院。

精讲精练

　　案情：甲向丙借款100万元，乙承担一般保证责任，甲到期未能归还借款。

　　问题1：如果债权人丙与保证人乙之间存在有效的仲裁协议，约定有关担保合同的一切纠纷由A仲裁委员会仲裁。债权人丙与债务人甲之间订立了有效的管辖协议，约定有关借款合同的一切纠纷由合同签订地法院即B法院管辖。现在债权人丙与保证人乙之间就担保合同的效力发生了争议，应如何解决？

　　答案：应当向约定的A仲裁委员会申请仲裁。债权人丙与保证人乙之间的担保合同纠纷，因存在有效的仲裁协议，法院没有管辖权。

　　问题2：债权人丙与债务人甲之间订立了有效的管辖协议，约定有关借款合同的一切纠纷由合同签订地法院即B法院管辖。债权人丙与保证人乙之间订立了有效的管辖协议，约定有关担保合同的一切纠纷由合同履行地法院即C法院管辖。债权人丙能否向C法院起诉保证人乙要求承担保证责任？

　　答案：不能。本案是一般保证，不能只起诉保证人乙，因此不能根据担保合同确定管辖法院。无论是只起诉债务人甲，还是一并起诉债务人甲和保证人乙，本案都应当根据主合同即借款合同确定管辖法院，由B法院管辖。

2. 侵权纠纷的管辖

（1）常考的侵权案件管辖法院：

①因产品质量不合格造成他人财产、人身损害提起的诉讼：产品制造地、产品销售地、侵权行为地、被告住所地人民法院都有管辖权。

②因铁路、公路、水上和航空事故请求损害赔偿提起的诉讼：由事故发生地或者车辆、船舶最先到达地、航空器最先降落地或者被告住所地人民法院管辖。

（2）其他侵权案件的管辖法院：由侵权行为地（包括侵权行为实施地、侵权结果发生地）或者被告住所地人民法院管辖。

3. 公司诉讼的管辖

公司诉讼由公司住所地人民法院管辖。（《民事诉讼法》第26条）

（四）一般地域管辖

1. 被告所在地法院管辖

（1）双方当事人都被监禁或者被采取强制性教育措施的：（《民诉法解释》第8条）

①被告被关的时间不到1年，由被告原住所地法院管辖。

②被告被关的时间1年以上，由被告被关的地方的法院管辖。

（2）夫妻双方离开住所地超过1年，一方起诉离婚的案件：（《民诉法解释》第12条）

①被告有经常居住地的：由被告经常居住地人民法院管辖。

②被告没有经常居住地的：由原告起诉时被告居住地人民法院管辖。

📋 **精讲精练**

案情：一对四川的夫妇到广州打工，5年没回家。某天丈夫在街边的电线杆上看到了一则悬赏广告："一个香港富婆，因为丈夫没有生育能力，希望在大陆找一个男子帮助其怀孕，见面即付定金30万元，借精生子成功再付120万元酬谢。"丈夫决定和妻子离婚之后去应聘。

问题：如果丈夫决定提起离婚诉讼，对于本案何地法院有管辖权？

答案：广州法院。本案属于双方都离开1年以上的离婚案件。如果妻子在广州住了1年以上，广州有管辖权，理由是广州属于被告妻子的经常居住地。如果妻子在广州住的时间不到1年，广州仍然有管辖权，理由是广州属于妻子的居住地。

2. 原告所在地法院管辖

（1）对不在我国领域内居住的人，提起的有关身份关系的诉讼。

（2）对下落不明或者宣告失踪的人，提起的有关身份关系的诉讼。

（3）只有被告一方被关起来（即被采取强制性教育措施、被监禁）。

（4）只有被告一方被注销户籍的。（《民诉法解释》第6条）

3. 双方都能管辖

（1）追索赡养费、抚育费、扶养费案件的，几个被告住所地不在同一辖区的。（《民诉法解释》第9条）

（2）夫妻一方（即被告方）离开住所地超过1年，另一方（即原告方）起诉离婚的案

件。(《民诉法解释》第 12 条)

四、裁定管辖

(一) 移送管辖

1. 移送管辖的适用条件

(1) 本院已经受理了案件。

(2) 本院对受理的案件没有管辖权或者其他有管辖权的法院已经先立案。

(3) 受移送法院对该案有管辖权。

2. 不能适用移送管辖的情形

(1) 受移送法院不能再行移送。

(2) 两个以上人民法院都有管辖权的诉讼,先立案的人民法院不得将案件移送给另一个有管辖权的人民法院。(《民诉法解释》第 36 条)

(3) 管辖恒定:以起诉时为准,起诉时对案件享有管辖权的法院,不因确定管辖的因素在诉讼过程中发生变化而丧失管辖权。

①案件受理后,受诉人民法院的管辖权不受当事人住所地、经常居住地变更的影响。(《民诉法解释》第 37 条)

②有管辖权的人民法院受理案件后,不得以行政区域变更为由,将案件移送给变更后有管辖权的人民法院。(《民诉法解释》第 38 条)

(二) 指定管辖

1. 指定管辖的适用情形:

(1) 各自的上级法院指定:

①受移送的法院认为对受移送的案件没有管辖权:此时没有与其他法院发生争议。

②有管辖权的人民法院由于特殊原因不能行使管辖权的。

(2) 共同的上一级法院指定:法院之间因管辖权发生争议,协商解决不了。例如:受移送法院与原来法院发生争议。(《民诉法解释》第 40 条)

2. 指定管辖的,应当作出裁定。(《民诉法解释》第 41 条)

(三) 管辖权转移 (《民事诉讼法》第 38 条)

1. 由下级法院向上级法院转移:可以报请上级人民法院审理。

(1) 适用情形:新类型、疑难复杂或者具有普遍法律适用指导意义的案件。(《最高人民法院关于调整中级人民法院管辖第一审民事案件标准的通知》第 4 条)

(2) 两种类型:

①由上级人民法院决定由其审理;

②根据下级人民法院报请决定由其审理。

2. 由上级法院向下级法院转移。

五、管辖权异议

1. 提出异议的主体:被告。

2. 对象:地域管辖与级别管辖均可以提异议。(《最高人民法院关于审理民事级别管辖

异议案件若干问题的规定》第1条）

3. 提出异议的时间及其处理。

（1）异议提出的时间：

①应当在提交答辩状期间提出。（《民事诉讼法》第127条）

②提交答辩状期间届满后，原告增加诉讼请求金额致使案件标的额超过受诉人民法院级别管辖标准，被告提出管辖权异议，请求由上级人民法院管辖的，人民法院应当裁定移送有管辖权的人民法院（这种情况属于管辖恒定的例外）。（《最高人民法院关于审理民事级别管辖异议案件若干问题的规定》第3条）

（2）逾期的后果：未提出管辖异议，并应诉答辩的，视为受诉人民法院有管辖权。

（3）对异议的处理：异议成立的，裁定将案件移送有管辖权的人民法院；异议不成立的，裁定驳回异议。

4. 救济：对管辖权异议裁定不服，可以上诉，但不能申请再审。

📄 **精讲精练**

案情： 二审法院认为一审法院违反了法定程序，裁定将案件发回一审法院重审。在一审法院重审本案时，一审法院让被告重新提交答辩状。

问题： 此时被告是否有权提出管辖权异议？

答案： 被告无权提管辖权异议。只有第一次的一审前的提交答辩状期间才能提管辖权异议。

第六章
证据

 本章导读

本章的重点在于证据的分类、证据保全以及举证时限。法考要求考生了解民事证据的概念与特征、证据保全的概念与适用条件，理解并掌握民事诉讼法规定的各种证据、理论上对证据进行划分的标准，熟悉并能够运用各种证据的特点，结合实际情况判断某一材料属于何种证据以及把握举证时限。

 知识点

一、证明对象

（一）主张方无须举证：由对方用相反证据反驳或者推翻（《民事诉讼证据规定》第10条）

	主张方无须举证证明的事实	由对方用相反证据反驳或推翻
（1）	自然规律以及定理、定律	不允许对方用相反证据反驳或推翻
（2）	众所周知的事实	允许对方当事人用相反证据反驳或者推翻
（3）	根据法律规定推定的事实	
（4）	根据已知的事实和日常生活经验法则推定出的另一事实	
（5）	已为仲裁机构的生效裁决所确认的事实	
（6）	已为人民法院发生法律效力的裁判所确认的基本事实	
（7）	已为有效公证文书所证明的事实	

（二）自认制度

1. 自认的效果：当事人免于举证。

2. 自认的时间：在诉讼过程中。（《民诉法解释》第92条、《民事诉讼证据规定》第3条）

（1）在证据交换、询问、调查过程中。

（2）在起诉状、答辩状、代理词等书面材料中。

3. 自认的类型。

（1）明示的自认。（《民事诉讼证据规定》第3条）

①先承认：一方当事人陈述的于己不利的事实，另一方当事人无须举证证明。

②后承认：对于己不利的事实明确表示承认的，另一方当事人无须举证证明。

（2）默示的自认：不否认，视为承认。（《民事诉讼证据规定》第4条）

①一方当事人对于另一方当事人主张的于己不利的事实既不承认也不否认；

②经审判人员说明并询问后；

③其仍然不明确表示肯定或者否定的，视为对该事实的承认。

（3）委托代理人代为自认：只要授权委托书没有明确排除的事项，都可以。（《民事诉讼证据规定》第5条）

①原则上：当事人委托诉讼代理人参加诉讼的，诉讼代理人的自认视为当事人的自认。

②不视为自认的两种情况：授权委托书明确排除的事项＋当事人在场对诉讼代理人的自认明确否认的。

（4）共同诉讼人的自认。（《民事诉讼证据规定》第6条）

①普通共同诉讼中，共同诉讼人中一人或者数人作出的自认，对作出自认的当事人发生效力。

②必要共同诉讼中，共同诉讼人中一人或者数人作出自认而其他共同诉讼人予以否认的，不发生自认的效力。其他共同诉讼人既不承认也不否认，经审判人员说明并询问后仍然不明确表示意见的，视为全体共同诉讼人的自认。

普通共同诉讼和必要共同诉讼中，共同诉讼人中一人或者数人作出的自认			
	对于自己	对于其他共同诉讼人	总结
普通共同诉讼中	构成自认	不构成自认	对自己，算自认；对他人，无影响
必要共同诉讼中	其他共同诉讼人不否认：对所有的人，发生自认的效力（既不承认也不否认＋经审判人员说明并询问后仍然不明确表示意见的）		一致承认，才自认；若有分歧，算否认
	其他共同诉讼人否认的：对所有的人，不发生自认的效力		

📝 **精讲精练**

案情：张某同时起诉某甲和某乙侵害其名誉权。在庭审中，某甲承认曾经在微博中发帖捏造事实侮辱张某。

问题1：如果本案是普通共同诉讼，某甲在法庭中的承认，对某乙是否构成自认？

答案：不构成自认。普通共同诉讼原本是多个案件，一人自认对其他共同诉讼人不构成自认。

问题2：如果本案是必要共同诉讼，某甲在法庭中的承认，对某乙是否构成自认？

答案：只要某乙不否认，就会对某乙产生自认的效力。在必要共同诉讼中，尽管被告有两人，但他们是同一个案件的同一方当事人，因此任何一个人的行为，通常会被看成是这一方当事人共同的行为。

问题3：如果本案是必要共同诉讼，某甲在法庭中的承认，某乙否认，对某甲是否构成自认？

答案：不构成自认。必要共同诉讼，采取整体承认或者整体否认的原则，只要其他共同诉讼人予以否认的，就不构成自认。

4. 不允许自认的事实。（《民事诉讼证据规定》第8条）

（1）法院依职权主动调查收集证据的事实，不适用有关自认的规定：

①涉及可能损害国家利益、社会公共利益的；

②涉及身份关系的；

③涉及《民事诉讼法》第55条规定诉讼的；

④当事人有恶意串通损害他人合法权益可能的；

⑤涉及依职权追加当事人、中止诉讼、终结诉讼、回避等程序性事项的。

（2）自认的事实与已经查明的事实不符的：人民法院不予确认。

（3）调解或者和解中因妥协认可的事实：在诉讼中，当事人为达成调解协议或者和解协议作出妥协而认可的事实，不得在后续的诉讼中作为对其不利的根据，但法律另有规定或者当事人均同意的除外。（《民诉法解释》第107条）

5. 自认的撤销。（《民事诉讼证据规定》第9条）

（1）截止时间：在法庭辩论终结前。

（2）两种情形：

①经对方当事人同意的；

②自认是在受胁迫或者重大误解情况下作出的。

（3）应当裁定：人民法院准许当事人撤销自认的，应当作出口头或者书面裁定。

二、法院调查收集证据

1. 法院依职权主动调查收集证据，限于：（《民诉法解释》第96条）

（1）涉及可能损害国家利益、社会公共利益的；

（2）涉及身份关系的；

（3）涉及《民事诉讼法》第55条规定诉讼的（即公益诉讼案件）；

（4）当事人有恶意串通损害他人合法权益可能的；

（5）涉及依职权追加当事人、中止诉讼、终结诉讼、回避等程序性事项的。

2. 当事人申请人民法院调查收集。

（1）情形：（《民诉法解释》第94条）

①证据由国家有关部门保存，当事人及其诉讼代理人无权查阅调取的；

②涉及国家秘密、商业秘密或者个人隐私的；

③当事人及其诉讼代理人因客观原因不能自行收集的其他证据。

（2）在举证期限届满前申请。（《民事诉讼证据规定》第20条）

（3）书面申请人民法院调查收集。

（4）可以申请再审。

三、证明责任

1. 证明责任的概念（《民诉法解释》第90条）

（1）行为意义上的：当事人对自己提出的诉讼请求所依据的事实或者反驳对方诉讼请求所依据的事实，应当提供证据加以证明，但法律另有规定的除外。

（2）结果意义上的：在作出判决前，当事人未能提供证据或者证据不足以证明其事实主张的，由负有举证证明责任的当事人承担不利的后果。

2. 分配规则

人民法院应当依照下列原则确定举证证明责任的承担，但法律另有规定的除外（无过错责任＋过错推定＋因果关系倒置）。（《民诉法解释》第91条）

（1）主张法律关系存在的当事人	应当对产生该法律关系的基本事实承担举证证明责任
（2）主张法律关系变更的当事人	应当对该法律关系变更的基本事实承担举证证明责任
（3）主张法律关系消灭的当事人	应当对该法律关系消灭的基本事实承担举证证明责任
（4）主张权利受到妨害的当事人	应当对该权利受到妨害的基本事实承担举证证明责任

背诵要点	说明
（1）需要证明的事实分四类	需要证明的争议事实共有四类，产生、变更、消灭法律关系的事实和权利受到妨害的事实
（2）法律关系＝权利	原告主张有债权，就是在主张有债权债务关系
（3）谁主张，谁举证	否定方，不举证 ①主张有权利的当事人证明的是产生；主张没有权利的当事人证明的是消灭，而不是不产生权利 ②权利受到妨害的基本事实，是指影响行使权利的各种事实。比如已经过了诉讼时效，就是妨碍事实
（4）解题时，讲顺序	第1步：根据原告诉讼请求确定本案争议的法律关系（无过错责任＋过错推定＋因果关系倒置等） 第2步：原告举证证明产生请求权的基本事实 第3步：被告举证证明原告请求权变更、消灭、受到妨害的事实

📄 **精讲精练**

案情：原告李明起诉被告王华要求返还5万元借款。

问题1：对于是否存在5万元的借贷关系，应当由谁负举证证明责任？

答案：原告李明应当对存在借贷关系的事实负举证证明责任。

问题2： 如果被告王华不愿意还钱，主张已经还钱，借贷关系已经消灭。对于被告王华是否已经还钱的事实，应当由谁负举证证明责任？

答案： 被告王华要对已经还钱的事情负举证证明责任。

（1）污染环境、破坏生态的规定：

①侵权人过错，无须双方证明。（《民法典》第1229条）

②行为人应当就法律规定的不承担责任或者减轻责任的情形及其行为与损害之间不存在因果关系承担举证责任。（《民法典》第1230条）

精讲精练

题目： 甲公司和某村签订了服务合同，用飞机低空飞行为该村喷洒农药，每次飞行都会途经李某的养鸡场，3个月后，李某向吴某履行合同时发现鸡的重量低于合同要求，认为是甲公司的飞机低空飞行产生的噪音导致鸡食欲下降进而影响了鸡的生长，遂向法院起诉甲公司。请分析本案证明责任分配。（2020年考生回忆版真题/单选题）

A. 李某应当对飞机噪音与鸡食欲下降有因果关系承担证明责任

B. 甲公司应当对飞机噪音与鸡食欲下降没有因果关系承担证明责任

C. 李某应当对甲公司有过错承担证明责任

D. 甲公司应当对自己没有过错承担证明责任

答案： B

解析： 本案属于环境污染案件，应由被告甲公司证明没有因果关系，原告李某不必证明有因果关系。被告甲公司的主观过错，原被告双方均无须证明。

（2）堆放物倒塌、滚落或者滑落造成他人损害：

过错推定：堆放人不能证明自己没有过错的，应当承担侵权责任。（《民法典》第1255条）

精讲精练

题目： 夏某在回宿舍的楼道里，被季某堆放在楼梯过道的衣柜不小心绊倒受伤，夏某向法院起诉季某，要求损害赔偿。在诉讼中对本案被告季某是否存在过错产生争议，关于该争议事实的证明责任分配，下列表述正确的是：（2019年考生回忆版真题/单选题）

A. 法院承担证明责任

B. 过错不是本案的证明对象

C. 由季某证明自己没有过错

D. 由夏某证明季某有过错

答案： C

解析： 堆放在楼梯过道的衣柜是堆放物。根据《民法典》第1255条的规定，堆放物倒塌、滚落或者滑落造成他人损害，堆放人不能证明自己没有过错的，应当承担侵权责任。因此应当由堆放人季某证明自己没有过错。

四、证据的法定分类

（一）法定证据的八类（《民事诉讼法》第 63 条）

1. 当事人的陈述

2. 书证

3. 物证

4. 视听资料

5. 电子数据

6. 证人证言

7. 鉴定意见

8. 勘验笔录

（二）当事人到庭签署保证书（《民诉法解释》第 110 条）

1. 当事人签署并宣读保证书（《民事诉讼证据规定》第 65 条）

（1）人民法院应当在询问前责令当事人签署保证书并宣读保证书的内容。

（2）当事人有正当理由不能宣读保证书的，由书记员宣读并进行说明。

2. 保证书的内容（《民事诉讼证据规定》第 65 条）

应当载明保证据实陈述，绝无隐瞒、歪曲、增减，如有虚假陈述应当接受处罚等内容。当事人应当在保证书上签名、捺印。

3. 拒绝的后果是作出不利于该当事人的认定（《民事诉讼证据规定》第 66 条）

当事人无正当理由拒不到场、拒不签署或宣读保证书或者拒不接受询问的，人民法院应当综合案件情况，判断待证事实的真伪。待证事实无其他证据证明的，人民法院应当作出不利于该当事人的认定。

（三）书证

1. 文书提出命令。（即申请法院责令对方当事人提交书证）

（1）条件：（《民诉法解释》第 112 条）

①书证在对方当事人控制之下的，也适用于视听资料、电子数据。（《民事诉讼证据规定》第 99 条）

②在举证期限届满前。

③承担举证证明责任的当事人可以书面申请人民法院责令对方当事人提交。

📖 **精讲精练**

题目： 根据《民事诉讼法》和有关司法解释的规定，以下哪种证据，当事人无权申请法院责令对方当事人提交？

A. 书证

B. 物证

C. 视频资料

D. 电子数据

答案： B

解析： 根据《民事诉讼证据规定》的规定，目前三类证据都可以申请文书提出命令：书证、视听资料、电子数据。在德日等大陆法系国家，有关书证的规则也适用于视听资料和电子数据，《民事诉讼证据规定》第 99 条作了同样的规定：关于书证的规定适用于视听资料、电子数据。

（2）控制书证的当事人应当提交的书证：（《民事诉讼证据规定》第 47 条）

①引用书证：控制书证的当事人在诉讼中曾经引用过的书证。

②利益书证：为对方当事人的利益制作的书证。

③权利书证：对方当事人依照法律规定有权查阅、获取的书证。

④账簿凭证：账簿、记账原始凭证。

（3）违反的结果：（《民事诉讼证据规定》第 48 条、《民诉法解释》第 113 条）

①控制书证的当事人无正当理由拒不提交书证的，人民法院可以认定对方当事人所主张的书证内容为真实。

②持有书证的当事人以妨碍对方当事人使用为目的，毁灭有关书证或者实施其他致使书证不能使用行为的，人民法院可以认定对方当事人主张以该书证证明的事实为真实，并对其处以罚款、拘留。

精讲精练

案情： 哥哥熊大起诉弟弟熊二遗产纠纷一案，哥哥熊大向法院提交了一份遗嘱复印件，该复印件只有一页即父亲生前所立遗嘱的最后一页。在该遗嘱上有"现金 800 万元归熊大"以及"原件由熊二保管"的字样。哥哥熊大跟法院说，按照这个遗产分配方案，自己应该分到现金 800 万元和一套房，现在给法院看的复印件只是其中一部分，只有分给自己 800 万元的内容，只要弟弟熊二提供了原件，就能证明自己应该分到 800 万元和一套房。弟弟熊二承认有这样一份遗嘱存在，但以各种理由拒绝提供。哥哥熊大在举证期限内书面申请法院责令弟弟熊二提交遗嘱原件，法院通知弟弟熊二提交，但弟弟熊二无正当理由拒绝提交。

问题 1： 通常情况下，法院将如何认定本案的事实？

答案： 法院将认定哥哥熊大分到 800 万元的事实是真实的。

问题 2： 如果弟弟熊二故意毁灭原件，法院将如何认定本案的事实？

答案： 法院将认定哥哥熊大分到 800 万元和一套房的事实是真实的。

2. 公文书推定为真实。（《民诉法解释》第 114 条）

（1）只要公文书是真实的，文书所记载的事项就推定为真实。

（2）对方当事人可以用相反证据推翻。

（3）必要时，人民法院可以要求制作文书的机关或者组织对文书的真实性予以说明。

3. 私文书证真实性的判断。（《民事诉讼证据规定》第 92 条）

	法条原文	记忆要点
对未署名书证的规定	私文书证的真实性,由主张以私文书证证明案件事实的当事人承担举证责任	引用方对内容真实性举证
对已署名书证的规定	私文书证由制作者或者其代理人签名、盖章或捺印的,推定为真实	引用方对署名(即签名、盖章或捺印)真实性举证 反对方证明:署名并非本人真实意思;在空白处增加了内容
要点说明	(1) 签名、盖章或捺印的真实性:由引用方举证,反对方不举证 (2) 只要证明签名、盖章或捺印是真的:法院将认定文书是真的;对方若要反对,必须要举证,否则法院仍认定文书是真的 (3) 引用方证明:①签名、盖章或捺印的真实性;②未署名私文书证内容的真实性 (4) 反对方证明:证明署名书证①署名并非本人真实意思或者②在空白处增加了内容;不证明未署名书证内容的真实性	

📗 精讲精练

案情:原告张某起诉被告李某返还借款 100 万元。在诉讼中原告张某向法院提交了一份借款合同。该借款合同记载的借款金额为 100 万元,并且还款期为起诉前一个月届满,在该借款合同上,有原告张某和被告李某双方的签名捺印。

问题 1:如果被告李某在诉讼中主张借款合同上自己的签名是原告张某伪造的。对于借款合同是否是真实的,应当由谁负举证责任?

答案:应当由原告举证。私文书证的真实性,由主张以私文书证证明案件事实的当事人承担举证责任。原告是主张借贷关系的一方,应当对借贷关系是否产生的事实举证。借款合同是用来证明借贷关系产生的证据,对于借款合同的真实性,由原告负举证责任。

问题 2:如果签名是真的,法院是否会认为被告李某向原告张某借款 100 万元的事实是真实的?

答案:法院会认为借款 100 万元的事实是真实的。借款合同由双方当事人的签名捺印后,将推定借款合同所记载的内容为真实。

📗 精讲精练

题目:陈北以任青欠款到期未还为由诉至法院,任青主张已还,提供有"陈北"签名的收条。陈北主张签名系伪造。关于收条的证明,以下说法正确的是:(2021 年考生回忆版真题/多选题)

A. 陈北对收条真实性承担证明责任

B. 任青对签名为真提供证据

C. 陈北对签名为假提供证据

D. 任青为收条的真实性承担证明

答案:BD

解析：应当由使用方证明是收条为真实，反对方无须证明。由于该收条有"陈北"签名，只要签名是真实的，就推定收条所记载的内容是真实的。使用方需证明签名为真实，反对方无需证明。

4. 当事人提供的公文书证系在中国领域外形成的：该证据应当经所在国公证机关证明，或者履行中华人民共和国与该所在国订立的有关条约中规定的证明手续。(《民事诉讼证据规定》第16条)

(四) 证人证言

1. 证人应当出庭作证(《民事诉讼证据规定》第68条)

(1) 证人应当出庭接受询问：人民法院应当要求证人出庭作证，接受审判人员和当事人的询问。

(2) 未出庭不得作为认定案件事实的根据：无正当理由未出庭的证人以书面等方式提供的证言，不得作为认定案件事实的根据。

2. 证人签署并宣读保证书(《民事诉讼证据规定》第71条)

(1) 通常需要签署和宣读保证书：人民法院应当要求证人在作证之前签署保证书，并在法庭上宣读保证书的内容。

(2) 两种例外情况：

①无民事行为能力人和限制民事行为能力人作为证人的除外。

②证人确有正当理由不能宣读保证书的，由书记员代为宣读并进行说明。

📙 **精讲精练**

案情：王某(女)与周某(男)是夫妻，但由于工作不在同一城市，长期两地分居。最近王某向法院起诉与周某离婚，理由是周某与邻居陈某(女，已经离异)之间有婚外情。王某提出，左邻右舍早就知道这个情况，只是自己最近才知道。邻居家的小孩李某，早上出门上学时经常看见周某从陈某家出来。法院根据当事人申请通知邻居李某(11岁)出庭作证。

问题：如果李某出庭时没有签署保证书，是否能够作证？

答案：能够作证。虽然证人出庭应当签保证书，否则不能作证，但未成年人是可以不签保证书的。

(3) 保证书的内容：应当载明保证据实陈述，绝无隐瞒、歪曲、增减，如有虚假陈述应当接受处罚等内容。证人应当在保证书上签名、捺印。(《民事诉讼证据规定》第65条)

(4) 违反的后果：证人拒绝签署或者宣读保证书的，不得作证，并自行承担相关费用。(《民事诉讼证据规定》第71条)

(五) 视听资料与电子数据

1. 视听资料，包括录音资料和影像资料。(《民诉法解释》第116条)

2. 电子数据。

(1) 范围：信息、电子文件。(《民事诉讼证据规定》第14条)

①信息包括形成或者存储在电子介质中的信息。

②电子文件包括文档、图片、音频、视频、数字证书、计算机程序等。

📑 **精讲精练**

题目： 根据《民事诉讼法》和相关司法解释的规定，以下哪些属于电子数据？

A. 在微博"民诉郭翔"中置顶的"民诉考点总结"的帖子

B. 存在电脑硬盘中的《郭翔讲民诉》的书稿

C. 在八达岭长城的城墙上用小刀刻的"王某到此一游"

D. 硬盘中存放的 Office2016 盗版软件

答案： ABD

解析： 只要是信息和电子文件，就属于电子数据。

（2）提交：应当提供原件。（《民事诉讼证据规定》第15条）

直接来源于电子数据的打印件，视为电子数据的原件。

3. 电子数据优先：存储在电子计算机等电子介质中的视听资料，适用电子数据的规定。（《民诉法解释》第116条、《民事诉讼证据规定》第99条）

📑 **解题技巧**

8种法定证据的判断，遵守以下两个步骤：

（1）电子数据优先：只要是存储在电子介质的信息，或者形成在电子介质的信息，不管这些信息原本是合同书还是针对侵权案件的现场所拍的照片，都要认定为电子数据。

（2）不是电子数据的时候，才根据原始证据来判断题目中的证据是书证、物证还是别的证据。

📑 **精讲精练**

案情： 甲公司职工黎某因公司拖欠其工资，多次与公司法定代表人王某发生争吵，王某一怒之下打了黎某一耳光。为报复王某，黎某找到江甲的儿子江乙（17岁），唆使江乙将王某办公室的电脑、投影仪等设备砸坏，承诺事成之后给其一台数码相机为报酬。事后，甲公司对王某办公室损坏的设备进行了清点登记和拍照，并委托、授权律师尚某全权处理本案。原告甲公司向法院提交了对损坏设备拍摄的照片。

问题1： 如果提交给法院的照片是用数码相机拍的，该照片是哪一类法定证据？

答案： 由于照片是形成于电子介质中的，因此属于电子数据。

问题2： 如果提交给法院的照片是用胶片相机拍的，该照片是哪一类法定证据？

答案： 照片是物证。（1）由于该照片不是电子数据，所以要根据原始证据来判断。（2）在本案中，作为证明案件经过的原始证据是损坏的电脑和投影仪，胶片冲印出的照片只是展示电脑和投影仪的一种方式而已，本质上是根据电脑和投影仪所形成的传来证据。（3）照片不是书证，因为真正起证明作用的是照片所反映的损坏的电脑和投影仪，而不是照片本身。

（六）鉴定意见

1. 申请鉴定

（1）申请：

①法院应当向当事人释明：法院认为待证事实需要通过鉴定意见证明的，应当向当事人释明，并指定提出鉴定申请的期间。（《民事诉讼证据规定》第 30 条）

②另一方当事人申请：对于一方当事人就专门性问题自行委托有关机构或者人员出具的意见，另一方当事人有证据或者理由足以反驳并申请鉴定的，人民法院应予准许。（《民事诉讼证据规定》第 41 条）

（2）预交鉴定费用：当事人申请鉴定，应当在人民法院指定期间内提出，并预交鉴定费用。（《民事诉讼证据规定》第 31 条）

（3）逾期不提出申请或者不预交鉴定费用的：（《民事诉讼证据规定》第 31 条）

①视为放弃申请。

②对需要鉴定的待证事实负有举证责任的当事人，无正当理由不提出鉴定申请，应当承担举证不能的法律后果。

（4）鉴定人的协商与指定：当事人协商不成的，由人民法院指定。（《民事诉讼证据规定》第 32 条）

2. 职权委托

（1）适用的情形：应当由法院依职权调查收集的证据。

（2）指定鉴定人：可以在询问当事人的意见后，指定具备相应资格的鉴定人。

3. 鉴定人签署承诺书（《民事诉讼证据规定》第 33 条）

（1）时间：鉴定开始之前，人民法院应当要求鉴定人签署承诺书。

（2）违反的后果：鉴定人故意作虚假鉴定的，人民法院应当责令其退还鉴定费用，并进行处罚。

4. 鉴定人必须出庭（《民事诉讼法》第 78 条）

（1）两种情况必须出庭：

①当事人对鉴定意见有异议，经鉴定人书面答复后，仍然有异议；（《民事诉讼证据规定》第 37、38 条）

②人民法院认为鉴定人有必要出庭的。

（2）出庭的方式：委托机构鉴定的，应当由从事鉴定的人员代表机构出庭。（《民事诉讼证据规定》第 79 条）

（3）询问鉴定人：

①经法庭许可，当事人可以询问鉴定人。（《民事诉讼证据规定》第 82 条）

②鉴定人必要时可以询问当事人、证人。（《民事诉讼法》第 77 条）

📑 解题技巧

民事诉讼中鉴定人出庭的情况：

（1）在民事诉讼中，有两种情况，鉴定人都需要出庭。

（2）要求鉴定人出庭，并不需要同时满足两个条件。

（3）只要当事人对鉴定意见不认可，或者法院认为有必要，鉴定人都需要出庭。

📖 **精讲精练**

案情：在债权人张小泉起诉债务人马小勇返还欠款 5 万元的诉讼中，对于借款合同的真实性，双方有分歧。法院委托鉴定人方国华对合同的真实性进行鉴定。随后鉴定人方国华出国探亲，但是债务人马小勇对鉴定意见一直有异议。

问题：在这种情况下，鉴定人方国华是否必须要出庭？

答案：鉴定人方国华必须要出庭。

5. 鉴定人拒不出庭作证的后果（《民事诉讼证据规定》第 81 条）

（1）鉴定意见不得作为认定事实的根据：鉴定人拒不出庭作证的，鉴定意见不得作为认定案件事实的根据。

（2）处罚：人民法院应当建议有关主管部门或者组织对拒不出庭作证的鉴定人予以处罚。

（3）退还鉴定费用：当事人要求退还鉴定费用的，人民法院应当在 3 日内作出裁定，责令鉴定人退还；拒不退还的，由人民法院依法执行。

（4）重新鉴定：当事人因鉴定人拒不出庭作证申请重新鉴定的，人民法院应当准许。

6. 通知有专门知识的人出庭（《民事诉讼法》第 79 条、《民诉法解释》第 122 条）

（1）法院通知：依当事人申请。

（2）申请时间：在举证期限届满前。

（3）人数：1～2 名具有专门知识的人。

（4）代表当事人对鉴定意见进行质证，或者对案件事实所涉及的专业问题提出意见。

（5）性质：具有专门知识的人在法庭上就专业问题提出的意见，视为当事人的陈述。

（6）费用：由提出申请的当事人负担。

（7）询问与对质：（《民诉法解释》第 123 条、《民事诉讼证据规定》第 84 条）

①人民法院和当事人，可以对出庭的具有专门知识的人进行询问。

②当事人各自申请的具有专门知识的人，可以就案件中的有关问题进行对质。

📖 **精讲精练**

案情：陈某是当地知名的房地产商，喜欢喝高度酒。某日陈某从当地的古玩商店"紫轩斋"购买了一个明朝的青花瓷用于盛酒。陈某的朋友李某告诉陈某，该青花瓷不是明朝的酒具。随后，陈某起诉古玩商店"紫轩斋"要求解除合同，返还货款。"紫轩斋"则坚持认为自己所出售的青花瓷不是仿制品。经"紫轩斋"申请，法院通知当地文博院研究员王教授出庭就该青花瓷的真假及用途提供专门意见。王教授告诉法院，该青花瓷是明朝的，之所以外观与一般的明朝青花瓷有差异，是因为该青花瓷是明朝官宦人家的夜壶。最终法院结合王教授的意见，认定"紫轩斋"并没有出售仿制品。

问题：王教授出庭的费用应当由谁负担？

答案：由提出申请的"紫轩斋"负担。不由败诉方陈某负担。

五、证据的理论分类

证据名称	分类方法	解题技巧
（1）本证与反证	对证据所证明的事实，提出方是否承担证明责任： ①负举证证明责任的人提供的为本证 ②不负举证证明责任的人提供的为反证	①第一步，该证据是证明什么事实的 ②第二步，该事实由谁负举证证明责任 ③第三步，该证据是由谁提供的
（2）直接证据与间接证据	该证据是否能够单独证明案件主要事实： ①能单独证明为直接证据 ②不能单独证明为间接证据	看内容，不看效力
（3）原始证据与传来证据	是否源于案件事实： ①案件中形成的为原始证据 ②根据原始证据产生的为传来证据	效力上，原始证据的证明力大于传来证据

六、证据的保全

1. 诉前证据保全（《民事诉讼法》第 81 条）

（1）适用条件：①证据可能灭失；②以后难以取得。

（2）启动方式：利害关系人申请。

（3）管辖：证据所在地、被申请人住所地或者对案件有管辖权的法院。

①法院不会因为采取保全措施而获得管辖权。

②人民法院采取诉前证据保全措施后，当事人向其他有管辖权的人民法院提起诉讼的：采取保全措施的人民法院应当根据当事人的申请，将保全的证据及时移交受理案件的人民法院。（《民事诉讼证据规定》第 29 条）

2. 诉讼证据保全

（1）适用条件：①证据可能灭失；②以后难以取得。

（2）启动方式：①诉讼参加人（即当事人）申请；②法院主动采取。

（3）当事人申请的时间：在举证期限届满前书面提出。（《民诉法解释》第 98 条）

（4）管辖：受案法院。

3. 诉前与诉中的担保要求

（1）诉前：申请人应当提供担保。

（2）诉中：可以责令申请人提供担保。当事人或者利害关系人申请采取查封、扣押等限制保全标的物使用、流通等保全措施，或者保全可能对证据持有人造成损失的，人民法院应当责令申请人提供相应的担保。（《民诉法解释》第 98 条、《民事诉讼证据规定》第 26 条）

4. 法律效果：对该证据能证明的相关事实，可以免除提供证据的责任。

七、举证期限（《民事诉讼法》第 65 条）

1. 举证期限由法院确定：人民法院应当在答辩期届满后的审理前的准备阶段确定当事人的举证期限，并向当事人送达举证通知书。（《民诉法解释》第 99、224 条，《民事诉讼证据规定》第 50 条）

2. 举证期限可以由当事人协商，并经人民法院准许。（《民事诉讼证据规定》第51条）

3. 再次确定举证期限：诉讼过程中，当事人主张的法律关系性质或者民事行为效力与人民法院根据案件事实作出的认定不一致的，人民法院应当将法律关系性质或者民事行为效力作为焦点问题进行审理。当事人根据法庭审理情况变更诉讼请求的，人民法院应当准许并可以根据案件的具体情况重新指定举证期限。（《民事诉讼证据规定》第53条）

4. 当事人逾期提供证据：（《民诉法解释》第101、102条）

（1）人民法院应当责令其说明理由，必要时可以要求其提供相应的证据。

（2）当事人因客观原因逾期提供证据，或者对方当事人对逾期提供证据未提出异议的，视为未逾期。

（3）当事人因故意或者重大过失逾期提供的证据：该证据与案件基本事实有关的，人民法院应当采纳，予以训诫、罚款。

（4）当事人非因故意或者重大过失逾期提供的证据，人民法院应当采纳，并对当事人予以训诫。

八、质证

1. 质证的作用：未经当事人质证的证据，不得作为认定案件事实的根据。（《民诉法解释》第103条）

2. 质证的对象：

（1）当事人向法院提出的证据。

（2）当事人申请法院调查的证据。

（3）法院依照职权调查收集的证据，不属于质证的对象。由审判人员对调查收集证据的情况进行说明后，听取当事人的意见。（《民事诉讼证据规定》第62条）

3. 公开质证问题。

（1）原则上都当公开质证。

（2）公开质证的例外：涉及国家秘密、商业秘密、个人隐私或者法律规定应当保密的证据。（《民诉法解释》第103条）

▶ 解题技巧

涉及国家秘密、商业秘密、个人隐私的证据的质证，要注意区分两个问题：（1）需要质证；（2）质证不公开进行。

▶ 精讲精练

案情：原告认为被告违反了买卖合同的约定，起诉被告要求赔偿违约金50万元，在诉讼中，原告向法院申请文书提出命令，要求被告提交会计账簿。被告在提交了会计账簿之后，告诉法院，该会计账簿涉及本公司的一些商业秘密，希望法院保密。

问题：关于该会计账簿的质证应当如何进行？

答案：需要质证，但质证活动不能公开进行。

4. 免于质证：当事人在审理前的准备阶段或者人民法院调查、询问过程中发表过质证意见的证据，视为质证过的证据。(《民诉法解释》第 103 条、《民事诉讼证据规定》第 60 条)

九、认定

1. 不能单独作为认定案件事实根据的证据：(《民事诉讼证据规定》第 90 条)

(1) 当事人的陈述；

(2) 无民事行为能力人或者限制民事行为能力人所作的与其年龄、智力状况或者精神健康状况不相当的证言；

(3) 与一方当事人或者其代理人有利害关系的证人陈述的证言；

(4) 存有疑点的视听资料、电子数据；

(5) 无法与原件、原物核对的复制件、复制品。

📝 **精讲精练**

题目： 根据《民事诉讼法》和相关司法解释的规定，以下哪些证据不能单独作为认定案件事实的根据？

A. 原告李某所作的对自己不利的陈述

B. 原告马富贵的女儿所提供的对原告不利的证据

C. 被重新编辑过的录音带

D. 原件已经灭失的合同复印件

答案： BCD

解析： A 选项是解题的难点。当事人的陈述是不能单独作为认定案件事实依据的，但是原告李某所作的对自己不利的陈述已经构成自认，可以作为法院认定案件事实的依据。B 选项中原告马富贵的女儿所提供的对原告不利的证据，能不能作为单独认定案件事实的依据呢？是不可以的。因为只要是有利害关系的证人所出具的证言，都不能单独作为认定事实的依据，可以想一想，女儿怎么会提供对原告不利的证据呢？一定是有某个原因的。记住只要有关系就不能单独认定，不考虑有利不利。录音带被重新编辑过，会让录音带的内容令人怀疑。原件已经灭失，会导致复印件无法与原件核对。C、D 选项中的证据也不能单独作为认定案件事实的根据。

2. 私录证据原则上可以采纳。对以严重侵害他人合法权益、违反法律禁止性规定或者严重违背公序良俗的方法形成或者获取的证据，不得作为认定案件事实的根据。(《民诉法解释》第 106 条)

十、证明标准

证明标准，是指法院在诉讼中认定案件事实所要达到的证明程度，是法院判断待证事实的基准。

1. 通常的证明标准是高度可能性：对负有举证证明责任的当事人提供的证据，人民

法院经审查并结合相关事实，确信待证事实的存在具有高度可能性的，应当认定该事实存在。（《民诉法解释》第 108 条）

2. 有两种例外情况：（《民事诉讼证据规定》第 86 条）

（1）五种情况提高到排除合理怀疑：当事人对于欺诈、胁迫、恶意串通事实的证明，以及对于口头遗嘱或赠与事实的证明，人民法院确信该待证事实存在的可能性能够排除合理怀疑的，应当认定该事实存在。

（2）程序事项降低为存在的可能性较大：与诉讼保全、回避等程序事项有关的事实，人民法院结合当事人的说明及相关证据，认为有关事实存在的可能性较大的，可以认定该事实存在。

📖 精讲精练

题目： 李老太通过证券公司购买了一份投资理财产品，但由于市场原因财产利益清零了。李老太诉至法院要求证券公司退还本金，并主张证券公司告知自己购买的理财产品是保本型，但无法提供证据证明。证券公司为证明未欺骗李老太，向法院提供了一份原始合同，上面有李老太亲笔书写的"本人知晓本理财产品存在损失风险"。李老太则辩说此系应销售人员要求所为。关于本案中李老太是否知悉本金风险这一争议点，下列哪一选项是正确的？

A. 对"产品的本金风险是否告知"的证明标准应达到"排除合理怀疑"

B. 原始合同是间接证据

C. 证券公司证明后，行为意义上的举证责任转移至李老太

D. 本案中李老太应对是否知悉本金风险承担证明责任

答案： A

解析： 是否存在欺诈，证明标准是能够排除合理怀疑，不是高度可能性。原始合同能证明是否存在欺诈，是直接证据。李老太是否知悉本金风险，属于李老太权利消灭的事实，应当由证券公司承担举证证明责任。证券公司原始合同的真伪，应当由主张方证券公司承担举证责任。"本人知晓本理财产品存在损失风险"这句话，如果有李老太的本人签名，证券公司只需证明签名是真实的就可推定这句话是基于李老太真实意思书写的。如果没有李老太本人的签名，证券公司需要证明这一句话是基于李老太真实意思书写的。

第七章
诉讼保障制度

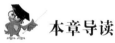 **本章导读**

本章的诉讼保障制度是为了应付诉讼中出现的特殊情况或者为了保障诉讼顺利进行设置的制度，包括保全、先予执行、强制措施、期间、送达五种制度。法考重点考查保全制度与先予执行。法考要求考生理解诉前保全、诉讼保全和先予执行的条件，掌握先予执行的适用范围。

 知识点

一、保全制度

（一）诉前保全

1. 适用条件

（1）时间：诉讼或者申请仲裁前。

（2）情形：不立即申请保全将会使其合法权益受到难以弥补的损害的。

（3）启动：需要利害关系人申请。

（4）应当担保：申请人应当提供担保，不提供担保的，裁定驳回申请。

2. 诉前财产保全类案件的管辖

（1）管辖法院：

①财产保全：被保全财产所在地、被申请人住所地或者对案件有管辖权的法院。

②行为保全：被申请人住所地或者对案件有管辖权的法院。（《最高人民法院关于审查知识产权纠纷行为保全案件适用法律若干问题的规定》第3条）

（2）如果30日内没有起诉或者申请仲裁，由此引发的赔偿诉讼由采取该保全措施的人民法院管辖。

①时间：采取保全措施后30日内应提起诉讼或者申请仲裁。

②没有提起诉讼或者申请仲裁的后果：法院应当解除保全。

③给被申请人造成损失引起的诉讼的管辖：由采取该保全措施的法院管辖。

（3）保全手续移送：（《民诉法解释》第 160 条）

①当事人向采取诉前保全措施以外的其他有管辖权的人民法院起诉的，采取诉前保全措施的人民法院应当将保全手续移送受理案件的人民法院。

②诉前保全的裁定视为受移送人民法院作出的裁定。

3. 对申请的裁定时间

必须在 48 小时内作出。

（二）诉讼中保全

1. 适用条件

（1）时间：诉讼中。

（2）情形：判决难以执行或者造成当事人其他损害的案件。

（3）启动：①当事人申请；②法院依职权。

（4）担保：可以责令申请人提供担保，申请人不提供担保的，裁定驳回申请。

2. 管辖

（1）向受案人民法院提出。

（2）上诉案件：在二审法院接到报送的案件前，由一审人民法院采取。

3. 对申请的裁定时间

（1）情况紧急的：必须在 48 小时内作出裁定。

（2）通常：5 日内处理。（《最高人民法院关于人民法院办理财产保全案件若干问题的规定》第 4 条）

（三）诉讼后保全（《民诉法解释》第 163 条）

1. 时间：法律文书生效后，进入执行程序前。

2. 条件：①债权人因对方当事人转移财产等紧急情况＋②不申请保全将可能导致生效法律文书不能执行或者难以执行的。

3. 只能依申请：债权人可以申请采取保全措施。

4. 管辖法院：向执行法院申请采取保全措施。

5. 解除：债权人在法律文书指定的履行期间届满后 5 日内不申请执行的，人民法院应当解除保全。

（四）财产保全的特别规定

1. 人民法院对抵押物、质押物、留置物可以采取财产保全措施，但不影响抵押权人、质权人、留置权人的优先受偿权。（《民诉法解释》第 157 条）

（1）查封、扣押、冻结担保物权人占有的担保财产，一般由担保物权人保管。

（2）由人民法院保管的，质权、留置权不因采取保全措施而消灭。（《民诉法解释》第 154 条）

2. 担保数额。（《最高人民法院关于人民法院办理财产保全案件若干问题的规定》第 5 条）

（1）诉中：不超过请求保全数额的 30％。

（2）诉前：相当于请求保全数额。

（3）担保不足以赔偿可以责令其追加财产。

3．法院对不宜长期保存的物品采取保全措施时，由人民法院保存价款。（《民诉法解释》第153条）

二、先予执行

1．先予执行

（1）适用案件范围：（《民诉法解释》第170条）

①追索赡养费、扶养费、抚育费、抚恤金、医疗费用的；

②追索劳动报酬的；

③需要立即停止侵害、排除妨碍的；

④需要立即制止某项行为的；

⑤追索恢复生产、经营急需的保险理赔费的；

⑥需要立即返还社会保险金、社会救助资金的；

⑦不立即返还款项，将严重影响权利人生活和生产经营的。

（2）适用条件：

①当事人之间权利义务关系明确。

②不先予执行将严重影响申请人的生活或者生产经营的。

③被申请人有履行能力。

④先予执行必须依当事人的申请适用，人民法院不得依职权适用。

⑤在受理案件后终审判决作出前采取。（《民诉法解释》第169条）

（3）担保：不是必需的。

2．对保全裁定与先予执行裁定的救济

（1）复议程序（《民诉法解释》第171、172条）

①复议对象：保全或者先予执行裁定。

②申请法院：作出裁定的人民法院。

（2）再审

①只能由法院主动再审。

②当事人不可以申请再审。

三、对妨碍民事诉讼的强制措施

1．拘传的适用条件

（1）原告和被告都可以适用。（《民诉法解释》第174条）

①被告：负有赡养、抚育、扶养义务和不到庭就无法查清案情的被告。

②原告：对必须到庭才能查清案件基本事实的原告。

③无民事行为能力的当事人的法定代理人：经传票传唤无正当理由拒不到庭，必要时，人民法院可以拘传其到庭。

（2）经过两次传票传唤。

（3）无正当理由不到庭。

（4）拘传必须用拘传票，并直接送达被拘传人。（《民诉法解释》第 175 条）

2. 拘留与罚款

（1）罚款、拘留应当用决定书。

（2）拘传、罚款、拘留必须经院长批准。（《民事诉讼法》第 116 条）

（3）可以向上一级人民法院申请复议一次。复议期间不停止执行。（《民诉法解释》第 185 条）

四、期间制度

1. 期间的计算：在途时间不包括在内，诉讼文书在期满前交邮的，不算过期。

2. 期间的顺延：（《民事诉讼法》第 83 条）

（1）法定情形：因不可抗拒的事由或者其他正当理由耽误期限的。

（2）需要当事人申请。

（3）申请时间：在障碍消除后的 10 日内。

（4）是否准许，由人民法院决定。

五、送达制度

1. 直接送达

（1）受送达人本人。（《民事诉讼法》第 85 条）

（2）受送达人是公民的，本人不在交他的同住成年家属签收，也是直接送达。（《民事诉讼法》第 85 条）

（3）人民法院直接送达诉讼文书的，可以通知当事人到人民法院领取：当事人到达人民法院，拒绝签署送达回证的，视为送达。审判人员、书记员应当在送达回证上注明送达情况并签名。（《民诉法解释》第 131 条）

（4）人民法院可以在当事人住所地以外向当事人直接送达诉讼文书：当事人拒绝签署送达回证的，采用拍照、录像等方式记录送达过程即视为送达。审判人员、书记员应当在送达回证上注明送达情况并签名。（《民诉法解释》第 131 条）

2. 留置送达

（1）条件：受送达人或其同住成年家属拒绝接收诉讼文书。

（2）方式：（《民事诉讼法》第 86 条）

①第一种方式：由送达人、见证人签名或者盖章，把诉讼文书留在受送达人的住所。

②第二种方式：把诉讼文书留在受送达人的住所，并采用拍照、录像等方式记录送达过程。

（3）调解书不适用留置送达：调解书应当直接送达当事人本人，不适用留置送达。当事人本人因故不能签收的，可由其指定的代收人签收。（《民诉法解释》第 133 条）

3. 委托送达

只能委托其他法院，而不能委托其他机构。

4. 转交送达

受送达人，只能是军人或者犯人。（《民事诉讼法》第 89、90 条）

5. 邮寄送达

以回执上注明的收件日期为送达日期。(《民事诉讼法》第 88 条)

6. 公告送达(《民诉法解释》第 138 条)

(1) 情形：受送达人下落不明，或者用其他方式无法送达的。

(2) 期限：

①国内：自发出公告之日起，经过 60 日，即视为送达。

②涉外：自公告之日起满 3 个月，即视为送达。(《民事诉讼法》第 267 条)

(3) 不适用公告送达：适用简易程序的案件。(《民诉法解释》第 140 条)

(4) 公告方式：公告送达可以在①法院的公告栏和②受送达人住所地张贴公告，也可以③在报纸、信息网络等媒体上刊登公告。

7. 电子送达(《民事诉讼法》第 87 条)

(1) 条件：受送达人同意。(《民诉法解释》第 136 条)

(2) 方式：可以采用传真、电子邮件、移动通信等即时收悉的特定系统作为送达媒介。(《民诉法解释》第 135 条)

精讲精练

案情：由于被告下落不明，某法院在"新浪网"上发布了开庭通知。

问题：这种送达方式，属于公告送达还是电子送达?

答案：这是公告送达。

(3) 不能电子送达的文书：判决书、裁定书、调解书。

精讲精练

案情：在原告张一凡起诉被告陈仲悦返还借款 4 万元的诉讼中，经被告陈仲悦同意之后，法院通过微信送达了判决书。

问题：法院的做法是否符合法律规定? 简要说明理由。

答案：法院的做法不符合法律规定。微信送达属于电子送达。判决书不得电子送达。能够电子送达的文书，送达之前需要受送达人同意；不得电子送达的文书，即便同意，也不得电子送达。

第八章

法院调解制度

 **本章导读**

　　本章重点掌握调解适用中的调解方式、调解书制作和生效，法考要求考生理解法院调解应当遵循的原则、不需要制作调解书的情形，熟悉司法解释中关于调解的规定、调解协议与调解书效力问题。

 知识点

一、法院调解的适用范围

　　1. 适用的情形：审判程序（包括一审、二审和再审程序），一般都适用调解。

　　2. 不适用的情形：（《民诉法解释》第143条）

　　（1）执行程序。

　　（2）适用特别程序、督促程序、公示催告程序的案件（注意：破产程序中的劳动争议纠纷、债权债务纠纷可以调解）。

　　（3）婚姻等身份关系确认案件。（《最高人民法院关于适用〈中华人民共和国民法典〉婚姻家庭编的解释（一）》第11条）

　　①对婚姻效力的审理不适用调解，应当依法作出判决。

　　②涉及财产分割和子女抚养的，可以调解。调解达成协议的，另行制作调解书；未达成调解协议的，应当一并作出判决。

二、法院调解程序的进行

　　1. 调解不公开原则（《民诉法解释》第146条）

　　2. 委托调解

　　经各方当事人同意，人民法院可以委托有关的单位或者个人对案件进行调解，达成调解协议后，人民法院应当依法予以确认。

3. 调解协议的担保（《最高人民法院关于人民法院民事调解工作若干问题的规定》第9条）

（1）调解协议约定一方提供担保或者案外人同意为当事人提供担保的，人民法院应当准许。

（2）当事人或者案外人提供的担保符合民法典规定的条件时生效。

（3）案外人提供担保的，人民法院制作调解书应当列明担保人，并将调解书送交担保人。

（4）担保人不签收调解书的，不影响调解书生效（但不得留置送达）。

（5）调解书确定的担保条款条件成就时，当事人申请执行的，人民法院应当依法执行。

二、法院调解程序的结束

1. 调解达成协议是否需要制作调解书结案

是否需要制作调解书结案	不能反悔的	能够执行的	
（1）通常法院应当制作调解书	调解书	调解书	《民事诉讼法》第97条
（2）法定可以不制作调解书：只有三种情况	调解笔录	不需要执行	《民事诉讼法》第98条
（3）协议可以不制作调解书：当事人各方同意	调解协议	调解书	《民诉法解释》第151条

（1）通常来讲：调解达成协议，人民法院应当制作调解书（不能反悔的是调解书，能够执行的也是调解书）。

（2）以下三种情况，法定可以不制作调解书（不需要执行）：

①调解和好的离婚案件；

②调解维持收养关系的案件；

③能够即时履行的案件。

（3）双方当事人协议不制作调解书的，可不制作调解书，用调解协议结案（不能反悔的是调解协议，能够执行的是调解书）。（《民诉法解释》第151条）

①需要当事人同意：当事人各方同意在调解协议上签名或者盖章后即发生法律效力。

②经人民法院审查确认后：应当记入笔录或者将调解协议附卷。

③由当事人、审判人员、书记员签名或者盖章后调解协议具有法律效力。

④当事人请求制作调解书的：人民法院审查确认后可以制作调解书送交当事人。

📑 精讲精练

案情：原告林青苗诉被告王文军赔偿医疗费2万元的诉讼中，在法院主持下，双方达成调解协议。被告王文军在1个月内向原告支付医疗费1.5万元，原告林青苗放弃了5 000元的诉讼请求。在结案方式上，双方均同意在调解协议上签名或者盖章后即发生法律效力。

问题：此时可否用调解协议结案？

答案：可以。本案不属于能够即时履行的案件，原则上是需要制作调解书的。但是由于双方已经同意，可以用调解协议结案。

2. 不得请求法院制作判决书

（1）通常：当事人自行和解或者调解达成协议后，请求人民法院按照和解协议或者调解协议的内容制作判决书的，人民法院不予准许。（《民诉法解释》第 148 条）

（2）例外：可以请求根据调解协议内容制作判决书：

①无民事行为能力人的离婚案件，由其法定代理人进行诉讼。法定代理人与对方达成协议要求发给判决书的，可根据协议内容制作判决书。（《民诉法解释》第 148 条）

②涉外民事诉讼中，经调解双方达成协议，应当制发调解书。当事人要求发给判决书的，可以依协议的内容制作判决书送达当事人。（《民诉法解释》第 530 条）

第九章
一审普通程序

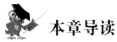 **本章导读**

　　一审普通程序是民事诉讼法当中最重要的程序，原因在于它具有系统性、典型性和普适性。本章的重点是起诉的条件、各种不予受理情形的规定、撤诉与缺席判决的条件、延期审理、诉讼中止和诉讼终结的法定事由及法律效果，对起诉制度、撤诉制度、缺席判决制度以及延期审理、诉讼中止和诉讼终结制度应掌握基本概念并熟练运用。本章是法考的重点。

 知识点

一、程序启动

（一）起诉的积极条件

1. 具体要求：法院依职权调查。

（1）原告是与本案有直接利害关系的公民、法人和其他组织。

（2）有明确的被告。注意：这里是明确的被告，而非正确的被告。（《民诉法解释》第209条）

📑 **解题技巧**

　　作为起诉条件的被告明确：

　　被告必须在起诉时还活着：如果被告在起诉时已经死亡，则不符合起诉条件。

　　被告必须在起诉时能够明确：名称＋住所。

　　①原告提供被告的姓名或者名称、住所等信息具体明确，足以使被告与他人相区别的，可以认定为有明确的被告。

　　②原告提供的被告住址是否明确，关键是看法院能否向被告的住址进行送达。

📝 **精讲精练**

案情： 李大梅晚上骑自行车没注意，翻到山沟里骨折，花掉医疗费5 000元，决定向法院起诉。

问题1： 法官问李大梅起诉谁，李大梅说估计是死去多年的张成功缠上自己了，遂起诉张成功。此时法院是否应受理本案？

答案： 法院不受理。起诉时被告已经死亡，本案没有被告。

问题2： 法官问李大梅起诉谁，李大梅说起诉王小宝。事实上李大梅骑自行车翻山沟里时王小宝正在国外度假。请问此时法院能否受理？

答案： 法院会受理。即便被告是错误的，法院也会受理。但原告把被告弄错了，会导致原告败诉。

问题3： 法官问李大梅起诉谁，李大梅说起诉王小宝。法院送达时，发现原告李大梅所提供的被告王小宝的地址有误，经多方了解和查证也无法确定准确地址。此时法院应当如何处理？

答案： 法院将裁定驳回起诉。这种情况下，原告其实是胡乱提供了一个地址。从形式上看有具体的门牌号，但实质上这个地址不是被告的地址。由于发现不符合起诉条件是在法院立案后，法院应裁定驳回起诉。

（3）有具体的诉讼请求和事实、理由。

（4）属于人民法院受理民事诉讼的范围和受诉人民法院管辖。

2．起诉状内容：案由并非起诉状的法定内容。（《民事诉讼法》第121条）

（1）双方当事人的基本情况。

（2）诉讼请求和所根据的事实与理由。

（3）证据和证据来源，证人姓名和住所。

3．处理方式。

（1）符合条件：立案受理。

（2）立案前发现不符合条件：裁定不予受理。

（3）立案后发现不符合条件：

①通常：裁定驳回起诉。

②立案后发现本院没有管辖权的，应当将案件移送有管辖权的人民法院。（《民诉法解释》第211条）

（二）起诉的消极条件：不得重复起诉

1．重复起诉的判断：当事人就已经提起诉讼的事项在诉讼过程中或者裁判生效后再次起诉，同时符合下列条件的，构成重复起诉：（《民诉法解释》第247条）

（1）后诉与前诉的当事人相同；

（2）后诉与前诉的诉讼标的相同；

（3）后诉与前诉的诉讼请求相同，或者后诉的诉讼请求实质上否定前诉裁判结果。

构成要件	(1) 后诉与前诉的当事人相同	＝①前诉张三起诉李四，后诉张三起诉李四
		＝②前诉张三起诉李四，后诉李四起诉张三
	(2) 后诉与前诉的诉讼标的相同	＝后诉与前诉围绕同一个民事法律关系进行诉讼
基本类型	(1) 诉讼请求相同型重复起诉	＝后诉与前诉的诉讼请求相同
	(2) 诉讼请求不同型重复起诉	＝后诉的诉讼请求实质上否定前诉裁判结果
判断步骤	①找出两个诉讼的当事人，做对比：当事人不同，不是重复起诉；前诉原告又成了后诉当事人，可能是重复起诉 ②找出两个诉讼的诉讼标的（即一个诉讼标的＝一个民事权利义务关系），相同：重复起诉；不同：不是重复起诉 ※不要根据诉讼请求是否相同判断是否构成重复起诉，重复起诉有两个类型：诉讼请求相同型（反复要）和诉讼请求不同型（想反悔）。诉讼请求不同型重复起诉，是考试重点	

📖 精讲精练

案情：张成功起诉李大梅，要求李大梅履行房屋买卖合同，交付房屋。法院经审理后认为，买卖合同不成立，判决张成功败诉。

问题 1：1 个月后，张成功基于同一房屋买卖合同，再次起诉李大梅要求交付房屋，这属于重复起诉吗？

答案：属于重复起诉。当事人相同＋诉讼标的相同。后诉请求与前诉请求相同。

问题 2：2 个月后，张成功基于同一房屋买卖合同，起诉李大梅要求承担违约责任。这属于重复起诉吗？

答案：也属于重复起诉。当事人相同＋诉讼标的相同。此时尽管后诉请求与前诉请求不同，但后诉请求属于实质上在否认前诉裁判结果：前诉已经认定没有合同关系，根本不会违约，后诉仍然请求法院认定被告违约，是重复起诉。

2. 重复起诉的处理。

| (1) 原则上：不允许 | ①裁定不予受理；②已经受理的，裁定驳回起诉 |
| (2) 有例外：允许重复起诉 | 四种情况 |

3. 以下属于重复起诉的案件，基于特殊原因，可以再次起诉：

(1) 离婚案件和解除收养关系案件。（《民事诉讼法》第 124 条、《民法典》第 1079 条）

①起诉条件：判决不准离婚和调解和好的离婚案件，判决、调解维持收养关系的案件，原告有新情况、新理由，或者 6 个月后原告又起诉的，法院受理。

②胜诉条件：经人民法院判决不准离婚后，双方又分居满 1 年，一方再次提起离婚诉讼的，应当准予离婚。

📖 精讲精练

案情：蒋某与钱某是夫妻，结婚 3 天以后，蒋某到法院起诉与钱某离婚。审理本案的法官告诉两人，法院认为双方感情没有破裂，不会判决离婚。

问题 1：如果法院判决不准离婚，被告钱某在判决生效之后，能否马上起诉离婚？

答案：可以。被告起诉不受任何限制。

问题 2：如果法院判决不准离婚，原告蒋某要再次起诉离婚，应当满足什么条件？

答案：如果原告蒋某要再次起诉离婚，需要过 6 个月。如果原告蒋某在 6 个月内能提出新的情况或者新的理由，法院也会受理离婚诉讼。

（2）赡养费、扶养费、抚育费案件，裁判发生法律效力后，因新情况、新理由，一方当事人再行起诉要求增加或者减少费用的，人民法院应作为新案受理。（《民诉法解释》第 218 条）

（3）裁判发生法律效力后，发生新的事实，当事人再次提起诉讼的，人民法院应当依法受理。（《民诉法解释》第 248 条）

📖 精讲精练

案情：A 公司和 B 销售公司签订买卖合同，B 公司一直没有发货，A 公司向甲市乙区法院起诉 B 公司要求履行合同。法院经过审理后查明是 B 公司的供货商 C 公司由于疫情停工，故 B 公司无法发货，遂判决驳回了 A 公司的诉讼请求。双方当事人均未上诉。3 个月后，A 公司发现 C 公司已经全面复工，但 B 公司仍未履行合同。（根据 2020 年考生回忆版真题改编）

问题：A 公司可否再次起诉 B 公司履行合同？

答案：可以。根据《民法典》第 590 条的规定，当事人一方因不可抗力不能履行合同的，根据不可抗力的影响，部分或者全部免除责任。由于疫情 C 公司停工，B 公司无法发货，法院判决驳回了 A 公司的诉讼请求，判决没有错误，不得再审。C 公司已经全面复工后，B 公司仍未履行合同，属于裁判生效后发生的新的违约事实，A 公司可以起诉。

（4）强制反诉：反诉与本诉的诉讼请求基于相同法律关系，人民法院应当合并审理。（《民诉法解释》第 233 条）

①基于同一个法律关系，如果被告提出了反诉，法院应当受理；

②但如果被告不在本诉中提反诉，而就反诉的请求另行起诉，则法院不应当受理。

4. 不属于重复起诉的情形：因未经过实体审理，可以另行起诉。

（1）裁定不予受理、驳回起诉的案件，原告再次起诉，符合起诉条件的，人民法院应予受理。（《民诉法解释》第 212 条）

（2）原告撤诉或者人民法院按撤诉处理后：（《民诉法解释》第 214 条）

①原告以同一诉讼请求再次起诉的：人民法院应予受理。

②原告撤诉或者按撤诉处理的离婚案件，没有新情况、新理由，6 个月内又起诉的，不予受理。（原告受限制，被告不受限；原告要有新情况、新理由或者 6 个月后）

二、程序进行与结束

（一）撤诉

1. 申请撤诉的考点

（1）撤诉的时间：案件受理后，判决宣告前。

（2）是否准许，由人民法院裁定。

2. 视为撤诉的条件

（1）未预交案件受理费：原告应当预交而未预交案件受理费，人民法院应当通知其预交，通知后仍不预交或者申请减、缓、免未获批准而仍不预交的，裁定按撤诉处理。（《民诉法解释》第213条）

（2）经传票传唤无正当理由不到庭或未经法庭许可退庭。

3. 不准许撤诉的情况（《民诉法解释》第238条）

（1）当事人申请撤诉或者依法可以按撤诉处理的案件，如果当事人有违反法律的行为需要依法处理的，人民法院可以不准许撤诉或者不按撤诉处理。

如：法院受理请求确认婚姻无效案件后，原告申请撤诉的，不予准许。（《最高人民法院关于适用〈中华人民共和国民法典〉婚姻家庭编的解释（一）》第11条）

（2）法庭辩论终结后原告申请撤诉，被告不同意的，人民法院可以不予准许。

📑 **精讲精练**

案情： 原告张某起诉被告李某返还借款5万元的诉讼。法院经过开庭审理，在法庭辩论终结后，原告张某感觉自己败诉已成定局，打算向法院撤回起诉。

问题： 对于原告张某此时提出的撤诉申请，法院如何处理？

答案： 法院应该根据被告是否同意分别处理：如果被告李某不同意，法院将不予准许撤回起诉；如果被告李某同意，法院可以准予撤回起诉。

（二）缺席判决

1. 缺席判决的适用对象：原告、被告和无独三。（《民诉法解释》第235、240条）

2. 对原告适用缺席判决的情形：

（1）被告提起反诉时，原告经传票传唤，无正当理由拒不到庭的，或者未经法庭许可中途退庭的。

（2）原告申请撤诉的，人民法院裁定不准许撤诉的，原告经传票传唤，无正当理由拒不到庭的。

（三）审理阻碍

1. 延期审理的情形

（1）必须到庭的当事人和其他诉讼参与人有正当理由没有到庭的。

（2）当事人临时提出回避申请的。

（3）需要通知新的证人到庭，调取新的证据，重新鉴定、勘验，或者需要补充调查的。

（4）其他应当延期的情形。

2. 诉讼中止的情形

（1）一方当事人死亡，需要等待继承人表明是否参加诉讼的。

（2）一方当事人丧失诉讼行为能力，尚未确定法定代理人的。

📄 **精讲精练**

题目： 王某在与明辉公司的诉讼中，突发脑梗，经抢救成为"植物人"。王某的父亲老王认为应当撤诉专心为王某治病，王某的妻子张某认为应当继续审理。下列说法正确的是：（2021 年考生回忆版真题／单选题）

A. 裁定诉讼中止

B. 裁定撤诉

C. 应追加张某为共同原告，继续审理

D. 应裁定张某为代理人，继续审理

答案： A

解析： 应当先确定法定代理人，由法定代理人代为诉讼时决定撤诉还是继续审理。民事诉讼中，只有法定诉讼代理人和委托诉讼代理人两类，法院无权职权裁定代理人。

（3）作为一方当事人的法人或者其他组织终止，尚未确定权利义务承受人的。

（4）一方当事人因不可抗拒的事由，不能参加诉讼的。

（5）本案必须以另一案的审理结果为依据，而另一案尚未审结的。

3. 诉讼终结的情形

（1）原告死亡，没有继承人，或者继承人放弃诉讼权利的。

（2）被告死亡，没有遗产，也没有应当承担义务的人的。

（3）离婚案件一方当事人死亡的。

（4）追索赡养费、扶养费、抚育费以及解除收养关系案件的一方当事人死亡的。

4. 适用文书

（1）延期审理：决定书。

（2）诉讼中止和诉讼终结：裁定书。

（四）裁判

1. 判决错误：

（1）笔误（即误写、误算）：用裁定补正。

①笔误是指法律文书误写、误算，诉讼费用漏写、误算和其他笔误。（《民诉法解释》第 245 条）

②当事人以民事调解书与调解协议的原意不一致为由提出异议，人民法院审查后认为异议成立的，应当根据调解协议裁定补正民事调解书的相关内容。（《民事调解规定》第 13 条）

（2）判决的实质错误：原审人民法院发现判决有错误。（《民诉法解释》第 242 条）

①当事人在上诉期内提出上诉的，原审人民法院可以提出原判决有错误的意见，报送第二审人民法院，由第二审人民法院按照第二审程序进行审理。

②当事人不上诉的，按照审判监督程序处理。

2. 既判力：诉讼请求（诉讼标的）＋抵销抗辩。

📑 精讲精练

题目： 甲公司和乙公司签订租赁合同，后来国内暴发"新冠"肺炎疫情导致合同目的无法实现，甲公司向乙公司发出解除合同的通知，乙公司未对此提出异议。后乙公司起诉甲公司要求支付租金，甲公司主张合同已经解除。关于本案表述正确的是：

A. 甲公司可以抗辩的方式主张解除合同

B. 甲公司可以反诉形式主张合同已经解除

C. 甲公司如果以抗辩的方式解除合同，法院的判决对解除合同有既判力

D. 甲公司如果以反诉的方式解除合同，法院的判决对解除合同有既判力

答案： ABD

解析： 反诉是独立的诉。法院对诉讼请求所作的判决有既判力。抗辩不是诉讼，法院对抗辩所作的判决没有既判力。

3. 执行力：需要有给付内容。

📑 精讲精练

案情： 原告张某起诉被告王某解除婚姻关系案件，二审法院判决维持婚姻关系。

问题： 这样的判决书是否具有执行力？

答案： 由于该判决没有给付内容，不可以申请强制执行，故没有执行力。

（五）法院审理离婚案件的特殊要求（《民法典》第 1079 条）

1. 人民法院审理离婚案件，应当进行调解。

2. 如果感情确已破裂，调解无效的，应当准予离婚。

3. 一方被宣告失踪，另一方提起离婚诉讼的，应当准予离婚。

4. 经人民法院判决不准离婚后，双方又分居满 1 年，一方再次提起离婚诉讼的，应当准予离婚。

第十章
简易程序

 **本章导读**

　　简易程序是第一审程序中与普通程序相并列的独立的诉讼程序，考生要重点掌握简易程序的适用范围，熟悉并能够运用法律与司法解释有关简易程序的规定。

 知识点

一、简易程序的适用范围

　　1. 适用的法院和审级。

　　（1）基层人民法院及其派出法庭。

　　（2）第一审。

　　2. 适用的案件范围。（《民事诉讼法》第 157 条）

　　（1）法定：基层人民法院和它派出的法庭审理事实清楚、权利义务关系明确、争议不大的简单的民事案件，适用简易程序。

　　（2）约定：当事人双方也可以约定适用简易程序。

　　3. 不得适用简易程序的案件：当事人约定适用简易程序的，人民法院不予准许。（《民诉法解释》第 257、264 条，《简易程序规定》第 1 条）

　　（1）起诉时被告下落不明的。

　　（2）发回重审的。

　　（3）当事人一方人数众多的。

　　（4）适用审判监督程序的。

　　（5）涉及国家利益、社会公共利益的。

　　（6）第三人起诉请求改变或者撤销生效判决、裁定、调解书的。

　　（7）其他不宜适用简易程序的案件：包括法律规定应当适用特别程序、督促程序、公示催告程序和企业法人破产还债程序的非讼案件。

📑 精讲精练

案情：原告李某起诉被告王某返还古董花瓶一案，法院作出生效判决后，案外人钱某认为自己对古董花瓶有所有权，于是向法院提起了第三人撤销之诉。

问题：双方当事人同意后，法院能否适用简易程序审理本案？

答案：不能。第三人撤销之诉是法定不能适用简易程序的案件。即便当事人都同意，也不可以适用简易程序审理。

二、简易程序的特点

1. 传唤方式简便。（《民诉法解释》第 261 条）

（1）适用简易程序审理案件，人民法院可以采取捎口信、电话、短信、传真、电子邮件等简便方式传唤双方当事人、通知证人和送达裁判文书以外的诉讼文书。

（2）以简便方式送达的开庭通知，未经当事人确认或者没有其他证据证明当事人已经收到的，人民法院不得缺席判决。

2. 无法通知被告应诉的处理。

法院按照原告提供的被告的送达地址或者其他联系方式无法通知被告应诉的，分以下两种情况处理：（《简易程序规定》第 8 条）

（1）原告提供了被告准确的送达地址，但人民法院无法向被告直接送达或者留置送达应诉通知书的，应当将案件转入普通程序审理。

（2）原告不能提供被告准确的送达地址，人民法院经查证后仍不能确定被告送达地址的，可以被告不明确为由裁定驳回原告起诉。

📑 精讲精练

案情：夏某因借款纠纷起诉陈某，法院决定适用简易程序审理。法院依夏某提供的被告地址送达时，发现有误，经多方了解和查证也无法确定准确地址。

问题：此时法院应当如何处理？

答案：法院应裁定驳回起诉。这种情况下，原告其实是胡乱提供了一个地址，从形式上看有具体的门牌号，但实际上这个地址不是被告的地址。

3. 可以没有举证期限、答辩期间。（《民诉法解释》第 266 条）

（1）当事人双方均表示不需要举证期限、答辩期间的，人民法院可以立即开庭审理或者确定开庭日期。

（2）适用简易程序案件的举证期限：不得超过 15 日。

（3）被告要求书面答辩的，人民法院可在征得其同意的基础上，合理确定答辩期间。

4. 简易程序中，六类案件法院在开庭审理时应当先行调解：（《简易程序规定》第 14 条）

（1）婚姻家庭纠纷和继承纠纷；

（2）劳务合同纠纷；

（3）交通事故和工伤事故引起的权利义务关系较为明确的损害赔偿纠纷；

（4）宅基地和相邻关系纠纷；

（5）合伙合同纠纷；

（6）诉讼标的额较小的纠纷。

5. 开庭方式灵活。（《民诉法解释》第259条）

（1）当事人双方可就开庭方式向人民法院提出申请，由人民法院决定是否准许。

（2）经当事人双方同意，可以采用视听传输技术等方式开庭。

6. 庭审程序简便：应当一次开庭审结；确有必要再次开庭的除外。

7. 审限短：3个月内审结。（《民事诉讼法》第161条）

三、简易程序的裁判

1. 简化裁判文书（《简易程序规定》第32条）

人民法院在制作判决书、裁定书、调解书时，对认定事实或者裁判理由部分可以适当简化：

（1）当事人达成调解协议并需要制作民事调解书的；

（2）一方当事人在诉讼过程中明确表示承认对方全部诉讼请求或者部分诉讼请求的；

（3）当事人对案件事实没有争议或者争议不大的；

（4）涉及自然人的隐私、个人信息，或者商业秘密的案件，当事人一方要求简化裁判文书中的相关内容，人民法院认为理由正当的；

（5）当事人双方一致同意简化裁判文书的。

2. 简易程序的宣判（《简易程序规定》第27条）

（1）原则：应当当庭宣判。

（2）例外：不宜当庭宣判的，定期宣判。

第十一章
小额诉讼程序

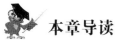 **本章导读**

本章考生应该重点掌握小额诉讼程序的运用，理解小额诉讼制度和相关法律特别规定。

 知识点

一、适用的条件

1. 小额诉讼程序适用的法院：

(1) 基层人民法院及其派出的法庭。

(2) 海事法院：海事法院可以审理海事、海商小额诉讼案件。

2. 适用小额诉讼程序审理的案件：金钱给付的案件。（《民诉法解释》第274条）

精讲精练

　　案情：张某开车上班时与李某所驾驶的汽车发生剐蹭，双方的损失总计不超过500元，但双方对于责任认定有分歧。

　　问题：如果张某向法院起诉，法院能否适用小额程序审理本案？

　　答案：不能。双方对责任认定有分歧，这说明本案并非是纯粹金钱给付案件。

　　(1) 标的额为人民币5万元以下的，适用小额诉讼程序。

　　(2) 标的额在人民币5万元以上、10万元以下的简单金钱给付类案件，当事人双方约定适用小额诉讼程序的，可以适用小额诉讼程序审理。（《民事诉讼程序繁简分流改革试点实施办法》第5条）

　　3. 不适用小额诉讼程序审理的案件：（《民诉法解释》第275条）

　　(1) 人身关系、财产确权纠纷；

（2）涉外民事纠纷；

（3）知识产权纠纷；

（4）需要评估、鉴定或者对诉前评估、鉴定结果有异议的纠纷；

（5）其他不宜适用一审终审的纠纷。

二、审理的特点

1. 实行一审终审。（《民诉法解释》第 271 条）

（1）当事人对小额诉讼案件提出管辖异议的，人民法院应当作出裁定。裁定一经作出即生效。（《民诉法解释》第 278 条）

（2）人民法院受理小额诉讼案件后，发现起诉不符合民事诉讼法规定的起诉条件的，裁定驳回起诉。裁定一经作出即生效。（《民诉法解释》第 279 条）

2. 人民法院可立即开庭审理：（《民诉法解释》第 277 条）

（1）当事人到庭后表示不需要举证期限和答辩期间的。

（2）举证期限一般不超过 7 日。

（3）答辩期间最长不得超过 15 日。

3. 小额诉讼案件的裁判文书可以不写认定事实和裁判理由：（《民事诉讼程序繁简分流改革试点实施办法》第 9 条）

（1）对于当庭作出裁判的案件，人民法院在制作裁判文书时可以不再载明裁判理由。

（2）其他的案件，裁判文书记载简要裁判理由。

📖 **精讲精练**

题目： C 市为民事诉讼繁简分流的改革试点城市。苏强对其子苏明提起诉讼，要求其支付赡养费 3 000 元。苏明答辩称其没有固定收入，支付不起赡养费。请问在这个诉讼程序中，以下哪几项说法是正确的？

A. 本案可一审终审

B. 经双方当事人同意，可不开庭审理

C. 经双方当事人同意，判决书可不载明判决理由

D. 经双方当事人同意，可在线视频审理

答案： AD

解析： 小额诉讼程序一审终审，但必须开庭。裁判书是否载明裁判理由，并不以当事人同意为条件。当庭裁判的案件，法院在制作裁判文书时可以不再载明裁判理由。其他的案件，裁判文书记载简要裁判理由。经双方同意，可以采取在线视频方式开庭审理案件。

三、小额诉讼案件的上诉和再审

1. 不得上诉：实行一审终审。（《民事诉讼法》第 162 条）

2. 小额诉讼案件的再审：（《民诉法解释》第 426 条）

（1）管辖法院：向原审人民法院申请再审。

（2）对小额诉讼案件的判决、裁定，当事人以《民事诉讼法》第 200 条规定的事由（即通常的再审事由）向原审人民法院申请再审的，人民法院应当受理。

①申请再审事由成立的，应当裁定再审，组成合议庭进行审理。

②作出的再审判决、裁定，当事人不得上诉。

（3）当事人以不应按小额诉讼案件审理为由向原审人民法院申请再审的，人民法院应当受理。

①理由成立的，应当裁定再审，组成合议庭审理。

②作出的再审判决、裁定，当事人可以上诉。

第十二章
公益诉讼

 本章导读

　　本章考生要重点掌握公益诉讼的起诉条件和公益诉讼程序规定的"四可四不可",以及相关法律的特别规定。

 知识点

一、通常规定

　　1. 案件类型:污染环境、侵害众多消费者合法权益等损害社会公共利益的行为。(《民事诉讼法》第55条)

　　2. 提起公益诉讼的主体:3+1。

　　(1) 社会组织作为环境公益诉讼的原告,必须同时满足3个条件:(《环境保护法》第58条)

　　① (行政级别为) 设区的市级以上人民政府民政部门登记的社会团体、民办非企业单位以及基金会。(《环境民事公益诉讼解释》第2条)

　　②专门从事环境保护公益活动连续5年以上。

　　③且无违法记录。

　　(2) 消费者公益诉讼的原告:省级以上消费者协会。(《消费者权益保护法》第47条)

　　(3) 英雄烈士等的近亲属作原告。(《英雄烈士保护法》第25条)

　　(4) 检察院作为起诉人:没有原告提起民事公益诉讼的情况下。

　　3. 公益诉讼的提起并不以存在实际损害为前提条件。

　　4. 公益诉讼案件由侵权行为地或者被告住所地中级人民法院管辖。

　　5. 共同原告:人民法院受理公益诉讼案件后,依法可以提起诉讼的其他机关和有关组织,可以在开庭前向人民法院申请参加诉讼。人民法院准许参加诉讼的,列为共同原

告。(《民诉法解释》第 287 条)

6. 可另行提起私益诉讼:人民法院受理公益诉讼案件,不影响同一侵权行为的受害人根据《民事诉讼法》第 119 条规定提起诉讼。(《民诉法解释》第 288 条)

7. 和解与调解:(《民诉法解释》第 289 条)

(1) 允许:对公益诉讼案件,当事人可以和解,人民法院可以调解。

(2) 公告:当事人达成和解或者调解协议后,人民法院应当将和解或者调解协议进行公告。公告期间不得少于 30 日。

(3) 审查:公告期满后,人民法院经审查,和解或者调解协议不违反社会公共利益的,应当出具调解书;和解或者调解协议违反社会公共利益的,不予出具调解书,继续对案件进行审理并依法作出裁判。

8. 不予准许撤诉:

(1) 公益诉讼案件的原告在法庭辩论终结后申请撤诉的,人民法院不予准许。(《民诉法解释》第 290 条)

(2) 当事人以达成和解协议为由申请撤诉的,不予准许。(《最高人民法院关于审理环境民事公益诉讼案件适用法律若干问题的解释》第 25 条)

9. 禁止反诉。(《最高人民法院关于审理消费民事公益诉讼案件适用法律若干问题的解释》第 11 条、《最高人民法院关于审理环境民事公益诉讼案件适用法律若干问题的解释》第 17 条)

10. 环境公益诉讼的特别规定。

(1) 法院向原告释明:人民法院认为原告提出的诉讼请求不足以保护社会公共利益的,可以向其释明变更或者增加停止侵害、修复生态环境等诉讼请求。(《最高人民法院关于审理环境民事公益诉讼案件适用法律若干问题的解释》第 9 条)

(2) 法院告知环保部门:人民法院受理环境民事公益诉讼后,应当在 10 日内告知对被告行为负有环境资源保护监督管理职责的部门。(《最高人民法院关于审理环境民事公益诉讼案件适用法律若干问题的解释》第 12 条)

(3) 原告诉讼请求全部实现:负有环境资源保护监督管理职责的部门依法履行监管职责而使原告诉讼请求全部实现,原告申请撤诉的,人民法院应予准许。(《最高人民法院关于审理环境民事公益诉讼案件适用法律若干问题的解释》第 26 条)

二、对检察院的特别规定

1. 起诉人:人民检察院以公益诉讼起诉人身份提起公益诉讼。(《两高关于检察公益诉讼的解释》第 4 条)

2. 适用人民陪审制:人民法院审理人民检察院提起的第一审公益诉讼案件。(《两高关于检察公益诉讼的解释》第 7 条)

3. 检察院可以提起民事公益诉讼的案件:(《两高关于检察公益诉讼的解释》第 13 条)

(1) 破坏生态环境和资源保护;

(2) 食品药品安全领域侵害众多消费者合法权益;

(3) 侵害英雄烈士等的姓名、肖像、名誉、荣誉(英雄烈士等的近亲属不作原告时)。

（《英雄烈士保护法》第25条）

📑 **解题技巧**

检察院只能在特定的案件中提起民事公益诉讼。

📑 **精讲精练**

案情： 某品牌手机生产商在手机出厂前预装众多程序，大幅侵占标明内存。

问题： 某省检察院能否以侵害消费者知情权为由提起公益诉讼？

答案： 不能。检察院能够提公益诉讼的案件，限于破坏生态环境和资源保护、食品药品安全领域侵害众多消费者合法权益等损害社会公共利益的案件。

4. 检察院提起民事公益诉讼的前置程序。（《两高关于检察公益诉讼的解释》第13条）

（1）应当公告30日：公告期满，法律规定的机关和有关组织、英雄烈士等的近亲属不提起诉讼的，人民检察院可以向人民法院提起诉讼。

（2）也可以直接征询英雄烈士等的近亲属的意见：人民检察院办理侵害英雄烈士等的姓名、肖像、名誉、荣誉等的民事公益诉讼案件。

检察院提起民事公益诉讼的前置程序	
破坏生态环境和资源保护	公告30日
食品药品安全领域侵害众多消费者合法权益	
侵害英雄烈士等的姓名、肖像、名誉、荣誉	公告30日或者直接征询近亲属的意见

第十三章
二审程序

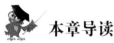

本章导读

　　本章考生需要重点掌握二审撤诉、二审中具体情况的裁判以及在二审中调解与和解。法考要求考生熟练运用关于上诉的条件、上诉审理的方式、上诉的撤回、上诉的裁判的规定、上诉案件的调解。

知识点

一、上诉

　　1. 可以上诉的案件。

　　（1）判决：①原则上都能上诉；②但特别程序和公示催告程序所作判决不能上诉。

　　（2）裁定：①原则上不能上诉；②但不予受理、驳回起诉、管辖权异议、驳回破产申请（《企业破产法》第12条）的裁定可以上诉。

　　（3）调解书不能上诉。

　　2. 上诉人与被上诉人的范围。

　　（1）一审原告和被告可以上诉。

　　（2）有独立请求权第三人可以作为上诉人和被上诉人。

　　（3）无独立请求权第三人：①只有被判决承担责任时才有权上诉；②可以作为被上诉人。

　　（4）委托代理人上诉时必须获得特别授权。

精讲精练

　　案情：2016年12月20日，8岁的小明坐公交公司的汽车，因为行人陈某故意横穿马路，司机紧急刹车，致使小明受伤。2016年12月24日，小明的父亲作为法定代理人起诉公交公司，法院将陈某列为本案的无独立请求权的第三人。最终法院判决公交公司赔偿小明医疗费及精神损失费 3 万元，但各方当事人对判决的结果都不满意，均表示要上诉。

问题 1： 小明本人的上诉行为是否有效？

答案： 无效。小明本人是无诉讼行为能力人，不可以亲自上诉，应当由其法定代理人代为上诉。

问题 2： 如果小明的父亲要上诉，是否需要获得小明的特别授权？

答案： 不需要获得授权。小明的父亲作为法定代理人，有权上诉。

问题 3： 如果小明的父亲聘请陈律师作为委托代理人，陈律师的上诉是否需要特别授权？

答案： 需要特别授权。陈律师是委托代理人。

问题 4： 陈某能否作为本案的上诉人或者被上诉人？

答案： 陈某作为本案的无独立请求权的第三人，一审判决没有让他承担民事责任，所以无权上诉，不能作上诉人。但是可以作为被上诉人。

3. 上诉人与被上诉人的列明。

（1）通常的案件：

①提起上诉的人是上诉人，没有提起上诉的是被上诉人。

②双方当事人和第三人都提起上诉的，均列为上诉人。（《民诉法解释》第 317 条）

（2）必要共同诉讼案件以及有第三人的案件：上诉的是上诉人，针对的是被上诉人，不涉及的依原审诉讼地位列明。（《民诉法解释》第 319 条）

解题技巧

上诉人与被上诉人的列明方法：

（1）上诉的人为上诉人。

（2）找到上诉人的上诉请求以及一审判决的结果。

（3）与一审判决的结果相比：①一旦上诉人的上诉请求成立，没有上诉的人权利会减少或者义务会增加，他就是被上诉人。②不会出现这种情况，甚至会增加权利或者减少义务，按原审诉讼地位列明。

精讲精练

案情： 甲对乙享有 10 万元到期债权，乙无力清偿，且怠于行使对丙的 15 万元债权，甲遂对丙提起代位权诉讼，法院依法追加乙为无独立请求权的第三人。一审判决甲胜诉，丙应向甲给付 10 万元。乙、丙均提起上诉，乙请求法院判令丙向其支付剩余 5 万元债务，丙请求法院判令甲对乙的债权不成立。

问题 1： 甲在本案二审中是什么地位？

答案： 甲是被上诉人。甲没有上诉，不是上诉人。但是丙的上诉请求一旦成立，对甲来说，甲的债权将被否定，这就会损害甲的权利。因此甲是被上诉人。

问题 2： 乙在本案二审中是什么地位？

答案： 乙是原审无独立请求权第三人。①乙不是上诉人。乙作为无独立请求权第三人，一审并没有判决他承担民事责任，无权提起上诉。②乙也不是被上诉人。丙的上诉，对乙只有好处，没有坏处，因为一旦法院认定甲对乙的债权不成立，乙就不必再还钱给甲。

问题3：丙在本案二审中是什么地位？

答案：丙已经提起了上诉，为上诉人。由于乙无权提起上诉，也就不可能对丙提出要求，丙就不是被上诉人。

4．上诉期限。

（1）判决：15日。

（2）裁定：10日。

5．程序要求。

必须提交上诉状。当事人口头表示上诉，但未在法定上诉期间内递交上诉状的，视为未提起上诉。（《民诉法解释》第320条、《民事诉讼法》第166条）

（1）上诉状应当通过原审人民法院提出，并按照对方当事人或者代表人的人数提出副本。

（2）当事人直接向第二审人民法院上诉的，第二审人民法院应当在5日内将上诉状移交原审人民法院。

6．第二审人民法院判决宣告前，上诉人申请撤回上诉的：一审判决生效。

（1）文书：是否准许，由第二审人民法院裁定。（《民事诉讼法》第173条）

（2）通常情况下，法院会准许当事人撤回上诉。只有以下两种情况不准许：一审判决确有错误，或者当事人之间恶意串通损害国家利益、社会公共利益、他人合法权益的。（《民诉法解释》第337条）

（3）准许当事人撤回上诉的效果：一审判决生效。

7．在第二审程序中，原审原告申请撤回起诉：一审判决被撤销。（《民诉法解释》第338条）

（1）条件：经其他当事人同意，且不损害国家利益、社会公共利益、他人合法权益的，人民法院可以准许。

（2）处理：

①准许撤诉的：应当一并裁定撤销一审裁判。

②原审原告在第二审程序中撤回起诉后重复起诉的：法院不予受理。

解题技巧

撤回上诉与撤回起诉的区别		
撤回上诉	仅二审程序（一审程序不受影响）	一审判决会生效
撤回起诉	①一审程序＋②二审程序	一审判决会撤销

精讲精练

案情：王某诉赵某借款纠纷一案，法院一审判决赵某偿还王某债务，赵某不服，提出上诉。二审期间，案外人李某表示，愿以自己的轿车为赵某偿还债务提供担保。三人就此达成书面和解协议后，赵某撤回上诉，法院准许。1 个月后，赵某反悔并不履行和解协议。

问题：王某如何维护自己的合法权益？

答案：只能申请执行一审判决。诉讼中和仲裁中的和解协议，没有法律约束力，也没有执行力。因此不可以强制执行和解协议。但是，赵某撤回上诉的行为，会使一审判决生效，王某将来可以依一审判决对赵某向法院申请强制执行。

二、二审的审理

1. 二审审理方式：

（1）原则上，开庭审理。

（2）例外：不开庭审理。需要询问当事人。（《民事诉讼法》第 169 条、《民诉法解释》第 333 条）

①不服不予受理、管辖权异议和驳回起诉裁定的。

②当事人提出的上诉请求明显不能成立的。

③原判决、裁定认定事实清楚，但适用法律错误的。

④原判决严重违反法定程序，需要发回重审的。

2. 二审审理范围：（《民诉法解释》第 323 条）

（1）仅对上诉请求的有关事实和适用法律进行审理。当事人没有提出请求的，不予审理。

（2）例外：一审判决违反法律禁止性规定，或者损害国家利益、社会公共利益、他人合法权益的除外。

3. 二审法院审理上诉案件的地点：可以在本院进行，也可以到案件发生地或者原审人民法院所在地进行。（《民事诉讼法》第 169 条）

三、二审的调解与和解

1. 二审中的调解

处理方式	具体情形	法条依据
调解不成的，应当及时判决	法院在审理二审案件时，可以进行调解，调解达成协议的，应当制作调解书。调解书送达后，原审人民法院的判决即视为撤销；调解不成的，应当及时判决	《民事诉讼法》第 172 条
调解不成的，发回重审	（1）对当事人在第一审程序中已经提出的诉讼请求，原审法院未作审理、判决的，第二审法院可以根据当事人自愿的原则①进行调解；②调解不成的，发回重审	《民诉法解释》第 326 条
	（2）必须参加诉讼的当事人或者有独立请求权的第三人，在第一审程序中未参加诉讼，第二审人民法院可以根据当事人自愿的原则①予以调解；②调解不成的，发回重审；③在发回重审的民事裁定书上，不应列被追加或更换的当事人	《民诉法解释》第 327 条
	（3）一审判决不准离婚的案件，上诉后，第二审人民法院认为应当判决离婚的： ①双方当事人同意由第二审人民法院一并审理的，第二审人民法院可以一并裁判 ②可以根据当事人自愿的原则，与子女抚养、财产问题一并调解 ③调解不成的，发回重审	《民诉法解释》第 329 条

续表

处理方式	具体情形	法条依据
调解不成的，告知另行起诉	在第二审程序中，原审原告增加独立的诉讼请求或者原审被告提出反诉的： ①双方当事人同意由第二审人民法院一并审理的，第二审人民法院可以一并裁判 ②第二审人民法院可以根据当事人自愿的原则就新增加的诉讼请求或者反诉进行调解 ③调解不成的，告知当事人另行起诉	《民诉法解释》第 328 条

■ 解题技巧

二审中的调解，需要区分四种情况。

（1）遗漏诉讼请求和遗漏当事人的：

①调解不成，只能发回重审；

②即便双方当事人同意，也不能一并裁判。

（2）一审判决不准离婚的：

①经双方同意，可一并调解；

②经双方同意，可一并审理裁判；

③不同意调与判的，发回重审。

（3）二审中原告增加独立诉讼请求，被告提出反诉的：

①经双方同意，可一并调解；

②经双方同意，可一并审理裁判；

③不同意调与判的，告知另行起诉。

（4）除了上述三种情况以外的案件：调解不成的，应当及时判决。

■ 精讲精练

案情： 二审法院审理继承纠纷上诉案时，发现一审判决遗漏另一继承人甲。甲应是本案的共同原告。

问题： 此时二审法院应当如何处理？简要说明理由。

答案： 二审法院可根据自愿原则进行调解，调解不成的，裁定撤销原判决，发回重审。但是即便各方当事人同意，二审法院也不能判决。

2. 当事人在二审中达成和解协议的后续处理（《民诉法解释》第 339 条）

情形	救济
（1）请求法院制作二审调解书结案	对方反悔时，可以执行调解书
（2）申请撤回起诉	①本案以后不得重复起诉。②和解协议没有执行力，对方反悔时，没有任何救济途径
（3）申请撤回上诉	①本案以后不得重复起诉。②但一审判决有执行力，对方反悔时，可请求执行一审判决

解题技巧

二审中当事人达成和解协议后，有三种选择，法律效果完全不同，根据当事人的选择来做题。

精讲精练

案情：经审理，一审法院判决被告王某支付原告刘某欠款本息共计 22 万元，王某不服提起上诉。二审中，双方当事人达成和解协议，约定：王某在 3 个月内向刘某分期偿付 20 万元，刘某放弃利息请求。案件经王某申请撤回上诉而终结。约定的期限届满后，王某只支付了 15 万元。

提示：被告向法院申请撤回了上诉，其效果是一审判决生效。

问题 1：此时刘某可否向法院申请执行和解协议？简要说明理由。

答案：刘某不可以向法院申请执行和解协议，因为二审中，双方当事人达成的和解协议没有强制执行力。

问题 2：此时刘某可否向法院申请执行一审判决？简要说明理由。

答案：原告刘某可以向一审法院申请执行一审判决。王某撤回上诉的行为会导致一审判决生效，该一审判决是有明确的给付内容的，因此在该一审判决生效之后，刘某可以申请执行。

四、二审的判决与裁定

1. 对判决的裁判

	处理方式	适用情形（《民事诉讼法》第 170 条、《民诉法解释》第 330、331 条）
对判决的裁判	（1）判决驳回上诉，维持原判决	原判决认定事实清楚，适用法律正确
	（2）依法改判	①原判决认定事实错误
		②原判决适用法律错误
		③原判决认定基本事实不清
	（3）裁定撤销原判决，发回原审人民法院重审	①原判决认定基本事实不清
		②严重违反法定程序：（《民诉法解释》第 325 条） A. 原判决遗漏当事人或者违法缺席判决 B. 审判组织的组成不合法的 C. 应当回避的审判人员未回避的 D. 无诉讼行为能力人未经法定代理人代为诉讼的 E. 违法剥夺当事人辩论权利的

2. **对裁定的裁定**：对一审裁定进行处理时，二审一律用裁定书。（《民诉法解释》第 332 条）

	错误原因	处理方式	对应法条
受理错误	（1）该案依法不应由人民法院受理	可以由第二审人民法院直接裁定撤销原裁判，驳回起诉	《民诉法解释》第330条
	（2）第一审人民法院受理案件违反专属管辖规定	应当裁定撤销原裁判并移送有管辖权的法院	《民诉法解释》第331条
没有受理	（3）第一审人民法院作出的不予受理裁定有错误	应当在撤销原裁定的同时，指令第一审人民法院立案受理	《民诉法解释》第332条
	（4）第一审人民法院作出的驳回起诉裁定有错误	应当在撤销原裁定的同时，指令第一审人民法院审理	

精讲精练

题目： 郑某起诉林某，审理过程中林某提起反诉，后郑某撤回起诉，法院以原告撤回起诉为由裁定驳回了林某的反诉。林某对该裁定不服，提起上诉，二审法院应当如何处理？（2019年考生回忆版真题/单选题）

A. 组织当事人调解，调解不成，告知另行起诉

B. 裁定驳回上诉，维持原裁定

C. 二审法院撤销驳回反诉的裁定，同时发回重审

D. 二审法院撤销原裁定，同时指定原审法院审理

答案： D

解析： 驳回反诉的裁定，实质上是驳回起诉的裁定。对于裁定的上诉用裁定处理，不得调解。由于驳回起诉的裁定是错误的，在撤销原裁定的同时，应指令原审法院进行审理。

五、二审发回重审

1. 只能发回一次：原审人民法院对发回重审的案件作出判决后，当事人提起上诉的，第二审人民法院不得再次发回重审。

2. 二审裁定撤销一审判决发回重审的案件，当事人申请变更、增加诉讼请求或者提出反诉，第三人提出与本案有关的诉讼请求的，可以合并审理。（《民诉法解释》第251条）

第十四章
再审程序

本章导读

　　法考要求考生熟练运用法律和司法解释关于再审提起的规定以及再审案件的审判程序，考生还需重点掌握当事人申请再审的条件、当事人申请再审管辖和审理以及检察院启动再审和当事人申请再审与检察院抗诉或提出检察建议相关考点。

知识点

原理解释

　　再审的特点：

　　（1）目的方面，再审与一审或者二审不同：一、二审的目的是解决民事纠纷；再审的目的是纠正已经生效的（一审或者二审）判决的错误。

　　（2）结构方面，再审分为两个阶段：

　　①启动阶段，主要目的是确定已生效裁判是否有错；

　　②审理阶段，对于已经审完的有错误的案件，重新给出正确的审理结果。

　　（3）启动方面，再审启动的决定权在法院，但启动的方式有三种：

　　①当事人申请；

　　②法院主动再审；

　　③检察院启动再审。

一、再审的启动程序

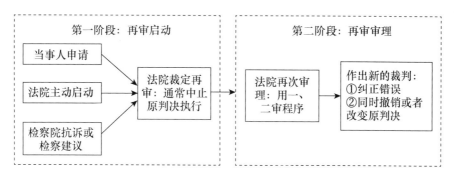

（一）可以再审的裁判文书

1. 判决书：特别程序及公示催告程序作出的判决（即除权判决）不适用于再审程序。

2. 裁定书：仅限于不予受理的裁定、驳回起诉的裁定和按自动撤回上诉处理的裁定。（《民诉法解释》第381条）

3. 调解书：可以再审。（《民事诉讼法》第198条）

（二）人民法院启动的再审（《民事诉讼法》第198条）

（三）当事人申请再审

1. 不得申请再审的内容。

（1）当事人对已经发生法律效力的解除婚姻关系的判决、调解书，不得申请再审。（《民事诉讼法》第202条）

（2）当事人就离婚案件中的财产分割问题申请再审：①如涉及判决中已分割的财产，人民法院应当进行审查，符合再审条件的，应当裁定再审；②如涉及判决中未作处理的夫妻共同财产，应当告知当事人另行起诉。（《民诉法解释》第382条）

（3）适用特别程序、督促程序、公示催告程序、破产程序等非讼程序审理的案件，当事人不得申请再审。（《民诉法解释》第380条）

2. 申请再审的事由。

（1）判决、裁定：（《民事诉讼法》第200条）

①有新的证据，足以推翻原判决、裁定的；

②原判决、裁定认定的基本事实缺乏证据证明的；

③原判决、裁定认定事实的主要证据是伪造的；

④原判决、裁定认定事实的主要证据未经质证的；

⑤对审理案件需要的主要证据，当事人因客观原因不能自行收集，书面申请人民法院调查收集，人民法院未调查收集的；

⑥原判决、裁定适用法律确有错误的；

⑦审判组织的组成不合法或者依法应当回避的审判人员没有回避的；

⑧无诉讼行为能力人未经法定代理人代为诉讼或者应当参加诉讼的当事人，因不能归责于本人或者其诉讼代理人的事由，未参加诉讼的；

⑨违反法律规定，剥夺当事人辩论权利的；

⑩未经传票传唤，缺席判决的；

⑪原判决、裁定遗漏或者超出诉讼请求的，但当事人未对一审判决、裁定遗漏或者超出诉讼请求提起上诉的除外；（《民诉法解释》第392条）

⑫据以作出原判决、裁定的法律文书被撤销或者变更的；

⑬审判人员审理该案件时有贪污受贿，徇私舞弊，枉法裁判行为的。

（2）调解书：调解违反自愿原则或者调解协议的内容违反法律。（《民事诉讼法》第201条）

📖 **精讲精练**

案情：李某与王某签订借款合同，约定张某承担保证责任。借款到期后，李某以王某为被告、张某为第三人诉至法院。一审法院认为张某是连带保证人，判决王某与张某承担连带责任。张某不服提起上诉，二审法院认为张某是一般保证人，改判王某承担责任。后张某以自己与王某订约时意思表示错误为由申请再审，请求确认保证合同无效。

问题：法院对张某的再审申请，应当如何处理？（根据2020年考生回忆版真题改编）

答案：张某以自己与王某订约时意思表示错误为由申请再审，不是申请再审的法定事由，法院将不受理再审申请。

3. 时间：6个月内。（《民事诉讼法》第205条）

4. 申请再审的法院。（《民事诉讼法》第199条）

（1）通常：只能向上一级人民法院申请再审。

（2）当事人一方人数众多（指10人以上）或者当事人双方为公民的案件：

①上一级和原审人民法院都可以。

②当事人分别向原审人民法院和上一级人民法院申请再审且不能协商一致的，由原审人民法院受理。（《民诉法解释》第379条）

5. 当事人申请再审的材料：再审申请书。

6. 法院对再审申请的审查。（《民事诉讼法》第204条）

（1）3个月内审查。

（2）裁定再审；裁定驳回申请。

7. 再审案件的审理法院。（《民事诉讼法》第204条）

（1）通常：向谁申请，谁就审。

（2）例外：最高人民法院、高级人民法院裁定再审的案件，由本院再审或者交下一级法院再审（可以交原审人民法院再审，也交其他下一级人民法院再审）。

📖 **精讲精练**

案情：原告王某起诉被告陈某人身侵权损害赔偿案件，经青岛市市南区法院一审、青岛市中院二审，判决生效。

问题1：如果被告陈某要申请再审，可以向哪些法院申请？

答案：由于本案的两方当事人都是公民，因此被告陈某要申请再审，既可以向原审法院青岛市中院申请，也可以向山东省高院申请。

问题2：在被告陈某申请再审之后，如果法院决定再审本案，由哪个法院审理？

答案：如果被告陈某向原审法院青岛市中院申请，只能由青岛市中院审理。如果被告陈某向山东省高院申请，可以由山东省高院审理，也可以由青岛市中院审理，还可以由山东省的其他中院审理。

（四）人民检察院启动的再审

1. 启动方式（《民事诉讼法》第208、209条）

（1）抗诉方式：应当制作抗诉书。（《民事诉讼法》第212条）

①最高法院：最高检察院可直接抗诉。

②地方法院：同级检察院不能直接抗诉（提请上级检察院向同级法院提出抗诉）。

（2）检察建议：向同级法院提出检察建议，并报上级检察院备案（最高检不得向最高法提）。

2. 当事人申请检察建议或者抗诉（《民事诉讼法》第209条）

（1）情形：

①人民法院驳回再审申请的；

②人民法院逾期未对再审申请作出裁定的；

③再审判决、裁定有明显错误的。

（2）处理：在3个月内进行审查，作出提出或者不予提出检察建议或者抗诉的决定。

（3）只能申请1次。

（4）总结：当事人申请再审，最多2次。（先法院，后检察院）

3. 检察院调查权（《民事诉讼法》第210条）

（1）原因：检察院因履行法律监督职责提出检察建议或者抗诉的需要。

（2）内容：可以向当事人或者案外人调查核实有关情况。

4. 抗诉的效果（《民事诉讼法》第211条）

接受抗诉的法院应当自收到抗诉书之日起30日内作出再审的裁定。

5. 检察机关不是再审案件的当事人

民事再审案件的当事人应为原审案件的当事人。原审案件当事人死亡或者终止的，其权利义务承受人可以申请再审并参加再审诉讼。（《审判监督程序解释》第29条）

二、再审的审理程序

（一）再审的审理

1. 裁定中止原判决、裁定、调解书的执行

（1）当事人申请再审时，不会停止原判决、裁定的执行，法院决定再审后，通过裁定才中止原判决、裁定的执行。应当在再审裁定中同时写明中止原判决、裁定、调解书的执行。（《民诉法解释》第396条）

（2）追索赡养费、扶养费、抚育费、抚恤金、医疗费用、劳动报酬等案件，可以不中止执行。（《民事诉讼法》第206条）

2. 再审所适用的程序

具体情形	适用程序	所作判决、裁定可否上诉
生效裁判是一审法院作的	一审程序	可以上诉
生效裁判是二审法院作的	二审程序	不得上诉
上级法院提审的		

精讲精练

案情：甲公司诉乙公司合同纠纷案，南山市S县法院进行了审理并作出驳回甲公司诉讼请求的判决，甲公司未提出上诉。判决生效后，甲公司因收集到新的证据申请再审。

问题：如果法院根据甲公司的申请决定再审本案，应当适用第一审还是第二审程序进行再审？

答案：应适用二审程序进行再审。甲公司只能向南山市中院申请再审。由于是上级法院（南山市中院）审理下一级法院（S县法院）的生效判决，属于提审，南山市中院应适用二审程序审理。

3. 再审的审理范围（《民诉法解释》第405条）

（1）再审案件应当围绕申请人的再审请求进行审理和裁判。

（2）当事人的再审请求超出原审诉讼请求的（包括原告提出新的诉讼请求，或者被告提出反诉）：

①原则上不予审理（包括不予调解）；

②构成另案诉讼的，应告知当事人可以提起新的诉讼。（《民诉法解释》第252条）

4. 裁定终结再审程序（《民诉法解释》第406条）

（1）再审申请人死亡或者终止，无权利义务承继者或者权利义务承继者声明放弃再审申请的；

（2）在给付之诉中，负有给付义务的被申请人死亡或者终止，无可供执行的财产，也没有应当承担义务的人的；

（3）当事人达成和解协议且已履行完毕的。

（二）再审的调解

当事人在再审审理中经调解达成协议的，人民法院应当制作调解书。调解书经各方当事人签收后，即具有法律效力，原判决、裁定视为被撤销。（《审判监督程序解释》第25条）

第十五章
特别程序

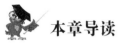 **本章导读**

    本章的高频考点是确认调解协议案件和实现担保物权案件，法考要求考生理解各类适用特别程序的案件的审理程序并能够熟练运用特别程序的法律规定。

 知识点

一、特别程序的特点

1. 特别程序的审判组织：只能由审判员组成。

（1）原则上：1 名审判员独任审理。

（2）例外：3 名审判员合议审理：①选民资格案件；②重大、疑难的案件。

2. 特别程序案件的管辖：基层法院管辖。

案件	管辖法院
选民资格案件	选区所在地
宣告失踪、宣告死亡案件	下落不明人住所地
认定公民无民事行为能力或者限制民事行为能力案件	被认定人住所地
认定财产无主案件	财产所在地
确认调解协议案件	调解组织所在地
实现担保物权案件	担保财产所在地或者担保物权登记地

3. 特别程序实行一审终审：不能上诉。

4. 特别程序不再审。但特别程序所作裁判有错误，可以提异议。（《民诉法解释》第374 条）

二、选民资格案件

1. 起诉人不一定是选民本人。

2. 应当开庭审理：起诉人、选举委员会的代表和有关公民必须参加。

三、宣告失踪、宣告死亡案件

失踪人财产代管人的变更：(《民诉法解释》第 344 条)

1. 利害关系人向法院请求变更：利害关系人为原告，原指定的代管人为被告，按普通程序进行。

2. 代管人自己向法院请求变更：按照特别程序进行审理。

四、认定公民无民事行为能力或者限制民事行为能力案件

1. 其他诉讼中当事人的民事行为能力的认定：由受诉人民法院按照特别程序立案审理，原诉讼中止。(《民诉法解释》第 349 条)

2. 指定监护人。(《民诉法解释》第 351 条、《民法典》第 31 条)

(1) 两种情形：

①被指定的监护人不服居民委员会、村民委员会或者民政部门指定，应当自接到通知之日起 30 日内向人民法院提出异议。

②有关当事人直接向人民法院申请指定监护人。

(2) 管辖法院：不服指定监护或者变更监护关系的案件，可以由被监护人住所地人民法院管辖。(《民诉法解释》第 10 条)

(3) 适用特别程序。

(4) 用判决书指定监护人。

五、确认调解协议案件 (《民事诉讼法》第 194、195 条)

(一) 人民调解协议：具有合同效力

1. 人民调解的启动：当事人申请；人民调解委员会也可以主动调解。(《人民调解法》第 17 条)

2. 人民调解协议的效力：具有民事合同性质。

(二) 司法确认程序：赋予其执行力

1. 启动：

(1) 需要双方当事人申请，才能启动特别程序。(《民诉法解释》第 353 条)

(2) 单方只能提起不履行人民调解协议的诉讼。(《民诉法解释》第 61 条)

2. 管辖：调解组织所在地基层人民法院。(《民诉法解释》第 354 条)

3. 申请的方式：书面形式或者口头形式均可以。(《民诉法解释》第 355 条)

4. 时间：自调解协议生效之日起 30 日内。

5. 当事人申请司法确认调解协议，人民法院裁定不予受理或者驳回申请的情形：(《民诉法解释》第 357 条)

（1）申请确认婚姻关系、亲子关系、收养关系等身份关系无效、有效或者解除的；

（2）涉及适用其他特别程序、公示催告程序、破产程序审理的；

（3）调解协议内容涉及物权、知识产权确权的。

📖 **精讲精练**

案情：李云将房屋出售给王亮，后因合同履行发生争议，经双方住所地人民调解委员会调解，双方达成调解协议，明确王亮付清房款后，房屋的所有权归属王亮。为确保调解协议的效力，双方约定向法院提出司法确认申请。

问题：法院是否会受理双方的确认申请？

答案：由于房屋的所有权归属王亮的约定涉及物权的权利归属，法院不得予以确认。由于这是法院受理之前发现的，法院将不予受理确认申请。

六、实现担保物权案件（《民事诉讼法》第196、197条）

1. 申请人：担保物权人以及其他有权请求实现担保物权的人。

2. 管辖：担保财产所在地或者担保物权登记地基层人民法院。

3. 独任与合议：（《民诉法解释》第369条）

（1）实现担保物权案件可以由审判员1人独任审查。

（2）担保财产标的额超过基层人民法院管辖范围的，应当组成合议庭进行审查。

4. 处理：

（1）符合法律规定的：

①裁定拍卖、变卖担保财产。

②可以向人民法院申请执行该裁定。

（2）不符合法律规定的：

①裁定驳回申请。

②当事人可以向人民法院提起诉讼。

📖 **精讲精练**

案情：甲公司与东升银行之间订立了500万元的贷款合同，甲公司董事长张某以自己位于三河市的别墅作为抵押。贷款到期后甲公司无力归还贷款，东升银行向法院申请适用特别程序实现对别墅的抵押权。甲公司否认该抵押权的有效性。法院经过审查后，驳回了东升银行的申请。

问题：东升银行可以怎样实现债权？

答案：东升银行可以就该抵押权向法院起诉。

第十六章
非讼程序

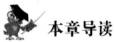**本章导读**

　　本章的高频考点是督促程序中申请支付令的条件、债务人异议条件以及督促程序与诉讼程序的转化，公告程序中申请公示催告的条件以及申报权利。法考要求考生熟练掌握并能够运用这两个程序的相关法律规定。

知识点

一、督促程序

1. 适用条件（《民诉法解释》第429条）

（1）债权人请求债务人给付金钱、有价证券。

（2）已到期且数额确定。

（3）债权人与债务人没有其他债务纠纷的。

①人民法院受理支付令申请后，债权人就同一债权债务关系又提起诉讼的，已发出支付令的，支付令自行失效。（《民诉法解释》第432条）

②对设有担保的债务的主债务人发出的支付令，对担保人没有拘束力。债权人就担保关系单独提起诉讼的，支付令自人民法院受理案件之日起失效。（《民诉法解释》第436条）

（4）债务人在我国境内且未下落不明。

（5）支付令能够送达债务人的。

①债务人不在我国境内的，或者虽在我国境内但下落不明的，不适用督促程序。

②向债务人本人送达支付令，债务人拒绝接收的，人民法院可以留置送达。（《民诉法解释》第431条）

（6）向有管辖权的法院申请：债务人住所地基层人民法院。（《民诉法解释》第23、427条）

（7）债权人未向人民法院申请诉前保全。

2. 债务人异议

（1）提出异议的方式：书面形式。

①债务人的口头异议无效。（《民诉法解释》第 438 条）

②向其他人民法院起诉：债务人在收到支付令后，未在法定期间提出书面异议，而向其他人民法院起诉的，不影响支付令的效力。（《民诉法解释》第 433 条）

③债务人在法定期间内向本院就该借款关系起诉的，支付令失效。

（2）异议的时间：

①收到支付令之日起 15 日内。

②15 日内不提异议，支付令将产生执行力。

（3）异议的内容：必须是实体上的拒绝。

（4）对债务人异议的审查：形式审查。（《民诉法解释》第 437 条）

（5）审理后的处理：（《民事诉讼法》第 217 条）

①经审查，异议成立的：应当裁定终结督促程序，支付令自行失效。

②支付令失效的：转入诉讼程序。

③但申请支付令的一方当事人不同意提起诉讼的：不转入诉讼程序。

3. 支付令错误的救济

本院裁定撤销支付令，驳回债权人的申请。（《民诉法解释》第 443 条）

二、公示催告程序

1. 适用范围

（1）按照规定可以背书转让的票据。

（2）依照法律规定可以申请公示催告的其他事项，如记名股票、提单。（《公司法》第 144 条、《海事诉讼特别程序法》第 100 条）

2. 申请方式

（1）申请原因：票据被盗、遗失或者灭失。

（2）申请人：票据持有人。

（3）管辖：票据支付地的基层人民法院。

3. 停止支付与公告

（1）停止支付：法院认为符合受理条件的，通知予以受理，并同时通知支付人停止支付。（《民事诉讼法》第 220 条）

①支付人收到人民法院停止支付的通知，应当停止支付，至公示催告程序终结。

②公示催告期间，转让票据权利的行为无效。

（2）在 3 日内发出公告：催促利害关系人申报权利。

（3）公告期间：不得少于 60 日。（《民诉法解释》第 449 条）

4. 利害关系人申报权利　（《民事诉讼法》第 221 条、《民诉法解释》第 450 条）

（1）时间：除权判决作出前都可以申报权利。

（2）形式审查：仅审查申请公示催告的票据与利害关系人出示的票据是否一致。（《民

诉法解释》第451条)

①出示票据：利害关系人申报权利，人民法院应当通知其向法院出示票据。

②查看票据：通知公示催告申请人在指定的期间查看该票据。

（3）处理：

①一致：裁定终结公示催告程序，申请人或者申报人可以向人民法院起诉。

②不一致：裁定驳回利害关系人的申报。

5. 除权判决

（1）除权判决的作出：

①公示催告申请人申请。

②合议庭（公示催告阶段：独任制；除权判决阶段：合议制）。（《民诉法解释》第454条）

（2）申请除权判决的条件：

①在申报权利的期间无人申报权利，或者申报被驳回的。

②申请人应当自公示催告期间届满之日起1个月内申请。

（3）除权判决的效力：宣告票据无效。（《民诉法解释》第453条）

6. 对除权判决错误的救济

利害关系人因正当理由不能在判决前向人民法院申报的，自知道或者应当知道判决公告之日起1年内，可以向作出判决的人民法院起诉。诉请确认其为合法持票人。（《民事诉讼法》第223条）

第十七章
在线诉讼

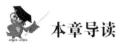 **本章导读**

　　本章内容为民诉法考新增内容，考生需要掌握互联网法院的管辖范围和在线诉讼审理相关法律规定。

 知识点

一、互联网法院的集中管辖

　　1. 案件类型：（《最高人民法院关于互联网法院审理案件若干问题的规定》第 2 条）

　　（1）通过电子商务平台签订或者履行网络购物合同而产生的纠纷；

　　（2）在互联网上侵害他人人身权、财产权等民事权益而产生的纠纷；

　　（3）通过电子商务平台购买的产品，因存在产品缺陷，侵害他人人身、财产权益而产生的产品责任纠纷。

　　2. 原法院：北京、广州、杭州基层管辖。

　　3. 集中后：由本地互联网法院集中管辖，原基层法院不再管辖。

　　4. 可协议：当事人可以依法协议约定与争议有实际联系地点的互联网法院管辖。（《最高人民法院关于互联网法院审理案件若干问题的规定》第 3 条）

二、审理

　　1. 人民法院可以对以下案件适用在线诉讼，在线完成立案、调解、证据交换、询问、庭审、送达等全部或者部分诉讼环节：（《人民法院在线诉讼规则》第 3 条）

　　（1）民事诉讼案件；

　　（2）民事特别程序、督促程序、破产程序案件；

　　（3）民事执行案件。

2. 依职权转线下诉讼：在诉讼过程中，如存在当事人欠缺在线诉讼能力、不具备在线诉讼条件或者相应诉讼环节不宜在线办理等情形之一的，人民法院应当将相应诉讼环节转为线下进行。(《人民法院在线诉讼规则》第 5 条)

3. 当事人不同意在线诉讼：未经当事人及其他诉讼参与人同意，人民法院不得强制或者变相强制适用在线诉讼。(《人民法院在线诉讼规则》第 2 条)

（1）各方当事人均明确表示不同意，不得适用在线庭审。(《人民法院在线诉讼规则》第 21 条)

（2）部分当事人同意适用在线诉讼，部分当事人不同意的，相应诉讼环节可以采取同意方当事人线上、不同意方当事人线下的方式进行。(《人民法院在线诉讼规则》第 4 条)

4. 证人通过在线方式出庭的，人民法院应当通过指定在线出庭场所、设置在线作证室等方式，保证其不旁听案件审理和不受他人干扰。(《人民法院在线诉讼规则》第 26 条)

第十八章

执行程序

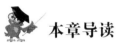 **本章导读**

　　本章考生重点掌握执行开始、执行和解、执行担保、对执行行为的救济以及在裁判有错误情况下和无错误情况下对执行标的的救济、保障性的执行措施等考点，法考要求考生熟悉并能够运用各种执行措施及实施程序、执行异议的程序及处理、暂缓执行、执行中止和执行终结的规定。

 知识点

一、执行程序的启动

（一）执行管辖法院

　　1. 发生法律效力的民事判决、裁定，以及刑事判决、裁定中的财产部分：由第一审人民法院或者与第一审人民法院同级的被执行的财产所在地人民法院执行。（《民事诉讼法》第 224 条）

　　2. 法律规定由人民法院执行的其他法律文书（公证债权文书、仲裁裁决书和仲裁调解书），由被执行人住所地或者被执行的财产所在地人民法院执行。

　　3. 执行管辖权异议：（《执行程序解释》第 3 条）

　　（1）异议时间：当事人应当自收到执行通知书之日起 10 日内提出。

　　（2）处理方式：

　　①异议成立的，应当撤销执行案件。

　　②异议不成立的，裁定驳回。

　　（3）可以复议：向上一级人民法院。

（二）法院的受理

　　1. 法院受理执行案件的条件（《执行工作规定》第 16 条）

（1）申请或移送执行的法律文书已经生效。

（2）申请执行人是生效法律文书确定的权利人或其继承人、权利承受人。

（3）申请执行的法律文书有给付内容，且执行标的和被执行人明确。

（4）义务人在生效法律文书确定的期限内未履行义务。

（5）属于受申请执行的人民法院管辖。

注意：已经删除了"申请执行人在法定期限内提出申请"的要求。

2. 执行通知的时间

（1）通常情况：人民法院应当在收到申请执行书或者移交执行书后10日内发出执行通知。（《执行工作规定》第22条）

（2）执行员立即采取强制执行措施的：可以同时或者自采取强制执行措施之日起3日内发送执行通知书。（《执行程序解释》第22条）

（三）代位申请执行

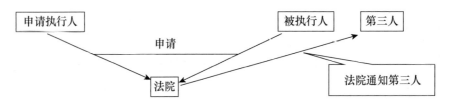

1. 适用条件

（1）被执行人不能清偿债务，但对第三人享有到期债权。

（2）依申请执行人或被执行人的申请。注意：法院不得主动通知第三人履行债务。

2. 人民法院通知的效力

（1）债务人15日内履行债务。

（2）债务人15日内提出异议。

（3）15日内不提出异议，也不履行的，法院有权裁定强制执行。

（四）委托执行

执行法院经调查发现被执行人在本辖区内已无财产可供执行，且在其他省、自治区、直辖市内有可供执行财产的，可以将案件委托异地的同级人民法院执行。

1. 委托执行的条件：（《委托执行规定》第1条）

（1）被执行人在执行法院辖区内已无财产可供执行；

（2）在其他省、自治区、直辖市内有可供执行财产；

（3）将案件委托异地的同级人民法院执行。

2. 不委托亲自异地执行的条件：执行法院确需赴异地执行案件的，应当经其所在辖区高级人民法院批准。（《委托执行规定》第1条）

3. 委托执行的影响：（《委托执行规定》第2条）

（1）受托法院应当依法立案；

（2）委托法院应当在收到受托法院的立案通知书后作销案处理。

（五）执行回转

1. 执行回转的适用情形

（1）据以执行的判决、裁定和调解书确有错误，被人民法院撤销的。

（2）其他法律文书执行完毕后，被有关机关或者组织依法撤销的。（《民诉法解释》第476条）

2. 执行回转的适用条件

（1）执行根据（即据以执行的法律文书）已执行完毕。

（2）已经执行完毕的执行根据被撤销。

（3）根据新的生效法律文书启动。一定要有新的执行根据，仅仅是执行根据被撤销不会导致执行回转。

📄 **精讲精练**

案情： 某侵犯名誉权的案件执行完毕后，过了1个月，被告认为该判决在适用法律上有错误。

问题： 在这种情况下，被告是否有权申请执行回转？

答案： 被告无权申请执行回转。因为没有需要执行回转的新的文书出现。

3. 执行回转的程序要求

（1）法院依当事人申请或依职权启动。

（2）按照新的生效法律文书，作出执行回转的裁定：责令原申请执行人返还已取得的财产及其孳息。

（3）拒不返还的，强制执行。

二、执行程序的进行

（一）执行中止

执行中止的情形：（《民事诉讼法》第256条、《最高人民法院关于人民法院办理仲裁裁决执行案件若干问题的规定》第7条）

（1）申请人表示可以延期执行的；

（2）案外人对执行标的提出确有理由的异议的；

（3）作为一方当事人的公民死亡，需要等待继承人继承权利或者承担义务的；

（4）作为一方当事人的法人或者其他组织终止，尚未确定权利义务承受人的；

（5）一方当事人申请执行仲裁裁决，另一方当事人申请撤销仲裁裁决的；

（6）仲裁裁决的被申请执行人向人民法院提出不予执行请求，并提供适当担保的。

注意：删除了"被执行人确无财产可供执行的"裁定中止执行的规定。

（二）因执行担保而暂缓执行

1. 适用条件：

（1）被执行人或第三人向人民法院提供担保。（《民诉法解释》第470条）

（2）申请执行人同意。（《最高人民法院关于执行担保若干问题的规定》第6条）

（3）人民法院准许。

2. 担保书中应当载明暂缓执行期限、担保期间等内容。（《最高人民法院关于执行担保若干问题的规定》第 4 条）

执行担保书的内容

暂缓执行的期限　　　担保期间
（最长不得超过1年）　（没有记载或记载不明，为1年）

（1）担保期间：自暂缓执行期限届满之日起计算。（《最高人民法院关于执行担保若干问题的规定》第 12 条）

（2）担保期间届满后，免责，并依其申请解除查封、扣押、冻结：担保期间届满后，申请执行人申请执行担保财产或者保证人财产的，人民法院不予支持。他人提供财产担保的，人民法院可以依其申请解除对担保财产的查封、扣押、冻结。（《最高人民法院关于执行担保若干问题的规定》第 13 条）

3. 恢复执行。（《最高人民法院关于执行担保若干问题的规定》第 11 条）

（1）只能依申请，不能法院依职权恢复。

（2）如果选择执行担保人：不得将担保人变更、追加为被执行人。

法院可以依申请执行人的申请恢复执行，并直接裁定执行担保财产或者保证人的财产（以担保人应当履行义务部分的财产为限）。

（3）如果选择执行被执行人：被执行人有便于执行的现金、银行存款的，应当优先执行该现金、银行存款。

（三）执行承担

1. 被执行人为公民，其死亡时的执行承担。（《执行中变更追加当事人的规定》第 10 条、《民诉法解释》第 475 条）

（1）变更、追加该自然人的遗产管理人、继承人、受遗赠人或其他取得遗产的主体为被执行人。

（2）在遗产范围内承担责任。

2. 被执行人为法人或其他组织，其发生变更时的执行承担。（《民诉法解释》第 472 条）

（1）执行中作为被执行人的法人或者其他组织分立、合并的，人民法院可以裁定变更后的法人或者其他组织为被执行人。

（2）被注销的，如果依照有关实体法的规定有权利义务承受人的，可以裁定该权利义务承受人为被执行人。

3. 被执行人为其他组织（个人独资企业、合伙企业、法人的分支机构）时的执行承担。（《民诉法解释》第 473 条）

（1）情形：其他组织在执行中不能履行法律文书确定的义务。

（2）处理：人民法院可以裁定执行对该其他组织依法承担义务的法人或者公民个人的财产。

4. 在执行中，作为被执行人的法人或者其他组织名称变更的，人民法院可以裁定变

更后的法人或者其他组织为被执行人。(《民诉法解释》第 474 条)

(四) 执行措施

1. 迟延履行利息和迟延履行金。

(1) 被执行人未按判决、裁定和其他法律文书指定的期间履行给付金钱义务的，应当加倍支付迟延履行期间的债务利息。

(2) 被执行人未按判决、裁定和其他法律文书指定的期间履行其他义务的，应当支付迟延履行金。

2. 执行标的物为特定物的：(《执行工作规定》第 41 条、《民诉法解释》第 494 条)

(1) 应当执行原物。

(2) 原物被隐匿或非法转移的：人民法院有权责令其交出。

(3) 原物确已毁损或灭失的：经双方当事人同意，可以折价赔偿。

(4) 双方当事人对折价赔偿不能协商一致的：人民法院应当终结执行程序。申请执行人可以另行起诉。

3. 侵犯名誉权案件：侵权人拒不执行生效判决，不为对方恢复名誉、消除影响的，人民法院可以采取公告、登报等方式，将判决的主要内容及有关情况公布于众，费用由被执行人负担。并可依照《民事诉讼法》第 111 条的规定处理，即追究妨碍执行的责任。

4. 被执行人将其财产出卖给第三人，但根据合同约定被执行人保留所有权的：(《最高人民法院关于人民法院民事执行中查封、扣押、冻结财产的规定》第 14 条)

(1) 第三人已经支付部分价款并实际占有该财产：人民法院可以查封、扣押、冻结。

(2) 第三人要求继续履行合同的，向人民法院交付全部余款后：裁定解除查封、扣押、冻结。

三、执行程序的结束

(一) 不予执行

时间与管辖法院：当事人请求不予执行仲裁裁决或者公证债权文书的，应当在执行终结前向执行法院提出。(《民诉法解释》第 481 条)

1. 不予执行公证债权文书

(1) 申请执行公证债权文书的材料：公证债权文书＋执行证书。(《最高人民法院关于公证债权文书执行若干问题的规定》第 3 条)

(2) 公证债权文书不予执行的情形：确有错误。(《民诉法解释》第 480 条)

2. 不予执行国内仲裁裁决书

(1) 国内仲裁裁决不予执行的情形：(《民事诉讼法》第 237 条)

①当事人在合同中没有订有仲裁条款或者事后没有达成书面仲裁协议的；

②裁决的事项不属于仲裁协议的范围或者仲裁机构无权仲裁的；

③仲裁庭的组成或者仲裁的程序违反法定程序的；

④裁决所根据的证据是伪造的；

⑤对方当事人向仲裁机构隐瞒了足以影响公正裁决的证据的；

⑥仲裁员在仲裁该案时有贪污受贿，徇私舞弊，枉法裁决行为的；

⑦人民法院认定执行该裁决违背社会公共利益的，裁定不予执行。

（2）仲裁裁决部分不予执行：（《民诉法解释》第477条）

①不予执行部分与其他部分可分的，法院应当裁定对该部分不予执行；

②不予执行部分与其他部分不可分，法院应当裁定不予整个执行仲裁裁决。

（3）仲裁裁决不予执行的救济：法院裁定不予执行仲裁裁决后，当事人可以就该民事纠纷重新达成书面仲裁协议申请仲裁，也可以向人民法院起诉。（《民诉法解释》第478条）

（二）执行和解

1. 执行和解的要求。

（1）时间：执行中。

（2）主体：双方当事人。注意：执行中法院不得进行调解。

（3）方式只有三种：（《最高人民法院关于执行和解若干问题的规定》第2条）

①各方当事人共同向人民法院提交书面和解协议的；

②一方当事人向人民法院提交书面和解协议，其他当事人予以认可的；

③当事人达成口头和解协议，执行人员将和解协议内容记入笔录，由各方当事人签名或者盖章的。

📖 **精讲精练**

案情： 法院受理甲出版社与乙报社著作权纠纷案，判决乙赔偿甲10万元，并登报赔礼道歉。判决生效后，乙交付10万元，但未按期赔礼道歉，甲申请强制执行。执行中，甲、乙自行达成口头协议，约定乙免于赔礼道歉，但另付甲1万元。

问题： 该和解协议是否需要记入笔录？

答案： 应当记入笔录。以口头方式达成执行和解协议，必须由执行人员将当事人协议内容记入笔录，由当事人签字或盖章。

2. 执行和解的效力：能够依法变更生效法律文书确定的内容。（《最高人民法院关于执行和解若干问题的规定》第1条）

（1）执行和解协议不具有强制执行力：当事人达成以物抵债执行和解协议的，人民法院不得依据该协议作出以物抵债裁定。（《最高人民法院关于执行和解若干问题的规定》第6条）

（2）和解协议达成后，法院可以裁定中止执行。

（3）执行和解协议履行完毕的，人民法院作执行结案处理。（《最高人民法院关于执行和解若干问题的规定》第8条）

（4）被执行人一方不履行执行和解协议的，恢复执行与起诉，只能二选一：申请执行人可以申请恢复执行原生效法律文书，也可以就履行执行和解协议向执行法院提起诉讼。（《最高人民法院关于执行和解若干问题的规定》第9条）

3. 恢复执行。

（1）依对方当事人的申请。

（2）恢复执行的原因：（《民事诉讼法》第 230 条）

①申请执行人因受欺诈、胁迫与被执行人达成和解协议；

②当事人不履行和解协议的。

（3）恢复执行的对象：原生效法律文书。注意：不是执行和解协议。

（三）执行终结

1. 执行终结的情形（《民事诉讼法》第 257 条）

（1）申请人撤销申请的：因撤销申请而终结执行后，当事人在民事诉讼法规定的申请执行时效期间内再次申请执行的，人民法院应当受理。（《民诉法解释》第 520 条）

（2）据以执行的法律文书被撤销的。

（3）作为被执行人的公民死亡，无遗产可供执行，又无义务承担人的。

（4）追索赡养费、扶养费、抚育费案件的权利人死亡的。

（5）作为被执行人的公民因生活困难无力偿还借款，无收入来源，又丧失劳动能力的。

（6）未发现可供执行的财产，可以终结本次执行。（《民诉法解释》第 519 条）

①经过财产调查未发现可供执行的财产，在申请执行人签字确认或者执行法院组成合议庭审查核实并经院长批准后，可以裁定终结本次执行程序。

②裁定终结本次执行程序后，申请执行人发现被执行人有可供执行财产的，可以再次申请执行。再次申请不受申请执行时效期间的限制。

2. 总结：作为被执行人的公民死亡对执行程序的影响。

（1）执行中止：等待继承人继承权利或者承担义务。

（2）变更、追加：申请执行人申请变更、追加该自然人的遗产管理人、继承人、受遗赠人或其他取得遗产的主体为被执行人，在遗产范围内承担责任。

注意：已经删除了"继承人放弃继承或受遗赠人放弃受遗赠，又无遗嘱执行人的，人民法院可以直接执行遗产"的规定。

3. 执行结案的方式：（《执行工作规定》第 64 条）

（1）执行完毕。

（2）终结本次执行程序。

（3）终结执行。

（4）销案。

（5）不予执行。

（6）驳回申请。

四、执行错误的救济

（一）案外人对执行标的的异议

1. 异议的条件（《民事诉讼法》第 227 条）

（1）执行过程中：在该执行标的执行程序终结前提出。（《民诉法解释》第 464 条）

（2）提出异议的主体：必须是案外人，不能是申请执行人和被执行人。

（3）针对执行标的：案外人对执行标的享有足以排除强制执行的权益。（《民诉法解

释》第465条)

2. 程序问题 (《民事诉讼法》第227条)

(1) 异议方式：应当书面异议。

(2) 审查期限：法院应当自收到书面异议之日起15日内审查。

(3) 审查方式：执行法院应当进行实质性审查，以确认异议人是否真的对执行标的享有权利。(《民诉法解释》第465条)

(4) 可保全不处分：审查期间可以对财产采取查封、扣押、冻结等保全措施，但不得进行处分。(《执行程序解释》第15条)

(5) 两种处理结果：(《民诉法解释》第465条)

①理由不成立的，裁定驳回其异议。

②理由成立的，裁定中止对该标的的执行：中止执行应当限于案外人依该条规定提出异议部分的财产范围。对被执行人的其他财产，不应中止执行。

3. 对裁定不服的救济 (《民事诉讼法》第227条)

(1) 判决房屋＋执行房屋：案外人、当事人对裁定不服，认为原判决、裁定错误的，依照审判监督程序办理。

(2) 判决给钱＋执行房屋：与原判决、裁定无关的，可以自裁定送达之日起15日内向执行法院提起诉讼（即执行异议之诉）。(《民诉法解释》第304条)

①案外人和申请执行人，可以提起执行异议之诉。

②被执行人，无权提起执行异议之诉。

解题技巧

案外人、当事人的进一步救济方式分三步：

第一步，找到案外人异议的物是什么。

第二步，找到判决的内容是什么。

第三步，分两种情况：①判过的，再审；②没判过的，执行异议之诉。

精讲精练

案情：原告李某起诉被告王某返还借款5万元的诉讼，法院二审判决被告王某返还原告李某5万元借款。判决生效后，由于被告王某没有主动履行义务，原告李某向法院申请强制执行。进入执行程序以后，由于被告王某没有现金，法院扣押了王某的一辆汽车。即将拍卖前，案外人陈某向法院主张，该汽车是自己所有的，只是一直委托被告王某保管，法院不能强制执行。

问题1：如果法院驳回了案外人陈某的异议，案外人陈某如何进一步寻求救济？

提示：分三步：①案外人异议的是汽车；②判的是给5万元；③由于异议的是没判过的，只能提执行异议之诉。

答案：可以向执行法院提起执行异议之诉（案外人异议之诉）。

问题2：如果法院支持了案外人陈某的异议，申请执行人如何进一步寻求救济？

答案：可以向执行法院提起执行异议之诉（许可执行之诉）。

4. 因为异议导致的再审（《民诉法解释》第 424 条）

（1）按照第一审程序再审的，应当追加其为当事人，作出新的判决、裁定。

（2）按照第二审程序再审，经调解不能达成协议的，应当撤销原判决、裁定，发回重审。

（3）重审时应追加其为当事人。

（二）执行异议之诉

1. 原告与被告的确定。

（1）案外人提起执行异议之诉的，以申请执行人为被告。被执行人反对案外人异议的，被执行人为共同被告；被执行人不反对案外人异议的，可以列被执行人为第三人。（《民诉法解释》第 307 条）

（2）申请执行人提起执行异议之诉的，以案外人为被告。被执行人反对申请执行人主张的，以案外人和被执行人为共同被告；被执行人不反对申请执行人主张的，可以列被执行人为第三人。（《民诉法解释》第 308 条）

原告	被告	共同被告	第三人
案外人	申请执行人	被执行人反对时	被执行人不反对时
申请执行人	案外人	被执行人反对时	被执行人不反对时

精讲精练

案情：甲公司申请强制执行乙公司的财产，法院将乙公司的一处房产列为执行标的。执行中，丙银行向法院主张，乙公司已将该房产抵押贷款，并以自己享有抵押权为由提出异议。乙公司否认将房产抵押给丙银行。经审查，法院驳回丙银行的异议。

问题：丙银行拟向法院起诉，应当以谁为被告？

答案：应当以甲公司和乙公司为共同被告起诉。丙银行起诉时，甲公司为被告。乙公司否认过，应当作为共同被告。

2. 案外人的证明责任：案外人或者申请执行人提起执行异议之诉的，案外人应当就其对执行标的享有足以排除强制执行的民事权益承担举证证明责任。（《民诉法解释》第 311 条）

3. 审理程序：人民法院审理执行异议之诉案件，适用普通程序。（《民诉法解释》第 310 条）

（三）第三人撤销之诉、执行异议、再审的关系

1. 第三人撤销之诉与再审的关系

由于在效果上都是纠正生效裁判的错误，对于当事人来讲，只能二选一。但法院和检察院也能启动再审，此时就需要处理第三人撤销之诉与再审的关系：并入再审或者只审第三人撤销之诉。

（1）通常第三人撤销之诉要并入再审：第三人撤销之诉案件审理期间，人民法院对生效判决、裁定、调解书裁定再审的，受理第三人撤销之诉的人民法院应当裁定将第三人的

诉讼请求并入再审程序。(《民诉法解释》第 301 条)

(2) 原案为虚假诉讼时，先审理第三人撤销之诉，并中止再审：有证据证明原审当事人之间恶意串通损害第三人合法权益的，人民法院应当先行审理第三人撤销之诉案件，裁定中止再审诉讼。(《民诉法解释》第 301 条)

(3) 并入再审后，对第三人诉讼请求的处理：(《民诉法解释》第 302 条)

①按照第一审程序审理的，人民法院应当对第三人的诉讼请求一并审理，所作的判决可以上诉；

②按照第二审程序审理的，人民法院可以调解，调解达不成协议的，应当裁定撤销原判决、裁定、调解书，发回一审法院重审，重审时应当列明第三人。

2. 主张独有时第三人撤销之诉、执行异议、再审的关系 (《民诉法解释》第 303 条)

(1) 第三人撤销之诉＋执行异议：

①第三人提起撤销之诉后，未中止生效判决、裁定、调解书执行的；

②执行法院对第三人提出的执行异议，应予审查；

③第三人不服驳回执行异议裁定，申请对原判决、裁定、调解书再审的，人民法院不予受理。

(2) 执行异议＋再审：

①案外人对人民法院驳回其执行异议裁定不服，认为原判决、裁定、调解书内容错误损害其合法权益的；

②应当根据《民事诉讼法》第 227 条规定申请再审；

③提起第三人撤销之诉的，人民法院不予受理。

第三人撤销之诉、执行异议、再审、执行异议之诉相互关系图

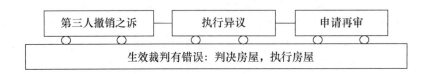

> 考试技巧：
>
> A. 判决给钱，执行房屋，上两节小火车；判决房屋，执行房屋，上三节小火车
>
> B. 不能直接申请再审或者提执行异议之诉：申请再审或者提执行异议之诉，以驳回执行异议为前置条件
>
> C. 三节小火车，每次可选两节，中间不能断：三撤＋异议；异议＋再审

🔖 解题技巧

对案外人的执行异议的处理：

（1）案外人对于执行标的物，提出的是独有，还是共有。

（2）案外人对执行标的物，提出独有之后，根据案外人有异议的物，原判决判没判。

①判过，上三节小火车：三撤＋异议；异议＋再审。

②没判，异议＋异议之诉。

（3）案外人对执行标的物，提出共有之后，根据案外人有异议的物，原判决判没判。

①判过，异议＋再审。

②没判，异议＋异议之诉。

🔖 精讲精练

案情：汤某设宴为母祝寿，向成某借了一尊清代玉瓶装饰房间。毛某来祝寿时，看上了玉瓶，提出购买。汤某以30万元将玉瓶卖给了毛某，并要求其先付钱，寿典后15日内交付玉瓶。毛某依约履行，汤某以种种理由拒绝交付。毛某诉至甲县法院，要求汤某交付玉瓶，得到判决支持。汤某未上诉，判决生效。在该判决执行时，成某知晓了上述情况。

提示：①成某是有独立请求权的第三人。②因生效判决而受到损害的第三人，有三种救济途径可以选择使用：提第三人撤销之诉；提执行异议；申请再审。

问题1：成某能不能以案外人身份向甲县法院直接申请再审？

答案：不能。因为申请再审有前置程序，必须是提过执行异议，并且执行异议被驳回后才能申请再审。

问题2：成某可不可以向甲县法院提出第三人撤销之诉？

答案：可以。尽管题目中说到了在执行该判决时，成某知晓了情况。但题目并没有提到成某提出了执行异议。由于成某没有作出任何选择，因此可以选择首先提起第三人撤销之诉，也可以选择首先提起执行异议。

问题3：成某向执行法院提出异议之后被驳回，接下来如何寻求救济？

答案：可以向法院申请再审。题目给定的条件是首先选了执行异议，并且被驳回。接下来只能选择申请再审，不可以提第三人撤销之诉。

（四）对执行行为的异议

1. 情形：执行行为违反法律规定。（《民事诉讼法》第225条）

2. 主体：当事人、利害关系人。

3. 法院：向负责执行的人民法院提出。

4. 理由不成立的，裁定驳回。

5. 复议：自裁定送达之日起10日内向上一级人民法院申请复议。

第十九章
仲裁制度

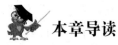 **本章导读**

　　提醒大家：在法考民诉中的仲裁，仅仅指的是民商仲裁或者叫商事仲裁，不包括劳动仲裁等其他仲裁形式。本章考生重点掌握仲裁协议的性质、仲裁协议的效力以及效力确认、仲裁程序中证据收集与保全、仲裁中的调解与和解、仲裁程序中裁决作出以及不予执行仲裁裁决的情况和撤销仲裁裁决与不予执行仲裁裁决的效果。

 知识点

一、仲裁范围

　　1. 可以仲裁：平等主体的公民、法人和其他组织之间发生的合同纠纷和其他财产权益纠纷。(《仲裁法》第 2 条)

　　2. 以下三类事项不得仲裁：(《仲裁法》第 3 条)

　　(1) 婚姻、收养、监护、扶养、继承纠纷。

▶ **精讲精练**

　　案情： 张小山与张大山之间因继承父亲的 5 万元存款发生争议。

　　问题： 若双方达成仲裁协议约定该纠纷仲裁解决，该仲裁协议是否有效？

　　答案： 无效。本案属于继承纠纷，不得仲裁。

　　(2) 依法应当由行政机关处理的行政争议。

　　(3) 劳动争议（只能由劳动仲裁委员会仲裁）和农业承包合同纠纷（只能由农村土地承包仲裁委员会仲裁）。(《仲裁法》第 77 条)

　　3. 破产案件与民事诉讼、民事仲裁的关系：

（1）有仲裁协议的：当事人之间在破产申请受理前订立有仲裁条款或仲裁协议的，应当向选定的仲裁机构申请确认债权债务关系。（《最高人民法院关于适用〈中华人民共和国企业破产法〉若干问题的规定（三）》第8条）

（2）无仲裁协议的：人民法院受理破产申请后，有关债务人的民事诉讼，只能向受理破产申请的人民法院提起。（《企业破产法》第21条）

二、仲裁协议的形式与内容

1. 仲裁协议的形式。（《仲裁法》第16条）

（1）书面形式：包括合同书、信件和数据电文等。（《仲裁法解释》第1条）

（2）仲裁条款，仲裁协议也可以。

2. 仲裁协议应当具有的内容。（《仲裁法》第16条）

（1）请求仲裁的双方共同意思表示。

（2）仲裁事项。

（3）选定的仲裁委员会。

3. 仲裁协议的内容欠缺对于仲裁协议效力的影响：无效＋补充＝有效。（《仲裁法》第18条）

（1）可以补充协议。

（2）达不成补充协议的，仲裁协议无效。

精讲精练

案情：武当公司与洪湖公司签订了一份钢材购销合同，同时约定，因合同效力或合同的履行发生纠纷提交A仲裁委员会或B仲裁委员会仲裁解决。

问题1：因当事人约定了两个仲裁委员会，仲裁协议属于当然无效吗？

答案：不属于。当然无效的说法，忽视了可以通过补充协议变得有效这种情况。本案中的仲裁协议是无效的，但并不是当然无效，可通过补充协议变得有效。

问题2：洪湖公司如向法院起诉，法院应当受理吗？

答案：应当受理。双方在仲裁协议中约定了两个仲裁委员会，题目中没有出现"补充协议"的情节，那仲裁协议就是无效的。既然仲裁协议是无效的，洪湖公司向法院起诉，法院就应当受理。

4. 约定的仲裁委员会不明确的情形。

（1）仲裁协议约定的仲裁机构名称不准确，但能够确定具体的仲裁机构的，应当认定选定了仲裁机构。（《仲裁法解释》第3条）

（2）仲裁协议仅约定纠纷适用的仲裁规则的：按照约定的仲裁规则不能够确定仲裁机构的，视为未约定仲裁机构，但按照约定的仲裁规则能够确定仲裁机构的，属于约定了仲裁机构。（《仲裁法解释》第4条）

（3）仲裁协议约定两个以上仲裁机构的：当事人可以协议选择其中的一个仲裁机构申请仲裁；当事人不能就仲裁机构选择达成一致的，仲裁协议无效。（《仲裁法解释》第

5条）

（4）仲裁协议约定由某地的仲裁机构仲裁：该地仅有一个仲裁机构的，该仲裁机构视为约定的仲裁机构。该地有两个以上仲裁机构的，仲裁协议无效。（《仲裁法解释》第6条）

情形	举例	仲裁协议是否有效	说明
（1）约定仲裁机构名称不准确	约定："由北京市仲裁委员会仲裁"	有效	仲裁机构的名称中没有行政级别，多了"市"
（2）只约定了仲裁规则	约定："适用《中国国际经济贸易仲裁委员会仲裁规则》进行仲裁"	无效	但是题目特别强调根据这个规则能够确定出一个具体的机构：此时仲裁协议有效
（3）约定两个以上仲裁机构	约定："提交A仲裁委员会或B仲裁委员会仲裁"	无效	如果双方通过补充协议确定由其中一个机构仲裁：此时仲裁协议有效
（4）只约定了仲裁地点	约定："由A市的仲裁机构仲裁"	可能有效，可能无效	①1地1个机构：有效；②1地多个机构：无效

三、仲裁协议的效力

1. 仲裁协议（或仲裁条款）独立存在（《仲裁法》第19条）

（1）仲裁案件往往会有两个争议：

①仲裁协议效力争议；

②实体权利义务争议。

（2）合同未成立、合同成立后未生效或者被撤销的：不影响仲裁协议的效力。（《仲裁法解释》第10条）

2. 仲裁协议常考无效情形的总结

（1）选择的仲裁机构不存在的（如：选择由A县仲裁委员会仲裁），仲裁协议无效。

（2）同时选择诉讼或者仲裁的协议（如：木材质量问题争议，可以由合同签订地南京市鼓楼区法院管辖，也可以向南京仲裁委员会申请仲裁）：

①原则上：仲裁协议无效，但管辖协议有效。

②例外时仲裁协议会变得有效，条件：一方向仲裁机构申请仲裁，另一方未在仲裁庭首次开庭前提出异议的。（《仲裁法解释》第7条）

3. 仲裁协议效力的确认（《仲裁法》第20条）

（1）确认机关：（《最高人民法院关于审理仲裁司法审查案件若干问题的规定》第2条）

①人民法院：由仲裁协议约定的仲裁机构所在地、仲裁协议签订地、申请人住所地、被申请人住所地的中级人民法院管辖，应当组成合议庭。

②仲裁委员会：仲裁委员会可以自己作决定，也可以授权仲裁庭作出决定。

③同时向法院和仲裁委员会提出申请时：法院的确认权优先（仲裁机构无权再处理）。

（2）提出时间：

①仲裁庭首次开庭前提出。

②当事人在仲裁庭首次开庭前没有对仲裁协议的效力提出异议，而后向人民法院申请确认仲裁协议无效的，人民法院不予受理。(《仲裁法解释》第 13 条)

（3）向仲裁委员会申请确认的条件：未向法院提出申请。

（4）向法院申请确认的条件：仲裁机构对仲裁协议的效力尚未作出决定（因为仲裁委员会对仲裁协议的效力作出决定后将一裁终局）。(《仲裁法解释》第 13 条)

四、仲裁庭的组成

1. 当事人可以约定由 1 名仲裁员独任仲裁，也可约定由 3 名仲裁员组成仲裁庭。

（1）当事人约定由 3 名仲裁员组成仲裁庭的：

①应当各自选定或者各自委托仲裁委员会主任指定 1 名仲裁员；

②第 3 名仲裁员由当事人共同选定或者共同委托仲裁委员会主任指定。

（2）当事人约定由 1 名仲裁员成立仲裁庭的，应当由当事人共同选定或者共同委托仲裁委员会主任指定仲裁员。

2. 当事人没有在仲裁规则规定的期限内约定仲裁庭的组成方式或者选定仲裁员的，由仲裁委员会主任指定。

五、回避制度

1. 回避的适用范围

（1）是本案当事人或者当事人、代理人的近亲属。

（2）与本案有利害关系。

（3）与本案当事人、代理人有其他关系，可能影响公正仲裁的。

（4）私自会见当事人、代理人，或者接受当事人、代理人的请客送礼的。

2. 仲裁回避的决定（《仲裁法》第 36 条）

（1）仲裁员是否回避，由仲裁委员会主任决定。

（2）仲裁委员会主任担任仲裁员时，由仲裁委员会集体决定。

3. 仲裁员回避的法律后果

（1）当事人可以请求已进行的仲裁程序重新进行。

（2）仲裁庭也可以自行决定已进行的仲裁程序是否重新进行。

（3）按照上述规则重新选定或者指定仲裁员（不必更换其他的仲裁员）。

六、仲裁保全

（1）申请的程序	当事人在仲裁程序中提出申请，由仲裁委员会将当事人的申请提交人民法院			
（2）管辖的法院	证据保全	证据所在地	国内仲裁	基层法院
			涉外仲裁	中级法院
	财产保全	被申请人住所地或财产所在地	国内仲裁	基层法院
			涉外仲裁	中级法院

七、仲裁程序

1. 仲裁程序的公开
（1）仲裁不公开进行。
（2）当事人协议公开的，可以公开进行。
（3）但涉及国家秘密的除外。
2. 仲裁的开庭
（1）仲裁应当开庭进行。
（2）当事人协议不开庭的，仲裁庭可以根据仲裁申请书、答辩书以及其他材料作出裁决。

八、仲裁中的调解与和解

1. 调解的结果
（1）调解不成的，及时裁决。
（2）调解达成协议的，仲裁庭应当制作调解书或者根据协议的结果制作裁决书。

📖 **精讲精练**

案情： 天南公司与海北公司因木材买卖合同发生纠纷，根据双方达成的仲裁协议申请仲裁，在仲裁中仲裁庭主持双方进行调解。仲裁调解达成协议后，天南公司认为经当事人、仲裁员在协议上签字后，仲裁协议即发生效力。

问题： 天南公司的理解正确吗？

答案： 这种理解是错误的。仲裁中达成调解协议的，不能通过调解协议结案，一定要变成法定的文书，即制作成调解书，或者根据需要将协议的结果制作成裁决书。

2. 调解书的生效
（1）调解书经双方当事人签收后，即发生法律效力。
（2）在调解书签收前当事人可以反悔，仲裁庭应当及时作出裁决。
3. 仲裁中的和解
（1）当事人申请仲裁后，可以自行和解；无需在仲裁庭主持下进行。
（2）达成和解协议的，当事人可以选择：
①请求仲裁庭根据和解协议作出裁决书。
②撤回仲裁申请。

九、仲裁裁决

1. 评议方式
（1）实行少数服从多数的原则。
（2）不能形成多数意见时，裁决应当按照首席仲裁员的意见作出。
2. 仲裁裁决书
（1）裁决书的内容：

①仲裁请求、争议事实、裁决理由、裁决结果、仲裁费用的负担和裁决日期。

②当事人协议不愿写明争议事实和裁决理由的，可以不写。

（2）裁决书的签名：

①裁决书由仲裁员签名，加盖仲裁委员会印章。

②对裁决持不同意见的仲裁员，可以签名，也可以不签名。（《仲裁法》第54条）

📖 精讲精练

案情： 3名仲裁员组成合议庭裁决某一案件时，最终的裁决书只有一个人签名。

问题： 请问这个签名的人是谁？

答案： 首席仲裁员。3名仲裁员形成了三种不同意见，按首席仲裁员意见作出裁决。另外两名仲裁员持不同意见，是可以不签名的。

（3）裁决书的生效：裁决书自作出之日起发生法律效力。

3. 仲裁裁决的补正

（1）情形：

①文字错误；

②计算错误；

③仲裁庭已经裁决但在裁决书中遗漏的事项。

（2）救济：

①仲裁庭应当补正；

②当事人可以请求仲裁庭补正。

十、撤销仲裁裁决

1. 依当事人申请：（《仲裁法》第58条）

（1）法院不能依职权撤销；

（2）仲裁调解书不可以申请撤销。

2. 管辖：仲裁委员会所在地的中级人民法院（合议庭审理）。

3. 法定情形：与不予执行仲裁裁决的情形相同。

（1）没有仲裁协议的。

（2）裁决的事项不属于仲裁协议的范围或者仲裁委员会无权仲裁的。

（3）仲裁庭的组成或者仲裁的程序违反法定程序的。

（4）裁决所根据的证据是伪造的。

（5）对方当事人隐瞒了足以影响公正裁决的证据的。

（6）仲裁员在仲裁该案时有索贿受贿，徇私舞弊，枉法裁决行为的。

4. 前置程序：当事人在仲裁程序中（即仲裁庭首次开庭前）对仲裁协议的效力提出过异议。（《仲裁法解释》第27条）

5. 申请期间：自收到裁决书之日起6个月内提出。（《仲裁法》第59条）

6. 通知仲裁庭重新仲裁，并裁定中止撤销程序。（这是修复裁决错误的机制，只有撤

销程序中才有）（《仲裁法》第 60、61 条）

（1）适用的情形限于：

①仲裁裁决所根据的证据是伪造的；

②对方当事人隐瞒了足以影响公正裁决的证据的。

（2）通知应说明理由：法院应当在通知中说明要求重新仲裁的具体理由。（《仲裁法解释》第 21 条）

（3）重新仲裁的影响：（《仲裁法解释》第 22 条）

①仲裁庭在法院指定的期限内开始重新仲裁的：法院应当裁定终结撤销程序。

②未开始重新仲裁的：法院应当裁定恢复撤销程序。

7. 当事人向人民法院申请撤销仲裁裁决被驳回后，又在执行程序中以相同理由提出不予执行抗辩的，人民法院不予支持。（《仲裁法解释》第 26 条）

十一、执行与不执行仲裁裁决

（一）执行仲裁裁决

1. 申请执行仲裁裁决或者仲裁调解书的管辖法院。（《最高人民法院关于人民法院办理仲裁裁决执行案件若干问题的规定》第 2 条）

（1）管辖：由被执行人住所地或者被执行的财产所在地的中级人民法院管辖。

（2）指定：执行标的额符合基层人民法院一审民商事案件级别管辖受理范围，经上级人民法院批准，中级人民法院可以指定被执行人住所地或者被执行的财产所在地基层人民法院管辖。

2. 一方当事人申请执行裁决，另一方当事人申请撤销裁决的：优先处理撤销申请。

（1）法院应当裁定中止执行。

（2）法院裁定撤销裁决的，应当裁定终结执行。

（3）撤销裁决的申请被裁定驳回的，法院应当裁定恢复执行。

（二）不予执行国内仲裁裁决书

1. 国内仲裁裁决不予执行的情形：（《民事诉讼法》第 237 条）

（1）当事人在合同中没有订有仲裁条款或者事后没有达成书面仲裁协议的；

（2）裁决的事项不属于仲裁协议的范围或者仲裁机构无权仲裁的；

（3）仲裁庭的组成或者仲裁的程序违反法定程序的；

（4）裁决所根据的证据是伪造的；

（5）对方当事人向仲裁机构隐瞒了足以影响公正裁决的证据的；

（6）仲裁员在仲裁该案时有贪污受贿，徇私舞弊，枉法裁决行为的；

（7）人民法院认定执行该裁决违背社会公共利益的，裁定不予执行。

2. 申请不予执行的主体：被执行人、案外人。（《最高人民法院关于人民法院办理仲裁裁决执行案件若干问题的规定》第 2 条）

3. 和解与调解的结果必须执行：被执行人申请不予执行仲裁调解书或者根据当事人之间的和解协议、调解协议作出的仲裁裁决，人民法院不予支持，但该仲裁调解书或者仲裁裁决违背社会公共利益的除外。（《最高人民法院关于人民法院办理仲裁裁决执行案件若

干问题的规定》第 17 条）

精讲精练

案情：张某根据与刘某达成的仲裁协议，向某仲裁委员会申请仲裁。在仲裁审理过程中，双方达成和解协议并申请依和解协议作出裁决。裁决作出后，刘某拒不履行义务，张某向法院申请强制执行，而刘某则向法院申请裁定不予执行该仲裁裁决。

问题：执行法院应当如何处理？

答案：法院应当继续执行，不予审查是否具有不予执行仲裁裁决的情形。因为当事人请求不予执行根据当事人之间的和解协议作出的仲裁裁决书的，人民法院不予支持。

4. 裁决被人民法院依法裁定撤销或者不予执行的：

（1）当事人就该纠纷可以根据双方重新达成的仲裁协议申请仲裁；

（2）也可以向人民法院起诉。

5. 不予执行或者撤销仲裁裁决的审核：（《最高人民法院关于仲裁司法审查案件报核问题的有关规定》第 2、3 条）

（1）通常的案件：应当向本辖区所属高级人民法院报核；待高级人民法院审核后，方可依高级人民法院的审核意见作出裁定。

（2）①涉外涉港澳台案件＋②当事人住所地跨省级行政区域：最终应当向最高人民法院报核。待最高人民法院审核后，方可依最高人民法院的审核意见作出裁定。

巩固提升

"百闻不如一见，百看不如一练。"下载嗨学课堂 APP，多多做题，勤于思考，善于总结，方能学以致用，一举通关！

DAY 13-14

国家统一法律职业资格考试

百日通关攻略

21天突破刑法

> 嗨学法考 组编 ◇ 方军 编著

中国人民大学出版社

·北京·

图书在版编目（CIP）数据

国家统一法律职业资格考试·百日通关攻略. 21 天突
破刑法/嗨学法考组编；方军编著. --北京：中国人
民大学出版社，2021.12
　　ISBN 978-7-300-30071-9

Ⅰ.①国… Ⅱ.①嗨… ②方… Ⅲ.①刑法-中国-
资格考试-自学参考资料 Ⅳ.①D92

中国版本图书馆 CIP 数据核字（2021）第 254537 号

国家统一法律职业资格考试·百日通关攻略·21 天突破刑法
嗨学法考　组编
方　军　编著
Guojia Tongyi Falü Zhiye Zige Kaoshi · Bairi Tongguan Gonglüe · 21 Tian Tupo Xingfa

出版发行	中国人民大学出版社			
社　　址	北京中关村大街 31 号		邮政编码	100080
电　　话	010－62511242（总编室）		010－62511770（质管部）	
	010－82501766（邮购部）		010－62514148（门市部）	
	010－62515195（发行公司）		010－62515275（盗版举报）	
网　　址	http://www.crup.com.cn			
经　　销	新华书店			
印　　刷	涿州市星河印刷有限公司			
规　　格	185 mm×260 mm　16 开本		版　　次	2021 年 12 月第 1 版
印　　张	18.75		印　　次	2021 年 12 月第 1 次印刷
字　　数	431 000		定　　价	258.00 元（全 8 册）

目　录

1

第一章
刑法与犯罪概说

第一节　刑法的概念、性质

一、刑法的概念

刑法是国家立法机关颁布的宣告何种行为是犯罪以及对犯罪人处以何种刑罚或非刑罚处罚措施（《刑法》第 37 条规定的训诫、责令具结悔过、赔礼道歉、赔偿损失等）的法律。

刑法有广义与狭义之分。广义的刑法，是指以国家名义颁布的，规定犯罪与刑罚的一切法律规范的总称，包括刑法典、单行刑法以及附属刑法。单行刑法，是指为补充、修改刑法典而由最高立法机关颁布的，在形式上独立于刑法典而在内容上专门规定犯罪与刑罚的规范性文件。附属刑法，指拥有立法权的国家立法机关在经济、行政等非刑事法律中制定的有关犯罪与刑罚的行为规范。附属刑法是为了达到行政取缔的目的而借用刑罚这种手段确立的，所以又被称为行政刑法。狭义的刑法，指国家立法机关制定的，系统规定犯罪成立条件与刑罚（包括非刑罚处罚措施）适用的刑法典。

我国 1979 年制定了刑法典，这部刑法的特点是罪名较少、刑罚较为轻缓且未规定现代刑法基石的罪刑法定原则。随着改革开放的推进和社会的快速发展，这部刑法典日益无法适应社会的发展。因此，我国在 1997 年对 1979 年刑法进行了修订。1997 年刑法共有452 条，在犯罪与刑罚的立法规定上都有重大改动。在总则方面规定了罪刑法定等刑法基本原则，并在罪刑关系设置的多个方面体现了现代刑法的保障人权思想；在分则中因应社会发展形势增设了大量新罪名，严密了刑事法网以有效保护法益。1997 年全面修订以来，全国人大常委会根据惩罚犯罪、保护人民和维护社会秩序的需要，先后通过了一个决定（1998 年 12 月全国人大常委会通过的《关于惩治骗购外汇、逃汇和非法买卖外汇的犯罪的决定》）和十一个刑法修正案。

二、刑法的性质

刑法作为重要的部门法，具有以下法律性质：

1. 广泛性

刑法的目的是保护法益。刑法保护人类从事社会生活所必不可少的利益。需要以刑法加以保护的法益十分广泛，大体可以分为个人法益、国家法益和社会法益三大类，每一大类法益下又可以细分具体的法益种类。

2. 严厉性

作为犯罪的法律后果既有轻微的训诫等非刑罚处罚措施，也有财产刑、资格刑、自由刑甚至生命刑等严厉的刑罚措施。刑法的法律后果相对于其他部门法而言，明显具有严厉性。

3. 谦抑性

谦抑性，是指刑罚作为最严厉的处罚手段，其必须是在其他制裁手段的处罚力度明显不充分时，才能加以适用。需要法律加以保护的社会利益太多，保护手段也是多方面的，刑法并没有保护所有应当保护的社会利益的功能和效力，即刑法不是万能的，刑罚手段具有局限性。由刑罚的严厉性所决定，刑罚是国家法律手段中破坏性最强的一种，原则上只有当民事、行政等法律对法益的保护不充分或无效时，刑罚作为最后手段才能被使用。

需要注意的是，刑法的谦抑性特征与立法机关随着社会形势的发展而进行适度的犯罪化并不矛盾。否则，刑法将无法适应新的社会情境下打击犯罪的需求，从而也就无法有效地保护法益。

第二节　犯罪的概念、分类

一、犯罪的概念

关于犯罪的定义，有实质定义和形式定义之分。犯罪的形式概念将犯罪视为违反刑事法律的行为，仅仅从犯罪的法律特征给犯罪下定义，如法国刑法典曾将犯罪规定为"法律所规定的重罪、轻罪、违警罪"。犯罪的实质概念从犯罪的本质特征给犯罪下定义，如有人认为犯罪是对权利的侵害，也有人认为犯罪的实质是对法益的侵害。

我国《刑法》第13条对于犯罪的规定，结合了形式与实质的侧面对犯罪作了综合的定义。该条的犯罪定义不仅揭示了犯罪的法律特征（刑事违法性），而且阐明了犯罪的实质内容（法益侵害性），从而为区分罪与非罪提供了一个原则性的标准。

需要提醒的是《刑法》第13条"但书"的规定："情节显著轻微危害不大的，不认为是犯罪。"应当认为，这一"但书"规定是从反面强调何种行为不是犯罪。这里的"不认为是犯罪"是指情节显著轻微危害不大的，立法上不认为其构成犯罪，司法上自然就不能将其作为犯罪处理，因此，对于"但书"规定，不能理解为情节显著轻微危害不大的，本来已经构成犯罪，但是法官基于情节的考虑将其不作为犯罪处理。

二、犯罪的分类

对于犯罪，按照不同的标准，可以作不同的分类。

1. 自然犯、法定犯

从刑法与社会伦理的关系角度，可以将犯罪分为自然犯和法定犯。自然犯，是指不分时间、地域普遍受到各国社会伦理非难的犯罪类型（刑事犯）。法定犯，是指犯罪行为的伦理非难性质并不明显，行为的犯罪性只有根据刑法的规定才能加以确定并进行非难的情形（行政犯）。

一般来说，自然犯的行为本身是一种"自体恶"，法定犯是一种"禁止恶"，所以，二者之间有大致明确的界限。但是，随着社会状况的变化和公众价值观的变化，会出现自然犯的非犯罪化现象，如赌博罪、传播淫秽物品罪等没有被害人的传统自然犯，随着社会风俗的变化，其适用范围可能限缩；或者出现法定犯的自然犯化现象，例如操纵证券交易价格的行为，只有刑法有规定，其法益侵害性才能被认识，但是，随着证券业的发展，操纵证券交易价格的行为会逐步具有自然犯的性质。

2. 亲告罪、非亲告罪

从由谁启动追诉犯罪行为的角度，可以将犯罪分为亲告罪和非亲告罪。亲告罪，是指对于犯罪是否进行追究，取决于个人的意思，在追诉之时必须经过有告诉权者告诉的犯罪。非亲告罪，是指刑事程序的启动由国家司法机关直接推动，起诉权力由检察机关享有，是否提起刑事诉讼不取决于个人意思的犯罪。在我国刑法中，绝大多数犯罪是非亲告罪，只有侮辱罪、诽谤罪、暴力干涉婚姻自由罪、虐待罪、侵占罪等是亲告罪。

3. 基本犯、结果加重犯

基本犯，是指符合某个构成要件基本形态的规定的犯罪形态。例如，符合《刑法》第234条第1款规定的，就成立故意伤害罪的基本犯。

结果加重犯，是指行为人基于故意实施基本构成要件所规定的行为时，发生了基本构成要件结果以外的加重结果，因而导致刑罚加重的犯罪形态。

认定结果加重犯时，要注意基本行为与加重结果之间必须存在直接的风险关联关系。即只有在基本行为所固有的风险在特定场合直接得以实现时，才能成立结果加重犯。例如，甲对被拘禁者乙实施暴力程度很高的殴打行为，乙乘看管的人不注意而逃跑摔死的，可以承认基本行为和加重结果之间的风险关联性。又如，A将被拘禁者B放在汽车后备厢，该车被其他车辆追尾致使B被挤压死亡，可以认为A的行为和B的死亡结果之间具有直接的风险关联性。甲砍掉钢琴师乙的两个手指头，乙因为无法继续弹钢琴而自杀的，此时甲的伤害行为与乙的自杀死亡后果之间没有直接的风险关联性，甲不构成故意伤害致死。

4. 即成犯、状态犯和继续犯

按照行为人意思维持和违法状态的持续时间的关系看，可以将犯罪分为即成犯、状态犯和继续犯。

即成犯，是指法益侵害后果发生的同时，犯罪行为完成或者终了的情形。故意杀人罪是即成犯的典型例证。

状态犯，是指法益侵害发生的同时，犯罪行为终了，但是此后法益侵害的状态仍然继续的情形。盗窃罪是状态犯的适例，在行为人控制财物后盗窃行为既遂，法益侵害发生的同时行为实施完毕，但此后赃物一直被犯罪人控制，所以，法益侵害状态继续，但是对这种违法状态，在状态犯的构成要件里进行包括的评价，行为人自身占有、销售赃物的，并不构成赃物犯罪；故意毁坏赃物的，也不成立故意毁坏财物罪（不可罚的事后行为）。

继续犯，是指在法益侵害持续进行期间，犯罪行为也持续进行的情形。继续犯是不法状态和实行行为同时存在，非法拘禁罪是继续犯的典型。

继续犯实施期间如果横跨了新旧法，此时适用新法的规定，但状态犯存在新旧法的比较适用问题（从旧兼从轻原则）。继续犯在既遂至终了期间，他人仍然有可能加入，从而成立共同正犯或帮助犯。另外，继续犯的追诉时效的起算也应以终了之时起算，而非既遂时，否则会出现犯罪行为仍然在持续，但已过追诉时效的情形。如非法拘禁他人十年，追诉时效的起算应是拘禁行为十年后的终了之日，而非十年前拘禁行为既遂之日。

第二章
罪刑法定原则

相关法条及司法解释：
《刑法》第3条

第一节　罪刑法定原则的思想渊源

罪刑法定沿革意义上的思想渊源包括三权分立学说和心理强制说。

三权分立学说。立法权、司法权与行政权分别由不同的机构行使，以此达到权力的制衡目的，防止任何一种权力的过分集中。就刑法来说，为了避免国家滥用刑罚权和罪刑擅断，必须将刑罚权分散配置：由立法者享有制刑权，由司法者享有裁判权。由此，司法人员只能根据立法者制定的成文刑法规范定罪量刑，不得任意解释刑法，否则便僭越了立法的权限，当司法者同时也是立法者时，权力恣意与滥用便不可避免。

心理强制说。心理强制说由费尔巴哈提出。费尔巴哈认为，人都是理性算计、趋利避害的主体，人在作任何决定时都会进行利益衡量，如果制定成文刑法以告知国民，个人在行为时便会衡量通过犯罪得到的好处和犯罪所可能遭受的惩罚，如果个人经过衡量发现通过犯罪获取利益"不划算"时，便会放弃犯罪。由此推导出必须事前明文规定什么是犯罪以及对犯罪处以何种刑罚，通过对潜在的犯罪者实现心理强制（威慑）预防犯罪的产生。

三权分立的学说过于僵化，与大陆法系各国司法官享有较为宽泛的解释权力的现实不尽符合，而心理强制说则存在不完全符合事实的嫌疑，现实中的犯罪人很少有因为刑法的存在而选择不实施犯罪。因此，今天一般认为罪刑法定原则的思想基础是民主主义和自由主义。按照民主主义的要求，只有由国民选举的代表组成的立法机关才有权制定法律，司法机关无权制定法律；而根据自由主义的要求，为了确保国民对自己的行为有预测可能性，必须在事前就明确规定行为的允许与禁止之间的界限，以此让国民有明确的行为预期，进而保障个体的行动自由。

上述罪刑法定原则的思想基础在今天中国的法治语境下，与社会主义法治理论具有高度的契合性。罪刑法定的思想基础是民主主义与尊重人权主义，具备社会主义法治理论的本质属性。罪刑法定既约束司法者，又约束立法者，也符合依法治国理念的基本要求。

沿革意义上的思想渊源	现代思想基础
三权分立	民主主义
心理强制	自由主义

第二节　罪刑法定原则的基本内涵

罪刑法定原则的具体要求包括：禁止溯及既往、排斥习惯法、禁止类推适用以及刑罚法规的适当性。前三项要求是罪刑法定原则的形式侧面，也是罪刑法定原则的传统内涵，而最后一项要求则是罪刑法定原则的实质侧面。

一、禁止溯及既往

又称为事前的罪刑法定。之所以禁止溯及既往，是因为要确保个人行动自由，就必须在事前将行为是否为法律所禁止予以明确规定，公民可以借此得知自己的行为边界所在。因此，法律只能追究在其颁行以后实施的行为，如果刑法溯及既往，将会使得个人无所适从，危及法律的安定性。

【真题】罪刑法定只禁止不利于被告人的事后法，不禁止有利于被告人的事后法。（选自2012年卷2第3题，C选项）

解析：罪刑法定原则并非一律禁止溯及既往，其例外情形是：变更后新法规定的刑罚比犯罪行为时的旧法规定处罚更轻时，从有利于被告人的角度出发，允许刑法溯及既往（从旧兼从轻）。例如，《刑法修正案（九）》第44、45条规定，犯贪污、受贿罪，在提起公诉前如实供述自己罪行、真诚悔罪、积极退赃，避免、减少损害结果的发生，数额较大的，可以从轻、减轻或者免除处罚；数额巨大或者特别巨大的，可以从轻处罚。很明显，该规定对被告人有利，因此刑法可以溯及既往，适用于《刑法修正案（九）》生效之前的贪污贿赂行为。

二、禁止习惯法

又称为成文的罪刑法定。犯罪与刑罚必须以文字形式明确记载，刑法的法源应当是立法机关通过法定程序制定的成文法，刑事司法应该以成文法为准，而不能适用习惯法。习惯法的内容、发生效力的时间不是特别确定，行为人可能不知道习惯法的存在及其禁止的行为类型。因此，习惯法不应成为刑法的法源，法官不能直接以习惯法作为法源裁判案件。需要注意的是，不能以习惯法"入罪"，但可以习惯法"出罪"（欠缺违法性认识可能性）。

三、禁止类推适用

又称为严格的罪刑法定。类推适用，是指对于法律没有明文规定的行为，依具有类似规定的其他条文予以处罚。类推适用在实体法上违反成文法主义和禁止溯及既往原则，在程序上违反正当程序的要求，实际上是对事先在法律上没有预告要处罚的行为进行处罚，动摇了罪刑法定原则的根基，使司法官充当了立法者的角色，使司法权不当地侵入了立法的领地，属于司法恣意对国民的行为自由进行压制，不应被允许。

需要注意的是，刑法禁止类推适用，但并不禁止扩张解释。对于扩张解释和类推适用的区分，必须以是否超出了文字所可能有的最大含义为界限。如果超出一般人对于文字字面含义的理解，则应视为类推适用，而非扩张解释。因为一旦超出一般人对文字字面含义的理解，意味着超出了国民的预测可能性，违背了罪刑法定原则保障公民行动自由的宗旨。

【真题】将盗窃骨灰的行为认定为盗窃"尸体"，属于扩张解释。（选自2014年卷2第3题，D选项）

解析：这一表述是错误的。一般人在日常生活中显然不会将骨灰和尸体等同看待，最典型的适例就是，如今政府基于保护耕地与环境等理由鼓励火化，但基于一些传统理念，尤其是在小城镇，人们仍然不愿火化后将骨灰土葬，而是保留尸体土葬。

【真题】将大型拖拉机解释为《刑法》第116条破坏交通工具罪的"汽车"，至少是扩张解释，乃至是类推解释。（选自2013年卷2第3题，B选项）

解析：扩张解释与类推适用理论上的界限在于，对刑法用语的解释是否超出了文字字面所可能有的含义，但问题恰恰在于，文字含义的最远边界到底在哪儿往往是个见仁见智的判断。不过，是否超出一般人对争议用语的理解范围仍然是判断类推适用最为重要的参考指标。按照国民的用语习惯，一般人基本不会将大型拖拉机解释为汽车，因此，将大型拖拉机解释为破坏交通工具罪中规定的"汽车"，基本可以认为是类推解释，至少是扩张解释。

四、刑罚法规的适当性

即确定的罪刑法定。刑罚法规的适当性包括刑法的明确性、禁止处罚不当罚的行为以及禁止不确定刑三项具体内容。

"刑法的明确性"要求仅仅由法律明文规定犯罪与刑罚仍然不够，还应当保证国民能够预测刑罚权发动可能性的明确程度，即让人一看法律规定便明白何种行为是受禁止的。刑法是否明确，应当根据具有通常判断能力的一般人的理解，以及具体场合根据该行为人的判断可能性、预测可能性予以判断。

"禁止处罚不当罚的行为"要求对于具有法益侵害性的行为，如果没有必要用刑罚处理、而是可以通过其他部门法或者社会政策处理的，便不能规定为犯罪。这是由刑法的补充性、谦抑性和最后手段性的特征所决定的。

"禁止不确定刑"要求刑法对于刑种和刑度有明确的规定，刑种与刑期绝对不确定的刑罚无法防止司法恣意，违反罪刑法定的要求。

罪刑法定的要求	性质
禁止溯及既往	事前的罪刑法定
排斥习惯法	成文的罪刑法定
禁止类推适用	严格的罪刑法定
刑罚法规的适当性	确定的罪刑法定

第三节 刑法解释方法及具体应用

尽管我国1997年刑法已经将罪刑法定原则明文规定在法典中，但是罪刑法定原则在司法中的落实仍然还有漫长的路要走，突出表现在部分司法解释的规定突破了罪刑法定原则的限制，以及部分个案中的裁判结论在解释法律时违反了罪刑法定原则。因此，罪刑法定原则要落到实处，最为关键的问题就在于对刑法文本的解释要合理，通过任何解释方法得出的解释结论都不能突破罪刑法定原则的界限。

刑法解释大体有两种分类标准：其一，按照解释的效力，分为立法解释、司法解释与学理解释。其二，按照解释的方法和技巧，分为文义解释、体系解释、历史解释、目的解释、扩张解释、缩小解释、当然解释、反对解释。

一、文义解释

文义解释既是解释的起点，也是解释的终点。文义解释主要探究法条用语文字本身的字面含义，因此是解释的起点。任何解释的方法最后得出的结论都不得超过文字语意所可能具有的含义范围，在此意义上，文义解释也是解释的终点。当然，用语本身具有模糊性和多义性的特征，语言使用习惯也并非有一个确定的界限，因此，文义解释尽管很重要，但是其缺陷也是显而易见的。

二、体系解释

体系解释，即根据刑法条文在整个刑法典中的地位，联系相关法条的含义解释刑法条文。按照体系解释的要求，刑法中相同的用语应尽量保持统一的解释。但是，基于保护法益的需求，在不违背文字所可能具有的最大含义的前提下，有可能需要对不同条文的相同用语做相对的理解。

【真题】 按照体系解释，刑法分则中的"买卖"一词，并非均指购买并卖出；单纯地购买或者出售，也属于"买卖"。（选自2014年卷2第3题，A选项）

解析： 对于"买卖"来说，"买进""卖出""买进后卖出"均没有超出其字面含义的理解。例如，单纯卖出物品的行为有时也会被称为"买卖"，像是农民将自产的农副产品拿到有自己固定摊点的市场上卖，一般人也称作做买卖。在刑法分则的罪名中，如非法买卖枪支罪就包含了买进枪支后卖出、只购买枪支、只出卖枪支（如拾得枪支后出卖）的行为，显然，从保护公共安全法益的角度看，如果将买卖限定解释为买进后卖出，便是在人为地制造不可忍受的处罚漏洞。再如买卖国家机关公文、证件、印章罪，也包括了单纯购买、单纯出售相关证件等情形。因此，这一表述是正确的。

三、历史解释

历史解释，又被称为立法沿革解释，是指根据刑法制定的历史背景和刑法条文的历史演变源流，探讨条文真实含义的解释方法。

四、目的解释

目的解释，是指根据法律条文的规范保护目的解释条文含义。需要注意的是，目的解释中的目的不等于立法目的。解释者不能执着于寻求可能并不存在的、历史上的立法者的意思，而应该结合社会现实去追问法律本身的客观意义和目的。

注意，目的解释的界限在于不能突破条文用语可能具有的含义范围，即便根据目的解释得出应当扩大处罚范围的结论，但是如果结论已经超出了文字可能具有的含义范围，此时进行目的解释便不被容许。例如，真军警抢劫的行为，从实质危害性的角度看确实重于冒充军警人员抢劫，从目的解释的角度看具有处罚必要性，但是，从一般人的用语习惯来看"冒充"的字面含义，很难认为真军警属于"冒充"。因此，冒充军警人员抢劫，不包括真军人抢劫的情形，相关司法解释也对这一点作了确认。

五、扩张解释

任何字词与用语都有核心含义与通常含义，扩张解释是扩张刑法文本的通常字面含义与核心含义，使其符合刑法真实含义的解释。同样，扩张解释也不得超出用语所可能具有的最远含义边界，否则便属于实质上违反罪刑法定原则的类推适用。但是，并非所有的扩张解释都符合罪刑法定原则，如果超出了一般国民的预测可能性，扩张解释仍然可能是错误和不被允许的。

【真题】刑法中类推解释被禁止，扩大解释被允许，但扩大解释的结论也可能是错误的。（选自2011年卷2第51题）

解析：上述表述是正确的。因为不合理的扩大解释通常也可能违反国民的预测可能性，侵犯公民的行动自由。

【真题】对随身携带枪支等国家禁止个人携带的器械以外的其他器械进行抢夺的，解释为以抢劫罪定罪，属于扩张解释。（选自2009年卷2第一题，C选项）

解析：一般人理解的凶器，应当是国家禁止携带的具有杀伤力的器械，但是如果仅仅将凶器做这样的解释，便会制造不小的可罚性漏洞，因为有些器具尽管并非国家管制的禁止个人携带的器械，但同样具有不小的杀伤力。因此，将凶器解释为国家禁止个人携带的器械以外的其他器械的，属于扩张解释。

六、限缩解释

限缩解释是指限制条文用语的字面含义，缩小条文外延涵摄范围的解释。例如，将聚众淫乱罪中"聚众淫乱"解释为"聚众公然淫乱"便是典型的限制解释，"聚众淫乱"的字面含义当然包括了"聚众公然淫乱"和"聚众私密淫乱"，但因为公民在完全私密的场合聚集多人发生性关系，很难认为侵犯了除道德禁令以外的其他公共利益，因此，这是具有实质合理性的限制解释。

需要注意的是，扩张解释与限制解释是两个相反的解释方向，因此，对于同一法条的同一用语不可能既作扩张解释又作限制解释。但是，对于不同法条的相同用语，完全可能基于保护法益以及体系解释上协调无漏洞的需求而作不同的解释，即完全可能一个作扩张解释，一个作限制解释。

【真题】一个解释者对于同一刑法条文的同一概念，不可能同时既作扩大解释又作缩小解释。（选自 2011 年卷 2 第 51 题）

解析：表述正确，扩张解释是指刑法条文字面的通常含义比刑法的真实意含义窄，于是扩张字面含义，使其符合刑法的真实含义的解释。缩小解释是刑法条文的字面通常含义比刑法的真实含义广，于是限制字面含义，使其符合刑法的真实含义的解释。因此，对于一个刑法条文，解释者不能同时既作扩张解释又作缩小解释。

【真题】对甲法条中的"暴力"作扩大解释时，就不可能同时再作限制解释，但这并不意味着对乙法条中的"暴力"也须作扩大解释。（选自 2016 年卷 2 第 51 题，A 选项）

解析：表述正确。按照解释规则，不可能对同一法条中的同一个词既作扩张解释又作限制解释，但是对甲法条中的一个词作扩张解释并不妨碍对乙法条中的相同词作限制解释。因为两个犯罪的犯罪构成不同，两个词的具体语境不同，因此可作不同解释。

七、当然解释

当然解释，是指刑法规范虽然没有明示某一事实能够被其涵摄，但依照形式逻辑、规范目的以及事物的当然道理，对此一事实适用既有刑法规范的一种解释。大体上，当然解释可分为两种基本形态：举轻以明重（某一行为事实是否被禁止）和举重以明轻（某一行为事实是否被允许）。在适用举轻以明重时，由于是考虑对行为事实是否入罪，必须是在不超过条文用语含义的情形下才能适用。当然，并非符合当然解释方法的结论，都不会和罪刑法定原则相冲突。

【真题】当然解释是使刑法条文之间保持协调的解释方法，只要符合当然解释的原理，其解释结论就不会违反罪刑法定原则。（选自 2016 年卷 2 第 51 题，C 选项）

解析：追求结论的合理性，是当然解释的特点，但"并不必然符合罪刑法定原则"。上述表述错误的，因为在适用举轻以明重时，完全可能出现符合当然解释的原理，但属于不利于行为人的入罪解释，在超出字面用语可能具有的含义时，便会违反罪刑法定原则。

【真题】既然将为了自己饲养而抢劫他人宠物的行为认定为抢劫罪，那么，根据当然解释，对为了自己收养而抢劫他人婴儿的行为更应认定为抢劫罪，否则会导致罪刑不均衡。（选自 2015 年卷 2 第 51 题，C 选项）

解析：上述表述同样是错误的，任何解释方法的运用，都不能超过文字字面所可能具有的含义的最远边界，当然解释也不例外。尽管与"为了自己饲养而抢劫他人宠物的行为认定为抢劫罪"相对比来看，对为了自己收养而抢劫他人婴儿的行为更应认定为抢劫罪，符合"举轻以明重"的当然解释原理，逻辑上似乎没有问题，但是抢劫罪的对象是"公私财物"，现阶段的一般公众用语习惯恐怕很难接受将婴儿解释为财物。

八、反对解释

反对解释，是指根据条文用语的正面含义，推导其反面含义的解释。例如，《刑法》第 241 条规定：收买被拐卖的妇女、儿童，对被买儿童没有虐待行为，不阻碍对其进行解救的，可以从轻处罚；按照被买妇女的意愿，不阻碍其返回原居住地的，可以从轻或者减轻处罚。据此，如果收买被拐卖的妇女，阻碍其返回原居住地的，便不得从轻或减轻处罚。

第三章
刑法的适用范围

刑法的适用范围,即刑法的效力范围,是指刑法在什么地方、对什么人和在什么时间内具有效力。刑法的适用范围,分为刑法的空间效力与刑法的时间效力。

第一节　刑法的空间效力

刑法的空间效力,是指刑法对地和人的管辖效力,也就是一个国家的刑事管辖权的范围。刑事管辖权来源于国家主权,是主权的组成部分。

一、我国刑法关于空间效力的规定

在空间效力问题上,我国刑法以属地原则为基准,兼采属人原则、保护原则和普遍原则。

1. 属地管辖

《刑法》第6条第1款规定,凡在中华人民共和国领域内犯罪的,除法律有特别规定的以外,都适用本法。它包括以下两项主要内容:

(1)"中华人民共和国领域内"的含义

所谓中华人民共和国领域内,是指我国国境以内的全部空间区域,具体包括:①领陆,即国境线以内的陆地及其地下层,这是国家领土最基本和最重要的部分。②领水,即国家领陆以内的水域以及与陆地邻接的一定宽度的水域,包括内水、领海及其地下层。内水包括内河、内湖、内海以及同外国之间界水的一部分(通常以河流中心线或主航道中心线为界)。领海即与海岸或内水相邻接的水域,包括海床和底土。根据我国政府1958年9月4日发表的声明,我国的领海宽度为12海里。③领空,即领陆、领水的上空。

同时，根据国际条约和惯例，以下两部分属于我国领土的延伸，适用我国刑法：①我国的船舶、航空器。《刑法》第6条第2款规定，凡在中华人民共和国船舶或者航空器内犯罪的，也适用本法。②我国驻外使领馆。根据我国承认的《维也纳外交关系公约》的规定，各国驻外大使馆、领事馆不受驻在的司法管辖而受本国的司法管辖。我国驻外使领馆亦视同我国领域，在该场所内发生的任何犯罪都适用我国刑法。

关于如何确定犯罪行为发生在本国领域内，《刑法》第6条第3款规定，犯罪的行为或者结果有一项发生在中华人民共和国领域内的，就认为是在中华人民共和国领域内犯罪。这里的结果，包括实际发生的构成要件结果（实害结果、具体危险结果），也包括按照行为人的设想本该发生相应结果的地方（未遂犯）。根据前述规定，可以适用我国刑法的情形具体包括：①犯罪行为与犯罪结果均发生在我国境内。②犯罪行为在我国领域内实施，但犯罪结果发生于国外，例如在我国境内邮寄装有炸药的包裹，在境外发生爆炸；在我国放火，危害结果发生在国外的，都属于在我国领域内犯罪。③犯罪行为实施于国外，但犯罪结果发生于我国境内。例如在我国境外开枪，打死境内居民的，可以适用我国刑法；又如，从A国运送毒物到中国，服用毒物者死在B国的，犯罪的中间影响地在中国，我国刑法也有管辖权。④我国刑法分则规定了大量利用信息网络实施的犯罪。在这类犯罪中，行为地是指通过信息网络系统发出指令的地方；结果地是指被指控的行为发生不法效果的地方。在国外通过信息网络发送违法信息，但其影响在中国境内的，当然属于犯罪地在中国。

（2）"法律有特别规定"的含义

"特别规定"主要是指：

第一，《刑法》第11条规定，享有外交特权、豁免权的外国人的刑事责任，通过外交途径解决。所谓外交特权和豁免权，是指根据国际公约，在国家间互惠的基础上为保证驻在本国的外交代表机构及其工作人员正常执行职务而给予的一种特别权利和待遇。享有外交豁免权的有关人员承担着尊重我国法律法规的义务，不得侵犯我国国家主权、违反我国法律。一旦发生违法犯罪现象，应通过外交途径加以解决，诸如要求派遣国召回、宣布其为不受欢迎的人、限期离境等。

第二，《刑法》第90条规定，民族自治地方不能全部适用本法规定的，可以由自治区或者省的人民代表大会根据当地民族的政治、经济、文化的特点和本法规定的基本原则，制定变通或者补充的规定，报请全国人民代表大会常务委员会批准施行。

第三，我国香港特别行政区和澳门特别行政区基本法作出的例外规定。由于政治、历史的原因，我国刑法的效力无法及于香港、澳门，这属于对刑法属地管辖权的一种事实限制。

2. 属人管辖

《刑法》第7条第1款规定，中华人民共和国公民在中华人民共和国领域外犯本法规定之罪的，适用本法，但是按本法规定的最高刑为3年以下有期徒刑的，可以不予追究。第7条第2款规定，中华人民共和国国家工作人员和军人在中华人民共和国领域外犯本法规定之罪的，适用本法。

根据上述规定，我国公民在我国领域外犯罪的，无论按照当地法律是否认为是犯罪，无论罪行是轻是重以及是何种罪行，也不论其所犯罪行侵犯的是哪一国或公民的利益，原则上都可以适用我国刑法处理。只是按照我国刑法的规定，该中国公民所犯之罪的法定最高刑为3年以下有期徒刑的，可以不予追究。所谓"可以不予追究"，不是绝对不追究，而是保留追究的可能性。

此外，基于国家工作人员和军人有对国家特别效忠的义务，对其在域外犯罪的管辖也应从严要求。因此，我国的国家工作人员或者军人在域外犯罪，不论其所犯之罪按照我国刑法的规定，其法定最高刑是否为3年以下有期徒刑，我国司法机关都要追究其刑事责任。

《刑法》第10条规定，凡在中华人民共和国领域外犯罪，依照本法应当负刑事责任的，虽然经过外国审判，仍然可以依照本法追究，但是在外国已经受过刑法处罚的，可以免除或者减轻处罚。这条规定，包括我国公民在域外犯罪的情况在内。该规定表明，我国作为一个独立自主的主权国家，其法律具有独立性，外国的审理和判决对我国没有约束力，但是从实际情况及国际合作角度出发，为了使被告人免受过重的双重处罚，又规定对在外国已经受过刑罚处罚的犯罪人，可以免除或者减轻处罚。

3. 保护管辖

《刑法》第8条规定，外国人在中华人民共和国领域外对中华人民共和国国家或者公民犯罪，而按本法规定的最低刑为3年以上有期徒刑的，可以适用本法，但是按照犯罪地的法律不受处罚的除外。

根据这条规定，外国人在我国领域外对我国国家或者公民犯罪，我国刑法有权管辖的条件为：第一，按照我国刑法规定法定最低刑必须是3年以上有期徒刑；第二，按照犯罪地的法律也应受刑罚处罚，即双重犯罪原则。之所以作出这样的规定，是因为域外的法律并不会保护我国国家和公民的法益，因此为保护我国国家和公民个人的利益，制定此一规定是完全必要的。

4. 普遍管辖

《刑法》第9条规定，对于中华人民共和国缔结或者参加的国际条约所规定的罪行，中华人民共和国在所承担条约义务的范围内行使刑事管辖权的，适用本法。根据这一规定，凡是我国缔结或者参加的国际条约中规定的罪行，不论罪犯是中国人还是外国人，也不论其罪行是发生在我国领域内还是领域外，在我国所承担条约义务的范围内，我国应当行使刑事管辖权。但是，必须注意的是，适用普遍管辖原则时，应以我国刑法的具体罪名规定对罪犯予以惩处。

可以适用普遍管辖原则加以处理的犯罪的范围，一般仅限于劫持航空器、跨国的贩卖毒品、跨国的拐卖人口、海盗、种族灭绝、洗钱、恐怖活动等。

二、关于刑法空间效力的特殊问题

1. 预备犯、未遂犯与刑事管辖权

对于预备犯，如果其预备行为发生在中国，其实行行为发生在外国的，属于在中国领域内犯罪。对于未遂犯，如果其实行行为在外国，但是其预定的犯罪结果发生地在中国的，也属于在中国领域内犯罪。

2. 共同犯罪与刑事管辖权

对于共同正犯，部分共同者的行为在中国实行，部分共同者的行为在外国实行的，对所有正犯，都应当适用中国刑法。对教唆犯和帮助犯，如果正犯的实行行为在中国，即使教唆行为或者帮助行为在国外的，根据共犯从属性的原理，教唆犯、帮助犯的行为从属于正犯行为，因此，也属于在中国领域内犯罪；但是，教唆犯、帮助犯在国内，而实行犯在国外的，只有教犯、帮助犯属于国内犯，实行者的行为并不具有从属性，因此，实行者属于国外犯。

3. 中国刑法没有管辖权的情况

在某些情况下，可能存在中国刑法对一些危害很大的行为没有管辖权的情况，这也是需要引起注意的：（1）对于某些国际条约所规定的性质较为严重的罪行，由于我国并未缔结或者参加该条约，因此难以行使刑事管辖权。（2）某些犯罪似乎与中国的国家或者公民利益有一些系，但由于属地管辖、属人管辖、保护管辖、普遍管辖原则都难以适用，中国就不能行使刑事管辖权。例如，从中国某边境城市开出的、所有权属于中国旅行社的旅游车在进入东南亚某国境内后，随车旅游的 A 国公民甲和 B 国公民乙因争抢座位发生纠纷，进而发生厮打，甲使用暴力导致乙死亡。由于属地管辖、属人管辖、保护管辖、普遍管辖原则都难以对甲适用，中国就不能对甲的行为行使刑事管辖权。

4. 刑事管辖权的竞合

为维护国家主权，世界上多数国家都以属地原则作为刑事管辖权行使的首要原则。由此带来的问题是不同国家之间可能存在管辖权冲突，例如，当中国公民在国外犯罪，依照中国刑法应当追究刑事责任时，可能就存在中国的属人原则和国外的属地原则的冲突问题。刑事管辖权竞合的解决，需要靠当事国家之间开展协商、罪犯引渡、遣送、移交等方式加以解决。在管辖权竞合难以解决时，属地原则应当优先于其他原则适用。前述我国《刑法》第 10 条的规定，是对外国刑事判决的消极承认，实际上也可以视为解决刑事管辖权竞合的一种思路。

第二节 刑法的时间效力

刑法的时间效力，是指刑法的生效时间、失效时间以及对刑法生效前所发生的行为是否具有溯及力的问题。

（一）刑法的生效时间

刑法的生效时间与其他法律的生效时间相似，主要有两种方式：一是从公布之日起生效，二是公布之后经过一段时间再施行。由于法律颁布之后，需要留有充足的时间让公民了解，也让司法人员熟悉，做好刑法规范适用的准备，所以，刑法公布一段时间后再施行的做法是比较妥当的，这也是世界上多数国家关于刑法生效时间的通行做法。

（二）刑法的失效时间

刑法的失效基本上包括两种方式：一是由立法机关明确宣布某些法律失效。二是自然失效，即新法施行后代替了同类内容的旧法，或者由于原来特殊的立法条件已经消失，旧法自行废止。

（三）刑法的溯及力

刑法的溯及力，即刑法生效以后，对于其生效以前未经审判或者判决效力尚未确定的行为是否追溯适用的问题。如果适用，就是有溯及力；如果不适用，就是没有溯及力。

在刑法溯及力问题上，世界各国的立场大致有：（1）从旧原则。无论新、旧法轻重，只要行为跨越新、旧法的，一律适用旧法。（2）从新原则。与从旧原则相反，一律适用新法。（3）从新兼从轻原则。原则上适用新法，但是适用旧法明显对被告人有利的，可以适用旧法。（4）从旧兼从轻原则。原则上适用旧法，但是运用新法处理犯罪有利于被告人的，可以适用新法。

按照罪刑法定主义的要求，国家应当在事前便明确告知公民其行为边界在何处，如果以新法适用于过去的行为，显然与罪刑法定原则相悖。所以，从旧原则的合理性是不言而喻的。但是，在新法处罚较轻时，基于有利于被告人的考量，使新法有溯及既往的适用效力，也是罪刑法定主义原则所允许的。所以，我国刑法实行从旧兼从轻原则，与罪刑法定主义中的禁止溯及既往并不冲突。

我国《刑法》第12条第1款规定，中华人民共和国成立以后、本法施行以前的行为，如果当时的法律不认为是犯罪的，适用当时的法律；如果当时的法律认为是犯罪的，依照本法总则第四章第八节的规定应当追诉的，按照当时的法律追究刑事责任，但是如果本法不认为是犯罪或者处刑较轻的，适用本法。第12条第2款规定，本法施行以前，依照当时的法律已经作出的生效判决，继续有效。根据这些规定，对于1949年10月1日中华人民共和国成立至1997年10月1日新刑法施行前这段时间内发生的行为，应当根据从旧兼从轻原则的精神，按以下不同情况分别处理：

第一，当时的法律不认为是犯罪，而修订后的刑法认为是犯罪的，适用当时的法律，即修订后的刑法没有溯及力。对于这种情况，不能以修订后的刑法规定为犯罪为由追究行为人的刑事责任。

第二，当时的法律认为是犯罪，但修订后的刑法不认为是犯罪的，只要这种行为未经审判或者判决效力尚未确定，就应当适用修订后的刑法，即修订后的刑法具有溯及力。

第三，当时的法律和修订后的刑法都认为是犯罪并且按照修订后的刑法总则第四章第八节的规定应当追诉的，原则上按当时的法律追究刑事责任，即修订后的刑法不具有溯及力。这就是从旧兼从轻原则所指的从旧。但是，如果修订后的刑法比当时的法律"处刑较轻"，则应适用修订后的刑法，修订后的刑法具有溯及力，这便是从轻原则的体现。

【真题】司法解释也是刑法的渊源，故其时间效力与刑法完全一样，适用从旧兼从轻原则。（选自2017年卷2第1题，A选项）

解析：这一说法是错误的。我国刑法理论一般认为，刑法的渊源包括刑法典、单行刑法、附属刑法，以及民族自治地方的省级人民代表大会根据当地民族的政治、经济、文化的特点和刑法典的基本原则制定的变通或补充规定。因此，上述论述的前半段即已错误。至于司法解释究竟是否有溯及力，理论界存在争议，毕竟司法解释只是司法机关对于法律的理解，而不是一种立法活动。如果否认司法解释具有从旧兼从轻的时间效力，则上述表述的后半段也错误。

　　第四，依据当时的法律已经作出的生效判决，继续有效。只要犯罪已经被判决，即使按修订后的刑法的规定，其行为不构成犯罪或处刑较当时的法律要轻，也不能适用修订后的刑法，这主要是维护人民法院生效判决的严肃性和稳定性的需要。

第四章
构成要件该当性

第一节　客观构成要件该当性

相关法条及司法解释：
《刑法》第30、31条
1999年6月25日最高人民法院《关于审理单位犯罪案件具体应用法律有关问题的解释》
2001年1月21日最高人民法院《全国法院审理金融犯罪案件工作座谈会纪要》第1~4条
2017年6月1日最高人民检察院《关于办理涉互联网金融犯罪案件有关问题座谈会纪要》第20~27条

　　所谓构成要件该当性（符合性），是指行为符合刑法分则各个罪名所规定的罪状，这也是罪刑法定原则的主要体现。如《刑法》第234条规定，"故意伤害他人身体的，处……"，其中的"故意伤害他人身体"便属于罪状的规定，如果行为人持刀将他人砍伤，行为符合了故意伤害罪的构成要件。通常，行为一旦符合构成要件便构成犯罪，但是符合构成要件并不一构成犯罪，因为总则还规定了各种出罪事由，总结一下可归为两类：违法阻却事由（如正当防卫）及责任阻却事由（责任年龄等）。在构成要件该当性阶层，又可分为客观构成要件该当性和主观构成要件该当性。对于常见的故意既遂结果犯及过失犯罪类型来说（如故意杀人罪既遂、过失致人死亡罪），客观构成要件要素中最为重要的有行为、结果、因果关系、行为主体等。

一、刑法上的因果关系

（一）概述

　　早年我国刑法学关于因果关系问题一直存在必然因果关系和偶然因果关系的争论，这一争论在今天已经没有什么价值。最近几年，国内刑法学界对于源自德国刑法学的客观归责理论日益重视，个别系统权威的教科书也已经接纳了该理论。因此，建议考生除了掌握条件理论与相当因果关系理论外，适当了解客观归责理论，即便不用客观归责理论解题，在运用相当因果关系理论判断因果关系出现犹疑时，便可以用客观归责理论辅助判断自己用相当因果关系理论得出的结论是否正确。

因果（归责）关系是最重要的不成文的构成要件要素之一，欠缺因果（归责）关系时，便不可能成立犯罪既遂。要求行为与结果之间的因果（归责）关系，其实是刑事制裁理性化需求的当然要求：在行为与结果之间存在没有前行为便没有后结果（因果）以及可以将结果算在行为人的头上时（归责），意味着行为人一旦改变自己的这一行为模式（行为规范禁止/要求的行为模式），便不会带来刑法上的利益侵害，此时对行为人的行为予以制裁才是有意义和理性的。反过来看，如果结果的发生和行为人的行为之间毫无关联，或者结果是基于异常偶然的第三人或被害人自身的因素而导致，此时对行为人科了制裁便会让行为人觉得不公平、不正当。

因果关系是承担刑事责任的必要非充分条件，但即便肯定了因果关系，还需要具备故意、过失以及没有其他违法阻却事由和责任阻却事由等犯罪成立条件后，才能肯定行为人构成犯罪。

过去，我国的刑法学在论述因果关系时，是不予区分因果关系与结果（客观）归责的概念的。因果关系概念其实是混合了自然事实（条件）意义上的因果关系和实质归责意义上的结果归责。就我国实务以及理论界判断因果关系常用的相当因果关系来说，其并不是一种和条件理论一样纯粹的确认自然事实意义上的因果关系理论，本质上已经是一种规范判断意义上的结果归责理论，只不过它没有同样作为结果归责理论的客观归责理论相对成体系化、精细化。即相当因果关系理论并不刻意区分因果与归责，但相当因果关系的实质就是客观归责理论的一部分，也是一种实质上的规范评价，只不过，相当因果关系基本只处理被害人或者行为人介入因素对于归责判断的影响，而客观归责理论除了处理介入因素对于归责的影响，还会考虑规范保护目的、被害人自我答责等归责问题。

（二）条件理论

对于纯事实性的因果关系确认来说，基本会用条件理论来解决。条件理论的经典表达公式就是"非 A 则非 B"，即没有 A 行为便不会有 B 结果的产生，如果能够肯定这一点，便可以肯定 A 行为与 B 结果之间有因果关系。条件说求助于一种思维上的"排除法"，即设想在该条件不存在时，结果是否同样发生：如果答案是否定的，该事实就是结果的必要条件；如果得出相反结论，就可将该事实排除于原因之外。

在理解条件理论时，需要特别注意的是：造成结果的原因可能不止一个，只要对于结果的发生起到作用的，这些原因与结果之间都有因果关系，换句话说，所有给结果造成影响的原因（条件）都是等值的，不区分主要原因（条件）与次要原因（条件）。

【真题】甲与素不相识的崔某发生口角，推了他肩部一下，踢了他屁股一脚。崔某忽觉胸部不适继而倒地，在医院就医时死亡。经鉴定，崔某因患冠状粥样硬化性心脏病，致急性心力衰竭死亡。甲的行为与崔某死亡结果之间有因果关系，这是客观事实。（选自2012年卷2第6题，C选项）

解析： 就事实因果关系来看，根据条件理论，如果不是甲推了崔某肩部并且踢了一脚，崔某便不会倒地，继而死亡。换句话说，甲的行为与崔某的死亡结果之间存在条件意义上的因果关系。当然，有条件关系，不意味着应当将死亡结果算在甲的头上（没有相当因果关系或客观可归责性），此时甲当然不成立故意伤害（杀人）既遂。并且，由于甲不具有伤害或者杀人故意，对于崔某的特殊体质也没有预见可能性，当然也不成立过失犯罪，只能视为意外事件。

【真题】 甲乘坐公交车时和司机章某发生争吵，狠狠踹了章某后背一脚。章某返身打甲时，公交车失控，冲向自行车道，撞死了骑车人程某。甲的行为与程某的死亡之间存在因果关系。（选自2008年卷2第52题，A选项）

解析： 甲的行为与程某的死亡之间存在因果关系，从条件关系看，如果不是甲踹了章某一脚，章某便不会反身打甲，也不会致使公交车失控撞死程某，因此，甲的行为和程某的死亡结果之间存在因果关系。

必须要注意的是，法律出版社出版的国家统一法律职业资格考试辅导用书中关于条件理论的论述与德国通行的条件理论不太一样：前者对于条件理论做了一定的限定，即条件关系中的行为必须是具有导致结果发生可能性的行为，否则便不能认为有因果关系。例如甲劝乙乘坐飞机旅行，希望乙死于飞行事故，后乙果真因飞机失事死亡。按照辅导用书的解释，因果关系是指"危害行为与危害结果之间的引起与被引起关系"，甲的劝说行为不具有导致结果发生的可能性，因此甲的行为根本不是"危害行为"。根据德国通行的条件理论，只要行为人的行为与结果之间存在没有行为便没有结果的关系，便可以肯定条件因果关系的存在，在上例中，正是甲的劝说行为导致乙死亡结果的发生，当然存在条件因果关系，只不过基于异常的因果偏离不能将死亡结果归因于行为人的劝说行为（不具有相当因果关系或不具有客观可归责性）。在理解条件因果关系时，以下几个概念需要注意。

1. 假定的因果关系

假定的因果关系不排除因果关系的存在。假定的因果关系是指即便没有行为人的行为，结果同样会因其他因素或其他的作用形式不可避免地发生。如A在B登机前将B杀害，事后发现，B乘坐的航班被恐怖分子放了炸弹，即便B不被A杀害，死亡结果同样会因爆炸而产生。如果套用条件公式，便无法得出"没有A的行为，便没有B的结果发生"，因为此处会产生"没有A的行为，B的结果仍然会发生"的推论。对此，条件理论认为，重要的是实际发生的事件进程与具体结果之间的因果关系，至于行为后结果是否可能因为其他因素或其他方式发生，对于因果关系的认定没有影响。换句话说，在上例中，重要的是A的杀害行为与B死亡结果的条件因果关系成立，A行为之后的爆炸事件同样会导致死亡结果的发生并不重要。

2. 择一的因果关系

择一的因果关系又称为择一的竞合，它是运用条件公式判断因果关系的例外，并不排除因果关系的存在。择一的竞合是指两个以上的行为都能导致结果的发生，但在没有意思联络的情况下，竞合在一起产生了结果。如甲、乙在没有意思联络的情况下，分别在丙的杯子里投入足以致死的毒药，导致了丙的死亡。在此，如果没有甲的行为，丙仍然会被乙毒死，反之亦然。因此，套用条件公式的表述便会得出甲、乙的行为对丙的死亡都没有因果关系。据此，择一的因果关系成立条件公式判断因果关系的一个例外：在多个条件的情形中，如果除去一个条件结果仍然会发生，但除去所有条件结果将不发生，则所有条件与结果之间都有条件因果关系。上例中的甲、乙的行为与丙的死亡结果之间都有因果关系。

3. 重叠的因果关系

重叠的因果关系并不排除条件因果关系。它是指两个以上相互独立的行为，单独并不能导致结果的发生，但在没有意思联络的情况下，合并在一起导致了结果的发生。如没有意思联络的甲、乙分别向丙的杯子中投了致死剂量50％的毒药，致丙死亡。在上例中，无论是甲的行为还是乙的行为，都与丙的死亡结果之间有因果关系。而得出这个结论正是运用条件公式的结果：没有甲的行为，乙的下毒剂量并不足以导致丙的死亡结果发生，反之亦然。换句话说，重叠的因果关系正是运用条件公式的结果。对于条件公式的运用来说，只要行为是造成结果的共同条件之一，便足以肯定行为与结果之间存在因果关系。

4. 超越的因果关系

超越的因果关系否定条件因果关系。它是指在前行为还没有持续作用到结果发生时，介入了一个快速且独立的因素导致了结果发生的情形。此时，只有后介入的、独立导致结果发生的因素才与结果之间存在条件关系。

【真题】甲以杀人故意向乙的食物中投放了足以致死的毒药，但在该毒药起作用前，丙开枪杀死了乙。甲的行为与乙的死亡之间不具有因果关系。（选自2010年卷2第3题，D选项）

解析：在上例中，甲的下毒行为尚未产生作用，乙便被丙快速且独立的开枪行为打死，因此，甲的下毒行为便与乙的死亡结果之间没有因果关系。但是，需要注意的是，如果甲的行为已经产生了作用，如乙因为毒药发作陷入行动不便的状态，被丙追砍致死，此时，如果不是甲的下毒行为，乙便不会陷入行动不便的状态进而被丙砍死。因此，就条件公式的运用来说，甲的行为与乙的死亡结果之间还是有条件因果关系（但不具有客观归责或相当因果关系）。

总之，一定要注意的是，被害人的特殊体质、被害人的故意或者过失行为共同造成结果的发生时，只要行为是结果产生的因素之一，便不影响行为与结果之间因果关系的判断。

【真题】丁以杀人故意对赵某实施暴力，导致赵某遭受濒临死亡的重伤。赵某在医院接受治疗时，医生存在一定过失，未能挽救赵某的生命。（选自2008年卷2第52题，D选项）

解析：尽管医生存在过失，但依条件公式，没有丁的杀人行为，便不会导致赵某就医，进而不会产生赵某死亡的结果。因此，丁的行为与赵某的死亡之间仍然有条件因果关系。当然，就相当因果关系和客观归责理论来看，也不能否定将死亡结果算在丁的头上。毕竟，医生的过失行为并非罕见现象，丁导致赵某重伤濒临死亡，对死亡的结果产生所起的作用更大，所以，丁的行为与赵某的死亡结果之间仍然有相当因果关系或客观归责关系。

（三）相当因果关系

因果关系的判断难点在于，有第三方或者被害人因素介入的场合，如何规范地确认行为人是否应当对结果负责。

相当因果关系说主张根据社会一般人的生活经验，在通常情况下某种行为有导致某种结果发生的高度可能性，就认为该行为与该结果具有相当因果关系。"相当性"说明该行为产生该结果是通例而非异常。例如，抢劫罪犯对准被害人开枪，被害人受惊吓后为自保而逃跑，慌乱中撞上电线杆身受重伤，数日后死亡，根据一般生活经验，就会认为被害人在受到枪击慌不择路的情况下，逃跑途中发生危险并不是异常的情况，所以抢劫行为和被害人死亡之间存在因果关系，行为人构成抢劫致人死亡。

相当因果关系说在内部存在主观说、客观说、折中说的区别。客观说主张以行为时存在的一切事实为基础判断因果关系；主观说认为应以行为人在行为时所认识到的事实为基础判断因果关系；折中说主张以行为时一般人所预见的事实或行为人特别认识的事实为基础判断相当性的有无。如 A 使劲推了一下心脏不好的 B 的胸部，导致 B 突发心脏病死亡。在客观说看来，B 心脏不好是行为时存在的客观事实，这一点应当被纳入判断的对象资料，即：A 使劲地推了一下心脏有问题的 B 的胸部，显然，这一行为致死的风险是特别高的，具有相当因果关系。在主观说看来，如果 A 在行为当时没有认识到 B 心脏不好这一事实，那么 B 心脏不好的事实便不应被纳入判断的对象资料，即：A 使劲地推了一下 B 的胸部，一般人均不会认为 A 的行为有致死的风险，所以 A 的行为与 B 死亡之间不具有相当因果关系。反之，如果 A 认识到了 B 心脏不好的事实，A 使劲地推了一下患有心脏病的 B 的胸部，一般人均会认为 A 的行为有高度的致死风险，从而得出 A 的行为与 B 死亡之间存在相当因果关系的结论。在折中说看来，如果一般人在行为当时不可能认识到 B 心脏不好这一点事实，并且 A 在行为当时也没有特别地认识到这一点，则 B 心脏不好的事实不应被纳入判断的对象资料，得出的结论将会同主观说一样，即 A 的行为与 B 的死亡之间没有相当因果关系。

存在被害人或者第三人介入因素的场合如何判断因果关系，要综合考虑前行为人的行为导致结果发生的可能性大小、介入因素的异常性大小、介入因素对结果发生所起的作用力大小。前行为人的行为导致结果发生的可能性越大，肯定因果关系的可能性越高；后介入情况的异常性越大，肯定前行为和结果之间因果关系的可能性越小；后介入因素对结果所起的作用越大，肯定前行为和结果之间因果关系的可能性越小。

【真题】甲追赶小偷乙，乙慌忙中撞上疾驶的汽车身亡。甲的行为与乙的死亡之间具有因果关系。（选自 2010 年卷 2 第 3 题，B 选项）

解析：认为甲的行为与乙的死亡结果之间有因果关系是错误的。尽管就条件因果关系来说，没有甲的追赶行为，就不会有乙慌乱中被撞身亡，存在条件关系，但是，从相当因果关系来看，由于介入了车祸，需要结合介入因素考察相当性。首先，甲的追赶对乙的死亡所起作用并不大。第二，追赶过程中发生车祸在一般人看来显然具有异常性。第三，车祸对乙的死亡所起作用较大。所以应当认为甲的追赶行为与乙的死亡没有因果关系。

二、行为主体

（一）自然人主体

就作为客观构成要件要素的行为主体来说，包括了自然人主体和单位主体。

作为构成要件阶层的犯罪主体，自然人只需要具有制造法益侵害的能力即可，不要求自然人达到责任年龄、具备责任能力。也就是说，只要自然人实施了法益侵害行为，便一般符合自然人犯罪主体的要求，除非构成要件对自然人犯罪主体的身份作了特别规定，即构成要件为身份犯类型的构成要件。

实际上，自然人主体主要是行为人的身份问题。对于身份犯来说，又可分为纯正身份犯合不纯正身份犯。

1. 纯正身份犯（定罪身份）。

纯正身份犯是指，在一些构成要件中，要成立实行犯（正犯）的话，主体必须具备特定的身份才能符合构成要件的要求，如贪污罪的行为主体必须具有国家工作人员身份，如果没有国家工作人员的身份，只能成立贪污罪的教唆犯、帮助犯，而不能成立正犯。

2. 不纯正身份犯（量刑身份）。

不纯正身份犯是指，身份不影响行为的定性，但影响行为人量刑。如依照《刑法》第307条的规定，司法工作人员犯妨害作证罪和帮助毁灭、伪造证据罪的，要从重处罚，这里的司法工作人员便属于量刑身份。再如，国家机关工作人员犯诬告陷害罪要从重处罚，因而国家机关工作人员身份也是量刑身份。

（二）单位主体

成立单位犯罪要求比较严格，我国刑法分则规定了大量的单位可以成为犯罪主体的情形，这就是所谓的单位犯罪。单位犯罪，是指公司、企业、事业单位、机关、团体为单位谋取非法利益，或者以单位名义，经单位集体研究决定或者由负责人员决定，故意或者过失实施的犯罪。

三、单位犯罪的特征

1. 由单位的决策机构按照单位的决策程序决定，并且由单位的成员直接实施。

关于单位主体，根据《刑法》第30条的规定，公司、企业、事业单位、机关、团体都是单位犯罪的主体。根据2001年1月21日《全国法院审理金融犯罪案件工作座谈会纪要》的规定，以单位的分支机构或者内设机构、部门的名义实施犯罪，违法所得主要归分支机构或者内设机构、部门所有的，应认定为单位犯罪。由此推论，以单位的分支机构、内设机构、部门的名义实施犯罪，但违法所得归个人所有的，应以个人犯罪论处。

单位整体意志不等于单位个人的意志，单位犯罪是单位的整体意志的体现。单位整体意志的形成，包括两种形式：（1）由单位的决策机构按照单位的决策程序决定。（2）虽未经明确的单位决策程序，但由单位主要领导在为单位谋取利益的意思支配下根据其职权作出决定。单位决策不等于单位集体决策，对决策程序的要求也不能像法律上要求诉讼程序那么严格。虽然缺乏单位决策机构集体决策的形式，但是，由单位负责人按照其职责权限的要求作出的决定，如果是为了单位的利益，在单位的概括性意思之内，且该行为也理当得到单位事后追认的，就应当认为是经过单位决策所作出的决定，就代表了单位的整体意志。也就是说，单位主要负责人为了单位利益，自己或者安排下属实施职务、业务行为，该行为在上述行为人的职权范围内，并代表单位意志的，单位主管人员和直接责任人员的犯罪意思就是单位的意思。

个人未经过单位决策程序盗用、冒用单位的名义实施犯罪，违法所得也由实施犯罪的个人私分的，以及单位内部成员没有经过单位决策机构批准、同意、认可而实施犯罪的，这些情形都不是单位整体意志的体现，不成立单位犯罪。一般来说，如果单位成员实施的是和自己的职权范围无关的行为，一般都不构成单位犯罪，除非是单位集体决策授权其实施。当然，部分单位的议事规则或单位章程规定，单位负责人在职权范围内可以独自作决定，此时单位负责人为了单位利益在职权范围内实施的行为，就代表的是单位意志，应当可以认定为单位犯罪。

此外，司法解释规定，个人为进行违法犯罪活动而设立的公司、企业等单位实施犯罪，或者公司、企业等单位设立后，以实施犯罪为主要活动的，不以单位犯罪论处。

2. 刑法明文规定单位可以成为相应犯罪的犯罪主体。如我国《刑法》第 327 条规定，非法出售、私赠文物藏品罪的主体只能是国有博物馆、图书馆等单位构成，属于典型的单位犯罪。

需要指出，某些行为（如放火、爆炸、故意杀人、故意伤害、非法拘禁，以及贷款诈骗、普通诈骗、盗窃等）并未被刑法规定为单位犯罪，但在现实生活中却存在着为谋取非法利益，经单位决策机构集体研究或由负责人员决定实施这些犯罪的现象。刑法未定单位可以构成这些犯罪，当然不能追究单位的刑事责任，但是否可以追究单位中直接负责的主管人员和其他直接责任人员的刑事责任？对此，全国人大常委会 2014 年 4 月 24 日《关于〈中华人民共和国刑法〉第三十条的解释》明确规定，公司、企业、事业单位、机关、团体等单位实施刑法规定的危害社会的行为，刑法分则和其他法律未规定追究单位的刑事责任的，对组织、策划、实施该危害社会行为的人依法追究刑事责任。最高人民检察院的有关司法解释也持相同立场。例如，我国刑法并未规定单位盗窃罪，如果单位的管理层为了单位的利益经过单位集体讨论决定后由单位的成员实施盗窃的，此时尽管单位不成立盗窃罪，但是单位中的相关个人成立盗窃罪。

3. 单位犯罪一般是为单位谋取非法利益或者以单位名义为单位全体或者多数成员谋取非法利益。所以，为单位谋取合法利益的行为，不成立单位犯罪。以单位名义为单位少数成员谋取非法利益的行为，也不成立单位犯罪，如公司董事会为个别管理人员谋取非法利益而通过集体决策实施犯罪行为，最后犯罪所得直接归个别管理人员，此时不成立单位犯罪，而成立自然人共同犯罪。当然，为单位谋取非法利益后，违法所得由单位所有（如违法所得在单位公账上体现），然后由单位的少数成员私分的，此时仍然成立单位犯罪。

4. 绝大多数单位犯罪均为故意犯罪，但也存在单位过失犯罪。单位过失犯罪中的过失行为一般来说具有个人性，个人行为往往是职务行为。在一般情况下，我国刑法规定的过失的单位犯罪都只处罚单位中的直接责任人员，而不处罚单位。例如《刑法》第 137 条规定的工程重大安全事故罪，该罪的主体是建设单位、设计单位、施工单位、工程监理单位，但刑法并未规定处罚上述单位，而只是处罚单位的直接责任人员。当然，刑法中规定的少数单位过失犯罪，也实行双罚制。例如，《刑法》第 229 条、第 231 条共同规定了出具证明文件重大失实罪，承担资产评估、验资、验证、会计、审计、法律服务等职责的中介组织出具证明文件重大失实的构成犯罪，对单位判处罚金，对直接负责的主管人员和其他直接责任的人员，依照个人犯罪的规定进行处罚。

【真题】单位只能成为故意犯罪的主体，不能成为过失犯罪的主体。（选自 2010 年卷 2 第 53 题，A 选项）

解析：上述表述是错误的。我国刑法分则的规定中存在单位过失犯罪，典型适例即《刑法》第 137 条规定的工程重大安全事故罪。

四、单位犯罪的处罚

对单位犯罪的处罚，存在单罚制与双罚制之分。我国《刑法》第 31 条规定：单位犯罪的，对单位判处罚金，并对其直接负责的主管人员和其他直接责任人员判处刑罚。本法分则和其他法律另有规定的，依照规定。这一规定说明，我国刑法对单位犯罪的处罚以双罚制为原则，以单罚制为例外。

1. 双罚制

双罚制指既处罚单位，又处罚单位中的自然人。应该说，对单位犯罪实行双罚制，既处罚单位，又处罚单位中直接负责的主管人员和其他直接责任人员，能够反映刑法对单位犯罪的充分的否定性评价，有利于遏制单位犯罪，具有合理性。

在双罚制中，对直接负责的主管人员和其他直接责任人员应当判处刑罚（包括自由刑与罚金，但主要是自由刑）。对个人判处自由刑的，有以下情况：（1）在绝大多数情况下，判处与个人犯罪相同的刑罚。例如《刑法》第 220 条规定："单位犯本节第二百一十三条至第二百一十九条之一规定之罪的，对单位判处罚金，并对其直接负责的主管人员和其他直接责任人员，依照本节各该条的规定处罚。"这里所谓依照本节各该条的规定处罚，就是指依照对自然人犯罪的规定处罚。（2）在少数情况下，对单位内部的自然人判处低于个人犯罪的刑罚。例如，个人犯受贿罪的，最高可以判处死刑，但《刑法》第 387 条规定，国家机关、国有公司、企业、事业单位、人民团体，索取、非法收受他人财物，为他人谋取利益，情节严重的，对单位判处罚金，并对其直接负责的主管人员和其他直接责任人员，处 5 年以下有期徒刑或者拘役。由此可见，在单位犯受贿罪的情况下，对直接负责的主管人员和其他直接责任人员判处的刑罚远轻于个人犯受贿罪的处罚。

2. 单罚制

单罚制，是指在单位犯罪中，只处罚单位内部的自然人或者只处罚单位本身，并不同时对二者进行处罚。例如，《刑法》第 396 条规定："国家机关、国有公司、企业、事业单位、人民团体，违反国家规定，以单位名义将国有资产集体私分给个人，数额较大的，对其直接负责的主管人员和其他直接责任人员，处三年以下有期徒刑或者拘役，并处或者单处罚金；数额巨大的，处三年以上七年以下有期徒刑，并处罚金。"本罪的主体是国家机关、国有公司、企业、事业单位、人民团体，但只处罚直接负责的主管人员和其他直接责任人员，而不处罚单位。

【真题】对单位犯罪一般实行双罚制，但在实行单罚制时，只对单位处以罚金，不处罚直接负责的主管人员与直接责任人员。（选自 2010 年卷 2 第 53 题，C 选项）

解析：上述表述是错误的。我国刑法理论一般认为，对单位犯罪的处罚，原则上是双罚制，既处罚单位，也处罚直接负责的主管人员和直接责任人员；例外情况下实行单罚制，理论上的单罚制，可以只处罚单位内部的自然人或者只处罚单位本身，并不同时对二者进行处罚。但需要注意的是，我国刑法分则规定的单罚制似乎仅处罚直接负责的主管人员和直接责任人员，而不处罚单位。因此，上述表述是错误的。当然，也有学者认为刑法分则规定只处罚直接负责的主管人员与其他直接责任人员时，不宜认定为单位犯罪，而是自然人犯罪。

无论是单罚制还是双罚制，都涉及对单位中直接负责的主管人员和其他直接责任人员的责任追究问题。对此，《全国法院审理金融犯罪案件工作座谈会纪要》（2001 年 1 月 21 日）规定："直接负责的主管人员，是在单位实施的犯罪中起决定、批准、授意、纵容、指挥等作用的人员，一般是单位的主管负责人，包括法定代表人。其他直接责任人员，是在单位犯罪中具体实施犯罪并起较大作用的人员，既可以是单位的经营管理人员，也可以是单位的职工，包括聘任、雇用的人员。应当注意的是，在单位犯罪中，对于受单位领导指派或奉命而参与实施了一定犯罪行为的人员，一般不宜作为直接责任人员追究刑事责任。"

第二节　主观构成要件该当性

相关法条及司法解释：
《刑法》第 14 条

一、犯罪故意

（一）故意的认识因素与意志因素

1. 认识因素

犯罪故意的认识因素，是指行为人必须对客观构成要件要素相对应的事实存在认识。例如，故意伤害罪的故意，要求行为人必须要认识到其持棍棒殴打的对象是具体现实的活人。行为人要认识到自己的行为及结果是具有社会危害性的。具备这种认识因素，是犯罪故意区别于日常语言中作为一般心理活动的故意的关键点。

犯罪故意的认识因素是对行为的法益侵害性或者威胁性的认识，包括对以下因素的认识：

（1）行为性质。对于行为性质的认识，是指对于行为的自然性质或者社会性质的认识。必须注意的是，对于行为的法律性质的认识属于违法性认识而非事实性的认识。目前刑法理论界占据绝对支配性地位的观点认为：违法性认识不再是故意的要素，而是独立于故意的责任要素。即故意的要素仅包含认识和意志，而不包含违法性认识，违法性认识是和故意平行的独立的责任要素。所以，"成立犯罪故意，不要求行为人认识到自己行为的违法性"这一说法就是正确的。

（2）行为对象。对于行为对象的认识，是指对于行为客体的自然属性或者社会属性的认识。例如，成立抢劫枪支罪的故意，行为人就必须认识到其抢劫的对象物是具有杀伤力的枪支，而非玩具枪或其他物品。再如，"成立贩卖淫秽物品牟利罪，要求行为人认识到物品的淫秽性",这一论述也是正确的,所谓的淫秽性,就是对于淫秽物品所具有的社会意义的认识。

(3)行为的结果。对于行为结果的认识,在很大程度上表现为一种预见,即行为人实施行为期待的结果。

(4)行为与结果之间的因果及归责关系。对于因果和归责关系的认识,指行为人意识到某种结果是本人行为所引起和操控的,或者是行为人采取某种手段可以达到预期的结果。从另一个角度看,即行为人意识到:一旦改变自己的行为模式,便可以让危害结果不发生。在这种情况下,行为人即对行为与结果之间的因果和归责关系具有事实上的认识。

(5)其他属于特定构成要件的构成要件要素对应的事实,如犯罪的时间、地点、附随状况等。如拒不救援友邻部队罪要求必须发生在"战场上",这是本罪对于发生地点的特定要求。

2. 意志因素

意志对人的行动起支配作用,并且决定着结果的发生。犯罪故意的意志因素是行为人在明知自己的行为会发生危害社会的结果的基础上,决意实施行为的主观心理态度。可分为希望与放任两种形态。

(二)故意的分类

根据我国《刑法》第 14 条第 1 款的规定,犯罪故意可分为直接故意与间接故意两种类型。

1. 直接故意

直接故意,是指行为人明知自己的行为会发生危害社会的结果,并且希望这种结果发生的心理态度。根据认识因素的不同内容,直接故意又可以分为两种情形,一种是行为人明知自己的行为必然发生危害社会的结果,并且希望这种结果发生的心理态度;另一种是行为人明知自己的行为可能发生危害社会的结果,并且希望这种结果发生的心理态度。直接故意的意志因素是希望。希望,即指行为人追求某一目的的实现。在希望的情况下,行为人是有意识地通过自己的行为实现某一目的。因此,行为与结果之间的关系是手段与目的的关系,意志通过行为对结果起支配作用。

2. 间接故意

间接故意,是指行为人明知自己的行为可能发生危害社会的结果,并且放任发生这种结果的心理态度。

间接故意对构成要件要素对应的事实有认识,并且对结果发生与否持无所谓的态度。因此,结果即便发生,也在行为人能够接受的范围内。在这个意义上,可以说间接故意和直接故意一样有实现构成要件的愿望,只是愿望的强烈程度有差别而已。

间接故意是一种可能故意,放任是听之任之心理态度,对行为人来说,结果发生与不发生都可以接受的,因此,成立间接故意的当然逻辑前提是结果具有发生与不发生两种可能性。在当时情况下,行为人对于危害结果是否会发生,处于一种不能肯定的状态,存在结果发生与不发生都可以的心理态度。如果认识到危害结果必然发生,则不可能再放任结果发生,即便行为人自己辩解对结果的发生是"不希望或无所谓的心态",在规范上也理应将其心态认定为直接故意,换句话说,其实质上希望结果发生。像是近距离朝人开枪,即便行为人自己声称不希望被害人死亡，也应当认定其是直接故意。

（三）直接故意与间接故意的关系

我国刑法理论界有观点认为，刑法分则中的个别罪名只能由间接故意构成，而不能由直接故意构成；而在另外一些构成要件中，则只能由直接故意构成，不能由间接故意构成。这种观点人为地割裂了故意概念的统一性，无意间将放任与希望解释为互斥对立的关系。

一方面，刑法分则对故意犯罪的规定，并未限制其故意类型，理论上就不能认为连间接故意都可以成立的犯罪，具有更大非难可能性的直接故意反而不能构成。对分则各个故意犯罪的判断，不能脱离总则的规定进行，而刑法总则将直接故意和间接故意规定在同一个条文，也并未明确指出直接故意和间接故意有排斥关系，没有规定它们在性质上有何差别，在解释论上就当然不能认为某罪只能由间接故意构成，而不能由直接故意构成，或者只能由直接故意构成，不能由间接故意构成。

另一方面，有的犯罪通常以直接故意的面目出现，但不能因为理论上难以想象、实务中并未或很少出现就直接推定只能由直接故意构成，而间接故意无法构成。例如，一般而言，放火罪基本是出于直接故意的心态，但完全存在为了骗取保险金而放火的情形，此时的放火就可能是间接故意。再如，故意毁坏财物罪一般都是出于直接故意，但完全可能存在行为人在故意实施其他重罪过程中放任财物毁坏结果发生的情形。

	直接故意	间接故意
认识因素	必然＋可能	可能
意志因素	希望	放任

二、事实认识错误

事实认识错误是犯罪故意理论部分中的重点。在学习这一部分内容时，从方法上看，需要首先清楚掌握错误论的基础架构，及究竟有哪几种错误形式和错误种类，这样有了整体性的概观后，在遇到案例事实时便知道从何入手。在清楚案例事实属于何种错误后，接下来就看采何种理论学说处理此类错误问题。这样的话，在遇到有关错误论的问题时犯错的概率便会下降很多。

事实认识错误，是指行为人主观上的认识与客观发生的事实产生不一致的情形。一般以是否在同一犯罪构成内为标准将认识错误分为具体的事实认识错误（如想杀 A，却将 B 误认为 A 开枪或是朝 A 开枪但枪法欠准而打中了 B）与抽象的事实认识错误（如想杀 C，却误将野猪当作 C 或朝 C 开枪但枪法不准打中了 C 骑着的马）。具体的事实认识错误又进一步可细分为对象错误、打击错误与因果关系错误三种下位类型，对象错误与打击错误这两种场合的处理方式又有法定符合说和具体符合说的争论：法定符合说认为，行为人所认识的事实和实际发生的事实只要在犯罪构成的意义上是一致的，即可成立故意既遂犯；具体符合说认为，行为人所认识的事实与实际发生的事实具体地相一致时，才能成立故意既遂犯。

（一）具体的事实认识错误

具体的事实认识错误，是指虽然行为人主观上所认识到的事实与客观上发生的事实并不一致，但并未超出同一犯罪构成的范围，因此也被称为同一犯罪构成内的错误。对于如何解决具体的事实认识错误，理论上存在具体符合说与法定符合说的争议。我国的刑法理论通说采取法定符合说。

具体符合说认为，行为人所认识或者预见的构成事实与客观实际发生的事实完全一致时，才成立故意既遂；行为人所认识或者预见的构成事实与实际发生的事实不符，则阻却故意既遂的成立，转而成立未遂与过失的想象竞合。具体符合说的特色是将行为所侵害的对象朴素地具体化为"那个人"或者"那个财物"。例如，甲意欲杀乙而对其开枪，但因为枪法不准，错将丙打死，甲想杀害的"那个人"乙并没有死亡，因此，甲只能成立故意杀人罪未遂和过失致人死亡罪的想象竞合。也就是说，具体符合说要求主观认识与客观事实完全一致才成立故意既遂。例如，行为人欲开枪杀甲，但子弹打偏命中了乙致乙死亡。所知与所为不完全相同，按照具体符合说因为存在认识错误，行为人构成故意杀人罪的未遂（对甲）和过失致人死亡罪（对乙），最终成立故意杀人未遂和过失致人死亡的想象竞合。

法定符合说认为，如果行为人主观所认识的结果与客观发生的事实在同一构成要件之内，就可以认定行为人对所有的犯罪事实都有故意。如行为人有杀 A 的意思，朝 A 开枪，导致 A 死亡的同时子弹附带打中 B 导致 B 死亡，这两个结果都符合杀人罪的构成要件，因为无论是否击中 A，只要击中了 B，就符合故意杀人罪的故意，行为人属于"想杀人，并且杀了人"。按照法定符合说，行为人的主观认识与现实发生的事实之间，虽然在侵害对象、手段上不一致，但只要在构成要件上相符合，在法律上（构成要件）就有相同的价值，就可以认定行为人具有故意。法定符合说的逻辑是，故意概念可以抽象到法定的构成要件层面，而不需要具体到某个人。

（二）对象（客体）错误

对象错误，是指行为人在实行行为之前便就对象（行为客体）的同一性（身份）产生了认识错误，但客观上在实行行为的时点并没有发生目标客体与侵害客体不一的问题。如张三将迎面朝自己走过来的李四误认为王五而开枪，在瞄准眼前的"这个人"（即李四）开枪的时点，欲攻击的客体和实际侵害的客体都是李四，因而是对象错误。再如，丙打算将含有毒药的巧克力寄给王某，但因写错地址而寄给了汪某，汪某吃后死亡。按照目前国内通行的学说，邮寄当时尚不属于故意杀人罪的着手，只有在被害人收到包裹准备吃时才是着手，因此，行为人其实在着手之前便产生了对象同一性的认识错误，所以是对象错误。

对于对象错误，无论法定符合说还是具体符合说，都会得出不影响故意既遂犯罪成立的结论。法定符合说认为，行为人所认识的事实和现实具体发生的事实，在故意杀人这一法定构成要件的范围内一致，因而成立故意既遂。因为理论上看，行为人虽然杀错了人，但由于人的生命价值相同，刑法对于所有生命实行同等一体保护，在行为人具有杀"人"的故意，并且最终导致他人死亡的场合，死亡的人到底是甲还是乙，对于故意杀人罪的构成要件要保护的法益没有区别。而具体符合说则认为，在行为人杀人的当时，其对意欲杀害朝自己走过来的"那个人"并没有产生错误,因此不阻却故意既遂的成立。就对象错误来说,具体符合说与法定符合说在结论上并没有差异,二者只是在方法论(抽象程度)上不同。所以,误将生父当作仇人杀害,根据具体符合说与法定符合说,都会得出行为成立故意杀人罪既遂的结论。

(三)打击(方法)错误

打击错误,是指行为人由于方法的偏差致使原初锁定的攻击客体(目标客体)与实际的攻击客体(侵害客体)欠缺同一性的情形。如甲对准乙开枪,结果由于枪法不准将偶然路过而出现在乙附近的丙打死。

在打击错误的场合,按照法定符合说,行为人成立故意犯罪既遂。据此,上例中的甲应成立故意杀人罪既遂。此外,如果甲试图杀害乙,子弹穿过乙的身体,击中了丙,导致乙、丙两人死亡的,按照法定符合说,甲对乙、丙均成立故意杀人既遂,由于只有一行为,成立两个故意杀人罪既遂的想象竞合。如果甲试图杀乙,对准乙开枪,导致乙重伤后,子弹又穿过乙的身体将丙打死的,按照法定符合说,甲对乙成立故意杀人罪未遂,对丙成立故意杀人罪既遂,最后以想象竞合论。

按照具体符合说,行为人所认识的事实和实际发生的事实,只要在构成要件范围内没有具体一致地符合,就不成立故意犯罪既遂。因此在甲对准乙开枪,结果由于枪法不准将偶然路过而出现在乙附近的丙打死的场合,甲对乙成立故意杀人罪未遂,对丙成立过失致人死亡罪,二者成立想象竞合犯。如果甲试图杀乙罪,子弹穿过乙的身体,击中丙,乙、丙均死亡的,按照具体符合说,甲对乙成立故意杀人罪既遂,对丙成立过失致人死亡罪,二者成立想象竞合。如果甲试图杀乙,对准乙开了一枪,造成乙重伤后子弹又飞到丙的身上,丙死亡,按照具体符合说,甲对乙成立故意杀人罪未遂,对丙成立过失致人死亡罪,二者成立想象竞合。

要注意的是,打击错误的前提是行为人在行为当时对于实际被侵害的对象没有放任的故意,否则对于目标客体和实际发生的客体都将毫无疑问成立故意犯罪,论以想象竞合。如甲朝乙开枪时预见到非常可能打中乙边上的丙,甲为打死乙不计后果开枪最后打中丙,此时成立故意杀人罪未遂(针对乙)和故意杀人罪既遂(针对丙)的想象竞合。

(四)因果关系错误

因果关系错误,是指行为人对自己行为与结果之间因果发展进程的认识和实际的因果进程不相符合的情形。因果关系错误包括三种情形:

1. 狭义的因果关系错误。指结果的发生不是按照行为人对因果进程的预设来实现的情形。如A以杀人故意捅刺血友病患者B的腹部和胸部多刀,B因流血过多死亡。又如,甲为了让乙被淹死,将乙从高桥推下,结果乙的头部不慎撞上桥墩致死。甲是否成立故意杀人罪既遂?甲将乙推下桥的行为制造了乙的生命风险,这种风险当然会以多种方式被实现,如乙被淹死、乙被撞死等,而这些死亡方式均在一般人的经验认知范围内,当然也是甲能够认识到的,因此,甲原初想象的因果进程对于故意犯罪既遂的归责便不再重要,因果进程有偏差不影响其成立故意杀人既遂。

不难发现,对狭义的因果关系错误的处理,实质上是解决对因果关系的认识要具体化到什么程度的问题。实际上,从行为人实行行为终了的那一刻起,因果进程的发展便已经如"脱缰的野马",不再可能完全按照行为人预想的因果进程进行,更何况,目前一般人对于很多自然因果进程的具体作用的认知仍然处于模糊的状态(如下毒致死的工作机理和行为人想象的毒药作用机理并不一致),因此,我们不可能要求行为人对因果进程的认知达到完全具体、科学的程度,只要行为人制造了法益侵害的风险,并且风险最后也确实实现,同时结果的发生与行为人对于自己行为制造风险的进程想象大体一致时,便成立故意既遂。

2. 结果的推迟发生。又称为事前的故意,指行为人误以为自己的行为已经发生了预期的侵害结果,为达到另一目的,又实施了另一行为,事实上行为人所预期的结果是后一行为所造成。如甲为杀人先实施伤害行为,造成被害人重伤昏迷后,甲误以为被害人已经死亡,将被害人丢入井中,被害人实际死于溺水。再如,甲在寒冬的夜里持刀捅刺乙,其误以为乙已死亡便离开,乙实际未遭受致命伤,实为冻死。此时的甲是否成立故意杀人罪既遂?

对于结果的推迟发生如何处理,存在激烈争议,主要有三种解决思路:其一,整体观察说。该说主张在此情况下,虽然客观上存在先前行为与后续行为之分,但两个行为是密切联系的,后续行为是先前行为的延续;主观上行为人具有概括故意,后一行为仍然为犯罪故意所涵盖,因而视为一个故意犯罪行为较为妥当,甲成立故意杀人罪既遂。但该说承认故意具有涵盖不同行为的效力,完全无视行为的定性,将故意概念绝对抽象化,并不合适。其二,行为各自独立说。认为前后两个行为各自独立,前一行为存在故意,后一行为只有过失。这种观点强调在任何情况下都应该将前后两个行为割裂开考虑,其合理性值得质疑。其三,第一行为危险性说。该说强调,如果第一行为特别危险,后一行为及其结果都是由第一行为直接引发的,从经验生活上观察,行为人所想象的因果进程与实际发生的事件进展之间没有偏离一般预见可能性的范围的,就可以认为结果发生是由行为人的行为(尤其是第一行为)所逻辑地决定的,行为人对因果进程的认识错误无关紧要。因此,甲成立故意杀人罪既遂。

3. 结果的提前实现。又称为犯罪构成的提前实现,是指行为人为实现犯罪目的打算通过前后相继的两个阶段的行为造成危害结果,希望通过第二个行为直接导致结果的发生,但事实上危害结果由前一阶段行为造成。如甲准备使乙吃安眠药熟睡后用铁棍将其打死,但在甲用铁棍打乙之前,乙由于服用安眠药过量而死亡。甲是否成立故意犯罪既遂?一种观点认为甲在实施第一个行为时没有认识到该行为致人死亡,因而不能认定其具有杀人的故意,只能认定为过失致人死亡。如果在实施前一行为时连过失也没有时,只能认定为意外事件。另一种观点认为,如果甲前后两个行为均有致人死亡的危险性,前一行为能够评价为着手实行时,可将两个行为作为整体看待,由于甲的第一行为已经具有导致乙死亡的危险性,甲对此也有认识,所以应认定成立故意犯罪既遂。但是需要注意的是,如果前一行为还不能评价为着手,此时只能将两阶段行为分开评价,如妻子将掺有剧毒物质的饮料放在桌子上准备等丈夫晚上回家后拿给他喝,未料丈夫下午3点便回家自己拿起饮料喝后中毒死亡。由于难以认定妻子前一阶段的行为,即下毒时便成立杀人罪的着手,因此只能认定故意杀人罪预备与过失致人死亡罪的想象竞合。

总之,故意的成立要求行为人认识因果关系,但是这种认识只是大致的认识,而不是具体的认识，不要求认识到细节。只要结果的发生是一般人的生活经验可以预见的，行为人设想的因果进程即便与实际发生的因果进程不一致，也不影响故意既遂的成立。

（五）抽象的事实认识错误

抽象的事实认识错误，是指不同构成要件之间的错误，即行为人试图犯甲罪，但事实上触犯了乙罪。如行为人想杀害他人的狗，却错误地杀害了狗的主人。抽象的事实认识错误包括对象错误和方法错误。而对于如何处理抽象的事实认识错误，则有抽象符合说和法定符合说的对立。

1. 抽象符合说

抽象符合说认为，行为人所认识或者预见的构成事实与实际发生的构成事实不受构成要件的制约，存在抽象的一致时，不论存在具体的行为差别还是罪质轻重，均对行为人所认识或者预见的事实以故意犯罪既遂论处，不存在认识错误。

2. 法定符合说

法定符合说认为，由于认识的事实和发生的事实跨越不同的构成要件，所以原则上两者之间没有构成要件上的符合性，对于所发生的结果不成立故意。目前，法定符合说处于通说地位。根据法定符合说处理案件，有以下两项规则：

第一，通常情况下，行为人对所认识的事实，可以成立故意的未遂犯，对于符合构成要件的事实没有认识的，不能成立故意犯，但可能成立过失犯，以想象竞合犯处理。如：A 故意伤害 B，导致 B 重伤昏迷。B 的仇人 C 经过现场时，以为 B 已经死亡，就肢解 B 的"尸体"。事后查明，B 是因为 C 的肢解行为而死亡。对 C 的行为应如何处理？C 意图侮辱尸体，但由于尸体客观上并不存在，对于 C 所认识的事实，可以成立侮辱尸体罪的未遂犯。实际发生的后果是 B 死亡，但 C 对符合被害人死亡的构成要件的事实没有认识，不能成立故意杀人罪，但可能成立过失致人死亡罪，对 C 应当按照侮辱尸体罪和过失致人死亡罪的想象竞合犯处理。

第二，例外情况是，虽然认识的事实和实际发生的事实跨越不同的构成要件，但在两个构成要件有重合时，在重合的范围内成立故意犯罪。首先，主观出于轻罪的认识而客观实现重罪的场合，原则上成立轻罪的故意犯罪既遂，如行为人盗窃财物，结果被盗的手提包内有一把枪支，此时应当认为行为人主观上只是想盗窃普通财物，客观上虽然盗窃了普通财物及枪支，但是按照主客观相统一的原则，由于行为人没有盗窃枪支的故意，只能对其能够认识的盗窃普通财物部分负责，成立普通盗窃罪既遂。再如，甲以为留在长途汽车座椅上的高档皮包是刚刚下车的乙的遗忘物，于是拿起便提前下车逃走。但是，皮包实际上是到汽车尾部卖票的售票员丙暂时放在座位上的财物。由于甲想犯的是较轻的侵占罪，实际上实施的是重的盗窃行为，因此成立侵占罪既遂。其次，主观出于重罪的认识而客观实施了轻罪的场合，原则上成立重罪的故意犯罪未遂，例如为盗窃枪支（重罪）而实施盗窃行为，但实际上盗窃了普通财物的（轻罪），成立盗窃枪支罪（未遂）。但是，如果重罪的未遂犯处罚轻于轻罪既遂，或是不处罚未遂犯的场合，此时应认定为轻罪既遂。如行为人主观上想要销售假药，但客观上实际销售的是劣药，且对人体健康造成了严重危害。如果认定为销售假药的未遂，处罚就可能轻于销售劣药罪的既遂，而劣药实际上包含了假药，所以此时可认定为销售劣药罪的既遂。

判断两个犯罪的构成要件是否重合时需要考虑以下三点：第一，行为人所认识的 A 罪与实际实施的 B 罪属于法条竞合关系时，两罪之间显然有重合关系。第二，在 A 罪和 B 罪的构成要件明显存在交叉或者包容关系的场合，也存在重合关系。如故意杀人罪和故意伤害罪、抢劫罪和抢夺罪、抢劫罪和盗窃罪、抢劫罪和敲诈勒索罪、诈骗罪和敲诈勒索罪、盗窃罪和侵占罪、非法拘禁罪和绑架罪之间都存在重合关系。第三，构成要件之间因为行为方式的共同性、保护法益上的共同性，而实质上是重合的，如误将核材料当作武器加以走私的，两罪的构成要件就具有实质上的重合性。

第五章

违法性

第一节 违法性的一般理论

所谓违法性，就是指行为不被法律所允许。违法性是犯罪成立的重要条件，对于违法性的判断，是从法律秩序整体的角度出发判断行为是否值得科处刑罚。

一、行为无价值论与结果无价值论

结果无价值论认为违法性的本质是法益侵害或危险，以法益侵害或危险作为违法评价的基准，从行为所引起的结果中去寻找违法性评价的对象。结果无价值论的主要特色在于：（1）重视结果。主张刑法的目的是保护法益，违法性的实质是法益侵害或危险；（2）违法是客观的，违法判断的对象是事后查明的客观事实。

行为无价值论认为，犯罪的本质是通过违反行为规范进而侵害法益的行为，因此，要从包含行为人的主观意思在内的行为中去探求违法评价的目标，而不能仅仅盯住事后出现的结果。行为无价值论意在强调刑法要以积极的姿态参与社会治理，重视对行为的机制、制裁来凸显规范的重要性，进而实现一般预防目的。简单地说，结果无价值事后判断行为是否合法时仅站在事后的立场，看客观上是否有法益侵害的结果或危险，不承认主观的正当化要素（不要求防卫意识等）；而行为无价值在判断行为是否合法时站在事前的立场，不仅看行为是否造成了法益侵害的结果或危险，而且要看行为人主观上是否是出于违反规范的意思，承认主观的正当化要素（要求防卫意识等）。

对于结果无价值论和行为无价值论的差异，结合具体案件就能看得更清楚。例如，甲基于故意毁坏财物的意图砸毁乙家的窗户，未料乙全家因煤气中毒昏迷，甲的行为正好救了乙全家。依结果无价值论，结果好便"一俊遮百丑"，制造好结果的行为便都是好行为，所以甲不构成故意毁坏财物罪。但是，按照行为无价值论，偶然地没有导致坏结果的行为不一定就是好行为；坏行为一般会制造坏结果，但有时碰巧也会制造好结果，对该坏行为刑法就不能无视，因为坏行为可能会起到不良的示范效果。绝大多数（二元）行为无价值论者认为，上例中甲的行为是坏行为，所以成立故意毁坏财物罪，但因其制造了好结果，抵消了结果无价值，所以不成立犯罪既遂，但因行为无价值因而构成故意毁坏财物罪未遂。少部分行为无价值论者认为行为人就是基于故意毁坏财物的意图实施行为，客观上也砸毁了财物，不能因为偶然救助了乙全家便可以抵消造成的财物毁损结果，成立故意毁坏财物罪既遂。可以看出，在判断一个行为是否具有违法性的问题上，结果无价值论和行为无价值论的出发点、思考方向都大不相同。

我国传统刑法理论及司法实务均承认主观的违法要素，偏向于行为无价值论的立场，因为如果逻辑一贯地站在结果无价值论的立场，正当防卫与紧急避险就不需要"防卫意图"与"避险意图"等主观的正当化（违法）要素。

二、违法性与法秩序统一性原理

法秩序统一性原理，一方面是指成立刑事违法以构成民事、行政等违法为前提，即某种行为如果不违反民事、行政法律法规，就不可能具有刑法上的违法性。认定某种行为成立犯罪，必须以民事上构成违约或者侵权、在行政法上违反行政管理法规为前提，不能将民事、行政法上合法的行为，在刑法上作为违法处理，否则便违反了法秩序统一性。这主要是因为刑法是保障法，是"第二次法"，需要动用刑法来定罪处刑，一定是违反其他法律，且其他法律的处理难以和行为的危害性相当，难以达到预防效果的情形。另一方面，构成民事、行政等违法的行为未必一定构成刑事违法。刑法具有谦抑性，只能处罚严重侵害法益的行为，因此并非只要构成民事、行政不法，就一定构成刑事犯罪。

应该说，任何一个直接侵害公民个人权利的行为，都一定是违反民商法规定的行为，因此，这些犯罪不可否认地存在违约、侵权与犯罪的竞合问题。例如，某一种信息或者文件如果从知识产权法的角度看，不包含任何技术秘密和经营上的秘密，就既不是技术信息，也不是经营信息，不是商业秘密的载体，窃取或者披露这一信息的，不可能构成侵犯商业秘密罪。此外，任何一个故意伤害犯罪，都一定是根据侵权责任法要承担赔偿责任的行为，以行为违反侵权责任法为前提；盗窃、抢劫行为，也一定都是侵权行为；任何任何一个合同诈骗行为，都首先是合同法上的违约行为，就此来看，一般学说上经常论述的"合同诈骗与民事违约的界限"这一命题本身就是错误的。只不过由于这些行为对被害人权利的损害过大，运用民商法难以达到一般预防目的，难以弥补被害人的损失，要将民事侵权或违约行为上升为犯罪行为加以惩处。

此外，在商法上允许特定交易行为存在时，刑法上就不可能成立经济犯罪，尤其不能成立破坏市场交易秩序的犯罪。因此，刑法对于犯罪的认定和民商法对侵权行为、违约行为的认定应该具有内在一致性。由此也就自然地推导出：对于某些案件的处理，就必须采用体系解释方法，使得刑法上的定罪结论和民商法上的处理不出现内在矛盾。

法秩序统一性原理与刑法体系解释方法具有内在一致性。体系解释方法的实质是对法秩序统一性原理的承认。按照法秩序统一性原理，通过文义解释所得出的结论，要接受体系解释乃至整体法秩序的检验。体系解释是要将个别的法律观念放到整个法律秩序中去考察规范的内在关联，使得解释符合"无矛盾的要求"。对于某些案件的处理，如果仅仅采用文义解释方法，而不以体系解释去检验文义解释结论，就可能出现将刑法适用变为"望文生义"，把办案子变成"查字典"的不当情形。

第二节　正当防卫

相关法条及司法解释：

《刑法》第 20 条

"两高"、公安部、司法部《关于依法办理家庭暴力犯罪案件的意见》（2015 年 3 月 2 日）第 19 条

最高人民法院刑事指导案例第 93 号：于欢故意伤害案

根据《刑法》第 20 条的规定，正当防卫是指为了国家、公共利益、本人或者他人的人身、财产和其他权利免受正在进行的不法侵害，而对不法侵害人所采取的必要而适度的制止其不法侵害的防卫行为。

一、成立条件

（一）防卫的起因条件

防卫起因是指存在由人所实施的不法侵害，没有不法侵害便谈不上正当防卫。不法，是指行为为法律所不允许。不法侵害，包括违法行为与犯罪行为，即广义的违法行为。侵害的不法性决定了对于一切合法行为不允许进行正当防卫，如对依据法律执行的逮捕行为（即使最后经过调查认定为错捕）、对依法执行公务或者命令的行为、对公民依法扭送在逃人犯的行为，对得被害人承诺的行为、正当防卫、紧急避险以及父母对子女基于亲权而行使的惩戒行为等，都不能进行正当防卫。

不法侵害仅指自然人的侵害，法人自身没有意思能力，其行为谈不上"不法"的问题，法人的行为不能成立不法侵害。如某私营企业偷电，电力公司不能对该私营企业采取正当防卫行为。但是，对于自然人是否达到了民事或刑事责任年龄则不做要求，换句话说，小孩的不法攻击也不法侵害。

不法侵害不仅可以以作为形式实施，同样可以以不作为形式实施。对以不作为方式的侵害行为当然可以实施正当防卫，问题的关键在于不作为是否对于法益造成了紧迫的侵害。如果这种不作为的行为已经形成紧迫的危害，那么就可以进行正当防卫，否则，就不应当进行正当防卫。对于不作为的侵害行为进行防卫，是防卫人用强力迫使侵害人履行其应当履行的作为义务，从而避免危害结果的发生。例如，对于落水者有救助义务者能救助而不救助，其他人可以强迫有救助义务者进行救助；对于不履行扶养义务的遗弃行为，正当防卫是迫使义务人实施履行特定扶养义务的作为。

不法侵害不仅可以由故意构成，同样可以由过失构成。从实定法的角度看，《刑法》第 20 条本身并未将"不法侵害"限定为故意的不法侵害。从理论上看，如果承认违法性的本质是承认主观违法要素的行为无价值，则无论故意抑或过失，都是主观的违法要素，

因而都是不法侵害；而如果承认违法性的本质是结果无价值，则会倾向于认为不法侵害是指客观上具有违法性的侵害，这一点和行为人的主观认识无关，所以基于过失、甚至是无过错的行为，只要客观上给他人造成损害的，也是不法侵害。所以，"基于过失而实施的侵害行为，不是不法侵害"这一表述无论从结果无价值论抑或行为无价值论的角度看，都是错误的。

关于不法侵害，有以下几点需要特别加以注意：

1. 关于对物防卫。在不法的判断中需要考虑主观的违法（正当化）要素，而在确定正当防卫前提的不法侵害时，是否需要确认侵害行为主观上的违法性，一直是存在争议的问题。对于这一点的理解，会影响到理论上对于对物防卫的定性。

结果无价值论从客观违法性论出发，认为不法只是客观的法益侵害，与主观认知无关，因此，判断不法侵害不需要考虑主观要素。由于违法性中只有客观要素，因此，动物的侵害自然也是法益侵害，逻辑上自然推导出对物防卫就应当成立正当防卫。

行为无价值论则认为，不法侵害包含主观要素，只有人的侵害才是不法侵害，由于动物的侵害不可能具有主观意思，自然，"对物防卫"就不可能成立正当防卫，而只能视情况成立紧急避险。

要注意的是，如果动物的攻击侵害行为如果是人唆使的，此时不再是动物的侵害，而是人的侵害，动物只是人实现不法侵害的工具与手段而已，此时是人实施的不法侵害，当然可以进行防卫。所以，"动物被饲主唆使侵害他人的，其侵害属于不法侵害；但动物对人的自发侵害，不是不法侵害"这论述是完全正确的。

2. 幼儿、精神病人的侵害同样属于不法侵害。通说认为，对这两类特殊群体的不法侵害可以进行防卫，但必须严格加以限定。为了保护被侵害者的利益，对作为正当防卫前提的不法侵害来说，就不能要求行为人是有责地进行的侵害（即不要求侵害行为是不法且有责的行为）。只要造成危险的侵犯者的行为是由人的意志所控制的，就是不法侵害。因此，幼儿与精神病人的侵害行为同样是违法行为，他们的行为仅仅缺乏有责性，因而可以对之进行防卫。例如，A 驾驶汽车带精神病人 B 就医途中，B 突然攻击 A，抢夺 A 的方向盘时，就必须承认 A 的正当防卫权；又如，甲偶然和患有精神病的邻居乙同乘电梯上楼，但突然发生的断电事故导致电梯骤停，极其烦躁的乙开始攻击甲，甲当然有权进行正当防卫。在前述两个例子中，精神病人的侵害虽然因其不具备责任能力而不成立犯罪，但是，对其行为在客观上必须给予违法性评价。

对无责任能力者进行的防卫，虽然其正当性被承认，但针对特殊人群的防卫受到很多限制，以尽可能保护这些"侵害者"。只有在迫不得已时，才允许辅助性地采取损害法益的防卫行为。

【真题】甲手持匕首寻找抢劫目标时，突遇精神病人丙持刀袭击。丙追赶甲至一死胡同，甲迫于无奈，与丙搏斗，将其打成重伤。（选自 2008 年卷 2 第 93 题）

解析：尽管甲是预备进行犯罪，但其并未对丙进行不法侵害，反而丙对甲进行了不法攻击，题干明确交代，甲迫于无奈将丙打成重伤，丙的行为属于不法侵害，而甲是在迫不得已的情形下才奋起反击。因而，甲的行为属于正当防卫。

3. 对正在实施违法、犯罪行为者实施侵害的（所谓的"黑吃黑"行为），侵害者的行为仍然具有不法性。如甲运输毒品，乙明知甲实施犯罪行为，认为自己"黑吃黑"，甲也不敢报案，就着手实施暴力，抢劫甲的毒品。如甲反抗，是否成立正当防卫？在本例中是否成立正当防卫，关键看防卫人在当时是否存在事实上需要保护的利益。如果认为刑法不仅保护合法的所有权，而且保护事实上的占有关系，即便是对非法占有的违禁物品，只要原占有者的占有权在法律上得到肯定，侵害者的行为就对财产占有权具有不法侵害性。如果允许"黑吃黑"存在，司法权在将来的行使就会受到影响，社会秩序就会受到破坏。所以，甲对财物的占有关系需要保护。至于国家事后应当依照何种程序追索甲占有的违禁物品，则属于另外的问题。既然甲的占有需要刑法保护，乙的行为当然就是不法侵害行为，甲自然可以对其进行正当防卫。

4. 不法侵害指向利益的特殊性。不法侵害所针对的法益必须是特殊的，一般而言是个人法益。从理论上看，如果不法侵害针对社会或国家法益，除非同时也侵害了个人法益，否则不应当对其进行正当防卫。因为，对侵害公共利益和公共秩序行为的防卫，属于国家机关的任务，如果容许个人进行防卫，则人人会以警察自居，由此会带来更多的不法侵害和混乱。所以，从这个角度看，《刑法》第20条规定在国家利益、社会利益受到侵害时，都可以进行防卫，可能过分扩大了正当防卫制度所保护的法益范围。正当防卫具有私权性、自我保护性，这就决定了正当防卫的法益保护范围只适宜于个人法益。这里的个人法益，包括了自己和他人的生命、健康、自由、财产、名誉、隐私等。

如果侵害国家、社会法益的行为同时危及了个人法益的，公民可以进行正当防卫。例如，对盗窃金融机构的行为，可以正当防卫，因为金融机构中的财产中包含储户的个人财产。反之，与个人法益无关联性的、单纯的国家法益、社会法益不应当属于正当防卫所要保护的范围。公民个人进行这种防卫在道义上可能是正当的，但在法律根据上可能是欠缺的：（1）对国家和社会法益的侵害，是否具有紧迫性，是否非得用防卫的方法来解决是有问题的。（2）国家和社会利益本质上不具有正当防卫中的可防卫性，应当是公民个人防卫权不应或不能涉及的领域。法律、行政法规将对这类侵害行为的防卫权赋予国家或者相应机关，而没有赋予公民个人。（3）国家机关有义务防止侵害国家和社会利益的行为发生，这种国家义务不能转嫁给个人。对侵害国家、社会利益的行为进行追诉、惩罚的权力，本质上是属于国家的垄断性权力，是国家专门机关的专门活动与职权，如果允许公民个人进行防卫，难以有效保护国家、社会和公共利益，还可能引发社会秩序的混乱。据此，任何个人都不能在发现非法经营行为时夺取经营者的财产。

【真题】丙发现邻居刘某（女）正在家中卖淫，即将刘家价值6 000元的防盗门砸坏，阻止其卖淫。（选自2012年卷2第7题，C选项）

解析：刘某的卖淫行为确实属于不法行为，但是这一不法行为并未侵害到某一个人的法益，因此，不得对之进行正当防卫，因此，丙的行为不成立正当防卫。

【真题】丁开枪将正在偷越国（边）境的何某打成重伤。（选自2012年卷2第7题，D选项）

解析：丁的行为同样不能主张正当防卫，毕竟何某偷越国（边）境的行为没有侵害个人法益。

总之，必须对《刑法》第20条规定的作为正当防卫前提的不法侵害利益范围进行限定解释。

5. 假想防卫的定性。只有在不法侵害真实发生的情况下，才存在正当防卫的问题。所谓假想防卫是指客观上并不存在正在进行的不法侵害，但防卫人误以为存在，因而对臆想中的不法侵害人进行防卫反击的情形。例如，A与B正在拍电影，A持道具枪欲朝B开枪，从旁走过的C误以为A真的要枪杀B，便开枪将A击毙。C的行为便属于典型的假想防卫。

实务上，对于假想防卫通常按照事实认识错误的一般原则解决其刑事责任问题：首先，假想防卫不可能构成故意犯罪，因为假想防卫的行为人不具有构成要件故意，其对自己的行为会发生危害社会的后果缺乏认识。其次，在假想防卫的情况下，如果行为人主观上存在过失，应以过失犯罪论处。最后，在假想防卫的情况下，如果行为人主观上没有罪过，其危害结果是由于不能预见的原因引起的，则是意外事件，行为人不负刑事责任。如甲第一次吸毒产生幻觉，误以为伍某在追杀自己，用木棒将伍某打成重伤。此时甲的行为属于典型的假想防卫，但由于甲自身对造成误认存在正当防卫的前提事实存在过失，即由于吸毒会使自己陷于幻觉状态存在过失，因而甲应成立过失致人重伤罪。

在德国，由于承认故意的双重体系定位（既具有构成要件故意，又有责任故意），又因为责任是从不法推导出来，因此具备构成要件故意原则上便具有责任故意，但在假想防卫的场合，便存在了例外：假想防卫人对伤害臆想中的"不法侵害人"具有构成要件故意，但不具备责任故意，亦即假想防卫在罪责层次上影响故意犯的成立，但依情形可能成立过失犯。德国通说最后的处理结论与我国实务的做法基本相同。

（二）防卫的时间条件

正当防卫的时间条件是不法侵害正在进行，即侵害具有现实紧迫性。侵害的现实紧迫性要求侵害应当是现在的侵害，是现实面对的侵害，包括侵害行为已经着手实行、正在进行、尚未完毕等情形。如果对于过去的侵害加以报复，或者唯恐未来受侵害而进行所谓的防卫，则属于事后侵害或者事前侵害行为，都不成立正当防卫。

【真题】制服不法侵害人后，又对其实施加害行为，成立故意犯罪。（选自2009年卷2第3题，A选项）

解析：上述论述是正确的，原因在于在制服不法侵害人之后，不法侵害已经结束，此时对不法侵害人施加加害行为，属于对过去的侵害加以报复，理当成立故意犯罪。

对于提前安装防卫装置的定性需要注意：事前安装防卫装置的行为，比如，为防盗而用碎玻璃扎在围墙上，结果将翻越围墙盗窃的侵害人扎成轻伤的，只要行为没有危害公共安全，就是具有社会相当性的行为。在他人实施入户盗窃等不法侵害时，防卫装置发挥作用的，视为在不法侵害正在进行时防卫人进行防卫，在没有超过防卫限度的场合，行为就具有合法性。事前安装防卫装置和事前防卫并不相同：事前防卫是防卫人主动、积极地针对他所认为的侵害人进行的作为方式的防卫。而安装防卫装置是利用一定工具与手段进行的一种预防侵害的防卫行为。该装置不会主动发生作用，只有在侵害成为现实时才发挥作用。换言之，该装置发挥作用时，不法侵害正在进行。当然，必须注意的是，只有在事前安装的防卫装置危及公共安全时，根据情况才可能成立故意杀人、过失致人死亡或者以危险方法危害公共安全罪，而不能成立正当防卫。

不法侵害的开始，与实行行为的"着手"并非是等同的概念。如按照刑法理论通说，掏枪准备杀人，此时尚不属于故意杀人罪着手，但如果不允许此时防卫，而要等到瞄准或扣动扳机（通说认为的着手），此时被害人或者第三人要防卫显然太晚，已经无法有效保护法益。因此，不法侵害的开始，要实质性地结合法益所面临的危险进行判断，不能以形式上是否"着手"作为标准。所谓不法侵害正在进行，是指犯罪行为已经着手实施，且尚未结束。对于"结束"应理解为只要本人或他人还存在着受暴力犯罪行为侵害的危险，就可以实施正当防卫排除不法威胁。

具有下列情形之一的，不法侵害已经结束：（1）不法侵害行为已经被防卫人制止；（2）不法侵害由于侵害人意志以外的原因不能继续进行下去；（3）不法侵害人由于自身的原因而丧失继续侵害的能力；（4）不法侵害人已经自动中止不法侵害；（5）犯罪行为已经既遂或者实害结果已经发生。

凡是危险已经被实际排除的，就不能再实施正当防卫。如女青年李某上山砍柴时遇到同村的张某，张某顿起淫念，强行奸淫了李某。强奸实施完毕后，张某穿裤子时，李某用柴刀朝张某头部连砍两刀致其重伤，然后急忙逃走。应当认为，张某的强奸行为已经实施完毕，李某遭受性侵害的后果已经不可挽回地形成，实施正当防卫的条件已经丧失，李某的行为属于事后加害行为，而非正当防卫。

但必须提醒注意的是，在财产犯罪的场合，即便其财产犯罪已经既遂，只要侵害者尚未对财物建立稳固的持有关系，应当认为不法侵害仍在继续，被侵害者仍然可以实施正当防卫。也就是说，在不法侵害是财产性违法犯罪的场合，虽然侵害行为已经达到既遂状态，但被害人在现场（包括从现场直接延伸的场所）使用强力还来得及挽回财产损失的，应当视为不法侵害尚未结束，可以正当防卫。即只要财产性违法犯罪的行为人被当场发觉，并及时受到追捕的，在其将非法获取的财物隐藏到他人难以发现的场所之前，不法侵害行为视为一直在持续，财产持有人、所有人或者其他追捕者可以为夺回财物而对不法侵害人进行防卫。如甲叫了一辆出租车，说去某地。当车行至偏僻处时，甲见四周无人便掏出刀子对女司机乙实施抢劫。得手后，甲关掉乙的汽车发动机，拔了车钥匙并威胁乙："不准报警，我下车走一段路后把钥匙丢下，你自己来找。"甲下车后，乙关好车门拿出备用钥匙开动汽车向甲追去。追一段后，乙追上了甲，用车去撞甲且高声呼救。甲被撞倒爬起来再跑，乙又驱车撞甲，最终甲在被闻声而来的群众和警察的围捕下落网。甲被乙撞成轻伤。在本例中，甲对乙实施抢劫，并实际取得了财物，抢劫行为已经既遂。但是，甲还处于逃跑过程中，乙用车撞甲仍然属于在现场为夺回被抢财物而对不法侵害人使用暴力，是维护自身财产权利的合法行为，即使甲被撞成轻伤，也不能追究乙的刑事责任。据此，抢劫犯使用暴力劫取财物，即使抢劫行为已经既遂，但被害人为夺回被抢财物，而当场对抢劫犯使用暴力的，应当根据《刑法》第20条成立正当防卫。所以，"抢劫犯使用暴力取得财物后，对抢劫犯立即进行追击的，由于不法侵害尚未结束，属于合法行为"这一论述是正确的。

（三）防卫的对象条件

防卫的对象条件是指正当防卫只能对不法侵害者本人实施，不能针对与不法侵害无关的第三人。正当防卫是通过对不法侵害人造成一定损害的方法，使本人或他人的合法权益免受正在进行的不法侵害，由此决定了它只能通过对不法侵害人的人身或者财产造成一定损害的方法来实现防卫意图。大多数情况下，防卫针对的对象都是不法侵害人自身，但少数情形下，物也可能成为防卫对象，此时的防卫从形式上看是对物防卫，但本质上仍然是对人的防卫，因为作为防卫对象的物是不法侵害人利用的工具或手段。例如，在狗主人唆使狗攻击他人时，被攻击者将狗打死的行为，便属于对狗主人的正当防卫。

不法侵害者本人始终是防卫行为所直接指向的目标，而不是偶然在现场或者与不法侵害人有关的第三人。防卫第三者的场合，可能成立紧急避险，也可能成立间接故意犯罪或者过失犯罪。在防卫行为造成第三人损害时，需要区别情况：

第一，侵害者利用第三人的物进行攻击的。此时，对于不法侵害人而言，防卫者当然成立正当防卫，对第三人而言防卫者成立紧急避险。由于正当防卫对于法益衡量的要求不如紧急避险严格，所以在正当防卫和紧急避险竞合时，将防卫人的行为视为正当防卫可能更为合理。如不法侵害人 A 基于伤害目的，使唤 B 养的狼狗攻击 C，C 情急之下反击，将 B 的狗砸死。C 的行为属于正当防卫和紧急避险的竞合，因为 B 的财物是 A 实施不法侵害行为的手段，C 反击时砸死 B 的狗，实际上是针对 A 的不法侵害进行防卫，所以成立正当防卫；同时，C 的行为对于没有实施不法侵害的 B 而言，造成了 B 的财产损害，属于 C 在遭受危险时让第三人承受损失，所以对 B 而言，C 成立紧急避险。在违法阻却事由竞合的情况下，将 C 的行为认定为正当防卫更为合适。

第二，防卫者利用第三人的财物实施防卫。对于财物的所有者而言，防卫人的行为属于紧急避险。防卫者的行为合法，赔偿义务由不法侵害人承担。

第三，防卫行为造成无辜第三人损害。防卫行为所产生的结果由第三人承担的场合，如何确定防卫人行为的性质，较为复杂。例如，甲对准乙开枪，乙一边闪躲，一边向甲扔石头，乙扔出的一块石头在空中裂为两半，其中一半砸中路过的丙，导致丙受重伤。对于此一问题，存在紧急避险说、假想防卫说、责任阻却说等解决方案：由于避险意识是紧急避险的成立条件，乙缺乏避险意思，所以紧急避险说不尽合理；由于乙对丙根本没有防卫意思，所以对丙谈不上假想防卫的问题；责任阻却说用超法规的期待可能性作为责任阻却事由，可能会被滥用而影响法安定性，相对而言，将乙的行为解释为正当防卫可能更为合理。

（四）防卫的限度条件

防卫行为应当在必要限度内进行，明显超过一定限度并造成重大损害就是不适当的，属于防卫过当。对正当防卫的必要限度应当着重从以下三个方面进行考察：不法侵害的强度、不法侵害的缓急、不法侵害的权益。[①] 不法侵害的强度，一般指行为的性质与危险性程度、行为对客体所造成的侵害结果的轻重及侵害的手段、工具等因素的统一。不法侵害的强度越大，防卫的强度就可以越大。不法侵害的缓急是指不法侵害的紧迫性程度，不法侵害越紧迫，防卫过当的标准就应当越宽松。不法侵害的法益就是正当防卫所保护的法益，为防卫重大法益而对不法侵害人造成重大损害，可以认定为没有超过必要限度；为保护轻微的法益而侵害重大的法益，即便非此不可，也应当认定超过必要限度。比如对于未

[①]　陈兴良. 规范刑法学. 2 版. 上册. 北京：中国人民大学出版社，2008：147.

带凶器的单个小偷，对于夜间无故侵入住宅的侵害人，用枪杀的方法进行防卫，显然是严重失当的防卫，即明显超过必要限度，造成了重大损害。

需要注意的是，防卫过当本身并非罪名，在实务中遇到防卫过当的情形，仍然必须结合刑法分则的具体罪名定罪量刑。至于防卫过当的主观心态，理论界存在争议：

第一种观点，即我国刑法学通说认为防卫过当的罪过为排除直接故意的任何罪过形态（即包括间接故意、过失）。但实际上，将防卫过当的罪过限定在排除直接故意的罪过形态，存在明显的问题：直接故意与间接故意均是故意，规范上没有理由限定只能由间接故意可以构成防卫过当，而直接故意不构成。

第二种观点认为，防卫过当既可以是过失，也可以由直接故意和间接故意构成。如果行为人对于过当结果有认识并持希望或放任心态，则应认定为相应的故意犯罪。如果对过当结果有认识可能性，但因疏忽大意未能预见或过于自信采取的防卫手段不会造成过当结果，则成立过失犯罪。

第三种观点认为，防卫过当只能构成过失犯罪。因为防卫过当者起先只有正当防卫的意思，防卫的认识不等于故意犯罪的意思，即使后来防卫过当的行为也不能认为是在犯罪故意的支配下实施的。行为人认识到不法侵害正在进行，并有保护法益的意思，而且认识到对不法侵害人造成伤亡是法律允许的，不具有故意犯罪的"明知"，防卫意识与犯罪故意明显不符。

应当说，第二种观点是合适的，像是提前设置电网等防卫装置导致小偷侵入住宅时死亡的，此时属于典型的防卫过当，认定为故意杀人罪是较为合适的。

（五）防卫意思

防卫意思是指防卫人认识到不法侵害正在进行，为了保护国家利益、公共利益、本人或者他人的人身、财产等合法权利而决意制止正在进行的不法侵害的心理状态。如果防卫人根本不知道正在进行的不法侵害的存在，而且主观上并非出于防卫的意思，即使客观上存在正在进行的不法侵害，该行为人缺乏防卫意思的行为也不能成立正当防卫。防卫意思包括两个方面的内容：对于正在进行的不法侵害的认识，即防卫认识；对于制止正在进行不法侵害的决意，即防卫意志。对于主观的正当化要素，是仅有防卫认识即为已足，还是要求既有防卫意识，同时出于防卫意志，才能成立正当防卫，存在争论。争论的实质在于，当行为人认识到存在不法侵害，但是出于报复等目的实施攻击行为，能否成立正当防卫。

对于防卫意思要件是不是成立正当防卫的必备要件，行为无价值论与结果无价值论的对立非常明显。行为无价值论持肯定态度，但结果无价值论持否定态度。我国刑法学通说持肯定态度。从我国《刑法》第20条有关正当防卫的法律规定"为了使……权利免受正在进行的不法侵害，而……"的表述中，也可以推导出从法律上肯定了正当防卫需要防卫意思的结论。

与防卫意思要件有关的争议问题主要包括以下三个：

1. 偶然防卫

偶然防卫，是指行为人故意或过失实施某种犯罪时，该犯罪行为偶然地符合了正当防卫的客观前提条件的情形。即行为人非基于防卫意思而实施的故意或过失不法行为，客观上起到了"正当防卫"的效果。例如，在多个共犯相约故意驾车出去"碰瓷"，再敲诈对方财物的案例中，如果共犯人之一的甲在"碰瓷"过程中，因为操作失误将自己一方的汽车撞坏甚至将人员撞死，而真正的被害人由此躲过一劫的，甲能否因为客观上"救助"了真正的被害人而成立正当防卫？刑法学立场不同，会导出不同的处理结论。

结果无价值论认为，违法性的实质在于客观上对法益的侵害，客观上没有法益侵害的行为便不具有违法性，即使行为人内心再恶，刑法也不处罚不会造成法益侵害的行为，因此，不承认主观的正当化要素，相应地，正当防卫的成立也不要求防卫者必须具有防卫意思，由此得出偶然防卫不成立犯罪的结论。

行为无价值论认为，防卫意思是主观的正当化要素。在偶然防卫杀人的场合，虽然"防卫人"杀死的也是一个罪犯，该结果法律并不反对，可以认定其不具有故意杀人罪既遂的结果无价值，但有未遂的结果无价值；如果同时考虑到"防卫人"有未遂的行为无价值（行为人具有违反法规范的敌对意思），在结果无价值与行为无价值同时存在的场合，不能阻却违法。因此，在偶然防卫的场合，起码成立相应犯罪的未遂，无论如何不可能不成立犯罪。

对于上述争议所带来的处理结论上的不同，通过 2011 年卷二的一道真题可以清晰地呈现：

【真题】 乙基于强奸故意正在对妇女实施暴力，甲出于义愤对乙进行攻击，客观上阻止了乙的强奸行为。（选自 2011 年卷 2 第 7 题）

解析： 在上例中，如果认为正当防卫不需要有防卫认识（结果无价值论的立场），则甲故意侵害乙的行为客观上保护了正在被不法侵害的妇女，起到了防卫的效果，成立正当防卫；如果认为成立正当防卫需要防卫认识，但不需要防卫意思，甲认识到了乙正在不法攻击他人，具备防卫意思，但甲是出于义愤而非防卫的意思（目的）攻击乙，同样满足了正当防卫的主客观要件，甲成立正当防卫；如果认为正当防卫需要防卫意思，即要求防卫人具有保护合法权益的意图，则甲本身是出于义愤，很难认定其具有防卫意思，则甲不成立正当防卫；如果认为正当防卫的主观的正当化要素既要求防卫认识，也需要防卫意思，则甲的行为同样由于不具备防卫意思条件，不成立正当防卫。

2. 防卫挑拨

防卫挑拨，是指行为人为了加害对方而故意挑逗他人为一定的不法侵害或攻击，然后在正当防卫的借口下以防卫行为加害他人的情形。防卫挑拨通常不能成立正当防卫：防卫挑拨中的防卫行为尽管表面上具有防卫的形式，但其实质是进行真正的不法侵害，其行为并非出于防卫意思，因此，不能成立正当防卫。例外的情形是，如果挑拨行为人以可能给对方造成轻微损害的方式进行挑拨，但对方反应过于激烈，在挑拨人的生命、健康权利受到严重威胁时，仍然可以认为防卫挑拨人具有正当防卫权。

3. 相互斗殴

相互斗殴是指双方参与人各自出于向对方施加不法侵害的故意而相互侵害对方的情形。在相互斗殴的场合，原则上不能成立正当防卫。其理由为：其一，行为人都有妨害社会管理秩序、加害对方的意思，并且客观上实施了侵害对方的行为，双方缺乏防卫意思。其二，从人身法益的角度看，因为存在被殴打者的"被害人"承诺，一方的行为不具有侵害对方人身法益的违法性，缺乏正当防卫的前提条件。其三，从社会法益的角度看，双方的行为都是不法行为，而非制止不法侵害的防卫行为。当然，相互斗殴的一方已经停止斗殴，或者因明显处于劣势而逃跑、求饶，对方仍然继续进行暴力程度很高的攻击时，先行停止斗殴或者处于劣势的一方进行反击的，可能成立正当防卫。

【真题】 甲乙两家有仇。某晚，两拨人在歌厅发生斗殴，甲、乙恰巧在场并各属一方。打斗中乙持刀砍伤甲小臂，甲用木棒击中乙头部，致乙死亡。（选自2010年卷2第7题）

解析： 由于甲、乙双方的相互斗殴行为不存在攻击烈度的强烈对比，因此，甲的行为不成立正当防卫，而应认定为故意杀人。

正当防卫的要件	内容要求
防卫的起因条件	人所实施的不法侵害
防卫的时间条件	不法侵害必须正在进行（现实紧迫性）
防卫的对象条件	针对不法侵害人本人
防卫的限度条件	防卫不得超过必要限度
防卫的主观条件	防卫认识＋防卫意志（有争议）

二、特殊防卫

根据《刑法》第20条第3款的规定，对正在进行行凶、杀人、抢劫、强奸、绑架以及其他严重危及人身安全的暴力犯罪，采取防卫行为，造成不法侵害人伤亡的，不属于防卫过当，不负刑事责任。这是刑法关于特殊防卫权（无过当防卫）的规定，该规定的合理性表现在其考虑了利益均衡的法律原则。

特殊防卫成立的前提条件被限定为行凶、杀人、抢劫、强奸、绑架以及其他严重危及人身安全的暴力犯罪。在不是严重危及人身权的暴力犯罪场合，防卫人可以选择非致命的暴力防卫措施，没有必要造成不法侵害人伤亡的后果。只有在严重危及人身安全的暴力犯罪发生时，由于不法侵害人处于主动、有利的地位，防卫人在仓促、紧张的状态下，往往才明确允许免除防卫人对不法暴力侵害人造成伤亡后果的刑事责任。

1. 行凶的含义

行凶，并非一个具体的罪名，而是一种犯罪手段。大体上可以认为，行凶必须是严重危及人身安全的暴力犯罪手段，因此，诸如严重危及不特定公民人身安全的放火、爆炸、破坏交通工具等，都具有相当程度的暴力性，可以被认定为行凶。另外，需要注意的是，行凶不限于使用凶器，行为人未使用任何凶器仍然可能进行严重危及人身安全的暴力犯罪。例如武功高强的人赤手空拳攻击别人，同样可以造成他人严重的伤害，当然属于行凶。对于行凶的认定，可总结如下：行为人以暴力形式实施了不法侵害行为，至于是否使用凶器在所不问；不法暴力行为严重危及他人的生命、健康，可能造成他人重伤或死亡的结果。

2. "杀人、抢劫、强奸、绑架"的含义

这里的杀人、抢劫、强奸、绑架，既可以指具体的罪名，也可以指四种形式的犯罪手段。例如，对于抢劫犯罪，不应狭义理解为仅指侵犯财产罪中的抢劫罪，还可以包括《刑法》第127条第2款规定的抢劫枪支、弹药、爆炸物罪，这种抢劫行为侵犯的法益中同样包含了人身权利、使用的手段同样也是暴力，其危害性通常大于财产犯罪中的抢劫罪。如果允许对普通抢劫罪实施特殊防卫行为，就没有理由不允许对危害更为严重的抢劫枪支、弹药、爆炸物罪实施特殊防卫。强奸犯罪，包括拐卖妇女过程中奸淫被拐卖的妇女的行为，类似行为虽然不单独构成强奸罪，但是属于以强奸的手段侵害被害人性自由权利的行为，当然可以实施特殊防卫。再如绑架犯罪，可以包括以出卖为目的，使用暴力、胁迫或者麻醉方法绑架妇女、儿童的行为，虽然应当认定为拐卖、妇女儿童罪，但从犯罪手段上看，是以绑架方法实施的，应当允许进行特殊防卫。

此外，杀人、抢劫等都包括转化犯的情形。例如，根据《刑法》第 238 条第 2 款的规定，使用暴力非法拘禁，致人死亡的，应当依照故意杀人罪定罪处罚。又如，《刑法》第 269 条规定，犯盗窃、诈骗、抢夺罪，为窝藏赃物、抗拒抓捕或者毁灭罪证而当场使用暴力或者以暴力相威胁的，应当依照抢劫罪定罪处罚。《刑法》第 267 条第 2 款规定，携带凶器抢夺的，以抢劫罪论处。但是，如果行为人只是为实施其他犯罪而携带凶器，却并未使用该凶器，更未对被害人使用暴力，不属于可行使特殊防卫权的抢劫罪范围。需要注意的是，在抢劫已经既遂但行为人尚未离开现场、未对财物建立完全稳固的持有状态时，可以对抢劫者行使普通正当防卫权，但不可以进行特殊防卫。毕竟抢劫已经得逞，抢劫行为本身对于人身安全的威胁已经不再紧迫，因此防卫人为挽回自己的财产损失而进行防卫，导致不法侵害人死亡或重伤的，仍然要负防卫过当的刑事责任。

对于强奸罪，只有不法侵害人使用暴力强奸的，防卫人才能使用特殊防卫权，对于非暴力的强奸（例如利用权势胁迫被害人实施的强奸、冒充被害人丈夫的强奸、以治病为名实施的强奸等），原则上不允许实施特殊防卫。

总之，对杀人、强奸、抢劫、绑架这四种罪名或行为，必须使用达到严重程度的暴力时，才能行使特殊防卫权，而非只要性质上属于这四种罪名或行为，就可以行使特殊防卫权。因为杀人、强奸、抢劫、绑架等可以由非暴力手段实施。例如，杀人罪就可以是由非暴力手段的投毒、精神刺激等作为或不尽扶养义务等不作为实施，如果允许对这类故意杀人行为行使特殊防卫权，缺乏防卫紧迫性与合理性。如对于不喂养婴儿的母亲，不允许进行无过当防卫。另外，绑架与抢劫罪也可以由非暴力的猥亵、麻醉手段实施，或由程度轻微的暴力手段实施，对特殊防卫权的行使也应当予以限制。

3. 对"其他严重危及人身安全的暴力犯罪"的理解

一般认为，对"其他严重危及人身安全的暴力犯罪"不宜作扩张解释。刑法作如此规定，主要考虑立法者不可能通过列举的方式穷尽所有的严重危及人身安全的犯罪，所以采用"列举式"与"概括式"并用的立法模式，有利于审判实践根据立法精神，判断特殊防卫权的行使是否妥当。

暴力犯罪，是指采用武力手段对被害人进行威胁、恫吓、殴打、捆绑，以造成被害人精神恐惧及人身危险，从而达到犯罪目的的行为。暴力行为具有很强的破坏力，在运用上具有突然性、猛烈性、攻击性，对人的心理能够瞬间产生强制性并可能最终导致被害人的生命丧失、健康受损。从外观上看，暴力的表现形式多种多样，如刀砍、棒打、捆绑、爆炸、放火等。可以从以下几个方面确定暴力犯罪的程度：

一是结合实行行为考虑。根据具体罪名确定暴力犯罪的程度，例如，劫夺被押解人员罪、暴动越狱罪、聚众持械劫狱罪等，从其罪名上即可确定其暴力犯罪可能达到严重危及人身安全的程度，因而对这类犯罪应当允许进行特殊防卫。

二是结合行为的危险性考虑。根据具体案件中是否足以造成"严重危及人身安全"的危险来确定暴力犯罪的程度。如聚众斗殴、非法拘禁，一般情况下不具有严重危及人身安全的可能，但是使用暴力足以致人伤残、死亡时，则属于严重的暴力犯罪，可以对其实行特殊防卫。

三是结合犯罪的法定刑幅度考虑。在刑法分则中，虽然有些犯罪是以暴力手段实施的，但由于暴力程度较轻，法定刑较低的（3 年以下有期徒刑），在任何时候都不能对其进行特殊防卫。侮辱罪、破坏选举罪、暴力干涉婚姻自由罪、妨害公务罪等，都属于这类犯罪。

在不法侵害明显只针对财物，而未危及人身安全时，不能行使特殊防卫权。如出租车司机甲在被伪装成乘客的歹徒乙以刀威逼索要财物时，迅速将车停下并奋力反抗，两人滚出车外。司机甲将刀夺过并将歹徒扎伤，乙见势不妙，抽身上车准备开车逃跑。甲追上前，一刀将乙扎死。甲的行为是否构成行使特殊防卫权？如对本案，不能依据《刑法》第 20 条第 3 款认为甲无罪。甲在遭受抢劫与乙打斗过程中，生命权利受到严重威胁，可以行使特殊防卫权。但是，在乙针对防卫人甲的人身实施的暴力侵害已经结束，试图抢劫其汽车逃跑时，只是防卫人的财产安全受到暴力侵害，特殊防卫的前提已经丧失，甲应成立防卫过当。

第三节　紧急避险

相关法条及司法解释：
《刑法》第 21 条

紧急避险，是指为了保护较大的合法利益，而不得已牺牲较小利益的情形。通说认为，紧急避险阻却违法性的根据在于法益衡量说，即在价值较高的法益遭受紧急危难与危险状态时，为了保全法益，在紧急情形下牺牲其他较小法益以保全价值较高的法益。

正当防卫与紧急避险在很多方面存在差别，其中最大的不同在于：紧急避险需要在严格的法益衡量之后才能正当化，避险行为导致他人死亡的，原则上该行为不能正当化。正当防卫原则上不需要进行法益衡量，在紧急情况下，允许使用比不法侵害稍大的武力进行防卫，防卫行为导致不法侵害人死亡的，有时也不影响防卫的正当性。

一、紧急避险的成立条件

1. 避险的起因条件

存在危险，是紧急避险的起因条件。危险，是指自己或他人的生命、健康、自由、财产等法益受到侵害或处于有侵害的危险状态。危险的来源包括：自然灾害、动物攻击、人所实施的侵害行为（但直接针对不法侵害者本人实施的反击行为，则应直接援引正当防卫规定）。

对于他人的合法行为，因无危险可言，所以不能主张紧急避险以保护其利益。如警察依法逮捕犯罪嫌疑人，犯罪嫌疑人就无刑法上的危险可言，当然就不能主张紧急避险。

根据《刑法》第 21 条的规定，避险行为所保护的利益并没有限制，只要是法律所承认和保护的利益便可以，理论上包括各种个人或整体法益，只要在避险行为的当时有保护的必要性，都不排除实施紧急避险的可能。

2. 避险的时间条件

危险处于紧急状态，是避险的时间条件。紧急，是指危险正在发生而又没有结束的状态。危险正在发生是指危险已经出现并对一定的法益形成现实的迫在眉睫的威胁。危险尚未结束是指危险继续威胁着一定的法益，甚至会对相关法益造成更大的损害的情形。无论哪种情形，此时行为人如果不立即采取避险措施，就可能丧失救助法益的机会而无法阻止损害的发生或造成更大的损害后果。所以紧急避险中危险的现实性与正当防卫中侵害的现实性是不同的。在紧急避险的情形下，如果危险并不会马上发生，但有发生危险的可能性，那么紧急避险的危险现实性仍然是成立的。

3. 避险的对象条件

紧急避险时采取损害一种法益的方法保全另一种法益，并且它所损害的是第三者的法益。由此，在危险来自人的违法行为时，避险对象是第三者的身体健康或者财物。

紧急避险是为保全某种合法权益而损害另外的合法权益，所以是一种"正对正"的关系，这和正当防卫明显不同：正当防卫是一种"正对不正"的关系，防卫人所针对的是不法的侵害。

【真题】甲遭乙追杀，情急之下夺过丙的摩托车骑上就跑，丙被摔骨折。乙开车继续追杀，甲为逃命飞身跳下疾驶的摩托车奔入树林，丙一万元的摩托车被毁。甲的行为性质属于正当防卫还是紧急避险？（选自 2009 年卷 2 第 4 题）

解析：在本例中，甲的生命处于急迫的危险状态，甲在紧急情况下抢了丙的摩托车，并导致丙被摔骨折，属于为了降低或消灭自己身上的风险而针对第三人进行避险，即为了保护自己的生命法益而牺牲他人的财产与健康法益，甲的行为成立紧急避险。

4. 避险的限度条件

避险的限度条件是"不得已"损害较小法益来保全较大法益。"不得已"意味着避险成为唯一的手段与方法时才能允许，才能构成正当化事由。倘若还有报案、寻求第三人的帮助、逃跑等其他可行的方法足以避免危险，就不是不得已，不能成立紧急避险。

《刑法》第 21 条第 2 款规定，紧急避险超过必要限度造成不应有的损害的，应当负刑事责任。在衡量紧急避险是否超过必要限度时应当考虑：(1) 在一般情况下，凡是紧急避险行为所造成的损害小于或者等于所避免的损害的，就是没有超过必要限度的行为。就利益大小的比较而言，一般来说，人身权利大于财产权利。在人身权中，生命权大于健康权，健康权大于自由权以及其他权利。在财产权中，以财产价值的大小作为衡量的标准。但是，为了避免轻微的身体伤害而毁损他人的特别贵重的财产，是不是超过限度，还是一个有争议的问题。(2) 牺牲他人的生命来保全自己生命的，通说认为不符合避险的限度条件。因为任何个体的生命都具有最高价值，在任何情形下都不能作为达到他人目的的手段，理所当然地也不能成为维持他人生命的手段。

当然，牺牲他人、保全自己的行为不能成立阻却违法的紧急避险，并不能直接就得出行为成立犯罪的结论。行为人在特别紧急的情况下，选择牺牲他人利益以保全自己或第三人的法益，也可能是人性的正常表现，毕竟，法律不强人所难，基于避险当时的特殊情境下人所处的动机压力，因此还是有可能通过期待可能性理论的管道认定行为人的行为阻却或减轻罪责。

5. 避险的意思条件

避险的意图在于使国家利益、公共利益、本人或者他人的人身、财产和其他权利免受正在发生的危险。行为无价值论和结果无价值论对于避险意思是否需要，存在激烈争论。行为无价值论认为与行为相伴的恶的动机是刑法评价的重要素材，在没有避险意思、只有犯罪意思的场合，行为并不具有合法性，因此，赞成避险意思必要说，从而否认偶然避险以及自招风险情况下的避险正当化。结果无价值论肯定法益的重要性，即使没有避险意思，但客观上有助于保护法益的行为，不具有违法性，因此，赞成避险意思不要说，认为偶然避险可以成立紧急避险，自招风险在特殊情况下也可以成立紧急避险。如：甲意图盗窃，砸坏了乙的汽车玻璃，却救出了被乙误锁在车内、濒于窒息的乙的 3 岁儿子。甲的行为是否成立紧急避险？在上例中，行为无价值论认为甲没有避险意思，不能成立紧急避险，而应当成立故意毁坏财物罪；结果无价值论则认为，甲的行为客观上保护了法益，无论其有无避险意思，都应当成立紧急避险。从我国《刑法》第 21 条有关紧急避险的法律规定"为了使……权利免受正在发生的危险"的表述中，可以推导出从法律上肯定了紧急避险中避险意思的结论。此外，如果按照正当防卫中有关防卫意思的具体内容的争论，避险意思同样存在仅须认识到避险的紧急情况（避险认识），还是必须同时具备避险者主观上是为了避险的意志目的（避险目的）的争议。一般认为，对于避险意思，只需要行为人认识到法益处于紧急危险的状态即为已足，换句话说，避险意思仅需要满足避险认识即可。

6. 避险主体的特别限制条件

《刑法》第 21 条第 3 款规定，刑法关于避免本人危险的规定，不适用于职务上、业务上负有特定责任的人。这是因为法律对负有特定义务的人有特别要求，国家对其有特别的期待，在发生危险时，如果自己先行避险，国家的期待就会落空，当然不允许其为了避免本人的危险而进行相关的避险行为以逃避法定的义务。

紧急避险的要件	内容要求
避险的起因条件	存在危险
避险的时间条件	危险处于紧急状态
避险的对象条件	针对无辜第三人
避险的限度条件	"不得已"损害较小法益保全较大法益
避险的主观条件	避险意识＋避险意志（有争议）

二、避险过当及其刑事责任

按照《刑法》第 21 条第 2 款的规定，避险过当应当承担刑事责任，但是应当减轻或者免除处罚。避险过当，是指避险超过必要限度造成不应有的损害的行为。避险过当必须具备以下条件：行为必须具有避险的性质；必须是避险超过必要限度，造成不应有的损害；行为人在主观上对过当的避险行为有罪过。对避险过当是减轻处罚还是免除处罚，应当综合考虑所保全的法益与牺牲法益的价值大小、避险过当的程度、罪过形式、危险大小等诸多因素加以确定。

第四节　被害人承诺与推定的被害人承诺

一、被害人承诺

被害人承诺，是指被害人出于自愿允许他人对自己可以处分的法益加以侵害的行为。被害人承诺阻却违法性的法理依据在于：法律尊重个人对某些法益的自我决定权，在承诺人本人对其自身的法益可以自由处分的情况下，如果其本人实施一定的处分法益行为不构成犯罪，那么，在行为人获得承诺人真实承诺的情形下而为的侵害行为，当然也不构成犯罪。得到被害人承诺的侵害行为，并不排除构成要件符合性，而是排除行为的违法性。由于刑法未将被害人承诺作为法定的排除犯罪事由，因此，被害人承诺属于超法规的违法阻却事由。成立有效的被害人承诺，必须具备以下要件：

1. 法益具有可处分性

被害人能够处分的，必须是法律允许其处分的个人法益。对于国家和社会法益，个人无权进行处分，因此承诺无效。但是，对于国家和社会法益，尽管被害人的承诺不能阻却违法，但行为人也可能因为被害人的承诺而只构成较轻的罪名。例如，《刑法》第234条之一规定的组织出卖人体器官罪中的构成要件行为是以得到他人的承诺为前提的。因为组织出卖人体器官行为可能危及被害人生命，所以他人的承诺无效，不能阻却行为的违法性。但毕竟存在被害人承诺情节，而不是行为人使用暴力手段伤害他人，因此，不构成故意伤害罪。

具有个人处分可能性的法益主要是属于被害人自己的财产法益、人身法益等。但是，对于生命与健康法益的处分却又有相应的限制：得到被害人承诺的轻伤行为，可以阻却违法性；得到被害人承诺的重伤或者杀害行为的违法性难以被阻却。因为生命与重大健康等法益，虽然专属于个人，但同时也涉及社会公共利益，生命与重大健康法益一旦被侵害，个体生命可能从社会中消失，或由于侵害而导致身体严重残疾，会造成社会的不安，增加被害人的家庭负担与不幸。所以刑法虽然不禁止法益主体的自我处分，但禁止他人在得到被害人承诺后实施杀人或者重伤行为。

【真题】李某同意丁砍掉自己的一个小手指，而丁却砍掉了李某的大拇指。（选自2008年卷2第5题，D选项）

解析：按照我国刑法学界通说的观点，对于生命与重大健康等法益，个人是无权作出承诺的。对于重伤害的承诺之所以无效，很重要的一个原因在于重伤害非常可能危及承诺者的生命安全，所以对生命采绝对保护主义。李某同意丁砍掉自己的小手指，但丁砍掉了大拇指，大拇指被砍基本均属于重伤害，而重伤害的承诺当然无效，另外丁并未严格遵照承诺者的真实承诺意思行事。因此，丁的行为不能阻却违法性，成立故意伤害罪。

【真题】黑社会成员因违反帮规，在其同意之下，被截掉一截小指头。（选自 2012 年卷 2 第 16 题，D 选项）

解析：在本例中，由于截掉一截小指头，按照《人体损伤程度鉴定标准》，属于轻伤害，而对于轻伤害的承诺应当是有效的。因此，截掉一截小指头的，行为人不成立故意伤害罪。

2. 承诺通常由法益持有者本人作出

承诺不是由法益持有者本人作出时，该承诺通常无效。但在法益并非重大财产权时，法益持有者的监护人的承诺通常有效；在承诺行为不会严重损害法益持有者（例如法人团体）的利益时，其法定代理人的承诺行为有效。在涉及专属个人的身体法益的场合，一般来说，代替法益拥有者所作的承诺都无效。

【真题】儿童赵某生活在贫困家庭，甲征得赵某父母的同意，将赵某卖至富贵人家。甲的行为得到了赵某父母的有效承诺，并有利于儿童的成长，故不构成拐卖儿童罪。（选自 2008 年卷 2 第 5 题，A 选项）

【真题】孙某为戒掉网瘾，让其妻子丙将其反锁在没有电脑的房间一星期。孙某对放弃自己人身自由的承诺是无效的，丙的行为依然成立非法拘禁罪。（选自 2008 年卷 2 第 5 题，C 选项）

解析：上述两个选项都是错误的。由于拐卖儿童罪侵犯的是儿童的人身自由，而人身自由属于典型的人身专属法益，他人不得代为承诺与处分，因此，即便父母也无权处分子女的人身自由法益，所以甲的行为仍然成立拐卖儿童罪。而对于成年人来说，人身自由是其可以处分的法益，基于自由意志处分自己人身自由的行为当然是有效的承诺，因此，丙的行为不成立非法拘禁罪。

3. 承诺者必须有承诺能力

承诺者必须具有一定的辨认、控制能力，对承诺事项的内容、范围、结果乃至最终意义有相应的理解能力与意思能力。所以，不能理解承诺事项的意义、价值与结果的年幼者和精神病人所作的承诺无效。在某些情况下，对于缺乏承诺能力者，可以由其监护人作出承诺，例如，家长有权对医生出于医疗目的伤害未成年子女的行为作出承诺。

4. 承诺必须真实、明确

承诺必须出于承诺人的自由意思。因为被欺骗、被胁迫所作的承诺无效；对承诺事项的意义、内容、范围与结果等产生错误认识时而为的承诺也应无效。当然，在特殊情况下，承诺存在较小的瑕疵时，可以认定承诺有效。例如，在医生并未告知病人有关疾病的全部情况时，如果病人的承诺并不涉及对自己重大权益的放弃，其承诺可以认为有效。此外，还必须明确，不完全确定的承诺，由于其违反了承诺明确性的要求，应当认定无效。承诺的明确性不仅关涉承诺的意愿，也和承诺事项本身的性质、内容、范围与结果有关。

与承诺真实、明确有关联的复杂问题是：在死亡并非出于被害人自愿，即欺骗他人使之作出承诺并自杀的案件中，是否一律成立故意杀人罪。换言之，在被害人对于死亡结果存在清楚认知，但却对自杀身亡的目的、意义有错误认识时（被害人动机错误），是否仍然成立自杀？对此，应当考察在具体个案中，被害人动机错误的大小，是否足以构成重大意思瑕疵，来确定被害人承诺的效力。在可以假定没有该错误，被害人就不会选择自杀时，就应当认为该动机错误损害了被害人的自主决定权，其自杀承诺无效。也就是说，如果被害人没有充分的认知与判断能力，并且其意思表示有重大瑕疵时，不能认定其自愿选择了死亡。如甲因另有所爱而企图杀害极为依恋自己的女朋友乙，于是谎称父母反对自己与乙交往，进而与乙相约一起服毒自杀。在乙服下致死的毒药之后，甲并未兑现自杀承诺。对于本例，应当认为，如果自杀者没有动机错误就不会决定放弃法益，不会选择自杀，该动机错误损害了被害人的自主决定权，该死亡就应该由欺骗者负责。在本案中，由于甲和乙共同赴死是乙决定自杀的本质要素，如果没有甲的伪装，乙就不会形成和强化自杀的意思，乙的自杀意图不是出于其自愿的真实意思，是在上当受骗之后实施的荒唐举止，该承诺无效，故乙不成立自杀，谎称共同自杀的行为人甲利用没有自杀意思的被害人乙的行为造成了死亡结果，因而构成故意杀人罪。

但是，对于欺骗他人自杀的情形，并不能一律定故意杀人罪。此时，分析被害人是否有动机错误，实际上也就是在考虑欺骗行为对于被害人作出自杀决定所起的作用大小。如果被害人决心自杀，只求速死，行为人为让其快死，而假装一同自杀，被害人由此自杀身亡的，行为人无罪，因为即便存在欺骗，被害人有一定认识错误，但是该错误是在被害人已经有死亡的自主决定权之后才产生的，行为人对被害人作出自杀决定的影响力较小。

5. 承诺必须在事前作出

有效的承诺必须在行为开始前或者行为当时作出。由于承诺的本质是承诺者对法益的自我决定权的行使，因此，承诺可以撤回。如果行为人违背承诺者已经改变的意愿，继续实施该行为，则这种行为不能阻却行为的违法性。事后的承诺，由于在行为的当时完全没有体现法益持有者对法益的自主决定权，因而事后承诺在刑法上当然无效。

6. 承诺为行为人了解（主观的正当化要素）

承诺必须由被害人根据其自由意思通过明示或暗示方式表达出来；同时，承诺必须传达给行为人，行为人由此清楚地认识到被害人作出了承诺，自己可以按照被害人的承诺行事。

行为人对于被害人承诺有认识错误的，应当分别情况进行处理：一方面，如果被害人并未作出承诺，但行为人误以为被害人已经承诺，误以为自己的行为具有正当性的，便会阻却犯罪故意的成立，但可能成立过失犯罪。如果根据当时的具体情况行为人难以预见的，则属于意外事件。例如，误以为被害人允许行为人重伤其身体而实施伤害行为，可以成立过失重伤罪。另一方面，如果被害人已经作出承诺，但行为人误以为被害人并未承诺，即行为人未意识到被害人承诺的，属于符合阻却违法性的客观要素但缺乏主观要素的情形，应以故意犯罪未遂处理。

另外，需要提醒的是，行为人必须严格按照承诺者的承诺意思行事，否则不能阻却违法。

被害人承诺的要件	内容要求
承诺的法益具有可处分性	必须是法益持有者有权处分的法益（生命、重伤以及集体法益都不可处分）
承诺由法益持有人本人作出	非本人作出的承诺原则上无效
承诺者必须有承诺能力	能够理解放弃的法益的范围、结果和意义
承诺必须真实、明确	出于承诺人的真实自由意思
承诺必须事前作出	事后承诺无效
承诺为行为人了解	行为人主观上认识到存在被害人承诺而行为

二、推定的被害人承诺

推定的被害人承诺，是指事先没有得到被害人的现实承诺，但为了被害人的利益而实施的某种行为，推定被害人如果知道事实真相后，应该会作出同意的情形。

成立推定的被害人承诺，必须符合下列基本要件才能作为正当化事由：（1）被害人没有现实的承诺；（2）待处理的事项具有紧迫性；（3）推定被害人知道实情后会同意；（4）行为必须是为了被害人利益；（5）行为所指向的法益必须是被害人有权处分的法益。

另外，推定被害人事后会同意，不以被害人的实际意思为标准，而是以客观的处于同一情状下的第三人是否会同意为标准，即对于在现实上无法获得被害人同意的推定的被害人承诺，应当考虑假设存在一个深思熟虑的第三人，是否会同意该行为。

【真题】在钱某家发生火灾之际，乙独自闯入钱某的住宅搬出贵重物品。由于乙的行为事后并未得到钱某的认可，故应当成立非法侵入住宅罪。（选自2008年卷2第5题，B选项）

解析：上述表述是错误的。乙在钱某的财产法益遭受急迫的危险时，为了钱某的利益而闯入钱某的住宅，即便事后钱某不同意乙的救助行为，仍然可以以推定的被害人承诺为理由认定乙的行为不成立非法侵入住宅罪。

第五节　执行职务行为

一、执行职务行为的概念

执行职务行为，是指从事公务的人员按照法秩序统一性的要求，在职务权限范围内所实施的行为。

执行职务行为和妨害公务罪是一个问题的两个方面：只要公务人员的职务行为不合法，对方就可以正当防卫或者紧急避险；如果公务执行行为是合法的，相对方只能选择忍受，不得以正当防卫或考紧急避险为由进行反击，否则，就可能构成妨害公务罪。

二、执行职务行为的分类

执行职务的行为可以分为依法律的行为与依上级命令的行为。

1. 依法律的行为

行为人依据法律的明确规定从事公务活动，行为的违法性不存在。例如，依法逮捕犯罪嫌疑人不构成非法拘禁罪，依法执行死刑不是故意杀人。依法律的行为，如果要构成正当化事由，必须具备如下要件：行为人有法律赋予的权限，有从事公务活动的身份与资格；行为人主观上有正当行使权力的意思；行为人客观上应当遵守法律规定，并不得滥用权力。超越法律权限或违反法定程序的行为，不得被认为是依据法律的行为。

2. 依上级命令的行为

上级机关命令下属的公务员从事一定的职务行为，下级公务员有服从的义务，即便下属公务员的行为侵害法益，仍然可以构成正当化事由。

依据上级命令的职务行为，其成立正当化事由必须具备如下要件：

其一，客观条件。发布命令的必须是上级从事公务的人；执行命令的行为人必须具有从事公务的身份；命令必须是上下级公务人员职务范围内的行为，超出职务范围的事务不能作为职务上的行为；上级的命令必须具备法定的形式与程序。欠缺形式合理性与程序正当性的命令，下级从事公务的人员据以执行的，不是依上级命令的职务行为，不能构成正当化事由。

其二，主观条件。下级公务人员不明知命令为违法；下级公务人员有执行职务的意思，而没有逾越命令范围的故意。

值得研究的是主观条件中，下级公务人员必须不明知命令为违法。下级公务人员对于上级命令是否违法应当承担形式审查义务还是实质审查义务？实质审查说认为，上级公务人员的命令可能明显超越其职权范围，从而实质上违法；同时，对这种实质违法行为，下级很容易发现，此时，再按实质上不合理的上级命令执行，就不能说是合法的行为。形式审查说认为，要求下级审查上级的命令实质上是否合法，和行政一体化的观念相悖，会引起行政隶属关系紊乱；同时，只要上级命令在程序上、形式上合法，下级公务人员就可以推定命令实质上合法。如果按照实质审查说行事，就意味着下级公务人员对每一个程序上、形式上合法的命令都要进行实质审查，这也不符合行政效率的要求。

形式审查说和实质审查说各有各的道理，折中的立场是：下级公务人员对于上级命令，原则上只有形式审查的义务。但是，当上级命令的违法性十分明显，具有通常理解力的下级公务人员容易发现该错误，且错误命令会给相对人带来重大的利益损害时，下级公务人员有对命令进行实质审查的义务。因此，出于特殊原因有实质审查义务，明知上级发布的命令存在明显的、重大的、关键的缺陷或错误仍然予以执行的人，不能以行为构成正当化事由辩解，反而可能与发布命令的上级公务人员形成共犯关系。

第六章

有责性

第一节　期待可能性

一、概念

期待可能性，是指结合行为当时的具体情境看，可以期待行为人不为违法行为而实施合法行为的情形。

法律不强人所难，只有当一个人具有期待可能性时，才有可能对行为人作出谴责。在期待不可能的情况下，也就不存在谴责可能性。在这个意义上说，期待不可能是一种责任排除要件。当一个人在行为的当时，我们无法期待他选择实施合法行为，此时便不存在可谴责性或可谴责性较低，由于这一排除（减轻）责任事由不是由法律明确规定的，所以被称为"超法规的责任阻却事由"，其是否存在由法官具体判断。

期待可能性理论来自德国法院 1897 年对"癖马案"所作的判决：行为人多年以来受雇驾驶双匹马车，其中一匹马具有以其尾绕住缰绳并用力压低马车的癖性。行为人多次要求换一匹马，但是，雇主没有答应他的要求。某日该马劣性发作，车夫采取了所有紧急措施，但马仍然撞伤他人。法院判决行为人无罪，因为很难期待行为人坚决违抗雇主的命令，不惜失去职业而履行避免其已预见的伤害行为的结果发生的义务。"癖马案"的时代背景是：19 世纪末 20 世纪初的德国，经济较为落后，劳苦大众生活艰难，尤其是失业率高。在这种情况下，"癖马案"中期待行为人坚决违抗雇主的命令，不惜失去职业而履行避免其已预见的伤害结果发生的义务，确实是强人所难。所以，法院根据行为人所处的社会关系、经济状况否定了期待可能性的存在，从而否定了行为人应就损害结果的发生负责。

期待可能性理论经过迈耶和弗兰克等德国学者的不断发展和完善，为有的国家的刑法实务承认。后来，这一理论被试探性地运用于司法实践中。运用期待可能性理论的好处在于：考虑行为人本身的情况，不强人所难，能达到事实上的合理，不给其附加多余的义务，刑法对脆弱的人性给予适度同情。但是，期待可能性理论也存在明显不足：期待可能性是超法规的事由，由法官具体解释适用，一定程度上可能会有损法律的安定性。"期待可能性毕竟是一种理论，在对法规范作出柔性解决的同时如果滥用也可能损害法规本身的确定性，这是必须加以警惕的。"[①]

所以，要维护法治的精神，就应当对期待可能性理论谨慎适用。对极其个别的轻微犯罪、过失犯罪，确实不能期待被告人实施适法行为的，可以用期待可能性进行辩解。但是，对于大多数犯罪，尤其是情节严重、可能涉及被害人重大的人身和财产法益的犯罪，应当排斥期待可能性的适用可能。

二、判断标准

应当根据什么标准判断期待可能性，是在刑法理论上存在争论的问题。对此，主要存在以下学说：（1）行为人标准说，即在行为时，该行为人选择合法行为的可能性，这是把行为人本身的情况作为判断期待可能性的标准。（2）平均人标准说，即根据社会通常人的情况，将能否作出与行为人同样的行为作为判断期待可能性的标准。（3）国家标准说，即从国家法秩序的立场出发，期待行为人作出合法行为，以此作为判断期待可能性的标准。

就以上三种判断标准而言，各自都有不足。相对而言，行为人标准说更为妥当，因为一方面，期待可能性的宗旨是对在强有力的国家法规范面前喘息不已的个人给予救济；另一方面，责任是对该当构成要件且违法的行为的实施者进行人格非难。所以，应当站在行为人的立场上，设身处地地考虑其作出意志选择的可能性，从而使归责更合乎情理。对此，西田典之教授指出："作为期待可能性的标准，一般人标准说属于通说，但既然问题在于具体的谴责可能性，还是应该采取行为人标准说。"

在实际处理案件时，需要注意：只要存在以行为人的内心性要素为基础的故意、过失，一般就可以说行为人有责任，没有期待可能性的事态只是例外的情况。期待可能性是与行为人的内心态度明显不同的所谓客观的责任要素，把它解释为与故意、过失不同的责任要素，在理论上更为简明易懂。所以，在个案中，需要在确认个人有故意、过失之后，再考虑是否有必要利用期待可能性理论为被告人辩解，以求得处罚的实质合理性。

在一般情况下，具有责任能力的人，基于故意、过失实施某一行为，通常就存在期待可能性，所以，行为人有无期待可能性，在绝大多数案件中，都不需要特别予以考虑。但在某些特殊情况下，期待可能性的判断仍然是必要的。例如，有配偶而与他人结婚，构成刑法上的重婚罪。但因自然灾害而流落外地，在为生活所迫与他人重婚的情形下，行为人明知本人有配偶，具有事实性认识；明知重婚违法，具有违法性认识；在这种情况下仍然与他人结婚，具有心理性意志，但由于是为生活所迫而与他人重婚，缺乏期待可能性，因而没有责任。对此，不能以重婚罪论处。又如亲属间对他人犯罪的包庇，从理论上看也是欠缺期待可能性的。对防卫过当、避险过当减轻处罚，也是考虑行为人期待可能性较低。大量、恶意购买假币而使用，犯罪人的责任重，量刑相对重；而误收假币后，为减少自己

---

① 陈兴良，周光权. 刑法学的现代展开. 北京：中国人民大学出版社，2006：297.

的损失而使用，因为期待可能性较低，所以，处罚相对较轻。再如，盗窃后将赃物变卖的行为也是不具有期待可能性的行为，后一阶段的卖赃行为不应追究掩饰、隐瞒犯罪所得罪的刑事责任，属不可罚的事后行为。

第二节　责任年龄与责任能力

相关法条及司法解释：
《刑法》第 17～19 条

一、刑事责任年龄

1. 责任年龄阶段的划分

刑事责任年龄，是指刑法所规定的行为人对自己的犯罪行为负刑事责任所必须达到的年龄。确定刑事责任年龄的界限，主要与刑事政策相关。我国《刑法》第 17 条将刑事责任年龄划分为三个阶段：已满 16 周岁的人，属于完全刑事责任年龄阶段；已满 12 周岁、不满 16 周岁者，为相对刑事责任年龄阶段；未满 12 周岁者，不负刑事责任。其中，尤其需要注意的是相对刑事责任年龄阶段。

处于相对刑事责任年龄阶段者，存在以下两种情形时需要负刑事责任：（1）已满 14 周岁不满 16 周岁的人，犯故意杀人、故意伤害致人重伤或者死亡、强奸、抢劫、贩卖毒品、放火、爆炸、投放危险物质罪的，应当负刑事责任。（2）对于已满 12 周岁不满 14 周岁的人，犯故意杀人、故意伤害罪，致人死亡或者以特别残忍手段致人重伤造成严重残疾，情节恶劣，经最高人民检察院核准追诉的，应当负刑事责任。

首先，对于 14～16 周岁者的刑事责任，需要注意的是，这里的"犯故意杀人、故意伤害致人重伤或者死亡、强奸、抢劫、贩卖毒品、放火、爆炸、投放危险物质罪"，不是仅指触犯这几种罪名，而是指实施这几种行为。所以，14～16 周岁者伙同达到刑事责任年龄者实施绑架行为，如果在得到赎金后释放人质的，或者因为过失导致人质死亡的，14～16 周岁者都不负绑架罪的刑事责任。如 15 周岁的甲绑架了乙的小孩丁，因未勒索到钱财，甲便将丁杀害，此时尽管根据《刑法》第 17 条的规定，甲不需要对绑架罪负责，但是甲必须为在实施绑架过程中的杀人行为负责，因此，甲应当成立故意杀人罪，而非不构成犯罪。14～16 周岁者需要对法律拟制的故意杀人罪负责。根据刑法规定，在实施非法拘禁罪、聚众斗殴罪、刑讯逼供罪、暴力取证罪、虐待被监管人罪的过程中致人死亡的，成立故意杀人罪。

另外，原则上也应对拟制（转化）的抢劫罪负责。如 15 周岁的陈某在盗窃的过程中被人发现，为了抗拒抓捕，对抓捕者使用暴力。陈某是否成立犯罪？《刑法》第 269 条的规定："犯盗窃、诈骗、抢夺罪，为窝藏赃物、抗拒抓捕或者毁灭罪证而当场使用暴力或者以暴力相威胁的，依照本法第二百六十三条的规定定罪处罚。"陈某的行为属于在盗窃过程中为了抗拒抓捕而使用暴力，理论上应当成立抢劫罪，但最高人民法院《关于审理未成年人刑事案件具体应用法律若干问题的解释》规定："已满十四周岁不满十六周岁的人盗窃、诈骗、抢夺他人财物，为窝藏赃物、抗拒抓捕或者毁灭罪证，当场使用暴力，故意伤害致人重伤或者死亡，或者故意杀人的，应当分别以故意伤害罪或者故意杀人罪定罪处罚。"据此，陈某不成立抢劫罪。但是，一定要注意的是，最高法院的前述解释只能视为特别的例外规定。因此，14—16 周岁的行为人携带凶器抢夺的，或者在聚众"打砸抢"过程中故意毁坏财物的，都应当成立故意犯罪。

此外，尤其需要注意的是，必须严格遵守罪刑法定主义的要求，14～16 周岁者实施刑法明确列举的八种行为以外的其他行为的，即便其社会危害性很严重，也不得追究其刑事责任。例如 15 岁的丁实施决水行为的，其社会危害性程度并不低于放火、爆炸和投放危险物质罪，但不能追究其刑事责任。同样，14～16 周岁者走私、制造或者运输毒品，其行为的社会危害性并不低于贩卖毒品行为，但是不能定罪处罚。再如，14～16 周岁者犯绑架、拐卖妇女、儿童的，都不负刑事责任，除非在此过程中存在故意杀人、强奸等行为。

其次，对于已满 12 周岁不满 14 周岁者的刑事责任，需要注意：第一，只有在故意杀人、故意伤害致人死亡的场合，才能追究此一阶段年龄者的刑事责任。第二，如同 14～16 周岁者的负责范围，故意杀人、故意伤害致人死亡不仅指罪名，也指行为，如 13 周岁甲绑架并杀害乙且情节恶劣，此时尽管甲不对绑架行为负责，但应对故意杀人行为负责。同理，行为人实施放火、爆炸、抢劫等行为，如果能够评价包含故意杀人、故意伤害致人死亡，符合《刑法》第 17 条第 3 款的规定，也应负刑事责任。第三，无论故意杀人还是故意伤害致人死亡，都必须另外具备情节恶劣的条件，如分尸或致多人死亡、多人重伤造成严重残疾。第四，需要报经最高人民检察院核准才能追究其刑事责任。

2. 责任年龄的计算

刑法所规定的年龄，是指实足年龄，不是指虚岁。实足年龄以日计算，并且按照公历的年、月、日计算，如已满 14 周岁，是指过了 14 周岁生日的第二天起，才是已满 14 周岁。

当行为人的行为跨越了刑事责任年龄段时，只能追究相应年龄段内应予负责行为的刑事责任。如行为人在 13～16 周岁期间实施了多起贩卖毒品的行为，只能追究其在 14～16 岁之间所犯行为的责任。

此外，在行为事实和危害结果发生存在较长时间间隔的场合，年龄的计算基准应当按照行为发生时为基准进行判断。理由在于犯罪是表现于外的行为，责任能力是辨认、控制自己行为的能力，所以，辨认、控制能力必须是行为当时的能力。如行为人实施伤害行为时未满 14 周岁，而被害人死亡时行为人已满 14 周岁，此时仍然不能按照《刑法》第 17 条第 2 款追究行为人的责任。当然，如果行为人实施一定行为以后，具有防止结果发生的义务，此时就应根据不作为犯罪的发生时间（作为义务的持续时间）计算年龄。如不满 14 周岁的甲在同宿舍同学乙的饮用水中投毒，过了几日乙饮用水时，甲已满 14 周岁，甲发现乙中毒后并没有立即将乙送医，导致乙死亡。甲是否成立故意杀人罪？在上例中，可以认为行为人对于自己 14 周岁以前的行为所可能引起的危险有排除的义务，其已满 14 周岁，仍然不履行危险的排除义务，因而导致他人死亡的，应当成立故意杀人罪。

二、刑事责任能力

刑事责任能力，是指人对自己行为的辨认能力和控制能力，它与个人的精神状况直接相关。从心理学角度看，某人缺乏辨认和控制自己行为的能力，是指对自己的行为缺乏意识和意志。精神正常的人，对于自己实施的如杀人、伤害等行为都有辨认和控制的能力，但精神病人可能缺乏这种能力。有的人患有轻度精神病，但并未丧失辨认和控制行为的能力，应当负刑事责任。间歇性精神病人在精神正常时实施犯罪行为的应当负刑事责任。对于犯罪后精神错乱的，可中止案件的审理，待精神正常后再行审理，并不排除其负刑事责任的可能性。作案当时的精神状况到底如何，应当通过司法精神病学专家或有关医疗部门的医生鉴定。

判断刑事责任的有无，需要借助生物学标准和心理学标准。生物学标准，是指以患者是否具有精神障碍作为判定行为人责任能力的标准。心理学标准，是指以是否具有辨别是非、控制自己行为的能力作为判定行为人是否具有责任能力的标准。

我国刑法在认定刑事责任时，采取的是综合生物学和心理学的混合标准：行为人不仅必须患有刑法所规定的精神疾病，而且其所患精神疾病必须引起法定的心理状态和心理结果，才能被判定为无刑事责任能力或限制刑事责任能力。按照混合标准，首先应判明行为人是否存在某种法定的精神障碍，然后进一步认定行为人是否由于这种精神障碍而丧失辨认能力和控制能力。前者由精神病医学专家鉴定，以得出行为人是否有精神病以及精神病程度轻重的结论。后者由司法人员判断，但其不能否认精神病医学专家对有无精神病所作出的结论，只能在精神病医学专家的鉴定基础上进一步判断行为人是否具有辨认与控制自己行为的能力：如果精神病医学专家的鉴定结论是行为人没有精神病，司法人员就必须肯定行为人具有辨认与控制能力；如果精神病医学专家的鉴定结论是行为人患有精神病，司法人员就必须在此基础上进一步判断行为人是否具有辨认和控制能力。需要特别注意的是，如果行为人在行为时具有责任能力，但在行为过程中丧失控制和辨认能力，案发后又恢复，原则上仍应成立犯罪既遂。

我国《刑法》第18条第1款规定，精神病人在不能辨认或者不能控制自己行为的时候造成危害结果，经法定程序鉴定确认的，不负刑事责任，但是应当责令他的家属或者监护人严加看管和治疗。在必要的时候，由政府强制医疗。第2款规定间歇性精神病人在精神正常的时候犯罪，应当负刑事责任。第3款规定的是限制刑事责任能力（减轻刑事责任能力）：尚未完全丧失辨认或者控制自己行为能力的精神病人犯罪的，应当负刑事责任，但是可以从轻或者减轻处罚，注意，并非"可以从宽处罚"。

此外，根据《刑法》第19条的规定，又聋又哑（注意，并非或聋或哑）的人或者盲人犯罪的，可以从轻、减轻或者免除处罚。又聋又哑者或者盲人不是无责任能力之人，他们犯罪理应负刑事责任，但考虑到这类群体的生理缺陷，在智力、体力等方面与身体健全者存在差异，同时出于人道主义的考虑，处罚不宜过重。这种生理缺陷既包括先天的，也包括后天的。在具体处理时，需要综合考虑其接受教育的程度和智力发展水平等情况。

三、原因自由行为

行为与责任同时存在原则，是指行为的当时，行为人必须具备相应的责任要素，即行为的当时便具有故意、违法性认识可能性、具有责任能力、达到责任年龄等。因此，无论行为之前有故意或行为后才有故意，都不成立故意既遂。如甲计划前往乙家里枪杀乙，未料在开车前往乙家途中因打电话不慎撞死了乙。此时甲尚未着手杀人，仅成立交通肇事罪与故意杀人预备的想象竞合。

　　所谓的原因自由行为，是指具有责任能力的人，故意或过失使自己陷入丧失责任能力的状态或无意识的状态，并在该状态下实施了法益侵害行为。如甲为了强奸乙，故意让自己通过吸毒陷入丧失责任能力的状态实施了强奸行为。甲在吸毒时具有责任能力但未实施强奸行为，在实施强奸行为时看似已经没有责任能力，如果追究其刑事责任好像违反了行为与责任同时存在原则。刑法理论主流观点认为，此时的甲应该承担强奸既遂的责任，代表性的观点认为，甲的行为犹如一个自由的我利用不自由的我，即将陷入丧失责任能力状态的我作为工具予以利用实施犯罪，类似间接正犯的构造，因而需要承担责任。同时，如同间接正犯，原因自由行为的着手时点应当以被利用人实施行为（即丧失责任能力后实施强奸行为）作为着手时点。

　　需要注意的是，成立原因自由行为，必须丧失责任能力前行为人主观上所欲实施的犯罪和丧失责任能力后实际实施的行为性质相同，否则不应追究犯罪既遂的责任。如上例中的甲在丧失责任能力后实施了抢劫而非强奸的，甲的行为仅属于强奸预备，但不负抢劫罪的责任，因为抢劫时已经丧失了责任能力。另外，丧失责任能前主观本想攻击的客体和丧失责任能力后实际攻击的客体性质相同但同一性产生了不一致时，仍然负犯罪既遂的责任。如上例中的甲丧失责任能力后将丙误认为乙而强奸的，仍然成立强奸既遂。

第七章
犯罪的特殊阶段

第一节　犯罪预备

相关法条及司法解释:
《刑法》第 22 条

根据《刑法》第 22 条的规定，犯罪预备是指为了实行犯罪，准备工具、制造条件，由于行为人意志以外的原因未能着手实行的犯罪形态。

成立犯罪预备，应当具备以下三个特征:

第一，客观上实施了犯罪预备行为。预备行为表现为准备犯罪工具、制造犯罪条件。准备工具实际上也是制造条件。主要表现为：准备枪支、刀具等犯罪工具；调查、跟踪、等候被害人，诱骗被害人前往特定场所，排除犯罪实行的障碍等。

第二，主观上为了实行犯罪。为着手实行而做的准备，可能属于犯罪预备，但为预备行为而做的准备，即"预备之预备"则不属于犯罪预备。如为了抢劫而购买枪支的行为属于犯罪预备，但为了买枪而送快递挣钱的行为则不属于犯罪预备。

第三，事实上由于意志以外的原因未能着手犯罪。如果预备阶段基于行为人主观意愿自动放弃着手实行犯罪，成立犯罪中止，而非犯罪预备（预备阶段的中止）。只有基于意志以外的原因被迫放弃的，才属于犯罪预备。如在等候被害人回家时被警察抓住而未能着手实施抢劫。

第二节　犯罪未遂

相关法条及司法解释:
《刑法》第 23 条

一、犯罪未遂的特征

（一）着手实行犯罪

着手实行犯罪，是犯罪未遂成立的首要条件。是否着手是区分预备、未遂的分水岭。行为人一旦着手，便起码成立犯罪未遂，而不再属于犯罪预备。因此，着手的认定，便是非常关键与重要的问题。

判断着手，有时非常困难。对此，刑法学上大体存在主观说与客观说两个派别的对立。

刑法主观主义坚持主观说（行为人标准说），认为着手不能置行为人的主观方面于不顾，应当以行为人的内心意思为着手的认定标准，表现犯罪意思的行为开始实施即为着手。主观说的判断标准并不明确，并且存在提前认定着手，从而扩大未遂范围的危险。

刑法客观主义坚持客观说（行为标准说），认为着手实行应当依客观的基准确定。内部又存在形式客观说与实质客观说的对立。

1. 形式客观说认为，开始实施符合刑法分则犯罪构成要件的实行行为就是着手。形式客观说是我国刑法学的通说，但形式客观说并不能解决实际问题，因为这种形式客观说并没有从实质上回答什么是实行行为，也没有回答什么是着手和如何认定着手，同时形式客观说也会使得着手的认定过于提前或推后。例如，诬告陷害罪的构成要件是捏造犯罪事实，然后向有关机关告发。通说认为，"捏造"就是着手，但是单纯的捏造而未告发的行为，对法益的威胁极其间接，而无紧迫的具体危险。

2. 实质客观说认为，犯罪未遂都是具体危险犯而非抽象危险犯，未遂犯的判断都是司法上的具体判断，必须结合每个案件的具体情况，考察法益所面临的危险性的大小。根据实质客观说，开始实施对刑法所保护的法益有直接或紧迫危险的行为时，才可以视为犯罪的着手。换言之，侵害法益的危害性达到紧迫程度时，是实行行为的着手。至于何种行为具有法益侵害的紧迫性，则应根据不同犯罪、不同案件的具体情况综合考虑，要考察行为人是否已经接触或者接近犯罪对象，是否已经开始使用犯罪工具，是否开始利用所制造的条件，所实施的行为是否立即就可以造成犯罪结果等。

在不作为犯的场合，不履行作为义务导致法益存在紧迫的直接危险时是着手，如不救助掉落枯井的子女的，并非一掉落就着手，只有在子女产生威胁生命的急迫危险时，才是着手。在间接正犯的场合，通常以被利用人的行为作为着手的时点，如指使 5 岁小孩盗窃，并非利诱、唆使时就是盗窃的着手，小孩实际实施盗窃时才是着手。在行为与结果存在时空间隔的场合，应以是否实际造成法益的客观紧迫危险为标准。如邮寄毒物的场合，原则上以被害人收到、打开作为着手的时点。但如果邮寄的是爆炸物，因有随时爆炸致伤的可能，因此寄出时即着手。

法律出版社出版的辅导用书在论述着手时，采用的是实质客观说：仅在犯罪行为具有侵犯法益的紧迫性时，才能认定行为人已经着手实行犯罪。

关于实践中一些常发性犯罪着手的认定：

（1）基于故意使用枪支杀人的场合，掏枪是预备，瞄准是着手。

（2）当场投毒杀人的场合，投放毒物是着手。

（3）为入室盗窃而撬门，撬门的行为对他人财物的危险具有抽象性，只能成立盗窃罪预备，入室后开始物色财物为着手；为盗窃车内财物而撬动车门的，财物近在咫尺，撬动车门的行为对财物足以产生紧迫的、高度的危险（具体危险），因此是盗窃的着手。

（4）诬告陷害的场合，为捏造犯罪事实而写诬告信，以及向有关机关就该捏造的事实进行告发的，对个人法益都不会产生具体的侵害危险，不是着手。行为人实施告发行为，有关机关因为行为人的告发准备启动调查程序时是本罪的着手。

（5）为实施保险诈骗向保险公司提出索赔请求，是该罪的着手；保险公司赔偿为既遂。为实施诈骗而伪造证件等行为是犯罪预备，开始向被害人实施虚构事实隐瞒真相的欺骗行为是着手。

（6）在危险驾驶罪中，醉酒后发动汽车是着手；车辆向前行驶是既遂。

（7）在抢劫罪中，基于犯罪意思开始针对被害人实施暴力、胁迫，或者开始针对财物实施强取行为，是着手，取得财物或造成被害人轻伤以上结果是既遂。行为人为到某偏僻场所抢劫出租车而带着凶器上车，司机驾车前行途中偶然遇到警察的检查时，行为人因为形迹可疑而罪行败露的，只能成立抢劫罪预备。

【真题】 甲预谋拍摄乙与卖淫女的裸照，迫使乙交付财物。一日，甲请乙吃饭，叫卖淫女丙相陪。饭后，甲将乙、丙送上车。乙、丙刚到乙宅，乙便被老板电话叫走，丙亦离开。半小时后，甲持相机闯入乙宅发现无人，遂拿走了乙的 3 万元现金。（选自 2011 年卷2 第 15 题）

解析： 甲预谋通过拍摄他人裸照的形式索要他人钱财，由于对被害人乙来说不可能达到压制、剥夺他人反抗的程度，显然只可能成立敲诈勒索罪。而要认定是否成立敲诈勒索罪的着手，则必须看行为是否对法益有直接的危险，显然，在敲诈勒索的场合，只有在依照行为人的计划开始实施恐吓行为，即对被害人告以恶害的时候，才能认定为着手。本例中甲拍摄裸照的行为尚未达到恐吓的行为阶段，因而属于敲诈勒索的预备。甲进入乙宅窃取财物属于另一行为，因而应当以敲诈勒索预备和盗窃罪既遂数罪并罚。

（二）犯罪未得逞

犯罪未得逞是犯罪未遂区别于犯罪既遂的根本特征。关于何为犯罪未得逞，我国刑法理论存在犯罪目的说、构成要件说、结果发生说等三种不同观点。在之前的考试命题中，倾向于采用结果发生说。结果发生说主张以犯罪结果发生与否来区分犯罪未遂与犯罪既遂，由此认为，行为人的行为没有导致法定犯罪结果发生的，为犯罪未遂；导致法定犯罪结果发生的，为犯罪既遂。法律出版社出版的法律职业资格考试辅导用书在论述犯罪未得逞时指出，"犯罪未得逞应指法益虽然面临威胁但尚未被侵害，没有发生行为人所希望或者放任的、行为性质所决定的犯罪结果。"如：甲翻越院墙进入乙家盗窃，发现乙有一个带密码的大皮箱，但无法打开。于是，甲将皮箱搬离乙的卧室，藏在乙家院墙内的角落处，用树枝将其掩盖，想等第二天晚上带上刀具割开皮箱。次日上午，乙回家后发现皮箱被盗，四处寻找，在院墙的角落处将其找到。在本例中，按照结果发生说，甲将乙的财物放置于特殊地点加以隐藏，已经导致了控制他人财物的结果出现，成立犯罪既遂。

（三）意志以外的原因

犯罪分子意志以外的原因使得犯罪未得逞，是犯罪未遂成立的第三个条件，也是其区别于犯罪中止的主要标志。

犯罪分子意志以外的原因可以区分为三种类型：

1. 抑制犯罪结果的原因，即与犯罪人无关的客观原因，其范围比较广，包括被害人的反抗、逃避，司法机关的介入或其他第三者的制止，自然力的影响，难以克服的物质障碍等，如正准备扣扳机时，他人将枪夺走；将被害人打成重伤后吊在树上，认为其血流不止必死，后由他人救下被害人。

2. 抑制犯罪行为的原因。这类原因包括犯罪人的能力、力量、身体状况、机能、经验等。如杀人犯罪分子虽然举枪却不懂如何开枪，犯罪分子因精神紧张而当场休克，误将救护车当警车而逃走等。

3. 抑制犯罪意志的原因。这类原因主要包括对犯罪对象、犯罪工具、因果关系的认识错误，以及对犯罪时周围客观环境的认识错误。如犯罪人误以为被害人已被杀死而离去，盗窃犯罪分子误以为下班铃声是警报声而仓皇逃离现场等。

二、犯罪未遂的处罚

《刑法》第 23 条第 2 款规定，对于未遂犯，可以比照既遂犯从轻或者减轻处罚。对于这一规定，应注意以下两点：

一方面，由于犯罪未遂没有达到犯罪完成的程度，在客观危害上一般要小于犯罪既遂，所以，对未遂犯，需要比照既遂犯给予宽大处理。对未遂犯多数应当比照既遂犯适当从轻处罚或者减轻处罚，法律规定可以从轻或者减轻处罚表明了一种倾向性态度。对未遂犯是从轻处罚还是减轻处罚，需要根据案件具体情况，综合考虑犯罪的性质、犯罪行为已造成的危害结果大小、犯罪的动机、犯罪未遂的具体类型等因素。

另一方面，在特殊情况下，对未遂犯也可以不从轻或者减轻处罚。例如，个别性质特别恶劣、手段特别残忍的杀人行为，虽然没有造成死亡后果，但综合全部案情看，其社会危害程度与犯罪既遂相比已相差无几，未遂情节在案件中居于无足轻重的地位，不影响或基本不影响案件的危害程度时，对其处以与既遂犯相同之刑也是符合罪刑相适应原则的。

三、未遂犯与不能犯

不能犯，指行为人主观上有意实行犯罪，但就行为的性质看并无实现构成要件内容的可能性，现实上不能发生法益侵害结果而不受处罚的情形。不能犯与未遂犯的区别在于，前者无实现犯罪的可能性，而后者有这种可能性。因此，对于未遂犯，应当作为犯罪处理，只是在量刑时与既遂犯有所区别。由此看来，不能犯与未遂犯之间具有本质差别，理应加以区分。

不能犯一般包括三种情形：（1）手段（方法）不能，即行为人所采用犯罪手段根本不可能造成犯罪结果。例如，本想用砒霜杀人，但误将白糖当做砒霜拿给人服用。（2）对象不能，即行为人行为时根本不存在行为人意欲攻击的对象。例如，行为人本想杀人，朝屋内开枪，但被害人根本不在家。（3）主体不能，即行为人具有实施身份犯的意图，但其不具有相关的特殊身份。

关于不能犯判断的学说，主要存在纯粹主观说、抽象危险说、具体危险说和客观危险说的争论。与不能犯有关的刑法试题，主要集中在（无罪的）不能犯和（成立犯罪的）未遂犯的区分上。应该大致了解的是具体危险说和客观危险说，对纯粹主观说、抽象危险说基本可以忽略。

1. 具体危险说。具体危险说主张，以一般人所认识到的事实和行为人本人特别认识到的事实为基础，在行为的时点从一般人的角度看，是否有危险的存在。如果一般人能够感受到危险的存在，则成立未遂犯。行为人基于杀人的意思朝空无一人的房间开枪，但一般人认识到被害人可能在房间内，会感受到危险的，应当成立未遂犯。从行为时一般人的立场判断危险，是抽象危险说和具体危险说的共同之处。但二者判断的资料范围不同：抽象危险说将行为人的计划、意思内容作为一般人危险感觉的判断资料，确定一般人是否能够从行为人的认识中感受到危险；具体危险说是从一般人的立场出发去看计划的现实化程度，并将其作为判断资料，直接考虑一般人根据其认识是否会产生危险感觉。例如，行为人误将白糖当成砒霜杀人的场合，抽象危险说认为是杀人未遂；具体危险说则认为，如果行为人有拿成砒霜的可能性的，才是杀人未遂。有杀人的意思，对被害人开枪，但后者已经死亡的，抽象危险说认为成立犯罪未遂，具体危险说认为如果一般人感觉后者有活着的可能性的，成立犯罪未遂。

2. 客观危险说。客观危险说认为应当以行为时存在的所有客观事实为基础，在裁判的时点（事后）以科学的因果法则为标准判断危险的有无。例如，行为人用硫黄杀人时，由于科学法则告诉我们，这一手段根本不可能造成人的死亡结果，因而属于不能犯。再如，行为人使用未上膛的手枪向他人开枪射击的，由于在事后我们会清楚地认识到行为的当时没有子弹，不可能造成人死亡结果的发生，这一点应当作为判断的基础，因而成立不能犯。这种客观的危险说会导致所有的未遂犯都是不能犯：在事后的立场看，以今天科学的解释能力，一个行为不能造成结果必定有其因果法则上的原因。例如，行为人朝被害人开枪，子弹差一厘米从被害人耳边飞过，从事后的立场看，子弹未击中可能是风导致弹道偏离，即便是差一厘米击中被害人，也自始注定了行为不可能导致结果的发生，因而成立不能犯。显然，这是不能被接受的结论。因而有修正的客观危险说出现，基本上，各种修正的客观危险说大体均同样以行为时存在的所有客观事实为判断资料，站在行为的时点（事前），根据科学的一般人判断危险的有无。

学说	判断资料	判断时点	判断基准
具体危险说	一般人（或有特殊认知的本人）	行为时	一般人
客观危险说	客观事实	事后（修正的客观危险说：行为时）	科学一般人

如果承认刑法具有行为规范的特点，其运作必须有助于实现积极的一般预防，那么，一般人在行为时对危险的判断就是至关重要的，因而具体危险说是恰当的。

在运用具体危险说判断危险的有无时，要考虑行为时所存在的各种情况，并要对事态的可能发展趋势作出预估。在这里，其实必须假定存在一个"客观的观察者"，由其从行为时的视角，依据一个普通人的普遍性经验上的知识（以及特殊情况下，行为人所可能拥有的特殊知识），对行为当时所实际存在的具体情况进行分析，对由此造成的危险进行评估。如毒贩A向一直贩卖毒品的B购买毒品，但买成了头痛粉。C向卖药品的D苦苦哀求，要买毒品然后贩卖，D没有办法，给了C总共20包头痛粉。A构成贩卖毒品罪的未遂犯，C却只能成立不能犯。主要是因为A向贩毒者购买毒品的行为在一般公众看来危险，C向并不以贩卖毒品为业的D购买毒品的行为则不具有危险性。

与前述两例类似，误将人妖俱乐部的男性"美女"拐卖，只能成立拐卖妇女罪的不能犯，一般人不会认为在行为当时，存在拐卖妇女的危险。但在民风淳朴的乡村将打扮得花枝招展的"女子"拐卖，事后发现是男性的，则有可能成立未遂犯，因为在这里出现"变性人"的概率极低，一般人会认为行为有导致真正的妇女被拐卖的危险，成立未遂犯是理所当然的。

再如，甲基于强奸的意思，于凌晨两点在某偏僻路段守候并对路过妇女实施强奸行为，如果该路段在晚上12点以后基本上只有甲的妻子下夜班通行，甲对此也知道，由于甲存在特殊认知，必须纳入危险的判断资料，因而应当认为甲成立不能犯。但如果这一路段经常有人通行，即便甲事后发现被害人是自己的妻子，也应成立未遂犯，因为行为人对其他妇女实施性侵害的可能性非常大，公众能够感受到危险的存在。

【真题】甲欲枪杀仇人乙，但早有防备的乙当天穿着防弹背心，甲的子弹刚好打在防弹背心上，乙毫发无损。甲见状一边逃离现场，一边气呼呼地大声说："我就不信你天天穿防弹背心，看我改天不收拾你！"（选自2009年卷2第52题）

解析：上例中甲的行为应当被认定为未遂犯，而非不可罚的不能犯。乙当天穿着防弹背心，甲对于这一点并没有特殊认知，甲朝乙开枪，以一个一般人的立场，必定会得出甲有可能击中乙，导致乙伤亡的后果，换句话说，甲的行为有致人死亡的危险，因而成立故意杀人罪的未遂犯，而非不能犯。

【真题】因乙移情别恋，甲将硫酸倒入水杯带到学校欲报复乙。课间，甲、乙激烈争吵，甲欲以硫酸泼乙，但情急之下未能拧开杯盖，后甲因追乙离开教室。丙到教室，误将甲的水杯当作自己的杯子，拧开杯盖时硫酸淋洒一身，灼成重伤。（选自2012卷2第53题）

解析：在本例中，甲想要以装在杯子中的硫酸伤害他人，站在行为的当时，从一个一般人的立场看，甲拧开杯盖将硫酸泼向被害人、进而导致被害人伤亡后果出现的可能性非常大，只是基于偶然原因甲未能拧开杯盖，因此，甲的行为应当被认定为未遂犯，而非不能犯。

第三节 犯罪中止

相关法条及司法解释：
《刑法》第24条

根据《刑法》第24条规定，中止犯是指在故意犯罪过程中，犯罪分子基于自己的意思自动放弃犯罪，或者自动有效地防止犯罪结果发生的犯罪形态。对于中止犯的考察主要集中在中止犯的成立条件，尤其是中止自动性的认定上。一般认为，成立中止犯必须具备四个条件：时间性、自动性、客观性、有效性。

一、时间性

犯罪中止发生在犯罪过程中。犯罪过程始于犯罪预备行为，终于犯罪既遂，因此，在犯罪预备前的犯意表示阶段，以及犯罪既遂之后，都不存在犯罪中止的问题。

【真题】 丙以出卖为目的，偷盗婴儿后，惧怕承担刑事责任，又将婴儿送回原处。丙构成拐卖儿童罪既遂，不构成犯罪中止。（选自 2012 年卷 2 第 54 题，C 选项）

解析： 拐卖儿童罪侵犯的法益是儿童的人身安全与自由，当丙偷盗婴儿成功时，犯罪便已经既遂，既然既遂，便当然不可能再成立犯罪中止。

【真题】 甲（15 周岁）求乙（16 周岁）为其抢夺作接应，乙同意。某夜，甲抢夺被害人的手提包（内有 1 万元现金），将包扔给乙，然后吸引被害人跑开。乙害怕坐牢，将包扔在草丛中，独自离去。（选自 2012 年卷 2 第 9 题）

解析： 甲、乙二人合谋通过功能分工的方式抢夺他人财物，甲在抢夺他人的手提包后，犯罪已然既遂，按照共同正犯交互归责的原理，对于乙来说也已经是既遂，因此，乙因为害怕而将包丢弃不可能构成犯罪中止。

同时，在犯罪发展过程中，危害结果虽然尚未发生，但由于犯罪分子意志以外的原因犯罪已停止下来而形成了其他未完成犯罪形态，如犯罪预备形态或者犯罪未遂形态的，因为作为犯罪结局的形态已然形成，一个行为只能出现一个结局，所以也不可能再成立犯罪中止。如：罪犯 A 为杀害仇人 B，趁 B 毫无防备之机使用暴力将 B 推下山崖。3 小时后，下山回家的 A 发现滚下山崖时砸在巨石上的 B 血流不止，情状惨烈，就出于同情将其送到医院。经过医生治疗，B 在 3 个月后康复出院。A 是否成立犯罪中止？A 在杀人故意支配下，实施暴力将 B 推下山崖的时候，作为结局存在的故意杀人未遂形态已经形成。此后，A 基于同情将被害人 B 送到医院，也只能认定为犯罪未遂结局出现之后，行为人有悔罪表现，但不能成立犯罪中止，对 A 仍然应当以故意杀人罪未遂追究刑事责任。至于其悔罪表现，可作为量刑情节加以考虑。

关于中止的时间性，以下两个问题值得特别注意：

1. 放弃重复侵害与中止

在着手实行之后，放弃重复侵害行为是否能够成立犯罪中止，是一个有争议的问题。"重复侵害行为"是指按行为人的意思，行为可在同一地点、以同一方式反复实施。行为人认识到重复实施的可能性，但自愿放弃侵害行为的情况并不鲜见。

【真题】 甲欲杀乙，埋伏在路旁开枪射击但未打中乙。甲枪内尚有子弹，但担心杀人后被判处死刑，遂停止射击。（选自 2010 年卷 2 第 57 题，A 选项）

解析： 我国刑法理论过去曾认为在放弃重复侵害行为的场合，行为人已经构成实行终了的犯罪未遂，所以不能成立犯罪中止。现在一般认为，犯罪分子自认为完成犯罪所必需的全部行为没有实行完毕，客观上又存在进一步实行犯罪的条件，而放弃重复侵害的，应视为符合犯罪中止的时间性条件，因此上例中的甲成立犯罪中止。

2. 危险犯的中止

关于在实害结果发生之前的危险犯能否成立中止，存在争议。危险犯的发生、发展是一个过程。危险行为并不意味着其一经着手就立即既遂，尤其是具体危险犯，从着手并导致危险状态出现，一直到结果的发生还有一个相对较长的过程。抽象危险犯以法定的抽象危险状态出现为犯罪成立条件，通常而言，行为人实施了符合抽象危险犯构成要件的行为之后，抽象危险结果也就随之出现，但仍不能排除在一些特殊场合，行为人虽然已经着手实施抽象危险犯的行为，却没有发生抽象危险行为所能够导致的结果的情形，这时就可以成立抽象危险犯的未遂犯。例如，《刑法》第127条所规定的抢夺枪支罪是抽象危险犯，行为人实施抢夺枪支的行为，但最终抢过来的是一把没有杀伤力的玩具枪的，就可以成立抢夺枪支罪的未遂犯。因此，危险犯中危险状态的出现，并非犯罪既遂的标志。在危险状态形成后，行为人自动采取措施的行为，在客观上有效地防止了危害结果发生的，应当成立中止犯。如：甲为抗拒依法执行的强制拆迁，携带煤气罐到拆迁现场，在数十名执行人员眼前用火柴引燃煤气罐后，突觉惊恐，于是，马上将煤气罐扔向旁边的水坑，然后逃离现场。甲是否成立爆炸罪的中止？在上例中，甲的行为虽然引起了危险状态，但其及时消除危险从而有效避免了死亡结果的发生，其属于在作为未遂的危险出现之后，既遂结果发生之前自动有效地防止构成要件结果的发生，对其应当认定为犯罪中止。

二、自动性

中止犯的成立，要求行为人主观上必须有中止的意思，即中止必须是出于行为人的自主意愿。这就是学说上的中止自动性或任意性的问题。

法律出版社出版的法律职业资格考试辅导用书在论述中止自动性时，采用的标准依然为弗兰克公式：能达目的而不欲是中止，欲达目的而不能是未遂。即犯罪中止的成立需要考虑，基于行为人本人的认识，犯罪是否有可能达到既遂；行为人所认识到的事实，是否足以对犯罪停止动机的形成产生影响。如果在行为人看来，客观障碍完全不存在，要继续实施犯罪完全可行，但基于本人的意愿放弃犯罪的，就是中止。如果客观障碍实际上并不在，但行为人误以为存在障碍而停止犯罪的，就是未遂，如盗窃过程中碰翻油桶误以为被人发现而逃跑的，属未遂；如果客观障碍实际上存在，但行为人认为不存在障碍而主动停止犯罪的，则是中止，如入室盗窃时已被人发现但行为人误以为家中无人，未打开保险箱就心生悔意逃走，此时属中止。至于行为人是否出于伦理上的悔悟、忏悔等动机，以及是否绝对有抛弃犯罪的意思，都并不重要。

【真题】甲欲杀乙，将乙打倒在地，掐住脖子致乙深度昏迷。30分钟后，甲发现乙未死，便举刀刺乙，第一刀刺中乙腹，第二刀扎在乙的皮带上，刺第三刀时刀柄折断。甲长叹"你命太大，整不死你，我服气了"，遂将乙送医，乙得以保命。经查，第一刀已致乙重伤。（选自2012年卷2第8题）

解析：如果按照弗兰克公式来判断甲是否成立中止犯，甲是在既无法掐死乙，也无法用刀刺死乙的情形下才停止犯罪，在甲本人看来其实是继续实施犯罪存在客观上的障碍，因此才不得不停止进行。因此不能认定甲放弃杀乙有中止自动性存在，甲应当成立犯罪未遂。换句话说，正是由于甲意志以外的原因而导致犯罪不能得逞，乙的死亡后果没有发生，因而甲只能成立犯罪未遂，而非犯罪中止。

【真题】甲因父仇欲重伤乙，将乙推倒在地举刀便砍，乙慌忙抵挡喊着说："是丙逼我把你家老汉推下粪池的，不信去问丁。"甲信以为真，遂松开乙，乙趁机逃走。（选自2009年卷2第5题）

解析：在本例中，题干很清楚交代乙自行承认确实将甲的父亲推下粪池，因此，对于甲来说，伤害乙仍然是有犯罪利益（复仇）的，乙的欺骗行为尚未达到使得甲认为不得不放弃犯罪的程度，因此，甲主动放弃伤害乙的行为应当有中止自动性，应成立中止犯。

【真题】甲入户抢劫时，看到客厅电视正在播放庭审纪实片，意识到犯罪要受刑罚处罚，于是向被害人赔礼道歉后离开。（选自2010年卷2第57题，B选项）

解析：甲入户抢劫，在看到电视节目后意识到犯罪日后会受处罚，应当认为，单凭担心日后会被抓到受处罚尚未达到使得甲不得不放弃犯罪的程度，这与盗窃或抢劫时警车从旁边呼啸而过担心被抓显然不一样，在后面这种情形，警笛对于行为人的心理产生了明显的压制效果，使得行为人认为继续犯罪的风险过大或根本不可能既遂，因而成立犯罪未遂。但本例尚未达到这种心理压制的程度，应当说甲自己内心还是认为完全可以犯罪既遂，其主动放弃犯罪，成立犯罪中止。

总之，因担心被抓而放弃犯罪的，应视不同情形而定：怕担心当场被抓，且行为人主观上认为继续实施确实存在障碍或当场被发现风险太大而放弃的，此时成立未遂；因担心未来被抓，行为人主观上并不认为继续实施犯罪存在障碍或当场被发现的风险太大而放弃的，此时成立中止。因遇到熟人而放弃犯罪的，也须视不同情形而定：如遇关系特别亲近的近亲属，如父母子女的，原则上成立未遂；如遇同学朋友等普通熟人的，原则上成立中止。如趁夜里意欲抓路人实施抢劫，如发现是邻居而放弃，成立中止；如发现是女儿而放弃，成立未遂。

三、客观性

客观性要求存在中止行为。与《刑法》第24条的规定相对应，对于中止行为分为两种情形：

1. 在行为未实行终了时，只要行为人主动放弃继续犯罪，便可以认定为中止。即在犯罪预备和实行行为尚未终了时，只要行为人不继续实施行为就不会发生犯罪结果的情况下，行为人自动放弃继续实行的，成立中止。需要注意的是，这里的自动放弃，要求行为人必须真实地彻底放弃本次犯罪，而非暂时停止犯罪继续进行以便寻找他人帮忙或寻找运输工具运输财物。行为人基于"相机而动"的想法放弃本次犯行的，对于本次犯罪仍然可能成立犯罪中止。

【真题】甲潜入乙家原打算盗窃巨额现金，入室后发现大量珠宝，便放弃盗窃现金的意思，仅窃取了珠宝。对于盗窃现金，甲成立犯罪中止。（选自2010年卷2第57题，C选项）

解析： 上述表述是错误的。成立中止行为，要求行为人彻底放弃原先的犯意和实行行为，甲原打算盗取现金，在发现珠宝后转而盗窃珠宝，可是无论是现金还是珠宝，都属于乙的财产，甲侵犯的是同一被害人的财产法益，不应当认定为犯罪中止。

2. 在行为已经实行终了时，不采取有效措施就会发生犯罪结果的情形下，要求行为人除了放弃继续实行外，还要求行为人有有效地防止犯罪结果发生的行为表现。这里的有效地防止结果发生的行为表现，是指行为人出于真挚努力所采取的行为应当有避免结果发生的可能性，否则不成立中止。例如行为人在将他人打成重伤后，仅仅大喊了几声"快来救人"便赶紧离开现场，不能认定其存在真挚的防止结果发生的行为，不成立中止。

一定要注意的是，对于行为是否已经实行终了，应当考察行为人自身的犯罪计划（是否存在停止犯罪的意思）。毕竟，脱离行为人的主观想法，很多客观行为根本无从确定其性质。在行为人以为被害人受了致命伤，但实际上被害人只是轻伤的场合，尽管客观上看行为尚不可能造成犯罪结果的实现，属于尚未终了，但行为人主观上却以为完成了犯罪所需的实行行为，因此，行为人仅放弃犯罪的继续进行是不够的，仍然需要其真挚努力地实施将被害人送医等防止结果发生的行为，才能成立中止。反过来，在行为人以为被害人受了轻伤，但实际上被害人受了重伤的场合，尽管客观上看行为已经足以造成伤亡结果的实现，属于已经终了，但行为人主观上却认为尚未完成犯罪所需的行为，因此，行为人放弃犯罪的继续进行便成立中止，前提是死亡结果确实未发生。

四、有效性

有效性基本是针对实行终了的中止来说的，因为对于犯罪行为处于预备或尚未终了的实行阶段来说，只要行为人自动彻底停止犯罪，便成立中止。而在行为已经实施终了时，结果尚未发生，行为人必须自动且有效地防止犯罪结果的发生，才能成立犯罪中止。

如果行为人虽然采取了防止法定犯罪结果发生的积极措施，但实际上未能阻止法定犯罪结果发生的，或者法定犯罪结果未发生是由于与犯罪分子所采取的措施无关的其他原因所导致的，则不能认定为犯罪中止。换句话说，行为人的防止结果发生的中止行为必须与结果的不发生之间存在因果关系，才能成立中止犯。

因此，如果结果的不发生与行为人的防果行为之间没有因果关联，不能成立犯罪中止。如甲入室抢劫将乙打成重伤后逃走，途中心生悔意拨打了120，并且往乙家里赶，想要将乙送医。结果乙的妻子先行到家将乙送医，乙得救。甲是否成立犯罪中止？在上例中，最终未发生乙死亡的结果，是由于其妻子将其送医，甲的防果行为事实上对于乙死亡结果的未发生没有起到条件意义上的因果作用，因此，甲的行为仍然不成立中止犯。

另外，需要提醒特别注意的是：如果结果的发生是由于行为人实行行为以外的其他原因导致的，换句话说，行为人实施了中止行为，由于其他原因导致危害后果发生，如果结果不能算在行为人原初实行行为的头上（没有因果关系与归责关联），即便出现了行为人原先打算想要造成的危害结果，由于实行行为与结果之间没有因果关系（客观归责），对于行为人来说，结果便不能算作是他实行行为的作品，规范地看，相当于结果没有发生，又由于行为人存在防止结果发生的中止行为，因而应当认定其成立中止犯。例如，甲基于杀人的意思砍杀乙，后乙受重伤，甲见乙十分痛苦，就送乙去医院，但由于医生的重大过失行为，导致乙死亡。甲是否成立犯罪中止？在上例中，甲为中止犯罪，即防止结果的发生付出了应有的努力，乙的死亡是由医生的重大过失所引起，甲无法防止医生的重大过失行为，因此，乙的死亡结果不能算在甲实行行为的头上，甲成立犯罪中止。

巩固提升

"百闻不如一见，百看不如一练。"下载嗨学课堂 APP，多多做题，勤于思考，善于总结，方能学以致用，一举通关！

第八章
共同犯罪

相关法条及司法解释：
《刑法》第 25～29 条

第一节　共同犯罪的一般原理

一、违法是连带的，责任是个别的

我国刑法总则规定共同犯罪，旨在确定共同犯罪在违法上的连带性。评价犯罪的过程通常是，先确定数个参与人的行为是否造成法益侵害事实（违法性的判断），然后就该违法事实确认能否谴责行为人（责任性的判断）。对违法的判断是一般的判断，对责任的判断是个别的判断。在共同犯罪中，违法是连带的，责任是个别的。各参与人为了实现自己的犯罪而结合在一起，行为之间根据支配作用共同引起法益侵害的事实。法益侵害的事实与各参与人具有物理上、心理上的因果性。虽然这种因果性就各参与人而言并非完全等价，但是具有因果关系这一点却无法否认。这种引起法益侵害的连带因果性便决定了各参与人违法的连带性。因此，在判断共同犯罪的违法性时，无法对参与人进行单独个别的判断，而只能进行整体地、连带地判断。

例如，甲、乙共谋杀丙，同时向丙开枪。甲的子弹没有击中丙，乙的子弹击中丙，导致丙死亡。如果不考察甲的行为，单独考察乙的行为，能够认定乙的行为导致丙死亡。但是，如果不考察乙的行为，只单独考察甲的行为，则无法将丙的死亡归属于甲的行为。刑法规定共同犯罪，就是为了将丙的死亡结果这一法益侵害事实也归属于甲的行为，因为甲、乙是共同犯罪，在造成法益侵害事实这一点上，二者的行为具有连带性。

在判断完违法事实后，评价工作便转入责任阶层，对此应遵守责任主义。虽然共同犯罪披上了"共同"的外衣，但不能因此抛弃个人责任。在判断共同犯罪的责任时，也应对参与人进行个别的判断，而不能株连无辜。也就是说，共同犯罪中的"犯罪"，其实只需要满足数个行为人共同制造了法益侵害事实，便可以认定成立共同犯罪中的"犯罪"。明白这一点，对于理解共同犯罪非常重要。

【真题】 甲（15 周岁）求乙（16 周岁）为其抢夺作接应，乙同意。某夜，甲抢夺被害人的手提包（内有 1 万元现金），将包扔给乙，然后吸引被害人跑开。乙害怕坐牢，将包扔在草丛中，独自离去。（选自 2012 年卷 2 第 9 题）

解析： 甲、乙二人共同商议实施抢夺，二人存在功能分工，并且甲确实也抢夺了被害人的手提包扔给了乙，就抢夺罪的法益侵害事实来说，甲、乙二人都需要负责，在违法性层面的意义上，甲、乙二人成立抢夺罪的共同犯罪。只不过由于甲未达完全刑事责任年龄，其对抢夺罪不负刑事责任，乙则需要负责，这便是责任判断的个别性。如甲（12 周岁）与乙（17 周岁）二人商议强奸二人的同学丙，甲、乙二人在将丙控制后使用暴力轮流与丙性交。甲、乙二人是否成立共同犯罪？本例中的甲尽管未达刑事责任年龄，但是就其与乙强迫丙性交的法益侵害事实来说，二人成立共同犯罪，并且是轮奸的共同犯罪，只不过由于甲未达刑事责任年龄，不构成犯罪，但乙则需要负强奸罪（轮奸）的刑事责任。

二、共同犯罪与犯罪构成

共同犯罪是二人以上共同犯罪。"二人以上共同"中的"共同"含义如何，在哪些方面"共同"，是否以符合同一个犯罪构成为前提，决定了共同犯罪的本质，也决定了共同犯罪成立的范围大小，对案件的最终处理会产生重大影响。对此，大体存在两种对立的观点，即犯罪共同说与行为共同说。

1. 犯罪共同说

依照犯罪共同说，共犯成立的范围较窄。犯罪共同说认为，共同犯罪是二人以上共犯一罪。是否共犯"一罪"，需要判断不同的行为人是否共同尽心尽力，实施了符合某一犯罪构成要件的行为。只有两人以上的犯罪在构成要件上相同，才能成立共同犯罪。反之，如果两人以上的犯罪，其构成要件并不相同，就不是共同犯罪。正犯因为其实行行为或者其他犯罪支配性行为而符合分则罪状的规定，教唆行为与帮助行为应当从属于实行行为，理应按照实行犯所犯之罪确定共同犯罪的罪名，因此，共同犯罪之共同性，是法律规定的构成要件的共同，而非事实上行为的共同。例如，对于甲本着诈骗的意思将冥币冒充假币，交给具有贩卖假币故意的乙出售一案，根据犯罪共同说会得出甲、乙的犯罪故意和实行行为都不相同，构成要件没有相同的地方，所以不可能成立共同犯罪的结论。犯罪共同说有效限制了共犯成立范围，对于实现刑法的全力保障机能有现实意义，因而具有合理性。对于共犯的构成要件究竟要相同到何种程度才能成立共同犯罪，犯罪共同说内部也存在争议。

（1）完全犯罪共同说。该说主张，不同行为人的行为符合多个构成要件，在构成要件之间存在着重合时，多人之间的行为成立重罪的共同正犯。对于实施了轻罪的人，只处以轻罪的刑罚。根据完全的犯罪共同说，A 教唆 B 去盗窃，但 B 实施了抢劫的；以及 C、D 共谋盗窃，到现场后 C 实行抢劫，D 仍然盗窃的，A 与 B、C 与 D 均成立抢劫罪的共同正犯，只具有盗窃意思者仅承担盗窃罪的责任。E、F 共谋报复 G，但对如何具体实施报复行为并未明确，到现场后 E 杀害 G，F 对 G 的住宅放火的，E、F 之间的行为在构成要件上完全不同，所以不成立共同犯罪。

完全犯罪共同说的问题在于，明明是实施轻罪的人，却要承担重罪罪名。在最终处罚时，却又按照轻罪处罚。理论上飘摇不定，与生活事实相悖，也不符合思维规律，因此，并不妥当。

（2）部分犯罪共同说。该说认为，如果数个犯罪的构成要件之间存在重合部分，该部分本身是刑法所规定的一种犯罪时，就可以认为两人以上就重合的犯罪具有共同故意与共同行为，从而在重合的范围内成立共同犯罪。但是，此时并不像完全犯罪共同说那样成立重罪的共同犯罪，而仅仅成立轻罪的共同犯罪。例如，甲以杀人的故意、乙以伤害的故意对丙使用暴力，并造成丙死亡的，根据部分犯罪共同说就可以认为甲、乙在故意伤害（致人死亡）的范围内成立共同正犯，但甲在故意伤害之外，因其另有杀人的故意和行为而单独成立故意杀人罪的单独正犯。虽然从最终结局看，甲需要对故意杀人罪承担刑事责任，乙只承担故意伤害罪的责任，二人的罪名不同，但这并不妨碍其犯罪的部分构成要件相同，也不妨碍甲、乙二人成立共同犯罪。

根据部分犯罪共同说，A 教唆 B 去盗窃，但 B 实施了抢劫的；以及 C、D 共谋盗窃，到现场后 C 实行抢劫，D 仍然盗窃的，A 与 B、C 与 D 均成立盗窃罪的共同犯罪，只具有抢劫意思者需要承担抢劫罪的责任。E、F 共谋报复 G，但对如何具体实施报复行为并未明确，到现场后 E 杀害 G，F 对 G 的住宅放火的，E、F 之间的行为在构成要件上没有重合的地方，所以不成立共同犯罪。

目前多数学说认为，犯罪的"共同"不一定非得是同一个构成要件的共同，两个行为的构成要件之间具有较大范围的重合关系时，就可以判断犯罪具有共同性，共同犯罪就可以成立。

根据我国《刑法》第 25 条第 1 款的规定，共同犯罪是指二人以上共同故意犯罪。这里的"共同"故意犯罪，绝不意味着二人以上必须在故意的内容与行为方式上完全相同，才成立共同犯罪，因为不同行为人之间的行为在构成要件上部分相同的，也是"共同"。按照部分犯罪共同说，只要行为人就部分犯罪具有共同故意与共同行为，不同的犯罪之间具有重合、交叉性质时，就"共同"的部分即在重合的范围与限度内，就可以成立共同犯罪。同时，由于犯罪毕竟有一部分并不"共同"，所以对共犯人存在分别定罪的可能性。如此理解，既符合共犯的一般理论，也不会违背罪刑法定原则。

根据部分犯罪共同说，在以下场合，可以认定犯罪之间存在交叉、重合关系，实施不同构成要件行为的行为人可以成立共同犯罪：①行为人故意侵害的同类法益相同，但在实行行为的危害性程度、行为方式上存在差异。例如，两个行为人分别实施盗窃和抢劫、抢夺和抢劫、杀人和伤害、非法拘禁和绑架的，由于前后两罪的保护法益基本相同，实行行为在很大程度上相同，构成要件具有重合、交叉关系，可以在重合部分成立共同犯罪。②在法条竞合的场合，行为人可以在普通法条范围内成立共同犯罪。例如，共谋后实施诈骗罪的甲和实施金融诈骗罪的乙、实施抢劫罪的 A 和实施抢劫枪支罪的 B 之间均可以成立共同犯罪。③在想象竞合的情形下，不同行为人的犯罪故意和行为之间存在重合，可以成立共犯。例如，甲以杀害仇人丙的意思，乙以对丙所在人群实施爆炸的意思，经过共谋后同时投掷爆炸物的，甲、乙可以成立共同犯罪。④在转化犯中，如果作为共同犯罪人之一的 A 实施了转化前的行为，B 在此之外还实施了转化行为，A 对此并不知情的，A、B 仅在转化前的犯罪范围内成立共同犯罪。⑤犯罪之间具有包容关系的，行为人可以在包容的范围内成立共同犯罪。比如，甲隐瞒强迫丙卖淫的事实，教唆乙强奸丙，以迫使丙最终卖淫，乙果然实施了强奸行为的，甲、乙可以在强奸罪的范围内成立共同犯罪，但甲最终成立强迫卖淫罪。

【真题】 乙为吴某入户盗窃望风，但吴某入户后实施抢劫行为。乙是盗窃罪的共犯。（选自 2011 年卷 2 第 55 题，B 项）

解析： 尽管乙是以盗窃的故意帮助吴某望风，但是吴某入户后实施了抢劫行为，由于盗窃与抢劫侵犯的都是财产法益，二者只是侵犯财产的行为方式不同，乙与吴某在盗窃的范围内成立共同犯罪。因此，上述命题是正确的。

【真题】 甲、乙共谋行抢。甲在偏僻巷道的出口望风，乙将路人丙的书包（内有现金 1 万元）一把夺下转身奔逃，丙随后追赶，欲夺回书包。甲在丙跑过巷道口时突然伸腿将丙绊倒，丙倒地后摔成轻伤，甲、乙乘机逃脱。（选自 2009 年卷 2 第 7 题）

解析： 甲、乙共谋"行抢"，由甲望风，乙将他人书包一把夺下就走显然构成抢夺罪，而甲在明知他人抢夺后使用暴力压制被害人反抗，成立转化型抢劫，根据部分犯罪共同说，甲、乙二人存在抢夺的共同故意，也有抢夺的共同行为，在抢夺罪的范围内成立共同犯罪，但甲存在事后抢劫的故意和行为，成立抢劫罪。

2. 行为共同说

行为共同说的核心主张是，共犯的本质是各个参与者共同实施各自的犯罪，因此，能够认定各个参与者共同实施的是违法的构成要件该当行为，只要构成要件该当行为的重要部分相同，就能够成立共同犯罪。这里的共同行为，不是传统行为共同说的自然行为，而是法定意义上、规范意义上的构成要件行为，是从各个共犯人自己的观点出发来看待的实行行为，因而可能分别是不同犯罪的实行行为。根据行为共同说，能够得出肯定共同过失犯罪的看法。如甲、乙二人比赛轮流朝对面楼房的阳台射击玻璃瓶看谁先击中，结果其中一枪不慎打中收衣服的丙致其死亡，现无法查清谁击中的。按照犯罪共同说，二人不成立共同犯罪，只能个别审查各自的过失行为和死亡结果的因果关系，由于无法查清，因此二人都不成立过失致人死亡罪，无须对死亡结果负责。而按照行为共同说，能够肯定二人共同制造了违法事实，具有连带性，构成共同正犯，根据部分实行全部负责原则，即便无法查明是谁致丙死亡，对二人也均以过失致人死亡罪论处。

三、任意的共犯与必要的共犯

在近十年的刑法题中，对必要的共犯中的对向犯（对合犯）作过专门考查，因此在这里一并介绍。

任意的共犯，是指分则的构成要件既可以由一人实施，也可以由数人共同参与实施的情形。如共同杀人、盗窃、抢劫等均是任意的共犯。必要的共犯，则是指刑法分则规定的构成要件必须由二人以上共同实行才能成立犯罪的情形。我国刑法中的必要共犯大体可以分为聚合犯与对合犯两种情形。

1. 聚合犯

指刑法分则特别规定具有同一目标的多人共同实施危害行为，犯罪才能成立的情形。聚合犯包括集团犯和聚众犯两种。集团犯，是刑法同时处罚犯罪集团的多人的情形。例如，《刑法》第 120 条第 1 款的组织、领导、参加恐怖组织罪中，刑法处罚组织、领导者，也处罚积极参加者、其他参加者，这便是关于集团犯的规定。聚众犯，是指刑法分则特别规定的，临时性的聚集多人共同实施犯罪的情形。聚众犯并非都构成共同犯罪，刑法分则对个别聚众犯规定仅仅处罚首要分子，因而是首要分子的单独犯罪。

在聚合犯中，对集团的外部行为（包括提供情报、准备凶器、事前的共谋等）是否可以定罪处罚，理论上存在争议。应该说，刑法中关于聚合犯的规定是在已经考虑犯罪性质的基础上，只对一定范围内的参与者（组织、领导者，积极参加者，其他参加者）进行处罚，对不在该规定范围内的参与者就不能予以处罚。

2. 对合犯

对合犯，是指两个以上的犯罪人必须有相互对应的行为，犯罪才能成立的情形。根据刑法处罚规定的不同，对合犯可以分为三种类型：（1）刑法同时处罚对合地位的两个行为人，且法定刑相同，如重婚罪。（2）刑法对两个对合主体都处罚，但罪名和法定刑都不同，如刑法关于行贿、受贿的规定。（3）刑法分则规定只处罚对合犯的一方，对另一方不予处罚。例如，贩卖淫秽物品牟利罪只处罚贩卖者，而不处罚购买者；枉法裁判罪只处罚作出错误裁判的司法人员，并不处罚从该枉法裁判中受益的人；破坏军婚罪只处罚明知是现役军人的配偶而与之结婚的人，不处罚现役军人的配偶。

对合犯的问题在于，对于第三种刑法分则不予处罚的对合性参与行为，能否结合刑法总则关于教唆犯和帮助犯的规定进行处罚？例如，购买淫秽物品的人打电话叫贩卖者送货上门的，对购买者是否可以结合刑法总则的规定以贩卖淫秽物品牟利罪的教唆犯、帮助犯处罚？又如，金融机构工作人员向存款客户说明其资金可能不记入银行法定账户而用于"体外循环"时，存款客户同意，并接受金融机构工作人员开出的假存单作为存款凭证，此后，存款客户接受了金融机构工作人员分给的违法所得的，在《刑法》第 187 条吸收客户资金不入账罪只处罚金融机构工作人员的情况下，对存款客户能否按照本罪的帮助犯处罚？

对于上述问题，有三种学说立场：

（1）立法者意思说。立法者在制定刑法分则时已经考虑到对合行为会存在参与方，但对显然可以预见的对合性参与行为不予处罚。对贩卖淫秽物品牟利罪，立法者的本意是仅处罚贩卖方，必要共犯的概念本身就已经表明某些危害行为具有不可罚的性质，所以刑法对购买者的行为不问，以保持刑法谦抑的立场。立法者意思说认为，对必要共犯不可罚的根据在于参与对合行为的通常性，因此，当参与行为超过通常程度，必要共犯属于积极的造意者时，仍然应当适用刑法总则的规定进行追究，例如，A 积极鼓动 B 将淫秽物品卖给自己的，A 可以构成贩卖淫秽物品牟利罪的教唆犯。

立法者意思说存在的问题是：一方面，在解释刑法时探究立法者的意思，容易陷入主观解释的窠臼；另一方面，哪些参与行为超过了通常程度、属于可罚的必要共犯，哪些属于不可罚的必要共犯，并不明确。

（2）实质说。对参与性对合行为不处罚，是因为从实质上看，参与人是被害人，或者参与人缺乏责任。实质说也存在一定问题，例如，如果购买淫秽物品者是未成年人，其当然是被害人，刑法不能处罚该参与者，相反要保护他。但如果认为贩卖淫秽物品罪侵犯的法益是淳朴的社会风尚，成年的购买者就不是被害人而是共同加害人，对其处罚就是有实质根据的。

（3）折中说。该说认为，立法者在规定某些必要共犯时，就将可能侵害法益的一部分人的行为予以构成要件化，同时将另外一部分人的行为排除在构成要件之外，这样，某些参与性行为，即使在违法、罪责方面具有当罚性，也可能排除在可罚性的范围之外。所以，即使采取实质说，仍然必须维持立法者意思说这一意义上的"必要共犯"概念。

基本上，是否处罚必要性参与者，有时需要考虑其是否属于被害人或者处于类似于被害人的地位，需要考虑要保护的利益究竟是什么。例如，奸淫幼女的场合，即使幼女主动引诱行为人，对其也不能作为强奸罪的教唆犯处罚。又如，破坏军婚罪中军人的婚姻家庭权利需要保护，如果处罚现役军人的配偶，明显不利于保护本罪的法益，所以刑法只处罚明知是现役军人配偶而与之结婚的人，即使军人的配偶对破坏军婚行为存在教唆行为，也不作为共犯处理。再如，《刑法》第162条之二规定，公司、企业通过隐匿财产、承担虚构的债务或者以其他方法转移、处分财产，实施虚假破产，严重损害债权人或者其他人利益的，构成虚假破产罪。实施转移、处分财产行为虚假破产的，行为人和财产接受者之间具有对合关系，但接受者本身也可能处于被害人的地位，例如，破产者对未到期的债务提前清偿的，接受该财物者可能也深受他人拖欠债务之苦，将其作为虚假破产罪的帮助犯处理，实质上不合理。

当然，对并不处于被害人地位的对向参与者，则应该肯定行为的违法性，可能有处罚的必要。例如，挪用公款罪的实行行为包括三种情形：挪用公款归个人使用，进行非法活动的；挪用公款数额较大，进行营利活动的；挪用公款数额较大，超过3个月未归还。在将公款挪用给本人以外的亲友或者其他自然人使用的场合，接受者、使用者明知公款是挪用而来，仍然对公款加以接受和处分的，挪用者和公款使用者之间在行为上具有对合关系，或者至少可以说具有对合性质。但对单纯接受、使用他人挪用的公款者，并不能按照共犯处罚。有关司法解释也规定，挪用公款给他人使用，使用人与挪用人共谋，指使或者参与策划取得挪用款的，以挪用公款罪的共犯论处。这主要是考虑到，在这些特殊情形下，挪用人和使用人之间才具有共同故意和行为；同时，使用人并不处于被害人地位。

此外，根据共犯处罚根据的混合引起说，对必要共犯，在共犯者未引起违法事态时，不处罚。在共犯者处于被害人地位时，是该规定的保护对象，由于共犯不法引起违法事态这一事实欠缺，对共犯行为不能进行处罚。即便共犯行为非常积极，超过通常预想的程度，与法益侵害结果的发生有条件关系，也不能处罚共犯。立法者在规定某些必要共犯时，就将可能侵犯法益的一部分人的行为予以构成要件化，同时将另外一部分人的行为排除在构成要件之外。根据犯罪成立理论，犯罪化在刑法上是定型的，非罪化在刑法上也是定型的，对于符合非罪定型的必要性参与行为，不能认定为犯罪。对于贩卖淫秽物品牟利罪立法上定型化处理的是贩卖行为，购买行为不处罚，所以，凡是可以包含在"购买"含义中的行为，包括预付现金、反复让对方提供淫秽物品供自己选择、与对方联络让其送货上门等，都是购买行为的一部分，不能评价为贩卖淫秽物品牟利罪的帮助犯。对于枉法裁判罪中显而易见存在的（单纯）受益人，构成要件性地将其排除在犯罪之外。所以，立法者意思说这一意义上的"必要共犯"概念有其独立的存在价值。

【真题】甲见卖淫秽影碟的小贩可怜，给小贩 1 000 元，买下 200 张淫秽影碟。（选自 2012 年卷 2 第 55 题，A 选项）

解析：对于贩卖淫秽物品牟利罪，立法者在订立本构成要件时显然预见到既然有贩卖者，就必然会有购买者，但立法者仅处罚贩卖者，因此，购买淫秽影碟的甲不成立该罪的共犯。

【真题】乙明知赵某已结婚，仍与其领取结婚证。（选自 2012 年卷 2 第 55 题，B 选项）

解析：与破坏军婚罪不同，对于普通的重婚罪来说，重婚的双方都没有特别值得保护的利益，重婚的双方也都不是被害人，因此，乙明知赵某已经结婚的情况下仍与其结婚，双方都成立重婚罪。

【真题】丙送给国家工作人员 10 万元钱，托其将儿子录用为公务员。（选自 2012 年卷 2 第 55 题，C 选项）

解析：行贿与受贿属于典型的对合犯，并且立法者明确订立了对行贿、受贿双方各自不同的可罚性构成要件，因此，丙为谋取利益给予国家工作人员金钱，双方分别成立行贿罪与受贿罪。

【真题】丁帮助组织卖淫的王某招募、运送卖淫女。（选自 2012 年卷 2 第 55 题，D 选项）

解析：丁帮助组织卖淫的王某招募、运送卖淫女的行为实质上属于组织卖淫罪的帮助犯，但是，刑法分则专门订立了协助组织卖淫罪的构成要件，协助组织卖淫罪因而成为"共犯正犯化"的典型样本，因此，对于协助组织卖淫罪不再适用总则中关于从犯处罚的规定，但丁与王某仍然是共犯关系，这一点并不因此而改变。

第二节 正犯

一、间接正犯

间接正犯，是指利用自己的认知以及意志上的优势地位，将他人作为犯罪工具予以利用，实施犯罪的情形。按照今天处于正犯与共犯如何区分通说地位的犯罪支配理论，正犯是对构成要件该当事实的实现处于支配性地位的人。根据这一观点，间接正犯的正犯性主要表现在处于优势地位的间接正犯对于被利用者（行为媒介）的支配性，隐身于"幕后"的操纵者如果没有支配、控制和决定犯罪，就不具备正犯的起码条件。直接正犯通过自己的实行行为引起危害后果，其对于犯罪的支配表现为直接的行为支配。间接正犯需要通过其他人的行为才能引起结果的发生，但其他人对于自己被利用的事实是完全不知情的，属于利用者犯罪行为的"无辜代理人"。这里的不知情，可能是因为年龄、责任能力的限制而不可能知情，也可能是因为被欺骗、被蒙蔽而无法知情。处于"幕后"的利用者将被利用者的行为作为自己行为的一部分加以支配，这种支配是一种处于优势地位的意思支配。"优势的意思支配"表明利用者对于犯罪在认识因素上要比被利用者清楚，在意志因素上追求、容认结果发生的要求更为迫切，所以，"优势的意思支配"包括"认识上的优势"和"意志上的优势"。离开利用者的优势支配和操纵，被利用者的行为随时可能停止，所以，利用者是控制犯罪因果进程的"灵魂人物"，是犯罪的决定性角色。处于间接正犯"掌心"之中的被利用者，和单独正犯在犯罪时所使用的刀枪棍棒、猛兽等本质上毫无差别，所以，刑法将通过自己的意思支配整个犯罪的间接正犯（幕后操纵者）当作直接正犯处理，有充分的根据。总之，间接正犯的正犯性表现在：行为人以自己的意思对被利用者进行意思支配，从而左右了被利用者实施犯罪的因果进程。

1. 间接正犯的类型

（1）利用欠缺责任者的行为。

利用无责任能力或者部分责任能力者实施犯罪的，可能成立间接正犯，其中，利用精神病人实施犯罪的，被利用人属于绝对被操纵者，利用者成立间接正犯。但必须注意的是，利用未达到刑事责任年龄者或者限制责任能力的精神病人实施犯罪的，根据共犯从属性说中的限制从属性原理，正犯不需要具有有责性，教唆犯也能够成立，所以，利用者可能成立教唆犯，也可能成立间接正犯。一般来说，利用者强制、操纵、说服、支配欠缺责任能力者犯罪的，被利用者对于犯罪没有添加自己的理解，没有自己的意志，受利用者的决定性影响，利用者将他人作为工具实现自己的犯罪目的，其就是间接正犯。相反，如果在一定程度上受到利用者控制的人，具有规范意识和意思能力，对犯罪有自己的认识和理解，具备有目的地实施犯罪的能力，犯罪时并没有受到强制的，犯罪是该媒介自己的"作品"，其对犯罪就具有支配力，利用者只是单纯地"支持"被利用者犯罪，而非基于优势的意思支配、控制其犯罪的，被利用者是直接正犯，利用者就是教唆犯，利用者并不像间接正犯那样认为犯罪是自己的"作品"。例如，A（25岁）指使差一天年满14周岁的B抢劫C的财物，A可以成立抢劫罪的教唆犯，B是抢劫罪的直接正犯，只是没有责任。

（2）利用他人缺乏故意的行为。

被利用者实施了幕后操纵者自己想实施的行为，但如果被利用者对案件事实完全不知情，缺乏犯罪故意，利用者就成立间接正犯。例如，A将毒品说成是药品，利用不知情的B运送毒品的，构成运输毒品罪的间接正犯。甲利用不知情的开锁匠乙开了丙家的门，然后雇搬家公司将丙的财物运到指定地点的，利用者甲具有明显处于优势的支配意思，构成盗窃罪的间接正犯。

（3）利用他人的合法行为。

利用他人的合法行为实施犯罪，是指利用他人符合构成要件但阻却违法性的行为达到幕后支配者的目的。如A事实上想杀害B，却教唆B去杀C，同时A告知C有人想杀他，让C做好正当防卫的准备。后来，当B持刀杀害C时，C果然正当防卫杀死了B。A是否成立故意杀人罪的间接正犯？B持刀杀C时，C反击将B杀死，对于C来说，属于保护自己合法利益的正当防卫。但是，A作为具有认知优势的幕后者操控了整个事件流程，属于利用C的防卫行为达到杀害B的目的，因而成立故意杀人罪的间接正犯。

（4）利用他人的过失行为。

利用他人的过失行为实施犯罪的，被利用者和利用者之间缺乏共同故意，被利用者仍然属于被支配的犯罪工具。如具有杀人故意的医生 A 将某种有毒注射液交给护士 B，令其给病人 C 注射。该注射液与正常药品在颜色上有重大差异，B 稍加注意就能发现，但忙于下班的 B 因疏忽大意而给 C 注射了该药，导致 C 死亡。A 是否成立故意杀人罪的间接正犯？B 本应履行适当的注意义务，但疏忽大意未适当履行，导致 C 死亡，B 成立医疗事故罪。但是，A 属于整个事件的幕后操纵者，其利用自己的认识优势和 B 的过失行为，达到自己的犯罪目的，因而 A 成立故意杀人罪的间接正犯。

（5）利用有故意但无目的或者无身份的工具。

利用有故意的工具，是指利用具有刑事责任能力、有故意但缺乏目的、身份的人实施犯罪的情形。利用无目的有故意的工具时，被利用者不知道利用者的真实意图，不具备构成要件所要求的"主观的超过要素"，而利用者却在幕后支配犯罪，使被利用者在不自觉中完成了利用者的目的行为，利用者构成间接正犯。例如，A 有传播淫秽物品牟利的目的，但其隐瞒牟利目的，说服 B 传播淫秽物品，直接传播者 B 因欠缺主观要素而不符合传播淫秽物品牟利罪的构成要件，只能成立传播淫秽物品罪，A 构成传播淫秽物品牟利罪的间接正犯。利用有故意但无身份的人时，无身份者因为欠缺特定身份，其行为不是身份犯才能构成之罪的实行行为，不能构成正犯，利用者就不能成立教唆犯，只能以间接正犯处理。

（6）利用他人犯轻罪的故意。

利用者有犯重罪的故意，但隐瞒该故意，教唆他人实施轻罪的行为，被利用者出于犯轻罪的故意，同时导致了轻罪结果和重罪结果的，利用者成立轻罪的教唆犯和重罪的间接正犯。在利用他人故意犯罪的场合，由于利用者优越的意思支配地位始终存在，对犯罪有独立的支配，所以即便被利用者构成犯罪，成立（单独）直接正犯，利用者仍然可以构成间接正犯。所以，"正犯后正犯"应当被承认。如 A 出于杀害 B 的目的，知道 B 当时正在屏风后面，指使 C 向该屏风开枪，不知情的 C 一枪打坏了屏风，同时也打死了 B。A 是否成立故意杀人罪的间接正犯？由于 C 仅有毁坏财物的故意，但无杀人的故意，而这一点正好被具有特别认知优势的 A 利用，因此，是 A 操控了 B 的死亡结果的产生，A 成立故意杀人罪的间接正犯。

（7）利用被害人的行为。

被害人本人自杀、自伤或者损毁本人财物的行为本身不是犯罪，教唆、帮助被害人自杀、自伤、毁损本人财物的，因为不存在符合构成要件、具有违法性的正犯行为，按照共犯从属性说，教唆、帮助行为就没有可罚性。但是，利用、控制、操纵被害人使其实施自杀、自伤或者毁损本人财物行为的，利用者本人就是正犯，犯罪的结果就要归责于利用者。如丈夫 A 和妻子 B 吵架后离家出走，有杀人故意的邻居 C 告诉 B："你假装上吊，我马上打电话叫 A 回来看看，吓吓他，让他以后不敢和你争吵。"B 听从 C 的意见，将搭在房梁上的绳子套在脖子上，很快吊死。C 是否成立教唆犯？在上例中，被害人原本并没有自杀意愿，在受 C 唆使后，其本意也非真的想终结自己的生命，C 实际上利用自己的认知优势操控了 B 的死亡，因而应当认定其为故意杀人罪的间接正犯，而非教唆犯。

2. 不成立间接正犯的情形

（1）亲手犯。

亲手犯，是指行为人必须亲自实施刑法分则罪状所要求的实行行为，才能成立正犯的情形。换言之，亲手犯必须是"亲历亲为"的犯罪，不能假他人之手实施。典型的亲手犯有伪证罪、脱逃罪、重婚罪等。

间接正犯是将他人作为犯罪工具，假借被利用者之手实施犯罪。亲手犯必须自己实施犯罪，所以，对亲手犯进行支配的，不能成立正犯，自然也不能成立间接正犯，但可能成立教唆犯或者帮助犯。换言之，亲手犯是不能以间接正犯的形式成立的犯罪。例如，虽然不具有证人身份的 A 和证人 B 多次进行谋议，但最终对司法机关作虚假陈述的是 B，只有 B 是正犯，A 只能成立教唆犯；证人 C 和 D 经共谋后，先后对司法人员作伪证的，二人分别成立伪证罪的直接正犯，不是共同正犯；母亲甲发现儿媳妇不能生育，反复劝说有精神病的儿子乙和丙重婚，但最终实施重婚行为的只能是乙，甲只能成立重婚罪的教唆犯，而非重婚罪的间接正犯。

（2）真正身份犯。

真正身份犯，是指构成要件的非难核心在于行为人的身份，身份成为建构整个构成要件的基础不法内涵，因此，不具有身份者不能成立正犯的情形。不具有特殊身份的人，即使从形式上看，其对犯罪具有事实上的支配和控制作用，是犯罪的核心角色，但行为也不是刑法分则针对身份所规定的实行行为，所以不能成为正犯，自然也无法成为有身份者的间接正犯。也即在刑法理论上，无身份者不能利用有身份者成为实行犯的人。例如，没有国家工作人员身份的妻子 A 指使担任国有公司财务经理职务的 B 做假账，非法占有公共财物的，A 只能构成贪污罪的教唆犯，不能构成间接正犯。

二、共同正犯

共同正犯，是指二人以上存在共同犯罪决意，通过行为分担的方式共同完成犯罪的情形。共同正犯在犯罪支配理论下被称为功能支配：即通过功能分工的角色分配实现犯罪构成要件。认定共同正犯的核心意义在于所谓的部分实行全部责任原则（交互归责）。

1. 成立条件

（1）二人以上。

共同正犯的违法具有连带性，因此，这里的"二人"以上，并不要求行为人都具备完全的责任能力。有责任能力者和无责任能力的精神病人、未成年人共同实行危害行为的，不能否定行为人之间共同实施违法行为的性质，由此可以肯定共同正犯的成立，只是无责任能力者不具有责任而已。具备责任能力者利用、支配无责任能力者实施犯罪（而非共同实行的），成立间接正犯，仅由利用者单独承担刑事责任，不能成立共同正犯。

（2）共同意思。

共同正犯的成立，在犯罪故意上有以下要求：①各个行为人主观上具备相同的犯罪认识因素和意志因素，而且，每个行为人都认识到，自己所实施行为的性质以及该行为所可能导致的后果，都是另外的行为人有所认识、有所期待的，即存在相互认识、相互期待的关系。"相同的犯罪故意"，不必要完全一致，有重合即可。可以一方是直接故意，另一方是间接故意，不要求都是直接故意。此外，共同犯罪的意思，通常形成于共同犯罪之前，但是，在同时实行犯罪过程中，因为偶然原因产生共同意思，或者因同时实行者改变犯罪意图而产生共同意思的，也属于共同故意。②行为人之间存在意思联络。这里的"意思联络"，明示的或者暗示的都可以。联络通常是直接的，是数个共同正犯同时谋议的。但是，通过某人顺次传达的，甚至是"单线联系的"间接的"意思联络"，也属于共同意思的表达方式。例如，有杀人意思的 A 分别与 B、C、D 联系，邀请并指挥他们共同实施杀害仇人 E 的行为，B、C、D 到达现场后同时举刀杀死 E。B、C、D 三人相互之间缺乏意思联络，但也成立共同正犯，而非同时犯。

【真题】甲、乙预谋修车后以假币骗付。某日，甲、乙在某汽修厂修车后应付款 4 850 元，按照预谋甲将 4 900 元假币递给乙清点后交给修理厂职工丙，乙说："修得不错，零钱不用找了"，甲、乙随即上车。丙发现货币有假大叫"别走"，甲迅即启动车辆驶向厂门，丙扑向甲车前风挡，抓住雨刮器。乙对甲说："太危险，快停车"，甲仍然加速，致丙摔成重伤。（选自 2010 年卷 2 第 91 题）

解析：甲与乙对于使用假币与诈骗的行为存在共同的行为故意，但是，甲在发现丙扑在车的前风挡后仍然加速致使丙受重伤，对于这一节的事实，已经超出了二人原先的共同决意，对于甲可能伤害丙的行为，乙已经明确表示反对，因此对于此一节事实二人没有共同的行为决意，不应成立故意伤害罪的共同正犯。

与共同正犯的共同意思相关的有五个重要概念，需要注意：

第一，同时犯。

同时犯，又称为平行正犯，是指数人没有共同意思联络，偶然地在同一场所、同一时间针对同一客体实行犯罪的情形。同时犯与共同正犯最大的不同之处在于，由于没有共同的行为决意，因而不适用交互归责的原则，在事实不清时，必须对各实行人做有利的事实认定。如甲和乙未经商议，在同一时点不约而同地对他们的共同仇人丙开枪，事后查明，仅有一颗子弹击穿丙并致其死亡，但无法确认到底是谁的子弹击中了丙。由于甲和乙没有共同的行为决意，因此，只能就丙的死亡后果与甲、乙二人的行为分别确认因果关系，由于谁击中丙的事实无法确证，无法排除是另一人的子弹击中，所以最后只能做有利于二人的事实认定，认定结果和各自的行为都没有因果关系，最后得出二人都是犯罪未遂的结论。

第二，过失共同正犯。

通常认为，共同过失犯罪，没有相同的犯罪认识和意思因素，也不存在意思联络，不是共同正犯，但可能成立过失犯的同时犯。

第三，片面正犯。

共同正犯之间有意思联络，该意思联络是否一定要有意思的"互换"？没有共同实行的"交互"的意思联络，只有一方有与他人联络的意思的，是否成立共同正犯？例如，A 知道 B 要杀害 C，就将 C 捆绑起来，扔在不知情的 B 的必经之路上，B 将 C 砍死，对 A 应当如何处理？这就是片面共同正犯的问题，对此问题存在争议，尚未形成共识。

行为共同说认为，"共同"是指构成要件的行为共同，因此只要客观的实行行为相同或部分相同就可以成立共同正犯，因此，彼此之间是否有意思的联络并不是问题的实质，只有一方联络的意思，他方并不知情，也认为正犯有共同的意思联络。只要一方有利用或补充他方的行为，就可以成立共同正犯。据此，上例中的 A 成立故意杀人罪的片面共同正犯。

犯罪共同说认为，共同犯罪的成立，除了彼此之间必须有共同的实行行为外，行为人之间还必须有共同的意思联络，意思联络对违法性有影响。共同意思联络，必须是"交互"的意思沟通。因此，片面正犯当然因其没有彼此之间的意思的联络而不成立共同正犯，由此否定了片面正犯概念。但是，要注意的是，帮助犯的成立不需要意思联络，不成立片面共同正犯，但完全可能成立片面的帮助犯。因此，上例中的 A 首先成立非法拘禁罪，同时这一非法拘禁行为又是 B 故意杀人的帮助行为，因此 A 成立非法拘禁罪和故意杀人罪帮助犯的想象竞合。

从理论上看，应当认为，片面正犯否定说是有道理的。共同正犯的归责原则是"交互"归责（部分行为全部责任），在共同犯罪过程中，正犯之间在心理上、物理上相互都有引起和被引起的关系，互为因果，所以，共同正犯之间要对其他正犯造成的不法结果负责。而在片面正犯的条件下，不知情的一方不可能对单纯有正犯意思者的行为负责，无法使用部分行为全部负责的处罚原理。按照共同正犯的性质，行为者之间必须有共同犯罪的认识，有意思的交换，并有相互利用对方的行为以达到犯罪目的的意思。片面正犯难以符合共同正犯主观上的这些要求，所以不应该承认片面正犯概念。否认片面正犯概念，不等于放纵犯罪，对相关行为人可以按照间接正犯、同时正犯或帮助犯处理。

第四，承继的共同正犯（相续的共同正犯）。

在他人实行一部分犯罪行为之后，犯罪行为尚未完全结束之际，行为人基于共犯的意思，加入该犯罪的实行的，成立承继的共同正犯。是否承认承继的共同正犯，理论上也存在很大的争议。应当认为，如果承认责任主义是不可动摇的原理，也承认犯罪事实支配理论是界定正犯的合理标准，否定承继的共同正犯概念是合理的。毕竟，后行为者的参与和先前行为人已经造成的结果之间没有关系，后参与者只能支配参与之后的事实。据此，在他人使用暴力导致被害人重伤的场合，后行为人仅参与取得财物的，仅成立盗窃罪的正犯。

承继的共同正犯，必须成立于他人的实行行为全部完成之前。在非法拘禁罪、绑架罪等继续犯中，他人将被害人置于被实际控制的地位时，犯罪已经既遂，但是，在其释放被扣押者之前，犯罪行为仍然一直在持续状态，行为人基于正犯的意思加入的，可以成立承继的共同正犯。在结果犯中，实行行为完成，犯罪达到既遂状态时，不能再成立承继的共同正犯。

第五，共谋共同正犯。

所谓的共谋共同正犯，是指数人共谋共同犯罪，参与谋议的一人或数人并不参与实行，而推由他人实行，仅参与共谋而未参与实行者也被论以正犯的情形。共谋共同正犯最早起源于日本实务，其为帮派首领等在共同犯罪中的预备阶段起策划、组织作用的人的正犯性提供了根据。目前，我国通说与实务皆承认这一概念。成立共谋共同正犯，要求有共同谋议的事实与他人的实行两个条件。所谓的"共谋"，是指二人以上为了实行特定的犯罪，以将各自的意思付诸实现为内容，互相就犯罪的实行共同发挥作用的意思进行沟通并最终达成共识的过程。通过共谋，单纯共谋者与实行担当者一体化的内在联系得以产生，并且对于共谋行为的内容及随后采取的行为达成一致。他人的实行则要求共谋者中必须有一人或一部分人在共同谋议的基础上直接实行了犯罪构成要件中的实行行为。

（3）共同行为。

在通常情况下，共同正犯存在共同的犯罪决意，并往往由此形成较为详尽的犯罪计划。与这种犯罪心态相匹配，共同正犯形成功能上的分工合作关系，各自分担了实现犯罪计划所必要的行为，对犯罪进程的推进作出了必要的"贡献"。共同正犯的共同行为，包括以下情形：①最典型的是参与实行分则构成要件所规定的构成要件行为。②在我国刑法中，犯罪集团的首要分子或者聚众犯罪中起组织、策划、指挥作用的人，即使不在现场，没有亲自实施刑法分则所规定的构成要件行为，按照犯罪的功能性支配说，可以认定其为共同正犯。因为处于组织、指挥、策划地位的人，始终会把整个犯罪作为自己的事情而非他人的事情，所以，在共同犯罪中处于核心地位者，是犯罪的决定性人物，他人在现场的具体实行行为随时受制于组织、指挥、策划者，后者的功能远非具有边缘性的教唆犯可比。将这些人作为共同正犯是理所当然的。

2. 共同正犯的处理

共同正犯要对自己的行为所导致的结果负责，同时要对其他正犯所导致的结果负责，因为其他正犯的犯罪，是所有共犯人"自己的犯罪"。所以，在共同正犯的场合，只要一个行为人的行为既遂，所有的共犯都要承担既遂的责任，这就是共同正犯"部分行为全部责任"原则或者交叉归责原理。如 A、B 经共谋后，以杀人的意思同时对 C 开枪。后查明 C 身上只有一颗子弹。由于是共同正犯，任何一个正犯都需要对其他人所造成的不法结果负责，因此，如果查明该子弹为 A 射击，B 根本没有打中 C，A 当然是故意杀人罪既遂，B 仍然需要对 A 造成的结果负责，因而同样也是故意杀人罪既遂；如果无法查清该子弹由谁发射，则 A、B 也都成立故意杀人既遂，因为无论是谁打中 C，另一方都需要对死亡结果负责。

在共同正犯的处理上，坚持部分行为全部责任原则，并不违反责任主义。主要理由在于：（1）从犯罪支配说的角度看，在客观上，共同正犯之间相互利用、相互补充，自己的犯罪是他人的，所有正犯都难脱干系。（2）在主观上，任何一个正犯的存在及行为都对其他正犯在心理上有很大影响力，正犯相互之间是对方的"精神支柱"。

共同正犯着手实行行为后，都没有达到既遂状态的，则所有共犯都是未遂。例如，A、B 经共谋后，以杀人的意思同时对 C 开枪，A 打中了 C 身旁价值颇高的宠物狗，B 的手枪根本无法发射子弹，则 A、B 都只能成立故意杀人罪未遂。对于本案中出现的共同正犯的抽象事实认识错误，适用单独犯的事实认识错误处理原则。对共谋共同正犯的主犯，也应当适用部分行为全部责任的法理，即单纯共谋者虽然没有实施实行行为，不是形式上的实行者，但是，由于其实质上对于实行行为的实施、犯罪的完成发挥了重要的作用，应与实行者"同视"，其应当同实行者一样对实行行为及其危害后果承担全部责任（包括对整个犯罪结果负责，承担既遂责任等）。如甲、乙、丙共谋去抢赌资。三人骑自行车到某单位宿舍院外，此时甲巧遇友人丁，遂下车与之交谈。乙、丙没有等甲，放下自行车持刀闯入宿舍楼某房间，用暴力抢走正在参与赌博的人共计 500 元钱。乙、丙抢到钱后匆忙下楼推车，甲见状即与丁道别，并推车与乙、丙一同回甲家分赃。甲获赃款 50 元。本例中，甲参与事前的抢劫共谋，并一同骑车去抢劫现场，而后在楼下等候，待他人抢劫得手后便主动一同去分赃，应视为实施了"一定的"抢劫行为，构成抢劫罪既遂。

3. 共同正犯与加重结果

共同正犯实施各自的行为，其中个别正犯导致加重结果，其他正犯是否要对加重结果承担责任？结果加重犯存在基本犯是故意、加重结果为过失，基本犯是故意、加重结果是故意，基本犯是过失、加重结果是过失三种情形，但我国刑法不承认过失共同正犯，因而前两种情形是否就加重结果负责是需要注意的。

（1）基本犯是故意、加重结果是故意时，所有的共同正犯均需对加重结果负责，符合部分行为全部责任的共同正犯处理原则。如 A、B 共谋抢劫，A 堵住一个死胡同的路口，B 对误入该胡同的 C 进行抢劫，在 C 反抗时，B 故意杀死了 C。A 是否要对 C 的死亡结果负责？A、B 共谋实施的抢劫罪是重罪，共同正犯对其他人在犯类似于抢劫的重罪过程中可能杀害被害人并非难以认识，B 故意杀害 C，C 死亡的结果是 A 能够接受的，因此 A 同样需要对 C 的死亡结果负责。

（2）基本犯是故意、加重结果是过失时，考虑各个共同正犯的行为是否符合结果加重犯的条件，即需要分别考察各个行为人对于加重结果的发生是否有预见可能性。因为各个行为人对加重结果缺乏故意，缺乏意思联络，对于加重结果部分不能成立共同正犯，所以不能按照部分行为全部责任的原则处理。如 A、B 共同绑架 C，B 在事后看管 C 时，将 C 捆绑太紧，导致其窒息死亡。此例中，B 属于绑架致使被害人死亡，A 在与 B 实施法定刑起点为 10 年有期徒刑的绑架罪时，对于他人可能在绑架过程中杀害被绑架者或者过失导致被绑架者死亡客观上有所预见，所以 A 需要对 C 的死亡结果负责。

因此，对于加重结果，是否要求所有的共同正犯负责，是分别判断的。换句话说，在出现加重结果的场合，基本的处理原则是：对于基本犯而言，成立共同正犯；对于加重结果而言，由各行为人各自对结果负责。而各行为人是否对加重结果负责，不可一概而论，是否对加重结果有预见可能性是问题的关键。当然，在结果加重犯的共犯场合，各个共犯对结果的预见可能性通常是存在的，因此，其一般要对加重结果负责。

4. 共同正犯与加重情节

加重结果也是广义的情节，这里的"加重情节"，是指加重结果以外，刑法分则有特别规定的法定刑升高的情节，或者因为在基本行为之外另外实施一定行为而转化罪名以重罪论处的情况。

我国《刑法》第 263 条规定了八种法定刑升高的情节，其中多数属于加重情节。在共同正犯的场合，一个正犯的行为具备某种情节的，对其他正犯的处理通常也需要适用该情节的规定。例如，A、B 经共谋后实施抢劫行为，A 在室外望风，B 入户抢劫或者进入金融机构抢劫的，则对 A、B 都要适用入户抢劫或者抢劫金融机构的法定刑。

共同正犯之一在基本行为之外另外实施一定行为而转化罪名的，其他共同正犯是否应对转化后的罪名负责，需要结合个案中共同犯罪人谋议的内容及预见可能性等具体进行判断。例如，甲、乙共谋抢夺，如果甲携带凶器，乙对此并不知情的，则甲构成抢劫罪的正犯，乙构成抢夺罪的共同正犯。如果 A、B 入室盗窃，A 取得财物后先行离开，B 被回家的主人发现时为脱身而将主人打成重伤。此时由于 A、B 的共同行为决意内容是入室盗窃，因此 B 成立抢劫罪的正犯，而 A 只构成盗窃罪（重合范围内）的共同正犯。但是，如果 A、B 之间事前存在一旦盗窃难以脱身就殴打被害人的商议，则两人都成立抢劫罪。

第三节 共犯

一、共犯从属性

我国刑法学界一直存在共犯独立性说与共犯从属性说的争论，争议的关键在于共犯的可罚性是否取决于正犯具有可罚性，目前学界的主流均认为必须坚持共犯从属性，即教唆犯与帮助犯具有可罚性的前提是正犯具备可罚性。

关于正犯在性质上需要满足到什么程度，共犯才能从属，理论上存在四种可能：（1）最小从属形式。只要正犯满足构成要件符合性，即使正犯没有违法性与责任，共犯便可以从属，相应共犯就具有可罚性。如此一来，则教唆或帮助他人实施正当防卫、紧急避险等正当化行为的共犯也具有可罚性，因为正犯的正当防卫等行为也是符合构成要件的行为。（2）限制从属形式。当正犯具备构成要件该当性，且具有违法性，但不需要有罪责时，共犯便可以成立。如此，则教唆他人正当防卫等行为不成立教唆犯。（3）严格从属形式。当正犯具备构成要件该当性、违法性和有责性时，共犯才能成立。如此，则教唆 15 周岁的人盗窃，由于实行盗窃者未达到刑事责任年龄，不具备有责性，教唆犯便相应不能成立。（4）极端从属形式。仅在正犯具备符合构成要件、违法性、有责性，且具备个别构成要件要求的客观处罚条件和其他加重、减轻事由时，共犯才能成立。

今天通说采取的立场是限制从属性，即教唆犯和帮助犯的成立，仅要求正犯实行的是一个具备构成要件该当且具有违法性的行为。由此，教唆、帮助他人实施正当防卫，即便教唆者和帮助者故意想要造成被防卫人死伤的后果，由于正犯是一个合法行为，没有正犯可以从属，教唆者与帮助者也不成立共犯，不具有可罚性。教唆或帮助无刑事责任能力的人实施分则规定的行为的，因为正犯的行为具备构成要件该当性与违法性，因而成立共犯。当然，如果无刑事责任能力者达到了被支配和操控的程度，则教唆者理当成立不法内涵更高的间接正犯，而非仅仅只是教唆犯。

从属形式	从属内容
最小从属形式	正犯构成要件该当
限制从属形式	正犯构成要件该当、违法
严格从属形式	正犯构成要件该当、违法且有责
极端从属形式	正犯构成要件该当、违法、有责，且具备客观处罚条件等所有的可罚性要件

二、教唆犯

教唆犯，是指引起他人的犯罪意思，使他人产生犯罪决意的人。成立教唆犯，需要有教唆故意和教唆行为两个要件。

1. 成立要件

（1）教唆故意。

教唆故意，是指诱发他人犯罪的故意。需要提醒注意的是，教唆犯的故意必须是双重故意：教唆者对自己的行为是在引起他人的犯罪故意具有明确认识；同时，认为自己教唆的犯罪能够达到既遂状态。

教唆犯必须促使被教唆者产生实施犯罪的决意。被教唆者完全没有犯意而对其进行教唆的，当然是教唆（教唆从无到有）；被教唆者的犯意并不确切、处于摇摆不定的状态时，通过唆使使他人产生确定的犯意的（教唆从不确定到确定），也是教唆。如果被教唆者已经有了坚定的犯意，此时再予"唆使的"，便谈不上使他人产生犯罪决意，只能视情形成立心理（精神）帮助犯或未遂教唆。例如，乙具有携带管制刀具抢劫的意思，善于察言观色的甲建议乙持枪抢劫，乙果然听从甲的建议，甲的劝说行为并非教唆，而只是使得乙的抢劫行为更容易实施，所以甲应当成立抢劫罪的帮助犯。如 A 在某日下午 4 点教唆 B 杀害 C，下午 4 点在 B 前往 C 家途中，D 以 5 万元重金相诱惑，要 B 杀 C。早有杀人意思的 B 点头应承并接受了 D 的现金。1 小时后，B 果然杀死了 C。由于 D 实施教唆行为之前，A 的教唆行为已经实施完毕，B 已经具有坚定的杀害 C 的意思，因此即便没有 D 的教唆行为，也会有 C 的死亡，所以 D 的教唆行为和 C 的死亡之间没有因果关系，D 不需要对 C 的死亡后果负责。因此，D 的行为只能成立未遂教唆。

只是抽象地叫他人"去犯罪"并不构成教唆，教唆的故意当中就应当包括教唆犯对于犯罪内容的具体认识，即教唆犯对于与正犯将要实施的犯罪有关的重要构成事实，应当具有相当程度的认识，知道自己是在教唆他人实施杀人、伤害、抢劫等行为。当然，教唆犯需要认识所教唆犯罪的重要构成事实，并不要求其认识犯罪所有的细节。

与教唆故意有关的重要问题是未遂的教唆概念。未遂的教唆是指教唆人在教唆时已经预测被教唆人的行为最多只能达到未遂、而不可能既遂的情形。行为人故意教唆他人实施不可能达到既遂的犯罪行为时，能否成立教唆犯是争议的焦点。例如，A 为考验 C 的胆量，教唆 B 用枪杀害 C，但 A 在 B 着手实行之前，将 B 枪里的子弹全部卸掉。应当认为，在未遂的教唆的场合，否定成立教唆犯的观点是合理的。由于教唆犯的双重故意要求教唆者实施教唆行为时对于被教唆人实施的犯罪能够达到既遂状态具有认识与希望或放任的心态。未遂的教唆者的犯罪故意中不包含完成犯罪的意思，其自始就知道犯罪绝对不能达到既遂状态，主观上不是为了实现犯罪的构成要件结果，就不成立教唆，不能以犯罪论处。因此，教唆人仅仅具有达到未遂的意图时，不能认为其具有教唆的故意，未遂的教唆不可罚。

陷害教唆实际上也是一种未遂的教唆。如行为人以使他人受到刑事处罚为目的，诱使他人犯罪，而于被教唆人着手实行后，抓捕被教唆人，使其难以达到既遂的，就是陷害教唆。由于真正的教唆犯除了引起他人的犯罪意思外，还希望被教唆者完成犯罪而使法益遭到破坏，而陷害教唆的教唆犯欠缺使被教唆者实施犯罪既遂的意思，因此不成立教唆犯。

【真题】甲唆使不满16周岁的乙强奸妇女丙，但乙只是抢夺了丙的财物1万元后即离开现场，甲成立强奸罪、抢夺罪的教唆犯。（选自2009年卷2第6题，A选项）

解析：上述表述是错误的。甲仅有强奸罪的教唆故意，但被教唆者乙并未实施强奸行为，因此甲不成立强奸罪的教唆犯；乙实施的是与强奸行为没有任何交叉与包容关系的抢夺，就抢夺部分甲没有教唆故意，当然不成立抢夺罪的教唆犯。

（2）教唆行为。

对于教唆的具体方式方法，并没有限制，包括开导、说服、请求、挑拨、刺激、利诱、怂恿、嘱托、胁迫等。教唆行为具有不同于正犯实行行为的特点，它不是由刑法分则加以规定，而是由刑法总则规定的。如果某种教唆行为，已经由刑法分则作了规定，那就不仅仅是教唆犯的教唆行为，而是本身就成立正犯行为，即共犯的正犯化。

【真题】教唆他人吸食、注射毒品的，成立吸食、注射毒品罪的教唆犯。（选自2009年卷2第6题，C选项）

解析：上述表述是错误的，第一，吸食、注射毒品行为本身并非犯罪行为，换句话说，该行为不属于刑法上的违法行为，教唆犯便没有正犯可以依附与从属，教唆他人吸毒的，当然不成立教唆犯；第二，由于《刑法》第353条专门订立了引诱、教唆、欺骗他人吸毒罪，教唆他人吸毒的行为属于分则明文规定的正犯行为，因此，不可能成立吸食、注射毒品罪的教唆犯。

2. 教唆未遂

《刑法》第29条第2款规定，如果被教唆的人没有犯被教唆的罪，对于教唆犯，可以从轻或者减轻处罚，这便是教唆未遂的规定。应当认为，被教唆的人"没有犯被教唆的罪"，是指教唆犯教唆他人犯罪，被教唆人已经着手实行犯罪，但未既遂。换句话说，适用29条第2款规定的前提是：被教唆人已经着手实行犯罪，但未既遂。

对于教唆犯教唆他人犯罪，被教唆人仅有预备行为但"没有着手犯被教唆的罪"的情形，此时即便要处罚预备犯，也应该适用（他人）预备罪的法理，引用《刑法》第22条第2款预备犯的规定直接进行处罚，与教唆未遂和共犯从属性原理无关，无须适用《刑法》第29条第2款；对于教唆信息完全没有传递给被教唆人、被教唆人明确拒绝教唆、被教唆人虽接受教唆但尚未开始实施预备行为的三种情形，教唆行为对法益没有抽象危险，教唆者不但不能成立教唆未遂，而且连教唆预备犯都不成立，不属于刑法处罚的对象。

三、帮助犯

帮助犯，是指故意对正犯提供辅助，使正犯的犯罪更容易得逞的情形。成立帮助犯，同样要求帮助故意与帮助行为。

1. 成立要件

（1）帮助故意。

帮助故意是指明知自己是在帮助他人实施犯罪，如同教唆犯，帮助故意同样应当是双重故意：对于自己的行为会帮助正犯顺利实施犯罪持故意心态；对于正犯故意实施犯罪既遂同样持故意心态。尤其要注意的是第二重故意，即帮助故意的内容必须指向故意犯罪既遂，帮助犯一开始就知道自己的帮助行为不可能导致正犯故意犯罪既遂的，例如，应正犯的要求，绘制一张绝对无法找到被害人家里重要财物存放点的图纸交给盗窃犯的，欠缺帮助故意，帮助犯无罪。

（2）帮助行为。

帮助行为必须是实行行为以外的，使他人的实行行为更容易实施的行为。帮助犯的实质为参与行为促进，使结果更容易发生。

对于帮助的形式，并没有限制，可以是物理帮助和精神帮助。物理帮助是有形的帮助，包括为正犯实施犯罪创造有利条件、排除不利障碍等，诸如提供凶器等都是物质帮助；后者是无形的帮助（心理的帮助），为实行犯出主意、撑腰打气、站脚助威等均属于精神帮助。

成立帮助犯，要求帮助行为对实行行为必须具有物理的或者心理的因果性影响，因此，帮助行为与正犯所造成的危害结果之间，必须有因果关系。即帮助犯对于正犯的实行行为有一定程度的物质或者精神上的影响，无此因果贡献的，帮助犯应当无罪。帮助者的物理帮助作用虽然没有发挥，但是，该帮助对于实行者所产生的心理影响仍然存在，使正犯在犯罪时心里更踏实的，成立精神帮助，帮助行为和实行行为及其后果之间的因果联系仍然存在，帮助犯成立。对于这一点，往年的真题中作过专门的考查。

【真题】甲欲去乙的别墅盗窃，担心乙别墅结构复杂难以找到贵重财物，就请熟悉乙家的丙为其标图。甲入室后未使用丙的图纸就找到乙价值100万元的珠宝，即携珠宝逃离现场。（选自2009年卷2第51题）

解析：尽管丙为甲绘制的图纸并未被甲实际使用，但是丙绘制的图纸为甲入室盗窃提供的心理上的"助力"是显而易见的，因为甲正是担心入室后找不到财物才找丙绘制图纸，得到图纸的甲坚定了顺利实施盗窃的信心，所以甲与丙成立盗窃罪的共同犯罪，丙成立盗窃罪的帮助犯。

2．片面帮助

帮助犯并非为了实现自己的犯罪，而是为了帮助他人。在提供物理或者心理帮助时，只要对正犯的实行行为有所认识，并单方面具有帮助的意思，即使正犯对此没有认识，帮助犯与正犯没有意思联络，该帮助行为也可以达到使正犯实行行为容易实施的效果，可以成立帮助犯。因此，不同于片面共同正犯，片面帮助犯是成立的。如即将辞职离开公司的甲在审查购货合同时，发现对合同设置很多陷阱的乙明显具有诈骗的意图。但对公司心怀不满的甲并未声张，乙顺利诈骗甲所在公司财物50万元。甲与乙之间尽管没有意思联络，但甲客观上确实为乙顺利实施诈骗提供了助力，甲以片面的意思对乙的诈骗提供了帮助，可以成立合同诈骗罪的片面帮助犯。

第四节　共同犯罪人的处罚

我国刑法以作用分类法为主、以分工分类法为辅，将共同犯罪参与者分为主犯、从犯、胁从犯、教唆犯四种。

一、主犯

1. 种类

根据《刑法》第 26 条第 1 款的规定，组织、领导犯罪集团进行犯罪活动的，或者在共同犯罪中起主要作用的，是主犯。由此，主犯大体可分为三类：犯罪集团的首要分子；聚众犯罪的首要分子；其他主犯。

犯罪集团的首要分子，是指在集团犯罪中起组织、策划、指挥作用的人。犯罪集团的首要分子都是主犯。

聚众犯罪中的首要分子，在聚众犯罪中起组织、策划、指挥作用，刑法同时处罚聚众者和积极参加者时，是聚众犯罪中的主犯。聚众犯罪的首要分子并非都是共同犯罪的土犯。这是因为刑法规定了两种聚众犯罪：一是属于共同犯罪的聚众犯罪，刑法同时处罚首要分子和其他参加者（如聚众持械劫狱罪），此时的首要分子当然是主犯；二是不属于共同犯罪的聚众犯罪，刑法并不处罚首要分子以外的其他参加者（如聚众扰乱社会秩序罪），此时的首要分子是单独正犯，自然不涉及主犯问题。

其他主犯，包括了在集团犯罪、聚众犯罪中起主要作用的人，以及在一般共同犯罪中起主要作用的人。在一般共同犯罪中起主要作用的人，包括以下类别：

（1）正犯。一般共同犯罪中起主要作用的人，多数都是正犯。但是，并非所有的正犯都是主犯，正犯在共同犯罪中所起的作用较小，是次要实行犯的，仍然可以成立从犯。正犯是否成立主犯，需要综合犯意由谁发起、纠集共犯的积极性、参与实行的主动性、是否充当指挥者角色、各自导致危害后果的大小等因素确定。

（2）教唆犯。教唆犯在共同犯罪中起主要作用时，是主犯。换句话说，教唆犯既可能是主犯，也可能是从犯。

（3）胁从犯。在特殊情况下，最初被胁迫参加犯罪的人，在着手实行之后，在共同犯罪中起重要作用的，也可以成为主犯。

2. 处罚

《刑法》第 26 条第 3 款规定，对组织、领导犯罪集团的首要分子，按照集团所犯的全部罪行处罚。这意味着只要最终的危害结果是在犯罪集团概括的犯罪意思支配下造成的，即使首要分子对犯罪集团其他共同犯罪人的某次犯罪事实并不明确知道，也需要对所有犯罪负责。按照犯罪的功能性支配理论，犯罪集团的首要分子事实上就是共同正犯，要求其对集团所犯的全部罪行负责，就是对共同正犯适用部分行为全部责任原则。

《刑法》第 26 条第 4 款规定，对于第 3 款以外的主犯，应当按照其所参与的或者组织、指挥的全部犯罪处罚。这意味着对聚众犯罪的首要分子，在集团犯罪、聚众犯罪中起主要作用的人，以及在一般共同犯罪中起主要作用的人，都应当按照其所参与的或者组织、指挥的全部犯罪处罚。因为共犯人之间存在相互利用的特殊情结，对共犯人之间的行为不能割裂开来看，所以，"按照其所参与的或者组织、指挥的全部犯罪处罚"，显然不是按照罪犯个人所造成的具体危害结果进行处罚，共同正犯成立主犯的，部分行为全部责任原则必须适用。在共同实施财产犯罪、贪污贿赂犯罪的场合，主犯需要对其所参与的全部犯罪负责，绝不能根据罪犯个人最后分得赃物的多少"计赃论罪"。

二、从犯

1. 分类

从犯，是指在共同犯罪中起次要或者辅助作用的人，包括在共同犯罪中起次要作用者和在共同犯罪中起辅助作用者。

（1）在共同犯罪中起次要作用者。

在共同犯罪中起次要作用的人，是指次要的正犯。这种正犯虽然直接实施了符合构成要件的行为，但可能并非犯意的发起者，或者没有实施寻找共犯的行为，或者参与实行的主动性不强，或者被动接受他人的指挥，或者所造成的危害后果较小，因此，相对于起主要作用的正犯而言，在共同犯罪中的作用较小。

（2）在共同犯罪中起辅助作用者。

在共同犯罪中起辅助作用的人，是指帮助犯。帮助犯是为他人实行犯罪提供各种物质和精神上的便利，对犯罪缺乏实质的支配，在共同犯罪中不可能起主要作用，所以，都属于从犯。

2. 处罚

根据《刑法》第27条第2款的规定，对于从犯，应当从轻、减轻处罚或者免除处罚。

主犯	从犯
犯罪集团的首要分子	在共同犯罪中起次要作用者（次要的正犯）
聚众犯罪的首要分子	在共同犯罪中起辅助作用者（帮助犯）
其他主犯（包括其主要的正犯和部分教唆犯及胁从犯）	

第五节　共犯的特殊问题

一、共犯的脱离与中止

在共同犯罪的场合，要适用中止犯的规定，需要满足某些特定条件。共同正犯在着手前要成立中止，需要有脱离犯罪的意思表示，并且被其他共犯者所了解、认同；在着手实行犯罪后，脱离者不仅要有脱离的意思表示，同时还要求必须采取必要措施防止其他正犯造成犯罪结果的产生，否则便要承担犯罪既遂的风险。总体上看，现代刑法以保护法益为其本质要求，因此脱离者要想脱离、中止共犯关系，必须消除自己的行为对其他共犯者所造成的物理或心理的因果关系。

1. 预备阶段的中止

（1）共谋共同正犯的中止。

如果脱离共谋关系者将脱离的意思在其他共谋者着手实行行为以前传达给其他共谋

者，并得到其他共谋者的接受和认同的，那么最初的共谋关系和最后的实行行为之间的因果关系被切断，共谋行为对其他事后实行者的心理支撑不再存在，此时脱离者对其他共谋人造成的未遂或者既遂后果不必承担责任，应按（预备阶段的）中止犯处罚。也即共谋共同正犯着手实行前要成立预备阶段的中止，需要满足两个条件：有脱离共犯关系的意思，并向对方明确表示；中止意思被对方接受。如甲、乙共谋伤害丙，在着手实施前，乙因害怕而在去往预定地点的途中偷偷逃离，甲独自将丙打成重伤。乙是否成立中止？乙未将中止的意思告诉甲，更未得到甲的同意，只是在前往犯罪现场的途中偷偷逃离，不成立中止（脱离），乙仍然需要对丙的重伤结果负责。又如 M 与 Q 二人在河堤散步，偶遇往日同伙前往堤边准备抢劫作案，同伙邀其加入。M、Q 先是答应，后同伙中有一人提出堤边只有一作案对象，参加的人太多则分赃太少，M 与 Q 遂自动提出不再参与。其他同伙往前一路段抢劫作案后，重回原地，用摩托车载着 M 与 Q 二人离开河堤，后 M 与 Q 没有分得赃款物。M 与 Q 是否成立中止？M 与 Q 在预备阶段参与了共谋，但是在实行阶段没有参与，同时 M 与 Q 二人将自己脱离退出共谋关系的想法告知了其他共谋者，并被其他同伙接受，成立抢劫罪（预备阶段）中止，应当免除处罚。再如，甲、乙共谋第二天共同入室抢劫，第二天甲在同乙前往作案地点途中谎称肚子疼急着上厕所，让乙先去，乙信以为真后便独自实施了抢劫（既遂）。此例中的甲没有明确告知乙退出共同抢劫的意思，没有消除和乙之间的心理性作用，不成立中止，而成立既遂。

需要特别注意的是：如果共谋者是共谋关系中的重要成员（如首谋者），对他人的实行行为可能产生巨大影响，为了解除对实行行为产生的巨大影响，需要作出额外的努力，否则仍然应当对结果负责。也就是说，共谋实施重罪的正犯，以及共谋共同正犯中的主要犯罪提议者要成立中止形态，仅仅传达中止意思给对方并得到对方认可并不足够，还必须在此之外打消其他共谋者犯意，采取告知被害人、撤回许诺、报告警方等措施，以有效阻止其他共谋共同正犯实行。

（2）教唆犯的中止。

教唆犯实施教唆之后，在他人着手之前产生中止的意思，并将该意思传递给被教唆者的，原则上就可以成立预备阶段的中止。但是，如果教唆的是重罪，或者教唆犯给予对方一旦事情成功即会获得报酬的承诺的场合，要成立犯罪中止，仅仅传达中止犯罪的意思给被教唆者，即使得到被教唆者的承诺，对于成立中止仍不足够，还必须在此之外采取告知被害人、撤回许诺、报告警方等措施阻止被教唆人犯罪。这一点与共谋实施重罪的正犯，或者共谋共同正犯中的主要犯罪提议者的中止成立条件基本相同。如甲承诺给乙 10 万元让乙杀丙，并先给了乙 5 万元。在距乙杀人还有 3 小时之际，甲突然后悔，并打电话告诉乙不要杀丙。乙在电话里说了声"知道了"，就挂断了电话。3 小时后，乙仍然杀死了丙，并要甲支付另外 5 万元。甲是否成立中止？甲教唆乙实施重罪，同时，给予对方一旦事情成功即会获得总数 10 万元报酬的许诺，其要成立犯罪中止，除了告知对方不要着手犯罪之外，还应当采取追回已经给付的 5 万元、撤回另外 5 万元的承诺、告知被害人躲避、请求警方控制乙等措施来阻止乙杀害丙，而甲并未实施相应行为，所以，甲应成立犯罪既遂，而非中止。

（3）帮助犯的中止。

在着手实行之前为他人的犯罪准备工具或者制造条件的人，如果告知对方自己要脱离共犯关系，就能够消除自己对未来的实行行为的积极影响，他人的着手实行就会遇到困难，同时放弃犯罪的意思得到对方同意的，可以成立中止。如 A 为在第二天盗窃 C 的汽车，邀请锁匠 B 前往现场用铁丝捅车门。B 在同意之后很快反悔，并表示自己不敢去。A 无可奈何只得同意。第二天，A 自己带着铁丝捅开 C 的车门将汽车开走。本例中 B 告知对方自己的脱离意思并得到对方同意，切断、消除了自己对 A 的实行行为的影响。A 自己带着铁丝捅开 C 的车门盗窃既遂，应当认为 B 切断了自己的行为同正犯 A 造成的危害后果的心理因果关系，B 可以成立犯罪中止。

【真题】丁知道孙某想偷车，便将盗车钥匙给孙某，后又在孙某盗车前要回钥匙，但孙某用其他方法盗窃了轿车。（选自 2011 年卷 2 第 55 题，D 选项）

解析：丁原先为孙某的盗窃行为提供了物理的帮助，在正犯孙某着手实行前向孙某要回钥匙，便切断了其与犯罪结果之间的物理性和心理性因果关系，理当认定为帮助犯中止，其对孙某的盗车结果不承担责任。

仅仅有脱离共犯的意思，但并未消除对实行行为的积极影响，他人的着手因为帮助犯在预备阶段的行为更容易，帮助行为的加功效果并未消除的，即使放弃犯罪的意思被对方接受，也不能成立中止。如电工甲在被害人乙家里安装空调时，按照盗窃犯丙事前的安排观察并绘制了乙家别墅的房间分布图、标明财物的所在位置，然后将图纸交给丙。在丙着手盗窃之前，甲后悔并索回图纸。但在丙谎称已经撕毁图纸时，甲不再深究。事后，丙凭借该图纸盗窃了乙的财物。此时的电工甲不应被认定为犯罪中止，是因为其并未彻底切断自己的帮助行为同正犯行为造成的危害结果之间的物理性因果关系（丙利用其图纸顺利盗窃），仍然成立盗窃罪既遂。

2. 实行阶段的中止

（1）共同正犯的中止。

对于共同正犯来说，要在实行阶段成立犯罪中止，除了必须切断自己同其他正犯的物理性、心理性因果关系外，尚须进一步有效防止结果的发生，才能成立中止犯。因为共同正犯比单独正犯的危险性更高，实行交互归责原则，因此，共同正犯需要承担共同犯罪意思范围内其他共同正犯造成犯罪结果的风险。换句话说，有中止和脱离意思的共同正犯必须承担未能有效阻止其他正犯犯罪既遂的后果。如甲、乙经共谋后到现场共同对丙实施伤害行为，甲见丙流血不止，十分可怜，就偷偷离开现场。乙继续实施伤害，致丙死亡。甲在着手后产生中止犯罪的意思，但由于其和乙成立共同正犯，甲未能采取积极有效的措施阻止乙继续实施犯罪，需要对乙造成的死亡结果承担责任，成立故意伤害（致人死亡）罪既遂，不成立中止。

（2）教唆犯与帮助犯的中止。

教唆犯与帮助犯在正犯处于实行阶段时，中止（脱离）的条件基本等同于预备阶段的中止：即必须有效切断自己的行为贡献同正犯实行之间的物理性、心理性因果关系。对于教唆犯来说，要积极有效阻止正犯继续实行。帮助犯在正犯着手之后自动停止帮助行为，并且被正犯接受，但并未制止正犯继续实施犯罪的，不能成立中止。如果正犯既遂的，帮助犯仍然成立既遂。如 A、B 多次共同盗窃。一天深夜，A 和 B 又一起相约去某别墅区盗窃，但未事先商量盗窃种类。A 仍然是在屋外望风，B 入室盗窃。过一会儿 B 出来对 A 说："没偷到什么东西，但偷到一把汽车钥匙，要去把车开走。"A 很害怕，说："你偷你的，汽车我不敢偷。"B 说："你不偷，那你就等我一会儿。"A 于是仍然站在别墅门口，B 独自去开车库门。B 在开车时，不小心把喇叭弄响，但没有人发现。B 将车开了出来，叫 A 上车。A 说："我走回去。"B 说："我开车送你回去。"A 说："你偷你的车，反正与我无关。"于是，就上了 B 偷的车，坐车回家。B 将 A 送回家之后，独自将车开走并以低价卖出，A 未参与分赃。就 B 盗窃汽车的事实来说，A、B 成立共同犯罪，A 不成立犯罪中止，B 是正犯（主犯），A 是帮助犯（从犯）。A 虽然表示不偷汽车，但是其留在现场且没有阻止 B 的盗窃行为，不能成立犯罪中止，其事实上对他人的盗窃还存在精神上的帮助，没有参与分赃并不影响对其帮助盗窃既遂的认定。

	预备阶段	实行阶段
共同正犯	消除共谋对其他正犯产生的物理性与心理性因果关系（共谋实施重罪有例外）	消除自己的参与行为同其他正犯之间的物理性与心理性因果关系，同时要积极有效阻止结果发生
教唆犯	将中止意思传递给被教唆者（教唆重罪有例外，须有效阻止犯罪）	积极有效阻止正犯继续实行
帮助犯	消除帮助行为对正犯产生的物理性与心理性因果关系	除消除帮助作用外，尚须积极有效阻止结果发生

二、共犯与身份

1. 真正身份犯与不真正身份犯

所谓的身份犯，分为真正身份犯与不真正身份犯。

真正身份犯，是指建构构成要件不法内涵的核心就是行为人的身份，也即身份的有无影响定罪的情形（构成身份）。如果不具有相关的身份，且不存在有身份者的参与，无身份者不成立身份犯构成要件的相关犯罪。如不具有国家工作人员身份的 A 在身为公务员的丈夫完全不知情的情况下，向开发商索要 10 万元现金。由于 A 不具有国家工作人员身份，同时具有身份的丈夫对于 A 的行为并不知情，因此 A 不构成受贿罪。

不真正身份犯，是指身份的有无不影响定罪，但影响量刑的情形（加减身份）。在不真正身份犯的场合，有身份者与无身份者共同犯罪的，对有身份者适用特别之刑，对无身份者适用通常之刑。如国家机关工作人员甲和非国家机关工作人员乙共同诬告陷害丙故意杀人，此时甲、乙构成诬告陷害罪的共同犯罪，但是国家机关工作人员是诬告陷害罪的量刑身份，因此对甲应从重处罚，但对乙不能从重处罚。

2. 真正身份犯与共同犯罪

（1）无身份者永远不可能成立真正身份犯的正犯。

真正身份犯与共同犯罪的关系比较复杂，对于备考来说，首要的一点必须记住：无身份的人永远不可能成立身份犯构成要件的正犯（包括共同正犯、间接正犯、直接正犯），只能成立教唆犯与帮助犯。这是因为，身份是建构这些构成要件的核心不法内涵，没有身份的人并非立法者订立这些构成要件时原先想要制裁的"行为人"或对象，只不过因为总则和理论上存在教唆犯与帮助犯的规定，因此，制裁范围才扩大到这些没有身份的人（这便是限缩的正犯概念的理念核心）。正是在这个意义上，教唆犯和帮助犯在限缩的正犯概念那里便成为刑罚扩张事由。

（2）无身份者帮助、教唆有身份者。

无身份者帮助、教唆有特定身份的人共同实施犯罪的，应当根据有身份者构成的犯罪定罪。例如，非国家工作人员与国家工作人员勾结，伙同贪污或者受贿的，应当成立贪污罪或者受贿罪的教唆犯或帮助犯；非邮政工作人员教唆邮政工作人员隐匿邮件的，构成《刑法》第253条所规定的隐匿邮件罪的教唆犯，不构成第252条的侵犯通信自由罪，无论该教唆犯是否主犯。

（3）真正身份者教唆无身份者。

真正身份者教唆无身份者，刑法对被教唆者实施的行为规定了独立罪名的，教唆犯成立非身份犯的教唆犯和身份犯的间接正犯，二者成立想象竞合。例如，邮政工作人员甲教唆非邮政工作人员乙隐匿、毁弃他人邮件的，邮政工作人员甲应当成立《刑法》第252条侵犯通信自由罪的教唆犯和《刑法》第253条的隐匿、毁弃邮件罪的间接正犯，二者成立想象竞合关系，乙只构成侵犯通信自由罪，甲、乙在侵犯通信自由罪的范围内成立共犯。再如，国家工作人员A教唆非国家工作人员B盗窃自己负责管理的金库的，A成立盗窃罪的教唆犯和贪污罪间接正犯的想象竞合。

真正身份者教唆无身份者，刑法对被教唆者实施的行为并未规定独立罪名的，有身份者成立身份犯的间接正犯，无身份者成立该间接正犯的帮助犯。例如，国家工作人员甲教唆失业在家的妻子乙向他人索取财物的，刑法并未将乙的行为单独规定为犯罪，甲就是利用无特定身份的人实施只有国家工作人员才能成立的犯罪，因此甲成立受贿罪的间接正犯，乙成立帮助犯。

（4）身份犯的竞合。

身份的竞合，是指所有的共同犯罪人都有身份的情形。即共同犯罪人都具有身份，但身份不相同，不同身份者各自利用其身份，共同实施了纯正身份犯的犯罪行为的情形。例如，非国有公司的工作人员甲与国有公司委派到非国有公司从事公务的国家工作人员乙共同侵占本单位财物。司法实务主张对此类案件按照主犯的性质定罪。最高人民法院2003年11月13日的《全国法院审理经济犯罪案件工作座谈会纪要》指出，在公司、企业或者其他单位中，非国家工作人员与国家工作人员勾结，分别利用各自的职务便利，共同将本单位财物非法占为己有的，应当尽量区分主从犯，按照主犯的犯罪性质定罪，难以区分主从犯的，可以贪污罪定罪处罚。该司法解释的合理性值得商榷，因为确定主犯是为了解决量刑问题，而定罪则是定性问题。只有解决了定罪，才能确定量刑，而不能相反。但是，对于考试来说，现行有效的司法解释必须遵循，因此，对于上述贪污罪和职务侵占罪的共犯身份竞合的处理，只能依照司法解释作例外对待，即按照主犯定罪，无法确定主犯的，以贪污罪定罪。换句话说，如果是国家工作人员起主要作用的，便定贪污罪；如果是非国家工作人员起主要作用的，便定职务侵占罪。

一般认为，理论上，都具有身份者利用各自的身份共同实施身份犯罪的，参与人都成立自己的身份构成要件的正犯和另一方身份构成要件的共犯，二者成立想象竞合。例如，投保人和保险公司职工共同决定骗取保险公司的保险金，由投保人制造保险事故，由保险公司职工负责办理理赔。对投保人来说，其实施了保险诈骗罪的实行行为，成立保险诈骗罪的正犯，同时还成立帮助保险公司职工实施职务侵占行为，因此又构成职务侵占罪的帮助犯，因此论以保险诈骗罪的正犯和职务侵占罪帮助犯的想象竞合，以重罪即保险诈骗罪的正犯论处；对于保险公司职员来说，其实施了职务侵占罪的实行行为，成立职务侵占罪的正犯，同时其还帮助投保人骗取保险公司的保险金，成立保险诈骗罪的帮助犯，因此论以职务侵占罪正犯和保险诈骗罪帮助犯的想象竞合，以重罪即职务侵占罪的正犯论处。

三、共犯与错误

1. 共犯与具体的事实认识错误

（1）正犯的客体错误。

根据法定符合说，正犯实现的事实和共犯教唆、帮助的事实之间存在不一致，客体上出现错误的，只要属于同一构成要件内的错误，正犯的错误对于教唆犯、帮助犯的既遂没有影响。换言之，正犯的客体错误，对于教唆犯而言，也是客体错误。例如，A 教唆 B 杀害 C，但 B 在下手之时，误将 D 看作 C 杀害的，A 仍然成立故意杀人罪的教唆既遂。再如，甲帮助乙盗窃丙价值很高的项链，但乙误将丙的手链当作项链加以窃取的，甲仍然成立盗窃罪的帮助既遂。此时如果认为正犯的对象错误等于教唆犯的打击错误，同时对打击错误适用具体符合说，便会得出 A 成立故意杀人教唆的预备以及过失致人死亡的想象竞合，这样的处理结论未必合适。

（2）正犯的打击错误。

在正犯出现打击错误的场合，根据法定符合说，其成立故意犯罪既遂，教唆犯、帮助犯也成立故意犯罪的既遂。例如，A 教唆 B 开枪杀害 C，但在 B 开枪之后，子弹射向 D 并导致其死亡，A 成立故意杀人罪的教唆既遂。根据具体符合说，B 成立过失致人死亡和故意杀人未遂的想象竞合，A 的处理也如同 B。

（3）正犯的实行过剩。

正犯超过共谋故意范围或者他人的教唆内容，基于自己的独立意思实施犯罪，实际实施的犯罪和共谋或者教唆的犯罪虽不完全符合，但仍然属于同一构成要件内时，是正犯的实行过剩，属于共犯过剩的一种表现形式。例如，A 教唆 B 开枪杀害仇人 C，但 B 认为如果打死 A 的另外一个仇人 D，A 可能更高兴，于是将 D 杀害，而未杀 C。根据法定符合说，可以认为 B 的行为并未违背 A 杀害仇人的概括故意，A 想杀害仇人，也确实借助 B 的行为杀了人，虽然具体的死者出现差异，但不妨碍 A 成立故意杀人罪的教唆既遂。

如果共犯行为和正犯行为之间缺乏心理因果性的，不能认为正犯行为和教唆、帮助有关，即使按照法定符合说，共犯也不能对正犯的行为造成的结果负责。例如，A 教唆 B 伤害 C，但 B 去 C 处打探被害人的行踪时，与 C 的邻居 D 发生激烈争吵，B 将 D 打成重伤。B 虽然实施了故意伤害行为，但与 A 的教唆之间没有联系，A 只能构成故意伤害罪的教唆未遂。

2. 共犯与抽象的事实认识错误

正犯超过共谋故意范围或者他人的教唆内容实施犯罪，且实际实施的犯罪和共谋或者教唆的犯罪属于不同构成要件时，就是共犯的抽象事实认识错误。共犯对抽象的事实认识错误，也是共犯过剩的一种表现形式。教唆犯只有在正犯的实行行为与其教唆之间存在紧密关联时，才对正犯的既遂负责。对于正犯所造成的过剩结果，教唆犯并不负责。

共犯过剩包括质的过剩与量的过剩。质的过剩，指被教唆人所实行的犯罪完全不同于被教唆的犯罪的情形。因为质的过剩，教唆人不承担被教唆者所犯之罪的责任，根据《刑法》第 29 条第 2 款的规定，只承担教唆未遂的责任。例如，甲唆使乙抢劫，乙实施了强奸行为的，甲只承担抢劫罪的教唆未遂责任。量的过剩，是指被教唆人所实行的犯罪与被教唆的罪并不完全一致，但存在重合部分。例如，被教唆盗窃的人，实施了抢劫行为；被教唆伤害他人的人，实施了杀人行为。由于盗窃罪与抢劫罪之间、故意伤害罪与故意杀人罪之间具有一定的重合关系，在教唆犯认识的事实与被教唆者实现的事实相互重合的范围内，可以认定教唆犯成立盗窃罪、故意伤害（致人死亡）罪的教唆犯。在共谋共同正犯关系中出现量的过剩时，也应当如此处理。例如，A、B 共谋故意伤害 C，但在实行过程中，B 实施杀人行为的，A、B 在故意伤害（致人死亡）罪的范围内成立共同正犯，B 对过剩的故意杀人行为负责。

第九章

过失犯

相关法条及司法解释：
《刑法》第 15 条

我国刑法以处罚故意犯为原则，以处罚过失犯为例外。只有刑法明确处罚过失的，才能作为过失犯罪论处。根据《刑法》第 15 条第 1 款的规定，犯罪过失，是指行为人应当预见自己的行为可能发生危害社会的结果，因为疏忽大意而没有预见，或者已经预见而没有避免，以致发生这种结果的心理态度。

第一节　过失的种类

一、疏忽大意过失

疏忽大意过失，是指行为人应当预见自己的行为可能会发生危害社会的结果，因为疏忽大意而没有预见，以致发生这种结果的心理态度。疏忽大意过失作为一种无认识过失，其特征是在具有预见可能性的情况下，没有预见，从而没有避免结果的发生。疏忽大意过失具有以下两个特征：

1. 行为人应当预见自己的行为可能发生危害社会的结果

判断行为人是否具有疏忽大意过失，不是先判断行为人是否疏忽大意，而是先确定行为人是否应当预见自己的行为可能发生危害社会的结果。如果行为人应当预见而没有预见，就说明其具有疏忽大意过失。在应当预见的情况下，行为人并没有疏忽大意，但又确实没有预见的情形，是不存在的。因此，认定疏忽大意的关键，是确定行为人是否应当预见，即结果预见义务是否存在。

所谓应当预见，是指行为人在行为时有义务并且有能力预见以避免危害结果的发生。正是由于行为人对其义务漠不关心，以致造成危害社会的结果，才使得其构成犯罪过失并因此承担刑事责任。如果行为人并不存在预见危害结果发生的义务，或在当时的情况下不可能预见危害结果的发生，不管造成什么样的危害结果，都不能认为其具有过失而追究其刑事责任。

应当预见的内容是法定的危害结果。由于过失犯罪以发生危害结果为构成要件，构成要件是由刑法规定的，所以，过失犯罪中应当预见的危害结果，只能是刑法分则对过失犯罪所规定的具体的犯罪结果。例如，过失致人重伤时，行为人所预见的是自己的行为可能导致他人重伤这一法定的具体结果。也因此，"过失犯罪，法律有规定的才负刑事责任。这里的'法律'不限于刑事法律"的提法就是错误的。不过，结果是否具体是相对的。在危害公共安全或者妨害社会管理秩序的过失犯罪中，行为人应当预见的结果可能不一定很具体，但其必须是刑法分则所要求的结果。

2. 行为人没有预见其行为可能发生危害社会的结果

疏忽大意过失是无认识过失，这种无认识的表现就是行为人在行为当时没有想到其行为会发生危害社会的结果。没有预见可能发生危害结果，或者是行为人只意识到行为可能产生其他结果而不会产生危害社会的结果，或者是行为人认识到行为本身，但未预见行为可能导致实际结果，或者是行为人对行为本身和行为可能导致的结果都没有认识。没有预见的原因并非行为人不能预见，而是在应当预见的情况下由于疏忽大意才没有预见；如果行为人保持其意思紧张，谨慎从事，就会预见，进而避免危害结果的发生。对危害结果的未认识状态，是构成疏忽大意过失的前提。

二、过于自信的过失

过于自信的过失，是指行为人已经预见到自己的行为可能发生危害社会的结果，但轻信能够避免，以致发生这种结果的心理态度。过于自信的过失具有以下两个特征：

1. 行为人已经预见自己的行为可能发生危害社会的结果

过于自信的过失属于有认识过失，行为人对于可能发生的危害结果有所预见，是构成这种过失的认识因素。但是，这种认识因素在程度上是比较模糊、不确定的。也就是说，行为人更倾向于认为危害结果不会发生，或者说危害结果虽有可能发生的危险，但在行为人看来，这种可能性也不会转化为现实。

2. 行为人轻信能够避免危害结果的发生

轻信能够避免，是指在预见到结果可能发生的同时，又凭借一定的主客观条件，相信自己能够避免结果的发生，但所凭借的条件并不可靠。轻信能够避免主要表现为两种情况：一是过高估计了避免危害结果发生的自身条件和主观能力；二是过高估计了现实存在的可能阻碍结果发生的客观条件。因此，在主观意志上，过于自信的过失的行为人不仅不希望危害结果的发生，而且危害结果的发生也是违背其主观意愿的。

过于自信的过失和意外事件的区分是需要关注的问题。意外事件，是指行为虽然在客观上造成了损害结果，但是并非出于故意或者过失，而是由于不能预见的原因所引起的情形。在判断是否属于过于自信的过失时，必须要考察行为人自身对于结果的预见和避免能力以及客观上一般情形下是否有阻碍结果发生的有利条件。如甲、乙是马戏团演员，甲表演飞刀精准，从未出错。某日甲表演时，乙突然移动身体位置，飞刀掷进乙胸部致其死亡。甲的行为属于意外事件吗？在此例中，甲本身从事的日常工作就是表演飞刀，其对于自己的飞刀技术原则上可以避免死伤结果的发生这种信赖应当是有一定根据的，客观上如果不是乙突然移动身体，根本不会产生飞刀伤人的结果，因而乙的死亡结果是甲根本无法预见的，乙的死亡是意外事件。如老师因学生不守课堂纪律，将其赶出教室，学生跳楼自杀。教师对于不守课堂纪律的学生施加赶出教室的惩戒措施，并没有超出教育惩戒的限度，在日常生活中属于常态，因此教师对于学生被惩戒后自杀的情形，根本地欠缺预见可能性，因而本例中的学生跳楼自杀属于意外事件，教师的行为不成立过失。再如，路人见义勇为追赶小偷，小偷跳河游往对岸，路人见状离去，小偷在水中突然小腿抽筋溺毙。本例中小偷自己跳河游往对岸，具有日常生活经验认知的一般人在当时显然会认为小偷会游泳，不会出现生命的风险，因此，小偷腿部抽筋导致溺毙对于路人来说是不可预见的原因导致，因而是意外事件。

第二节 间接故意和过于自信过失的区分

间接故意和过于自信的过失相同之处在于，行为人都已经预见到自己的行为有可能造成危害结果，两者之间的区别仅仅在于意志因素：间接故意的行为人从根本上是接受构成要件结果发生的，其对于构成要件实现的风险是予以容认的；而有过于自信过失的行为人则自认为结果根本不会发生，因此，"认识到可能发生危害结果，但结果的发生违背行为人意志的，成立过失犯"这一命题就是正确的。显然，间接故意相较于过于自信过失而言，其与法秩序敌对的性质更严重，反过来，过于自信过失相较于间接故意，对法规范的忠诚更高。正因如此，才导致故意犯的处罚远远重于过失犯，过失犯的刑事责任一般轻于与之对应的故意犯的刑事责任。清楚区分间接故意与过于自信过失便成为非常重要的问题，但同时也是刑法学上最为困难和最有争议的问题之一。

区分间接故意和有认识过失的关键在于如何理解"放任"。间接故意的行为人认识到结果可能发生，而以认可的态度予以容认、纵容；有认识过失则是行为人认识到结果发生的可能性，但不同意其发生，而且是真的相信结果不会发生，不是不太明确地相信不会发生构成要件结果。

放任说主张有认识过失对结果的发生持否定态度，而间接故意对结果发生持不否认态度，抱一种无所谓的放任心态，结果即便发生了也不违背行为人的本意。在碰到有认识过失与间接故意区分有困难的情形时，要着重审查以下三点：

1. 判断客观危险

间接故意中行为人对危险的认识和相信程度，会决定行为人是否能够形成反对动机。客观危险是认识因素判断过程中要考虑的重要指标。

间接故意等于有高度危险意识，认真地计算，然后容认结果的发生；有认识过失是不认真地计算或者相信可以避免结果。有认识过失的行为人虽然认识到危险，但他要么不认真对待这种危险，行为人因为违反注意义务而否定对行为客体的具体危险；要么认真对待危险，但仍然违背义务地相信危害结果可以避免。

放任是否存在，与行为人认识到结果发生的盖然性高低有关。判断盖然性高低，与行为的风险性大小有关。行为风险的大小，又取决于法益重要性。某些重大的法益，因为行为人毫不在意而低估其重要性，则不能排除间接故意。当然，可能引起日常性危险的行为，不能评价为间接故意。例如，交通肇事行为，是一种不被允许的危险，它由每日必须进行的交通行为所引起。基于维持必要社会生活的需要，使用交通工具所带来的危险必须被人们忍受，人们在日常生活中已学会如何避免、应对这些危险。这种危险在生活领域不是必须被避免的，行为人的行为如果是与这些日常风险有关的，例如醉酒驾车、超速行驶、为赌气超越他人车辆而有意不保持安全距离行驶，即使行为人对自己行为的反规范性质有明确认识，也不能认为其容认死伤结果的发生，不能被评价为故意杀人或者故意伤害。矿山开采也是同样的问题：因为矿难每年死亡的人数，国家权威部门都有统计，矿山开采的危险性是可以估算的，但它在个人生活经验中不是重要的危险。

【真题】 汽车修理工恶作剧，将高压气泵塞入同事肛门充气，致其肠道、内脏严重破损。（选自 2012 年卷 2 第 52 题，B 选项）

解析： 显然，一般人都会认识到将高压气泵塞入肛门充气，致人伤亡的概率非常高，据此，行为人对于这种高度的风险应当抱的是一种放任的态度，理当认定为间接故意，而非有认识的过失。

2. 行为人的态度

间接故意的行为人抱持无所谓的态度，而有认识过失的特点则是轻纵。当行为人严肃地认为结果可能发生并进而行动时，在行为决定中已然包含对结果的预料。此时属于间接故意。如果行为人并不认真地认为结果会发生，就等于不认为结果有发生的可能性。因此，认真地认为结果有发生的可能性，进而行动，表示在行为决定之时就预定了结果。

3. 是否存在真挚的努力

采取回避结果发生的措施，并且已尽真挚努力的，当然可以认定为过失。此外，虽然已经预见到结果可能发生，但对其发生怀有很大的疑问，或者抱着结果最终真的不会发生的想法而为其行为的，都应当排除故意而成立过失。

第三节　过失犯的认定

一、监督过失与管理过失

首先需要提醒的是，管理过失与监督过失并不是在疏忽大意的过失与过于自信的过失之外另行提出的独立的过失犯种类。只不过在过失犯中，一般出现的情况是行为人对自己违反义务的行为承担责任，但这并不排斥主体对第三人的行为承担结果避免义务，这便是监督过失与管理过失的问题。基于现代社会分工越来越频繁，必然带来注意义务边界的不断扩散，因此监督过失与管理过失在过失犯的认定中具有举足轻重的作用，在实务操作中，尤其在企业组织、医疗等分工协作较多的领域，监督过失与管理过失的应用凸显其作用与意义。

所谓管理过失，是指行为人没有采取必要的防范措施，或者没有指示他人采取措施，导致危害后果的发生，或者由于自然力或第三人的无过错行为导致损害发生的情形。管理过失者的结果避免义务，是管理者为了在企业经营上、事务管理上保护人的生命、身体的安全而负有的义务。这里的管理包括两种情况：一是对人的管理，例如精神病院的护士 A 负责看管精神病人 B，但疏于管理，B 杀害了 C。二是对物的管理，如行为人甲负责看管烟花爆竹仓库，但经常不锁仓库大门，导致乙擅自闯入乱丢烟头，酿成大祸。又如，在由于旅馆发生火灾而烧死了住宿客人的场合，相对于旅馆的从业人员而言会发生的问题是违反关于灭火活动和引导住宿客人避难等注意义务，同时，对旅馆的经营、管理人员也必须追究有关确立旅馆建筑物的防火设备、从业人员的防火工作休制等结果避免义务的违反。

所谓监督过失，是指在被监督者的行为直接造成损害，存在一般过失的场合，监督者由于对被监督者的行为负有监督义务，而应当承担过失责任的情况。在企业生产过程中，对规章制度的确立、遵守、检查应当贯彻始终，换言之，监督者必须制定详尽的安全管理制度，建立预警机制和危险反应制度；监督者对被监督者的行为，在事前要进行教育、指导、指挥，在事中要进行监督、检查，事后要进行总结。如果没有履行这些义务，又对直接行为人的过失行为有所认识，对其行为可能造成的法益侵害后果有预见可能性，那么，对于被监督者直接造成的后果，监督者必须承担过失责任。例如，企业主应强令工人自我保护，禁止工人使用危险技术，如果没有履行这些监督义务，就应当承担过失责任；又如在工厂操作危险机器的作业人员错误地操作机器，致使在附近工作的其他作业人员负伤的场合，与错误操作的作业人员的结果避免义务不同，厂长具有指挥、监督作业人员安全操作机器的结果避免义务，这种义务不是直接操作机器的结果避免义务，而是使作为部下的作业人员进行安全作业的义务。当然，此时危害后果的发生，是被监督者的一般过失和监督者的监督过失共同造成的（过失的竞合）。

实务中大量过失犯罪的行为人要对自己的行为直接导致的后果负责，但是也有为数不少的处于管理、监督地位的行为人未履行自己的结果避免义务，在他人（被管理者、被监督者）的行为直接导致后果的场合，也需要承担过失责任，即被管理、被监督人员的过失原则上也就是监督者、管理者的过失。这为追究那些站在直接责任人员背后的企业管理者、国家机关工作人员的重大责任事故罪或者滥用职权罪提供了理论依据。

二、信赖原则

传统的过失理论把预见可能与预见义务视为一体，凡有预见危害结果的可能时，就有注意义务；凡认识到危害结果时，便应采取避免危害结果的措施。根据这一逻辑，由于交通运输行业本身的危险性，驾驶员在行车过程中必须时刻注意车辆及行人的各种动向，并做好应急准备，否则，一旦发生事故，驾驶员就要承担过失责任。如果要求交通运输人员履行这样严格的注意义务，势必使驾驶员慢速开车，以便及时应付各种紧急情况，避免危害结果。这样一来，不仅丧失了汽车等交通工具的高速性能，也容易阻塞交通，妨害社会管理，不适应现代社会要求。于是，随着交通运输业的迅猛发展，为提高运输的效率，减轻交通运输人员的过多义务负担，适用允许的危险理论的具体原则应运而生，把预见可能性与注意义务相分离，也就是说在某种条件下，行为人虽具有预见危害结果的可能性，但不一定就有结果避免的义务。

信赖原则，是指在社会生活中的某些场合，应该对他人的行为给予信任，相信他人的行为能够对自己的安全和正常活动予以保障。它是通过第二次世界大战之前德国判例所形成的原则，是随着现代汽车作为高速交通工具在社会中的普遍使用而发展起来的关于过失免责的理论，是今天处理交通肇事等过失犯罪时必须加以考虑的。根据信赖原则，在交通运输人员根据规则驾驶车辆时，只要不存在特别的事情，就可以信赖其他的交通参加者也会遵守规则而行动，如果因为其他的交通参加者采取违反规则的行动而发生了事故，就不能追究相关人的责任，在此意义上，信赖原则就限定了注意义务的范围。迄今为止，信赖原则逐渐在交通以外的社会诸领域得到承认，例如，在医疗行业，医生和药剂师之间就有信赖关系，药剂师应当信赖医生处方的正确性，医生应当信赖药剂师能够按照处方正确配发药剂。

当主体有一定理由相信他人会履行注意义务，但是他人并未履行的，是否有过失责任？换言之，信赖原则的适用究竟应该限定在何种范围？如手术小组中的主刀医生 A 注意到他的某个助手 B 未按医院规定对手术刀进行消毒就直接做手术时，并未进行阻止，导致病人 C 术后伤口感染，最后造成重伤后果。A 是否违反注意义务？如果认为信赖原则的适用范围可以尽可能扩大，不需要限制适用，就可以认定在手术过程中，医生 A 和助手 B 之间存在相对明确的分工，医生 A 有特殊理由相信 B 应该履行注意义务，A 的不阻止行为不能认为是增加了法益风险。但是，如果承认监督过失概念，助手 B 不注意，但是医生 A 如果恰当履行注意义务，事件仍然可以避免，所以 A 存在过失。这就是说，在监督过失的场合，原则上需要否认监督者对被监督者的信赖关系，否认在这种场合下信赖原则的适用可能性，因为被监督者相当于监督者的"手脚"。从这个意义上讲，医生 A 应当承担过失责任。

信赖原则认为，行为人即便预见到他人可能实施不正常的非法行为，也没有结果回避义务。这就意味着信赖原则具有缩小过失责任的功能。当然，行为人并非在任何时候都可以适用信赖原则而免除预见他人实行不法行为的义务，需要对其加以必要限制。理论上通常认为，在下列情况下，不能适用信赖原则免除行为人预见他人实施不法行为的义务：

（1）行为人自己违反注意义务；

（2）行为人已经发现对方有反常行为，不能盲目地相信对方会履行自己的注意义务；

（3）因某种客观条件的限制，他人违反注意义务的可能性较大；

（4）发现对方是幼儿、老人、盲人或者其他残疾人而且无保护人陪同；

（5）对方的违反注意义务行为即将造成危害结果，行为人有时间，也有能力避免危害结果。

上述限制事由大体可以归结为：一方面，行为人自身违反注意义务的，应当注意采取特别措施避免结果发生，通常不能适用信赖原则，否则对过失犯的认定会失去平衡；另一方面，在对方由于身心上的理由（如对方是幼童、老人、醉酒者、身体残疾者）容易采取异常行动而不值得信赖时，也不能适用信赖原则。

第十章

不作为犯

第一节　概述

犯罪行为的实施，大多是以作为的形式来实现，不作为仅仅是作为的补充形式。不作为犯可分为纯正不作为犯与不纯正不作为犯。

纯正不作为犯，是指构成要件规定只能以不作为的形式实施的犯罪，其违反的是命令规范，典型的如拒不提供间谍犯罪、恐怖主义犯罪、极端主义犯罪证据罪，不解救被拐卖、绑架妇女、儿童罪等。

不纯正不作为犯，是指行为人以不作为的方式实施通常由作为形式实施的犯罪。如故意杀人罪、爆炸罪通常都是由作为形式实施的，但当行为人负有作为义务而不履行作为义务时，如母亲在婴儿濒临饿死时不喂食的，成立不作为的故意杀人罪。

考查不作为犯时，主要有两个问题点，其一是不作为犯的成立条件，其二为作为义务来源问题。

第二节　不作为犯的成立条件

不作为成立刑法意义上的行为并符合犯罪构成要件，必须具备以下条件。

一、具有作为义务

特定义务的存在，使得作为与不作为能够得以区别。不作为违反的是命令性规范，其规范内容是赋予行为人实施特定积极行为的义务。正是行为人负有特定作为义务，才使得不履行这一义务的不作为获得了刑法的消极评价，在这个意义上，作为义务成为不作为犯行为中违法性评价的内容和标准。如果不存在作为义务，个人的单纯消极行为不可能被认为是刑法中的行为，否则，需要刑法加以评价的行为便无处不在。特别要注意的是，作为义务必须是具有法律性质的义务，而非单纯道德上的义务。将道德义务上升为不作为犯中的作为义务，会不当扩大不作为犯的成立范围，抹杀作为义务的限定功能。

【真题】甲到湖中游泳，见武某也在游泳。武某突然腿抽筋，向唯一在场的甲呼救。甲未予理睬，武某溺亡。（选自 2012 年卷 2 第 4 题，A 选项）

解析：武某突然腿抽筋的行为并非由甲引起，甲与武某之间也没有任何的亲属关系，不能仅仅由于甲在现场，只有甲能救助武某便认为甲有救助义务。既然甲没有救助义务，其不救助行为至多属于应受道义谴责的见死不救行为，但不应认为其构成不作为的故意杀人罪。

二、作为可能性

任何理性刑事制裁的基础都在于行为人掌控了利益侵害事件的发生，如果一个利益侵害结果是行为人无法左右的，对其予以制裁实际上是不公平的，显然，这样的刑事处罚就预防层次来看是没有意义的。这一点，对于作为犯是如此，对于不作为犯罪也是如此。就不作为犯来说，如果不具有作为可能性，意味着根本就没有结果回避可能性，如果此时还予以制裁，显然是不公正的。法秩序非难的是"不作为"，而非"不能为"。例如，母亲在发现儿子落水时，尽管法律规定其有救助义务，但母亲自身不会游泳，当时也无法请求他人救助，母亲不成立不作为犯罪，如果此时仍然处罚母亲，便不会有任何的预防效果和正当性。行为人是否具有履行能力，必须从主观能力和客观条件上加以综合考察。

三、未履行作为义务，造成或可能造成危害后果

不作为犯的成立，必须是行为人未履行相应的作为义务。至于未履行法律要求其应当履行的作为义务的同时，是否有其他的身体举动，并不重要，不影响不作为犯的成立。此外，如同作为，不作为与结果之间也必须具有因果关系时，才能成立相应犯罪。换句话说，只有当行为人履行作为义务可以避免结果发生时，其不作为才成立犯罪。

【真题】甲在车间工作时，不小心使一根铁钻刺入乙的心脏，甲没有立即将乙送往医院而是逃往外地。医院证明，即使将乙送往医院，乙也不可能得到救治。（选自 2010 年卷 2 第 52 题，A 选项）

解析：无论甲如何努力履行作为义务，乙死亡的危害结果仍然不可避免的，因此甲的不作为与危害结果的发生不具有因果关系，甲不构成不作为犯罪。

第三节　作为义务的来源

一、形式作为义务理论

法律出版社出版的法律职业资格考试辅导用书对于不作为犯的作为义务来源是从我国传统刑法理论学说的形式作为义务论来展开论述的，作为义务来源分为：法律、法规明文

规定的义务；职务或者业务要求的义务；法律行为引起的义务；先行行为引发的义务。

1. 法律、法规明文规定的义务

这是不作为犯中作为义务的主要来源，是指由广义的法律、法令、法规规定并由刑法加以认可的义务。如根据婚姻法的规定，父母对于子女有抚养、教育的义务，子女对于父母有赡养、扶助的义务，夫妻之间有相互扶助的义务，因此，如果父母对子女未尽抚养义务，丈夫对于陷入生命危急状态的妻子不予救助，便有可能构成遗弃罪或者故意杀人罪。

需要注意的是，原则上，恋爱的情侣之间基本上不负有相互的作为（救助）义务，除非两人长年同居在一起。未确定恋爱关系的人之间更不会存在保证人义务的问题。

【真题】乙女拒绝周某求爱，周某说"如不答应，我就跳河自杀"。乙明知周某可能跳河，仍不同意。周某跳河后，乙未呼救，周某溺亡。（选自 2012 年卷 2 第 4 题，B 选项）

解析：乙女与周某之间没有任何的亲属关系存在，乙拒绝求爱的行为也不应认为是创造风险的先行行为，因此乙女对于周某自杀的行为并没有救助义务，不成立不作为犯罪。

2. 职务或业务要求的义务

这是特定主体基于其担任某项职务或者从事某种业务而依法要求履行的一定作为义务。例如，医务工作人员有救死扶伤的义务，消防队员有灭火的义务。

3. 法律行为产生的义务

指在法律上能够设定权利、义务行为所引起的义务。法律行为主要包括合同行为与事务管理行为。合同行为具体设定了双方的权利义务关系，因此可以产生作为义务。如保姆在劳务合同有效期间，必须按照合同照顾小孩，其对小孩负有救助（作为）义务。

4. 先行行为引起的义务

指行为人因为自己的行为导致一定危害结果发生的危险，对此，行为人负有作为义务控制或者消灭危险。如自愿接受他人风险的行为会产生作为义务，像是非法行医者将病人带回家准备治疗，但发现病人的病情过于严重，自己无从下手，也仍然具有作为义务，如果私自离去导致病人死亡的，有可能成立不作为犯罪。

【真题】甲盗伐树木时砸中他人，明知不立即救治将致人死亡，仍有意不救。甲不救助伤者的行为是否构成不作为犯罪？（选自 2010 年卷 2 第 52 题，B 选项）

解析：甲基于自己的先前行为对他人的生命健康造成了危险，因此负有积极的义务去降低或者消灭危险，但甲并没有适当履行自己的作为义务，因此其不救助伤者的行为基于先前行为而构成不作为犯罪。

二、实质作为义务理论

上述形式作为义务理论自身存在一系列问题，界定的作为义务范围过于狭窄，同时过于形式化地看待问题，导致许多作为义务的界定不合理。例如，即便保姆与雇主签订的雇用合同无效，一旦保姆实际看管了雇主的小孩，便对小孩有作为义务。因此，现今的学说基本从实质的角度来界定作为义务的范围。大体上，作为义务可以分为两个方向：其一，保护特定法益免受外来风险的威胁（对内保护）；其二，防止特定的危险源威胁他人（对外监督）。

1. 对特定法益的保护义务

（1）依照法律规定保护特定法益的义务。

包括特定的近亲属关系和国家工作人员、公司企业人员对于所在单位财物等的保护义务。特定的近亲属关系，如父母子女、配偶以及兄弟姐妹之间，基于近亲关系存在作为义务，并且不以实际上同居生活为必要。需要提醒注意的，在配偶一方决定自杀的场合，另一方不予救助的，由于被害人自杀是自陷风险、自我答责的行为，另一方不予救助的，原则上不成立不作为犯罪。

（2）事实性自愿承担保护的义务。

出于自愿而承担了特定的保护义务，如医生或第三人承担医疗或者救助的义务、保姆承担了照顾雇主小孩的义务等。这种自愿承担的义务，必须是以事实上是否承担为准，而非以有没有法律上的合同或合同是否有效为依据。例如，即便雇用合同无效，只要保姆事实性地管护了雇主的小孩，便对小孩有作为义务。相反，即便合同有效，只要保姆还未到雇主家，便对小孩没有作为义务。

【真题】甲带邻居小孩出门，小孩失足跌入粪塘，甲嫌脏不愿施救，就大声呼救，待乙闻声赶来救出小孩时，小孩死亡。（选自 2010 年卷 2 第 52 题，C 选项）

解析：甲自愿将邻居小孩带出门，便对小孩的安全负有保证人义务，其在能够施救却不施救时，便成立不作为犯罪。

（3）特定的共同体关系。

在存在特定特殊信赖以及相互帮助关系的生活共同体以及危险共同体中的成员之间，彼此存在保证人义务。紧密的生活共同体的作为义务，是指虽然不属于法律明文规定的范围，但基于一定事实形成了社会通常认为的对危险应当予以共同承担、相互照顾的关系，因而在对方发生危险时，应当有排除的义务。如长期同居的情侣之间，但是，偶然的、松散的（如共同租住或偶然的共同旅游）关系并不会产生这类作为义务。危险共同体是指共同冒险的行为团体，典型的如登山团体、探险团体等，团体内的成员间相互承担安全性的保护义务。

对于此类作为义务类型，我国学说存在一定的争议，其最大的缺陷在于紧密生活共同体的概念过于含糊，可能使得作为义务范围扩大，导致刑罚处罚范围过大。不过，在解题时，这一类作为义务来源仍然可以作为参考。

2. 对特定危险源的监督义务

（1）危险源的监督者。

某些危险场所或者危险物会危及他人法益，相关管理者便有监督义务。例如，房屋出租者发现住房具有危险性，但不及时告知承租人相关信息，导致承租人死亡的；店主对于户外广告牌有妥善修缮管理义务，如果未尽相关义务，便可能成立不作为犯罪；车主将汽车借给无驾驶资格的人，同样可能成立不作为犯罪；产品制造者在发现自己的产品存在质量瑕疵后，必须及时召回，以避免消费者继续使用造成人身与财产损害，如果产品制造者没有履行及时回收义务，可能构成不作为犯罪。

【真题】宠物饲养人在宠物撕咬儿童时故意不制止，导致儿童被咬死的，是否成立不

作为的故意杀人罪？（选自 2011 年卷 2 第 52 题，A 选项）

解析：饲养的动物同样是一种危险源，饲养者必须妥善地管理自己的宠物，否则会成立不作为犯罪。

（2）管护特定他人的义务。

人有时也会成为他人危险的来源，尤其是有攻击性的精神病人、监狱的服刑者以及不具有辨识能力的幼儿等。基于权利关系而管护特定他人者，便负有作为义务。

【真题】父母能制止而故意不制止未成年子女侵害行为的，是否成立不作为犯罪？（选自 2011 年卷 2 第 52 题，C 选项）

解析：未成年子女由于不具有清晰的辨认和控制能力，一定意义上可以说是风险源，因此，父母对子女不仅有防止他人侵害自己子女的义务（对内风险），还有防止子女侵害他人的义务（对外风险）。必须特别注意的是，夫妻之间仅有在另一方存在危难状态时有作为义务（对内风险），而没有防止另一方侵害他人的义务（因为侵害者需要自我答责）。

（3）危险前行为。

因为自己的行为（包括作为以及不作为）而对他人的法益造成危险的人，负有以自己行为来降低或者排除危险，以避免由于危险造成结果发生的义务。

形式作为义务理论	实质作为义务理论
法律、法规规定的义务	依照法律规定保护特定法益的义务
职务或者业务要求的义务	事实性自愿承担保护的义务
法律行为产生的义务	特定的共同体关系
先行行为产生的义务	危险源的监督者
	管护特定他人的义务
	危险前行为

第十一章
罪数论

第一节　区分罪数的标准

刑法分则的构成要件是以一人实施一个犯罪为原型设计的，但是，在很多场合下，行为是一个或者数个、符合一个还是数个构成要件并不明确时，便需要讨论行为人成立一罪还是数罪的问题。

对于罪数的区分，刑法理论上有以犯意、行为、法益或者由这些要素所组成的构成要件为标准的各种学说。现在的刑法理论通说是犯罪构成说。根据构成要件说，基于一个罪过，实施一个行为，符合一个构成要件的，是一罪；而基于多个罪过，实施多个行为，符合多个构成要件的，是数罪；行为数次符合同一个犯罪构成的原则上也是数罪（行为具有连续性或持续性除外）。

构成要件说的合理性在于：刑法对于行为的评价是以构成要件为准的，构成要件要素主要包括实行行为、结果、犯意等，根据构成要件的个数确定犯罪的单复数，具有很大的包容性，其为罪数的区分提供了基本思路。

由于刑法分则所规定的构成要件具有复杂性，有些行为形式上具备数个构成要件，刑法规定按一罪处理；有些行为实质上属于数罪，在法律上以一罪处理，所以，对罪数的确定，必须结合刑法分则的各种特殊规定进行。

例如，A对B与C说："现在口袋没有钱了，我们想办法去搞点钱花。"B说："从香港来做生意的W住在一家旅馆，他一定很有钱。"于是A等三人经过密谋，于凌晨1点，从后窗爬进W房间，见一人躺在床上睡觉，便认为是W。B和C遂按住其双脚，并用绳子绑住其双手，A拿起一块布条堵住他的嘴，然后三人搜遍被害人全身和房间，除了几件衣服和几支烟外，再无所获。A认为被害人一定把钱藏起来了，又怕在旅馆时间太长被发现，就将被害人带到附近一间无人住的小屋，并用绳子绑住被害人手脚，对其拳打脚踢，逼迫他说出钱财的所在地。在将被害人关押了5个小时以后，B猛然发现绑错了人，被害人不是从香港来的 W，经盘问才知是来此地探亲访友的 X。三人见无钱可索要，就恶狠狠威胁 X 说："回去后不可将这事传出去，否则就给你好看"，然后将 X 放回。

上例中，A、B、C 经过共谋后入室抢劫，在未取得财物时，又将被害人带离抢劫现场进行拘禁和殴打，表面上，行为人似乎有多个阶段可分的行为举止，但是，这些不同阶段的行为都从属于一个抢劫的故意，是当场使用暴力、胁迫取得财物的实行行为的不同阶段，从构成要件的角度看，行为人只有一个行为，因此，只能成立一个抢劫罪，而不能在抢劫（未遂）罪之外另成立非法拘禁罪。共同正犯对于对象的认识错误，不影响犯罪的成立，也不影响犯罪既遂。

【真题】丁在绑架过程中，因被害人反抗而将其杀死，对丁不应当以绑架罪和故意杀人罪实行并罚。（选自 2008 年卷 2 第 8 题，D 选项）

解析：上述表述是正确的。《刑法》第 239 条（绑架罪）第 2 款规定："犯前款罪，杀害被绑架人的，或者故意伤害被绑架人，致人重伤死亡的，处……"，因此，绑架罪的构成要件中已经明确包含了绑架过程中的杀人行为，不能再数罪并罚。

【真题】甲长期以赌博所得为主要生活来源。某日，甲在抢劫赌徒乙的赌资得逞后，为防止乙日后报案，将其杀死。（选自 2009 年卷 2 第 16 题）

解析：甲的行为存在明显可分的三个行为，符合三个构成要件，应当数罪并罚。首先，根据《刑法》第 303 条第 1 款赌博罪的规定，以营利为目的，聚众赌博或以赌博为业的，构成赌博罪。题干明确交代甲长期以赌博所得为主要生活来源，因此甲属于以赌博为业，成立赌博罪。赌资也是财产犯罪的保护对象，甲抢劫赌徒乙的赌资，当然构成抢劫罪。另外，甲在抢劫既遂之后，为防止乙日后报案，杀人灭口的行为，由于并非是为了抢劫财物而使用杀人这种最为严重的暴力手段，因此构成故意杀人罪。所以，按照犯罪构成标准说，对甲应当以赌博罪、抢劫罪、故意杀人罪数罪并罚。

构成要件的主要内容是实行行为。对于构成要件意义上的一行为，原则上应当成立一罪；对于构成要件意义上的数行为，原则上应当成立数罪。需要提醒注意的是，刑法分则中的一些条文对于是否数罪并罚以及如何定罪处罚作了明确规定，是命题人在考查罪数论时比较偏爱的命题点，在复习时应多加注意。

【真题】投保人甲，为了骗取保险金杀害被保险人。（选自 2010 年卷 2 第 58 题，A 选项）

解析：我国《刑法》第 198 条第 2 款明确规定：实施保险诈骗犯罪，同时构成其他犯罪的，应按数罪并罚的规定处罚。因此，为了骗取保险金而杀害被保险人的，应当论以故意杀人罪与保险诈骗罪，数罪并罚。

【真题】司法工作人员甲，刑讯逼供致被害人死亡。（选自 2010 年卷 2 第 58 题，C 选项）

解析：《刑法》第 247 条明确规定，司法工作人员对犯罪嫌疑人、被告人实行刑讯逼供过程中致人伤残、死亡的，依照故意伤害罪、故意杀人罪论处。因此，对于甲，不应当数罪并罚。

【真题】运送他人偷越边境的甲，遇到检查将被运送人推进大海溺死。（选自 2010 年卷 2 第 58 题，D 选项）

解析：根据《刑法》第 318 条第 2 款的规定，犯组织他人偷越国（边）境罪，对被组织人有杀害、伤害、强奸、拐卖等犯罪行为，或者对检查人员有杀害、伤害等犯罪行为的，依照数罪并罚的规定处罚。据此，对甲应以组织他人偷越国（边）境罪和故意杀人罪数罪并罚。

刑法分则中关于数罪并罚的明文规定主要有：

条文	并罚内容
第 120 条	犯组织、领导、参加恐怖活动组织罪，并实施杀人、爆炸、绑架等犯罪的，数罪并罚
第 157 条	以暴力、威胁方法抗拒缉私的，以走私罪与阻碍国家机关工作人员依法执行职务罪（妨害公务罪）数罪并罚
第 198 条	犯保险诈骗罪，同时构成其他犯罪的，数罪并罚
第 241 条	收买被拐卖的妇女、儿童，并有强奸、非法拘禁、伤害、侮辱等犯罪行为的，数罪并罚
第 294 条	犯组织、领导、参加黑社会性质组织罪，入境发展黑社会组织罪以及包庇、纵容黑社会性质组织罪，又有其他犯罪行为的，数罪并罚
第 318 条	犯组织他人偷越国（边）境罪，对被组织人有杀害、伤害、强奸、拐卖等犯罪行为，或者对检查人员有杀害、伤害等犯罪行为的，依照数罪并罚的规定处罚

此外，形式上看行为人的行为符合数个构成要件，但是在个别场合仍然应论以一罪，典型的就是不可罚的事前、事后行为以及牵连犯。

不可罚的事前行为，是指在着手实施某一种重罪行为前，可能有一些轻罪行为或者预备行为，但在行为人实施重罪之后，对着手重罪行为之前的行为不单独定罪处罚。例如，遗弃被害人后又杀害被害人的，遗弃行为是故意杀人罪的不可罚的事前行为。

比较重要的是不可罚的事后行为。不可罚的事后行为是指行为人在实施犯罪既遂之后，又实施依照一般社会经验通常会伴随的危害行为的，后行为即不可罚。不可罚的事后行为基本为确保或利用因犯罪所得的利益，由于事后行为并未明显扩大原来的损害且未制造新的法益侵害，因此，事后行为的不法内涵被前行为所评价，不再单独处罚。

不可罚的事后行为大体有两种类型：实施财产犯罪后针对赃物的行为以及实施人身犯罪之后毁灭证据的行为。（1）取得型侵犯财产罪属于状态犯，即犯罪行为实施完毕后，危害结果一经发生，犯罪就达到既遂状态，但犯罪行为所导致的不法状态并未结束，财产一直处于犯罪分子的不法控制状态下。所以，在盗窃既遂之后，对财物又故意进行毁坏的（立法上对盗窃罪这种状态犯预设了即使犯罪既遂违法状态还存在的情形，但在该状态之下实施的行为，即使符合故意毁坏财物罪的构成要件，也在盗窃罪中给予总体性的评价），毁坏财物行为作为量刑情节加以考虑，不成立盗窃罪和故意毁坏财物罪的数罪。但是，在事后行为造成新的法益侵害，符合独立的构成要件时，需要数罪并罚。最典型的便是，盗窃他人财物，又用该财物提供担保，骗取第三人财物的，应当以盗窃罪和诈骗罪数罪并罚。（2）在实施故意杀人、故意伤害致人死亡、强奸致人死亡、过失致人死亡等人身犯罪的场合，犯罪人采取抛尸等手段毁灭证据的，属于不可罚的事后行为。

【真题】甲在车站行窃时盗得一提包，回家一看才发现提包内仅有一支手枪。因为担心被人发现，甲便将手枪藏在浴缸下。甲非法持有枪支的行为，不属于不可罚的事后行为。（选自 2008 年卷 2 第 8 题，A 选项）

解析：甲在盗窃的当时并没有窃取枪支的故意，因此仅在盗窃罪的范围内成立犯罪既遂。甲在明知是枪支后仍然予以私藏，应当另行成立非法持有枪支罪。必须注意的是，之所以成立非法持有枪支罪，是因为前行为只能被评价为盗窃罪，而不是非法持有枪支罪，非法持有枪支的后行为无法被前行为的不法内涵所评价，因而不是不可罚的事后行为。

【真题】乙抢夺他人手机，并将该手机变卖，乙的行为构成抢夺罪和掩饰、隐瞒犯罪所得罪，应当数罪并罚。（选自 2008 年卷 2 第 8 题，B 选项）

解析：上述表述是错误的。抢夺罪是典型的取得型财产犯罪，行为人抢夺他人财物行为的初衷就是使用与利用财物所带来的利益，将抢夺后的手机变卖当然是抢夺后的财物利用行为，没有侵犯新的法益，因而属于不可罚的事后行为，不应当数罪并罚。

第二节　想象竞合犯与结果加重犯

一、想象竞合犯的概念与法律效果

想象竞合犯，是指行为人基于一个罪过，实施一个危害行为，触犯数个罪名的犯罪形态。例如，采用破坏性手段，盗窃正在使用中的油田运输管道中的油品，可能同时构成破坏易燃易爆设备罪、盗窃罪；为杀害仇人，对准仇人所在的人群扔炸弹的，可能同时构成故意杀人罪和爆炸罪，这些都是想象竞合犯的适例。想象竞合犯触犯了数个罪名，符合数个构成要件，但由于其行为只有一个，所以实质上仍为一罪。

想象竞合犯具有以下特征：（1）基于一个确定的故意、过失或者概括的故意，实施了一个危害行为。（2）一个行为符合数个构成要件，造成了多个危害结果，同时触犯了数个不同的罪名。如 T 发现网络游戏"传奇 3"受玩家追捧，即有意自行研发游戏外挂。凭着自己多年的软件研发经验，T 等人很快破译了"传奇 3"的程序源代码，并研发出了多款"传奇 3"外挂。随后，T 在自己设立的网站上向玩家大量出售外挂，经营数额高达 280 余万元。玩家在启用外挂后，即使不亲自操控，也能保证处于游戏状态，由此可以取得比正常玩家更好的成绩。对 T 的行为如何定罪？本案中，从自然行为的角度看，T 有两个行为：研发外挂软件以及非法出售。但是，从构成要件的角度看，行为人只有一个犯罪行为。就本案来说，构成要件关注的重心是其将自行研发的软件出售给他人的行为：其研发外挂软件并销售，侵犯了游戏著作权人的权益，而且扰乱了游戏运行的公平环境，使得游戏消费者失去兴趣，给游戏运营商造成了经济损失，系非法进行互联网出版活动，触犯了侵犯著作权罪；而将自行研发的外挂软件提供给玩家使用，则又改变了游戏规则，也缩短了游戏的运营寿命，属于提供侵入、非法控制计算机信息系统程序、工具罪，因此，T 成立侵犯著作权罪和提供侵入、非法控制计算机信息系统程序、工具罪，成立想象竞合犯。

要特别提醒注意的是，在处理犯罪之间的关系时，应当多从犯罪之间可能具有交叉、竞合或数罪的角度思考问题，再根据想象竞合犯或并罚的法理分析案件，不能动辄就说不同犯罪之间具有排斥或者非此即彼关系，动不动就将行为人设想为仅触犯一罪的人，使得理应被重罚的罪犯被放纵，从而和罪刑相适应原则有抵触。对于这一点，在最近几年的刑法真题中多有体现，所以考察行为的定性，绝对不能轻易下非此即彼的互斥判断，需要围绕每个罪名的犯罪构成逐个分析，最后通过罪数论（竞合论）的方法判断到底行为人构成一罪还是数罪。例如，为抢劫而携带凶器进入被害人家中，乘无人之际偷走财物的，应当成立抢劫罪预备和盗窃罪的想象竞合犯；为抢劫压制被害人反抗，因被害人哀求而放弃，但乘机猥亵被害人，又乘被害人不注意，拿走被害人的首饰的，构成抢劫罪中止、强制猥亵罪和盗窃罪，应当数罪并罚；为抢劫而对被害人投麻醉药，被害人原本在 30 分钟后因为药效发作会熟睡，但因被害人当日过于疲劳，服药后 10 分钟即睡着，行为人将其财物拿走的，构成抢劫罪未遂和盗窃罪的竞合；甲到某工地偷水泥，守夜的乙发现后不管不问，甲由此取得价值 5 000 元的财物，甲成立盗窃罪正犯和职务侵占罪共犯的想象竞合犯。

【真题】 陈某为求职，要求制作假证的李某为其定制一份本科文凭。双方因价格发生争执，陈某恼羞成怒，长时间勒住李某脖子，致其窒息身亡。陈某在手机中查到李某丈夫赵某手机号，以李某被绑架为名，发短信要求赵某交 20 万元"安全费"。由于赵某及时报案，陈某未得逞。（选自 2011 年刑法主观题）

解析： 就陈某向李某丈夫索要财物的行为事实部分来说，其行为同时触犯了敲诈勒索罪（未遂）与诈骗罪（未遂），由于只有一行为，因而成立两罪的想象竞合。对于本题，考生非常容易认为李某仅成立敲诈勒索罪或仅成立诈骗罪。敲诈勒索罪是指以非法占有为目的，对他人实施恐吓索取公私财物的行为。李某已经死亡，陈某仍然以绑架为名向赵某索要钱财，显然是想利用赵某的恐惧心理索取财物，成立敲诈勒索罪。诈骗罪是指行为人以非法占有为目的，使用欺骗手段使得他人陷入认识错误后处分财产进而造成财产损失的行为。陈某明知李某已经死亡，仍然虚构李某被绑架的事实索要赵某财物，成立诈骗罪。由此，当行为人对被害人以恶害相告知的威胁事实，既具有使被害人恐惧的因素，又具有使被害人产生认识错误的因素时，便成立敲诈勒索罪和诈骗罪的想象竞合。

对于想象竞合犯，应当采用从一重罪处断的原则。例如，实务上对盗窃广播电视设施、公用电信设施，同时构成盗窃罪和破坏广播电信设施、公用电信设施罪的，择一重罪处罚；盗窃使用中的电力设备，同时构成盗窃罪和破坏电力设备罪的，择一重罪处罚。此外，必须特别注意的是，所谓从一重罪处断，需要比较行为人触犯的数个犯罪的处罚轻重：数罪的法定刑都只有一个幅度的，比较并适用各罪中的法定刑最高者；数罪的法定刑有多个幅度的，比较行为的具体情节所应当对应的法定刑档的高低。

二、想象竞合犯与法条竞合犯

与想象竞合犯密切相关的一个重要概念、也是历年命题中比较容易出现的便是法条竞合犯。二者容易混淆的一个重要原因是，无论是想象竞合还是法条竞合，都只有一行为，（法条竞合形式上）也同时符合数个犯罪构成要件。不过，想象竞合犯和法条竞合犯之间存在根本性的差别。

　　法条竞合犯是不真正竞合，是法律上的一行为。不真正竞合，是指两个以上的刑法规范在外表上是竞合的，但实质上是相互排斥的。从形式上看，行为该当 A 罪构成要件，也该当 B 罪构成要件，但是实质上，从法条之间的逻辑关系看，便决定了 A 罪法条排斥 B 罪法条的适用，仅成立一个 A 罪。此时，并不真正成立 B 罪，因此，排斥 B 罪法条的适用。

　　想象竞合犯是真正的竞合，但属于事实上的一行为。行为在成立 A 罪的同时，法官完全可以并且应当宣告其同时成立 B 罪，只不过由于行为人只有一行为，因此最终按照处罚最重的犯罪定罪处罚。这与法条竞合在成立 A 罪时，一定会排斥 B 罪的适用并不相同。

　　作为"一行为"的竞合形态，法条竞合与想象竞合的区别主要在以下三方面：

　　1. 立法者的价值设定。法条竞合，纯粹是因为针对同一犯罪行为的刑法分则规定整体或者部分重合，导致法律适用复杂化。法条竞合，与立法者的价值判断有关，是一种静态的竞合，当一行为触犯的两个法条的罪名之间具有从属或者交叉的逻辑关系，且保护法益具有同一性时，为法条竞合。想象竞合，是行为人的一个行为偶然地触犯了多个罪名，它与法律条文本身如何规定无关，而与行为人实施犯罪时的选择有关，行为触犯的两个罪名在保护法益上完全可以不同，所以，是一种动态竞合。一般认为，法条竞合时，不管具体的现实案情如何，两个条文都具有竞合关系，或者说，是否具有法条竞合关系，并不取决于案件事实，而是因为法条之间存在交叉或者重叠关系。而想象竞合犯则是因为具体的行为事实触犯了两个不同的法条，不同法条之间并没有重叠与交叉关系。

　　2. 法益同一性。法条竞合不仅是法条之间形式上的逻辑关系，具有包含或者交叉关系的法条还必须是为了保护同一法益的目的而设立时，才属于法条竞合。对于某些形式上存在包含、交叉关系的法条，如果法益不同一的，应当否定法条竞合关系，而认定为想象竞合。换言之，法条竞合是一行为侵害一法益而触犯数罪；想象竞合则是一行为侵害数法益而触犯数罪名。法益是否同一（是一法益还是数法益），成为区分二者的关键之所在。

　　关于法益同一性的判断，需要考虑：

　　(1) 法益同一性是指具体法益的相同。例如，绑架罪和非法拘禁罪都侵害个人行动自由，具体法益具有同一性；强奸罪和强制猥亵罪都侵害性自由，具有具体法益的同一性。但是，法益"同一"不是法益"同类"，因此，侵犯同类法益的犯罪未必具有法益同一性，因为同类法益之下的具体法益，其具体内容未必相同。例如，市场经济秩序、社会管理秩序是对诸多犯罪的具体法益的高度抽象概括，该同类法益之下各罪具体法益的内容差异很大。例如，显然不能认为同属破坏社会主义市场经济秩序罪的洗钱罪和串通投标罪之间具有保护法益的同一性。更进一步讲，同属于侵犯人身权利的故意伤害罪与故意杀人罪虽侵犯同类法益，但就具体法益而言，因为故意伤害罪侵害的是健康权，故意杀人罪侵害的是生命权，那么二者侵害的法益并不同一，通常不能认为规定这两罪的条文存在法条竞合关系，因此，基于杀人故意造成重伤害结果的，应当成立故意杀人罪未遂与故意伤害罪的想象竞合。

　　(2) 抽象地看，国家法益、社会法益和个人法益之间不存在法益同一性。行为指向国家法益和社会法益，但在具体个案中其结果由具体个人承受，而侵害个人法益的犯罪中对此又有规定的，可以认为国家法益或者社会法益可以还原为个人法益，或者认为国家法益、社会法益由个人法益组成，包含了个人法益的内容，从而肯定法条竞合关系的存在。例如，交通肇事罪和过失致人死亡罪，洗钱罪和掩饰、隐瞒犯罪所得、犯罪所得收益罪之间，可能视情形存在法条竞合关系。因此，一个保护公法益（国家法益、社会法益）的法条与一个保护私法益（侵犯人身罪、侵犯财产罪）的法条之间，也可能形成法条竞合关系。

（3）行为侵害多个法益，法益有相同部分的，就该相同部分可以肯定法益同一性。例如，集资诈骗罪既侵害金融管理秩序，也侵害个人财产占有，就对个人法益侵害而言，其与诈骗罪之间存在法益同一性，应当成立法条竞合。盗窃罪与贪污罪之间也存在这种法条竞合关系。

3. 法律适用。在适用法律时，因为法条竞合仅仅是在形式上存在竞合关系，司法判决书只需要列举适用的罪名即可，对于没有适用的犯罪，完全不需要在判决中予以说明。换句话说，对于法条竞合犯，法官无须列举被排斥的罪名。同时，被排斥的法条的存在原则上对量刑不会产生影响。例如，在保险诈骗的场合，不需要在判决书中再论证被告人触犯合同诈骗罪的理由。

对于想象竞合，行为人的行为究竟符合哪些犯罪的构成要件，需要在判决书中明确列举出来，以便让人判断行为人所触犯的多个罪名孰轻孰重，以及法官对从一重罪处断的把握是否准确，以防止司法人员不当行使司法权。换言之，对于想象竞合，在一个说理充分的判决书中，应当分别列出罪名，然后从一重罪处罚。这是因为想象竞合存在两个违法事实与责任，那么，在判决宣告时，必须将这些事项逐一清晰地列举出来，以实现刑法的充分评价，并有效发挥想象竞合的澄清功能。因此，是否有必要详细交代罪犯所触犯的罪名以实现积极一般预防的效果，也是能否将某种竞合关系认定为想象竞合时需要考虑的。

例如，为强奸而对被害人使用暴力，该暴力行为扯坏被害人价值很高的首饰的，同时触犯强奸罪和故意毁坏财物罪。如果认定二者之间成立想象竞合犯，故意毁坏财物罪、强奸罪在判决书中就都需要详细列出，并加以论证。当然，如果属于法条竞合，便没有必要分别列出行为人所触犯的特别法条和普通法条。

所以，从诉讼经济、防止司法资源浪费的角度看，为避免司法人员在评价犯罪时分散精力，去判断原本就不需要判断的行为，将想象竞合与法条竞合区分清楚是有道理的。上述诸多区别，决定了法条竞合和想象竞合之间存在排斥关系，不存在一个行为既是想象竞合又是法条竞合的情形。

三、结果加重犯

结果加重犯，是指行为人出于基本构成要件的故意，在实施基本构成要件所规定的行为时，发生了超过基本构成要件结果的加重结果，因而导致刑罚加重的犯罪形态。对结果加重犯之所以加重处罚，是因为加重结果由基本犯的故意犯罪行为导致，而该基本犯从一开始就在其自身包含了发生加重结果的危险，并且该加重结果得以实现。一般认为，成立结果加重犯需要具备三个条件：实施了基本的行为，但造成了加重结果；对基本犯罪持故意，对加重结果至少有过失；刑法就加重结果规定了加重的法定刑。

在认定结果加重犯时，要注意基本行为与加重结果之间必须有因果关系以及存在直接的风险关联性。即只有在基本行为所特有的风险在特定场合直接实现时，才有成立结果加重犯的余地。在加重结果不能归责于行为人，与行为人无关时，不成立结果加重犯。对于行为和加重结果之间因果关系的判断，需要根据相当因果关系理论进行，考虑按照一般的社会生活经验，该行为是否通常可能导致加重结果的发生。实施一定的行为，经验上存在导致加重结果的可能性的，结果加重犯的因果关系存在。在实施基本行为之后，有以下情形的，都不能认为存在这种联系：（1）被害人故意自杀、自残或基于自身重大过错导致死亡的；（2）被告人有新的违法行为导致结果的；（3）其他人过错程度较高的行为（例如，医生的重大失误、解救人质时警方的重大失误等）介入的。例如，张某故意伤害李某，并致其轻伤，李某在医院治疗时医生手术上有一定失误，李某因伤口感染死亡。如果医生在抢救时存在重大失误，在经验上就可能认为是医生的失误这一介入因素导致死亡结果发生，张某的行为和死亡结果之间不存在因果关系，张某只应负故意伤害（致人重伤）罪的责任。但是，如果医生治疗失误很小，则根据相当因果关系仍然可以认定结果加重犯的因果关系存在，张某应当构成故意伤害（致人死亡）罪。

在共犯的场合，由某些犯罪人造成的加重结果，是否需要其他犯罪人承担，也是与结果加重犯的共犯有关的问题。例如，甲入室抢劫，乙按照甲的安排在室外望风。甲在翻入被害人 H 家里后，发现 H 及其妻子 S 均在家里，甲在主卧室压制被害人 S 的反抗后，到处搜寻财物。甲在对另一被害人 H 使用暴力过程中，遇被害人反抗并大声呼救，即将 H 砍死。事后，甲、乙二人携带赃物仓皇逃离，甲对乙隐瞒杀人的事实。乙是否要对 H 的死亡承担刑事责任？

甲的行为和 H 的死亡之间明显存在因果关系，属于抢劫致人死亡，成立抢劫罪的结果加重犯，这是没有疑义的。乙即使没有亲自下手杀死 H，也需要对 H 的死亡承担刑事责任，乙的帮助行为和 H 的死亡结果之间存在因果关系。因为抢劫是暴力程度很高的行为，帮助犯乙为使他人的抢劫进行得更为顺利而望风，是帮助他人实施重罪。在共同抢劫的场合，实行犯遇到被害人反抗时，对被害人使用杀伤程度的极端暴力，并不是异常情况，而是经验上通常会出现的结果。所以，乙为甲抢劫实施的帮助行为与被害人死亡结果存在相当因果关系，乙需要对死亡结果负责。附带提及，从主观上看，乙对实行犯在实施抢劫这种重罪过程中可能实施暴力程度最高的杀害行为，是具有预见可能性的。所以，乙对 H 的死亡至少具有过失。甲事后故意对乙隐瞒杀人的事实，对于乙成立抢劫罪的结果加重犯没有任何影响。

第三节　牵连犯与不可罚的事前、事后行为

一、牵连犯

我国刑法学通说承认牵连犯概念。所谓的牵连犯，是指实施某种犯罪，其犯罪的方法行为或者结果行为又触犯了其他罪名的情形。典型的例如，为实施诈骗行为而伪造公文的，成立伪造公文罪和诈骗罪的牵连犯。

一般认为，牵连犯具有以下四个特征：

第一，出于一个犯罪目的。如果出于不同的犯罪目的而实施数行为的，不属于牵连犯，而是典型的数罪。

第二，实施了数个犯罪行为。数个行为中，直接体现行为人犯罪目的的行为称为目的（原因）行为；为实现犯罪目的创造条件，先于目的行为实施的行为称为方法行为或手段行为。

第三，数个犯罪行为之间具有牵连关系。所谓牵连关系，是指行为人实施的数个行为之间具有方法与目的或者原因与结果的内在联系。对于牵连关系的认定标准，理论上存在主观说、客观说与折中说的分歧。折中说主张，对牵连关系的认定，应当从主观、客观两个方面进行考察，即客观上要有通常性的牵连关系，如果手段与目的、原因与结果之间只具有偶然性的联系，而没有密切的因果关联的，不能认定为具有牵连关系；同时，行为人主观上具有对方法与目的或原因与结果关系有所认识的牵连意图。法律出版社出版的法律职业资格考试辅导用书在牵连犯部分也采用了折中说。如为了杀人去盗窃或抢劫枪支，此时不具有手段—目的的类型化特征，不成立牵连犯，应数罪并罚。再如，盗窃国家机关证件后持该证件招摇撞骗，此时也不具有类型化特征，不成立牵连犯，应以盗窃国家机关证件罪和招摇撞骗罪数罪并罚。盗窃军人制服后冒充军人招摇撞骗，也不成立牵连犯，应以盗窃罪和冒充军人招摇撞骗罪数罪并罚。

第四，数个行为触犯不同的罪名。

对于牵连犯，刑法学界传统观点认为，除法律有明文规定实行数罪并罚的以外，应当从一重罪处断。实际上，成立牵连犯的情形基本都是数个行为符合数个犯罪构成，理论上基本都应当成立实质上的数罪，理当数罪并罚。因此，如果非要承认这个概念，就必须进行实质地限定解释，严格认定牵连犯概念的成立范围，否则便是不当地给予行为人刑罚优惠。例如，受贿后又徇私枉法的，很多人认定其成立牵连犯，进而主张行为人实施渎职犯罪过程中牵连受贿犯罪的，其行为符合刑法理论中有关牵连犯的特征，应当从一重罪处罚。但是，如果严格限定牵连犯的成立范围，基于牵连关系客观的类型化立场，很难认为受贿罪和滥用职权罪、玩忽职守罪之间存在牵连关系，因为行为人滥用职权、玩忽职守并不受贿，或者受贿以后并不滥用职权、玩忽职守的情况并不鲜见，谈不上 A 行为是 B 行为的通常手段行为，所以，受贿罪和滥用职权罪、玩忽职守罪之间，并没有类型化的手段与目的、原因与结果的关系。不将受贿罪和滥用职权罪、玩忽职守罪认定为牵连犯，而作为数罪处理，理论上并无任何障碍。

【真题】甲承租乙的房屋后，伪造身份证与房产证交与中介公司，中介公司不知有假，为其售房给不知情的丙，甲获款 300 万元。（选自 2010 年卷 2 第 19 题）

解析：甲主观上为了诈骗而伪造身份证和房产证，在主观层面可以认定其具有手段行为与目的行为之间的关联性；客观上，伪造身份证件和房产证件与实施诈骗行为之间可以认定存在类型化的牵连关系，毕竟，通过伪造证件的方式实施诈骗是比较常见的手段与目的的关系，因此，可认定诈骗罪与伪造居民身份证罪、伪造国家机关证件罪具有牵连关系，从一重罪处断，即以诈骗罪从重处罚。

二、不可罚的事前、事后行为

对实施本犯的人而言，不可罚的事前、事后行为和本犯行为之间，实际上是多行为的关系。但是，对事前、事后行为，原则上并不定罪处罚，所以，事前、事后行为和本犯行为之间，是形式竞合。对于不可罚的事前、事后行为，立法上也承认。例如，《刑法》第171条第3款规定，伪造货币并出售、运输伪造的货币的，以伪造货币罪定罪，从重处罚。

事实上，我国刑法学通说承认的吸收犯概念，很大一部分内容都能被不可罚的事前、事后行为所囊括。刑法学通说上所认可的吸收犯，是指实施数个存在吸收关系的犯罪行为，仅以吸收之罪定罪的犯罪形态。也即吸收犯原本存在数个犯罪行为，属于数罪，但因为存在吸收关系，所以不实行数罪并罚。大体上，一般认为存在三种吸收关系：（1）重罪吸收轻罪；（2）前行为吸收后行为，即"当然结果"的行为被吸收；（3）后行为吸收前行为，即"必经阶段"的行为被吸收。像是伪造货币并出售的，有人认为是重罪吸收轻罪的吸收犯，有人认为是后行为吸收前行为的吸收犯，由于吸收犯的认定极其混乱，而且吸收犯概念所要解决的问题基本都能被不可罚的事前、事后行为所囊括，因此，重点介绍不可罚的事前、事后行为。

（一）不可罚的事前行为

行为人在着手实施某一种重罪行为之前，可能会有一些轻罪行为或者预备行为，但在行为人实施重罪行为之后，对着手实施重罪行为之前的行为不单独定罪处罚。如甲为盗窃乙的财物，在破门而入时砸坏了乙价值很高的防盗门，甲故意毁坏财物的行为显然属于盗窃罪的预备行为。而实施犯罪预备行为的人，在着手实行行为之后，无论其是否达到既遂状态，该预备行为都作为实现构成要件的必经阶段，不再予以单独处罚。此外，实施轻罪后，又很快实施重罪行为的，轻罪行为视为重罪行为的不可罚的事前行为。例如，遗弃被害人之后又杀害被害人的，遗弃行为属于故意杀人罪的不可罚的事前行为。

（二）不可罚的事后行为

实施某些犯罪，在犯罪既遂之后，又实施依一般社会经验通常会伴随的危害行为的，后行为视为不可罚的事后行为。

1. 实施财产犯罪后针对赃物的行为

取得型侵犯财产罪属于状态犯，即犯罪行为实施完毕后，危害结果一经发生，犯罪就达到既遂状态，但犯罪行为所导致的不法状态持续存在。如盗窃、抢劫行为人在取得财物之后犯罪即告既遂，但犯罪分子占有赃物的状态并未结束，财产一直处于犯罪分子的不法控制状态下，所以，在盗窃既遂之后，对财物又故意进行毁坏的，由于立法上对盗窃罪这种状态犯预设了犯罪既遂违法状态还存在的情形，所以在该状态之下实施的行为，即使符合故意毁坏财物罪的构成要件，也在盗窃罪中给予总体性的评价，毁坏财物行为作为量刑情节加以考虑，不成立盗窃罪和故意毁坏财物罪的数罪。

但是，如果事后行为造成了新的法益侵害，符合独立的构成要件时，需要成立数罪。例如，盗窃他人财物，又用该财物提供担保，骗取第三人财物的，应当以盗窃罪和诈骗罪数罪并罚。又如，盗窃成功后发现箱里有一把枪支，其后将枪支私藏在家中的，成立盗窃罪和非法持有枪支罪，数罪并罚。

【真题】甲窃得一包冰毒后交给乙代为销售，乙销售后得款 3 万元与甲平分。甲贩卖毒品的行为侵害了新的法益，应与盗窃罪实行并罚。（选自 2015 年卷 2 第 9 题）

解析：上述论述是正确的。甲盗窃毒品后予以出卖的行为，又侵犯了国家对于毒品的管制秩序，侵害了新的法益，不应当成立不可罚的事后行为。应以盗窃罪和贩卖毒品罪数罪并罚。

2. 实施人身犯罪之后毁灭证据的行为

在实施故意杀人、故意伤害致人死亡、强奸致人死亡、过失致人死亡等犯罪行为的场合，犯罪人侮辱尸体、毁灭证据的，属于事后行为，作为不可罚的行为处理。

第十二章
刑罚裁量

第一节　累犯

相关法条及司法解释：
《刑法》第 65~66 条

一、累犯的概念

累犯，是指因犯罪受过一定的刑罚处罚，在刑罚执行完毕或者赦免以后，在法定期限内又犯一定之罪的罪犯。

刑法上累犯的最初概念，注重的是犯罪行为的特征。这种累犯概念，是以刑事古典学派的客观主义作为理论基础的。此后，随着刑事实证学派的兴起，理论上开始了从犯罪行为向犯罪人的转变，由此出现了以犯罪人的人身危险性为重点的累犯概念。现代刑法上的累犯，更多地强调犯罪人的人身特征，将累犯视为人身危险性较大的一种特殊犯罪人类型。犯罪人在一定时间以内又犯性质比较严重的罪行，表明其人身危险性很大，只有对其判处较重的刑罚，才能有效地实施惩罚和改造，最终达到预防犯罪的目的。这就是刑法确立累犯制度的理由所在。

我国《刑法》第 65 条规定了一般累犯，第 66 条规定了危害国家安全罪、恐怖活动犯罪、黑社会性质的组织犯罪的特别累犯，两种累犯在构成条件上存在着差别。

二、累犯的成立条件

（一）一般累犯的成立条件

一般累犯，是指因故意犯罪被判处有期徒刑以上刑罚且已满 18 周岁的犯罪分子，在刑罚执行完毕或者赦免以后，在 5 年内故意再犯应当判处有期徒刑以上刑罚之罪的情形。

一般累犯的构成条件包括以下方面：

1. 主观条件。前罪与后罪都必须是故意犯罪。如果前后两罪都是过失犯罪，或者前后两罪中其一是过失犯罪，则不构成累犯。刑法将过失犯罪排除在累犯之外，对累犯的主观构成要件作了严格的限制，主要是因为：一方面，故意犯罪的犯罪人比过失犯罪的犯罪人具有更为严重的人身危险性和更大的主观恶性，理应受到重罚；另一方面，在我国，经常发生且对国家、社会和公民危害最大的主要是故意犯罪而非过失犯罪，因此，将累犯制度设立为防止犯罪人再犯故意之罪的法律措施，是有实际意义的。

【真题】 丁因失火罪被判处 3 年有期徒刑，刑期自 1995 年 5 月 15 日至 1998 年 5 月 14 日。丁于 1998 年 5 月 15 日在出狱回家途中犯故意伤害罪。丁构成累犯。（选自 2009 年卷 2 第 10 题，D 选项）

解析： 上述论述是错误的。成立累犯，必须前后罪都是故意犯罪，而丁的前罪为过失犯罪，因此不成立累犯。

2. 责任年龄条件。前罪与后罪的行为人都必须是已满 18 周岁的人。第一次犯罪时行为人未满 18 周岁，第二次犯罪时亦未满 18 周岁的，不成立累犯；第一次犯罪时未满 18 周岁，第二次犯罪时已满 18 周岁的，也不成立累犯。这一规定的主要考虑是：只要行为人犯第一个罪时未满 18 周岁，其认识能力和控制能力就都远低于成年人，其非难可能性相对也较低，法律上特别给予其照顾——视为不满 18 周岁时的犯罪不存在，其再犯罪的，无论犯后罪时是否已满 18 周岁，均不作为累犯处理。根据有利于被告人的类推可以允许的法理，不满 18 周岁的人，也不应当构成《刑法》第 356 条所规定的毒品犯罪的再犯。

3. 刑度条件。前罪被判处有期徒刑以上刑罚，后罪应当被判处有期徒刑以上刑罚，换言之，构成累犯的前罪被判处的刑罚和后罪应被判处的刑罚都是有期徒刑以上刑罚，如果前后两罪被判处的刑罚都低于有期徒刑，或者有一罪低于有期徒刑的，都不构成累犯。所谓"前罪被判处有期徒刑以上刑罚"，是指人民法院根据犯罪的全部情况，最后确定其宣告刑为有期徒刑以上刑罚。这里的有期徒刑以上刑罚，除了有期徒刑以外，还包括无期徒刑和死刑缓期 2 年执行。所谓"后罪应当被判处有期徒刑以上刑罚"，是指根据后罪社会危害性的大小，实际上应当宣告有期徒刑以上刑罚。

4. 时间条件。后罪发生在前罪的刑罚执行完毕或者赦免以后 5 年之内。我国刑法以刑满或赦免以后 5 年内再犯罪作为累犯成立的时间条件，如果后罪发生在前罪的刑罚执行期间，则不构成累犯，而应适用数罪并罚；如果后罪发生在前罪刑满或赦免 5 年以后，也不构成累犯。这里的"刑罚执行完毕"，法律没有明文规定，一般认为是指主刑执行完毕，不包括附加刑在内。主刑执行完毕以后 5 年内又犯罪的即使附加刑还未执行完毕，也可以构成累犯。

（二）特别累犯的构成条件

根据我国《刑法》第 66 条的规定，特别累犯，是指因犯危害国家安全犯罪、恐怖活动犯罪、黑社会性质的组织犯罪受过刑罚处罚，在刑罚执行完毕或者赦免以后，在任何时候再犯上述任一类罪的情形。我国刑法对特别累犯的规定，体现了刑法对危害国家安全犯罪、恐怖活动犯罪、黑社会性质的组织犯罪从严惩处的精神。

特别累犯的构成条件是：

1. 罪质条件

前罪与后罪均必须是危害国家安全犯罪、恐怖活动犯罪、黑社会性质的组织犯罪。（1）危害国家安全犯罪的范围是刑法分则第一章"危害国家安全罪"所有罪名。（2）恐怖活动犯罪的范围。我国刑法直接规定恐怖活动的罪名有组织、领导、参加恐怖组织罪，帮助恐怖活动罪等 7 个。但是第 66 条中的"恐怖活动犯罪"并不仅指这 7 个罪名，还包括恐怖组织实施的各种犯罪，例如杀人、爆炸、绑架等犯罪。（3）黑社会性质组织犯罪的范围。我国刑法直接规定黑社会性质组织犯罪的罪名有 3 个：组织、领导、参加黑社会性质组织罪（第 294 条第 1 款），入境发展黑社会组织罪（第 294 条第 2 款），包庇、纵容黑社会性质组织罪（第 294 条第 3 款），但是第 66 条中的"黑社会性质的组织犯罪"并不仅指这三个罪名，还包括黑社会性质组织实施的各种犯罪。实施的犯罪中不仅包括杀人、爆炸、绑架等暴力性犯罪，也包括其他非暴力性犯罪，例如洗钱罪、寻衅滋事罪等。

值得注意的问题是，《刑法》第 66 条规定，犯危害国家安全犯罪、恐怖活动犯罪、黑社会性质的组织犯罪，在刑罚执行完毕或者赦免以后，在任何时候再犯上述"任一类罪"的，都以累犯论处。这表明，特别累犯的前罪可以是三类犯罪中的任何一类，后罪也可以是三类犯罪中的任何一类，不要求保持一致，不要求后罪的种类与前罪相同。换言之，如果行为人前罪是恐怖活动犯罪，后罪是黑社会性质的组织犯罪，也可以构成特别累犯。这实际上在很大程度上扩大了特别累犯的成立范围。

【真题】 丙因危害国家安全罪被判处 5 年有期徒刑，1996 年 4 月 21 日刑满释放，2006 年 4 月 20 日再犯同罪。丙不构成累犯。（选自 2009 年卷 2 第 10 题，C 选项）

解析： 成立特别累犯罪质条件的一种情形即危害国家安全犯罪。危害国家安全的犯罪分子在刑罚执行完毕或者赦免以后，在任何时候再犯危害国家安全罪的，都以累犯论处。对特别累犯而言，前后罪的时间间隔长短并没有任何限制。因此，上述表述是错误的。

2. 主观条件

前罪和后罪都必须为故意犯罪，因为危害国家安全犯罪、恐怖活动犯罪、黑社会性质的组织犯罪均只能由故意构成，不存在过失犯罪的问题。

3. 刑度条件

前罪被判处的刑罚和后罪应判处的刑罚的种类及轻重不受限制。即使前后两罪或者其中一罪判处管制、拘役甚至单处附加刑，也不影响危害国家安全罪等特别累犯的构成。

4. 时间条件

后罪可以发生在前罪刑罚执行完毕或者赦免后的任何时候，不受两罪相隔时间长短的限制。

成立条件	一般累犯	特别累犯
主观（罪质）条件	前后罪均为故意犯罪	前后罪均为故意犯罪，且属于危害国家安全犯罪、恐怖活动犯罪、黑社会性质的组织犯罪

续表

成立条件	一般累犯	特别累犯
年龄条件	前后罪均已满18周岁	前后罪均已满18周岁
刑度条件	前后罪均为有期徒刑以上	无要求
时间条件	后罪发生在前罪刑罚执行完毕或赦免后5年内	无要求

三、累犯的其他问题

1. 假释犯与累犯的关系

被假释的犯罪分子，如果在假释考验期内又犯新罪的，不构成累犯，而应在撤销假释之后，适用数罪并罚。因为假释考验期未满，就不能视为原判刑罚已经执行完毕，就不符合成立累犯的基本条件。被假释的犯罪分子，如果在假释考验期满后5年以内又犯新罪的，则构成累犯，因为假释考验期满就认为原判刑罚已经执行完毕，此时再犯罪的，自然应成立累犯。

【真题】甲因故意伤害罪被判7年有期徒刑，刑期自1990年8月30日至1997年8月29日止。甲于1995年5月20日被假释，于1996年8月25日犯交通肇事罪。甲构成累犯。（选自2009年卷2第10题，A选项）

解析：上述论述是错误的。由于甲尚处于在假释考验期内，而在假释考验期内原判刑罚就属于尚未执行完毕，当然不符合累犯的时间条件，不能成立累犯。

2. 缓刑犯与累犯的关系

对于在缓刑考验期间又犯新罪的，我国《刑法》第77条明确规定，应当撤销缓刑，对新犯的罪作出判决，把前罪和后罪所判处的刑罚，依照《刑法》第69条关于数罪并罚的规定，决定执行的刑罚。因此，在这种情况下，根本就谈不上是否成立累犯的问题。

此外，在缓刑考验期满以后，5年以内又故意犯应当判处有期徒刑以上刑罚之罪的，也不能构成累犯：（1）根据我国刑法规定，在缓刑考验期限内没有再犯新罪，缓刑考验期满，原判刑罚就"不再执行"，而非原判刑罚"执行完毕"。既然前罪刑罚没有执行，那就缺少构成累犯的一个必要条件，即前罪刑罚必须执行完毕或者赦免。在这种情况下，当然不能构成累犯。（2）以假释期满后再犯新罪可以构成累犯为由，得出缓刑考验期满以后再犯新罪也可以构成累犯的结论，并不妥当。按照《刑法》第85条的规定，假释考验期满，"就认为原判刑罚已经执行完毕"，而按照《刑法》第76条的规定，缓刑考验期满，"原判的刑罚就不再执行"，二者存在重大区别，所以，假释期满后再犯新罪的可以构成累犯，但缓刑期满以后再犯新罪的，不构成累犯。（3）累犯的成立要求前、后罪都是该当有期徒刑以上刑罚的、性质比较严重的犯罪。而缓刑犯之所以被宣告缓刑，是因为其犯罪情节较轻，有一定悔罪表现，不致再危害社会。这与被判处有期徒刑以上刑罚并且被实际执行的犯罪分子相比，在犯罪程度上毕竟存在差别，不能等同。缓刑期满后再犯罪，虽然不能构成累犯，但是不等于对其不能从重处罚。在对新罪量刑时，司法机关完全可以充分考虑其被宣告缓刑但不思悔改等具体情节，根据罪刑均衡原则对犯罪分子给予应有的处罚。

3. 再犯与累犯的关系

《刑法》第 356 条规定："因走私、贩卖、运输、制造、非法持有毒品罪被判过刑，又犯本节规定之罪的，从重处罚。"这里的本节之罪是指刑法分则第六章第七节走私、贩卖、运输、制造毒品罪的所有犯罪。这就是刑法关于再犯的特殊规定。

从形式上看，再犯与累犯都导致从重处罚的法律后果，但再犯的前、后罪有特殊要求：前罪仅限于走私、制造、贩卖、运输、非法持有毒品罪五种犯罪，后罪的范围是刑法分则第六章第七节所有的毒品犯罪。此外，对后罪发生时间，前、后罪的刑度都没有要求，这与特别累犯非常类似。

关于再犯与累犯在适用上的关系，最高人民法院在 2000 年 4 月 4 日《全国法院审理毒品犯罪案件工作座谈会纪要》中有明确规定：关于同时构成再犯和累犯的被告人适用法律和量刑的问题，对依法同时构成再犯和累犯的被告人，今后一律适用《刑法》第 356 条规定的再犯条款从重处罚，不再援引刑法关于累犯的条款。但是，对此也不能绝对化，因为《刑法》第 74 条规定，对于累犯，不适用缓刑；第 81 条第 2 款规定，对于累犯不得假释。如果一律适用再犯制度，就可以对同时符合累犯条件的再犯适用缓刑和假释，这会造成法律适用上的不公平。因此，犯罪人同时构成累犯和再犯的，原则上再犯规定是特别规定，应优先适用《刑法》第 356 条关于再犯的规定对罪犯从重处罚，不再适用总则中的累犯条款。但如果要对再犯宣告缓刑、假释的，仍应受《刑法》第 74 条、第 81 条第 2 款的限制，对同时构成累犯和再犯的犯罪人，不应适用缓刑和假释，此时应在累犯和再犯规定之间选择适用累犯的规定，以确保罪刑相适应原则得到贯彻。

四、累犯的法律效果

根据我国《刑法》第 65 条的规定，对累犯应当从重处罚。据此，对累犯裁量刑罚，确定其应当承担的刑事责任时，应注意把握以下几个方面的问题：

1. 对于累犯必须根据一定的标准从重处罚

无论具备一般累犯的构成条件者，还是具备特别累犯的构成条件者，都必须对其在法定刑的限度以内，判处相对较重的刑罚，即适用较重的刑种或较长的刑期。

一方面，对于累犯应当比照不构成累犯的初犯或其他犯罪人进行从重处罚。具体而言，就是当累犯所实施的犯罪行为与某一不构成累犯者实施的犯罪行为在性质、情节、社会危害程度等方面基本相似时，应比照对不构成累犯者应判处的刑罚再予以从重处罚。虽然我国刑法并未明文规定对于累犯应当比照不构成累犯者从重处罚，但基于刑法设置累犯制度的宗旨和累犯制度的基本精神，应对累犯采用从重处罚原则。

另一方面，对于累犯从重处罚，必须根据其所实施的犯罪行为的性质、情节和社会危害程度，确定具体应判处的刑罚，应切忌毫无事实根据地对累犯一律判处法定最高刑的做法。在司法实践中，有个别审判人员习惯于对累犯不问情况一律判处法定最高刑，似乎对"从重处罚"的理解就是一律判"满贯刑"，这种理解显然是不妥当的。

2. 对累犯"应当"从重处罚，而不是"可以"从重处罚

"可以"是选择性规范，即适用者可以选择从重，也可以不选择从重。"应当"从重则是命令性规范，法官没有灵活选择的余地，即凡是符合累犯条件而构成累犯的，审判人员

就必须对犯罪人在法定刑的幅度内处以较重的刑罚，否则就有悖于罪刑相适应的刑法原则。

3. 对于累犯不适用缓刑、不得假释

这是《刑法》第74条、第81条第2款所明确规定的。因为缓刑和假释的适用，都要求以犯罪人不致再危害社会为条件，累犯则属于屡教不改，具有较大的人身危险性。对累犯适用缓刑和假释，不利于对累犯的教育、改造，起不到预防犯罪的刑罚目的，更不能保证社会的安全。

第二节　自首

相关法条及司法解释：
《刑法》第67条
最高人民法院《关于处理自首和立功具体应用法律若干问题的解释》（1998年4月17日）
最高人民法院《关于处理自首和立功若干具体问题的意见》（2010年12月2日）

一、自首的种类及成立条件

自首分为一般自首与特别自首。一般自首是指犯罪分子犯罪以后自动投案，如实供述自己罪行的行为。特别自首，也称为准自首，是指被采取强制措施的犯罪嫌疑人、被告人和正在服刑的罪犯，如实供述司法机关还未掌握的本人其他罪行的行为。

（一）一般自首的成立条件

一般自首的成立条件大体有两点：自动投案与如实供述自己罪行。

1. 自动投案

自动投案，是指犯罪分子在犯罪之后、归案之前，出于本人意志而自愿置于司法机关的控制之下，接受审判的行为。对于自动投案，可以从投案时间、投案对象、投案方式、投案意愿、投案彻底性五个方面予以把握。

（1）投案时间。投案行为必须发生在犯罪人归案之前，这是对自动投案的时间限定。投案行为通常发生在犯罪分子犯罪之后，犯罪事实被司法机关发觉以前；或者犯罪事实虽然已被司法机关发觉，但犯罪人尚未被发觉；或者犯罪事实和犯罪分子均已被发觉，而司法机关尚未对犯罪分子进行讯问或者采取强制措施。因此，在犯罪行为实施完毕，犯罪分子尚未离开现场即被巡逻的警察怀疑而遭盘问的场合，犯罪分子如实交代犯罪事实的，可以成立自首，因为行为人在犯罪现场仅遭盘问，表明犯罪事实尚未被发现，其只是被怀疑实施了犯罪。此外，犯罪分子的罪行尚未被司法机关发觉，仅因形迹可疑被有关组织、部门询问、教育后，自动投案；经查实犯罪分子确已准备去投案，或者正在去投案的途中，被公安机关逮捕的，也应视为自动投案。但需要注意的是，根据2010年12月22日最高人民法院《关于处理自首和立功若干具体问题的意见》的规定，罪行未被有关部门、司法机关发觉，仅因形迹可疑被盘问、教育后，主动交代了犯罪事实的，应当视为自动投案，但有关部门、司法机关在其身上、随身携带的物品、驾乘的交通工具等处发现与犯罪有关的物品的，不能认定为自动投案。至于犯罪后被群众扭送归案的，或被公安机关逮捕归案的，或在追捕过程中走投无路当场被捕，或经司法机关传讯、采取强制措施后归案的，均不能认为是自动投案。

对于在犯罪事实和犯罪人均已被发觉，犯罪人逃跑以后被司法机关通缉的情况下自动归案的，应当视为自首。因为法律设置自首制度的立法初衷是给犯罪人一条悔过自新的出路，通过自首而获得宽大处理。这不仅对犯罪人有利，而且使刑事案件得以及时破获，对司法机关同样有利。1998年最高人民法院《关于处理自首和立功具体应用法律若干问题的解释》对此也作了规定，即犯罪后逃跑，在被通缉、追捕过程中，主动投案的，属于自动投案。

（2）投案对象。投案对象是指犯罪分子必须投向有关机关与有关个人。这里的有关机关，主要是指司法机关，也包括其他非司法机关，例如犯罪人所在单位、城乡基层组织等。因为自首的本质是主动将自己交付司法机关处理，向司法机关以外的其他机关投案，最终也必将移送给司法机关处理，符合自首特征，应以自首论处。投案对象除有关机关以外，也包括有关个人。这里的个人，法律与司法解释都未作限制，包括有关单位负责人、被害人等。

（3）投案方式。投案方式是指以何种形式向有关机关或者个人投案的问题。应当指出，法律上对于投案方式并没有限制，因此，无论以何种方式投案都应当视为自首。一般有以下几种投案方式。

第一，亲首。亲首是指犯罪人在犯罪以后亲自向有关机关或有关个人投案自首。亲首是投案自首的一般形式，绝大部分案件的犯罪人都是亲首。当然，在亲首的情况下，并不排除犯罪人利用电话、传真、信件、电子邮件等通讯方式向有关机关投案，要求司法机关尽快派员将自己捕获归案。

第二，代首。代首是指犯罪人在犯罪以后，有投案自首的诚意，但由于种种原因不能亲自前往司法机关，而明确委托他人代为投案。代首的特点是委托他人代替自己向司法机关投案。之所以委托他人去投案，往往存在某种客观原因，例如，犯罪人因病、因伤，犯罪人为将被害人送往医院抢救而无暇亲赴司法机关投案，犯罪人为排除犯罪所造成的物质损害而无法及时自动投案等。

第三，送首。在行为人犯罪后，亲友经过规劝送其到司法机关投案的，可以成立自首。1998年《关于处理自首和立功具体应用法律有关问题的解释》明确规定：并非出于犯罪嫌疑人主动，而是经亲友规劝、陪同投案的；公安机关通知犯罪嫌疑人的亲友，或者亲友主动报案后，将犯罪嫌疑人送去投案的，也应当视为自动投案。这里的"并非出于犯罪嫌疑人主动"，不是指即使犯罪嫌疑人毫无投案意愿而被强制投案也视为自动投案，而是指犯罪嫌疑人的投案意愿不是自发产生的，而是经亲友规劝产生的。也就是说，这一司法解释没有改变自首的基本要件，而只是一种提示性规定。之所以需要提示，是因为在亲友送首的情形下，犯罪人的投案意愿不容易确定。但犯罪嫌疑人强烈反抗的，就不能认为其有投案意愿，因此，犯罪嫌疑人被亲友采用捆绑等手段送到司法机关，或者在亲友带领侦查人员前来抓捕时有拒捕行为，即便如实供认犯罪事实的，也不能认定为自动投案，但可以参照法律对自首的有关规定酌情从轻处罚。

第四，陪首。陪首是指犯罪人犯罪以后，在他人的陪同下投案自首。这里的他人，一般是指朋友、邻居、同学、同事、单位领导等。在陪首的情形下，犯罪人也到司法机关去投案，但与亲首的不同之处在于他不是一个人前去投案，而是在他人的陪同下前去司法机关投案。

第五，首服。首服是指犯罪人在实施了告诉才处理的犯罪以后，告知有告诉权的人自己的犯罪事实，并同意其告知司法机关的情形。

此外，犯罪后主动报案，虽然未表明自己是作案人，但没有逃离现场，在司法机关询问时交代自己罪行的，视为自动投案。明知他人报案而在现场等待，抓捕时没有拒捕行为，供认犯罪事实的，应当视为自动投案。

（4）投案意愿。投案必须是自动的，即犯罪分子的归案，并不是由违背其本意的原因所造成的，而是出于本人的意志。从这一要求出发，对于那些在犯罪后被抓获、被强行扭送公安机关而归案的犯罪分子，即使如实交代自己的罪行的，也不能认定为自首。把握犯罪分子归案行为的自动性，需要注意：一方面，自动投案的动机是多种多样的，有的出于真诚悔罪，有的慑于法律的威严，有的为了争取宽大处理，有的潜逃在外而生活无着落，有的经亲友规劝而醒悟，但不同的动机并不影响归案行为的自动性。另一方面，投案自动性并不要求犯罪分子完全基于自己的意志选择。是否属于"出于本人的意志"，应从设立自首制度的宗旨的角度作广义的解释，凡是到有关机关或向有关人员投案，而又不明显抗拒控制或处理的，都可以认定为自动投案。换言之，在一些特殊情况下，投案的自动性也是不容否认的，例如，在强制戒毒、行政拘留、民事拘留期间，主动交代司法机关尚未完掌握的他种罪行的，相当于自动投案，也应视为自首。此外，对于那些并非主动，甚至在某种程度上带有一定的被迫性，在亲友规劝、陪同下，或者由亲友主动送交投案的，均应认定为具有"自动性"，不能因为犯罪分子本人并不悔罪，而投案又是迫于亲友的压力，就否定其自动投案的性质。因为，这些情况下所发生的归案行为，虽然在一定程度上有别于典型的自动归案，但如果离开犯罪人本人的意志是难以实现或者根本不可能实现的，所以，在本质上，这些归案行为仍然是基于犯罪人的意志而发生的。

【真题】陈某为求职，要求制作假证的李某为其定制一份本科文凭。双方因价格发生争执，陈某恼羞成怒，长时间勒住李某脖子，致其窒息身亡。陈某在手机中查到李某丈夫赵某手机号，以李某被绑架为名，发短信要求赵某交20万元"安全费"。由于赵某及时报案，陈某未得逞。陈某逃至外地，几日后，走投无路向公安机关投案，如实交代了罪行。（选自2011年主观题）

解析：上例中的陈某，针对故意杀人和敲诈勒索及诈骗的事实，成立自首。陈某尽管由于走投无路才自愿投案，但投案的动机并不影响投案自动性的认定。因此，陈某仍然成立自首。

（5）投案彻底性。投案彻底性是指犯罪分子投案后必须自愿将自己置于司法机关的控制之下，接受审查和裁判。审查，主要是指司法机关针对刑事案件而进行的审理、查明证据等诉讼活动；裁判，是指人民法院在审查的基础上对犯罪人定罪量刑所作的判决和裁定。犯罪分子自动投案、如实交代自己的犯罪事实后，必须听候、接受司法机关的侦查、起诉和审判，不能逃避司法追究，才能最终成立自首。犯罪分子将自己的人身置于司法机关的现实控制之下，是其悔罪的具体表现，也是国家对其从宽处理的重要根据。犯罪人归案之后，无论在刑事诉讼的侦查阶段、起诉阶段还是审判阶段，逃避司法机关现实控制的，都是不接受国家审查、裁判的行为，不能成立自动投案。在认定投案彻底性时，需要注意三个方面的问题：

第一，犯罪人自动投案并交代罪行后隐匿、脱逃的；或者自动投案并交代罪行后又推翻供述，意图逃避制裁的；或者委托他人代为自首而本人拒不到案的，都属于拒不接受国家审查和裁判的行为，不能认定为自动投案。犯罪嫌疑人自动投案后逃跑，后出于悔罪或其他原因再次自动投案的，也应视为自动投案，只要其如实供述自己的罪行，应认定为自首。作这样的处理，符合自首制度的设立宗旨，也有利于最大限度地促使犯罪嫌疑人悔过自新。有关司法解释规定，在被通缉、追捕过程中自动投案的，也应当视为自动投案。

第二，犯罪分子自动投案并如实交代罪行后，为自己进行辩护，或者提起上诉，或者补充或更正某些事实的，都属于正当行使法律赋予被告人的权利的行为，应当允许，不能视为拒不接受国家审查和裁判。

第三，在司法实践中，有的犯罪人匿名将赃物送回司法机关或原所有权人、占有权人处，或者用电话、书信等方式匿名向司法机关报案或指出赃物所在。此类行为并没有将行为人自身置于司法机关的有效控制之下，没有接受国家审查和裁判的诚意，因而不能认定为自首。

2. 如实供述罪行

如实供述自己的罪行，是指犯罪嫌疑人自动投案后，如实交代自己的主要犯罪事实。犯罪分子自动投案之后，只有如实供述自己的罪行，才足以证明其悔罪，为司法机关追诉其所犯罪行提供客观依据，使追究犯罪人刑事责任的刑事诉讼活动得以顺利进行。因此，如实供述自己的罪行是自首成立的最重要条件。把握自首成立的这一条件，需要注意以下几个问题：

（1）如实。投案人的供述必须如实，这里的如实是指犯罪人对自己犯罪事实的表述与自己的记忆、与客观存在的犯罪事实相一致。通说一般强调犯罪人的供述与客观事实相一致，但是这可能有失偏颇。因为犯罪人自动投案，出于真诚悔悟的动机，对案件主要事实进行陈述，但是基于记忆等原因，其供述与案件的真实客观事实有重大出入并非罕见。应该说，在行为人按照自己的记忆进行供述，而其记忆与客观事实有冲突时，只要犯罪人基于真诚悔悟的动机进行交代，就应当承认供述的"如实性"。所以，这里的"如实"，首先是指供述符合犯罪人的记忆（主观说），其次才是符合案件客观事实（客观说）。一味地坚持客观说可能有悖于自首制度设立的初衷。当然，供述与犯罪人的记忆和客观事实相一致不是绝对的等同或者同一，而只能是近似或者相似。由于主客观条件的限制，犯罪人在供述自己罪行的时候不可能保证所作供述与犯罪事实所有细节都相同，只要其所供述的罪行与客观存在的基本犯罪事实相一致，就可以视为如实供述。

在实践中，犯罪嫌疑人一方面自动投案，另一方面又认为自己的行为不是犯罪，在司法机关面前拒不认罪。如犯罪嫌疑人认为自己的杀人行为属于紧急避险，但又向司法机关自动投案，交代自己的"避险"行为，同时在接受询问时坚持自己的行为是合法的杀人行为。再如，犯罪嫌疑人在有关领导找其谈话过程中承认自己有经济问题，但不认为自己是贪污犯罪。对于类似情形，仍应认为属于如实供述。理由在于：一方面，法律要求犯罪人"如实供述罪行"实际上是要求其如实供述"案件事实"，至于对案件的定性，与犯罪人是否自己承认犯罪无关，也与行为人对于法律的认识错误无关，犯罪人对自己的行为如何进行法律评价在自首的认定中不需要考虑。换句话说，自首的成立，不以犯罪嫌疑人承认自己的行为成立犯罪为前提，实际上只要犯罪嫌疑人按照自己的记忆如实供述了自己的犯罪事实就已经足够，某一行为是否构成犯罪，是需要司法机关在充分考虑案件事实和证据的基础上进行判断的复杂问题。另一方面，在认定是否如实供述的时候，应当注意把如实供述与合理辩解加以区分。如实供述是指将本人所犯罪行客观地予以陈述，而自我辩解则是在客观陈述自己罪行的基础上，对本人承担责任的轻重进行解释。合理辩解是犯罪人的诉讼权利，不能因为犯罪人进行了自我辩解而否定其供述的如实性。所以，只要如实供述罪行，即使进行为自己开脱罪责的辩解也不能否认其自首的成立。例如，犯罪人如实交代盗窃事实，但是又辩解自己的行为属于"饥寒起盗心"，缺乏期待可能性，因而不能作为犯罪处理；或者如实交代抢劫事实，但坚持将犯罪性质说成是抢夺的，都应当成立自首。

【真题】乙犯有故意伤害罪、抢夺罪，自动投案后，仅如实供述抢夺行为，对伤害行为一直主张自己是正当防卫的，仍然可以成立自首。

解析：这一表述是正确的。乙自动投案后如实供述了自己的主要犯罪事实，对于犯罪事实的行为定性有辩解不应当影响对其自首的认定，仍然应认为乙属于如实对自己的行为事实作了供述。如果不允许对自己的行为性质辩解，或者只有对自己行为性质作了和法院最后认定的行为性质相同的供述，才能成立自首，恐怕大体只有精通刑法学的人犯罪才能成立自首。

（2）供述。供述是指交代、陈述自己的罪行，也就是通常所说的坦白。关于坦白，在刑法理论上存在广义与狭义之分。广义上的坦白指主动交代司法机关尚未掌握的罪行，因而这里的坦白包括自首。可以说，自首是坦白的最高形式。狭义上的坦白是指除自首以外如实供述司法机关尚未掌握的罪行。由此可见，自首包括坦白的内容，是投案以后的坦白。

在刑事审判程序中，犯罪嫌疑人如实供述后又翻供是较为常见的。对此，最高人民法院的司法解释规定："犯罪嫌疑人自动投案并如实供述自己的罪行后，又翻供的，不能认定为自首；但在一审判决前又能如实供述的，应当认定为自首。"如此解释，是为了有效地发挥自首制度的作用，敦促犯罪嫌疑人悔过自新、积极配合司法机关的诉讼活动。在理解和适用这一规定时，必须注意，对于犯罪嫌疑人对如实供述的罪行有无翻供、是否认定自首，考察的时段必须是"一审判决前"。有的犯罪嫌疑人在一审期间先是如实供述了自己的罪行，后又翻供，上诉后又重新如实供述罪行，这种情形不能认定为自首。

【真题】丁自动投案并如实供述自己的罪行后又翻供，但在二审判决前又如实供述的，应当认定为自首。（选自 2009 年卷 2 第 53 题，D 选项）

解析：上述表述是错误的。最高人民法院《关于处理自首和立功具体应用法律若干问题的解释》第 1 条规定，犯罪嫌疑人自动投案并如实供述自己的罪行后又翻供的，不能认定为自首；但在一审判决前又能如实供述的，应当认定为自首。由此，只有在一审判决前如实供述的，才能认定为自首，丁翻供后又在二审判决前如实供述，不能认定为自首。但需要注意的是，如果犯罪嫌疑人在一审期间如实供述了罪行，或者一审期间虽有翻供，但在一审判决之前最终还是如实供述了罪行，应认定为自首。

（3）罪行。在自首的情况下，犯罪人自动投案以后应当如实供述自己的罪行。这里的罪行是指犯罪事实。所谓犯罪事实，是指客观存在的犯罪实际情况的总和，既包括故意犯罪，也包括过失犯罪。当然，某一具体罪行的范围应当以犯罪人的所知为限，是与犯罪人记忆相一致的犯罪主要事实，只要这一事实足以使司法机关查明犯罪真相就可以成立自首。

通说认为，"如实供述自己的罪行"必须是按照实际情况彻底交代自己所实施的全部罪行。当然，如果由于主客观因素的影响，犯罪嫌疑人只能如实交代自己的主要或基本的犯罪事实，也应视为如实供述罪行。如果犯罪嫌疑人在交代犯罪过程中推诿罪责、保全自己、意图逃避制裁，或者歪曲罪质、隐瞒情节、企图蒙混过关，或者掩盖真相、避重就轻、试图减轻罪责等，均属于未如实供述罪行，不能成立自首。

如实供述的内容，根据最高人民法院《关于处理自首和立功若干具体问题的意见》，除供述自己的主要犯罪事实外，还应供述姓名、年龄、职业、住址、前科等情况。犯罪嫌疑人供述的身份等情况与真实情况虽有差别，但不影响定罪、量刑的，应认定为如实供述自己的罪行。犯罪嫌疑人自动投案后隐瞒自己的真实身份等情况，影响对其定罪、量刑的，不能认定为如实供述自己的罪行。

【真题】甲自动投案后，如实交代自己的杀人行为，但拒绝说明凶器藏匿地点的，不成立自首。（选自 2009 年卷 2 第 53 题，A 选项）

解析：上述表述是错误的。成立自首要求的"如实供述罪行"，是指犯罪嫌疑人自动投案后如实交代自己的主要犯罪事实。所谓的主要犯罪事实应当围绕犯罪构成要素对应的重要事实来认定，典型的应当包括犯罪行为、犯罪结果等要素。甲已经如实交代了自己的杀人行为，应当认为其已经如实交代了主要犯罪事实，成立自首。

（二）特别自首的成立条件

1. 特别自首的主体必须是被采取强制措施的犯罪嫌疑人、被告人和正在服刑的罪犯。这里的强制措施是指我国刑事诉讼法所规定的拘传、取保候审、监视居住、拘留和逮捕措施。正在服刑的罪犯，是指已经人民法院判决，正在被执行所判刑罚的人。只有上述三种人，才能成为特别自首的主体。

2. 必须如实供述司法机关还未掌握的本人其他罪行。一是所供述的必须是本人已经实施，但司法机关还不知道、不了解或尚未掌握的犯罪事实，二是被采取强制措施的犯罪嫌疑人、被告人和正在服刑的罪犯所供述的罪行与司法机关已经掌握的不同。罪行是否相同，应看最终认定的罪名是否相同，而非犯罪行为是否相同。最高人民法院《关于处理自首和立功若干具体问题的意见》规定，犯罪嫌疑人、被告人在被采取强制措施期间如实供述本人其他罪行，该罪行与司法机关已掌握的罪行属同种罪行还是不同种罪行，一般应以罪名区分。虽然如实供述的其他罪行的罪名与司法机关已掌握犯罪的罪名不同，但如实供述的其他犯罪与司法机关已掌握的犯罪属选择性罪名或者在法律、事实上密切关联，如因受贿被采取强制措施后，又交代因受贿为他人谋取利益行为，构成滥用职权罪的，应认定为同种罪行。

二、自首认定中的特殊问题

（一）共同犯罪自首的认定

共同犯罪人自首时所应供述的自己罪行的范围，必须与其在共同犯罪中所起的作用和具体分工相适应。

1. 主犯。对于主犯来说，主犯中的首要分子必须供述的罪行，包括其组织、策划、指挥下的全部罪行；其他主犯必须供述的罪行，应包括其在首要分子的组织、策划、指挥的支配下，单独实施的共同犯罪的罪行以及与其他共同犯罪人共同实施的犯罪行为。

2. 从犯。从犯中次要的实行犯必须供述的罪行，应包括犯罪分子自己实施的犯罪，以及与自己共同实施犯罪的主犯和胁从犯的犯罪行为；从犯中的帮助犯必须供述的罪行，包括自己实施的犯罪帮助行为，以及自己所帮助的实行犯的犯罪行为。

3. 胁从犯。胁从犯应供述自己在被胁迫下实施的犯罪，以及其所知道的胁迫自己犯罪的胁迫人所实施的罪行。

4. 教唆犯。教唆犯应供述自己的教唆行为，以及其所了解的被教唆人产生犯罪意图后实施的犯罪行为。

（二）数罪自首的认定

正确认定数罪的自首，关键在于判断犯罪人是否如实地供述了所犯数罪并分别不同情况予以处理。

1. 就一般自首而言，对于犯罪人自动投案后如实地供述所犯数罪的，应认定为全案均成立自首。对于犯罪人自动投案后如实供述所犯全部数罪的一部分，而未供述所犯他罪的罪行的，应当分别予以处理：如果行为人所犯数罪为异种数罪的，其所供述的犯罪成立自首，其未交代的犯罪则不成立自首，即自首的效力仅及于如实供述之罪。如果行为人所犯数罪为同种数罪，则应根据犯罪人供述犯罪的程度，决定自首成立的范围。其中，罪犯所供述的犯罪与未供述的犯罪在性质、情节、社会危害程度等方面大致相当的，只应认定所供述之罪成立自首，未供述之罪不成立自首，即自首的效力同样只及于如实供述之罪。犯罪人确实由于主客观方面的原因，只如实供述了所犯数罪中的主要或基本罪行，应认定为全案成立自首，即自首的效力及于所犯全部罪行。

2. 就特别自首而言，被司法机关依法采取强制措施的犯罪嫌疑人、被告人，如实供述司法机关还未掌握的本人非同种罪行的；或者正在服刑的罪犯，如实供述判决宣告前发生、判决确定的罪行以外的，司法机关还未掌握的同种罪行或者非同种罪行的，以自首论。

（三）交通肇事罪的自首

交通肇事后无论逃逸还是不逃逸，只要案发后主动到公安机关投案，如实供述自己罪行的，均应认定为自首。这对于鼓励肇事者及时归案，配合司法机关处理案件，及时赔偿被害人的损失都有积极意义。最高人民法院《关于处理自首和立功若干具体问题的意见》规定，交通肇事后保护现场、抢救伤者，并向公安机关报告的，应认定为自动投案，构成自首的，因上述行为同时系犯罪嫌疑人的法定义务，对其是否从宽、从宽幅度要适当从严掌握。交通肇事逃逸后自动投案，如实供述自己罪行的，应认定为自首，但应依法以较重法定刑为基准，视情况决定对其是否从宽处罚以及从宽处罚的幅度。

（四）单位犯罪的自首

单位也能适用自首。一方面，单位可以具有投案意图。单位犯罪后，其法定代表人或直接责任人员出于愧疚、减轻罪责和恐惧等心理，产生投案意图，把自己的意图通过特定方式如开会研究等上升为单位的意志，并由单位决定向有关机关投案，从而可实现投案的意图。另一方面，在客观上，单位也可以自动投案，如实供述自己的罪行。单位的投案是先由其决策机构作出决定，再向有关机关投案。单位自首的对象为犯罪嫌疑人、被告人。在侦查阶段，犯罪单位也被称为犯罪嫌疑人；在起诉和审判阶段，犯罪单位也被称为被告人或被告单位，所以，我国刑法并没有明确自首的被告人、犯罪嫌疑人只能是自然人，更没有排斥、否定单位自首的存在。

（五）职务犯罪的自首

1. 犯罪事实和犯罪分子已被发觉、掌握，犯罪分子没有自动投案，在办案机关调查谈话、讯问、采取调查措施或者强制措施期间，犯罪分子如实交代办案机关掌握的线索所针对的事实的，不能认定为自首。这里的办案机关的举措，不仅包括讯问和强制措施，也包括调查谈话和其他调查措施。其中的调查谈话，包括纪检监察机关对犯罪分子的调查谈话；其中的调查措施，包括纪检监察机关对犯罪分子采取的"双规""双指"措施。

2. 具有以下情形之一的，以自首论：犯罪分子如实交代办案机关尚未掌握的罪行，且与办案机关已掌握的罪行属不同种罪行的；办案机关所掌握线索针对的犯罪事实不成立，在此范围外犯罪分子交代同种罪行的。

【真题】丙虽未自动投案，但办案机关所掌握线索针对的贪污事实不成立，在此范围外丙交代贪污罪行的，应当成立自首。（选自2009年卷2第53题，C选项）

解析：贪污犯罪属于职务犯罪，办案机关原先掌握线索针对的贪污事实不成立，丙交代的是在此范围外的贪污罪行，应当被认定为成立自首。

第三节　立功

相关法条及司法解释：
《刑法》第68条
最高人民法院《关于处理自首和立功具体应用法律若干问题的解释》（1998年4月17日）

一、立功的概念与条件

立功，是指犯罪分子揭发他人的犯罪行为，查证属实的，或者提供重要线索，从而得以侦破其他案件的行为。

※立功的条件主要包括：（1）主体是犯罪分子，即被采取强制措施的犯罪嫌疑人、被告人和正在服刑的罪犯。（2）所揭发、检举的行为都同犯罪密切相关，属于他人的犯罪行为或者他人犯罪的重要线索。（3）揭发、检举的内容真实，对破案有效，其内容经查证属实或者据以侦破了其他犯罪案件。

刑法所确立的立功制度和对立功犯从宽处罚的原则，具有重大的意义：一方面，这一制度可以激励犯罪分子改过自新，重新做人，使其能以较为积极的态度协助司法机关工作，提高司法机关办案的效率；另一方面，这一制度可以有效瓦解犯罪势力，促使其他犯罪分子主动归案，减少犯罪对社会造成的不安定。

二、立功的表现形式

《刑法》第68条第1款规定了两种立功形式：

1. "揭发型"立功。即犯罪分子揭发他人的犯罪行为，并经查证属实的。犯罪分子被羁押或者归案后，不仅如实地交代自己的犯罪，还主动地揭发其他人的犯罪行为，包括揭发同案犯共同犯罪事实以外的其他犯罪行为。这种揭发必须经司法机关查证属实。如果经过查证，发现其揭发的情况不是事实，或者无法证实，或者不属于犯罪行为，则这种揭发不是立功。

关于"揭发型"立功，有以下问题需要注意：

第一，揭发"他人"的犯罪，是指对他人所认定的罪名应在"如实供述自己的罪行"的范围之外。在参与双方都会受到处罚的对向犯（如行贿、受贿罪）中，揭发他人的事实属于如实供述自己犯罪事实的当然组成部分，是揭发者本人成立自首或者坦白的必要条件，此情节不能使用两次，因此，难以再成立立功。例如，甲因为犯故意杀人罪被抓获，在审讯过程中，甲交代了自己向乙行贿50万元的事实。对行贿罪而言，甲成立自首，其不能因为"揭发"乙对应的受贿行为再成立立功。但在处罚某一方的对向犯中，揭发者可能成立立功，例如，因抢劫被采取强制措施的犯罪嫌疑人检举他人贩卖淫秽物品犯罪的，可以成立立功。在共犯人之间的共同故意不相同的场合，超出共同故意的犯罪与共同故意的犯罪在性质上没有相似性，在犯罪发展过程上没有因果关联性的，揭发者可能成立立功（例如，共谋诈骗者之一在现场实施强奸的，他人对强奸犯的揭发可以构成立功）；反之，则难以认定为立功（例如，明知与他人没有债务关系而教唆他人扣押人质索取债务的，构成非法拘禁罪的犯罪嫌疑人对绑架罪犯的揭发不能成立立功；共谋"教训"他人，有伤害故意者对杀人犯的揭发也不能成立立功；共谋盗窃，其中一人在现场使用暴力抗拒抓捕的，抢劫罪犯对盗窃犯的揭发也难以认定为立功）。

第二，他人的"犯罪"，是指客观的法益侵害事实。揭发他人的犯罪行为，事后查明他人当时未成年或不具有责任能力的，揭发者仍应成立立功；揭发他人的"犯罪行为"，但是该犯罪行为已超过追诉时效的，不影响立功的成立。

2. "提供线索型"立功。即犯罪分子提供重要线索，使侦查机关得以侦破其他案件的。重要线索应是指司法机关尚未掌握的重要犯罪线索，即能够证明犯罪的重要事实、犯罪人或者有关证人等。提供的重要线索必须是真实有用的，司法机关能够据此查明犯罪，侦破案件。如果经过侦查，发现提供的线索不实，或者无法证明发生过犯罪，或者据此查明的行为不属于犯罪行为的，就不应当认为是立功。

最高人民法院《关于处理自首和立功若干具体问题的意见》规定：犯罪分子通过贿买、暴力、胁迫等非法手段，或者被羁押后与律师、亲友会见过程中违反监管规定，获取他人犯罪线索并"检举、揭发"的，不能认定为有立功表现。犯罪分子将本人以往查办犯罪职务活动中掌握的，或者从负有查办犯罪、监管职责的国家工作人员处获取的他人犯罪线索予以检举、揭发的，不能认定为有立功表现。犯罪分子亲友为使犯罪分子"立功"，向司法机关提供他人犯罪线索、协助抓捕犯罪嫌疑人的，不能认定犯罪分子有立功表现。

【真题】 丙被抓获后，通过律师转告其父想办法协助司法机关抓捕同案犯，丙父最终找到同案犯藏匿地点，协助侦查机关将其抓获。（选自 2012 年卷 2 第 57 题，C 选项）

解析： 丙父协助侦查机关抓捕同案犯的行为，无法表明犯罪人本人的人身危险性和再犯可能性减小。最高人民法院《关于处理自首和立功若干具体问题的意见》对此也作了明确规定：犯罪分子亲友为使犯罪分子立功，向司法机关提供他人犯罪线索、协助抓捕犯罪嫌疑人的，不能认定为犯罪分子有立功表现。

对于立功的表现形式，立法上采取了列举和概括相结合的立法方法。根据立法精神和相关司法解释，下列情形属于立功：

（1）犯罪分子阻止他人的犯罪活动的。这种情况一般发生在羁押场所或者监狱里。犯罪分子为制止他人的犯罪活动，协助司法机关维护劳动改场所的秩序，承担了一定的风险，这是以实际行动证明其有悔改的诚意，所以应该属于立功表现。

（2）犯罪分子协助司法机关缉捕其他犯罪嫌疑人，包括同案犯的。最高人民法院《关于处理自首和立功若干具体问题的意见》规定，犯罪分子具有下列行为之一，使司法机关抓获其他犯罪嫌疑人的，属于"协助司法机关抓捕其他犯罪嫌疑人"：第一，按照司法机关的安排，以打电话、发信息等方式将其他犯罪嫌疑人（包括同案犯）约至指定地点的；第二，按照司法机关的安排，当场指认、辨认其他犯罪嫌疑人（包括同案犯）的；第三，带领侦查人员抓获其他犯罪嫌疑人（包括同案犯）的；第四，提供司法机关尚未掌握的其他案件犯罪嫌疑人的联络方式、藏匿地址的。

【真题】 乙因购买境外人士赵某的海洛因被抓获后，按司法机关要求向赵某发短信"报平安"，并表示还要购买毒品，赵某因此未离境，等待乙时被抓获。（选自 2012 年卷 2 第 57 题，B 选项）

解析： 乙按照司法机关的要求，以发信息等方式协助司法机关将贩卖毒品的赵某抓获，理当认定为立功。

需要注意的是：对于协助司法机关抓捕同案犯的认定，需要严格限制。对于犯罪分子提供同案犯姓名、住址、体貌特征等基本情况，或者提供犯罪前和犯罪中掌握与使用的同案犯联络方式、藏匿地址，司法机关据此抓捕同案犯的，不能认定为协助司法机关抓捕同案犯。

【真题】 甲是唯一知晓同案犯裴某手机号的人，其主动供述裴某手机号，侦查机关据此采用技术侦查手段将裴某抓获。（选自 2012 年卷 2 第 57 题，A 选项）

【真题】 丁被抓获后，向侦查机关提供同案犯的体貌特征，同案犯由此被抓获。（选自 2012 年卷 2 第 57 题，D 选项）

解析： 上述两例中的甲与丁都不能成立立功，因为甲与丁只是提供同案犯的联系方式和个人基本特征，不能认定成立立功。

（3）犯罪分子有其他有利于国家和社会的突出表现的。如有重要的发明创造，对提高生产、促进建设有利；积极抢险救灾，减少或防止了国家损失，保护了他人的安全等。

三、职务犯罪的立功

1. 犯罪分子的亲友直接向有关机关揭发他人犯罪行为，提供侦破其他案件的重要线索，或者协助司法机关抓捕其他犯罪嫌疑人的，不应当认定为犯罪分子的立功表现，因为立功表明犯罪人本人的人身危险性和再犯可能性较小，代为立功难以证明这一点；同时，代为立功可能导致"花钱买立功"等不良现象产生，导致社会不公。

2. 因为线索、来源不合法，而不能成立立功的情形包括：（1）本人通过非法手段或者非法途径获取线索、材料的（例如，通过向公安人员行贿，购买他人犯罪线索，通过盗窃、敲诈勒索手段获取他人犯罪线索的，不能认定为立功）。（2）本人因原担任的查禁犯罪等职务获取的线索、材料的。（3）监管人员或其他人违反监管规定，向犯罪分子提供线索、材料的。

【真题】 陈某因犯罪在检察机关审查起诉阶段，将自己担任警察期间查办犯罪活动时掌握的刘某抢劫财物的犯罪线索告诉检察人员，经查证属实。（选自 2011 年主观题）

解析： 陈某不成立立功，由于其告诉检察人员的犯罪线索是在担任警察期间获取的，因为线索、来源不合法，不能成立立功。

3. 立功的认定程序。犯罪分子揭发他人的犯罪行为，提供侦破其他案件的重要线索的，必须经查证属实，才能认定为立功。审查是否构成立功，不仅要审查办案机关的说明材料，还要审查有关事实和证据以及与案件定性、处罚相关的法律文书，如立案决定书、逮捕决定书、侦查终结报告、起诉意见书、起诉书以及判决书等。

第四节　坦白

相关法条及司法解释：
《刑法》第 67 条

一、坦白的概念

坦白，是指犯罪分子被动归案之后，如实供述自己罪行的行为。例如，贪污、贿赂犯罪的嫌疑人被办案机关采取调查谈话、讯问、采取调查措施或者强制措施期间，如实交代办案机关掌握的线索所针对的事实的，不能认定为自首，但属于坦白。

《刑法修正案（八）》第 8 条将坦白规定为法定从宽处罚情节，主要有以下考虑：（1）坦白表明犯罪分子有心悔悟，说明其人身危险性有所降低。（2）犯罪分子坦白有利于侦查机关更顺利地结案，有利于节约司法资源，有时甚至能够及时避免特别严重后果的发生。（3）坦白从宽一直是我国的刑事政策，将该项刑事政策上升为刑法规定，有利于侦查机关开展讯问工作，尽最大可能减少刑讯逼供的发生。（4）具体司法实务，以及有关司法解释历来都认可对坦白应酌情从宽处罚的原则，立法只是将司法惯例成文化。

二、坦白的认定

坦白的成立条件是如实供述自己的罪行。

如实供述，意味着行为人按照自己的记忆供述自己的犯罪行为，而不是作虚假供述。如实供述的内容，除自己的主要犯罪事实外，还应包括姓名、年龄、职业、住址、前科等情况。犯罪嫌疑人在交代罪行的过程中隐瞒主要事实或关键情节，掩盖真相，企图蒙混过关，属于未如实供述罪行，不能成立坦白；犯罪嫌疑人如实供述自己的罪行后，又翻供的，也不能认定为坦白。

三、坦白与自首的区别

自首与坦白的相同之处为：（1）均以行为人实施了犯罪行为为前提；（2）犯罪人在归案之后都是如实交代自己的犯罪事实；（3）犯罪人都有接受国家审查和裁判的行为；（4）都是从宽处罚情节。

然而，自首与坦白之间的区别更为重要。一般自首与坦白的区别在于，一般自首是犯罪人自动投案后，如实供述自己的罪行；坦白是犯罪人被动归案后如实供述自己的罪行。特别自首与坦白的区别在于，特别自首是如实供述司法机关尚未掌握的本人其他罪行，坦白是如实供述司法机关已经掌握的本人罪行。实际上，自首与坦白所反映出的罪犯人身危险性程度不同，自首犯的人身危险性相对较低，坦白者的人身危险性相对较高。

第五节　数罪并罚制度

相关法条及司法解释：
《刑法》第 69～71 条
最高人民法院《关于办理减刑、假释案件具体应用法律的规定》（2016 年 11 月 14 日）第 33～37 条
最高人民法院《关于罪犯因漏罪、新罪数罪并罚时原减刑裁定应如何处理的意见》（2012 年 1 月 18 日）

一、数罪并罚的概念

数罪并罚，是指人民法院对于行为人在法定时间界限内所犯数罪分别定罪、量刑后，按照法定的并罚原则及刑期计算方法决定其应执行的刑罚的制度。依照刑法的规定，数罪并罚具有以下三个特征：

1. 一人犯数罪。数罪并罚的前提是一人犯有数罪。如果一个人的行为不构成数罪，则不能为了对其加重处罚而适用数罪并罚。此处的数罪，是指实质上的数罪或独立的数罪。换言之，一行为人犯有一罪，或者非共犯的数行为人犯有数罪，都不产生数罪并罚的问题。同种数罪原则上不并罚。

2. 数罪发生在法定的时间界限之内。根据我国刑法的规定，并非任何时候的实质数罪都须并罚，适用数罪并罚只限于以下三种情况的数罪。第一，判决宣告以前一人犯数罪；第二，刑罚执行过程中发现被判刑的犯罪分子在判决宣告以前还有其他罪没有判决；第三，判决宣告以后、刑罚执行完毕以前，被判刑的犯罪分子又犯新罪。司法实践中，在处理被告人刑满释放后又犯罪的案件时，发现他在前罪判决宣告以前，或者在前罪判处的刑罚执行期间，犯有其他罪行，未经过处理，并且依照刑法的规定应当追诉的，如果漏罪与新罪属于不同种的罪行，即应对漏罪与刑满释放后又犯的新罪分别量刑，并依照《刑法》第 69 条的规定，实行数罪并罚。如果漏罪与新罪属于同一种罪，可以判处一罪从重处罚，不必实行数罪并罚。

3. 根据一定方法进行并罚。数罪并罚必须在对数罪分别定罪、量刑的基础上，依照法定的并罚原则、范围与方法，决定执行的刑罚。数罪并罚并非对数罪所判刑罚的简单相加，而是对犯罪分子所犯数罪，依照刑法分则的相关规定，逐个地确定其罪名，量定刑罚，然后根据数罪并罚所应遵循的法定原则，决定执行的刑罚。在审判实践中，对于数罪中有一罪或者数罪应当判处无期徒刑或死刑（含死缓）的案件，同样应当对各罪分别量刑，然后决定执行其中最高的刑罚。对附加刑也应当分别量刑，这样才能看出附加刑是针对何罪适用。只有数罪中有判处附加刑的，决定执行的刑罚中才能有附加刑。

二、数罪并罚的原则

数罪并罚的原则，是指对一人所犯数罪合并处罚所依据的原则，简单地说，就是对数罪如何实行并罚。各国刑法基于不同的刑事政策规定了不同的数罪并罚原则，大致有以下几种：

1. 并科原则。指将一人所犯数罪分别宣告的各罪刑罚绝对相加、合并执行的合并处罚原则。并科原则在某种程度上是报应刑论的产物，罪犯被合并执行的刑罚直观地展示了犯罪的危害程度，国家对罪犯的严厉谴责态度也充分地得到了显示。但该原则实际弊端很多，动辄对罪犯判刑数十年甚至上百年，既难以执行，也使刑罚显得过于严酷。

2. 吸收原则。指在对数罪分别宣告的刑罚中，选择其中最重的刑罚为执行的刑罚，其余较轻的刑罚被最重的刑罚吸收，不予执行的合并处罚原则。吸收原则虽然对于死刑、无期徒刑等刑种的并罚较为适宜，且适用较便利，但若将其适用于其他刑种，则弊端较为明显。

3. 限制加重原则。指以一人所犯数罪中法定或已被判处的最重刑罚为基础，再在一定限度内对其予以加重作为执行罚的合并处罚原则。限制加重原则的特点是：克服了并科原则和吸收原则或过于严酷且不便于具体适用，或过于宽泛而不足以惩罚犯罪的弊端；既使得数罪并罚制度贯彻了有罪必罚和罪刑相适应的原则，又采取了较为灵活、合乎情理的合并处理方式。

我国《刑法》第 69 条总体上采用了限制加重原则，同时兼顾了并科原则和吸收原则：

第一，限制加重原则的运用。对判决宣告的数个主刑为有期徒刑、拘役或管制的，采取限制加重原则。有期徒刑、拘役和管制本身都有一定的期限，因此，在数刑的总和刑期以下、数刑中最高刑期以上酌情决定执行的刑期是比较恰当的。但是，如果总和刑期过高，决定执行的刑罚就可能过长，因而我国刑法对最高刑期加以限制，即数罪并罚后管制最高不能超过 3 年，拘役不能超过 1 年，有期徒刑总和刑期不满 35 年的，最高不能超过 20 年，总和刑期在 35 年以上的，最高不能超过 25 年。例如，甲先后犯有抢劫、故意伤害、集资诈骗等罪行，分别被判处 15 年、12 年、10 年有期徒刑，三个罪的总和刑期为 37 年，数刑中最高刑为 15 年，本来可以在 15 年以上、37 年以下的范围内决定执行的刑期，但因有期徒刑总和刑期在 35 年以上的，数罪并罚时最高不得超过 25 年，所以，对甲只能在 15 年以上、25 年以下的幅度内酌情决定执行的刑期。

第二，吸收原则的运用。对数罪分别判处死刑或者无期徒刑的，以及判处有期徒刑和拘役的，采取吸收原则。数罪中宣告几个死刑或最重刑为死刑的，仅应决定执行一个死刑，而不得决定执行两个或两个以上的死刑或其他主刑。因为，死刑是剥夺生命的刑罚，生命对于人只有一次，既然已经执行了死刑，其他刑罚如徒刑、拘役、管制等就不可能再执行。如果在其他主刑执行完毕后再执行死刑，又有悖于我国刑罚的目的，也不利于及时打击危害特别严重的犯罪。数罪中宣告几个无期徒刑或最重为无期徒刑的，执行一个无期徒刑，不执行其他刑罚。因为无期徒刑是剥夺终身自由的刑罚。一个人的终身自由被剥夺后事实上已不可能再执行其他刑罚。同时，根据数罪并罚原则，也不允许将两个无期徒刑合并升格为死刑。因为无期徒刑是剥夺自由的刑罚，死刑是剥夺生命的刑罚，两者的性质是截然不同的。需要注意的是，《刑法修正案（九）》第 4 条规定，数罪中有判处有期徒刑和拘役的，仅执行有期徒刑，实际上也代表了对于有期徒刑和拘役采取了吸收原则。

第三，并科原则的运用。一方面，对判处附加刑的，一般采取并科原则，附加刑仍须执行。数罪中主刑不论是死刑、无期徒刑、有期徒刑、拘役还是管制，如判处附加刑的，附加刑仍须执行，因为附加刑与主刑的性质不同，不妨碍并科。另一方面，《刑法修正案（九）》第 4 条规定，数罪中有判处有期徒刑和管制，或者拘役和管制的，有期徒刑、拘役执行完毕后，管制仍然要执行。这主要是考虑到管制对罪犯并不关押，其难以与拘役、有期徒刑进行相互折算。

三、数罪并罚的适用

根据《刑法》第 69 条、第 70 条、第 71 条的规定，适用数罪并罚有以下三种情况：

1. 判决宣告前一人犯数罪的并罚。《刑法》第 69 条规定，判决宣告以前一人犯数罪的，除判处死刑和无期徒刑的以外，应当在总和刑期以下、数刑中最高刑期以上，酌情决定执行的刑期，但是管制最高不能超过 3 年，拘役最高不能超过 1 年，有期徒刑总和刑期不满 35 年的，最高不能超过 20 年，总和刑期在 35 年以上的，最高不能超过 25 年。必须注意的是，对于判决宣告以前的同种数罪，原则上无须并罚，只要在特定犯罪的法定刑范围内作为一罪从重处罚即可以实现罪刑相适应的刑法原则。但是，当特定犯罪的法定刑过轻，且不并罚就难以使处罚结果与罪刑相适应原则符合，在法律未明文禁止时，也可以有限制地对同种数罪实行并罚。

2. 判决宣告后发现漏罪的并罚。《刑法》第 70 条规定，判决宣告以后，刑罚执行完毕以前，发现被判刑的犯罪分子在判决宣告以前还有其他罪没有判决的，应当对新发现的罪作出判决，把前后两个判决所判处的刑罚，依照《刑法》第 69 条的规定，决定执行的刑罚。已经执行的刑期，应当计算在新判决决定的刑期以内。对新发现漏罪的合并处罚具有以下几个特点：

第一，必须在判决宣告以后，刑罚执行完毕以前发现漏罪。其中，"判决宣告以后"，具体是指判决业已宣告并发生法律效力之后。如果漏罪被发现的时间不是在判决宣告以后至刑罚执行完毕以前的期限内，而是在刑罚执行完毕之后，或者所发现的漏罪不是在判决宣告之前实施的，而是在刑罚执行期间实施的，不得适用第 70 条进行合并处罚。

第二，对于新发现的漏罪，不论与前罪的性质是否相同，亦即无论是异种数罪还是同种数罪，都应当单独作出判决。

第三，应当把前后两个判决所判处的刑罚，即前罪所判处的刑罚与漏罪所判处的刑罚，按照相应的数罪并罚原则，决定执行的刑罚。

第四，在计算刑期时，应当将已经执行的刑期，计算在新判决决定的刑期之内。也就是说，前一判决已经执行的刑期，应当从前后两个判决所判处的刑罚合并而决定执行的刑期中扣除。这种刑期计算方法，称为"先并后减"。例如，甲犯贪污罪，判处有期徒刑 12 年，在刑罚执行 5 年以后，发现他在判决宣告以前，还犯有受贿罪没有处理。这时应当对新发现的受贿罪作出判决，如果可判处有期徒刑 7 年，则应在 12 年以上、19 年以下决定执行的刑期。假设决定执行的刑期为 16 年，应将已经执行的 5 年计算在 16 年之内，也就是说，甲只须再执行 11 年期就届满。

对于发现漏罪的并罚，有以下几点需要特别注意：

首先，在数罪并罚以后刑罚执行期间，又发现犯罪分子在判决宣告以前犯有一罪的，应当对漏罪所判处的刑罚与原判决决定执行的刑罚，依照相应原则决定执行的刑期，而不是对漏罪所判处的刑罚与原判决所认定的数罪的刑罚即数个宣告刑，依据相应原则决定执行的刑罚。主要理由在于：前一判决即原来所作的数罪并罚判决，是已经发生法律效力的判决，如果对漏罪所判处的刑罚不与原判决决定执行的刑罚并罚，而与原判决所决定的数罪的刑罚即多个宣告刑并罚，就意味着推翻前一判决和否定前一判决已发生的法律效力，势必影响刑事判决的严肃性。

其次，判决宣告以后、尚未交付执行之前发现漏罪的，是否适用《刑法》第 70 条的规定予以并罚？对于这种条件下发现漏罪的，可以分为两种情形处理：一是当判决已宣告但发生法律效力之前发现漏罪的，不能适用《刑法》第 70 条进行数罪并罚。二审法院可以在查清事实后改判，也可以裁定撤销原判，发回原审人民法院重新审理。二是在宣告判决发生法律效力之后，但实际交付执行之前，发现被判刑的犯罪分子还有其他罪行漏判的，应当适用《刑法》第70条的规定数罪并罚。

再次，在刑罚执行中，依法对犯罪分子减刑后，又发现罪犯还有其他犯罪未判决的，应先将原判刑期与后罪所判刑期按限制加重原则并罚，然后减去已执行刑期和减刑刑期，从而确定犯罪分子还须服刑期限。如甲因犯抢劫罪于2003年被判处有期徒刑12年，2007年5月被依法裁定减刑2年。2008年司法机关发现甲于2002年还犯有盗窃罪未判决，经审查认为，盗窃罪应被判处有期徒刑15年。对甲进行数罪并罚时，如何计算刑期？上例中，应先将甲前罪所判12年刑期和漏罪所判15年刑期合并处罚，假设对其决定执行刑期20年。由于甲被依法减刑2年，即只须执行18年，再减去已经执行的5年，甲还须执行刑期13年。

3. 判决宣告后又犯新罪的并罚

《刑法》第71条规定：判决宣告以后、刑罚执行完毕以前，被判刑的犯罪分子又犯罪的，应当对新犯的罪作出判处，把前罪没有执行的刑罚和后罪所判处的刑罚，依照《刑法》第69条的规定，决定执行的刑罚。依照该规定，对判决宣告后又犯新罪的合并处罚具有以下特点：

第一，必须在判决宣告以后、刑罚执行完毕以前，被判刑的犯罪分子又犯新罪，即在刑罚执行期间犯罪分子又实施了新的犯罪。其中，"判决宣告以后"具体应指判决已经宣告并发生法律效力之后。

第二，对于犯罪分子所实施的新罪，不论与前罪的性质是否相同，也即无论是异种数罪还是同种数罪，都应当单独作出判决。

第三，应当把前罪没有执行的刑罚和后罪所判处的刑罚，依照刑法规定的相应原则，决定执行的刑罚。也就是说，首先应从前罪判决决定执行的刑罚中减去已经执行的刑罚，然后将前罪未执行的刑罚与后罪所判处的刑罚并罚，决定执行的刑罚。此种刑期计算方法被称为"先减后并"。例如，甲犯抢劫罪被判处有期徒刑12年，在服刑5年后，又犯了强奸罪，应被判处有期徒刑8年。裁量刑罚时要将甲抢劫罪没有执行完毕的7年有期徒刑同强奸罪所判的刑罚8年有期徒刑合并，总和刑期是15年，并罚时应在8年以上、15年以下决定应执行的刑期。假设决定执行有期徒刑12年，由于前罪已经执行的有期徒刑5年不计算在新判决决定的刑期内，所以该罪犯实际上可能会被执行有期徒刑17年。

对新罪的"先减后并"与发现漏罪的"先并后减"有重大的区别，具体表现在：采用"先减后并"的犯罪分子在服刑期间不思悔改，继续作恶，又犯新罪，表明其难以改造，人身危险性较大，所以对其应当贯彻从严惩处的精神，由此导致了其决定执行刑期的最低期限高，而且实际执行的刑期有可能超过法定的数罪并罚最高期限。例如，甲犯有抢劫罪，被判有期徒刑12年，刑罚执行8年后，在监狱里又犯故意伤害罪，应判15年有期徒刑，按数罪并罚的"先减后并"方法计算应当在15年以上、19年以下决定执行的刑期，假设决定执行18年，那么，犯罪分子实际总共被执行的刑期是26年，超过了数罪并罚时，有期徒刑总和刑期不满35年，最高不能超过20年的限制。

采用"先并后减"原则时所考虑的重点则有所不同：司法机关尽管在对犯罪分子执行刑罚期间发现其有漏罪，犯罪人也试图隐瞒部分犯罪，但是漏罪毕竟是既往的犯罪事实，属于"旧账",所以对前罪判决宣告前发生的犯罪的处理应当贯彻相对从宽的刑事政策,那么,犯罪分子实际被执行的刑期与判决宣告以前一人犯数罪时所应受到的处罚并无差别。

在司法实践中适用《刑法》第71条"先减后并"原则进行并罚时,刑罚执行期间既发现漏罪又犯新罪时,应当先对新发现的漏罪作出判决,与原判刑罚按照限制加重原则,确定应执行的刑罚,再减去已经执行的刑期(先并后减);然后对新犯之罪作出判决,再与前两个判决所决定刑罚中尚未执行的刑罚并罚,决定应执行的刑罚(先减后并)。如罪犯甲因犯盗窃罪被判处有期徒刑7年,执行3年后又犯故意伤害(致人死亡)罪,应当判处有期徒刑10年,并同时发现其漏罪强奸罪,应当判处有期徒刑11年,对甲如何处理?首先,将对漏罪强奸罪所判处的有期徒刑11年与盗窃罪的有期徒刑7年并罚,假设决定执行有期徒刑15年(先并);然后,将该有期徒刑15年减去已经执行的3年(后减),剩余刑期为12年有期徒刑;最后,将减去已执行刑期的12年有期徒刑和对新罪故意伤害罪所判处的有期徒刑10年并罚,假设决定执行有期徒刑18年。该有期徒刑18年就是罪犯甲还必须服刑的刑期,即整个数罪并罚的结果。由于已经执行有期徒刑3年,甲实际执行的刑期前后总共为21年。

第六节　缓刑制度

相关法条及司法解释:
《刑法》第72～77条

一、缓刑的概念和意义

缓刑,是指对犯罪人判处刑罚,但在一定时间内暂缓执行刑罚的制度。

缓刑的基本特点是:判处刑罚,同时宣告暂缓执行,但又在一定期限内保持执行的可能性。缓刑只适用于罪行较轻、社会危害性和人身危险性较小,具有悔罪表现,认为暂缓执行刑罚不致再危害社会的犯罪分子。

我国刑法除规定了一般缓刑制度外,还规定了特殊缓刑制度,即战时缓刑制度。根据《刑法》第449条的规定,战时缓刑是指在战时,对被判处3年以下有期徒刑、但没有现实危险、宣告缓刑的犯罪军人,允许其戴罪立功,确有立功表现时,可以撤销原判刑罚,不以犯罪论处的制度。战时缓刑制度适用于特定时间和特定对象,其法律效果与一般缓刑制度也有所不同:可以撤销原判刑罚,不以犯罪论处。

缓刑制度的意义体现在:

第一,缓刑有助于避免短期自由刑的弊端,最优化地发挥刑罚功能。这是由缓刑制度的基本特征即附条件暂缓刑罚执行所决定的。缓刑的具体适用,能够使犯罪分子在感受到刑罚的威慑力,对暂缓执行的刑罚随时可能被实际执行有所顾忌的条件下,在不被关押、由特定机关予以考察的过程中,更自觉地检点自己的行为,改恶从善,从而避免被实际执行短期自由刑而带来的与社会隔绝、重返社会困难、罪犯间交互感染等诸项弊端，并能较好地实现惩罚与教育、改造犯罪人的刑罚功能。

第二，缓刑有助于更好地实现刑罚目的。刑罚的重要目的之一是预防犯罪人重新犯罪。实现刑罚目的的途径，主要是对犯罪人判处并执行刑罚。但基于刑罚个别化原则，对某些符合法定条件的犯罪人，在判处刑罚并保持执行可能性的条件下，暂缓刑罚的执行，同样是实现刑罚目的所不可忽视的途径之一。在以自律为主的社会生活中获得的特殊预防效果，比将犯罪收押于监禁设施内执行刑罚，在以他律为主的监禁生活中获得的特殊预防效果更好。

第三，缓刑是实现刑罚社会化的重要制度保障。被宣告缓刑的犯罪分子不脱离家庭和所从事的工作，可以使其不致因犯罪而影响其履行自身负有的家庭和社会义务。根据有关规定，被宣告缓刑的罪犯，如果未被剥夺政治权利，可以在原工作单位留用供职；在缓刑期间，可以计算工龄；退休职工在缓刑考验期内，没有被剥夺政治权利的，可以继续享受原退休待遇。所以，被宣告缓刑者避免了因实际执行刑罚而带来的各种不利影响，在不脱离社会的条件下，既感受到法律的威严，也亲身体会到法律和社会的宽容，从而较自觉地完成改造任务。

二、缓刑的适用条件

根据《刑法》第 72 条、第 74 条的规定，适用一般缓刑必须具备以下条件：

1. 对象条件。一般缓刑的对象必须是被判处拘役或 3 年以下有期徒刑的犯罪人。被判处 3 年以下有期徒刑的罪犯，其罪行较轻，法益侵害程度较小；相反，被判处 3 年以上有期徒刑的犯罪分子，一般地说罪行较重，无论是法益侵害性还是人身危险性，都比较大，因此，缓刑的适用对象只能是罪行较轻和人身危险性小而被判较轻刑罚的犯罪分子。这里的 3 年以下有期徒刑是指宣告刑，而不是法定刑。即使犯罪分子所犯之罪的法定最低刑是 3 年以上有期徒刑，但若具有减轻处罚的情节，宣告刑是 3 年以下有期徒刑，也可以适用缓刑。

【真题】甲犯抢劫罪，所适用的是"三年以上十年以下有期徒刑"的法定刑，缓刑只适用于被判处拘役或者 3 年以下有期徒刑的罪犯，故对甲不得判处缓刑。（选自 2017 年卷第 56 题，A 选项）

解析：上述命题是错误的。缓刑确实只能适用于被判处拘役或 3 年以下有期徒刑的犯罪分子，但是《刑法》第 99 条明文规定：本法所称以上、以下、以内，包括本数。因此，甲仍然可能被判处 3 年有期徒刑，仍然可以对其适用缓刑。

犯罪分子犯一罪还是数罪并不是决定能否适用缓刑的关键，即使其犯有数罪，只要总刑期符合缓刑条件，就可以适用缓刑。至于罪行相对更轻的被判管制的犯罪分子，由于管制刑对犯罪人不予关押，仅限制其一定自由，无适用缓刑之必要。根据审判实践经验，缓刑一般适用于交通肇事、责任事故、重婚、虐待、伤害、妨害公务、销赃等较为轻微的犯罪；对于强奸、抢劫等严重刑事犯罪，一般不宜适用缓刑。

【真题】乙犯故意伤害罪与代替考试罪，分别被判处 6 个月拘役与 1 年管制。由于管

制不适用缓刑,对乙所判处的拘役也不得适用缓刑。(选自2017年卷第56题,B选项)

解析: 上述结论是错误的。只要根据乙的犯罪情节和悔罪表现适用缓刑不致再危害社会的,就可以适用缓刑。管制不适用缓刑并不影响拘役适用缓刑。

2. 实质条件。对于被判处拘役或3年以下有期徒刑的犯罪分子,同时符合下列条件的,可以宣告缓刑:犯罪情节较轻;有悔罪表现;没有再犯罪的危险;宣告缓刑对所居住社区没有重大不良影响。换言之,有些犯罪分子虽然被判处拘役或3年以下有期徒刑,但犯罪情节恶劣,没有悔罪的表现,不能表明不予关押不致再危害社会的,也不能宣告缓刑。只有确认犯罪分子符合上述各项条件,留在社会上不致再危害社会,才能适用缓刑。犯罪人的人身危险性的有无及其强弱应当从犯罪情节和悔罪表现两个方面加以判断:一方面,从犯罪动机或目的是否卑鄙、手段是否恶劣残忍、危害后果是否严重等属于已然之罪的范畴,对犯罪情节加以考察;另一方面,从犯罪人犯罪后是否真诚认罪悔过,是否如实、坦白交代自己的全部罪行,是否积极退赃,是否检举、揭发同伙的罪行,以及犯罪人的一贯表现、有无前科、年龄与个性、境遇与犯罪原因等属于未然之罪的范畴,对悔罪表现加以考察。只有犯罪情节(法益侵害性)和悔罪表现(人身危险性)都较小的犯罪分子,才可以适用缓刑。尤其值得注意的是,《刑法修正案(八)》特别体现了对于特殊群体的关照,规定对符合上述各项条件的不满18周岁的人、怀孕的妇女和已满75周岁的人,应当宣告缓刑。

3. 禁止条件。对于累犯和犯罪集团的首要分子,不适用缓刑,主要原因是累犯和犯罪集团的首要分子的人身危险性较大,适用缓刑难以防止其再犯。因此,对于累犯和犯罪集团的首要分子,即使其所判处的刑罚为拘役或者3年以下有期徒刑,也不能适用缓刑。

【真题】 丙犯为境外非法提供情报罪,被单处剥夺政治权利,执行完毕后又犯帮助恐怖活动罪,被判处拘役6个月。对丙不得宣告缓刑。(选自2017年卷第56题,C选项)

解析: 适用缓刑的实质条件之一是有悔罪表现且没有再犯危险,《刑法》第74条明确规定对于累犯和犯罪集团的首要分子不适用缓刑其实就是从反面规定了缓刑的实质条件。丙犯为境外非法提供情报罪被单处剥夺政治权利,执行完毕后又犯帮助恐怖活动罪,按照《刑法》第66条的规定属于特别累犯,因此对丙不应适用缓刑。

【真题】 丁17岁时因犯放火罪被判处有期徒刑5年,23岁时又犯伪证罪,仍有可能适用缓刑。(选自2017年卷第56题,D选项)

解析: 上述结论是对的。由于不满18周岁者犯罪不成立累犯,所以丁犯伪证罪时不属于累犯,只要丁犯的伪证罪被判处3年以下有期徒刑或者拘役,仍然有可能适用缓刑。

三、缓刑的考验期

缓刑考验期,是指对被宣告缓刑的犯罪分子进行考察的一定期间。

缓刑的考验期,是缓刑制度的重要组成部分。设立考验期的目的,在于考察被判缓刑的人是否接受改造,弃旧图新,以使缓刑制度发挥积极的效用。法院在宣告缓刑的同时,应当确定适当的考验期。确定缓刑考验期长短的基本原则应当是既能激发缓刑犯改造的积极性,又能满足对其教育和考察的需要。

《刑法》第73条第1款、第2款规定，拘役的缓刑考验期限为原判刑期以上、1年以下，但是不能少于2个月。有期徒刑的缓刑考验期限为原判刑期以上、5年以下，但是不能少于1年。可见，我国刑法设置的缓刑考验期具有以下几个特点：（1）按判处拘役和有期徒刑分别规定不同的缓刑考验期限。也即所犯罪行的轻重程度不同，考验期限也相应不同。（2）以原判刑期为考验期限的起点。如果不以原判刑期为起点就有可能出现考验期限短于原判刑期、考验期已满而刑期未满的情况。（3）明确规定了缓刑考验期的最高限和最低限。这就为审判机关在具体确定缓刑考验期限时提供了明确的界限，但又给审判机关留下了一定程度的裁量余地。（4）缓刑考验期不得延长或缩短。

根据《刑法》第73条第3款的规定，缓刑考验期限，从判决确定之日起计算。所谓"判决确定之日"，是指判决发生法律效力之日。根据我国刑事诉讼法的规定，从接到第一审人民法院判决书的第二日起10日内，被告人没有提起上诉，人民检察院没有提出抗诉的，该判决即发生法律效力。对于已提起上诉或抗诉的案件，如果二审法院维持原判，则应从二审法院的判决或裁定确定之日起计算。判决前先行羁押的日期，不予折抵缓刑考验期，因为羁押期与缓刑考验期的性质不同。

四、缓刑考察

缓刑考察，是指对被宣告缓刑的犯罪分子进行观察、教育，帮助他改过自新。考察的内容是被宣告缓刑的犯罪分子在缓刑考验期限内是否具有《刑法》第77条规定的情形，即是否再犯新罪或者被发现漏罪，以及是否违反法律、行政法规或国务院有关部门有关缓刑的监督管理规定，或者违反人民法院判决中的禁止令，且情节严重。

（一）缓刑考察的主体

按照《刑法》第76条的规定，对宣告缓刑的犯罪分子，在缓刑考验期限内，依法实行社区矫正，如果没有《刑法》第77条规定的情形，缓刑考验期满，原判的刑罚就不再执行，并公开予以宣告。据此，缓刑的考察机关是社区矫正机构。

（二）缓刑考察的内容

根据《刑法》第75条的规定，被宣告缓刑的犯罪分子应当遵守下列规定：（1）遵守法律、行政法规，服从监督；（2）按照考察机关的规定报告自己的活动情况；（3）遵守考察机关关于会客的规定；（4）离开所居住的市、县或者迁居，应当报经考察机关批准。

五、禁止令

根据《刑法》第72条的规定，对犯罪分子宣告缓刑，可以根据犯罪情况，同时禁止犯罪分子在缓刑考验期限内从事特定活动，进入特定区域、场所，接触特定的人。法院在适用禁止令时，应当根据犯罪分子的犯罪原因、犯罪性质、犯罪手段、犯罪后的悔罪表现、个人一贯表现等情况，充分考虑与犯罪分子所犯罪行的关联程度，有针对性地决定禁止其在缓刑考验期限内"从事特定活动，进入特定区域、场所，接触特定的人"中的一项或者几项内容。

禁止令的期限，既可以与缓刑考验的期限相同，也可以短于缓刑考验的期限。但是宣告缓刑的，禁止令的期限不得少于2个月。禁止令的执行期限，从缓刑执行之日起计算。

被宣告缓刑的犯罪分子违反禁止令尚未达到情节严重程度的，由负责执行禁止令的社区矫正机构所在地的公安机关依照《治安管理处罚法》第 60 条的规定处罚。被宣告缓刑的犯罪分子违反禁止令，情节严重的，应当撤销缓刑，执行原判刑罚。原作出缓刑裁判的人民法院应当自收到当地社区矫正机构提出的撤销缓刑建议书之日起 1 个月内依法作出裁定。人民法院撤销缓刑的裁定一经作出，立即生效。

六、缓刑撤销

根据《刑法》第 77 条的规定，被宣告缓刑的犯罪分子，在缓刑考验期限内犯新罪或者发现判决宣告以前还有其他罪没有判决的，应当撤销缓刑，对新犯的罪或者新发现的罪作出判决，把前罪和后罪所判处的刑罚，依照《刑法》第 69 条的规定，决定执行的刑罚。根据《刑法修正案（八）》的相关规定，被宣告缓刑的犯罪分子，在缓刑考验期限内，违反法律、行政法规或者国务院有关部门关于缓刑的监督、管理规定，或者违反人民法院判决中的禁止令，情节严重的，应当撤销缓刑，执行原判刑罚。

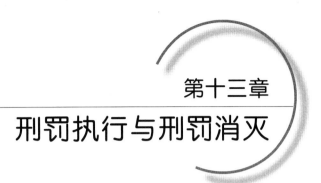

第十三章
刑罚执行与刑罚消灭

第一节　减刑制度

> 相关法条及司法解释：
> 《刑法》第 78～80 条
> 最高人民法院《关于办理减刑、假释案件具体应用法律的规定》（2016 年 11 月 14 日）

一、减刑的概念

减刑，是指对于被判处管制、拘役、有期徒刑和无期徒刑的犯罪分子，在刑罚执行期间，由于确有悔改或者立功表现，因而将其原判刑罚予以适当减轻的一种刑罚执行制度。

减轻原判刑罚有两层含义：一是将原判较重的刑种减为较轻的刑种，如把无期徒刑减为有期徒刑，但有期徒刑不能减为拘役或者管制；二是将原判较长的刑期减为较短的刑期，即将有期徒刑、拘役、管制的刑期缩短。

在我国刑法中确立和贯彻减刑制度有重大意义，体现了我国惩办与宽大相结合、惩罚与教育相结合的刑事政策。在我国，一切危害国家和人民利益的犯罪行为都要受到刑罚的制裁。但是，犯罪人经过服刑改造，确有悔改或立功表现的，都可以得到减刑的宽大处理。这对于巩固改造成果，进一步加速犯罪分子的改造，实现刑罚目的有积极的作用。

二、减刑的适用条件

根据《刑法》第 78 条的规定，减刑分为可以减刑、应当减刑两种。可以减刑与应当减刑的对象条件和限度条件相同，只是实质条件有所区别。对于犯罪分子适用减刑，必须符合下列条件：

（一）对象条件

减刑只适用于被判处管制、拘役、有期徒刑、无期徒刑的犯罪分子。只要是被判处该四种刑罚之一的犯罪分子，无论其犯罪行为是故意还是过失，是重罪还是轻罪，是危害国家安全罪还是其他刑事犯罪，只要具备了法定的减刑条件，都可以减刑。

【真题】对所有未被判处死刑的犯罪分子，如认真遵守监规，接受教育改造，确有悔改表现，或者有立功表现的，均可减刑。（选自2013年卷2第57题，A选项）

解析："所有未被判处死刑的犯罪分子"，便包括了被单独判处附加刑的犯罪分子，如被单处罚金或者单处剥夺政治权利的情形。但对于被单处罚金的犯罪分子，不存在"认真遵守监规，接受教育改造"的问题，因此不可能被减刑。所以上述表述是错误的。

《刑法》第50条第2款对减刑的对象条件进行了限制。对被判处死刑缓期执行的累犯以及因故意杀人、强奸、抢劫、绑架、放火、爆炸、投放危险物质或者有组织的暴力性犯罪被判处死刑缓期执行的犯罪分子，人民法院根据犯罪情节等情况可以同时决定对其限制减刑。这主要是考虑到以往我国刑法对减刑未作次数限制，有些死缓犯被减为无期徒刑或有期徒刑后，在执行过程中被不断减刑，最后实际执行的刑期被过于缩短。按照最高人民法院《关于办理减刑、假释案件具体应用法律若干问题的规定》（2012年1月17日）第9条第2款的规定，死刑缓期执行罪犯经过一次或几次减刑后，其实际执行的刑期不得少于15年（不含死刑缓期执行期间）。

对《刑法》第50条第2款的适用要注意两个问题：第一，该款规定对故意杀人、强奸、抢劫、绑架、放火、爆炸、投放危险物质或者有组织的暴力性犯罪的死缓犯可以限制减刑。这里的故意杀人、强奸、抢劫、绑架、放火、爆炸、投放危险物质共七种犯罪并不要求以暴力手段实施，而有组织犯罪要求以暴力手段实施。第二，刑法规定的是"限制减刑"而非"不得减刑"，所以对这些严重的死缓犯是可以减刑的，只是应当有所限制。

（二）实质条件

减刑的实质条件，因减刑的种类不同而有所区别。

可以减刑的实质条件，是犯罪分子在刑罚执行期间认真遵守法律法规及监规，接受教育和改造，确有悔改表现或者有立功表现。一般地说，犯罪分子在服刑中的悔改表现和立功表现是统一的。但也有些犯罪分子有悔改表现而无立功表现，或者有立功表现而无突出的悔改表现。刑法规定有悔改或者立功表现，都是减刑的条件。犯罪分子只要具备了其中之一，就可以减刑。当然，如果既有悔改表现又有立功表现则可以在法定的减刑限度内给予更大幅度的减刑。至于什么是悔改或者立功表现，刑法没有也不可能详细列举规定。根据有关司法解释，犯罪分子同时具备以下四个方面情形的，应当认为是确有悔改表现：（1）认罪悔罪；（2）认真遵守法律法规及监规，接受教育改造；（3）积极参加思想、文化、职业技术教育；（4）积极参加劳动，努力完成劳动任务。此外，对罪犯申诉不应不加分析地否认其认罪悔罪；罪犯积极执行财产刑和履行附带民事赔偿义务的，可视为有认罪悔罪表现，在减刑、假释时可以从宽掌握。根据2016年《关于办理减刑、假释案件具体应用法律的规定》第4条，具有下列情形之一的，应当认定为犯罪分子有"立功表现"：（1）阻止他人实施犯罪活动的；（2）检举、揭发监狱内外犯罪活动，或者提供重要的破案线索，经查证属实的；（3）协助司法机关抓捕其他犯罪嫌疑人（包括同案犯）的；（4）在生产、科研中进行技术革新，成绩突出的；（5）在抢险救灾或者排除重大事故中表现突出的；（6）对国家和社会有其他较大贡献的。

"应当"减刑的实质条件，是犯罪分子在刑罚执行期间有重大立功表现。根据前述司法解释第5条的规定，具有下列情形之一的，应当认定为有"重大立功表现"：（1）阻止他人实施重大犯罪活动的；（2）检举监狱内外重大犯罪活动，经查证属实的；（3）协助司法机关抓捕其他重大犯罪嫌疑人（包括同案犯）的；（4）有发明创造或者重大技术革新的；（5）在日常生产、生活中舍己救人的；（6）在抗御自然灾害或者排除重大事故中，有特别突出表现的；（7）对国家和社会有其他重大贡献的。

（三）限度条件

减刑是在原来判处的刑罚的基础上，根据犯罪分子的悔改表现或者立功表现，将其原判刑罚予以适当减轻。但是，无论是刑种的减轻还是刑期的减轻，都必须减得适当，即必须有一定的限度。如果减得过多，违背了罪刑相适应的刑法基本原则；如果减刑的幅度过小，对于犯罪分子而言，难以起到鼓励、鞭策的作用，也难以发挥减刑制度的积极作用。

根据《刑法》第78条第2款的规定，减刑以后实际执行的刑期，判处管制、拘役、有期徒刑的，不能少于原判刑期的1/2；判处无期徒刑的，不能少于13年；人民法院依照《刑法》第50条第2款限制减刑的死刑缓期执行的犯罪分子，缓期执行期满后依法减为无期徒刑的，不能少于25年，缓期执行期满后依法减为25年有期徒刑的，不能少于20年。从这一规定可以看出，减刑的形式有两种：一是刑种的变更，例如，将无期徒刑减为有期徒刑；二是刑期的变更，例如，有期徒刑本身刑期的缩短。但是这些刑期的变更都要受到一定的限制，例如，无期徒刑的限制是不能少于13年；限制减刑的死刑缓期执行的犯罪分子，缓期执行期满后依法减为无期徒刑的，不能少于25年，缓期执行期满后依法减为25年有期徒刑的，不能少于20年；其他情形下采用的是比例制，即实际执行的刑期，不能少于原判刑期的1/2。减刑限度的比例制，使原判刑期与实际执行的刑期呈一定的比例关系，体现了刑罚的公正性。

有关司法解释对于被判处无期徒刑和有期徒刑的犯罪分子的减刑起始时间、间隔和幅度等问题作出了具体规定，包括以下内容：根据最高人民法院《关于办理减刑、假释案件具体应用法律若干问题的规定》第5条的规定，有期徒刑罪犯在刑罚执行期间，符合减刑条件的减刑幅度为：确有悔改表现，或者有立功表现的，一次减刑一般不超过1年有期徒刑；确有悔改表现并有立功表现，或者有重大立功表现的，一次减刑一般不超过2年有期徒刑。该《规定》第6条规定，有期徒刑罪犯的减刑起始时间和间隔时间为：被判处5年以上有期徒刑的罪犯，一般在执行1年6个月以上方可减刑，两次减刑之间一般应当间隔1年以上。被判处不满5年有期徒刑的罪犯，可以比照上述规定，适当缩短起始和间隔时间。该《规定》第7条规定，无期徒刑罪犯在刑罚执行期间，确有悔改表现，或者有立功表现的，服刑2年以后，可以减刑。减刑幅度为：确有悔改表现，或者有立功表现的，一般可以减为20年以上22年以下有期徒刑；有重大立功表现的，可以减为15年以上20年以下有期徒刑。

【真题】无期徒刑减为有期徒刑的刑期，从裁定被执行之日起计算。（选自 2013 年卷 2 第 57 题，B 选项）

解析：上述表述错误。我国《刑法》第 80 条明文规定：无期徒刑减为有期徒刑的刑期，从裁定减刑之日起计算。

三、减刑的程序

《刑法》第 79 条规定：对于犯罪分子的减刑，由执行机关向中级以上人民法院提出减刑建议书。人民法院应当组成合议庭进行审理，对确有悔改或者立功事实的，裁定予以减刑。非经法定程序不得减刑。有关减刑案件的审理程序应当适用最高人民法院《关于减刑、假释案件审理程序的规定》（2014 年 4 月 23 日）。

第二节　假释

相关法条及司法解释：
《刑法》第 81~86 条
最高人民法院《关于办理减刑、假释案件具体应用法律的规定》（2016 年 11 月 14 日）

假释，是指因自由刑而被收监的人，在执行期限届满之前，根据有关司法机关的决定而暂时释放的制度。我国刑法中的假释是指被判处有期徒刑、无期徒刑的犯罪分子，在执行一定刑期以后，如果认真遵守监规，接受教育改造，确有悔改表现，没有再犯罪的危险的，可以附条件地予以提前释放的行刑制度。

假释是我国刑法规定的一项行之有效的刑罚执行制度。正确适用假释，把那些经过一定服刑期间，改造效果良好，确有悔改表现，没有必要继续关押教育的罪犯放在社会上改造，使之早日回归社会，有利于化消极因素为积极因素，鼓励犯罪分子积极、广泛地参与社会生活。对罪犯的假释必须慎重，应严格按照法律规定的条件适用假释，否则会严重影响罪犯的再社会化进程，破坏公众的法公平与法信任感。

【真题】被假释的犯罪分子，在假释考验期内，遵守了各种相关规定，没有再犯新罪，也没有发现以前还有其他罪没有判决的，假释考验期满，剩余刑罚就不再执行。（选自 2008 年卷 2 第 57 题，B 选项）

解析：上述表述是错误的。假释是附条件予以提前释放的行刑制度，当被假释者的假释考验期满，在符合遵守假释规定等的前提下，视为原判刑罚已经执行完毕，而非剩余刑罚不再执行。

一、假释的条件

1. 对象条件

假释的对象是被判处有期徒刑或无期徒刑的犯罪人，对于被判处其他刑罚的犯罪人，不适用假释。根据《刑法》第81条的规定，被判处有期徒刑以上的犯罪分子，执行原判刑期1/2以上，被判处无期徒刑的犯罪分子，实际执行13年以上，如果认真遵守监规，接受教育改造，确有悔改表现，没有再犯罪的危险的，可以假释。如果有特殊情况，经最高人民法院核准，可以不受上述执行刑期的限制。根据最高人民法院《关于办理减刑、假释案件具体应用法律的规定》（2016年11月14日）第25条的规定，对累犯以及因故意杀人、强奸、抢劫、绑架、放火、爆炸、投放危险物质或者有组织的暴力性犯罪被判处10年以上有期徒刑、无期徒刑的罪犯，以及因前述情形和犯罪被判处死刑缓期执行的罪犯，被减为无期徒刑、有期徒刑后，也不得假释。

【真题】被判处有期徒刑的犯罪分子，执行原判刑期的二分之一，如果符合假释条件的，可以假释；如果有特殊情况，经高级人民法院核准，可以不受上述执行刑期的限制。（选自2008年卷2第57题，A选项）

解析：上述选项表述是错误的。在遇有特殊情形时，只有在最高人民法院的核准下，才能不受执行刑期的限制而适用假释。

【真题】对于因杀人、绑架等暴力性犯罪判处10年以上有期徒刑的犯罪分子，不得假释；即使他们被减刑后，剩余刑期低于10年有期徒刑，也不得假释。（选自2008年卷2第57题，D选项）

解析：上述表述正确。对于杀人、绑架等暴力性犯罪被判处10年以上有期徒刑的犯罪分子，无论减刑与否都不得适用假释。

对累犯不得假释，是由于累犯属于受刑后又犯罪、屡教不改型的犯罪人，其人身危险性较高，适用假释难以预防其再次犯罪。对实施故意杀人、强奸、抢劫、绑架、放火、爆炸、投放危险物质或者有组织的暴力性犯罪且被判处10年以上有期徒刑、无期徒刑的犯罪分子不得假释，是考虑到上述严重暴力性犯罪的罪行严重、罪犯人身危险性高，适用假释难以起到预防效果。在数罪并罚的场合，如果数罪中只有一罪是暴力性犯罪且该罪刑罚低于10年有期徒刑的，即使总刑期在10年以上，也可以对其假释；若数罪中有一罪是暴力性犯罪且刑期高于10年的，不得适用假释；若其中有两罪是暴力性犯罪，即使单罪刑期在10年以下，但并罚刑期在10年以上，也不得假释。此外，对于被判处10年以上有期徒刑的暴力性犯罪人，即使减刑后刑期低于10年有期徒刑，也不能假释。但是，并非以暴力方法实施的重罪，例如，以不作为方法杀人、以麻醉方法抢劫的，并不在禁止假释之列，都可以适用假释。

【真题】丁犯抢劫罪被判有期徒刑9年，犯寻衅滋事罪被判有期徒刑5年，数罪并罚后，决定执行有期徒刑13年，对丁可以假释。（选自2009年卷2第12题，D选项）

解析：该表述正确。丁犯抢劫罪被判处有期徒刑9年，而寻衅滋事罪不属于暴力性犯罪，即便数罪并罚超过10年，也仍然可以假释。

【真题】丙因犯罪被判处有期徒刑2年，缓刑3年。缓刑考验期满后，发现丙在缓刑考验期内的第七个月犯有抢劫罪，应当判处有期徒刑8年，数罪并罚决定执行9年。丙服刑6年时，因有悔罪表现而被裁定假释。（选自2009年卷2第12题，C选项）

解析：上述表述正确。丙是在缓刑考验期内犯新罪，因而应当撤销缓刑进行数罪并罚。由于抢劫罪判处的刑罚并未超过 10 年，因此在丙有期徒刑执行超过一半时，如果其有悔罪表现的，当然可以适用假释。

2. 限制条件

对于被判处有期徒刑的犯罪分子，必须执行原判刑期的 1/2 以上，才能适用假释。执行原判刑期的 1/2，应理解为包括判决前的羁押时间在内，因为有期徒刑判决执行以前的羁押日期可以折抵刑期，在适用假释时，自应将其视为已执行的刑期。

被判处无期徒刑的犯罪分子，实际执行 13 年以上才能适用假释。这里的实际执行不包括判决前羁押的时间，刑法对于无期徒刑犯的实际执行的刑期不能少于 13 年的规定，应当自无期徒刑判决确定之日起计算。因为无期徒刑判决确定前羁押的时间，无法折抵刑期；在无期徒刑判决宣告的当时，刑期并不确定，判决前羁押的期限自然不能视为无期徒刑之实际执行。

对罪犯的假释，如果有特殊情况，经最高人民法院核准，可以不受上述执行刑期的限制。这里的"特殊情况"，是指有国家政治、国防、外交等方面特殊需要的情况。

3. 实质条件

犯罪人认真遵守监规，接受教育改造，确有悔改表现，假释后没有再犯罪的危险，是适用假释的实质条件。

《刑法修正案（八）》将假释的实质条件之一"假释后不致再危害社会"改为"没有再犯罪的危险"，主要是考虑法律用语的精确性。认定"没有再犯罪的危险"，除符合《刑法》第 81 条规定的情形外，还应当根据犯罪的具体情节、原判刑罚情况，在刑罚执行中的一贯表现，罪犯的年龄、身体状况、性格特征，假释后生活来源以及监管条件等因素综合考虑。

此外，《刑法修正案（八）》还在《刑法》第 81 条增加一项适用假释的条件："对犯罪分子决定假释时，应当考虑其假释后对所居住社区的影响。"这是进一步细化"没有再犯罪的危险"。判断犯罪分子"没有再犯罪的危险"，应看其对社会有无危险性，具体而言就是看其对所居住社区有没有危险性。提请假释的，应当附有社区矫正机构关于罪犯假释后对所居住社区影响的调查评估报告。

二、假释考验

对于犯罪分子的假释，由执行机关向中级以上人民法院提出假释建议书，人民法院应当组成合议庭进行审理，对确有悔改表现，没有再犯罪危险的，裁定予以假释。有关假释案件的审理程序，应当适用 2014 年 4 月 23 日最高人民法院《关于减刑、假释案件审理程序的规定》。

被宣告假释的犯罪分子，必须遵守以下规定：遵守法律、行政法规，服从监督；按照监督机关的规定报告自己的活动情况；遵守监督机关关于会客的规定；离开所居住的市、县或者迁居，应当报经监督机关批准。

根据《刑法》第 85 条的规定，对假释的犯罪分子，在假释考验期内，依法实行社区矫正，如果没有《刑法》第 86 条规定的情形，假释考验期满，就认为原判刑罚已经执行完毕，并公开予以宣告。

假释考验期限，从假释之日起计算。"假释之日"，是指根据人民法院的裁定对罪犯办理完假释手续，正式将其释放之日。

三、假释撤销

假释是对犯罪分子附条件地予以提前释放，所以，被宣告假释的犯罪分子在考验期间必须遵守相应规定，如果违反这些规定，就面临撤销假释、重新收监执行的问题。假释撤销事由包括三项：再犯新罪；发现漏罪；违反监督管理规定。

1. 再犯新罪。被假释的犯罪分子，在假释考验期限内犯新罪的，应当撤销假释，依照《刑法》第71条（先减后并）的规定实行数罪并罚。假释犯在考验期内再犯新罪，并在考验期满之前被发现的，当然应当依照刑法规定撤销假释，数罪并罚。如果在假释考验期满以后才发现假释犯在考验期内又犯新罪的，只要所犯新罪未超过追诉时效，仍应当撤销假释，将前罪没有执行的刑罚和新罪所判处的刑罚按照刑法关于数罪并罚的规定，决定执行的刑罚。

【真题】被假释的犯罪分子，在假释考验期限内犯新罪的，应当撤销假释，按照先并后减的方法实行数罪并罚。（选自2008年卷2第57题，C选项）

解析：上述表述错误。在假释考验期内犯新罪，说明犯罪人的人身危险性依旧很高，因此应当撤销假释，按照《刑法》第71条先减后并的规定数罪并罚，按照先并后减的方法数罪并罚显然"便宜"了犯罪人。

2. 发现漏罪。在假释考验期内，发现犯罪分子在判决宣告前还有其他罪没有判决的，应当撤销假释，按照《刑法》第70条的规定实行数罪并罚。但漏罪已经过追诉时效的，则不应当撤销假释、实行数罪并罚。此外，需要注意，漏罪如果是在假释考验期满后才被发现的，也不应当撤销假释、实行数罪并罚。

3. 违反监督管理规定。在假释考验期限内，犯罪分子有违反法律、行政法规或者国务院有关部门关于假释的监督管理规定的行为，尚未构成新的犯罪的，应当依照法定程序撤销假释，收监执行未执行完毕的刑罚。在司法实践中，有个别被假释的罪犯并没有对自己以前的罪行继续反思、真诚悔悟，也没有吸取以前的教训，努力改造自己的思想，弃旧图新，而是继续危害社会，违反法律、行政法规或者国务院有关部门关于假释的监督管理规定，给社会造成一定的危害，其实际行为表明他们已经不符合"没有再犯罪的危险"的假释适用要件，撤销假释在情理之中。

第三节　追诉期限

相关法条及司法解释：
《刑法》第87～89条

一、追诉时效的期限

我国刑法根据罪刑均衡原则，以犯罪的法定最高刑为标准，规定了四个档次的追诉时效。根据《刑法》第 87 条的规定，犯罪经过下列期限不再追诉：（1）法定最高刑为不满 5 年有期徒刑的，经过 5 年；（2）法定最高刑为 5 年以上不满 10 年的，经过 10 年；（3）法定最高刑为 10 年以上有期徒刑的，经过 15 年；（4）法定最高刑为无期徒刑、死刑的，经过 20 年，如果 20 年以后认为必须追诉的，报请最高人民检察院核准。

必须要提醒注意的是，这里的"法定最高刑"，是指行为人所犯罪行具体应当对应条款的最高刑，而不是所犯罪行相应条文中规定的某罪的法定最高刑。只有这样，才能很好地贯彻罪刑相适应的刑法基本原则。因为我国刑法根据犯罪情节轻重或者犯罪数额大小，对同一犯罪规定了不同的量刑幅度，这些量刑幅度具有刑法上的独立意义。犯罪分子所犯罪行较轻，在确定追诉时效时与之对应的法定刑幅度就应当限定在轻刑范围内；反之，法定最高刑就应相应提高。而如果使轻罪对应较长的追诉时效期限，将人为地使某些人受到不公正的司法处遇，因此，应当按照相应犯罪所适用的量刑幅度确立追诉时效的法定最高刑。

【真题】 1980 年初，张某强奸某妇女并将其杀害。1996 年末，张某因酒后驾车致人重伤。两案在 2007 年初被发现。（选自 2009 年卷 2 第 55 题）

解析： 这道真题很好地将诉讼时效期限的重要知识点全部予以纳入考查，难度较大。张某涉及的罪名有三个：强奸罪、故意杀人罪、交通肇事罪，必须逐个罪名分析其是否已过追诉时效期限。首先，对于强奸罪，有致人死亡、轮奸等特殊情形的，法定最高刑为死刑。但不具有法定刑升格条件的一般强奸行为，法定最高刑为 10 年。张某强奸妇女的行为不具有其他法定刑升格条件，其应当适用的法定刑档的最高刑为 10 年有期徒刑。法定最高刑为 10 年以上有期徒刑的经过 15 年才过追诉时效，因此，到 1995 年初，对张某的强奸罪就不能再追诉。其次，张某杀害他人的行为，法定最高刑为死刑，追诉期限为 20 年。因此到 2000 年初，对张某故意杀人罪的追诉期限就届满。如果 20 年以后认为必须追诉的，须报请最高人民检察院核准。再次，1996 年末张某交通肇事，此时强奸罪的追诉期限已经超过，但故意杀人罪的追诉期限则尚未超过。而张某的行为对应交通肇事罪中法定刑档中的法定最高刑是 3 年，则追诉期限是 5 年，因此对张某的交通肇事罪到 2001 年末就不能再追诉。最后，由于在追诉期限以内又犯罪的，前罪追诉的期限从犯后罪之日起计算。因此，张某故意杀人罪的追诉期限应该从其犯交通肇事罪之日起计算，所以到 2016 年末之前，司法机关都可以对张某的故意杀人罪进行追诉，且无须报请最高人民检察院核准。因此，对张某应当以故意杀人罪追究其刑事责任。

我国刑法分则对各种犯罪法定最高刑的规定有三种方式，在不同情况下，应当依照以下原则确定追诉时效期限：

首先，在有的条文中，只规定一个量刑幅度，即应以该条的法定最高刑确定追诉时效期限。例如，我国《刑法》第 246 条规定的侮辱罪和诽谤罪的法定刑是 3 年以下有期徒刑、拘役、管制或者剥夺政治权利，因此，侮辱罪、诽谤罪的法定最高刑不满 5 年，其追诉期限应为 5 年。

其次，有些条文规定有两个以上不同的量刑幅度，即应按照与其罪行相对应的量刑幅度的法定最高刑确定追诉期限。例如，《刑法》第 192 条规定的集资诈骗罪有两个量刑幅度：数额较大，法定最高刑为 7 年有期徒刑，其追诉期限为 10 年；数额巨大或者有其他严重情节的，法定最高刑为无期徒刑，则其追诉时效为 20 年。

再次，对于规定两种以上主刑的，应以最重的主刑为标准确定追诉时效。例如，《刑法》第 121 条前半句规定，以暴力、胁迫或者其他方法劫持航空器的，处 10 年以上有期徒刑或者无期徒刑。此时就涉及两种主刑，此时，即应以最重主刑（无期徒刑）为标准将劫持航空器罪的追诉时效确定为 20 年。

二、追诉时效的计算

(一) 追诉期限的一般起算标准

追诉期限的起算标准原则上是"从犯罪之日起计算"。在确定不同种类和不同形态的犯罪的"犯罪之日"时，要采取以下几种方法：

1. 行为犯以及以某种危害结果的发生为既遂要件的犯罪，其犯罪成立之日为犯罪行为实施之日。

2. 危险犯的犯罪成立之日为实施危害行为之日。

3. 预备犯的犯罪成立之日为预备行为发生之日。

4. 中止犯的犯罪之日，应分别情况予以确定：如果是在着手实行犯罪后中止犯罪，以犯罪行为实施之日为犯罪成立之日；如在预备阶段中止犯罪，则预备犯罪行为之日为犯罪之日。

5. 共同犯罪的犯罪成立之日为整体共同犯罪行为得以实施之日。例如，甲、乙二人合谋盗窃，甲负责偷盗，乙负责窝赃与销赃。甲、乙二人共同盗窃，应以甲实施盗窃行为之日起计算甲、乙二人的追诉时效，而不应以乙的销赃之日起计算二人的追诉时效。

6. 结果犯。通说认为，对于结果犯，原则上应以犯罪行为实施之日作为犯罪之日，但是在一些特殊情况下，需要有特别的认定标准，例如过失犯，如果行为时与结果发生时存在间隔的，该种情况以结果发生作为犯罪成立前提，如果结果未发生，其行为不能认为是犯罪。换言之，只有结果发生日才是犯罪之日。对此，应当以行为构成犯罪时，也就是结果发生时作为追诉时效的起算时间。2003 年 11 月 13 日《全国法院审理经济犯罪案件工作座谈会纪要》在涉及玩忽职守罪的追诉时效时也持相同的观点："玩忽职守行为造成的重大损失当时没有发生，而是玩忽职守行为之后一段时间发生的，应从危害结果发生之日起计算玩忽职守罪的追诉期限。"

7. 隔隙犯。对于隔隙犯来说，存在行为主义、结果主义和折中说的争论，我国刑法理论采行为主义，因此，应该以行为实施之日，而非以结果发生之日作为追诉期限的起算时间。

(二) 连续犯、继续犯追诉期限的计算

行为有连续或继续状态的，从犯罪行为终了之日起计算追诉期限，这是针对连续犯和继续犯的犯罪特点而确定的。

连续犯是基于同一犯罪故意，连续实施数个同种犯罪行为的一种犯罪形态。连续犯就其实施的数次行为分开来看，每个行为都可以单独构成犯罪，并且其各行为之间在时间上也有间断，即行为人并不是自第一次行为开始实施到最后一次行为实施终了这一段时间内都处于犯罪状态。但由于连续犯是出于同一的犯罪故意，所犯的是同种罪行，所以自其最后一次实施犯罪行为终了之日起计算追诉期限是合理的。

继续犯是指犯罪行为在一定时间内处于继续状态，对继续犯的追诉期限应从持续状态结束之日开始计算。法律之所以规定对继续犯的追诉期限应从犯罪行为终了之日起计算，是因为继续犯是出于一个犯罪故意，实施一个犯罪行为，触犯一个罪名，是一罪而非数罪，并且在一定时间内犯罪行为一直处于持续不断的状态。

（三）追诉时效的中断

追诉时效中断，是指在追诉时效进行期间，因发生法律规定的事由，使已经经过的时效期间归于失效，追诉期限从法律规定事由发生之日起重新开始计算的制度。追诉时效中断制度是为了防止犯罪人利用时效制度逃避罪责、继续犯罪而设立的。

我国《刑法》第 89 条第 2 款规定，在追诉期限以内又犯罪的，前罪追诉的期限从犯后罪之日起计算。由此表明，我国追诉时效中断是以犯罪人在追诉期限内又犯罪为条件的，但不论新罪的性质和刑罚轻重如何。根据刑法的这一规定，追诉时效中断后时效起算的时间为"犯后罪之日"。所谓"犯后罪之日"，即后罪成立之日。刑法规定时效中断的法定事由是"又犯罪"，即重新犯罪，至于新罪是重罪还是轻罪、是故意犯罪还是过失犯罪，应受何种处罚等，均在所不问。即便犯罪人的新旧两罪被发现时，新罪已过追诉时效，前罪追诉的期限也应从犯后罪之日起计算。

在共同犯罪的场合，由共同犯罪的特殊性即二人以上共同故意实施犯罪所决定，对共同犯罪的各行为人的追诉期限应自共同实施的犯罪成立之日起计算，无论是对实行犯还是对非实行犯，均以此为原则，计算追诉期限。但是，如果共同实施的犯罪行为，有连续或者继续状态的，从犯罪行为终了之日起计算。二人以上共同故意犯罪后，共犯中的某些人在追诉时效期限内又单独实施犯罪的，对其以前的共同犯罪行为的追诉期限，从犯后罪之日起重新计算，但对其他共同犯罪人的追诉期限不产生影响。

（四）追诉时效延长

追诉时效的延长，是指追诉时效进行期间，因发生法定事由，导致追诉时效永久性延长，允许超过时效期限进行追诉的制度。《刑法》第 88 条规定，在人民检察院、公安机关、国家安全机关立案侦查或者在人民法院受理案件以后，逃避侦查或者审判的，不受追诉期限的限制。被害人在追诉期限内提出控告，人民法院、人民检察院、公安机关应当立案而不予立案的，不受追诉期限的限制。根据上述规定，追诉时效延长的理由大体包括两类：逃避侦查或者审判，司法机关应予立案而不予立案。

1. 逃避侦查或者审判。在人民检察院、公安机关、国家安全机关立案侦查或者在人民法院受理案件以后，逃避侦查或者审判的，不受追诉期限的限制。这一规定同时强调两点：一方面，司法机关要通过法定程序对犯罪行为有所反应，即采取立案侦查措施或受理案件（并不要求采取强制措施）。在共同犯罪的场合，犯罪行为被发现，公安机关对全案进行立案侦查，共犯者之一被抓获并定罪处刑，其他共犯人逃避侦查或者审判的，不受追诉期限的限制。另一方面，犯罪人要有逃避侦查或审判的行为。至于犯罪分子是否被发现或被追捕、被采取强制措施，犯罪分子逃避司法追究的状态持续多久，都不影响追诉时效的延长。逃避侦查或审判，主要是指司法机关立案侦查或受理案件以后，犯罪嫌疑人、被告人逃脱司法机关控制的情况。在实践中具体表现为：在司法机关立案侦查或受理案件以后，犯罪人畏罪潜逃或者隐藏的；在司法机关对其采取强制措施后逃跑或者隐匿的；在自诉案件中，人民法院通知其应诉之后逃跑或者隐匿的。犯罪分子犯罪之后，正常外出经商、务工，并不隐姓埋名，也未隐瞒居住地址的，不应以逃避侦查、审判论处。犯罪分子犯罪之后，没有逃跑、隐匿，而仍然在原居住地生活，而司法机关由于自身能力的限制或工作方法问题，在立案之后长时间难以破案，直到追诉时效经过之后才侦破案件的，也不能按逃避侦查、审判论处。此外，司法机关虽已立案侦查，但未对犯罪人进行过任何调查询问，最终时效期限届满的，因犯罪人只是未主动向司法机关自首，没有采取积极的逃避行为，也不能按逃避侦查或审判论处。

2. 司法机关应立案而不予立案。被害人在追诉期限内提出控告，人民法院、人民检察院、公安机关应当立案而不予立案的，不受追诉期限的限制。要准确适用这一规定，应当把握：

（1）不管是法律规定必须由公诉机关公诉的案件，还是应当由自诉人自诉的案件，适用追诉时效无限延长制度的前提，必须有被害人的控告在先，并且控告必须在追诉期限内提出。

（2）如何理解司法机关"应立案而不立案"？立案是有一定根据和标准的，控告必须经过司法审查，由司法人员确信有犯罪事实需要追究刑事责任，才能立案。应当立案而不予立案，是指有证据证明有犯罪事实并且需要追究犯罪人的刑事责任，才能立案。如果在追诉期限内，被害人控告后司法机关先未立案，而后又立案的，由于犯罪仍在追诉期限内，司法机关仍可追诉犯罪人的犯罪行为，因而与追诉时效延长的规定无关。如果在追诉期限内，司法机关在被害人控告后不予立案，而在追诉期限后又立案的，则说明在追诉期内不立案是错误的，该案在追诉期限内应立案而不立案，则必须延长追诉时效，司法机关仍然可以对犯罪人进行追诉。换言之，被害人在追诉期限内提出控告，人民法院、人民检察院、公安机关应当立案而不予立案的，不管犯罪人是否有逃跑的情形，也不管过了多长期限，都不影响追诉机关对犯罪进行追诉。

第十四章
危害公共安全罪

第一节 交通肇事罪

相关法条及司法解释：
《刑法》第 133 条
最高人民法院《关于审理交通肇事刑事案件具体应用法律若干问题的解释》

交通肇事罪，是指违反交通管理法规，发生重大交通事故，致人重伤、死亡或者使公私财产遭受重大损失的行为。

一、客观要件

本罪在客观方面表现为违反交通管理法规，发生重大交通事故。违反交通管理法规，是指违反公路、水上运输中的劳动纪律、交通规则、操作规程等。虽然有交通事故发生，但没有违反交通规则的，不构成犯罪。例如，公交车司机将爆炸物放在自己驾驶的车辆上的，未违反交通管理法规，不属于交通肇事行为，而成立非法携带危险物品危及公共安全罪。需要注意的是，违反交通运输管理法规导致交通事故，致人重伤、死亡或者公私财产重大损失的，才构成本罪。具体的入罪标准参见前述最高人民法院的司法解释。

【真题】甲驾车在公路转弯处高速行驶，撞翻相向行驶车辆，致 2 人死亡。（选自 2015 年卷 2 第 15 题 A 选项）

解析：甲成立交通肇事罪。在公路转弯处高速行驶，明显违反了交通管理法规的相关规定，发生了致 2 人死亡的严重后果，符合交通肇事罪的犯罪构成，成立交通肇事罪。

【真题】丙醉酒后驾车，刚开出 10 米就撞死 2 人。（选自 2015 年卷 2 第 15 题 C 选项）

解析：醉酒驾车，显然也严重违反了交通管理法规的相关规定，导致 2 人死亡，成立交通肇事罪。同时，按照《刑法》第133条之一的规定，丙的行为也符合危险驾驶罪的犯罪构成，对丙应当以危险驾驶罪和交通肇事罪择一重罪处罚。

交通肇事罪考查的重点之一是交通肇事后逃逸以及逃逸致人死亡。交通肇事后逃逸或逃逸致人死亡的，法定刑升格。前述司法解释将"交通肇事后逃逸"规定为"交通肇事后为逃避法律追究而逃跑"，由此，因逃逸致人死亡自然就应当解释为：在交通肇事后为逃避法律追究而逃跑，致使被害人因得不到救助而死亡。从法理上看，司法解释的这一规定是否合理值得研究。因为犯罪后基于自我保护的本能，为了逃避法律追究而逃跑，是人之常情，在法律上是不具有期待可能性的行为，在其他任何犯罪中，法律都没有规定犯罪后逃逸要提高法定刑。理论上，规定逃逸或逃逸致人死亡的规范目的应当定位于保护被害人，即防止由于行为人肇事后逃逸导致被害人没有及时得到救助而死亡。司法解释将逃逸限定为"为了逃避法律追究而逃跑"，在行为人不是为了逃避法律追究，而是为了实现其他目的（如为了完成单位交给的其他紧急任务；为了完成公益性事业；为了将突然发病的亲友送医；为了满足其他欲望等）而从肇事现场逃跑的场合，该解释的不妥当性表现得十分明显。例如，甲无证驾驶，开车追杀乙，途中发生交通事故致使无关的第三人丙受重伤。甲想待其将乙杀死后，再回头救助丙。乙见状不妙，逃入一小胡同，甲无法再行追赶。乙遂逃脱一死。等甲回头再去救助丙时，丙已死亡。经医学鉴定，只要伤者在负伤后半小时内及时送医，就能得救，而甲也知道案发地点距离最近的医院只有很短的路程。上例中，甲尽管逃离了现场，但其并非"为了逃避法律追究"，而是"为了追杀乙"，因此根据现行有效的司法解释，甲不成立交通肇事罪中的"因逃逸致人死亡"。由此也显示了该司法解释的不合理性。

理论上看，只要客观上行为人能够实施救助行为，但是其没有履行该救助义务而逃跑，或者因逃跑导致被害人死亡的，就应当成立交通肇事罪中的逃逸或因逃逸致人死亡，而没有必要考察行为人是否出于"逃避法律追究"的动机或目的，否则会不当限制此规定的适用。此外，由于"逃逸"一词，无论是将"逃"与"逸"分开还是组合在一起理解，都意味着行为人必须和肇事现场之间存在一定的空间距离，该行为才能被解释为逃逸，因此，行为人在肇事后留在现场但不救助被害人，尽管从规范目的上应当解释为"逃逸"，但如此已经超出了"逃逸"用语的一般用法和词语的最远含义边界，有违反罪刑法定之嫌。换句话说，交通肇事后还留在现场但不救助被害人的，并非交通肇事后逃逸。理论上，只有原本能够救助被害人而不予救助，并且离开肇事现场逃跑的行为，才应该在规范上被评价为逃逸。例如，行为人乙无证驾驶，交通肇事撞伤一行人，下车后发现行人伤势很重，就留在现场，不实施任何救助措施，看着伤者死去，然后打电话报警。后经医学鉴定，只要伤者在负伤后2小时内及时送医，就能得救。上例中，由于乙留在现场，主动报警且接受刑罚处罚，按照司法解释的规定，不属于"为逃避法律追究而逃跑"，因此不能认定为逃逸。

适用交通肇事后逃逸的规定，必须注意：（1）行为人已经构成交通肇事罪，这是前提。（2）行为人明知发生了交通事故，否则也不能认定为有逃逸行为。（3）行为人主观上具有对被害人不予救助的逃逸意思和行为。交通肇事后，为躲避客观上已经发生的被害人家属等人的追赶、殴打而逃跑的，不是逃逸。因逃逸致人死亡的，构成本罪的结果加重犯。按照法理，因逃逸致人死亡，是指行为人在交通肇事后对被害人不予救助，致其死亡的情形。逃逸行为与被害人死亡结果之间存在因果关系的，才能将死亡结果归属于行为人。如果有足够证据可以证明，事后逃逸的行为人交通肇事撞伤被害人后，即使立即实施救助也无法挽回被害人生命的，则不能适用因逃逸致人死亡的规定。

本罪的主体是一般主体，但主要是从事交通运输的人员。非机动交通工具运输人员、行人，都可能因自己违反交通运输管理法规的行为而造成重大事故，因而可以成为本罪主体。例如，行人违章在高速公路上突然横穿，致使过往汽车紧急刹车而相撞造成重大伤亡事故的，完全符合本罪的犯罪构成。

按照相关司法解释的规定，单位主管人员、机动车辆所有人或者机动车辆承包人指使、强令他人违章驾驶造成重大交通事故的，以交通肇事罪定罪处罚。单位主管人员明知其雇用的汽车司机无驾驶资格或明知其用于运营的客车经常严重超载，仍任凭司机违章驾驶，因而发生重大交通事故的，可以按监督过失理论对主管人员以交通肇事罪定罪处罚。

对于客观上不可能危害不特定或者多数人生命、健康或造成公私财产重大损失的行为，不应以交通肇事罪论处。例如，行为人在通常没有机动车辆往来的公路上违章骑自行车致人重伤或死亡的，只可能危害特定少数人的生命、健康安全，因而只能分别认定为过失致人重伤罪、过失致人死亡罪。

二、主观要件

本罪在主观方面是过失，这里的过失是指行为人对所发生的后果出于过失心态，而对于违反交通管理法规，行为人则可能是明知故犯。换句话说，行为人有意识地违反了相关交通管理法规，或许普通人认为这是"故意"，但这并非刑法上的故意，如果发生了肇事结果，行为人对于结果是过失心态，成立交通肇事罪。

故意利用交通工具杀害特定个人的，成立故意杀人罪。为报复泄愤，故意驾驶汽车在公共场所冲撞，致使多人伤亡的，构成以危险方法危害公共安全罪。

三、认定

1. 本罪与其他犯罪的关系

司法解释规定，在交通肇事后为逃避法律追究，将被害人带离事故现场后隐藏或者遗弃，致使被害人无法得到救助而死亡或者严重残疾的，应以故意杀人罪、故意伤害罪定罪处罚，并与先前的交通肇事罪数罪并罚。理论上看，对这里的隐藏、遗弃应当作广义解释，隐藏不一定要使被害人实现位置的移动，在肇事地点，移动被撞汽车用以遮挡被害人，使之难以为其他人发现的，或者用树叶、杂物遮住被害人身体，或者将生命特征微弱的被害人掩埋到泥土中，都是隐藏。遗弃，主要是指将被害人带到较为隐蔽的场所抛弃，使之彻底丧失得到他人救助的可能。完全没有及时抢救被害人的意思，将被害人置于肇事汽车中，故意带着被害人在相当广泛的区域长时间行驶的，也是遗弃。

此外，由于《刑法》第 131 条和第 132 条分别规定了重大飞行事故罪和铁路运营安全事故罪，因此，行为人的行为如果属于飞行事故和铁路运营安全事故，则应当认定为重大飞行事故罪和铁路运营安全事故罪，而非交通肇事罪。同时，《刑法》第 119 条第 2 款也规定了过失损坏交通工具罪和过失损坏交通设施罪，如果行为人过失损坏了交通工具和交通设施，因而造成交通事故的，便不成立交通肇事罪，而是以过失损害交通工具罪和过失损害交通设施罪定罪处罚。

2. 指使肇事者逃逸

按照相关司法解释的规定，交通肇事后，单位主管人员、机动车辆所有人、承包人或者乘车人指使肇事人逃逸，致使被害人因得不到救助而死亡的，以交通肇事罪的共犯论处。此处需要提醒注意的是，无论肇事者本人是否达到责任年龄、是否具有责任能力，只要肇事者客观上实施了交通肇事行为，单位主管人员、车辆所有人、承包人或者乘车人指使肇事者逃跑的，都应当按照司法解释的规定处理，即单位主管人员等成立交通肇事罪。这也是共犯从属性原理运用的当然逻辑结果，因为无论正犯（肇事者）是否具有责任，只要其实施了客观不法行为，就不影响共犯（指使逃逸者）的可罚性。

第二节　放火罪

相关法条及司法解释：
《刑法》第 114～115 条

放火罪，是指故意放火焚烧他人财物，危害公共安全的行为。

一、保护法益

本罪侵害的法益是不特定或者多数人的生命、健康和重大公私财产。公私财产的具体对象包括生产设施、公共建筑物以及其他公私财产。这些财产必须具备密集、量大，与其他建筑设施连成一片等特点。实施放火行为，而将火势有效地控制在较小的特定范围内，没有造成危害，也不可能危害不特定多数人的生命、健康和重大公私财产的安全的，不构成放火罪，可分别定故意毁坏财物罪、故意杀人罪或故意伤害罪。

放火的对象一般为属于他人所有、占有的财产。放火烧毁自己所有的财产，原则上不构成犯罪，因为个人对自己的财产法益有（被害人）处分权限，但如果放火烧毁自己的财产时危及公共安全的，仍应以放火罪论处。自焚行为如果具有公共危险，也可以成立放火罪。

二、客观要件

本罪在客观方面表现为放火行为。

放火，是指利用火力引起对象物燃烧进而造成公共危险的行为，即对目的物放火，威胁不特定或者多数人的生命、身体、财产安全。

放火概念包括两方面的内容：一是有放火行为，即对公私财物进行引燃。二是危害公共安全，包括已经严重危害公共安全和尚未造成严重后果两种情况。在放火尚未造成严重后果的场合，属于具体危险犯，即燃烧的事态发生，同时因为火力而使公共危险具体地存在，或者是火力有向其他财物转移、附带引起燃烧的危险性。有学者认为，从科学法则上看，附带引起燃烧的可能性即使完全没有，但从一般人的感觉看，只要能够现实地感到有危险的场合也认为是有具体危险。这一观点可能值得商榷。因为具体危险是司法认定的危险，而非一般人的危险感觉。所以，事实上没有发生危险状态的可能，而一般人认为有危险的，并不具有具体危险，不能成立本罪，但可能成立故意毁坏财物罪。

【真题】甲对拆迁不满，在高速公路中间车道用树枝点燃一个焰高约 20 厘米的火堆，将其分成两堆后离开。火堆很快就被通行车辆轧灭。甲的行为成立放火罪。（选自 2016 年卷 2 第 12 题）

解析：认为甲的行为成立放火罪是错误的。成立放火罪，要求危害公共安全，按照题干的交代，甲在高速公路中间车道用树枝点燃一个焰高约 20 厘米的火堆，将其分成两堆后离开，并且火堆很快就被通行车辆轧灭，结合甲放火的地点以及对象物燃烧的实际情况来看，高速公路车道上除了往来通行车辆，基本不会有其他物质会被点燃，而火堆本身的燃烧规模与程度也不足以威胁到往来车辆的安全，20 厘米高的火苗不具有引燃高速行驶的汽车的可能性，火堆很快就被通行车辆轧灭本身也说明了这一点。所以，尽管甲有放火行为，但未危害到公共安全，不成立放火罪。

对放火的具体方法，法律未作限制，直接点燃目的物、通过媒介物（例如，火把、报纸）点燃目的物的，都是放火；在发生自然灾害（例如，地震、火山爆发）时，在已经燃烧和未燃烧的物体之间搭放木板等引火物的，也是放火行为。没有点火行为，但散布引火性极高的物质（例如，汽油、煤气）的场合，即使未开始点火，也认为是放火行为的着手。放火行为一般表现为用各种引火物直接点燃财物的作为形式，有的也可能表现为不作为的形式，如发电厂值班电工明知线路有故障，不加修理可能酿成火灾，但为了发泄不满，故意不予维修，结果造成火灾，构成不作为形式的放火罪。

对本罪既遂的认定，取决于如何理解《刑法》第 114 条和第 115 条的关系。两个法条同时规定一个罪名，说明本罪在立法上比较特殊。但两个条文之间并非对立关系。一方面，可以认为《刑法》第 114 条的成立不要求发生危害后果，该条为危险犯、（实质的）未遂犯的规定，只是因为该条所要保护的法益过于重大，类型化的放火等行为未造成结果的情形较多，因而在立法上将其未遂情形在分则中例外地加以规定；第 115 条要求致人重伤、死亡或者使公私财产遭受重大损失，该条是关于实害犯、既遂犯的规定。另一方面，也可以认为《刑法》第 115 条既包括故意放火且对火灾后果持希望或者放任心态的情形，也包括故意放火但对结果仅有过失的情形，因此，该条同时是关于结果犯（实害犯）、结果加重犯的规定。

根据上述主张，对本罪特殊犯罪形态的理解，就可能存在以下不同思路：

（1）仅认为《刑法》第 115 条才有既遂的可能。如果认为《刑法》第 115 条是既遂犯，第 114 条是未遂犯，那么只有在放火行为造成狭义的实害结果时，才存在既遂问题；第 114 条本身就是关于未遂犯的规定，放火行为未造成后果的，直接适用该条，不存在再引用《刑法》第 23 条未遂犯的规定的问题（禁止重复评价的原理）。那么，本罪的既遂应以发生《刑法》第 115 条所规定的死伤后果或财产损害即对象物烧毁后果作为标准。对烧毁的含义，应当侧重于保护财产法益的观点，将财产毁损作为既遂与未遂的分水岭。换言之，对象物的主要部分被烧毁，主要效用丧失的，就是本罪既遂（主要部分毁弃、主要效用丧失说）。根据这一主张，在放火行为没有导致对象物烧毁的场合，无论是直接引用《刑法》第114条进行处理，还是同时引用《刑法》第115条和第23条进行处理，都没有问题，只要不违背罪刑相适应原则即可。

（2）认为《刑法》第114条、第115条各有其既遂标准。如果认为《刑法》第115条是结果犯或结果加重犯，第114条是基本犯，且重视放火罪的公共危险性质，就可以认为两个条文所规定的放火罪各自都有既遂与未遂问题，那么，《刑法》第115条的既遂标准是烧毁，第114条的既遂标准是独立燃烧，即在放火对象着火后，将火种或引燃物撤离或扑灭，对象物能够继续处于独立燃烧状态，达到足以危害公共安全的程度，火势有某种程度的延续可能性，即使尚未造成严重后果，没有达到行为人使财物丧失效用或者毁弃的预期目的，也应当认定为《刑法》第114条的既遂。肯定这一点，是因为目的物达到独立燃烧的可能，就会发生危害公共安全的危险；放火罪中目的物一般都是易燃物，容易释放有毒气体，引起周围公众的不安感，放火行为达到了使目的物独立燃烧的状态，公共危险的发生就可以认定。我国普通的建筑物在城市是砌体结构或者现浇筑结构，在农村多为土墙、砖瓦构造，要能使建筑物效用的主要部分或者整体丧失并不容易，要使其达到毁弃状态更为困难，所以，如果一定要坚持第115条的毁弃说，就可能导致放火罪大多没有既遂，而只有未遂。这里的独立燃烧必须理解为目的物被媒介物引燃且在媒介物离开后火力还能够继续维持燃烧的状态。虽然点燃目的物，但在媒介物离开之后，目的物自身不能将独立燃烧状态维持下去时，只成立本罪未遂。此外，行为人已经着手实施放火行为，但由于意志以外的原因（如刚划燃火柴即被抓获、刚点燃引火物即被大雨浇熄等）而未引起公私财物燃烧的，也应认定为放火罪的未遂。根据上述观点，在放火行为没有导致对象物烧毁的场合，可以按照《刑法》第115条的未遂犯处理（同时引用《刑法》第115条和第23条），也可以按照《刑法》第114条的规定认定为既遂犯，两种处理方式在最终量刑结论上不应该存在太大偏差。

（3）关于中止犯。认为《刑法》第114条有独立既遂标准的主张，可能压缩中止犯的成立空间，因为从着手放火到独立燃烧之间的时间距离很短，一旦既遂不可能再有中止，采用该主张则成立中止犯的可能性很小，不利于鼓励犯罪者自动放弃犯罪或者防止危害后果的发生。因此，对着手放火之后的中止犯行为（实行中止），宜认定为《刑法》第115条的中止，从而将实害犯的既遂结果发生之前（即便是在独立燃烧之后），行为人基于自己的意思停止犯罪的情形，都尽可能地认定为中止犯。以放火为手段实施杀害行为，并未危害公共安全的，以故意杀人罪论处。放火行为不仅导致特定个人死亡，而且危害公共安全的，构成放火罪和故意杀人罪的想象竞合犯，应从一重罪处断。不过，这里的重罪是放火罪还是故意杀人罪，不可一概而论。

在故意杀人或实施其他犯罪之后，为湮灭罪迹而故意放火的，应数罪并罚。以放火为手段杀害他人，并试图骗取保险金的，应以放火罪和保险诈骗罪并罚。以放火的意思进入他人住宅并放火的，构成放火罪和非法侵入住宅罪的想象竞合犯。

放火行为致人重伤、死亡或者使公私财物遭受重大损失的，属于放火罪的实害犯。这里的致人重伤、死亡，包括故意重伤和故意杀人在内。在行为人放火后，被害人完全有条件逃离或者在已经离开火灾现场的情况下，为抢救财物或者救人又闯入火灾现场导致重伤、死亡的，属于第 115 条规定的放火致人重伤、死亡，应以放火罪实害犯处理。

本罪的主体是一般主体，由于放火属于用危险方法严重危害公共安全的犯罪，其危险性易被一般人所认识，因而，已满 14 周岁不满 16 周岁的人，可以构成放火罪。

三、主观要件

本罪在主观方面是故意，即行为人明知放火行为会危害公共安全，而追求或者放任这种结果的发生，放火的动机只影响量刑。

对于放火罪的具体危险犯，要求行为人对具体公共危险的发生有认识，即不仅要认识到放火行为是违法行为，而且要认识到一旦实施放火行为就具有公共危险性，这也是在放火毁坏财物的场合，应以放火罪而不以轻罪故意毁坏财物罪处罚的原因。

第三节　以危险方法危害公共安全罪

相关法条及司法解释：
《刑法》第 114～115 条

命题分析

近年来，以危险方法危害公共安全罪在我国的刑事司法实务中有逐渐扩张适用的趋势，但是，到底什么是危险方法，其实很难定义。因此，本罪事实上却像是危害公共安全类犯罪的兜底罪名，构成要件明确性存疑。近两年，社会上经常出现乘客在公交车行驶过程中和司机打斗、抢夺方向盘等恶性行为，能否认定以危险方法危害公共安全罪，存在一定的争议。因此，本罪是近几年的热门考点，需要多加注意。从往年的考查情况来看，考生必须把握对本罪构成要件的解释方向：所谓的危险方法，必须是和放火、决水、爆炸等行为具有等质性的对公共安全造成威胁的行为。

以危险方法危害公共安全罪，是指故意使用放火、决水、爆炸、投放危险物质以外的其他危险方法危害公共安全的行为。

一、客观要件

本罪在客观方面表现为使用放火、决水、爆炸、投放危险物质以外的其他危险方法危害公共安全。

放火、决水、爆炸、投放危险物质罪是以危险方法危害公共安全罪的基本犯，而以（其他）危险方法危害公共安全罪则属于这类犯罪的补充犯。凡是构成基本犯的，都以基本犯定罪，只有超出基本犯的范围，才能以补充犯定罪。对于"其他危险方法"的范围，不能过度扩张解释。因为以危险方法危害公共安全仅仅是《刑法》第 114 条、第 115

条的"兜底"条款或堵截性规定，而不是整个危害公共安全罪或者整个刑法典中惩治公共危险行为的兜底条款，否则就与罪刑法定原则相悖。因此，对"其他危险方法"就必须理解为与放火、决水、爆炸、投放危险物质的社会危害性相当，且《刑法》第114条、第115条没有明确列举的危险方法。有的犯罪行为，例如故意销售不符合卫生标准的食品行为，与投放危险物质罪的危险方法相当，但是刑法已经将其作专门规定，就不再属于本罪中的危险方法。在销售不符合卫生标准的食品行为致人死亡或者导致人体健康严重受损时，单纯为了对罪犯判处更重的刑罚，按照以危险方法危害公共安全罪定罪处罚，就是错误的做法。

以危险方法危害公共安全的犯罪，在实践中常见的情形有：在繁华地段故意驾车任意冲撞；私设电网；破坏矿井通风设备；行为人醉酒后驾车，在发生第一次肇事后果后继续驾车冲撞，造成重大伤亡；等等。此外，在火灾发生之际，明知隐藏、抛弃、破坏消防器材或妨害消防活动的行为可能使火势蔓延，危及不特定或者多数人的生命、身体、财产，而将消防用的器材包括消防车、灭火器等破坏、隐匿的，行为的危险性与不作为的放火基本相当，可以考虑成立以危险方法危害公共安全罪。当然，以其他方法妨害消防车出动或者消防人员开展活动的，一般应成立妨害公务等罪。

二、主观要件

本罪在主观方面是故意。行为人没有危害公共安全的故意，行为客观上只导致特定个人死亡的，不能认定为有本罪故意。例如，因违章驾驶而被拦截，为逃避追究而驾驶汽车往非机动车道高速行驶，撞死一人的，行为人不具有以驾车撞人的方法危害公共安全的故意，只应成立故意杀人罪。

第四节　投放危险物质罪

相关法条及司法解释：
《刑法》第114~115条

投放危险物质罪，是指故意投放毒害性、放射性、传染病病原体等物质，危害公共安全的行为。

一、客观要件

本罪在客观方面表现为投放毒害性、放射性、传染病病原体等物质，危害公共安全。毒害性、放射性、传染病病原体等物质都是危险物质。毒害性物质，即通常所说的毒物，是指如氯化钾等各种对人体或牲畜能够造成严重毒害的物品，其范围极其广泛，包括化学性有毒物质、生物性有毒物质和微生物类有毒物质。其中，化学性有毒物质，也称人工合成有毒物质，如砒霜、鼠药、氰化物等；生物性有毒物质，又可分为植物性有毒物质，如野蘑菇，以及动物性有毒物质，如河豚等；微生物类有毒物质，如肉毒杆菌等。放射性物质，是指铀、镭、钴以及其他各种能够发出放射性辐射并对人体造成严重损害直至死亡的物质，包括可以发生裂变反应或聚合反应的核材料。传染病病原体不属于毒性物质，而是通过在人体或者动物体内适当的环境中繁殖从而给身体造成危害的传染病菌种、毒种，如霍乱弧菌、天花病毒、艾滋病毒、炭疽菌、肝炎病毒、结核杆菌等。对于传染病病原体的范围，应当结合《传染病防治法》所规定的甲、乙、丙类传染病病原体进行认定。

投放的表现形式是作为，消极行为不能构成本罪，具体方式有：将危险物质投放于供不特定或者多数人饮食的食品或饮料中；将毒物投放于供人、畜使用的河流、池塘、水井中；释放剧烈毒物、放射性物质等。本罪是具体危险犯，即投放危险物质的行为足以造成不特定或者多数人重伤、死亡以及财产重大损失的，就构成本罪。

针对不特定或者多数人投放危险物质，但以剥夺特定人的生命为目的，并且最终只导致特定人死亡的，构成故意杀人罪。

二、主观要件

本罪在主观方面是故意，多数情况下是直接故意，少数由间接故意构成。

第十五章
破坏社会主义市场经济秩序罪

第一节　生产、销售伪劣商品罪

一、生产、销售伪劣产品罪

> 相关法条及司法解释：
> 《刑法》第 140 条
> 最高人民法院、最高人民检察院《关于办理生产、销售伪劣商品刑事案件具体应用法律若干问题的解释》

生产、销售伪劣产品罪，是指生产者、销售者在产品中掺杂、掺假，以假充真，以次充好或者以不合格产品冒充合格产品，销售金额达 5 万元以上的行为。

（一）客观要件

本罪在客观方面表现为违反国家产品质量管理法规，生产、销售伪劣产品的行为。

违反国家产品质量管理法规，是构成本罪的前提。目前，我国的产品质量法规体系已经比较健全，包括产品质量法、标准化法、计量法、工业产品质量责任条例等。在这些法律法规中，对伪劣产品的范围进行了界定。

本罪的实行行为包括生产、销售。一般来说，生产、销售伪劣产品是两种行为，生产是制造伪劣产品并提供给他人；销售则是明知是伪劣产品而出售。生产者和销售者的界限也相对比较清楚，但是自产自销，明知是合格产品而掺杂、掺假予以销售的，兼有生产、销售伪劣产品的行为。

生产、销售伪劣产品的行为，刑法规定为在产品中掺杂、掺假，以假充真，以次充好或者以不合格产品冒充合格产品四种行为。在产品中掺杂、掺假，是指在产品中掺入杂质或者异物，借以增加产品重量、体积、数量等，致使产品质量不符合国家法律、法规或者产品明示质量标准规定的质量要求，降低、失去应有使用性能的行为。例如，在油菜籽中掺进黑沙子，在面粉中掺入滑石粉等。以假充真，是指以不具有某种使用性能的产品冒充具有该种使用性能的产品的行为，如用人造革冒充皮革。此外，虽然严格按照法律确定的国家标准生产产品，但是假冒他人知名商标的，也属于以假充真行为，例如，合格的香烟生产企业在自己生产的香烟上使用其他知名商标的，也是生产伪劣产品。以次充好，是指以低等级、低档次产品冒充高等级、高档次产品，或者以残次、废旧零配件组合、拼装后冒充正品或者新产品的行为，例如，以人工养殖的珍珠冒充天然珍珠等。以不合格产品冒充合格产品，是指以不符合产品质量标准的产品冒充符合质量要求的产品的行为。

在以次充好或者以不合格产品冒充合格产品的情形下，不作为是否可以构成本罪？一般认为，产品质量法规定，根据产品的特点和使用要求，需要标明产品规格、等级、所含成分的名称和含量的，应在其产品或包装上标明，行为人不标明的，就属于不作为的犯罪形式。但是生产伪劣产品需要多个环节，"不标明"只是手段之一，其他行为是作为；"不标明"但销售的，销售行为是以作为形式实施的，从总体上看，犯罪还是通过积极的行动完成的，所以，很难说不作为方式也可以构成本罪。

本罪的行为对象是伪劣产品，即质量低劣，没有达到国家产品质量标准的产品，以及失效、变质的产品，包括变质、失效，可能危及安全和人体健康的产品；所标明的指标与实际不符的产品；国家有关法律、法规、命令禁止生产、销售的产品等。

此外，下列商品也可以视为伪劣产品：无检验合格证或无有关单位许可证照的；未使用中文标明商标名称、生产者和产地（重要工业品未标明厂址）的；限时使用而未标明失效时间的；实施生产许可证管理而未标明许可证编号和有效期的；按有关规定应用中文标明规格、等级、主要技术指标或成分、含量而未标明的；高档耐用消费品无中文使用说明的；属处理品（含次品、等外品）而未在商品或包装的显著部位标明"处理品"字样的；对剧毒、易燃易爆等危险品未标明有关标识和说明的，但建筑工程不是这里的伪劣产品。

构成本罪，要求销售金额在 5 万元以上。根据有关司法解释，伪劣产品尚未销售，货值金额达到《刑法》第 140 条规定的销售金额 3 倍以上的，以生产、销售伪劣产品罪（未遂）定罪处罚。

关于销售金额的确定，有以下问题值得注意：

第一，行为人生产或购进了伪劣产品后，与他人签订销售伪劣产品的合同时，合同上所载明的货款就是销售金额，而不管其是否实际收回该款项，这是由市场交易的迅速性和获得货款的可能性所决定的。

第二，销售合格产品的金额与销售伪劣产品的金额无法区分时，将不可分割的全部金额认定为销售伪劣产品的金额。因为行为人为达到其欺骗他人的目的，往往使用将合格产品与伪劣产品混杂在一起的犯罪手段。类似的处理方法，在处罚财产犯罪时也时有使用，例如，在正当取得的财物和窃取的财物无法区分时，将其整体认定为盗窃的财物。

第三，销售金额是否在 5 万元以上，反映了生产、销售伪劣产品的规模、行为持续时间、危害范围、消费者的受害程度以及行为人的主观恶性。所以，销售金额的大小对成立犯罪有根本性影响。因此，销售金额不满 5 万元的，不构成犯罪。在这里，比较重要的是：刑法以销售金额限制处罚范围，销售金额不满 5 万元的，对市场竞争秩序的侵害没有达到需要刑法出面加以规制的程度。

第四，多次实施生产、销售伪劣产品行为，未经处理的，伪劣产品的销售金额或者货值金额累计计算。

在生产、销售伪劣产品过程中，使用欺骗方法掩饰掺杂掺假、产品质量低劣等事实骗取财物的，欺骗行为包含于生产、销售行为之中，只应构成本罪，不构成诈骗罪；无商品交易或以虚拟的交易骗取他人财物的，不构成销售伪劣产品罪，而构成诈骗罪。

知道或者可能知道他人实施生产、销售伪劣商品犯罪，而为其提供贷款、资金、账号、发票、证明、许可证件，或者提供生产、经营场所或者运输、仓储、保管、邮寄等便利条件，或者提供制假生产技术的，以生产、销售伪劣商品犯罪的共犯论处。

实施生产、销售伪劣商品犯罪，同时构成侵犯知识产权、非法经营等其他犯罪的，成立想象竞合犯，依照处罚较重的规定定罪处罚。

（二）主观要件

本罪在主观方面是故意，即明知生产、销售的产品是伪劣产品。生产者对他人提供的原材料有假、对国家标准有变更不能认识，销售者对所销售的产品是伪劣产品无法认知的，都不具有本罪故意，不构成本罪。

（三）法条竞合

《刑法》第 140 条所规定的是生产、销售普通伪劣产品的犯罪，第 141 条至第 148 条所规定的是生产、销售特殊伪劣产品（药品、食品、医用器材、电器以及压力容器等涉及人身安全的产品、农药、兽药、化肥、种子、化妆品等）的犯罪，它们之间存在法条竞合关系。

法条竞合的基本处理原则是特殊法条优于普通法条。例如，在合同诈骗的场合，行为人同时触犯诈骗罪的规定，但是，由于刑法对利用经济合同实施诈骗的行为作了特别规定，就排斥了诈骗罪的适用。

不过，在法律有特别规定时，处理法条竞合问题可以适用重法优于轻法的原则，即特殊法条与一般法条竞合，而前者的法定刑轻于后者，在法律有特别规定的情况下，应适用重法。具体就生产、销售普通伪劣产品罪和生产、销售特殊伪劣产品罪的关系及其处理而言，应当注意：

第一，《刑法》第 149 条第 1 款规定，生产、销售本节第 141 条至第 148 条所列产品，不构成各该条规定的犯罪，但是销售金额在 5 万元以上的，依照本节第 140 条的规定定罪处罚。生产、销售伪劣产品罪必须具备的一个条件，就是销售金额必须达到 5 万元以上的，才构成该种犯罪。如果所犯之罪是第 141 条至第 148 条规定的关于具体产品的犯罪（生产、销售假药罪，生产、销售劣药罪，生产、销售不符合卫生标准的食品罪，生产、销售有毒、有害食品罪，生产、销售不符合标准的医用器材罪，生产、销售不符合安全标准的产品罪，生产、销售伪劣农药、兽药、化肥、种子罪以及生产、销售不符合卫生标准的化妆品罪），按照各该条的规定，大部分都要求把足以造成危害结果或者已经造危害结果作为构成要件。但是，如果生产、销售的是第141条至第148条所列的产品不具有各该条构成犯罪所要求的可能后果或者已然后果，而销售金额达到了5万元以上的，应按照第140条的规定以生产、销售伪劣产品罪定罪处罚。

第二，《刑法》第149条第2款规定，生产、销售本节第141条至第148条所列产品，构成各该条规定的犯罪，同时又构成本节第140条规定之罪的，依照处罚较重的规定定罪处罚。如果行为人生产、销售第141条至第148条所列的产品，导致各该条要求的后果的，当然构成各该条所规定的犯罪；但是，如果生产、销售第141条至第148条所列的产品同时销售金额又达到5万元以上的，应按照法条竞合的处理原则即重法优于轻法处理，以避免罪刑不均衡。

【真题】甲销售的假药无批准文号，但颇有疗效，销售金额达500万元，如按销售假药罪处理会导致处罚较轻，法院以销售伪劣产品罪定罪处罚。（选自2014年卷2第58题A选项）

解析：上述表述是正确的。甲销售的假药无批准文号，尽管有疗效，但仍然构成销售假药罪。毫无疑问，假药同样属于伪劣产品，所以甲在构成销售假药罪的同时也构成销售伪劣产品罪。而根据《刑法》第149条第2款的规定，打破了法条竞合时特别法优先于普通法的适用原则，而是选择了重法优于轻法适用。由于题干已经清楚交代"如按销售假药罪处理会导致处罚较轻，法院以销售伪劣产品罪定罪处罚"，所以直接按照第149条第2款的规定以重罪定罪处罚，甲构成销售伪劣产品罪。

（四）单位犯罪的处罚

根据《刑法》第150条的规定，单位犯本罪的，对单位判处罚金，并对其直接负责的主管人和其他直接责任人员，依照自然人犯罪的规定处罚。

二、生产、销售假药罪

相关法条及司法解释：
《刑法》第141条
最高人民法院、最高人民检察院《关于办理危害药品安全刑事案件适用法律若干问题的解释》
最高人民检察院、公安部《关于公安机关管辖的刑事案件立案追诉标准的规定（一）的补充规定》第2条

生产、销售假药罪，是指违反国家药品管理法规，生产、销售假药的行为。

（一）客观要件

本罪客观方面表现为生产、销售假药的行为。行为违反药品管理法规，才有可能构成本罪。生产、销售假药，就是违反国家相关规定，生产、销售与药品本性不相符合的产品的行为。

生产，是指一切提炼、加工、采集、收集假药的行为。以生产、销售假药为目的，实施下列行为的，应当认定为本罪的"生产"：（1）合成、精制、提取、储存、加工炮制药

品原料的；（2）将药品原料、辅料、包装材料制成成品过程中，进行配料、混合、制剂、储存、包装的；（3）印制包装材料、标签、说明书的。

销售，是指一切以出卖牟利为目的的提供假药行为。医疗机构、医疗机构工作人员明知是假药而有偿提供给他人使用，或者为出售而购买、储存的行为，应当认定为销售。销售少量根据民间传统配方私自加工的药品，或者销售少量未经批准进口的国外、境外药品，没有造成他人伤害后果或者延误诊治，情节显著轻微危害不大的，不认为是犯罪。生产、销售假药的行为，从本质上看是以假充真的行为，但如果行为人已经明确标示出其药品所含成分与国家药品标准不相符合，购买人愿意以此药品做再加工的原料的，并无成立本罪的可能。

本罪的行为对象是假药，《药品管理法》第98条规定，禁止生产、销售、使用假药。有下列情形之一的，为假药：（1）药品所含成分与国家药品标准规定的成分不符；（2）以非药品冒充药品或者以他种药品冒充此种药品；（3）变质的药品；（4）药品所标明的适应症或者功能主治超出规定范围。有些物品本不能用于人体，但行为人将其假冒为药品用于满足人体治疗目的的，就是本罪中的药品。是否属于假药难以确定的，司法机关可以根据地市级以上药品监督管理部门出具的认定意见等相关材料进行认定。必要时，可委托省级以上药品监督管理部门设置或者确定的药品检验机构进行检验。生产、销售假农药、假兽药的，构成他罪。

必须注意的是，《刑法修正案（八）》将本罪的构成要件修改为抽象危险犯，成立本罪不再要求"足以严重危害人体健康"。生产、销售假药的，即构成本罪，不要求有致人死伤的实害后果发生，也不要求产生足以严重危害人体健康的危险。生产的假药是否实际卖出、消费者是否实际购买并使用，在所不问。生产、销售假药，同时又构成以危险方法危害公共安全、侵犯知识产权、非法经营、非法行医等犯罪的，依照处罚较重的规定定罪处罚。

（二）主观要件

本罪在主观方面是故意，对生产、销售的药品属于药品管理法规定的假药有所认识。药品使用单位的人员明知是假药而提供给他人使用的，依照本罪的规定处罚。

成立本罪不要求有销售金额，所以生产者、销售者是否有营利目的、是否实际获得利益，不影响本罪的成立。

在判断本罪的故意时，被告人的供述是重要的、但并非唯一的依据，必须结合涉案药品交易的销售渠道是否正规、销售价格是否合理、药品包装是否完整、药品本身是否存在明显瑕疵，以及行为人的职业特点、药品知识、文化程度等进行综合判断，分析行为人是否知道其生产、销售的是假药。

【真题】杨某生产假冒避孕药品，其成分为面粉和白糖的混合物，货值金额达15万多元，尚未销售即被查获。（选自2012年卷2第15题）

解析：杨某对自己生产的假冒避孕药品显然是"明知故犯"，由于修改后的生产、销售假药罪属于抽象危险犯，因此只要其生产的是假药，无论是否卖出，便足以认定成立本罪。

三、生产、销售有毒、有害食品罪

相关法条及司法解释：
《刑法》第 144 条
最高人民法院、最高人民检察院、公安部《关于依法严惩"地沟油"犯罪活动的通知》

生产、销售有毒、有害食品罪，是指违反国家食品安全管理法规，在生产、销售的食品中掺入有毒、有害的非食品原料，或者销售明知掺有有毒、有害的非食品原料的食品的行为。

（一）客观要件

本罪在客观方面表现为生产、销售有毒、有害食品，或者销售明知掺有有毒、有害的非食品原料的食品的行为。本罪的行为对象是有毒、有害食品，即掺有有毒、有害物质或非食品原料的食品。生产、销售的食品中必须掺有不能用于食用用途的原料，且该原料必然产生毒素的，才构成本罪，只是由于被污染、变质或者过量而产生了部分毒性的，不构成本罪，而可能成立生产、销售不符合安全标准的食品罪。

在食用农产品种植、养殖、销售、运输、贮存等过程中，使用禁用农药、兽药等禁用物质或者其他有毒、有害物质的，或者在保健食品或者其他食品中非法添加国家禁用药物等有毒、有害物质的，均以本罪定罪处罚。

本罪是抽象危险犯，其构成不要求发生实害结果，也不要求有发生结果的具体危险。对人体健康造成严重危害或者有其他严重情节，以及致人死亡或者有其他特别严重情节的，法定刑升格。

（二）主观要件

本罪在主观方面是故意，行为人对生产、销售的产品是有毒、有害食品有明知。这里的明知，是指行为人认识到自己生产、销售的是有毒、有害食品，并不要求其确实知道，认识到可能性的，即符合明知的要求。销售者确实不知道是掺入有毒、有害的非食品原料的食品而购进并予以销售的，欠缺本罪故意，不成立本罪。

在生产、销售有毒、有害食品对人体健康造成严重危害或者有其他严重情节，以及致人死亡或者有其他特别严重情节的结果加重犯或者特别结果加重犯的场合，不要求生产者、销售者对加重结果有故意，但要求其有过失。

销售者为杀害特定个人而故意向其出售有毒、有害食品的，具有侵犯人身权利的故意而不具有扰乱市场经济秩序的故意，只构成故意杀人罪；在对导致不特定或者多数人重伤、死亡的结果有故意（希望或放任）的场合，生产、销售有毒、有害食品的，可能成立投放危险物质罪。例如，公共食堂或者宾馆工作人员为泄愤报复或出于其他动机，利用为单位或特定会议、婚丧仪式提供饮食的机会，在生产、销售的食品中掺入有毒、有害的非食品原料，足以导致不特定或者多数人身体、生命受到损害的，行为人具有危害公共生活安全的故意，成立投放危险物质罪。

【真题】甲将邻居交售粮站的稻米淋洒农药，取出部分作饵料，毒死麻雀后售与饭馆，

非法获利 5 000 元。（选自 2010 年卷 2 第 11 题）

　　解析： 甲将交售粮站的稻米淋洒农药，肯定成立投放危险物质罪，此一事实定性应该没有疑义，问题在于甲利用有毒稻米毒死麻雀后售与饭馆的行为事实的定性。应当认为，甲明知麻雀是被毒死的，食客食用后发生中毒致人死亡的概率非常高，而且麻雀显然也是食品的一种，否则甲也不会将其售与饭店，同时，由于生产、销售有毒、有害食品罪是抽象危险犯，不需要实际产生实害结果，因而应当成立销售有毒、有害食品罪。此外，应当认为，甲对于麻雀被餐馆售与客人会导致不特定或者多数人重伤、死亡的结果存在放任的心态，因为任何一个理智正常的人都会认识到一旦吃了中毒的麻雀，很可能产生死伤后果，因此，认定甲的这一行为成立投放危险物质罪也没有疑问。

第二节　走私罪

走私普通货物、物品罪

　　相关法条及司法解释：
　　《刑法》第 153～157 条
　　最高人民法院《关于审理走私犯罪案件适用法律有关问题的通知》
　　最高人民法院、最高人民检察院《关于办理走私刑事案件适用法律若干问题的解释》

　　走私普通货物、物品罪，是指违反海关法规、逃避海关监管，非法运输、携带或者邮寄国家禁止进出口的武器、弹药、核材料、伪造的货币、文物、珍贵动物及其制品、贵重金属、国家禁止进出口的其他货物、物品以及淫秽物品以外的货物、物品进出境，偷逃应缴税额数额较大或者 1 年内曾因走私被给予 2 次行政处罚后又走私的行为。

　　（一）客观要件

　　本罪在客观方面表现为逃避海关监管，走私国家普通货物、物品进出境，偷逃应缴税额数额较大或者 1 年内曾因走私被给予 2 次行政处罚后又走私的行为。

　　走私的具体行为包括三种：

　　1. 非法运输、携带或邮寄武器、弹药等违禁品以外的其他货物、物品进出境。只有非法运输、携带、邮寄武器、弹药、核材料、伪造的货币、珍贵动物及其制品、贵重金属、国家禁止进出口的其他货物、物品以及淫秽物品等违禁品之外的其他货物、物品的，才可能构成走私普通货物、物品罪。

　　本罪的行为对象包括两大类：（1）国家限制进出口的货物、物品，即国家对其进口或出口实行配额或者许可证管理的货物、物品。限制进出口的货物一般来说包括烟、酒、汽车、电视机、电冰箱、计算器、摩托车等。（2）应缴纳税款的货物、物品。对于这类物品，国家并不禁止或限制进出口，但会根据国民经济发展和社会发展的需要，通过征收关税对其需求进行适当的调节，对这类物品偷逃应缴税额的，构成本罪。

在《刑法》第 151 条第 3 款规定走私国家禁止进出口的货物、物品罪之后，本罪的普通货物、物品一般不再包括国家禁止进出口的货物、物品。例如走私下列物品的，应当构成走私国家禁止进出口的货物、物品罪：对我国政治、经济、文化、道德有害的和内容涉及国家秘密的印刷品、胶卷、图片、音像制品、软件等物品；内容涉及国家秘密的手稿；烈性毒药；有碍人畜健康的、来自疫区的或其他能传播疾病的食品、药品等物品；带有危险性的病菌、害虫及其他能传播疾病的食品、药品等物品；侵犯知识产权的货物、物品；国家禁止进出口的动植物及其产品等。经许可进口国家限制进口的可用作原料的废物时，偷逃应缴税额，构成犯罪的，应以本罪定罪处罚；既未经许可，又偷逃应缴税额，同时构成走私废物罪和本罪的，应当按照处罚较重的规定定罪处罚。取得许可，但超过许可数量进出口国家限制进出口的货物、物品，构成犯罪的，以本罪定罪处罚。

【真题】将白银从境外走私进入中国境内，应以走私普通货物、物品罪论处。（选自 2015 年卷 2 第 61 题 A 选项）

解析：上述论述是正确的。根据《刑法》第 151 条第 2 款的规定，走私贵重金属罪只处罚走私国家禁止出口的黄金、白银和其他贵重金属，但是，这并不意味着将贵重金属从境外走私进入国内不构成其他犯罪，此类行为依然违反了国家的海关监管秩序，由于可以将白银等贵重金属评价为普通货物，因此应以走私普通货物、物品罪论处。

【真题】走私无法组装并使用（不属于废物）的弹头、弹壳，应以走私普通货物、物品罪论处。（选自 2015 年卷 2 第 61 题 D 选项）

解析：上述论述也是正确的。最高人民法院、最高人民检察院《关于办理走私刑事案件适用法律若干问题的解释》第 4 条第 2 款规定：走私报废或者无法组装并使用的各种弹药的弹头、弹壳，构成犯罪的，依照《刑法》第 153 条的规定，以走私普通货物、物品罪定罪处罚；属于废物的，依照《刑法》第 152 条第 2 款的规定，以走私废物罪定罪处罚。走私无法组装并使用（不属于废物）的弹头、弹壳，由于已经不具备武器弹药的本质属性，应以走私普通货物、物品罪论处。

2. 擅自出售保税货物、特定减免税货物，捐赠进出口货物和物品，以及假借捐赠名义进出口货物、物品。（1）未经海关许可并且未补缴关税，擅自将批准进口的来料加工、来件装配、补偿贸易的原料、零件、制成品、设备等保税货物在境内销售牟利。保税货物，是指经海关批准，未办理纳税手续进境，在境内储存、加工、装配后应予复运出境的货物，包括通过加工贸易、补偿贸易等方式进口的货物（如经海关批准进口的进料加工的货物），以及在保税仓库、保税工厂、保税区或者免税商店内等储存、加工、寄售的货物。保税货物进境时未缴纳关税，因此不能像其他国内商品一样可以在市场上自由流通，如果因客观情况发生变化，保税货物不能复运出境而需转入国内市场的，必须事先经过海关批准并补缴关税，如果行为人不经允许擅自采取隐瞒、欺骗手段在境内出售的，属于走私行为。（2）未经海关许可并且未补缴应缴税额，擅自将捐赠进出口货物、物品或者其他特定减免税货物、物品在境内销售牟利。经济特区等特定地区进出口的货物，中外合资经营企业、中外合作经营企业、外资企业等特定企业进出口的货物，有特定用途的进出口货物，用于公益事业的捐赠物资，可以减收或免征关税。特定减免税的范围和办法由国务院规定，目前有关行政法规分别对经济特区进口的减免税货物、物品和中外合资经营企业进口的免税货物、物品作了具体规定。此外，属于特定减税、免税货物的还包括企业为进行技术改造而必须引进的仪器、设备；学校、科研机构专为教学科研而使用的某些设备、器材等。根据海关法规的规定，特定减免税货物、物品只能用于特定地区、特定企业或按特定用途使用。

3. 间接走私普通货物、物品的行为。直接向走私人非法收购走私进口的国家非禁止进口货物、物品，数额较大的，或者在内海、领海、界河、界湖运输、收购、贩卖国家限制进出口货物、物品，数额较大，没有合法证明的，都可能成立走私普通货物、物品罪。之所以将上述间接走私行为确认为犯罪行为，主要是考虑到这些行为为走私入境的货物提供了销售和进入国内市场的渠道，为走私出口的货物提供了货源，成为走私犯罪的一个重要环节。直接向走私人非法收购是指明知对方是走私分子，并且直接向其收购走私货物、物品。没有合法证明，是指不符合我国的进出口许可证制度。根据我国法律规定，进出口商品一般必须从国家指定机关领取进出口许可证，但经国家批准有权经营进出口业务的单位，在其批准的经营范围内，可以凭进出口单证进出境，既无许可证又无有关单证的，即属没有合法证明，行为人的行为构成走私。走私普通货物、物品行为，偷逃应缴税额数额较大的，才构成本罪。根据最高人民法院、最高人民检察院《关于办理走私刑事案件适用法律若干问题的解释》第16条的规定，偷逃应缴税额在10万元以上不满50万元的，应当认定为偷逃应缴税额数额较大。这里的"应缴税额"，包括进出口货物、物品应当缴纳的进出口关税和进口环节海关代征税的税额。应缴税额以走私行为实施时的税则、税率、汇率和完税价格计算。此外，1年内曾因走私被给予2次行政处罚后又走私的，也可以构成本罪。其中的"1年内"，以因走私第1次受到行政处罚的生效之日与"又走私"行为实施之日的时间间隔计算确定；"被给予2次行政处罚"的走私行为，包括走私普通货物、物品以及其他货物、物品；"又走私"行为仅指走私普通货物、物品。多次走私的，应缴税额以每次走私行为实施时的税则、税率、汇率和完税价格逐票计算；走私行为实施时间不能确定的，以案发时的税则、税率、汇率和完税价格计算。

走私非淫秽的影片、影碟、录像带、录音带、音碟、图片、书刊、电子出版物等物品，走私管制刀具、仿真枪支，构成犯罪的，依照本罪定罪处罚。

武装掩护走私普通货物、物品的，仍然构成本罪，但应从重处罚。武装掩护走私，只限于所携带武器进行走私活动，而不要求行为人现实地使用了武器。已经使用武器杀害、伤害缉私人员的，应以走私罪和故意杀人罪、故意伤害罪并罚。走私普通货物、物品，以暴力、威胁方法抗拒缉私的，以走私罪和妨害公务罪数罪并罚。

与走私普通货物、物品的罪犯通谋，为其提供贷款、资金、账号、发票、证明、海关单证，或者为其提供运输、保管、邮寄或者其他方便的，以本罪共犯论处。

多次走私未经处理的，按照累计走私货物、物品的偷逃应缴税额计算。多次走私未经处理，是指多次走私未经行政处罚处理。

（二）主观要件

本罪在主观方面是故意，即行为人对走私普通货物、物品偷逃关税的行为违反国家对外贸易管理制度有明确认识。由于不熟悉海关法规或者因为疏忽大意等过失而未申报、漏报或错报关税等，均不具有本罪故意。此外，成立本罪并不要求具有牟利目的。

巩固提升

"百闻不如一见，百看不如一练。"下载嗨学课堂 APP，多多做题，勤于思考，善于总结，方能学以致用，一举通关！

第三节　妨害对公司、企业的管理秩序罪

一、非国家工作人员受贿罪

相关法条及司法解释：

《刑法》第 163 条

最高人民法院、最高人民检察院《关于办理商业贿赂刑事案件适用法律若干问题的意见》

非国家工作人员受贿罪，是指公司、企业或者其他单位的工作人员利用职务上的便利，索取他人财物或者非法收受他人财物，为他人谋取利益，数额较大的行为。

（一）客观要件

本罪在客观方面表现为利用职务上的便利，索取他人财物或者非法收受他人财物，为他人谋取利益的行为。

利用职务上的便利，是指直接利用本人组织、监督、管理（主管、负责）某项工作的便利条件，即利用本人担任公司、企业中某种职务所享有的主管、分管、决定、处理以至经办某种事务的人、财、物决定权。必须要注意的是，不是直接利用本人职权，而是利用由本人职权或地位所形成的便利条件，通过第三者为请托人谋取利益，收受请托人财物的（斡旋受贿）行为，不成立本罪。因为根据罪刑法定原则的要求，斡旋受贿行为要成立受贿犯罪必须以法律有明确规定为限。国家工作人员斡旋受贿的，成立受贿罪，就是以此为前提的。但对于非国家工作人员利用由本人职权或地位所形成的便利条件斡旋受贿的行为，刑法并未作出特别规定，所以，不能将本罪中的"利用职务上的便利"扩张解释为间接利用职权或职务上的便利条件。

索取，是指利用职务上的便利，在请托人要求其通过执行或不执行公司、企业职务而为他人谋取利益之机，主动向他人索要、要求提供财物的行为。利用职务上的便利，强行向他人提出"借贷"要求，但完全无归还意思的，也是索取财物。收受，是指被动地接受他人给付的财物。至于财物交付是在谋取利益之前还是在谋取利益之后，是直接由行贿人

交付还是第三者转交，都不影响收受的成立。

无论是利用职务上的便利主动索取他人财物，还是被动收受他人财物，都要求有为他人谋取利益的行为，才能构成本罪。许诺一般是明示的承诺，但也不排除暗示的允诺。许诺为他人谋取利益的内容是否通过实际的行动部分兑现，或者已经全部实现，都不影响成立为他人谋取利益。为他人谋取的是正当利益，还是不正当利益，对成立犯罪无关紧要。

本罪中的财物，既包括金钱和实物，也包括可以用金钱计算数额的财产性利益，如提供房屋装修、含有金额的会员卡、代币卡（券）、旅游费用等。具体数额以实际支付的资费为准。收受银行卡的，不论受贿人是否实际取出或者消费，卡内的存款数额一般应全额认定为受贿数额。使用银行卡透支的，如果由给予银行卡的一方承担还款责任，透支数额也应当认定为受贿数额。

公司、企业或者其他单位的工作人员在经济往来中，违反国家规定，收受各种名义的回扣、手续费，归个人所有的，也按照本罪定罪处罚。

根据最高人民检察院、公安部《关于公安机关管辖的刑事案件立案追诉标准的规定（二）》第10条的规定，非国家工作人员受贿，数额在5 000元以上的，应予立案追诉。

公司、企业或者其他单位的工作人员以恐吓方式（例如，不给付一定数量的财物就揭发隐私）索取财物，财物取得和职务行为无紧密关联的，只成立敲诈勒索罪，反之，可能成立本罪。

公司、企业或者其他单位的工作人员为他人谋取利益，约定离职、辞职后收受财物的，收受财物行为仍然构成本罪。公司、企业或者其他单位的工作人员受贿，同时实施其他足以损害本单位利益的犯罪行为的，可以数罪并罚。

本罪的主体是特殊主体，即公司、企业或者其他单位的工作人员。这里的公司、企业的工作人员，包括公司、企业的董事、监事、经理、会计等行政人员和业务人员。国有公司、企业以及其他国有单位中的非国家工作人员，也是这里的公司、企业的工作人员。这里的其他单位工作人员，既包括社会团体、村民委员会、居民委员会、村民小组等常设性组织的工作人员，也包括为组织体育赛事、文艺演出或者其他正当活动而成立的组委会、筹委会、工程承包队等非常设性组织的工作人员。

【真题】 丙是村委会主任，在村集体企业招投标过程中，利用职务收受他人财物10万元，为其谋利。丙成立非国家工作人员受贿罪。（选自2016年卷2第62题C选项）

解析： 以上表述是正确的。根据全国人民代表大会常务委员会《关于〈中华人民共和国刑法〉第九十三条第二款的解释》这一立法解释的规定，只有在村委会等村基层组织人员协助人民政府从事救灾、抢险以及国有土地的经营管理等行政管理工作事项时，才属于国家工作人员。作为村委会主任的丙是在村集体企业招投标过程中收受他人财物，不属于协助人民政府从事行政管理工作，不应认定为受贿罪，而是非国家工作人员受贿罪。

医疗机构中的非国家工作人员，在药品、医疗器械、医用卫生材料等医药产品采购活动中，利用职务上的便利，索取销售方财物，或者非法收受销售方财物，为销售方谋取利益，构成犯罪的，以本罪定罪处罚。医疗机构中的医务人员，利用开处方的职务便利，以各种名义非法收受药品、医疗器械、医用卫生材料等医药产品销售方财物，为医药产品销售方谋取利益，数额较大的，亦构成本罪。

【真题】 乙是国有医院副院长，收受医药代表 10 万元，承诺为病人开处方时多开相关药品。乙成立非国家工作人员受贿罪。（选自 2016 年卷 2 第 62 题 B 选项）

解析： 以上表述是正确的。最高人民法院、最高人民检察院《关于办理商业贿赂刑事案件适用法律若干问题的意见》第 4 条明确规定：医疗机构中的国家工作人员，在药品、医疗器械、医用卫生材料等医药产品采购活动中，利用职务上的便利，索取销售方财物，或者非法收受销售方财物，为销售方谋取利益，构成犯罪的，依照《刑法》第 385 条的规定，以受贿罪定罪处罚。医疗机构中的医务人员，利用开处方的职务便利，以各种名义非法收受药品、医疗器械、医用卫生材料等医药产品销售方财物，为医药产品销售方谋取利益，数额较大的，依照《刑法》第 163 条的规定，以非国家工作人员受贿罪定罪处罚。乙尽管是国有医院副院长，但由于其是利用开处方的职务便利非法收受医药代表的财物，按照司法解释的规定，应当认定为非国家工作人员受贿罪。

依法组建的评标委员会、竞争性谈判采购中谈判小组、询价采购中询价小组的组成人员，在招标、政府采购等事项的评标或者采购活动中，索取他人财物或者非法收受他人财物，为他人谋取利益，数额较大的，依照本罪定罪处罚。

非国家工作人员与国家工作人员通谋，共同收受他人财物，构成共同犯罪的，根据双方利用职务便利的具体情形分别定罪追究刑事责任：（1）利用国家工作人员的职务便利为他人谋取利益的，以受贿罪追究刑事责任。（2）利用非国家工作人员的职务便利为他人谋取利益的，以非国家工作人员受贿罪追究刑事责任。（3）分别利用各自的职务便利为他人谋取利益的，按照主犯的犯罪性质追究刑事责任，不能分清主从犯的，可以受贿罪追究刑事责任。

（二）主观要件

本罪在主观方面是故意，即行为人明知利用职务上的便利为他人谋取利益而索取或收受贿赂的行为是损害其职务行为的不可收买性的行为，而执意实施。

二、非法经营同类营业罪

相关法条及司法解释：
《刑法》第 165 条

非法经营同类营业罪，是指国有公司、企业的董事、经理利用职务便利，自己经营或者为他经营与其所任职公司、企业同类的营业，获取非法利益，数额巨大的行为。

（一）客观要件

本罪在客观方面表现为利用职务便利，自己经营或者为他人经营与其所任职公司、企业同类的营业，获取非法利益。

利用职务上的便利，是指利用本人职务范围内的权力，即职务上主管、领导、经手国有公司、企业业务的便利条件。

本罪的实行行为是自己经营或者为他人经营与其所任职公司、企业同类的营业，这种行为在公司法理论上称为竞业经营，即违反竞业禁止义务的行为。自己经营是指亲自出面另设机构进行经营；为他人经营是指受聘于其他机构，利用自己掌握销售渠道等职务便利参与经营管理活动。同类的营业是指自己经营或者为他人经营的企业与国有公司、企业营业执照中确定的经营范围的具体种类全部或者部分相同。根据最高人民检察院、公安部《关于公安机关管辖的刑事案件立案追诉标准的规定（二）》第 12 条的规定，非法经营同类营业，获取非法利益，数额在 10 万元以上的，应予立案追诉。

非法收受财物后为他人经营与其所任职公司、企业同类的营业的，应以受贿罪和本罪并罚；为他人经营与其所任职公司、企业同类的营业，并参与分配利润的，分配所得数额属于获取非法利益的数额，而不属于国家工作人员在经济往来中接受回扣或者手续费，只构成本罪而不构成受贿罪。

本罪的主体是特殊主体，即国有公司、企业的董事、经理。国有公司的董事、经理为非法开展同类营业活动而以侵吞、骗取、窃取或者其他手段非法占有公共财物，并利用该财物实施经营行为的，应以贪污罪和本罪数罪并罚。例如，国有公司、企业的董事、经理在违反公司章程规定或未经股东会同意的情况下，与自己经营或自己参与的同类公司、企业签订经济合同，故意损公肥私，将应当归其所在公司、企业所有或收入的财物让利于自己经营或者参与的同类公司、企业，最终据为己有，即属此类。

（二）主观要件

本罪在主观方面是故意，即行为人对自己经营或者为他人经营的营业与其所任职的国有公司、企业的营业相同有明确认识，至于其是否有营利目的，以及是否实际获得非法利益，都不影响本罪的成立。

三、为亲友非法牟利罪

相关法条及司法解释：
《刑法》第 166 条

为亲友非法牟利罪，是指国有公司、企业、事业单位的工作人员利用职务便利，为亲友获取非法利益，致使国家利益遭受重大损失的行为。

（一）客观要件

本罪在客观方面表现为利用职务便利，为亲友非法牟利，致使国家利益遭受重大损失。

本罪是典型的背任罪，即为他人处理事务的人，为谋求自己或者第三者的利益，或以损害委托人的利益为目的，而违背其任务，致使委托人的财产受到损失。本罪的实行行为包括以下情形：

1. 将本单位的盈利业务交由自己的亲友进行经营。盈利业务是指国有公司、企业、事业单位在较长时间以来所一直开展的、一般而言能够获取较大利润的业务。国有公司、企业、事业单位的工作人员将本单位经营的盈利业务交给其亲友经营，因其亲友经营管理方法有缺陷而立即亏损的，仍应当视为这里的盈利业务。

2. 以明显高于市场的价格向自己的亲友经营管理的单位采购商品或者以明显低于市场的价格向自己的亲友经营管理的单位销售商品。市场价格应当是指相当长时期内某种商品在价值规律的作用下正常反映商品价值的价格，向自己亲友经营管理的单位采购商品或者销售商品的价格与市场价格大致相当的，不构成本罪。"亲友经营管理的单位"，有观点认为只能是属于行为人的亲友个人所有或者有股份、参与分红的私有性质的公司、企业。这一观点人为地限定了本罪的成立范围，是否合理还值得研究。事实上，行为人的亲友担任领导、经营、管理职务的国家机关、国有公司、人民团体，也应当属于其"亲友经营管理的单位"，行为人利用职务便利以明显低于市场的价格向这些单位销售商品，为亲友非法谋取利益的，也构成本罪。

3. 向自己的亲友经营管理的单位采购不合格商品。采购不合格商品，不仅仅是指以高价购买质量低劣的商品，也包括折价、低价购进不合格商品。国有公司、企业、事业单位的工作人员与生产、销售伪劣商品的亲友事前通谋，采购其销售的伪劣商品的，构成本罪和生产销售伪劣商品犯罪（共犯）的想象竞合犯。

国有公司、企业、事业单位的工作人员因受贿而将本单位的盈利业务交由自己的亲友进行经营，或者向自己的亲友经营管理的单位采购或者销售与市场价格严重不相称的商品，或者向自己的亲友经营管理的单位采购不合格商品的，应以受贿罪和本罪并罚。

本罪的主体是特殊主体，即国有公司、企业、事业单位的工作人员。

（二）主观要件

本罪在主观方面是故意，并且行为人对其行为可能导致其亲友获取非法利益有明知和希望。过失不成立本罪。

为亲友非法牟利的行为一般表现为直接与亲友发生业务上的联系；为逃避法律追究而故意通过第三人为亲友非法牟利的，明显具有本罪故意。但是，将本单位的盈利业务交由亲友以外的第三人进行经营，以明显高于市场的价格向第三人经营管理的单位采购商品或者以明显低于市场的价格向第三人经营管理的单位销售商品，或者向第三人经营管理的单位采购不合格商品，第三人与国有公司、企业、事业单位的工作人员的亲友发生业务上往来，使其亲友客观上获取非法利益，国有公司、企业、事业单位的工作人员对此没有认识的，不成立本罪故意。

第四节　破坏金融管理秩序罪

一、出售、购买、运输假币罪

相关法条及司法解释：
《刑法》第 171 条
最高人民法院《关于审理伪造货币等案件具体应用法律若干问题的解释》

出售、购买、运输假币罪，是指出售、购买伪造的货币或者明知是伪造的货币而运输，数额较大的行为。

（一）客观要件

本罪在客观方面表现为出售、购买伪造的货币或者明知是伪造的货币而运输的行为。

出售，是指将本人持有的假币有偿地转让给他人的行为，即告知对方是假币，或者在对方对货币的性质已知情的情况下，实现假币有偿转移的行为。出售假币既可以是假币与真币之间的交易，也可是假币与实物之间的交易。行为人不论是将自己伪造的假币予以出售，还是购买别人的假币予以出售，都构成出售行为。在外汇黑市用假币冒充真币与他人兑换货币的，相对方对货币性质并不知情，行为人不成立出售假币，而是使用假币。要成立出售假币罪，还要求必须有对应的真币正在流通，出售无对应的正在流通的真币的假银元的行为，不成立本罪。

购买，是指以行使为目的，明知是假币而有偿买受的行为。购买不限于用真币有偿取得假币，利用一定价值的财物兑换假币的，实质上也是购买假币。无偿接受假币的，不构成购买假币罪，但事后持有或者使用该假币的，可能成立持有、使用假币罪。

运输，是指明知是假币而利用交通工具或其他方式实现其空间移动的行为。受欺骗或因自身能力无法认识到所运输的是假币的，不构成本罪。不知道是假币，但明知是他人犯罪所得赃物加以运输的，构成转移赃物罪。运输必须限于在国境内实施，将国外假币输入、将国内假币输出的运输行为，构成走私假币罪，而非本罪。

在出售假币时当场被抓获的，现场被查获的假币均应认定为出售假币的犯罪数额。现场之外另查获的假币，应根据具体情况分别处理，有证据证明另外被查获的假币是用于出售的，全案成立出售假币罪。如没有证据证明另外被查获的假币是用于出售的，也没有证据证明是购买或伪造的，则分别定出售假币罪和持有假币罪，数罪并罚。

对于出售、购买、运输假币罪的行为，不能认为行为人一着手实施出售、购买或者运输伪造的货币的行为就构成既遂，出售、购买或者运输行为，也存在因行为人意志以外的原因而未把行为实施完毕的可能。由于本罪属于选择性罪名，行为人只要将其中任何一种行为而不是三种行为实施完毕即构成既遂。运输假币的，只要实施了运输假币的行为，即构成运输假币罪的既遂。购买假币的，只要实施了交易行为，即构成购买假币罪的既遂。至于出售方是否取得钱财，购买方是否实际占有和控制假币，均不影响既遂的成立。

在出售假币时被抓获的，除现场查获的假币应认定为出售假币的数额外，现场之外在行为人住所或者其他藏匿地查获的假币，也应认定为出售假币的数额。

直接向走私人非法收购假币或者在内海、领海运输、收购、贩卖假币的，构成走私假币罪，而不构成本罪。

【真题】运输假币并使用假币的，按运输假币罪从重处罚。（选自2010年卷2第13题D选项）

解析：以上表述是错误的。最高人民法院《关于审理伪造货币等案件具体应用法律若干问题的解释》第2条规定：行为人购买假币后使用，构成犯罪的，依照《刑法》第171的规定，以购买假币罪定罪，从重处罚。行为人出售、运输假币构成犯罪，同时有使用假币行为的，依照《刑法》第171条、第172条的规定，实行数罪并罚。因此，运输假币并使用假币的，应按照运输假币罪和使用假币罪数罪并罚。

（二）主观方面

本罪在主观方面是故意。无论对于运输的、还是出售与购买的，行为人都应当对伪造的货币持有明知。至于行为人是否具有、是否实现盈利目的，不影响本罪成立。

二、持有、使用假币罪

相关法条及司法解释：
《刑法》第 172 条

持有、使用假币罪，是指违反货币管理法规，明知是伪造的货币而持有、使用，数额较大的行为。

（一）客观要件

本罪在客观方面表现为持有、使用伪造的货币。持有，是指保存、控制、携带假币的状态。明知是假币而运输的，不是持有假币。伪造货币，出售、购买假币后持有假币的，持有行为都不再单独定罪。使用，是指将假币作为真币置于流通状态，通常表现为依照假币的面值予以流通。假币是否以行使为目的伪造、由谁伪造在所不问。作为教学、演出道具设计、制作的假币，置于流通状态时，也是使用假币。利用假币支付购买货物的对价、利用假币偿还债务、将假币作为保证金提供给他人、以假币作注册资本验资、交换或者赠与假币，都是将假币置于流通的行为，利用自动贩卖机的场合，也是使用假币。所使用的假币基于何种原因取得，与犯罪成立无关，使用捡拾、窃取、诈骗所得的假币，都可以成立本罪。使用的方法是否适法，也在所不同，将假币作为赌资、嫖宿费用、毒品购买款、走私支付款、聚众斗殴后的赔偿金等，都是使用行为。但是，在签订经济合同等场合，将假币作为证明自己信用能力和履约能力的担保财物仅仅出示的，或者委托他人保管假币或者贩卖假币标本的，都不是以行使为目的将货币置于流通的使用行为，不成立使用假币罪，必要时，可以持有假币等罪处理。

【真题】将伪造的货币赠与他人的，属于使用假币。（选自 2010 年卷 2 第 13 题 C 选项）

解析：以上表述是正确的。使用假币不需要存在对价性的买卖物交换，只要使得假币处于公开的流通领域，便侵犯了货币的公共信用，成立使用假币罪。

【真题】甲发现某银行的 ATM 机能够存入编号以"HD"开头的假币，于是窃取了三张借记卡，先后两次采取存入假币取出真币的方法，共从 ATM 机内获取 6 000 元人民币。（选自 2009 年卷 2 第 61 题）

解析：仅就甲将假币存入 ATM 机中的事实来看，显然是将假币置于公共流通领域的行为，当然成立使用假币罪。

使用的相对人应当不知道其所接受的是假币，否则使用者可能成立出售假币罪。对方一开始就知道是假币，交付方以为对方不知情而使用假币的，构成使用假币罪未遂；将假币交与不知情的第三人，托其购买货物的，交付者构成使用假币罪。

伪造、变造假币后使用的，伪造、变造行为与本罪之间有牵连关系；购买假币后使用的，以购买假币罪定罪从重处罚；将盗窃、诈骗等财产犯罪所获取的假币加以使用的，应以相应财产犯罪和本罪数罪并罚。出售、运输假币构成犯罪，同时有使用假币行为的，数罪并罚。

在使用货币买卖过程中误收假币，后明知是假币而故意使用的，实质上仍是一种行使、使用伪造的货币的行为，原则上应以使用假币罪论处。但是，必须考虑使用人多是为贪图便宜或挽回自己所遭受的财产损失，期待可能性较低，不论从主观还是从客观危害来看，都比蓄意使用假币的行为轻微，所以这种使用假币的行为，数额不大的，不以犯罪论处。即便达到一定数额要求，要论以使用假币罪，也要在量刑上酌定从轻处罚。

（二）主观要件

本罪在主观方面是故意，即行为人明知是伪造的货币而仍然持有或者使用。虽然持有、使用的是伪造的货币，但是确实不知道所持有、使用的是伪造的货币的，则主观上没有持有、使用假币罪的故意，不成立本罪。

三、非法吸收公众存款罪

相关法条及司法解释：
《刑法》第 176 条
最高人民法院《关于审理非法集资刑事案件具体应用法律若干问题的解释》
最高人民法院、最高人民检察院、公安部《关于办理非法集资刑事案件适用法律若干问题的意见》
最高人民检察院公诉厅《关于办理涉互联网金融犯罪案件有关问题座谈会纪要》

非法吸收公众存款罪，是指非法吸收公众存款或者变相吸收公众存款，扰乱金融秩序的行为。

（一）客观要件

本罪在客观方面表现为非法吸收公众存款或者变相吸收公众存款的行为。根据最高人民法院《关于审理非法集资刑事案件具体应用法律若干问题的解释》第 1 条的规定，从性质上看，非法吸收公众存款或者变相吸收公众存款必须同时符合以下条件：（1）未经有关部门依法批准或者借用合法经营的形式吸收资金（非法性）。（2）通过媒体、推介会、传单、手机短信等途径向社会公开宣传（公开性），包括以各种途径向社会公众传播吸收资金的信息，以及明知是吸收资金的信息而向社会公众扩散，予以放任等情形。（3）承诺在一定期限内以货币、实物、股权等方式还本付息或者给付回报（利诱性）。（4）向社会公众即社会不特定对象吸收资金（社会性）。未向社会公开宣传，只是在亲友或者单位内部针对特定对象吸收资金的，不属于非法吸收或者变相吸收公众存款。但是，在向亲友或者单位内部人员吸收资金的过程中，明知亲友或者单位内部人员向不特定对象吸收资金而予以放任的，以及以吸收资金为目的，将社会人员吸收为单位内部人员，并向其吸收资金的，应当认定为向社会公众吸收资金。

【真题】为项目筹集资金，向亲戚宣称有高息理财产品，以委托理财方式吸收 10 名亲戚 300 万元资金的，构成非法吸收公众存款罪。（选自 2014 年卷 2 第 14 题 D 选项）

解析： 以上论述是错误的。构成非法吸收公众存款罪，必须是针对不特定的社会公众吸收，行为人是跟自己的亲戚变相借款，因此不构成非法吸收公众存款罪。对此，司法解释也有明确规定。

非法吸收公众存款在客观方面通常表现为以下情形：（1）不具有房产销售的真实内容或者不以房产销售为主要目的，以返本销售、售后包租、约定回购、销售房产份额等方式非法吸收资金；（2）以转让林权并代为管护等方式非法吸收资金；（3）以代种植（养殖）、租种植（养殖）、联合种植（养殖）等方式非法吸收资金；（4）不具有销售商品、提供服务的真实内容或者不以销售商品、提供服务为主要目的，以商品回购、寄存代售等方式非法吸收资金；（5）不具有发行股票、债券的真实内容，以虚假转让股权、发售虚构债券等方式非法吸收资金；（6）不具有募集基金的真实内容，以假借境外基金、发售虚构基金等方式非法吸收资金；（7）不具有销售保险的真实内容，以假冒保险公司、伪造保险单据等方式非法吸收资金；（8）以投资入股的方式非法吸收资金；（9）以委托理财的方式非法吸收资金；（10）利用民间"会""社"等组织非法吸收资金。

【真题】 甲以银行定期存款4倍的高息放贷，很快赚了钱。随后，四处散发宣传单，声称为加盟店筹资，承诺3个月后还款并支付银行定期存款2倍的利息。甲从社会上筹得资金1000万元，高利贷出，赚取息差。（选自2012年卷2第90题事实五）

解析： 甲的行为完全符合司法解释规定的非法性、公开性、利诱性以及社会性四个特征，成立非法吸收公众存款罪。

近年来，互联网与金融的深度融合促进了金融创新，提高了金融资源配置效率，但也存在一些问题和风险隐患。在互联网金融活动中，有的行为可能触犯刑法，这突出体现在个体网络借贷（即P2P网络借贷）中。个体网络借贷是指个体和个体之间通过互联网平台实现的直接借贷。在个体网络借贷平台上发生的直接借贷行为属于民间借贷范畴，受民法典等法律法规以及最高人民法院相关司法解释规范。合法的个体网络借贷必须符合以下条件：一方面，中介性质。P2P平台仅仅为投资方和融资方提供信息交互、撮合、资信评估等中介服务，具有信息中介性质，主要为借贷双方的直接借贷提供信息服务，不得提供增信服务，不得非法集资。另一方面，坚持客户资金第三方存管制度。P2P平台应当选择符合条件的银行业金融机构作为资金存管机构，对客户资金进行管理和监督，实现客户资金与从业机构自身资金的分账管理。现实经济生活中正在运作的P2P平台分为两种：一种是该平台严格依法运营，仅提供民间借贷的信息中介服务，并不形成"资金池"，不直接操纵客户资金，而是采取资金托管的方式，将客户资金交给第三方托管。这种运作模式因为不介入资金吸纳和投资的交易过程，行为性质是居间服务，不可能构成非法吸收客户资金。另外一种是设立投资平台，向社会公众推广其P2P信贷模式，通过互联网、电话和投资人团伙诱惑投资人进行投资，吸收资金后形成"资金池"，再以投资名义向借款人出借贷款，将吸收的客户资金投向房产、信用贷款、企业经营借款等。在这种情形下，行为人未采取客户资金第三方托管的形式，违反国家融资管理的法律法规的规定，未取得金融机构许可证即吸收截留客户资金，并直接运用通过一对一的借款吸收来的客户资金，打包或者拆包后进行投资、信贷活动，其行为扰乱了金融市场，具有违法性，可能构成本罪。

在实践中，以发行私募基金的形式融资是否构成本罪，有时难以判断。根据法秩序统一性原理的要求，金融犯罪一定要以违反金融管理法规为前提。就融资行为而言，只要基金管理人没有违反《证券投资基金法》《私募投资基金监督管理暂行办法》的相关规定，其募集基金的行为就是合法的，成立犯罪的前提就不存在。将符合金融法规的行为认定为犯罪，势必阻碍金融创新，且容易导致错案。在实务中，发行私募基金如果同时符合下列四个条件的，通常不构成本罪：（1）私募基金管理人向基金业协会申请登记，具备从事私募基金管理的资格，其融资行为不属于未经有关部门批准或者借用合法经营的形式吸收资金。（2）私募基金管理人、私募基金销售机构未向合格投资者之外的单位和个人募集资金，未通过报刊、电台、电视、互联网等公众传播媒体或者讲座、报告会、分析会和布告、传单、手机短信、微信、博客和电子邮件等方式，向不特定对象宣传推介。如果私募基金管理人、私募基金销售机构不是向特定的合格投资者推介产品，未评估对方的购买力以及风险承担能力，未充分告知对方相关风险的，其行为就具有不法性。（3）根据《私募投资基金监督管理暂行办法》第 15 条规定，私募基金管理人、私募基金销售机构未向投资者承诺投资本金不受损失或者承诺最低收益。（4）私募基金未向社会公众即社会不特定对象吸收资金，而只是向具备相应风险识别能力和风险承担能力的合格投资者推销产品，且其投资于单只私募基金的金额不低于 100 万元。融资行为不是针对特定的合格投资者，而是向社会公众即社会不特定对象吸收资金的，该私募基金销售行为可能触犯本罪。

擅自设立金融机构后非法吸收公众存款的，应从一重罪处断。非法吸收公众存款过程中，偶尔编造事实骗取存款的，骗取行为作为非法吸收公众存款的一种实行手段看待，不再单独定罪，因为骗取存款者只有以非法吸收的存款牟利的目的，事后要付给利息、返还本金，与普通诈骗罪并不相同。

非法吸收或者变相吸收公众存款，主要用于正常的生产经营活动，能够及时清退所吸收资金，可以免予刑事处罚；情节显著轻微的，不作为犯罪处理。

本罪的主体是一般主体，包括自然人和单位。

（二）主观要件

本罪在主观方面是故意，即行为人明知非法吸收公众存款的行为违反国家规定，可能会造成扰乱金融秩序的后果，而积极追求或者放任危害结果的发生。行为人具有将吸收的存款用于信贷的目的。以非法占有为目的吸收公众存款的，构成集资诈骗罪而不构成本罪。

（三）认定

由于本罪是破坏金融秩序犯罪，行为人非法吸收的是公众的"存款"，而不是公众的"资金"，所以，按照法益保护的原理，行为人必须是将吸收的存款用于信贷目的，即吸收存款后再发放贷款（用于货币、资本的经营）的，才有可能构成本罪。唯有如此，行为才会对合法的金融机构即银行正常发放贷款这一业务的开展有冲击、有影响，才能危及金融秩序，因而，才应以犯罪论处。如果行为人将非法吸收来的资金不是用于从事金融业务，而是用于正常的生产、经营活动的，即便资金用途有所改变，也不应当构成本罪。所以，吸收资金的用途是否改变，并不足以影响定罪，司法上不能以此为由将合法的募集资金行为认定为非法吸收公众存款罪。而最高人民法院《关于审理非法集资刑事案件具体应用法律若干问题的解释》第 3 条第 4 款的相关规定（非法吸收或者变相吸收公众存款，主要用于正常的生产经营活动，能够及时清退所吸收资金，可以免予刑事处罚；情节显著轻微的，不作为犯罪处理），其实也是为了表明审判机关的下述立场：即便是非法吸收公众存款，改变其用途的，通常也不定罪。如果是依法募集的资金（例如，依法发行私募基金等），其用途被改变的，应该在民事违约的范围内解决，实务中不应当仅以资金用途被改变这一孤立事实去反推犯罪的成立。

第五节　金融诈骗罪

一、集资诈骗罪

相关法条及司法解释：
《刑法》第 192 条
最高人民法院《关于审理非法集资刑事案件具体应用法律若干问题的解释》

集资诈骗罪，是指以非法占有为目的，以诈骗方法非法向社会公开募集资金，数额较大的行为。

（一）客观要件

本罪在客观方面表现为使用诈骗方法非法集资。

使用诈骗方法，是指以非法占有为目的，采用编造谎言、捏造或者隐瞒事实真相等欺骗方法，骗取他人资金的行为，如采取虚构资金用途，以共同投资等名义非法集资；以参加投资的人可以获取数倍于同期存款利率的收益等诈骗手段为诱饵吸收公众投资，将筹集的资金据为己有。

非法集资，是指公司、企业或其他组织、个人未经批准，违反法律、法规，通过不正当的渠道向社会公众或者集体募集资金的行为。资金是企业生产经营正常运作的必要要素，企业获得资金的合法途径是向银行申请贷款，或者依照法定条件和程序向社会发行股票、公司债券或者以合资、合营、联营、企业内部集资等方法筹措资金。除此之外的获得资金的方法，原则上都可能成立非法集资。

根据最高人民法院《关于审理非法集资刑事案件具体应用法律若干问题的解释》第 4 条的规定，以非法占有为目的，使用诈骗方法实施下列行为之一的，应当以本罪定罪处罚：（1）不具有房产销售的真实内容或者不以房产销售为主要目的，以返本销售、售后包租、约定回购、销售房产份额等方式非法吸收资金的；（2）以转让林权并代为管护等方式非法吸收资金的；（3）以代种植（养殖）、租种植（养殖）、联合种植（养殖）等方式非法吸收资金的；（4）不具有销售商品、提供服务的真实内容或者不以销售商品、提供服务为主要目的，以商品回购、寄存代售等方式非法吸收资金的；（5）不具有发行股票、债券的真实内容，以虚假转让股权、发售虚构债券等方式非法吸收资金的；（6）不具有募集基金的真实内容，以假借境外基金、发售虚构基金等方式非法吸收资金的；（7）不具有销售保险的真实内容，以假冒保险公司、伪造保险单据等方式非法吸收资金的；（8）以投资入股的方式非法吸收资金的；（9）以委托理财的方式非法吸收资金的；（10）利用民间"会""社"等组织非法吸收资金的；（11）其他非法吸收资金的行为。

非法集资数额较大的，才构成本罪。如何计算集资诈骗的数额，有三种观点：一是按集资款全额认定；二是按最终损失额认定；三是按案发时未归还的数额认定。第一种观点不符合集资诈骗罪的主观要件。集资诈骗罪必须以非法占有为目的。行为人为了持续不断地扩大资金来源渠道，往往会返还部分本息，兑现承诺。因此，对已返还的本金其主观上并无占有目的。第二种观点忽略了案发前的归还款与案发后的追缴款在性质上的不同，实际上案发后追缴的赃款已经被非法占有，理应计算为犯罪数额。而且，这种做法使定罪量刑受制于执法部门的执法能力和水平，司法实践中不易操作。第三种观点是可行的，它克服了前两种观点的偏颇之处，既严格把握以非法占有为目的这一主观构成要件，又将已追缴的部分作为量刑情节来考虑，符合实际。此外，行为人在集资诈骗活动中支付的非法中介费、手续费、回扣，或者用于行贿、赠与等的费用，均应计入集资诈骗的犯罪数额。

根据最高人民法院《关于审理非法集资刑事案件具体应用法律若干问题的解释》第5条的规定，个人进行集资诈骗，数额在10万元以上的，应当认定为数额较大；数额在30万元以上的，应当认定为数额巨大；数额在100万元以上的，应当认定为数额特别巨大。单位进行集资诈骗，数额在50万元以上的，应当认定为数额较大；数额在150万元以上的，应当认定为数额巨大；数额在500万元以上的，应当认定为数额特别巨大。集资诈骗的数额以行为人实际骗取的数额计算，案发前已归还的数额应予扣除。行为人为实施集资诈骗活动而支付的广告费、中介费、手续费、回扣，或者用于行贿、赠与等费用，不予扣除。行为人为实施集资诈骗活动而支付的利息，除本金未归还可予折抵本金以外，应当计入诈骗数额。

（二）主观要件

本罪在主观方面是故意，而且具有非法占有的目的。根据司法实践，对于行为人通过集资的方法非法获取资金，造成数额较大资金不能归还，并具有下列情形之一的，可以认定为具有非法占有目的：（1）集资后不用于生产经营活动或者用于生产经营活动的资金与筹集资金规模明显不成比例，致使集资款不能返还的；（2）肆意挥霍集资款，致使集资款不能返还的；（3）携带集资款逃匿的；（4）将集资款用于违法犯罪活动的；（5）抽逃、转移资金、隐匿财产，逃避返还资金的；（6）隐匿、销毁账目，或者搞假破产、假倒闭，逃避返还资金的；（7）拒不交代资金去向，逃避返还资金的；（8）其他可以认定非法占有目的的情形。

当然，集资时虽然在某些方面夸大了集资回报的条件，但主观上并无非法占有他人财物的目的，只是由于客观原因无力及时按约定条件偿还集资款及利息的，不构成本罪，原则上应当以民事上的集资借贷纠纷处理。

违反法律、法规规定，未向有关部门申请，未经批准发行股票、公司、企业债券，将非法募集的资金用于公司、企业的生产经营，无非法占有他人资金的目的，只构成擅自发行股票、公司、企业债券罪，而不构成本罪。

没有使用诈骗方法，而是以营利为目的，以可信的给付利息方式非法吸收或者变相吸收公众存款，由于经营管理不善造成公众存款无法返还，在不能证明其具有非法占有吸收的公众存款的目的时，只应成立非法吸收公众存款罪。

二、贷款诈骗罪

相关法条及司法解释：
《刑法》第 193 条

贷款诈骗罪，是指以非法占有为目的，以诈骗方法，非法取得银行或者其他金融机构的贷款，数额较大的行为。

（一）客观要件

本罪在客观方面表现为诈骗银行或者其他金融机构的贷款。

贷款诈骗的实行方法包括以下情形：（1）编造引进资金、项目等虚假理由。（2）使用虚假的经济合同，以及采取欺诈、胁迫等手段签订无效经济合同骗取贷款。（3）使用虚假的证明文件。这主要是指使用伪造或者无效的存款证明、公司或者金融机构的担保函、划款证明等向银行或者其他金融机构申请贷款所需的证明文件骗取贷款。（4）使用虚假的产权证明作担保或者超出抵押物价值重复担保。使用虚假的产权证明作担保是指行为人对房屋、土地等不动产或者汽车、货币、可即时兑付的票据等并不享有所有权，但是却向金融机构提供其有所有权的证明文件；超出抵押物价值重复担保是指抵押物本身已经担保，又超出其价值再次担保，以骗取金融机构贷款。（5）以其他方法诈骗贷款。其他方法，是指伪造印章、制作虚假的法人营业执照等具有欺骗性的方法。

根据最高人民检察院、公安部《关于公安机关管辖的刑事案件追诉标准的规定（二）》第 50 条的规定，以非法占有为目的，诈骗银行或者其他金融机构的贷款，数额在 2 万元以上的，应予立案追诉。

银行或者其他金融机构的工作人员，利用职务之便，虚拟人名贷款、冒用他人之名贷款的，构成挪用公款罪或者挪用资金罪，而不构成本罪，如果具有非法占有目的，则成立贪污罪或者职务侵占罪。但是，不是利用职务之便，而只是利用熟悉银行内部情况或人员的方便条件，冒用他人名义骗取银行贷款的，构成贷款诈骗罪。

套取银行或者其他金融机构的贷款，高利转贷非法牟利的，不是以诈骗方法取得贷款，只构成高利转贷罪，而不构成本罪。

本罪的主体只能是个人，单位不能构成本罪。对于单位实施贷款诈骗的，根据最高人民法院《全国法院审理金融犯罪案件工作座谈会纪要》，不能以贷款诈骗罪定罪处罚，也不能以贷款诈骗罪追究直接负责的主管人员和其他直接责任人员的刑事责任，可以按照合同诈骗罪追究刑事责任。但是，这一做法是否合理，还值得研究。这一规定也与全国人民代表大会常务委员会《关于〈中华人民共和国刑法〉第三十条的解释》相矛盾，该立法解释规定：公司、企业、事业单位、机关、团体等单位实施刑法规定的危害社会的行为，刑法分则和其他法律未规定追究单位的刑事责任的，对组织、策划、实施该危害社会行为的人依法追究刑事责任。因此，对于单位实施贷款诈骗的，直接以责任人犯贷款诈骗罪追究刑事责任，更有利于保护法益。

（二）主观要件

本罪在主观方面是故意，并且具有非法占有的目的。具有以下情形之一的，可以认定行为人存在非法占有目的：（1）以支付中间人高额回扣、介绍费、提成的方式非法获取贷款，并由此造成大部分资金不能返还的；（2）将贷款大部分用于弥补亏空、归还债务的；（3）没有经营、归还能力而大量骗取贷款的；（4）将贷款大量用于挥霍、行贿、赠与的；（5）将贷款用于高风险营利活动造成亏损的；（6）将贷款用于违法犯罪活动的；（7）携资潜逃的；（8）抽逃、转移、隐匿资金，有条件归还而拒不归还贷款的；（9）隐匿、销毁财务账目或搞假破产、假倒闭逃避返还贷款的；（10）为继续骗取贷款，将资金用于亏损或不营利的生产经营项目的。

合法取得贷款，但后来因情况变化而产生非法占有目的，转移、隐匿贷款，拒不还本付息的，不成立本罪，也不成立侵占罪与诈骗罪，只宜按照民事案件处理。但是，如果采用欺骗方法使贷款人免除其还本付息的义务的，则成立骗取财产性利益的普通诈骗罪。

三、信用卡诈骗罪

相关法条及司法解释：
《刑法》第 196 条
最高人民法院、最高人民检察院《关于办理妨害信用卡管理刑事案件具体应用法律若干问题的解释》
最高人民检察院《关于拾得他人信用卡并在自动柜员机（ATM 机）上使用的行为如何定性问题的批复》

信用卡诈骗罪，是指以非法占有为目的，进行信用卡诈骗活动，数额较大的行为。

（一）客观要件

本罪在客观方面表现为进行信用卡诈骗活动。

这里的"信用卡"，根据全国人民代表大会常务委员会《关于〈中华人民共和国刑法〉有关信用卡规定的解释》，是指由商业银行或者其他金融机构发行的具有消费支付、信用贷款、转账结算、存取现金等全部功能或者部分功能的电子支付卡。信用卡诈骗罪的实行行为具体包括下列情形：

1. 使用伪造的信用卡，或者使用以虚假的身份证明骗领的信用卡。使用，包括用信用卡购物和用信用卡接受有偿服务。对这里的"伪造的信用卡"应作广义理解，包括变造的信用卡在内，其是由使用者本人还是由他人伪造，不影响本罪的成立。将自己伪造的信用卡交给他人委托其代为取款，但向其隐瞒信用卡系伪造的事实的，构成信用卡诈骗罪的间接正犯。

【真题】陈某因没有收入来源，以虚假身份证明骗领了一张信用卡，使用该卡从商场购物 10 余次，金额达 3 万余元，从未还款。（选自 2011 年卷 2 主观题）

解析： 根据《刑法》第177条之一规定，使用虚假的身份证明骗领信用卡的，成立妨害信用卡管理罪。而信用卡诈骗罪的行为类型则包括了使用以虚假的身份证明骗领的信用卡。由于信用卡诈骗也是诈骗，因此，这里的使用应当是指对银行职员、商场收银员等人使用，不包括对机器使用。陈某使用以虚假的身份证明骗领的信用卡在商场购物，因而构成信用卡诈骗罪。陈某骗领信用卡的目的就是使用，因此前后两个行为具有手段行为与目的行为的牵连关系，属于牵连犯，择一重罪论处。信用卡诈骗罪的法定最高刑（无期徒刑）比妨害信用卡管理罪要高，所以对陈某最终应以信用卡诈骗罪论处。

2. 使用作废的信用卡。作废的信用卡，是指因法定理由失去效用的信用卡，包括因超过有效使用期限而自动失效的信用卡、持卡人在信用卡有效期限内中途停止使用并将其交回发卡银行的信用卡、因挂失而失效的信用卡等。

3. 冒用他人信用卡。信用卡必须由持卡人本人使用，不得转借或转让。冒用他人信用卡是指冒充合法持卡人，并通过银行职员或者商场（特约商户）收银员使用信用卡，使持卡人资金受到损失的行为。至于冒用的信用卡是他人委托保管，还是以欺骗、捡拾等方式取得，在所不问。窃取、收买、骗取或者以其他非法方式获取他人信用卡信息资料，并通过互联网、通讯终端等使用的，也是冒用他人信用卡。在信用卡被有效挂失后冒充合法持有人使用信用卡，给特约商户或发卡银行带来经济损失的行为，属于使用作废的信用卡而非冒用他人信用卡。

本罪和诈骗罪之间有法条竞合关系，本罪属于特别法条，其犯罪成立的逻辑线索是欺骗他人，使他人陷入错误然后处分财物，犯罪人由此取得财物，使被害人遭受财产损失。由于机器不能陷入错误，不能成为被诈骗的对象，所以，在ATM机上使用伪造的信用卡，或者使用以虚假的身份证明骗领的信用卡，使用作废的信用卡，或者冒用他人信用卡的，都应当成立盗窃罪。换言之，信用卡诈骗罪中的使用行为，仅限于针对银行柜台、特约商户的工作人员实施。如此解释"使用"一词，维持了诈骗概念的同一性，也符合诈骗犯罪实行行为的内在要求。对此，最高人民检察院《关于拾得他人信用卡并在自动柜员机（ATM机）上使用的行为如何定性问题的批复》规定，拾得他人信用卡并在自动柜员机（ATM机）上使用的行为，属于《刑法》第196条第1款第3项规定的"冒用他人信用卡"的情形，构成犯罪的，以信用卡诈骗罪追究刑事责任。这一司法解释认为机器可以被骗，但是，这与法理不一致，也与最高人民检察院以前作出的其他司法解释有冲突。例如，最高人民检察院《关于非法制作、出售、使用IC电话卡行为如何适用法律问题的答复》规定，明知是非法制作的IC电话卡而使用的，构成盗窃罪而非诈骗罪。因此，对拾得他人信用卡并在ATM机上使用的行为，以盗窃罪定罪更为合适。

【真题】 张某窃得同事一张银行借记卡及身份证，向丈夫何某谎称路上所拾。张某与何某根据身份证号码试出了借记卡密码，持卡消费5 000元。（选自2010年卷2第14题）

解析： 首先，借记卡也是信用卡的一种。其次，张某的行为属于盗窃信用卡并使用，按照《刑法》第196条第3款的规定，无论其对人使用、还是在机器上使用盗窃所得的信用卡，都应当直接认定为盗窃罪。而"盗窃信用卡并使用"中的使用行为，既包括盗窃者自己亲自使用，也包括利用他人来使用，所以张某显然成立盗窃罪。但是，何某并不知道自己使用的是盗窃所得的信用卡，但其明知是他人的信用卡并对人使用，属于"冒用他人信用卡"，触犯了信用卡诈骗罪。所以，张某构成盗窃罪，而何某则构成信用卡诈骗罪。

4. 恶意透支。透支是客户在银行账户上无资金或者资金不足的情况下经银行批准，使用超过其账上资金额度的行为。持卡人透支后，必须在限期内偿还资金，并按规定支付利息。持卡人在透支限额内或经批准限额内使用信用卡后及时补足资金、偿还透支款项本息的，是善意透支。而恶意透支，是指持卡人以非法占有为目的，超过规定限额或者规定期限透支，并且经发卡银行催收后仍不归还的行为。

具有以下情形，可以认定行为人具有非法占有的目的，但有证据证明持卡人确实不具有非法占有目的的除外：（1）明知没有还款能力而大量透支，无法归还的；（2）使用虚假资信证明申领信用卡后透支，无法归还的；（3）透支后通过逃匿、改变联系方式等手段，逃避银行催收的；（4）抽逃、转移资金，隐匿财产，逃避还款的；（5）使用透支的资金进行犯罪活动的；（6）其他非法占有资金，拒不归还的情形。

根据最高人民法院、最高人民检察院《关于办理妨害信用卡管理刑事案件具体应用法律若干问题的解释》，满足以下条件的，才属于发卡银行对透支行为人的"有效催收"：（1）在透支超过规定限额或者规定期限后进行；（2）催收应当采用能够确认持卡人收悉的方式，但持卡人故意逃避催收的除外；（3）两次催收至少间隔 30 日；（4）符合催收的有关规定或者约定。对于是否属于有效催收，应当根据发卡银行提供的电话录音、信息送达记录、信函送达回执、电子邮件送达记录、持卡人或者其家属签字以及其他催收原始证据材料作出判断。

恶意透支的数额，是指公安机关刑事立案时尚未归还的实际透支的本金数额，不包括利息、复利、滞纳金、手续费等发卡银行收取的费用。归还或者支付的数额，应当认定为归还实际透支的本金。

由于刑法将信用卡诈骗罪的实行行为限定为使用伪造的信用卡或者使用以虚假的身份证明骗领的信用卡，使用作废的信用卡，冒用他人的信用卡以及利用信用卡恶意透支四种情形，按照罪刑法定原则，对以其他方式实施的信用卡诈骗行为就不能再以本罪处理。例如，非法在自动取款机上留下"机械故障，请按下列步骤操作……"字样，使合法持有人意欲领取的款项在持卡人按该步骤操作后进入犯罪人先前合法申请的信用卡账户中，被犯罪人非法占有的，就只构成诈骗罪而不构成信用卡诈骗罪。此外，行为人持信用卡到自动取款机上取款时，由于银行电脑交换系统处于调试期间，自动取款机吐出的金额超过行为人申请领取数额，行为人为取得大量现金，继续任意进行操作，非法获取大量财物的，构成盗窃罪，而不构成信用卡诈骗罪。

伪造信用卡并使用伪造的信用卡进行诈骗的，属于牵连犯，应从一重罪处断。在两罪法定刑完全相同的情况下，应当以目的行为即信用卡诈骗罪定罪处罚。

根据《刑法》第 196 条第 3 款的规定，盗窃信用卡并使用的，构成盗窃罪。使用信用卡的途径有两种：一是对自然人使用，如银行职员与特约商户工作人员等；二是对机器使用，如 ATM 机等。盗窃信用卡后对人使用，理论上本应属于"冒用他人信用卡"的情形，定信用卡诈骗罪，但第 196 条第 3 款将其拟制为盗窃罪，就此来看，本款规定具有法律拟制的性质。而盗窃信用卡后对机器使用，由于机器没有意识，无法被骗，自然不可能成为诈骗罪的对象，所以对机器使用本就应定盗窃罪。就此而言，第196条第3款又是一种注意规定。因此，第196条第3款既有法律拟制的性质，也有注意规定的性质。实际上，虽然使用窃取的信用卡明显具有利用他人信用卡实施诈骗的性质，但是，刑法认为窃取信用卡后使用乃是通常现象，使用信用卡实施诈骗是将盗窃得来的信用卡本身所含有的不确定价值转化为具体财物的过程，是窃取行为的自然延伸，窃取信用卡本身才是评价的重点。在盗窃信用卡并使用的场合，应以使用信用卡后实际骗取的财物数额作为定罪处罚的标准。盗窃信用卡并使用，因骗局被识破而未得逞的，成立盗窃罪未遂。

（二）主观要件

本罪在主观方面是故意，即行为人对伪造、作废的信用卡性质有明知，对信用卡原属他人不得冒用、不得恶意透支有明知；同时要求具有非法占有财物的目的。

四、保险诈骗罪

相关法条及司法解释：
《刑法》第198条

保险诈骗罪，是指以非法占有为目的，虚构保险标的、制造保险事故或者对发生的保险事故编造虚假的原因、夸大损失程度，或者编造未曾发生的保险事故，骗取保险金，数额较大的行为。

（一）客观要件

本罪客观方面表现为骗取保险金。保险诈骗的实行行为具体包括下述情形：

1. 投保人故意虚构保险标的，骗取保险金的。虚构保险标的，一般是指投保人为骗取保险金而无中生有，虚构根本不存在的保险对象与保险人订立保险合同。此外，对保险标的的价值、属性等作虚假描述或隐瞒保险标的缺陷足以使保险机构陷入误解的，也是虚构保险标的。采用隐瞒保险标的的瑕疵的方法虚构保险标的的行为是以不作为的方式实施保险诈骗的情形。

2. 投保人、被保险人或者受益人对发生的保险事故编造虚假的原因或者夸大损失的程度，骗取保险金的。即投保人、被保险人、受益人明知发生的事故属于保险合同条款中规定的不予赔偿范围，为达到索赔、转嫁损失的目的而隐瞒事实真相，编造理由，使事故成为保险责任范围内应当理赔的事实；或者在保险事故发生后，按规定其虽属赔偿范围，但投保人、被保险人、受益人为骗取不应得到的保险金而以伪造、变造受损清单、损失鉴定证明等方法，把保险事故的损失夸大。

3. 投保人、被保险人或者受益人编造未曾发生的保险事故，骗取保险金的。编造，是指保险人、被保险人或者受益人在没有发生保险事故的情况下，虚构事实，谎称发生保险事故骗取保险金的行为。

4. 投保人、被保险人故意造成财产损失的保险事故，骗取保险金的。造成保险财产损失的方法，法律未作限制，包括放火、决水等危险方法，也包括抛弃、毁损等故意损坏财物的方法。

5. 投保人、受益人故意造成被保险人死亡、伤残或者疾病，骗取保险金的。与投保人、被保险人故意造成财产损失的保险事故相类似,投保人、受益人故意造成被保险人死亡、伤残或者疾病,骗取保险金的行为,也是投保人、受益人人为地促成赔偿条件实现、制造保险事故的行为,包括杀害、伤害、虐待、遗弃、非法拘禁、传染疾病等一切方法,至于方法本身是否达到成立犯罪的程度,在所不问。

为骗取保险金而实施杀人、伤害行为或者其他制造保险事故的行为,不是本罪的着手,向保险机构提出索赔要求才是着手。已经向保险机构提出要求,但未能使保险机构陷于认识错误而对被保险人或受益人进行理赔的,应成立犯罪未遂。

本罪是针对特殊对象实施的诈骗行为,和普通诈骗罪一样,犯罪数额应当是骗取财物的总价值,而不是财物总价值和对价之间的差额。换言之,保险公司实际支付或者应当支付的保险金全额是犯罪数额,而不应当将保险金全额减去投保时缴纳费用的差额部分作为犯罪数额。

为骗取保险金而放火焚烧或以其他方式处分自己所有的财物,没有危害公共安全的,或者自残、自伤的,都只构成本罪。投保人、被保险人故意造成财产损失或者被保险人死亡、伤残的行为同时构成放火、爆炸、故意杀人、故意伤害等其他犯罪的,应当与本罪并罚。

【真题】 购买意外伤害保险,制造自己意外受重伤假象,骗取保险公司巨额保险金的,仅构成保险诈骗罪,不构成合同诈骗罪。(选自 2017 年卷 2 第 17 题 C 选项)

解析: 上述结论是错误的。购买意外伤害保险,制造自己意外受重伤假象,骗取保险公司巨额保险金的,当然构成保险诈骗罪,但是由此并不能想当然地推导出不构成合同诈骗罪。合同诈骗罪是指以非法占有为目的,在签订、履行合同过程中,使用欺骗手段骗取对方当事人财物的行为。购买意外伤害保险当然属于订立保险合同的行为,既然是在履行合同过程中产生非法占有目的骗取他人财物,符合合同诈骗罪的犯罪构成,当然同时成立合同诈骗罪。考生务必要注意的是,一定要破除刑法分则罪名之间处于非此即彼的互斥关系这种错误思维,要有竞合论的观念。

本罪的主体是特殊主体,即投保人、被保险人或者受益人(身份犯)。投保人,是指与保险机构订立保险合同,并根据保险合同规定承担支付保险费义务的人。被保险人,是指在保险事故发生或约定保险期间届满时,依据保险合同,有权向保险机构请求补偿损失或领取保险金,受保险合同保障的人。受益人,是指保险合同明确指定或者依照民法典等民事法律规定有权取得保险金的人,投保人、被保险人也可以是受益人。投保人、被保险人、受益人可能是同一个人,也可能是多个人,其或是保险当事人,或是保险关系人,在保险活动中具有相对特殊的身份,可能实施的保险诈骗的实行行为也不相同。单位也可以成为本罪主体。

保险事故的鉴定人、证明人、财产评估人故意提供虚假的证明文件,为他人诈骗提供条件的,以保险诈骗的共犯论处。保险公司的工作人员利用职务上的便利,故意编造未曾发生的保险事故进行虚假理赔,骗取保险金归自己所有的,依照职务侵占罪的规定定罪处罚。国有保险公司工作人员和国有保险公司委派到非国有保险公司从事公务的人员利用职务上的便利,故意编造未曾发生的保险事故进行虚假理赔,骗取保险金归自己所有的,依照贪污罪的规定定罪处罚。

（二）主观要件

本罪在主观方面是故意，并且行为人具有非法占有保险金的目的。至于该目的产生于投保以前，还是产生于投保之后，都不影响本罪故意的成立。

（三）除斥期间与本罪认定的特殊问题

就本罪的认定而言，特别值得研究的问题是：实务中，大量出现投保人甲隐瞒其父母的自身疾病而"带病投保"的；或者投保人乙隐瞒被保险人的真实年龄，欺骗保险公司等情形。如果自合同成立之日起2年后，被保险人或者受益人才向保险公司索赔的，类似于甲、乙这样的主体是否还构成保险诈骗罪？对此，有观点主张行为人无罪，因为《保险法》第16条规定：投保人故意或者因重大过失未履行前款规定的如实告知义务，足以影响保险人决定是否同意承保或者提高保险费率的，保险人有权解除合同。前款规定的合同解除权，自保险人知道有解除事由之日起，超过30日不行使而消灭。自合同成立之日起超过2年的，保险人不得解除合同；发生保险事故的，保险人应当承担赔偿或者给付保险金的责任。根据这一规定，即便投保人有虚构保险标的等欺骗行为，但保险人自合同成立之日起超过2年，就不得解除合同，从而投保人、受益人有权获得保险理赔，当然不能成立诈骗罪。

但是，上述无罪主张没有准确把握刑法和民法的关系。刑法是民商法等法律的保障法，根据法秩序统一性原理，在民商法等法律上完全合法的行为，不可能构成刑法上的犯罪。但是，由于刑法与民商法等法律的性质与目的不同，民商法中的某些明显带有拟制性质的"不可抗辩条款"并不是表明行为合法，而只是表明对于合同相对方的权利行使进行限制，行为人不能以此主张违法性被阻却。

《保险法》第16条关于"自合同成立之日起超过2年的，保险人不得解除合同"的内容，涉及除斥期间的规定。所谓除斥期间，是指法律规定或当事人依法确定的某种权利预定的存续期间，该期间届满，则权利当然消灭，故又称为权利预定存续期间。除斥期间规定的是权利人行使某项权利的期限，以权利人不行使该项民事实体权利作为适用依据；除斥期间消灭的是权利人享有的民事实体权利本身，如追认权、撤销权、解除权等形成权。投保人故意未履行如实告知义务，足以影响保险人决定是否同意承保的，保险人有权解除合同，但"自合同成立之日起超过2年的，保险人不得解除合同"的例外规定，只是说明一旦除斥期间届满，保险人的合同解除权就消灭。关于除斥期间的这一规定，丝毫不能否定投保人、被保险人、受益人行为的欺骗性质；除斥期间届满的效力，不可能回溯性地否定投保当时投保人故意未履行如实告知义务的欺骗性。换言之，自合同成立之日起逾2年后保险人才发现甲、乙申报的隐瞒重大疾病或被保险人的年龄不真实的事实，因而不能解除保险合同的规定，也只是表明该保险合同继续生效，而不能否认甲、乙的行为具备保险诈骗罪的构成要件。如此解释，充分考虑了保险法的规定和刑法设立本罪的规范保护目的：保险合同是最大诚信合同，要求投保人如实告知被保险标的的真实情况，如果投保人违背其告知义务的，保险人有权以此为由主张解除保险合同。但是，为了防止处于相对强势地位的保险人为规避承担理赔义务而随意解除合同的情形，保险法设置了除斥期间的规定，将保险人对投保人是否履行如实告知义务提出异议的期间限制在2年内，超过这段时间，保险合同则成为不可争议合同。因此，《保险法》第 16 条的规定纯粹是为了均衡保护投保人与保险人的利益，防止保险人滥用主张保险合同无效的权利，其并不意味着投保人虚构事实、隐瞒真相的行为合法，更不可能鼓励投保人虚构事实、隐瞒真相。刑法设立本罪是为了保护保险人的利益，防止投保人骗取保险人财产；当投保人故意虚构保险标的骗取保险金时，即使保险合同依然有效，也不影响其行为构成保险诈骗罪。当然，考虑到根据《保险法》第 16 条的规定，投保人或受益人可以得到赔偿的事实，可以认定被告人的行为构成保险诈骗罪，但以犯罪未遂处理。如此处理，是将保险法上原本也属于违法（仅基于特别抗辩条款认可当事人部分权利），且符合保险诈骗罪构成要件的行为作为犯罪予以认定，并不违反刑法谦抑性。

第六节　危害税收征管罪

逃税罪

相关法条及司法解释：
《刑法》第 201 条

（一）客观要件

本罪在客观方面表现为纳税人采取欺骗、隐瞒手段进行虚假纳税申报或者不申报，逃避缴纳税款数额较大并且占应纳税额 10% 以上，或者扣缴义务人采取欺骗、隐瞒手段，不缴或者少缴已扣、已收税款，数额较大的行为。

"虚假纳税申报"，是指纳税人制造虚假材料进行申报。例如，不如实填写或者提供纳税申报表、财务会计报表及其他纳税资料等。行为人为了达到虚假申报的目的，通常采用的欺骗和隐瞒手段主要包括：设立虚假的账簿、记账凭证，或者对账簿、记账凭证进行挖补、涂改、变造甚至隐匿，或者未经税务主管机关批准而擅自将正在使用中或尚未过期的账簿、记账凭证销毁等；在账簿上大量填写超出实际支出的数额以冲抵或减少实际收入的数额或者不列、少列收入数额。"不申报"，是指应依法办理纳税申报的纳税人，采取欺骗、隐瞒手段，不履行法律、行政法规规定的义务办理纳税申报的行为（不作为）。

不是采用伪造、变造账簿或凭证，隐瞒收入、涂改发票等手段逃税，而是利用税法上的漏洞、模糊之处或税法所允许的手段（如资金转移、费用转移、成本转移、利润转移等）躲避纳税义务，以少缴或者不缴税款的避税行为，不构成本罪。

有逃税行为的，对纳税人而言，只有逃税数额和比例同时达到数额较大（根据相关司法解释，数额较大为 5 万元以上）并且占应纳税额 10% 以上的程度，才构成本罪。对扣缴义务人而言，只有不缴或者少缴已扣、已收税款，数额较大的，才构成本罪。

特别需要注意的是，《刑法》第 201 条第 4 款规定，纳税人有逃税行为，经税务机关依法下达追缴通知后，补缴应纳税款，缴纳滞纳金，已受行政处罚的，不予追究刑事责任。这是对逃税罪客观处罚条件的规定，也是关于"事实的处罚阻却事由"的规定，即因为补缴税款等事实不存在，才能进行处罚。但根据相关司法解释的规定，纳税人在公安机关立案后再补缴应纳税款、缴纳滞纳金或者接受行政处罚的，不影响刑事责任的追究。此外，5年内因逃避缴纳税款受过刑事处罚或者被税务机关给予2次以上行政处罚的，不适用前述"事实的处罚阻却事由"。

【真题】甲系外贸公司总经理，在公司会议上拍板：为物尽其用，将公司以来料加工方式申报进口的原材料剩料在境内销售。该行为未经海关许可，应缴税款90万元，公司亦未补缴。外贸公司采取隐瞒手段不进行纳税申报，逃避缴纳税款数额较大且占应纳税额10%以上，构成逃税罪。（选自2017年卷2第13题）

解析：以上表述是正确的。外贸公司将以来料加工方式申报进口的原材料剩料在境内销售，本应经海关许可并且补缴应缴税额，但却采取隐瞒手段不进行纳税申报，逃避缴纳税款数额较大且占应纳税额10%以上，因此构成逃税罪。

（二）主观要件

本罪主观方面为故意。行为人由于过失而漏缴税款的，主观上欠缺逃税故意，不构成本罪。

第七节　扰乱市场秩序罪

非法经营罪

> 相关法条及司法解释：
> 《刑法》第225条

非法经营罪，是指违反国家规定，进行非法经营活动，扰乱市场秩序，情节严重的行为。

（一）客观要件

本罪在客观方面表现为违反国家规定，进行非法经营活动，扰乱市场秩序。

违反国家规定，是指违反法律、行政法规中对部分物品实行专卖、专营，对部分经营活动实施许可证制度、审批制度等管理措施的规定。存在与经营行为相对应的法律、行政法规，是成立本罪的前提。某一特殊行业的特殊经营行为理应属于国家专卖、专营范围，但国家尚无相应法律、法规加以调整的，不能将经营者的行为确定为非法经营，否则与罪刑法定原则相冲突。

本罪的实行行为是违反国家规定的经营行为，具体包括四种情形：

1. 未经许可经营法律、行政法规规定的专营、专卖物品或者其他限制买卖的物品。我国实施专营、专卖的物品主要有军工产品、火药产品、天然金刚石、麻醉药品、卷烟、食盐等。刑法对专营、专卖的物品规定为特定犯罪对象的，其不再是本罪中的专营、专卖物品，如非法买卖军工产品的，构成非法买卖枪支、弹药、爆炸物罪，不再构成本罪。

2. 买卖进出口许可证、进出口原产地证明以及其他法律、行政法规规定的经营许可证或者批准文件。其他法律、法规规定的经营许可证或者批准文件，是指依法有效的特种行业经营许可证或者批准文件，如药品经营企业许可证、种子经营许可证、烟草专卖零售许可证、野生动物特许捕猎证、采矿许可证等。如果刑法对买卖许可证或批准文件的行为有特别规定的，不再构成本罪。例如，非法买卖金融机构经营许可证，构成转让金融机构经营许可证罪。非法买卖允许进出口证明书等经营许可证明，同时构成买卖国家机关公文、证件罪和非法经营罪，构成想象竞合，依照处罚较重的规定定罪处罚。

3. 未经国家有关主管部门批准非法经营证券、期货、保险业务，或者非法从事资金支付结算业务。这主要表现为有的单位或个人虽未正式设立期货交易所、期货经纪公司，也没有挂牌，但却暗中从事期货交易所、期货经纪公司的经纪业务。有的行为人只在宾馆、饭店租用一些房间，设几个终端，就以期货信息公司或者期货咨询公司的名义到处招揽客户，使不少单位和个人信以为真。

4. 其他严重扰乱市场秩序的非法经营行为。这种行为必须发生在生产经营中，主要是生产流通领域，行为必须违反法律、行政法规的规定，同时具有严重扰乱市场秩序的社会危害性。司法实务以及相关司法解释规定的常见非法经营行为有：恶意哄抬物价、压价倾销，牟取暴利的；倒卖国家禁止或限制进出口的废弃物的；未经国家批准擅自发行、销售彩票；倒卖汽油、特定许可证、执照、有伤风化的物品的；非法买卖珍稀植物及其制品、国家统一征收的矿产品；在外汇指定银行和中国外汇交易中心及其分中心以外买卖外汇，数额巨大或者违法所得数额较大的，都属于其他严重扰乱市场秩序的非法经营行为；违反国家规定，采取租用国际专线、私设转接设备或者其他方法，擅自经营国际电信业务或者涉港澳台电信业务进行营利活动，扰乱电信市场管理秩序，情节严重的，以非法经营罪定罪处罚。

此外，违反国家规定，出版、印刷、复制、发行危害国家安全、侮辱诽谤他人、煽动民族歧视、侵犯著作权、淫秽物品以外的其他严重危害社会秩序和扰乱市场秩序的非法出版物，情节严重的，以非法经营罪定罪处罚。违反国家规定，使用销售点终端机具（POS机）等方法，以虚构交易、虚开价格、现金退货等方式向信用卡持卡人直接支付现金，情节严重的，应以非法经营罪追究刑事责任。违反国家规定，以营利为目的，通过信息网络有偿提供删除信息服务，或者明知是虚假信息，通过信息网络有偿提供发布信息等服务，扰乱市场秩序的，以非法经营罪定罪处罚。

【真题】赵某多次临摹某著名国画大师的一幅名画，然后署上该国画大师姓名并加盖伪造印鉴，谎称真迹售得收入6万元。（选自2009年卷2第14题）

解析：《刑法》第217条第5项规定，制作、出售假冒他人署名的美术作品的，构成侵犯著作权罪。赵某显然构成侵犯著作权罪。只有违反国家规定，出版、印刷、复制、发行危害国家安全、侮辱诽谤他人、煽动民族歧视、侵犯著作权、淫秽物品以外的其他严重危害社会秩序和扰乱市场秩序的非法出版物，情节严重的，才以非法经营罪定罪处罚。

【真题】下列哪些行为构成非法经营罪？（选自2009年卷2第57题）

A. 甲违反国家规定，擅自经营国际电信业务，扰乱电信市场秩序，情节严重

B. 乙非法组织传销活动，扰乱市场秩序，情节严重

C. 丙买卖国家机关颁发的野生动物进出口许可证

D. 丁复制、发行盗版的《国家计算机考试大纲》

解析：本题的正确答案为 AC。最高人民法院《关于审理扰乱电信市场管理秩序案件具体应用法律若干问题的解释》第1条明确规定：违反国家规定，采取租用国际专线、私设转接设备或者其他方法，擅自经营国际电信业务或者涉港澳台电信业务进行营利活动，扰乱电信市场管理秩序，情节严重的，以非法经营罪定罪处罚。非法组织传销活动的，构成组织、领导传销活动罪，不成立非法经营罪。买卖国家机关颁发的野生动物进出口许可证的行为，典型地属于非法经营罪的第二种行为模式，构成非法经营罪。复制、发行盗版的《国家计算机考试大纲》的行为，属于未经著作权人许可，复制发行其文字作品的行为，构成侵犯著作权罪，不构成非法经营罪。

（二）主观要件

本罪在主观方面是故意，即行为人对行为违反国家规定、属于非法经营行为、会扰乱市场秩序有认识而希望及放任。行为人是否明知自己的行为违反国家规定，应结合其所经营的物品、非法提供的证明文件等的性质以及行为人的知识水平、经营经验、是否受过行政处罚等进行判断。

第十六章
侵犯公民人身权利、民主权利罪

第一节 故意杀人罪

相关法条及司法解释：
《刑法》第 232 条

一、客观要件

本罪客观方面表现为剥夺他人生命，即杀害。杀害，是指在他人（故意杀自己——自杀，当然不成立本罪）自然死亡以前非法断绝其生命的行为。杀害的具体手段、方法与工具等，没有限制。需要注意利用工具、动物或者无责任能力者或者无过错者的行为杀人。例如，故意指导精神异常又时常陷入兴奋状态之人练习射击，并将自制火药枪借给其使用，致该病人开枪自杀的，即成立本罪。

另外，杀人行为除使用有形的方法实施以外，还可以使用无形的、心理上的方法，例如，施加精神折磨，给予被害人强度极大的精神刺激，使其休克而死的，也不否认有成立杀人行为的可能性。

杀人行为既可以作为形式实施，也可以不作为形式实施。以不作为方式杀人，常见的情形是：母亲基于杀害的故意，在婴儿从推车中翻出落入水坑时，不予救助，致其死亡；在幼儿饥饿难忍时，有抚养义务者基于杀害的意图不供给食物或拒绝为其哺乳。

【真题】甲、乙夫妇因 8 岁的儿子严重残疾，生活完全不能自理而非常痛苦。一天，甲往儿子要喝的牛奶里放入"毒鼠强"时被乙看到，乙说："这是毒药吧，你给他喝呀？"见甲不说话，乙叹了口气后就走开了。毒死儿子后，甲、乙二人一起掩埋尸体并对外人说儿子因病而死。（选自 2008 年卷 2 第 7 题）

解析：甲以投毒这一积极的身体举止杀死儿子，显然成立作为的故意杀人罪。比较有疑问，也是本题中考生容易犯错的地方在于如何认定乙的行为性质。由于乙没有积极的身体举止造成儿子的死亡，因此，只可能认定为不作为的故意杀人。父母对于子女有保护监督的保证人义务，在夫妻一方要杀害自己的儿子时，另一方有阻止的义务，如果不予阻止，便成立不作为犯罪，乙看到甲欲通过投毒的方式杀死儿子时，不但没有阻止，而且形成了默示的合意，二人理当成立故意杀人罪的共同犯罪。换句话说，作为与不作为结合的形式同样可以成立共同犯罪。

开始实施有导致构成要件结果出现的现实危险行为，就是故意杀人罪的着手。例如，基于杀人的意思持枪瞄准被害人，在被害人面前举起菜刀，投放毒物，安装完定时炸弹，都是着手。实行行为已经着手实施，但是，被害人死亡的结果没有实际发生（例如，枪法不准；被害人从现场脱离；被害人在行为人开枪以前已经死亡；投毒剂量不够；往他人静脉中注射的空气未达到致死量等），就是本罪的未遂。此外，故意杀人罪既遂要求杀人行为和被害人的死亡结果之间存在刑法上的因果（归责）关系，欠缺因果（归责）关系的，仅成立故意杀人罪未遂。对于这一点，尤其要注意。例如，行为人将被害人打成重伤，但被害人自己在送医途中自杀身亡的，由于杀人行为和死亡结果之间欠缺客观归责（或相当因果关系），行为人仅成立故意杀人罪未遂。

【真题】丁对仇人胡某连开数枪均未打中，胡某受惊心脏病突发死亡。丁成立故意杀人罪既遂。（选自2012年卷2第54题D选项）

解析：胡某尽管并非直接死于丁开枪射出的子弹，但仍然不能否定丁的开枪杀人行为与胡某的死亡结果之间的因果（归责）关系。丁虽然连开数枪都未打中胡某，但开枪朝他人射击本来就属于致人死亡的风险特别高的行为，被害人由此受到惊吓导致心脏病发作死亡，应当说是在一般的生活经验上可以预料的后果，而非特别异常，因此胡某的死亡结果和丁的开枪杀害行为之间，存在相当因果关系。因此，丁成立故意杀人罪既遂。

二、主观要件

本罪在主观方面是故意。行为人首先要对被害对象是人有所认识，对自己的行为一定或可能断绝他人的生命有所预见，并追求或者放任这种结果的发生。

被害人有自杀的意思，行为人对此并不知情，而仅仅因为日常生活的原因与之打赌，被害人利用这一机会自杀的，一般属于意外事件，不能轻易认定为行为人具有杀人故意，从而成立本罪。

三、教唆、帮助自杀行为

对于与自杀相关联的行为，尤其是教唆、帮助自杀，在刑法上如何处理，争议较大。我国实务中对于此类问题在不同地方与不同时期，处理结论也不尽相同，不过以故意杀人罪定性的例子比较多。大体上，对于教唆、帮助自杀，存在基于自杀违法说的定罪论与基于自杀合法说的无罪论之间的对立。

第一，认为自杀是具有违法性的行为，基于共犯从属性的要求，由于正犯（自杀者）

的行为是违法的，那么，教唆与帮助自杀者当然也是违法的，从而，教唆或帮助自杀也应认定为故意杀人罪。

第二，认为自杀是合法性的行为，基于共犯从属性的要求，由于正犯（自杀者）的行为是合法的，那么，教唆与帮助自杀者便没有违法的正犯可以从属，从而，教唆或帮助自杀便应是合法的行为。

第三，近年来，理论界也有人主张，自杀行为是介于合法与违法以外的第三种情形，即"法外空间"，但不能被评价为违法行为。所以，按照共犯从属性原理，教唆或帮助自杀便也不能成立故意杀人罪。

此外，刑法分则条文中将一些行为直接拟制为故意杀人的情形，包括：

条文	内容
第 238 条　非法拘禁罪	非法拘禁过程中使用暴力致人死亡
第 247 条　刑讯逼供罪、暴力取证罪	司法工作人员刑讯逼供或者暴力取证致人死亡
第 248 条　虐待被监管人罪	监狱、拘留所、看守所等监管机构的监管人员虐待被监管人致人死亡
第 289 条	聚众"打砸抢"致人死亡
第 292 条　聚众斗殴罪	聚众斗殴致人死亡

第二节　强奸罪

相关法条及司法解释：
《刑法》第 236 条
《刑法》第 236 条之一

命题分析

相较于故意杀人罪、非法拘禁罪与绑架罪，强奸罪的重要性要低。掌握本罪时，要注意理解本罪的犯罪构成。

强奸罪，是指违背妇女意志，使用暴力、胁迫或者其他手段，强行对妇女进行奸淫，或者与不满 14 周岁的幼女发生性关系的行为。

一、保护法益

本罪侵害的法益因对象不同而有差异。在被害人是妇女的场合，犯罪侵犯的法益是妇女的性的不可侵犯的自由和权利，即妇女拒绝与合法配偶以外的其他男子发生性行为的权利。在被害人是幼女的场合，奸淫行为侵犯了幼女的身心健康。由于不满 14 周岁的幼女对性行为缺乏辨别和认识能力，所以，不论行为人采用什么手段（暴力、胁迫、诱骗或其他方法），也不论幼女是否同意，只要行为人有与其发生性关系的行为就构成犯罪。

二、客观要件

本罪在客观方面表现为违背妇女意志，使用暴力、胁迫或者其他手段，强行与妇女性交，或者奸淫幼女的行为。

1. 强奸妇女

行为人必须违背被害人的意志而与其性交，才能构成本罪，所以，违背妇女意志是本罪的本质特征。违背妇女意志应以暴力、胁迫为前提。行为是否违背妇女意志，要结合客观事实进行判断，行为人在与被害人实施性交以前必须展现其暴力、胁迫或者其他手段，迫使被害人就范，才能认定行为人违背妇女意志实施奸淫。如不以暴力、胁迫为前提，即使违背妇女意志也不构成本罪。当然，行为人只要首先实施强制行为，违反被害人的意志而进行性交，即可构成本罪。至于性交过程中行为人有无实施强制行为或被害人的意志是否被违背，都不影响本罪的成立。行为必须事实上违背妇女意志，行为人实施暴力、胁迫或者强行奸淫，自以为违背妇女意志，但该妇女对性行为并不反对的，由于不存在法益侵害的后果，所以，行为只构成强奸罪未遂。

强奸行为以暴力、胁迫或者其他手段实施。暴力，通常是指对妇女直接采取殴打身体、捆绑手脚、捂嘴巴、卡脖子等强制手段。胁迫是指对妇女采取精神威慑，使妇女不敢抗拒的强制手段，常见的有以对妇女及其亲属实施杀害、揭发隐私、损坏财产相威胁；利用封建迷信或编造谎言的方式对妇女进行威胁；利用地理、时间等形成的特殊条件实施胁迫等。

刑法将"其他手段"也作为强奸罪中的手段行为，主要是为了解决特殊情况下奸淫行为的定性问题：一方面，利用他人处于心神丧失、抗拒不能的现存状态实施奸淫的，构成强奸罪。因为强奸罪中的违背妇女意志应是指违背正常妇女的意志，如果妇女是不能辨认和控制自己行为的精神病人，由于其不能正确表达自己的意志，只要有与该妇女发生性交的行为，就应当认定为强奸罪。这里的心神丧失是指由于精神障碍而丧失正常的判断能力的状态，熟睡、烂醉如泥、重度精神病、精神脆弱等状态都包括在内。他人实施暴力、胁迫使被害人陷入不能反抗的程度之后，行为人利用这一情势对被害人实施奸淫的，也应当成立强奸罪。抗拒不能是指心神丧失以外的心理的、物理的抵抗的不可能或者困难。另一方面，故意以灌醉酒、投催眠剂等方式使他人陷入心神丧失、抗拒不能的处境而奸淫的，或者深夜冒充情夫、医生以治疗需要为名欺骗妇女然后实施奸淫的，也属于强奸罪中的其他手段。

暴力、胁迫行为，只要达到使被害者的反抗显著困难的程度即为已足，而不需要达到完全压制被害人反抗的程度。至于何为被害人的反抗显著困难，应结合一般的社会观念、被害者的年龄、精神状态、健康状态、行为的场所、时间以及其他的事项综合判断。

基于强奸故意，开始实施暴力、胁迫行为时就是本罪的着手。已经着手实施暴力、胁迫行为，例如，已掩住被害人之口，或者解下其衣服，即使尚未开始实施性交行为，也应当成立本罪的未遂。性器官的一部分插入妇女阴道时，妇女的性自由权利受到现实侵害，乃是犯罪既遂（插入说），至于性交行为是否终了、性欲是否满足在所不问。进入被害妇女家中藏于床下等待强奸时机的行为，属于本罪预备。

为排除第三人对妇女的保护，使用暴力杀害、伤害第三人，然后强奸妇女的，应以本罪和故意杀人罪、故意伤害罪并罚；强奸行为实施完毕后，出于杀人灭口等动机杀害、重伤被害人的，应当数罪并罚；非法进入他人住宅实施强奸的，成立非法侵入住宅罪和强奸罪的牵连犯；非法拘禁他人之后起意强奸的，以非法拘禁罪和强奸罪数罪并罚；强奸妇女后产生夺取财物的故意，利用被害者处于昏迷状态取得财物的，应以强奸罪和盗窃罪数罪并罚。

2. 奸淫幼女

奸淫幼女的行为，属于准强奸行为，其在客观方面表现为与不满 14 周岁的幼女发生性关系的行为。奸淫幼女行为是否以暴力、威胁方式实施，则非所问。

由于幼女生理发育的特点，行为人只要主观上具有奸淫幼女的故意，客观上实施了对幼女的奸淫行为，双方性器官有接触，就应当认定为本罪的既遂而不是未遂。

3. 结果加重犯

强奸致人重伤、死亡的，属于本罪的结果加重犯，强奸行为和加重结果之间应当有相当因果关系，而且为行为人所能预见，而强奸行为本身处于既遂还是未遂状态均非所问。至于加重结果是由于暴力、胁迫等强制行为所造成，还是因性交行为所造成，都不影响结果加重犯的成立。例如，着手实施暴力、胁迫，被害者为逃避而跌入山崖中死亡或者跌倒负伤的，加重结果都属于由强奸行为所引起，成立强奸致人重伤、死亡。强奸得逞以后，为防止被害人呼救或者追赶，在逃离现场之前对被害人使用暴力导致其死伤的，应以强奸罪和故意杀人罪、故意伤害罪并罚。

由于本罪的被害人被限定为女性，所以，在直接正犯中，只有已满 14 周岁的男子，才能成为本罪主体，这是由本罪的性质所决定的。妇女不能成为本罪的直接、单独正犯，但可能与男子共同实施强奸行为，可以成为强奸罪的共犯（教唆犯、帮助犯）；也可以构成强奸罪的共同正犯。此外，妇女利用男性精神病患者强奸他人的，属于以他人为道具实施强奸的行为，该妇女可以构成强奸罪的间接正犯。

三、主观要件

本罪在主观方面是故意。在强奸妇女的场合，行为人对其暴力、胁迫行为使妇女反抗显著困难有所认识，对行为违背妇女意志有所认识，进而违背被害人意志而与其性交，希望或者放任侵害妇女性的不可侵犯权结果的发生。在奸淫幼女的场合，通说认为行为人应对被害人是幼女有认识。在本罪的主观要件方面，有以下两个方面的争议。

通说认为，在奸淫幼女的场合，行为人明知对方是不满 14 周岁的幼女而加以奸淫的，才具有奸淫故意。这里的明知包括应当知道、明确知道或者可能知道对方是幼女的情形。根据这种观点，未满 14 周岁的幼女对性行为有承诺，且行为人误认为对方已满 14 周岁时，属于事实认识错误，阻却本罪故意，不构成强奸罪。得到已满 14 周岁者承诺，但将已满 14 周岁的女性误认为是不满 14 周岁的幼女，对其进行奸淫的，由于有 14 周岁以上者的承诺，行为对被害人的性自由没有侵害，即使有奸淫故意也由于欠缺法益侵害性，不构成犯罪。

关于行为人对于幼女年龄是否需要明知，最高人民法院发布了《关于行为人不明知是不满十四周岁的幼女，双方自愿发生性关系是否构成强奸罪问题的批复》，其中规定：行为人明知是不满 14 周岁的幼女而与其发生性关系，不论幼女是否自愿，均应依《刑法》第 236 条第 2 款的规定，以强奸罪定罪处罚；行为人确实不知对方是不满 14 周岁的幼女，双方自愿发生性关系，未造成严重后果，情节显著轻微的，不认为是犯罪。

奸淫幼女的场合，行为人具有故意，是指对于对方是不满 14 周岁的幼女有认识，并对与其发生性行为有希望或者放任。司法解释的规定，仅仅是在直接故意的前提下思考问题。如果认为间接故意也可以构成本罪，就应该认为：行为人即便确实不知道被害人的具体年龄，仅能够大致认识到其属于 14 周岁上下的未成年人，但竟然甘冒该当本罪构成要件行为的风险，而与被害人发生性行为的，即为了满足自身性欲，对于与可能未满 14 周岁的幼女发生性行为可能受到追诉亦在所不惜的，就具有本罪的认识和意欲，成立本罪的间接故意。

四、认定

二人以上者在同一场所，在前后间隔很短的时间内，轮流对被害人实施性侵犯行为的，构成轮奸，成为加重处罚的理由，对被告人应当在 10 年以上有期徒刑的幅度内量刑。二人以上轮奸的场合，一人既遂，其他人未遂或者中止的，是否一律都成立强奸既遂，是有争议的问题。肯定说主张，对参与轮奸的共犯，只要其中有人强奸得逞，其余共犯无论强奸是否得逞，一律以强奸既遂论处，成立轮奸，不能对奸淫未能得逞的共犯再引用犯罪未遂的规定。否定说认为，对参与轮奸的共犯，应以强奸得逞与否来划分强奸既遂与未遂，不应把在轮奸中没有得逞的共犯与在轮奸中已得逞的共犯相提并论。否定说的主要理由是：（1）轮奸共犯的既遂与一般犯罪共犯的既遂有区别。强奸罪既遂必须是行为人与妇女发生性行为，如果行为人没有与妇女发生性行为，就不构成强奸既遂。而一般犯罪既遂的犯罪构成只强调主观故意。如故意杀人罪的共同正犯，只要有共同杀人的故意，在共犯中，尽管不是每一个共犯均实施杀人的行为，但只要有人导致死亡结果，那么所有共犯均成立杀人既遂。（2）强奸既遂具有不可替代性。强奸既遂要求行为人必须实施与妇女性交的行为，这种性交行为是针对单个人的行为，并非包括其他共犯。共犯中有的人在轮奸中已得逞，但不能代替在轮奸中未得逞的共犯。司法实践的立场是认为强奸罪是亲手犯，按照各行为人的行为状态确定其责任，可以成立强奸罪中轮奸行为的中止犯或者未遂犯。

应当认为，肯定说是有道理的。一方面，对轮奸提高其法定刑，是因为有二人以上轮流对被害人进行性侵害，其重点是惩罚行为的轮流实施，因此，二人以上在前后间隔极短的时间内对被害人实施性侵害行为，就应适用轮奸的规定，至于行为人是否达到既遂，是否满足其性欲，均不应对轮奸行为的认定产生影响。另一方面，如果认为轮奸行为在同一场所、几乎同一时间发生，就应该肯定行为人的共同故意和共同行为，确定其成立共同正犯，那么，对共同正犯的处罚就必须坚持部分行为全部责任原则。换言之，强奸既遂者所造成的危害后果，也需要强奸未得逞者承担，共同正犯人之一的行为及其后果也是其他共犯人的行为和后果，由于行为人之间相互配合，其没有必要不对他人的轮奸行为及其所造成的后果负责。因此，在轮奸的场合，一人既遂，其他现场参与者不仅其轮奸行为成立，而且也是犯罪既遂。

第三节　强制猥亵、侮辱罪

相关法条及司法解释：
《刑法》第 237 条

命题分析

掌握本罪时需要注意强制猥亵与强奸之间的界限与竞合关系。

强制猥亵、侮辱罪，是指以暴力、胁迫或者其他方法强制猥亵他人或者侮辱妇女的行为。

一、保护法益

本罪侵害的法益在我国刑法学中一般被认为是被害人（尤其是妇女）的人格尊严、人身安全和名誉权利。但是这种观点过于宽泛。事实上，本罪保护的法益是他人的性羞耻心、性自主决定权。由于刑法只规定了强制猥亵他人、强制侮辱妇女罪而没有规定公然猥亵罪，所以，本罪保护的法益就不包括社会中善良的性道德观念、性风俗等公共秩序，而是单纯的侵犯人身权利的犯罪。当然，是否应当在规定侵犯人身权利的强制猥亵他人、强制侮辱妇女罪之外再设立侵犯社会法益的公然猥亵罪，是立法上值得考虑的问题。

本罪的行为对象需要区别情况考虑。在强制猥亵他人的情况下，被害人包括男性和妇女；在强制侮辱妇女时，被害人只能是妇女。由于刑法另外规定了猥亵儿童罪，强制猥亵他人、强制侮辱妇女罪的妇女就只能是已满 14 周岁的女性。至于行为人是男性还是女性，均在所不问，只要其实施了强制猥亵他人、强制侮辱妇女的行为，就可以构成本罪。

二、客观要件

本罪在客观方面表现为以暴力、胁迫或者其他方法强制猥亵妇女或已满 14 周岁的男性，或者强制侮辱妇女，侵害其性羞耻感的行为。

猥亵、侮辱行为均要利用暴力、胁迫或者其他强制方法实施，其特点突出表现为强制性。如果行为人使用的是非强制方法，如在电话中对妇女进行调戏、侮辱，不构成强制侮辱妇女。暴力，是指用不法的有形力强制、左右被害人的意愿使之就范；胁迫，是指以恐吓、威胁的手段使被害人心有顾忌，这些手段都不以直接对被害人实施为限。

暴力、胁迫程度相对较低，例如，在公共场所暗中用生殖器顶擦妇女臀部的，也是使用暴力强制猥亵妇女，可以构成本罪。因此，本罪的暴力、胁迫的程度，不需要像抢劫罪中的相应行为一样达到足以压制被害人反抗的程度，只要达到使被害人反抗存在一定困难即为已足。不过，在强制猥亵妇女、侮辱妇女的场合，由于本罪是比强奸罪危害小的犯罪，所以暴力、胁迫的程度可能稍微低于强奸罪中的暴力、胁迫。而在强制猥亵男性的情形下，因为这里的猥亵是一个广义的概念，包括类似于强奸妇女场合的奸淫行为，所以，其暴力、胁迫程度可以与强奸罪中的暴力、胁迫程度相当。

暴力、胁迫具有强威慑力，其他方法也可能具有使被害人反抗显得比较困难的特性，例如，以灌醉酒、投催眠剂等方式故意使他人陷入心神丧失、抗拒不能的境地然后实施猥亵、侮辱行为的情形，以及使用欺骗手段实施猥亵的行为（以对模特的身材必须进行检查为由，欺骗他人并对其进行猥亵的），都属于强制猥亵他人罪中的手段行为。

强制猥亵、侮辱行为一般是在使用暴力、胁迫或者其他方法使被害人陷入反抗困难的境地之后再行实施，如果行为人只有猥亵行为，而未实施违背被害人意志的强制行为，就不应当构成本罪，例如，公然在女性面前显露其性器官的，虽有猥亵行为，但不构成本罪。暴力行为自身就是猥亵、侮辱行为，而且被害人对这一暴力本身无法即时反应并作出反抗举动时（例如，趁妇女不注意时将手伸进其上衣抚摸其乳房），自然也构成本罪。

广义上的猥亵行为包括强奸行为，即社会对强奸和一般的猥亵的实害评价是相同的。由于刑法对强奸妇女这一猥亵的特殊情形作了特别规定（限定为以性交方式侵犯妇女性自由、性羞耻心的行为），因而，强制猥亵妇女、强制侮辱妇女罪和强奸罪之间有法条竞合关系，前罪是普通法条，后罪是特别法条。强制猥亵行为和强制侮辱行为没有本质上的区别，猥亵是指为寻求性刺激而对他人实行的淫秽性的行为，具体表现为抚摸他人的性器官（乳房或者阴部）、对男性实施"鸡奸"或其他变态性行为、强制男性与自己发生性行为、强行为妇女拍摄裸体照、将异物强行插入妇女的肛门、女性强行与其他女性发生变态性行为等。猥亵行为的特点是行为人的身体与被害人的身体直接发生接触，通过这种接触来满足奸淫以外的性欲或者性刺激。强制侮辱，是指以各种淫秽下流、伤风败俗的动作、语言损害妇女人格尊严，侵害他人性羞耻心的行为。例如，使他人身体部分或全部裸露；逼迫他人做淫秽动作；用淫秽举动侮辱妇女等。侮辱妇女侵害其性羞耻感的行为，并不以与妇女发生身体接触为前提。当然，有时强制猥亵行为和强制侮辱行为之间并没有明确界限。以暴力、威胁方法公然侮辱妇女，对其名誉有侵害，而不是侵害其性羞耻感的，构成侮辱罪而非本罪。强制侮辱男性，并侵害其性羞耻感的，构成强制猥亵罪。

强制猥亵或侮辱妇女时，行为必须是在违背他人意志的情况下实施的，例如，违背对方的意志使用暴力多次强行接吻的行为，从一般人的观念出发，行为对妇女的性羞耻心有损害的，就可以构成本罪。由于本罪是侵犯个人法益而不是社会法益的犯罪，所以，强调的是猥亵行为的强制性，至于是否公然实施，在所不问。

并非出于刺激或满足性欲需要，也并未损害他人性羞耻心的行为，不应认定构成本罪。例如，单纯出于报复偷剪他人的发辫、单纯出于侮辱他人人格而在他人身上涂抹污物而一般人并不认为侵害性羞耻心的行为，追逐堵截等流氓行为。对上述行为认定构成侮辱罪、寻衅滋事罪更为得当。

在强奸未遂的情况下，行为人对被害妇女也可能有猥亵、侮辱的行为，但其猥亵、侮辱行为属于强奸行为的内容，不应当认定为强制猥亵、侮辱罪，而应当认定为强奸罪未遂。

三、主观要件

本罪在主观方面是故意，故意的内容依被害人的不同而有所区别。在强制猥亵男性的场合，行为人对包括强制性交在内的猥亵有认识；在强制猥亵、侮辱妇女的情形下，行为人对实施性交之外的行为可能侵害妇女的性羞耻心有追求。

有的学者认为，本罪属于倾向犯，行为人有刺激性欲使之兴奋并得到满足的意图。例如，不具有猥亵倾向而只是基于报复、虐待的目的对女性拍摄裸体照的，不构成本罪。医生对女性病人实施治疗行为，属于正当业务行为，不具有猥亵倾向的，也不构成本罪。但是，多数说认为，从法益保护的角度看，行为人的内心倾向、动机、目的不同不能改变被害人的性羞耻心这一法益受到侵害的事实，所以只要行为人有强制猥亵的故意即为已足，不需要有刺激、满足性欲的内心倾向。

四、认定

强奸罪和本罪的界限，一般来说是比较清楚的。但在某些情况下，行为人刚对被害妇女身体的敏感部位、性器官强行进行抚摸、侵害时就被抓捕，或者因为其他原因不得不停止的场合，其行为当然具有猥亵、侮辱性质，但行为人究竟是成立强制猥亵、侮辱罪，还是属于强奸罪未遂，就值得研究。如果肯定两罪之间存在法条竞合的特别关系，就应该按照特别法条优先适用的法理，排斥本罪的适用。强奸罪作为特别法条，其行为方式表现为违背妇女意志，强行实施奸淫的行为，因此，基于强奸故意，实施强制猥亵行为，由于意志以外的原因未得逞的，是强奸罪未遂，而非本罪。此外，强迫妇女与他人发生性行为的，行为似乎带有强制猥亵的性质，但是，由于妇女性自由的决定权受到侵害，行为也只能构成强奸罪，而不构成本罪。

第四节　非法拘禁罪

相关法条及司法解释：
《刑法》第238条
最高人民法院《关于对为索取法律不予保护的债务非法拘禁他人行为如何定罪问题的解释》

非法拘禁罪，是指以拘禁或者其他方法非法剥夺他人人身自由的行为。

一、保护法益

本罪侵害的法益是他人的身体活动自由，即行动自由。

本罪的行为对象必须是有场所移动自由的自然人。由于人的行动是受意识支配的，所以身体活动自由就是意思活动的自由，这种自由是事实状态的，而不以行动者在法律上具有责任能力和法律行为能力为限。至于婴儿、重度精神病人等，由于欠缺变更其所停留处所的意思决定能力，完全没有行动自由，不能成为本罪的行为对象。借助于拐杖可以移动的人、能独自移动的幼儿等，则能够成为本罪的侵害对象。

这里的身体活动自由，是现实的自由还是可能的自由，一直有争议。多数说（通说）认为，身体活动自由是可能的、潜在的自由，因一时的原因而丧失行动自由者或者昏迷无意识者，例如，熟睡者、烂醉如泥者，都可以成为非法拘禁罪的侵害对象，因为这些人被拘禁后一旦醒来，无法自由移动身体离开所停留的处所。少数说认为，身体移动自由应该是现实的自由，熟睡者、烂醉如泥者在被拘束的当时不具有这种自由，因此不能成为非法拘禁的对象。因为熟睡者、烂醉如泥者在被拘禁的当时欠缺自由意识能力，对于被拘禁的事实完全不知情，谈不上有现实的行动自由的问题，在这一点上其与婴儿、重度精神病人并无二致，如果将行为人的行为认定为非法拘禁，将会产生不合理的现象，也显得过于绝对。

如果考虑到本罪是非法剥夺人身自由的犯罪，人身自由权与被害人是处于熟睡还是清醒状态没有直接关联这一实际情况，那么，将身体活动自由视作可能的自由就是合理的，所以，应当坚持多数说的立场。另外，熟睡者、烂醉如泥者醒来后，即使对被关押的处境仍然不知情，或者已经知晓自己目前的处境，但并不急于外出离开的，其也都属于有现实行动能力、行动自由的人，拘禁行为实施者自然可以构成犯罪主体。

是否要求被害人对被拘禁事实有较为清楚的认识（被害意识），才能成立本罪，对此也有争议。一般的观点是，由于存在客观的非法拘禁事实，被害人的身体活动自由事实上被剥夺，其本身有自由意识的能力，即使被害人当时实际上没有认识，行为人也应成立非法拘禁罪。至于拘禁场所是否广阔、豪华，被害人是否可以有娱乐、游玩活动，身体、行动的自由是否残存等，都只能说明非法拘禁的程度有所不同而已，无法改变行为的犯罪性质。

【真题】孙某为戒掉网瘾，让其妻子丙将其反锁在没有电脑的房间一星期。孙某对放弃自己人身自由的承诺是无效的，丙的行为依然成立非法拘禁罪。（选自2008年卷2第5题C选项）

解析：孙某出于自己的真意而让其妻子丙将自己反锁在房间一星期，由于非法拘禁罪保护的法益是个人的人身自由，孙某对于自己的自由被剥夺本身持意欲心态，因此由于被害人同意（承诺），丙的行为不再成立非法拘禁罪。

二、客观要件

本罪客观方面表现为以拘押、禁闭或者其他强制方法，非法剥夺他人人身自由权利的行为。

1. 非法

即拘禁他人时不具有法律上的依据。在正当防卫、紧急避险或者有其他法律上的依据，尤其是在以刑事诉讼法、治安管理处罚法为依据而剥夺他人人身自由的场合，就谈不上是非法。此外，社会生活中能够容忍的轻度自由拘束也不属于非法（例如，教师将学生反锁在教室，以强迫其打扫卫生；父母对未成年子女采取强制教育措施）。所以，"非法"

一词属于开放构成要件。没有这些法律依据而非法剥夺他人自由的，例如，超期羁押、没有合理理由的长时间扣押，都是非法，有成立非法拘禁罪的余地。

2. 拘禁

拘禁的具体方法、手段，法律并未限制，并不以使用强力或直接的限制为限。在司法实践中，使用有形的方法拘禁他人的较为常见，如将他人锁在房间内并派人看守、将他人捆绑于木柱上等。但是，利用无形力，如利用人的羞耻、恐惧感、错误认识等，也可以成立非法拘禁。这方面的例子有：将入浴妇女的衣物抱走，使其因害怕裸露而无法离开；驾驶汽车高速行驶，使被害人不敢跳车；以日后报复为名将他人软禁在一定场所；用手枪对准他人，使之不敢离开一定场所；用麻醉药或催眠术使他人失去行动能力；取走双腿残缺者的拐杖、轮椅；在他人到达一定高度后取走其楼梯；将他人长时间置于必须冒着生命危险才能脱离的场所；使用诡计使他人陷入错误而长期停留于某一场所；违背迷路儿童的意志对之实行拘禁等。

此外，拘禁行为还可能利用不知情的第三人实施，如欺骗不知情的警察从而达到扣押他人的目的，这是非法拘禁罪的间接正犯。

非法拘禁罪的本质在于行为人所使用的方法足以侵害或限制被害人的身体活动自由，因此，行为人与被害人同居一室，无空间之隔离的，仍可能成立非法拘禁。被害人业已知晓被拘禁的事实，但根本没有从拘禁现场逃离的意思的，也不妨碍本罪的成立。

拘禁行为一般是作为，如使用暴力或者胁迫的方法将被害人强行押走，或者使用强力防止他人离去。但是，也有以不作为方式非法拘禁他人的情形。例如，小学教师因过失行为而将已放学但尚未回家的学生锁在教室，但在他人提醒后仍置之不理，扬长而去，致使该学生被长时间关押的，即属以不作为方式非法拘禁他人。

拘禁行为必须达到一定的程度，才能具备实质的违法性，从而构成犯罪。一般来说，被害人逃脱显著困难时，行为人的行为就可以确定为具有犯罪性。趁被害人熟睡之际将门反扣，待其醒来时，用力一推房门就能自由离去的，自无成立本罪的可能。

以与他人结婚为目的，强行将妇女带离其长期以来的生活环境并加以扣留的，可以定非法拘禁罪。以出卖为目的，拐卖成年男子的，尽管没有适当的拐卖型罪名可以适用，但其行为有侵害被害人身体活动自由的可能，所以也可以认定为非法拘禁行为。

为索取债务（包括高利贷、赌债等法律不予保护的债务），非法扣押、拘禁他人的，以非法拘禁罪定罪处罚，而不构成抢劫罪或绑架罪。在行为人非法扣押、拘禁被害人，而向其近亲属等第三人提出索取债务要求的场合，就涉及以索取债务为目的的非法拘禁罪和以勒索财物为目的的绑架罪之间的界限。从表面上看，类似行为是符合索财型绑架罪构成要件的，但立法者考虑到毕竟双方之间客观上存在债权债务关系，事出有因，行为人提出索取债务的要求存在合理性，只是债权人为了追还债务而采用了法律所不允许的办法，而且一般并不侵犯受害方的财产权利，属于侵犯人身自由的单一法益，行为的违法性比绑架罪低，与典型的、无缘无故地扣押、绑架他人勒索财物的行为不可同日而语，因而刑法作出了专门规定，对此种行为不宜以绑架罪论处。根据相关司法解释，行为人为索取高利贷、赌债等法律不予保护的债务，非法扣押、拘禁他人的，依照非法拘禁罪定罪处罚。按照该司法解释，区分绑架罪与非法拘禁罪的重要标志就是行为人是否为索取债务而非法扣押、绑架他人：债务关系真实、现实存在的，不论债务是否合法，均以非法拘禁罪定罪处罚。即使行为人为逼人还债，而非法关押债务人以外的第三人的，也只成立非法拘禁罪。此外，行为人因某种非经济上的纠纷（如索要"青春损失费"），非法控制他人，向其亲属提出经济补偿要求的，原则上也应当定非法拘禁罪。

刑事诉讼法授权公民可以将现行犯扭送至司法机关，所以，普通公民抓捕并扭送现行犯的，不能构成非法拘禁罪。但抓捕现行犯后不将其立即扭送至司法机关，而私自加以处理的，如将抓住的小偷用绳索绑在树上加以羞辱的，仍可能构成本罪。

三、主观要件

本罪主观方面是故意。行为人主观上必须有剥夺他人身体活动自由的意思，包括直接故意与间接故意。这种故意中的事实性认识包括两方面的内容：其一，认识到自己的行为足以剥夺他人的活动自由；其二，认识到他人逃离现场的意思决定随时可能产生。就第二点而言，被害人同意行为人剥夺其行动自由，行为人对这种同意有所认识的，则不具有本罪故意。行为人并无故意，而是因为过失将他人锁在特定场所的，不构成本罪，但可能构成其他犯罪。例如，因疏忽将他人反锁在车内，48 小时后再打开车门时，被害人已冻死，行为人可能构成过失致人死亡罪，但不能认定成立非法拘禁罪。

四、认定

1. 非法拘禁罪和故意杀人罪的界限。前者只有限制人身自由的故意；后者则有剥夺他人生命的故意。但是二者之间的界限有时较为模糊，例如，中巴车司机在客人要求中途下车时完全不予理会，仍然高速行驶，导致客人跳车死亡的，很难认定司机有希望或者放任他人死亡的故意，原则上不能认定为故意杀人罪，应认定为非法拘禁罪，属于非法拘禁致人死亡的情形。

2. 非法拘禁过程中，过失致人重伤、死亡的，仍然定非法拘禁罪。因为非法拘禁本身决定了行为人往往采取捆绑等强制手段并且掺杂实施殴打、侮辱等行为，就可能产生重伤、死亡的严重后果，这属于非法拘禁罪的结果加重犯，行为人对此结果应当有过失。如果行为人在拘禁过程中故意实施杀害、伤害行为，则这种行为已经不能被非法拘禁罪的实行行为所包容，应独立成立故意杀人罪、故意伤害罪。

【真题】丙（15 岁）在帮助李某扣押被害人王某索取债务时致王某死亡，丙不应当负刑事责任。（选自 2009 年卷 2 第 2 题 C 选项）

解析：为索取债务而扣押、拘禁他人，按照司法解释的规定，仍应认定为非法拘禁罪。丙是在拘禁过程中致王某死亡，而非故意杀害或伤害导致王某死亡，因此，属于非法拘禁罪的结果加重犯。由于已满 14 周岁不满 16 周岁者不需要对非法拘禁行为负责，因而，丙不应当对其行为负刑事责任的论述是正确的。

【真题】《刑法》第二百三十八条第一款与第二款分别规定："非法拘禁他人或者以其他方法非法剥夺他人人身自由的，处三年以下有期徒刑、拘役、管制或者剥夺政治权利。具有殴打、侮辱情节的，从重处罚。""犯前款罪，致人重伤的，处三年以上十年以下有期徒刑；致人死亡的，处十年以上有期徒刑。使用暴力致人伤残、死亡的，依照本法第二百三十四条、第二百三十二条的规定定罪处罚。"关于该条款的理解，下列哪些选项是正确的？（选自 2011 年卷 2 第 60 题）

    A. 第一款所称"殴打、侮辱"属于法定量刑情节

    B. 第二款所称"犯前款罪，致人重伤"属于结果加重犯

    C. 非法拘禁致人重伤并具有侮辱情节的，适用第二款的规定，侮辱情节不再是法定的从重处罚情节

    D. 第二款规定的"使用暴力致人伤残、死亡"，是指非法拘禁行为之外的暴力致人伤残、死亡

    解析： 本题中，A、B、D 项均是正确的。"殴打、侮辱"显然是法定量刑情节，而且是加重的量刑情节，即情节加重犯，A 项正确。而"犯前款罪，致人重伤"，是指非法拘禁行为本身过失导致他人重伤，因而，属于典型的结果加重犯，B 项正确。在非法拘禁致人重伤时，当然首先必须适用第二款的规定，由于伴有侮辱情节，而侮辱情节是规定在非法拘禁罪的第一款，即本罪的基本条款中，因此，在非法拘禁致人重伤且伴有侮辱情节时，当然应当同时适用第二款的规定和第一款中"具有殴打、侮辱情节的，从重处罚"的规定，C 项错误。第二款规定的"使用暴力致人伤残、死亡"，意味着使用暴力的过程中过失致人伤残、死亡，也应论以故意伤害罪与故意杀人罪，就此来看，这一规定具有法律拟制的性质。由于在此一规定之前还有结果加重犯的规定，因此，对于"使用暴力致人伤残、死亡"只能理解为拘禁行为以外的暴力行为致人伤残、死亡，所以，D 项是正确的。

第五节　绑架罪

相关法条及司法解释：

《刑法》第 239 条

最高人民法院《关于对在绑架过程中以暴力、胁迫等手段当场劫取被害人财物的行为如何适用法律问题的答复》

    绑架罪，是指以勒索财物为目的，采取暴力、胁迫或者其他方法绑架他人，或者绑架他人作为人质的行为。

一、保护法益

    我国刑法与外国的多数立法不同，没有将绑架罪列入侵犯财产罪当中，而将其列入侵犯人身权利的犯罪中，所以本罪就实质而言不是以恐吓方法取得财物的犯罪，而是侵犯被绑架者人身权利的犯罪，就法定刑来看，本罪被认为是性质极其严重的犯罪。换句话说，绑架罪侵犯的法益是被绑者的人身自由与安全，但并不包含财产法益，尽管多数绑架行为的目的就是勒索财物。

    本罪的行为对象是人而不是财物。这里的人既包括被绑架人，也包括被勒索、被要挟的人，这两种人不能是同一个人，被勒索、被要挟的人只能是被绑架人以外的第三人，如

被绑架人的亲属、相关的政府机构及其成员。如果直接以被绑架人为勒索对象，勒令其交出财物的，则不成立本罪，而构成抢劫罪。

被绑架者有无身体移动能力、能否认识被拘束的事实，对于犯罪的成立没有影响。出生数日的婴儿、处于麻醉或者昏睡状态者都可以成为绑架对象。被绑架者对于被绑架的事实虽然没有认识，但是由于本罪的被害人还包括被勒索财物者或者其他相关人员，所以即使被绑架者不存在被害人意识，犯罪人仍可以实施不法控制他人并向第三人提出要求的犯罪行为。

二、客观要件

本罪在客观方面表现为利用被绑架者的亲属或者其他人对被绑架者安危的忧虑，而劫持或者控制他人的行为。以勒索财物为目的偷盗婴幼儿的，视为绑架的一种特殊形式，以绑架论。

绑架、扣押人质的行为是将他人劫持或者控制在行为人能够支配的范围内，在此过程中可能要使用暴力、胁迫、麻醉等方法，也可能使用其他平和的方法来实施，在这一点上，其和非法拘禁罪的实行行为有很多相似、重合之处。绑架罪中扣押人质的行为并不都比非法拘禁罪中的实行行为强度大，使人丧失自由的一切方法都包含在绑架手段之中。扣押人质一般来说要将其带离原来的生活场所，但是特殊情况下，被害人仍然在其原来的生活场所的，也可以成立绑架罪，例如，将未成年人的父母从其家中骗走，然后进入该住宅对被害人实施实力控制的，也是扣押人质。实务中，扣押人质以后提出要求的行为，通常包括提出勒索财物的要求，也包括提出其他的要求，如政治要求、释放被关押的罪犯的要求、改变司法裁判的要求等。绑架罪中犯罪人向被害人亲属或其他关系人勒索钱财，既可以由犯罪人直接与被害人亲属或其他关系人联系，也可以由犯罪人逼迫被害人向其亲友联系，还可以由犯罪人通过其他熟人与被害人亲友联系，这些都不影响绑架罪的成立。

绑架、扣押人质和利用第三人的担忧提出要求之间有时间上的先后顺序性，即绑架、扣押人质是方法行为，利用第三人的担忧进而提出不法要求是该行为向前发展的当然结果。先勒索财物再扣押他人的，扣押不是取得财物的先决条件，勒索也与扣押人质无关，行为人只能就勒索与扣押人质两个环节分别构成敲诈勒索罪和非法拘禁罪，而不构成本罪。如果先敲诈勒索财物，未得逞又绑架他人继续勒索的，则后来的绑架行为构成本罪。

控制人质使之逃脱显著困难的，就应当成立本罪既遂。行为人是否提出勒索财物或者其他要求的，对既遂的成立没有影响。着手实施扣押人质的暴力行为，但由于被害人反抗而未得逞的，成立本罪未遂。当然，这并不意味着绑架行为实施后不存在犯罪中止形态的出现。例如，行为人着手实施暴力绑架他人，但在未以其实力实际控制他人之前，由于害怕法律惩罚或被害人亲属的报复、怜悯被绑架人或懊悔而自动放弃犯罪，将被绑架人放走的，有成立犯罪中止的可能。

绑架必须要将被绑架人置于自己的实力控制之下，这种控制应当以违背被绑架人的意愿为前提。行为人与"被绑架人"通谋，得到其承诺而将其移植在自己的控制之下，再向相关人员提出勒索的要求，使他人基于对被害人的担忧而被迫交付财物的，行为不具有本罪构成要件的定型性，只构成敲诈勒索罪，视情形可能成立与诈骗罪的想象竞合。

在绑架过程中直接从被绑架人身上取得财物的，应当区别情况进行处理：

发现被绑架人身上有钱财后而使用区别于绑架行为自身的暴力、胁迫取得财物的，构成抢劫罪，最高人民法院《关于对在绑架过程中以暴力、胁迫等手段当场劫取被害人财物的行为如何适用法律问题的答复》规定：行为人在绑架过程中，又以暴力、胁迫等手段当场劫取被害人财物，构成犯罪的，择一重罪处罚。[①]

在扣押人质并将其控制在自己实力之下时，窃取被绑架人财物的，构成盗窃罪，此时应以绑架罪与盗窃罪数罪并罚。

扣押人质过程中，杀害、伤害被绑架人的，只构成本罪；强奸被绑架人的，应当以本罪和强奸罪并罚。

三、主体

本罪的主体是一般主体，即已满16周岁、具有刑事责任能力的人，都可以构成本罪。对已满14周岁不满16周岁的人在绑架过程中杀害被绑架人的，是否应当追究刑事责任，如果要定罪，罪名是什么，一直是有争议的问题。

全国人大常委会法工委《关于已满十四周岁不满十六周岁的人承担刑事责任范围问题的答复意见》明确指出：《刑法》第17条第2款规定的8种犯罪，是指具体犯罪行为而不是具体罪名。对于《刑法》第17条中规定的"犯故意杀人、故意杀害致人重伤或者死亡"，是指只要故意实施了杀人、伤害行为并且造成了致人重伤、死亡后果的，都应负刑事责任。而不是指只有犯故意杀人罪、故意伤害罪的，才负刑事责任，绑架撕票的，不负刑事责任。对司法实践中出现的已满14周岁不满16周岁的人绑架人质后杀害被绑架人，拐卖妇女、儿童而故意造成被拐卖妇女、儿童重伤或死亡的行为，依据刑法是应当追究其刑事责任的。显然，该答复意见会减少理论界和实务界对《刑法》第17条第2款规定存在的分歧，但是，该答复意见对于绑架过程中杀人的，是定绑架罪，还是定故意杀人罪，仍没有明确。

应该说，绑架中杀害被绑架人的杀人行为，与典型故意杀人罪场合的杀人行为本质一样，没有理由否认这一年龄阶段的人对绑架过程中杀害被绑架人的行为具有辨认和控制能力。在追究刑事责任时，对已满14周岁不满16周岁的人以故意杀人罪论处是较为妥当的：

1. 按照《刑法》第239条的规定，绑架过程中杀害被绑架人的行为，是绑架罪的结果加重行为。杀害被绑架人的行为不另行定罪，其前提是存在构成犯罪的绑架行为，对于已满16周岁的人绑架并杀害被害人的，以绑架罪论处，适用该罪较重的法定刑，并无不妥。但已满14周岁不满16周岁的人实施绑架、杀人行为的，无须对（基本犯）绑架罪负责，只对被害人死亡这一加重结果承担刑事责任。

2. 已满14周岁不满16周岁的人实施绑架行为，尚不构成犯罪，当然不能适用《刑

① 最高人民法院《关于审理抢劫、抢夺刑事案件适用法律若干问题的意见》第8条规定：行为人实施伤害、强奸等犯罪行为，在被害人未失去知觉，利用被害人不能反抗、不敢反抗的处境，临时起意劫取他人财物的，应以此前所实施的具体犯罪与抢劫罪实行数罪并罚。此一规定与上述最高人民法院关于绑架罪的《答复》的观点似有矛盾。

法》第 239 条的规定。换言之,"绑架后杀人定绑架罪一罪"只适用于已满 16 周岁的人,已满 14 周岁不满 16 周岁的人绑架后杀人的,应根据《刑法》第 17 条第 2 款、第 232 条的规定处理,这恰恰是罪刑法定的要求,而不会违反罪刑法定原则。

四、主观要件

本罪在主观方面是故意,即行为人明知是在非法控制、劫持人质而故意为之。此外,还要求行为人具有勒索财物或满足其他不法要求的目的(目的犯)。必须提醒注意的是,既然是目的犯(主观的超过要素),目的便不需要客观上必须实现。行为人没有不法要求,即使非法扣押他人,也不能构成本罪,而只能构成非法拘禁罪。满足其他不法要求的目的,可以包括政治目的、恐怖活动目的、泄愤报复目的,以及逃避、抗拒追捕,或者要挟政府提供某种待遇、在地区撤军或释放同伙罪犯等。

【真题】乙使用暴力绑架被害人后,被害人反复向乙求情,乙释放了被害人。(选自 2011 年卷 2 第 54 题 B 选项)

解析:乙成立绑架罪既遂,而非绑架罪中止。原因就在于,绑架罪的勒索财物或满足其他不法要求的目的是主观的超过要素,不需要客观上必须实现,只要行为人以实力控制了被绑架人的人身自由,便成立绑架罪既遂。

行为人在扣押他人之前就应当具有勒索财物或者提出不法要求的意图,才能构成本罪。对于以下情况就需要特别处理:

1. 行为人事先没有勒索财物或者提出其他不法要求的目的,只是在非法扣押他人之后,在中间人的调停下获得财物的,不能构成本罪。

2. 出于其他目的、动机将他人控制,尔后才产生勒索财物的不法要求进而实施勒索行为的,如行为人先以出卖为目的将妇女绑架,尔后又产生勒索目的而向其亲属勒索财物的,应以本罪和拐卖妇女罪并罚。

3. 收买被拐卖的妇女、儿童后以暴力、胁迫等手段对其进行实力控制,而向其亲属实施勒索行为的,也应数罪并罚。

在认定绑架罪的主观方面时,应当注意准确判断勒索型绑架罪中勒索财物的犯罪目的。以勒索财物为目的是绑架的主观超过要素,客观上并不一定有相应行为与之对应。但是,以勒索财物为目的仍然是成立绑架罪主观方面的必要条件。在司法实践中一定要有相关证据证明该目的存在,才能认定行为人构成绑架罪。一般而言,以下三种方式可以证明行为人具有勒索财物的犯罪目的:(1)行为人已向被绑架者亲属或其他关系人索要过财物。(2)行为人已向被绑架者亲属或关系人索要钱财并实际取得该财物。(3)行为人绑架被害人后,警方及时介入,虽未提出勒索财物的要求,但有充足证据证明行为人意图取得财物的,可以认定为以勒索财物为目的绑架他人。

【真题】甲持刀将乙逼入山中,让乙通知其母送钱赎人。乙担心其母心脏病发作,遂谎称开车撞人,需付 5 万元治疗费,其母信以为真。(选自 2010 年卷 2 第 16 题)

解析:甲的主观心态便是利用乙的母亲对于乙人身安危的担忧而勒索钱财,符合绑架罪的主观要件,同时,甲客观上确实已经以实力控制了乙的人身,由于绑架罪保护的法益是被绑架者的生命、身体安全，因此，甲以实力控制乙时便已经是绑架罪既遂。由于利用第三人对于被绑架者人身安危的忧虑以及满足不法要求的目的这些主观要素都属于主观的超过要素，只需要行为人主观上具备，客观上不需要相应实现，因此，甲的行为应当认定为绑架罪，而且是绑架罪既遂。不少考生觉得乙以自己开车撞人为由要钱并没有实际上利用乙母对乙的人身安全的忧虑，因此，不成立绑架罪，犯这种错误的症结在于没有很好地理解绑架罪的主观要素，这也是命题人经常以此命题的重要原因。

五、认定

1. 本罪与抢劫罪的界限

绑架罪与抢劫罪在大多情况下是比较容易区分的，对于为获取财物，采用暴力等手段绑架控制他人直接向被害人勒索的，应认定为抢劫罪；控制人质，然后向第三人提出勒索要求的，是绑架罪。在司法实务中，抢劫罪表现为行为人劫取财物一般应在同一时间、同一地点，具有"当场性"；绑架罪表现为行为人以杀害、伤害等方式向被绑架人的亲属或其他人或单位发出威胁，勒索赎金或提出其他非法要求，劫取财物一般不具有"当场性"。

要准确区别两罪，需要特别注意绑架罪的犯罪对象。绑架罪的行为对象是人而不是财物，这里的人既包括被绑架人，也包括被勒索、被要挟的人，这两种人不能是同一个人，被勒索、被要挟的人只能是被绑架人以外的第三人，如被绑架人的亲属，相关的政府机构及其成员。所以，绑架罪一定存在绑架罪犯、被绑架人、被提出要求的人"三方"之间的关系。绑架罪和其他犯罪（如非法拘禁罪、故意杀人罪、抢劫罪）的区别点，也往往在这里。如果直接以被绑架人为勒索对象，勒令其交出财物，就不构成本罪，而成立抢劫罪。

此外，在被实施暴力、胁迫的人和交付财物的人是不同的人但空间距离很近的场合，一般认为行为人只有强取财物的意思，没有控制人质然后勒索财物的意思，从主观方面看，也更符合抢劫罪的故意。从客观上看，在抢劫罪中，被实施暴力、胁迫的人和交付财物的人可以是不同的人，例如，在商场持枪恐吓保安，并命令旁边的收银员交钱的，应当成立抢劫罪而非绑架罪。这是考虑到被实施暴力、胁迫的人和交付财物的人空间距离很近，暴力、胁迫和财物的交付之间应当作整体评价，符合抢劫罪实施暴力、胁迫然后"当场"强取财物的构成要件规定。

最高人民法院《关于对在绑架过程中以暴力、胁迫等手段当场劫取被害人财物的行为如何适用法律问题的答复》规定：行为人在绑架过程中，又以暴力、胁迫等手段当场劫取被害人财物，构成犯罪的，择一重罪处罚。[①]

2. 本罪与非法拘禁罪的界限

两罪都属于侵犯人身自由的犯罪，绑架罪中包容着非法拘禁行为，非法拘禁罪也可以由控制被害人的方式构成。区别的关键点在于：绑架罪的构成不仅要求有非法剥夺人身自

---

① 最高人民法院《关于审理抢劫、抢夺刑事案件适用法律若干问题的意见》第8条规定：行为人实施伤害、强奸等犯罪行为，在被害人未失去知觉，利用被害人不能反抗、不敢反抗的处境，临时起意劫取他人财物的，应以此前所实施的具体犯罪与抢劫罪实行数罪并罚。此一规定与上述最高人民法院关于绑架罪的《答复》的观点似有矛盾。

由的行为，而且要求有勒索财物或满足行为人不法要求的目的以及与此相应的勒索财物或提出不法要求的行为。而非法拘禁罪仅要求行为人具有剥夺他人人身自由的目的，使被害人遭受拘禁之苦，并不提出财物或者其他不法利益的要求。

在实践中，涉及绑架罪与非法拘禁罪界限区分的问题主要是为索取债务而绑架、扣押人质的案件。《刑法》第 238 条第 3 款规定：为索取债务非法扣押、拘禁他人的，以非法拘禁罪论处。不过，符合下列条件的，仍然可以考虑成立绑架罪：

（1）行为人明知不存在或不可能存在债权债务关系，以索债为借口，捏造债权债务事实，扣押、拘禁他人的。

（2）在债权债务关系已经清结的情况下，以索债为名，控制人质强行勒索财物的。需注意，由于经济生活十分复杂，债务关系是否存在，在什么情况下债权债务已经清结，有时难以查清。行为人主张债务并未清结，但被害人认为早已清结，而被害人所提供的证据并不充分的，属于案件事实有疑问的情形，根据存疑时有利于被告的原则，对行为人以非法拘禁罪论处比较妥当。

（3）出于索取债务的目的扣押他人后，向其近亲属索要与真实债务"过于悬殊"的财物，且没有合理根据，同时暴力程度又比较高（例如，以杀害、伤害相威胁）的。行为人为索取超过合法债权数额的"债务"而实施绑架、拘禁他人的，应具体分析行为人索取的数额与债权数额之间的差额，再分不同情况以绑架罪或非法拘禁罪定罪量刑。如债务原本只有 10 万元，但行为人控制人质后，要第三人支付 40 万元，才能将人质赎回的，由于行为人使用绑架、拘禁手段索取财物的数额远远超过其实际债权，应以绑架罪定罪量刑。这是因为，由于行为人索取财物的数额远远超过其实际债权，足以证明行为人的主观目的实质上是非法占有他人财物，索取合法债务显然已成形式上的东西。但如果超过合法债权的数额不大，其绑架罪不能成立，仍应以非法拘禁罪定罪量刑。

（4）客观上存在债权债务关系，行为人将债务人绑架后对债务人的近亲属提出无法用财产数额衡量的某种利益上的要求，或者提出其他与债务无关的不法要求，或者以杀害、伤害被害人为要挟等，客观上足以造成被害人亲属或有关人对被害人的安危感到担忧的，也应当认定为绑架罪。比如，被害人欠行为人赌债，行为人在扣押被害人后向被害人之妻发出要挟，要求与被害人之妻发生性关系，否则就杀害被害人，这种情况下对行为人应以绑架罪定罪处罚。

六、关于处罚规定的理解

根据《刑法》第 239 条的规定，犯本罪，情节较轻的，处 5 年以上 10 年以下有期徒刑，并处罚金。犯本罪，杀害被绑架人的，或者故意伤害被绑架人，致人重伤、死亡的，处无期徒刑或者死刑，并处没收财产。

行为人在绑架过程中，杀害被绑架人，或者故意伤害被绑架人，致人重伤、死亡的，都只定绑架罪一罪，对故意杀害、故意伤害行为不再另行定罪。在绑架过程中，因被绑架人的监护人、保护人或其他在场人反抗等原因，行为人为排除阻碍而故意杀害、伤害上述人员的，应以故意杀人罪、故意伤害罪与绑架罪并罚。

杀害被绑架人，是指行为人在遇到被绑架人激烈反抗、发现勒索财物的目的绝对不可能达到以及不法目的达到后为了杀人灭口等而将被绑架人故意杀害的行为。这里的"杀害"，是否一定要理解为故意杀人既遂，即我们通常所说的绑架"撕票"行为，换言之，对绑架过程中故意杀害被绑架人但没有导致被绑架人死亡的，是否属于这里的故意杀害被绑架人，在实践中有争议。由于杀害被绑架人的场合，其法定刑包括无期徒刑和死刑，而杀害被绑架人并未导致死亡结果的，即便适用故意杀人罪也可能最高判到无期徒刑，因而对杀害被绑架人未遂的罪犯适用无期徒刑就没有不妥之处了。同时，故意伤害被绑架人致人重伤可以适用无期徒刑或者死刑的规定，也从另外一个侧面印证了针对被绑架人实施杀害行为即便未能得逞也属于这里的"杀害"。因此，根据罪刑法定原则，这里的杀害被绑架人，包括杀人既遂以及未发生死亡后果的场合。

不是故意杀害，而是过失致使被绑架人死亡的（包括在绑架过程中，行为人为控制被绑架人，使其不得逃跑而对其进行监禁、殴打、捆绑、麻醉、冻饿，过失导致其死亡），不能对行为人适用《刑法》第 239 条第 2 款的规定，对其应适用第 1 款的规定。此外，由于绑架行为过失导致被绑架人死亡的，理论上属于典型的结果加重犯，但现行绑架罪规定中并未规定结果加重犯，因此可以认定为绑架罪和过失致人死亡罪的想象竞合。

故意伤害被绑架人，必须致人重伤、死亡，才有可能适用无期徒刑或者死刑。实务中，行为人绑架他人后，故意砍人手脚威胁被绑架人家属勒索财物，手段残忍且致被绑架人重伤的，对行为人处无期徒刑或者死刑，并不违反罪刑相适应原则。

第六节　遗弃罪

相关法条及司法解释：
《刑法》第 261 条

遗弃罪，是指负有扶养义务的人，对年老、年幼、患病或者其他没有独立生活能力的人拒绝扶养，情节恶劣的行为。

一、保护法益

对于遗弃罪保护法益的理解，将直接影响到本罪的处罚范围。应当认为，遗弃罪侵害的法益是生命、身体的安全。本罪属于抽象危险犯，而非具体危险犯。换言之，遗弃无独立生活能力、无自救能力者，只要使其陷于生存上的困难，在生命、身体健康方面存在危险的，就有构成遗弃罪的可能。遗弃行为开始时，被害人并不都立即遭遇生存上的困难，如果尚未达到抽象危险的程度，就没有必要对其给予刑罚处罚。

在我国 1979 年《刑法》中，遗弃罪规定在"妨害婚姻、家庭罪"一章中，理论上因此将本罪的法益解释为被害人作为家庭成员享有的受扶养权利，遗弃对象中年老、年幼、患病或者其他没有独立生活能力的人只能是家庭成员。1997 年修订后的《刑法》取消了 1979 年《刑法》中的妨害婚姻、家庭罪的章罪名，将其全部归入侵犯公民人身权利、民主权利罪中。立法的改变为理论上将遗弃罪的法益解释为生命、身体的安全，带来了便利。

在大陆法系刑法中，遗弃罪分为无义务者遗弃罪和保护责任者遗弃罪两种。无义务者遗弃罪的成立条件较高，单纯消极地从危机状态离去的行为不能构成犯罪，必须是积极地移植被遗弃人的行为才能成立犯罪。我国刑法中的遗弃罪实际上是保护责任者实施的遗弃行为，对于无义务者实施的遗弃行为，不应以本罪追究。

二、客观要件

本罪在客观方面表现为违背扶养义务，使他人生命、身体产生危险，以及在他人生命、身体处于危险状态时不予救助。

1. 违背扶养义务

这里的扶养义务，多数时应从作为义务的形式说的角度加以理解，其可能以婚姻家庭法规或者血缘、亲属关系产生，还可能根据其他法律规定、职务或业务要求以及法律行为、先行行为产生。例如，收养他人子女，即使收养行为并不符合法律规定，也可能产生扶养义务。敬老院、救助站的工作人员对被收留的年老、年幼、患病或者其他没有独立生活能力的人具有扶养义务。当然，对这里的义务范围必须有所限制，不然刑法的打击范围可能过分扩大，例如，交通事故的肇事者、同行者甚至陌生的路人都可能成为依法律、契约有救助、扶养义务的人。所以，本条中义务关系，应该以形成制度化救助义务的必要性以及期待可能性为前提。

2. 遗弃行为

遗弃，有广义和狭义之分。狭义的遗弃是指将需要扶养者转移到危险场所；广义的遗弃则包括转移或将被遗弃者留在危险场所两种情形。我国刑法中的遗弃一词是在广义上使用的。

遗弃行为，具体表现为拒绝扶养，其具体方式包括：（1）移植：将无自救力者移植于无法获得救助、养育或保护处所。（2）造成场所隔离：不移动被害人所处场所，但切断其与外界沟通的渠道（如剪断电话线、移去呼吸装置），致其生命、身体陷于危险状态。（3）消极离去：因是因为扶养权利人对原来的扶养方式不满，要求改变扶养方式，扶养者负气出走的，乃是民事纠纷，不成立本罪。

本罪的主体是特殊主体，即负有扶助、供养义务的人（身份犯）。多人同时负有扶养义务，民法规定了扶养顺序，拒不履行其义务者自然属于违背扶养义务的人。但是，由于事实上存在其他可能履行扶养、保护义务者，对于无自救能力者的生命、身体一般不会发生具体危险，所以，原则上负有扶养义务的人必定会成立本罪。

三、主观要件

本罪在主观方面是故意，即行为人明知自己负有扶养义务，不履行该义务会使他人处于危险境地，而拒绝履行其义务。遗弃故意只要求行为人认识到其行为会造成被遗弃者生命、身体上的危险。

四、认定

将遗弃罪作为侵害生命、身体的犯罪，就需要厘清本罪和故意杀人罪的界限。故意杀人罪和遗弃罪的区别取决于两方面：

1. 客观上针对生命的具体危险是否存在。危险的不同决定了作为义务本身的轻重程度上的区别。例如，行为人携双腿严重残疾的人外出时，将其丢弃在冰天雪地里，然后径自离去的，被害人死亡的具体危险存在，行为人有成立不作为故意杀人罪的可能。

2. 主观上杀害的意思是否存在。例如，父母把患有多种先天疾病的婴儿用棉被包好放在马路边的，被害人的生命只有抽象危险，原则上只能肯定行为人的遗弃故意，难以成立故意杀人罪。

第七节 拐卖妇女、儿童罪

相关法条及司法解释：
《刑法》第 240 条
最高人民法院、最高人民检察院、公安部、司法部《关于依法惩治拐卖妇女儿童犯罪的意见》

拐卖妇女、儿童罪，是指以出卖为目的，拐骗、绑架、收买、贩卖、接送、中转妇女、儿童的行为。

一、客观要件

本罪在客观方面表现为以出卖为目的，拐骗、绑架、收买、贩卖、接送、中转妇女、儿童的行为。行为人只要具有上述行为之一，就构成犯罪。

拐卖，是指拐骗、绑架、收买、贩卖、接送、中转等行为。拐骗，是指行为人利用欺骗、利诱等手段使妇女、儿童听信其花言巧语，上当受骗，然后将妇女、儿童带走。接送、中转，是指在拐卖妇女、儿童的犯罪过程中，分工负责隐匿、移送、中转被拐卖的妇女、儿童，或者将被拐卖的妇女、儿童转手交给其他人贩子的行为，也包括为人贩子介绍买主，为犯罪分子窝藏被骗的妇女、儿童的行为。为被害的妇女、儿童装设电子监视设备或者跟踪被害人的，也属于广义的中转行为。收买，是指以出卖为目的收买妇女、儿童的行为。如果收买妇女、儿童时不具有出卖目的，收买后因为种种原因又临时起意出卖的，仍属于拐卖妇女、儿童中的收买行为。贩卖，是指将拐骗、收买或者以其他方式实际掌握的妇女、儿童转手出卖的行为。贩卖的具体方式、种类繁多，在司法实务中主要看行为的实质是否属于将妇女、儿童作为买卖的标的物，从而收取价金使被害人处于收买者的实力支配之下，例如，父母为抵债而将子女送给债权人的，实质上是贩卖儿童的行为。绑架，是指将被害人劫持脱离其原来生活地或者家庭、监护人的保护，而置于行为人的控制之下，使其丧失人身自由。

本罪的行为对象是妇女、儿童，对其年龄、国籍没有限定。妇女对自己的行动自由有自我决定权，其基于本人的真实、自愿的意思对被拐卖的事实有承诺的，其承诺有效，阻却拐卖行为的违法性，拐卖者不能成立本罪。在妇女的有效承诺存在时，如果仍然肯定本罪的成立，有肯定刑法家长主义的嫌疑。但是，拐卖儿童行为不仅侵犯被害儿童的人身权利，也同时侵害其家属或父母的婚姻家庭权利、保护监督权利，因此，拐卖行为即使得到儿童明确或暗示的承诺，其承诺在法律上也视为无效，不能阻却违法性。

拐卖行为人可能以暴力、胁迫、欺骗、诱惑的方法使被害的妇女、儿童就范，而且暴力、胁迫、欺骗、诱惑不一定要对被害人直接实施，对被拐卖者的保护监督者实施，然后转手倒卖妇女、儿童的，仍然可按本罪处理。

例如，妇女甲与人贩子乙共谋，将自己"卖给"他人，得款后趁收买者不注意时逃走（"放飞鸽"）的，该妇女甲和人贩子乙共同构成诈骗罪。人贩子丙与妇女丁合谋骗取他人钱财，假装将妇女丁卖给他人，取得财物后又将妇女丁真的"卖出"，然后单独携款逃跑的，因为肯定被拐卖者的承诺，具有拐卖故意的丙也只能构成诈骗罪。以介绍婚姻为名，利用妇女人地生疏、孤立无援等境况，或者采取非法扣押身份证件、限制人身自由等方式，迫使该妇女与他人结婚，索取钱财的，应当以拐卖妇女罪追究刑事责任。

拐卖妇女、儿童罪在行为人基于暴力、胁迫、欺骗、诱惑而开始实施拐骗、绑架、收买、贩卖、接送、中转妇女、儿童的行为之一时，就是着手。但是，拐卖行为何时属于既遂，理论上有争议。既然本罪是侵犯妇女、儿童行动自由、人身权利的犯罪，那么，在被害者处于行为人的实力支配之下时，即应成立本罪既遂。因此，本罪既遂不以被拐卖的妇女、儿童最终被"卖出"作为标准。行为人对妇女、儿童的事实支配关系尚未形成，而只是使被害人从保护监督状态中暂时地脱离的，乃是犯罪的未遂。从开始实施拐骗行为，到最终贩卖出手，均为某一个犯罪人完成的，犯罪既遂的判断相对容易。在犯罪由不同的人分担的场合，例如，有人实施手段行为（拐骗、绑架），有人实施中间行为（收买、中转、接送），有人实施结果行为（贩卖）的，从形式上看，行为方式不同，但既遂标准并无差别，无论是实施哪一种行为，只要将被害人置于行为人本人的实力控制之下，即达到既遂。例如，实施中间行为的，行为人将被害人送到指定地点交给其他接收者，即成立本罪既遂。

《刑法》第240条第1款规定了法定刑升格的8种情形。有下列情形需要注意：在拐卖过程中强迫被害人卖淫的，只构成本罪，不再定强迫卖淫罪。偷盗婴幼儿，通常是指趁婴幼儿熟睡将其抱走，此外，行为人趁监护人、看护人不备，以提供玩具或带其外出游玩等哄骗手段拐走婴幼儿的，也是偷盗。在拐卖过程中，奸淫被拐卖的妇女，不论行为人是否使用了暴力、胁迫手段，也不论被害人是否有反抗行为，均应视为拐卖妇女情节严重，不再单独定强奸罪。在拐卖妇女、儿童过程中，造成被害人重伤、死亡或者其他严重后果的，应区别情况处理：在拐卖过程中行为人因遇被害人反抗而故意将被害人杀害、伤害的，应以故意杀人罪、故意伤害罪与拐卖妇女、儿童罪数罪并罚；在拐卖、绑架过程中，为防止被害人逃跑而对其非法拘禁或实施殴打、捆绑、麻醉等方法时导致被害人重伤、死亡的，应视为拐卖妇女、儿童情节严重，不再单独定非法拘禁罪、过失致人重伤罪、过失致人死亡罪。

二、主观要件

本罪在主观方面是直接故意，并且要以出卖被拐卖的妇女、儿童为目的。一方面，行为人要对被拐卖者是妇女、儿童并且能够加以出卖有所认识；另一方面，行为人希望出卖妇女、儿童获得相应的财物，至于是否真正取得财物、取得财物数额的多寡，都对认定犯罪目的没有影响。不具有出卖的目的，例如，为了结婚、奴役等，虽具有拐骗等行为也不能构成本罪。当然，一定要注意的是，出卖的目的不等于营利的目的！

【真题】丙为报复周某，花5000元路费将周某12岁的孩子带至外地，以2000元的价格卖给他人。丙虽无获利目的，也构成拐卖儿童罪。（选自2017年卷2第15题C选项）

提示：以上表述正确。拐卖儿童罪的成立并不要求行为人主观上具有营利目的，因此，丙即便做了"亏本"买卖，但其是将儿童出卖，构成拐卖儿童罪。

在收买被拐卖的妇女、儿童者已交付价款，但在将被拐卖者实际交付以前，拐卖者隐瞒妇女、儿童已被出卖的事实，将其出卖给其他人的（二重买卖），针对第一重收买关系而言，行为人有拐卖妇女、儿童的故意；就第二重收买关系而言，则有明显的诈骗故意，应以本罪和诈骗罪并罚。

三、认定

以非法获利为目的，出卖亲生子女的，应当以拐卖儿童罪论处。认定本罪时，要严格区分借送养之名出卖亲生子女与民间送养行为的界限。区分的关键在于行为人是否具有非法获利的目的。应当通过审查将子女"送"人的背景和原因、有无收取钱财及收取钱财的多少、对方是否具有抚养目的及有无抚养能力等事实综合判断行为人是否具有非法获利的目的。具有下列情形之一的，可以认定属于出卖亲生子女，应当以拐卖儿童罪论处：（1）将生育作为非法获利手段，生育后即出卖子女的；（2）明知对方不具有抚养目的，或者根本不考虑对方是否具有抚养目的，为收取钱财将子女"送"给他人的；（3）为收取明显不属于"营养费""感谢费"的巨额钱财将子女"送"给他人的；（4）其他足以反映行为人具有非法获利目的的"送养"行为的。

不是出于非法获利目的，而是迫于生活困难或者受重男轻女思想影响，私自将没有独立生活能力的子女送给他人抚养，包括收取少量"营养费""感谢费"的，属于民间送养行为，不能以拐卖儿童罪论处。对私自送养导致子女身心健康受到严重损害，或者具有其他恶劣情节，符合遗弃罪特征的，可以遗弃罪论处；情节显著轻微危害不大的，可由公安机关依法予以行政处罚。

第八节　收买被拐卖的妇女、儿童罪

相关法条及司法解释：
《刑法》第241条
最高人民法院、最高人民检察院、公安部、司法部《关于依法惩治拐卖妇女儿童犯罪的意见》

收买被拐卖的妇女、儿童罪，是指明知是被拐卖的妇女、儿童而予以收买的行为。

一、客观要件

本罪在客观方面表现为明知是被拐卖的妇女、儿童而予以收买的行为。

收买，是指行为人用金钱或其他有经济价值的物品换取被拐卖的妇女、儿童的行为。只要行为人使用实力将被害人加以控制，就成立本罪的既遂，至于价金是否已经实际支付，被害人是否逃跑、被解救、自杀等，都不影响既遂的成立。

收买被拐卖的妇女、儿童的行为，与拐卖妇、儿童罪的实行行为属于必要共犯中的对合犯。换言之，收买行为要构成犯罪，必须以提供妇女、儿童者的行为构成犯罪为前提，人贩子与妇女合谋以"放飞鸽"的方式骗取被害人钱财，提供妇女者不构成拐卖妇女罪，收买者自然不构成本罪。

与拐卖者商讨收买价格，就是本罪的着手；从拐卖者手中接收被拐卖的妇女、儿童，就是本罪的既遂。已交付价款，但在接收被拐卖的妇女、儿童以前，拐卖者隐瞒妇女、儿童已被出卖的事实，将其出卖给其他人的，第一次收买者构成本罪未遂。

【真题】 甲得知乙一直在拐卖妇女，便对乙说："我的表弟丙没有老婆，你有合适的就告诉我一下。"不久，乙将拐骗的两名妇女带到甲家，甲与丙将其中一名妇女买下给丙做妻。甲既成立拐卖妇女罪的共犯，也成立收买被拐卖的妇女罪。（选自2008年卷2第13题）

提示： 以上表述是错误的。由于甲是因为得知乙一直在拐卖妇女，因此，甲对乙说的那句话便不能认定为拐卖妇女罪的教唆行为，至多是收买被拐卖的妇女罪的预备行为，所以甲仅成立收买被拐卖的妇女罪。

由于本罪不是重罪，难以包容收买被拐卖的妇女、儿童以后实施的更为严重的犯罪，所以收买被拐卖的妇女、儿童，同时实施强奸、非法拘禁、伤害、侮辱等犯罪行为的，应数罪并罚。

收买被拐卖的儿童，对被买儿童没有虐待行为，不阻碍对其进行解救的，可以从轻处罚，但不能减轻或者免除处罚。在公安、司法机关排查来历不明儿童或者进行解救时，将所收买的儿童藏匿、转移或者实施其他掩饰、隐瞒行为的，属于阻碍对其进行解救。收买被拐卖的妇女，按照被买妇女的意愿，不阻碍其返回原居住地的，可以从轻或者减轻处罚，但不能免除处罚。收买被拐卖的妇女，业已形成稳定的婚姻家庭关系，解救时被收买的妇女已成年，且自愿继续留在当地共同生活的，对收买人可以视为按照被买妇女的意愿，不阻碍其返回原居住地。

二、主观要件

本罪在主观方面是故意，行为人明知对方是被拐卖的妇女、儿童而决意加以收买的，就应当成立本罪。收买的动机在不同案件中各不相同，有的是为了结婚，有的是为了收养或者供其淫乐，动机如何对成立犯罪没有影响。

第九节　侵犯公民个人信息罪

相关法条及司法解释：
《刑法》第 253 条之一
最高人民法院、最高人民检察院《关于办理侵犯公民个人信息刑事案件适用法律若干问题的解释》

侵犯公民个人信息罪，是指违反国家有关规定，向他人出售或者提供公民个人信息，情节严重，以及窃取或者以其他方法非法获取公民个人信息的行为。

一、保护法益

本罪保护的法益是公民个人的信息自由、安全和隐私权。公民对个人信息享有隐私、自由使用的权利，未经公民个人许可，任何组织和个人都不得披露或买卖该信息。特别是在大数据时代，公民个人的日常生活离不开信息网络或现代通讯工具，传统的个人隐私保护方式基本上失效，保存、使用和管理个人隐私的企业侵犯个人信息变得很容易，刑法必须通过对侵犯个人信息的非法获取、出售、提供行为进行惩处，来预防、减少公民个人信息在现代社会所承受的各种被侵害的风险。

二、客观要件

本罪在客观方面表现为违反国家有关规定，向他人出售或者提供公民个人信息，情节严重，以及窃取或者以其他方法非法获取公民个人信息的行为。

公民个人信息，包括姓名、职业、职务、年龄、婚姻状况、学历、专业资格、工作经历、家庭住址、电话号码、信用卡号码、指纹、网上登录账号和密码等能够识别公民个人身份的信息。实践中大量被出售或非法获取的公民个人信息包括购物网站订单数据信息、通话清单、股民资料、车主名单、移动电话定位信息、户籍资料、宾馆住宿登记信息、航空记录、出入境信息、个人信用报告等。

出售，是指将公民信息出卖给他人从中牟利的行为。提供，是指虽无牟利事实，但不应将自己掌握的公民信息提供给他人，而予以提供的一切行为。将公民个人信息出售或者提供给他人的行为，必须情节严重的，才构成本罪。

向他人出售或者提供公民个人信息，以行为违反"国家有关规定"为前提。这里的"国家有关规定"的范围要比"国家规定"广，大量规定在法律规范的位阶上要远低于国家规定。根据《刑法》第96条的规定，本法所称违反国家规定，是指违反全国人民代表大会及其常务委员会制定的法律和决定，国务院制定的行政法规、规定的行政措施、发布的决定和命令。本罪之所以使用违反"国家有关规定"的表述，主要是因为在公民个人信息保护方面，目前还没有全国人大或者国务院层面的任何限制性或者列举性法律、法规。那么，行为没有违反全国人民代表大会及其常务委员会制定的法律和决定，国务院制定的行政法规、规定的行政措施、发布的决定和命令，但是，在国家相关互联网信息管理和承担公民信息保护的有关部委或行业协会对禁止出售或者提供公民个人信息有强制性规定时，违反相关规定的，也属于违反"国家有关规定"。

向他人出售或者提供公民个人信息，情节严重的，才构成本罪。这里的"情节严重"，包括出售、提供公民个人信息获利较大；多次出售或非法提供；向多人出售或非法提供；将公民个人信息提供给境外组织；公民个人信息被他人用于违法犯罪目的等情形。

窃取公民个人信息，是指以平和手段不法获取他人信息的行为。其他方法，包括以欺骗、收买等方式非法获取公民个人信息。实施窃取或者以其他方法非法获取公民个人信息的行为，即构成本罪，不要求情节严重（抽象危险犯）。

【真题】郑某冒充银行客服发送短信，称张某手机银行即将失效，需重新验证。张某信以为真，按短信提示输入银行卡号、密码等信息后，又将收到的编号为 135423 的"验证码"输入手机页面。后张某发现，其实是将 135 423 元汇入了郑某账户。郑某成立侵犯公民个人信息罪。（选自 2017 年卷 2 第 17 题）

解析：上述结论是错误的。成立非法侵犯公民个人信息罪，要求情节严重。最高人民法院、最高人民检察院《关于办理侵犯公民个人信息刑事案件适用法律若干问题的解释》第 5 条规定：非法获取、出售或者提供行踪轨迹信息、通信内容、征信信息、财产信息 50 条以上的应认定为"情节严重"。本题中的郑某显然未达到情节严重的入罪标准。

本罪的主体是一般主体。享有社会管理职权或者为公众提供公共服务，容易接触到大量公民个人信息的国家机关、金融、电信、交通、教育、医疗等单位的工作人员，违反国家有关规定，将在履行职责或者提供服务过程中获得的公民个人信息，出售或者提供给他人的，从重处罚（不真正身份犯）。

三、主观要件

本罪在主观方面是故意，即行为人明知自己的行为违反国家有关规定，仍然将公民个人信息出售或者提供给他人，以及窃取或者以其他方法非法获取公民个人信息。过失泄露公民个人信息的，不构成本罪。

第十七章
侵犯财产权利罪

第一节　抢劫罪

相关法条及司法解释：
《刑法》第 263 条、第 269 条
最高人民法院《关于审理抢劫案件具体应用法律若干问题的解释》
最高人民法院《关于审理抢劫刑事案件适用法律若干问题的指导意见》

抢劫罪，是指以非法占有为目的，使用暴力、胁迫或者其他方法，强行劫取公私财物的行为。

一、保护法益

本罪侵害的法益具有复杂性：一方面，行为人违反被害人的意思取得了财物，侵犯了他人的财产占有权；另一方面，也侵犯了被害人的生命、身体、自由和生活平稳。行为样态对人身法益具有高度危险性，这是其与其他财产犯罪相区别的重要标志。

抢劫罪所侵犯的财物只限于他人占有的动产，自己的动产被他人占有时可以成为本罪对象。不动产一般不能成为本罪的对象，但是，使用暴力、胁迫压制不动产所有人、占有人的反抗，转移登记名义，取得不动产处分可能性的，可以认定为抢劫罪。

此外，使用暴力、胁迫取得财产上的非法利益的行为也构成抢劫罪。例如，为免除赌债对债权人实施暴力的，骗取毒品以后为免付价金而使用暴力的，都是在不法原因给付的场合非法占有他人利益的行为。

【真题】甲欠乙 10 万元久不归还，乙反复催讨。某日，甲持凶器闯入乙家，殴打乙致其重伤，逼迫乙交出 10 万元欠条并在已备好的还款收条上签字。（选自 2010 年卷 2 第 17 题）

解析：上例中甲欠乙10万元，乙对甲享有10万元债权，甲采用暴力逼迫乙交出欠条并在还款收条上签字，意味着乙享有的10万元债权的财产性利益被剥夺，因此，甲成立抢劫罪。

本罪的被害人一般而言是暴力、胁迫的承受者。但当行为人对他人实施暴力、胁迫是为了排除障碍，以便于其顺利夺取财物，在财物的交付者和暴力、胁迫的承受者不一致但处于同一场所的情况下，本罪的成立也不受影响。例如，对商场的保安实施暴力，然后从营业员手中夺取金银首饰的，也是抢劫罪。

二、客观要件

本罪在客观方面表现为使用暴力、胁迫或者其他方法强取财物的行为。本罪成立的逻辑线索是：使用暴力、胁迫或者其他方法→压制对方反抗→强取财物。

1. 手段行为

暴力，一般是指行为人对被害人的身体实施打击或强制，其在多数场合下表现为危险、凶残的杀伤行为，以使对方完全丧失反抗能力，但有时也不一定要直接针对人体实施，对物使用有形力也是暴力。换言之，暴力要最终指向人，但是可以不直接针对人，即使对物施加有形力，只要其能抑制被害人的意思、行动自由，就是抢劫罪中的暴力。

胁迫，是指告知对方将要对其予以加害，以对其进行精神强制。胁迫的方式包括语言、动作、手势、邪恶的眼神等，法律未作限制。胁迫者是否真正具有当场加害意思和加害能力，都不影响胁迫的成立；至于被胁迫者应当是在一定程度上能够理解胁迫内容的、有意识的自然人，法人没有意识能力，其在精神上不可能受到压制。

其他方法，是指除暴力与胁迫方法之外，采用使被害人不知反抗或丧失反抗能力的方法，如用酒灌醉、用药物麻醉（昏醉抢劫）等。这些方法的共同特征是都能够导致被害人被灌醉、被麻醉后陷入人事不省、难以自我决定和自我行动的境地，所以，在本质上和暴力、胁迫足以压制被害人反抗相同。行为人实施使被害人陷入意识障碍的方法（例如劝酒）之后，才产生夺取财物的意思，事后也的确取得财物的，只构成盗窃罪。

抢劫罪的暴力、胁迫足以压制被害人的反抗，并不等于事实上完全压制被害人的反抗，更不要求行为具有危害生命、健康的性质。至于被害者的反抗是否足以被压制，要结合犯罪者和被害人的人数、年龄、性别、犯罪行为的时间、场所以及附随状况、凶器的有无、使用方法等具体事项对暴力、胁迫的性质进行客观判断（客观说）。实施暴力、胁迫，从一般人认同的社会观念上看到足以压制被害者反抗的程度即可，也就是被害者的反抗已经现实地有困难，这是从客观的基准出发看待问题，而不是从行为人、被害者的主观感受的角度来考虑反抗是否被压制的问题。

【真题】张某到加盟店欲批发1万元调味品，见甲态度不好表示不买了。甲对张某拳打脚踢，并说"涨价2000元，不付款休想走"。张某无奈付款1.2万元买下调味品。（选自2012年卷2主观题，事实四）

解析：上例中的甲应当成立的是强迫交易罪，而非抢劫罪。强迫交易罪在客观方面也表现为使用暴力、威胁手段，但是这里的暴力、威胁手段不应当达到足以压制他人反抗的程度，同时，还存在一个对价基本相当的交易行为，否则即应认定为抢劫罪。上例中甲与张某的交易对甲基本可以说相当，还未达到与正常市场价相差严重悬殊的程度，更重要的是，无法认定甲的行为属于达到了压制他人反抗程度的暴力、威胁，因此，甲不应认定为抢劫罪。

就社会中多数人的判断而言，暴力、胁迫没有达到压制反抗的程度，但是在被害人特别胆小且行为人对此也知情的场合，实施程度很低的暴力、胁迫，此时应当认为，行为客观上没有达到足以压制被害人反抗的程度，即使行为人对被害人的特殊情况熟知且主观上有抢劫的故意，但由于暴力、胁迫程度较轻，欠缺抢劫手段的定型性，不存在抢劫的实行行为，犯罪人对某些特殊事项的认知不能成为决定抢劫罪中的暴力、胁迫行为是否存在的标准。

2. 结果行为

（1）当场

使用暴力、胁迫或者其他方法，当场取得财物的，才能构成抢劫罪。当场意指暴力、胁迫手段和财物取得之间具有时间上、场所上的紧密连续性，但是对"当场"的理解又不能过于狭隘，使用暴力迫使被害人交付财物，但被害人身无分文，行为人长时间跟随被害人到距离相当远的场所取得财物的，也是"当场"。实施暴力、胁迫当场未取得财物，要求被害人日后交付财物的，构成抢劫罪未遂和敲诈勒索罪。

（2）强取

强取是在实施暴力、胁迫以后使财物转移的行为。被害者的反抗被暴力、胁迫所压制后，自动交付财物的、放置财物逃走的，或者行为人直接夺取财物的，以及实施程度较高的暴力、胁迫，在被害人来不及反应的瞬间就将财物夺走的，行为人都构成强取。

应当认为，暴力、胁迫行为和财产的强取之间应当有因果关系，才能成立抢劫罪既遂。抢劫罪的本质是实施暴力、胁迫手段夺取财物，暴力、胁迫手段必须是基于强取的意思实施，强取的结果是在实施暴力、胁迫以后才得以实现的。所以，为抢劫财物对被害人使用暴力，被害人在逃跑过程中财物丢失，行为人由此捡拾财物的，成立抢劫罪未遂和侵占罪。

抢劫行为人为排除障碍、杀害被害人后取得财物的，构成抢劫罪，不再成立故意杀人罪。但是，以强取的意思杀害被害人后取得财物的，在时间、场所上必须有紧密联系，并且取得财物的计划是在着手杀人以前就形成的。例如，杀人时没有强取的故意，10天以后才想起被害人可能有财产，又进入其住宅取得财物的；杀害被害人并在尸体掩埋数周后又挖掘坟墓取得被害人随葬品的，都无法认定为抢劫罪。

【真题】甲、乙等人伪装乘客登上长途车。甲用枪控制司机，令司机将车开到偏僻路段；乙等人用刀控制乘客，命乘客交出随身财物。一乘客反抗，被乙捅成重伤。财物到手下车时，甲打死司机。（选自2012年卷2第59题）

解析：上例中的甲、乙等人通过分工的形式采用暴力强取他人财物，成立抢劫罪的共同正犯。乙在乘客反抗时将其捅成重伤，属于抢劫罪的暴力手段行为，不再另行认定为故意伤害罪，属于抢劫致人重伤的加重情节。但甲在财物到手，即抢劫罪既遂后，将司机杀死的行为，属于抢劫既遂后基于湮灭罪证等动机实施的故意杀人行为，应当以故意杀人罪与抢劫罪数罪并罚。

开始实施作为抢劫手段的暴力、胁迫行为，就是本罪的着手。关于抢劫罪的既遂标准，从理论上看，既然抢劫罪是侵犯财产犯罪，其既遂标准就应该坚持取得（控制）说。取得，包括取得行为和取得意思，行为人在接过他人财物的瞬间又将财物返还的，可以认为其没有取得意思，并未实际取得被害人财物，仍然只能成立本罪未遂。

但是，最高人民法院《关于审理抢劫、抢夺刑事案件适用法律若干问题的意见》指出，抢劫罪侵犯的是复杂客体，既侵犯财产权利又侵犯人身权利，具备劫取财物或者造成他人轻伤以上后果两者之一的，均属抢劫既遂；既未劫取财物，又未造成他人人身伤害后果的，属抢劫未遂。据此，《刑法》第二百六十三条规定的八种处罚情节中除"抢劫致人重伤、死亡的"这一结果加重情节之外，其余七种处罚情节同样存在既遂、未遂问题，其中属抢劫未遂的，应当根据刑法关于加重情节的法定刑规定，结合未遂犯的处理原则量刑。按照上述司法解释的规定，只要造成取财或者轻伤以上后果二者之一即既遂。理论上，司法解释的这一规定显然没有考虑刑法分则将抢劫罪规定在侵犯财产罪一章的事实，是否合理值得商榷。

三、主观要件

本罪主观方面是故意，行为人必须有强取他人财物的意思，并对财物必须通过暴力、胁迫等违反被害人意志的方法才能取得有所认识。为实现其他犯罪目的而对被害人实施暴力、胁迫行为，在此过程中产生夺取财物的意思并取得财物的，也应当认为有抢劫的意思。例如，绑架他人，在使用暴力捆绑被害人过程中，发现其佩戴有相当价值的金银首饰，将其强行取下的，成立抢劫罪。

比较有争议的问题在于，为实现其他犯罪目的而对被害人实施暴力、胁迫之后，才产生强取财物的意思的，能否认定为具有抢劫的意思？有观点认为成立抢劫罪，有观点认为只能成立盗窃罪。我们认为，成立盗窃罪的结论更为合理。如果将行为人为犯其他罪而实施的暴力、胁迫行为再作为抢劫罪的手段行为，则属于对一个手段行为作了两次评价，扩大了抢劫罪的成立范围，有违罪刑法定主义。但是，需要提醒考生注意的是，最高人民法院《关于审理抢劫、抢夺刑事案件适用法律若干问题的意见》规定，行为人实施伤害、强奸等犯罪行为，在被害人未失去知觉，利用被害人不能反抗、不敢反抗的处境，临时起意劫取他人财物的，应以此前所实施的具体犯罪与抢劫罪实行数罪并罚；在被害人失去知觉或者没有发觉的情形下，以及实施故意杀人犯罪行为之后，临时起意拿走他人财物的，应以此前所实施的具体犯罪与盗窃罪实行数罪并罚。

此外，抢劫罪的成立，还要求行为人具有非法占有目的（不法取得意思）这一"主观的超过要素"。

四、认定

（一）准抢劫罪

根据《刑法》第 269 条的规定，犯盗窃罪、诈骗罪、抢夺罪，为窝藏赃物、抗拒抓捕或者毁灭罪证当场使用暴力或者以暴力相威胁的，依照抢劫罪的规定定罪处罚。成立准抢劫罪，必须具备三个条件：有盗窃、诈骗、抢夺行为；当场使用暴力或以暴力相威胁；具有特定目的。

1. 有盗窃、诈骗、抢夺行为。在此需要注意：第一，不需要前行为的盗窃、诈骗、抢夺行为必须既遂，如盗窃、诈骗、抢夺虽未达到数额较大标准，为窝藏赃物等当场使用暴力或以暴力相威胁，同样成立准抢劫罪。第二，前行为属于特殊类型的盗窃（盗窃林木等）、诈骗（合同诈骗等），只要其具有侵犯财产性质，符合盗窃、诈骗、抢夺罪的构成要件，仍然能够成立准抢劫罪。第三，犯罪人有抢劫意图，以平和手段取得财物以后，为确保占有而使用暴力、胁迫的，直接认定为抢劫罪，不适用准抢劫罪的规定。

2. 当场使用暴力或以暴力相威胁。第一，暴力、胁迫的对象可以是盗窃、诈骗、抢夺受害人以外的第三人，但不能是针对使用暴力、胁迫者自身。第二，暴力、胁迫的程度必须和抢劫罪手段行为的暴力、胁迫程度相当，即要达到足以压制被害人反抗的程度。第三，当场，除了实施盗窃等行为的现场外，还包括从现场延伸的场所，即行为人刚离开现场，就被他人追捕、跟踪而被迫停留下来的场所。

3. 目的是为了窝藏赃物、抗拒抓捕或者毁灭罪证。抗拒抓捕包括在实施财产犯罪的当时被发现而实施暴力抗拒被害人、其他目击者或者警察的缉拿、围攻，也包括在被抓捕后的押解途中使用暴力逃脱；但是，盗窃后逃跑，在离现场200米处，偶然遇到警察质问而对警察使用暴力的，不成立事后抢劫罪，因为此时的暴力与先前的盗窃事实没有关联性。

事后抢劫罪的既遂标准，应当以实施暴力、胁迫之后是否取得财物为判断标准，而不能以先前的盗窃、诈骗、抢夺罪是否既遂为标准。

盗窃、诈骗、抢夺既遂，为窝藏赃物等当场使用暴力或以暴力威胁，但财物最终被他人夺回的，是事后抢劫罪未遂。

盗窃、诈骗、抢夺已取得财物，为防止被害人夺回该财物而着手实施暴力或者威胁之后占有该财物的，是抢劫罪既遂。

实施盗窃、诈骗、抢夺未取得财物，但为抗拒抓捕等而着手实施暴力、威胁并达到目的的，由于未取得财物，只能构成抢劫罪未遂。

特别需要指出的是，根据最高人民法院《关于审理未成年人刑事案件具体应用法律若干问题的解释》的规定，已满14周岁不满16周岁的人盗窃、诈骗、抢夺他人财物，为窝藏赃物、抗拒抓捕或者毁灭罪证，当场使用暴力，故意伤害致人重伤或者死亡，或者故意杀人的，应当分别以故意伤害罪或者故意杀人罪定罪处罚。已满16周岁不满18周岁的人犯盗窃、诈骗、抢夺罪，为窝藏赃物、抗拒抓捕或者毁灭罪证而当场使用暴力或者以暴力相威胁的，应当依照《刑法》第269条的规定定罪处罚；情节轻微的，可不以抢劫罪定罪处罚。根据该解释，已满14周岁未满16周岁者实施事后抢劫行为的，只有在暴力致人重伤或者死亡时，才以故意杀人罪或故意伤害罪追究刑事责任，如果没有致人死亡或重伤，则不以犯罪论处，即不能论以抢劫罪。

（二）加重型抢劫罪

关于加重型抢劫罪，需要认真掌握最高人民法院印发的《关于审理抢劫、抢夺刑事案件适用法律若干问题的意见》中关于"入户抢劫""在公共交通工具上抢劫""多次抢劫"加重情节的认定。此外，还需注意以下几点：

1. 关于"抢劫致人重伤、死亡"。第一，致人重伤，包括了过失致人重伤，也包括故意致人重伤。第二，致人死亡，包括故意杀人。但是，以抢劫罪从重论处的杀人取财行为，仅限于为了当场取得财物而当场将他人杀死的情形。在抢得财物后，出于灭口、报复或者其他动机将被害人杀死的，应以抢劫罪和故意杀人罪数罪并罚。第三，致人死伤的对象不限于财物的占有者、所有者，只要是直接或者间接地对抢劫及其关联行为有所妨碍的人便可。第四，抢劫行为人对死伤结果至少有过失，否则不应当对死伤结果负责。如抢劫引起被害人自杀的。第五，既遂的判断仍然应以是否取得财物为标准。

2. 关于"冒充军警人员抢劫"。第一，既包括根本不具有军人或警察身份者冒充军人或警察抢劫，也包括具有军人身份冒充警察、具有警察身份者冒充军人，或者具有此种军警人员身份冒充彼种军警人员身份。第二，不以行为人非法身着军警人员制式服装、配备军警械具或持有、向被害人出示伪造或冒用的身份证件为限。第三，冒充军警人员以查禁违法犯罪行为为名，向他人攫取财物，应以实际实施的客观行为是否具有暴力、胁迫为标准，如果有则是抢劫，否则应论以招摇撞骗罪。

第二节　抢夺罪

相关法条及司法解释：
《刑法》第 267 条
最高人民法院《关于审理抢劫、抢夺刑事案件适用法律若干问题的解释》

抢夺罪，是指对物实施有形力，夺取被害人紧密占有的财物，尚未达到抑制占有人自由意思程度的行为。

一、客观要件

本罪在客观方面表现为抢夺他人占有的财物的行为。

【真题】甲明知行人乙的提包中装有毒品而抢夺，毒品虽然是违禁品，但也是财物。甲的行为成立抢夺罪。（选自 2010 年卷 2 第 59 题，D 选项）

解析：上述表述是正确的。一般认为，财产犯罪保护的法益既包括财产所有权，也包括对财物的占有，而这里的占有既包括合法占有，也包括非法占有。对于违禁品，尽管国家禁止个人持有，但是任何第三人都不得随意变更他人对违禁品的占有状态，否则更会造成违禁品的恣意流转，危害社会。因此，对违禁品的占有在刑法上也应予以保护。甲明知他人提包中装有毒品仍然抢夺，由于毒品具有价值，所以成立抢夺罪。

抢夺，是指公开夺取财物，或者说在被害人当场可以得知财物被抢的情况下，骤然实施夺取行为，其具体表现为对财物在一瞬间实施外力、有形力（对物暴力），但该力量并不直接对人实施，即不是用暴力行为直接压制被害人的反抗，而是通过作用于财物的外力和有形力夺取财物。抢夺行为在实践中多数表现为趁财物占有人毫无防备之际，出其不意，使其无法及时作出反应，来不及反抗而对财物强加夺取。

通说将抢夺行为界定为趁人不备，公然实施，可能值得研究。就趁人不备而言，盗窃罪中的窃取行为，也是趁人不备。所以，将乘人不备作为抢夺罪的客观要素，不能区别盗窃与抢夺行为。就公然实施而言，应该承认多数抢夺罪是公然实施的，即抢夺行为发生在公共场所，在不特定多数人在场的情况下实施。但是，抢夺罪的成立又不以此为限，在一间密室里，只有行为者和财物占有者在场，行为人明知被害人当场可以发现财物被夺取而突然把财物夺走的，行为不是公然实施，但也必须认定为抢夺行为。

抢夺的具体方式大致有两种：一是趁人不备的抢夺。例如，利用被害人注意力不集中的瞬间直接从财物所有人或保管人手中、身上或者足以被评价为紧密占有者的身边用力夺走财物，如用力夺走被害人手中的提包；拿起被害人放在身边的财物（如柜台上、座椅旁的财物）逃跑。二是创造他人不注意的机会然后夺取财物。例如，欺骗他人使之转移注意力，然后将财物从被害人手上或形成紧密占有关系的人的身边夺走；以自行车、摩托车撞击他人，趁机取得被害人财物等。

【真题】甲与乙女因琐事相互厮打时，乙的耳环（价值8 000元）掉在地上。甲假装摔倒在地迅速将耳环握在手中，乙见甲摔倒便离开了现场。甲的行为成立抢夺罪。（选自2010年卷2第59题，B选项）

解析：上述选项表述错误。甲并未对物采用暴力的手段夺取，同时甲也并未创造趁他人不注意的机会夺取财物，甲只是单纯利用他人对于财物的占有松弛的状态，采取平和的手段变他人占有为自己占有，因此只能成立盗窃罪。

明知他人可能密切关注某一事项或财物，但仍然在他人的注目下将财物突然取走，在不具有伤害人身可能性时，不是抢夺。例如，选购金银首饰时，接过售货员递来首饰即转身逃走的，应定性为盗窃。再如，出租车司机见乘客下车，且后者还没有作出拿取东西的动作时，即迅速驾车逃离的，行为人构成盗窃罪。因为乘客没有作出任何从车内取东西的动作，而财物放置在汽车上，乘客对该财物只是通常的占有而非紧密占有。但是，如果行为人在乘客准备取车上的财物之时驾车逃离的，此时，由于乘客拿取财物的行为表明了其与财物之间的紧密占有关系，且驾车逃离行为有对被害人的人身造成侵害的危险，因而应当成立抢夺罪。又如，甲在室外遛狗，乙抢夺甲牵狗的绳子拔腿就跑，是抢夺；乙只是趁甲不防备之际，将在甲身后2米但并未系遛狗绳的狗抱起来逃走，是盗窃。

作为夺取型犯罪，抢夺罪是介于抢劫罪和盗窃罪之间的一种违反财物占有人意思而转移财物占有的犯罪类型，所以抢夺罪和盗窃罪、抢劫罪之间的界限有时难以判断。

就本罪和抢劫罪的区分而言，本罪中的"抢"决定了本罪的不法有形力可能就是达到一定程度的暴力（通俗地说，就是行为人一定要"动粗"）。但是，这种暴力只是对物实施，暴力手段的采用不是为了压制被害人的反抗。换言之，暴力行为是否直接针对人身，是否属于为了直接排除取得财物的障碍，使财物占有者心生恐惧而不敢抗拒、来不及抗拒或者不知抗拒，是区分抢劫罪和抢夺罪的关键。例如，犯罪人利用汽车、摩托车等交通工具趁被害人不注意之际从其背后将财物夺走的，就不能一律认定为抢夺罪或者抢劫罪。

就本罪和盗窃罪的界限而言，本罪中的"抢"和"夺"都决定了行为存在"骤然的"对物的暴力（对财物"动粗"），其侵害的一定是他人对财物的紧密占有，相对松弛的占有不需要使用暴力，采用相对和平的窃取手段就可以取得，这样说来，本罪和盗窃罪通常侵害的松弛占有并不相同。例如，行为人在商场试戴手表，骗售货员说"那边的顾客也要试表"，待售货员转身离开之际，戴着手表夺门而去的，只成立盗窃罪。

再如，A 得知 B 要转让一辆旧车（价值 4 万元），就试图不法占有该车。某日，A 与 B 联系，提出试车然后购买的要求。次日，当二人驾车到某单位大楼时，A 对 B 说："你帮我到五楼财务室叫我妻子将银行卡拿下来，我们一起去银行取款，将你的车款付清。"B 遂上楼找人，但工作人员说并无此人。B 大惊失色，连忙下楼，走到二楼时，眼睁睁看着 A 将车开走。

上例中，A 的行为并没有使用任何的暴力手段，不是对物暴力的夺取，其采取平和的手段破坏他人对财物的占有，建立自己的占有，只能构成盗窃罪。此外，需要提醒注意的是，A 也不能构成诈骗罪，尽管 A 欺骗 B 上楼找人，但 B 并没有将自己的旧车处分给 A 的意思，因此不成立诈骗罪。

实施抢夺行为，附带造成被害人重伤、死亡等后果的，同时构成抢夺罪与过失致人重伤、过失致人死亡等罪的，从一重罪处断。例如，抢夺被害人佩戴的金银首饰，偶然导致被害人摔伤、死亡的，属于一行为触犯数罪名的情况，构成想象竞合犯，应从一重罪处断。当然，在以一罪处理实质上不合理时，也可以考虑数罪并罚。

抢夺罪的既遂应以取得说作为标准，即以行为人是否已实际取得财物的占有权、控制该财物作为区分既遂与未遂的基本标准。行为人在公然夺取财物的当场又被财物占有人将财物取回，没有实际取得占有，是抢夺未遂；行为人由于当场被追捕而抛弃抢夺的财物的，属于取得财物之后处分赃物的行为，应成立犯罪既遂。

二、主观要件

本罪在主观方面具有故意，并具有不法取得的意思。行为人对他人与其占有财物之间较为紧密的支配关系有所认识。确实是将他人占有的财物误认为是任意放置的财物的，阻却本罪故意，可能构成侵占罪而不构成本罪；行为人要对自己不法有形力的骤然性有认识。由于行为人对被害人是否能够当场、立即发现往往并不在乎，所以为强取他人财物，行为人对使用不法有形力而发生侵害人身的结果可能存在放任态度。

除具有抢夺故意外，成立本罪还要求有为自己或他人而非法占有财物的目的。为督促债务人履行债务而夺取财物，声言一旦债权债务关系消灭即行归还原物的，不具有非法占有目的，不构成本罪。

抢夺动产时毁坏财物，如甲明知乙对某一名贵字画握得很紧仍然予以抢夺，但只拿到撕破的半张画的，行为人具有非法占有目的，同时对损害财物效用持放任态度，成立本罪和故意毁坏财物罪的想象竞合犯。

三、认定

（一）携带凶器抢夺

根据《刑法》第 267 条第 2 款的规定，携带凶器抢夺的，以抢劫罪定罪处罚。

按照有关司法解释，携带凶器抢夺，是指行为人随身携带枪支、爆炸物、管制刀具等国家禁止个人携带的器械进行抢夺或者为了实施犯罪而携带其他器械进行抢夺的行为。

如果《刑法》第 267 条第 2 款属于注意规定，就意味着携带凶器抢夺的行为，只有同时符合《刑法》第 263 条关于抢劫罪的规定，即行为人必须要使用携带的凶器，实施暴力、胁迫或者其他方法，才能以抢劫罪定罪处罚；如果说《刑法》第 267 条第 2 款属于法律拟制，则意味着只要携带凶器抢夺，即使没有使用凶器的行为，不符合《刑法》第 263 条关于抢劫罪的规定，也必须以抢劫罪论处。

将本款作为法律拟制是有道理的，即只要行为人携带凶器抢夺的，就以抢劫罪论处，而不要求行为人使用暴力、胁迫或者其他方法。如果没有《刑法》第 267 条第 2 款的法律拟制，司法机关对携带凶器抢夺的行为，只能认定抢夺罪，而不会认定为抢劫罪。在这种情况下，刑法仍然规定对携带凶器抢夺的行为以抢劫罪论处，就说明本款属于法律拟制，而非注意规定。

1. 凶器的含义与认定

凶器，是指外观上足以使人产生危险感、不安感，客观上足以对他人的生命、身体、安全构成威胁，具有杀伤危险性的器物，其种类并无限制。凶器必须是用于杀伤他人的器具，因此仅具有毁坏物品的特性而不具有杀伤他人功能的器具，不属于凶器。一般而言，凶器可以分为性质上的凶器和用法上的凶器。性质上的凶器，如枪炮、刀剑等有直接杀伤力、任何人在任何时候都能感受到其是威胁性的器械；用法上的凶器，即该器具本身不是为了满足杀伤他人的目的而制造或者存在的，例如，木棒、切菜用的刀具、砖块、电工用品等，但是这些东西被用于杀伤目的时，根据一般的、通行的社会观念，就可以认定这些东西就是凶器。如劈柴用的斧头，用于劈柴时不是凶器，但用于杀伤他人时则是凶器。

某一器具是否可以评价为凶器，必须考虑：（1）根据一般社会观念，一般人在面对该器具时，是否会产生危险感觉，如果某种器具在外观上不会使人产生危险感，就难以被认定为凶器。（2）该器具本身杀伤力的高低，杀伤机能低的器具，不可能是凶器，所以，行为人使用各种仿制品，如塑料制成的仿真手枪、自动步枪、匕首等，虽然外观上与真实的凶器一样，但由于其杀伤他人的物理性能较低，不能认定为凶器。（3）在司法认定上，该器具用于杀伤目的的可能性程度。（4）器具被携带的必要性、合理性大小，即携带凶器抢夺的行为是否异常、是否易于被他人模仿。例如，一般人外出时，不会随身携带斧头，携带该器具抢夺的，理应认定携带凶器抢夺。

行为人随身携带国家禁止个人携带的器械以外的其他器械抢夺，但有证据证明该器械确实不是为了实施犯罪而携带的，不以抢劫罪定罪。

2. 携带的认定

携带，是指在公共场所或者其他个别人行动的场所，将某种物品带在身上或者置于身边，将其置于现实支配之下的行为。携带和持有在这里没有本质区分。手持凶器、怀中藏着凶器、将凶器置于衣服口袋、将凶器置于随身的手提包等行为都属于携带凶器。

【真题】 甲驾驶汽车抢夺乙的提包，汽车能致人死亡属于凶器。甲的行为应认定为携带凶器抢夺罪。（选自 2010 年卷 2 第 59 题，A 选项）

解析： 上述表述是错误的。携带凶器抢夺，首先应当考虑凶器被携带的可能性，一般语义理解的携带，是指随身带着，因此，凶器必须具有随身带着的可能性才能被"携带"，而汽车显然不可能具有随身携带的可能性。因此，驾驶汽车抢夺财物的，不能被评价为携带凶器抢夺。

携带凶器应具有随时可能使用或当场能够及时使用的特点。[①] 反过来也可以说，只要行为人一旦遇到反抗，就可以迅速使用凶器，在客观上就符合了携带凶器的条件。因此，不要求行为人显示凶器（将凶器暴露在身体外部），也不要求行为人向被害人暗示自己携带着凶器。携带凶器更不要求行为人使用所携带的凶器，如果行为人使用所携带的凶器强取他人财物，则完全符合抢劫罪的构成要件，应直接适用《刑法》第 263 条的规定；只有当行为人在携带凶器而又没有使用凶器的情况下抢夺他人财物的，才适用第 267 条第 2 款的规定。

行为人必须以实施抢夺或者其他犯罪之目的而携带凶器（携带凶器意识），才能构成抢劫罪。换言之，对凶器的携带必须是行为人有意为之，否则不成立携带凶器抢夺。要求行为人具有携带意识，应当包括两种情况：一是行为人在抢夺前为了使用而携带该器具；二是行为人出于其他目的携带可能用于杀伤他人的器具，在现场意识到自己所携带的凶器进而实施抢夺行为的，也应当认定为携带凶器抢夺。反之，如果行为人并非为了犯罪而携带某种器具，实施抢夺时也没有准备使用的意识，则不能适用《刑法》第 267 条第 2 款的规定。

携带凶器实施盗窃行为，仍然只构成盗窃罪；虽携带凶器，但只有杀人故意，杀人之后临时起意取得被害人财物的，构成故意杀人罪和盗窃罪，不存在携带凶器抢夺的问题。

行为人只要抢夺时携带凶器即可，并不以携带之初有使用、行凶的意图（行凶意识）。因为携带凶器的客观危险性在于一旦被害人实施反抗，行为人在现场就随时可能对之加以使用，从而侵害被害人的生命与身体，事前有无使用凶器的谋划并不影响凶器本身对被害人形成威胁感。至于携带的凶器在抢夺过程中是否实际投入使用，对抢劫罪的成立更是无关紧要。所以，构成转化型抢劫罪只需要行为人有"携带意识"，而不要求具有"行凶意识"，有意携带和有意行凶是不同的概念。行为人将随身携带的凶器有意加以显示、能为被害人直接察觉到的，直接适用《刑法》第 263 条抢劫罪的规定。

携带凶器实施抢夺行为，为窝藏赃物、抗拒抓捕或者毁灭证据而当场使用凶器的，直接适用《刑法》第 267 条第 2 款，无须适用第 269 条准抢劫罪的规定。在此过程中，杀伤被害人的，属于使用携带的凶器的情形，不再单独定故意杀人罪、故意伤害罪。

携带性质上的凶器准备抢夺，犯罪在预备阶段就被停止下来或者抢夺未遂的，分别构成抢劫罪的预备、未遂，而不是抢夺罪的预备和未遂。

（二）飞车抢夺

飞车抢夺的对象是被害人的财物，而不是被害人的人身，行为人不是故意对被害人人

---

① 张明楷. 刑法分则的解释原理（下）. 2 版. 北京：中国人民大学出版社，2011：657.

身使用暴力，因此对飞车抢夺不能认定为抢劫罪，而只能以抢夺罪定罪处罚。

不过，在飞车抢夺过程中，具有下列情形之一的，应当以抢劫罪定罪处罚：

（1）驾驶车辆逼挤、撞击或强行逼倒他人以排除他人反抗，趁机夺取财物的；

（2）驾驶车辆强抢财物时，被害人不放手而采取强拉硬拽方法劫取财物的；

（3）明知其驾驶车辆强行夺取他人财物的手段会造成他人伤亡的后果，仍然强行夺取并放任造成财物持有人轻伤以上后果的。

【真题】甲骑着摩托车抢夺乙的背包，乙使劲抓住背包带，甲见状便加速行驶，乙被拖行十多米后松手。甲的行为属于情节特别严重的抢夺罪。（选自 2010 年卷 2 第 59 题，C 选项）

解析：上例表述是错误的，甲应成立抢劫罪。乙抓住财物不放手，甲仍然驾驶车辆加速行驶，此时甲的行为已经属于对人使用暴力，并且达到了压制被害人反抗的程度，应当直接认定为抢劫罪。

第三节　盗窃罪

相关法条及司法解释：
《刑法》第 264 条、第 265 条
最高人民法院、最高人民检察院《关于办理盗窃刑事案件适用法律若干问题的解释》

盗窃罪，是指以非法占有为目的，采用平和的手段，窃取公私财物数额较大，或者多次盗窃、入户盗窃、携带凶器盗窃、扒窃的行为。

一、客观要件

本罪在客观方面表现为违背财物占有人的意思，以平和手段将财物转移给自己或者第三人占有的行为。本罪的成立逻辑为：利用窃取方法→破坏原来的占有关系→建立新的占有关系。

1. 窃取方法

窃取，指违反占有者的意思，以平和手段排除其占有，由自己或第三人建立对财物的占有。窃取不能以暴力、胁迫方法实施，具体方法在所不问。传统理论要求窃取必须以秘密的方式进行，其合理性值得推敲。

以欺骗手段造成占有者的财物支配状态松弛，违反其意思取得财物，而非由占有者自行交付的，不是诈骗而是窃取行为。例如，装扮成顾客到服装店试衣服并将其穿走；到首饰店试戴首饰过程中，用假首饰偷换真首饰，等等。为窃取财物而暗中对被害人实施暴力，待被害人外出寻求医疗过程中，拿走被害人经管的财物的，由于暴力行为并非是为了压制被害人反抗进而转移占有的手段，只能成立盗窃罪，而非抢劫罪。

本罪的行为手段包括：

（1）盗窃公私财物，数额较大。盗窃行为如果没有入户盗窃等特殊情形，必须达到数额较大，才构成犯罪。根据最高人民法院、最高人民检察院《关于办理盗窃刑事案件适用法律若干问题的解释》的规定，盗窃价值1 000元至3 000元以上、3万元至10万元以上、30万元至50万元以上的，应当分别认定为《刑法》第264条规定的数额较大、数额巨大、数额特别巨大，但曾因盗窃受过刑事处罚等8种情形除外。

（2）多次盗窃。根据相关司法解释的规定，2年内盗窃3次以上，应当认定为多次盗窃。据此，1年内盗窃3次以上，成立盗窃罪；2年内仅盗窃2次，以及在3年内盗窃2次的，都不构成本罪。

（3）入户盗窃。这里的"户"仅指私人住所（包括渔民的渔船、牧民的帐篷等），其具有供他人家庭生活（功能特征）和与外界相对隔离（场所特征）的特征。入户实施盗窃被发现，行为人为窝藏赃物等当场使用暴力或以暴力相威胁的，如果暴力或者暴力胁迫行为发生在户内，可以认定为入户抢劫。

（4）携带凶器盗窃。这里的"携带凶器"可与携带凶器抢夺中"携带凶器"作相似理解。但是，由于携带凶器抢夺直接被拟制为罪质非常严重的抢劫罪，因此，对携带凶器抢夺中的凶器，应当给予严格的限制，相对于携带凶器盗窃中的"凶器"，范围应更小。对携带凶器盗窃的具体认定，需要考虑三点：第一，凶器要有一定的杀伤力，且通常不是盗窃所用的工具。例如，盗窃用的万能钥匙、起子、扳手、绳索等工具本身，无论如何不能被评价为凶器。但是，在特殊情形下，尤其是盗窃工具本身具有很强的杀伤力（如铁锤、钢棍），并且行为人也有想当作凶器予以利用的，可以认定为凶器。第二，凶器要有随时可供使用的可能性。携带不等于随身带着，但行为人对凶器一定要有紧密控制关系，这种控制关系一定要高于法律上或者观念上的占有、持有或控制，在行为人想使用该器械时就能够随时取用。第三，通常不要求行为人有使用意思，只要有携带意思即可，即便不想使用的，也是携带。但是在少数案件中，尤其是在携带具有杀伤力的工具实施盗窃时，是否具有使用意思是认定携带凶器盗窃不可或缺的要素。

（5）扒窃。指在公共场所或者公共交通工具上盗窃他人随身携带的财物。对"随身携带"的财物不能仅理解为贴身财物，被害人置于身边且稍作努力就随手可得范围内的财物，实质上被害人可依其意思进行物理支配的财物，都属于随身携带。例如，窃取他人放置在火车行李架上的行李、椅背上的衣服、自行车车筐内的财物等，都是窃取他人随身携带的财物。

2. 破坏原来的占有关系

这一点是盗窃与侵占的关键区别。盗窃是破坏别人的占有，进而建立自己的占有，侵占（委托物侵占）则是将自己已经占有的财物，变为自己"所有"。即将自己占有的财物变为自己不法所有，是侵占罪的本质特征；而将他人占有的财物变为自己占有，则是盗窃罪的基本特征。所以，对于自己已经占有的财物，无论如何不能成立盗窃。

【真题】甲系私营速递公司卸货员，主要任务是将公司收取的货物从汽车上卸下，再按送达地重新装车。某晚，趁公司监督人员上厕所之机，甲将客户托运的一台价值一万元的摄像机夹带出公司大院，藏在门外沟渠里，并伪造被盗现场。（选自2009年卷2第18题）

解析：上例中的甲成立盗窃罪，而非侵占罪。判断的关键在于甲取得的财物到底由谁占有。占有是指对财物的事实上的支配状态，它包括物理范围内的事实性支配，也包括根据社会一般观念可以推知财物由某人支配的状态，题干明确交代甲是私营速递公司卸货员，他趁公司监督人员上厕所之机将财物取走，成立变他人占有财物为自己占有的盗窃罪。

3. 确立新的占有关系

新的占有关系一旦确立，就意味着行为人的不法占有目的已经实现。旧的占有关系被打破，但新的占有关系还未建立时，行为人成立盗窃罪未遂。

从破坏旧的占有关系到建立新的占有关系之间，从理论上看是一个过程。着手实施窃取行为是其中的基本环节，对于着手时间点，一般认为，侵害他人占有的行为开始或者行为有侵害他人占有的现实危险性时就是着手。窃取行为的着手应当根据具体案件，结合侵害占有的现实危险的有无、财产的性质、形状以及行为的样态综合判断。具体来说，通常实施物色目的物行为就是着手。基于监窃目的实施撬他人房门锁的行为，只构成非法侵入住宅罪的着手和盗窃罪的预备，而不是盗窃的着手，因为此时尚没有对内部财物产生侵害的具体危险；发现他人停放在路边的汽车内有皮包而撬车门的行为，就是盗窃的着手；扒窃他人财物，手接触他人口袋外侧即为窃取的着手。

新的占有建立便意味着盗窃罪的既遂。认定盗窃罪既遂时应主要考虑行为人是否实际取得财物的控制权，即排除他人的占有而将财物置于自己的事实支配之下便是盗窃既遂。在具体判断盗窃既遂时，要把握：（1）对容量体积大的财物，搬出较为困难的，以搬出时为既遂。（2）对体积较小、容易搬动的财物，将财物置于自己的实际支配状态下即既遂。

伤害他人，从现场将被害人身上的财物取走的，以故意伤害罪与盗窃罪数罪并罚。教唆他人盗窃，事后从盗窃者手中折价购买赃物的，仅成立盗窃罪；教唆他人盗窃后又骗取他人盗窃所得赃物的，以盗窃罪和诈骗罪并罚。

二、主观要件

本罪只能由故意构成。盗窃罪的故意，首先是行为人对被窃取之物为他人占有有所认识，因疏忽误将他人占有的财物作为无主物、抛弃物或者自己的财物拿走的，阻却故意的成立。但在发现错拿后，不履行归还义务而继续非法据为己有的，有可能成立侵占罪。误将枪支、弹药等当作普通财物予以盗窃的，没有盗窃特殊物品的故意，仅成立普通盗窃罪。此外，成立盗窃罪还要有非法占有的目的，至于是为自己还是为第三人非法占有，无关紧要。

第四节 侵占罪

相关法条及司法解释：

《刑法》第 270 条

最高人民法院《关于在国有资本控股、参股的股份有限公司中从事管理工作的人员利用职务便利非法占有本公司财物如何定罪问题的批复》

侵占罪，指将代为保管的他人财物非法占为己有，数额较大，拒不退还，或者将他人的遗忘物、埋藏物非法占为己有，数额较大，拒不交出的行为。

一、客观要件

本罪在客观方面表现为将代为保管物、遗忘物、埋藏物非法占为己有，拒不退还或者拒不交出。大体可从侵占行为与侵占对象两方面理解。

1. 侵占行为

（1）非法占为己有

"非法占为己有"，即不法所有，就是行为人主观上意图排除权利人而使自己以所有人自居，对财物依经济上的用途而予以使用、收益或处分。非法占为己有，在客观上必须有足以表明行为人的不法取得意思的行为，典型的行为有赠予、转让、消费、出卖、出借、交换、抵偿、加工等。将代为保管的他人财物予以毁弃的，没有遵从财物的经济用途将自己作为财物的所有人进行处分从而"享受物的效用"，欠缺不法取得的意思，不是非法占为己有，不成立侵占罪。

（2）拒不退还

应当认为"拒不退还"是对非法占为己有的强调和进一步说明，其并非一个独立的构成要件要素。当行为人将自己暂时占有的他人财物不法转变为自己所有时（如直接出卖给他人时），拒不退还的意思即已表现得很清楚，没有必要再在司法上证明"拒不退还"的存在与否，更不能认为只有当财物的合法权利人要求行为人归还，行为人"拒不退还"的，才成立侵占罪。

2. 侵占对象

侵占对象包括代为保管的他人财物、遗忘物和埋藏物三种。

（1）代为保管的他人财物

代为保管必须基于委托关系产生。委托关系是一种事实关系，不要求有成文的民事合同约束委托双方，在委托契约无效或可撤销的场合，基于委托取得的财产占有仍然属于受他人委托保管财物。这里的委托保管，不限于当事人之间"一对一"的直接委托，还可能由于借用关系、租赁关系、担保关系、加工承揽合同、寄托等原因产生。代为保管事实的存在，表明原财物所有人对该财物的占有权被排除。行为人是否基于委托关系占有财物，是侵占罪和盗窃罪区分的关键因素。

【真题】丁是宾馆前台服务员，客人将礼品存于前台让朋友自取。丁见久无人取，私吞礼品。（选自2012年卷2第18题，D选项）

解析：上例中的丁成立盗窃罪，而非侵占罪。并非他人一句简单的类似"帮我看一下"，就成立事实上的委托保管关系，客人将礼品存在前台让朋友自取，此时，从社会一般观念来看，礼品仍然由客人占有，丁至多只是占有辅助者，而非占有他人财物，不属于"代为保管"，因而丁属于变他人占有为自己占有的盗窃行为。

【真题】甲是个体干洗店老板，洗衣时发现顾客衣袋内有钱，将钱藏匿。（选自2012年卷2第18题，A选项）

解析：甲成立侵占罪。作为干洗店老板，当顾客将衣物送给其洗涤时，应当认为此时已经由顾客委托老板保管自己的衣物，老板此时属于受委托保管他人财物，其变占有为所有，成立侵占罪。

（2）遗忘物

侵占罪中的遗忘物，包括了遗失物，两者之间不应作规范上的区别，否则，是否成立侵占罪，将取决于被害人的记忆力好坏。遗忘物，就是指非基于占有人抛弃的意思偶然丧失占有，现又无人占有之物。它具有以下特征：他人之物；须为动产；所有权人占有的丧失须出于偶然原因，并非出于本意；非隐藏之物。

【真题】 丙下飞机时发现乘客钱包掉在座位底下，捡起钱包离去。（选自2012年卷2第18题，C选项）

解析： 上例中的丙成立盗窃罪，而非侵占罪。判断的关键在于乘客丢失的钱包到底是有主占有物还是侵占罪中的"遗忘物"。应当认为，无论如何，钱包都并非无主占有的遗忘物：如果乘客未下飞机，此时钱包显然应当由乘客占有，即便其不知钱包在何处；如果乘客已经下飞机，则钱包应当由航空公司的工作人员占有。因此，丙属于将他人占有之物变为自己占有之物，成立盗窃罪，而非侵占罪。

（3）埋藏物

埋藏物，是指长期埋藏于地下或包藏于他物之中，其所有权归属已无法证明的物。埋藏物一般为动产；须有埋藏的事实且不易被他人从外部发现；须所有人不明。

二、主观要件

本罪在主观方面是故意，行为人对于侵占的是代为保管的他人财物、遗忘物、埋藏物有认识，并具有非法占有目的。这里的非法占有目的，是指替代所有权人对财物进行利用、处分的意思。因此，不是为了利用、处分该财物，而是将代为保管的他人财物、遗忘物、埋藏物加以隐匿、毁坏的，否定非法占有目的；为了委托人利益的越权行为（例如，将委托人用于购买珠宝的钱，擅自做主买成黄金的），不具有非法占有目的；对于金钱等能够替代的代为保管物，基于补偿意思暂时挪用的，也没有非法占有目的。

三、认定

1. 不法委托与侵占

将不法委托物据为己有的情形，是否成立侵占罪，存在争论。例如，A委托B向C行贿，而向B提供金钱，但B并未转交该金钱且拒不退还的。

否定说认为，对于不法给付，法律没有保护的必要，因为一方面委托人已经对委托之物失去了所有权；另一方面，受托人对委托人而言不负返还义务，即便其不退还赃物，也不属于《刑法》第270条中的"拒不退还"。强制其成为侵占罪的行为主体，破坏了法秩序的统一性；此外，侵占罪还有破坏委托信任关系的一面，而不法委托人的委托与受托人的收受之间，并不存在一种法律上的委托信任关系。

肯定说认为，委托人虽有不法行为，在民法上对其给付之物即便不能依法请求返还，但取得持有之受托人并不因此而取得所有权，受托人变占有为所有，自然可以成为本罪的行为主体。所以，对刑法上有无犯罪性的讨论，与民法是否保护无关。

2. 占有包装物与侵占罪

在受委托保管、运输包装物（箱子、邮件、打包的财物、用集装箱或其他密封容器委托运输的财物）的情形下，应当认为，整个包装物归受托人占有，但包装物内的物体，则归委托人占有。由此，受托人将整个包装物据为己有，成立侵占罪；但其将包装物打开，将包装物内的财物据为己有，则成立盗窃罪。

第五节　职务侵占罪

相关法条及司法解释：

《刑法》第 271 条

最高人民法院《关于在国有资本控股、参股的股份有限公司中从事管理工作的人员利用职务便利非法占有本公司财物如何定罪问题的批复》

职务侵占罪，是指公司、企业或者其他单位的人员，以非法占有为目的，利用职务上的便利，侵吞、骗取、窃取或者以其他手段占有本单位财物，数额较大的行为。

一、客观要件

本罪在客观方面表现为行为人利用职务上的便利，侵占本单位财物，数额较大的行为。侵占的具体方法是侵吞、骗取、窃取或者其他手段。侵吞是典型的变占有为不法所有的行为，多表现为在执行职务、经手财物时加以截留。骗取是虚构事实、隐瞒真相而取得单位财物，例如，公司会计涂改账目、伪造单据，夸大公司支出并将多余部分财物据为己有。窃取是以违反单位意思的方法改变占有的行为（即监守自盗）。其他方法是指利用职务上的便利，取得单位财物并采取与侵吞等方式相当的方法。例如，将自己掌管的单位现金以个人名义存入银行，而长期非法领取利息的行为，就可以认为是职务侵占罪中的其他方法。

职务侵占罪中的职务，是基于从事一定业务而形成的身份。公司、企业人员利用职务上的便利是指行为人在公司、企业或者其他单位担任的职权，或者因为执行职务而产生的主管、经手、管理单位财物的便利条件。虽然是单位成员，但窃取、骗取财物没有利用职务上便利的，或者虽然从事特定业务者，但随着业务的开展，财产已经脱离特定业务者本人占有，此时再非法取得该财物的，不构成职务侵占罪，而可能构成盗窃、诈骗、抢夺等罪。

【真题】乙受公司委托外出收取货款，隐匿收取的部分货款。（选自 2012 年卷 2 第 18 题，B 选项）

解析：上例中的乙成立职务侵占罪。其受公司委托外出收取货款，货款应当为单位的财物，但其基于职务上的便利，将单位的货款据为己有，构成职务侵占罪。

本单位管理、使用或者运输中的私人财物，应以单位财物论，行为人利用职务上的便利将这些财物据为己有的，也构成本罪。

本罪的主体是特殊主体，即必须是公司、企业或其他单位的人员。其他单位是指公司、企业以外的其他组织，如村民委员会、居民委员会、医院、文艺演出团体等。单纯从事个人经营或者家庭经营的个体工商户，不属于这里的公司、企业或者其他单位，其从业人员不具备本罪主体资格。此外，并非公司、企业或其他单位中任何人均是本罪的适格主体，只有担任一定管理性职务或因工作需要而主管、经手、管理财物，且不具有国家工作人员身份的人员才能构成本罪。

【真题】甲系某村民小组的组长，利用职务上的便利，将村民小组集体财产非法据为己有，数额达到 5 万元。（选自 2008 年卷 2 第 63 题，A 选项）

解析：甲成立职务侵占罪。最高人民法院《关于村民小组组长利用职务便利非法占有公共财物行为如何定性问题的批复》指出，对村民小组组长利用职务上的便利，将村民小组集体财产非法占为己有，数额较大的行为，应当依照《刑法》第 271 条第 1 款的规定，以职务侵占罪定罪处罚。据此，甲将村民小组的集体财产非法占为己有，成立职务侵占罪。

【真题】乙为村委会主任，利用协助乡政府管理和发放救灾款物之机，将 5 万元救灾款非法据为己有。（选自 2008 年卷 2 第 63 题，B 选项）

解析：与上例不同，乙属于协助人民政府从事救灾款物的管理，按照全国人大常委会的立法解释，此时的乙属于《刑法》第 93 条第 2 款规定的"其他依照法律从事公务的人员"，其利用职务上的便利将公款据为己有，应当成立贪污罪。

另外需要注意的是，本罪是真正身份犯，因此，基于业务占有单位财物者和不具有特定身份者（无业务且未占有财物者）共同侵占单位财物的，不占有财物的非身份者由于欠缺本罪身份要件，仅能成立职务侵占罪的教唆犯或者帮助犯。

二、主观要件

本罪在主观方面为故意，此外，还要求行为人具有变自己占有为自己不法所有的目的，这是本罪和挪用资金罪区分的关键。

第六节　诈骗罪

相关法条及司法解释：
《刑法》第 266 条
最高人民法院、最高人民检察院《关于办理诈骗刑事案件具体应用法律若干问题的解释》
最高人民法院、最高人民检察院、公安部《关于办理电信网络诈骗等刑事案件适用法律若干问题的意见》

诈骗罪，是指以非法占有为目的，通过虚构事实或者隐瞒真相的方式使他人产生认识错误，并基于认识错误处分财物，进而造成被害人财产损失的行为。

一、客观要件

诈骗罪既遂的基本构造为：实施欺诈行为→使他人产生或者继续维持认识错误→他人由此实施处分（或交付）财产行为→行为人获得或者使第三人获得财产→被害人遭受财产损失。上述各个环节之间必须存在前后贯穿的因果关联，由此，实施欺诈行为，但尚未使对方陷入认识错误，对方只是基于怜悯、不堪其扰等原因交付的，或者为抓住诈骗者的把柄在警方安排下交付财物的，由于欺诈行为和处分财物之间欠缺因果关系，都仅能成立诈骗罪未遂。

1. 欺诈行为

欺诈行为指虚构事实、隐瞒真相，使他人陷入认识错误的行为。虚构事实，指捏造客观上并不存在或者根本不可能发生的事实。隐瞒真相，是指行为人明知对方已经陷入认识错误，有义务告知对方事实真相，而故意不告知，致使对方在受蒙蔽的状态下自愿交付财物。例如，隐瞒他人已履行债务的事实，再次接受他人履行债务的行为，或者隐瞒财产抵押的事实而将其出卖的，都可能成立诈骗罪。欺骗的内容可以是针对事实作出虚假描述，也可以是对事物作出虚假的价值判断。

【真题】 将白纸冒充假币卖给他人的，构成诈骗罪，不成立出售假币罪。（选自 2011 年卷 2 第 59 题，C 选项）

解析： 出售假币罪，要求买卖双方均认识到买卖的对象是假币，行为人将白纸冒充假币卖给他人，不成立出售假币罪。但是，甲仍然属于以虚构事实的方式骗取他人财物，对方交易意图的不法性不影响甲诈骗罪的行为定性。

一般认为，欺诈行为原则上必须使一般人产生认识错误，从而作出有关处分财产或者财产性利益的行为。例如，以使用为目的，伪造停止流通的货币，或者使用伪造的停止流通的货币的，属于本罪中的欺诈行为。再如，列车上兜售小商品的售货员称"袜子冬暖夏凉，自带空调"，这种夸张性的介绍与宣传基本不会使一般人信以为真，不成立诈骗罪。当然，在一般商业惯例许可或者社会容忍范围内对商品作夸张性介绍，而交易本身还有讨价还价余地的，不是诈骗罪中的欺诈，有成立虚假广告罪的可能性。

【真题】 以使用为目的，大量印制停止流通的第三版人民币的，不成立伪造货币罪。（选自 2011 年卷 2 第 59 题，A 选项）

解析： 上述表述是正确的。货币尽管已停止流通，但仍然足以使得一般公众产生认识错误进而处分财物。根据最高人民法院《关于审理伪造货币等案件具体应用法律若干问题的解释（二）》的规定，以使用为目的，伪造停止流通的货币，或者使用伪造的停止流通的货币的，以诈骗罪论处。

本罪从开始实施欺诈行为时为着手。被欺骗者基于处分行为而交付财物，行为人领得财物的，构成本罪既遂。在涉及不动产诈骗时，现实的转移登记终了时为既遂。

【真题】 甲将一只壶的壶底落款"民國叁年"磨去，放在自己的古玩店里出卖。某日，钱某看到这只壶，误以为是明代文物。甲见钱某询问，谎称此壶确为明代古董，钱某信以为真，按明代文物交款买走。又一日，顾客李某看上一幅标价很高的赝品，以为名家亲笔，但又心存怀疑。甲遂拿出虚假证据，证明该画为名家亲笔。李某以高价买走赝品。甲对钱某、李某是否成立诈骗罪？（选自2011年卷2第87题）

解析： 甲对两人都成立诈骗罪，不管是虚构事实还是隐瞒真相，在欺骗的本质上并没有不同。只不过前者是在他人没有认识错误的情况下，使用欺骗手段使他人陷入认识错误。后者是在他人有认识错误（也包括半信半疑时）的情况下，以欺骗手段继续维持或者强化他人的认识错误，进而处分财物。

2. 对方的错误

这里的对方，通常是被害人，但并非限于被害人，包括财产占有人或者所有人，以及其他法律或者事实上具有处分财产权限或者处于可以处分财产地位的人。也就是说，诈术的受骗人和真正的财产受害人未必同一：当二者同一时，为常见的两者间的诈骗，如甲欺骗乙，乙基于受骗处分自己的财物给甲；当二者不同一时，即为三角诈骗，如甲欺骗乙，乙基于受骗处分的是乙有权处分的丙的财物给甲，乙是受骗人，受害人却是丙。另外，机器由于没有自主意识，不可能产生认识错误，进而不可能是诈骗罪的适格行为对象。

3. 处分行为

处分行为是区分盗窃罪和诈骗罪的关键要素。处分行为，是指被害人基于认识错误自愿交付财物或者处分财产性利益。

被害人对于所要转移的财物或财产性利益，必须要有认识，即需要有处分意识。如果被骗者对处分行为的标的物的转移占有缺乏认识，很难想象其内心具有"处分意思"，继而也就无法肯定处分财物的自愿性。

处分意思，必须具有明确性、具体性，处分者不仅要认识到自己在处分一定的财物，还必须对自己正在处分对象的特殊性、具体性有较为清楚的意识。

与处分行为相对应的是行为人获得财产。获得财产包括积极财产的增加以及消极财产的减少（如通过欺骗他人使得他人免除自己的债务）。

【真题】 欣欣在高某的金店选购了一条项链，高某趁欣欣接电话之际，将为其进行礼品包装的项链调换成款式相同的劣等品（两条项链差价约3000元）。欣欣回家后很快发现项链被"调包"，即返回该店要求退还，高某以发票与实物不符为由拒不退换。（选自2009年卷2第59题）

解析： 上例中的高某成立盗窃罪，而非诈骗罪。很清楚的是，欣欣在选购好项链让高某包装时，其并没有将自己购买的项链处分给高某的意思，因此，肯定不能认定高某成立诈骗罪。事实上，欣欣已经选购了项链，由高某进行礼品包装，应当认为此时项链仍然属于欣欣占有，而非高某占有，此时高某的行为便属于违背他人意志，变他人占有为自己占有的窃取行为，因而成立盗窃罪。

4. 财产损害

成立诈骗罪既遂，要求必须有被害人遭受财产损失。例如，甲长期定居国外，其委托乙照看自己的房屋，乙却对外谎称自己是房屋所有权人，在伪造相关证件后将房屋租给丙1年，丙租住1年后离开时才发现乙并非真正的屋主。上例中，对丙来说，其并没有遭受财产损失，实际居住了房屋 1 年，也支付了相应的房租，乙针对丙的行为当然不成立诈骗罪。

二、主观要件

本罪主观方面为故意。此外，还要求行为人有明确的非法占有目的，即希望将他人财物转移给自己（积极利益的增加）或者使他人免除或减少自己的债务（消极利益的减少）。

三、认定

1. 骗取社会保障待遇成立诈骗罪

全国人民代表大会常务委员会《关于〈中华人民共和国刑法〉第二百六十六条的解释》规定，以欺诈、伪造证明材料或者其他手段骗取养老、医疗、工伤、失业、生育等社会保险金或者其他社会保障待遇的，属于《刑法》第 266 条规定的诈骗公私财物的行为。

2. 诈骗罪与其他特殊诈骗犯罪的关系

诈骗罪与其他各种具体的诈骗犯罪（如合同诈骗罪、各种金融诈骗罪等）之间属于法条竞合关系，行为同时触犯普通诈骗罪和其他特别诈骗犯罪，应按特别法条优于普通法条的原则处理。

3. 诈骗罪与盗窃罪的界限

二者区分的关键在于：前者是被害人基于认识错误自愿将财物处分给行为人，而后者则是违反被害人的意愿取得财物，即被害人是否基于有瑕疵的同意交付财物是诈骗罪与盗窃罪区分的根本标志。一定要注意的是，并非行为人取得财物的手段有骗的成分，就成立诈骗罪，关键还在于处分者是否基于认识错误处分了财物。此外，如果行为人通过诈术使得受骗者产生了认识错误，但受骗者没有处分财产的权限或地位时，其仅是行为人盗窃罪的工具而已，此时应当认为成立盗窃罪的间接正犯，而非三角诈骗。

比较特殊的一种三角诈骗的类型就是诉讼诈骗，特殊之处在于基于错误认识处分财产的是国家司法裁判这种"高权行为"。应当认为，诉讼诈骗是一种典型的三角诈骗。就此来看，最高人民检察院《关于通过伪造证据骗取法院民事裁判占有他人财物的行为如何适用法律问题的答复》就是错误的，该答复指出，以非法占有为目的，通过伪造证据骗取法院民事裁判占有他人财物的行为所侵害的主要是人民法院正常的审判活动，可以由人民法院依照民事诉讼法的有关规定作出处理，不宜以诈骗罪追究行为人的刑事责任。如果行为人伪造证据时，实施了伪造公司、企业、事业单位、人民团体印章的行为，构成犯罪的，应当依照《刑法》第 280 条第 2 款的规定，以伪造公司、企业、事业单位、人民团体印章罪追究刑事责任；如果行为人有指使他人作伪证行为，构成犯罪的应当依照《刑法》第 307 条第 1 款的规定，以妨害作证罪追究刑事责任。

第七节　敲诈勒索罪

相关法条及司法解释：
《刑法》第 274 条

敲诈勒索罪，是指以非法占有为目的，对财物所有人、占有人使用恐吓或要挟的方法，索取数额较大的公私财物，或者多次敲诈勒索的行为。

一、客观要件

本罪客观构造为：恐吓行为→对方产生畏惧感→处分行为→财物转移。

1. 恐吓行为

恐吓即以恶害相告知，以此胁迫他人。胁迫不能达到压制或抑制他人反抗的程度，否则便成立抢劫罪，而非敲诈勒索罪。告知的恶害只要足以使被害人产生畏惧感，从而侵害其意思决定的自由即可，至于恶害的内容是名誉、身体、财产等，恶害的内容是否（立即）实现，都在所不问。

需要注意的是，告知恶害的内容本身不违法，但只要使用了敲诈的方法，原则上有成立本罪的可能性。例如，以知道对方有犯罪事实，自己将向司法机关检举为名，向对方索要大量金钱的，也是恐吓，成立敲诈勒索罪。

【真题】甲为某国有企业出纳，为竞争公司财务部主任职位欲向公司副总经理乙行贿。甲通过涂改账目等手段从公司提走 20 万元，委托总经理办公室秘书丙将 15 万元交给乙，并要丙在转交该款时一定为自己提升一事向乙"美言几句"。乙收下该款。8 天后，乙将收受钱款一事报告了公司总经理，并将 15 万元交到公司纪检部门。一个月后，甲得知公司委任其他人担任财务部主任，恼羞成怒找到乙说："还我 15 万元，我去把公司钱款补上。你还必须付我 10 万元精神损害赔偿，否则我就将你告到检察院。"（选自 2009 年卷 2 主观题）

解析：上例中，就甲以向检察院告发乙为由索要 10 万元精神损害赔偿的行为，即便其告发的内容属实，告发也是其合法权利，但是其通过恐吓的手段取得乙财物的行为，符合敲诈勒索罪的通过恐吓行为使他人产生畏惧感后处分财物的本质特征，成立敲诈勒索罪。

2. 对方恐惧

被害人事实上产生了威胁、要挟效果，精神上受到了强制，心理上陷入了恐惧。如果被害人并非是基于恐惧，而是基于怜悯等动机交付财物的，行为人不成立敲诈勒索罪既遂，而是未遂。

3. 交付财物

财物交付是指有财物转移的最终事实，应当将其与先前的恐吓行为综合起来考虑，至于交付细节、交付过程的重要性不应当给予过分强调。例如，恐吓造成被害人的恐惧心理，在被害人应其要求掏出钱包准备取钱给行为人时，行为人上前将钱包夺走的，不成立敲诈勒索罪的未遂和抢夺罪既遂的竞合犯，而只成立敲诈勒索罪既遂。交付行为不要求在恐吓的当场实现，交付时间与恐吓行为之间有较长时间间隔的，也不影响本罪的成立。

4. 财产损害

被害人交付财物，就意味着行为人对财物建立了事实上的占有支配关系，被害人也遭受了财产损失。

实施恐吓行为的时间点即为本罪的着手。被害人尚未交付财物的，仅成立未遂。

【真题】甲预谋拍摄乙与卖淫女的裸照，迫使乙交付财物。一日，甲请乙吃饭，叫卖淫女丙相陪。饭后，甲将乙、丙送上车。乙、丙刚到乙宅，乙便被老板电话叫走，丙亦离开。半小时后，甲持相机闯入乙宅发现无人，遂拿走了乙的3万元现金。（选自2011年卷2第15题）

解析：就甲预谋的事实来看，其欲通过拍摄裸照的方式索取他人财物，属于以恶害相通告使他人产生恐惧心理的敲诈勒索行为，由于其尚未实施恐吓行为，因而成立敲诈勒索罪的预备与盗窃罪既遂。

二、主观要件

本罪主观方面是故意，并且以非法占有公私财物或财产性利益为目的。国家工作人员假借执行职务的名义利用恐吓方式索取财物的，具有本罪故意，构成本罪和受贿罪的想象竞合犯，一般以重罪即受贿罪处理。

三、认定

1. 权利行使与敲诈勒索

（1）对于利用恐吓手段取回自己所有但被他人通过盗窃或抢夺等手段取得的财物的，不成立敲诈勒索罪。

（2）对于行为人自认为自己"吃亏"后行使（行为人自认为存在的）权利，而提出较高民事赔偿要求，使用恐吓手段，实务中通常以无罪处理。例如，在发现自己购买的冰棍中有异物，而要求厂家赔偿50万元的，法院终审判决被告人无罪。

（3）对于使用恐吓方式使对方履行债务的，如果债权合法，且行为人主张的债权并未严重超过限额，即使使用了一定程度的恐吓手段，也不构成本罪。但是，如果债权的合法性本身存疑，主张权利的方式违反社会通常观念的，可能被认定为本罪。

2. 抢劫罪与敲诈勒索罪

无论是抢劫罪还是敲诈勒索罪，手段行为都可以是暴力和威胁，区别的关键在于暴力和威胁是否达到了足以压制对方反抗的程度。敲诈勒索罪的威胁内容可以是暴力，也可以是暴力以外的毁损名誉、毁坏财物等，但抢劫罪的威胁内容只限于暴力。从非法取得财物的时间上看，敲诈勒索罪可以是当场取得，也可以是间隔时日后取得，而抢劫罪只能是当场当时取得。

第八节　故意毁坏财物罪

相关法条及司法解释：
《刑法》第275条

故意毁坏财物罪，是指故意毁坏公私财物，数额较大或者有其他严重情节的行为。

一、保护法益

本罪侵害的法益是他人财物的效用而不是财产所有权，因为毁坏财物罪是不具有不法领得的意思，单纯地侵害他人财物的行为。至于财物的种类、性质等在所不问，只要是他人能够行使财产权的对象物都是这里所说的财物，他人饲养的有相当价值的动物也是这里所说的财物，可以成为本罪的对象。

毁坏财物罪是使财物本身不可回复、价值永久消失的行为，其危害比领得罪要大，因为领得罪的被害人可以通过合法的司法程序取回自己的财物，而毁坏财物罪则没有这种可能。但是，领得罪的法定刑要远远高于毁坏财物罪的法定刑，这是因为领得罪是利欲犯，犯罪动机、目的值得责任非难的可能性要大，同时从司法实务的统计看，领得罪的发案率要远远高于毁坏财物罪，所以有严惩的必要。

二、客观要件

本罪在客观方面表现为毁坏行为。

对于故意毁坏财物，我国通说认为，本罪保护的是公私财产的所有权，损毁财物的方法自然包括砸毁、撕毁、压毁等。① 通说重视对实物、实体的损坏，坚持的是"实体破坏说"。但是，不改变财产所有权关系，没有侵害公私财产的所有权，也可能构成故意毁坏财物。不对财物的实体进行砸毁、撕毁、压毁，也可能构成毁坏。将故意毁坏财物罪解释为针对所有权的暴力毁坏行为，明显属于形式化、机械地看待问题，会缩小处罚范围。为此，有必要接受"功能妨害说"，也就是说，即便没有破坏实物，但对于财物的正常功能发挥有影响的，也是毁坏。因此，放走他人的笼中鸟、对汽车轮胎放气、对汽车喷漆、在他人的字画上题字等，都是故意毁坏财物。② 因此，有必要实现从"实体破坏说"到"功能妨害说"的转变。

在特殊情况下，不具有不法领得的意图，但是又剥夺所有人的财物占有权的抛弃、隐匿、在原财物中掺入其他成分的行为，也可以视为财产毁坏行为。例如，将尿液投入食器中，是公认的毁坏行为。不具有不法领得目的，将他人豢养的动物开栏放走的，也是故意毁坏财物的行为。

从盗窃犯处盗取原属自己的财物，并立即加以毁弃的，由于取得行为并未侵犯他人的平稳占有，所以不构成盗窃罪，毁坏行为自然就不能以本罪处理。

三、主观要件

本罪在主观方面只能是故意，包括直接故意和间接故意。排除他人对财物的占有，取得财物以后自己也不再继续占有该财物本身，但其毁坏、抛弃行为是为了实现一定的经济目的，且原物是被改头换面后继续使用的，行为人构成盗窃罪而不是故意毁坏财物

---

① 高铭暄，马克昌. 刑法学. 6 版. 北京：北京大学出版社，高等教育出版社，2014：518.
② 林东茂. 一个知识论上的刑法学思考. 台北：台湾五南图书出版公司，2007：52.

罪。例如，盗窃他人的棉被，将其剪开、撕破后缝成棉衣，貌似毁坏实为盗窃。

　　毁坏、抛弃行为虽是为了实现经济利益，但使得原物不再存在的，也只能成立故意毁坏财物罪。例如，某一种文物，世间现存两件。甲为使自己手中的文物成为举世无双的珍品，以提高其交易价格，而盗取乙的文物并将其毁坏的，甲成立故意毁坏财物罪。甲的行为虽是为了实现其经济利益，但毁坏行为使得原物不再存在，赚取更多钱财的目的仍然必须依靠自己手中的文物而不是被毁坏的财物实现，经济利益不能再负载于被毁坏的财物上，行为本身不具有不法取得意图，而只有毁坏故意。

第十八章
妨害社会管理秩序罪

第一节 扰乱公共秩序罪

一、破坏计算机信息系统罪

相关法条及司法解释：
《刑法》第286条
最高人民法院、最高人民检察院《关于办理危害计算机信息系统安全刑事案件应用法律若干问题的解释》

破坏计算机信息系统罪，是指违反国家规定，对计算机信息系统功能进行删除、修改、增加、干扰，造成计算机信息系统不能正常运行，对计算机信息系统中存储、处理或者传输的数据和应用程序进行删除、修改、增加的操作，以及故意制作、传播计算机病毒等破坏性程序，影响计算机系统正常运行，后果严重的行为。

破坏计算机信息系统功能的行为，是指违反计算机信息系统安全保护、计算机软件保护法规等国家规定，对计算机中按照一定的应用目标和规则进行采集、加工、储存、传输、检索信息的功用和能力予以删除、修改、增加、干扰，使计算机信息系统失去正常功能，不能运行或不能按照原来设计的要求运行。

破坏计算机信息系统数据和应用程序，是指违反国家规定，对计算机信息系统中实际处理的一切有意义的文字、符号、声音、图像等内容的组合以及用户按计算机数据库授予的子模式的逻辑结构、书写方式进行数据操作运算的程序予以全部或部分删除、修改、增加。故意制作传播计算机病毒等破坏性程序，是指通过计算机编制、设计针对计算机信息系统、隐藏在执行程序中或数据文件中、在计算机内部运行的一种破坏计算机功能或毁坏数据、影响计算并能自我复制的计算机指令或程序代码等破坏计算机信息系统；或者通过计算机信息系统直接输入、输出破坏性程序，以及将已经输入破坏性程序的软件加以发送、散布，影响计算机信息系统正常运行的行为。

根据最高人民法院、最高人民检察院《关于办理危害计算机信息系统安全刑事案件应用法律若干问题的解释》第 5 条的规定，具有下列情形之一的程序，应当认定为计算机病毒等破坏性程序：（1）能够通过网络、存储介质、文件等媒介，将自身的部分、全部或者变种进行复制、传播，并破坏计算机系统功能、数据或者应用程序的；（2）能够在预先设定条件下自动触发，并破坏计算机系统功能、数据或者应用程序的；（3）其他专门设计用于破坏计算机系统功能、数据或者应用程序的程序。

上述三种破坏计算机信息系统的行为必须后果严重的才构成犯罪。根据前述司法解释第 4 条的规定，具有下列情形之一的，应当认定为《刑法》第 286 条第 1 款、第 2 款所规定的"后果严重"：（1）造成 10 台以上计算机信息系统的主要软件或者硬件不能正常运行的；（2）对 20 台以上计算机信息系统中存储、处理或者传输的数据进行删除、修改、增加操作的；（3）违法所得 5 000 元以上或者造成经济损失 1 万元以上的；（4）造成为 100 台以上计算机信息系统提供域名解析、身份认证、计费等基础服务或者为 1 万以上用户提供服务的计算机信息系统不能正常运行累计 1 小时以上的；（5）造成其他严重后果的。根据前述司法解释第 6 条的规定，故意制作、传播计算机病毒等破坏性程序，影响计算机系统正常运行，具有下列情形之一的，应当认定为《刑法》第 286 条第 3 款所规定的"后果严重"：（1）制作、提供、传输能够通过网络、存储介质、文件等媒介，将自身的部分、全部或者变种进行复制、传播，并破坏计算机系统功能、数据或者应用程序的程序，导致该程序通过网络、存储介质、文件等媒介传播的；（2）造成 20 台以上计算机系统被植入能够在预先设定条件下自动触发，并破坏计算机系统功能、数据或者应用程序，或者其他专门设计用于破坏计算机系统功能、数据或者应用程序的程序；（3）提供计算机病毒等破坏性程序 10 人次以上的；（4）违法所得 5 000 元以上或者造成经济损失 1 万元以上的；（5）造成其他严重后果的。

非法侵入国家事务、国防建设、尖端科学技术领域的计算机信息系统，并破坏该信息系统功能或信息系统数据和应用程序，或者故意制作、传播计算机病毒等破坏性程序的，同时构成非法侵入计算机信息系统罪和破坏计算机信息系统罪，两罪之间有竞合关系，应从一重罪处断。

需要注意的是，最高人民法院、最高人民检察院《关于办理环境污染刑事案件适用法律若干问题的解释》第 10 条规定，违反国家规定，针对环境质量监测系统实施下列行为，或者强令、指使、授意他人实施下列行为的，应当依照《刑法》第 286 条的规定，以破坏计算机信息系统罪论处：（1）修改参数或者监测数据的；（2）干扰采样，致使监测数据严重失真的；（3）其他破坏环境质量监测系统的行为。按此司法解释的规定，修改环境监测设备内的参数或监测数据，以及干扰环境监测设备采样致使环境监测数据严重失真的，成立破坏计算机信息系统罪。

二、赌博罪

相关法条及司法解释：
《刑法》第 303 条

赌博罪，是指以营利为目的，聚众赌博或者以赌博为业的行为。

（一）客观要件

本罪在客观方面表现为聚众赌博或者以赌博为业的行为。

赌博，是指以财物进行博彩的行为，其实质是二人以上根据偶然的因素决定胜败和财产得失。赌博包括赌事和博戏两种情形。赌事，是指结果的产生与行为者的动作无关，胜败完全取决于偶然因素的场合，例如，足球赌博、赛马赌博等；博戏，是指偶然因素、行为者自身的动作和能力同时对胜负有影响的情形，例如，使用麻将、棋牌赌博。在我国，对赌事和博戏都要给予处罚。

聚众赌博，是指以公开或秘密的方式为赌博活动提供场所、赌具，组织、招引他人参加赌博。聚众者自己不参赌，但从中渔利的，也成立本罪；参赌人员利用赌具就财物或财产上利益的得失展开争夺，就是本罪行为的着手。

以赌博为业，是指嗜赌成性，反复实施赌博行为，以赌博所得作为生活或挥霍的重要来源的行为（常业犯）。

【真题】甲长期以赌博所得为主要生活来源。某日，甲在抢劫赌徒乙的赌资得逞后，为防止乙日后报案，将其杀死。（选自2009年卷2第16题）

解析：上例中的甲，属于典型的以赌博为业的人员，成立赌博罪。当然，其抢劫他人赌资以及抢劫后杀人的行为，属于数行为侵犯了数法益，应当数罪并罚。

成立本罪要求赌博者以偶然因素决定胜负，即参与者主观上对结果不能作确切的预测。当然，在参与者依靠自己的技能可以对胜败产生一定影响的场合（例如，围棋、麻将、扑克牌等），对行为的偶然性也不能否认，可以成立赌博罪。但是，行为人以赌博之名，行诈骗之实，利用欺骗方法支配胜负结果，例如，在赌具中弄虚作假，或者采用黑话、暗语为号，诱骗他人与之赌博，参赌者对此并不知情而参赌的场合（片面赌博），参赌者不成立赌博罪的共犯，行为人成立诈骗罪。

最高人民法院研究室《关于设置圈套诱骗他人参赌获取钱财的案件应如何定罪问题的电话答复》规定，对于行为人以营利为目的，设置圈套，诱骗他人参赌的行为，需要追究刑事责任的，应以赌博罪论处。对于该答复意见，应该作如下理解：（1）对于以营利为目的，设置圈套，诱骗他人参赌的"诱赌行为"，应以赌博罪论处。但是，这并不排除对在赌博过程中，采取欺诈手段赢取他人财物的"赌博骗局"行为，以诈骗罪论处。所以，对诱骗他人参赌并赢取钱财的行为，以诈骗罪论处是合适的。（2）上述答复意见的适用条件有限定：行为人设置圈套的地点一般是在人流较多的公共场合（如车站、码头、闹市区、居民小区出入口等）；诱骗的对象并不特定，主要针对游人、行人等陌生人；单人单次的赌资较少，行为人试图积少成多，牟取非法利益。对于设置圈套诱骗特定对象参赌，并在输赢过程中弄虚作假，完全掌控结局，被害人误以为运气不佳交付财物，行为人由此骗取他人财物的，应当以诈骗罪论处。因此，对设置圈套，诱骗他人参赌并取得财物的行为，如一律成立赌博罪，似有不妥。这样一来，对设置圈套诱骗他人参赌，又对索还钱财的受骗者施加暴力或以暴力威胁的，理应构成（转化型）抢劫罪。但最高人民法院《关于对设置圈套诱骗他人参赌又向索还钱财的受骗者施以暴力或暴力威胁的行为应如何定罪问题的批复》认为，行为人设置圈套诱骗他人参赌获取钱财，构成赌博罪。参赌者识破骗局要求退还钱财，设赌者又使用暴力或者以暴力相威胁，拒绝退还的，应以赌博罪从重处罚；致参赌者伤害或者死亡的，应以赌博罪和故意伤害罪或者故意杀人罪，依法实行数罪并罚。这一解释是否妥当，还值得讨论。即便肯定"诱赌行为"有成立赌博罪的可能，也要压缩前述司法解释的适用空间，即对在公共场所针对不特定人实施的、赌资较小"诱赌行为"成立赌博罪；设赌者在参赌者识破骗局要求退还钱财时，使用暴力或者以暴力相威胁，拒绝退还的，以赌博罪从重处罚。

（二）主观要件

本罪在主观方面是故意，并且要求行为人具有营利的目的，至于其是否实际取得利益，在所不问。

以营利为目的，是指实施聚众赌博、以赌博为业的行为，是为了获取数额较大的金钱或者其他财物，而不是为了消遣、娱乐。不以营利为目的，进行带有少量财物输赢的娱乐活动的，欠缺本罪故意。为一时的娱乐、消遣等进行赌博的，不构成本罪。虽本着营利目的参加赌博，但只是一般的参赌人员，而不属于赌博活动的聚众者或者不是以赌博为业的，也不符合本罪的主观要件。

第二节　妨害司法罪

一、伪证罪

相关法条及司法解释：
《刑法》第 305 条

伪证罪，是指在刑事诉讼中，证人、鉴定人、记录人、翻译人对与案件有重要关系的情节，故意作虚假的证明、鉴定、记录、翻译，意图陷害他人或者隐匿罪证的行为。

（一）客观要件

本罪在客观方面表现为在刑事诉讼中作虚假陈述，即证人、鉴定人、记录人、翻译人对与案件有重要关系的情节，故意作虚假的证明、鉴定、记录、翻译的行为。

行为人必须有积极提供虚假证明、鉴定、记录、翻译的行为，才能构成本罪。证人始终保持沉默，拒绝作证；或者只提供部分证言，但在司法人员故意提出不利于被告人的问题时，表示默认的，都属于并未作出陈述，不构成本罪。

1. 虚假陈述的本质

何为虚假陈述，有主观说和客观说的争议。主观说（通说）认为，虚假陈述应当以证人的主观记忆为标准，证人根据自己的记忆作出诚实的陈述，即使该陈述与客观事实相反也不构成伪证罪。反过来，陈述与客观事实相一致，但违反证人记忆的，也构成伪证罪。客观说认为，所谓虚假，是指违反客观事实，即陈述的内容与客观事实相反的场合，才是虚假陈述。证言的内容即使违反证人记忆，但是只要最终与客观事实相一致，也不构成伪证罪。伪证罪保护的法益是国家公正审判权力的行使，与客观事实相符合的证言，对公正审判作用的发挥没有危害。

由于我国刑法将本罪作为目的犯看待，行为人主观上要有诬告陷害或者隐匿罪证的目的，否则不构成本罪。这样，主观说的合理性就更多一些。本罪中的虚假陈述包括两种情况：一是无中生有，捏造或者夸大事实以陷人入罪；二是化有为无，掩盖或者缩小事实以开脱罪责。

2. 虚假陈述与案件的关联性

虚假的证明、鉴定、记录、翻译的内容，必须是与案件有重要关系的情节，即对案件是否构成犯罪、犯罪的性质或罪行的轻重具有重要关系的情节。无论是主观说还是客观说都主张限定本罪的成立范围，即虚假陈述必须对正确的司法裁决存在抽象危险性时，才成立伪证罪，即使证人作出了虚假陈述，但是该陈述既不涉及罪犯的确定也不涉及刑罚的裁量，只与案件的枝节问题有关，不足以影响案件结论的，不构成本罪。

3. 虚假陈述的时间

伪证行为必须发生在刑事诉讼中，即必须是在从公安机关立案侦查、检察机关审查起诉、人民法院一、二审判决的过程中作伪证。不是在刑事诉讼中与案件有重要关系的个别情节上提供虚假陈述，而是在立案侦查之前捏造整个犯罪事实，导致刑事程序错误启动的，构成诬告陷害罪而不是伪证罪；不是在刑事诉讼中作伪证，而是在他人为骗取财物伪造证据起诉（诉讼诈骗）之后的民事诉讼中作伪证的，要么构成诈骗罪与虚假诉讼罪的共犯，要么构成帮助毁灭、伪造证据罪，但不构成本罪。

本罪的主体是特殊主体，只能是证人、鉴定人、记录人、翻译人。证人是指与刑事案件无直接利害关系的、向司法机关提供自己知道的案件情况的诉讼参与人。鉴定人是指受司法机关的指派、聘请，对案件中某些专门性的问题进行鉴定并作出书面结论的具有专门知识的诉讼参与人。记录人是指司法机关在案件的侦查、起诉和审判过程中，为调查、搜查、询问证人、被害人或审讯被告人担任文字记录的人。翻译人是在诉讼中受司法机关的指派或聘请担任外国语、民族语或哑语翻译的诉讼参与人。

（二）主观要件

本罪在主观方面是故意，即行为人对于证明、鉴定、记录或翻译的虚假性是明知的。按照主观说，行为人对于陈述的内容与自己体验的事实相反有认识；按照客观说，行为人对于陈述的内容与客观事实不一致有认识。行为人除有故意外，还要求有特定的犯罪目的（目的犯），即陷害他人，或者隐匿罪证、包庇罪犯。

二、窝藏、包庇罪

相关法条及司法解释：
《刑法》第 310 条

窝藏、包庇罪，是指明知是犯罪的人而为其提供隐藏处所、财物，帮助其逃匿或者作假证明包庇的行为。

（一）保护法益

本罪保护的法益是国家的刑事司法作用，即行为因对犯罪者提供庇护，对发挥司法作用有实际的阻碍。窝藏、包庇行为人如果事前与原来的犯罪者有共谋，构成本犯的共犯。没有共谋不属于事后从犯。毁灭证据的行为和隐匿、庇护本犯的行为不相同，只是毁灭与被告人、被怀疑者相关的证据，不属于窝藏、包庇行为。

（二）客观要件

本罪在客观方面表现为明知是犯罪的人而为其提供隐藏处所、财物，帮助其逃匿或者故意作假证明包庇的行为。本罪是抽象危险犯。

提供隐藏处所、财物，帮助犯罪的人逃匿，是指为了避免被司法机关发现、逮捕而提供藏匿的场所、资金，协助其逃走的行为。提供隐藏处所、财物，与帮助其逃匿之间，不是列举与概括的关系，更不是手段行为与目的行为的关系，而是并列关系，是指为了避免被司法机关发现、逮捕而提供藏匿的场所、资金，协助其逃走的一切方法。换言之，帮助犯罪的人逃匿的方法行为，不限于为犯罪的人提供隐藏处所或者财物。

本罪属于抽象危险犯，只要存在藏匿行为，即使司法人员知道窝藏者所处场所，窝藏罪仍然成立。窝藏行为的特点是增加司法机关开展有效活动的难度，妨害有关司法机关发现犯罪者。窝藏的方式包括两种：（1）有形的方式，为被告人化妆、换衣服，提供逃走的资金、伪造的身份证、逃匿必需的工具（如地图、伪造的身份证、指南针等），假扮本犯站在司法机关追捕罪犯所必经的场所等。（2）无形的方式，向犯罪的人通报侦查或者追捕的动向、劝犯罪人逃避、将搜查措施告知逃避中的犯罪者、对欲告发犯罪的第三人施加压力、为犯罪的人指明逃跑路线等。发现现行犯的警察故意放走现行犯，属于不作为的窝藏行为。因此，在理论上，有必要将窝藏扩张解释为一切帮助罪犯逃匿的方法。

包庇，是指作假证明包庇犯罪者的行为，包庇者作假证明可以针对与案件有重要关系的情节，也可能是与案件有次要关系的情节以及与案件本身关系不大但足以对司法机关裁量刑罚发生影响的事实，例如，捏造事实证明受贿罪的被告人曾经试图在案发前退赃。

【真题】甲路过偏僻路段，看到其友乙强奸丙的犯罪事实。甲的下列哪一行为构成包庇罪？（选自2012年卷2第19题）

A. 用手机向乙通报公安机关抓捕乙的消息

B. 对侦查人员的讯问沉默不语

C. 对侦查人员声称乙、丙系恋人，因乙另有新欢遭丙报案诬陷

D. 经法院通知，无正当理由，拒绝出庭作证

解析：上例中，甲用手机向乙通报公安机关的侦查或抓捕动向，属于典型的窝藏行为而非包庇行为。对侦查人员的讯问保持沉默不属于作假证明包庇犯罪的人。对侦查人员声称乙、丙系恋人，因乙有新欢遭丙报案诬陷，则属于作假证明包庇犯罪人，由于其具有证人的身份，同时构成伪证罪，二者成立竞合关系，定包庇罪。无正当理由拒不出庭作证同样不属于作假证明包庇。

被窝藏、包庇者是"犯罪的人"，包括真正的犯罪人，以及因为有高度的犯罪嫌疑而被搜查、追诉者。犯罪没有被司法机关发现，但其是真正实施犯罪的人，也属于犯罪者。

告诉权消灭、时效完成导致追诉、处罚的可能性丧失，刑事司法作用不能发挥的，本犯不属于这里所说的犯罪者。但是，亲属尚未提出告诉或实际只能承受不起诉处分者，有被追诉、处罚的可能性的，是这里所说的犯罪者；被判处罚金、管制的人，也是这里所说的犯罪的人。被判处有期徒刑宣告缓刑、被假释的人，如果在缓刑、假释考验期内再犯新罪，也可以成为窝藏、包庇的对象。如果包庇的对象属于走私、贩卖、运输、制造毒品犯罪分子的，应以包庇毒品犯罪分子罪论处，不再构成本罪。此外，根据《刑法》第 294 条第 4 款的规定，国家机关工作人员包庇黑社会性质的组织，或者纵容黑社会性质的组织进行违法犯罪活动的，构成包庇、纵容黑社会性质组织罪。

【真题】丙明知实施杀人、放火犯罪行为是恐怖组织所为，而作假证明予以包庇。（选自 2009 卷 2 第 62 题，C 选项）

解析：上例中的丙，明知是恐怖组织实施的杀人、放火犯罪行为，故意作假证明予以包庇，构成包庇罪。需要注意的是，刑法对于包庇、纵容恐怖组织的，并未作类似《刑法》第 294 条第 4 款的规定，因此，丙成立包庇罪。

本犯教唆第三人藏匿自己的，是否构成窝藏罪的教唆犯？其实，窝藏"他人"以及帮助毁灭证据罪中使"他人"的犯罪证据被毁灭、隐匿，都是构成要件结果。在本犯请求他人包庇、窝藏自己，或者毁灭自己的犯罪证据时，构成要件结果都不存在，违法性也不存在，因此，不能将该本犯作为窝藏、包庇罪或帮助毁灭证据罪的教唆犯加以处罚。本犯只是在间接地毁灭关于自己的犯罪证据，而不是他人的犯罪证据，其行为没有产生构成要件结果，因此不是不法。

在真正的罪犯被抓捕以后，行为人以自己是真正的犯罪者的名义，将真凶保取出来，自己甘愿承受刑罚的，行为对司法程序的正常进行有妨害，侵害了刑事司法作用，所以成立包庇罪。

一般认为，刑事诉讼中的证人等作虚假陈述，意图隐匿罪证的，成立伪证罪，而在刑事诉讼外作假证明包庇犯罪人的，成立包庇罪。所以具有证人身份，对与案件有重要关系的情节作虚假的有利于犯罪嫌疑人、被告人、罪犯的陈述，构成伪证罪，而不构成包庇罪。

不具有证人身份，假冒证人对与案件有重要关系的情节作虚伪陈述的，构成包庇罪而不构成伪证罪。

具有证人身份，但只对与案件无重要关系的情节作有利于本犯的虚假陈述的，不构成伪证罪，有追究必要的，可以以包庇罪处理。

明知对方是真正的罪犯，而加以隐匿、包庇的，即使司法机关尚未掌握本犯的犯罪情况，没有展开侦查、搜查行为，隐匿、包庇者开始实施提供隐藏处所、财物，帮助其逃匿或者作假证明包庇就是本罪的着手；对方只是有一定程度的犯罪嫌疑，必须是司法机关开始搜查、侦查才是本罪的着手。

此外，根据《刑法》第 362 条的规定，旅馆业、饮食服务业、文化娱乐业、出租汽车业等单位的人员，在公安机关查处卖淫、嫖娼活动时，为违法犯罪分子通风报信，情节严重的，应以窝藏罪定罪处罚。

【真题】 丁系歌舞厅老板，在公安机关查处卖淫嫖娼违法行为时为违法者通风报信，情节严重。（选自2009卷2第62题，D选项）

解析： 根据《刑法》第362条的规定，丁应当成立窝藏罪。

（三）主观要件

本罪在主观方面是故意，具体表现为行为人明知他人是犯罪的人而加以窝藏、包庇。提供隐藏处所或者协助其藏匿的，当时并不知道对方是犯罪者，但在窝藏过程中认识到对方身份，仍然进行窝藏的，具有本罪故意。

不知对方身份而容留、帮助的，缺乏窝藏、包庇故意，不构成本罪，所以对于对方是"犯罪的人"有明知这一要素在司法实践中必须加以证明。被隐匿者是否属于真正的罪犯要从行为时对方犯罪嫌疑程度的高低的角度加以判断（行为时基准说），如果程度很高，就不能否定窝藏、包庇行为的法益侵害性。但是，明知对方不是真正的罪犯，只是由于司法机关的重大过失而被怀疑、被指控者，加以隐匿、包庇的，不能成立本罪。

被包庇的人会受到多重的刑罚处罚，不需要行为人有具体认识。对窝藏者所犯罪行的种类有认识错误的，不影响犯罪故意。例如，故意杀人犯编造事实，告知窝藏者自己只有伤害行为，窝藏者信以为真予以收留的，仍然成立窝藏罪。误以为犯罪者为无辜者而隐藏的，不具有犯罪故意。

为劝说本犯自首，而在一定时期内为其提供居住的场所和生活用品，客观上虽然使得司法机关追捕活动延迟，但行为人本身不具有窝藏、包庇故意，对刑事司法作用的妨害并不存在，而是协助司法机关的行为。本犯最终脱逃，或者本犯早有自首的意图，行为人容留本犯，都不构成本罪。

三、掩饰、隐瞒犯罪所得、犯罪所得收益罪

相关法条及司法解释：

《刑法》第312条

最高人民法院《关于审理掩饰、隐瞒犯罪所得、犯罪所得收益刑事案件适用法律若干问题的解释》

掩饰、隐瞒犯罪所得、犯罪所得收益罪，是指明知是犯罪所得及其产生的收益而予以窝藏、转移、收购、代为销售或者以其他方法掩饰、隐瞒的行为。

（一）保护法益

本罪侵害的法益是国家对犯罪所得、犯罪所得收益的司法追查权。通过这种保护，一方面消除赃物持有、转移、收买、销售者对犯罪所得、犯罪所得收益的违法持有状态的维持，从而从源头上杜绝财产犯罪、经济犯罪以及贪污贿赂、赌博等犯罪的发生。另一方面有利于被害人对因本犯的犯罪行为而丧失财产的索取，以实现其返还请求权。

由于本罪最终保护的是司法秩序，而并不单纯地保护被害人的追索权，在赃物为禁制品、不法原因给付物的情形下，被害人没有民法上的返还请求权，但本犯成立侵犯财产罪或贪污贿赂罪的，窝藏、转移、收购、代为销售或者以其他方法掩饰、隐瞒赃物的行为对司法追查权仍然有侵害，仍应成立本罪。

本罪的行为对象是他人的犯罪所得、犯罪所得收益。对"他人的犯罪"的理解要注意：

（1）这里的他人，即本犯，并不限于实行犯，还包括获取赃物的上游犯罪的教唆犯、帮助犯。

（2）存在"他人的犯罪"，并不意味着本犯的行为完全符合犯罪成立条件，在本犯是无刑事责任能力的精神病人或者不负刑事责任年龄者，而不具有可谴责性的场合，对其利用盗窃、抢劫、抢夺等方法所获得的财物仍然应当认为是赃物，可以成为本罪对象。

（3）他人的犯罪应当是既遂犯罪。在未遂的场合，本犯通常未取得财物。如果本犯已经取得财物，但行为并没有既遂，而行为人参与处理财物的，原则上可以成立共同犯罪（相续的共同犯罪）。

（4）他人的犯罪尚未依法裁判，但查证属实的，不影响掩饰、隐瞒犯罪所得、犯罪所得收益罪的认定。

他人的犯罪所得、犯罪所得收益的表现形式多种多样，既可以是有体物（包括动产和不动产），也可以是财物的替代品，如金钱、债券、支票等，还可以是商业秘密等无形财产。犯罪所得和用于犯罪的物品应当加以区别，对本犯为实施犯罪而使用的工具或其他财物应予追缴、没收，但其并非本罪对象。只有本犯通过犯罪行为所实际获得的财物才是本罪中的赃物。由犯罪所得现实产生的收益，也属于赃物的范畴，是本罪的行为对象。

（二）客观要件

本罪在客观方面表现为对犯罪所得及其产生的收益予以窝藏、转移、收购、代为销售或者以其他方法掩饰、隐瞒。

窝藏，是指提供藏匿赃物的场所，加工、改造赃物的外观，接受犯罪分子的赠与而无偿领得等藏匿赃物的行为。

【真题】甲抢劫出租车，将被害司机尸体藏入后备厢后打电话给堂兄乙，请其帮忙。乙帮助甲把尸体埋掉，并把被害司机的证件、衣物等烧掉。两天后，甲把抢来的出租车送给乙。（选自 2009 年卷 2 第 63 题）

解析：上例中就乙接受甲抢劫所得的出租车这一事实来看，无偿取得犯罪分子的赃物也属于窝藏，因而成立掩饰、隐瞒犯罪所得罪。根据最高人民法院、最高人民检察院《关于办理与盗窃、抢劫、诈骗、抢夺机动车相关刑事案件具体应用法律若干问题的解释》的规定，明知是盗窃、抢劫、诈骗等犯罪所得的机动车而予以窝藏、转移、买卖、典当、拍卖，或者拆解、拼装的，或者更改车身颜色或者车辆外形的，或者提供或出售机动车来历凭证、整车合格证、号牌的，或者提供或出售伪造、变造的机动车来历凭证、整车合格证、号牌的，应以掩饰、隐瞒犯罪所得罪论处。

转移，是指使赃物发生位置移动，以对抗司法追查的行为。例如，将本犯盗窃来的摩托车从甲地骑往乙地就是转移赃物。在犯罪地附近就近搬动、藏匿赃物的，属于窝藏而非转移赃物。行为人着手转移、搬运，已使赃物离开原来的场所时，即为既遂。是否转移至预定地点，对于成立本罪并无影响。

收购，是指明知是犯罪所得的赃物而加以收买的行为。买赃自用情节严重的，亦构成本罪。根据有关立法解释，知道或者应当知道是《刑法》第 341 条第 2 款规定的非法狩猎的野生动物而购买的，属于这里的明知是犯罪所得而收购的行为。

代为销售，是指接受本犯的委托，为本犯销售赃物的行为，既包括直接把赃物卖给他人，也包括低价买进、高价卖出的行为。在本犯与收赃人之间进行联络，充当赃物买卖的介绍人；以公开的名义，为本犯销售赃物的，都是代为销售赃物。销售的赃物可以是原物，也可以是拆卸改装、化整为零的财物，销售赃物的价格、方式、时间、地点等，对犯罪成立没有影响。

以其他方法掩饰、隐瞒犯罪所得、犯罪所得收益，是指除上述方法之外，足以阻碍司法机关对犯罪所得、犯罪所得收益进行追查的一切手段，如居间介绍买卖，收受，持有，使用，加工，提供资金账户，协助将财物转换为现金、金融票据、有价证券，协助将资金转移、汇往境外等。

本罪属于选择性罪名，只要行为人实施窝藏、转移、收购、代为销售或者以其他方法掩饰、隐瞒行为之一的，即可构成犯罪。如果行为人同时实施多个行为的，如先窝藏而后销售的，也不实行数罪并罚。

犯罪分子将自己犯罪所得赃物予以隐藏或者销售的，不属于窝藏、代为销售犯罪所得的赃物，而是不可罚的事后行为，不能构成本罪。

明知是毒品犯罪、黑社会性质的组织犯罪、恐怖活动犯罪、走私犯罪、贪污贿赂犯罪、破坏金融管理秩序犯罪、金融诈骗犯罪的犯罪所得及其产生的收益，而实施协助将财产转化为现金或者金融票据，通过转账或者其他结算方式协助资金转移，协助将资金汇往境外等掩饰、隐瞒赃物的行为的，构成洗钱罪，而不构成本罪。由此看来，本罪和洗钱罪之间具有法条竞合关系，洗钱罪是特别法条，行为符合洗钱罪规定的，不再适用本罪。此外，运输毒品罪，窝藏、转移、隐瞒毒品、毒赃罪，非法买卖毒品原植物种子、幼苗罪与本罪之间也有法条竞合关系，本罪是普通法条。

实施本罪行为，可能同时触犯其他罪名，例如，窝藏他人用犯罪手段得到的枪支，构成非法私藏枪支罪；倒卖他人犯罪所得的珍贵文物，构成走私文物罪。这些犯罪和本罪之间有想象竞合关系，应从一重罪处断。通过窝藏、转移、收购、代为销售赃物等方式来窝藏犯罪分子的，应成立窝藏罪。

【真题】下列哪一选项的行为应以掩饰、隐瞒犯罪所得罪论处？（选自 2011 年卷 2 第 17 题）

A. 甲用受贿所得 1000 万元购买了一处别墅

B. 乙明知是他人用于抢劫的汽车而更改车身颜色

C. 丙与抢劫犯事前通谋后代为销售抢劫的财物

D. 丁明知是他人盗窃的汽车而为其提供伪造的机动车来历凭证

解析：甲将受贿所得的 1000 万元购买别墅属于处置自己犯罪所得赃物的行为，理论上是不可罚的事后行为。本犯不可能成为掩饰、隐瞒犯罪所得罪的主体，否则所有与财产相关的犯罪人除了构成相应财产犯罪外，还构成掩饰、隐瞒犯罪所得罪。他人作为抢劫工具的汽车并非犯罪所得和犯罪所得收益，更改作为犯罪工具的汽车颜色的行为便当然不成立本罪。事前与犯罪分子通谋，事后对赃物予以窝藏、转移、收购、代为销售或者以其他方法掩饰、隐瞒的，应当以相应犯罪的共同犯罪论处，因此丙不构成本罪。丁明知汽车是他人盗窃所得，而为其提供伪造的机动车来历凭证，成立本罪。所以 D 项正确。

（三）主观要件

本罪在主观方面是故意。同时，成立本罪要求行为人明知是赃物。明知是赃物，包括明知肯定是赃物与明知可能是赃物。明知肯定是赃物，是指行为人根据有关事项，判断出自己掩饰、隐瞒的肯定是犯罪所得的赃物，不会是其他性质的赃物。在这种情况下，只能是直接故意犯罪。明知可能是赃物，是指行为人根据有关事项，判断出自己掩饰、隐瞒的可能是犯罪的赃物，但又不能充分肯定是赃物。如行为人根据财物的数量、种类、价值等，认识到财物的来源可能不正常，就属于一种可能是赃物的判断。在这种情况下，如果行为人对危害结果持希望态度，就是直接故意；如果对危害结果持放任态度，则是间接故意。由此可见，行为人对赃物的认识不要求是确定的，只要认识到或许是赃物即可。换言之，本罪的故意，既可以是确定的故意，也可以是不确定的故意，不能为了将窝赃、销赃罪限定在直接故意之内，便将明知限定为明确知道是赃物。

明知是赃物只意味着行为人明知掩饰、隐瞒的对象是他人犯罪所得之物。至于本犯是谁、被害人是谁，本犯触犯何种罪名，本犯的犯罪时间与地点，赃物的品名、性能、价值等，都不要求行为人明知。因为在明知是犯罪所得赃物的前提下，即使不明知上述内容，也能明知行为的危害性质与危害结果，也能说明行为人的主观恶性。

行为人在掩饰、隐瞒前就明知是赃物的，具有本罪故意。一开始对赃物的性质并不知情，但在掩饰、隐瞒过程中发现是赃物，此后继续窝藏、代为销售的，也属于明知是赃物，具有本罪故意。与犯罪分子事前通谋，事后对赃物予以窝藏、转移、收购、代为销售或者以其他方法掩饰、隐瞒的，应当以共同犯罪论处，而不构成本罪。

对是否明知的判断，既要考虑行为人自身的认识能力，又要考察案件的具体情况，可从财物的来源、数量与价值，本犯提供财物的时间、地点、方法，行为人与本犯之间的关系等方面来综合判断行为人是否明知。此外，对明知的分析，在有的案件中，还可以采取推定的方法，即可以根据行为人接受物品的时间、地点、品种、数量、价格、行为人与本犯之间的关系、对本犯的了解程度等推定行为人是否明知是犯罪所得的赃物。例如，在下列情况下，就可以推定行为人明知是赃物：行为人接受财物的时间、地点、方式都极其异常的；行为人以明显低于市场的价格接受物品，然后窝藏、代为销售的；行为人接受的是个人不可能持有的公用设施器材或机械零部件，提供方又没有相应证明的；行为人接受国家禁止个人经营的物品，然后掩饰、隐瞒的；行为人明知对方是财产犯罪、经济犯罪的惯犯，而接受其物品并予以掩饰、隐瞒的；行为人接受的财物数量极大，或发现接受物品的疑点很多，但故意不查明来源的。

四、帮助毁灭、伪造证据罪

相关法条及司法解释：
《刑法》第 307 条第 2 款

帮助毁灭、伪造证据罪，是指以各种方法帮助当事人毁灭、伪造证据，情节严重的行为。

（一）客观要件

本罪在客观方面表现为帮助他人毁灭、伪造证据的行为，如毁坏物证、书证，篡改证言，编造证词，伪造书证，串供等。

1. 帮助毁灭、伪造

帮助的形式多种多样，如出谋划策、提供工具等。毁灭，是指使证据的效力消失或减少的一切行为，包括对物证、书证进行物理上的毁损，还包括隐匿证据、隐匿证人的行为。伪造是指制作并不存在的证据，将现存的证据进行加工导致其证据效力变更的变造行为，与伪造行为在本质上没有区别，也是本罪的实行行为。将与犯罪无关的物品作为与犯罪事实有关的证据加以提供的，也是伪造行为。毁灭、伪造行为可以发生在诉讼进程展开以前的时段内，也可以发生在诉讼活动开始之后。

【真题】甲杀人后将凶器忘在现场，打电话告诉乙真相，请乙帮助扔掉凶器。乙随即把凶器藏在自家地窖里。数月后，甲生活无着落准备投案自首时，乙向甲汇款 2 万元，使其继续在外生活。乙藏匿凶器的行为不属毁灭证据，不成立帮助毁灭证据罪。（选自 2015 年卷 2 第 20 题）

解析：上述表述错误。帮助当事人毁灭、伪造证据中的毁灭证据，是指妨碍证据显现、使得证据的证明价值减少或消失的行为，但不限于从物理上使得证据灭失。之所以不限于从物理上使得证据灭失，在于只要妨碍证据显现，就足以妨害刑事诉讼活动的顺利进行，而这一点正是本罪保护的法益。所以，藏匿凶器的行为当然属于毁灭证据，乙成立帮助毁灭证据罪。

2. 他人的

因为难以期待本犯不毁灭、伪造与自己有关的证据，所以，本罪的行为对象仅限于"他人的"证据，至于该证据对于当事人是有利还是有弊，在所不问。

共犯者毁灭、伪造自己与其他共犯者有关的共同证据的，是否构成本罪，值得研究。例如，甲在与乙共同实施故意杀人行为，且乙被捕之后，将乙使用的凶器扔到河中的行为，是否构成本罪？在共犯的场合，共犯者毁灭证据的行为往往具有同时兼顾共犯者双方利益的可能性，证据具有共同性，涉及其他共犯者的证据实际上也是自己的证据，毁灭、伪造类似证据的行为缺乏期待可能性，不应当成立本罪。

3. 证据

刑法并未规定行为人必须是出于使他人逃避刑事追究之目的帮助毁灭、伪造证据，所以，这里的证据不能限于刑事案件中的证据，帮助毁灭民事诉讼、行政诉讼案件证据的，也构成本罪。《民事诉讼法》第 111 条第 1 款第 1 项规定，在民事诉讼中，诉讼参与人或者其他人，伪造、毁灭重要证据，妨碍人民法院审理案件而构成犯罪的，依法追究刑事责任。《行政诉讼法》第 59 条第 1 款第 2 项规定，在行政诉讼中，诉讼参与人或者其他人伪造、隐藏、毁灭证据或者提供虚假证明材料构成犯罪的，依法追究刑事责任。

在刑事案件中帮助毁灭、伪造的证据既包括人证，也包括物证。它们可能与犯罪的成立有关，也可能与刑罚的裁量有关。刑事案件涉及已经起诉的案件。仅有犯罪嫌疑，搜查开始的事件也属于刑事案件。他人最终被证明无罪的，或者只受不起诉处分的，毁坏、伪造证据者的行为对司法秩序仍然存在侵害性，也可以构成本罪。

4. 情节严重

构成本罪，要求情节严重。犯罪动机卑鄙，手段特别恶劣，且嫁祸于人，使刑事罪犯逃脱刑事处罚，使侦查、审判工作遭受严重破坏的，都可认为属于情节严重的情形。

证人对侦查人员作虚假的陈述，意图使他人免受刑事追究的，构成伪证罪，而不构成本罪。因为本罪与伪证罪之间有法条竞合关系，证人的行为应按照特别法即伪证罪处理。对辩护人、诉讼代理人妨害作证罪与本罪的关系也应当作此理解。

在他人实施杀人行为之后，为使他人逃避刑事追究而帮助其毁灭尸体的，行为侵害的法益是司法秩序而非一般的社会管理秩序，所以不构成侮辱尸体罪，但同时符合包庇罪和本罪的构成要件。在法条竞合的情况下，因为帮助当事人毁灭、伪造证据行为属于广义上的作假证明的范畴，本罪是特别法，应以本罪处理。为帮助他人毁灭证据而实施窃取、杀害证人、非法拘禁等行为的，构成本罪与盗窃罪、故意杀人罪、非法拘禁罪之间的想象竞合犯，应从一重罪处断。

本罪的主体为一般主体，即本犯以外的人。本犯教唆他人毁灭、伪造证据的，也不构成本罪的教唆犯。因为本罪中毁灭、伪造的是"他人（当事人）的证据"。他人的证据，在这里是构成要件结果。在本犯教唆、请求他人毁灭、伪造"自己"的犯罪证据时，不能将该本犯作为本罪的共犯加以处罚。对不以本罪处罚本犯的理由，一般按照欠缺期待可能性进行解释，即不可能期待本犯不参与他人的毁灭证据行为。但是，从不法的角度进行解释可能更为合理。一方面，虽然期待可能性的考虑在立法上确实存在，但是，应该认为，只要在条文中明确规定了成立犯罪的某个客观性要素，其就应该属于构成要件要素，"他人的犯罪证据"这一规定完全可以解读为不处罚本犯的客观不法要素。另一方面，按照共犯处罚根据的混合惹起说，处罚共犯是因为其惹起了构成要件结果，其不仅具有自身的不法（违法地惹起了构成要件结果），而且这种惹起还要以正犯实施了符合构成要件的违法行为为前提。但是，在本犯教唆、请求他人毁灭"自己"的证据的情形下，其只是在间接地毁灭关于"自己"的犯罪证据，而不是"他人"的犯罪证据，行为并没有产生构成要件结果，因此不是不法，对其进行处罚缺乏根据。

（二）主观要件

本罪在主观方面是直接故意，并且具有意图使他人逃避罪责，免受刑事追究的目的。意图使他人受到刑事追究而捏造证据的，可能构成诬告陷害等罪，但不构成本罪。在帮助他人伪造证据的场合，还必须具有伪造证据并将其视作真实的证据提供给司法人员的主观认识。

行为人由于不知情或受骗上当而过失帮助当事人毁灭、伪造证据的，不构成本罪。

第三节　盗伐林木罪

相关法条及司法解释：

《刑法》第 345 条

盗伐林木罪，是指盗伐森林或者其他林木，数量较大的行为。

一、客观要件

本罪在客观方面表现为盗伐森林或者其他林木，数量较大的行为。

盗伐，是指未经国家林业行政管理部门或者法律规定的其他主管部门批准，未取得采伐许可证，擅自砍伐林木。需要注意的是，盗伐林木不要求秘密进行，在人所共知的情况下，擅自砍伐林木，仍然可能成立盗伐。

盗伐行为主要表现为：（1）擅自砍伐国家、集体、他人所有或者他人承包经营管理的森林或者其他林木的；（2）擅自砍伐本单位或者本人承包经营管理的森林或者其他林木的；（3）在林木采伐许可证规定的地点以外采伐国家、集体、他人所有或者他人承包经营管理的森林或者其他林木的。

本罪的行为对象是森林和其他林木。森林，是指具有一定面积的林木的总体，包括竹林。其他林木包括防护林、用材林、经济林、薪炭林、特种用途林等。

【真题】 丁在林区偷扒数量不多的具有药用价值的树皮，致使数量较大的林木枯死的，构成盗伐林木罪。（选自 2017 年卷 2 第 20 题，D 选项）

解析： 上述表述正确。按照一般的生活常识，将树皮扒下很容易导致林木死亡。丁在林区偷扒数量不多的具有药用价值的树皮致使数量较大的林木枯死，丁看似没有直接砍伐林木，但其在扒树皮时显然应认识到自己的行为会导致林木死亡，并且丁对于树木的组成部分树皮具有不法所有目的，因此，成立盗伐林木罪。

盗伐林木，必须数量较大的，才构成本罪。盗伐林木数量较大，以 2 至 5 立方米或者幼树 100 至 200 株为起点。对于 1 年内多次盗伐林木的，应累计未经处理的盗伐数量。

本罪既遂的认定，应当以行为人取得对财物的占有，从而排除他人占有为原则（取得说）。将所欲盗伐的林木砍倒，就是本罪既遂，而不以将林木运出林区，脱离护林人员的监控作为既遂成立的条件。

行为人将国家、集体或者他人所有的，并且已经伐倒的树木秘密非法据为己有的，以及偷砍他人房前屋后、自留地种植的零星树木数额较大或者多次偷砍的，可能构成盗窃罪而不构成本罪。毁坏苗木或生长中的树木的，如果故意毁坏的是珍贵树木，应按毁坏国家重点保护植物罪论处。

【真题】 甲盗伐本村村民张某院落外面的零星树木，如果盗伐数量较大，构成盗伐林木罪。（选自 2017 年卷 2 第 20 题，A 选项）

解析： 上述表述错误。盗伐林木罪中的林木不包括居民房前屋后个人所有的零星树木。对此，最高人民法院的相关司法解释也作了明确规定。最高人民法院《关于审理破坏森林资源刑事案件具体应用法律若干问题的解释》第 9 条指出，偷砍他人房前屋后、自留地种植的零星树木，数额较大的，依照盗窃罪定罪处罚。

二、主观要件

本罪在主观方面是直接故意，而且具有非法占有林木或者谋取不正当利益的目的。这里的非法占有应作广义的理解，既包括自用、出售牟利，也包括转送他人或单位占有。虽然行为人主观上出于故意，但不具有上述目的，不能构成本罪，例如，以毁坏为目的砍伐林木的，应按故意毁坏财物罪处理。

第四节　走私、贩卖、运输、制造毒品罪

一、走私、贩卖、运输、制造毒品罪

相关法条及司法解释：
《刑法》第 347 条

走私、贩卖、运输、制造毒品罪，是指明知是毒品而故意实施走私、贩卖、运输、制造的行为。

（一）客观要件

本罪在客观方面表现为走私、贩卖、运输、制造毒品的行为。

1. 走私毒品

走私毒品，是指违反毒品管理法规和海关法规，逃避海关监管，非法运输、携带、邮寄毒品进出国（边）境的行为。携带毒品但没有采取措施逃避海关监管，只构成运输毒品或非法持有毒品罪；只违反了海关法规而没有违反毒品管理法规的，只构成普通走私罪而不构成走私毒品罪。在领海、内海、界河、界湖运输、收购、贩卖毒品的，成立走私毒品罪。走私普通货物、物品的同时，又走私毒品的，应数罪并罚。

【真题】乙随身携带藏有毒品的行李入关，被现场查获，构成走私毒品罪既遂。（选自2017 年卷 2 第 61 题，B 选项）

解析：上述表述正确。一旦将毒品携带进入我国国境，便已经构成既遂。题干指出乙随身携带藏有毒品的行李入关被现场查获，很明显已经进入我国国境内，因此成立走私毒品罪既遂。

2. 贩卖毒品

贩卖毒品，是指明知是毒品而非法销售，或者以销售为目的而购买毒品的行为。贩卖次数多少、数量大小以及是否有营利目的，都不影响本罪成立。

贩卖人员被抓获后，对于从其住所、车辆等处查获的毒品，一般均应认定为贩卖的毒品。行为人为他人代购仅用于吸食的毒品，在交通、食宿等必要开销之外收取介绍费、劳务费，或者以贩卖为目的收取部分毒品作为酬劳的，应视为从中牟利，属于变相加价贩卖毒品，以贩卖毒品罪定罪处罚。

3. 运输毒品

运输毒品，是指明知是毒品而非法运载毒品的行为。运输的方式多种多样，凡是使毒品所在地发生变化的一切行为都是运输，包括自身携带、伪装后交付托运和邮政部门邮寄，利用、教唆未成年人、怀孕的妇女以及有其他合法身份的人运输、武装押运的，都是运输。

运输距离的长短、数量多少、运输者是否实际获得利益，都对成立犯罪没有影响。行为人先将毒品从A地运到B地，后来又将其从B地运回A地的，虽然从结局上看毒品还在A地，但仍然属于运输毒品。吸毒者在运输毒品过程中被查获，没有证据证明其是为了实施贩卖毒品等其他犯罪，毒品数量达到较大以上的，以运输毒品罪定罪处罚。行为人为吸毒者代购毒品，在运输过程中被查获，没有证据证明托购者、代购者是为了实施贩卖毒品等其他犯罪，毒品数量达到较大以上的，对托购者、代购者以运输毒品罪的共犯论处。

【真题】丙乘广州至北京的火车运输毒品，快到武汉时被查获，构成运输毒品罪既遂。（选自2017年卷2第61题，C选项）

解析：上述表述正确。对于运输毒品来说，只要运输毒品行为使得毒品离开了原地，即已既遂。

4. 制造毒品

制造毒品，是指非法利用毒品原植物直接提炼或者用化学方法加工、配制毒品，或者以改变毒品成分和效用为目的，用混合等物理方法加工、配置毒品的行为。为了便于隐蔽运输、销售、使用、欺骗购买者，或者为了增重，对毒品掺杂使假，添加或者去除其他非毒品物质，不属于制造毒品的行为。为了制造毒品而采用生产、加工、提炼等方法非法制造易制毒化学品的，成立制造毒品罪预备；购进制造毒品的设备或原材料，开始着手制造毒品、尚未制造出毒品或者半成品的，成立制造毒品罪未遂。明知他人制造毒品而为其生产、加工、提炼、提供醋酸酐、乙醚、三氯甲烷等制毒物品的，系制造毒品罪共犯。利用民间方法制造的物品中完全不含有毒品成分，对其按毒品加以贩卖的，构成诈骗罪。

本罪属于选择性罪名，对同一宗毒品实施了两种以上犯罪行为，并有相应确凿证据的，应当按照所实施的犯罪行为的性质并列适用罪名，毒品数量不重复计算。对同一宗毒品可能实施了两种以上犯罪行为，但相应证据只能认定其中一种或者几种行为，认定其他行为的证据不够确实充分的，只按照依法能够认定的行为的性质适用罪名。对不同宗毒品分别实施了不同犯罪行为的，应对不同行为并列适用罪名，累计计算毒品数量。

本罪既遂的标准因具体行为方式不同而有所差别：走私毒品的，应以将毒品运输、携带、邮寄出境或入境为标准；贩卖毒品的，应以毒品实际上已经转移给买方为标准，因此，已将毒品出售，或者为出卖而购买并实际过手的，都是贩卖毒品罪既遂；运输毒品的，应以毒品到达目的地为标准；制造毒品的，则以毒品实际制成为标准，已经制造出粗制毒品或者半成品的，亦应以制造毒品罪的既遂论处。

（二）主观要件

本罪在主观方面是故意，行为人必须明知是毒品而走私、贩卖、运输、制造的，才成立本罪。

二、非法持有毒品罪

相关法条及司法解释：

《刑法》第348条

最高人民法院《关于审理毒品犯罪案件适用法律若干问题的解释》

非法持有毒品罪，是指明知是毒品而非法持有，数量较大的行为。

（一）客观要件

本罪在客观方面表现为违反毒品管理法规，非法持有毒品数量较大的行为。

非法，是指违反国家毒品管理法规，未经主管部门批准或许可而持有毒品。持有，是指行为人拥有、保存、控制毒品。持有的形式不限于随身携带，也包括保存在可以控制的地方，还可以是委托其他人代为保管。至于持有的毒品是自己所有还是赠与、继承，都对成立本罪没有影响。

实务中，贩毒人员被抓获后，对于从其住所、车辆等处查获的毒品，确有证据证明查获的毒品并非用于贩卖的，其行为应构成非法持有毒品罪；不以牟利为目的，为他人代购仅用于吸食、注射的毒品，毒品数量达到规定的数量标准的，对托购者和代购者以非法持有毒品罪定罪处罚；吸毒者在购买、存储毒品过程中被查获，没有证据证明其是为了实施贩卖毒品等其他犯罪，毒品数量达到非法持有毒品罪的数量标准的，以本罪定罪处罚。购毒者接收贩毒者通过物流寄递方式交付的毒品，没有证据证明其是为了实施贩卖毒品等其他犯罪的，也成立本罪；代收者明知物流寄递的是毒品而代购毒者接收，没有证据证明其与购毒者有实施贩卖、运输毒品等犯罪的共同故意的，应以本罪定罪处罚。

【真题】甲无牟利目的，为江某代购仅用于吸食的毒品，达到非法持有毒品罪的数量标准。对甲应以非法持有毒品罪定罪。（选自2016年卷2第61题，A选项）

解析：上述表述正确。对于以吸食为目的而购买少量毒品的行为，理论上向来认为不应认定为贩卖毒品罪。但是，如果毒品数量较大的话，可能会构成非法持有毒品罪。对此，最高人民法院《全国部分法院审理毒品犯罪案件工作座谈会纪要》规定，有证据证明行为人不以牟利为目的，为他人代购仅用于吸食的毒品，毒品数量超过刑法第348条规定的最低数量标准的，对托购者、代购者应以非法持有毒品罪定罪。

非法持有毒品，数量较大的，才构成本罪。非法持有鸦片200克以上，海洛因或者甲基苯丙胺10克以上，或者其他毒品数量较大的，以非法持有毒品罪论处。

盗窃、抢劫、抢夺毒品后又持有的，一般认为持有行为是不可罚的事后行为，只构成相应的财产犯罪，而不应与本罪并罚。但是，也有人认为持有行为导致了新的法益侵害，应与财产罪并罚。

（二）主观要件

本罪在主观方面是故意，即明知是毒品而非法持有的，才能构成本罪。对于明知的判断，应当和前述走私、贩卖、运输毒品罪的标准相同。持有的动机在所不问。为满足自己吸食、注射毒品的需要而购买、运输、存储毒品，如果被查获的毒品数量较大的，可以构成本罪。对持有物品的特殊性无法认识的，不能作为犯罪处理。盗窃普通财物后发现有毒品而继续持有的，以盗窃罪和本罪并罚。

第十九章

贪污贿赂罪

第一节　贪污罪

相关法条及司法解释：

《刑法》第 382～383、394 条

全国人民代表大会常务委员会《关于〈中华人民共和国刑法〉第九十三条第二款的解释》

最高人民法院、最高人民检察院：《关于办理贪污贿赂刑事案件适用法律若干问题的解释》

贪污罪，是指国家工作人员利用职务上的便利，侵吞、窃取、骗取或者以其他手段不法取得公共财物的行为。

一、客观方面

本罪在客观方面表现为国家工作人员利用职务上的便利，不法取得公共财物的行为。

1. 利用职务上的便利

要提醒注意的是，如果没有利用职权范围内主管、管理、直接经手公共财物的职权和便利条件非法占有公共财物，而只是利用工作关系形成的某些方便条件，如因工作关系而熟悉作案环境、凭借工作人员身份可进出某些机关、容易接近作案目标等便利条件，实施窃取、骗取公共财物的，不构成本罪，而是相应地成立盗窃罪、诈骗罪等普通财产犯罪。例如，某日下午下班时，A 市建设银行某储蓄所记账员李某发现本所出纳员陈某将 2 万元营业款遗忘在办公桌抽屉内（未锁）。当日下班后，李某趁所内无人之机，返回所内将该 2 万元取出，用报纸包好后藏在自己办公桌下面的垃圾袋中，并用纸箱遮住垃圾袋。次日上午案发，赃款被他人找出。上例中的李某侵害的确实是公共财物，但是其并没有利用自己的职权和职务行为的便利侵害公共财物，因而其不成立贪污罪，而是成立盗窃罪。

【真题】某国有公司出纳甲意图非法占有本人保管的公共财物，但不使用自己手中的钥匙和所知道的密码，而是使用铁棍将自己保管的保险柜打开并取走现金 3 万元。之后，甲伪造作案现场，声称失窃。（选自 2008 年卷 2 第 18 题）

解析：上例中的甲作为国有公司的出纳，其对自己保管的保险柜内的公共财物显然具有现实的管领、支配权限，尽管其未使用自己的钥匙和密码打开保险柜，但其通过伪造失窃的形式非法占有公共财物，仍然属于利用自己的职权侵吞公共财物，对此，最简单的理解是，如果不是其对保险柜内的财物享有职权上的管理权限，根本不会知道保险柜内有财物，也不会顺利地将其据为己有。因此，甲成立贪污罪。

2. 贪污手段

贪污必须以侵吞、窃取、骗取或者其他手段实施。简单来看，侵吞，基本上等同于"侵占"，即将自己因为职务行为占有的公共财物据为己有；窃取，是指将他人占有的财物据为己有，由于贪污罪必须利用职务实施，所以，这里的窃取又要求对他人占有的公共财物也具有职务上的管领或者共同占有的权限；骗取，则是利用职权采取欺骗手段使具有公共财物处分权的人产生认识错误，进而取得公共财物的行为。典型的如国有保险公司工作人员与投保人互相勾结，由投保人员编造或制造保险事故，由国有保险公司负责人员理赔，骗取保险金。其他方法，是指除侵吞、窃取、骗取以外的非法占有公共财物的方法。如利用公款私存坐吃利息；将公款支付给对方又以回扣名义部分索贿；国家工作人员在国内公务活动或者对外交往中接受礼物应交公而不交公的，都属于以其他方法非法占有公共财物的情形。

3. 不法取得公共财物

不法取得，是指将财物转移为行为人所有，这种所有既可能是对财物法律上的所有，也可能是对财物事实上的所有。

本罪的行为对象为公共财物。公共财物包括国有财产、劳动群众集体所有的财产以及用于扶贫和其他公共事业的社会捐助或者专项基金的财产。公共财物即使没有交易上的经济价值，也可以成为本罪对象。例如，国有金融机构工作人员误以为收缴上来的假币为真币，而利用职务上的便利加以窃取时，仍然可以成立贪污罪未遂。在国有公司、企业、事业单位和人民团体管理、使用、运输中的私人财产，以公共财物论。国有单位取得对私人财产的支配权的方式是否合法，并不影响犯罪的成立。此外，公共财物不要求是国有单位合法占有的财产。例如，A 国有公司工作人员甲经单位同意以明显高于市场的价格向自己的亲友乙经营管理的单位采购商品，但事前约定货款中的一部分必须返还给 A 公司作为小金库收入的，如甲将返还款非法占为己有，仍然可能成立本罪。

【真题】国有公司中从事公务的甲，利用职务便利将本单位收受的回扣据为己有，数额较大。甲的行为构成贪污罪。（选自 2011 年卷 2 第 63 题，A 选项）

解析：上例中的表述是正确的。贪污罪中的公共财物不要求必须是单位占有的合法的公共财物，财物的合法或非法对于贪污罪的认定没有影响。国有公司收受的回扣也属于国有公司的公共财物，利用职务之便将其据为己有，成立贪污罪。

另外，本罪的对象通常是公共财物，但在特殊情况下，也可能是公共财物之外的其他财物。根据《刑法》第 272 条第 2 款的规定，国有公司、企业或者其他国有单位委派到非国有公司、企业以及其他单位从事公务的人员，将公司、企业财产非法占为己有的，构成贪污罪。

【真题】土地管理部门的工作人员乙，为农民多报青苗数，使其从房地产开发商处多领取 20 万元补偿款，自己分得 10 万元。（选自 2011 年卷 2 第 63 题，B 选项）

解析：尽管乙是土地管理部门的工作人员，具有国家工作人员身份，但是其多报青苗数骗取的并非公共财物，而是土地开发商的土地补偿款，因此其不成立贪污罪，而是诈骗罪。

4. 国家工作人员

本罪是典型的身份犯，要求具备特定主体身份。大体上，符合本罪身份的有四种类型：《刑法》第 93 条规定的国家工作人员；受委托管理、经营国有财产的人员；国家出资企业的国家工作人员；骗取国家工作人员身份的情形。

（1）《刑法》第 93 条规定的国家工作人员

国家工作人员，是指国家机关中从事公务的人员。国有公司、企业、事业单位、人民团体中从事公务的人员和国家机关、国有公司、企业、事业单位委派到非国有公司、企业、事业单位、社会团体从事公务的人员，以及其他依照法律从事公务的人员，以国家工作人员论。国家工作人员大体有四类：

第一，在国家机关中从事公务的人员。

第二，在国有公司、企业、事业单位、人民团体中从事公务的人员。要注意的是，集体事业单位，如农村卫生院、村办中小学等，私营或民营的事业单位，如私营科研机构、民办中小学、图书馆、博物馆等，是由集体出资或私人设立的，其工作人员不是国家工作人员。

第三，国家机关、国有公司、企业、事业单位委派到非国有公司、企业、事业单位、社会团体从事公务的人员。

第四，其他依照法律从事公务的人员。如根据相关立法解释的规定，村民委员会等基层组织人员协助人民政府从事救灾、抢险、防汛等款物的管理时，属于其他依照法律从事公务的人员。

【真题】村民委员会主任丙，在协助政府管理土地征用补偿费时，利用职务便利将其中数额较大款项据为己有。丙的行为构成贪污罪。（选自 2011 年卷 2 第 63 题，C 选项）

解析：上述表述是正确的。丙协助政府从事相关的行政管理事务，应认定为其他依照法律从事公务的人员，其在执行职务过程中利用职务之便将款项据为己有，成立贪污罪。

总之，国家工作人员的本质特征不仅仅在于其具有特殊身份，而主要在于其行为，即是否从事公务。换句话说，认定行为人是否国家工作人员，关键是看其是否从事公务。公务，仅指对公共事务进行管理的、带有行政性质的事务。

（2）受委托管理、经营国有财产的人员

根据《刑法》第 382 条第 2 款的规定，受国家机关、国有公司、企业、事业单位、人民团体委托管理、经营国有财产的人员，利用职务上的便利，侵吞、窃取、骗取或者以其他手段非法占有国有财物的，以贪污论。例如，个人与国有企业签订承包、租赁合同，依照合同约定对国有企业进行管理、经营。必须提醒注意的是，委托与委派不同，国有企业的承包人、租赁人可以构成贪污罪，但不能视为被"委派"的人员，进而成为受贿罪、挪用公款罪的主体。受委托的人员与受委派人员（《刑法》第 93 条第 2 款规定的国家机关、国有公司、企业、事业单位委派到非国有公司、企业、事业单位、社会团体从事公务的人员）不同，委派人员的国家工作人员身份可能在委派前就存在或者已经确立，而受委托人员的国家工作人员身份在受托前不存在，受托后才产生。国有企业的承包经营者是受委托从事公务的人员。

（3）国家出资企业的国家工作人员

根据最高人民法院、最高人民检察院《关于办理国家出资企业中职务犯罪案件具体应用法律若干问题的意见》第 6 条的规定，对国家出资企业（包括国家出资的国有独资公司、国有独资企业，以及国有资本控股公司、国有资本参股公司）中"国家工作人员的认定"：第一，经国家机关、国有公司、企业、事业单位提名、推荐、任命、批准等，在国有控股、参股公司及其分支机构中从事公务的人员，应当认定为国家工作人员。具体的任命机构和程序，不影响国家工作人员的认定。第二，经国家出资企业中负有管理、监督国有资产职责的组织批准或者研究决定，代表其在国有控股、参股公司及其分支机构中从事组织、领导、监督、经营、管理工作的人员，应当认定为国家工作人员。第三，国家出资企业中的国家工作人员，在国家出资企业中持有个人股份或者同时接受非国有股东委托的，不影响其国家工作人员身份的认定。

（4）骗取国家工作人员身份的情形

根据最高人民法院研究室《关于对行为人通过伪造国家机关公文、证件担任国家工作人员职务并利用职务上便利侵占本单位的财物、收受贿赂、挪用本单位资金等行为如何适用法律问题的答复》的规定，行为人通过伪造国家机关公文、证件担任国家工作人员职务后，又利用职务上的便利实施侵占本单位财物、收受贿赂、挪用本单位资金等行为，构成犯罪的，应当分别以伪造国家机关公文、证件罪和相应的贪污罪、受贿罪、挪用公款罪等追究刑事责任，实行数罪并罚。

二、主观方面

本罪在主观方面是故意，并且具有非法占有公共财物的目的（目的犯）。行为人对财物的公共性有所认识，具有不法取得公共财物的故意。至于是为自己占有，还是为他人（机构）占有，对于本罪的认定没有影响。例如，贪污公共财物后将其赠给慈善机构等。不具有非法占有公共财物的目的，而是暂时借用、挪用公共财物的，不构成本罪，有可能成立挪用公款罪。

三、共犯问题

根据《刑法》第 382 条第 3 款的规定，伙同国家工作人员贪污的，以共犯论处。按照身份犯的法理，国家工作人员与非国家工作人员相互勾结，共同取得公共财物的案件，国家工作人员应成立贪污罪。例如，负责拆迁的国家工作人员甲明知乙虚构拆迁面积，为尽快完成拆迁任务，甲按照虚构后的面积给予乙补偿，乙由此多得 50 万元补偿款，后送给甲 10 万元。由于甲具有国家工作人员身份，其明知他人采用虚构的方式骗取公共财物，仍然予以协助，成立贪污罪，其贪污的数额是 10 万元（犯罪数额 50 万元）。而乙则构成贪污罪共犯（犯罪数额 50 万元）和诈骗罪的想象竞合犯，最终以重罪贪污罪共犯（从犯）论处。

关于共同贪污中个人贪污数额的计算，最高人民法院《全国法院审理经济犯罪案件工作座谈会纪要》指出，《刑法》第 383 条第 1 款规定的个人贪污数额，在共同贪污犯罪案件中应理解为个人所参与或者组织、指挥共同贪污的数额，不能只按个人实际分得的赃款数额来认定。例如，甲、乙、丙共同贪污 150 万元，由于主犯按其所参与的全部犯罪承担责任，故甲的贪污数额按 150 万元计算；如果从犯乙参与贪污 100 万元，则其个人贪污数额为 100 万元；如果从犯丙参与贪污 50 万元，则其个人贪污数额是 50 万元，即从犯以其参与的贪污数额作为个人贪污数额，并依照《刑法》第 27 条第 2 款的规定，从轻、减轻处罚或者免除处罚。

【真题】镇长黄某负责某重点工程项目占地前期的拆迁和评估工作。黄某和村民李某勾结，由李某出面向某村租赁可能被占用的荒山 20 亩植树，以骗取补偿款。但村长不同意出租荒山。黄某打电话给村长施压，并安排李某给村长送去 1 万元现金后，村长才同意签订租赁合同。李某出资 1 万元购买小树苗 5 000 棵，雇人种在荒山上。副县长赵某带队前来开展拆迁、评估工作的验收。李某给赵某的父亲（原县民政局局长，已退休）送去 1 万元现金，请其帮忙说话。赵某得知父亲收钱后答应关照李某，令人将邻近山坡的树苗都算到李某名下。后李某获得补偿款 50 万元，分给黄某 30 万元。对黄某、李某取得补偿款的行为，应如何定性？二人的犯罪数额应如何认定？（选自 2012 年卷 2 主观题）

解析：上例中的黄某的职务身份是镇长，显然属于国家工作人员，其负责重点工程项目用地的拆迁和评估工作，应当说对于拆迁补偿和安置工作享有职权，但其伙同李某利用自己的职权骗取拆迁补偿款，二人当然成立贪污罪的共同犯罪。需要注意的是，由于李某不具有国家工作人员身份，因此，其只能成立贪污罪的帮助犯（从犯）。此外，二人要对共同贪污的数额负责，即二人的贪污数额均为 50 万元，而非各自实际分得的贪污数额。

四、终身监禁

《刑法修正案（九）》针对贪污罪新增了终身监禁的规定。犯贪污罪，被判处死刑缓期 2 年执行的，人民法院根据犯罪情节等情况可以同时决定在其死刑缓期 2 年期满依法减为无期徒刑后，终身监禁，不得减刑、假释。终身监禁不是一个独立的新增刑种，而是无期徒刑的执行方式之一，是死刑的替代措施。另外，由于根据《刑事诉讼法》第 254 条暂予监外执行制度的规定，暂予监外执行一般只适用于被判处有期徒刑或者拘役的罪犯，被判处无期徒刑的罪犯中可适用暂予监外执行的对象，只能是怀孕或者正在哺乳自己婴儿的妇女。因此，被判终身监禁的罪犯几乎无缘出狱。

对于《刑法修正案（九）》生效以前实施贪污行为，根据之前的刑法规定应当判处死刑立即执行，而根据修正后刑法判处死缓同时决定终身监禁可以罚当其罪的，根据刑法从旧兼从轻的溯及力原则要求，适用《刑法修正案（九）》关于终身监禁的有关规定；根据修正前刑法应当判处死缓的，则不适用终身监禁的规定。

第二节 挪用公款罪

相关法条及司法解释:
《刑法》第 384 条
全国人民代表大会常务委员会《关于〈中华人民共和国刑法〉第三百八十四条第一款的解释》

挪用公款罪,指国家工作人员利用职务上的便利,挪用公款归个人使用,进行非法活动的,或者挪用公款数额较大,进行营利活动的,或者挪用公款数额较大、超过 3 个月未还的行为。

一、客观要件

本罪在客观方面表现为利用职务上的便利,挪用公款归个人使用的行为。

1. 利用职务上的便利

利用职务上的便利,是指利用因职务上的关系而形成的主管、经手、管理公款的便利条件。挪用公款归个人使用,包括挪用者本人使用或者给其他个人或者单位使用。

2. 挪用公款归个人使用

挪用公款归个人使用,根据立法解释,包括以下情形:(1)将公款供本人、亲友或者其他自然人使用;(2)以个人名义将公款供其他单位使用;(3)个人决定以单位名义将公款供其他单位使用,谋取个人利益的。

【真题】下列哪一情形不属于"挪用公款归个人使用"?(选自 2010 年卷 2 第 20 题)

A. 国家工作人员甲,将公款借给其弟炒股

B. 国家机关工作人员甲,以个人名义将公款借给原工作过的国有企业使用

C. 某县工商局局长甲,以单位名义将公款借给某公司使用

D. 某国有公司总经理甲,擅自决定以本公司名义将公款借给某国有事业单位使用,以安排其子在该单位就业

解析: 正确答案为 C。挪用公款给自己亲戚炒股,以个人名义将公款供原工作过的国有企业使用,以及个人擅自决定以公司名义将公款借给其他国有单位使用,都属于挪用公款归个人使用。总之,被挪用的公款流向的单位是国有还是私有,并不影响挪用公款归个人使用的定性。

3. 公款使用方式

挪用公款的实行行为包括三种情形:挪用公款归个人使用,进行非法活动的;挪用公款数额较大,进行营利活动的;挪用公款数额较大,超过 3 个月未还的。

(1)挪用公款进行非法活动。即挪用公款进行赌博、走私、贩毒等非法活动。

(2)挪用公款归个人使用,数额较大、进行营利活动。此种情形不受挪用时间和是否

归还的限制。营利活动指挪用公款为自己或他人进行营利活动作资本的情形，包括挪用公款存入银行、用于集资、购买股票和国债等。所获取的利益、收益等违法所得，应当追缴，但不计入挪用公款的数额。

（3）挪用公款归个人使用，数额较大、超过 3 个月未还。指挪用公款用于非法活动、营利活动以外的个人活动，包括用于建造私房、购置家具和其他生活用品、偿还债务等等，此种挪用公款情形要求数额较大，超过 3 个月未还。数额较大的起点是 1 万元至 3 万元。超过 3 个月未还，是指超过 3 个月，在案发前（被司法机关、主管部门或有关单位发现前）未还。多次挪用公款，用后次挪用的公款归还前次挪用的公款，而每次挪用的间隔时间都不超过 3 个月，挪用公款的数额应累计计算，以案发时未还的实际数额认定，挪用时间应从挪用公款数额累计达到较大之日起认定并计算。

【真题】丁为国家工作人员，挪用公款 3 万元用于孩子学费，4 个月后主动归还。（选自 2011 年卷 2 第 54 题，D 选项）

解析：上例中的丁属于挪用公款用于非法活动、营利活动以外的个人活动，对此，只要其挪用时间超过 3 个月而未还，同时达到数额较大的标准，就成立犯罪既遂。事后的主动归还并不影响犯罪既遂的认定，因此，丁成立挪用公款罪既遂，而非本罪的中止。

需要注意的是，挪用公款用于归还贷款或提供给他人使用（私人放贷）的，应根据个人贷款、放贷的用途，认定其挪用公款的性质：个人贷款、放贷明确用于营利活动或非法活动时，挪用公款并偿还债务、放贷的行为应视为挪用公款进行营利活动或非法活动；挪用公款给他人使用，经查证案发前不知道使用人用公款进行营利活动或者用于非法活动，数额较大超过 3 个月未还的，构成本罪；挪用时对他人使用公款的方式并不知情，但在案发前已明知他人用公款进行营利活动或者非法活动的，应视为挪用人挪用公款进行营利活动，从而成立挪用公款罪。此外，挪用公款归个人作为担保物使用的，应当根据所担保的交易是营利活动还是非法活动决定挪用公款的性质。

挪用公款时索取、收受贿赂构成犯罪的，或者挪用公款进行非法活动构成毒品犯罪、赌博、走私以及其他犯罪的，都应当数罪并罚。

【真题】甲恳求国有公司财务主管乙，从单位挪用 10 万元供他炒股，并将一块名表送给乙。乙做假账将 10 万元交与甲，甲表示尽快归还。20 日后，乙用个人财产归还单位 10 万元。（选自 2012 年卷 2 第 20 题）

解析：上例中乙应甲的请求，挪用单位公款 10 万元供甲炒股，炒股的行为属于营利活动，因此对于乙挪用公款的用途应认定为用于营利活动。挪用公款用于营利活动没有时间要求，但有数额要求，10 万元显然已经达到了数额较大的要求。因此，即便乙在事后用个人财产归还了通过自己做假账挪用的 10 万元，但乙的行为仍然成立挪用公款罪。此外，乙在挪用公款时还收受了甲的贿赂（名表），成立受贿罪，应当数罪并罚。而甲由于不具备国家工作人员身份，但是其指使乙挪用公款给自己使用，应当成立挪用公款罪的教唆犯。

本罪的主体是国家工作人员。根据最高人民法院《关于对受委托管理、经营国有财产人员挪用国有资金行为如何定罪问题的批复》的规定，对于受国家机关、国有公司、企业、事业单位、人民团体委托，管理、经营国有财产的非国家工作人员，利用职务上的便利，挪用国有资金归个人使用构成犯罪的，应当依照挪用资金罪（而非挪用公款罪）定罪处罚。

国有单位领导利用职务上的便利指令具有法人资格的下级单位将公款供个人使用的，属于挪用公款行为，构成犯罪的，应以本罪定罪处罚；根据立法解释，村民委员会、居民委员会组成人员等基层组织人员协助地方人民政府从事行政管理工作时，具有国家工作人员身份，其利用职务上的便利挪用具有财政拨款性质的公款的，应以本罪处理。

二、主观要件

本罪在主观方面是故意，并以暂时非法占有公款、日后准备归还为目的。行为人对财物的公共性有所认识，对挪用行为的非法性也应当有所认识，而且只具有暂时使用而不是永久占有的目的。

第三节　受贿罪与利用影响力受贿罪

> 相关法条及司法解释：
> 《刑法》第 385～386 条、第 388 条、第 388 条之一

一、受贿罪

（一）客观要件

本罪在客观方面表现为行为人利用职务上的便利，索取他人财物，或者非法收受他人财物，为他人谋取利益的行为。

1. 利用职务上的便利

利用职务上的便利，包括直接利用职务之便和间接利用职务之便。

直接利用职务之便，是指利用本人现有职务范围内的权力，即利用本人因现有职务而主管、决定、负责或者承办某种公共事务所形成的便利条件。本人职务范围内的权力（职权），涉及人事的、财物的以及其他职权。一般的、概括的职务，过去、将来的职务权力都是这里所说的职权。

间接利用职务之便受贿，又称斡旋受贿，是指行为人虽然没有利用本人职务范围内的权力，但是，因为其本人职权对其他国家工作人员的职务能够产生一定的制约作用，其利用这种制约作用而通过第三人的职务行为为请托人谋取利益而本人向请托人索取财物或接受请托人贿赂的情形。对此，《刑法》第 388 条明确规定，国家工作人员利用本人职权或者地位形成的便利条件，通过其他国家工作人员职务上的行为，为请托人谋取不正当利益，而本人从中向请托人索取或者非法收受财物的，以受贿论处。

2. 索取、收受贿赂

本罪的行为对象是贿赂。贿赂是指与职务权限相关联的作为对价关系存在的财产或者财产性利益。我国《刑法》第 385 条将受贿罪的对象限于财物。对于贿赂应作广义理解，

除了财物以外，还包括不正当利益。这种不正当利益只包括财产性利益（例如，出钱供他人旅游、免除债务、赠送他人未上市股票等）。换言之，财产、有形的、能够满足人的需要或欲望的财产上的利益才是这里所说的贿赂。社交礼仪范围内的赠与，与职务权限关系无关，不是贿赂物。国家工作人员在传统节日接受与职权有关的馈赠的情形，可能会成立受贿罪。所以，某一财物是否为贿赂物必须以职务、当事者之间的关系，提供的利益在社会、经济方面的意义等为基础，作实质判断。无形的、非财产性的利益，不能成为本罪的对象，性贿赂、提供一定地位、提供升学的机会等，不是本罪的目的物。对接受非财产性利益以后，滥用职权为提供贿赂者谋取好处或者作枉法裁判的，可以按照滥用职权罪、枉法裁判罪定罪量刑。

受贿的实行行为，包括两种基本表现形式。一种是利用职务上的便利，索取他人财物。利用职务上的便利，软硬兼施，名为向他人借用财物，但实际上没有归还意思的，属于索取贿赂行为，不成立民事上的债权债务关系，而成立本罪。另外一种是行贿人主动交付贿赂，而受贿人以利用职务上的便利为行贿人谋取利益为条件，非法接受贿赂。至于收受贿赂财物，是在实施职务行为以前还是以后，在所不问。

根据有关司法解释，以下行为属于收受贿赂，应当以受贿罪论处：

（1）国家工作人员通过赌博或者接受别人为其赌博提供资金的形式受贿的，依照受贿罪的规定追究刑事责任。

（2）国家工作人员利用职务上的便利为请托人谋取利益，以明显低于市场的价格向请托人购买房屋、汽车等物品的；以明显高于市场的价格向请托人出售房屋、汽车等物品的，以及以其他交易形式非法收受请托人财物的，以受贿论处。受贿数额按照交易时当地市场价格与实际支付价格的差额计算。这里的市场价格包括商品经营者事先设定的不针对特定人的最低优惠价格。根据商品经营者事先设定的各种优惠交易条件，以优惠价格购买商品的，不属于受贿。

（3）国家工作人员利用职务上的便利为请托人谋取利益，收受请托人提供的干股（未出资而获得的股份），以受贿论处。进行了股权转让登记，或者相关证据证明股份发生了实际转让的，受贿数额按转让行为时股份价值计算，所分红利按受贿孳息处理。股份未实际转让，以股份分红名义获取利益的，实际获利数额应当认定为受贿数额。

（4）国家工作人员利用职务上的便利为请托人谋取利益，由请托人出资，"合资"开办公司或者进行其他"合作"投资的，以受贿论处。受贿数额为请托人给国家工作人员的出资额。国家工作人员利用职务上的便利为请托人谋取利益，以合作开办公司或者其他合作投资的名义获取"利润"，没有实际出资和参与管理、经营的，以受贿论处。

（5）国家工作人员利用职务上的便利为请托人谋取利益，以委托请托人投资证券、期货或者其他委托理财的名义，未实际出资而获取"收益"，或者虽然实际出资，但获取"收益"明显高于出资应得收益的，以受贿论处。受贿数额，前一情形以"收益"额计算；后一情形以"收益"额与出资应得收益额的差额计算。

（6）国家工作人员利用职务上的便利为请托人谋取利益，要求或者接受请托人以为特定关系人安排工作为名，使特定关系人不实际工作却获取所谓薪酬的，以受贿论处。

（7）国家工作人员利用职务上的便利为请托人谋取利益，收受请托人房屋、汽车等物品，未变更权属登记或者借用他人名义办理权属变更登记的，不影响受贿的认定。认定以房屋、汽车等物品为对象的受贿，应注意与借用的区分。具体认定时，除双方交代或者书面协议之外，主要应当结合以下因素进行判断：有无借用的合理事由；是否实际使用；借用时间的长短；有无归还的条件；有无归还的意思表示及行为。

接受者所收受的财物必须是他人基于行贿的意思而交付，才能成立这里所说的收受。提供财物者的行为仅仅是为了配合司法机关查处腐败案件的，其属于设置圈套，由于提供财物者没有真正的行贿意思，不存在行贿人，所以，即使国家工作人员已经接受该财物，也不构成受贿罪。但是，国家工作人员向他人索取财物，被提出要求的人不堪忍受进行检举揭发，并在司法机关的安排下交付财物的，接受者成立（索取型）受贿罪，但由于其接受的财物不是他人基于行贿意思提供，所以应当对受贿人按照犯罪未遂处理。

收受财物后，是将财物归自己支配，还是由自己或直接指示行贿人将其交付给第三人，均不影响收受的认定。

3. 为他人谋取利益

索取贿赂只需要利用职务上的便利便成立犯罪，不要求为他人谋取利益。但收受贿赂的，只有为他人谋取利益的才成立受贿罪。为他人谋取利益是指行为人利用职务上的便利，为他人谋取非法或者正当的利益。在斡旋受贿的情况下，行为人通过第三人为请托人谋取的利益，必须是不正当利益，如果谋取的是正当利益，即使行为人向请托人索取了财物，或者非法收受了请托人的财物，也不能以受贿罪定罪处罚。

为他人谋取利益，从利益的实现方面看，包括四种情形：（1）承诺为他人谋取利益；（2）正在为他人谋取利益；（3）已经部分为他人实际取得利益；（4）完全满足受贿人的要求。这样一来，在以为他人谋取利益为成立要件的收受型受贿罪中，实际上，只要行为人有为他人谋取利益的承诺，为他人谋取利益这一客观要件在法律上就已经具备了，至于承诺是明示的还是暗示的，都无关紧要，即使行为人最终未为请托人谋取到任何利益，也属于受贿人为他人谋取利益。

4. 受贿罪既遂标准

受贿人实际取得行贿人给付的财物、实际领受财产性利益时，即成立犯罪既遂（取得说）。

关于本罪既遂，有以下问题需要注意：

（1）国家工作人员索贿的，提出要求就成立犯罪，但并不成立既遂。犯罪既遂条件和犯罪成立条件并不具有同一性。因此，国家工作人员索贿，但对方没有作出相应反应的，或者受贿人、行贿人就贿赂的提供与接受事宜达成一致意见，但后来又解除约定的，都只成立本罪未遂。

（2）收受伪劣产品的场合，因为该财物也是有（消极）价值的财物，受贿人属于收到、取得了行贿人提供的财物，故应该认定为受贿罪既遂，只是不具体计算数额。

（3）收受银行卡的既遂、未遂。例如，甲将行贿款300万元存入用其本人名义办理的银行卡中，将该卡及密码交给国家工作人员乙，乙为甲谋取了不法利益。后甲得知乙因贪污罪被司法机关采取强制措施，便携带自己的身份证去银行对该银行卡挂失，后将该300万元转入甲妻子的账户中。当事双方对300万元的归属已有所约定，即便其还存在于行贿人名下，也应当认为受贿罪既遂。这和收受汽车、房屋，但所有权并未转移到受贿人名下是相同的道理。

【真题】 某国有银行行长甲指使负责贷款业务的科长乙向申请贷款的丙单位索要财物。乙将索要所获 15 万元中的 9 万元交给甲，其余 6 万元自己留下。后来，甲、乙均明知丙单位不具备贷款条件，仍然向丙单位贷款 1 000 万元，使银行遭受 800 万元损失。（选自 2008 年卷 2 第 56 题）

解析： 由于甲、乙二人共同向丙单位索贿 15 万元，二人成立共同受贿。对于共同受贿的数额，与共同贪污犯罪的数额计算方式一样，共同受贿不能仅以自己最后的实际所得进行认定，而应以实际参与受贿事实的总数额进行认定。因此，甲、乙二人受贿罪的数额均为 15 万元。由于甲、乙受贿之外，还存在违法发放贷款致使银行遭受 800 万元损失的事实，因而应以违法发放贷款罪和受贿罪数罪并罚。

【真题】 甲向乙行贿五万元，乙收下后顺手藏于自家沙发垫下，匆忙外出办事。当晚，丙潜入乙家盗走该五万元。事后查明，该现金全部为假币。（选自 2009 年卷 2 第 60 题）

解析： 由于受贿罪的保护法益是国家工作人员职务行为的不可收买性，对于乙收受五万元假币的事实来说，乙接受了五万元"贿赂"便意味着职务行为可以用钱款作交换，实际侵害了职务行为的不可收买性，因此，乙的行为应该构成受贿罪。

5. 主体

本罪的主体是国家工作人员，即国家机关中从事公务的人员，国有公司、企业、事业单位、人民团体中从事公务的人员和国家机关、国有公司、企业、事业单位委派到非国有公司、企业、事业单位、社会团体从事公务的人员，以及其他按照法律从事公务的人员。受委托管理、经营国有财产的人员利用职务上的便利条件索取、收受财物的，应成立公司、企业人员受贿罪，而不构成本罪。

国有公司、企业中从事公务的人员和国有公司、企业委派到非国有公司、企业从事公务的人员，国有金融机构工作人员和国有金融机构委派到非国有金融机构从事公务的人员，利用职务上的便利，索取他人财物或者非法收受他人财物，为他人谋取利益，或者违反国家规定，收受各种名义的回扣、手续费归个人所有的，依照《刑法》第 385 条、386条定罪处罚。

村民委员会等基层组织人员协助人民政府从事行政管理工作，利用职务上的便利，索取他人财物或者非法收受他人财物，构成受贿罪。

国家工作人员利用职务上的便利为请托人谋取利益，并与请托人事先约定，在其离退休后收受财物，构成犯罪的，以受贿罪定罪处罚。如果没有事先约定，在职时利用职务上的便利为请托人谋取利益，而在离退休后收受原请托人财物的，不构成本罪。国家工作人员利用职务上的便利为请托人谋取利益，离职前后连续收受请托人财物的，离职前后收受部分均应计入受贿数额。离退休人员利用原来的职权或地位形成的便利通过（具有国家工作人员身份的）第三人的行为为请托人谋取不正当利益的，且与第三人之间存在共犯关系，构成受贿罪的帮助犯，应以本罪处理；与第三人无共犯关系的，离退休人员单独构成利用影响力受贿罪。

【真题】丁系国家工作人员，在主管土地拍卖工作时向一家房地产公司通报了重要情况，使其如愿获得黄金地块。丁退休后，该公司为表示感谢，自作主张送与丁价值5万元的按摩床。（选自2009年卷2第64题，D选项）

解析：丁为他人谋取不正当利益的行为发生在其任职期间，但其收受财物行为却发生在退休以后，并且，丁并未与请托人事前约定，在其离退休后接受财物，因此，其不构成受贿罪。

（二）主观要件

本罪在主观方面只能是故意。故意的内容，一方面是行为人对财物的贿赂性有认识，即认识到其与职务行为之间的对价关系。这种认识只要求其具有普通人都有的一般性判断即可，而不要求认识到是刑法意义上的贿赂。认为是正当的报酬而不是贿赂的情形，不具有本罪故意。另一方面，在收受财物时，行为人还要认识到其利用职务上的便利为他人谋取利益而非法收取贿赂，损害了职务行为的不可收买性。因此，（收受型）受贿故意中应当既包括收受他人财物的故意也包括为他人谋取利益的意思。

国家工作人员为他人谋取利益，由家属收受财物的案件，需要证实国家工作人员本人确实知道，或者其家属确实告知了已收受财物事宜，否则不成立受贿的共同犯罪。

（三）认定

1. 长期"感情投资"与受贿

实践中，大量出现商人以感情投资的方式"围猎"国家工作人员的情形，对于哪些钱款可以认定为受贿，有一些争议。例如，甲对国家工作人员乙并无具体请托事项，但利用各种机会在连续5年的时间里，多次给予乙共计50万元的钱款，进行所谓的"感情投资"。后来，甲为高速公路工程投标一事请托乙，乙为甲谋取不正当利益后，甲向乙行贿100万元。在本案中，宜将乙在为甲谋取具体利益之前所收受的50万元计入受贿款总额。虽然在提供这50万元时，甲对乙并无具体请托事项，但其提供财物的目的是保持与国家工作人员乙的密切关系，便于其今后利用乙的职务便利，为其做生意提供帮助，而乙也明知甲的上述意图和款项的性质，故二人之间的上述经济往来，与乙的职权和地位具有直接关系。后乙接受甲的请托，利用职务便利在特定事项上为甲谋取利益，与甲之前提供贿赂的行为之间存在因果关系。因此，乙在接受具体请托之前的5年时间里收受甲所谓的"感情投资款"的行为具有权钱交易的性质，符合受贿罪的构成要件。

2. 礼尚往来与受贿（收受礼金）

实践中，有很多被告人以财物系对方利用过年、过节等时间节点，或者婚丧嫁娶、生病住院等机会送给自己，或是彼此之间存在礼尚往来，因而不应认定为受贿进行辩解。对此的处理规则是：（1）如果查明双方确实存在礼尚往来，且财物数额在合理的人际交往范围内的，原则上不应认定为受贿。（2）被告人并不是只收不送，符合"礼尚往来"的特征的，即便可以认定为受贿，也应当将被告人"还回去的"礼金从犯罪数额中扣减。（3）如果提供财物者故意选择节日期间及利用国家工作人员儿女结婚之机给付财物，或者提供礼金等只是为请求国家工作人员为其谋利而在事先所做的一种铺垫，之后再适时提出请托事项的，或是已取得了利益后，以礼金形式表示感谢的，均属于名为礼尚往来，实则是一种权钱交易，均不影响对被告人受贿行为性质的认定。（4）国家工作人员在过年过节、家人生病、子女结婚时收受财物的，需要有证据证明行为人在收受礼金、馈赠之前或之后，至少为他人谋取了一次利益，才能建立权钱交易的对价关系。如果连至少一次以上的（默示的）承诺为他人谋利的事实都证明不了，即便给付财物的人与被告人的职务、工作上存在一定关联，是在进行"感情投资"，按照现行刑法关于受贿罪构成要件的规定，也难以认定为受贿罪。

3. 收受回扣、手续费

除一般索取、收受贿赂之外，《刑法》第385条第2款还规定，国家工作人员在经济往来中，违反国家规定，收受各种名义的回扣、手续费，归个人所有的，以受贿论处。违反国家规定收受回扣，是指未在单位设立的财务账目上如实、公开记载而收受回扣、佣金、信息费、顾问费、劳务费等手续费的。收受回扣、佣金、信息费、顾问费、劳务费等手续费，在单位财务账目如实记载，没有归个人所有的，不构成本罪。不过，需要注意的是，并不是所有收受回扣款的行为都构成受贿罪，实践中还有成立贪污罪的可能。例如，行为人利用职务之便，在事先得到对方答应给其回扣的情况下才用单位公款付给对方某项赞助费，对方在收到财物之后依约送给行为人回扣的，这种回扣并非对方财产，而是行为人管理的公共财物中的一部分。行为人收受回扣的行为，实质上是变相地以非常诡秘和巧妙的方式侵吞了本单位的公款，因而应定贪污罪而不是受贿罪。

4. 受贿罪与贪污罪的界限

国家工作人员以单位名义收受对方财物，利用职务上的便利为他人谋取利益，后将该财物私分或占为己有的，是成立受贿罪还是成立贪污罪，一直有争议。例如，国家工作人员甲以所在单位需要"赞助费"为名，向某民营企业索要80万元。该款后由甲指示乙存入单位开设的临时账户中，并随即取出私分。一审法院认定被告人甲构成受贿罪；二审认定其为贪污罪。处理类似案例，需要考虑：（1）索要财物者是否有为单位利益索贿的真实意思；（2）被索取财物的人是否对索贿人的行为性质有相对清楚的认知，是否有行贿的特征。如果答案是肯定的，应认定为（单位）受贿罪。如果答案不明确，应认定为贪污罪。就本案而言，如果行为人甲一开始就有将索要的财物占为己有的意思，宜定性为贪污罪，因为其系假借单位名义向对方索要财物，单位对该财物没有索要的意思，所谓的（单位）受贿行为实质上不存在，甲提出索要财物的要求只是为后续的侵吞财物做准备而已。

当然，如果单位索要财物的意思真实，行为人事后又将索贿取得的部分财物据为己有的，可能成立数罪。例如，税务局局长甲以组织单位人员外出旅游的名义向乙索要24万元，后将其中16万元用于单位活动，其余8万元一直放在单位小金库中，1年后甲将其支取用于女儿结婚，对甲应以单位受贿罪和贪污罪并罚。

5. 受贿与敲诈勒索

国家工作人员利用职务上的便利以勒索、骗取的方式取得贿赂的，需要区别情况处理：一方面，国家工作人员实施与职务无关联的欺骗、恐吓手段，使他人陷入认识错误或者恐惧而交付财物的，不是基于国家工作人员的职务行为取得财物，不是受贿。另一方面，国家工作人员向被害人进行恐吓，即使没有迫使他人交付财物的意思表示，但被害人因为行为人的职权、地位而交付财物的，行为人属于索取贿赂，而非敲诈勒索。

当然，以敲诈勒索、诈骗的方式索取财物，但没有执行职务的意思，不构成受贿罪，而只构成敲诈勒索罪或者诈骗罪。

二、利用影响力受贿罪

利用影响力受贿罪，是指国家工作人员的近亲属或者其他与该国家工作人员关系密切的人，以及离职的国家工作人员或者其近亲属及其他与其关系密切的人，利用影响力收受请托人财物，数额较大或者有其他较重情节的行为。

本罪客观方面表现为，国家工作人员的近亲属或者其他与该国家工作人员关系密切的人，通过该国家工作人员职务上的行为，或者利用该国家工作人员职权或者地位形成的便利条件，通过其他国家工作人员职务上的行为，或者离职的国家工作人员或者其近亲属以及其他与其关系密切的人，利用该离职的国家工作人员原职权或者地位形成的便利条件通过其他国家工作人员职务上的行为，为请托人谋取不正当利益，索取请托人财物或者收受请托人财物，数额较大或者有其他较重情节的行为。

本罪的行为方式有三种：

（1）国家工作人员的近亲属或者其他与该国家工作人员关系密切的人，通过该国家工作人员职务上的行为，为请托人谋取不正当利益。行为人实际上是利用自己与国家工作人员之间所具有的近亲属或其他密切关系所形成的影响力，进而促使与之有特定关系的该国家工作人员通过自己职务上的行为，为请托人谋取不正当利益。

【真题】 甲系某国企总经理之妻，甲让其夫借故辞退企业财务主管，而以好友陈某取而代之，陈某赠甲一辆价值 12 万元的轿车。甲构成犯罪。（选自 2009 年卷 2 第 64 题，A 选项）

解析： 上述说法是正确的。甲的行为属于典型的国家工作人员的近亲属通过国家工作人员职务上的行为为请托人谋取不正当利益，构成利用影响力受贿罪。

（2）国家工作人员的近亲属或者其他与该国家工作人员关系密切的人，利用该国家工作人员职权或者地位形成的便利条件，通过其他国家工作人员职务上的行为，为请托人谋取不正当利益。所谓"利用职权或地位形成的便利条件"，是指行为人与被其利用的国家工作人员之间在职务上虽然没有隶属、制约关系，但是行为人利用了本人职权或者地位产生的影响和一定的工作联系，如单位内不同部门的国家工作人员之间、上下级单位没有职务上隶属、制约关系的国家工作人员之间、有工作联系的不同单位的国家工作人员之间等。

【真题】 丙系某国家机关官员之子，利用其父管理之便，请其父下属将不合条件的某企业列入政府采购范围，收受该企业 5 万元。丙构成犯罪。（选自 2009 年卷 2 第 64 题，C 选项）

解析： 上述说法是正确的。丙的行为属于国家工作人员的近亲属利用其父亲的职权，通过其他国家工作人员职务上的行为为请托人谋取不正当利益，成立利用影响力受贿罪。

（3）离职的国家工作人员或者其近亲属以及其他与其关系密切的人，利用自己（离职的国家工作人员）或者该离职的国家工作人员原职权或者地位形成的便利条件，通过其他国家工作人员职务上的行为，为请托人谋取不正当利益。

【真题】乙系已离职的国家工作人员，请接任处长为缺少资质条件的李某办理了公司登记，收取李某 10 万元。乙构成犯罪。（选自 2009 年卷 2 第 64 题，B 选项）

解析：上述说法是正确的。乙的行为属于离职的国家工作人员利用自己的原职权形成的便利条件，通过其他做国家工作人员职务上的行为，为请托人谋取不正当利益，成立利用影响力受贿罪。

构成本罪，要求行为人为请托人谋取不正当利益，即谋取违反法律、法规、国家政策和国务院各部门规章规定的利益，以及要求国家工作人员或者有关单位提供违反法律、法规、国家政策和国务院各部门规章规定的帮助或者方便条件。为请托人谋取不正当利益，包括四种情形：承诺为他人谋取不正当利益；正在为他人谋取不正当利益；已经部分为他人实际取得不正当利益；完全满足请托人的要求。

本罪的主体是非国家工作人员（非身份犯），但有范围限制。从大的方面看，包括两类人：（1）与国家工作人员关系密切的人：国家工作人员的近亲属，包括夫、妻、父、母、子、女、同胞兄弟姐妹等；其他与国家工作人员关系密切的人，包括国家工作人员的同事、情人、同学、战友、亲戚、朋友、伙伴、邻居等长期交往和有一定关系往来的人，也可以是该国家工作人员临时认识的朋友或有一次性利益关系的人。（2）离职的国家工作人员或者其近亲属以及其他与其关系密切的人。

第四节　行贿罪

相关法条及司法解释：
《刑法》第 389 条、390 条
最高人民法院、最高人民检察院《关于办理行贿刑事案件具体应用法律若干问题的解释》

行贿罪，是指为谋取不正当利益，给予国家工作人员财物的行为。

一、客观要件

本罪在客观方面表现为为谋取不正当利益，给予国家工作人员以财物的行为。

1. 谋取不正当利益

行为人必须谋取的是不正当利益，才构成本罪。这里的"不正当利益"，是指不法利益或者行为人不应当得到的利益。司法解释对谋取不正当利益的范围限定得比较小。根据最高人民法院、最高人民检察院《关于办理行贿刑事案件具体应用法律若干问题的解释》第 12 条的规定，行贿犯罪中"谋取不正当利益"，是指行贿人谋取的利益违反法律、法规、规章、政策规定，或者要求国家工作人员违反法律、法规、规章、政策、行业规范的规定，为自己提供帮助或者方便条件。违背公平、公正原则，在经济、组织人事管理等活动中，谋取竞争优势的，应当认定为"谋取不正当利益"。从理论上看，在正常情况下，能够获取该利益并不确定，但行为人通过行贿方式取得这种利益的，也是谋取不正当利益。谋取不正当利益，不是仅仅指谋取本人的利益，谋取的利益与第三人、单位有关，也是谋取利益。

【真题】国家工作人员利用职务便利，为请托人谋取利益并收受其财物而构成受贿罪的，请托人当然构成行贿罪。（选自2010年卷2第65题，A选项）

解析：上例中的表述是错误的。行贿罪和受贿罪虽然是理论上所称的对向犯，但并非所有的受贿方和行贿方都必然同时构成犯罪。行为人为了谋取自己的正当利益而给予国家工作人员财物的，不成立行贿罪，但是国家工作人员接受财物的，却侵害了职务行为的不可收买性，构成受贿罪。

行为谋取的下述利益均属于不正当利益：（1）在任何情况下，法律都禁止得到的利益，如通过偷税、套汇、走私等得到的利益。（2）在不具备取得某种利益的条件或是取得该利益具有不确定性时，用不正当手段取得该利益或者排斥竞争对手，如在建设工程招标时，以不正当手段获得承包权。（3）依法应当履行的义务通过不正当手段得以减免，如通过行贿得以减免债务、获得税款减免等。至于行为人对于所要谋取的不正当利益是否向受贿人明确提出，受贿人是否着手为其谋取部分或全部利益，都不影响本罪的成立。

为谋取不正当利益而自愿向他人提供财物的，以行贿罪论处；为谋取不正当利益而被他人索取贿赂的，也应以行贿罪论处。但因被勒索给予国家工作人员以财物，没有获得不正当利益的，不是行贿。例如，甲因国家工作人员乙正当行使职权而得到正当利益，但乙日后威胁甲，诈称甲所得到的利益是不正当的，进而勒索财物，甲给付财物的，由于其事实上并未获得不正当利益，故不构成行贿罪。

【真题】因被勒索给予国家工作人员以财物的，当然不构成行贿罪。（选自2010年卷2第65题，B选项）

解析：上述表述是错误的。并非因被勒索给予国家工作人员财物的，一律不构成行贿罪，只有被勒索给予财物没有获得不正当利益的，才不构成行贿罪。

赠送礼物纯属私人亲情、友谊的表现，不附加任何条件的，不构成行贿罪。但是，虽然存在亲情关系，但馈赠是为了使对方利用职务之便为其谋取不正当利益，财物和职权使用之间有对价关系的，并不妨碍行贿罪的成立。

2. 给付财物

行贿的方法多种多样，有公开行贿的，有巧妙伪装秘密行贿的；有事前行贿的，有事后行贿的。不论采取何种方式，只要行贿人为谋取非法利益主动给予国家工作人员以财物的，就可构成行贿罪。国家工作人员对他人行贿的提议加以拒绝时，行为人也成立本罪；贿赂实际提供了，但被国家工作人员当场拒绝的，行为人同样成立行贿；国家工作人员没有认识到财物的贿赂性，或者已经认识但有返还的意思或上缴纪检监察部门的意思，而加以接受的，行为人也成立本罪。

给予财物，是指主动提供，使对方收受的行为。给予行为和对方的收受行为之间是必要共犯的关系。行贿人教唆、帮助受贿人收受财物，只成立行贿罪，而不成立受贿罪的教唆犯、帮助犯。

行为人已经着手实施给付财物的行为，但遭到国家工作人员拒收或者由于其他原因没有给付出去的，属于本罪未遂。已经将财物实际给予国家工作人员的，构成本罪既遂。

行贿行为本身就是一种犯罪行为，行贿后得到国家工作人员的庇护和容忍，进行违法活动构成其他犯罪的，例如，行贿后肆意进行走私等违法犯罪活动，应数罪并罚。

在经济往来中为谋取不正当利益，违反国家规定，给予国家工作人员或者其他从事公务人员以回扣、手续费的，以行贿论处。以下情形应当视为为谋取不正当利益而给予回扣、手续费：推销假冒伪劣产品的；在不具备加工、施工技术或设备的情况下，为承揽加工业务、承包建筑工程的；为提高加工费、工程造价，获取高额利润的。

二、主观要件

本罪在主观方面是故意。行贿人对于其行为的性质、目的、结果均有明确的认识，并意图以较小的利益作贿赂，谋取较大的不正当利益（目的）。行贿人并不试图直接从犯罪行为中取得不正当利益，其将取得的利益处分给他人或者单位的意思，属于犯罪动机，对于定罪没有影响。

第五节　介绍贿赂罪

相关法条及司法解释：
《刑法》第392条
最高人民检察院《关于人民检察院直接受理立案侦查案件立案标准的规定（试行）》

介绍贿赂罪，是指在受贿人与行贿人之间进行沟通、撮合、引见，使受贿和行贿得以实现的行为。

一、客观要件

本罪在客观方面表现为在行贿人与受贿人之间牵线搭桥，起媒介作用，以使行贿、受贿行为得以完成。

介绍贿赂，包括接受行贿人的委托，向国家工作人员介绍贿赂；也包括接受国家工作人员的委托，介绍贿赂物的提供者。至于介绍者是否以营利为目的、是否具有国家工作人员身份等，都对成立犯罪没有影响。介绍贿赂是以行贿者或者受贿者的名义，为行贿者或者受贿者的利益，同时在两者之间进行沟通，而不是单纯地为自己的利益帮助某一方，所以其与受贿罪、行贿罪的帮助犯、教唆犯都不相同。只教唆行贿或者受贿的一方实施犯罪的，分别构成行贿罪或者受贿罪的教唆犯；先教唆他人提供贿赂，然后教唆另外的人索取、收受该贿赂的，同时构成贿赂罪的教唆犯和介绍贿赂罪，应从一重罪处断。但接受行贿人的委托向国家工作人员介绍贿赂，被国家工作人员拒绝，介绍者构成行贿罪（未遂）的帮助犯；接受国家工作人员的委托向他人提出行贿建议，被对方拒绝的，也只构成受贿罪（未遂）的帮助犯，而不构成介绍贿赂罪。

根据最高人民检察院《关于人民检察院直接受理立案侦查案件立案标准的规定（试行）》的规定，涉嫌介绍贿赂，有下列情形之一的，应予立案：（1）介绍个人向国家工作人员行贿，数额在2万元以上的；介绍单位向国家工作人员行贿，数额在20万元以上的；（2）介绍贿赂不满上述标准，但具有下列情形之一的：为使行贿人获取非法利益而介绍贿赂的；3次以上或者为3人以上介绍贿赂的；向党政领导、司法工作人员、行政执法人员介绍贿赂，致使国家或者社会利益遭受重大损失的。

二、主观要件

本罪在主观方面是直接故意，即行为人明知行贿人、受贿人的行贿与受贿意图，而故意从中撮合，使行贿、受贿行为得以实现。犯罪动机多种多样，有的是为亲友帮忙，有的是为了讨好国家工作人员，有的是为了从中谋取非法经济利益。动机如何，并不影响本罪成立。

三、想象竞合犯

在多数情况下，介绍贿赂行为的法益侵害性远比立法上所预估的要严重得多。尤其是当行贿人和受贿人完全不认识或交情较浅，或者就行贿人的社会地位、交往层面、人脉关系等，其完全不可能与受贿人"搭上线"时，如果没有介绍贿赂的人的四处打探、投机取巧、投其所好甚至转交、截留行贿款等其他各种"努力"，行贿人与受贿人之间的交易完全不可能完成。近年来，在工程建设、城市规划、房地产开发、司法裁判等领域，有些人甚至以介绍贿赂为业，成为职业化的"围猎"官员的特殊群体。对这些人，如果仅仅以介绍贿赂罪最高判处3年有期徒刑，势必导致罪刑失衡，不能截断权钱交易的利益链，不利于从源头上遏制腐败。

案例1：某县工商行政管理局获准用原有的旧办公楼置换新办公楼。金某得知此消息后，找到担任该县工商行政管理局局长的亲属李某表示想承揽此工程。李某明确表示，只要具备资质、有实力，就可以承揽该工程。于是，金某通过朋友联系到付某等人，由金某引荐、搭桥，付某等人先后多次与李某商谈置换办公楼事宜。其间，付某承诺事成之后，给予金某一定报酬。在签订楼房置换协议前，金某将李某索要300万元的要求转达给付某等人。此款被李某收下后，付某的公司最终与县工商行政管理局签订了楼房置换协议。案发后，法院经审理认定，被告人金某为赚取"介绍费"，在付某等人与国家工作人员李某之间沟通关系，撮合条件，最终促成李某收受贿赂300万元，情节严重，其行为已构成介绍贿赂罪，依法判处其有期徒刑2年，缓刑3年。

案例2：被告人马某、王某介绍欲进入某管委会工作的人员向某开发区管委会主任送现金，后9名事业单位人员和18名人事代理人员进入该管委会工作，马、王二人向每人收取20多万元贿赂款，共收取上述27名人员贿赂款584万元，其中向管委会主任转交455万元，两被告人截留129万元。法院以介绍贿赂罪分别判处马某有期徒刑6个月，王某免予刑事处罚。

在例1中，被告人金某实质上是给李某提供帮助使得其受贿300万元的行为最终得逞。对李某应当判处10年以上有期徒刑，如果没有介绍贿赂罪的规定，对金某也应当定受贿罪共犯，并比照李某处刑，且理应不会对其宣告缓刑。在例 2 中，被告人马某、王某实质上是给管委会主任提供帮助，使得其受贿 584 万元的行为最终得逞，且两被告人自行截留 129 万元。如果没有介绍贿赂罪的规定，对马某、王某均应当定受贿罪共犯，并比照该管委会主任处刑，无论如何，不会轻到目前法院判决的程度。因此，刑法关于介绍贿赂罪的规定，是许多深度参与贿赂受贿行为，为送钱的人和收钱的人牵线搭桥者被轻纵的主要法律根据。介绍贿赂罪的规定，成为这些罪犯的避风港。

为此，应当认为，向国家工作人员介绍贿赂，情节严重的，同时构成受贿罪或行贿罪共犯（想象竞合犯），而且在多数情形下，对其最终应以受贿罪共犯论处。理由在于：（1）所有的介绍贿赂行为，最终都要和受贿人沟通，帮助受贿人完成权钱交易。一个介绍贿赂行为，如果仅仅和行贿人沟通，而没有最终和受贿人"搭上线"，权钱交易不可能完成，因此，将介绍贿赂行为认定为受贿罪共犯（而不是行贿罪共犯），更符合法理。（2）单纯和行贿人联系，没有请托到受贿人的情形，既不可能完成介绍贿赂行为，司法上也不会介入。迄今为止，实务上没有判决过单纯和行贿人联系，没有最终请托到受贿人的介绍贿赂案件。（3）这是严厉打击受贿行为，切断受贿来源的现实需要，和中央坚决反腐败的决心相一致。（4）应贯彻罪刑相适应原则。受贿罪最高处死刑，行贿罪最高处无期徒刑，为受贿人提供帮助的人最高仅判 3 年有期徒刑，既与法理相悖，也不利于彻底遏制腐败。（5）即使是那些情节特别轻的介绍贿赂行为（如明知他人有行贿意思，而介绍行贿人与受贿人认识，具体权钱交易行为由其二人自行商谈），也为受贿人提供了帮助，是受贿罪共犯，只不过在量刑时可予以从轻或减轻处罚而已。

由此可见，介绍贿赂罪的适用空间极其有限，仅限于那些情节特别轻的介绍贿赂，如定行贿罪或受贿罪共犯，在处罚上和介绍贿赂罪差异很小。对大量情节严重、参与程度较深、介绍贿赂金额巨大、受贿人为行贿人谋取重大非法利益的案件，应当认定行为人同时构成介绍贿赂罪和受贿罪的共犯，保留以重罪即受贿罪共犯处理的可能性，防止重罪轻判。

第二十章
渎职罪

第一节　滥用职权罪

相关法条及司法解释:
《刑法》第 397 条
最高人民法院、最高人民检察院《关于办理渎职刑事案件适用法律若干问题的解释（一）》

滥用职权罪，指国家机关工作人员超越职权，违法决定、处理其无权决定、处理的事项，或者违反规定处理公务，致使公共财产、国家和人民利益遭受重大损失的行为。

一、保护法益

本罪侵害的法益具有双重性：一方面是国家法益，即职务行为的正当性和社会对国家行政、司法权力行使公正性的信赖感；另一方面是个人法益，即公民个人的人身或财产权利。但就总体而言，本罪是国家机关工作人员从其内部侵害国家作用的渎职犯罪，所以即使存在被害人承诺的情形，滥用职权罪仍然成立。

滥用职权罪中的国家法益，包括公务的客观公正性和国民对公务正当性、公正性的信赖与期待。公务的公正性要求公职人员按照法律的要求，正确地行使职责。职权享有者任意扩大权限范围，导致侵害公民权利的，属于公务行为在客观上不具有公正性，对国家利益有损害。

二、客观要件

本罪在客观方面表现为滥用职权的行为。

1. 职权

职权，是指行为人享有的一般职务权限。只是从外观上看有一定的权力，但是实质上没有一般的职务权限的，不是这里所说的职权。职权不一定是法律上明文规定的，从法律制度上作综合的、实质的观察，认定行为人享有职权或者得到授权的就是有职务权限。作为一般的职务权限，职权不一定是法律上有强制力的权力，但其滥用会使对方承担义务，或使得其不能行使权利的，也属于职权的范畴。

2. 滥用

职权必须被滥用，才可能成立滥用职权罪。滥用职权表现为超越职权，违法决定、处理其无权决定、处理的事项，或者违反国家规定处理公务，致使公共财产、国家和人民利益遭受重大损失的行为。换言之，职权的滥用，是指违背法律授权的宗旨行使职权，超越职权范围或者违反职权行使程序，以不正当目的或不法方法实施职务行为。换言之，任何无端行使职权、编造事实扩大职权范围，实质地、具体地违法或不当行使权力的行为，都是滥用职权。

从宏观上看，滥用职权行为包括两种情形：一是职权范围内的滥用，即不正当行使自己职权范围内的权力。主要表现为违反法定规则和法定程序处理公务，或者滥施淫威，胡作非为，随心所欲地处理公务。典型的行为方式为：该这样做而却要那样做；不该做而做或者该做而不做。二是职权范围外的滥用，即违反法律规定，超越职权，处理无权决定、处理的事项。具体表现为，行为人手中并无某项权力，却违法作出某项处理决定。

【真题】省渔政总队验船师郑某，明知有 8 艘渔船存在套用船号等问题，按规定应注销，却为船主办理船检证书，船主领取国家柴油补贴 640 万元。郑某构成滥用职权罪。（选自 2017 年卷 2 第 63 题，A 选项）

解析：上述结论是正确的。郑某作为省渔政总队验船师，在明知有 8 艘渔船存在套用船号等问题后，违反规定为船主办理船检证书，属于典型的滥用职权，即该做却不作为，致使国家柴油补贴 640 万元被骗取，因此郑某构成滥用职权罪。

具体而言，滥用职权行为主要表现为以下四种情形：

（1）超越职权，擅自决定或处理无权决定、处理的事项。行为人滥用其职务范围外的权力，即超越职权的行为，是滥用职权行为的一种重要表现形式。这主要是因为滥用职权本身具有很广泛的含义，凡是国家机关工作人员没有合法地行使其权力的，即构成权力滥用。超越职权是国家机关工作人员没有合法地行使其权力的一种表现形式，当然属于滥用职权行为。例如，工商行政管理人员在进行市场管理过程中越权进行社会治安管理，显然就是滥用职权。实务中，超越职权的行为主要有以下类型：具有此种职责的国家机关工作人员行使了应由具有彼种职责的机关工作人员行使的权力；具有上下级隶属关系的同一性质、但不同级别国家机关之间的越权，既包括上级对下级职责范围内的工作滥用指令，也包括下级对上级职权范围的侵犯；此地国家机关工作人员行使了应由彼地国家机关工作人员行使的职权。

【真题】县长郑某擅自允许未经环境评估的水电工程开工，导致该县水域内濒危野生鱼类全部灭绝。郑某触犯滥用职权罪。（选自 2016 年卷 2 第 63 题，D 选项）

解析： 超越职权擅自决定或处理无权具体决定、处理的事项也是滥用职权罪的一种典型表现形式。县长郑某擅自允许未经环境评估的水电工程开工，导致该县水域内濒危野生鱼类全部灭绝，属于典型的超越职权擅自决定无权具体决定的事项，成立滥用职权罪。

（2）玩弄职权，违反程序规定，随心所欲地对事项作出决定或处理。国家机关工作人员行使职权的程序和形式，既是国家机关工作人员顺利、高效地行使职权的保障，也是防止其滥用权力的重要措施。国家机关工作人员实施具体职务行为的程序和形式，有以下要求：一是行为过程从整体上看没有重大瑕疵，行为的关键环节和法律规定的步骤完全符合，法定程序的先后次序没有颠倒，不采用非法手段获取对于职务行为相对人不利的证据；二是对于需要告知保护人的具体权利，都及时告知；三是行为的形式要合法，如法律规定采取书面形式的，不得采取口头通知；四是职务行为必须在法律规定的期限内作出，不得违反法律、法规对期限的规定，否则也属程序违法。国家机关工作人员行使职权行为必须符合法律、法规所规定的程序，在形式上符合要求，不按照法定程序行使职权同样会造成严重后果，属于职权的滥用。例如，质量技术监督人员对经营者任意处以罚款就属于这种情形。

（3）以权谋私、假公济私，不正确地履行职责。滥用职权大多表现为行为人出于私利，任意行使职权，滥用职权成为获取私利的基本手段。当然，在认定行为人以权谋私、假公济私、滥用职权时，要将其牟取私利的情节和《刑法》第397条第2款所规定的徇私舞弊犯滥用职权罪相区别。作为滥用职权罪的牟取私利，从情节上看，远比《刑法》第397条第2款所规定的徇私舞弊要轻。

【真题】 负责建房审批工作的干部柳某，徇情为拆迁范围内违规修建的房屋补办了建设许可证，房主凭此获得补偿款90万元。（选自2016年卷2第63题，C选项）

解析： 滥用职权罪的典型表现形式之一即为以权谋私、假公济私，不正确履行职责。作为负责建房审批工作的柳某徇私情为拆迁范围内违规修建的房屋补办建设许可证，致使房主获得补偿款90万元，成立滥用职权罪。

（4）放弃职责，故意不履行职务。从实行行为上看，滥用职权罪是否只能由作为构成，还是可以由不作为构成，一直有争议。应当认为，擅权妄为，超越职权是对职权的滥用，应履行职责而拒不履行的不作为，也是对职权的滥用。这就是说，行为人滥用权力拒不履行正当职责义务，造成严重后果，符合犯罪构成要件时，便是以不作为形式构成的滥用职权罪。如果在刑法理论上不承认不纯正不作为犯可以构成滥用职权罪，就会错误理解滥用职权罪的本质，没有合理解释刑法，没有考虑放弃职责行为可能产生的法益侵害性。例如，国家机关工作人员在自然灾害、突发事故、重大责任事故发生后，不正确履行职责，违反有关特大事故报告程序的规定，故意对特大矿山安全事故隐瞒不报，亦不及时组织抢险、调查，造成恶劣社会影响的，即构成滥用职权罪。

需要指出，前述关于滥用职权具体实行行为的划分，只具有相对的意义。有时这四种行为方式交织在一起，难以分清。例如，负责主管缉私工作的公安机关负责人接受贿赂之后干预对走私犯罪的查处，就同时具有超越职权、玩弄职权和不正确履行职权的性质。正当执行职务，或者只是利用地位、条件实施与一般的职务权限无直接关联的行为，不是滥用职权。例如，刑罚执行机构的监管人员利用教育罪犯之机，使用暴力猥亵妇女的，只构成强制猥亵妇女罪；深夜巡逻的警察抢劫他人财物的，只成立抢劫罪，都不构成本罪。本罪属于结果犯，刑法规定滥用职权行为致使公共财产、国家和人民利益遭受重大损失的，才构成犯罪。这里的重大损失，包括经济损失和其他利益损失（如不良社会影响）。经济损失，是指渎职犯罪或者与渎职犯罪相关联的犯罪立案时已经实际造成的财产损失，包括为挽回渎职犯罪所造成的损失而支付的各种开支、费用等。立案后至提起公诉前持续发生的经济损失，应一并计入渎职犯罪造成的经济损失。债务人经法定程序被宣告破产，债务人潜逃、去向不明，或者因行为人的责任超过诉讼时效等，致使债权已经无法实现的，无法实现的债权部分应当认定为渎职犯罪的经济损失。根据最高人民法院、最高人民检察院《关于办理渎职刑事案件适用法律若干问题的解释（一）》第 1 条的规定，具有下列情形之一的，应当认定为致使公共财产、国家和人民利益遭受重大损失：（1）造成死亡 1 人以上，或者重伤 3 人以上，或者轻伤 9 人以上，或者重伤 2 人、轻伤 3 人以上，或者重伤 1 人、轻伤 6 人以上的；（2）造成经济损失 30 万元以上的；（3）造成恶劣社会影响的；（4）其他致使公共财产、国家和人民利益遭受重大损失的情形。

因徇私舞弊而滥用职权的，是加重处罚事由，立法的主要考虑是：不徇私情、不谋私利、公正执法是一切国家机关工作人员最基本的职业准则和法定义务，徇私舞弊、滥用职权对国家机关正常活动和信誉造成的危害更为严重，所以对徇私舞弊而滥用职权，理应判处更重的刑罚。徇私舞弊中的徇私，包括徇私情、徇私利两种情形。徇私情，是指单纯根据亲友、上下级、竞争对手等私人关系、感情的亲疏决定职权行为。徇私利，是指为谋求不合法或不应当得到的各种物质或非物质的利益或地位而违背职责，改变职权行为。徇私情、徇私利均能够给行为人或其亲友带来利益或使他人失去应得利益，否则就不能认定为徇私。

三、主观要件

本罪在主观方面是故意，既可以是直接故意，也可以是间接故意。行为人对自己职权的不正当行使可能损害公共财产、国家或个人利益有所认识，而追求或放任这种结果的发生。至于行为人是为了自己的利益滥用职权，还是为了他人的利益滥用职权，均在所不问。少数学者认为滥用职权罪主观上只能由过失构成，其主要理由是：（1）故意是对结果的发生有认识，然后希望或者放任结果的发生；过失则对于结果的发生不存在这种希望或者放任。刑法总则对故意与过失的规定充分表明，立法是以对行为可能造成的危害社会的结果的认识与意志划分罪过形式的。因此，滥用职权罪的罪过内容也应以行为人对危害社会的结果的认识与意志来认定。（2）滥用职权罪的危害结果是指《刑法》第 397 条明确规定的公共财产、国家和人民利益的重大损失，行为人对于这种结果，只能是过失。（3）滥用职权罪的法定刑与刑法规定的其他过失犯罪的法定刑一致，而且刑法将滥用职权罪和明显属于过失的玩忽职守罪规定在同一条文中，说明立法者认同滥用职权罪属于过失犯罪这种主张。《刑法》第 397 条规定，滥用职权罪的法定最高刑为 7 年有期徒刑。如果行为人明知自己的滥用职权行为会造成重大损失，并且希望或放任重大损失发生，法律只规定其法定最高刑为 7 年，显然立法有问题。

但是，过失说值得商榷的地方在于：（1）没有考虑滥用职权罪和玩忽职守罪的区别可能性问题。滥用职权罪和玩忽职守罪的真正区别，并不在于犯罪客观方面，而在于罪过形式上，如果认为滥用职权罪也是过失犯罪，那么要区别这两罪就变得较为困难。（2）没有考虑"滥用"一词通常的含义，滥用必须理解为明知是错误行使、任意行使权力，而仍然有意为之，将其解释为过失实在有些牵强。（3）没有结合《刑法》第 397 条第 2 款思考问题，根据该款的规定，徇私舞弊犯滥用职权罪的，法定最高刑是 10 年有期徒刑，将滥用职权罪主观罪过确定为故意，并且最高可以判处 10 年有期徒刑，完全可以做到罪刑相当。（4）没有考虑法条竞合问题。《刑法》第 397 条与刑法分则第九章的其他条款之间是一般条款与特殊条款的关系，而《刑法》第 399 条、400 条等条文规定的是特殊部门的国家机关工作人员滥用职权实施的犯罪，其明显可以由直接故意构成，那么，作为一般罪名的滥用职权罪当然也可以由直接故意构成。

四、认定

有的滥用职权罪是国家机关领导决定实施，或者经过单位领导同意、授意后实施的。在单位领导与滥用职权罪的行为人有明确的共同犯罪意思的情形下，直接认定为共犯，并无疑问。但是，实践中有的情况比较复杂，需要分别讨论。

1. 国家机关内部领导集体讨论后决定实施滥用职权行为，在表决中持赞成意见者均属于滥用职权罪共犯，但是持明确反对意见者不成立犯罪；如果单位关于实施滥用职权罪行为的集体讨论是在承办人的操纵、胁迫、欺骗之下作出的，只能由相关人员单独构成犯罪，单位其他领导不负刑事责任。

2. 国家机关直接负责的领导对行为人是否实施徇私舞弊滥用职权的行为并不知情，而是在被蒙蔽或者行为人隐瞒事实真相的情况下作出的决定，该决定并不是领导的真实意思，因此一般不应承担本罪的刑事责任。但是，从事特定事务的国家机关工作人员为实施滥用职权行为，骗取领导同意、批示，但欺骗行为破绽较多，骗术并不高明，主管领导如果履行注意义务，能够及时发现错误进行纠正，却因为疏忽大意而没有发现的，也有可能成立玩忽职守犯罪。

3. 实践中，行为人向主管领导汇报工作后，主管领导依法根本不应作出某一决定，却由于行为人的纠缠、鼓动、刺激而超越权限，批准行为人实施徇私舞弊滥用职权的行为的，如果有关领导在作出决定时有相当的意思自由，应和行为人一起成立滥用职权罪的共犯；如果有关领导在作出决定时，意思自由受到较多限制但仍然存在重大过失的，可以考虑成立玩忽职守罪。

第二节　玩忽职守罪

相关法条及司法解释：
《刑法》第 397 条

玩忽职守罪，是指国家机关工作人员严重不负责任，不履行或者不认真履行职责，致使公共财产、国家和人民利益遭受重大损失的行为。

一、客观要件

本罪在客观方面表现为玩忽职守，致使公共财产、国家和人民利益遭受重大损失。

玩忽职守即严重不负责任，不履行职责或不正确履行职责。不履行职责，是指行为人应当履行且有条件、有能力履行职责，但违背职责没有履行，其中包括擅离职守的行为。不正确履行职责，是指在履行职责过程中，虽然实施了部分职权行为，但从总体上看，行为违反职责规定，草率从事、粗心大意、敷衍塞责，或者任意蛮干、独断专行、违背客观规律胡乱指挥。因此，玩忽职守一般表现为不作为。玩忽职守行为导致公共财产、国家和人民利益遭受重大损失的后果，才构成犯罪。相关损失认定标准，和滥用职权罪相同。

【真题】县财政局副局长秦某工作时擅离办公室，其他办公室人员操作电炉不当，触电身亡并引发大火将办公楼烧毁。秦某触犯玩忽职守罪。（选自2016年卷2第63题，A选项）

解析：上述结论错误。成立玩忽职守罪，必须是国家工作人员负有相应行政事务的职责。作为财政局副局长的秦某在工作时擅离办公室，其他办公室人员操作电炉不当引发触电身亡和大火，秦某工作擅离岗位确实不当，不过，监督办公室人员正确操作电炉和注意用电安全，应当已经超出了秦某的职责范围，故不应成立玩忽职守罪。

【真题】卫计局执法监督大队队长武某，未能发现何某在足疗店内非法开诊所行医，该诊所开张三天即造成一患者死亡。武某触犯玩忽职守罪。（选自2016年卷2第63题，B选项）

解析：上述结论错误。构成玩忽职守罪的不履行或不正确履行职责的前提条件是，国家工作人员有条件和有能力履行其应当履行的职责。非法诊所私藏在足疗店内，并且开业三天便发生严重事故，从一般人的经验看，很难认为作为卫计局执法监督大队队长的武某有能力和条件在短时间内便查处出事的非法诊所，不属于"严重不负责任"，而"法不强人所难"，据此，不应认定武某成立玩忽职守罪。

徇私舞弊犯玩忽职守罪的，法定刑升格。但在具备徇私舞弊情节时，应当注意滥用职权罪与玩忽职守罪的区别。对于滥用职权罪而言，徇私是犯罪动机，徇私的结果正是行为人积极追求的，其正是为了得到其不应得到的利益而故意舞弊即滥用职权。对于玩忽职守罪而言，徇私往往只是犯罪的起因之一，行为人因为私利或私情而过失地不履行法定职责。

二、主观要件

本罪在主观方面是过失，即应当预见自己对工作严重不负责任，不履行或者不正确履行职责的行为有可能使公共财产、国家和人民利益遭受重大损失，因为疏忽大意而没有预见，或者已经预见但轻信能够避免，以致发生危害结果。

在实际生活中，本罪的过失大多表现为行为人有义务监督直接责任者却没有实施监督行为（监督过失），从而导致危害结果的发生；或者应当建立健全安全体制、管理制度，而没有建立，最终导致结果发生。

三、认定

在认定玩忽职守罪时，要注意其与滥用职权罪的界限。两罪主体要件、结果要件都相同，又规定在同一条文中，容易混淆。区别两罪的关键是行为方式和罪过形式不同。滥用职权罪与玩忽职守罪在犯罪构成方面不仅主体相同、客体相同，而且客观方面基本相同，都存在逾越职权与履行职责行为，即滥用职权罪存在故意逾越职权行为与故意不履行职责的行为，玩忽职守罪存在过失不履行职责与过失逾越职权等情形。滥用职权罪与玩忽职守罪不同之处在于主观方面，滥用职权罪主观方面为故意，滥用职权罪的故意形式包括直接故意与间接故意，而玩忽职守罪主观方面只能是过失，包括过于自信的过失与疏忽大意的过失。在对犯罪故意、过失作区分时，要特别注意分析行为人对危害结果的态度，从认识因素与意志因素的统一上考察罪过。不能仅考虑行为人是否认识到自己的行为违背职责，更不能认为只要有此认识的，就是故意，就成立滥用职权罪。

第三节　徇私枉法罪

相关法条及司法解释：
《刑法》第 399 条

徇私枉法罪，是指司法工作人员徇私枉法、徇情枉法，对明知是无罪的人而使他受追诉，对明知是有罪的人而故意包庇不使他受追诉，或者在刑事审判活动中故意违背事实和法律作枉法裁判的行为。

一、客观要件

本罪在客观方面表现为徇私枉法，其具体行为方式包括三种。

1. 明知是无罪的人而使其受追诉。无罪的人，是指完全没有实施犯罪行为的人，或者只有违法行为但尚不构成犯罪的人，以及实施《刑法》第 13 条"但书"中所规定的"情节显著轻微危害不大的"行为的人。使其受追诉，是指司法人员采取伪造、隐匿、毁灭证据或者其他隐瞒事实、违背法律的手段，以追究刑事责任为目的，对无罪的人进行立案、侦查、采取强制措施、提起公诉、审判等。对这里的"追诉"，应当做如下理解：

（1）追诉是承办案件的司法人员利用职权对无罪的人进行直接的、错误的追究。如果是其他人捏造犯罪事实向有关机关告发，利用司法机关追诉无罪人，可能构成诬告陷害罪，而非本罪。

（2）从外观上看，追诉包括违反程序规定的事实上的错误追究；以及司法人员为徇私，假借表面上看起来合法的司法程序进行追诉。前者通常表现为对于明知是无罪的人先行关押，逼迫被害人违心地"交代"之后再立案，进一步采取强制措施。在这种情况下，虽未经过立案、提请逮捕等法定程序，也应当认定为本罪。此外，还可能表现为为了实现追诉，而通过伪造证据等方式对无罪的人采取强制措施，非法关押被害人。有合法的对犯罪嫌疑人采取强制措施的手续，但是没有依照法律规定的程序执行的，不属于这里所说的徇私枉法。

（3）从过程上看，追诉不要求经过全部诉讼程序，只要追诉程序启动，开始立案调查即可。

【真题】丁（法官）为打击被告人程某，将对程某不起诉的理由从"证据不足，指控犯罪不能成立"擅自改为"可以免除刑罚"。丁成立徇私枉法罪。（选自 2009 年卷 2 第 65 题，D 选项）

解析：上述说法是正确的。需要注意的是，免除刑罚的意思即是"定罪免刑"，其前提仍然是成立犯罪。因此，丁的行为使得无罪的程某变为有罪，其行为属于"司法工作人员徇私枉法、徇情枉法，对明知是无罪的人而使他受追诉"，成立徇私枉法罪。

2. 明知是有罪的人而故意包庇使其不受追诉。有罪的人，是指有确凿事实证明其曾经实施犯罪的人。对于"有罪的人"，不能理解为经人民法院判决生效而确认有罪的人，因为刑法的相应规定并未作这种限定。只要有证据证明本犯的行为涉嫌犯罪，司法工作人员明知这种事实，却故意予以包庇，即可构成本罪。

使有罪者不受追诉，包括：（1）采取伪造、隐匿、毁灭证据或者其他隐瞒事实，违背法律的手段对有罪的人故意包庇，不立案侦查、不采取强制措施或不起诉、不审判。（2）故意违背事实真相，违法变更强制措施，或者虽采取强制措施，但实际上放任不管，致使犯罪嫌疑人、被告人实际脱离司法机关侦控、逃避刑事追究的，也属于对明知是有罪的人而故意包庇不使他受追诉。（3）对于明知是有罪的人，而故意不收集有罪证据，导致有罪证据消失，因"证据不足"不能认定有罪的，应当认定为本罪。

【真题】甲（警察）与犯罪嫌疑人陈某曾是好友，在对陈某采取监视居住期间，故意对其放任不管，导致陈某逃匿，司法机关无法对其追诉。甲成立徇私枉法罪。（选自 2009 年卷 2 第 65 题，A 选项）

解析：上述说法是正确的。甲明知陈某被采取监视居住措施，但故意对其放任不管，导致陈某逃匿，司法机关无法顺利对其进行追诉，属于对"明知是有罪的人而故意包庇使其不受追诉"。因此，甲成立徇私枉法罪。

3. 在刑事审判活动中故意违背事实和法律作枉法裁判的行为。枉法裁判表现为公开地不依据已经查清的客观事实、不按照法律的明文规定进行裁判，或者故意歪曲客观事实和法律进行判决和裁定。枉法裁判的结果既可以是将无罪者裁判为有罪，也可以是将有罪者裁判为无罪；既可以是将重罪判为轻罪，也可以是将轻罪判为重罪。

【真题】乙（法官）为报复被告人赵某对自己的出言不逊，故意在刑事附带民事判决中加大赵某对被害人的赔偿数额，致使赵某多付 10 万元。乙不成立徇私枉法罪。（选自 2009 年卷 2 第 65 题，B 选项）

解析：上述说法是错误的。刑事附带民事判决，也属于刑事审判活动，乙为泄私愤在刑事审判活动中故意违背事实和法律加重被告人的民事赔偿数额，显然属于枉法裁判，因而乙成立徇私枉法罪。

裁判，应当是指审判人员以法院名义就案件作出的裁定或判决，一般以书面的裁定书或判决书为表现形式，并且向案件当事人宣布，同时向社会公开，以维护审判公开原则。所以，审判人员在合议庭、审判委员会、主审法官会议等单纯对案件在进行内部审批、讨论的场合，故意违背事实和法律进行批示或者提出错误意见的，不属于"在刑事审判活动中故意违背事实和法律"作枉法裁判。

但是，如果有充足证据证明有权对案件进行内部审批、有权在集体讨论案件过程中发表意见的人，徇私枉法、徇情枉法，故意违背事实和法律进行批示，或者提出明显错误的意见的，可以认定为"对明知是无罪的人而使他受追诉、对明知是有罪的人而故意包庇不使他受追诉"，仍然可能成立徇私枉法罪。

徇私枉法罪的起因是徇私或者徇情。这里的徇私、徇情是主观要素，属于犯罪动机。要求出于徇私动机，是为了将由于法律素质、政策水平、审判技能不高而造成差错的情形，排除在渎职犯罪之外。一般来说，徇私，是指为谋求不合法或不应当得到的各种物质或非物质的利益或地位而违背职责，改变职权行为。不论徇私情还是徇私利，均能够给行为人或其亲友带来利益或使他人失去其应得的利益，否则就不能认定为徇私利、徇私情。徇情，是指单纯根据亲友、上下级、竞争对手等私人关系、感情的亲疏决定职权行为，主要表现为出于照顾私人关系或感情、袒护亲友或者泄愤报复而枉法。

徇私枉法行为必须是利用职务上的便利，在刑事案件的侦查、起诉、审判过程中实施。司法工作人员没有利用职务上的便利，包庇罪犯、诬陷他人的，可能构成包庇罪、伪证罪、诬告陷害罪等，而不构成本罪。

司法工作人员贪赃枉法而犯本罪，同时又构成受贿罪的，依照处罚较重的规定处罚，而不数罪并罚。但是，这一规定不是注意性、参照性规定，而是特别规定。对于国家工作人员受贿又从事其他渎职犯罪行为，明显符合多个犯罪构成要件的，应该数罪并罚，否则，难以做到罪刑均衡。

本罪的主体是特殊主体，即负有侦查、检察、审判、监督职责的司法工作人员。

【真题】丙（鉴定人）在收取犯罪嫌疑人盛某的钱财后，将被害人的伤情由重伤改为轻伤，导致盛某被轻判。丙不成立徇私枉法罪。（选自 2009 年卷 2 第 65 题，C 选项）

解析：上述说法正确。鉴定人并非承担侦查、检察、审判、监督职责的司法工作人员，其在鉴定过程中故意造假，不成立徇私枉法罪。

二、主观要件

本罪在主观方面是故意。行为人对正在处理中的刑事案件的客观事实真相、涉案的犯罪嫌疑人或者被告人有罪还是无罪有明确认识。犯罪动机对成立本罪没有影响。

处于下级地位的司法机关工作人员，基于隶属关系，应当执行上级司法机关的决定。但是，当上级机关的决定事后被证明并不正确，造成错案的，可以认定下级司法工作人员欠缺徇私枉法罪的故意，对下级司法工作人员不宜以犯罪论处。但上级司法工作人员如构成玩忽职守罪的,应依法追究刑事责任。

下级司法机关工作人员发现上级或者集体(如审判委员会、检察委员会、合议庭等)的决定可能有错误而没有提出,司法人员不是故意徇私而是因为严重缺乏工作责任心、草率从事而过失进行错误追诉、裁判,累及无辜或者放纵真凶的,不成立徇私枉法罪,但有成立玩忽职守罪的可能。

巩固提升

"百闻不如一见,百看不如一练。"下载嗨学课堂APP,多多做题,勤于思考,善于总结,方能学以致用,一举通关!

方军老师带你梳理

《刑法修正案（十一）》

新增精华速览

方军 编著

中国人民大学出版社

·北京·

目　　录

导语：《刑法修正案（十一）》共 48 条，其中 46 条涉及刑法分则多个章节。若将条文所涉罪名置于刑法书中分则各章，不利于考生识别和掌握。根据以往考试规律，新修内容考查概率高，故此方军老师根据考试大纲提炼出《刑法修正案（十一）》的重要罪名。如果读者以快速掌握修正案所涉罪名相关考点为目的，可重点研读本手册内容，书中对应的相关内容简单了解。书中内容和手册内容相结合，有利于读者了解某个罪名的立法沿革。

第十四章　危害公共安全罪（书中 P156）

《刑法修正案（十一）》增加"妨害安全驾驶罪"

相关法条及司法解释：

《刑法》第 133 条之二

最高人民法院、最高人民检察院、公安部《关于依法惩治妨害公共交通工具安全驾驶违法犯罪行为的指导意见》（2019 年 1 月 8 日）

妨害安全驾驶罪，是指对行驶中的公共交通工具的驾驶人员使用暴力或者抢控驾驶操控装置，干扰公共交通工具正常行驶、危及公共安全，或是驾驶人员在行驶的公共交通工具上擅离职守，与他人互殴或者殴打他人，危及公共安全的行为。

一、客观要件

本罪的客观表现主要有两种主体的两种行为类型：第一，公共交通工具上的乘客、售票员或者安保员等人员，对公共交通工具的驾驶人员使用暴力或者抢控驾驶操纵装置，危及安全驾驶。第二，驾驶人员擅离职守，与他人互殴或者殴打他人，危及安全驾驶。

第一种类型的妨害安全驾驶罪的要件为：

(1) 行为发生在正在行驶的公共交通工具上。因此，如果是在公交站停靠或

1

者是在场站中修整的公共交通工具上存在上述行为的，不构成本罪。这里的公共交通工具，指公共汽车、大中型出租车、飞机、列车、地铁、渡轮等。

（2）有对驾驶人员使用暴力或者抢夺、控制方向盘等驾驶操纵装置的行为，如暴力殴打驾驶人员或者抢控方向盘、变速杆、手刹、制动踏板等操纵装置。

（3）行为干扰公共交通工具的正常行驶，危及公共安全。即行为足以导致公交车等不能安全行驶或车辆失控，对交通工具内的乘客及道路行人等产生现实的危险。因此，如果只是和驾驶人员产生纠纷后辱骂或存在轻微拉扯驾驶人员衣服等行为，没有影响公共交通工具正常行驶的，不应认定成立本罪。

第二种类型的妨害安全驾驶罪的要件为：

（1）行为同样发生在正在行驶的公共交通工具上。

（2）驾驶人员实施了擅离职守，与他人互殴或者殴打他人的行为。即驾驶人员未采取任何安全措施控制车辆而擅离岗位，离开驾驶位置或者双手离开方向盘等，与乘客或安全员等人互殴或殴打他人。

法条明确要求"危及公共安全"，因此，本罪属于典型的具体危险犯。

二、主观要件

本罪为故意犯罪，即要求行为人认识到在行驶的公共交通工具上对驾驶人员使用暴力或抢控操纵装置，干扰正常行驶，危及公共安全，或是驾驶人员认识到自己属于在行驶的公共交通工具上擅离职守与他人互殴或者殴打他人，有可能危及公共安全，仍然放任或者希望危及公共安全的具体危险结果发生。

三、认定

首先，根据《关于依法惩治妨害公共交通工具安全驾驶违法犯罪行为的指导意见》，"乘客在公共交通工具行驶过程中，抢夺方向盘、变速杆等操纵装置，殴打、拉拽驾驶人员，或者有其他妨害安全驾驶行为，危害公共安全，尚未造成严重后果的，依照刑法第一百一十四条的规定，以以危险方法危害公共安全罪定罪处罚；致人重伤、死亡或者使公私财产遭受重大损失的，依照刑法第一百一十五条第一款的规定，以以危险方法危害公共安全罪定罪处罚。"由于上述规定与本罪的构成要件实质重合，即司法解释的此款规定与立法规定矛盾，理应无效。如果行为人在抢夺方向盘等过程中引发交通事故的，可以交通肇事罪定罪处罚。

其次，上述《指导意见》规定，"乘客在公共交通工具行驶过程中，随意殴打其他乘客，追逐、辱骂他人，或者起哄闹事，妨害公共交通工具运营秩序，符合刑法第二百九十三条规定的，以寻衅滋事罪定罪处罚。"上述规定的行为符合寻衅滋事罪的构成要件，如果同时符合本罪的构成要件，应认定为想象竞合犯，从一重以寻衅滋事罪定罪处罚。

第三，行为人的行为构成本罪的同时符合劫持航空器罪，劫持船只、汽车罪的构成要件，应认定为想象竞合，以劫持航空器罪等罪名论处。

《刑法修正案（十一）》增加"危险作业罪"

相关法条及司法解释：

《刑法》第 134 条之一

危险作业罪，是指在生产、作业中违反有关安全管理的规定危险作业，具有发生重大伤亡事故或者其他严重后果的现实危险的情形。本罪是《刑法修正案（十一）》新增的罪名，在此之前，重大责任事故罪、重大劳动安全事故罪等基本均是在事故发生后进行惩处，随着安全生产问题引发的事故后果日益严重，有必要使用刑事手段提前介入以预防事故的发生，即将刑事处罚界限前移，因而增订了本罪。

一、客观要件

根据第 134 条之一的规定，成立本罪需要违反安全生产管理的有关规定，且具有发生重大伤亡事故或者其他严重后果的现实危险。本罪存在三种客观行为类型：

（1）关闭、破坏直接关系生产安全的监控、报警、防护、救生设备、设施，或者篡改、隐瞒、销毁其相关数据、信息。如煤炭生产企业在生产作业过程中直接关闭、破坏监测瓦斯数值的监控设备，或修改监测设备的阈值，实践中较为典型的案例如通过故意将瓦斯监测仪的探头放到通风口处或将报警仪断电等，使得瓦斯监控设备无法正常工作，从而得以逃避监管和继续冒险作业。

（2）因存在重大事故隐患被依法责令停产停业、停止施工、停止使用有关设备、设施、场所或者立即采取排除危险的整改措施，而拒不执行。第一，重大事故隐患需要依照相关安全生产法律、法规明确规定的国家标准、行业标准予以认定。第二，需要被依法责令整改而拒不执行。"依法"意味着如果行政执法部门没有执法依据而责令停产停业等，企业拒不执行的，不应认定成立本罪。

（3）涉及安全生产的事项未经依法批准或者许可，擅自从事矿山开采、金属冶炼、建筑施工，以及危险物品生产、经营、储存等高度危险的生产作业活动，即相关行业具有高度危险性，在安全监管方面实行严格的行政许可或者批准制度，如果未经依法批准或者许可，而擅自从事采矿、金属冶炼等作业的行为。属于本行为类型的，有可能同时构成本罪和非法采矿罪，非法运输、储存危险物质罪等，应视具体情形从一重罪处罚或数罪并罚。

二、主观要件

本罪属于故意犯罪，即行为人认识到自己关闭、破坏直接关系生产安全的监控、报警、防护、救生设备、设施，或者篡改、隐瞒、销毁其相关数据、信息或拒不执行因存在重大事故隐患被依法责令停产停业等行为系具有发生重大伤亡事故或者其他严重后果的现实危险的危险作业行为，仍然实施此一行为。但是，需要注意的是，对危险作业行为是故意的，不等于对重大事故结果是故意的，如果行为人故意关闭监控设备等且希望或放任发生重大事故的，可能构成以危险方法危害公共安全罪等其他犯罪。

第十五章　破坏社会主义市场经济秩序罪

生产、销售、提供假药罪（书中 P168）

相关法条及司法解释：

《刑法》第 141 条

最高人民法院、最高人民检察院《关于办理危害药品安全刑事案件适用法律若干问题的解释》（2014 年 11 月 3 日）

最高人民检察院、公安部《关于公安机关管辖的刑事案件立案追诉标准的规生产、销售、提供假药罪，是指违反国家药品管理法规，生产、销售、提供假药的行为。

一、客观要件

本罪客观方面表现为生产、销售、提供假药的行为。《刑法修正案（十一）》删除了本条原来规定的"本条所称假药，是指依照《中华人民共和国药品管理法》的规定属于假药和按假药处理的药品、非药品"，这样修改后，形式上似乎"假药"的认定范围不再以《药品管理法》为依据，但是事实上并非如此。2019年《药品管理法》对假药的范围进行了限制，并且删除了以假药论处的情形，为了行刑衔接，且避免今后因为行政法的频繁修改影响刑法规定的稳定性，《刑法修正案（十一）》删除了原先关于假药认定要依据《药品管理法》的规定，但是实际上假药的认定还是应当依据《药品管理法》。换句话说，刑法上的"假药"和《药品管理法》上的"假药"不应采用不同的认定标准。因此，行为违反药品管理法规，才有可能构成本罪。生产、销售、提供假药，就是违反国家相关规定，生产、销售、提供与药品本性不相符合的产品的行为。

生产，是指一切提炼、加工、采集、收集假药的行为。以生产、销售假药为目的，实施下列行为的，应当认定为本罪的"生产"：（1）合成、精制、提取、储存、加工炮制药品原料的行为；（2）将药品原料、辅料、包装材料制成成品过程中，进行配料、混合、制剂、储存、包装的行为；（3）印制包装材料、标签、说明书的行为。

销售，是指一切以出卖牟利为目的的提供假药行为。医疗机构、医疗机构工作人员明知是假药而有偿提供给他人使用，或者为出售而购买、储存的行为，应当认定为销售。销售少量根据民间传统配方私自加工的药品，或者销售少量未经批准进口的国外、境外药品，没有造成他人伤害后果或者延误诊治，情节显著轻微危害不大的，不认为是犯罪。生产、销售假药的行为，从本质上看是以假充真的行为，但如果行为人已经明确标示出其药品所含成份与国家药品标准不相符合，购买人愿意以此药品做再加工的原料的，并无成立本罪的可能。

《刑法修正案（十一）》新增规定，"药品使用单位的人员明知是假药而提供给他人使用的，依照前款的规定处罚。"提供，是指医院、疾病预防控制中心、卫生防疫站、卫生院等医疗机构、医疗机构工作人员明知是假药而提供给他人使用的行为。

本罪的行为对象是假药，根据 2019 年修改后的《药品管理法》第 98 条的规定，禁止生产、销售假药。有下列情形之一的为假药：（1）药品所含成份与国家药品标准规定的成份不符的；（2）以非药品冒充药品或者以他种药品冒充此种药品的；（3）变质的药品；（4）药品所标明的适应症或者功能主治超出规定范围的。有些药品本不能用于人体，但行为人将其假冒为药品用于满足人体治疗目的的，就是本罪中的药品。是否属于假药难以确定的，司法机关可以根据地市级以上药品监督管理部门出具的认定意见等相关材料进行认定。必要时，可委托省级以上药品监督管理部门设置或者确定的药品检验机构进行检验。生产、销售假农药、假兽药的，构成他罪。

必须注意的是，《刑法修正案（八）》将本罪的构成要件修改为抽象危险犯，成立本罪不再要求"足以严重危害人体健康"。即生产、销售、提供假药的，即构成本罪，不要求有致人死伤的实害后果发生，也不要求产生足以严重危害人体健康的危险。生产的假药是否实际卖出、消费者是否实际购买并使用，在所不问。生产、销售、提供假药，同时又构成以危险方法危害公共安全、侵犯知识产权、非法经营、非法行医等犯罪的，依照处罚较重的规定定罪处罚。

二、主观要件

本罪在主观方面是故意，对生产、销售、提供的药品属于《药品管理法》规定的假药有所认识。

成立本罪不要求有销售金额，所以生产者、销售者、提供者是否有营利目的，是否实际获得利益，不影响本罪的成立。

在判断本罪的故意时，被告人的供述是重要但并非唯一的依据，必须结合涉案药品交易的销售渠道是否正规、销售价格是否合理、药品包装是否完整、药品本身是否存在明显瑕疵，以及行为人的职业特点、药品知识、文化程度等综合判断分析行为人是否知道其生产、销售、提供的是假药。

真题：杨某生产假冒避孕药品，其成份为面粉和白糖的混合物，货值金额达 15 万多元，尚未销售即被查获。（选自 2012 年卷 2 第 15 题）

解析：上例中的杨某对自己生产的假冒避孕药品显然是"明知"，由于修改后的生产、销售、提供假药罪属于抽象危险犯，因此只要其生产的是假药，无论是否卖出，便足以认定成立本罪。

《刑法修正案（十一）》增加"妨害药品管理罪"

相关法条及司法解释：

《刑法》第 142 条之一

妨害药品管理罪，是指违反药品管理法规，妨害药品管理，足以严重危害人体健康的行为。

一、客观要件

根据《刑法》第 142 条之一的规定，违反药品管理法规，足以严重危害人体健康的，成立妨害药品管理罪。本罪有四种行为类型：

（1）生产、销售国务院药品监督管理部门禁止使用的药品的。

（2）未取得药品相关批准证明文件生产、进口药品或者明知是上述药品而销售的。

（3）药品申请注册中提供虚假的证明、数据、资料、样品或者采取其他欺骗手段的。

（4）编造生产、检验记录的。

上述四种行为类型都必须"足以严重危害人体健康"，才成立本罪。因此，本罪是典型的具体危险犯，是否严重危害人体健康，必须结合具体案情判断。

二、主观要件

本罪是典型的故意犯罪，即行为人故意违反药品管理法规的规定，妨害药品管理。

三、认定

认定本罪时，需要注意以下情形：

（1）实施本罪的行为，同时构成生产、销售、提供假药罪，应当以生产、销售、提供假药罪定罪处罚。

（2）行为人如果未取得药品相关批准证明文件生产、进口药品或者明知是上述药品而销售，并不足以危害人体健康的，如在国内销售未取得药品进口许可证明但有疗效的外国药品或外国仿制药品，此时不应认定成立本罪。同时，此种行为也不应认定为非法经营罪。否则，会出现处罚极不协调的现象：上述行为足以危害人体健康的，成立本罪，最高只能判处 7 年有期徒刑，而没有达到严重危害人体健康程度的上述行为论以非法经营罪，反而可以判处 7 年以上 15 年以下有期徒刑，这显然是一种评价矛盾。因此，如果是未取得药品相关批准证明文件生产、进口药品或者明知是上述药品而销售，但不足以危害人体健康，不成立本罪。

非国家工作人员受贿罪（书中 P174）

相关法条及司法解释：

《刑法》第 163 条

最高人民法院、最高人民检察院《关于办理商业贿赂刑事案件适用法律若干问题的意见》（2008 年 11 月 20 日）

非国家工作人员受贿罪，是指公司、企业或者其他单位的工作人员利用职务上的便利，索取他人财物或者非法收受他人财物，为他人谋取利益，数额较大的行为。《刑法修正案（十一）》对本罪进行了一定的修改，一方面提高了非国家工作人员受贿罪的法定刑，将法定最高刑提高到了无期徒刑，同时，由于本罪属于经济犯罪，为了实现制裁和预防再犯的目的，增加了罚金刑的配置，并且也降低了第一档法定刑。

一、客观要件

本罪在客观方面表现为利用职务上的便利，索取他人财物或者非法收受他人财物，为他人谋取利益的行为。

利用职务上的便利，是指直接利用本人组织、监督、管理（主管、负责）某项工作的便利条件，即利用本人担任公司、企业中某种职务所享有的主管、分管、决定、处理以至经办某种事务的人、财、物决定权。必须要注意的是，不是直接利用本人职权，而是利用由本人职权或地位所形成的便利条件，通过第三者为请托人谋取利益，收受请托人财物（斡旋受贿）的行为，不成立本罪。因为根据罪刑法定原则的要求，斡旋受贿行为要成立受贿犯罪必须以法律有明确规定为限。国家工作人员斡旋受贿的，成立受贿罪，就是以此为前提。但对于非国家工作人员利用由本人职权或地位所形成的便利条件斡旋受贿的行为，刑法并未作出特别规定，所以，不能将本罪中的"利用职务上的便利"扩张解释为间接利用职权或职务上的便利条件。

索取，是指利用职务上的便利，在请托人要求其通过执行或不执行公司、企业职务而为他人谋取利益之机，主动向他人索要、要求提供财物的行为。利用职务上的便利，强行向他人提出"借贷"要求，但完全无归还意思的，也是索取财物。收受，是指被动地接受他人给付的财物。至于财物交付是在谋取利益之前，还是在谋取利益之后，是直接由行贿人交付还是第三者转交，都不影响收受的成立。

无论是利用职务上的便利主动索取他人财物，还是被动收受他人财物，都要求有为他人谋取利益的行为，才能构成本罪。许诺一般是明示的承诺，但也不排除暗示的允诺。许诺为他人谋取利益的内容是否通过实际的行动部分兑现，或者已经全部实现，都不影响成立为他人谋取利益。为他人谋取的是正当利益，还是不正当利益，对成立犯罪无关紧要。

本罪中的财物，既包括金钱和实物，也包括可以用金钱计算数额的财产性利益，如提供房屋装修、含有金额的会员卡、代币卡（券）、旅游费用等。具体数额以实际支付的资费为准。收受银行卡的，不论受贿人是否实际取出或者消费，卡内的存款数额一般应全额认定为受贿数额。使用银行卡透支的，如果由给予银行卡的一方承担还款责任，透支数额也应当认定为受贿数额。

公司、企业或者其他单位的工作人员在经济往来中，违反国家规定，收受各种名义的回扣、手续费，归个人所有的，也按照本罪定罪处罚。

根据《关于公安机关管辖的刑事案件立案追诉标准的规定（二）》第 10 条，非国家工作人员受贿，数额在 5 000 元以上的，应予立案追诉。

公司、企业或者其他单位的工作人员以恐吓方式（例如，不给付一定数量的财物就揭发隐私）索取财物，财物取得和职务行为无紧密关联的，只成立敲诈勒索罪，反之，可能成立本罪。公司、企业或者其他单位的工作人员为他人谋取利益，约定离职、辞职后收受财物的，收受财物行为仍然构成本罪。公司、企业或者其他单位的工作人员受贿，同时实施其他足以损害本单位利益的犯罪行为的，可以数罪并罚。

本罪的主体是特殊主体，即公司、企业或者其他单位的工作人员。这里的公司、企业的工作人员，包括公司、企业的董事、监事、经理、会计等行政人员和业务人员。国有公司、企业以及其他国有单位中的非国家工作人员，也是这里的公司、企业人员。这里的其他单位工作人员，既包括社会团体、村民委员会、居民委员会、村民小组等常设性组织的工作人员，也包括为组织体育赛事、文艺演出或者其他正当活动而成立的组委会、裁判机构筹委会、工程承包队等非常设性组织的工作人员。

真题：丙是村委会主任，在村集体企业招投标过程中，利用职务收受他人财物 10 万元，为其谋利。丙成立非国家工作人员受贿罪。（选自 2016 年卷 2 第 62 题，C 选项）

解析：上述表述是正确的。根据 2000 年 4 月 29 日全国人大常委会《关于〈中华人民共和国刑法〉第九十三条第二款的解释》这一立法解释的规定，只有在村委会等村基层组织人员协助人民政府从事救灾、抢险以及国有土地的经营管理等行政管理工作事项时，才属于国家工作人员。村委会主任丙是在村集体企业招投标过程中收受他人财物，不属于协助人民政府从事行政管理工作，不应认定为受贿罪，而应是非国家工作人员受贿罪。

医疗机构中的非国家工作人员，在药品、医疗器械、医用卫生材料等医药产品采购活动中，利用职务上的便利，索取销售方财物，或者非法收受销售方财物，为销售方谋取利益，构成犯罪的，以本罪定罪处罚。医疗机构中的医务人员，利用开处方的职务便利，以各种名义非法收受药品、医疗器械、医用卫生材料等医药产品销售方财物，为医药产品销售方谋取利益，数额较大的，亦构成本罪。

真题：乙是国有医院副院长，收受医药代表 10 万元，承诺为病人开处方时多开相关药品。乙成立非国家工作人员受贿罪。（选自 2016 年卷 2 第 62 题，B 选项）

解析：上述表述是正确的。2008 年 11 月 20 日最高人民法院、最高人民检察院《关于办理商业贿赂刑事案件适用法律若干问题的意见》第 4 条明确规定："医疗机构中的国家工作人员，在药品、医疗器械、医用卫生材料等医药产品采购活动中，利用职务上的便利，索取销售方财物，或者非法收受销售方财物，为销售方谋取利益，构成犯罪的，依照刑法第三百八十五条的规定，以受贿罪定罪处罚。……医疗机构中的医务人员，利用开处方的职务便利，以各种名义非法收受药品、医疗器械、医用卫生材料等医药产品销售方财物，为医药产品销售方谋取利益，数额较大的，依照刑法第一百六十三条的规定，以非国家工作人员受贿罪定罪处罚。"乙尽管是国有医院副院长，但其利用开处方的职务便利非法收受医药代表的财物，按照司法解释的规定，应当认定为非国家工作人员受贿罪。

依法组建的评标委员会、竞争性谈判采购中谈判小组、询价采购中询价小组的组成人员，在招标、政府采购等事项的评标或者采购活动中，索取他人财物或者非法收受他人财物，为他人谋取利益，数额较大的，依照本罪定罪处罚。

非国家工作人员与国家工作人员通谋，共同收受他人财物，构成共同犯罪的，根据双方利用职务便利的具体情形分别定罪追究刑事责任：（1）利用国家工作人员的职务便利为他人谋取利益的，以受贿罪追究刑事责任。（2）利用非国家工作人员的职务便利为他人谋取利益的，以非国家工作人员受贿罪追究刑事责任。（3）分别利用各自的职务便利为他人谋取利益的，按照主犯的犯罪性质追究刑事责任，不能分清主从犯的可以受贿罪追究刑事责任。

二、主观要件

本罪在主观方面是故意，明知利用职务上的便利为他人谋取利益而索取或收受贿赂的行为是损害其职务行为的不可收买性的行为，而执意实施。

非法吸收公众存款罪（书中 P181）

相关法条及司法解释：

《刑法》第 176 条

最高人民法院《关于审理非法集资刑事案件具体应用法律若干问题的解释》（2010 年 12 月 13 日）

最高人民法院、最高人民检察院、公安部《关于办理非法集资刑事案件适用法律若干问题的意见》（2014 年 3 月 15 日）

最高人民检察院公诉厅《关于办理涉互联网金融犯罪案件有关问题座谈会纪要》（2017 年 6 月 1 日）

非法吸收公众存款罪，是指非法吸收公众存款或者变相吸收公众存款，扰乱金融秩序的行为。

一、客观要件

本罪在客观方面表现为非法吸收公众存款或者变相吸收公众存款的行为。根据最高人民法院《关于审理非法集资刑事案件具体应用法律若干问题的解释》

（2010年12月13日）第1条的规定，从性质上看，非法吸收公众存款或者变相吸收公众存款必须同时符合以下条件：（1）未经有关部门依法批准或者借用合法经营的形式吸收资金（非法性）。（2）通过媒体、推介会、传单、手机短信等途径向社会公开宣传（公开性），包括以各种途径向社会公众传播吸收资金的信息，以及明知是吸收资金的信息而向社会公众扩散，予以放任等情形。（3）承诺在一定期限内以货币、实物、股权等方式还本付息或者给付回报（利诱性）。（4）向社会公众即社会不特定对象吸收资金（社会性）。未向社会公开宣传，只是在亲友或者单位内部针对特定对象吸收资金的，不属于非法吸收或者变相吸收公众存款。但是，在向亲友或者单位内部人员吸收资金的过程中，明知亲友或者单位内部人员向不特定对象吸收资金而予以放任的，以及以吸收资金为目的，将社会人员吸收为单位内部人员，并向其吸收资金的，应当认定为向社会公众吸收资金。

真题： 为项目筹集资金，向亲戚宣称有高息理财产品，以委托理财方式吸收10名亲戚300万元资金的，构成非法吸收公众存款罪。（选自2014年卷2第14题，D选项）

解析： 上述论述是错误的。构成非法吸收公众存款罪，必须是针对不特定的社会公众吸收，选项中行为人跟自己的亲戚变相借款，因此不构成非法吸收公众存款罪。对此，司法解释也有明确规定。

非法吸收公众存款罪在客观方面通常表现为以下情形：（1）不具有房产销售的真实内容或者不以房产销售为主要目的，以返本销售、售后包租、约定回购、销售房产份额等方式非法吸收资金；（2）以转让林权并代为管护等方式非法吸收资金；（3）以代种植（养殖）、租种植（养殖）、联合种植（养殖）等方式非法吸收资金；（4）不具有销售商品、提供服务的真实内容或者不以销售商品、提供服务为主要目的，以商品回购、寄存代售等方式非法吸收资金；（5）不具有发行股票、债券的真实内容，以虚假转让股权、发售虚构债券等方式非法吸收资金；（6）不具有募集基金的真实内容，以假借境外基金、发售虚构基金等方式非法吸收资金；（7）不具有销售保险的真实内容，以假冒保险公司、伪造保险单据等方式非法吸收资金；（8）以投资入股的方式非法吸收资金；（9）以委托理财的方式非法吸收资金；（10）利用民间"会""社"等组织非法吸收资金。

真题： 甲以银行定期存款4倍的高息放贷，很快赚了钱。随后，四处散发宣传单，声称为加盟店筹资，承诺3个月后还款并支付银行定期存款2倍的利息。

甲从社会上筹得资金1 000万元，高利贷出，赚取息差。（选自2012年卷2第90题，事实五）

解析： 上例中甲的行为完全符合司法解释规定的非法性、公开性、利诱性以及社会性四个特征，成立非法吸收公众存款罪。

近年来，互联网与金融的深度融合促进了金融创新，提高了金融资源配置效率，但也存在一些问题和风险隐患。在互联网金融活动中，有的行为可能触犯刑法，这突出体现在个体网络借贷（即P2P网络借贷）中。个体网络借贷是指个体和个体之间通过互联网平台实现的直接借贷。在个体网络借贷平台上发生的直接借贷行为属于民间借贷范畴，受民法典等法律法规以及最高人民法院相关司法解释规范。合法的个体网络借贷必须符合以下条件：一方面，中介性质。P2P平台仅仅为投资方和融资方提供信息交互、撮合、资信评估等中介服务，具有信息中介性质，主要为借贷双方的直接借贷提供信息服务，不得提供增信服务，不得非法集资。另一方面，坚持客户资金第三方存管制度。P2P平台应当选择符合条件的银行业金融机构作为资金存管机构，对客户资金进行管理和监督，实现客户资金与从业机构自身资金的分账管理。现实经济生活中正在运作的P2P平台分为两种：一种是该平台严格依法运营，仅提供民间借贷的信息中介服务，并不形成"资金池"，不直接操纵客户资金，而是采取资金托管的方式，将客户资金交给第三方托管。这种运作模式因为不介入资金吸纳和投资的交易过程，行为性质是居间服务，不可能构成非法吸收客户资金。另外一种是设立投资平台，向社会公众推广其P2P信贷模式，通过互联网、电话和投资人团伙诱惑投资人进行投资，吸收资金后形成"资金池"，再以投资名义向借款人出借贷款，将吸收的客户资金投向房产、信用贷款、企业经营借款等。在这种情形下，行为人未采取客户资金第三方托管的形式，违反国家融资管理的法律法规的规定，未取得金融机构许可证即吸收截留客户资金，并直接运用通过一对一的借款吸收来的客户资金，打包或者拆包后进行投资、信贷活动，其行为扰乱了金融市场，具有违法性，可能构成本罪。

在实践中，以发行私募基金的形式融资的是否构成本罪，有时难以判断。根据法秩序统一性原理的要求，金融犯罪一定要以违反金融管理法规为前提。就融资行为而言，只要基金管理人没有违反《证券投资基金法》《私募投资基金监督管理暂行办法》的相关规定，其募集基金的行为就是合法的，成立犯罪的前提就不存在。将符合金融法规的行为认定为犯罪，势必阻碍金融创新，且容易导致错案。在实务中，发行私募基金如果同时符合下列四个条件的，通常不构成本罪：（1）私募基金管理人向基金业协会申请登记，具备从事私募基金管理的资格，其融资行为不属于未经有关部门批准或者借用合法经营的形式吸收资金。（2）私募基金管理人、私募基金销售机构未向合格投资者之外的单位和个人募集资金，未通过报刊、电台、电视、互联网等公众传播媒体或者讲座、报告会、分析会和布告、传单、手机短信、微信、博客、电子邮件等方式，向不特定对象宣传推介。如果私募基金管理人、私募基金销售机构不是向特定的合格投资者推介产品，未评估对方的购买力以及风险承担能力，未充分告知对方相关风险，其行为就具有不法性。（3）根据《私募投资基金监督管理暂行办法》第15条规定，私募基金管理人、私募基金销售机构未向投资者承诺投资本金不受损失或者承诺最低收益。（4）私募基金未向社会公众即社会不特定对象吸收资金，而只是向具备相应风险识别能力和风险承担能力的合格投资者推销产品，且其投资于单只私募基金的金额不低于100万元的。融资行为不是针对特定的合格投资者，而是向社会公众即社会不特定对象吸收资金的，该私募基金销售行为可能触犯本罪。

擅自设立金融机构后非法吸收公众存款的应从一重罪处断。非法吸收公众存款过程中，偶尔编造事实、骗取存款的，骗取行为作为非法吸收公众存款的一种实行手段看待，不再单独定罪。

非法吸收或者变相吸收公众存款，主要用于正常的生产经营活动，能够及时清退所吸收资金，可以免予刑事处罚；情节显著轻微的，不作为犯罪处理。

本罪的主体是一般主体，包括自然人和单位。

二、主观要件

本罪在主观方面是故意，行为人明知非法吸收公众存款的行为违反国家规定，可能会造成扰乱金融秩序的后果，而积极追求或者放任危害结果的发生。行为人具有将吸收的存款用于信贷的目的。以非法占有为目的吸收公众存款的，构成集资诈骗罪而不构成本罪。

三、认定

由于本罪是破坏金融秩序犯罪，行为人非法吸收的是公众的"存款"，而不是非法吸收公众的"资金"，所以，按照法益保护的原理，行为人必须是将吸收的存款用于信贷目的，即吸收存款后再发放贷款（用于货币、资本的经营）的，才有可能构成本罪。唯其如此，行为才会对合法的金融机构即银行正常发放贷款这一业务的开展有冲击、有影响，才能危及金融秩序，因而，才应以犯罪论处。如果行为人将非法吸收来的资金不是用于从事金融业务，而是用于正常的生产经营活动的，即便资金用途有所改变，也不应当构成本罪。所以，吸收资金的用途是否改变，并不足以影响定罪，司法上不能以此为由将合法的募集资金行为认定为非法吸收公众存款罪。最高人民法院《关于审理非法集资刑事案件具体应用法律若干问题的解释》第 3 条第 4 款的相关规定（非法吸收或者变相吸收公众存款，主要用于正常的生产经营活动，能够及时清退所吸收资金，可以免予刑事处罚；情节显著轻微的，不作为犯罪处理），其实也是为了表明审判机关的下述立场：即使是非法吸收公众存款，改变其用途的，通常也不定罪。如果是依法募集的资金（如依法发行私募基金等），其用途被改变的，应该在民事违约的范围内解决，实务中不应当仅以资金用途被改变这一孤立事实去反推犯罪的成立。此外，为尽可能避免参与集资公众的财产损失，减少损害结果的发生，《刑法修正案（十一）》规定，"有前两款行为，在提起公诉前积极退赃退赔，减少损害结果发生的，可以从轻或者减轻处罚。"需要注意，行为人必须在提起公诉前积极退赃退赔，且有避免或者减少损害结果发生的实际效果，才可以从轻或减轻处罚。

集资诈骗罪（书中 P184）

相关法条及司法解释

《刑法》第 192 条

最高人民法院《关于审理非法集资刑事案件具体应用法律若干问题的解释》（2010 年 12 月 13 日）

集资诈骗罪，是指以非法占有为目的，以诈骗方法非法向社会公开募集资金，数额较大的行为。

一、客观要件

本罪在客观方面表现为使用诈骗方法非法集资。

使用诈骗方法，是指以非法占有为目的，采用编造谎言、捏造或者隐瞒事实真相等欺骗方法，骗取他人资金的行为，如采取虚构资金用途，以共同投资等名义非法集资；以参加投资的人可以获取数倍于同期存款利率的收益等诈骗手段为诱饵吸收公众投资，将筹集的资金据为己有。

非法集资，是指公司、企业或其他组织、个人未经批准，违反法律、法规，通过不正当的渠道向社会公众或者集体募集资金的行为。资金是企业生产经营正常运作的必要要素，企业获得资金的合法途径是向银行申请贷款，或者依照法定条件和程序向社会发行股票、公司债券或者以合资、合营、联营、企业内部集资等方法筹措资金。

根据最高人民法院《关于审理非法集资刑事案件具体应用法律若干问题的解释》第4条的规定，以非法占有为目的，使用诈骗方法实施下列行为之一，应当以本罪定罪处罚：（1）不具有房产销售的真实内容或者不以房产销售为主要目的，以返本销售、售后包租、约定回购、销售房产份额等方式非法吸收资金的；（2）以转让林权并代为管护等方式非法吸收资金的；（3）以代种植（养殖）、租种植（养殖）、联合种植（养殖）等方式非法吸收资金的；（4）不具有销售商品、提供服务的真实内容或者不以销售商品、提供服务为主要目的，以商品回购、寄存代售等方式非法吸收资金的；（5）不具有发行股票、债券的真实内容，以虚假转让股权、发售虚构债券等方式非法吸收资金的；（6）不具有募集基金的真实内容，以假借境外基金、发售虚构基金等方式非法吸收资金的；（7）不具有销售保险的真实内容，以假冒保险公司、伪造保险单据等方式非法吸收资金的；（8）以投资入股的方式非法吸收资金的；（9）以委托理财的方式非法吸收资金的；（10）利用民间"会""社"等组织非法吸收资金的；（11）其他非法吸收资金的行为。

非法集资数额较大的，才构成本罪。关于如何计算集资诈骗的数额，有三种观点：一是按集资款全额认定；二是按最终损失额认定；三是按案发时未归还的数额认定。第一种观点不符合集资诈骗罪的主观要件。集资诈骗罪必须以非法占有为目的。行为人为了持续不断地扩大资金来源渠道，往往会返还部分本息，兑现承诺。因此，对已返还的本金其主观上并无占有目的。第二种观点忽略了案发前的归还款与案发后的追缴款在性质上的不同，实际上案发后追缴的赃款已经被非法占有，理应计算为犯罪数额。而且，这种做法使定罪量刑受制于执法部门的执法能力和水平，司法实践中不易操作。第三种观点是可行的，它克服了前两种观点的偏颇之处，既严格把握以非法占有为目的这一主观构成要件，又将已追缴的部分作为量刑情节来考虑，符合实际。此外，行为人在集资诈骗活动中支付的非法中介费、手续费、回扣，或者用于行贿、赠与等的费用，均应计入集资诈骗的犯罪数额。

根据最高人民法院《关于审理非法集资刑事案件具体应用法律若干问题的解释》第5条的规定，集资诈骗的数额以行为人实际骗取的数额计算，案发前已归还的数额应予扣除。行为人为实施集资诈骗活动而支付的广告费、中介费、手续费、回扣，或者用于行贿、赠与等费用，不予扣除。行为人为实施集资诈骗活动而支付的利息，除本金未归还可予折抵本金以外，应当计入诈骗数额。

需要注意的是，《刑法修正案（十一）》将本罪的法定刑情节由原来的三档调整为两档，调整后分为"数额较大的"和"数额巨大或有其他严重情节"两档，另外，删除了原来条文中的罚金州的罚金数额标准，修改为原则规定并处罚金。同时，增加了集资诈骗罪单位犯罪的独立规定。

二、主观要件

本罪在主观方面是故意，而且具有非法占有目的。根据司法实践，对于行为人通过集资的方法非法获取资金，造成数额较大资金不能归还，并具有下列情形之一的，可以认定为具有非法占有目的：（1）集资后不用于生产经营活动或者用于生产经营活动的资金与筹集资金规模明显不成比例，致使集资款不能返还的；（2）肆意挥霍集资款，致使集资款不能返还的；（3）携带集资款逃匿的；（4）将集资款用于违法犯罪活动的；（5）抽逃、转移资金、隐匿财产，逃避返还资金的；（6）隐匿、销毁账目，或者搞假破产、假倒闭，逃避返还资金的；（7）拒不交代资金去向，逃避返还资金的；（8）其他可以认定非法占有目的的情形。

当然，在集资时虽然在某些方面夸大了集资回报的条件，但主观上并无非法占有他人财物的目的，只是由于客观原因无力及时按约定条件偿还集资款及利息的，不构成本罪，原则上应当以民事上的集资借贷纠纷处理。

违反法律、法规规定，未向有关部门申请，未经批准发行股票、公司、企业债券，将非法募集的资金用于公司、企业的生产经营，无非法占有他人资金的目的，只构成擅自发行股票、公司、企业债券罪，而不构成本罪。

没有使用诈骗方法，而是以营利为目的，以可信的给付利息方式非法或变相吸收公众存款，由于经营管理不善造成公众存款无法返还，在不能证明其具有非法占有吸收的公众存款的目的时，只应成立非法吸收公众存款罪。

第十六章 侵犯公民人身权利、民主权利罪

强 奸 罪（书中 P199）

相关法条及司法解释：

《刑法》第 236 条

强奸罪，是指违背妇女意志，使用暴力、胁迫或者其他手段，强行对妇女进行奸淫，或者与不满 14 周岁的幼女发生性关系的行为。《刑法修正案（十一）》对强奸罪作了一定修订，新增了在公共场所当众奸淫幼女这一从重处罚情节，将原来的第三款第三项"在公共场所当众强奸妇女的"修改为"在公共场所当众其强奸妇女、奸淫幼女的"，同时，增加规定"奸淫不满十周岁的幼女或者造成幼女伤害的"这一从重情节。

一、保护法益

本罪侵害的法益因对象不同而有差异。在被害人是妇女的场合，犯罪侵犯的法益是妇女的性的不可侵犯的自由和权利，即妇女拒绝与合法配偶以外的其他男子发生性行为的权利。在被害人是幼女的场合，奸淫行为侵犯了幼女的身心健康。由于不满 14 周岁的幼女对性行为缺乏辨别和认识能力，所以，不论行为人采用什么手段（暴力、胁迫、诱骗或其他方法），也不论幼女是否同意，只要行为人有与其发生性关系的行为就构成犯罪。

二、客观要件

本罪在客观方面表现为违背妇女意志，使用暴力、胁迫或者其他手段，强行与妇女性交，或者奸淫幼女的行为。

1. 强奸妇女

行为人必须违反被害人意志而与其性交，才能构成本罪，所以，违背妇女意志是本罪的本质特征。违背妇女意志应以暴力、胁迫为前提。行为是否违反妇女

意愿，要结合客观事实进行判断。行为人在与被害人实施性交以前必须展现其暴力、胁迫、其他方法，迫使被害人就范，才能认定行为人违反妇女的意志实施奸淫。如不以暴力、胁迫为前提，即使违背妇女意志也不构成本罪。当然，行为人只要首先实施强制行为，违反被害人的意志而进行性交，即可构成本罪。至于性交过程中行为人有无实施强制行为或被害人的意志是否被违反，都不影响本罪的成立。行为必须事实上违背妇女意志，行为人实施暴力、胁迫或者强行奸淫，自以为违背妇女意志，但该妇女对性行为并不反对的，由于不存在法益侵害的后果，所以，行为只构成强奸罪未遂。

强奸行为以暴力、胁迫或者其他手段实施。暴力，通常是指对妇女直接采取殴打身体、捆绑手脚、捂嘴巴、卡脖子等。胁迫是指对妇女采取的精神威慑，使妇女不敢抗拒的强制手段，常见的有以对妇女及其亲属实施杀害、揭发隐私、损坏财产相威胁；利用封建迷信或编造谎言的方式对妇女进行威胁；利用地理、时间等形成的特殊条件实施胁迫等。

刑法将"其他方法"也作为强奸罪中的手段行为，主要是为了解决特殊情况下奸淫行为的定性问题：一方面，利用他人处于心神丧失、抗拒不能的现存状态实施奸淫的，构成强奸罪。因为强奸罪中的违背妇女意志应是指违背正常妇女的意志，如果妇女是不能辨认和控制自己行为的精神病人，由于其不能正确表达自己的意志，只要有与该妇女发生性交的行为，就应当认定为强奸罪。这里的心神丧失是指由于精神障碍而丧失正常的判断能力的状态，熟睡、烂醉如泥、重度精神病、精神脆弱等状态都包括在内。他人实施暴力、胁迫使被害人陷入不能反抗的程度之后，行为人利用这一情势对被害人实施奸淫的，也应当成立强奸罪。抗拒不能是指心神丧失以外的心理的、物理的抵抗的不可能或者困难。另一方面，故意以灌酒、投催眠剂等方式使他人陷入心神丧失、抗拒不能的处境而奸淫的，或者深夜冒充情夫、医生以治疗需要为名欺骗妇女然后实施奸淫的，也属于强奸罪中的其他方法。

暴力、胁迫行为，只要达到使被害者的反抗显著困难的程度即为已足，而不需要达到完全压制被害人反抗的程度。至于何为被害人反抗显著困难，应结合一般的社会观念，被害者的年龄、精神状态、健康状态，行为的场所、时间以及其他的事项综合判断。

基于强奸故意，开始实施暴力、胁迫行为时就是本罪的着手。已经着手实施暴力、胁迫行为，例如，已掩住被害人之口，或者解下其衣服，即使尚未开始实施性交行为，也应当成立本罪的未遂。性器官的一部分插入妇女阴道时，妇女的性自由权利受到现实侵害，乃是犯罪既遂（插入说），至于性交行为是否终了、性欲是否满足在所不问。进入被害妇女家中藏于床下等待强奸时机的行为，属于本罪预备。

为排除第三人对妇女的保护，使用暴力杀害、伤害第三人，然后强奸妇女的，应以本罪和故意杀人罪、故意伤害罪并罚；强奸行为实施完毕后，出于杀人灭口等动机杀害、重伤被害人的，应当数罪并罚；非法进入他人住宅实施强奸的，成立非法侵入住宅罪和强奸罪的牵连犯；非法拘禁他人之后起意强奸的，以非法拘禁罪和强奸罪数罪并罚；强奸妇女后产生夺取财物的故意，利用被害者处于昏迷状态取得财物的，应以强奸罪和盗窃罪数罪并罚。

2. 奸淫幼女

奸淫幼女的行为，属于准强奸行为，其在客观方面表现为与不满 14 周岁的幼女发生性关系的行为。奸淫幼女行为是否以暴力、威胁方式实施，在所不问。

由于幼女生理发育的特点，行为人只要主观上具有奸淫幼女的故意，客观上实施了对幼女的奸淫行为，双方性器官有接触，就应当认定为本罪的既遂而不是未遂。

3. 结果加重犯

强奸致人重伤、死亡的，属于本罪的结果加重犯，强奸行为和加重结果之间应当有相当因果关系，而且为行为人所能预见，而强奸行为本身处于既遂还是未遂状态均非所问。至于加重结果是由于暴力、胁迫等强制行为所造成，还是因性交行为所造成，都不影响结果加重犯的成立。例如，着手实施暴力、胁迫，被害者为逃避而跌下山崖死亡或者跌倒负伤的，加重结果都属于由强奸行为所引起，成立强奸致人重伤、死亡。强奸得逞以后，为防止被害人呼救或者追赶，在逃离现场之前对被害人使用暴力导致其死伤的，应以强奸罪和故意杀人罪、故意伤害罪并罚。

由于本罪的被害人被限定为女性，所以，在直接正犯中，只有已满 14 周岁的男子，才能成为本罪主体，这是由本罪的性质所决定的。妇女不能成为本罪的直接、单独正犯，但可能与男子共同实施强奸行为，可以成为强奸罪的共犯（教唆犯、帮助犯）；也可以构成强奸罪的共同正犯。此外，妇女利用男性精神病患者强奸他人的，属于以他人为工具实施强奸的行为，该妇女可以构成强奸罪的间接正犯。

三、主观要件

本罪在主观方面是故意。在强奸妇女的场合，行为人对其暴力、胁迫行为使妇女反抗显著困难有所认识，对行为违背妇女的意志有所认识，进而违背被害人意愿而与其性交，希望或者放任侵害妇女性的不可侵犯权结果的发生。在奸淫幼女的场合，通说认为行为人应对被害人是幼女有认识。

通说认为，在奸淫幼女的场合，行为人明知对方是不满 14 周岁的幼女而加以奸淫的，才具有奸淫故意。这里的明知包括应当知道、明确知道或者可能知道对方是幼女的情形。根据这种观点，未满 14 周岁的幼女对性行为有承诺，且行为人误认为对方已满 14 周岁时，属于事实认识错误，阻却本罪故意，不构成强奸罪。得到已满 14 周岁者承诺，但将已满 14 周岁的女性误认为是不满 14 周岁的幼女，对其进行奸淫的，由于有 14 周岁以上者的承诺，行为对被害人的性自由没有侵害，即使有奸淫故意也由于欠缺法益侵害性，不构成犯罪。

关于行为人对于幼女年龄是否需要明知，最高人民法院发布了《关于行为人不明知是不满十四周岁的幼女，双方自愿发生性关系是否构成强奸罪问题的批复》（2003 年 1 月 17 日），其中规定：行为人明知是不满 14 周岁的幼女而与其发生性关系，不论幼女是否自愿，均应依《刑法》第 236 条第 2 款的规定，以强奸罪定罪处罚；行为人确实不知对方是不满 14 周岁的幼女，双方自愿发生性关系，未造成严重后果，情节显著轻微的，不认为是犯罪。

奸淫幼女的场合，行为人具有故意，是指对于对方是不满 14 周岁的幼女有认识，并对与其发生性行为有希望或者放任。司法解释的规定，仅仅是在直接故意的前提下思考问题。如果认为间接故意也可以构成本罪，就应该认为：行为人即便确实不知道被害人的具体年龄，仅能够大致认识到其属于 14 周岁上下的未成年人，但竟然甘冒该当本罪构成要件行为的风险，而与被害人发生性行为的，即为了满足自身性欲，对于与可能未满 14 周岁的幼女发生性行为可能受到追诉亦在所不惜的，就具有本罪的认识和意欲，成立本罪的间接故意。

四、认定

二人以上在同一场所，在前后间隔很短的时间内，轮流对被害人实施性侵犯行为的，构成轮奸，成为加重处罚的理由，对被告人应当在 10 年以上有期徒刑的幅度内量刑。二人以上轮奸的场合，一人既遂，其他人未遂或者中止的，是否一律成立强奸既遂，是有争议的问题。肯定说主张，对参与轮奸的共犯，只要其中有人强奸得逞，其余共犯无论强奸是否得逞，一律以强奸既遂论处，成立轮奸，不能对奸淫未能得逞的共犯再引用犯罪未遂的规定。否定说认为，对参与轮奸的共犯，应以强奸得逞与否来划分强奸既遂与未遂，不应把在轮奸中没有得逞的共犯与在轮奸中已得逞的共犯相提并论。否定说的主要理由是：（1）轮奸共犯的既遂与一般犯罪共犯的既遂有区别。强奸罪既遂必须是行为人与妇女发生性行为，如果行为人没有与妇女发生性行为，就不构成强奸既遂。而一般犯罪既遂的犯罪构成只强调主观故意。如故意杀人罪的共同正犯，只要有共同杀人的故意，在共犯中，尽管不是每一个共犯均实施杀人的行为，但只要有人导致死亡结果，那么所有共犯均成立杀人既遂。（2）强奸既遂具有不可替代性。强奸既遂要求行为人必须实施与妇女性交的行为，这种性交行为是针对单个人的行为，并不包括其他共犯。共犯中有的人在轮奸中已得逞，但不能替代在轮奸中未得逞的共犯。司法实践的立场是认为强奸罪是亲手犯，按照各行为人的行为状态确定其责任，可以成立强奸罪中轮奸行为的中止犯或者未遂犯。

应当认为，肯定说是有道理的。一方面，对轮奸提高其法定刑，是因为有二人以上轮流对被害人进行性侵害，其重点是惩罚行为的轮流实施，因此，二人以上在前后间隔极短的时间内对被害人实施性侵害行为，就应适用轮奸的规定，至于行为人是否达到既遂，是否满足其性欲，均不应对轮奸行为的认定产生影响。另一方面，如果认为轮奸行为在同一场所、几乎同一时间发生，就应该肯定行为人的共同故意和共同行为，确定其成立共同正犯，那么，对共同正犯的处罚就必须坚持部分行为全部责任原则。换言之，强奸既遂者所造成的危害后果，也需要强奸未得逞者承担，共同正犯人之一的行为及其后果也是其他共犯人的行为和后果，由于行为人之间相互配合，其没有必要不对他人的轮奸行为及其所造成的后果负责。因此，在轮奸的场合，一人既遂，其他现场参与者不仅其轮奸行为成立，而且也是犯罪既遂。

《刑法修正案（十一）》增加"负有照护职责人员性侵罪"

相关法条及司法解释：

《刑法》第 236 条之一

负有照护职责人员性侵罪，是指对已满 14 周岁不满 16 周岁的未成年女性负有监护、收养、看护、教育、医疗等特殊职责的人员，与该未成年女性发生性关系的行为。本罪是《刑法修正案（十一）》增订的罪名，规范目的在于填补利用自己的身份便利而未采用暴力、胁迫等手段与已满 14 周岁不满 16 周岁的未成年女性发生性关系的可罚性漏洞。

一、客观要件

首先，本罪的行为对象限定为已满 14 周岁未满 16 周岁的少女。如果是与未满 14 周岁的少女自愿或强制性交的，成立奸淫幼女型强奸罪。如果是以暴力等手段与已满 16 周岁少女性交的，成立强奸罪。

其次，本罪是身份犯，行为主体限定为对已满 14 周岁未满 16 周岁的未成年女性负有监护、收养、教育、看护、医疗等特殊职责的人员。类似的职责身份还包括管教被收监少女的狱警等。需要注意的是，只有相关行为人对于少女具有稳定、相对具有持续性的看护等职责时，才能成立本罪，换句话说，只有少女在相关领域对行为人形成长期的、稳定的依赖关系行为人才可能成立本罪，如果行为人仅仅是短期、临时帮忙照看少女，不符合本罪的主体要件。例如，甲需要临时出差一周，委托朋友乙帮忙照看自己 15 周岁的女儿内，乙在照看期间与丙自愿性交，此时不成立本罪。再如，课外补习班老师与已满 14 周岁未满 16 周岁的少女性交的，不成立本罪，但是如果是中小学教师与其性交的，则成立本罪。

再次，本罪不要求行为人使用暴力、胁迫等手段。也就是说，即便少女自愿同意性交，行为人也成立本罪。同时，法条用语"发生性关系"意味着本罪的行为只能是狭义的性交行为，而不包含猥亵行为。

二、主观要件

本罪为故意犯罪，行为人应当认识到自己是利用特殊职责身份与已满 14 周岁不满 16 周岁的少女发生性关系。如果行为人确实认为对方是已满 16 周岁的少女，不应成立本罪。如果行为人以为对方是已满 14 周岁不满 16 周岁的少女，但实际上对方未满 14 周岁，此时应认定成立本罪，而非奸淫幼女型强奸罪。

第十七章　侵犯财产权利罪

职务侵占罪（书中 P238）

相关法条及司法解释：

《刑法》第 271 条

最高人民法院《关于在国有资本控股、参股的股份有限公司中从事管理工作的人员利用职务便利非法占有本公司财物如何定罪问题的批复》（2001 年 5 月 23 日）

职务侵占罪指公司、企业或者其他单位的人员，以非法占有为目的，利用职务上的便利，侵吞、骗取、窃取或者以其他手段占有本单位财物，数额较大的行为。《刑法修正案（十一）》针对本罪调整了法定刑，将原来条文中的两档法定刑调整为三档法定刑（分别对应"数额较大""数额巨大""数额特别巨大"）。同时，也调整了罚金刑，对三档法定刑的财产刑均修改为"并处罚金"，以达到制裁和预防经济犯罪的目的。

一、客观要件

客观方面表现为行为人利用职务上的便利，侵占本单位财物，数额较大的行为。侵占的具体方法是侵吞、骗取、窃取或者其他手段。侵吞是典型的变占有为不法所有的行为，多表现为在执行职务经手财物时加以截留。骗取是虚构事实、隐瞒真相而取得单位财物，例如，公司会计涂改账目、伪造单据，夸大公司支出并将相应财物据为己有。窃取是以违反单位意思的方法改变占有的行为（即监守自盗）。其他方法是指利用职务上的便利，取得单位财物并采取与侵吞等方式相当的方法，例如，将自己掌管的单位现金以个人名义存入银行，而长期非法领取利息的行为，就可以认为是职务侵占罪中的其他方法。

职务侵占罪中的职务，是基于从事一定业务而形成的身份。公司、企业人员利用职务上的便利是指行为人利用在公司、企业或者其他单位享有的职权，或者因为执行职务而产生的主管、经手、管理单位财物的便利条件。虽然是单位成员，但窃取、骗取财物没有利用职务上便利的，或者虽然从事特定业务，但随着业务的开展，财产已经脱离特定业务者本人占有，此时再非法取得该财物的，不构成职务侵占罪，而可能构成盗窃、诈骗、抢夺等罪。

真题：乙受公司委托外出收取货款，隐匿收取的部分货款。（选自 2012 年卷 2 第 18 题，B 选项）

解析：上例中的乙成立职务侵占罪。其受公司委托外出收取货款，货款应当为单位的财物，但其基于职务上的便利，将单位的货款据为己有，构成职务侵占罪。

本单位管理、使用或者运输中的私人财物，应以单位财物论，行为人利用职务上的便利将这些财物据为己有的，也构成本罪。

本罪的主体是特殊主体，即必须是公司、企业或其他单位的人员。其他单位是指公司、企业以外的其他组织，如村民委员会、居民委员会、医院、文艺演出团体等。单纯从事个人经营或者家庭经营的个体工商户，不属于这里的公司、企业或者其他单位，其从业人员不具备本罪主体资格。此外，并非公司、企业或其他单位中任何人均是本罪的适格主体，只有担任一定管理性职务或因工作需要而主管、经手、管理财物，且不具有国家工作人员身份的人员才能构成本罪。

真题： 甲系某村民小组的组长，利用职务上的便利，将村民小组集体财产非法据为己有，数额达到5万元。（选自2008年卷2第63题，A选项）

解析： 甲成立职务侵占罪。1999年6月25日最高人民法院《关于村民小组组长利用职务便利非法占有公共财物行为如何定性问题的批复》指出："对村民小组组长利用职务上的便利，将村民小组集体财产非法占为己有，数额较大的行为，应当依照《刑法》第二百七十一条第一款的规定，以职务侵占罪定罪处罚。"据此，甲将村民小组的集体财产非法占为己有，成立职务侵占罪。

真题： 乙为村委会主任，利用协助乡政府管理和发放救灾款物之机，将5万元救灾款非法据为己有。（选自2008年卷2第63题，B选项）

解析： 与上例不同，乙的行为属于协助人民政府从事救灾款物的管理，按照2000年4月29日全国人大常委会的立法解释，此时的乙属于《刑法》第93条第2款规定的"其他依照法律从事公务的人员"，其利用职务上的便利将公款据为己有，应当成立贪污罪。

另外需要注意的是，本罪是真正身份犯，因此，基于业务占有单位财物者和不具有特定身份者（无业务且未占有财物者）共同侵占单位财物的，不占有财物的非身份者由于欠缺本罪身份要件，仅能成立职务侵占罪的教唆犯或者帮助犯。

二、主观要件

主观方面为故意，此外，还要求行为人具有变自己占有为自己不法所有的目的，这是本罪和挪用资金罪区分的关键。

第十八章　妨害社会管理秩序罪（书中 P247）

《刑法修正案（十一）》增加"袭警罪"

相关法条及司法解释：

《刑法》第 277 条

最高人民法院、最高人民检察院、公安部《关于依法惩治袭警违法犯罪行为的指导意见》（2020 年 1 月 10 日）

袭警罪，是指使用暴力袭击正在依法执行职务的人民警察的行为。本罪系《刑法修正案（十一）》新增的罪名，在设立本罪前，暴力袭警行为系妨害公务罪的从重处罚情节，考虑到当下暴力袭警干扰人民警察依法执行职务的情形较为多发，立法者将袭警行为单独设置为独立的罪名。

一、客观要件

本罪的客观要件为行为人使用暴力袭击正在依法执行职务的人民警察。

1. 暴力袭击的对象必须是警察的人身。根据 2020 年 1 月"两高"和公安部《关于依法惩治袭警违法犯罪行为的指导意见》第 1 条的规定，对正在依法执行职务的民警实施下列行为的，属于"暴力袭击"：（1）实施撕咬、踢打、抱摔、投掷等，对民警人身进行攻击的；（2）实施打砸、毁坏、抢夺民警正在使用的警用车辆、警械等警用装备，对民警人身进行攻击的。尽管此一司法解释的规定是在《刑法修正案（十一）》颁布之前制定的，但司法解释关于何为暴力袭击的规定对于认定袭警罪依然具有重要的参考和指导意义。需要注意的是，上述司法解释第二点中的对警用装备进行攻击的行为，也必须是针对民警人身进行攻击，才可能成立袭警罪，如果只是攻击无人在内的警车等警用装备的，此时不应当认定为袭警罪。也就是说，没有对正在依法执行职务的警察实施暴力袭击，但是以实施暴力相威胁，或者用其他方法阻止执行公务的，不应认定成立本罪，但可能符合妨害公务罪的构成要件，以妨害公务罪定罪处罚。

2. 暴力袭击的对象必须是正在依法执行职务的人民警察。如果袭击的对象不是人民警察，而是其他国家机关工作人员，或者袭击的人民警察并非正在依法执行职务，都不成立本罪。警察，既包括执行刑事追诉相关的侦查职责的警察，也包括依据其他法律执行治安管理等职责的警察；既包括公安机关民警，也包括国家安全机关、监狱的民警以及人民法院和人民检察院的司法警察。

二、主观要件

本罪为故意犯罪，行为人必须认识到自己是在暴力袭击依法执行职务的警察，并且希望或放任此一行为的实施。

三、认定

本罪的认定需要注意以下几点：

第一，行为人暴力袭击正在依法执行职务的人民警察，造成警察重伤、死亡后果的，同时构成袭警罪和故意伤害罪、故意杀人罪等，成立想象竞合，依照处罚较重的规定定罪处罚。

第二，《刑法》第157条规定，行为人以暴力方法抗拒缉私的，以走私罪和第277条的规定数罪并罚。因此，如果行为人以暴力方法抗拒人民警察缉私的，应当依照走私罪和袭警罪数罪并罚。如果行为人以暴力方法抗拒其他国家机关工作人员缉私的，依照走私罪和妨害公务罪数罪并罚。

第三，如果只是辱骂或推搡民警等情节轻微，或难以认定为狭义的对人暴力，不应认定成立本罪。

第四，如果以抢夺、抢劫枪支的方式暴力袭警，成立袭警罪和抢夺枪支罪、抢劫枪支罪的想象竞合，从一重罪定罪处罚。

《刑法修正案（十一）》增加"组织参与国（境）外赌博罪"

相关法条及司法解释：

《刑法》第303条

组织参与国（境）外赌博罪为《刑法修正案（十一）》新增的罪名，是指组织我国公民参与国（境）外赌博，数额巨大或者有其他严重情节的行为。

一、客观要件

本罪客观行为表现为组织我国公民参与国外或者境外赌博的行为。据此，成立本罪，不要求行为人本人在国（境）外开设赌场或者是赌场的经营、管理、投资人员，即便不是境外赌场的承包人或参股经营者，只要组织我国公民参与国（境）外赌博的，就成立本罪。

同时，参与国（境）外赌博，既包括被组织的我国民众前往国（境）外的赌场参与赌博，也包括被组织的我国民众在我国境内通过电信网络等方式参与国（境）外赌场的网络赌博行为。

二、主观要件

本罪为故意犯罪，行为人要认识到自己是组织国内民众参与国（境）外赌博。

国家统一法律职业资格考试

百日通关攻略

14天突破刑诉法

嗨学法考 组编 ❖ 胡志斌 编著

中国人民大学出版社
·北京·

图书在版编目(CIP)数据

国家统一法律职业资格考试·百日通关攻略. 14 天突
破刑诉法 / 嗨学法考组编；胡志斌编著. −−北京：中
国人民大学出版社，2021. 12
ISBN 978-7-300-30071-9

Ⅰ.①国… Ⅱ.①嗨…②胡… Ⅲ.①刑事诉讼法−
中国−资格考试−自学参考资料 Ⅳ.①D92

中国版本图书馆 CIP 数据核字（2021）第 250324 号

国家统一法律职业资格考试·百日通关攻略·14 天突破刑诉法
嗨学法考　组编
胡志斌　编著
Guojia Tongyi Falü Zhiye Zige Kaoshi·Bairi Tongguan Gonglüe·14 Tian Tupo Xingsufa

出版发行	中国人民大学出版社		
社　　址	北京中关村大街 31 号	邮政编码	100080
电　　话	010 − 62511242（总编室）	010 − 62511770（质管部）	
	010 − 82501766（邮购部）	010 − 62514148（门市部）	
	010 − 62515195（发行公司）	010 − 62515275（盗版举报）	
网　　址	http://www.crup.com.cn		
经　　销	新华书店		
印　　刷	涿州市星河印刷有限公司		
规　　格	185 mm×260 mm　16 开本	版　　次	2021 年 12 月第 1 版
印　　张	7.75	印　　次	2021 年 12 月第 1 次印刷
字　　数	175 000	定　　价	258.00 元（全 8 册）

目 录

第一章
刑事诉讼法概述

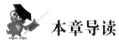 **本章导读**

　　本章主要对刑事诉讼法进行介绍，所涉知识点较抽象、宏观。考生在复习的时候，须重点掌握刑事诉讼法与刑法的关系、刑事诉讼的基本理念、刑事诉讼职能、刑事诉讼的价值。应着重理解各考点，从而为之后的学习奠定坚实的基础。

 知识点

考点一：刑事诉讼法与刑法的关系

刑事诉讼法的工具价值	通过明确对刑事案件行使侦查权、起诉权、审判权的专门机关，为查明案件事实、适用刑事实体法提供组织上的保障
	刑事诉讼法通过明确行使侦查权、起诉权、审判权主体的权力与职责及诉讼参与人的权利与义务，为查明案件事实及适用刑事实体法的活动提供基本构架
	明确收集证据的方法与运用证据的规则，既为获取证据、明确案件事实提供了手段，又为收集证据、运用证据提供了程序规范
	明确专门机关和诉讼参与人的活动方式和程序，为刑事实体法适用的有序性提供保障
	关于程序系统的设计，可以在相当程度上避免、减少案件处理结果实体上的误差
	针对不同案件或不同情况设计不同的具有针对性的程序，使得案件处理简繁有别，保证处理案件的效率
	通过明确适用于特定案件的特殊程序，为特定的刑事实体法和刑事政策的实现提供了更具针对性和更为有效的程序通道

续表

刑事诉讼法的独立价值	刑事诉讼法所规定的诉讼结构、原则、制度、程序，如公开审判、辩护制度等，体现着程序本身的民主、法治、人权精神，也反映出一国刑事司法制度的进步及文明程度，是衡量社会公正的一个极为重要的指标
	刑事诉讼法具有弥补刑事实体法不足并"创制"刑事实体法的功能
	刑事诉讼法具有影响刑事实体法实现的功能。例如，撤销案件等

📑 **关键背诵**

1. 只需要记住刑事诉讼法独立价值的体现，推定其他相关内容为刑事诉讼法工具价值的体现。

2. 影响实体法实现的独立价值的判断方法（依据判断法）：如果表面上看依据刑事诉讼法规定，但根本依据来自刑法具体规定，则属于刑事诉讼法的工具价值；如果诉讼主体对案件处理的依据仅来源于刑事诉讼法规定，则体现刑事诉讼法的独立价值。

考点二：刑事诉讼的基本理念

三大理念	内涵
惩罚犯罪与保障人权	二者对立统一，同等重要
实体公正与程序公正	二者并重。二者各自具有独立的内涵和标准，不能相互替代
诉讼效率	公正第一，效率第二

📑 **真题选练**（2018年卷一，多选）

关于刑事诉讼的效率原则，下列说法正确的是：

A. 扩大陪审员审理案件范围

B. 因证人在国外，短期之内无法回国，法官准许其不出庭作证

C. 法律援助机构指派值班律师到看守所为嫌疑人提供法律援助

D. 对在看守所的嫌疑人采取远程视频审讯

【答案】BCD

考点三：刑事诉讼职能

控诉职能	行使阶段	（1）侦查；（2）审查起诉；（3）审判
	承担主体	（1）公诉人；（2）自诉人及其法定代理人、诉讼代理人；（3）被害人及其诉讼代理人（在公诉案件中承担辅助性的控诉职能） ★侦查可被视为行使广义的控诉职能 【关键背诵】"公""自""代""代"＋"害""代""侦查"。
辩护职能	行使阶段	（1）侦查；（2）审查起诉；（3）审判
	承担主体	（1）犯罪嫌疑人、被告人及其法定代理人；（2）辩护人（协助刑事辩护职能） 【关键背诵】"疑""被""护""理"。
审判职能	行使阶段	审判阶段
	承担主体	法院

考点四：刑事诉讼目的的理论分类

域外刑事诉讼目的的几种理论	犯罪控制模式与程序正当模式	犯罪控制模式	以惩罚犯罪的"效率"作为刑事诉讼的目标与评价标准 核心要义：不仅惩罚，而且高效惩罚；程序服从实体
		正当程序模式	主张刑事诉讼的目的不仅是发现实体真实，更重要的是以公平的程序来保护被告人的人权 核心要义：重程序，保人权
	家庭模式		该模式以家庭中父母与子女关系为喻，强调国家与个人间的和谐关系，强调刑事司法的教育功能。处理未成年人违法犯罪的少年司法接近于这种家庭模式
	实体真实主义与正当程序主义	实体真实主义	积极实体真实主义：出现犯罪，应当毫无遗漏地加以发现、认定并予以处罚，刑事程序以发现真相为要 核心要义：犯罪必追，程序服从实体
			消极实体真实主义：发现实体真实时，力求避免处罚无罪者 核心要义：犯罪必追，但尽可能避免冤假错案
		正当程序主义	刑事诉讼对案件事实的认识能力是十分有限的，只能在给定的程序范围内，竭尽人之所能，将认定的事实视作真实 核心要义：只要严格按照程序规定去办案，结果就是真实的
中国的刑事诉讼目的理论	惩罚犯罪与保障人权并重		

考点五：刑事诉讼的价值

秩序	通过惩治犯罪，维护社会秩序
	追究犯罪的诉讼活动有序进行，行使刑事司法权受刑事程序规范
公正	公正是刑事诉讼的核心价值
	一方面诉讼本身应当公正，另一方面通过诉讼公正维护社会公正
效益	司法效率
	推动社会经济发展方面的效益
★秩序价值、公正价值、效益价值既是刑事诉讼法的工具价值，也是刑事诉讼法的独立价值	

考点练习（2015-2-22，单选）

关于刑事诉讼价值的理解，下列哪一选项是错误的？

A. 公正在刑事诉讼价值中居核心地位

B. 通过刑事程序规范国家刑事司法权的行使，是秩序价值的重要内容

C. 效益价值属刑事诉讼法的工具价值，而不属刑事诉讼法的独立价值

D. 适用强制措施遵循比例原则是公正价值的应有之义

【答案】C

考点六：刑事诉讼构造的类型

现代刑事诉讼构造	西方国家	当事人主义	启动和推动诉讼程序的主动权委于当事人
			控辩双方在诉讼中居主导地位
			适用于偏重追求正当程序、保障人权的诉讼目的
		职权主义	诉讼主动权委于国家专门机关
			适用于偏重实体真实的诉讼目的
		混合式	在职权主义背景下大量吸收当事人主义因素，形成以当事人主义为主、以职权主义为补充的结构。代表国家：日本
	中国		通过历次的刑事诉讼法修改，正从超职权主义诉讼构造逐步向控辩式诉讼构造转变
			控辩式构造核心要义：法官居中裁判；控辩平等对抗；控审分离
刑事诉讼目的与刑事诉讼构造的关系	立法者总是基于一定的刑事诉讼目的，设计相应的诉讼构造		
	刑事诉讼目的的提出与实现，必须以刑事诉讼构造本身所具有的功能为前提		

关键背诵

1. 任何诉讼结构都包含惩罚犯罪和保障人权两种直接的诉讼目的，只是偏重不同。

2. 不管哪种诉讼结构，都存在控辩对抗，只是对抗程度不同而已。

3. 在我国，不论是公诉还是自诉，目前都还是采取职权主义审判模式，控辩式审判是我国审判模式的改革方向，刑事诉讼法的几次修改主要吸收当事人主义的合理因素进行诉讼模式改造。

真题选练（2017-2-22，单选）

关于我国刑事诉讼构造，下列哪一选项是正确的？

A. 自诉案件审理程序适用当事人主义诉讼构造

B. 被告人认罪案件审理程序中不存在控辩对抗

C. 侦查程序已形成控辩审三方构造

D. 审查起诉程序中只存在控辩关系

【答案】D

考点七：刑事诉讼阶段

刑事诉讼阶段	公诉案件（五阶段）	（侦查机关）立案→侦查→起诉→审判→执行
	自诉案件（三阶段）	（法院）立案→审判→执行

第二章
刑事诉讼法的基本原则

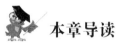 **本章导读**

　　本章主要介绍刑事诉讼法的基本原则。考生需要重点掌握的基本原则有三个：人民检察院依法对刑事诉讼实行法律监督，认罪认罚从宽，具有法定情形不予追究刑事责任。每年平均考查一至二分。考生要熟练掌握各基本原则的含义和特点。

 知识点

考点一：人民检察院依法对刑事诉讼实行法律监督（简称"检察监督原则"）

　　检察院对刑事诉讼的监督贯穿于刑事诉讼立案、侦查、起诉、审判、执行全过程。

　　1. 检察院提前介入侦查和调查。

提前介入侦查	提前介入的方式	经公安机关商请或者检察院认为确有必要（依商请，依职权）
	提前介入的案件	重大、疑难、复杂案件的侦查活动
	提前介入的职权	对收集证据、适用法律、案件性质等提出意见
		参加公安机关对于重大案件的讨论
		监督侦查活动是否合法
提前介入调查	经监察机关商请，检察院可以派员介入监察机关办理的职务犯罪案件	

关键背诵

　　（1）提前介入侦查的职权："意""论""监""督"；

　　（2）提出意见内容：收集证据、适用法律、案件性质。

　　2. 对诉讼违法活动监督的一般规定。

违法情形	监督方式
情节较轻的	由检察人员以口头方式提出纠正意见
情节较重的	经检察长决定，发出纠正违法通知书
带有普遍性的违法	经检察长决定，向相关机关提出检察建议
★补充程序：有申诉人、控告人的，调查核实和纠正违法情况应予告知	

3. 对庭审活动监督的特殊方式。检察院对违反程序的庭审活动提出纠正意见，应当由检察院在庭审后提出。出席法庭的检察人员发现法庭审判违反法律规定的诉讼程序，应当在休庭后及时向检察长报告。

考点二：认罪认罚从宽

1. 适用阶段

刑事诉讼全过程，适用于侦查、起诉、审判各个阶段

2. 适用案件范围

所有刑事案件都可以适用，不能因罪轻、罪重或者罪名特殊等原因而剥夺犯罪嫌疑人、被告人自愿认罪认罚获得从宽处理的机会

3. 认罪的把握

认罪的基本标准	自愿如实供述自己的罪行（主动认罪）
	对指控的犯罪事实没有异议（被动认罪）
个别异议或辩解的处理	承认指控的主要犯罪事实，仅对个别事实情节提出异议，或者虽然对行为性质提出辩解但表示接受司法机关认定意见的，不影响"认罪"的认定
全案不认罪的处理	仅如实供述其中一罪或部分罪名事实的，全案不作"认罪"的认定，不适用认罪认罚从宽制度，但对如实供述的部分，人民检察院可以提出从宽处罚的建议，法院可以从宽处罚（"供述不全，认罪免谈"）

4. 认罚的把握

认罚基本标准	真诚悔罪，愿意接受处罚	
认罚具体标准	侦查阶段	犯罪嫌疑人表示愿意接受处罚
	审查起诉阶段	接受人民检察院拟作出的起诉或不起诉决定
		认可人民检察院的量刑建议
		签署认罪认罚具结书
	审判阶段	当庭确认自愿签署具结书，愿意接受刑罚处罚
认罚的考察	考察重点	结合退赃退赔、赔偿损失、赔礼道歉等因素考量
	言行不一的认罚处理	犯罪嫌疑人、被告人虽然表示认罚，却暗中串供，干扰证人作证，毁灭、伪造证据或者隐匿、转移财产，有赔偿能力而不赔偿损失的，不能适用认罪认罚从宽制度
	不影响认罚认定的情形	犯罪嫌疑人、被告人享有程序选择权，不同意适用速裁程序、简易程序的

5. 从宽的理解

从宽要求	可以从宽，既包括实体上从宽处罚，也包括程序上从简处理
从宽依据	依照刑法、刑事诉讼法的基本原则，根据犯罪的事实、性质、情节和对社会的危害程度，结合法定、酌定的量刑情节，综合考虑认罪认罚的具体情况，依法决定是否从宽、如何从宽
可以从宽处理方式	对其中犯罪情节轻微不需要判处刑罚的，可以依法作出不起诉决定或者判决免予刑事处罚

6. 从宽幅度的把握

"四优"原则	主动认罪优于被动认罪
	早认罪优于晚认罪
	彻底认罪优于不彻底认罪
	稳定认罪优于不稳定认罪
"两大原则"	认罪认罚的从宽幅度一般应当大于仅有坦白的情形
	认罪认罚的从宽幅度一般应当大于认罪但不认罚的情形
自首、坦白同时认罪认罚的从宽	应当在法定刑幅度内给予相对更大的从宽幅度。认罪认罚与自首、坦白不作重复评价
"轻小初偶"的从宽	罪行轻，危险小，特别是初犯、偶犯，从宽幅度可大一些
"重大累再"从宽	罪行重、危险大的，以及累犯、再犯，从宽幅度应当从严把握

7. 认罪认罚案件中的法律帮助

确保法律认知	法院、检察院、公安机关办理认罪认罚案件，应当确保嫌疑人、被告人了解认罪认罚的性质和法律后果，自愿认罪认罚
通知值班律师	犯罪嫌疑人、被告人自愿认罪认罚，没有辩护人的，法院、检察院、公安机关（看守所）应当通知值班律师为其提供法律帮助
约见值班律师	法院、检察院、公安机关（看守所）应当告知犯罪嫌疑人、被告人有权约见值班律师，获得法律帮助，并为其约见值班律师提供便利。告知可以采取口头或者书面方式
拒绝法律帮助的处理	犯罪嫌疑人、被告人自愿认罪认罚，没有委托辩护人，拒绝值班律师帮助的，法院、检察院、公安机关应当允许，记录在案并随案移送。但是审查起诉阶段签署认罪认罚具结书时，检察院应当通知值班律师到场

8. 辩护人职责

认罪认罚案件犯罪嫌疑人、被告人委托辩护人或者法律援助机构指派律师为其辩护的，辩护律师在侦查、审查起诉和审判阶段，应当与犯罪嫌疑人、被告人就是否认罪认罚进行沟通，提供法律咨询和帮助，并就定罪量刑、诉讼程序适用等向办案机关提出意见。

9. 听取被害人意见

听取要求	办理认罪认罚案件，应当听取被害人及其诉讼代理人的意见
"三解"效力	办理认罪认罚案件，应当将犯罪嫌疑人、被告人是否与被害方达成和解协议、调解协议或者赔偿被害方损失，取得被害方谅解，作为从宽处罚的重要考虑因素

10. 促进当事人和解、被害人谅解

应当促进	对符合当事人和解程序适用条件的公诉案件，犯罪嫌疑人、被告人认罪认罚的，法院、检察院、公安机关应当积极促进当事人自愿达成和解
可以促进	对其他认罪认罚案件，法院、检察院、公安机关可以促进犯罪嫌疑人、被告人通过向被害方赔偿损失、赔礼道歉等方式获得谅解，被害方出具的谅解意见应当随案移送
促进中释法、听取意见	法院、检察院、公安机关在促进当事人和解、谅解过程中，应当向被害方释明认罪认罚从宽、公诉案件当事人和解适用程序等具体法律规定，充分听取被害方意见，符合司法救助条件的，应当积极协调办理

11. 被害方异议的处理

一般规定	被害人及其诉讼代理人不同意对认罪认罚的犯罪嫌疑人、被告人从宽处理的，不影响认罪认罚从宽制度的适用 【关键背诵】不同意，不影响

12. "认罪无赔"对从宽的影响

无力赔，无"两解"	犯罪嫌疑人、被告人认罪认罚，但没有退赃退赔、赔偿损失，未能与被害方达成调解或者和解协议的，从宽时应当予以酌减
不合理，无"两解"	犯罪嫌疑人、被告人自愿认罪并且愿意积极赔偿损失，但由于被害方赔偿请求明显不合理，未能达成调解或者和解协议的，一般不影响对犯罪嫌疑人、被告人从宽处理

考点三：具有法定情形不予追究刑事责任

法定情形（六种）	不同阶段的处理方式			
	立案阶段	侦查阶段	审查起诉阶段	审判阶段
情节显著轻微、危害不大，不认为是犯罪的	不立案	撤销案件	不起诉（法定）	开庭审理后宣告无罪
犯罪已过追诉时效	不立案	撤销案件	不起诉（法定）	庭前退回检察院/庭后终止审理
经特赦令免除刑罚的	不立案	撤销案件	不起诉（法定）	庭前退回检察院/庭后终止审理
告诉才处理的犯罪，没有告诉或撤回告诉的	不立案	撤销案件	不起诉（法定）	庭前退回检察院/庭后终止审理
犯罪嫌疑人、被告人死亡的	不立案	撤销案件	不起诉（法定）	庭前退回检察院/庭后终止审理（无罪的宣告无罪）
其他法律规定免予追究刑事责任的	不立案	撤销案件	不起诉（法定）	庭前退回检察院/庭后终止审理

关键背诵

法定不追究刑责情形:"显"不"告诉""他""特""效""死亡"。

(1)侦查阶段的处理:关于撤销案件的主体,考生应记住"谁立谁撤"。

(2)审查起诉阶段的处理:对于公安机关侦查的案件,发现六种情形之一的,应当作出不起诉的决定,即法定不起诉。对于自侦案件,审查起诉时发现"没有犯罪事实+《刑事诉讼法》第16条情形之一"的,应当退回本院负责侦查的部门,建议撤销案件。

真题选练(2014-2-23,单选)

社会主义法治要通过法治的一系列原则加以体现。具有法定情形不予追究刑事责任是刑事诉讼法确立的一项基本原则,下列哪一案件的处理体现了这一原则?

A. 甲涉嫌盗窃,立案后发现涉案金额400余元,公安机关决定撤销案件

B. 乙涉嫌抢夺,检察院审查起诉后认为犯罪情节轻微,不需要判处刑罚,决定不起诉

C. 丙涉嫌诈骗,法院审理后认为其主观上不具有非法占有他人财物的目的,作出无罪判决

D. 丁涉嫌抢劫,检察院审查起诉后认为证据不足,决定不起诉

【答案】A

第三章

刑事诉讼中的专门机关和诉讼参与人

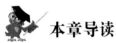 **本章导读**

　　本章主要阐述两个问题：刑事诉讼中的专门机关和诉讼参与人。平均每年考查一至二分。本章所涉知识渗透于整个刑事诉讼，后面学到的管辖、回避、辩护、强制措施、一审、二审等，都离不开刑事诉讼中专门机关和诉讼参与人。学好这一章，就为学好刑事诉讼法打下了坚实的基础，请考生重点掌握。

 知识点

考点一：公安机关

　　刑事案件的侦查由公安机关进行，法律另有规定的除外。法律另有规定的特殊情形如下。

特殊侦查机关	侦查案件	特殊侦查机关	侦查案件
检察院	司法工作人员 14 种职务犯罪	军队保卫部门	军队内部发生的刑事案件
国家安全机关	12 种危害国家安全罪	海警局	海上发生的刑事案件
监狱	罪犯在监狱内犯罪		

考点二：检察院管理体制

检察一体化	最高检察院领导地方各级检察院和专门检察院的工作，上级检察院领导下级检察院的工作。检察长统一领导检察院的工作
	检察委员会讨论问题实行少数服从多数原则。地方各级检察院的检察长不同意本院检察委员会多数人的意见，属于办理案件的，可以报请上一级检察院决定；属于重大事项的，可以报请上一级检察院或者本级人民代表大会常务委员会决定

考点三：法院管理体制

法院上下级之间是监督与被监督的关系。上级法院通过二审程序、审判监督程序、死刑复核程序维持下级法院正确的裁判，纠正错误的裁判来实现监督。

📑 **关键背诵**

上下级法院之间是监督关系。上级法院对下级法院已经受理的案件不能进行实体性干预、指导、建议、批示等，但对于管辖等程序性问题，有权决定改变管辖。

📑 **真题选练**（2017-2-65，多选）

某案件经中级法院一审判决后引起社会的广泛关注。为回应社会关注和保证办案质量，在案件由高级法院作出二审判决前，基于我国法院和检察院的组织体系与上下级关系，最高法院和最高检察院可采取下列哪些措施？

A. 最高法院可听取高级法院对该案的汇报并就如何审理提出意见

B. 最高法院可召开审判业务会议对该案的实体和程序问题进行讨论

C. 最高检察院可听取省检察院的汇报并对案件事实、证据进行审查

D. 最高检察院可决定检察机关在二审程序中如何发表意见

【答案】CD

考点四：诉讼参与人

当事人	自诉人、犯罪嫌疑人、附带民事诉讼原被告、被告人、被害人 【关键背诵】"自""疑""带""被""被"
其他诉讼参与人	法定代理人、诉讼代理人、鉴定人、证人、辩护人、翻译人员 【关键背诵】"代""代""鉴""证""辩""译"

📑 **关键背诵**

1. 侦查机关依法设立的鉴定机构的鉴定人员（如法医）属于诉讼参与人中的鉴定人，而不是侦查人员。

2. 近亲属、取保候审中的保证人、见证人以及具有专门知识的人，既非诉讼参与人，也非办案人员。刑事诉讼法中近亲属范围是配偶、父母、子女、同胞兄弟姐妹，即"上下左右"。

考点五：有专门知识的人

有专门知识的人不是诉讼参与人，属于回避对象，其出庭时适用有关鉴定人的法律规定。有专门知识的人参加诉讼的方式如下。

在必要的时候，可以指派或者聘请具有专门知识的人，在侦查人员的主持下进行勘验、检查
因无鉴定机构，或者根据法律、司法解释的规定，指派、聘请有专门知识的人就案件的专门性问题出具的报告，可以作为证据使用
出庭就鉴定意见和专门性问题的报告发表意见
检察院对鉴定意见等技术性证据材料需要进行专门审查的，按照有关规定交检察技术人员或者其他有专门知识的人进行审查并出具审查意见

【关键背诵】有专门知识的人参与刑事诉讼的方式（四种）：勘查，报告，出庭，"证审"。

第四章
管 辖

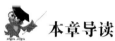 **本章导读**

　　管辖是刑事诉讼法的重要考点，是每年必考的内容，平均每年考二至四分，十分重要。刑事诉讼法中的管辖，是指公安机关、检察机关和审判机关等在直接受理刑事案件上的权限划分以及审判机关系统内部在审理第一审刑事案件上的权限划分，一般将管辖分为立案管辖和审判管辖，审判管辖又可分为级别管辖和地区管辖等。本章的每项内容都很重要，请考生熟练掌握。

 知识点

考点一：中国海警局受理的案件

立案侦查【法院审判管辖与海警局侦查管辖一致】	在中华人民共和国内水、领海发生的犯罪，由犯罪地或者犯罪嫌疑人登陆地的海警局立案侦查，如果由犯罪嫌疑人居住地的海警局立案侦查更为适宜的，可以由犯罪嫌疑人居住地的海警局立案侦查【关键背诵】领水犯罪三地管，罪犯登陆地应当管，居住地可以管
	在中华人民共和国领域外的中国船舶内的犯罪，由该船舶最初停泊的中国口岸所在地或者犯罪嫌疑人登陆地、入境地的海警局立案侦查【关键背诵】"海外中船"三地管，"先泊""登陆""入境点"
	中国公民在中华人民共和国领海以外的海域犯罪，由其登陆地、入境地、离境前居住地或者现居住地的海警局立案侦查；被害人是中国公民的，也可以由被害人离境前居住地或者现居住地的海警局立案侦查【关键背诵】"海外海"把罪犯，六地法院有权管，"前、现住""入""登陆"点，被害"前""现"居住点
	外国人在中华人民共和国领海以外的海域对中华人民共和国国家或者公民犯罪，根据《中华人民共和国刑法》应当受到处罚的，由该外国人登陆地、入境地、入境后居住地的海警局立案侦查，也可以由被害人离境前居住地或者现居住地的海警局立案侦查【关键背诵】五地法院"不放过"，"登陆""入境"和"住所"，"被害""前、现两住所"
	对中华人民共和国缔结或者参加的国际条约所规定的罪行，中华人民共和国在所承担的条约义务的范围内行使刑事管辖权的，由犯罪嫌疑人被抓获地、登陆地或者入境地的海警局立案侦查【关键背诵】"条约犯罪"在域外，三地法院跟上来，"登陆""入境""抓起来"
	按照上述规定确定的管辖地未设置海警机构的，由有关海警局商同级检察院、法院指定管辖

续表

提请批捕、移送起诉	沿海省、自治区、直辖市海警局办理刑事案件，需要提请批准逮捕或者移送起诉的，依法向所在地省级检察院提请或者移送【省局对省检】
	沿海省、自治区、直辖市海警局下属海警局，中国海警局各分局、直属局办理刑事案件，需要提请批准逮捕或者移送起诉的，依法向所在地设区的市级检察院提请或者移送【市局对市检】
	海警工作站办理刑事案件，需要提请批准逮捕或者移送起诉的，依法向所在地基层检察院提请或者移送【海警工作站→基层检察院】
审查起诉	检察院对于海警机构移送起诉的海上刑事案件，按照刑事诉讼法、司法解释以及《关于海上刑事案件管辖等有关问题的通知》的有关规定进行审查后，认为应当由其他检察院起诉的，应当将案件移送有管辖权的检察院
	需要按照刑事诉讼法、司法解释以及《关于海上刑事案件管辖等有关问题的通知》的有关规定指定审判管辖的，海警机构应当在移送起诉前向检察院通报，由检察院协商同级法院办理指定管辖有关事宜
检察监督	海警机构所在地的检察院依法对海警机构的刑事立案、侦查活动实行监督
	海警机构办理重大、疑难、复杂的刑事案件，可以商请检察院介入侦查活动，并听取检察院的意见和建议。检察院认为确有必要时，可以派员介入海警机构的侦查活动，对收集证据、适用法律提出意见，监督侦查活动是否合法，海警机构应当予以配合

考点二：检察院直接受理的案件

1. 可以直接立案侦查的案件

只能由司法工作人员实施的犯罪（10 种："虐待""暴""刑"；"徇私减刑"；"两押"；"两柱"；"两执行"）	（1）虐待被监管人罪；（2）暴力取证罪；（3）刑讯逼供罪；（4）徇私舞弊减刑、假释、暂予监外执行罪；（5）私放在押人员罪；（6）失职致使在押人员脱逃罪；（7）徇私枉法罪；（8）民事、行政枉法裁判罪；（9）执行判决、裁定失职罪；（10）执行判决、裁定滥用职权罪
司法工作人员实施的一般犯罪（2 种："非""非"）	非法拘禁罪 ★非司法工作人员犯罪，公安机关或监察委管辖
	非法搜查罪 ★非司法工作人员犯罪，公安机关或监察委管辖
司法工作人员实施的职务犯罪（2 种："滥""玩"）	滥用职权罪 ★非司法工作人员犯罪，监察委员会管辖
	玩忽职守罪 ★非司法工作人员犯罪，监察委员会管辖

2. 须经省级以上检察院批准的立案案件

其适用条件：（1）案件依法属于公安机关立案，但犯罪主体是国家机关工作人员，且利用职务之便实施的犯罪，如走私罪；（2）报省级检察院决定；（3）省级检察院应当在收到提请批准直接受理书后 10 日以内作出是否立案侦查的决定。省级检察院可以决定由设区的市级检察院立案侦查，也可以自行立案侦查。

3. 检察院自侦案件的管辖

侦查	检察院直接立案侦查案件由设区的市级检察院立案侦查。基层检察院发现犯罪线索的，应当报设区的市级检察院决定立案侦查。设区的市级检察院也可以将案件交由基层检察院立案侦查，或者由基层检察院协助侦查
	最高检察院、省级检察院发现犯罪线索的，可以自行决定立案侦查，也可以将案件线索交由指定的省级检察院、设区的市级检察院立案侦查
提起公诉	设区的市级以上人民检察院侦查终结的案件，可以交有管辖权的基层法院相对应的基层检察院提起公诉；需要指定其他基层检察院提起公诉的，应当与同级法院协商指定管辖；依法应当由中级法院管辖的案件，应当由设区的市级检察院提起公诉

考点三：法院直接受理的案件

1. 告诉才处理的案件。这种案件包括：侮辱罪、诽谤罪、暴力干涉婚姻自由罪、侵占罪、虐待罪。【关键背诵】"侮辱""诽谤""暴力干涉""侵""虐"。注意：（1）一旦出现"暴力干涉婚姻自由致人死亡""虐待致人重伤、死亡"等情节，案件性质就演变成公诉案件。（2）虐待罪实行自诉，但被害人没有能力告诉或者因受到强制、威吓无法告诉的除外。

2. 被害人有证据证明的轻微刑事犯罪案件。这种案件包括：遗弃罪，生产、销售假冒伪劣商品罪，侵犯通信自由罪，重婚罪，侵犯知识产权罪，非法侵入住宅罪，故意伤害罪（轻伤），《刑法》分则第四、五章中被告人可能被判处 3 年以下有期徒刑的犯罪。

【关键背诵】"遗""伪""通""婚"，"知""住""伤""小于三"。这种案件并非绝对自诉，既可公诉，也可自诉，选择权在被害人手里。

3. 公诉转自诉的案件。这种自诉案件发生在侦查机关不立案或者撤销案件、检察院不起诉情况下。

考点四：检察院管辖和监察机关管辖竞合的处理

一般规定			检察院立案侦查犯罪时，发现犯罪嫌疑人同时涉嫌监察委员会管辖的职务犯罪线索的，应当及时与同级监察委员会沟通，一般应当由监察委员会为主调查，检察院予以协助
沟通管辖	沟通结果	全案由监察委员会管辖	经沟通，认为全案由监察委员会管辖更为适宜的，检察院应当撤销案件，将案件和相应职务犯罪线索一并移送监察委员会
		分别管辖	认为由监察委员会和检察院分别管辖更为适宜的，检察院应当将监察委员会管辖的相应职务犯罪线索移送监察委员会，对依法由检察院管辖的犯罪案件继续侦查
	沟通报告		检察院应当及时将沟通情况报告上一级检察院
	沟通期间的侦查		沟通期间，人民检察院不得停止对案件的侦查
审查起诉			监察委员会和检察院分别管辖的案件，调查（侦查）终结前，检察院应当就移送审查起诉有关事宜与监察委员会加强沟通，协调一致，由检察院依法对全案审查起诉【关键背诵】分案管辖，全案起诉

考点五：中级法院管辖的第一审刑事案件

1. 中级法院管辖的案件：①危害国家安全、恐怖活动案件；②违法所得的没收案件；③可能判处无期徒刑、死刑案件；④按照缺席审判程序审理被告人在境外的贪污贿赂案件、危害国家安全案件、恐怖活动案件。

【关键背诵】"全""怖""没收""无""死刑"；"贪""贿""国""恐""缺席审"。①③最低中级法院管辖，②④只能中级法院管辖。

2. 检察院认为可能判处无期、死刑，向中级法院提起公诉的案件，中级法院受理后，认为不需要判处无期徒刑、死刑的，应当依法审判，不再交基层法院审判。（"不退回、不下放"）

3. 一人犯数罪、共同犯罪和其他需要并案审理的案件，只要其中一人或一罪属于上级法院管辖的，全案由上级法院管辖；未成年人与成年人共同犯罪的，应当分案处理。

4. 管辖权移送规则：下级法院可以将自己管辖的案件移送给上一级法院，但上级法院不能将自己管辖的案件移送给下级（只能"上"，不能"下"）。上级法院应当受理下级法院移送的案件，一旦受理并决定审理的，应当书面通知同级检察院。释义：此处同级是指上级法院的同级检察院。

📖 **真题选练**（2014-2-66，多选）

某县破获一抢劫团伙，涉嫌多次入户抢劫，该县法院审理后认为，该团伙中只有主犯赵某可能被判处无期徒刑。关于该案的移送管辖，下列哪些选项是正确的？

A. 应当将赵某移送中级法院审理，其余被告人继续在县法院审理

B. 团伙中的未成年被告人应当一并移送中级法院审理

C. 中级法院审查后认为赵某不可能被判处无期徒刑，可不同意移送

D. 中级法院同意移送的，应当书面通知其同级检察院

【答案】CD

考点六：审判管辖中的地区管辖

		犯罪地包括犯罪行为和犯罪结果地
确定管辖原则	原则一：以犯罪地法院管辖为主，被告人居住地法院管辖为辅	对于持续犯，在犯罪持续过程中，犯罪行为所途径的任何地点的法院都有管辖权
		针对或者主要利用计算机网络实施的犯罪，犯罪地包括用于实施犯罪行为的网络服务使用的服务器所在地，网络服务提供者所在地，被侵害的信息网络系统及其管理者所在地，犯罪过程中被告人、被害人使用的信息网络系统所在地，以及被害人被侵害时所在地和被害人财产遭受损失地等。 【关键背诵】网络犯罪管辖法院有八地："网服""提供"服务器；"被害"系统管理地；罪中"被""被"用网地；被害时人在地，被害财产损失
	原则二：几个同级法院都有权管辖的案件，由最初受理的法院审判	

考点七：审判中的指定管辖

争议指定管辖	两个以上同级法院因管辖权发生争议的，应当在审理期限内协商解决；协商不成的，由争议的法院分别层报共同的上级法院指定管辖。管辖不明的案件，上级法院可以指定下级法院审判。有关案件，由犯罪地、被告人居住地以外的法院审判更为适宜的，上级法院可以指定下级法院管辖
回避指定管辖	有管辖权的法院因案件涉及本院院长需要回避等原因，不宜行使管辖权的，可以请求移送上一级法院管辖
特殊指定管辖	第二审法院发回重新审判的案件，检察院撤回起诉后，又向原第一审法院的下级法院重新提起公诉的，下级法院应当将有关情况层报原第二审法院。原第二审法院根据具体情况，可以决定将案件移送原第一审法院或者其他法院审判
指定管辖后的案卷移送	原受理案件的法院在收到上级法院改变管辖决定书、同意移送决定书或指定其他法院管辖决定书后，对公诉案件，应当书面通知同级检察院，并将案卷材料退回，同时书面通知当事人；对自诉案件，应当将案卷材料移送被指定管辖的法院，并书面通知当事人。（公诉：原路退回；自诉：直接移送）

考点八：并案管辖

全部起诉的	法院发现被告人还有其他犯罪被起诉的，可以并案审理；涉及同种犯罪的，一般应当并案审理
部分起诉的	法院发现被告人还有其他犯罪被审查起诉、立案侦查、立案调查的，可以参照前述规定（也即最高人民法院关于适用《中华人民共和国刑事诉讼法的解释》第24条第1款）协商检察院、公安机关、监察机关并案处理，但可能造成审判过分迟延的除外

考点九：二审发现漏罪的处理

第二审法院在审理过程中，发现被告人还有其他犯罪没有判决的，参照并案管辖规定处理。第二审法院决定并案审理的，应当发回第一审法院，由第一审法院作出处理
【关键背诵】要"并审"，发回审

考点十：特殊审判管辖

特殊情形	管辖法院
内水、领海发生的刑事案件	在中华人民共和国内水、领海发生的刑事案件，由犯罪地或被告人登陆地的法院管辖。由被告人居住地的法院审判更为适宜的，可以由被告人居住地的法院管辖【关键背诵】领海犯罪三地管，"犯罪""登陆"应当管，"居住地"可以管
外国人在中国领域外针对中国、中国人犯罪	外国人在中华人民共和国领域外对中华人民共和国国家或者公民犯罪，根据《中华人民共和国刑法》应当受处罚的，由该外国人登陆地、入境地或者入境后居住地的法院管辖，也可以由被害人离境前居住地或者现居住地的法院管辖【关键背诵】外国人域外针对我国或我国公民犯罪：五地法院"不放过"，"登陆""入境"和"住所"，"被害前、现二住所"

续表

特殊情形		管辖法院
中国公民在中国领域外犯罪		中国公民在中华人民共和国领域外的犯罪,由其登陆地、入境地、离境前居住地或者现居住地的法院管辖;被害人是中国公民的,也可以由被害人离境前居住地或者现居住地的法院管辖【关键背诵】公民域外把罪犯,六地法院有权管,"前现住""入""登陆"点,"被害前现居住点"
领域外的中国船舶内的犯罪		在中华人民共和国领域外的中国船舶内的犯罪,由该船舶最初停泊的中国口岸所在地或者被告人登陆地、入境地的法院管辖 【关键背诵】域外"中船"三地管,"先泊""登陆""入境点"
领域外的中国航空器内犯罪		在中国最初降落地的法院 【关键背诵】落地管辖
国内列车上犯罪	车内抓获	在列车上的犯罪,被告人在列车运行途中被抓获的,由前方停靠站所在地负责审判铁路运输刑事案件的法院管辖。必要时,也可以由始发站或者终点站所在地负责审判铁路运输刑事案件的法院管辖【关键背诵】"前方停靠站,必要始终站"
	车外抓获	被告人不是在列车运行途中被抓获的,由负责该列车乘务的铁路公安机关对应的审判铁路运输刑事案件的法院管辖;被告人在列车运行途经车站被抓获的,也可以由该车站所在地负责审判铁路运输刑事案件的法院管辖【关键背诵】车站抓获车站地,其他"铁公"对应地
国际列车上犯罪		在国际列车上的犯罪,根据我国与相关国家签订的协定确定管辖;没有协定的,由该列车始发或者前方停靠的中国车站所在地负责审判铁路运输刑事案件的法院管辖【关键背诵】"国列"犯罪"无法管","始发""前、停"铁路院
服刑期间漏罪		正在服刑的罪犯在判决宣告前还有其他罪没有判决的,由原审地法院管辖;由罪犯服刑地或者犯罪地的法院审判更为适宜的,可以由罪犯服刑地法院或者犯罪地的法院管辖
服刑期间新罪		罪犯在服刑期间又犯罪的,由服刑地的法院管辖 罪犯在脱逃期间又犯罪的,由服刑地的法院管辖。但是,在犯罪地抓获罪犯并发现其在脱逃期间犯罪的,由犯罪地的法院管辖

第五章

回　避

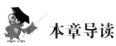本章导读

　　本章的重点知识点主要包括：回避的理由、回避人员以及回避的程序。回避基本上在每年考试中都会出现一题，请考生一定要认真对待。本章内容本身并不难，需要在记忆的基础上理解透彻。

知识点

考点一：回避的理由

"有关系"	是本案的当事人或者是当事人的近亲属[①]的
	本人或者其近亲属与本案有利害关系的
	与本案的辩护人、诉讼代理人有近亲属关系的
	与本案当事人有其他利害关系，可能影响公正审判的
"有角色"	担任过本案的证人、鉴定人、辩护人、诉讼代理人、翻译人员的
"违规见" "绍" "推荐"	违反规定会见本案当事人、辩护人、诉讼代理人的
	为本案当事人推荐、介绍辩护人、诉讼代理人，或者为律师、其他人员介绍办理本案的
	有其他不正当行为，可能影响公正审判的
"得好处" "拿人钱"	索取、接受本案当事人及其委托人的财物或者其他利益的
	接受本案当事人及其委托人的宴请，或者参加由其支付费用的活动的
	向本案当事人及其委托人借用款物的　★注意：租用不回避

---

　　① 刑事诉讼法中应回避的近亲属关系包括直系血亲、三代以内旁系血亲和近姻亲。应试规则：沾亲就回避。

续表

"跨阶段"	检察院参加过同一案件侦查的人员，不得承办该案的审查逮捕、审查起诉、出庭支持公诉和诉讼监督工作，但在审查起诉阶段参加自行补充侦查的人员除外
	参与过本案调查、侦查、审查起诉工作的监察、侦查、检察人员，调至法院工作的，不得担任本案的审判人员
	在一个审判程序中参与过本案审判工作的合议庭组成人员或者独任审判员，不得再参与本案其他程序的审判
	发回重新审判的案件，在第一审法院作出裁判后又进入第二审程序、在法定刑以下判处刑罚的复核程序或者死刑复核程序的，原第二审程序、在法定刑以下判处刑罚的复核程序或者死刑复核程序中的合议庭组成人员不受回避规定的限制

考点二：回避人员

除翻译人员、鉴定人、有专门知识的人，全部为公检法工作人员。

考点三：回避的程序

1. 公安司法人员自行回避的，可以口头或者书面提出，并说明理由。

2. 申请主体。当事人及其法定代理人、辩护人或者诉讼代理人可以要求公安司法工作人员以及其他依法应当回避人员的回避。【关键背诵】"当""代""护""理"。

3. 申请方式。申请人应当书面或者口头向公安司法机关提出。对于上述"有关系""有角色"的回避申请，申请人仅需要说明理由，无须提供证明材料，而对于"违规见""绍推荐""得好处""拿人钱"的，需要提供证明材料。

4. 申请效力。对侦查人员的回避在作出决定前，侦查人员不能停止对案件的侦查工作，其他人员应当停止工作。

5. 回避的决定主体。

（1）审判人员、检察人员、侦查人员的回避，应当分别由院长、检察长、县级以上公安机关负责人决定。（"员由长定"）

（2）法院院长的回避，由本院审判委员会决定。审判委员会讨论院长回避时，由副院长主持，院长不得参加。（"长由委定"）

（3）检察长和公安机关负责人的回避，由同级检察院检察委员会决定。这里的公安机关负责人，是指公安机关的正职负责人（即公安局长、厅长、部长）。对公安机关副职负责人的回避，由正职负责人决定。检察委员会讨论检察长回避问题时，由副检察长主持，检察长不得参加。（"长由委定"）

（4）书记员、翻译人员、鉴定人、有专门知识的人的回避，一般应当按照诉讼进行的阶段，分别由公安机关负责人、检察长或法院院长决定。（"员由长定"）

（5）申请出庭的检察人员回避。

申请理由属于法定理由	应当决定休庭，并通知检察院尽快作出决定
申请理由不属于法定理由	应当当庭驳回，并不得申请复议

6. 回避前诉讼活动是否有效应当由作出回避决定的主体决定。

7. 对申请回避的决定方式。口头申请的，可以口头决定；书面申请的，应当书面决定。【关键背诵】"口对口，面对面"。

8. 回避决定一经作出，即发生法律效力。

第六章
辩护与代理

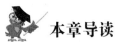 **本章导读**

　　本章主要介绍的是辩护与代理相关的问题。在前面第一章我们学过刑事诉讼的职能包括控诉、辩护和审判。辩护作为控、辩、审三大诉讼职能中的重中之重，需要考生认真学习。本章平均每年考查二至四分，请考生一定要悉心掌握。

 知识点

考点一：委托辩护时间

自行委托时间	犯罪嫌疑人：被侦查机关第一次讯问或者采取强制措施之日起；侦查阶段委托的辩护人只能是律师
	被告人：随时可以委托
	接受委托的告知：辩护人接受委托后，应当及时告知办案机关
专门机关告知委托时间	侦查机关：第一次对犯罪嫌疑人讯问或者采取强制措施之日
	检察院：收到移送审查起诉案件材料之日起3日内
	法院：受理案件之日起3日内

考点二：法律援助辩护

适用前提	犯罪嫌疑人、被告人没有委托辩护人
适用阶段	侦查、审查起诉、审判
援助主体	只能是律师，其中，可能被判处无期、死刑，以及死刑复核的案件，律师应当具有3年以上执业经历

续表

应当通知法援援助	应当通知的情形	视力、听力、言语残疾人
		未成年人
		不能完全辨认自己行为的成年人
		申请法律援助的死刑复核案件被告人
		可能被判处无期徒刑、死刑的人
		法院缺席审判案件的被告人
	法律援助机构指派	在公安司法机关依法通知后，应当在3日内指派
指派辩护与委托辩护并存的处理规则	法律援助机构指派律师为被告人提供辩护，被告人的监护人、近亲属又代为委托辩护人的，应当听取被告人的意见，由其确定辩护人人选【关键背诵】"指""委"难两全，被告定人选	

【关键背诵】应当通知法援辩护的情形："盲""聋""哑"，"未成""精"，死刑复核"无""死刑"，法院适用缺席审。

考点三：辩护人的范围和人数

1. 不得担任辩护人的人

绝对不能	正在被执行刑罚或处于缓刑、假释考验期间的人
	依法被剥夺、限制人身自由的人
	无行为能力或限制行为能力的人
相对不能 （犯罪嫌疑人、被告人的监护人或近亲属例外）	公安机关、检察院、法院、国家安全机关、监察机关、监狱的现职人员（不含政法委、司法行政机关的现职人员），人民陪审员
	被吊销律师、公证员执业证书和被开除公职的人
	无国籍人
	与本案审理结果有利害关系的人
	外国人

关键背诵

（1）绝对不能担任辩护人的人："有刑罚""不自由""无、限能"。

（2）相对不能担任辩护人的人："公""检""法"，"全""陪""狱"，"吊师""公""公""无""利""外"，监察人员同对待。

2. 法院、检察院工作人员担任辩护人的特殊规定

从法院、检察院离任后2年内，不得以律师身份担任辩护人、诉讼代理人
从法院（检察院）离任后，不得担任原任职法院（检察院）所办理案件的辩护人、诉讼代理人，但是作为当事人的监护人或者近亲属代理诉讼或者进行辩护的除外 【关键背诵】不回"娘家"当"护""理"，保"护""监""近"是唯一

续表

审判人员和法院其他工作人员（检察人员）的配偶、子女或父母不得担任其任职法院（检察院）所办理案件的辩护人、诉讼代理人，但是作为当事人的监护人或者近亲属代理诉讼或者进行辩护的除外 【关键背诵】"三亲"不来当"护""理"，保"护""监""近"是唯一

3. 辩护对象的人数（1—2 人）。一名辩护人不得为 2 名以上的同案犯罪嫌疑人、被告人，或者未同案处理但犯罪事实存在关联的犯罪嫌疑人、被告人辩护。

真题选练（2016-2-25，单选）

法官齐某从 A 县法院辞职后，在其妻洪某开办的律师事务所从业。关于齐某与洪某的辩护人资格，下列哪一选项是正确的？

A. 齐某不得担任 A 县法院审理案件的辩护人

B. 齐某和洪某不得分别担任同案犯罪嫌疑人的辩护人

C. 齐某和洪某不得同时担任同一犯罪嫌疑人的辩护人

D. 洪某可以律师身份担任 A 县法院审理案件的辩护人

【答案】D

考点四：辩护人的权利

1. 阅卷权

	律师（无须办案机关批准）	非律师
具体规定	阅卷时间：自检察院对案件审查起诉之日起	须经检察院或法院许可
	阅卷方式和内容：（1）摘抄、查阅、复制。复制案卷材料可以采用复印、拍照、扫描、电子数据拷贝等方式；（2）可以带律师助理协助阅卷。办案机关应当核实律师助理的身份	
	不得查阅的内容：合议庭、审委会、检委会讨论记录	
	涉密案卷抄阅、复制：查阅、摘抄、复制案卷材料，涉及国家秘密、商业秘密、个人隐私的，应当保密；法院可以要求相关人员出具承诺书	
	阅卷时间、次数：辩护律师提出阅卷要求的，法院、检察院应当当时安排，无法当时安排的，应当说明理由并安排其 3 个工作日以内阅卷。不得限制辩护律师阅卷次数和时间	
	复制收费：只收取工本费或者不收取费用	
	查阅庭审录音录像：对作为证据材料向法院移送的讯问录音录像，辩护律师申请查阅的，法院应当准许	

2. 会见通信权

	律师	非律师
具体规定	证书要求：受委托的律师凭律师执业证书、律师事务所证明和委托书或者法律援助公函即可以要求会见【关键背诵】携带证件："执""明""委""援"	须经检察院或法院许可
	侦查阶段特定案件的许可会见：危害国家安全犯罪、恐怖活动犯罪，侦查阶段辩护律师会见在押或被监视居住的嫌疑人，需要侦查机关批准。侦查机关在3日以内将是否许可的决定书面答复辩护律师，并明确告知负责与辩护律师联系的部门及工作人员的联系方式	
	预约会见：看守所应当设立会见预约平台，采取网上预约、电话预约等方式为辩护律师会见提供便利，但不得以未预约会见为由拒绝安排辩护律师会见	
	在场要求：辩护律师会见嫌疑人、被告人，不被监听；在律师会见室不足的情况下，看守所经辩护律师书面同意，可以安排在讯问室会见，但应当关闭录音、监听设备	
	时间要求：辩护律师要求会见犯罪嫌疑人的，看守所应当及时安排，至迟不得超过48小时（48小时内见到）	
	核实证据：自案件移送审查起诉之日起，可以向犯罪嫌疑人、被告人核实有关证据	
	两名辩护律师的会见方式：可以共同会见，也可以单独会见。辩护律师可以带一名律师助理协助会见 助理人员随同辩护律师参加会见的，应当出示律师事务所证明和律师执业证书或申请律师执业人员实习证。办案机关应当核实律师助理的身份	
	律师带翻译人员会见的规定：辩护律师会见在押的犯罪嫌疑人、被告人需要翻译人员随同参加的，应当提前向办案机关提出申请，办案机关应当及时审查并在3日以内作出是否许可的决定。许可翻译人员参加会见的，应当向辩护律师出具许可决定文书，并通知看守所。不许可的，应当向辩护律师书面说明理由，并通知其更换。翻译人员应当持办案机关许可决定文书和本人身份证明，随同辩护律师参加会见	
	通信权的保障和限制：看守所应当及时传递辩护律师同犯罪嫌疑人、被告人的往来信件，可以对信件进行必要的检查，但不得截留、复制、删改信件，不得向办案机关提供信件内容，但信件内容涉及危害国家安全、公共安全、严重危害他人人身安全以及涉嫌串供、毁灭证据等情形的除外【关键背诵】"三安串毁"可以"截""复""删"	

3. 调查取证权（侦查阶段辩护律师不享有调查取证权）

	律师（需经许可）	非律师
具体规定	一般取证规则：辩护律师经证人或者其他有关单位和个人同意，可以向他们收集与本案有关的材料（"过一关"）	无调查取证权
	向被害方取证规则：辩护律师经检察院或法院许可，并经被害人或其近亲属、被害人提供的证人同意，可以向他们收集与本案有关的材料（"过两关"）	
	申请取证规则：辩护律师可以申请检察院或法院调查取证。检察院、法院认为需要调查取证的，应当由自己进行，而不能让辩护律师收集、调取证据材料，但辩护律师可以在场。检察院、法院应当在 3 日以内作出是否同意的决定，并通知辩护律师。辩护律师书面提出有关申请，办案机关不同意的，应当书面说明理由；辩护律师口头提出申请，办案机关可以口头答复【关键背诵】"口对口""面对面"	
	未随案移送证据的申请调取：辩护律师认为在侦查、审查起诉期间监察机关、公安机关、检察院收集的证明嫌疑人、被告人无罪、罪轻的证据材料未随案移送的，可申请法院、检察院调取	

4. 申诉、控告权

辩护人、诉讼代理人认为公安机关、检察院、法院及其工作人员阻碍其依法行使诉讼权利的，有权向同级或者上一级检察院申诉或者控告。检察院应当在受理后 10 日以内进行审查，并将处理情况书面答复律师。

5. 获得通知权

侦查阶段应当通知辩护律师的事项【关键背诵】"诉""延"	侦查机关侦查终结移送检察院审查起诉的，应当将案件移送情况告知犯罪嫌疑人及其辩护律师
	侦查机关延长羁押期限
审查起诉阶段应当通知辩护律师的事项【关键背诵】"退""改""公诉"	（1）退回补充侦查；（2）改变管辖；（3）提起公诉
审判阶段应当通知辩护律师的事项	（1）延期审理；（2）二审不开庭；（3）宣告判决
办案机关适用强制措施的告知【关键背诵】"动手""松手"	犯罪嫌疑人、被告人被采取、变更、解除强制措施的情况

6. 人身保障权

辩护人涉嫌犯罪的立案侦查	侦查机关：报请办理辩护人所承办案件的侦查机关的上一级侦查机关指定其他侦查机关立案侦查，或者由上一级侦查机关立案侦查，不得指定原承办案件侦查机关的下级侦查机关立案侦查【关键背诵】"原下"不"立侦"，上一级可"立侦"可"指侦"
	通知：辩护律师涉嫌犯罪被采取强制措施后，48 小时通知所在律师事务所或律协

7. 提出意见权

办案机关应当听取辩护人意见的五种情形【关键背诵】"起诉""捕未""死上、抗"；"速裁""二审不开庭"	审查起诉阶段，检察院应当听取辩护人或者值班律师的意见
	审查批捕未成年人，检察院应当听取辩护人的意见
	检察院办理死刑上诉、抗诉案件，检察院应当听取辩护人的意见
	速裁程序宣判前，法院应当听取辩护人的意见
	二审法院决定不开庭审理的，应当听取辩护人的意见

考点五：辩护人的告知义务

收集三种无罪证据的告知义务	辩护人收集的有关犯罪嫌疑人的未达到刑事责任年龄、属于依法不负刑事责任的精神病人、不在犯罪现场的证据，应当及时告知公安机关、检察院【关键背诵】"未""精""不"负责，"犯罪不在场"
知悉"三安"犯罪的告知义务	辩护律师在执业活动中知悉委托人或其他人准备或正在实施危害国家安全、公共安全以及严重危害他人人身安全的犯罪的，应当及时告知司法机关【关键背诵】"进""准""三安"应告知

真题选练（2016 2 27，单选）

根据《刑事诉讼法》的规定，辩护律师收集到的下列哪一证据应及时告知公安机关、检察院？

A. 强奸案中被害人系精神病人的证据

B. 故意伤害案中犯罪嫌疑人系正当防卫的证据

C. 投放危险物质案中犯罪嫌疑人案发时在外地出差的证据

D. 制造毒品案中犯罪嫌疑人犯罪时刚满 16 周岁的证据

【答案】C

考点六：拒绝辩护

	应当提供法律援助的案件		其他案件
第一次拒绝的处理	辩护人是被告人自己委托的，应当准许		应当准许
	辩护人是法律援助机构指派的，应当查明原因，理由正当的，应当准许		
第一次准许拒绝辩护后的处理	被告人应当在 5 日以内另行委托辩护人；被告人未另行委托辩护人的，人民法院应当在 3 日以内通知法律援助机构另行指派律师为其提供辩护		另行委托辩护人或自行辩护
第二次拒绝的处理	一般规定	不予准许	可准许，准许后只能自行辩护
	特殊规定	重新开庭时被告人已满 18 周岁的，可以准许，但不得再另行委托辩护人或者要求另行指派律师，由其自行辩护	
准许拒绝辩护对庭审活动的影响	拒绝辩护人辩护后，没有辩护人的，应当宣布休庭；仍有辩护人的，庭审可以继续进行（针对委托 2 名辩护人的情况）		
	有多名被告人的案件，部分被告人拒绝辩护人辩护后，没有辩护人的，根据案件情况，可以对该被告人另案处理，对其他被告人的庭审继续		
	另行委托辩护人或指派律师的，自案件宣布休庭之日起至第 15 日止，由辩护人准备辩护，但被告人及其辩护人自愿缩短时间的除外		

考点七：值班律师制度

1. 值班律师的工作职责（六项）

程序选择建议	在向犯罪嫌疑人、被告人说明刑事诉讼法规定的不同程序和相应法律后果的基础上，向其提出程序选择的建议（如建议其认罪认罚、适用速裁程序等）
申请变更强制措施	代表犯罪嫌疑人、被告人向公安司法机关申请变更其强制措施，从拘留、逮捕等羁押性强制措施变更为取保候审、监视居住等非羁押性强制措施
提供法律咨询	结合案情介绍刑法、刑事诉讼法等法律规定，提供咨询
帮助申请法律援助	引导和帮助犯罪嫌疑人、被告人及其近亲属申请法律援助，转交法律援助申请材料
对案件处理提出意见	根据案件具体情况，为犯罪嫌疑人、被告人对本案的定罪、量刑和程序适用等问题向办案机关提出处理意见
代理申诉控告	对犯罪嫌疑人、被告人提出的刑讯逼供、非法取证情形代理申诉、控告
★认罪认罚案件，值班律师除上述六项职责外，还有一项重要职责：犯罪嫌疑人自愿认罪，同意量刑建议和程序适用的，应当在辩护人或者值班律师在场的情况下签署认罪认罚具结书	

【关键背诵】值班律师六项职责："程建""强制""咨询""意见""帮助法援""代理维权"；认罪认罚，签署"在见"。

2. 值班律师的权利

会见权	与犯罪嫌疑人、被告人有约见值班律师的权利相对应，值班律师可以会见犯罪嫌疑人、被告人，看守所应当为值班律师会见提供便利。危害国家安全犯罪案件、恐怖活动犯罪案件，侦查期间值班律师会见在押犯罪嫌疑人的，应当经侦查机关许可
阅卷权	检察院对案件审查起诉之日起，值班律师可以查阅案卷材料、了解案情。法院、检察院应当为值班律师查阅案卷材料提供便利
提出意见权	根据案件具体情况，为犯罪嫌疑人、被告人对本案的定罪、量刑和程序适用等问题向办案机关提出处理意见

【关键背诵】值班律师三项权利："阅卷""会见""提出意见"。

3. 值班律师法律帮助的衔接

可以"一帮到底"	对于被羁押的犯罪嫌疑人、被告人，在不同诉讼阶段，可以由派驻看守所的同一值班律师提供法律帮助
	对于未被羁押的犯罪嫌疑人、被告人，前一诉讼阶段的值班律师可以在后续诉讼阶段继续为犯罪嫌疑人、被告人提供法律帮助

考点八：诉讼代理人查阅、摘抄、复制案卷材料的规则

律师担任诉讼代理人的，可以查阅、摘抄、复制案卷材料。其他诉讼代理人经法院许可，也可以查阅、摘抄、复制案卷材料

考点九：律师带助理参加庭审的规则

律师担任辩护人、诉讼代理人，经法院准许，可以带一名助理参加庭审。律师助理参加庭审的，可以从事辅助工作，但不得发表辩护、代理意见【关键背诵】"动手不动口"

考点十：不得继续担任辩护人、诉讼代理人的法定情形

擅自退庭的
无正当理由不出庭或者不按时出庭，严重影响审判顺利进行的
被拘留或者具结保证书后再次被责令退出法庭、强行带出法庭的

【关键背诵】"不按时""不出庭""无理影响庭进行"，"被拘""擅自退出庭""保证继续再出庭"。

考点十一："庭后""判前"更换辩护人

庭审结束后、判决宣告前另行委托辩护人的，可以不重新开庭；辩护人提交书面辩护意见的，应当接受

第七章

刑事证据

本章导读

本章在考试中很重要，平均每年考查四至八分，是典型的重点章节。本章内容分为刑事证据和刑事证明两部分。可以把刑事证据理解为一个静态的概念，即能够证明案件事实的一切客观材料。可以把刑事证明理解为一个动态的概念，即运用证据还原案件事实的过程。考生在学习时应深入理解和活学活用。证据种类有八种，证据分类有四种，复习时一定要仔细掌握每一个种类、每一个分类的特点，熟练应用。

知识点

考点一：物证、书证

1. 不得采用的物证、书证。在勘验、检查、搜查过程中提取、扣押的物证、书证，未附笔录或者清单，不能证明物证、书证来源的，不得作为定案的根据。【关键背诵】"未附不明，不定案"。

2. 补正或合理解释后可以采用的物证、书证【只浏览，无须记忆】

勘验、检查、搜查、提取笔录或者扣押清单上没有侦查人员、物品持有人、见证人签名，或者对物品的名称、特征、数量、质量等注明不详的
物证的照片、录像、复制品，书证的副本、复制件未注与原件核对无异，无复制时间，或者无被收集、调取人签名、盖章的
物证的照片、录像、复制品，书证的副本、复制件没有制作人关于制作过程和原物、原件存放地点的说明，或者说明中无签名的

3. 隐蔽性很强的物证、书证的定案规则

根据被告人的供述、指认提取到了隐蔽性很强的物证、书证，且被告人的供述与其他证明犯罪事实发生的证据相互印证，并排除串供、逼供、诱供等可能性的，可以认定被告人有罪。【关键背诵】排"逼""串""诱"，相互印证。

考点二：证人证言

1. 证人证言的形成。证人证言一般是以笔录（即询问笔录）加以固定的口头陈述。证人请求自行书写证言的，应当准许；必要时，侦查人员也可以要求证人亲笔书写证言。

2. 关于警察出庭的问题

出庭身份	出庭目的或任务	是否享有证人保护权	出庭方式
证人	说"别人的事"，即警察执行职务或者非执行职务中目击到他人的犯罪	是	法庭通知。卧底警察可以不出庭，由审判人员在庭外对证据进行核实
侦查人员	说自己的事，即警察如何办案	否	（1）检察院提请法院通知 （2）法院自行决定通知

3. 证人保护措施

案件范围	危害国家安全犯罪、恐怖活动犯罪、黑社会性质的组织犯罪、毒品犯罪等案件
保护对象	证人、鉴定人、被害人或其近亲属
保护条件	保护对象的人身安全面临危险
保护措施（采取一项或者多项）	对住宅和人身采取专门性保护措施
	采取不暴露真实声音、外貌等出庭作证措施
	禁止特定的人员接触证人、鉴定人、被害人及其近亲属
	不公开真实姓名、工作单位、住址等个人信息

【关键背诵】（1）特殊保护的案件："全""怖""黑""毒"；（2）保护措施："住""人"不暴露，"禁触""不公开"。

【补充说明】新《公安机关办理刑事案件程序规定》第75条规定的更具体的保护措施包括：（1）不公开真实姓名、住址、通讯方式和工作单位等个人信息；（2）禁止特定的人员接触被保护人；（3）对被保护人的人身和住宅采取专门性保护措施；（4）将被保护人带到安全场所保护；（5）变更被保护人的住所和姓名等。【关键背诵】带"安所"，变住所，变姓名。

真题选练（2014-2-69，多选）

某地法院审理齐某组织、领导、参加黑社会性质组织罪，关于对作证人员的保护，下列哪些选项是正确的？

A. 可指派专人对被害人甲的人身和住宅进行保护

B. 证人乙可申请不公开真实姓名、住址等个人信息

C. 法院通知侦查人员丙出庭说明讯问的合法性，为防止黑社会组织报复，对其采取不向被告人暴露外貌、真实声音的措施

D. 为保护警方卧底丁的人身安全，丁可不出庭作证，由审判人员在庭外核实丁的证言

【答案】ABD

4. 不得作为定案根据的证人证言【关键背诵】没有"译""个""对""手"

没个别	询问证人没有个别进行的
没核对	书面证言没有经证人核对确认的
没手势	询问聋、哑人，应当提供通晓聋、哑手势的人员而未提供的
没翻译	询问不通晓当地通用语言、文字的证人，应当提供翻译人员而未提供的

5. 补正或合理解释后可以作为定案根据的证人证言【只浏览，无须记忆】

询问笔录没有填写询问人、记录人、法定代理人姓名以及询问的起止时间、地点的
询问地点不符合规定的
询问笔录没有记录告知证人有关作证的权利义务和法律责任的
询问笔录反映出在同一时段，同一询问人员询问不同证人的
询问未成年人，其法定代理人或者合适成年人不在场的

6. 翻证的处理规则

证人当庭作出的证言与其庭前证言矛盾，证人能够作出合理解释，并有其他证据印证的，应当采信其庭审证言；不能作出合理解释，而其庭前证言有其他证据印证的，可以采信其庭前证言【关键背诵】有理印证信"翻证"，无理印证信"前证"

考点三：犯罪嫌疑人、被告人的供述和辩解

1. 犯罪嫌疑人、被告人的供述和辩解的收集

证据形式	以讯问笔录形式加以固定的口头陈述。犯罪嫌疑人请求自行书写供述的，应当准许；必要时，侦查人员也可以要求犯罪嫌疑人亲笔书写供词
共犯口供	共犯口供仍属口供，共犯不能互为证人（对共同犯罪以外的事实所作的陈述是证人证言）

2. 不得作为定案的根据的被告人供述【关键背诵】没有"译""场""对""手"

没核对	讯问笔录没有经被告人核对确认的
没手势	讯问聋、哑人，应当提供通晓聋、哑手势的人员而未提供的
没翻译	讯问不通晓当地通用语言、文字的被告人，应当提供翻译人员而未提供的
没在场	讯问未成年人，其法定代理人或者合适成年人不在场的

3. 补正或合理解释后可采信的被告人供述【只浏览，无须记忆】

笔录有误	讯问笔录填写的讯问时间、讯问人、记录人、法定代理人等有误或者存在矛盾的
讯问人没签名	讯问人没有签名的
没告知权利	首次讯问笔录没有记录告知被讯问人相关权利和法律规定的

考点四：勘验、检查、辨认、侦查实验笔录

1. 对勘验、检查笔录的审查。勘验、检查笔录存在明显不符合法律、有关规定的情形，不能作出合理解释或者说明的，不得作为定案的根据。

【关键背诵】勘查笔录有问题，一律可以补解释。

2. 辨认笔录具有下列情形之一的，不得作为定案的根据

没有侦查人员主持	辨认不是在侦查人员主持下进行的
提前看见	辨认前使辨认人见到辨认对象的
没有个别	辨认活动没有个别进行的
没有混杂，数量不合规	辨认对象没有混杂在具有类似特征的其他对象中，或者供辨认的对象数量不符合规定的
明显暗示	辨认中给辨认人明显暗示或者明显有指认嫌疑的

【关键背诵】没个别，没侦查，提前看见没混杂，暗示数量不合法。

3. 侦查实验笔录定案规则

侦查实验的条件与事件发生时的条件有明显差异，或者存在影响实验结论科学性的其他情形的，侦查实验笔录不得作为定案的根据。

【关键背诵】侦查实验笔录不定案的情形："条""条"差异，"影响科学"。

考点五：技术调查、侦查证据的审查与认定

使用与移送规则 【关键背诵】可使用、应移送	依法采取技术调查、侦查措施收集的材料在刑事诉讼中可以作为证据使用。采取技术调查、侦查措施收集的材料，作为证据使用的，应当随案移送
使用技调、技侦方法收集的证据材料的安保措施 【关键背诵】使用化名，"方""备"不明	使用化名等代替调查、侦查人员及有关人员的个人信息
	不具体写明技术调查、侦查措施使用的技术设备和技术方法
技调、技侦收集视听资料、电子数据的程序规则 【关键背诵】技术措施"收""电""视"，写明"原""地""作"新质	移送采用技术调查、侦查措施收集的视听资料、电子数据的，应当制作新的存储介质，并附制作说明，写明原始证据材料、原始存储介质的存放地点等信息，由制作人签名，并加盖单位印章
裁判文书制作规则 【关键背诵】定案证据靠技术，裁判文书可表述，"象""种"名称可写出，其他信息不表述	采用技术调查、侦查证据作为定案根据的，法院在裁判文书中可以表述相关证据的名称、证据种类和证明对象，但不得表述有关人员身份和技术调查、侦查措施使用的技术设备、技术方法等

续表

证据未移送的处理规则	法院认为应当移送的技术调查、侦查证据材料未随案移送的，应当通知检察院在指定时间内移送。检察院未移送的，人民法院应当根据在案证据对案件事实作出认定
"两查"人员参加庭前会议	在庭前会议中，人民检察院可以通过出示有关证据材料等方式，对证据收集的合法性加以说明。必要时，可以通知调查人员、侦查人员或者其他人员参加庭前会议，说明情况
法庭查证	采取技术调查、侦查措施收集的证据材料，应当经过当庭出示、辨认、质证等法庭调查程序查证
	当庭调查技术调查、侦查证据材料可能危及有关人员的人身安全，或者可能产生其他严重后果，法庭应当采取不暴露有关人员身份和技术调查、侦查措施使用的技术设备、技术方法等保护措施。必要时，审判人员可以在庭外对证据进行核实

考点六：行政证据、监察证据作为刑事证据的使用

1. 刑事诉讼法和司法解释均规定，行政机关在行政执法和查办案件过程中收集的物证、书证、视听资料、电子数据等证据材料，在刑事诉讼中可以作为证据使用。【关键背诵】"物""视""书""电"。

2. 按照《监察法》第33条的规定，监察机关依法收集的物证、书证、证人证言、被调查人供述和辩解、视听资料、电子数据等证据材料，在刑事诉讼中可以作为证据使用。

【关键背诵】可以直接作为刑事证据的监察证据："物""视""书""电"，"证言""供""辩"。

考点七：就专门性问题出具的报告的使用

因无鉴定机构，或者根据法律、司法解释的规定，指派、聘请有专门知识的人就案件的专门性问题出具的报告，可以作为证据使用
对专门性问题出具的报告的审查与认定，参照适用鉴定意见的审查与认定的有关规定
经人民法院通知，出具报告的人拒不出庭作证的，有关报告不得作为定案的根据

考点八：事故调查报告的使用

有关部门对事故进行调查形成的报告，在刑事诉讼中可以作为证据使用；报告中涉及专门性问题的意见，经法庭查证属实，且调查程序符合法律、有关规定的，可以作为定案的根据

【关键背诵】出具专门报告和事故报告的人属于有专门知识的人，不是诉讼参与人，但属于回避对象。出庭作证适用有关鉴定人的规定。

考点九：年龄证据不足的处理规则

证明被告人已满12周岁、14周岁、16周岁、18周岁或者不满75周岁的证据不足的，应当作出有利于被告人的认定 【关键背诵】年龄不足，有利被告

考点十：刑事证据的分类

类型	分类标准	基本含义
原始证据与传来证据	证据材料的来源	原始证据：直接来源于案件事实，即第一手资料 传来证据：不直接来源于案件事实，经过了复制、转抄、转述、（视频、电子数据）提取，即第二手材料
实物证据与言词证据	证据的表现形式	言词证据：包括鉴定意见，证人证言，被害人陈述，犯罪嫌疑人、被告人供述与辩解 实物证据：包括勘验检查笔录、物证、书证。视听资料、电子数据一般认为属于实物证据
有罪证据与无罪证据	能否证明犯罪事实存在或犯罪行为是犯罪嫌疑人、被告人所为	有罪证据：指能够肯定犯罪事实存在和犯罪行为是犯罪嫌疑人、被告人所为的证据【关键背诵】事在人为 无罪证据：无犯罪事实或犯罪行为不是嫌疑人、被告人所为的证据 【关键背诵】不存在，不人为
直接证据与间接证据	与案件主要事实的证明关系	案件主要事实是指是否存在犯罪事实以及犯罪行为是否为犯罪嫌疑人、被告人所为的事实 直接证据：能够单独证明案件主要事实的证据 间接证据：和其他证据结合起来才能够证明案件主要事实的主要证据

关键背诵

（1）直接证据分为有罪直接证据和无罪直接证据。①有罪直接证据：犯罪事实，犯罪行为是嫌疑人、被告人所为，二者缺一不可。②无罪直接证据：没有犯罪事实或者犯罪行为不是嫌疑人、被告人所为，具备其一即可。

（2）控方也可能提供无罪证据，辩方也可能提供有罪证据（罪轻证据，从犯、胁从犯、自首等证据）。

考点十一：不具关联性的事实

品格证据。一个人的品格或者品格特征的证据，在证明这个人于特定环境下实施了与此品格相一致的行为问题上不具有关联性
类似行为。被告人在其他场合的某一行为与他在当前场合的类似行为通常没有关联性
特定的诉讼行为。例如，曾作有罪答辩，后来又撤回，不得作为不利于被告人的证据采纳
特定的事实行为。例如，关于事件发生后某人实施补救措施的事实等，一般情况下不得作为行为人对该事实负有责任的证据加以采用
被害人过去的行为。例如，在性犯罪案件中，有关受害人过去性行为方面的名声或评价的证据，一律不予采纳

考点十二：非法证据排除规则

1. 非法言词证据的排除范围

证据种类	非法手段	非法程度或影响	排除标准	
犯罪嫌疑人、被告人供述	采取殴打、违法使用戒具等暴力方法或者变相肉刑的恶劣手段	使犯罪嫌疑人、被告人遭受难以忍受痛苦而违背意愿作出的供述	应当予以排除	
	采用以暴力或者严重损害本人及其近亲属合法权益等进行威胁的方法	使犯罪嫌疑人、被告人遭受难以忍受痛苦而违背意愿作出的供述	应当予以排除	
	采用非法拘禁等非法限制人身自由方法	无程度要求	应当予以排除	
	采用刑讯逼供方法使犯罪嫌疑人、被告人作出供述	之后犯罪嫌疑人、被告人受该刑讯逼供行为影响而作出的与该供述相同的重复性供述	原则	前后供述一并排除
			后者不排除的情形【关键背诵】"换人告知"不排除	侦查期间，因排除非法证据而更换侦查人员，其他侦查人员再次讯问时告知诉讼权利和认罪的法律后果，犯罪嫌疑人自愿供述的
				审查逮捕、审查起诉和审判期间，检察人员、审判人员讯问时告知诉讼权利和认罪的法律后果，犯罪嫌疑人、被告人自愿供述的
证人证言、被害人陈述	暴力	无程度要求	应当予以排除	
	威胁	无程度要求	应当予以排除	
	非法限制人身自由	无程度要求	应当予以排除	

【关联考点】《最高人民法院关于建立健全防范刑事冤假错案工作机制的意见》第 8 条：采用刑讯逼供或者冻、饿、晒、烤、疲劳审讯等非法方法收集的被告人供述，应当排除。除情况紧急必须现场讯问以外，在规定的办案场所外讯问取得的供述，未依法对讯问进行全程录音录像取得的供述，以及不能排除以非法方法取得的供述，应当排除。

2. 非法实物证据的排除范围

物证、书证的取得明显违反法律规定，可能严重影响公正审判的，应当予以补正或者作出合理解释，否则，该物证、书证不能作为定案的根据。

3. 侦查阶段送押体检

体检要求	看守所收押犯罪嫌疑人，应当进行身体检查（强制性要求）
体检时检察监督	检查时，人民检察院驻看守所检察人员可以在场（非强制性）
发现身体有伤或异常的处理	检查发现犯罪嫌疑人有伤或者身体异常的，看守所应当拍照或者录像，分别由送押人员、犯罪嫌疑人说明原因，并在体检记录中写明，由送押人员、收押人员和犯罪嫌疑人签字确认

4. 侦查阶段的排除非法证据

（1）申请排除非法证据

申请排除主体	犯罪嫌疑人及其辩护人
申请对象	在侦查期间可以向检察院申请排除非法证据

续表

申请条件	犯罪嫌疑人及其辩护人提供相关线索或者材料
调查核实	申请排除非法证据，并提供相关线索或者材料的，检察院应当调查核实
	调查结论应当书面告知犯罪嫌疑人及其辩护人

（2）依职权主动排除非法证据

重大案件中的排除非法证据	对重大案件，检察院驻看守所检察人员应当在侦查终结前询问犯罪嫌疑人，核查是否存在刑讯逼供、非法取证情形并同步录音录像
侦查终结时的排除非法证据	对侦查终结的案件，侦查机关应当全面审查证明证据收集合法性的证据材料，依法排除非法证据
	侦查机关发现办案人员非法取证的，应当依法作出处理，并可另行指派侦查人员重新调查取证

5. 检察院审查逮捕、审查起诉阶段的排除非法证据程序

排除非法证据告知		审查逮捕、审查起诉期间讯问犯罪嫌疑人，应当告知其有权申请排除非法证据，并告知诉讼权利和认罪的法律后果
排除非法证据程序启动	依申请	审查逮捕、审查起诉期间，犯罪嫌疑人及其辩护人申请排除非法证据，并提供相关线索或者材料的，检察院应当调查核实。调查结论应当书面告知犯罪嫌疑人及其辩护人
	依职权	检察院在审查起诉期间发现侦查人员以刑讯逼供等非法方法收集证据的，应当依法排除相关证据并提出纠正意见，必要时检察院可以自行调查取证
排除非法证据后果	随案移送	被排除的非法证据应当随案移送，并写明为依法排除的非法证据
	可以救济	对于检察院排除有关证据导致对涉嫌的重要犯罪事实未予认定，从而作出不批准逮捕、不起诉决定，公安机关、国家安全机关可要求复议、提请复核

6. 排除非法证据中的辩护

值班律师帮助	法律援助值班律师可以为犯罪嫌疑人、被告人提供法律帮助，对刑讯逼供、非法取证情形代理申诉、控告
申请排除非法证据与举证	犯罪嫌疑人、被告人及其辩护人申请排除非法证据，应当提供涉嫌非法取证的人员、时间、地点、方式、内容等相关线索或者材料

7. 审判阶段的排除非法证据程序

排除非法证据告知		法院向被告人及其辩护人送达起诉书副本时，应当告知其有权申请排除非法证据
申请与受理		申请时间：被告人及其辩护人申请排除非法证据，应当在开庭审理前提出，但在庭审期间发现相关线索或者材料等情形除外
		提供线索或材料：被告人及其辩护人在开庭审理前申请排除非法证据，未提供相关线索或者材料，不符合法律规定的申请条件的，法院对申请不予受理
		送交程序：法院应当在开庭审理前将申请书和相关线索或者材料的复制件送交检察院
对庭前申请排除非法证据的处理★不作排除决定	处理方式	排除非法证据申请符合条件的，应当召开庭前会议。检察院应当通过出示有关证据材料等方式，有针对性地对证据收集的合法性作出说明。法院可以核实情况，听取意见
	撤回证据	检察院可以决定撤回有关证据，撤回的证据，没有新的理由，不得在庭审中出示
	撤回申请	被告人及其辩护人可以撤回排除非法证据的申请。撤回申请后，没有新的线索或者材料，不得再次对有关证据提出排除申请
	分歧处理	公诉人、被告人及其辩护人在庭前会议中对证据收集是否合法未达成一致意见，法院对证据收集的合法性有疑问的，应当在庭审中进行调查

续表

庭中"排非"	庭前审查结果的宣布	公诉人宣读起诉书后，法庭应当宣布开庭审理前对证据收集合法性的审查及处理情况		
	时间规则	庭审期间，法庭决定对证据收集的合法性进行调查的，应当先行当庭调查。但为防止庭审过分迟延，也可以在法庭调查结束前调查		
	法庭对证据合法性调查的方法	法庭决定对证据收集的合法性进行调查的，由公诉人通过宣读调查、侦查讯问笔录、出示提讯登记、体检记录、对讯问合法性的核查材料等证据材料，有针对性地播放讯问录音录像，提请法庭通知有关调查人员、侦查人员或者其他人员出庭说明情况等方式，证明证据收集的合法性		
		公诉人提交的取证过程合法的说明材料，应当经有关调查人员、侦查人员签名，并加盖单位印章。未经签名或者盖章的，不得作为证据使用。上述说明材料不能单独作为证明取证过程合法的根据		
		法庭对控辩双方提供的证据有疑问的，可以宣布休庭，对证据进行调查核实。必要时，可以通知公诉人、辩护人到场		
	调查人员、侦查人员等的出庭方式	依申请通知：控辩双方申请法庭通知调查人员、侦查人员或者其他人员出庭说明情况，法庭认为有必要的，应当通知有关人员出庭		
		依职权通知：根据案件情况，法庭可以依职权通知调查人员、侦查人员或者其他人员出庭说明情况		
	排除非法证据决定	法庭对证据收集的合法性进行调查后，应当当庭作出是否排除有关证据的决定		
		法庭作出是否排除有关证据的决定前，不得对有关证据宣读、质证		
		对依法予以排除的证据，不得宣读、质证，不得作为判决的根据		
	二审排除非法证据	对一审排除决定有异议的处理	控辩双方对第一审法院有关证据收集合法性的审查、调查结论提出异议的，第二审法院应当审查	
			检察院在第一审程序中未出示证据证明证据收集的合法性，第一审法院依法排除有关证据的，检察院在第二审程序中不得出示之前未出示的证据，但在第一审程序后发现的除外	
		一审未申请排除的	一审程序中未申请排除非法证据，在第二审程序中提出申请的，应当说明理由。第二审法院应当审查	
		处理方式	第一审法院对被告人及其辩护人排除非法证据的申请未予审查，并以有关证据作为定案根据，可能影响公正审判的，第二审法院可以裁定撤销原判，发回原审法院重新审判	
			第一审法院对依法应当排除的非法证据未予排除的，第二审法院可以依法排除非法证据	
			排除非法证据后的处理	原判决认定事实和适用法律正确、量刑适当的，应当裁定驳回上诉或者抗诉，维持原判
				原判决认定事实没有错误，但适用法律有错误，或者量刑不当的，应当改判
				原判决事实不清楚或者证据不足的，可以裁定撤销原判，发回原审人民法院重新审判

续表

证明责任	在审判阶段，对证据收集的合法性的证明，由检察院承担
排除非法证据标准	（1）确认非法取证；（2）不能排除非法取证可能【关键背诵】确认"排"，存疑"排"
裁判写明排除非法证据事项	法院对证据收集合法性的审查、调查结论，应当在裁判文书中写明，并说明理由

考点十三：补强证据规则

1. 口供补强规则

只有被告人供述，没有其他证据的，不能认定被告人有罪和处以刑罚。没有被告人供述，证据确实、充分的，可以认定犯罪嫌疑人、被告人有罪和处以刑罚。

2. 证言补强规则

下列证据应当慎重使用，有其他证据印证的，可以采信：

（1）生理上、精神上有缺陷，对案件事实的认知和表达存在一定困难，但尚未丧失正确认知、表达能力的被害人、证人和被告人所作的陈述、证言和供述。

（2）与被告人有亲属关系或者其他密切关系的证人所作的有利于被告人的证言，或者与被告人有利害冲突的证人所作的不利于被告人的证言。

考点十四：传闻证据规则

传闻证据的形式	书面传闻证据，也即庭外证言，即证人就自己亲身感受的案件事实在庭审期间之外所作的书面证人证言，以及警察、检察人员所作的（证人）询问笔录
	言词传闻证据，也即庭上传言，即证人并非就自己亲身感知的事实作证，而是向法庭转述他从别人那里听到的情况，简言之，即道听途说的证人证言
传闻证据的效力	传闻证据规则，也称传闻证据排除规则，根据这一规则，如无法定理由，任何人在庭审期间以外的陈述，不得作为认定被告人有罪的证据

考点十五：刑事诉讼证明对象

1. 实体法方面的事实：与定罪量刑有关的罪、责、刑，被告人、被害人身份以及附带民事诉讼、涉案财产处理方面的事实。【关键背诵】"罪""责""刑"，"被""被""身"，"附民诉"，"财产处"。

2. 程序法方面的事实：（1）对犯罪嫌疑人、被告人采取强制措施的事实；（2）有关管辖争议的事实；（3）关于回避的事实；（4）耽误诉讼期限是否有不能抗拒的原因或者其他正当理由的事实；（5）认罪认罚的事实；（6）违反程序法的事实；（7）与执行的合法性有关的事实，如罪犯是否怀孕的事实。【关键背诵】"强"行"管""避""审延续"，"认罪认罚"。

3. 免证事实【关键背诵】"自然""常识"，"推定""法律""不异程实""裁判"

为一般人共同知晓的常识性事实

续表

法院生效裁判所确认的并且未依审判监督程序重新审理的事实
法律、法规的内容以及适用等属于审判人员履行职务所应当知晓的事实
在法庭审理中不存在异议的程序事实
法律规定的推定事实
自然规律或者定律

考点十六：刑事诉讼证明责任（提供证据责任＋说服责任）

承担证明责任的主体	承担证明责任的内容
检察院	对公诉案件中被告人有罪承担证明责任
自诉人	对自诉案件中被告人有罪承担证明责任。如果被告人反诉的，被告人对其反诉承担证明责任
附带民事诉讼原告人、被告人	对其在附带民事诉讼中的主张承担证明责任（谁主张、谁举证）
刑事被告人	不承担证明责任。在巨额财产来源不明罪以及非法持有型犯罪案件中（如非法持有枪支、弹药罪），被告人承担提供证据的责任，不承担说服责任。在巨额财产来源不明罪中，被告人负有说明明显超过合法收入的那部分财产、支付的来源的责任，如果不能说明来源的，则以巨额财产来源不明罪论处。但是，证明财产、支出明显超过合法收入并且差额巨大这一事实存在的责任，仍然由公诉机关承担

真题选练（2017-2-70，多选）

关于我国刑事诉讼的证明主体，下列哪些选项是正确的？

A. 故意毁坏财物案中的附带民事诉讼原告人是证明主体

B. 侵占案中提起反诉的被告人是证明主体

C. 妨害公务案中就执行职务时目击的犯罪情况出庭作证的警察是证明主体

D. 证明主体都是刑事诉讼主体

【答案】ABD

第八章
强制措施

本章导读

　　本章着重讲拘传、取保候审、监视居住、刑事拘留和逮捕这五种强制措施。本章内容平均每年考查四至六分，请考生认真掌握。

　　本章涉及法条较多，考生应当从两个方面进行把握：第一，掌握法条并能够熟练应用；第二，认真区别相似制度，如取保候审和监视居住、公民扭送和刑事拘留等。

知识点

考点一：拘传

适用机关	公安机关、人民检察院、人民法院
决定主体	由公检法"三长"决定。注意：法院作出拘传决定的主体是院长。
执行主体	哪个机关决定拘传，就由哪个机关执行（谁决定，谁执行）
适用对象	未被羁押的犯罪嫌疑人、被告人
执行时间	拘传、传唤的时间不得超过 12 小时；案情特别重大、复杂，需要采取拘留、逮捕措施的，传唤、拘传时间不得超过 24 小时（重复拘捕，不得超过 24 小时）
	两次传唤、拘传间隔的时间一般不得少于 12 小时
拘传形式	拘传应采用书面形式。比较：传唤可以采用口头形式，但口头传唤只适用于现场传唤

考点二：取保候审

1. 取保候审的程序

决定和执行	决定主体：公安机关、检察院、法院"三长"审批
	执行主体：犯罪嫌疑人、被告人居住地公安机关

续表

取保方式（"金保"和"人保"不得同时适用）	"金保"	数额由谁确定	由决定主体确定（谁要取保，谁来定）
		最低标准	成年犯罪嫌疑人：1 000元以上
			未成年犯罪嫌疑人：500元以上
		交纳方式	提供保证金的人将保证金存入执行机关指定银行的专门账户
		保证金的处理	判决、裁定生效后，保证金属于被告人个人财产，法院可以书面通知公安机关移交法院，用以退赔被害人、履行附带民事赔偿义务或执行财产刑
			下一个办案机关继续采取保证金，被取保候审人没有违反被取保候审人义务的，保证金不得重复或加重收取
	"人保"（1—2人）	适用对象（"老""少""无钱"）	未成年人或者年满75周岁
			无能力缴纳保证金
		保证人条件【关键背诵】"无牵""有能""身政""固定"	与本案无牵连
			有能力履行保证义务
			人身自由未受到限制，享有政治权利
			有固定的住处和收入
		保证人的责任	未履行保证义务的，对保证人由公安机关处以罚款（1 000元～2万元），构成犯罪的，依法追究刑事责任
取保候审期限	12个月		
	下一个办案机关决定继续取保候审的，应当重新作出取保候审决定，取保候审期限重新计算（重决定重计时）		
	被取保候审的人违反义务被没收保证金后，仍决定对其取保候审的，取保候审期间应当连续计算		

2. 对未成年被告人取保候审的特殊规定

法院对无固定住所、无法提供保证人的未成年被告人适用取保候审的，应当指定合适成年人作为保证人，必要时可以安排取保候审的被告人接受社会观护【关键背诵】"无住""无人""应指保"
对未成年人取保候审，应当优先适用保证人保证

📖 **真题选练**（2014-2-30，单选）

未成年人郭某涉嫌犯罪被检察院批准逮捕。在审查起诉中，经羁押必要性审查，拟变更为取保候审并适用保证人保证。关于保证人，下列哪一选项是正确的？

A. 可由郭某的父亲担任保证人，并由其交纳1 000元保证金

B. 可要求郭某的父亲和母亲同时担任保证人

C. 如果保证人协助郭某逃匿，应依法追究保证人的刑事责任，并要求其承担相应的民事连带赔偿责任

D. 保证人未履行保证义务应处罚款的，由检察院决定

【答案】B

3. 被取保候审人的义务

绝对义务法定义务	未经执行机关批准不得离开所居住的市、县；批准前，应当征得决定机关同意
	在传讯的时候及时到案
	联系方式、工作单位、住址发生变动的，在 24 小时以内向执行机关报告
	不得毁灭、伪造证据或者串供
	不得以任何形式干扰证人作证
酌定义务	不得从事特定的活动
	不得进入特定场所
	不得与特定的人员通信或者会见
	将护照等出入境证件，驾驶证件交执行机关保存 ★注意：不包括身份证

关键背诵

（1）被取保候审人的法定义务（应当遵守）："离开""及时""三报告"，"毁""伪""串""扰"违法了。

（2）被取保候审人的酌定义务（决定机关决定才遵守）：四"不"一"交"。四不涉及：特定"活动""场所""通信""会见"；一交：出入（境证件）驾驶证件。

（3）酌定义务由适用机关决定，而非执行机关（公安机关）决定。

4. 被取保人违反义务的处理

违反一般义务	可以：（1）没收部分或全部保证金；（2）责令具结悔过；（3）重新提出保证人、缴纳保证金；（4）监视居住；（5）逮捕。需要逮捕的，可以先行拘留，并通知公安机关
重新犯罪	取保候审期间涉嫌重新犯罪的，执行机关暂扣保证金，待法院判决生效后决定是否没收。对故意重新犯罪的，应没收保证金；过失重新犯罪或不构成犯罪的，应退还

【关键背诵】被取保候审人违反义务的处理决定机关是适用机关，而非执行机关（公安机关），但是，取保候审保证人违反义务的处罚机关是执行机关（公安机关）。

考点三：监视居住

1. 主要程序

决定和执行	决定主体		公安机关、检察院、法院"三长"	
	执行主体		犯罪嫌疑人、被告人住处或指定居所所在地公安机关	
执行场所	住处		应当在犯罪嫌疑人、被告人的住处执行	
	指定居所	无固定住处的	可以在指定的居所执行	
		有固定住处仍可以指监视的情形	在侦查阶段，对涉嫌危害国家安全犯罪、恐怖活动犯罪，在住处执行可能有碍侦查的，经上一级侦查机关批准，也可在指定居所执行	
		居所限制	不得在看守所、拘留所、监狱等羁押、监管场所以及留置室、讯问室等专门办案场所、办公区域执行（非"押"非"办"）	
		费用	不得要求被监视居住人支付费用	

续表

指定居所监视居住通知	通知时间	除无法通知的以外，应当在执行监视居住后 24 小时以内，通知被监视居住人的家属	
	通知内容	法院：指定监视居住的原因和地点	
		检察院：指定监视居住的原因	
		公安机关：无内容要求	
执行措施		可采取电子监控、不定期检查等方式监督（适用于侦查、审查起诉、审判阶段）【"眼控"各阶段】	
		可对被监视居住的犯罪嫌疑人的电话、传真、信函、邮件、网络等通信进行监控（仅适用于侦查阶段）【侦查阶段"信控"】	
指定居所监视居住刑期折抵		指定居所监视居住的期限应当折抵刑期。被判处管制的，监视居住 1 日折抵刑期 1 日；被判处拘役、有期徒刑的，监视居住 2 日折抵刑期 1 日	
监视居住期限		监视居住最长为 6 个月，下一个办案机关继续对犯罪嫌疑人、被告人监视居住的，应当重新办理手续，监视居住期限重新计算【关键背诵】重办重算	
监视居住期间的会见		辩护律师可以与犯罪嫌疑人、被告人会见和通信。其他辩护人会见或通信须经执行机关批准（批准前征得检察院或法院同意）	
		危害国家安全犯罪案件、恐怖活动犯罪案件，在侦查期间辩护律师会见监视居住的犯罪嫌疑人，应当经侦查机关许可	
		辩护律师会见犯罪嫌疑人、被告人时不被监听	

2. 被监视居住人的义务

义务（法定义务）	未经执行机关批准不得离开执行监视居住的处所
	在传讯的时候及时到案
	未经执行机关批准不得会见他人或者通信
	不得毁灭、伪造证据或者串供
	不得以任何形式干扰证人作证
	将护照等出入境证件、身份证件、驾驶证件交执行机关保存

【关键背诵】被监视居住人的义务："不离""及时""不信见"，"毁""伪""串""扰""交三件"。

3. 违反义务的后果。被监视居住的犯罪嫌疑人、被告人违反义务规定，情节严重的，可以予以逮捕；需要予以逮捕的，可以对犯罪嫌疑人、被告人先行拘留。

4. 检察院对指定居所监视居住的监督

对决定的监督	公安机关、法院决定的	由批准或者决定的公安机关、法院的同级检察院负责捕诉的部门对决定是否合法实行监督
	检察院决定的	由负责控告申诉检察的部门对决定是否合法实行监督

续表

	公安机关、法院决定的	由检察院负责刑事执行检察的部门对指定居所监视居住的执行活动是否合法实行监督
对执行的监督		
	检察院决定的	由负责控告申诉检察的部门对指定居所监视居住的执行活动是否合法实行监督

考点四：刑事拘留

决定主体	公安机关、检察院等具有侦查权的机关，法院无权适用		
执行主体	公安机关		
拘留证	公安机关执行拘留时，必须出示拘留证。紧急情况下，应当将犯罪嫌疑人带至公安机关后立即审查，办理法律程序（即先拘留后补证）		
拘留后通知	除无法通知或涉嫌危害国家安全犯罪、恐怖活动犯罪通知可能有碍侦查的情形外，应当在拘留后24小时以内，通知被拘留人的家属（谁要拘留谁通知）		
拘留后讯问	执行拘留后的24小时以内进行讯问。在发现不应当拘留的时候，必须立即释放，并发给释放证明（谁要拘留谁讯问）		
拘留后送押	拘留后，应立即将被拘留人送看守所羁押，至迟不得超过24小时		
异地拘留	在异地执行拘留的时候，应当通知被拘留人所在地的公安机关，被拘留人所在地的公安机关应当予以配合（谁要"抓人"谁"动手"）		
拘留期限	公安机关侦查案件	一般案件	拘留后的最长羁押期限是14日
		流窜作案、多次作案、结伙作案的重大嫌疑分子	拘留后的最长羁押期限是37日
	检察院自侦案件	拘留后的最长羁押期限是17日	

考点五：逮捕

1. 逮捕的适用主体

决定主体	检察院。检察院办理自侦案件，需要逮捕犯罪嫌疑人，可以自行决定逮捕
	法院。法院作出逮捕决定后，应当将逮捕决定书等相关材料送交同级公安机关执行，并将逮捕决定书抄送检察院
批准主体	检察院（针对公安机关的提请批捕）。具体而言，审查批准逮捕犯罪嫌疑人由检察长决定，重大案件应当提交检察委员会讨论决定
执行主体	公安机关

2. 逮捕的程序

审查逮捕程序	应当讯问犯罪嫌疑人的情形【关键背诵】"未成""精",盲聋哑,有疑问,"大复杂",当面说,"侦违法",嫌疑人"认罪罚"	犯罪嫌疑人系未成年人或者是尚未完全丧失辨认或者控制自己行为能力的精神病人的	
		犯罪嫌疑人是盲、聋、哑人	
		犯罪嫌疑人要求向检察人员当面陈述的	
		对是否符合逮捕条件有疑问的	证据之间有矛盾
			有无社会危险性难以把握
			犯罪嫌疑人是否达到刑事责任年龄需要确认
			罪与非罪界限不清
		案情重大疑难复杂的	
		侦查活动可能有重大违法行为的	办案严重违反法律规定的程序
			存在刑讯逼供等严重侵犯犯罪嫌疑人人身权利和其他诉讼权利等情形
		犯罪嫌疑人认罪认罚的	
	无须讯问的程序要求	对被拘留的犯罪嫌疑人不予讯问的,应当送达听取犯罪嫌疑人意见书,由犯罪嫌疑人填写后及时收回审查并附卷	
	漏请批捕的处理	对漏捕嫌疑人,应当建议公安机关提请批准逮捕	
		如果公安机关不提请批准逮捕,或者不提请批捕理由不能成立的,检察院也可以直接作出逮捕决定,送达公安机关执行	
	批捕外国人、无国籍人的程序	"政""全""疑""交"四种案件:外国人、无国籍人涉嫌危害国家安全罪案件,国家之间政治、外交关系案件,适用法律确有疑难的案件,承办案件的检察院决定批捕前,应当层报最高检察院批复。最高检察院批复前,应征求外交部意见。层报过程中,上级(含最高)检察院认为不需要逮捕的,应当作出不批捕的批复,报送的检察院依此作出不批捕的决定	
		一般刑事案件:无须上报批复,批捕的检察院应在决定后48小时向上一级检察院备案,同时向同级外事部门通报	
		承办审查逮捕案件的检察院认为不需要逮捕的,可以直接作出不批准逮捕的决定,无须层报最高检察院批复(不捕不报)	
	批捕未成年人的特殊程序	应当重点审查其是否已满12周岁、14周岁、16周岁、18周岁	
		对犯罪嫌疑人实际年龄难以判断,影响对该犯罪嫌疑人是否应当负刑事责任认定的,应当不批准逮捕	
		应当审查公安机关提供的证据和社会调查报告等材料。公安机关没有提供社会调查报告的,检察院根据案件情况可以要求公安机关提供,也可以自行或者委托有关组织和机构进行调查	
		应当注意是否有被胁迫、引诱的情节,是否存在成年人教唆犯罪、传授犯罪方法或者利用未成年人实施犯罪的情况	
		应当讯问未成年犯罪嫌疑人,听取辩护律师的意见	
		不批准逮捕的,对于没有固定住所、无法提供保证人的未成年犯罪嫌疑人适用取保候审的,可以指定合适的成年人作为保证人	
		法院决定逮捕的特殊规定:对被逮捕且没有完成义务教育的未成年被告人,法院应当与教育行政部门互相配合,保证其接受义务教育	

续表

公开审查逮捕	对有重大影响的案件，可以采取当面听取侦查人员、犯罪嫌疑人及其辩护人等意见的方式进行公开审查	
批捕期限	已拘留	收到提请批准逮捕书后 7 日以内作出是否批准逮捕的决定
	未拘留	收到提请批准逮捕书后 15 日内；重大、复杂案件不得超过 20 日
不符合逮捕条件的处理	不批捕并告知撤案	对于没有犯罪事实或者犯罪嫌疑人具有《刑事诉讼法》第 16 条规定情形之一，检察院作出不批准逮捕决定的，应当同时告知公安机关撤销案件
	不批捕并告知终止	对于有犯罪事实需要追究刑事责任，但不是被立案侦查的犯罪嫌疑人实施，或者共同犯罪案件中部分犯罪嫌疑人不负刑事责任，检察院作出不批准逮捕决定的，应当同时告知公安机关对有关犯罪嫌疑人终止侦查
	补充侦查	需要补充侦查的，应当在作出不批准逮捕的同时通知公安机关
	另行侦查、强制措施的限制	检察院办理审查逮捕案件，不另行侦查，不得直接提出采取取保候审措施的意见
不批捕后的补充侦查	检察院作出不批准逮捕决定，需要补充侦查的，应当制作补充侦查提纲，送交公安机关	
	检察院作出不批准逮捕决定，并且通知公安机关补充侦查的案件，公安机关在补充侦查后又要求复议的，检察院应当告知公安机关重新提请批准逮捕。公安机关坚持要求复议的，检察院不予受理	
逮捕后的程序规定	送押	逮捕后，应当立即将被逮捕人送看守所羁押（无 24 小时）
	通知	除无法通知的以外，应当在逮捕后 24 小时以内，通知被逮捕人的家属（谁要逮捕谁通知）
	讯问	逮捕后 24 小时以内进行讯问（谁要逮捕谁讯问）
	释放或变更逮捕措施通知	公安机关释放被逮捕的人或变更逮捕措施的，应当通知原批准的检察院（先"放人"后通知）

考点六：对监察机关移送起诉案件的强制措施适用

监察机关先行留置的处理	对于监察机关移送起诉的已采取留置措施的案件，人民检察院应当对犯罪嫌疑人先行拘留，留置措施自动解除
对监察机关先行留置案件拘留后的处理	检察院应当在执行拘留后 10 日以内，作出是否逮捕、取保候审或监视居住的决定。特殊情况下，决定的时间可以延长 1 日至 4 日
	检察院决定采取强制措施的期间不计入审查起诉期限
对监察机关移送案件的辩护人委托告知	检察院应当自收到移送起诉的案卷材料之日起 3 日以内告知犯罪嫌疑人有权委托辩护人。对已经采取留置措施的，应当在执行拘留时告知
对监察机关未先行留置案件的强制措施适用	对于监察机关移送起诉的未采取留置措施的案件，检察院受理后，在审查起诉过程中根据案件情况，可以决定是否采取逮捕、取保候审或者监视居住措施

考点七：逮捕后的羁押必要性审查

审查主体	办案机关的同级检察院的负责捕诉的部门		
程序启动	依职权	捕诉部门审查	负责捕诉的部门依法对侦查和审判阶段的羁押必要性进行审查。经审查认为不需要继续羁押的，应当建议公安机关或者法院释放犯罪嫌疑人、被告人或者变更强制措施
			审查起诉阶段，负责捕诉的部门经审查认为不需要继续羁押的，应当直接释放犯罪嫌疑人或者变更强制措施
		其他部门移送	负责刑事执行检察的部门收到有关材料或者发现不需要继续羁押的，应当及时将有关材料和意见移送负责捕诉的部门
			办案机关对应的同级检察院负责控告申诉检察的部门或者负责案件管理的部门收到羁押必要性审查申请后，应当在当日移送本院负责捕诉的部门
			其他检察院收到羁押必要性审查申请的，应当告知申请人向办案机关对应的同级检察院提出申请，或者在2日以内将申请材料移送办案机关对应的同级检察院，并告知申请人
	依申请		犯罪嫌疑人、被告人及其法定代理人、近亲属、辩护人申请进行羁押必要性审查的，应当说明不需要继续羁押的理由。有相关证明材料的，应当一并提供。【关键背诵】被追诉人的"亲友团"都有申请权
	依建议		看守所根据在押人员身体状况，可以建议检察院进行羁押必要性审查
主要程序	审查方式	"两查"	一查"由"（审查犯罪嫌疑人、被告人不需要继续羁押的理由和证明材料）
			二查"身"（调查核实犯罪嫌疑人、被告人的身体状况）
		"三听"	听取犯罪嫌疑人、被告人及其法定代理人、辩护人的意见
			听取被害人及其法定代理人、诉讼代理人的意见，了解是否达成和解协议
			听取现阶段办案机关的意见
	建议处理		检察院向办案机关发出释放或者变更强制措施建议书的，应当说明不需要继续羁押犯罪嫌疑人、被告人的理由和法律依据，并要求办案机关在10日以内回复处理情况。办案机关未在10日以内回复处理情况的，应当提出纠正意见（10日回复，过10纠正）
评估是否继续羁押的依据	检察院应当根据犯罪嫌疑人、被告人涉嫌犯罪事实、身体状况、悔罪表现、主观恶性、可能判处的刑罚、案件进展情况和有无再危害社会的危险等因素，综合评估有无必要继续羁押犯罪嫌疑人、被告人【关键背诵】"体""悔""罪""恶"，"罚""展""危险"		
审查结果分为"应当"和"可以"两种，记住"应当"，推定其他为"可以"	应当向办案机关提出释放或者变更强制措施建议的情形		犯罪嫌疑人、被告人可能被判处拘役、管制、独立适用附加刑、免予刑事处罚或者判决无罪的【关键背诵】"徒下"
			继续羁押犯罪嫌疑人、被告人，羁押期限将超过依法可能判处的刑期的【关键背诵】超期
			案件事实基本查清，证据已收集固定，符合取保候审或监视居住条件【关键背诵】"保""视"
			案件证据发生重大变化，没有证据证明有犯罪事实或者犯罪行为不是犯罪嫌疑人、被告人所为的【关键背诵】"没事"

续表

审查结果的告知	对于依申请审查的案件，检察院办结后，应当将提出建议的情况和公安机关、法院的处理情况，或者有继续羁押必要的审查意见和理由及时书面告知申请人

考点八：逮捕后的变更、释放

可以变更强制措施	系生活不能自理的人的唯一扶养人
	患有严重疾病、生活不能自理的
	正在哺乳自己婴儿或者怀孕的
应当释放或者变更强制措施	一审法院判决被告人无罪、不负刑事责任或者免除刑事处罚
	第一审法院判处管制、宣告缓刑、单独适用附加刑，判决尚未发生法律效力的
	被告人被羁押的时间已到一审法院对其判处的刑期期限的
	案件不能在法律规定的期限内审结的

【关键背诵】可以变更强制措施的情形："唯一""有病""哺孕"；应当释放或者变更强制措施的情形：一审不判刑，判刑不送监，"押期"到刑点，期满未审完。

考点九：认罪认罚案件强制措施的适用

社会危险性评估		法院、检察院、公安机关应当将犯罪嫌疑人、被告人认罪认罚作为其是否具有社会危险性的重要考虑因素
逮捕的适用	对公安机关的要求	犯罪嫌疑人认罪认罚，公安机关认为罪行较轻、没有社会危险性的，应当不再提请检察院审查逮捕
	对检察院的要求	犯罪嫌疑人认罪认罚，对提请逮捕的，检察院认为没有社会危险性不需要逮捕的，应当作出不批准逮捕的决定
逮捕的变更		认罪认罚的，法院、检察院应当及时审查羁押的必要性，经审查认为没有继续羁押必要的，应当变更为取保候审或者监视居住

第九章

附带民事诉讼

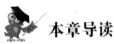 **本章导读**

　　刑事附带民事诉讼内容虽不多，但每年考题中都会出现，平均考查一至二分。刑事附带民事诉讼兼具刑事诉讼和民事诉讼的特点，但与单纯的刑事诉讼和民事诉讼又有所区别。刑事诉讼的发生是附带民事诉讼的前提。考生应重点掌握不予受理附带民事诉讼的情形、附带民事诉讼的当事人、附带民事诉讼的程序以及附带民事诉讼中特殊情况的处理等知识点。考生应尤其重视附带民事诉讼的当事人和附带民事诉讼的审理程序。

 知识点

考点一：不予受理附带民事诉讼的情形

提起附带民事诉讼或者单独提起民事诉讼要求赔偿精神损失，一般不予受理
被告人非法占有、处置被害人财产的
经公安机关、检察院调解，当事人已经达成协议并全部履行，又提起附带民事诉讼的，除非调解违反自愿、合法原则
国家机关工作人员在行使职权时，因侵权被提起附带民事诉讼的，但应当告知当事人可以提起国家赔偿

关键背诵

　　1. 附带民事诉讼赔偿请求范围仅限于因犯罪造成的直接物质损失，不包括机会损失、期待利益损失等。

　　2. 除驾驶机动车辆致人伤亡，可以要求死亡赔偿金、残疾赔偿金以外，其他犯罪行为造成被害人死亡的，应当赔偿医疗费、护理费、交通费、丧葬费等。

真题选练（2015-2-30，单选）

　　法院可以受理被害人提起的下列哪一附带民事诉讼案件？

A. 抢夺案，要求被告人赔偿被夺走并变卖的手机

B. 寻衅滋事案，要求被告人赔偿所造成的物质损失

C. 虐待被监管人案，要求被告人赔偿因体罚虐待致身体损害所产生的医疗费

D. 非法搜查案，要求被告人赔偿因非法搜查所导致的物质损失

【答案】B

考点二：附带民事诉讼当事人

1. 附带民事诉讼的原告人

自然人遭受物质损失	被害人提起附带民事诉讼。被害人死亡或者丧失行为能力的，其法定代理人、近亲属有权提起附带民事诉讼；被害人是未成年人、限制行为能力的人，其法定代理人代为提起民事诉讼
国家财产、集体财产遭受损失	如果受害单位没有提起附带民事诉讼，检察院可以提起附带民事诉讼。检察院提起附带民事诉讼的，应当列为附带民事诉讼原告人
损害公共利益的附带民事公益诉讼【关键背诵】"环保""食药全"，英烈人格权	对于破坏生态环境和资源保护，食品药品安全领域侵害众多消费者合法权益，侵害英雄烈士的姓名、肖像、名誉、荣誉等损害社会公共利益的行为，人民检察院可以提起附带民事公益诉讼（参见 2019 年《人民检察院刑事诉讼规则》第 330 条）

🔖 关键背诵

检察院提起附带民事诉讼的赔偿顺序是：第一步：赔给受害单位 →第二步：（如果受害单位不存在了）赔给继受人 →第三步：（如果没有继受人）赔给检察院（上缴国库）。

2. 附带民事诉讼的被告人

附带民事诉讼被告人	未被追究刑事责任的其他共同侵害人
	刑事被告人的监护人
	刑事被告人（最常见的被告人）
	死刑罪犯的遗产继承人
	共同犯罪案件中，案件审结前死亡的被告人的遗产继承人
放弃部分侵权人赔偿的请求的处理	被害人或者其法定代理人、近亲属仅对部分共同侵害人提起附带民事诉讼的，法院应当告知其可以对其他共同侵害人，包括没有被追究刑事责任的共同侵害人，一并提起附带民事诉讼，但共同犯罪案件中同案罪犯在逃的除外
	被害人或者其法定代理人、近亲属放弃对其他共同侵害人的诉讼权利的，法院应当告知其相应法律后果，并在裁判文书中说明其放弃诉讼请求的情况
刑事被告人以外的附带民事诉讼被告人无法联系的处理规则	刑事被告人以外的附带民事诉讼被告人下落不明，或者用公告送达以外的其他方式无法送达，可能导致刑事案件审判过分迟延的，可以不将其列为附带民事诉讼被告人，告知附带民事诉讼原告人另行提起民事诉讼【关键背诵】告知原告人另行提起民事诉讼

📝 关键背诵

（1）共同侵权案件附带民事诉讼被告人确定规则：第一步：将所有侵权人都列为被告人（其中，未成年侵权人由其监护人充当被告人；判决前侵权人死亡的，由其继承人充当被告人）→第二步：将在逃或下落不明的同案犯"踢出去"；→第三步：将附带民事诉讼原告人放弃起诉的人"踢出去"，剩下的人就是附带民事诉讼被告人。

（2）共同侵权或者共同被害案件，法院不得追加附带民事诉讼原告人或者被告人。

（3）逃跑的同案犯到案后，可以对其提起附带民事诉讼，但已经从其他共同犯罪人处获得足额赔偿的除外。

（4）附带民事诉讼被告人的亲友自愿代为赔偿的，应当准许。

考点三：附带民事诉讼审理的主要程序

审理原则	原则上一并审理，为了防止刑事案件审判的过分迟延，才可以先"刑"后"民"
审判组织	刑事和民事部分的审判组织为同一个；其成员确实不能继续参与审判的，可以更换
适用法律	法院审理附带民事诉讼案件，除刑法、刑事诉讼法以及刑事司法解释已有规定的以外，适用民事法律的有关规定
量刑考虑	法院应当结合被告人赔偿被害人物质损失的情况认定其悔罪表现，并在量刑时予以考虑
按撤诉处理或缺席判决	原告人经传唤，无正当理由拒不到庭，或未经法庭许可中途退庭的，应当按撤诉处理
	刑事被告人以外的附带民事诉讼被告人经传唤，无正当理由拒不到庭，或未经法庭许可中途退庭的，可以缺席判决
财产保全	适用《民事诉讼法》中的财产保全制度
诉讼费	附带民事诉讼不收诉讼费

考点四：附带民事诉讼中特殊情况的处理

准许撤诉时对附带民事诉讼的处理	法院准许检察院撤回起诉的，对已经提起的附带民事诉讼，可以进行调解；不宜调解或经调解不能达成协议的，应当裁定驳回起诉，并告知附带民事诉讼原告人可以另行提起民事诉讼【关键背诵】可调不可判，调不成应驳回，告知可"民诉"
审判时认定犯罪不成立的	认定公诉案件被告人的行为不构成犯罪，对已经提起的附带民事诉讼，经调解不能达成协议的，可以一并作出刑事附带民事判决，也可以告知附带民事原告人另行提起民事诉讼【关键背诵】可调可判可"民诉"
二审提起的	在二审期间才提起附带民事诉讼的，二审法院可以依法进行调解，调解不成的，告知当事人可以在刑事判决、裁定生效后另行提起民事诉讼【关键背诵】可调不可判，调不成另"民诉"

第十章

期间、送达

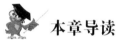

本章导读

　　本章不是法律职业资格考试的重点，在往年考试中偶尔考一至二分。考生应着重掌握期间的计算、公安司法机关的办案期限、期间的耽误和恢复、送达方式等知识点。考生应熟记刑事诉讼法中较为重要的期间、期间的重新计算和不计入的情形。学习本章以熟悉为主。

知识点

　　1. 以年计算的刑期，自本年本月某日至次年同月同日的前一日为一年；次年同月同日不存在的，自本年本月某日至次年同月最后一日的前一日为一年。以月计算的刑期，自本月某日至下月同日的前一日为一个月。

　　2. 刑期起算日为本月最后一日的，至下月最后一日的前一日为一个月；下月同日不存在的，自本月某日至下月最后一日的前一日为一个月；半个月一律按十五日计算。

　　3. 期间的最后一日为节假日的，以节假日后的第 1 日为期间届满日期。如果节假日不是期间的最后一日，而是在期间的开始或中间的，则均应计算在期间以内。

　　4. 对于犯罪嫌疑人、被告人或者罪犯在押期间，应当至期间届满之日为止，不得因节假日而延长在押期限至节假日后的第 1 日。

　　5. 上诉状或者其他文件在期满前已经交邮的，不算过期，提交上诉状的时间以邮戳上的时间为准。

　　6. 期间的重新计算。

　　(1) 在侦查期间，发现犯罪嫌疑人另有重要罪行的，重新计算侦查羁押期限。重新计算期间由公安机关决定，不再经检察院批准，但须报检察院备案。

　　(2) 补充侦查完毕后移送检察院或者法院的，重新计算审查起诉或者审理期限。

　　(3) 改变管辖的公诉案件，从改变后的办案机关收到案件之日起计算办案期限。

（4）二审发回原审法院重新审判的案件，原审法院从收到发回案件之日起，重新计算审理期限。

（5）由简易程序转为普通程序的，审理期限应当从自案件决定转为普通程序之日起重新计算。

第十一章

立 案

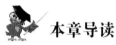 **本章导读**

　　从本章开始，就进入刑事诉讼法分论的学习。本章在历年法律职业资格考试（司法考试）中所考查的分值较少，平均每年考查一分。考生学习本章应密切结合相关法条。重点掌握如下考点：立案材料的来源；立案的条件；立案前的调查核实；立案监督程序。

 知识点

考点一：立案材料的来源

比较点	告发主体	对案件的认知程度	专门机关是否告知告发人立案情况	对不立案不服的，是否有权救济
报案	任何单位、个人	"知罪不知人"	没有义务（被害人除外）	无权
控告	被害人（如果是未成年人、精神病人，法定代理人有权代为控告；被害人死亡，近亲属有权控告）	"知罪知人"	有义务	有权
举报	任何单位、个人	"知罪知人"，但"事不关己"	不立案的决定应当告知实名举报人	无权

考点二：立案的条件

事实条件	有犯罪事实
法律条件	需要追究刑事责任

【关键背诵】犯罪的过程、犯罪的具体情节、犯罪人是谁等，不是立案的条件，这些是立案后侦查等活动要解决的问题。

考点三：立案前的调查核实

批准主体	发现案件事实或者线索不明的，必要时，经办案部门负责人批准，可以进行调查核实
调查核实的实施	可以依照有关法律和规定采取询问、查询、勘验、鉴定和调取证据材料等不限制被调查对象人身、财产权利的措施【关键背诵】可以"询""询""勘""鉴""取证"
禁止行为	不得对被调查对象采取强制措施，不得查封、扣押、冻结被调查对象的财产，不得采取技术侦查措施

考点四：立案的监督

控告人对不立案的救济	①申请复议	公安机关不立案的	控告人对不予立案决定不服的，可以在收到不予立案通知书后 7 日以内向作出决定的公安机关申请复议；公安机关应当在收到复议申请后 7 日以内作出决定，并书面通知控告人
		检察院不立案的	控告人如果不服，可以在收到不立案通知书后 10 日以内向上一级检察院申请复议。不立案的复议，由上一级检察院负责侦查的部门审查办理
	②可以向检察院控告申诉检察部门申请立案监督（① 不是② 的前置程序），该部门如果认为需要公安机关说明不立案的理由，应当移送本院负责捕诉的部门办理		
	③对公安机关不立案的案件，控告人有权直接向法院起诉		
检察院的立案监督	要求说明理由	对该立而不立案的，经检察长批准，应当要求公安机关书面说明不立案的理由	
	通知立案	公安机关应当在 7 日内书面说明不立案的理由	
		理由不成立的，经检察长决定，应当通知公安机关立案	
		公安机关接到通知后应当立案	
	立案后的监督	检察院通知公安机关立案的，公安机关应当在 15 日以内立案，超期不予立案的，检察院应当发出纠正违法通知书予以纠正。公安机关仍不纠正，报上一级检察院协商同级公安机关处理	
		公安机关立案后 3 个月以内未侦查终结的，检察院可以向公安机关发出立案监督案件催办函，要求公安机关及时向检察院反馈侦查工作进展情况	
	立案监督审查结果的告知	检察院认为公安机关不立案理由成立的，应当在 10 日以内将不立案的依据和理由告知立案监督申请人	

第十二章
侦 查

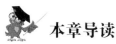 **本章导读**

　　侦查在刑事诉讼法中的地位比较显著，平均每年考查四至六分，考生应重点掌握，尤其是每一种侦查手段的实施程序和步骤。具体包括：讯问犯罪嫌疑人；询问证人、被害人；勘验、检查；搜查；辨认；技术侦查；撤销案件和终止侦查等。考生应特别注意2012年、2018年刑事诉讼法的修正案，2020年《公安部办理刑事案件规定》及最高人民法院关于适用《中华人民共和国刑事诉讼法》的解释对讯问犯罪嫌疑人、询问证人、询问被害人、采样、搜查、查封、查询、冻结、鉴定、技术侦查、侦查羁押期限、侦查终结等内容的修改之处。

　　侦查作为取证手段，还经常与非法证据排除规则结合起来综合考查。近三年法律职业资格考试客观题将刑事诉讼法和监察法结合起来加以考查，考生应注意监察机关的调查手段与侦查手段的异同，以及监察机关的调查与刑事诉讼的衔接。

 知识点

考点一：讯问犯罪嫌疑人

讯问地点	讯问犯罪嫌疑人，除下列情形以外，应当在公安机关执法办案场所的讯问室进行：（1）紧急情况下在现场进行讯问的；（2）对有严重伤病或者残疾、行动不便，以及正在怀孕的犯罪嫌疑人，在其住处或者就诊的医疗机构进行讯问的
	对于已送交看守所羁押的犯罪嫌疑人，应当在看守所讯问室进行讯问
	对于正在被执行行政拘留、强制隔离戒毒的人员以及正在监狱服刑的罪犯，可以在其执行场所进行讯问
	对于不需要拘留、逮捕的犯罪嫌疑人，经办案部门负责人批准，可以传唤到犯罪嫌疑人所在市、县公安机关执法办案场所或者到其住处进行讯问

续表

应当录音录像情形	(1) 黑社会性质组织犯罪案件；(2) 严重毒品犯罪案件；(3) 致人重伤、死亡的严重危害公共安全、严重侵犯人身权利案件；(4) 职务犯罪案件；(5) 可能判处死刑、无期徒刑的案件	
录音录像要求	对于应当录音录像的案件，每一次讯问都应当全程录音录像	
讯问主体	侦查人员不得少于2人　侦查人员没有固定不变的要求	
讯问方法	讯问同案的犯罪嫌疑人，应当个别进行	
	首先应当讯问犯罪嫌疑人是否有犯罪行为，并告知其如实供述自己罪行可以从轻或减轻处罚的法律规定，使其陈述有罪的情节或无罪的辩解，然后向其提出问题	
	第一次讯问，应当问明犯罪嫌疑人的姓名、别名、曾用名、出生年月日等情况	
讯问特殊对象	讯问聋、哑犯罪嫌疑人，应当有通晓聋、哑手势的人参加	
	讯问不通晓当地语言文字的犯罪嫌疑人，应当配备翻译人员	
	讯问未成年犯罪嫌疑人，应当通知其法定代理人或者合适的成年人在场	
	讯问女性未成年犯罪嫌疑人，应当有女工作人员在场（不是讯问）	
讯问时间	即传唤、拘传的时间规定	

▶ 关键背诵

（1）讯问地点：关押讯问关押地；"不押"办案住所地；紧急现场"讯"；"病""残""不便""孕"，"医""住"均可"讯"；（2）讯问时应当录音录像的案件："黑""毒""伤亡"，"职""死""无期"。

▶ 真题选练（2017-2-73，多选）

在朱某危险驾驶案的辩护过程中，辩护律师查看了侦查机关录制的讯问同步录像。同步录像中的下列哪些行为违反法律规定？

A. 后续讯问的侦查人员与首次讯问的侦查人员完全不同

B. 朱某请求自行书写供述，侦查人员予以拒绝

C. 首次讯问时未告知朱某可聘请律师

D. 其中一次讯问持续了14个小时

【答案】BCD

考点二：询问证人、被害人

询问主体	侦查人员不得少于2人	
询问地点与通知方式	现场询问应出示警察证	可以在现场进行，在现场询问证人，应当出示人民警察证
	"提""单""住处"询问应出示通知书	可以到证人所在单位、住处或证人提出的地点进行，到证人所在单位、住处或证人提出的地点询问证人，应当出示检察院或公安机关的询问通知书
	侦查机关"当场""书""电"	在必要的时候，可以书面、电话或者当场通知证人、被害人到侦查机关提供证言

续表

询问特殊证人、被害人	询问不满 18 周岁的证人、被害人，应当通知其法定代理人到场。如果是女性未成年证人、被害人，询问时应当有女工作人员进行。询问过程应当同步录音录像
	询问聋、哑人，应当有通晓聋、哑手势的人参加
	询问不通晓当地语言文字的证人，应当配备翻译人员
	询问未成年证人、被害人应当以一次为原则，避免反复询问

▍关键背诵

询问证人、被害人地点概括为："侦""住""提""现""单位"。

考点三：勘验、检查

主体			2 名以上的侦查人员进行，必要时，可以指派或聘请具有专门知识的人参与
证件要求			勘查现场，应当持有刑事犯罪现场勘查证
见证人	一般规定		勘查现场时，应当邀请与案件无关的公民作为见证人
			由于客观原因无法由符合条件人员担任见证人的，应当在笔录材料中注明情况，并对相关活动进行录像
	不得担任见证人【关键背诵】"不辨表""关不正""勘查扣"，"不见证"		生理上、精神上有缺陷或者年幼，不具有相应辨别能力或不能正确表达的人
			与案件有利害关系，可能影响案件公正处理的人
			行使勘验、检查、搜查、扣押等刑事诉讼职权的公安司法机关的工作人员或者其聘用的人员
尸体解剖			经县级以上公安机关负责人批准可以解剖，并且通知死者家属到场
人身检查	人身检查的目的		确定被害人、犯罪嫌疑人的某些特征、生理状态、伤害情况【关键背诵】"征""理""害"
	对妇女的检查		应当由女工作人员或医师进行
	采集生物样本		采集血液等生物样本应当由医师进行
			被害人死亡的，应当通过被害人近亲属辨认、提取生物样本鉴定等方式确定被害人身份
	强制程度		对犯罪嫌疑人，经办案部门负责人批准，可以强制检查；对被害人，不能强制检查
侦查实验	批准主体		公安机关负责人、检察长
	参加人员		可以要求有关专业人员、证人、犯罪嫌疑人、被害人参加
	基本要求		进行侦查实验，应当全程录音录像，并制作侦查实验笔录，由参加实验的人签名
			禁止一切足以造成危险、侮辱人格或有伤风化的行为【关键背诵】"侮""风""险"

续表

勘查记录	勘查现场，应当拍摄现场照片、绘制现场图，制作笔录，由参加勘查的人和见证人签名（现场拍照）
	对重大案件的现场勘查，应当录像（重案现场录像）

考点四：搜查

搜查时间	可以在勘验、检查时进行，也可以在执行拘留、逮捕时进行，还可以单独进行	
搜查证件	原则要求	必须出示搜查证。搜查证由公安机关负责人或检察长签发
	例外规定	执行逮捕、拘留时，遇紧急情况，可不用搜查证，搜查后24小时内及时补办
见证人	搜查时，应当有被搜查人或其家属、邻居或其他见证人在场	
搜查妇女	搜查妇女，应当由女工作人员（而非医师）进行	

考点五：辨认

辨认主体	(1) 犯罪嫌疑人；(2) 证人；(3) 被害人（"疑""证""被害"三类主体）			
辨认对象	(1) 犯罪嫌疑人；(2) 尸体；(3) 文件；(4) 物品；(5) 场所【关键背诵】"疑""尸""文""物""场""所"			
辨认规则	单独辨认	对同一辨认对象进行辨认时，应当让每位辨认人单独辨认		
	限数辨认	辨认犯罪嫌疑人	人	≥7人
			照片	≥10张
		辨认物品	混杂同类物	≥5件
			照片	≥10张
	不限数辨认	对场所、尸体等特定辨认对象进行辨认【关键背诵】"尸""场"		
		辨认人能够准确描述物品独有特征的【关键背诵】准确描述独有特征		
	辨认前要求	应当向辨认人详细询问被辨认对象的具体特征		
		禁止辨认人辨认前见到被辨认对象		
	保密辨认	对犯罪嫌疑人的辨认，辨认人不愿公开进行的，应当为其保守秘密		
	见证辨认	公安机关组织辨认，应当有见证人在场		

考点六：技术侦查

适用时间	立案后
决定机关	设区的市公安机关或国家安全机关负责人批准决定
	检察院决定（无级别规定）

续表

执行机关	设区的市以上公安机关或国家安全机关技术侦查部门	
适用对象	适用对象是犯罪嫌疑人、被告人以及与犯罪活动直接关联的人员	
技术措施	记录监控、行踪监控、通信监控、场所监控等措施（"所""信""踪""记"）	
适用案件	公安机关、国家安全管辖的案件	黑社会性质的组织犯罪、重大毒品犯罪、危害国家安全犯罪、恐怖活动犯罪或其他严重危害社会的犯罪案件【关键背诵】"黑""毒""全""怖""危害社会"
	检察院管辖案件	利用职权实施的严重侵犯公民人身权利的重大犯罪案件
	被追捕、批捕在逃犯	追捕被通缉或批准、决定逮捕的在逃的犯罪嫌疑人、被告人，经过批准，可以采取追捕所必需的技术侦查措施
适用期限	批准决定自签发之日起3个月以内有效，每次不得超过3个月。在有效期限内，需要变更技术侦查措施种类或者适用对象的，应当重新办理批准手续	
技术侦查材料的管理和使用	采取技术侦查措施收集的材料在刑事诉讼中可以作为证据使用；使用技术侦查措施收集的材料作为证据时，可能危及有关人员的人身安全，或者可能产生其他严重后果的，应当采取不暴露有关人员身份和使用的技术设备、侦查方法等保护措施	
	采取技术侦查措施收集的材料作为证据使用的，批准采取技术侦查措施的法律决定文书应当附卷，辩护律师可以依法查阅、摘抄、复制，在审判过程中可以向法庭出示	
	采取技术侦查措施收集的与案件无关的材料，必须及时销毁，并制作销毁记录	
技术侦查中的两种秘密侦查措施	隐匿身份	经县级以上公安机关负责人决定，可以由有关人员隐匿其身份实施侦查
	控制下交付	隐匿身份侦查不得诱使他人犯罪，不得采用可能危害公共安全或发生重大人身危险的方法
		经县级以上公安机关负责人决定，对涉及给付毒品等违禁品或财物的犯罪活动，可以实施控制下交付

考点七：撤销案件和终止侦查

应当撤销和终止侦查	撤销案件	（1）没有犯罪事实；（2）有法定情形不追究刑事责任
	终止侦查	（1）犯罪嫌疑人抓错了；（2）对共同犯罪中部分人不追究刑责。仅针对这两种人终止侦查，案件继续侦查
可以撤销案件	实体性条件	犯罪嫌疑人自愿如实供述犯罪事实
		有重大立功或者案件涉及国家重大利益的
	程序条件	层报公安部，由公安部商请最高人民检察院核准后撤销案件。报请撤销案件的公安机关应当同时将相关情况通报同级检察院。公安机关根据《公安机关办理刑事案件程序规定》第186条第1款（即前述实体性条件和程序条件）规定撤销案件的，应当对查封、扣押、冻结的财物及其孳息作出处理
重新立案侦查、继续侦查	撤销案件后有新的事实或证据需要追究刑事责任的，应当重新立案侦查；终止侦查后有新的事实或证据需要追究刑事责任的，应当继续侦查	

🔖 关键背诵

可以撤案条件：如实自愿把罪供；重大"利国"或立功；最高检察要认同。

第十三章

起 诉

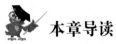 **本章导读**

本章是历年法律职业资格考试（司法考试）必考的内容，非常重要，平均每年考查二至四分。考生应重点掌握如下知识点：审查起诉的程序；各类不起诉的区别、不起诉的决定和救济程序；认罪认罚案件的审查起诉；监察机关移送起诉案件的特殊规定。考生应注意 2018 年刑事诉讼法修正案、2019 年《人民检察院刑事诉讼规则》等对审查起诉程序、不起诉制度的修改。

 知识点

考点一：审查起诉的程序

应当阅卷	办案人员应当全面审阅案卷材料，必要时制作阅卷笔录	
应当问、听	应当讯问犯罪嫌疑人	
	应当听取辩护人或者值班律师的意见	
	应当听取被害人及其诉讼代理人的意见	
期限	一般规定	对于监察机关、公安机关移送起诉的案件，应当在 1 个月以内作出决定，重大、复杂的案件，可以延长 15 日
	特殊规定	犯罪嫌疑人认罪认罚，符合速裁程序适用条件的，应当在 10 日以内作出决定，对可能判处的有期徒刑超过 1 年的，可以延长至 15 日
		补充调查、补充侦查完毕移送起诉后，检察院重新计算审查起诉期限
犯罪嫌疑人 "没事"的处理	对于公安机关移送审查起诉的案件，发现犯罪嫌疑人没有犯罪事实，或符合《刑事诉讼法》第 16 条规定的情形之一的，应当作出不起诉决定 对于犯罪事实并非犯罪嫌疑人所为，需要重新侦查的，应当在作出不起诉决定后书面说明理由，将案卷材料退回公安机关并建议公安机关重新侦查	
	负责捕诉的部门对于本院侦查部门移送审查起诉的案件，发现犯罪嫌疑人没有犯罪事实或者犯罪事实是别人所为的，应当退回本院侦查部门，建议作出撤销案件的处理	

续表

需要补充侦查的处理	检察院认为犯罪事实不清、证据不足或者遗漏罪行、遗漏同案犯罪嫌疑人等情形需要补充侦查的，应当提出具体的书面意见，连同案卷材料一并退回公安机关补充侦查；检察院也可以自行侦查，必要时可以要求公安机关提供协助	
补充侦查次数、时间	退回补充侦查	最多两次，每次不超过一个月
	自行补充侦查	没有次数限制，但检察院应当在审查起诉期间内完成
"漏罪""漏人"无须补充侦查的处理	检察院在办理公安机关移送起诉的案件中，发现遗漏罪行或者依法应当移送审查起诉同案犯罪嫌疑人的，应当要求公安机关补充侦查或者补充移送起诉；对于犯罪事实清楚，证据确实、充分的，检察院也可以直接提起公诉【关键背诵】"楚""分"可直诉	
退回补充侦查两次又发现新罪的处理	检察院对已经退回侦查机关两次补充侦查的案件，在审查起诉中又发现新的犯罪事实的，应当移送侦查机关立案侦查；对已经查清的犯罪事实，应当依法提起公诉	
改变管辖	审查起诉期间改变管辖的案件，改变后的检察院可以通过原受理案件的检察院退回原侦查的公安机关补充侦查，也可以自行侦查。改变管辖前后退回补充侦查的次数总共不得超过两次	

📌 **真题选练**（2017-2-32，单选）

叶某涉嫌飞车抢夺行人财物被立案侦查。移送审查起诉后，检察院认为实施该抢夺行为的另有其人。关于本案处理，下列哪一选项是正确的？

A. 检察院可将案卷材料退回公安机关并建议公安机关撤销案件

B. 在两次退回公安机关补充侦查后，检察院应作出证据不足不起诉的决定

C. 检察院作出不起诉决定后，被害人不服向法院提起自诉，法院受理后，不起诉决定视为自动撤销

D. 如最高检察院认为对叶某的不起诉决定确有错误的，可直接撤销不起诉决定

【答案】D

考点二：不起诉【三种不起诉均应当经过检察长决定】

1. 法定不起诉。法定不起诉又称为绝对不起诉、应当不起诉，指是指犯罪嫌疑人没有犯罪事实，或者具有《刑事诉讼法》第16条规定的不追究刑事责任情形之一的，检察院应当作出不起诉决定。【关键背诵】"非常6+1"。

2. 酌定不起诉（又称相对不起诉）

依据刑法规定酌定不起诉的情形【关键背诵】"自""从""在国外犯罪受处罚""盲""聋哑""预""防""中""胁""险""立功"	犯罪嫌疑人自首
	从犯，即在共同犯罪中，起次要或辅助作用
	犯罪嫌疑人在中华人民共和国领域外犯罪，依照我国刑法规定应当负刑事责任，但在外国已经受过刑事处罚的
	犯罪嫌疑人又聋又哑，或者是盲人犯罪的
	预备犯，即为犯罪准备工具、制造条件的
	犯罪嫌疑人因防卫明显超过必要限度，并造成不应有危害而犯罪的
	在犯罪过程中自动中止或自动有效地防止犯罪结果发生的
	胁从犯，即被胁迫、被诱骗参加犯罪
	犯罪嫌疑人因紧急避险超过必要限度，并造成不应有危害而犯罪的
	在自首后有立功表现的

续表

特殊案件认罪不起诉	犯罪嫌疑人自愿如实供述涉嫌犯罪的事实，有重大立功或者案件涉及国家重大利益的，经最高人民检察院核准，公安机关可以撤销案件，人民检察院可以作出不起诉决定，也可以对涉嫌数罪中的一项或者多项不起诉【关键背诵】如实自愿把罪供；重大"利国"或立功；最高检察要认同
未成年人符合酌定不起诉条件的	对于犯罪情节轻微，依照刑法规定不需要判处刑罚或者免除刑罚的未成年犯罪嫌疑人，一般应当依法作出不起诉决定

3. 证据不足不起诉（又称存疑不起诉）

存疑不起诉的三种决定形式	经过一次退回补充侦查的案件，认为证据不足，不符合起诉条件，且没有退回补充侦查必要的，可以作出不起诉决定
	检察院对于二次退回补充侦查的案件，仍认为证据不足，不符合起诉条件的，经检察长决定，应当作出不起诉决定
	非法证据排除后，其他证据不能证明犯罪嫌疑人实施犯罪行为，已经移送审查起诉的，检察院可以作出不起诉决定（此种情况也可以退回补充侦查）

考点三：不起诉决定的送达、效力与救济

送达对象	被害人或者其近亲属及其诉讼代理人（最多送2人）
	被不起诉人及其辩护人以及被不起诉人的所在单位（应当送3人）
	移送审查起诉的公安机关
效力	不起诉决定由检察院公开宣布，自宣布之日起生效。被不起诉人在押的，应当立即释放
不服不起诉决定的救济	被不起诉人：收到决定书后7日内可向原决定机关申诉（针对酌定不起诉）
	被害人：收到决定书7日内，可向上一级检察院申诉（不服再起诉），也可直接向法院起诉。被害人同时申诉和起诉的，法院受理案件后应通知检察院，检察院应当终止复查，将作出不起诉决定所依据的有关案件材料移送法院
	公安机关：先议后核

考点四：认罪认罚案件的审查起诉

1. 权利告知

告知对象	犯罪嫌疑人
告知内容	应当告知犯罪嫌疑人享有的诉讼权利和认罪认罚的法律规定，保障犯罪嫌疑人的程序选择权
告知方式	告知应当采取书面形式，必要时应当充分释明

2. 听取意见

听谁意见	犯罪嫌疑人认罪认罚的，人民检察院应当听取犯罪嫌疑人、辩护人或者值班律师的意见

续表

听啥意见【关键背诵】"审程""实""名""法""宽"	涉嫌的犯罪事实、罪名及适用的法律规定
	从轻、减轻或者免除处罚等从宽处罚的建议
	认罪认罚后案件审理适用的程序
	其他需要听取意见的情形
不采纳怎么办	检察院未采纳辩护人、值班律师意见的，应当说明理由

3. 对侦查阶段认罪认罚自愿性、合法性的审查

审查重点（"六是否"）	审查犯罪嫌疑人（"四是否"）【关键背诵】"不愿""悔罪""后果""精神"	犯罪嫌疑人是否真诚悔罪，是否向被害人赔礼道歉
		犯罪嫌疑人是否自愿认罪认罚，有无因受到暴力、威胁、引诱而违背意愿认罪认罚
		犯罪嫌疑人是否理解认罪认罚的性质和可能导致的法律后果
		犯罪嫌疑人认罪认罚时的认知能力和精神状态是否正常
	审查侦查机关（"二是否"）【关键背诵】"告知""听取"，写明"两认"	侦查机关是否告知犯罪嫌疑人享有的诉讼权利，如实供述自己罪行可以从宽处理和认罪认罚的法律规定，并听取意见
		起诉意见书中是否写明犯罪嫌疑人认罪认罚情况
违反自愿性的处理		经审查，犯罪嫌疑人违背意愿认罪认罚的，检察院可以重新开展认罪认罚工作。存在刑讯逼供等非法取证行为的，依照法律规定处理

4. 认罪认罚具结书的签署

签署条件	犯罪嫌疑人自愿认罪，同意量刑建议和程序适用的，应当在辩护人或值班律师在场的情况下签署认罪认罚具结书	
签署在场人员	一般刑事案件	三方主体（检察人员、犯罪嫌疑人、辩护人或者值班律师）
	犯罪嫌疑人系未成年人的案件	四方主体（检察人员、犯罪嫌疑人、辩护人或者值班律师、未成年犯罪嫌疑人的法定代理人或者其他合适成年人）
签署场所	犯罪嫌疑人被羁押的，看守所应当为签署具结书提供场所	
具结书内容与签署	认罪认罚具结书应当包括犯罪嫌疑人如实供述罪行、同意量刑建议、程序适用等内容	
	认罪认罚具结书由犯罪嫌疑人、辩护人或者值班律师签名，如果犯罪嫌疑人是未成年人，到场的法定代理人或者其他合适成年人也应当签名	
不需要签署认罪认罚具结书【关键背诵】"盲""聋""哑""精神病"，具结书不用订，"未成年不一定"，"法代""辩"有意见，具结书不用签	犯罪嫌疑人是盲、聋、哑人，或者是尚未完全丧失辨认或者控制自己行为能力的精神病人的	
	未成年犯罪嫌疑人的法定代理人、辩护人对未成年人认罪认罚有异议的	
	其他不需要签署认罪认罚具结书的情形	
法定不需要签署具结书的效力	上述情形犯罪嫌疑人未签署认罪认罚具结书的，不影响认罪认罚从宽制度的适用	

5. 对认罪认罚案件不起诉的适用

可以不起诉	对认罪认罚后没有争议，不需要判处刑罚的轻微刑事案件，检察院可以依法作出不起诉决定【关键背诵】"不争""不刑"可不诉
应当不起诉	对认罪认罚后案件事实不清、证据不足的案件，应当依法作出不起诉决定【关键背诵】"不清""不足"应不诉

6. 对认罪认罚案件提起公诉

起诉书的要求			检察院向法院提起公诉的，应当在起诉书中写明被告人认罪认罚情况，提出量刑建议，并移送认罪认罚具结书等材料。量刑建议书可以另行制作，也可以在起诉书中写明	
量刑建议的提出	量刑建议的内容		犯罪嫌疑人认罪认罚的，检察院应当就主刑、附加刑、是否适用缓刑等提出量刑建议【关键背诵】"主""附"缓刑	
	提出前的听取意见		检察院提出量刑建议前，应当充分听取犯罪嫌疑人、辩护人或者值班律师的意见，尽量协商一致	
	量刑建议的种类		一般应当提出确定刑量刑建议	
			对新类型、不常见犯罪案件，量刑情节复杂的重罪案件等，也可以提出幅度刑量刑建议	
			提出量刑建议，应当说明理由和依据	
	量刑建议的提出方法	一看情节	犯罪嫌疑人认罪认罚没有其他法定量刑情节的，可以在基准刑基础上适当减让提出确定刑量刑建议	
			犯罪嫌疑人认罪认罚有其他法定量刑情节的，参照相关量刑规范提出确定刑量刑建议	
		二看阶段	犯罪嫌疑人在侦查阶段认罪认罚的，主刑从宽的幅度可以在上述规定（即有其他法定情节的情形）基础上适当放宽	
			被告在审判阶段认罪认罚的，在前述（即有其他法定情节的情形）基础上可以适当缩减	
			建议判处罚金刑的，参照主刑的从宽幅度提出确定的数额	
	提出量刑建议的考虑因素	重要因素："三解""修""赔"	办理认罪认罚案件，检察院应当将犯罪嫌疑人是否与被害方达成和解或者调解协议，或者赔偿被害方损失，取得被害方谅解，或者自愿承担公益损害修复、赔偿责任，作为提出量刑建议的重要考虑因素	
		没有"两解"的影响	犯罪嫌疑人自愿认罪并且愿意积极赔偿损失，但由于被害方赔偿请求明显不合理，未能达成和解或者调解协议的，一般不影响对犯罪嫌疑人从宽处理	
	非监禁刑的调查评估	调查评估的方式	犯罪嫌疑人认罪认罚，检察院拟提出缓刑或者管制量刑建议的，可以及时委托犯罪嫌疑人居住地的社区矫正机构进行调查评估，也可以自行调查评估	

7. 审查起诉阶段认罪认罚反悔的处理

不起诉后反悔的处理	反悔表现（不承认，不"三赔"）	犯罪嫌疑人否认指控的犯罪事实
		不积极履行赔礼道歉、退赃退赔、赔偿损失等义务
	处理方式	发现犯罪嫌疑人没有犯罪事实，或者符合《刑事诉讼法》第16条规定的情形之一的，应当撤销原不起诉决定，依法重新作出不起诉决定（"非常6+1"，"撤相对作绝对"）
		认为犯罪嫌疑人仍属于犯罪情节轻微，依照刑法规定不需要判处刑罚或者免除刑罚的，可以维持原不起诉决定（无须判刑，"可维不诉"）
		排除认罪认罚因素后，符合起诉条件的，应当根据案件具体情况撤销原不起诉决定，依法提起公诉（符合起条件应起诉）
起诉前反悔的处理		签署的认罪认罚具结书失效，检察院应当在全面审查事实证据的基础上，依法提起公诉

考点五：审查起诉时发现管辖错误的处理

检察院与监察机关、公安机关管辖竞合的处理	检察院立案侦查时认为属于直接受理侦查的案件，在审查起诉阶段发现属于监察机关管辖的，应当及时商监察机关办理。属于公安机关管辖，案件事实清楚，证据确实、充分，符合起诉条件的，可以直接起诉；事实不清、证据不足的，应当及时移送有管辖权的机关办理
	在审查起诉阶段，发现公安机关移送起诉的案件属于监察机关管辖，或者监察机关移送起诉的案件属于公安机关管辖，但案件事实清楚，证据确实、充分，符合起诉条件的，经征求监察机关、公安机关意见后，没有不同意见的，可以直接起诉；提出不同意见，或者事实不清、证据不足的，应当将案件退回移送案件的机关并说明理由，建议其移送有管辖权的机关办理

考点六：监察机关移送起诉案件的特殊规定

监察机关移送案件拟不起诉的批准	监察机关移送起诉的案件，拟作不起诉决定的，应当报请上一级检察院批准
监察机关对检察院不起诉决定的复议程序	监察机关认为不起诉的决定有错误，向上一级检察院提请复议的，上一级检察院应当在收到提请复议意见书后30日以内，经检察长批准，作出复议决定，通知监察机关
指定管辖的协商	监察机关移送起诉的案件，需要依照刑事诉讼法的规定指定审判管辖的，检察院应当在监察机关移送起诉20日前协商同级法院办理指定管辖有关事宜

考点七：检察院自侦案件的不起诉决定程序

检察院直接受理侦查的案件，拟作不起诉决定的，应当报请上一级检察院批准。

第十四章
刑事审判概述

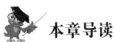

本章导读

　　本章在历年法律职业资格考试（司法考试）中一般考查一至二分。本章是考生学习一审、二审、死刑复核和审判监督程序的前奏，侧重于理论分析和基础制度介绍。考生应重点掌握审判公开原则、直接言词原则、集中审理原则、审判组织中的合议庭、人民陪审员制度这些知识点。其中，刑事审判的原则是常考点。其余的知识点则应结合相关法条加以掌握。2018年《人民陪审员法》和刑事诉讼法正案、2021年最高人民法院关于适用《中华人民共和国刑事诉讼法》的解释等对审判组织和人民陪审员制度的修改，值得考生高度重视。

 知识点

考点一：公开审判原则

应当不公开	涉及国家秘密的案件
	涉及个人隐私的案件，如强奸罪，强制猥亵、侮辱罪，猥亵儿童罪等
	审判时被告人不满18周岁的案件
可以不公开	涉及商业秘密的案件，当事人申请不公开审理的，可以决定不公开审理
转化型的不公开审理	公开审理案件时，公诉人、诉讼参与人提出涉及国家秘密、商业秘密或个人隐私的证据的，法庭应当制止。有关证据确与本案有关的，可以决定将案件转为不公开审理，或者对相关证据的法庭调查不公开进行

考点二：直接言词原则

直接原则	直接审理	审判人员审理案件时，应当始终在场、专心听讲，公诉人、当事人及其他诉讼参与人都必须依法在场
	直接采证	审判人员必须亲自调查证据，不能由他人代为实施，必须当庭直接听证和直接查证
言词原则	法庭审理必须以口头陈述的方式进行，保证控辩双方有充分的陈述和辩论的机会和时间	

真题选练（2013-2-37，单选）

开庭审判过程中，一名陪审员离开法庭处理个人事务，辩护律师提出异议并要求休庭，审判长予以拒绝，四十分钟后陪审员返回法庭继续参与审理。陪审员长时间离开法庭的行为违背下列哪一审判原则？

A. 职权主义原则　　　　　B. 证据裁判规则

C. 直接言词原则　　　　　D. 集中审理原则

【答案】C

考点三：集中审理原则

程序要求	不换庭	一个案件始终由同一审判组织审判，在案件审结前不允许该组织再审理其他案件
	不换人	案件一旦开庭审理，不得更换审判人员。法庭成员因故不能继续审理的，应当由始终在场的候补法官、候补陪审员替换，并继续审理。如果现场没有法官、陪审员可以替换，则在庭外指派其他审判人员，重新审理
	不间断	集中证据调查与法庭辩论
		庭审不中断并迅速作出裁判
		延期审理较长时间的，应重新审理

考点四：部分合议庭成员不能继续履职的处理规则

庭审结束后、评议前	部分合议庭成员不能继续履行审判职责的，法院应当依法更换合议庭组成人员，重新开庭审理
评议后、宣判前	部分合议庭成员因调动、退休等正常原因不能参加宣判，在不改变原评议结论的情况下，可以由审判本案的其他审判员宣判，裁判文书上仍署审判本案的合议庭成员的姓名

考点五：独任庭的适用（仅限基层法院适用）

可以采用独任庭	适用简易程序审理被告人可能被判处3年以下有期徒刑的案件
	适用速裁程序审理案件

考点六：合议庭的组成

一审合议庭	基层法院或中级法院	审判员组成的合议庭：3人
		审判员和陪审员组成的合议庭：3人或者7人
	高级法院	审判员组成的合议庭：3人至7人（3人、5人、7人）
		审判员和陪审员组成的合议庭：3人或者7人
	最高法院	由审判员3人至7人组成合议庭（3人、5人、7人）
二审合议庭		只能由审判员（即法官）组成，人数为3人或者5人
死刑复核程序		审判员3人

考点七：人民陪审员制度

1. 担任人民陪审员的年龄是年满28周岁，一般应当具有高中文化程度。基层法院遴选，县级人大常委会任命。

2. 不能担任人民陪审员的人员。[①]【关键背诵】"法律工作""失信者"；"刑罚""惩除""陪审者"，"吊师、公、公"。

3. 人民陪审员的数量与参加陪审的案件

合议庭组成	人民陪审员和法官组成合议庭，由法官担任审判长，可以组成3人合议庭，也可以由法官3人与人民陪审员4人组成7人合议庭
7人合议庭审理案件范围 【关键背诵】重大影响4种案，"10上""环""拆""食药案"，另有公益诉讼案	可能判处10年以上有期徒刑、无期徒刑、死刑，社会影响重大的刑事案件
	根据民事诉讼法、行政诉讼法提起的公益诉讼案件
	涉及征地拆迁、生态环境保护、食品药品安全，社会影响重大的案件
申请人民陪审员参加合议庭	第一审刑事案件被告人申请由人民陪审员参加合议庭审判的，法院可以决定由人民陪审员和法官组成合议庭审判

4. 陪审员参加庭审的问题清单制作。7人合议庭开庭前，应当制作事实认定问题清单，根据案件具体情况，区分事实认定问题与法律适用问题，对争议事实问题逐项列举，供人民陪审员在庭审时参考。事实认定问题和法律适用问题难以区分的，视为事实认定问题。

5. 三人庭中，人民陪审员除了不能担任审判长以外，与法官享有同等的权利义务。（无权当审判长）

6. 七人庭中，人民陪审员不能担任审判长，对法律适用可以发表意见，但无权参加表决。（无权当审判长，"法适"不表决）

7. 合议庭评议案件时，先由承办法官介绍案件涉及的相关法律、证据规则，然后由人民陪审员和法官依次发表意见，审判长最后发表意见并总结合议庭意见。

8. 合议庭组成人员意见有重大分歧的，人民陪审员或者法官可以要求合议庭将案件提请院长决定是否提交审判委员会讨论决定。人民陪审员列席审判委员会讨论其参加审理的案件时，可以发表意见。

---

① 《人民陪审员法》第6条规定，下列人员不能担任人民陪审员：（一）人民代表大会常务委员会的组成人员，监察委员会、人民法院、人民检察院、公安机关、国家安全机关、司法行政机关的工作人员；（二）律师、公证员、仲裁员、基层法律服务工作者；（三）其他因职务原因不适宜担任人民陪审员的人员。《人民陪审员法》第7条规定，有下列情形之一的，不得担任人民陪审员：（一）受过刑事处罚的；（二）被开除公职的；（三）被吊销律师、公证员执业证书的；（四）被纳入失信被执行人名单的；（五）因受惩戒被免除人民陪审员职务的；（六）其他有严重违法违纪行为，可能影响司法公信的。

第十五章
第一审程序

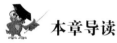 **本章导读**

　　第一审程序属于最基础的审判程序，也是最完整的审判程序。本章是历年法律职业资格考试（司法考试）的重中之重，平均每年都要考四至十分。考生务必把握以下知识点：庭前会议；证人出庭；鉴定人与有专门知识的人（专家辅助人）出庭；被害人人数众多案件推选代表人参加庭审；审判阶段的补充侦查；检察院提出量刑建议；公诉人当庭发表与起诉书不同意见的处理规则；就新的事实和补查补证通知人民检察院；审判障碍（延期审理、中止审理）；对违反法庭秩序的人的处理；一审结果；单位犯罪案件审理；简易程序、速裁程序的适用范围、审理特点。

　　考生应着重注意 2018 年刑事诉法的修正、2021 年最高人民法院关于适用《中华人民共和国刑事诉讼法》的解释等对公诉案件的庭前审查程序、庭前会议、庭前准备程序、证人出庭作证制度、专家辅助人、违反法庭秩序的处理方式、认罪认罚案件的审理、简易程序、速裁程序、审理期限等方面作出的重大修改。

 知识点

考点一：庭前会议

针对事项【关键背诵】"证多""案大"；影响重大；"事证"争议	证据材料较多、案情重大复杂的
	控辩双方对事实、证据存在较大争议的
	社会影响重大的
	需要召开庭前会议的其他情形

续表

申请开会	控辩双方可以申请人民法院召开庭前会议，提出申请应当说明理由。法院经审查认为有必要的，应当召开庭前会议；决定不召开的，应当告知申请人	
主持人	庭前会议由审判长主持，合议庭其他审判员也可以主持庭前会议	
参加人	应当参加主体	召开庭前会议应当通知公诉人、辩护人到场
	被告人应当参加的情形（证据"听""问"应通知）	庭前会议准备就非法证据排除了解情况、听取意见，或者准备询问控辩双方对证据材料的意见的，应当通知被告人到场。有多名被告人的案件，可以根据情况确定参加庭前会议的被告人
证据疑问的处理	庭前会议中，法院认为可能存在以非法方法收集证据情形的，检察院可以对证据收集的合法性进行证明，需要调查核实的，在开庭审理前进行	
	对有异议的证据，在庭审时重点调查；无异议的，庭审时举证、质证可以简化	
可以处理事项	会中	可以开展附带民事调解
	会后	对可能导致庭审中断的程序性事项（如管辖、回避、是否公开等），法院可以在庭前会议后依法作出处理，并在庭审中说明处理决定和理由。控辩双方没有新的理由，在庭审中再次提出有关申请或者异议的，法庭可以在说明庭前会议情况和处理决定理由后，依法予以驳回
庭前会议方式	庭前会议一般不公开进行。根据案情，庭前会议可以采用视频等方式进行	
"不清""不足"案件的处理	法院在庭前会议中听取控辩双方对案件事实、证据材料的意见后，对明显事实不清、证据不足的案件，可以建议检察院补充材料或者撤回起诉。建议撤回起诉的案件，检察院不同意的，开庭审理后，没有新的事实和理由，一般不准许撤回起诉	
达成一致意见事项的处理	对庭前会议中控辩双方达成一致意见的事项，法庭在向控辩双方核实后，可以当庭予以确认	
	控辩双方在庭前会议中就有关事项达成一致意见，在庭审中反悔的，除有正当理由外，法庭一般不再进行处理	
会议笔录签名	庭前会议情况应当制作笔录，由参会人员核对后签名	

考点二：举证、质证规则

对可能影响定罪量刑的关键证据和控辩双方存在争议的证据，一般应当单独举证、质证，充分听取质证意见
对控辩双方无异议的非关键证据，举证方可以仅就证据的名称及拟证明的事实作出说明
召开庭前会议的案件，举证、质证可以按照庭前会议确定的方式进行
根据案件和庭审情况，法庭可以对控辩双方的举证、质证方式进行必要的指引

考点三：证人出庭

证人出庭条件	应当出庭的条件		控辩双方对证人证言有异议，并且该证言对案件定罪量刑有重大影响，法院认为证人有必要出庭作证
	拒绝出庭的后果		证人拒绝出庭，庭前证言真实性无法确认的，不得作为定案根据
	有权不出庭主体		被告人的配偶、父母、子女
	法庭许可可以不出庭的规定	适用情形	在庭审期间身患严重疾病或行动极为不便的
			居所远离开庭地点且交通极为不便的
			身处国外短期无法回国的
		处理方法	可以通过视频等方式作证

续表

强制出庭	由院长签发强制证人出庭令	
拒绝出庭的制裁	训诫	决定主体：审判长
	10日以下拘留	决定主体：情节严重时，由法院院长决定拘留。不服的，可以向上一级法院申请复议。复议期间不停止执行
作证补助	证人出庭作证所支出的交通、住宿、就餐等费用，法院应当给予补助	
证人保护	决定对出庭作证的证人、鉴定人、被害人采取不公开个人信息的保护措施的，审判人员应当在开庭前核实其身份，对证人、鉴定人如实作证的保证书不得公开，在判决书、裁定书等法律文书中可以使用化名等代替其个人信息	
	辩护律师经法庭许可，查阅对证人、鉴定人、被害人使用化名情况的，应当签署保密承诺书	
发问顺序	证人出庭后，一般先向法庭陈述证言；其后，经审判长许可，由申请通知证人出庭的一方发问，发问完毕后，对方也可以发问。法庭依职权通知证人出庭的，发问顺序由审判长根据案件情况确定	

考点四：鉴定人与有专门知识的人（专家辅助人）出庭

鉴定人出庭规则	应当出庭的条件以及拒绝出庭的后果	条件：控辩双方对鉴定意见有异议，法院认为鉴定人有必要出庭的 后果：经法院通知，鉴定人拒不出庭的，鉴定意见不得作为定案的根据
	无法出庭的后果	鉴定人因正当理由无法出庭的，法院可以决定延期审理或者重新鉴定
	发问顺序	向鉴定人发问，应当先由提请通知的一方进行；发问完毕后，经审判长准许，对方也可以发问（谁申请谁先问）
专家辅助人制度	专家辅助人出庭的条件	公诉人、当事人及其辩护人、诉讼代理人申请法庭通知有专门知识的人出庭，就鉴定意见提出意见的，应当说明理由。法庭认为有必要的，应当通知有专门知识的人出庭
	法律适用	有专门知识的人出庭的各种规则，适用鉴定人的有关规定
	出庭人数	不得超过2人；有多种类鉴定意见的，可以相应增加人数

考点五：被害人人数众多案件推选代表人参加庭审

被害人人数众多，且案件不属于附带民事诉讼范围的，被害人可以推选若干代表人参加庭审

考点六：审判阶段的补充侦查

检察院建议	法庭审理过程中，被告人揭发他人犯罪行为或者提供重要线索需要查证，以及犯罪事实不清、证据不足、遗漏罪行、遗漏同案犯等需要补充侦查的，可以建议补充侦查
	公诉人发现案件需要补充侦查，建议延期审理的，合议庭可以同意，但建议延期审理不得超过2次，每次不超过1个月
	检察院补充证据后，法院应当通知辩护人、诉讼代理人查阅、摘抄、复制

续表

法院建议	可以建议	法庭审理中，被告人提出新的立功线索的，法院可以建议检察院补充侦查
	应当建议	审判期间，法院发现新的事实，可能影响定罪量刑，需要补查补证的，应当通知检察院，由其决定是否补充侦查
补充侦查的主体		检察院应当自行侦查，必要时可以要求侦查机关提供协助；也可以书面要求侦查机关补充提供证据
未移送补充证据的处理		补充侦查期限届满后，检察院未将补充的证据材料移送法院的，法院可以根据在案证据作出判决、裁定

📓 关联考点

审判期间，合议庭发现被告人可能有自首、坦白、立功等法定量刑情节，而检察院移送的案卷中没有相关证据材料的，应当通知检察院在指定时间内移送。

考点七：检察院提出量刑建议

检察院可以提出量刑建议并说明理由；建议判处管制、宣告缓刑的，一般应当附有调查评估报告，或者附有委托调查函。当事人及其辩护人、诉讼代理人可以对量刑提出意见并说明理由

考点八：公诉人当庭发表与起诉书不同意见的处理规则

公诉人当庭发表与起诉书不同的意见，属于变更、追加、补充或者撤回起诉的，法院应当要求检察院在指定时间内以书面方式提出；必要时，可以宣布休庭
检察院在指定时间内未提出的，法院应当根据法庭审理情况，就起诉书指控的犯罪事实依法作出判决、裁定
检察院变更、追加、补充起诉的，法院应当给予被告人及其辩护人必要的准备时间

考点九：就新的事实和补查补证通知人民检察院

审判期间，法院发现新的事实，可能影响定罪量刑的，或者需要补查补证的，应当通知检察院，由其决定是否补充、变更、追加起诉或者补充侦查
检察院不同意或者在指定时间内未回复书面意见的，法院应当就起诉指控的事实，依法作出判决、裁定

考点十：延期审理、中止审理比较

比较点	延期审理	中止审理
事由	需要通知新的证人到庭，调取新的物证，重新鉴定或者勘验的；检察人员发现提起公诉的案件需要补充侦查，提出建议的；由于申请回避而不能进行审判的【关键背诵】"新人""新物""新勘鉴"，"补侦""回避"不能判	被告人患有严重疾病，无法出庭的；被告人脱逃的；自诉人患有严重疾病，无法出庭，未委托诉讼代理人出庭的；不能抗拒的原因【关键背诵】被告"病""逃"不抗拒，自诉患病无代理

续表

是否强制	可以延期	可以中止
暂停方式	决定	裁定
是否计入审限	分三种情况：（1）补充侦查完毕再移送审判的，审限重新计算；（2）被告人精神病鉴定的时间不计入审限；（3）其他事项一律计入审限	不计入审限
时间、次数	补充侦查不超过2次，每次不超过1个月。其他无限制	无次数、无时间限制

考点十一：扰乱法庭秩序的处理

具体情形	处理结果	决定主体
情节较轻的	应当警告制止；根据具体情况，也可以进行训诫	审判长
训诫无效的	责令退出法庭	审判长
拒不退出的	指令法警强行带出法庭	审判长
情节严重的	处1 000元以下的罚款或者15日以下拘留	院长
未经许可录音、录像、拍照或者使用即时通讯工具	未经许可对庭审活动进行录音、录像、拍照或者使用即时通讯工具等传播庭审活动的，可以暂扣相关设备及存储介质，删除相关内容	审判长
辩护人、诉讼代理人严重扰乱法庭秩序的处理	辩护人严重扰乱法庭秩序，被责令退出法庭、强行带出法庭或被处以罚款、拘留，被告人自行辩护的，庭审继续进行；被告人要求另行委托辩护人，或被告人属于应当提供法律援助情形的，应当宣布休庭	
	辩护人、诉讼代理人被责令退出法庭、强行带出法庭或者被处以罚款后，具结保证书，保证服从法庭指挥、不再扰乱法庭秩序的，经法庭许可，可以继续担任辩护人、诉讼代理人	
不服罚款、拘留的救济（申请复议一次）	诉讼参与人、旁听人员对罚款、拘留的决定不服的，可以直接向上一级法院申请复议，也可以通过决定罚款、拘留的法院向上一级法院申请复议	
	复议期间，不停止决定的执行	

考点十二：一审结果【仅列两种特殊情形】

有罪判决	起诉指控的事实清楚，证据确实、充分，但指控的罪名不当的，应当依据法律和审理认定的事实作出有罪判决。法院应当在判决前听取控辩双方的意见，保障被告人、辩护人充分行使辩护权。必要时，可以再次开庭，组织控辩双方围绕被告人的行为构成何罪及如何量刑进行辩论
判决不负刑事责任	被告因未达到刑事责任年龄或者是精神病人，在不能辨认或不能控制自己行为的时候造成危害结果，不予刑事处罚的

考点十三：单位犯罪案件审理

1. 单位犯罪诉讼代表人的确定范围

被告单位的诉讼代表人，应当是法定代表人、实际控制人或者主要负责人；法定代表人、实际控制人或者主要负责人被指控为单位犯罪直接责任人员或者因客观原因无法出庭的，应当由被告单位委托其他负责人或者职工作为诉讼代表人。但是，有关人员被指控为单位犯罪直接责任人员或者知道案件情况、负有作证义务的除外
依据前述规定难以确定诉讼代表人的，可以由被告单位委托律师等单位以外的人员作为诉讼代表人
诉讼代表人不得同时担任被告单位或者被指控为单位犯罪直接责任人员的有关人员的辩护人

2. 诉讼代表人不出庭或不适格处理

法定代表人、实际控制人或主要负责人担任诉讼代表人的	可以拘传其到庭；因客观原因无法出庭，或者下落不明的，应当要求检察院另行确定诉讼代表人
其他人员担任诉讼代表人的	应当要求检察院另行确定诉讼代表人
诉讼代表人不符合条件的	应当要求检察院另行确定

3. 诉讼代表人的权利

被告单位的诉讼代表人享有刑事诉讼法规定的有关被告人的诉讼权利（如申请回避权、拒绝辩护权、排除非法证据申请权、最后陈述的权利）。开庭时，诉讼代表人席位置于审判台前左侧，与辩护人席并列

4. 对检察院只按照自然人犯罪起诉的处理

对应当认定为单位犯罪的案件，检察院只作为自然人犯罪起诉的，法院应当建议检察院对犯罪单位追加起诉。检察院仍以自然人犯罪起诉的，法院应当依法审理，按照单位犯罪直接负责的主管人员或者其他直接责任人员追究刑事责任，并援引刑法分则关于追究单位犯罪中直接负责的主管人员和其他直接责任人员刑事责任的条款

5. 对被告单位采取查封、扣押、冻结等措施

违法所得"未查扣冻"的处理	被告单位的违法所得及其他涉案财物，尚未被依法追缴或者查封、扣押、冻结的，法院应当决定追缴或者查封、扣押、冻结
财产保全的"查扣冻"	为保证判决的执行，法院可以先行查封、扣押、冻结被告单位的财产，或者由被告单位提出担保
"查扣冻"的限制	采取查封、扣押、冻结等措施，应当严格依照法定程序进行，最大限度降低对被告单位正常生产经营活动的影响

6. 被告单位在特殊状态下的刑事责任承担规则

"注、撤"两销不追责	审判期间，被告单位被吊销营业执照、宣告破产但尚未完成清算、注销登记的，应当继续审理；被告单位被撤销、注销的，对单位犯罪直接负责的主管人员和其他直接责任人员应当继续审理 【关键背诵】"未算记"，续审单位；"撤注销"，不审单位续审人
合并分立仍追责	审判期间，被告单位合并、分立的，应当将原单位列为被告单位，并注明合并、分立情况。对被告单位所判处的罚金以其在新单位的财产及收益为限

考点十四：简易程序适用条件

必备条件【关键背诵】"基院""楚分"，两"无异"	基层法院
	事实清楚、证据确实充分
	被告人承认自己所犯罪行，对指控的犯罪事实没有异议的
	被告人对适用简易程序没有异议的
不得适用情形【关键背诵】"聋哑盲""有影响""精神病""不齐心""不犯罪""辩无罪"	被告人是盲、聋、哑人
	有重大社会影响的
	被告人是尚未完全丧失辨认或者控制自己行为能力的精神病人
	共同犯罪案件中部分被告人不认罪或者对适用简易程序有异议的
	被告人认罪但经审查认为可能不构成犯罪的
	辩护人作无罪辩护的

📖 **真题选练**（2017-2-34，单选）

下列哪一案件可适用简易程序审理？

A. 甲为境外非法提供国家秘密案，情节较轻，可能判处 3 年以下有期徒刑

B. 乙抢劫案，可能判处 10 年以上有期徒刑，检察院未建议适用简易程序

C. 丙传播淫秽物品案，经审查认为，情节显著轻微，可能不构成犯罪

D. 丁暴力取证案，可能被判处拘役，丁的辩护人作无罪辩护

【答案】B

考点十五：简易程序的主要审理程序

程序选择		不论是开庭前（具体时间是起诉书副本送达被告人时）还是开庭时，都应当询问被告人对指控的犯罪事实的意见，确认被告人是否同意适用简易程序
		对于未成年人犯罪案件，还应当征求被告人及其法定代理人、辩护人意见
公诉人出庭		检察院应当派员出庭
建议适用简易程序		检察院建议适用简易程序，不符合条件的，法院应当通知检察院
申请适用简易程序		被告人及其辩护人申请适用简易程序审理的案件，不符合简易程序适用条件的，应当通知被告人及其辩护人
辩护人出庭		适用简易程序审理案件，被告人有辩护人的，应当通知其出庭
送达	起诉状副本	普通程序开庭前 10 日送达，简易程序无此限制
	开庭通知	普通程序开庭前 3 日，简易程序规定开庭前。普通程序应当书面形式；简易程序可以采用简便形式，但应当记录在案

续表

审理程序	公诉人可以摘要宣读起诉书
	公诉人、辩护人、审判人员对被告人的讯问、发问可以简化或者省略
	控辩双方无异议的证据，可以仅就证据的名称及所证明的事项作出说明；控辩双方有异议的，应当举证、质证
	控辩双方对与定罪量刑有关的事实、证据没有异议的，法庭审理可以直接围绕罪名确定和量刑问题进行
	适用简易程序审理案件，判决宣告前应当听取被告人的最后陈述
宣判	一般应当当庭宣判

考点十六：审判组织与审理期限

期限	适用条件	审判组织
20 日	可能判处 3 年以下有期徒刑的	可以独任
1 个半月	可能判处 3 年以上有期徒刑的	应当合议

📌 **关键背诵**

"小于三"可"独判"，"20"要审完；"大于三"合议审，"45"要完成。

考点十七：简易程序中的转换问题

独任庭转为合议庭	独任审判中，发现对被告人可能判处的有期徒刑超过 3 年的，应当转由合议庭审理	
简易程序转为普通程序（普通程序不能转简易程序）	条件【关键背诵】"不犯罪""不负责""不承认" "不清、足"	被告人的行为可能不构成犯罪的
		被告人可能不负刑事责任的
		被告人当庭对起诉指控的犯罪事实予以否认的
		案件事实不清、证据不足的

考点十八：审判阶段认罪认罚案件的诉讼程序

1. 审判阶段认罪认罚的社会评估

调查评估方式	被告人认罪认罚，法院拟判处管制或者宣告缓刑的，可以及时委托被告人居住地的社区矫正机构进行调查评估，也可以自行调查评估
调查评估意见的效力	社区矫正机构出具的调查评估意见，是人民法院判处管制、宣告缓刑的重要参考
没有调查评估意见的影响	对没有委托社区矫正机构进行调查评估或判决前未收到社区矫正机构调查评估报告的认罪认罚案件，法院经审理认为被告人符合管制、缓刑适用条件的，可以判处管制、宣告缓刑

2. 法院对认罪认罚自愿性、合法性的审查

应当告知、听取	告知	告知对象	被告人
		告知内容	被告人享有的诉讼权利
			认罪认罚的法律规定
	听取意见	听取被告人及其辩护人或者值班律师的意见	
审查对象	认罪认罚的自愿性		
	具结书内容的真实性和合法性		
重点核实的内容	被告人方面【关键背诵】"是否被坑""后果""精神"	被告人是否自愿认罪认罚，有无因受到暴力、威胁、引诱而违背意愿认罪认罚	
		被告人是否理解认罪认罚的性质和可能导致的法律后果	
		被告人认罪认罚时的认知能力和精神状态是否正常	
	公安机关、检察院方面【关键背诵】"告知""听取""沟通""见证"	检察院、公安机关是否履行告知义务并听取意见	
		值班律师或者辩护人是否与检察院进行沟通，提供了有效法律帮助或者辩护，并在场见证认罪认罚具结书的签署	

3. 法院对量刑建议的采纳

不予采纳的情形（"不犯罪""不追究""不愿意""不承认""不一致"）	被告人的行为不构成犯罪或者不应当追究刑事责任的
	被告人违背意愿认罪认罚的
	被告人否认指控的犯罪事实的
	起诉指控的罪名与审理认定的罪名不一致的
指控罪名与审理认定罪名不一致的处理	检察院起诉指控的事实清楚，量刑建议适当，但指控的罪名与审理认定的罪名不一致的，法院应当听取检察院、被告人及其辩护人对审理认定罪名的意见，依法作出裁判
不采纳的说明	法院不采纳检察院量刑建议的，应当说明理由和依据

4. 量刑建议的调整

法院认为量刑建议不当的处理	法院经审理，认为量刑建议明显不当，或者被告人、辩护人对量刑建议有异议且有理有据的，法院应当告知人民检察院，检察院可以调整量刑建议
检察院不调整或调整后仍不当的处理	检察院不调整量刑建议或者调整后仍然明显不当的，法院应当依法作出判决
"量刑建议明显不当"的认定规则	对量刑建议是否明显不当，应当根据审理认定的犯罪事实、认罪认罚的具体情况，结合相关犯罪的法定刑、类似案件的刑罚适用等作出审查判断【关键背诵】判断四标准："犯罪事""两认情""法定刑""类案刑"

5. 对被告人当庭才认罪认罚的处理

一审当庭认罪认罚	被告人在侦查、审查起诉阶段没有认罪认罚,但当庭认罪,愿意接受处罚的,法院应当根据审理查明的事实,就定罪和量刑听取控辩双方意见,依法作出裁判	
二审当庭认罪认罚	适用程序	审理程序依照刑事诉讼法规定的第二审程序进行
	裁判依据	应当根据其认罪认罚的价值、作用决定是否从宽,并依法作出裁判
	从宽幅度	确定从宽幅度时,应当与第一审程序认罪认罚有所区别
当庭认罪的量刑建议	被告人在检察院提起公诉前未认罪认罚,在审判阶段认罪认罚的,法院可以不再通知检察院提出或者调整量刑建议【关键背诵】可以"不通知""不调整"	

6. 审判阶段对被告人认罪认罚反悔的处理

案件审理过程中,被告人反悔不再认罪认罚的,法院应当根据审理查明的事实,依法作出裁判。

7. 适用普通程序审理认罪认罚案件的庭审与裁判文书

应当询问、核实事项	公诉人宣读起诉书后,合议庭当庭询问被告人对指控的犯罪事实、证据及量刑建议的意见,核实具结书签署的自愿性、真实性、合法性		
法庭调查、法庭辩论的简化	简化的一般规定	可以适当简化法庭调查、辩论程序	
	简化的具体规定	法庭调查的简化	公诉人、辩护人、审判人员对被告人的讯问、发问可以简化
			对控辩双方无异议的证据,可以仅就证据名称及证明内容进行说明
		法庭辩论的简化	法庭辩论主要围绕有争议的问题进行
认罪认罚案件的从宽裁判原则	一般应当对被告人从轻处罚		
	符合非监禁刑适用条件的,应当适用非监禁刑		
	具有法定减轻处罚情节的,可以减轻处罚		
裁判文书的简化	裁判文书可以适当简化		

考点十九:适用简易程序审理认罪认罚案件

公诉人宣读起诉书	公诉人可以简要宣读起诉书
询问事项	审判人员当庭询问被告人对指控的犯罪事实、证据、量刑建议及适用简易程序的意见
核实事项	核实具结书签署的自愿性、真实性、合法性
法庭调查	法庭调查可以简化,但对有争议的事实和证据应当进行调查、质证
法庭辩论	法庭辩论可以仅围绕有争议的问题进行
裁判文书	裁判文书可以简化

考点二十：速裁程序的主要程序规定

1. 法院适用速裁程序审理认罪认罚案件的主要程序

<table>
<tr><td rowspan="5">速裁程序的适用
条件【关键背诵】
"基院""楚"
"分""小于三"，
"两认"同意速裁</td><td>适用法院</td><td colspan="2">仅限基层法院</td></tr>
<tr><td rowspan="3">案件条件</td><td colspan="2">案件事实清楚，证据确实、充分</td></tr>
<tr><td colspan="2">被告人认罪认罚并同意适用速裁程序</td></tr>
<tr><td colspan="2">被告人可能被判处 3 年以下有期徒刑刑罚</td></tr>
<tr><td>审判组织</td><td colspan="2">可以审判员一人独任审判</td></tr>
<tr><td>程序启动</td><td colspan="3">（1）检察院建议适用；（2）法院自行适用；（3）被告方申请适用</td></tr>
<tr><td>不得适用速裁
程序的情形</td><td colspan="3">在简易程序不得适用情形基础上，增加：（1）被告人是未成年人的；（2）被告人与被害人或者其法定代理人没有就附带民事诉讼赔偿等事项达成调解或者和解协议的</td></tr>
<tr><td>审理期限</td><td colspan="3">应当在受理后 10 日以内审结；对可能判处的有期徒刑超过 1 年的，应当在 15 日以内审结【关键背诵】"小 1 不过 10，大 1 最 15"</td></tr>
<tr><td rowspan="15">审理程序</td><td rowspan="2">送达</td><td>送达时间</td><td>不受刑事诉讼法规定的送达期限的限制</td></tr>
<tr><td>送达方式</td><td>可以在向被告人送达起诉书时一并送达权利义务告知书、开庭传票，并核实被告人自然信息等情况
【关键背诵】"知""诉"传票可并送，自然信息当场核</td></tr>
<tr><td>法庭调查与辩论</td><td colspan="2">一般不进行法庭调查、法庭辩论，但在判决宣告前应当听取辩护人的意见和被告人的最后陈述意见</td></tr>
<tr><td>开庭方式</td><td colspan="2">可以集中开庭，逐案审理</td></tr>
<tr><td rowspan="3">检察院出庭</td><td rowspan="2">出庭方式</td><td>适用速裁程序审理案件，检察院应当派员出庭</td></tr>
<tr><td>法院集中审理速裁案件的，检察院可以指派公诉人集中出庭支持公诉</td></tr>
<tr><td>宣读起诉书</td><td>公诉人可以简要宣读起诉书</td></tr>
<tr><td rowspan="2">审判员询问
与核实</td><td colspan="2">应当当庭询问被告人对指控事实、证据、量刑建议以及适用速裁程序的意见</td></tr>
<tr><td colspan="2">核实具结书签署的自愿性、真实性、合法性，并核实附带民事诉讼赔偿等情况</td></tr>
<tr><td>宣判方式</td><td colspan="2">应当当庭宣判。集中审理的，可以集中当庭宣判。宣判时，根据案件需要，可以由审判员进行法庭教育</td></tr>
<tr><td>裁判文书</td><td colspan="2">裁判文书可以简化</td></tr>
<tr><td rowspan="3">速裁案件被上诉
的二审</td><td>审理方式</td><td colspan="2">被告人不服适用速裁程序作出的第一审判决提出上诉的案件，可以不开庭审理</td></tr>
<tr><td rowspan="2">审理结果（理由决定结果）</td><td colspan="2">发现被告人以事实不清、证据不足为由提出上诉的，应当裁定撤销原判，发回原审法院适用普通程序重新审理，不再按认罪认罚案件从宽处罚</td></tr>
<tr><td colspan="2">发现被告人以量刑不当为由提出上诉的，原判量刑适当的，应当裁定驳回上诉，维持原判；原判量刑不当的，经审理后依法改判</td></tr>
</table>

2. 检察院建议适用速裁程序

建议适用速裁程序的条件	检察院对基层法院管辖的案件，符合速裁程序适用条件的，在提起公诉时，可以建议法院适用速裁程序审理
公安机关、嫌疑人建议适用速裁程序的处理	公安机关、犯罪嫌疑人及其辩护人建议适用速裁程序，检察院经审查认为符合条件的，可以建议法院适用速裁程序审理
	公安机关、辩护人未建议适用速裁程序，人民检察院经审查认为符合速裁程序适用条件，且犯罪嫌疑人同意适用的，可以建议人民法院适用速裁程序审理
速裁程序案件公诉书	检察院建议法院适用速裁程序的案件，起诉书内容可以适当简化，重点写明指控的事实和适用的法律
派员出庭	法院适用速裁程序审理的案件，检察院应当派员出席法庭
宣读起诉书	公诉人出席速裁程序法庭时，可以简要宣读起诉书指控的犯罪事实、证据、适用法律及量刑建议，一般不再讯问被告人
建议程序转化	适用速裁程序审理的案件，检察院发现有不宜适用速裁程序审理情形的，应当建议法院转为普通程序或者简易程序重新审理
延期审理	转为普通程序审理的案件，公诉人需要为出席法庭进行准备的，可以建议法院延期审理

3. 速裁程序中量刑建议的调整

调整时间	检察院调整量刑建议应当在庭前或者当庭提出
是否程序转换	调整量刑建议后，被告人同意继续适用速裁程序的，不需要转换程序处理

4. 速裁程序的转化

转化情形（"不犯罪""不追究""不愿意""不承认"）	被告人的行为不构成犯罪
	不应当追究被告人刑事责任
	被告人违背意愿认罪认罚
	被告人否认指控的犯罪事实
转化方向	上面四种情形下案件应当转为普通程序审理。发现其他不宜适用速裁程序但符合简易程序适用条件的，应当转为简易程序重新审理

第十六章
第二审程序

本章导读

　　本章是历年法律职业资格考试（司法考试）的重点内容，平均每年考查二至四分。主要知识点包括：全面审查原则；上诉不加刑原则；第二审的审理方式；共同犯罪案件、自诉案件二审的特殊规定；二审的处理方式等。

　　考生在复习时，应注意第二审程序和第一审程序的不同之处。抗诉、上诉不加刑原则、二审的审理方式和审理程序处理方式是本章的难点，2021年最高人民法院关于适用《中华人民共和国刑事诉讼法》的解释对这些问题的修改之处，应重点掌握。

 知识点

考点一：全面审查原则

共同犯罪中上诉人死亡案件的处理	上诉的被告人死亡，其他被告人未上诉的，第二审法院仍应对全案进行审查。经审查，死亡的被告人不构成犯罪的，应当宣告无罪；构成犯罪的，应当终止审理。对其他同案被告人仍应作出判决、裁定
仅对刑事部分上诉、抗诉的	二审法院发现一审判决或裁定中已生效的民事部分确有错误，应当对民事部分按照审判监督程序予以纠正，刑事部分继续按二审程序审理【关键背诵】"刑二审不审民"，"民错再审民"。
仅对民事部分上诉的	第一审判决的刑事部分并无不当的，只需就附带民事部分作出处理
	第一审判决的刑事部分确有错误的，依照审判监督程序对刑事部分进行再审，并将附带民事部分与刑事部分一并审理【关键背诵】"刑"再审，"民"上诉，再审民诉。
	只有附带民事诉讼当事人及其法定代理人上诉的，第一审刑事部分的判决在上诉期满后即发生法律效力
	应当送监执行的一审刑事被告人是第二审附带民事诉讼被告人的，在二审附带民事诉讼案件审结前，可以暂缓送监执行

续表

| 审查范围的特殊规定 | 法庭调查应当重点围绕提交的新的证据以及对一审判决提出异议的事实、证据等进行；对没有异议的事实、证据和情节，可以直接确认 |
| | 被告人犯有数罪的案件，对其中事实清楚且无异议的犯罪，可以不在庭审时审理 |

考点二：上诉不加刑原则

1. 上诉不加刑原则的适用不是绝对的，存在以下情形，不适用上诉不加刑原则：（1）检察院抗诉的；（2）自诉人上诉；（3）自诉和反诉并存的案件，两种诉的被告人都上诉的。

2. 上诉不加刑的具体规定。

适用情形（"数罪"，"缓"，"禁令""减"，"改变罪名""同案犯"）	原判认定的罪数不当的，可以改变罪数，并调整刑罚，但不得加重决定执行的刑罚或者对刑罚执行产生不利影响
	原判对被告人宣告缓刑的，不得撤销缓刑或者延长缓刑考验期
	原判没有宣告职业禁止、禁止令的，不得增加宣告；原判宣告职业禁止、禁止令的，不得增加内容、延长期限
	原判对被告人判处死刑缓期执行没有限制减刑、决定终身监禁的，不得限制减刑、决定终身监禁
	原判事实清楚，证据确实、充分，只是认定罪名不当的，可以改变罪名，但不得加重刑罚或者对刑罚执行产生不利影响
	同案审理的案件，只有部分被告人上诉的，既不得加重上诉人的刑罚，也不得加重其他同案被告人的刑罚
只有被告方上诉案件发回重审中的不加刑	二审法院发回重审后，除有新的犯罪事实且人民检察院补充起诉的以外，原审法院也不得加重被告人的刑罚
	原判判处的刑罚不当、应当适用附加刑而没有适用的，不得直接加重刑罚、适用附加刑。原判判处的刑罚畸轻，必须依法改判的，应当在第二审判决、裁定生效后，依照审判监督程序重新审判
	原审法院对上诉发回重新审判的案件依法作出判决后，检察院抗诉的，第二审人民法院不得改判为重于原审法院第一次判处的刑罚

📋 关联考点

检察院只对部分被告人的判决提出抗诉，或者自诉人只对部分被告人的判决提出上诉的，第二审法院不得对其他同案被告人加重刑罚。【关键背诵】不被"上""抗"，不得加刑。

📋 真题选练（2016-2-38，单选）

龚某因生产不符合安全标准的食品罪被一审法院判处有期徒刑5年，并被禁止在刑罚执行完毕之日起3年内从事食品加工行业。龚某以量刑畸重为由上诉，检察院未抗诉。关于本案二审，下列哪一选项是正确的？

A. 应开庭审理

B. 可维持有期徒刑5年的判决，并将职业禁止的期限变更为4年

C. 如认为原判认定罪名不当，二审法院可在维持原判刑罚不变的情况下改判为生产

　　有害食品罪

D. 发回重审后，如检察院变更起诉罪名为生产有害食品罪，一审法院可改判并加重龚某的刑罚

【答案】C

考点三：二审案件部分发回的规则

有多名被告人的案件，部分被告人的犯罪事实不清、证据不足或者有新的犯罪事实需要追诉，且有关犯罪与其他同案被告人没有关联的，第二审法院根据案件情况，可以对该部分被告人分案处理，将该部分被告人发回原审法院重新审判
原审法院重新作出判决后，被告人上诉或者检察院抗诉，其他被告人的案件尚未作出第二审判决、裁定的，第二审法院可以并案审理

考点四：二审审理的方式

应当开庭【关键背诵】"异""响""死刑""抗诉"	上诉人对一审认定的事实、证据提出异议，可能影响定罪量刑的上诉案件		
	被判死刑（含死缓）的上诉案件。被判死刑的被告没上诉，同案其他被告上诉的，也应当开庭		
	抗诉案件		
可以不开庭	需要发回重审的案件	可以发回重审	原判事实不清、证据不足的。对于这种情形，原审法院重审后再次被上诉、抗诉的，二审法院不得再发回重审
		应当发回重审	严重违反法定诉讼程序。对于这种情形，原审法院重审后再次被上诉、抗诉的，二审法院再次发回重审
			被告人以事实不清、证据不足为由对速裁一审判决上诉
	审理方式（阅卷听问式）	合议庭全体成员应当阅卷，必要时，应当提交书面阅卷意见	
		应当讯问被告人，听取其他当事人、辩护人、诉讼代理人的意见	
法庭调查	审判人员宣读一审裁判书→上诉案件由上诉人或者辩护人先宣读上诉状或者陈述上诉理由，抗诉案件由检察人员先宣读抗诉书→既有上诉又有抗诉的案件，先由检察人员宣读抗诉书，再由上诉人或者辩护人宣读上诉状或者陈述上诉理由【关键背诵】法官先读"书"，"上""抗"再说理，既"上"又"抗"，先"公"后"私"		
法庭辩论	上诉案件，先由上诉人、辩护人发言，后由检察人员、诉讼代理人发言；抗诉案件，先由检察人员、诉讼代理人发言，后由被告人、辩护人发言；既有上诉又有抗诉的案件，先由检察人员、诉讼代理人发言，后由上诉人、辩护人发言【关键背诵】谁"上""抗"，谁先"辩"，既"上"又"抗""控"先"辩"		

考点五：通知检察院阅卷

阅卷期限	二审法院决定开庭审理后，应及时通知检察院查阅案卷。检察院应当在 1 个月以内查阅完毕。阅卷时间不计入审理期限

考点六：二审附带民事诉讼

第二审期间，第一审附带民事诉讼原告人增加独立的诉讼请求或者第一审附带民事诉讼被告人提出反诉的，第二审人民法院可以根据自愿、合法的原则进行调解；调解不成的，告知当事人另行起诉

考点七：共同犯罪的二审

传唤到庭的规定	对未被申请出庭或者法院认为没有必要到庭的未上诉的被告人，可以不再传唤到庭
要求出庭的规定	未提出上诉，检察院也未对其判决提出抗诉的同案被告人要求出庭的，应当准许。出庭的被告人可以参加法庭调查和辩论
辩护规定	只有部分被告人提出上诉的，未上诉的其他同案被告人也可以委托辩护人辩护

考点八：二审的审理结果

直接改判（判决）	应当改判	事实清楚，证据充分，适用法律错误或者量刑不当的
	可以改判	事实不清，证据不足，在查清事实后改判（也可发回重审）
程序违法（应当裁定撤销原判，发回重审，说明理由、依据）	剥夺或者限制了当事人的法定诉讼权利，可能影响公正审判的	
	违反刑事诉讼法有关公开审判的规定的	
	违反回避制度的	
	审判组织的组成不合法的	
	发回重审后，原审法院没有另行组成合议庭的	
★判决、裁定认定被告人姓名等身份信息有误，但认定事实和适用法律正确、量刑适当的，作出生效判决、裁定的法院可以通过裁定对有关信息予以更正		

📄 **关键背诵**

应当裁定发回重审的程序违法情形："权限"影响公正判，"组织""开""回"三违反。

考点九：二审宣判和送达

第二审判决、裁定是终审的判决、裁定的，自宣告之日起发生法律效力
二审法院可以委托一审法院代为宣判，并向当事人送达二审裁判书。一审法院应当在代为宣判后5日内将宣判笔录送交二审法院，并在送达后及时将送达回证送交二审法院
委托宣判的，第二审法院应当直接向同级检察院送达第二审判决书、裁定书

第十七章
死刑复核程序

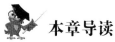**本章导读**

本章在近年来的法律职业资格考试（司法考试）中每年平均考查一至二分。考生应主要把握：死刑立即执行案件的复核程序、死缓案件复核后的处理等知识点。2021 年最高人民法院关于适用《中华人民共和国刑事诉讼法》的解释和《关于办理死刑复核案件听取辩护律师意见的办法》对死刑复核程序进行了修改，考生应高度重视。

知识点

考点一：死刑立即执行案件的复核程序

报请方式【关键背诵】"逐""一""主""全"	逐级上报
	一案一报
	主动上报。被告人未上诉、人民检察院未抗诉的，在上诉、抗诉期满后 10 日内报请高级人民法院复核
	全案上报。同案审理的案件应当报送全案案卷、证据；曾经发回重新审判的案件，原第一、二审案卷应当一并报送
无须死刑复核的情形【关键背诵】"审""核"一体不用核	最高法院判处死刑、死缓的案件
	高级法院二审裁定维持或改判为死刑后，直接报最高法院核准
	高级法院二审裁定维持或改判为死缓案件
	高级法院一审判处死缓被告人未上诉、检察院未抗诉案件
审判组织	合议庭，3 名审判员

续表

仅未被判处死刑同案犯或附带民事诉讼原告人上诉的死刑（死缓案件）案件的审理	仅未被判处死刑同案犯上诉	中级人民法院一审判处死刑的案件，被判处死刑的被告人未提出上诉，共同犯罪的其他被告人提出上诉的，高级人民法院应当适用第二审程序对全案进行审查，并对涉及死刑之罪的事实和适用法律依法开庭审理，一并处理
	仅附带民事诉讼原告人上诉	中级人民法院一审判处死刑的案件，被判处死刑的被告人未提出上诉，仅附带民事诉讼原告人提出上诉的，高级人民法院应当适用第二审程序对附带民事诉讼依法审理，并由同一审判组织对未提出上诉的被告人的死刑判决进行复核，作出是否同意判处死刑的裁判
全面审查【关键背诵】"程序""证""实"；"量刑""必死"		被告人的年龄，被告人有无事责任能力、是否系怀孕的妇女
		原判认定的事实是否清楚，证据是否确实、充分
		犯罪情节、后果及危害程度
		原判适用法律是否正确，是否必须判处死刑，是否必须立即执行
		有无法定、酌定从重、从轻或者减轻处罚情节
		诉讼程序是否合法
讯问被告人		复核死刑立即执行和复核死缓案件，高级法院、最高法院都应当讯问被告人
		同案审理的案件中，部分被告人被判处死刑，对未被判处死刑的同案被告人需要羁押执行刑罚的，应当依法交付执行。但是，该同案被告人参与实施有关死刑之罪的，应当在复核讯问被判处死刑的被告人后交付执行
律师意见		复核期间，辩护律师提出要求的，应当听取辩护律师的意见
		辩护律师提出书面意见的，应当附卷
		复核期间，辩护律师要求当面反映意见的，最高法院有关合议庭应当在办公场所听取其意见，并制作笔录
审查辩解和辩护意见		复核死刑（含死刑缓期执行）案件，应当重视审查被告人及其辩护人的辩解、辩护意见
检察监督		复核期间，最高检察院可以提出意见，对于提出意见的，最高法院应当审查，并将采纳情况及理由反馈最高检察院
		最高法院应当将死刑复核结果通报最高检察院

考点二：最高法院对死刑案件复核后的处理

| 核准死刑 | 应当裁定核准 | 原判认定事实和适用法律正确、量刑适当、诉讼程序合法的，应当裁定核准【关键背诵】"正""当""合法"应当"核" |
| | 可以判决、裁定核准 | 原判认定的某一具体事实或者引用的法律条款等存在瑕疵，但判处被告人死刑并无不当的，可以在纠正后作出核准的判决、裁定 |

考点三：最高人民法核准程序中的改判

原判认定事实正确、证据充分，但依法不应当判处死刑的，应当裁定不予核准，并撤销原判，发回重新审判；根据案件情况，必要时，也可以依法改判。

考点四：最高法院发回重审的程序

未经二审报请最高法院核准案件的发回重审	高级人民法院依照复核程序审理后报请最高法院核准死刑，最高法院裁定不予核准，发回高级人民法院重新审判的，高级人民法院可以依照第二审程序提审或者发回重新审判		
经过二审报请最高法院核准案件的发回重审	重审法院	最高法院裁定不予核准死刑的，可以发回第二审法院或者第一审法院重新审判	
	审理方式	一审法院重新审判的，应当开庭审理	
		二审法院重新审判的，可以直接改判，不需要开庭审理	
	合议庭	发回重审的案件，应当另行组成合议庭，但以下两种案件除外：复核期间出现新的影响定罪量刑的证据、事实的，原判认定事实正确，但依法不应当处死刑的【关键背诵】"新事""新证""不该死"	
	发回二审法院重审的特殊规定	发回第二审法院重新审判的案件，第二审法院一般不得再发回第一审法院重新审判	
		发回重新审判的案件，第一审人民法院判处死刑、死刑缓期执行的，上一级人民法院依照第二审程序或者复核程序审理后，应当依法作出判决或者裁定，不得再发回重新审判。但是，第一审法院有《刑事诉讼法》第238条规定的情形或违反第239条规定的除外【关键背诵】除非"违程"，不得发回。	

考点五：死刑复核中当事人权益保障

委托辩护律师的告知	高级法院在向被告人送达依法作出的死刑裁判文书时，应当告知其在最高法院复核死刑阶段有权委托辩护律师，并将告知情况记入宣判笔录
辩护律师提交手续及证据等材料	最高人民法院复核死刑案件，辩护律师应当自接受委托或者受指派之日起10日内向最高人民法院提交有关手续，并自接受委托或者指派之日起1个半月内提交辩护意见
	辩护律师提交相关手续、辩护意见及证据等材料的，可以经高级人民法院代收并随案移送，也可以寄送至最高人民法院
	最高人民法院复核裁定作出后，律师提交辩护意见及证据材料的，应当接收并出具接收清单；经审查，相关意见及证据材料可能影响死刑复核结果的，应当暂停交付执行或者停止执行，但不再办理接收委托辩护手续
复核裁定送达辩护律师	最高人民法院复核裁定下发后，受委托进行宣判的法院应当在宣判后5日内将裁判文书送达辩护律师
被害人近亲属申请获取裁判文书	对被害人死亡的案件，被害人近亲属申请获取裁判文书的，受委托进行宣判的人民法院应当提供

考点六：高级法院对死缓的复核程序（以不存在二审为前提）

基本原则	死缓复核不加刑
复核结果	原判"正当合法"的，应当裁定核准
	原判认定的某一具体事实或者引用的法律条款等存在瑕疵，但判处被告人死刑缓期执行并无不当的，可以在纠正后作出核准的判决、裁定
	原判认定事实正确，但适用法律有错误，或者量刑过重的，应当改判
	原审违反法定诉讼程序，可能影响公正审判的，应当裁定不予核准，并撤销原判，发回重新审判
	其他情形：既可以发回重审，也可以依法改判

第十八章

审判监督程序

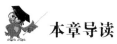

本章导读

本章在历年法律职业资格考试（司法考试）中所占比重不高。本章的主要知识点较为突出，包括：申诉主体、程序；提起审判监督程序的主体；再审的审理程序以及处理。

知识点

考点一：申诉的主体

当事人及其法定代理人、近亲属、案外人、当事人委托的律师均可以申诉或代为申诉。

📙 **关键背诵** "当""代""近""外""律师"。

考点二：对申诉的审查处理程序

向法院申诉的审查处理程序	一般案件的审查法院：申诉由终审法院审查处理。但是，二审法院裁定准许撤回上诉的案件，申诉人对一审判决提出申诉的，可以由一审法院审查处理
	死刑案件的审查法院：对死刑案件的申诉，可以由原核准的法院直接审查处理，也可以交由原审法院审查。原审法院审查后应提出报告和处理意见，层报原核准的法院审查处理
	审查后的处理：申诉不具有法定重新审判情形的，应当说服申诉人撤回申诉；对仍然坚持申诉的，应当书面通知驳回
	申诉被驳回的救济：对驳回申诉不服的，可以向上一级法院申诉。上一级法院经审查认为申诉不符合重新审判条件的，应当说服申诉人撤回申诉；对仍然坚持申诉的，应当驳回或者通知不予重新审判
	对附带民事诉讼申诉的处理：仅就附带民事诉讼申诉的，一般不予再审立案。但有证据证明民事部分明显失当并且原审被告人有赔偿能力的除外

续表

向法院申诉的审查处理程序	上级法院对经终审法院的上一级法院依照审判监督程序审理后维持原判或者经两级法院依照审判监督程序复查均驳回的申请再审或申诉案件，一般不予受理，但提出新理由符合申诉条件或者原审被告人可能被宣告无罪的除外
	最高人民法院再审裁判或者复查驳回的案件，申诉人仍不服提出申诉的，不予受理
向检察院申诉的审查处理程序	审查主体：由作出生效判决、裁定的法院的同级检察院依法办理。直接向上级检察院申诉的，上级检察院可以交由作出生效判决、裁定的法院的同级检察院受理；案情重大、疑难、复杂，上级检察院可以直接受理
	申诉人救济：检察院复查决定不予抗诉后继续提出申诉的，上一级检察院应当受理。申诉经两级检察院办理且省级检察院已经复查的，如果没有新的事实和理由，检察院不再立案复查，但原审被告人可能被宣告无罪或者判决、裁定有其他重大错误可能的除外
	决定抗诉的程序：作出生效判决、裁定的法院的同级检察院对申诉复查后，认为需要提出抗诉的，依法提请上一级检察院抗诉

考点三：申诉异地审查制度

最高法院或者上级法院可以指定终审法院以外的法院对申诉进行审查。被指定的法院审查后，应当制作审查报告，提出处理意见，层报最高法院或者上级法院审查处理

考点四：提起审判监督程序的主体

启动主体	方式
作出生效裁判的法院院长和审判委员会	院长应当提交审判委员会讨论决定再审
最高法院和其他上级法院	指令下级法院再审或者提审
最高检察院和其他上级检察院	最高检察院对各级法院，上级检察院对下级法院提出再审抗诉（除最高检，只能"上抗下"）

考点五：依照审判监督程序对案件的重新审判

适用审级	原来是一审，按一审程序重审，所作裁判仍可以上诉、抗诉；原来是二审或提审的，均按二审程序重新审理，所作的判决、裁定，是终审的判决、裁定【关键背诵】原"一"则"一"，原"二"则"二"，提审按二审		
审判法院和组织	上级法院发现下级法院已经发生法律效力的判决、裁定确有错误的，可以指令下级法院再审；原判决、裁定认定事实正确但适用法律错误，或者案件疑难、复杂、重大，或者有不宜由原审法院审理情形的，也可以提审		
	指令下级法院再审的，一般指令原审法院以外的下级法院审理，由原审法院审理更为适宜的，也可以指令原审法院再审。由原审法院审理的，应当另行组成合议庭进行		
再审效力	不停止执行	再审期间，不停止原判决、裁定的执行	
	可以停止执行【关键背诵】"期满""无罪"	条件	可能经再审减轻原判刑罚而致刑期届满的
			可能经再审改判无罪
		要求	可以对被告人采取取保候审、监视居住措施
		方式	由再审法院决定停止执行

续表

强制措施的决定	法院决定再审的，对被告人采取强制措施由法院决定；检察院抗诉的，由检察院决定【关键背诵】谁要再审谁决定	
缺席审判	法院按照审判监督程序重新审判的案件，被告人死亡的，可以缺席审理	
撤诉的处理	撤回抗诉	检察院在开庭审理前撤回抗诉的，应当裁定准许
		检察院接到出庭通知后不派员出庭，且未说明原因的，可以裁定按撤回抗诉处理，并通知诉讼参与人
	撤回申诉	申诉人在再审期间撤回申诉的，可以裁定准许；但认为原判确有错误的，应当不予准许，继续按照再审案件审理
		申诉人经依法通知无正当理由拒不到庭，或者未经法庭许可中途退庭的，可以裁定按撤回申诉处理，但申诉人不是原审当事人的除外
审理程序	法庭调查（谁要再审谁先说）	法院决定再审的，由合议庭组成人员宣读再审决定书
		根据检察院抗诉再审的，由公诉人员宣读抗诉书
		申诉人申诉的，由申诉人或者其辩护人、诉讼代理人陈述申诉理由
	法庭辩论（谁"诉"谁先"辩"，既"申"又"抗"，"检"先"辩"）	原审被告人（原审上诉人）及其法定代理人、近亲属提出申诉的，先由原审被告人（原审上诉人）及其辩护人发表辩护意见，然后由公诉人发言，被害人及其代理人发言
		被害人及其法定代理人、近亲属提出申诉的，先由被害人及其代理人发言，公诉人发言，然后由原审被告人（原审上诉人）及其辩护人发表辩护意见
		检察院提出抗诉的，先由公诉人发言，被害人及其代理人发言，然后由原审被告人（原审上诉人）及其辩护人发表辩护意见
		既有申诉又有抗诉的，先由公诉人发言，后由申诉方当事人及其代理人或者辩护人发言或者发表辩护意见，然后由对方当事人及其代理人或辩护人发言或者发表辩护意见
再审重点	依照审判监督程序重新审判的案件，法院应当重点针对申诉、抗诉和决定再审的理由进行审理。必要时，应当对原判决、裁定认定的事实、证据和适用法律进行全面审查（再审并不实行全面审查原则）	
再审发现漏罪的处理	对依照审判监督程序重新审判的案件，法院在依照第一审程序进行审判的过程中，发现原审被告人还有其他犯罪的，一般应当并案审理，但分案审理更为适宜的，可以分案审理【关键背诵】漏罪在一审，一般应并审，宜分可以分	
再审不加刑	除检察院抗诉的以外，再审一般不得加重原审被告人的刑罚	
	再审决定书或抗诉书只针对部分原审被告人的，不得加重其他同案原审被告人的刑罚	
审理期限	作出提审、再审决定之日不超过 6 个月	
被告不在案的处理	原审被告人收到再审决定书或抗诉书后下落不明或者收到抗诉书后未到庭的，法院应当中止审理；超过 2 年仍查无下落的，应当终止审理	

真题选练（2014-2-75，多选）

关于审判监督程序，下列哪些选项是正确的？

A. 只有当事人及其法定代理人、近亲属才能对已经发生法律效力的裁判提出申诉

B. 原审法院依照审判监督程序重新审判的案件，应当另行组成合议庭

C. 对于依照审判监督程序重新审判后可能改判无罪的案件，可中止原判决、裁定的执行

D. 上级法院指令下级法院再审的，一般应当指令原审法院以外的下级法院审理

【答案】BCD

第十九章
涉外刑事诉讼程序与司法协助制度

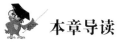 **本章导读**

　　本章在历年法律职业资格考试（司法考试）中考查的分值较少，隔上几年会考一至二分，考生在学习本章时请重点把握刑事诉讼法、国际刑事司法协助及相关司法解释中关于涉外刑事诉讼程序与司法协助的法律规定。

 知识点

考点：涉外刑事诉讼程序

应当通知驻华使领馆的诉讼事项【关键背诵】"强制""死"案，"开庭""宣判"	法院决定对外国籍被告人采取强制措施的情况
	外国籍被告人在案件审理中死亡的
	对外国籍被告人执行死刑的，死刑裁决下达后执行前
	开庭的时间、地点、是否公开审理等事项
	宣判的时间、地点
负责通知的法院	由审理法院层报高级法院，由高级法院通知
告知联系、会见、通信和提供翻译的权利	应当告知在押的外国籍被告人享有与其国籍国驻华使领馆联系，与其监护人、近亲属会见、通信，以及请求法院提供翻译的权利
探视、会见在押外国籍被告人	外国籍被告人国籍国驻华使领馆官员要求探视的，可以向受理案件的法院所在地的高级法院提出
	外国籍被告人的监护人、近亲属申请会见的，可以向受理案件的法院所在地的高级法院提出，并依照规定提供与被告人关系的证明。法院经审查认为不妨碍案件审判的，可以批准
	被告人拒绝接受探视、会见的，应当由其本人出具书面声明。拒绝出具书面声明的，应当记录在案；必要时，应当录音录像

续表

指派辩护	外国籍被告人没有委托辩护人的，法院可以通知法律援助机构为其指派律师提供辩护。被告人拒绝辩护人辩护的，应当由其出具书面声明，或将其口头声明记录在案
对来自境外证据的审查	对来自境外的证据材料，检察院应当随案移送有关材料来源、提供人、提取人、提取时间等情况的说明。经法院审查，相关证据材料能够证明案件事实且符合刑事诉讼法规定的，可以作为证据使用，但提供人或者我国与有关国家签订的双边条约对材料的使用范围有明确限制的除外 【关键背诵】审查："一来""三提"
	当事人及其辩护人、诉讼代理人提供来自境外的证据材料的，该证据材料应当经所在国公证机关证明，所在国中央外交主管机关或者其授权机关认证，并经我国驻该国使领馆认证，或者履行中华人民共和国与该所在国订立的有关条约中规定的证明手续，但我国与该国之间有互免认证协定的除外【关键背诵】审查有无"三证"
司法协助程序	法院请求外国提供司法协助的，应当经高级法院审查后报最高法院审核同意
	外国法院请求我国提供司法协助，属于法院职权范围的，经最高法院审核同意后转有关法院办理
语言、翻译	法院审判涉外刑事案件，使用中国通用的语言、文字，应当为外国籍被告人提供翻译
申请旁听	公开审理的涉外案件，外国籍当事人国籍国驻华使领馆官员要求旁听的，可以向受理案件的法院所在地的高级法院提出申请，法院应当安排
诉讼文书文本	法院审理涉外案件的诉讼文书为中文本。外国籍当事人不通晓中文的，应当附有外文译本，译本不加盖法院印章，以中文本为准。外国籍当事人通晓中国语言、文字，拒绝他人翻译，或者不需要诉讼文书外文译本的，应当由其本人出具书面声明。拒绝出具书面声明的，应当记录在案；必要时，应当录音录像

第二十章
执 行

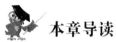 **本章导读**

　　本章在客观题中平均每年约出两道题。需要掌握以下知识点重点：刑罚的执行机关；死刑立即执行的执行程序及其变更；财产刑的执行；死缓期间故意犯罪的处理；暂予监外执行；减刑、假释程序。

 知识点

考点一：执行机关

法院	死刑立即执行；罚金；没收财产；无罪；免除刑罚 【关键背诵】"要钱""要命""没事的"
监狱	死缓；无期徒刑；有期徒刑
公安机关	拘役；剥夺政治权利；驱逐出境
看守所	交付执行时剩余刑期在 3 个月以下的有期徒刑代为执行
社区矫正机构	暂予监外执行；管制；缓刑；假释【关键背诵】非监禁刑，"社矫"执行

考点二：死刑立即执行判决的执行

执行主体	最高法院的执行死刑命令，由高级法院交付一审法院执行
	死缓经核准执行死刑的，由罪犯服刑地的中级法院执行
监督主体	第一审法院在执行死刑 3 日前，应当通知同级检察院派员临场监督

续表

执行前的会见	执行死刑前，应当告知罪犯有权会见其近亲属。对经查找确实无法与罪犯近亲属取得联系的，或者其近亲属拒绝会见的，应当告知罪犯。罪犯提出通过录音录像等方式留下遗言的，法院可以准许
	罪犯近亲属申请会见的，法院应当准许，并及时安排会见，但罪犯拒绝会见的除外。罪犯拒绝会见的情况，应当记录在案并及时告知其近亲属，必要时应当进行录音录像
	罪犯申请会见近亲属以外的亲友，经法院审查，确有正当理由的，可以在确保会见安全的情况下予以准许
	罪犯申请会见未成年子女的，应当经未成年子女的监护人同意；会见可能影响未成年人身心健康的，法院可以采取视频通话等适当方式安排会见，且监护人应当在场
	会见由法院负责安排，一般在罪犯羁押场所进行
应当暂停执行的法定情形	罪犯可能有其他犯罪的（漏罪）
	其他同案犯到案，可能影响罪犯量刑的
	其他同案死刑犯被暂停或者停止执行死刑，可能影响罪犯量刑的
	罪犯揭发重大犯罪事实或者有其他重大立功表现，可能需要改判的
	罪犯怀孕的
暂停的处理	层报最高法院，由原作出核准死刑判决、裁定的合议庭负责审查，必要时，另行组成合议庭（警惕"应当另行组成合议庭"的陷阱表述）
	最高法院经审查，认为可能影响罪犯定罪量刑的，应当裁定停止执行死刑；认为不影响的，应当决定继续执行死刑
	接到最高法院停止执行死刑的裁定后，下级法院应当会同有关部门调查核实停止执行死刑的事由，并及时将调查结果和意见层报最高法院审核 释义：裁定停止执行后，下级法院不是重审，而是调查核实停止执行的理由是否存在
对停止执行死刑的案件处理	确认原判决、裁定没有错误，罪犯没有重大立功表现，或者重大立功表现不影响原判决、裁定执行的，应当裁定继续执行死刑，并由最高法院院长重新签发执行死刑的命令
	确认罪犯怀孕的，应当改判
	存在其他影响死刑执行情形（漏罪、重大立功等），应当裁定不予核准死刑，撤销原判，发回重审

考点三：罚金、没收财产和附带民事诉讼的执行

执行主体	由第一审法院负责裁判执行的机构执行
	被执行的财产在异地的，可以委托财产所在地的同级法院代为执行
执行期限	人民法院办理刑事裁判涉财产部分执行案件的期限为6个月。有特殊情况需要延长的，经本院院长批准，可以延长
赃物追缴	赃款赃物投资或者置业，对因此形成的财产及其收益，法院应予追缴
	被执行人将赃款赃物与其他合法财产共同投资或者置业，对因此形成的财产中与赃款赃物对应的份额及其收益，法院应予追缴

续表

赃物追缴	被执行人将刑事裁判认定为赃款赃物的涉案财物用于清偿债务、转让或者设置其他权利负担，具有下列情形之一的，法院应予追缴： （1）第三人明知是涉案财物而接受的 （2）第三人无偿或者以明显低于市场的价格取得涉案财物的 （3）第三人通过非法债务清偿或者违法犯罪活动取得涉案财物的 （4）第三人通过其他恶意方式取得涉案财物的 第三人善意取得涉案财物的，执行程序中不予追缴。作为原所有人的被害人对该涉案财物主张权利的，法院应当告知其通过诉讼程序处理
执行顺序	被判处罚金或者没收财产，同时又承担附带民事诉讼赔偿责任的，应先履行对被害人的民事赔偿责任（先"民"后"刑"）
	被执行人在执行中同时承担刑事责任、民事责任，其财产不足以支付的，按照下列顺序执行：（1）人身损害赔偿中的医疗费用；（2）有担保的债权；（3）退赔被害人的损失；（4）其他民事债务；（5）罚金；（6）没收财产【关键背诵】"医""保""赔""其""罚""没"
执行异议	案外人对被执行财产提出权属异议的，法院应当依照民事诉讼法的有关规定处理。法院审查案外人异议、复议，应当公开听证

📖 **真题选练**（2017-2-37，单选）

甲纠集他人多次在市中心寻衅滋事，造成路人乙轻伤、丙的临街商铺严重受损。甲被起诉到法院后，乙和丙提起附带民事诉讼。法院判处甲有期徒刑6年，罚金1万元，赔偿乙医疗费1万元，赔偿丙财产损失4万元。判决生效交付执行后，查明甲除1辆汽车外无其他财产，且甲曾以该汽车抵押获取小额贷款，尚欠银行贷款2.5万元，银行主张优先受偿。法院以8万元的价格拍卖了甲的汽车。关于此8万元的执行顺序，下列哪一选项是正确的？

A. 医疗费→银行贷款→财产损失→罚金

B. 医疗费→财产损失→银行贷款→罚金

C. 银行贷款→医疗费→财产损失→罚金

D. 医疗费→财产损失→罚金→银行贷款

【答案】A

考点四：死缓执行期间故意犯罪的处理

核准死刑	如果故意犯罪，情节恶劣，查证属实，应当执行死刑的，由高级人民法院报请最高人民法院核准
期间计算与备案	对于故意犯罪未执行死刑的，死刑缓期执行的期间重新计算，并报最高人民法院备案。备案不影响判决、裁定的生效和执行
	最高人民法院经备案审查，认为原判不予执行死刑错误，确需改判的，应当依照审判监督程序予以纠正

考点五：暂予监外执行

决定主体	交付执行前	法院在作出暂予监外执行决定前，应当征求人民检察院的意见
	交付执行后	执行主体是监狱的，由省级以上监狱管理机关批准
		执行主体是看守所的，由设区的市一级以上的公安机关批准
执行主体	由罪犯居住地的司法行政机关进行社区矫正	
抄送对象	决定或者批机关应当将暂予监外执行决定抄送检察院	
可以适用的情形	被判处有期或拘役的罪犯【关键背诵】"有病""哺孕"，"不能自理"	有严重疾病需要保外就医。确有严重疾病，必须保外就医的，由省级人民政府指定的医院诊断并开具证明文件
		正在哺乳自己婴儿（出生后 1 年内）或者怀孕的妇女
		生活不能自理，适用暂予监外执行不致危害社会的
	被判无期罪犯	正在哺乳自己婴儿或者怀孕的妇女
不得适用的情形	自伤自残的罪犯	
	适用保外就医可能有社会危险性的罪犯	
效力	监外执行一经决定或批准，立即生效，不得复议或复核，并应当实行社区矫正	
收监执行	法院决定监外执行的，由法院决定收监执行	
	执行过程中暂予监外执行的，社区矫正机构应当通知监狱等执行机关收监	
逃跑处理	社区矫正机构应当立即通知公安机关，由公安机关负责追捕	
死亡处理	罪犯在暂予监外执行期间死亡的，执行机关应当及时通知监狱或者看守所	

考点六：减刑、假释

管辖	被判死缓、无期徒刑的罪犯的减刑或假释，由罪犯服刑地的高级法院裁定			
	被判其他刑罚的罪犯的减刑或假释，均由罪犯服刑地的中级法院裁定			
审理规则	审理组织	应当组成合议庭，可以实行人民陪审		
	公示	立案后 5 日内将执行机关减刑、假释的建议书等材料向社会公示。公示期为 5 日		
	审理方式	应当开庭	（1）黑社会性质组织犯罪、金融领域犯罪、职务犯罪罪犯的减刑、假释；（2）公示期间收到不同意见；（3）检察院异议；（4）因重大立功报请减刑；（5）报请减刑起始时间、间隔时间等不符合一般规定【关键背诵】"黑""金""职"，"不同""异""大""立""减时"	
		书面审理要求	调查核实听取意见	法院可以就被报请减刑、假释罪犯是否符合减刑、假释条件调查核实或听取有关方面意见
			提讯罪犯	可以提讯 书面审理减刑案件
				应当提讯 书面审理假释案件
	参与主体	开庭审理的，法院应当通知检察院，执行机关，被报请减刑、假释罪犯【关键背诵】应当通知："检""执""罪犯"		
	审理地点	开庭审理应当在罪犯刑罚执行场所或者法院确定的场所进行。有条件的，法院可以采取视频开庭的方式进行		
		在社区执行刑罚的罪犯因重大立功被报请减刑，可以在罪犯服刑地或者居住地开庭审理		

续表

评估报告	提请假释的，应当附有社区矫正机构关于罪犯假释后对所居住社区影响的调查评估报告
特殊假释	不受执行期限限制的假释，裁定假释后应当报最高法院核准。报请核准程序：（1）中院裁定→报高院复核→再报最高院核准；（2）高院裁定→报最高院核准。最高院不核准的，应当作出不核准裁定书，并撤销原裁定（与死立即复核程序相同）
裁定公示	减刑、假释应当在1个月内作出裁定，裁定书应当通过互联网向社会公布
检察监督	检察院认为不当的，应在20日内提出书面纠正意见，法院应当在1个月内另行组成合议庭作出最终裁定。检察院认为最终裁定不符合法律规定的，应当向同级法院提出纠正意见
新罪、漏罪的处理	罪犯在假释考验期限内出现新罪、漏罪的，由审判新罪的法院裁定撤销原假释裁定，并书面通知原审法院和执行机关，裁定一经作出，立即生效

考点七：社区矫正机构的执行

1. 社区矫正执行地

一般规定	社区矫正执行地为社区矫正对象的居住地。社区矫正对象在多个地方居住的，可以确定经常居住地为执行地
特殊规定	社区矫正对象的居住地、经常居住地无法确定或不适宜执行社区矫正的，社区矫正决定机关应当根据有利于社区矫正对象接受矫正、更好地融入社会的原则，确定执行地
决定机关	社区矫正决定机关，是指依法判处管制、宣告缓刑、裁定假释、决定暂予监外执行的法院和依法批准暂予监外执行的监狱管理机关、公安机关

2. 执行程序

决定机关通知、送达	社区矫正决定机关应当自判决、裁定或者决定生效之日起5日内通知执行地社区矫正机构
	在判决、裁定或者决定生效之日起10日内送达有关法律文书，同时抄送检察院和执行地公安机关
	社区矫正决定地与执行地不在同一地方的，由执行地社区矫正机构将法律文书转送所在地的检察院、公安机关
"管""缓""假"社区矫正对象的报到	法院判处管制、宣告缓刑、裁定假释的社区矫正对象，应当自判决、裁定生效之日起10日内到执行地社区矫正机构报到

监外执行矫正对象的移送执行	法院决定的监外执行	由看守所或者执行取保候审、监视居住的公安机关自收到决定之日起10日内将社区矫正对象移送社区矫正机构
	监狱管理机关、公安机关批准的监外执行	由监狱或者看守所自收到批准决定之日起10日内将社区矫正对象移送社区矫正机构

3. 社区矫正对象离开执行地或变更执行地程序

离开执行地	社区矫正对象离开所居住的市、县或者迁居，应当报经社区矫正机构批准。社区矫正机构对于有正当理由的，应当批准
	对于因正常工作和生活需要经常性跨市、县活动的，可以根据情况，简化批准程序和方式
变更执行地	因社区矫正对象迁居等原因需要变更执行地的，社区矫正机构应当按照有关规定作出变更决定

4. 电子定位装置的使用

批准主体	经县级司法行政部门负责人批准，可以使用电子定位装置，加强监督管理
使用情形	违反法院禁止令的
	无正当理由，未经批准离开所居住的市、县的
	拒不按照规定报告自己的活动情况，被给予警告的
	违反监督管理规定，被给予治安管理处罚的
	拟提请撤销缓刑、假释或者暂予监外执行收监执行的
使用期限	使用电子定位装置的期限不得超过3个月。对于不需要继续使用的，应当及时解除；对于期限届满后，经评估仍有必要继续使用的，经过批准，期限可以延长，每次不得超过3个月
信息管理	社区矫正机构对通过电子定位装置获得的信息应当严格保密，有关信息只能用于社区矫正工作，不得用于其他用途

关键背诵

"法院禁止"，"无理离开"，"拒报警告"，"治安处罚"，"收监执行"。

5. 对社区矫正对象的减刑

提出和抄送建议	社区矫正对象符合刑法规定的减刑条件的，社区矫正机构应当向社区矫正执行地的中级以上法院提出减刑建议，并将减刑建议书抄送同级检察院
裁定	法院应当在收到社区矫正机构的减刑建议书后30日内作出裁定，并将裁定书送达社区矫正机构，同时抄送检察院、公安机关

6. 社区矫正的解除

撤销缓刑、假释	撤销主体		对于在考验期限内犯新罪或者发现判决宣告以前还有其他罪没有判决的，应当由审理该案件的法院撤销缓刑、假释，并书面通知原审法院和执行地社区矫正机构
			对于有上述规定以外的其他需要撤销缓刑、假释情形的，社区矫正机构应当向原审法院或者执行地法院提出撤销缓刑、假释建议，并将建议书抄送检察院
	应当撤销缓刑、假释的情形		违反禁止令，情节严重的
			无正当理由不按规定时间报到或者接受社区矫正期间脱离监管，超过1个月的
			因违反监督管理规定受到治安管理处罚，仍不改正的
			受到执行机关2次警告，仍不改正的
	提请逮捕	批捕主体	被提请撤销缓刑、假释的社区矫正对象可能逃跑或者可能发生社会危险的，社区矫正机构可以在提出撤销缓刑、假释建议的同时，提请法院决定对其予以逮捕
		批捕期间	法院应当在48小时内作出是否逮捕的决定。决定逮捕的，由公安机关执行。逮捕后的羁押期限不得超过30日

续表

撤销缓刑、假释	裁定期间	法院应当在收到社区矫正机构撤销缓刑、假释建议书后30日内作出裁定，将裁定书送达社区矫正机构和公安机关，并抄送检察院
	听取意见	法院拟撤销缓刑、假释的，应当听取社区矫正对象的申辩及其委托的律师的意见
	送交执行	法院裁定撤销缓刑、假释的，公安机关应当及时将社区矫正对象送交监狱或看守所执行
	刑期折抵	执行以前被逮捕的，羁押一日折抵刑期一日
	裁定不予撤销的处理	法院裁定不予撤销缓刑、假释的，对被逮捕的社区矫正对象，公安机关应当立即予以释放
监外执行矫正对象的收监	决定收监主体	暂予监外执行的社区矫正对象具有刑事诉讼法规定的应当予以收监情形的，社区矫正机构应当向执行地或者原社区矫正决定机关提出收监执行建议，并将建议书抄送检察院
	决定期间	社区矫正决定机关应当在收到建议书后30日内作出决定，将决定书送达社区矫正机构和公安机关，并抄送检察院
	执行收监的主体	法院、公安机关对暂予监外执行的社区矫正对象决定收监执行的，由公安机关立即将社区矫正对象送交监狱或者看守所收监执行
		监狱管理机关对暂予监外执行的社区矫正对象决定收监执行的，监狱应当立即将社区矫正对象收监执行

7. 对未成年人社区矫正的特别规定

分别矫治	对未成年人的社区矫正，应当与成年人分别进行
监护人的责任、义务	监护人应当履行监护责任，承担抚养、管教等义务
	监护人怠于履行监护职责的，社区矫正机构应当督促、教育其履行监护责任。监护人拒不履行监护职责的，通知有关部门依法作出处理
矫治期间成年的执行	未成年社区矫正对象在社区矫正期间年满18周岁的，继续按照未成年人社区矫正有关规定执行

第二十一章
未成年人刑事案件诉讼程序

 **本章导读**

　　未成年人刑事案件诉讼程序是 2012 年刑事诉讼法增设的特别程序之一。对于本章，近几年都有相关试题，尤其是附条件不起诉已经连续 9 年考查。考生应重点掌握该程序和一般的诉讼程序的不同之处，特别注意 2021 年最高人民法院关于适用《中华人民共和国刑事诉讼法》的解释、2020 年《人民检察院刑事诉讼规则》的"未成年人刑事案件诉讼程序"的专章对未成年人刑事案件诉讼程序（如社会调查制度、合适成年人在场制度、适用认罪认罚制度、犯罪记录封存制度以及附条件不起诉制度等）的具体规定。

 知识点

考点一：少年法庭受案范围

　　1. 应当由少年法庭审理的案件（一人犯罪）

被告人犯罪时不满 18 周岁、法院立案时不满 20 周岁的案件

　　2. 可以由少年法庭审理的案件

人民法院立案时不满 22 周岁的在校学生犯罪案件
强奸、猥亵、虐待、遗弃未成年人等侵害未成年人人身权利的犯罪案件
【关键背诵】"不满 22 在校生"；"遗""猥""奸""虐""未成年"

　　3. 共同犯罪案件有未成年被告人的或者其他涉未成年人刑事案件

共同犯罪案件有未成年被告人的或者其他涉及未成年人的刑事案件，是否由未成年人案件审判组织审理，由院长根据实际情况决定

考点二：分案处理原则

一般规定	在处理未成年人与成年人共同犯罪或有牵连案件时，尽量适用不同的诉讼程序，在不妨碍审理的前提下，坚持分案处理
相互了解，量刑平衡	未成年人与成年人共同犯罪案件，由不同法院或不同审判组织分别审理的，有关法院或者审判组织应当互相了解共同犯罪被告人的审判情况，注意全案的量刑平衡

考点三：审理不公开原则与保密原则

审判时被告人不满18周岁的案件，不公开审理。但是，经未成年被告人及其法定代理人同意，未成年人所在学校和未成年保护组织可以派代表到场
对依法公开审理（犯罪时不满18周岁，审判时已满18周岁），但可能需要封存犯罪记录的案件，不得组织人员旁听
办理未成年人刑事案件时，应当对涉案未成年人的资料予以保密，不得向外界泄露，涉案未成年人既包括犯罪嫌疑人、被告人，也包括被害人、证人
不公开审理的案件宣判应当一律公开，但不得采取召集大会的形式。依法应当封存犯罪记录的案件，宣判时，不得组织人员旁听

考点四：合适成年人在场

在讯问和开庭时，应当通知未成年被告人的法定代理人到场。法定代理人无法通知、不能到场或者是共犯的，也可以通知合适成年人到场，并将有关情况记录在案 ★开庭时已满18周岁、不满20周岁的，一般应当通知其近亲属。经法庭同意，近亲属可以发表意见。近亲属无法通知、不能到场或者是共犯的，应当记录在案
到场的法定代理人可以代为行使未成年犯罪嫌疑人、被告人的诉讼权利
到场的法定代理人或者其他人员认为办案人员在讯问、审判中侵犯未成年人合法权益的，可以提出意见
经法庭同意，在场的合适成年人可以参与对未成年人的法庭教育工作

考点五：审理未成年人遭受性侵害或暴力伤害案件询问未成年被害人、证人规则

审理未成年人遭受性侵害或暴力伤害案件，在询问未成年被害人、证人时，应当采取同步录音录像等措施，尽量一次完成；未成年被害人、证人是女性的，应当由女性工作人员进行

考点六：未成年被害人、证人出庭作证的规则

开庭审理涉及未成年人的刑事案件，未成年被害人、证人一般不出庭作证；必须出庭的，应当采取保护其隐私的技术手段和心理干预等保护措施

考点七：附条件不起诉

1. 对未成年犯罪嫌疑人决定附条件不起诉的案件，限于涉嫌《刑法》分则第四章、第五章、第六章规定的犯罪，可能判处 1 年有期徒刑以下刑罚，符合起诉条件，但有悔罪表现。

2. 检察院在作出附条件不起诉决定前，应当听取公安机关、被害人、未成年犯罪嫌疑人的法定代理人、辩护人的意见。被害人是未成年人的，还应当听取被害人的法定代理人、诉讼代理人的意见。★注意：听取意见并非征得同意。

3. 公安机关或者被害人对附条件不起诉有异议或争议较大的案件，检察院可以召集侦查人员、被害人及其法定代理人、诉讼代理人、未成年犯罪嫌疑人及其法定代理人、辩护人举行不公开听证会，充分听取各方的意见和理由。

4. 未成年犯罪嫌疑人对附条件不起诉决定不服的处理

未成年犯罪嫌疑人及其法定代理人对拟作出附条件不起诉决定提出异议的，检察院应当提起公诉。未成年犯罪嫌疑人及其法定代理人提出无罪辩解，检察院经审查认为无罪辩解理由成立的，应当按照《人民检察院刑事诉讼规则》第 365 条的规定作出不起诉决定
未成年犯罪嫌疑人及其法定代理人对案件作附条件不起诉处理没有异议，仅对所附条件及考验期有异议的，检察院可以依法采纳其合理的意见，对考察的内容、方式、时间等进行调整；其意见不利于对未成年犯罪嫌疑人帮教，检察院不采纳的，应当进行释法说理
检察院作出起诉决定前，未成年犯罪嫌疑人及其法定代理人撤回异议的，检察院可以依法作出附条件不起诉决定

5. 被害人对附条件不起诉不服的，可以向上一级检察院申诉。被害人不服附条件不起诉决定的，应当告知其不适用《刑事诉讼法》第 180 条关于被害人可以向法院起诉的规定，并做好释法说理工作。

6. 附条件不起诉的考验期为 6 个月以上 1 年以下，从决定之日起计算，该期间不计入审查起诉期间，考察期间，审查起诉期间中止计算；根据考验期表现，可以在法定期限范围内适当缩短或延长。★注意：缩短不能突破下限 6 个月，延长不能突破上限 1 年。

7. 附条件不起诉的监督考察由作出决定检察院负责，考察期间迁居的，迁入地检察院协助监督考察。

8. 由附条件不起诉转变为不起诉，被害人对不起诉决定不服的，可以向上一级检察院申诉，但不得向法院起诉。★注意：与普通的不起诉不同，不能混淆。

📖 **真题选练**（2017-2-39，单选）

未成年人小周涉嫌故意伤害被取保候审，A 县检察院审查起诉后决定对其适用附条件不起诉，监督考察期限为 6 个月。关于本案处理，下列哪一选项是正确的？

A. 作出附条件不起诉决定后，应释放小周

B. 本案审查起诉期限自作出附条件不起诉决定之日起中止

C. 监督考察期间，如小周经批准迁居 B 县继续上学，改由 B 县检察院负责监督考察

D. 监督考察期间，如小周严格遵守各项规定，表现优异，可将考察期限缩短为 5 个月

【答案】B

考点八：判处管制、宣告缓刑等量刑建议的法庭举证

控辩双方提出对未成年被告人判处管制、宣告缓刑等量刑建议的，应当向法庭提供有关未成年被告人能够获得监护、帮教以及对所居住社区无重大不良影响的书面材料【关键背诵】"监护""帮教"

考点九：未成年人犯罪记录封存

封存主体	承办案件的公安机关、人民检察院、人民法院都有义务封存犯罪记录
适用对象	犯罪时不满 18 周岁，被判处 5 年有期徒刑以下刑罚及免除刑事处罚的犯罪记录应当封存
	对未成年犯罪嫌疑人作出不起诉决定（不含附条件不起诉）后，应对相关记录予以封存
解封条件	犯新罪，且新罪与封存记录之罪数罪并罚后被决定执行 5 年有期徒刑以上刑罚
	发现漏罪，且漏罪与封存记录之罪数罪并罚后被决定执行 5 年有期徒刑以上刑罚
封存期间的查询	犯罪记录被封存的，不得向任何单位和个人提供，但司法机关为办案需要或者有关单位根据国家规定进行查询的除外
	司法机关或者有关单位向检察院或法院申请查询封存的犯罪记录的，应当提供查询的理由和依据。对查询申请，检察院或法院应当及时作出是否同意的决定（谁封存，谁决定）

考点十：未成年人认罪认罚案件的办理

听取意见		法院、检察院办理未成年人认罪认罚案件，应当听取未成年犯罪嫌疑人、被告人的法定代理人的意见，法定代理人无法到场的，应当听取合适成年人的意见，但受案时犯罪嫌疑人已经成年的除外
具结书签署	在场人员特殊要求	法定代理人应当到场并签字确认。法定代理人无法到场的，合适成年人应当到场签字确认
	不需要签署的情形	法定代理人、辩护人对未成年人认罪认罚有异议的，不需要签署认罪认罚具结书
程序适用		不适用速裁程序，但应当贯彻教育、感化、挽救的方针，坚持从快从宽原则

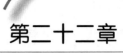

第二十二章
当事人和解的公诉案件诉讼程序

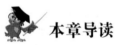 **本章导读**

　　本章平均每年考查一至二分，考生需重点掌握如下知识点：当事人和解的公诉案件诉讼程序适用的案件范围；适用的正面条件和反面条件；刑事和解的主体；和解的程序规则；和解协议书的制作、执行。考生对本章内容的复习应当侧重于对知识点的精确记忆，未来可能加强对当事人和解的公诉案件诉讼程序相关司法解释内容的考查力度。

 知识点

考点一：适用条件

必备条件	犯罪嫌疑人、被告人真诚悔罪
	获得被害人谅解
	被害人自愿和解
禁止条件	犯罪嫌疑人、被告人在5年以内曾故意犯罪

考点二：案件范围

故意犯罪	犯罪原因	因民间纠纷引起的案件。以下不属于因民间纠纷引起的案件：（1）雇凶伤害他人的；（2）涉及黑社会性质组织犯罪的；（3）涉及寻衅滋事的；（4）涉及聚众斗殴的；（5）多次故意伤害他人身体的
	犯罪种类	《刑法》分则第四章、第五章规定的犯罪案件
	可能刑罚	3年有期徒刑以下刑罚
过失犯罪	犯罪种类	除渎职犯罪以外的过失犯罪
	可能刑罚	7年有期徒刑以下刑罚

考点三：刑事和解的程序

和解主体	被害人： 被害人死亡的，其近亲属可以与犯罪嫌疑人、被告人和解。近亲属有多人的，达成和解协议，应当经处于最先继承顺序的所有近亲属同意 被害人系无行为能力或限制行为能力人的，其法定代理人、近亲属可代为和解			
	被告人： 被告人的近亲属经被告人同意，可代为和解。和解协议约定的赔礼道歉等事项，应当由被告人本人履行 被告人系限制行为能力人的，其法定代理人可以代为和解			
和解程序规则	适用阶段	侦查、起诉、审判		
	公安司法机关的权利义务	应当听取当事人和其他有关人员的意见，审查和解的自愿性、合法性，并主持制作和解协议书		
		和解协议书应当由双方当事人签字，可以写明和解协议书系在公安司法机关主持下制作。当事人中有未成年人的，未成年当事人的法定代理人或者其他成年亲属应当在场		
		审判阶段的特殊规定	告知和解：事实清楚、证据充分的，法院应当告知当事人可以自行和解	
			根据案情，法院可以邀请人民调解员、辩护人、诉讼代理人、当事人亲友等参与促成双方当事人和解	
			审判期间，双方当事人和解的，法院应当听取当事人及其法定代理人等有关人员的意见	
			双方当事人在庭外达成和解的，法院应当通知检察院，并听取其意见	
			对和解协议中的赔偿损失内容，双方当事人要求保密的，法院应当准许，并采取相应的保密措施	
和解的限制	不得对案件的事实认定、证据采信、法律适用和定罪量刑等依法属于公安机关、检察院、法院职权范围的事宜进行协商【关键背诵】"事""证""法适""定罪量刑"			

考点四：刑事和解协议

刑事和解协议的制作	主持	公安司法机关办案人员应当主持和解协议的制作
	主持机关盖章	审判人员应当签名，但不盖法院公章
		公安机关既不盖公章，侦查人员也不签字
		检察院既不盖公章，检察人员也不签字
刑事和解协议的执行	最高法院规定：被告人应当在协议签署后即时履行	
	最高检察院规定：签署协议后立即履行，难以一次性履行的，在被害人同意并提供有效担保的情况下，可以分期履行	
	公安部规定：应当及时履行	
	双方当事人在侦查、审查起诉期间已经达成和解协议并全部履行，被害人方又提起附带民事诉讼的，法院不予受理，但有证据证明和解违反自愿、合法原则的除外	
	和解协议已经全部履行，当事人反悔的，法院不予支持，但有证据证明和解违反自愿、合法原则的除外	
	被害人或者其法定代理人、近亲属提起附带民事诉讼后，双方愿意和解，但被告人不能即时履行全部赔偿义务的，法院应当制作附带民事调解书	

续表

刑事和解协议对法院裁判的效力	应当对被告人从轻处罚
	符合非监禁刑适用条件的，应当适用非监禁刑
	判处法定最低刑仍然过重的，可以减轻处罚
	综合全案认为犯罪情节轻微不需要判处刑罚的，可以免除刑事处罚
	共同犯罪案件，部分被告人与被害人达成和解协议的，可以依法对该部分被告人从宽处罚，但应当注意全案的量刑平衡
	达成和解协议的，裁判文书应当作出叙述，并援引刑事诉讼法的相关条文

📋 **真题选练**（2017-2-40，单选）

董某（17岁）在某景点旅游时，点燃荒草不慎引起大火烧毁集体所有的大风公司林地，致大风公司损失5万元，被检察院提起公诉。关于本案处理，下列哪一选项是正确的？

A. 如大风公司未提起附带民事诉讼，检察院可代为提起，并将大风公司列为附带民事诉讼原告人

B. 董某与大风公司既可就是否对董某免除刑事处分达成和解，也可就民事赔偿达成和解

C. 双方刑事和解时可约定由董某在1年内补栽树苗200棵

D. 如双方达成刑事和解，检察院经法院同意可撤回起诉并对董某适用附条件不起诉

【答案】C

第二十三章
缺席审判程序

 **本章导读**

本章为 2018 年 10 月刑事诉讼法修正案所新增，根据法律资格考试的一般规律，新增内容是考试重点。考生主要应掌握缺席审判的案件范围、审判管辖、审理方式、被告人诉讼权利保障、不符合缺席起诉罪名的处理、涉案财产的处理、缺席审判变更为非缺席审判等知识点。考生应特别注意 2021 年最高人民法院关于适用《中华人民共和国刑事诉讼法》的解释对缺席审判程序新增的规定。

 知识点

考点一：适用缺席审判的案件范围

应当缺席审判	贪污贿赂案件，犯罪嫌疑人、被告人在境外的
	需要及时进行审判，经过最高人民检察院核准的严重危害国家安全的犯罪和恐怖活动犯罪的案件，犯罪嫌疑人、被告人在境外的
	被告人死亡的，法院应当裁定终止审理，但有证据证明被告人无罪的
可以缺席审判	因被告人患有严重疾病无法出庭，中止审理超过 6 个月，被告人仍无法出庭，被告人及其法定代理人、近亲属申请或者同意恢复审理的
	法院按照审判监督程序重新审判的案件，被告人已经死亡的

考点二：缺席审判的法院

审理法院	适用情形
中级法院（犯罪地法院、居住地法院、最高法院指定地的中级法院）	贪污贿赂案件，犯罪嫌疑人、被告人在境外的
	需要及时进行审判，经过最高人民检察院核准的严重危害国家安全的犯罪和恐怖活动犯罪的案件，犯罪嫌疑人、被告人在境外的

续表

在审法院（按普通程序正在审理案件的法院）	审理期间被告人死亡，但有证据证明被告人无罪的
	因被告人患有严重疾病无法出庭，中止审理超过6个月，被告人仍无法出庭，被告人及其法定代理人、近亲属申请或者同意恢复审理的
再审法院（最高法院、上级法院、原审法院或其他法院）	法院按照审判监督程序重新审判的案件，被告人已经死亡的

考点三：审理方式

贪污贿赂犯罪案件、严重危害国家安全犯罪案件、恐怖活动犯罪案件的被告人在境外，起诉书中有明确的指控犯罪事实，符合缺席审判程序适用条件的，应当决定开庭审判。

考点四：被告人诉讼权利保障

传票、起诉状送达	被告人在境外的，法院应当通过有关国际条约规定的或者外交途径提出的司法协助方式，或者被告人所在地法律允许的其他方式，将传票和检察院的起诉书副本送达被告人
	法院受理检察院按照缺席审判程序起诉的，应当将起诉书副本送达被告人近亲属，告知其有权代为委托辩护人，并通知其教促被告人归案
辩护	被告人及其近亲属没有委托辩护人的，法院应当通知法律援助机构指派律师为其提供辩护
缺席起诉案件近亲属申请参加诉讼的规则	被告人的近亲属申请参加诉讼的，应当在收到起诉书副本后、第一审开庭前提出，并提供与被告人关系的证明材料。有多名近亲属的，应当推选一至二人参加诉讼。对被告人的近亲属提出申请的，法院应当及时审查决定
	被告人的近亲属参加诉讼的，可以发表意见，出示证据，申请法庭通知证人、鉴定人等出庭，进行辩论
判决书送达	法院应当将判决书送达被告人及其近亲属、辩护人
救济途径	上诉。被告人或者其近亲属不服判决的，有权向上一级法院上诉。辩护人经被告人或者其近亲属同意，可以提出上诉 ★比较：被告人近亲属不服普通程序一审判决，只有经被告人同意才能提起上诉
	抗诉。检察院认为判决错误的，应当向上一级法院抗诉
执行	罪犯在判决、裁定发生法律效力后到案的，法院应当将罪犯交付执行刑罚
	交付执行刑罚前，法院应当告知罪犯有权对判决、裁定提出异议
	罪犯对判决、裁定提出异议的，法院应当重新审理；依照生效判决、裁定对罪犯的财产进行的处理确有错误的，应当予以返还、赔偿

考点五：不符合缺席起诉罪名的处理

经审理认定的罪名不属于贪污贿赂、危害国家安全、恐怖活动犯罪的，应当终止审理。

考点六：涉案财产的处理

适用缺席审判程序审理案件，可以对违法所得及其他涉案财产一并作出处理。

考点七：缺席审判变更为非缺席审判

在审理过程中，被告人自动投案或者被抓获的，法院应当重新审理。

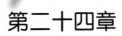

第二十四章

犯罪嫌疑人、被告人逃匿、死亡案件违法所得的没收程序

本章导读

考生需要重点掌握如下知识点：犯罪嫌疑人、被告人逃匿、死亡案件违法所得的没收程序的适用案件范围、没收对象，主要程序以及二审主要程序。犯罪嫌疑人、被告人逃匿、死亡案件违法所得的没收程序之所以比较特殊，是因为该程序中犯罪嫌疑人、被告人逃匿、死亡，以及该程序不是针对被追诉人刑事责任的审判程序，而是仅针对违法所得和涉案财产的专门的处置程序。考生在理解和掌握该程序时，必须紧紧围绕该程序的上述特点。

 知识点

考点一：适用案件范围

1. 逃匿案件【关键背诵】"贪""贿""国""恐"案，"金""网""信""三骗"，"黑""私""洗""毒"犯

贪污、挪用公款、巨额财产来源不明、隐瞒境外存款、私分国有资产、私分罚没财物犯罪案件
受贿、单位受贿、利用影响力受贿、行贿、对有影响力的人行贿、对单位行贿、介绍贿赂、单位行贿犯罪案件
组织、领导、参加恐怖组织，帮助恐怖活动，准备实施恐怖活动，宣扬恐怖主义、极端主义、煽动实施恐怖活动，利用极端主义破坏法律实施，强制穿戴宣扬恐怖主义、极端主义服饰、标志，非法持有宣扬恐怖主义、极端主义物品犯罪案件
危害国家安全、走私、洗钱、金融诈骗、黑社会性质的组织、毒品犯罪案件
电信诈骗、网络诈骗犯罪案件

2. 犯罪嫌疑人、被告人死亡，违法所得及其他涉案财产需要追缴

考点二：没收对象

来自违法所得转变、转化，通过实施犯罪直接或者间接产生、获得的任何财产
被告人非法持有的违禁品、供犯罪所用的本人财物
具有高度可能属于违法所得及其他涉案财产（如巨额财产来源不明案件）

考点三：主要程序

审判组织	由犯罪地或犯罪嫌疑人、被告人居住地的中级法院组成合议庭进行审理	
法院公告	公告期	法院受理申请的，应当在 15 日内发出公告，公告期为 6 个月，公告期间不适用中止、中断、延长的规定
	应当公告的平台	公告应当在全国公开发行的报纸、信息网络等媒体和最高人民法院的官方网站刊登、发布，并在人民法院公告栏张贴
	可以公告的平台	必要时，公告可以在犯罪地，犯罪嫌疑人、被告人居住地，申请没收的不动产所在地张贴、发布
	公告期的起算	公告最后被刊登、发布、张贴日期为公告日期
	张贴公告的程序	法院张贴公告的，应当采取拍照、录像等方式记录张贴过程
申请参加诉讼	犯罪嫌疑人、被告人的近亲属和其他利害关系人有权在公告期内申请参加诉讼，也可以委托诉讼代理人参加诉讼	
	犯罪嫌疑人、被告人的近亲属应当提供其与犯罪嫌疑人、被告人关系的证明材料，其他利害关系人应当提供申请没收的财产系其所有的证据材料	
	犯罪嫌疑人、被告人的近亲属和其他利害关系人在公告期满后申请参加诉讼，能够合理说明原因，并提供证明申请没收的财产系其所有的证据材料的，法院应当准许	
	利害关系人非因故意或者重大过失在第一审期间未参加诉讼，在第二审期间申请参加诉讼的，法院应当准许，并发回原审法院重新审判	
开庭审理	利害关系人参加诉讼的，应当开庭审理；没有参加诉讼的，可以不开庭审理	
犯罪嫌疑人、被告人委托诉讼代理人参加诉讼	犯罪嫌疑人、被告人逃匿境外，委托诉讼代理人申请参加诉讼，且违法所得或者其他涉案财产所在地国（区）主管机关明确提出意见予以支持的，法院可以准许	
	人民法院准许参加诉讼的，犯罪嫌疑人、被告人的诉讼代理人依照利害关系人的诉讼代理人的规定行使诉讼权利	
审理期限	参照公诉案件一审（3＋3＋X）、二审（2＋2＋X）期限。公告期和刑事司法协助时间不计入审理期限	
到案后的处理	在案件审理过程中，在逃的犯罪嫌疑人、被告人到案的，法院应当裁定终止审理。检察院向原受理申请的法院提起公诉的，可以由同一审判组织审理	
	没收违法所得裁定生效后，犯罪嫌疑人、被告人到案并对没收裁定提出异议，检察院向原作出裁定的法院提起公诉的，法院经审理，应当按照下列情形分别处理： （1）原裁定正确的，予以维持，不再对涉案财产作出判决 （2）原裁定错误的，应当撤销原裁定，并在判决中对涉案财产一并作出处理	
二审主要程序	检察院、利害关系人对一审裁定认定的事实、证据没有争议的，二审法院可以不开庭审理	
	第二审法院决定开庭审理的，应当将开庭的时间、地点书面通知同级检察院和利害关系人	
	第二审法院应当就上诉、抗诉请求的有关事实和适用法律进行审查	

考点四：二审主要程序

人民检察院、利害关系人对第一审裁定认定的事实、证据没有争议的，第二审人民法院可以不开庭审理。

第二审人民法院决定开庭审理的，应当将开庭的时间、地点书面通知同级人民检察院和利害关系人。

第二审人民法院应当就上诉、抗诉请求的有关事实和适用法律进行审查。

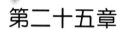

第二十五章
依法不负刑事责任的精神病人的
强制医疗程序

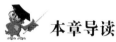 **本章导读**

依法不负刑事责任的精神病人的强制医疗程序是 2012 年《刑事诉讼法》增设的特别程序之一。随后，最高人民法院关于适用《中华人民共和国刑事诉讼法》的解释和《人民检察院刑事诉讼规则》等进一步对该程序加以完善。在历年法律职业资格考试（司法考试）中，一般考查一至二分。考生需要重点掌握如下知识点：依法不负刑事责任的精神病人的强制医疗程序的启动程序、审判程序、救济、交付执行、解除程序等。

 知识点

考点：强制医疗程序

程序启动	检察院申请启动	对于公安机关移送的或者在审查起诉过程中发现的精神病人符合强制医疗条件的，检察院应当向法院提出强制医疗申请
	法院自行启动	法院在审理案件过程中发现被告人符合强制医疗条件的，在判决被告人无罪或不负刑事责任的同时，可以决定强制医疗
		二审法院审理公诉案件中发现被告人符合强制医疗条件的，既可以作出强制医疗决定（同时判决被告人无罪或不负刑事责任），也可以发回重审
处理期限		对检察院提出的强制医疗申请，法院应当在 7 日内审查完毕
临时约束		在法院决定强制医疗前，公安机关可以采取临时的保护性约束措施。必要时，可以将其送精神病医院接受治疗
审判程序	审判组织	检察院申请强制医疗的，应当由被申请人实施暴力的行为地或者居住地基层法院组成合议庭开庭审理。但被申请人、被告人的法定代理人请求不开庭审理，并经法院审查同意的除外
	程序要求	法院对强制医疗案件开庭审理的，检察院应当派员出席法庭
		审理强制医疗案件，应当会见被申请人，听取被害人及其法定代理人的意见
		法院审理时应当通知被申请人或被告人的法定代理人到场。被申请人或被告人没有委托诉讼代理人的，法院应当通知法律援助机构指派律师为其提供法律帮助

续表

审判程序	程序要求	检察院申请启动的,法庭调查先由检察员宣读申请书,后由被申请人的法定代理人、诉讼代理人发表意见。法院启动的,先由审判人员宣读精神病鉴定意见,后由公诉人、被告人的法定代理人、诉讼代理人发表意见
		法庭依次就被申请人是否实施了危害公共安全或者严重危害公民人身安全的暴力行为、是否属于依法不负刑事责任的精神病人、是否有继续危害社会的可能进行调查
	审理后的处理	被申请人要求出庭,法院经审查其身体和精神状态,认为可以出庭的,应当准许。出庭的被申请人,在法庭调查、辩论阶段,可以发表意见
		检察院申请启动: 被申请人具有完全或者部分刑事责任能力,依法应当追究刑事责任的,应当作出驳回强制医疗申请的决定,并退回检察院依法处理
		法院自行启动: 被告人具有完全或者部分刑事责任能力,依法应当追究刑事责任的,应当依照普通程序继续审理
		被告人属于依法不负刑事责任的精神病人,但不符合强制医疗条件的,应当判决宣告被告人无罪或者不负刑事责任;被告人已经造成危害结果的,应当同时责令其家属或者监护人严加看管和医疗
		一审法院判决被告人不负刑事责任,同时决定强制医疗,检察院提出抗诉,同时被决定强制医疗的人、被害人及其法定代理人、近亲属申请复议的,二审法院应当依照第二审程序一并处理
处理方式		法院作出是否强制医疗的决定
执行		法院决定强制医疗的,应当在决定后5日内,向公安机关送达强制医疗决定书和强制医疗执行通知书,由公安机关将被决定强制医疗的人送交强制医疗
救济		被强制医疗的人、被害人及其法定代理人、近亲属对强制医疗决定不服的,可以自收到决定书第二日起5日内向上一级法院申请复议,复议期间不停止执行强制医疗的决定
强制医疗程序的解除	医疗机构提出申请解除	强制医疗机构应当定期对被强制医疗的人进行诊断评估。对于已经不具有人身危险性,不需要继续强制医疗的,应当及时提出解除意见
	被强制医疗人申请解除	被强制医疗的人及其近亲属有权申请法院解除强制医疗
	对解除医疗申请的审查	强制医疗机构提出解除强制医疗意见,或者被强制医疗的人及其近亲属申请解除强制医疗的,法院应当审查是否附有对被强制医疗的人的诊断评估报告
		强制医疗机构提出解除强制医疗意见,未附诊断评估报告的,法院应当要求其提供
		被强制医疗的人及其近亲属向法院申请解除强制医疗,强制医疗机构未提供诊断评估报告的,申请人可以申请法院调取。必要时,法院可以委托鉴定机构对被强制医疗的人进行鉴定
	决定解除主体	申请解除强制医疗的,应向决定强制医疗的法院提出,由其决定是否解除
	再次申请	解除强制医疗申请被法院驳回,6个月后再次提出申请的,法院应当受理

续表

检察监督	检察院认为强制医疗决定或者解除强制医疗决定不当，在收到决定书后20日以内提出书面纠正意见的，法院应当另行组成合议庭审理，并在1个月以内作出决定
期限	法院审理期限、上一级法院对复议审查期限、法院审查是否解除医疗期限以及检察院监督后的法院重审均为1个月

真题选练（2017-2-41，单选）

甲在公共场所实施暴力行为，经鉴定为不负刑事责任的精神病人，被县法院决定强制医疗。甲父对决定不服向市中级法院申请复议，市中级法院审理后驳回申请，维持原决定。关于本案处理，下列哪一选项是正确的？

A. 复议期间可暂缓执行强制医疗决定，但应采取临时的保护性约束措施

B. 应由公安机关将甲送交强制医疗

C. 强制医疗6个月后，甲父才能申请解除强制医疗

D. 申请解除强制医疗应向市中级法院提出

【答案】B

巩固提升

"百闻不如一见，百看不如一练。"下载嗨学课堂APP，多多做题，勤于思考，善于总结，方能学以致用，一举通关！

国家统一法律职业资格考试

百日通关攻略

14天突破行政法

嗨学法考 组编　　申验 编著

中国人民大学出版社
·北京·

图书在版编目（CIP）数据

国家统一法律职业资格考试·百日通关攻略. 14 天突
破行政法/嗨学法考组编；申验编著. --北京：中国
人民大学出版社，2021.12
　ISBN 978-7-300-30071-9

　Ⅰ. ①国… Ⅱ. ①嗨… ②申… Ⅲ. ①行政法-中国
-资格考试-自学参考资料 Ⅳ. ①D92

　中国版本图书馆 CIP 数据核字（2021）第 250322 号

国家统一法律职业资格考试·百日通关攻略·14 天突破行政法
嗨学法考　组编
申　验　编著
Guojia Tongyi Falü Zhiye Zige Kaoshi·Bairi Tongguan Gonglüe·14 Tian Tupo Xingzhengfa

出版发行	中国人民大学出版社			
社　　址	北京中关村大街 31 号		邮政编码	100080
电　　话	010 - 62511242（总编室）		010 - 62511770（质管部）	
	010 - 82501766（邮购部）		010 - 62514148（门市部）	
	010 - 62515195（发行公司）		010 - 62515275（盗版举报）	
网　　址	http://www.crup.com.cn			
经　　销	新华书店			
印　　刷	涿州市星河印刷有限公司			
规　　格	185 mm×260 mm　16 开本		版　　次	2021 年 12 月第 1 版
印　　张	8.5		印　　次	2021 年 12 月第 1 次印刷
字　　数	191 000		定　　价	258.00 元（全 8 册）

目　录

导　言

　　行政法是法考的重要内容之一，历年在法考中的分值占 60 分左右。行政法也是考生最头疼的科目之一。行政法好难，行政法好乱，行政法考点好多，都是考生吐槽的槽点。其实，行政法看似散乱，但也有自己完整的体系和脉络。只要你理清行政的脉络，了解行政法的体系，掌握行政法各部分之间的有机联系，行政法并不是你所想象的那么难。行政法入门难，但真正入门后学习起来反而不像民法、刑法那样难以把握。下面我就谈谈行政法的学习方法，以供大家学习、备考之需。

　　第一，学习行政法要了解行政法的内容。我们知道行政法是规范行政关系的法，而行政法大致分为三个部分，即行政组织法、行政行为法和行政救济法。行政组织法主要包括行政主体（含公务员）、行政相对人和行政相关人（利害关系人）。行政主体主要指行政机关、公务员、法律法规授权组织和行政委托组织。行政行为主要包括抽象行政行为和具体行政行为，抽象行政行为包括行政立法（行政法规和行政规章）和其他规范性文件。具体行政行为主要有行政处罚、行政许可、行政强制、行政合同、行政征收、行政征用、行政指导、行政裁决、政府信息公开等。行政救济法主要指行政复议法、行政诉讼法和国家赔偿法。

　　第二，学习行政法要知道行政法的形式特点。从形式上讲，与民法、刑法不同，行政法是一个没有统一法典的法律部门。从法律渊源上讲，上至宪法下至规范性文件，都可以成为行政法的渊源。但从法考的要求看，法考大纲列举了 16 部法律、法规和 17 个司法解释。从我们复习法考的角度看，需要重点掌握的也就是公务员法、行政处罚法、行政许可法、行政强制法、政府信息公开条例、行政复议法、行政诉讼法和国家赔偿法等法律法规和最高人民法院关于行政诉讼法的司法解释。以上法律法规和司法解释，前期学习时最好能逐条研读，在理解中记忆。大纲所列其他法律法规和司法解释无须逐条研读。

　　第三，学习行政法要深刻领会行政法的实质是控制和规范行政权力，这是理解、掌握行政法的一把金钥匙。行政法的全部理论、原则、制度都是围绕这一主题展开的。行政法的基本理念是控制和规范行政权力，行政法的六大基本原则全部围绕控权展开，行政法的全部制度也是为控权保民而设计。行政组织法，从权力的源头规范和控制行政权力，坚持行政权来源于法律，无法律则无行政的原则，在公权领域，树牢"法无授权即禁止"的观念。行政行为法，在行政权力运行的过程中规范和控制行政权力，让行政相对人、行政相关人充分利用程序权利，即陈述权、申辩权、听证权，规范、控制行政权力，保护自己的合法权利。行政救济法，通过行政复议、行政诉讼和国家赔偿制度，规范和控制行政权力，保护人民的权利。这样，整个行政法律制度，从行政权力运行的事前、事中、事后全过程，通过立法权、相对人的程序权利和司法权控制与规范了行政权力。理解了控权的思想，就掌握了学习、领悟行政法的金钥匙。从控权的角度，再去看行政法的体系和框架，是不是觉得有一种豁然开朗的感觉？

在掌握了行政法的内容、形式和实质后，就要掌握学习方法和技巧。不学法律的人对学习法律的人有一个误解，认为学习法律必须得背大量的法条。一部民法典就一千多条，哪里背得过来！在理解中记忆，在记忆中理解，才是学习法律的不二法门。我一直认为，在部门法中，所有的法理都会在条文中体现，而所有的法条，除了那些纯技术性规定外，背后一定有法理支撑。学习法律，尤其是学习部门法，研读和理解法条，是学习和掌握这门法律的关键。在理解法理时研读法条，在研读法条时领会法理，才能真正学习好部门法，才能在考试时对即使没学过的法律规定，凭推理作答也能对个八九不离十。在考试中猜测答案是一种能力，正确率不是靠运气，而是靠实力。这种实力是建立在对法理、法条的深刻领悟基础上的。

专题一

行政法基础理论

 本专题导读

本专题涉及行政法最基本的三个概念——行政、行政法和行政法原则，要求考生理解和掌握行政的含义、行政法体系、行政法法律渊源、行政法各项基本原则的内涵，并熟练运用行政法理论的基本原则分析判断行政法的实务问题，核心考点在于行政法原则的应用。

 知识点

一、行政

关于行政的含义，有许多不同的表述，《现代汉语词典》对行政的释义是：行使国家权力；机关、企业、团体等内部的管理工作。[①] 我们在这里讲的是行政法意义上的行政。行政法意义上的行政，是学习行政法的逻辑起点，理解和掌握行政的概念，才能学习和掌握行政法这门学科。

行政是指行使社会公权力的组织（行政法所指称的行政主体，指行政机关和法律、法规授权组织）为实现公共利益而实施的管理、执行等活动。理解行政的概念，要从行政的主体即行政主体（国家行政机关或法律、法规授权组织）、目的是为了实现公共利益、手段上是行使公权力这三个特点去理解。

为了更进一步理解行政的概念，我们再阐述行政的外延。行政包括公行政和私行政，私行政由其他法律（主要是私法）调整，公行政属于行政法调整的对象。公行政包括国家行政和公共行政两部分。首先了解国家行政的外延，在国家权力运行的所有领域，一般把

---

① 中国社会科学院语言研究所词典编辑室编. 现代汉语词典. 7 版. 北京：商务印书馆，2016：1466.

国家分为立法、司法、行政三个部分，我国2018年宪法修改后，又多出了监察权。我们以传统的三权分立学说为例，立法权、司法权之外的国家权力都是行政权。以机关为识别标准，在所有的国家机关中，先把立法机关和司法机关识别出来，在西方，立法机关一般是国会或议会；司法机关在西方一般仅指法院。在我国，立法机关一般指人民代表大会及其常务委员会〔人大及其常委会一般被认为是国家权力机关，有立法权的三级人大及其常委会（国家、省级、设区的市）也被称为立法机关〕，司法机关是指检察院和法院、监察委员会，其他所有的国家机关都属于行政机关。行政机关的所有行为均被视为行政行为，这种区分，称为形式意义上的行政，或者机关意义上的行政。但是，这种区分有一定的缺陷。因为在现代社会，立法机关、司法机关和行政机关行使的并不完全是立法权、司法权及行政权，三大机关也会行使其他各类权力，作出本机关职权之外的行为。比如立法机关和司法机关都会有一些行政管理行为，司法机关还会行使实质立法权（制定司法解释），行政机关更是集立法权（行政立法）、司法权（行政裁决）和行政权于一身。那么我们就需要一个弥补机关意义标准缺陷的标准，也就是行为标准或者实质意义标准，从而判断某一行为是立法、司法还是行政。立法是制定规则的行为，司法是裁决纠纷、解决争议的行为，其余的均是行政行为。

我们识别行政法意义上的行政有两个标准，一是形式（机关）意义上的行政，凡是除立法、司法（再加上监察）机关之外的国家机关都是行政机关，它们所有的行政均为行政法意义上的行政；二是实质（行为）意义上的行政，除立法行为、司法行为之外的所有国家权力运行均为行政行为，均属于行政法意义上的行政。以形式意义标准为主，以实质意义标准为补充，就可以理解和掌握行政法意义上的行政的外延了。

在法律职业资格考试中，一般不会直接考行政的概念，但会以其他方式考查考生是否掌握了行政的概念。2020年主观题第五题即涉及了对行政概念的理解。

2013年7月1日，为了实施旧城规划，甲市乙区政府发布了《国有土地上房屋征收公告》，决定对该项目范围内的国有土地上的房屋实施征收。个体工商户黄某的厂房（房屋所有权登记在黄某名下）刚好位于该征收范围内。

区管委会设立的拆迁事务所负责此次征拆事宜，对黄某的厂房负责丈量、登记等工作，并与黄某共同商定选择了房屋评估机构，评估该房屋价格为260万元。2015年4月29日，拆迁事务所与黄某签订了《资产征购协议书》，协议明确补偿金额为300万元。同时双方约定，如果发生争议，先协商解决，如协商不成，任何一方有权向某仲裁机构申请仲裁。后黄某反悔，认为补偿价格过低，向法院提起诉讼，请求确认合同无效。经法院审查，乙区政府授权乙区管委会负责本次征收工作，同时乙区管委会是甲市政府的派出机构。

另外，黄某向乙区政府申请其他被征收人的补偿情况，乙区政府以涉及其他被征收人的隐私为由拒绝公开。

本题第3问：《资产征购协议书》是否属于行政协议？为什么？

这道题的考点涉及了行政的概念。《最高人民法院关于审理行政协议若干问题的规定》中对行政协议的定义是：行政机关为了实现行政管理或者公共服务目标，与公民、法人或者其他组织协商订立的具有行政法上权利义务内容的协议。其要点就是为实现行政管理或者公共服务目标和具有行政法上权利义务内容。

二、行政法

行政法是关于行政的法，或者说是调整行政关系的法。从内容上讲，行政法包括行政法主体（行政主体、行政相对人、利害关系人、行政监督救济主体），行政管理关系（主要是指各种行政行为）和行政监督、行政救济。从形式上讲，行政法没有统一的法典，其渊源散见于上至宪法下至规范性文件的几乎所有法律规范中。从实质上讲，行政法是控制和规范行政权力的法。有人说，掌握行政法，深刻理解两句话就可以：官管民、民告官。其实，中间还得加上一句，法控权。官管民、法控权、民告官，这样才能真正体现行政法的全部内核和精神。其中，核心是法控权。法律约束行政权力、行政机关和行政官员，才是行政法的全部要义，只要抓住了这个主线，就能学好行政法，考好行政法。

三、行政法的渊源

行政法是难以制定统一法典的法，其原因主要有三：一是行政法（近现代意义上的行政法）相对于民法、刑法等部门法比较年轻，理论尚不成熟，不足以支撑制定一部法典；二是行政法调整的社会关系非常复杂，统一法典难以包容；三是行政法所应对的管理对象变化频繁，而法典追求稳定，所以只能使用多层级的法源应对，用法律应对相对稳定的社会关系，而用层级相对较低但制定、修改效率更高且适用性更强（包括应对专业性和地方性问题）的法规和规章甚至层级更低的规范性文件来应对。因此，与其他部门法相比，行政法的渊源呈现出更加多样化的形态。

行政法的成文法渊源包括宪法、法律、行政法规、地方性法规、地方政府规章、国务院部门规章、自治条例、单行条例、经济特区法规、国际条约和协定、法律解释（包括立法解释、司法解释和行政解释）。不成文法渊源有法律原则、法学理论、政策、习惯和惯例、判例。

宪法中关于国务院的组成和职权、地方各级人民政府的相关规定，是行政法的直接法源，这是行政法与其他部门法的一个区别。一般来说，宪法不会成为其他部门法的直接法源。法律由全国人民代表大会及其常务委员会制定，全国人大制定基本法律，全国人大常委会制定其他法律。国务院制定行政法规，国务院部门（含国务院组成部门、有行政管理职能的直属机构和直属事业单位）制定部门规章，省级地方人大及其常委会和设区的市（自治州）的人大及其常委会制定地方性法规，省级政府及设区的市的政府（含自治州政府，中山、东莞、嘉峪关市政府）制定地方政府规章，民族自治地方（自治区、自治州、自治县）的人大及其常委会制定自治条例和单行条例。经全国人大授权的经济特区所在的省、市人大及其常委会制定经济特区法规。

在法考中，不成文法渊源一般不属于考查范围，成文法渊源中需要重点掌握的是法律、法规和规章，特别是它们之间发生冲突时的处理。其中宪法效力最高，法律次之，行政法规又次之。

解决法律冲突的三项原则：上位法优于下位法、新法优于旧法、特别规定优于一般规定。但在处理部门规章、地方性法规、地方政府规章之间的冲突上，这三项原则并不能解决所有问题。

新法优于旧法、特别法优于一般法的前提是它们属于同一位阶的法律规范，不同位阶的规范是不能适用这两个原则的。而部门规章、地方性法规、地方政府规章之间通常没有上下位的问题。按《立法法》的规定，当部门规章和地方政府规章之间发生冲突时，由国务院裁决适用哪一个规范，这是因为国务院是中央人民政府，既是国务院部门的上级，又是地方各级人民政府的上级，国务院当然有权裁决这两种规章之间的冲突。同级地方性法规和地方政府规章发生冲突时可以按上位法优于下位法的原则处理，地方性法规效力优于地方政府规章。当国务院部门规章与地方性法规发生冲突时，先报国务院处理，国务院认为适用地方性法规时，就适用地方性法规，认为需要适用部门规章时，则须报全国人大常委会决定。这是因为国务院是国务院部门的上级，有权改变其部门规章，所以国务院认为需要适用地方性法规时有权决定直接适用，而认为需要适用部门规章时，国务院并不是地方人大的上级，只能报全国人大常委会决定。

经济特区法规和自治条例、单行条例的情况又不同于上述规范。因为改革开放的需要，全国人大授权经济特区人大及其常委会有权制定一些不同于全国性法律规定的变通规定，当经济特区法规与法律、行政法规冲突时优先适用经济特区的法规。实行民族区域自治的地方人大及其常委会，可以根据本民族自治地方的特点，有权制定变通法律、行政法规等上位法规定的规范。

四、行政法的基本原则

法考大纲中对行政法基本原则的要求是了解和理解行政法基本原则的概念和作用、行政法基本原则和民法基本原则的区别、行政法各基本原则的要求，熟悉并能够运用基本原则分析判断行政法的相关问题。

（一）合法行政原则

合法行政原则是指政府的一切行政行为都应当依法而为，受法之约束。合法行政原则包含三个内容或者说子原则：一是法律创制，指行政权力来源于法律的授权，无法律则无行政，法律对行政权的运作、产生具有绝对有效的约束力，行政权不可逾越法律而行为。相较于私法领域，对于人民而言，法无禁止即自由；而对于行政权，则是法无授权即禁止。二是法律优先，指法律位阶高于行政法规、行政规章和行政命令，一切行政行为不得与法律相抵触。三是法律保留，指某些非常重要的事项，如对公民人身自由的限制、基本经济制度、司法制度等事项，只能由法律规定，而不能假手、授权给行政机关行使，《立法法》第 8 条就是非常典型的法律保留的规定。［第 8 条 下列事项只能制定法律：（一）国家主权的事项；（二）各级人民代表大会、人民政府、人民法院和人民检察院的产生、组织和职权；（三）民族区域自治制度、特别行政区制度、基层群众自治制度；（四）犯罪和刑罚；（五）对公民政治权利的剥夺、限制人身自由的强制措施和处罚；（六）税种的设立、税率的确定和税收征收管理等税收基本制度；（七）对非国有财产的征收、征用；（八）民事基本制度；（九）基本经济制度以及财政、海关、金融和外贸的基本制度；（十）诉讼和仲裁制度；（十一）必须由全国人民代表大会及其常务委员会制定法律的其他事项。］

合法行政原则是行政法最重要的基本原则，是行政法基本原则区别于民法基本原则的最明显标志。

（二）合理行政原则

合理行政原则是指行政行为应当具有最低限度的理性，所谓最低限度的理性是指行政行为应当具有一个正常理智的普通人所能达到的合理与正当，并且能够符合科学公理和社会公德。合理行政属于实质行政法治的范畴，实质法治是指没有通过文本的形式确立下来的法律精神、价值与理念，而形式法治是指成文法的法律规则。

合理行政原则包括三个子原则：

1. 公平公正原则

公平公正原则要求行政机关平等地对待行政相对人，不偏私、不歧视。就是同样情况同样对待，不同情况不同对待。比如，不同的行政相对人在同样的时间、地点作出同样的违法行为，行政机关应当给予同样的处罚而不能偏私。

2. 考虑相关因素原则

考虑相关因素原则要求行政机关在作出行政行为和进行行政裁量时，只考虑与行政行为的目的相关的因素，而不能考虑不相关的因素。行政相对人在违反行政管理秩序时，行政机关进行处罚应当考虑的相关因素包括是否初次违法、违法行为造成的后果、违法行为人是否采取措施避免损失的扩大等因素，而不考虑这个人的性别、年龄、民族、籍贯、宗教信仰等不相关因素。

3. 比例原则

比例原则是指行政机关实施行政行为应当兼顾行政目标的实现和保护行政相对人的权益，如为实现行政目标可能对相对人权益造成某种不利影响时，应使这种不利影响在尽可能小的范围和限度内，保证二者处于适度的比例。[①] 比例原则包含三个子原则：一是适当性，也叫合目的性，即行政机关实施行政行为的手段应当能够达到行政目的，即不可南辕北辙。二是必要性，也叫最小侵害原则，即行政机关为达成行政目的所实施的手段，如果有多个选择，应当选择对相对人权益损害最小的手段。三是均衡性，也称狭义比例原则，是指行政机关为达成行政目的所带来的公共利益，应当与所损害的私人利益进行比较，如果公益更大则可以实施，如果私益更大，则不应实施，这是比例原则的精髓。

真题

关于比例原则的要求，下列说法正确的有：

A. 行政机关行使裁量权所采取的具体措施必须符合法律目的

B. 行政机关所选择的具体措施和手段应当为法律所必需

C. 行政机关在可以采用多种方式实现某一行政目的的情况下，应当采用对当事人权益损害最小的方式

D. 行政机关作出行政处罚应当听取当事人意见

① 姜明安. 行政法与行政诉讼法学. 北京：北京大学出版社，高等教育出版社，2005：71.

【解析】

比例原则有三方面的要求，这三个内涵是分层次的递进关系：第一，合目的性。是指行政机关行使裁量权所采取的具体措施必须符合法律目的。比如某地发生禽流感，为防止疫情蔓延，在一定范围内扑杀所有家禽，即为合目的性。但如果政府为了做到绝对安全，要求扑杀该地区范围内所有家畜，即违反合目的性的要求。第二，适当性。是指行政机关所选择的具体措施和手段应当为法律所必需，结果与措施和手段之间存在着正当性。为达到这一要求，就需要行政机关根据具体情况，判断拟采取的措施对达到结果是否有利和必要。第三，损害最小。是指行政机关在可以采用多种方式实现某一行政目的的情况下，应当采用对当事人权益损害最小的方式，即行政机关能用轻微的方式实现行政目的，就不能选择使用手段更激烈的方式。因此，A、B、C 选项均正确。

D 选项中行政机关作出行政处罚应当听取当事人意见是程序正当原则中"公众参与"的体现，不符合题意。

【答案】 ABC

合理行政原则是为了控制和规范行政自由裁量权。现代法治国家，行政机关明目张胆地违法行政的情况并不常见，但由于成文法的固有缺陷，立法机关不得不大量、大幅度地赋予行政机关自由裁量权，而自由裁量权就成为行政机关侵犯人民权利的重灾区。现代行政中积极行政、给付行政的大量出现，更使合理行政原则成为控制和规范行政权力的重要原则。

（三）程序正当原则

程序正当原则起源于英国的自然公正原则，主要有两个内容：一是在作出影响他人权利义务的决定之前，应当听取他人的意见，由此发展出了听证制度；二是任何人不能做自己的法官，由此发展出了回避制度。

在我国，程序正当原则包含了三个方面的要求：

一是行政公开。除了涉及国家秘密、商业秘密和个人隐私之外，行政机关进行行政管理时应当做到信息公开，以保护公民、法人和其他组织的知情权。信息公开包括行政管理的依据要公开、行政管理的过程要公开、行政管理的结果要公开。同时，政府在行政管理过程中所形成、获取的信息，也应当依法公开。

二是公众参与。行政机关在作出行政行为（包括抽象行政行为和具体行政行为）时，尤其是作出可能影响相对人权利义务的决定之前，应当听取行政相对人的陈述、申辩，作出有较大影响的行政行为前，还应当保障相对人的听证权。行政相对人的程序权利主要有获取通知权、陈述权、申辩权、申请听证权、监督权等。

三是回避制度。行政机关工作人员如果与处理的行政事务有某种利益关系，可能影响公正执法的，应当主动回避，相对人、利害关系人也有权申请其回避，行政机关也有权要求其回避。

📝 真题

程序正当是当代行政法的基本原则，遵守程序是行政行为合法的要求之一。下列哪些做法违背了这一要求?

　　A. 某环保局对当事人的处罚听证,由本案的调查人员担任听证主持人

　　B. 某县政府自行决定征收永久基本农田 35 公顷

　　C. 某公安局拟给予甲拘留 10 日的治安处罚,告知其可以申请听证

　　D. 乙违反治安管理的事实清楚,某公安派出所当场对其作出罚款 500 元的处罚决定

【解析】

　　程序正当是当代行政法的主要原则之一。它要求行政机关实施行政行为时依照法定程序进行,不得违反回避、公开等规定,保证相对人的陈述权、申辩权和听证权。

　　A 选项当选。根据《行政处罚法》的规定,听证由行政机关指定的非本案调查人员主持;当事人认为主持人与本案有直接利害关系的,有权申请回避。本题中,某环保局可以举行听证,但程序上听证主持人的选任有错误,案件调查人员不得担任听证主持人,该选项表述违反了程序正当原则。

　　B 选项不当选。根据《土地管理法》的规定,征收永久基本农田的,由国务院批准。该选项表述违反合法行政原则,而不是违反程序正当原则。

　　C 选项不当选。根据《治安管理处罚法》的规定,治安拘留不是法定听证事项,公安机关不予听证不违法,公安机关主动听证更不违反程序正当原则。

　　D 选项当选。根据《行政处罚法》的规定,违法事实确凿并有法定依据,对公民处以 200 元以下、对法人或者其他组织处以 3 000 元以下罚款或者警告的行政处罚的,可以当场作出行政处罚决定。法律另有规定的,从其规定。根据《治安管理处罚法》第 100 条的规定,违反治安管理行为事实清楚,证据确凿,处警告或者 200 元以下罚款的,可以当场作出治安管理处罚决定。本题中,某公安派出所作出的是罚款 500 元的处罚决定,因此不能当场作出,该项表述违反了程序正当原则。

　　【答案】 AD

(四) 高效便民原则

　　高效便民其实是高效和便民两个原则。高效是指行政机关在工作中应当提高工作效率,积极履行法定职责,禁止不作为或者不完全作为,遵守法定时效,不延迟,不推诿。便民则是指行政机关在行政活动中要尽量减轻当事人的负担,便利人民群众办事。如许多行政机关实行的首问负责、只跑一次等便民制度都是高效便民原则的体现。

📑 真题

　　高效便民是行政管理的基本要求,是服务型政府的具体体现。下列哪些选项体现了这一要求?

　　A. 简化行政机关内部办理行政许可流程

　　B. 非因法定事由并经法定程序,行政机关不得撤回和变更已生效的行政许可

　　C. 对办理行政许可的当事人提出的问题给予及时、耐心的答复

　　D. 对违法实施行政许可给当事人造成侵害的执法人员予以责任追究

【解析】

A选项正确。简化行政机关内部办理行政许可的流程，是行政效率原则的体现，通过简化流程，使行政机关在办理行政许可时的效率得以提高，更高效地完成行政许可的办理。

B选项错误。该选项表述的是诚实守信原则。诚实守信原则中的守信即信赖利益保护原则要求行政机关的行为不能随意改变，因情势改变，政策、法律改变而必须改变的，须经法定程序才能进行变更。

C选项正确。对办理行政许可的当事人提出的问题给予及时、耐心的答复，是便利当事人原则的体现，使行政活动中的当事人的负担得以减轻、疑惑得以解答，充分体现了服务型政府的核心要求。

D选项错误。行政机关违法或者不当行使职权，应当依法承担法律责任，体现的是权责统一原则。该原则的基本要求是行政权力和法律责任的统一，即执法有保障、有权必有责、用权受监督、违法受追究、侵权须赔偿。

【答案】AC

（五）诚实守信原则

诚实就是不欺骗，政府公开的信息应当全面、真实、客观、及时。守信就是要信守承诺，保护人民的信赖利益。不能出尔反尔、不能言而无信、不能朝令夕改。公民、法人和其他组织因相信政府作出的某一行为而由此安排了自己的学习、工作、生活，就产生了信赖利益，政府不可随意更改自己的行为，如果因为情势的变化，政策、法律的改变而必须变更的，应当给相对人合理的补偿。

📑 **真题**

马某购买了幸福小区的一套商品房，并获得了房屋所有权证，但为了修建高铁需要将该幸福小区予以拆迁，区政府依法及时给予马某补偿金，这体现了哪项基本原则？

A. 高效便民
B. 程序正当
C. 诚实守信
D. 权责一致

【解析】

诚实守信原则由"诚实"（讲真话）和"守信"（不朝令夕改）两部分内容组成，其中"守信"指的是信赖利益保护原则，该原则要求当相对人因行政机关的先前行为而产生了信赖利益时，该信赖利益即应保护，非因法定事由并经法定程序，行政机关不得撤销、变更已经生效的行政决定；因国家利益、公共利益或者其他法定事由需要撤回或者变更行政决定的，应当依照法定权限和程序进行，并对行政相对人因此受到的财产损失依法予以补偿。本题中，区政府颁发所有权证后，因为公共利益（修建高铁）需要将房屋所有权证予以撤回，小区予以拆迁，政府对马某所受的损失予以补偿，这体现的是信赖利益保护原则，故C选项正确。

【答案】C

📑 **真题**

甲省乙市政府发布通知，对直接介绍外地企业到本市投资的单位和个人按照投资项目实际到位资金金额的千分之一给予奖励。经张某引荐，某外地企业到乙市投资，但市政府拒绝支付 5 万元的奖励金。下列选项正确的有：

A. 市政府的行为违反诚实守信原则

B. 张某应当向省政府申请行政复议

C. 如果张某提起行政诉讼，行政机关负责人不出庭，法院可以传唤其出庭

D. 如果张某提起行政诉讼，法院应当适用简易程序进行审理

【解析】

行政机关应当遵守诚实守信原则，对作出的承诺应当信守。根据诚实守信原则中的信赖利益保护原则，行政机关对相对人根据行政机关先前作出的行为而安排了自己的生活、工作、学习而产生的信赖利益应予保护。因此，市政府的行为违背了信赖利益保护原则，故 A 选项正确。

乙市政府的上一级行政机关为甲省政府，所以，在市政府为被申请人的情况下，复议机关应当为省政府，B 选项正确。

行政机关负责人不出庭应诉的，法院的正确做法是记录在案和在裁判文书中载明，并可以建议上级行政机关和监察机关依法作出处理，同时还可以向社会公告，而不是传唤负责人出庭。故 C 选项错误。

根据《行政诉讼法》的规定，适用简易程序的案件有：（1）被诉行政行为是依法当场作出的；（2）案件涉及款额 2 000 元以下的；（3）属于政府信息公开案件的；（4）当事人各方同意适用简易程序的一审行政案件。本题既不满足法定简易程序条件，也不满足约定简易程序条件，不应当适用简易程序进行审理。故 D 选项错误。

【答案】 AB

真题

行政机关公开的信息应当准确，是下列哪一项行政法原则的要求？

A. 合理行政　　　　　　　　B. 高效便民

C. 诚实守信　　　　　　　　D. 程序正当

【解析】

诚实守信原则可分为行政信息真实原则和保护公民信赖利益原则两个子原则。具体表现为：行政机关公布的信息应当全面、准确、真实。本题中，行政机关公开的信息应当准确是诚实守信原则的要求。

【答案】 C

（六）权责统一原则

权即行政权力，行政机关从事行政管理工作必须拥有一定的执法权力和措施，必须拥有一定的行政强制力和行政优益权，否则不能进行正常的行政管理，因此法律赋予了行政机关一定的执法权力和措施。责即责任，用权必须承担相应的责任，即有权必有责、用权受监督、违法受追究、侵权须赔偿。行政机关享有法律授予权力的同时，必须承担一定的责任，做到权责统一。

专题二
行政机关组织法

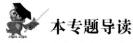

本专题导读

本专题的核心考点是中央行政机关及地方行政机关机构的设立权限、派出机构的地位以及行政授权与行政委托的区别。本专题在考试中的题目类型主要是选择题，相关法律法规是《国务院机构设置编制条例》和《地方各级人民政府机构设置和编制管理条例》。

知识点

一、概述

（一）行政主体

行政主体是指能够以自己的名义实施国家行政管理职能并承担相应法律后果的国家行政机关和社会组织。行政主体不是一个法律概念而是一个学理概念，但它是行政法学中常用的一个概念，我们应当对它有所了解和掌握。其最重要的一个实用价值就是确定能不能成为行政诉讼的被告。我国行政法学的语境下，能做行政诉讼被告的是行政主体，不能做的就不是。在我国，行政主体包括行政机关和法律、法规授权组织。2014 年《行政诉讼法》修改以后，使用了法律、法规、规章授权组织的概念，因为表述习惯，我们依然使用法律、法规授权组织这一概念。

（二）行政机关

行政机关是指依宪法或行政组织法的规定而设置的行使国家行政职能的国家机关。行政机关是最主要的行政主体，它是依宪法或法律设置的，天然就具有行政主体资格，按照宪法或法律的授权行使国家行政权。与法律、法规授权组织相比，我们可以称它们为"正规军"。

（三）法律、法规授权组织

法律、法规授权组织是指依具体法律、法规授权而行使特定行政职能的非国家机关组织。第一，它是非国家机关组织，即它可以是事业单位，可以是人民团体，也可以是企业。第二，授权它行使的是特定的行政职能而非一般性行政职能，即职能的特定性和有限性。第三，它只有在行使行政职能时才具有行政主体资格，不行使行政职能时就不具有行政主体资格。

（四）行政委托的组织

受委托组织是指受行政机关委托行使一定行政职能的非国家行政机关的组织。受委托组织以委托行政机关的名义行使行政职能，其所产生的法律后果由委托行政机关承担。受委托组织与法律、法规授权组织最大的区别就是法律、法规授权组织是行政主体，以自己的名义行使行政职能，自己独立承担相关法律责任；受委托组织不是行政主体，不能以自己的名义行使行政职能，也不能自己承担相应的法律责任。

需要注意的是，在行政诉讼制度中，行政机关授权的内设机构和派出机构，有时也被视为行政委托组织。

（五）行政相对人

行政相对人是指在行政管理法律关系中与行政主体相对应的另一方当事人，即行政主体的行政行为影响其权利义务的公民、法人和其他组织。

（六）行政相关人（利害关系人）

行政相关人是指虽然不是行政管理法律关系中与行政主体相对应的一方，但行政行为对其权利、义务会产生一定的影响，也就是所谓的与行政行为有利害关系的公民、法人和其他组织。利害关系人在行政程序、行政复议和行政诉讼中都有很重要的法律地位，我们也必须了解、掌握好这一概念。

二、中央行政机关

（一）概述

中央行政机关是国务院和国务院所属机构的总称，国务院通常在宪法中考查，国务院所属机构在行政法中考查。针对国务院所属机构主要考查两个方面的内容：一是国务院所属机构的法律地位；二是国务院所属机构的编制管理。

国务院所属机构分为国务院办公厅、国务院组成部门、国务院直属机构、国务院议事协调机构、国务院办事机构、国务院直属事业单位几类，另外还有国务院组成部门管理的行政机构。

国务院办公厅协助国务院领导处理国务院日常工作。

（二）国务院组成部门、直属机构、办事机构

国务院组成部门依法分别履行国务院基本的行政管理职能。国务院组成部门包括各部、各委员会、中国人民银行和审计署。

国务院直属机构主管国务院的某项专门业务，具有独立的行政管理职能。

国务院办事机构协助国务院总理办理专门事项，不具有独立的行政管理职能。

（三）国务院组成部门管理的行政机构和议事协调机构

国务院组成部门管理的国家行政机构主管特定业务，行使行政管理职能。

国务院议事协调机构承担跨国务院行政机构的重要业务工作的组织协调任务。国务院议事协调机构议定的事项，经国务院同意，由有关的行政机构按照各自的职责负责办理。在特殊或者紧急的情况下，经国务院同意，国务院议事协调机构可以规定临时性的行政管理措施。

（四）国务院组成部门的设立、撤销、合并

国务院组成部门的设立、撤销或者合并由国务院机构编制管理机关提出方案，经国务院常务会议讨论通过后，由国务院总理提请全国人民代表大会决定；在全国人民代表大会闭会期间，提请全国人民代表大会常务委员会决定。

（五）国务院直属机构、办事机构和部委管理的机构的设立、撤销、合并

国务院直属机构、国务院办事机构和国务院组成部门管理的国家行政机构的设立、撤销或者合并由国务院机构编制管理机关提出方案，报国务院决定。

国务院行政机构设立后，需要对职能进行调整的，由国务院机构编制管理机关提出方案，报国务院决定。

（六）司、处机构的设立、撤销、合并

国务院办公厅、国务院组成部门、国务院直属机构、国务院办事机构在职能分解的基础上设立司、处两级内设机构；国务院组成部门管理的国家行政机构根据工作需要可以设立司、处两级内设机构，也可以只设立处级内设机构。

国务院行政机构的司级内设机构的增设、撤销或者合并，经国务院机构编制管理机关审核方案，报国务院批准。

国务院行政机构的处级内设机构的设立、撤销或者合并，由国务院行政机构根据国家有关规定决定，按年度报国务院机构编制管理机关备案。

对于中央行政机关的编制管理，可以这样记忆：除了"两头"，"中间"统归国管。"两头"是说最高的国务院组成部门的设立由全国人大及其常委会决定，最低的国务院行政机构的处级单位的设立由所属的部委行署局决定，其余的所有机构（含直属机构、办事机构、部门管理的机构、部委的司局等）均由国务院决定其设立。

🔖 真题

国家医疗保障局为国务院直属机构，下列选项说法错误的是：

A. 主管某项专门业务，具有独立的行政管理职能

B. 有权制定规章

C. 在业务上接受国家卫生健康委员会的管理

D. 要成立法规司，由国务院批准

【解析】

《国务院行政机构设置和编制管理条例》第 6 条第 4 款规定：国务院直属机构主管国务院的某项专门业务，具有独立的行政管理职能。A 选项正确。

《立法法》第 80 条第 1 款规定：国务院各部、委员会、中国人民银行、审计署和具有行政管理职能的直属机构，可以根据法律和国务院的行政法规、决定、命令，在本部门的权限范围内，制定规章。因此国家医疗保障局有规章制定权，故 B 选项正确。

国家医疗保障局为国务院直属机构，直接受国务院的领导和管理，不需要接受组成部门的管理，故 C 选项错误。

《国务院行政机构设置和编制管理条例》第 14 条第 1 款规定：国务院行政机构的司级内设机构的增设、撤销或者合并，经国务院机构编制管理机关审核方案，报国务院批准。因此，国家医疗保障局要成立法规司，应由国务院批准，故 D 选项正确。

【答案】C

📖 **真题**

海关总署为国务院的直属机构、正部级单位。关于海关总署的设立和编制管理，下列哪些选项是错误的？

A. 它的设立由全国人大或者全国人大常委会决定

B. 海关总署有权制定规章

C. 海关总署可以自行设立司级和处级内设机构

D. 海关总署编制的增加由国务院机构编制管理机关最终决定

【解析】

A 选项错误，当选。《国务院行政机构设置和编制管理条例》第 8 条规定：国务院直属机构、国务院办事机构和国务院组成部门管理的国家行政机构的设立、撤销或者合并由国务院机构编制管理机关提出方案，报国务院决定。因此，海关总署的设立由国务院决定。

B 选项正确，不选。《立法法》第 80 条第 1 款规定：国务院各部、委员会、中国人民银行、审计署和具有行政管理职能的直属机构，可以根据法律和国务院的行政法规、决定、命令，在本部门的权限范围内，制定规章。可知，海关总署作为国务院的直属机构有权制定规章。

C 选项错误，当选。《国务院行政机构设置和编制管理条例》第 14 条规定：国务院行政机构的司级内设机构的增设、撤销或者合并，经国务院机构编制管理机关审核方案，报国务院批准。国务院行政机构的处级内设机构的设立、撤销或者合并，由国务院行政机构根据国家有关规定决定，按年度报国务院机构编制管理机关备案。可知，海关总署的司级内设机构的设立应当由国务院来决定，处级内设机构的设立可以由海关总署来决定。

D 选项错误，当选。《国务院行政机构设置和编制管理条例》第 19 条规定：国务院行政机构增加或者减少编制，由国务院机构编制管理机关审核方案，报国务院批准。可知，海关总署编制的增加由国务院最终决定。

【答案】ACD

三、地方行政机关

地方行政机关是指在一定行政区域内由该行政地区人民代表大会产生的人民政府及其工作部门。主要有地方各级人民政府、地方政府的工作部门、地方政府的派出机关、地方政府的内设机构和议事协调机构、地方政府工作部门的内设机构和派出机构。

我国地方政府有省（自治区、直辖市）、设区的市（自治州、盟）、县（县级市、自治县、旗）、乡（镇）四级。县级以上地方政府设工作部门和内设机构。

（一）地方政府的机构设置

地方各级人民政府行政机构的设立、撤销、合并或者变更规格、名称，由本级人民政府提出方案，经上一级人民政府机构编制管理机关审核后，报上一级人民政府批准；其中，县级以上地方各级人民政府行政机构的设立、撤销或者合并，还应当依法报本级人民代表大会常务委员会备案。

地方各级人民政府的行政编制总额，由省、自治区、直辖市人民政府提出，经国务院机构编制管理机关审核后，报国务院批准。

地方各级人民政府根据调整职责的需要，可以在行政编制总额内调整本级人民政府有关部门的行政编制。但是，在同一个行政区域不同层级之间调配使用行政编制的，应当由省、自治区、直辖市人民政府机构编制管理机关报国务院机构编制管理机关审批。

地方各级人民政府议事协调机构不单独确定编制，所需要的编制由承担具体工作的行政机构解决。

对地方行政机关的编制管理需要记住：机构"设""撤""并""变"，上级批并报人大常委会备案；编制总额"国编办"核，国务院批；各级调整本级定，不同层级需"国编办"审批。

真题

甲省乙市政府拟将本市的环境资源管理局与国土资源局合并，应当报哪个机关予以批准？

A. 国务院
B. 甲省政府
C. 乙市人大常委会
D. 甲省人大常委会

【解析】

《地方各级人民政府机构设置和编制管理条例》第 9 条规定：地方各级人民政府行政机构的设立、撤销、合并或者变更规格、名称，由本级人民政府提出方案，经上一级人民政府机构编制管理机关审核后，报上一级人民政府批准；其中，县级以上地方各级人民政府行政机构的设立、撤销或者合并，还应当依法报本级人民代表大会常务委员会备案。乙市政府的上一级政府为甲省政府，故 B 选项正确。

【答案】B

真题

甲市某县环保局与水利局对职责划分有异议，双方协商无法达成一致意见。关于异议的处理，下列哪一说法是正确的？

A. 提请双方各自上一级主管机关协商确定
B. 提请县政府机构编制管理机关决定
C. 提请县政府机构编制管理机关提出协调意见，并由该机构编制管理机关报县政府决定

D. 提请县政府提出处理方案，经甲市政府机构编制管理机关审核后报甲市政府批准

【解析】

《地方各级人民政府机构设置和编制管理条例》第10条规定，地方各级人民政府行政机构职责相同或者相近的，原则上由一个行政机构承担。行政机构之间对职责划分有异议的，应当主动协商解决。协商一致的，报本级人民政府机构编制管理机关备案；协商不一致的，应当提请本级人民政府机构编制管理机关提出协调意见，由机构编制管理机关报本级人民政府决定。故C选项正确。

【答案】C

（二）派出机关

派出机关是由有权地方政府在一定行政区域内设立，代表设立机关管理该行政区域内各项行政事务的行政机构。派出机关具有行政主体资格。目前我国有地区行政公署、区公所和街道办事处三种派出机关。

省、自治区人民政府设立行政公署，相当于地级市政府；县、自治县人民政府设立区公所，介于县和乡镇政府之间；市辖区和县级市人民政府设立街道办事处，相当于乡镇一级的政府。现在区公所已经非常少见，地区行政公署也仅在新疆和西藏有所保留，只有街道办事处是常见的派出机关，城市里较为普及。

（三）派出机构

派出机构是地方人民政府（主要是县级人民政府）的工作部门设立的代表本部门行使一定行政职能的机构。常见的有公安派出所、市监所、税务所等。派出机构一般没有行政主体资格，通常以派出它的机关的名义开展工作，但在特殊情况下，法律、法规授权其行使某项行政职能时，也可以以自己的名义行使行政职权并独立承担法律责任，即可以成为行政复议的被申请人和行政诉讼的被告。这时，其法律地位相当于法律、法规授权的组织。

专题三

公务员法

 本专题导读

本专题需要考生掌握公务员的范围、录用、管理、处分和救济，在此基础上明确各项管理制度的基本内容，需要花费时间记忆。核心考点是公务员的录用、任职、交流、辞职、辞退、回避、处分和救济。考查方式为选择题。

 知识点

一、概述

(一)公务员的概念

公务员是指依法履行公职、纳入国家行政编制、由国家财政负担工资福利的工作人员。理解公务员的概念，要从履行公职、纳入编制、财政负担三个要点去把握。

在我国，公务员并不是专指行政机关的工作人员，中国共产党机关、人大、政协、法院、检察院、监察机关等党政机关工作人员符合履行公职、纳入编制、财政负担三个条件的，也属于公务员，但工勤人员不属于公务员。法律、法规授权的具有公共管理职能的事业单位（含经批准的人民团体、群众团体）中的工作人员，经批准参照公务员管理的，视为公务员。

(二)公务员的条件

(1) 具有中华人民共和国国籍；

(2) 年满 18 周岁；

(3) 拥护中华人民共和国宪法，拥护中国共产党领导和社会主义制度；

(4) 具有良好的政治素质和道德品行；

(5) 具有正常履行职责的身体条件和心理素质；

（6）具有符合职位要求的文化程度和工作能力；

（7）法律规定的其他条件。

（三）公务员的义务

（1）忠于宪法，模范遵守、自觉维护宪法和法律，自觉接受中国共产党领导；

（2）忠于国家，维护国家的安全、荣誉和利益；

（3）忠于人民，全心全意为人民服务，接受人民监督；

（4）忠于职守，勤勉尽责，服从和执行上级依法作出的决定和命令，按照规定的权限和程序履行职责，努力提高工作质量和效率；

（5）保守国家秘密和工作秘密；

（6）带头践行社会主义核心价值观，坚守法治，遵守纪律，恪守职业道德，模范遵守社会公德、家庭美德；

（7）清正廉洁，公道正派；

（8）法律规定的其他义务。

（四）公务员的权利

（1）获得履行职责应当具有的工作条件；

（2）非因法定事由、非经法定程序，不被免职、降职、辞退或者处分；

（3）获得工资报酬，享受福利、保险待遇；

（4）参加培训；

（5）对机关工作和领导人员提出批评和建议；

（6）提出申诉和控告；

（7）申请辞职；

（8）法律规定的其他权利。

注意：公务员的条件、义务和权利，是法考的重要考点，需要牢记在心。

二、公务员职务、职级与级别

我国实行公务员职位分类制度，公务员职位按照公务员职位的性质、特点和管理需要，划分为综合管理类、专业技术类和行政执法类等类别。

我国实行公务员职务与职级并行制度，根据公务员职位类别和职责设置公务员领导职务、职级序列。领导职务层次分为：国家级正职、国家级副职、省部级正职、省部级副职、厅局级正职、厅局级副职、县处级正职、县处级副职、乡科级正职、乡科级副职。公务员职级在厅局级以下设置。综合管理类公务员职级序列分为：一级巡视员、二级巡视员、一级调研员、二级调研员、三级调研员、四级调研员、一级主任科员、二级主任科员、三级主任科员、四级主任科员、一级科员、二级科员。综合管理类以外其他职位类别公务员的职级序列，由国家另行规定。

我国的公务员分为领导职务和非领导职务两类（2018年《公务员法》修改以前明确这样分类，2018年修改后，虽然以职级替代非领导职务的说法，但是实际上仍是如此分类）。从最高的"国级"到最低的科级，只要带"长"的，都是领导职务，其他的就按职级。

三、公务员的录用

（一）录用公务员的原则和对象

录用公务员的原则是逢入必考，录用特殊职位的公务员，经省级以上公务员主管部门批准，可以简化程序或者采用其他测评办法。

录用一级主任科员以下及其他相当职级层次的公务员，采取公开考试、严格考察、平等竞争、择优录取的办法。

行政机关中初次从事行政处罚决定审核、行政复议、行政裁决、法律顾问的公务员实行统一法律职业资格考试制度。

（二）录用公务员的主管机关

中央机关及其直属机构公务员的录用，由中央公务员主管部门负责组织。地方各级机关公务员的录用，由省级公务员主管部门负责组织，必要时省级公务员主管部门可以授权设区的市级公务员主管部门组织。

（三）录用公务员的禁止条件

下列人员不得录用为公务员：

（1）因犯罪受过刑事处罚的；

（2）被开除中国共产党党籍的；

（3）被开除公职的；

（4）被依法列为失信联合惩戒对象的；

（5）有法律规定不得录用为公务员的其他情形的。

（四）录用公务员的方式和程序

报考——审查——笔试——面试——报考资格复审——考察——体检——公示——中央一级招录机关应当将拟录用人员名单报中央公务员主管部门备案（地方各级招录机关应当将拟录用人员名单报省级或者设区的市级公务员主管部门审批）——录用（新录用的公务员试用期为 1 年。试用期满合格的，予以任职；不合格的，取消录用）。

四、公务员的考核

应当全面考核公务员的德、能、勤、绩、廉，重点考核政治素质和工作实绩。公务员的考核分为平时考核、专项考核和定期考核等。定期考核以平时考核、专项考核为基础。非领导成员公务员的定期考核采取年度考核的方式。定期考核的结果分为优秀、称职、基本称职和不称职四个等次。

五、公务员职务、职级任免

公务员领导职务实行选任制、委任制和聘任制。公务员职级实行委任制和聘任制。领导成员职务按照国家规定实行任期制。

选任制公务员在选举结果生效时即任当选职务；任期届满不再连任或者任期内辞职、被罢免、被撤职的，其所任职务即终止。

委任制公务员试用期满考核合格，职务、职级发生变化，以及其他情形需要任免职务、职级的，应当按照管理权限和规定的程序任免。

公务员因工作需要在机关外兼职，应当经有关机关批准，并不得领取兼职报酬。

六、公务员职务、职级升降

公务员晋升领导职务，应当具备拟任职务所要求的政治素质、工作能力、文化程度和任职经历等方面的条件和资格。公务员领导职务应当逐级晋升。特别优秀的或者工作特殊需要的，可以按照规定破格或者越级晋升。

公务员晋升领导职务，按照下列程序办理：动议——民主推荐——确定考察对象，组织考察——按照管理权限讨论决定——履行任职手续。

厅局级正职以下领导职务出现空缺且本机关没有合适人选的，可以通过适当方式面向社会选拔任职人选。

公务员职级应当逐级晋升。公务员的职务、职级实行能上能下。对不适宜或者不胜任现任职务、职级的，应当进行调整。公务员在年度考核中被确定为不称职的，按照规定程序降低一个职务或者职级层次任职。

注意：公务员职务可以破格或者越级晋升，但职级只能逐级晋升。

七、公务员的奖惩

对工作表现突出，有显著成绩和贡献，或者有其他突出事迹的公务员或者公务员集体，给予奖励。奖励坚持定期奖励与及时奖励相结合，精神奖励与物质奖励相结合，以精神奖励为主的原则。奖励分为：嘉奖、记三等功、记二等功、记一等功、授予称号。

机关应当对公务员的思想政治、履行职责、作风表现、遵纪守法等情况进行监督，开展勤政廉政教育，建立日常管理监督制度。对公务员监督发现问题的，应当区分不同情况，予以谈话提醒、批评教育、责令检查、诫勉、组织调整、处分。处分分为：警告、记过、记大过、降级、撤职、开除。公务员在受处分期间不得晋升职务、职级和级别，其中受记过、记大过、降级、撤职处分的，不得晋升工资档次。受处分的期间为：警告，6个月；记过，12个月；记大过，18个月；降级、撤职，24个月。受撤职处分的，按照规定降低级别。

注意：《公务员法》第14条第4项规定：公务员应当忠于职守，勤勉尽责，服从和执行上级依法作出的决定和命令，按照规定的权限和程序履行职责，努力提高工作质量和效率。第60条规定：公务员执行公务时，认为上级的决定或者命令有错误的，可以向上级提出改正或者撤销该决定或者命令的意见；上级不改变该决定或者命令，或者要求立即执行的，公务员应当执行该决定或者命令，执行的后果由上级负责，公务员不承担责任；但是，公务员执行明显违法的决定或者命令的，应当依法承担相应的责任。原则上讲，公务员执行上级的决定和命令是不需要承担责任的，但是，如果执行明显违法的决定或者命令，则应当依法承担相应的责任。

八、交流与回避

（一）交流
交流的方式包括调任、转任。

公务员可以在公务员和参照公务员管理的工作人员队伍内部交流，也可以与国有企业和不参照《公务员法》管理的事业单位中从事公务的人员交流。国有企业、高等院校和科研院所以及其他不参照《公务员法》管理的事业单位中从事公务的人员，可以调入机关担任领导职务或者四级调研员以上及其他相当层次的职级。

公务员在不同职位之间转任应当具备拟任职位所要求的资格条件，在规定的编制限额和职数内进行。对省部级正职以下的领导成员应当有计划、有重点地实行跨地区、跨部门转任。对担任机关内设机构领导职务和其他工作性质特殊的公务员，应当有计划地在本机关内转任。上级机关应当注重从基层机关公开遴选公务员。

注意：公务员和参公人员之间可互相转任；非参公的事业单位中从事公务的人员可调入机关担任领导职务或四级调研员以上职级；省部级正职以下的领导成员应当有计划、有重点地实行跨地区、跨部门转任。这些是法考的重点。

（二）回避

《公务员法》规定的回避有亲属回避、地域回避和公务回避三种情形。

1. 亲属回避

公务员之间有夫妻关系、直系血亲关系、三代以内旁系血亲关系以及近姻亲关系的，不得在同一机关双方直接隶属于同一领导人员的职位或者有直接上下级领导关系的职位工作，也不得在其中一方担任领导职务的机关从事组织、人事、纪检、监察、审计和财务工作。公务员不得在其配偶、子女及其配偶经营的企业、营利性组织的行业监管或者主管部门担任领导成员。因地域或者工作性质特殊，需要变通执行任职回避的，由省级以上公务员主管部门规定。

2. 地域回避

公务员担任乡级机关、县级机关、设区的市级机关及其有关部门主要领导职务的，应当按照有关规定实行地域回避。

3. 公务回避

公务员执行公务时有下列情形之一的，应当回避：遇有涉及本人利害关系的；涉及与本人有《公务员法》所规定亲属关系人员的利害关系的；其他可能影响公正执行公务的。

公务员有应当回避情形的，本人应当申请回避；利害关系人有权申请公务员回避。其他人员可以向机关提供公务员需要回避的情况。机关根据公务员本人或者利害关系人的申请，经审查后作出是否回避的决定，也可以不经申请直接作出回避决定。

九、公务员的辞职、辞退与退休

（一）辞职

关于公务员辞职制度，考生应主要记忆不得辞职的规定：（1）未满国家规定的最低服务年限的；（2）在涉及国家秘密等特殊职位任职或者离开上述职位不满国家规定的脱密期限的；（3）重要公务尚未处理完毕，且须由本人继续处理的；（4）正在接受审计、纪律审查、监察调查，或者涉嫌犯罪，司法程序尚未终结的；（5）法律、行政法规规定的其他不得辞去公职的情形。

担任领导职务的公务员辞职可以分为因公辞职、自愿辞职和引咎辞职三种，分别是因为工作变动、私人原因和工作重大失误失职三种情况。领导成员因其他原因不再适合担任现任领导职务的，或者应当引咎辞职本人不提出辞职的，应当责令其辞去领导职务。

（二）辞退

公务员有下列情形之一的，予以辞退：（1）在年度考核中，连续2年被确定为不称职的；（2）不胜任现职工作，又不接受其他安排的；（3）因所在机关调整、撤销、合并或者缩减编制员额需要调整工作，本人拒绝合理安排的；（4）不履行公务员义务，不遵守法律和公务员纪律，经教育仍无转变，不适合继续在机关工作，又不宜给予开除处分的；（5）旷工或者因公外出、请假期满无正当理由逾期不归连续超过15天，或者1年内累计超过30天的。对有下列情形之一的公务员，不得辞退：（1）因公致残，被确认丧失或者部分丧失工作能力的；（2）患病或者负伤，在规定的医疗期内的；（3）女性公务员在孕期、产假、哺乳期内的；（4）法律、行政法规规定的其他不得辞退的情形。

（三）退休

公务员达到国家规定的退休年龄或者完全丧失工作能力的，应当退休。公务员符合下列条件之一的，本人自愿提出申请，经任免机关批准，可以提前退休：（1）工作年限满30年的；（2）距国家规定的退休年龄不足5年，且工作年限满20年的；（3）符合国家规定的可以提前退休的其他情形的。

公务员辞去公职或者退休的，原系领导成员、县处级以上领导职务的公务员在离职3年内，其他公务员在离职2年内，不得到与原工作业务直接相关的企业或者其他营利性组织任职，不得从事与原工作业务直接相关的营利性活动。

十、救济制度

公务员的救济制度包括申请复核、申诉、再申诉、控告四种。公务员对涉及本人的人事处理不服的，可以自知道该人事处理之日起30日内向原处理机关申请复核；对复核结果不服的，可以自接到复核决定之日起15日内，按照规定向同级公务员主管部门或者作出该人事处理的机关的上一级机关提出申诉；也可以不经复核，自知道该人事处理之日起30日内直接提出申诉。对省级以下机关作出的申诉处理决定不服的，可以向作出处理决定的上一级机关提出再申诉。

公务员认为机关及其领导人员侵犯其合法权益的，可以依法向上级机关或者监察机关提出控告。

公务员对监察机关作出的涉及本人的处理决定不服向监察机关申请复审、复核的，按照《监察法》和《公职人员政务处分法》等法律、法规的规定办理。

注意：公务员的救济制度不包括仲裁和诉讼，但聘任制公务员除外。

十一、聘任制公务员

机关根据工作需要，经省级以上公务员主管部门批准，可以对专业性较强的职位和辅助性职位实行聘任制，职位涉及国家秘密的，不实行聘任制。

聘任制公务员可以参照公务员考试录用的方式招聘，也可以在符合条件的人员中直接选聘。聘任制公务员与机关之间的权利义务关系通过聘任合同约定，聘任合同经双方协商一致可以变更或者解除。聘任合同的签订、变更或者解除，应当报同级公务员主管部门备案。聘任合同应当具备合同期限，职位及其职责要求，工资、福利、保险待遇，违约责任等条款。聘任合同期限为 1～5 年。聘任合同可以约定试用期，试用期为 1～12 个月，聘任制公务员实行协议工资制。

聘任制公务员与所在机关之间因履行聘任合同发生争议的，可以自争议发生之日起 60 日内申请仲裁。省级以上公务员主管部门根据需要设立人事争议仲裁委员会，受理仲裁申请。人事争议仲裁委员会由公务员主管部门的代表、聘用机关的代表、聘任制公务员的代表以及法律专家组成。当事人对仲裁裁决不服的，可以自接到仲裁裁决书之日起 15 日内向人民法院提起诉讼。仲裁裁决生效后，一方当事人不履行的，另一方当事人可以申请人民法院执行。

注意：聘任制公务员的救济途径与劳动法中劳动者与企业之间发生劳动争议的救济途径很相似，不同的是处理争议的机构一个是人事争议仲裁委员会，一个是劳动争议仲裁委员会。

📑 真题

关于公务员的交流制度，下列说法错误的是：

A. 国有企业、高等院校和科研院所以及其他不参照《公务员法》管理的事业单位中从事公务的人员，可以调入机关担任领导职务或者四级调研员以上及其他相当层次的职级

B. 国家实行公务员交流制度，交流的方式包括调任、转任

C. 公务员应当服从机关的交流决定

D. 对省部级正职以下的领导成员可以有计划、有重点地实行跨地区、跨部门转任

【解析】

《公务员法》第 70 条第 1 款规定：国有企业、高等院校和科研院所以及其他不参照本法管理的事业单位中从事公务的人员，可以调入机关担任领导职务或者四级调研员以上及其他相当层次的职级。A 选项正确。

《公务员法》第 69 条规定：国家实行公务员交流制度。公务员可以在公务员和参照本法管理的工作人员队伍内部交流，也可以与国有企业和不参照本法管理的事业单位中从事公务的人员交流。交流的方式包括调任、转任。B 选项正确。

《公务员法》第 73 条第 1 款规定：公务员应当服从机关的交流决定。C 选项正确。

《公务员法》第 71 条第 2 款规定：对省部级正职以下的领导成员应当有计划、有重点地实行跨地区、跨部门转任。此处是"应当"而不是"可以"，故 D 选项错误。

【答案】D

📑 真题

下列哪一类人员可以被录用为公务员？

A. 因犯罪受过刑事处罚的

B. 被开除公职的

C. 1年内受过2次行政处罚的

D. 被依法列为失信联合惩戒对象的

【解析】

《公务员法》第26条规定，下列人员不得录用为公务员：（1）因犯罪受过刑事处罚的；（2）被开除中国共产党党籍的；（3）被开除公职的；（4）被依法列为失信联合惩戒对象的；（5）有法律规定不得录用为公务员的其他情形的。C项表述的内容不属于不得录用为公务员的情形，当选。

【答案】C

📄 **真题**

下列关于公务员的说法，哪个选项是错误的？

A. 国家公务员实行职务和职级并行

B. 公务员的领导职务、职级与级别是确定公务员工资以及其他待遇的依据

C. 公务员职级可以采用委任制和聘任制

D. 只能在县处级以下设立职级

【解析】

根据《公务员法》的规定，职务专指领导职务，职级实际上就是《公务员法》修订前所称的非领导职务，职级制度为未能担任领导的公务员提供了晋升的单独序列，目前我国公务员实行职务、职级并行制度。所以，A选项正确，D选项错误。

《公务员法》第21条第4款规定，公务员的领导职务、职级与级别是确定公务员工资以及其他待遇的依据。B选项正确。

公务员领导职务实行选任制、委任制和聘任制。公务员职级实行委任制和聘任制。C选项正确。

【答案】D

📄 **真题**

某市发生一起火灾事故，王某在处置过程中处置不当，造成了社会上强烈的反响，王某引咎辞去领导职务。关于引咎辞职，下列说法哪一个是正确的？

A. 行政处分是追究刑事责任的必经程序

B. 是行政处分

C. 是行政问责

D. 王某不再具有公务员身份

【解析】

行政处分的对象承担的是行政责任，刑事处罚的对象承担的是刑事责任。我国《公务员法》《刑法》均未规定行政处分是追究刑事责任的必经程序。A选项错误。

《公务员法》第62条第2款规定，处分分为：警告、记过、记大过、降级、撤职、开除。可知，引咎辞职不属于公务员的处分。B选项错误。

《公务员法》第87条第3款规定，领导成员因工作严重失误、失职造成重大损失或者

恶劣社会影响的，或者对重大事故负有领导责任的，应当引咎辞去领导职务。可知，任领导职务的公务员如果不当行使公权力，要承担行政责任"引咎辞去领导职务"，这是行政法权责一致基本原则的体现。C 选项正确。

王某只是辞去领导职务，但其仍然是公务员。D 选项错误。

【答案】C

专题四

抽象行政行为

 本专题导读

　　本专题的核心考点是抽象行政行为，抽象行政行为是国家行政机关制定行政法规、规章和具有普遍约束力的决定、命令等行政规则的行为。每年考查1～2分，通过客观卷考查，要注意掌握。

 知识点

一、概述

　　抽象行政行为是国家行政机关制定行政法规、规章和具有普遍约束力的决定、命令等行政规则的行为。

　　抽象行政行为可以分两类，一类是行政立法，包括制定行政法规和规章；另一类是制定具有普遍约束力的规范性文件。

　　抽象行政行为是与具体行政行为相对应的行政行为，是一个学理上的概念，可以说是行政行为最重要的分类。其最重要的现实意义是在行政诉讼中的可诉性。1989年的《行政诉讼法》明确规定具体行政行为属于行政诉讼的受案范围，言下之意就是抽象行政行为不可诉。2014年《行政诉讼法》修改之后，去掉了具体行政行为这一限制，直接用行政行为替代了具体行政行为，但这并不意味着抽象行政行为可诉，实际上抽象行政行为仍然不可诉，但规定了原告在不服行政行为起诉时，可以申请法院一并审查具有普遍约束力的规范性文件的合法性。

　　在学理上，区分抽象行政行为和具体行政行为大致有以下标准：一是对象，抽象行政行为针对不特定的多数，而具体行政行为针对特定的对象；二是能否反复适用，抽象行政行为能够反复适用，而具体行政行为一般是一次性适用；三是发生效力的时间，抽象行行为对将来的行为起约束作用，而具体行政行为一般是对过去发生的行为发生作用；四是看是否直接对相对人产生影响，抽象行政行为一般不直接影响相对人的权利义务，而具体行政行为会直接影响相对人的权利义务。

二、行政法规

行政法规是指国务院为领导和管理国家各项行政工作，根据宪法和法律，按照规定的程序制定的政治、经济、教育、科技、文化、外事等各类法规的总称。行政法规在我国法规范体系中的效力低于宪法和法律而高于其他的规范性文件。

行政法规的制定程序一般是：立项——起草——听取意见（座谈会、论证会、听证会等形式）——向社会公布草案、征求意见（国务院可以决定不公布）——国务院法制机构审查——国务院决定——总理签署公布。

三、行政规章

行政规章可以分为国务院部门规章和地方人民政府规章两种。国务院各部、委员会、中国人民银行、审计署和具有行政管理职能的直属机构（含具有行政管理职能的国务院直属事业单位），可以根据法律和国务院的行政法规、决定、命令，在本部门的权限范围内，制定规章。省、自治区、直辖市和设区的市、自治州的人民政府，可以根据法律、行政法规和本省、自治区、直辖市的地方性法规，制定规章。

规章的立项、起草、听取意见、公布草案征求意见、审查、决定、公布、备案等程序与行政法规的制定程序相似。

四、具有普遍约束力的决定、命令

具有普遍约束力的决定、命令又被称为其他规范性文件，是指行政机关对不特定对象发布的能反复适用的行政规范性文件。国务院办公厅《关于加强行政规范性文件制定和监督管理工作的通知》规定，行政规范性文件是除国务院的行政法规、决定、命令以及部门规章和地方政府规章外，由行政机关或者经法律、法规授权的具有管理公共事务职能的组织（以下统称行政机关）依照法定权限、程序制定并公开发布，涉及公民、法人和其他组织权利义务，具有普遍约束力，在一定期限内反复适用的公文。

从制定的主体看，是除国务院以外的其他行政机关（含具有行政管理职能的法律、法规授权组织），上至国务院部门、省级人民政府，下至乡政府均有权发布。从性质上讲，是一种行政公文而不属于行政立法（不同于行政法规和行政规章）。从行政行为的分类看，属于抽象行政行为而非具体行政行为（针对不特定对象、具有普遍约束力、能够反复适用）。从制定程序看，有别于行政立法程序，更加简便高效。

📑 真题

农业农村部准备制定一部调整农业政策的重要规章，下列选项错误的是：

A. 应当按照规定及时报告同级党委（党组）

B. 可以委托中国农业大学起草

C. 法制机构可以将未附调研报告的规章送审稿退回起草单位

D. 公布后 30 日内，由农业农村部办公厅向有关机关备案

【解析】

《规章制定程序条例》第 4 条规定，制定政治方面法律的配套规章，应当按照有关规定及时报告党中央或者同级党委（党组）。制定重大经济社会方面的规章，应当按照有关规定及时报告同级党委（党组）。A 选项正确。

《规章制定程序条例》第 15 条第 3 款规定：起草专业性较强的规章，可以吸收相关领域的专家参与起草工作，或者委托有关专家、教学科研单位、社会组织起草。B 选项正确。

《规章制定程序条例》第 20 条规定，规章送审稿有下列情形之一的，法制机构可以缓办或者退回起草单位：（1）制定规章的基本条件尚不成熟或者发生重大变化的；（2）有关机构或者部门对规章送审稿规定的主要制度存在较大争议，起草单位未与有关机构或者部门充分协商的；（3）未按照本条例有关规定公开征求意见的；（4）上报送审稿不符合本条例第 18 条规定的。《规章制定程序条例》第 18 条规定，起草单位应当将规章送审稿及其说明、对规章送审稿主要问题的不同意见和其他有关材料按规定报送审查。报送审查的规章送审稿，应当由起草单位主要负责人签署；几个起草单位共同起草的规章送审稿，应当由该几个起草单位主要负责人共同签署。规章送审稿的说明应当对制定规章的必要性、规定的主要措施、有关方面的意见及其协调处理情况等作出说明。有关材料主要包括所规范领域的实际情况和相关数据、实践中存在的主要问题、汇总的意见、听证会笔录、调研报告、国内外有关立法资料等。因此，规章送审稿未附调研报告，属于可以缓办或退回的情形。故 C 选项正确。

《规章制定程序条例》第 34 条规定，规章应当自公布之日起 30 日内，由法制机构依照《立法法》和《法规规章备案条例》的规定向有关机关备案。因此，应是农业农村部的法制机构向有关机关备案，而非农业农村部办公厅。故 D 选项错误。

【答案】 D

真题

为落实《广告法》，国务院准备制定一部规范广告代言人代言行为的行政法规。关于该行政法规的制定程序，下列说法错误的是：

A. 应按规定及时报告党中央

B. 起草部门应将法规草案及其说明等向社会公开征求意见且不少于 30 日

C. 法规草案由国务院常务会议审议或者由国务院审批

D. 法规在公布后的 30 日内由国务院办公厅报全国人大常委会备案

【解析】

《行政法规制定程序条例》第 4 条规定，制定政治方面法律的配套行政法规，应当按照有关规定及时报告党中央。制定经济、文化、社会、生态文明等方面重大体制和重大政策调整的重要行政法规，应当将行政法规草案或者行政法规草案涉及的重大问题按照有关规定及时报告党中央。广告代言行为的管理不属于政治方面法律的配套行政法规，也不涉

及经济等方面重大体制和重大政策调整，无须报告党中央，故 A 选项错误。

《行政法规制定程序条例》第 13 条第 2 款规定，起草行政法规，起草部门应当将行政法规草案及其说明等向社会公布，征求意见，但是经国务院决定不公布的除外。向社会公布征求意见的期限一般不少于 30 日。B 选项正确。

《行政法规制定程序条例》第 26 条规定，行政法规草案由国务院常务会议审议，或者由国务院审批。国务院常务会议审议行政法规草案时，由国务院法制机构或者起草部门作说明。C 选项正确。

《行政法规制定程序条例》第 30 条规定，行政法规在公布后的 30 日内由国务院办公厅报全国人民代表大会常务委员会备案。D 选项正确。

【答案】A

专题五

具体行政行为

 本专题导读

本专题主要考点是具体行政行为的概念，具体行政行为的特点，具体行政行为的分类，具体行政行为的成立和效力，具体行政行为的无效、撤销、废止等。本专题主要在选择题中考查，也会出现在案例分析题中。

 知识点

一、概述

具体行政行为是指行政主体依法就特定事项对特定的公民、法人和其他组织作出影响其权利义务的行政决定、处理。

具体行政行为是行政法中最重要的内容，如果说民法体系是以权利为中心的话，那么行政法就是以行为为中心展开的，而这个行为，主要就是具体行政行为。前面已经讲过，掌握行政法的关键是理解官管民、法控权、民告官这三句话，而这三句话都是围绕行政行为（主要是具体行政行为）展开的。官管民，主要手段就是具体行政行为；法控权，约束的也是具体行政行为；而民告官，告的就是具体行政行为。

二、具体行政行为的特点

（一）法律性

具体行政行为是一种法律行为，是行政主体以建立、变更、消灭行政相对人的行政法意义上的权利义务为目的而作出的行为，具有明确的表意性。这与行政事实行为有明显区别，行政事实行为是不以建立、变更、消灭相对人行政法上权利义务为目的的行为，它虽然也是行政主体的职权行为，但不具有表意性。同时，具体行政行为也有别于行政指导、行政调解，行政指导、行政调解以相对人自愿为前提，不具有强制性，因此行政指导和行政调解也不具有可诉性。

（二）单方性

具体行政行为是行政主体一方单方意思即可作出的行为，且行为作出后即可发生法律效力，无须相对人及相关人的同意，这与行政合同有明显的不同。

（三）外部性

具体行政行为以影响相对人的权利义务为特点，与机关和公务员的关系以及机关之间的内部管理关系不同，具有明显的外部性。

（四）特定性

具体行政行为对特定的相对人的特定权利义务产生直接影响，这区别于抽象行政行为的针对不特定对象和反复适用性。抽象行政行为不直接对相对人的权利义务产生影响，而是通过具体行政行为才能产生影响。

三、具体行政行为的分类

（一）依职权行政行为和依申请行政行为

这种分类的标准是看具体行政行为是行政主体按照法律、法规的规定应当主动采取行动还是要等相对人向行政主体申请后才能启动。行政处罚、行政强制就是典型的依职权行政行为，行政许可则是典型的依申请行政行为。行政公开既有依职权主动公开，也有依申请公开的情形。

区分依职权行政行为和依申请行政行为，比较现实的意义是在行政诉讼中的举证责任和审查标准不同。

（二）羁束行政行为和裁量行政行为

这种分类的标准是看行政主体是否具有裁量权。立法对具体行政行为的范围、方法、手段等有严格限制的，是羁束行政行为；对行政主体在作出行政行为时的范围、方法、手段等根据具体情况授予一定的自由裁量权的，是裁量行政行为。税收是典型的羁束行政行为，基于税收法定的原则，立法者一般不会给予行政机关在征税时自由裁量权。行政处罚、行政强制等则通常会给予行政机关一定的自由裁量权，以适应行政管理时所面临的复杂情况。这种区别在行政诉讼中对司法审查的审查权力、裁判方式等都会有一定的影响。

（三）授益行政行为和负担行政行为

这种分类以给相对人带来利益还是带来负担为标准。授予相对人权利、利益或减轻其负担的，是授益行政行为；给相对人设定或增加负担，或者减损相对人权益的，是负担行政行为。

（四）要式行政行为和非要式行政行为

这是以行政行为是否需要以特定的文字、其他符号等为生效和必要条件为标准划分的，需要的是要式行政行为，不需要的是非要式行政行为。具体行政行为绝大多数都是要式行政行为。

（五）作为的行政行为和不作为的行政行为

这是以具体行政行为是否要以作为的方式来表现为标准进行的划分。

四、具体行政行为的成立和效力

(一) 具体行政行为的成立

具体行政行为的成立，是指行政行为在法律上的存在。在主体上，作出具体行政行为的主体具有行政职权；在内容上，行政主体有设立、变更或消灭相对人权利、义务的明确意思表示；在程序上，按法律规定的方式送达给相对人，一般未经送达的行政行为不能成立。

法律效果上，成立的具体行政行为即具有了可诉性，不成立的具体行政行为不可诉，但在特殊情况下，只要相对人能够证明具体行政行为确实存在，也可以诉至法院。

(二) 具体行政行为的效力

具体行政行为效力的内容包括公定力、确定力、拘束力和执行力四个方面。[①]

公定力是指具体行政行为一经作出，不论其是否合法，未由法定机构经法定程序撤销的，即被视为是合法有效的，任何机关、单位和个人都必须尊重其效力。公定力是一种推定的效力，其目的是保证行政效率。

确定力是指具体行政行为不再争议、不得更改、不可撤销的效力。一般来说，具体行政行为都会有一定的可以申请复议和提起行政诉讼的期限，行政机关也可以通过内部监督程序自行纠错，但这种期限不可能太长，否则不利于行政行为的稳定性和行政效率。一旦这种期限超过，就不得再对该具体行政行为提出异议。

拘束力是指具体行政行为一旦生效，对行政机关和相对人即产生必须遵守的效力，不仅当事人应当接受并受其约束，作出该行政行为的行政主体也不得随意更改，其他国家机关不得以同一事实和理由再次受理和处理同一争议，其他社会成员也有义务尊重其效力。

执行力是指具体行政行为生效后，义务人必须自动履行其设定的义务，否则会由国家强制力保障其实施的效力。

五、具体行政行为的无效、撤销、废止

(一) 无效

行政行为的无效是指行政行为有明显、重大违法的情形，行为自始至终没有法律效力。无效行政行为由于其明显、重大违法，致使其自始无效、当然无效、绝对无效。自始无效是指行政行为一旦被确认无效，该行政行为从作出之日起就没有效力；当然无效是指无效的行政行为不具有公定力，任何机关、单位、个人都无须尊重其效力；绝对无效是指该行为不得经补正、更正等方式恢复其效力，且不受起诉期限的保护，任何时候均可确认其无效。

行政行为无效的理论，是对公定力理论的一种弥补。为了维护行政效力，授予了行政行为公定力，即一种推定的效力，但是，为了防止行政机关对人民权利的过分侵犯，须以无效理论作为弥补。无效的行政行为，在行政诉讼、行政强制执行制度设计时都有体现。

[①] 姜明安. 行政法与行政诉讼法学. 北京：北京大学出版社，高等教育出版社，2005：239.

（二）撤销

行政行为的撤销是指在行政行为具备可撤销情形下，由国家有关机关作出撤销的决定而使其失去法律效力。撤销与无效不同，无效行政行为遵循自始无效的原则，从作出时即没有法律效力。而撤销的行政行为，在撤销决定作出后才失去效力。无效行政行为不受起诉期限制度的限制，随时可以提起无效确认的请求，而撤销的行政行为一旦超过复议、起诉期限，即受确定力之约束不得再提出争议。

引起行政行为撤销的条件，一是合法要件缺失，二是不适当。具体行政行为合法要件包括三个：主体合法、内容合法和程序合法。其中之一违法，就可能导致行为被撤销。具体行政行为不适当，是指相应的行为有不合理、不公正、不符合现行政策、不合时宜等情形。按照行政诉讼法的规定，行政行为要达到明显不当的程度，才会被撤销。

（三）废止

行政行为的废止是指因情势或者法律、政策的变化，原合法、适当的行政行为已不符合现行法律、政策或者行政行为已经完成其原定的目标、任务，故行政主体终止其继续发生效力。

行政行为废止后，其效力自废止之日起失效，相应行政行为已给予相对人的利益不得收回，相对人已履行的义务不能要求行政主体补偿，但如因信赖利益保护的原因，废止行政行为给相对人造成较大损失时，行政主体应当给予相对人适当的补偿。

▶ **真题**

关于具体行政行为的效力，下列说法正确的是：

A. 可撤销的具体行政行为在被撤销之前，当事人应受其约束

B. 具体行政行为废止前给予当事人的利益，在该行为废止后应收回

C. 为某人设定专属权益的行政行为，如此人死亡其效力应终止

D. 对无效具体行政行为，任何人都可以向法院起诉主张其无效

【解析】

根据行政行为的公定力，行政行为一经作出，即被视为合法、有效，在经法定程序、由法定机关撤销前，对当事人具有约束力，故A选项正确。

被废止的具体行政行为，自废止之日起丧失效力。原则上，具体行政行为废止之前给予当事人的利益、好处不再收回，故B选项错误。

具体行政行为为其设定专属权益或者义务的自然人死亡、法人或者其他组织不复存在的，具体行政行为的效力应当终止，故C选项正确。

《行政诉讼法》第25条第1款规定：行政行为的相对人以及其他与行政行为有利害关系的公民、法人或者其他组织，有权提起诉讼。故对无效具体行政行为，仍须受原告资格限制，并非任何人都可以向法院起诉主张其无效。因此D选项错误。

【答案】AC

▶ **真题**

行政机关所实施的下列行为中，哪一项属于具体行政行为？

A. 公安交管局在辖区内城市快速路入口处悬挂"危险路段，谨慎驾驶"的横幅

B. 县公安局依照《刑事诉讼法》对李某进行拘留

C. 区政府对王某作出房屋征收决定

D. 因民间纠纷引起的打架斗殴双方经公安派出所调解达成的协议

【解析】

A选项错误。公安交管局悬挂横幅属于建议性、劝告性的行政行为，不具有行政强制力，没有实质上对当事人的权利义务关系产生影响，不属于具体行政行为。

B选项错误。县公安局依据《刑事诉讼法》作出的拘留行为，行使的权力属于刑事侦查权，不属于对行政职权的行使，不是具体行政行为。

C选项正确。区政府对王某作出的房屋征收决定，属于行政征收，是具体行政行为。

D选项错误。公安派出所对民间纠纷居中调解最终达成调解协议的行为，不具有行政强制性，不属于具体行政行为。

【答案】C

专题六

行政处罚

 本专题导读

  本专题考生需要掌握的主要考点是行政处罚的种类和设定、行政处罚的实施机关、行政处罚的管辖和适用、相对人程序权利、证据制度、行政处罚的程序以及行政处罚的执行，本专题比较重要，要求考生着重复习，对各知识点做到熟练掌握。

知识点

一、概述

（一）行政处罚的概念

  行政处罚是指行政机关依法对违反行政管理秩序的公民、法人或者其他组织，以减损权益或者增加义务的方式予以惩戒的行为。

  要注意行政处罚与行政处分的区别。行政处分是机关对违纪公务员作出的处理，是内部行政行为，受《公务员法》《监察法》《政务处分法》等调整，其种类、程序、救济途径等与行政处罚均有不同。

（二）行政处罚的原则

1. 处罚法定原则

  公民、法人或者其他组织违反行政管理秩序的行为，应当给予行政处罚的，依照《行政处罚法》由法律、法规、规章规定，并由行政机关依照《行政处罚法》规定的程序实施。

  行政处罚制度是从刑罚中分离出来的制度，因此，许多刑法中的原则，也会在行政处罚法中得以体现，处罚法定原则即来源于刑法中的罪刑法定原则。没有法律、法规、规章的明文规定，任何行为不得被视为违法，不得被处以行政处罚。这既是依法行政原则的要

36

求，也符合法无禁止即自由的基本要求。

2. 公正、公开原则

公正原则要求设定和实施行政处罚必须以事实为依据，处罚与违法行为的事实、性质、情节以及社会危害程度相当。

公开原则要求对违法行为给予行政处罚的决定必须公布；未经公布的，不得作为行政处罚的依据。除法律、法规另有规定外，处罚的程序、结果等也应当公开。

3. 处罚与教育相结合的原则

实施行政处罚，纠正违法行为，应当坚持处罚与教育相结合，教育公民、法人或者其他组织自觉守法。行政处罚的目的是维护良好的行政管理秩序、维护国家和社会公共利益、保护人民群众的合法权益。因此，在进行处罚的同时，行政机关应当注意要同时对违法行为人进行教育，对其他社会成员进行法治宣传和教育，达到警示作用，促进公民、法人和其他组织自觉守法，以形成良好的社会秩序。

4. 保护人权的原则

公民、法人或者其他组织对行政机关所给予的行政处罚，享有陈述权、申辩权；对行政处罚不服的，有权依法申请行政复议或者提起行政诉讼。公民、法人或者其他组织因行政机关违法给予行政处罚受到损害的，有权依法提出赔偿请求。

5. 行政处罚不得替代民事责任、刑事责任的原则

公民、法人或者其他组织因违法行为受到行政处罚，其违法行为对他人造成损害的，应当依法承担民事责任。违法行为构成犯罪，应当依法追究刑事责任的，不得以行政处罚代替刑事处罚。

二、行政处罚的种类和设定

（一）行政处罚的种类

（1）警告、通报批评；

（2）罚款、没收违法所得、没收非法财物；

（3）暂扣许可证件、降低资质等级、吊销许可证件；

（4）限制开展生产经营活动、责令停产停业、责令关闭、限制从业；

（5）行政拘留；

（6）法律、行政法规规定的其他行政处罚。

《行政处罚法》一共列举了五种具体的处罚种类，并授权法律、行政法规可以设定其他的处罚种类。按照处罚法定原则的要求，其他任何规范性文件不得设定新的处罚种类，行政机关在实施处罚时也不得别出心裁地"发明"其他处罚种类。

（二）行政处罚的设定

法律可以设定各种行政处罚。限制人身自由的行政处罚，只能由法律设定。

行政法规可以设定除限制人身自由以外的行政处罚。

法律对违法行为已经作出行政处罚规定，行政法规需要作出具体规定的，必须在法律规定的给予行政处罚的行为、种类和幅度的范围内规定。

地方性法规可以设定除限制人身自由、吊销营业执照以外的行政处罚。

尚未制定法律、法规的，国务院部门规章和地方政府规章对违反行政管理秩序的行为，可以设定警告、通报批评或者一定数额罚款的行政处罚。罚款的限额分别由国务院和省、自治区、直辖市人民代表大会常务委员会规定。除法律、法规、规章外，其他规范性文件不得设定行政处罚。

1996年的《行政处罚法》对行政处罚的设定进行规定是一个创举，后来的《行政许可法》《行政强制法》都沿用了这一立法模式。学习时应当记住哪些规范性文件可以设定哪种处罚。

三、行政处罚的实施机关

1. 具有行政处罚权的行政机关。

2. 国家在城市管理、市场监管、生态环境、文化市场、交通运输、应急管理、农业等领域推行建立综合行政执法制度，相对集中行政处罚权。国务院或者省、自治区、直辖市人民政府可以决定一个行政机关行使有关行政机关的行政处罚权。

限制人身自由的行政处罚权只能由公安机关和法律规定的其他机关行使。

3. 法律、法规授权的具有管理公共事务职能的组织可以在法定授权范围内实施行政处罚。

4. 行政机关可以委托符合条件的组织行使处罚权，但受委托的组织不得再委托其他组织或者个人。

四、行政处罚的管辖和适用

（一）管辖

1. 行政处罚由违法行为发生地的行政机关管辖。法律、行政法规、部门规章另有规定的，从其规定。

2. 行政处罚由县级以上地方人民政府具有行政处罚权的行政机关管辖。法律、行政法规另有规定的，从其规定。

3. 省、自治区、直辖市根据当地实际情况，可以决定将基层管理迫切需要的县级人民政府部门的行政处罚权交由能够有效承接的乡镇人民政府、街道办事处行使。

4. 两个以上行政机关都有管辖权的，由最先立案的行政机关管辖。对管辖发生争议的，应当协商解决，协商不成的，报请共同的上一级行政机关指定管辖；也可以直接由共同的上一级行政机关指定管辖。

5. 行政机关因实施行政处罚的需要，可以向有关机关提出协助请求。协助事项属于被请求机关职权范围内的，应当依法予以协助。

6. 行政机关查处违法行为发现涉嫌犯罪的，应当及时移送司法机关，依法追究刑事责任。司法机关处理刑事案件对依法不需要追究刑事责任或者免予刑事处罚，但应当给予行政处罚的，应当及时将案件移送有关行政机关。行政机关与司法机关之间应当加强协调配合，建立健全案件移送、证据材料移交、接收衔接、案件处理信息通报机制。

（二）适用

1. 行政机关在查处违法行为，进行行政处罚时，应当同时责令当事人改正或者限期改正违法行为。当事人有违法所得，除依法应当退赔的外，应当予以没收。

2. 对当事人的同一个违法行为，不得给予两次以上罚款的行政处罚。同一个违法行为违反多个法律规范应当给予罚款处罚的，按照罚款数额高的规定处罚。一事不再罚的原则是行政处罚制度的重要原则，我们在学习这个原则时要把握两点：一是这一原则仅限于罚款的行政处罚，二是当违法行为触犯两个以上法律规范时，依罚款数额高的规定来处罚。

3. 责任能力。

不满 14 周岁的未成年人有违法行为的，不予行政处罚，责令监护人加以管教；已满 14 周岁不满 18 周岁的未成年人有违法行为的，应当从轻或者减轻行政处罚。

精神病人、智力残疾人在不能辨认或者不能控制自己行为时有违法行为的，不予行政处罚，但应当责令其监护人严加看管和治疗。间歇性精神病人在精神正常时有违法行为的，应当给予行政处罚。尚未完全丧失辨认或者控制自己行为能力的精神病人、智力残疾人有违法行为的，可以从轻或者减轻行政处罚。

4. 从轻、减轻、免除处罚的规定。

当事人有下列情形之一，应当从轻或者减轻行政处罚：

（1）主动消除或者减轻违法行为危害后果的；

（2）受他人胁迫或者诱骗实施违法行为的；

（3）主动供述行政机关尚未掌握的违法行为的；

（4）配合行政机关查处违法行为有立功表现的；

（5）法律、法规、规章规定其他应当从轻或者减轻行政处罚的。

违法行为轻微并及时改正，没有造成危害后果的，不予行政处罚。初次违法且危害后果轻微并及时改正的，可以不予行政处罚。

当事人有证据足以证明没有主观过错的，不予行政处罚。法律、行政法规另有规定的，从其规定。

对当事人的违法行为依法不予行政处罚的，行政机关应当对当事人进行教育。

行政机关可以依法制定行政处罚裁量基准，规范行使行政处罚裁量权。行政处罚裁量基准应当向社会公布。

5. 行政处罚与刑罚的衔接。

违法行为构成犯罪，人民法院判处拘役或者有期徒刑时，行政机关已经给予当事人行政拘留的，应当依法折抵相应刑期。

违法行为构成犯罪，人民法院判处罚金时，行政机关已经给予当事人罚款的，应当折抵相应罚金；行政机关尚未给予当事人罚款的，不再给予罚款。

6. 追诉时效。

违法行为在 2 年内未被发现的，不再给予行政处罚；涉及公民生命健康安全、金融安全且有危害后果的，上述期限延长至 5 年。法律另有规定的除外。

上述规定的期限，从违法行为发生之日起计算；违法行为有连续或者继续状态的，从行为终了之日起计算。

7. 从旧兼从轻原则。

实施行政处罚，适用违法行为发生时的法律、法规、规章的规定。但是，作出行政处罚决定时，法律、法规、规章已被修改或者废止，且新的规定处罚较轻或者不认为是违法的，适用新的规定。

8. 无效行政处罚的标准。

行政处罚没有依据或者实施主体不具有行政主体资格的，行政处罚无效。违反法定程序构成重大且明显违法的，行政处罚无效。

注意：行政处罚无效的标准与行政行为无效的标准是一致的，即重大、明显违法。

五、相对人程序权利

（一）知情权

行政机关在作出行政处罚决定之前，应当告知当事人拟作出的行政处罚内容及事实、理由、依据，并告知当事人依法享有的陈述、申辩、要求听证等权利。

（二）陈述权和申辩权

当事人有权进行陈述和申辩。行政机关必须充分听取当事人的意见，对当事人提出的事实、理由和证据，应当进行复核；当事人提出的事实、理由或者证据成立的，行政机关应当采纳。

行政机关不得因当事人陈述、申辩而给予更重的处罚。

六、证据制度

（一）一般规定

公民、法人或者其他组织违反行政管理秩序的行为，依法应当给予行政处罚的，行政机关必须查明事实；违法事实不清、证据不足的，不得给予行政处罚。

（二）电子设备取证

行政机关依照法律、行政法规规定利用电子技术监控设备收集、固定违法事实的，应当经过法制和技术审核，确保电子技术监控设备符合标准、设置合理、标志明显，设置地点应当向社会公布。

注意：电子设备取证必须合理、公开，经过法制审查和技术审核。

（三）证据种类

证据包括：（1）书证；（2）物证；（3）视听资料；（4）电子数据；（5）证人证言；（6）当事人的陈述；（7）鉴定意见；（8）勘验笔录、现场笔录。

（四）证据收集的要求

证据必须经查证属实，方作为认定案件事实的根据。以非法手段取得的证据，不得作为认定案件事实的根据。

行政机关在收集证据时，可以采取抽样取证的方法；在证据可能灭失或者以后难以取得的情况下，经行政机关负责人批准，可以先行登记保存，并应当在 7 日内及时作出处理决定，在此期间，当事人或者有关人员不得销毁或者转移证据。

七、行政处罚的程序

（一）执法人员

行政处罚应当由具有行政执法资格的执法人员实施。执法人员不得少于 2 人，法律另有规定的除外。

执法人员应当文明执法，尊重和保护当事人合法权益。

（二）回避制度

执法人员与案件有直接利害关系或者有其他关系可能影响公正执法的，应当回避。

当事人认为执法人员与案件有直接利害关系或者有其他关系可能影响公正执法的，有权申请回避。

当事人提出回避申请的，行政机关应当依法审查，由行政机关负责人决定。决定作出之前，不停止调查。

（三）公开制度

行政处罚的实施机关、立案依据、实施程序和救济渠道等信息应当公示。

电子技术监控设备收集违法证据的，要设置合理、标志明显，设置地点应当向社会公布。

具有一定社会影响的行政处罚决定应当依法公开。

公开的行政处罚决定被依法变更、撤销、确认违法或者确认无效的，行政机关应当在3日内撤回行政处罚决定信息并公开说明理由。

（四）行政执法全程记录制度

行政机关应当依法以文字、音像等形式，对行政处罚的启动、调查取证、审核、决定、送达、执行等进行全过程记录，归档保存。

（五）法制审核制度

有下列情形之一，在行政机关负责人作出行政处罚的决定之前，应当由从事行政处罚决定法制审核的人员进行法制审核；未经法制审核或者审核未通过的，不得作出决定：

（1）涉及重大公共利益的；

（2）直接关系当事人或者第三人重大权益，经过听证程序的；

（3）案件情况疑难复杂、涉及多个法律关系的；

（4）法律、法规规定应当进行法制审核的其他情形。（如电子设备对违法行为取证）

行政机关中初次从事行政处罚决定法制审核的人员，应当通过国家统一法律职业资格考试取得法律职业资格。

（六）简易程序

违法事实确凿并有法定依据，对公民处以200元以下、对法人或者其他组织处以3 000元以下罚款或者警告的行政处罚的，可以当场作出行政处罚决定。法律另有规定的，从其规定。

执法人员当场作出行政处罚决定的，应当向当事人出示执法证件，填写预定格式、编有号码的行政处罚决定书，并当场交付当事人。当事人拒绝签收的，应当在行政处罚决定书上注明。

行政处罚决定书应当载明当事人的违法行为，行政处罚的种类和依据、罚款数额、时间、地点，申请行政复议、提起行政诉讼的途径和期限以及行政机关名称，并由执法人员签名或者盖章。

对当场作出的行政处罚决定，当事人应当依法履行。

（七）普通程序

1. 调查

除按简易程序处理之外，行政机关发现公民、法人或者其他组织有依法应当给予行政处罚的行为的，必须全面、客观、公正地调查，收集有关证据；必要时，依照法律、法规的规定，可以进行检查。

符合立案标准的，行政机关应当及时立案。

执法人员在调查或者进行检查时，应当主动向当事人或者有关人员出示执法证件。当事人或者有关人员有权要求执法人员出示执法证件。执法人员不出示执法证件的，当事人或者有关人员有权拒绝接受调查或者检查。

当事人或者有关人员应当如实回答询问，并协助调查或者检查，不得拒绝或者阻挠。询问或者检查应当制作笔录。

2. 决定

调查终结，行政机关负责人应当对调查结果进行审查，根据不同情况，分别作出如下决定：

（1）确有应受行政处罚的违法行为的，根据情节轻重及具体情况，作出行政处罚决定；

（2）违法行为轻微，依法可以不予行政处罚的，不予行政处罚；

（3）违法事实不能成立的，不予行政处罚；

（4）违法行为涉嫌犯罪的，移送司法机关。

对情节复杂或者重大违法行为给予行政处罚，行政机关负责人应当集体讨论决定。

3. 决定书的内容

行政处罚决定书应当载明下列事项：

（1）当事人的姓名或者名称、地址；

（2）违反法律、法规、规章的事实和证据；

（3）行政处罚的种类和依据；

（4）行政处罚的履行方式和期限；

（5）申请行政复议、提起行政诉讼的途径和期限；

（6）作出行政处罚决定的行政机关名称和作出决定的日期。

行政处罚决定书必须盖有作出行政处罚决定的行政机关的印章。

4. 期限和送达

行政机关应当自行政处罚案件立案之日起 90 日内作出行政处罚决定。法律、法规、规章另有规定的，从其规定。

行政处罚决定书应当在宣告后当场交付当事人；当事人不在场的，行政机关应当在 7 日内依照《民事诉讼法》的有关规定，将行政处罚决定书送达当事人。

当事人同意并签订确认书的，行政机关可以采用传真、电子邮件等方式，将行政处罚决定书等送达当事人。

5. 权利保障

行政机关及其执法人员在作出行政处罚决定之前，未依照《行政处罚法》第 44 条、

45 条的规定向当事人告知拟作出的行政处罚内容及事实、理由、依据，或者拒绝听取当事人的陈述、申辩，不得作出行政处罚决定；当事人明确放弃陈述或者申辩权利的除外。

（八）听证程序

1. 可以听证的行政处罚

行政机关拟作出下列行政处罚决定，应当告知当事人有要求听证的权利，当事人要求听证的，行政机关应当组织听证：

（1）较大数额罚款；

（2）没收较大数额违法所得、没收较大价值非法财物；

（3）降低资质等级、吊销许可证件；

（4）责令停产停业、责令关闭、限制从业；

（5）其他较重的行政处罚；

（6）法律、法规、规章规定的其他情形。

2. 听证的组织

听证应当依照以下程序组织：

（1）当事人要求听证的，应当在行政机关告知后 5 日内提出。

（2）行政机关应当在举行听证的 7 日前，通知当事人及有关人员听证的时间、地点。

（3）除涉及国家秘密、商业秘密或者个人隐私依法予以保密外，听证公开举行。

（4）听证由行政机关指定的非本案调查人员主持；当事人认为主持人与本案有直接利害关系的，有权申请回避。

（5）当事人可以亲自参加听证，也可以委托 1～2 人代理。

（6）当事人及其代理人无正当理由拒不出席听证或者未经许可中途退出听证的，视为放弃听证权利，行政机关终止听证。

（7）举行听证时，调查人员提出当事人违法的事实、证据和行政处罚建议，当事人进行申辩和质证。

（8）听证应当制作笔录。笔录应当交当事人或者其代理人核对无误后签字或者盖章。当事人或者其代理人拒绝签字或者盖章的，由听证主持人在笔录中注明。

听证结束后，行政机关应当根据听证笔录，依照《行政处罚法》的相关规定，作出决定。

八、行政处罚的执行

（一）一般规定

行政处罚决定依法作出后，当事人应当在行政处罚决定书载明的期限内，予以履行。当事人确有经济困难，需要延期或者分期缴纳罚款的，经当事人申请和行政机关批准，可以暂缓或者分期缴纳。

作出罚款决定的行政机关应当与收缴罚款的机构分离。

除当场收缴的罚款外，行政机关及其执法人员不得自行收缴罚款，当事人应当在收到处罚决定书之日起 15 日内通过银行或电子支付系统缴纳罚款，银行收到罚款后应当直接上缴国库。

（二）当场收缴罚款

依照简易程序当场作出行政处罚决定，有下列情形之一，执法人员可以当场收缴罚款：

（1）依法给予100元以下罚款的；

（2）不当场收缴事后难以执行的。

在边远、水上、交通不便地区，行政机关及其执法人员依法作出罚款决定后，当事人到指定的银行或者通过电子支付系统缴纳罚款确有困难，经当事人提出，行政机关及其执法人员可以当场收缴罚款。

行政机关及其执法人员当场收缴罚款的，必须向当事人出具国务院财政部门或者省、自治区、直辖市人民政府财政部门统一制发的专用票据；不出具财政部门统一制发的专用票据的，当事人有权拒绝缴纳罚款。

（三）执行措施

当事人逾期不履行行政处罚决定的，作出行政处罚决定的行政机关可以采取下列措施：

（1）到期不缴纳罚款的，每日按罚款数额的3％加处罚款，加处罚款的数额不得超出罚款的数额；

（2）根据法律规定，将查封、扣押的财物拍卖、依法处理或者将冻结的存款、汇款划拨抵缴罚款；

（3）根据法律规定，采取其他行政强制执行方式；

（4）依照《行政强制法》的规定申请人民法院强制执行。

（四）救济

当事人对行政处罚决定不服，申请行政复议或者提起行政诉讼的，行政处罚不停止执行，法律另有规定的除外。

当事人对限制人身自由的行政处罚决定不服，申请行政复议或者提起行政诉讼的，可以向作出决定的机关提出暂缓执行申请。符合法律规定情形的，应当暂缓执行。

当事人申请行政复议或者提起行政诉讼的，加处罚款的数额在行政复议或者行政诉讼期间不予计算。

（五）其他规定

（1）非法物品的处理：除依法应当予以销毁的物品外，依法没收的非法财物必须按照国家规定公开拍卖或者按照国家有关规定处理。

（2）执法机关与罚没收入的利益隔断：罚款、没收的违法所得或者没收非法财物拍卖的款项，必须全部上缴国库，任何行政机关或者个人不得以任何形式截留、私分或者变相私分。

罚款、没收的违法所得或者没收非法财物拍卖的款项，不得同作出行政处罚决定的行政机关及其工作人员的考核、考评直接或者变相挂钩。除依法应当退还、退赔的外，财政部门不得以任何形式向作出行政处罚决定的行政机关返还罚款、没收的违法所得或者没收非法财物拍卖的款项。

真题

1997年5月，万达公司凭借一份虚假验资报告在某省工商局办理了增资的变更登记，此后连续四年通过了工商局的年检。2001年7月，工商局以办理变更登记时提供虚假验资报告为由对万达公司作出罚款1万元，责令提交真实验资报告的行政处罚决定。2002年4月，工商局又作出撤销万达公司变更登记，恢复到变更前状态的决定。2004年6月，工商局又就同一问题作出吊销营业执照的行政处罚决定。关于工商局的行为，下列说法正确的是：

  A. 2001年7月工商局的处罚决定违反了《行政处罚法》关于时效的规定

  B. 2002年4月工商局的处罚决定违反了一事不再罚原则

  C. 2004年6月工商局的处罚决定是对前两次处罚决定的补充和修改，属于合法的行政行为

  D. 对于万达公司拒绝纠正自己违法行为的情形，工商局可以违法行为处于持续状态为由作出处罚

【解析】

2001年7月工商局的处罚决定针对的违法行为是"万达公司办理变更登记时提供虚假验资报告"，该行为不存在连续或继续状态，追究时效应从1997年5月起算，所以超过了2年的处罚追究时效，故A选项正确。

2002年4月工商局的撤销决定，不是罚款，《行政处罚法》规定的一事不再罚原则仅限于对同一违法行为不得处以两次罚款的处罚，因此不违反"一事不再罚"原则，故B选项错误。

行政处罚的追诉时效为2年，涉及公民生命健康安全、金融安全且有危害后果的，上述期限延长至5年，所以2004年6月工商局的处罚超过追究时效，故C选项错误。

万达公司的违法行为是"办理变更登记时提供虚假验资报告"，该行为一旦作出即完成，不存在"处于持续状态"的可能性，故D选项错误。

【答案】 A

真题

辉煌公司向河水中超标排放污水，区环保局向其送达《限期整改通知》，要求其在规定时间内达标排放。期限届满，经过检测，辉煌公司排放污水仍然不符合国家标准，于是，区环保局对该公司作出水污染防治设施验收不合格认定书，后责令该公司停业整顿。辉煌公司就责令停业整顿提起行政诉讼。对此，下列说法不正确的有：

  A. 《限期整改通知》性质为行政指导

  B. 不合格认定书不属于行政诉讼受案范围

  C. 区环保局作出责令停业整顿决定前，应当告知辉煌公司有申请听证的权利

  D. 法院可以作出先予执行裁定

【解析】

《限期整改通知》等责令改正行为，核心在于恢复正常状态，性质更偏于教育和纠正功能，其行为性质不属于行政处罚，也不属于"柔性"的行政指导行为，所以，A选项表

述错误，当选。

水污染防治设施验收不合格认定书属于行政确认，是行政机关对特定的法律事实、法律关系或者法律状态作出具有法律效力的认定并且予以证明的行政行为。行政确认属于具体行政行为的一种，会对当事人的权利义务带来影响，所以，行政确认行为是可诉的。故 B 选项表述错误，当选。

根据《行政处罚法》第 63 条第 1 款的规定，行政机关拟作出下列行政处罚决定，应当告知当事人有要求听证的权利，当事人要求听证的，行政机关应当组织听证：（1）较大数额罚款；（2）没收较大数额违法所得、没收较大价值非法财物；（3）降低资质等级、吊销许可证件；（4）责令停产停业、责令关闭、限制从业；（5）其他较重的行政处罚；（6）法律、法规、规章规定的其他情形。本题中的停业整顿实际上就是停产停业，所以，区环保局应当告知辉煌公司有申请听证的权利，C 选项表述正确，不选。

根据《行政诉讼法》第 57 条第 1 款的规定，人民法院对起诉行政机关没有依法支付抚恤金、最低生活保障金和工伤、医疗社会保险金的案件，权利义务关系明确、不先予执行将严重影响原告生活的，可以根据原告的申请，裁定先予执行。本题被诉行政行为为责令停业整顿，不属于先予执行的范围，故 D 选项错误，当选。

【答案】ABD

专题七

治安管理处罚

本专题导读

本专题内容比较简单，要求考生对治安管理处罚的种类和适用以及处罚程序有所了解。《治安管理处罚法》与《行政处罚法》是特别法与一般法的关系，治安管理处罚是一种特殊的行政处罚。

知识点

一、处罚的种类和适用

（一）种类

治安管理处罚的种类分为：（1）警告；（2）罚款；（3）行政拘留；（4）吊销公安机关发放的许可证。

对违反治安管理的外国人，可以附加适用限期出境或者驱逐出境。

（二）适用

1. 违禁物品及违法所得物品的处理

（1）办理治安案件所查获的毒品、淫秽物品等违禁品，赌具、赌资，吸食、注射毒品的用具以及直接用于实施违反治安管理行为的本人所有的工具，应当收缴，按照规定处理。

（2）违反治安管理所得的财物，追缴退还被侵害人；没有被侵害人的，登记造册，公开拍卖或者按照国家有关规定处理，所得款项上缴国库。

2. 责任能力

（1）已满14周岁不满18周岁的人违反治安管理的，从轻或者减轻处罚；不满14周岁的人违反治安管理的，不予处罚，但是应当责令其监护人严加管教。

（2）精神病人在不能辨认或者不能控制自己行为的时候违反治安管理的，不予处罚，但是应当责令其监护人严加看管和治疗。间歇性的精神病人在精神正常的时候违反治安管理的，应当给予处罚。

（3）盲人或者又聋又哑的人违反治安管理的，可以从轻、减轻或者不予处罚。

（4）醉酒的人违反治安管理的，应当给予处罚。

醉酒的人在醉酒状态中，对本人有危险或者对他人的人身、财产或者公共安全有威胁的，应当对其采取保护性措施约束至酒醒。

3. 合并处罚

有两种以上违反治安管理行为的，分别决定，合并执行。行政拘留处罚合并执行的，最长不超过 20 日。

4. 共同违法行为的处罚

共同违反治安管理的，根据违反治安管理行为人在违反治安管理行为中所起的作用，分别处罚。

教唆、胁迫、诱骗他人违反治安管理的，按照其教唆、胁迫、诱骗的行为处罚。

5. 单位违法行为的处罚

单位违反治安管理的，对其直接负责的主管人员和其他直接责任人员依照《治安管理处罚法》的规定处罚。其他法律、行政法规对同一行为规定给予单位处罚的，依照其规定处罚。

6. 减轻、免除处罚

违反治安管理有下列情形之一的，减轻处罚或者不予处罚：

（1）情节特别轻微的；

（2）主动消除或者减轻违法后果，并取得被侵害人谅解的；

（3）出于他人胁迫或者诱骗的；

（4）主动投案，向公安机关如实陈述自己的违法行为的；

（5）有立功表现的。

7. 从重处罚

违反治安管理有下列情形之一的，从重处罚：

（1）有较严重后果的；

（2）教唆、胁迫、诱骗他人违反治安管理的；

（3）对报案人、控告人、举报人、证人打击报复的；

（4）6 个月内曾受过治安管理处罚的。

8. 不予拘留的情形

违反治安管理行为人有下列情形之一，依照《治安管理处罚法》应当给予行政拘留处罚的，不执行行政拘留处罚：

（1）已满 14 周岁不满 16 周岁的；

（2）已满 16 周岁不满 18 周岁，初次违反治安管理的；

（3）70 周岁以上的；

（4）怀孕或者哺乳自己不满 1 周岁婴儿的。

9. 追诉时效

违反治安管理行为在 6 个月内没有被公安机关发现的，不再处罚。追诉期限，从违反治安管理行为发生之日起计算；违反治安管理行为有连续或者继续状态的，从行为终了之日起计算。

二、处罚程序

（一）调查

公安机关受理报案、控告、举报、投案后，认为属于违反治安管理行为的，应当立即进行调查；认为不属于违反治安管理行为的，应当告知报案人、控告人、举报人、投案人，并说明理由。

公安机关及其人民警察对治安案件的调查，应当依法进行。严禁刑讯逼供或者采用威胁、引诱、欺骗等非法手段收集证据。以非法手段收集的证据不得作为处罚的根据。

与案件有利害关系的工作人员应当依法回避。

公安机关可以采取传唤、检查、扣押、询问、鉴定等方式调查案情。

公安机关及其人民警察在办理治安案件时，对涉及的国家秘密、商业秘密或者个人隐私，应当予以保密。

（二）决定

治安管理处罚由县级以上人民政府公安机关决定；其中警告、500 元以下的罚款可以由公安派出所决定。

对决定给予行政拘留处罚的人，在处罚前已经采取强制措施限制人身自由的时间，应当折抵。限制人身自由 1 日，折抵行政拘留 1 日。

公安机关作出治安管理处罚决定前，应当告知违反治安管理行为人作出治安管理处罚的事实、理由及依据，并告知违反治安管理行为人依法享有的权利。

违反治安管理行为人有权陈述和申辩。公安机关必须充分听取违反治安管理行为人的意见，对违反治安管理行为人提出的事实、理由和证据，应当进行复核；违反治安管理行为人提出的事实、理由或者证据成立的，公安机关应当采纳。公安机关不得因违反治安管理行为人的陈述、申辩而加重处罚。

治安案件调查结束后，公安机关应当根据不同情况，分别作出以下处理：

（1）确有依法应当给予治安管理处罚的违法行为的，根据情节轻重及具体情况，作出处罚决定；

（2）依法不予处罚的，或者违法事实不能成立的，作出不予处罚决定；

（3）违法行为已涉嫌犯罪的，移送主管机关依法追究刑事责任；

（4）发现违反治安管理行为人有其他违法行为的，在对违反治安管理行为作出处罚决定的同时，通知有关行政主管部门处理。

公安机关作出吊销许可证以及处 2 000 元以上罚款的治安管理处罚决定前，应当告知违反治安管理行为人有权要求举行听证；违反治安管理行为人要求听证的，公安机关应当及时依法举行听证。

公安机关办理治安案件的期限，自受理之日起不得超过 30 日；案情重大、复杂的，经上一级公安机关批准，可以延长 30 日。

被处罚人不服行政拘留处罚决定，申请行政复议、提起行政诉讼的，可以向公安机关提出暂缓执行行政拘留的申请。公安机关认为暂缓执行行政拘留不致发生社会危险的，由被处罚人或者其近亲属提出符合条件的担保人，或者按每日行政拘留 200 元的标准交纳保证金，行政拘留的处罚决定暂缓执行。

📄 **真题**

张某因自己居住的房屋楼上漏水，遂找楼上住户李某洽谈赔偿事宜。因协商不成，张某殴打李某致轻微伤，被公安局处以行政拘留 10 日并处 500 元罚款的处罚。下列哪一选项是正确的？

  A. 本案调查中，警察经出示工作证件，可以检查张某的住所

  B. 对张某的询问查证时间不得超过 48 小时

  C. 公安局局长必须亲自出庭

  D. 诉讼中，若证人刘某出庭，交通、住宿等费用由败诉一方承担

【解析】

《治安管理处罚法》第 87 条第 1 款规定：公安机关对与违反治安管理行为有关的场所、物品、人身可以进行检查。检查时，人民警察不得少于 2 人，并应当出示工作证件和县级以上人民政府公安机关开具的检查证明文件。对确有必要立即进行检查的，人民警察经出示工作证件，可以当场检查，但检查公民住所应当出示县级以上人民政府公安机关开具的检查证明文件。可知，本案调查中，警察不仅要出示工作证件，还需要出具县级以上人民政府公安机关开具的检查证明文件才可以检查张某的住所。A 选项错误，不选。

《治安管理处罚法》第 83 条规定：对违反治安管理行为人，公安机关传唤后应当及时询问查证，询问查证的时间不得超过 8 小时；情况复杂，依照本法规定可能适用行政拘留处罚的，询问查证的时间不得超过 24 小时。公安机关应当及时将传唤的原因和处所通知被传唤人家属。可知，对张某的询问查证时间不得超过 24 小时。B 选项错误，不选。

《最高人民法院关于适用〈中华人民共和国行政诉讼法〉的解释》第 128 条规定：《行政诉讼法》第 3 条第 3 款规定的行政机关负责人，包括行政机关的正职、副职负责人以及其他参与分管的负责人。行政机关负责人出庭应诉的，可以另行委托 1 至 2 名诉讼代理人。行政机关负责人不能出庭的，应当委托行政机关相应的工作人员出庭，不得仅委托律师出庭。可知，由行政机关的正职或者副职负责人、其他参与分管的负责人出庭应诉，均视为行政机关负责人出庭，并不一定要公安局局长亲自出庭。C 选项错误，不选。

《最高人民法院关于适用〈中华人民共和国行政诉讼法〉的解释》第 40 条规定：人民法院在证人出庭作证前应当告知其如实作证的义务以及作伪证的法律后果。证人因履行出庭作证义务而支出的交通、住宿、就餐等必要费用以及误工损失，由败诉一方当事人承担。D 选项正确，当选。

  【答案】 D

专题八

行政强制

 本专题导读

本专题需要考生理解掌握行政强制措施和行政强制执行的种类、设定、实施程序，学会分析和解决行政强制权行使的合法性问题，重点掌握行政强制行为的判断、行政强制的设定权限、行政强制措施的实施程序、行政强制执行的实施程序。

 知识点

一、概述

行政强制，包括行政强制措施和行政强制执行。

行政强制措施，是指行政机关在行政管理过程中，为制止违法行为、防止证据损毁、避免危害发生、控制危险扩大等情形，依法对公民的人身自由实施暂时性限制，或者对公民、法人或者其他组织的财物实施暂时性控制的行为。

行政强制执行，是指行政机关或者行政机关申请人民法院，对不履行行政决定的公民、法人或者其他组织，依法强制履行义务的行为。

二、行政强制措施的种类和设定

（一）种类

行政强制措施的种类：（1）限制公民人身自由；（2）查封场所、设施或者财物；（3）扣押财物；（4）冻结存款、汇款；（5）其他行政强制措施。

（二）设定

行政强制措施由法律设定。

尚未制定法律，且属于国务院行政管理职权事项的，行政法规可以设定查封场所、设施或者财物，扣押财物和应当由法律规定的行政强制措施以外的其他行政强制措施。

尚未制定法律、行政法规，且属于地方性事务的，地方性法规可以设定查封场所、设施或者财物，扣押财物的行政强制措施。

法律、法规以外的其他规范性文件不得设定行政强制措施。

三、行政强制执行的方式和设定

（一）方式

行政强制执行的方式：（1）加处罚款或者滞纳金；（2）划拨存款、汇款；（3）拍卖或者依法处理查封、扣押的场所、设施或者财物；（4）排除妨碍、恢复原状；（5）代履行；（6）其他强制执行方式。

（二）设定

行政强制执行由法律设定。

法律没有规定行政机关强制执行的，作出行政决定的行政机关应当申请人民法院强制执行。

四、行政强制措施实施程序

（一）实施主体

1. 行政机关

行政强制措施由法律、法规规定的行政机关在法定职权范围内实施。行政强制措施应当由行政机关具备资格的行政执法人员实施，其他人员不得实施。

2. 法律、法规授权的组织

法律、行政法规授权的具有管理公共事务职能的组织在法定授权范围内，以自己的名义实施行政强制，适用《行政强制法》有关行政机关的规定。

3. 行政强制不得委托

（二）行政强制措施的一般程序

行政机关实施行政强制措施应当遵守下列规定：（1）实施前须向行政机关负责人报告并经批准；（2）由 2 名以上行政执法人员实施；（3）出示执法身份证件；（4）通知当事人到场；（5）当场告知当事人采取行政强制措施的理由、依据以及当事人依法享有的权利、救济途径；（6）听取当事人的陈述和申辩；（7）制作现场笔录；（8）现场笔录由当事人和行政执法人员签名或者盖章，当事人拒绝的，在笔录中予以注明；（9）当事人不到场的，邀请见证人到场，由见证人和行政执法人员在现场笔录上签名或者盖章；（10）法律、法规规定的其他程序。

情况紧急，需要当场实施行政强制措施的，行政执法人员应当在 24 小时内向行政机关负责人报告，并补办批准手续。行政机关负责人认为不应当采取行政强制措施的，应当立即解除。

依照法律规定实施限制公民人身自由的行政强制措施，除应当履行前述的程序外，还应当遵守下列规定：（1）当场告知或者实施行政强制措施后立即通知当事人家属实施行政强制措施的行政机关、地点和期限；（2）在紧急情况下当场实施行政强制措施的，在返回行政机关后，立即向行政机关负责人报告并补办批准手续；（3）法律规定的其他程序。

实施限制人身自由的行政强制措施不得超过法定期限。实施行政强制措施的目的已经达到或者条件已经消失，应当立即解除。

（三）查封、扣押

查封、扣押应当由法律、法规规定的行政机关实施，其他任何行政机关或者组织不得实施。

查封、扣押限于涉案的场所、设施或者财物，不得查封、扣押与违法行为无关的场所、设施或者财物；不得查封、扣押公民个人及其所扶养家属的生活必需品。

当事人的场所、设施或者财物已被其他国家机关依法查封的，不得重复查封。

行政机关决定实施查封、扣押的，应当制作并当场交付查封、扣押决定书和清单。

查封、扣押的期限不得超过30日；情况复杂的，经行政机关负责人批准，可以延长，但是延长期限不得超过30日。法律、行政法规另有规定的除外。延长查封、扣押的决定应当及时书面告知当事人，并说明理由。

对物品需要进行检测、检验、检疫或者技术鉴定的，查封、扣押的期间不包括检测、检验、检疫或者技术鉴定的期间。检测、检验、检疫或者技术鉴定的期间应当明确，并书面告知当事人。检测、检验、检疫或者技术鉴定的费用由行政机关承担。

对查封、扣押的场所、设施或者财物，行政机关应当妥善保管，不得使用或者损毁；造成损失的，应当承担赔偿责任。

对查封的场所、设施或者财物，行政机关可以委托第三人保管，第三人不得损毁或者擅自转移、处置。因第三人的原因造成的损失，行政机关先行赔付后，有权向第三人追偿。

因查封、扣押发生的保管费用由行政机关承担。

行政机关采取查封、扣押措施后，应当及时查清事实，在法定的期限内作出处理决定。根据具体情况分别作出没收、销毁、解除查封、扣押的决定。

对于依法应当解除查封的，行政机关应当及时作出解除查封、扣押决定。

解除查封、扣押应当立即退还财物；已将鲜活物品或者其他不易保管的财物拍卖或者变卖的，退还拍卖或者变卖所得款项。变卖价格明显低于市场价格，给当事人造成损失的，应当给予补偿。

（四）冻结

冻结存款、汇款应当由法律规定的行政机关实施，其他任何行政机关或者组织不得实施。

冻结存款、汇款的数额应当与违法行为涉及的金额相当；已被其他国家机关依法冻结的，不得重复冻结。

冻结存款、汇款后，作出决定的行政机关应当在3日内向当事人交付冻结决定书。

冻结存款、汇款的期限为30日，情况复杂的，经行政机关负责人批准，可以延长，但是延长期限不得超过30日。法律另有规定的除外。

遇有法定解除情形时行政机关应当及时解除冻结。

五、行政机关强制执行程序

(一) 一般规定

1. 启动和催告

行政机关依法作出行政决定后，当事人在行政机关决定的期限内不履行义务的，具有行政强制执行权的行政机关依法强制执行。

行政机关作出强制执行决定前，应当事先催告当事人履行义务。催告的内容包括：履行义务的期限、方式；涉及金钱给付的，应当有明确的金额和给付方式；当事人依法享有的陈述权和申辩权。

当事人收到催告书后有权进行陈述和申辩。行政机关应当充分听取当事人的意见，对当事人提出的事实、理由和证据，应当进行记录、复核。当事人提出的事实、理由或者证据成立的，行政机关应当采纳。

经催告，当事人逾期仍不履行行政决定，且无正当理由的，行政机关可以作出强制执行决定，决定应当以书面形式作出。

催告书、行政强制执行决定书应当直接送达当事人。当事人拒绝接收或者无法直接送达当事人的，应当依照《民事诉讼法》的有关规定送达。

2. 中止和终结执行

有下列情形之一的，中止执行：（1）当事人履行确有困难或者暂无履行能力的；（2）第三人对执行标的主张权利，确有理由的；（3）执行可能造成难以弥补的损失，且中止执行不损害公共利益的；（4）行政机关认为需要中止执行的其他情形。中止执行的情形消失后应当恢复执行。对没有明显社会危害，当事人确无能力履行，中止执行满 3 年未恢复执行的，行政机关不再执行。

有下列情形之一的，终结执行：（1）公民死亡，无遗产可供执行，又无义务承受人的；（2）法人或者其他组织终止，无财产可供执行，又无义务承受人的；（3）执行标的灭失的；（4）据以执行的行政决定被撤销的；（5）行政机关认为需要终结执行的其他情形。

在执行中或者执行完毕后，据以执行的行政决定被撤销、变更，或者执行错误的，应当恢复原状或者退还财物；不能恢复原状或者退还财物的，依法给予赔偿。

实施行政强制执行，行政机关可以在不损害公共利益和他人合法权益的情况下，与当事人达成执行协议。执行协议可以约定分阶段履行；当事人采取补救措施的，可以减免加处的罚款或者滞纳金。执行协议应当履行。当事人不履行执行协议的，行政机关应当恢复强制执行。

3. 禁用的执行手段

行政机关不得在夜间或者法定节假日实施行政强制执行。但是，情况紧急的除外。行政机关不得对居民生活采取停止供水、供电、供热、供燃气等方式迫使当事人履行相关行政决定。

4. 违章建筑的强制拆除

对违法的建筑物、构筑物、设施等需要强制拆除的，应当由行政机关予以公告，限期当事人自行拆除。当事人在法定期限内不申请行政复议或者提起行政诉讼，又不拆除的，行政机关可以依法强制拆除。

（二）金钱给付义务的执行

1. 执行罚和滞纳金

对不履行金钱给付义务的当事人，行政机关有权给予罚款或加处滞纳金，但加处的罚款和滞纳金不得超过金钱给付义务的本金。

加处罚款或者滞纳金超过 30 日，经催告当事人仍不履行的，具有行政强制执行权的行政机关可以强制执行。

2. 查封、扣押、拍卖、划拨

查封、扣押、划拨按《行政强制法》的相关规定执行，拍卖按《拍卖法》的规定执行。

当事人在法定期限内有没申请行政复议或提起行政诉讼的，没有强制执行权的行政机关，已经采取了查封、扣押措施的，可以拍卖查封、扣押的财物抵缴罚款。

（三）代履行

行政机关依法作出要求当事人履行排除妨碍、恢复原状等义务的行政决定，当事人逾期不履行，经催告仍不履行，其后果已经或者将危害交通安全、造成环境污染或者破坏自然资源的，行政机关可以代履行，或者委托没有利害关系的第三人代履行。代履行的费用按照成本合理确定，由当事人承担。但是，法律另有规定的除外。代履行不得采用暴力、胁迫以及其他非法方式。

需要立即清除道路、河道、航道或者公共场所的遗洒物、障碍物或者污染物，当事人不能清除的，行政机关可以决定立即实施代履行；当事人不在场的，行政机关应当在事后立即通知当事人，并依法作出处理。

（四）申请人民法院强制执行

当事人在法定期限内不申请行政复议或者提起行政诉讼，又不履行行政决定的，没有行政强制执行权的行政机关可以自期限届满之日起 3 个月内，申请人民法院强制执行。

人民法院接到行政机关强制执行的申请，应当在 5 日内受理。

行政机关对人民法院不予受理的裁定有异议的，可以在 15 日内向上一级人民法院申请复议，上一级人民法院应当自收到复议申请之日起 15 日内作出是否受理的裁定。

人民法院对行政机关强制执行的申请进行书面审查，对符合规定的作出执行裁定。

人民法院发现有下列情形之一的，在作出裁定前可以听取被执行人和行政机关的意见：（1）明显缺乏事实根据的；（2）明显缺乏法律、法规依据的；（3）其他明显违法并损害被执行人合法权益的。

人民法院对符合以上情形的，裁定不予执行。行政机关对人民法院不予执行的裁定有异议的，可以自收到裁定之日起 15 日内向上一级人民法院申请复议，上一级人民法院应当自收到复议申请之日起 30 日内作出是否执行的裁定。

因情况紧急，为保障公共安全，行政机关可以申请人民法院立即执行。

📌 真题

经查，李某经营的一家食品厂由于部分设备缺陷，导致生产的部分产品未达到国家标准，遂被市场监督管理机构查封了所有机器设备，扣押了全部货品，卫生行政部门认为李某的食品厂违反了卫生管理规定，对其厂房进行了查封。据此，下列说法错误的有：

A. 市场监督管理机构的查封行为是违法的，扣押行为是合法的，但是不合理

B. 卫生行政部门的查封行为违反了不得重复查封的原则

C. 若为了防止李某转移财产，要对李某的存款进行冻结，必须有省级规章以上的法律法规作为依据

D. 无论何种情况，市场监督管理机构在实施查封前必须要经过负责人批准，这是程序正当的体现

【解析】

《行政强制法》第 23 条第 1 款规定：查封、扣押限于涉案的场所、设施或者财物，不得查封、扣押与违法行为无关的场所、设施或者财物；不得查封、扣押公民个人及其所扶养家属的生活必需品。由题干可知，李某经营的食品厂只是有一部分产品未达到国家标准，因而查封和扣押不应该是针对全部设施和货品，只能针对涉案的设备和货品进行查封、扣押，在本案中，市场监督管理机构的查封和扣押行为都是违法的。A 选项错误。

《行政强制法》第 23 条第 2 款规定：当事人的场所、设施或者财物已被其他国家机关依法查封的，不得重复查封。在本案中，市场监督管理机构查封的是设备，卫生行政部门查封的是场所，其对象不一样，理由也不一样，因而并没有违反不得重复查封的原则。B 选项错误。

《行政强制法》第 9 条规定：行政强制措施的种类：（1）限制公民人身自由；（2）查封场所、设施或者财物；（3）扣押财物；（4）冻结存款、汇款；（5）其他行政强制措施。第 10 条规定：行政强制措施由法律设定。尚未制定法律，且属于国务院行政管理职权事项的，行政法规可以设定除本法第 9 条第 1 项、第 4 项和应当由法律规定的行政强制措施以外的其他行政强制措施。尚未制定法律、行政法规，且属于地方性事务的，地方性法规可以设定本法第 9 条第 2 项、第 3 项的行政强制措施。法律、法规以外的其他规范性文件不得设定行政强制措施。由此可知，冻结存款的设定必须由法律规定，属于法律保留的事项，其他任何规范性文件不得设定。C 选项错误。

《行政强制法》第 19 条规定：情况紧急，需要当场实施行政强制措施的，行政执法人员应当在 24 小时内向行政机关负责人报告，并补办批准手续。行政机关负责人认为不应当采取行政强制措施的，应当立即解除。据此，在紧急情况下，可以先采取强制措施，然后报告负责人，并补办批准手续。D 选项错误。

【答案】ABCD

📖 真题

刁某没有办理出租汽车经营许可证就擅自从事出租汽车营运业务，被交通管理部门扣押了运营车辆，后作出罚款处罚决定，刁某不服，在法定期限内，既不申请复议，也不提起诉讼，而是申请暂缓扣押，交管部门经催告，仍不履行，于是将扣押的车辆拍卖抵缴罚款数额，下列说法错误的有：

A. 出租汽车经营许可属于普通许可

B. 交管部门应当对刁某申请暂缓扣押的请求进行审核

C. 若拍卖所得价款超过罚款数额，则应将超过部分退还刁某

D. 拍卖属于行政强制执行，刁某若以交管部门没有职权为由起诉，法院应该支持其诉求

【解析】

《行政许可法》第 12 条第 2 项规定：有限自然资源开发利用、公共资源配置以及直接关系公共利益的特定行业的市场准入等，需要赋予特定权利的事项，可以设定行政许可。出租汽车经营许可是直接关系公共利益的特定行业的市场准入，属于特许范畴，而不是普通许可。A 选项错误。

本题中扣押属于行政强制措施，其本质在于控制、预防和避免，因而不存在暂缓申请的程序。B 选项错误。

《行政强制法》第 46 条第 3 款规定：没有行政强制执行权的行政机关应当申请人民法院强制执行。但是，当事人在法定期限内不申请行政复议或者提起行政诉讼，经催告仍不履行的，在实施行政管理过程中已经采取查封、扣押措施的行政机关，可以将查封、扣押的财物依法拍卖抵缴罚款。本案中，刁某在法定期限内，既不申请复议，也不提起诉讼，而是申请暂缓扣押，交管部门经催告，仍不履行，交管部门此时是可以对其已经扣押的车辆进行拍卖的，只不过拍卖的价款是用来抵缴罚款的，因而对于超过部分应当退还刁某。C 选项正确，D 选项错误。

【答案】 ABD

📖 真题

交警以刘某的车辆涉嫌套牌为由将该车扣留。后刘某提供了发动机缸体、更换发动机缸体造成不显示发动机号码、车架用钢板铆钉加固致使车架号码被遮盖等证明材料，但交管局依然既不返还，又不积极调查核实，反复要求刘某提供客观上已无法提供的其他合法来历证明，长期扣留涉案车辆不予处理。对此，下列选项正确的有：

A. 交管局又有乱作为，又有不作为

B. 车主有权对交警扣押车辆的行为提起行政诉讼

C. 行政强制应当选择对当事人侵害最小的方式实施

D. 行政机关在作出行政行为时应当考虑到相对人的合法权益

【解析】

交管局长期扣留涉案车辆不予处理自然构成了不作为，而行政机关无正当理由长期不处理，反复要求刘某提供客观上已无法提供的其他合法来历证明，构成滥用职权，所以 A 选项正确。

扣押属于行政强制措施，是会对刘某的权利义务产生实体性影响的具体行政行为，刘某自然有权对交警扣押车辆的行为提起行政诉讼，B 选项正确。

在刘某提供了充分证据之后，交管局依然既不返还，又不积极调查核实，反复要求刘某提供客观上已无法提供的其他合法来历证明，违反了比例原则的要求，给当事人增加了过重的义务负担，所以 C、D 选项正确。

【答案】 ABCD

专题九

行政许可

 本专题导读

本专题考试的重点是行政许可的设定期限、行政许可的实施主体和实施程序，需要考生熟练掌握并分析解决行政许可过程和监督检查过程中的行政行为合法性问题。本专题在法考中会以选择题和案例分析题的形式进行考查。

⚖ 知识点

一、概述

（一）概念

行政许可，是指行政机关根据公民、法人或者其他组织的申请，经依法审查，准予其从事特定活动的行为。行政许可的目的，无非是两个：一是为了防止危险的发生；二是有限资源的有效分配。为了达到这两个管理目的，才有了行政许可这种制度。

（二）基本原则

1. 许可法定原则

设定和实施行政许可，应当依照法定的权限、范围、条件和程序。

许可法定的原则，是依法行政原则在行政许可制度领域的延伸和体现。在设定许可方面，由于行政许可（行政审批）有着巨大的权力寻租空间，在《行政许可法》出台之前，行政许可领域的乱象丛生。规范行政许可的设定，成为《行政许可法》的重要任务。《行政许可法》规定，除了法定机关，经法定程序，由法定的规范性文件，任何机关，不得以法定以外的规范性文件设定行政许可。在行政许可实施领域，《行政许可法》也规定了严格的权限、范围、条件和程序。

2. 公开、公平、公正、非歧视的原则

（1）行政许可的依据要公开，未经公布的，不得作为实施行政许可的依据。

（2）行政许可的实施和结果，除涉及国家秘密、商业秘密或者个人隐私的外，应当公开。未经申请人同意，行政机关及其工作人员、参与专家评审等的人员不得披露申请人提交的商业秘密、未披露信息或者保密商务信息，法律另有规定或者涉及国家安全、重大社会公共利益的除外；行政机关依法公开申请人前述信息的，允许申请人在合理期限内提出异议。

（3）符合法定条件、标准的，申请人有依法取得行政许可的平等权利，行政机关不得歧视任何人。

3. 高效便民原则

实施行政许可，应当遵循便民的原则，提高办事效率，提供优质服务。这既是行政法高效便民原则在行政许可领域的体现，也是现代服务行政理念的体现，在行政许可实施的许多制度中都体现了这一原则。

4. 保障权利原则

行政机关实施行政许可时，要充分保障相对人和利害关系人的陈述权、申辩权、听证权、复议权和起诉权，如果给公民、法人或者其他组织造成损失，应当依法赔偿。

5. 信赖保护原则

公民、法人或者其他组织依法取得的行政许可受法律保护，行政机关不得擅自改变已经生效的行政许可。行政许可所依据的法律、法规、规章修改或者废止，或者准予行政许可所依据的客观情况发生重大变化的，为了公共利益的需要，行政机关可以依法变更或者撤回已经生效的行政许可。由此给公民、法人或者其他组织造成财产损失的，行政机关应当依法给予补偿。

信赖保护原则是行政法基本原则中诚实守信原则在行政许可领域的体现，《行政许可法》第一次以法律的形式进行规定，具有十分重大的意义。

6. 转让法定原则

依法取得的行政许可，除法律、法规规定依照法定条件和程序可以转让的外，不得转让。

行政许可制度的主要目的——控制危险，决定了行政许可原则上不可转让。而行政许可的另一目的——有限资源的有效控制，又要求行政许可在符合法定条件和程序时，允许转让。

7. 有效监督原则

县级以上人民政府应当建立健全对行政机关实施行政许可的监督制度，加强对行政机关实施行政许可的监督检查。行政机关应当对公民、法人或者其他组织从事行政许可事项的活动实施有效监督。

行政许可制度既要规范行政机关设定和实施行政许可，又要规范行政相对人从事行政许可，因此，《行政许可法》既有对行政许可设定和实施进行监督的规定，又有对公民、法人或者其他组织从事行政许可进行有效监督的规定。

二、行政许可的设定

(一) 设定行政许可的原则

1. 一般规定

设定行政许可,应当遵循经济和社会发展规律,有利于发挥公民、法人或者其他组织的积极性、主动性,维护公共利益和社会秩序,促进经济、社会和生态环境协调发展。

2. 可以设定行政许可的事项

(1) 直接涉及国家安全、公共安全、经济宏观调控、生态环境保护以及直接关系人身健康、生命财产安全等特定活动,需要按照法定条件予以批准的事项;

(2) 有限自然资源开发利用、公共资源配置以及直接关系公共利益的特定行业的市场准入等,需要赋予特定权利的事项;

(3) 提供公众服务并且直接关系公共利益的职业、行业,需要确定具备特殊信誉、特殊条件或者特殊技能等资格、资质的事项;

(4) 直接关系公共安全、人身健康、生命财产安全的重要设备、设施、产品、物品,需要按照技术标准、技术规范,通过检验、检测、检疫等方式进行审定的事项;

(5) 企业或者其他组织的设立等,需要确定主体资格的事项;

(6) 法律、行政法规规定可以设定行政许可的其他事项。

3. 可以不设定行政许可的事项

(1) 公民、法人或者其他组织能够自主决定的;

(2) 市场竞争机制能够有效调节的;

(3) 行业组织或者中介机构能够自律管理的;

(4) 行政机关采用事后监督等其他行政管理方式能够解决的。

这四项规定,可以称为四个优先,即:当事人自主决定优先;市场竞争机制优先;行业组织或者中介机构自律优先;事后监管优先。因为行政许可是一种政府事前干预社会经济事务的手段,会对经济发展造成较大的影响,所以不能成为政府管理社会经济事务的优先考虑手段,而只能成为一种不得不采取的手段,行政许可的设定原则充分体现了这种理念。

(二) 行政许可的设定权限和形式

1. 法律可以设定各项行政许可。

2. 行政法规可以设定法律尚未设定的行政许可。

3. 国务院决定、命令可以设定行政许可,除临时性行政许可事项外,国务院应当及时提请全国人大及其常委会制定法律,或者自行制定行政法规。

4. 尚未制定法律和行政法规的,地方性法规和省级政府可以设定行政许可,省级政府只能设定临时性的行政许可,满 1 年后需要继续实施的,应当提请同级人大及其常委会制定地方性法规。

地方性法规和省级政府规章,不得设定应当由国家统一确定的公民、法人或者其他组织的资格、资质的行政许可;不得设定企业或者其他组织的设立登记及其前置性行政许可。其设定的行政许可,不得限制其他地区的个人或者企业到本地区从事生产经营和提供服务，不得限制其他地区的商品进入本地区市场。

除法律、国务院决定、命令、法规和省级政府规章外，其他规范性文件一律不得设定行政许可。

（三）设定行政许可的程序

设定行政许可前，起草单位应当采取听证会、论证会等形式听取意见，并向制定机关说明设定该行政许可的必要性、对经济和社会可能产生的影响以及听取和采纳意见的情况。

行政许可的设定机关应当定期对其设定的行政许可进行评价；对已设定的行政许可，认为通过"四个优先"能够解决的，应当对设定该行政许可的规定及时予以修改或者废止。

行政许可的实施机关可以对已设定的行政许可的实施情况及存在的必要性适时进行评价，并将意见报告该行政许可的设定机关。

公民、法人或者其他组织可以向行政许可的设定机关和实施机关就行政许可的设定和实施提出意见和建议。

省级政府对行政法规设定的有关经济事务的行政许可，根据本行政区域经济和社会发展情况，认为通过"四个优先"能够解决的，报国务院批准后，可以在本行政区域内停止实施该行政许可。

三、行政许可的实施机关

（一）行政机关

行政许可由具有行政许可权的行政机关在其法定职权范围内实施。

（二）法律、法规授权组织

法律、法规授权的具有管理公共事务职能的组织，在法定授权范围内，以自己的名义实施行政许可。被授权的组织适用《行政许可法》有关行政机关的规定。

（三）委托

行政许可只能委托其他行政机关实施。

（四）禁止性规定

行政机关实施行政许可，不得向申请人提出购买指定商品、接受有偿服务等不正当要求。行政机关工作人员办理行政许可，不得索取或者收受申请人的财物，不得谋取其他利益。

（五）涉及检验、检测、检疫的规定

对直接关系公共安全、人身健康、生命财产安全的设备、设施、产品、物品的检验、检测、检疫，除法律、行政法规规定由行政机关实施的外，应当逐步由符合法定条件的专业技术组织实施。专业技术组织及其有关人员对所实施的检验、检测、检疫结论承担法律责任。

四、行政许可的实施程序

（一）申请与受理

公民、法人或者其他组织从事特定活动，依法需要取得行政许可的，应当向行政机关

DAY 6

提出申请。申请书需要采用格式文本的，行政机关应当向申请人提供行政许可申请书格式文本。申请书格式文本中不得包含与申请行政许可事项没有直接关系的内容。

申请人可以委托代理人提出行政许可申请。但是，依法应当由申请人到行政机关办公场所提出行政许可申请的除外。

行政许可申请可以通过信函、电报、电传、传真、电子数据交换和电子邮件等方式提出。

行政机关应当将法律、法规、规章规定的有关行政许可的事项、依据、条件、数量、程序、期限以及需要提交的全部材料的目录和申请书示范文本等在办公场所公示。申请人要求行政机关对公示内容予以说明、解释的，行政机关应当说明、解释，提供准确、可靠的信息。

申请人申请行政许可，应当如实向行政机关提交有关材料和反映真实情况，并对其申请材料实质内容的真实性负责。行政机关不得要求申请人提交与其申请的行政许可事项无关的技术资料和其他材料。

行政机关及其工作人员不得以转让技术作为取得行政许可的条件；不得在实施行政许可的过程中，直接或者间接地要求转让技术。

（二）审查与决定

行政机关应当对申请人提交的申请材料进行审查。

申请人提交的申请材料齐全、符合法定形式，行政机关能够当场作出决定的，应当当场作出书面的行政许可决定。根据法定条件和程序，需要对申请材料的实质内容进行核实的，行政机关应当指派 2 名以上工作人员进行核查。

依法应当先经下级行政机关审查后报上级行政机关决定的行政许可，下级行政机关应当在法定期限内将初步审查意见和全部申请材料直接报送上级行政机关。上级行政机关不得要求申请人重复提供申请材料。

行政机关对行政许可申请进行审查时，发现行政许可事项直接关系他人重大利益的，应当告知该利害关系人。申请人、利害关系人有权进行陈述和申辩。行政机关应当听取申请人、利害关系人的意见。

行政机关对行政许可申请进行审查后，除当场作出行政许可决定的外，应当在法定期限内按照规定程序作出行政许可决定。

申请人的申请符合法定条件、标准的，行政机关应当依法作出准予行政许可的书面决定。

行政机关依法作出不予行政许可的书面决定的，应当说明理由，并告知申请人享有依法申请行政复议或者提起行政诉讼的权利。

行政机关作出的准予行政许可决定，应当予以公开，公众有权查阅。法律、行政法规设定的行政许可，其适用范围没有地域限制的，申请人取得的行政许可在全国范围内有效。

（三）期限

除可以当场作出行政许可决定的外，行政机关应当自受理行政许可申请之日起 20 日内作出行政许可决定。20 日内不能作出决定的，经本行政机关负责人批准，可以延长 10 日，并应当将延长期限的理由告知申请人。但是，法律、法规另有规定的，依照其规定。

行政许可采取统一办理或者联合办理、集中办理的，办理的时间不得超过 45 日；45日内不能办结的，经本级人民政府负责人批准，可以延长 15 日，并应当将延长期限的理由告知申请人。

依法应当先经下级行政机关审查后报上级行政机关决定的行政许可，下级行政机关应当自其受理行政许可申请之日起 20 日内审查完毕。但是，法律、法规另有规定的，依照其规定。

行政机关作出准予行政许可的决定，应当自作出决定之日起 10 日内向申请人颁发、送达行政许可证件，或者加贴标签、加盖检验、检测、检疫印章。

行政机关作出行政许可决定，依法需要听证、招标、拍卖、检验、检测、检疫、鉴定和专家评审的，所需时间不计算在上述规定的期限内。行政机关应当将所需时间书面告知申请人。

（四）听证

法律、法规、规章规定实施行政许可应当听证的事项，或者行政机关认为需要听证的其他涉及公共利益的重大行政许可事项，行政机关应当向社会公告，并举行听证。

行政许可直接涉及申请人与他人之间重大利益关系的，行政机关在作出行政许可决定前，应当告知申请人、利害关系人享有要求听证的权利；申请人、利害关系人在被告知听证权利之日起 5 日内提出听证申请的，行政机关应当在 20 日内组织听证。

申请人、利害关系人不承担行政机关组织听证的费用。

听证按照下列程序进行：（1）行政机关应当于举行听证的 7 日前将举行听证的时间、地点通知申请人、利害关系人，必要时予以公告；（2）听证应当公开举行；（3）行政机关应当指定审查该行政许可申请的工作人员以外的人员为听证主持人，申请人、利害关系人认为主持人与该行政许可事项有直接利害关系的，有权申请回避；（4）举行听证时，审查该行政许可申请的工作人员应当提供审查意见的证据、理由，申请人、利害关系人可以提出证据，并进行申辩和质证；（5）听证应当制作笔录，听证笔录应当交听证参加人确认无误后签字或者盖章。行政机关应当根据听证笔录，作出行政许可决定。

（五）变更与延续

被许可人要求变更行政许可事项的，应当向作出行政许可决定的行政机关提出申请；符合法定条件、标准的，行政机关应当依法办理变更手续。

被许可人需要延续依法取得的行政许可的有效期的，应当在该行政许可有效期届满 30日前向作出行政许可决定的行政机关提出申请。但是，法律、法规、规章另有规定的，依照其规定。

行政机关应当根据被许可人的申请，在该行政许可有效期届满前作出是否准予延续的决定；逾期未作决定的，视为准予延续。

（六）特别规定

1. 国务院实施行政许可的程序，适用有关法律、行政法规的规定。亦即不适用《行政许可法》的规定。

2. 行政机关对有限自然资源开发利用、公共资源配置以及直接关系公共利益的特定行业的市场准入等，需要赋予特定权利的事项实施行政许可，行政机关应当通过招标、拍卖等公平竞争的方式作出决定。但是，法律、行政法规另有规定的，依照其规定。

3. 行政机关对提供公众服务并且直接关系公共利益的职业、行业，需要确定具备特殊信誉、特殊条件或者特殊技能等资格、资质的事项实施行政许可，赋予公民特定资格，依法应当举行国家考试的，行政机关根据考试成绩和其他法定条件作出行政许可决定；赋予法人或者其他组织特定的资格、资质的，行政机关根据申请人的专业人员构成、技术条件、经营业绩和管理水平等的考核结果作出行政许可决定。但是，法律、行政法规另有规定的，依照其规定。

公民特定资格的考试依法由行政机关或者行业组织实施，公开举行。行政机关或者行业组织应当事先公布资格考试的报名条件、报考办法、考试科目以及考试大纲。但是，不得组织强制性的资格考试的考前培训，不得指定教材或者其他助考材料。

4. 行政机关对直接关系公共安全、人身健康、生命财产安全的重要设备、设施、产品、物品，需要按照技术标准、技术规范，通过检验、检测、检疫等方式进行审定的事项实施行政许可的，应当按照技术标准、技术规范依法进行检验、检测、检疫，行政机关根据检验、检测、检疫的结果作出行政许可决定。行政机关实施检验、检测、检疫，应当自受理申请之日起 5 日内指派 2 名以上工作人员按照技术标准、技术规范进行检验、检测、检疫。不需要对检验、检测、检疫结果作进一步技术分析即可认定设备、设施、产品、物品是否符合技术标准、技术规范的，行政机关应当当场作出行政许可决定。行政机关根据检验、检测、检疫结果，作出不予行政许可决定的，应当书面说明不予行政许可所依据的技术标准、技术规范。

5. 行政机关对企业或者其他组织的设立等需要确定主体资格的事项实施行政许可的，申请人提交的申请材料齐全、符合法定形式的，行政机关应当当场予以登记。需要对申请材料的实质内容进行核实的，行政机关根据法定条件和程序，指派 2 名以上工作人员进行核查。

6. 有数量限制的行政许可，2 个或者 2 个以上申请人的申请均符合法定条件、标准的，行政机关应当根据受理行政许可申请的先后顺序作出准予行政许可的决定。但是，法律、行政法规另有规定的，依照其规定。

五、行政许可的费用

行政机关实施行政许可和对行政许可事项进行监督检查，不得收取任何费用。但是，法律、行政法规另有规定的，依照其规定。

行政机关提供行政许可申请书格式文本，不得收费。

行政机关实施行政许可，依照法律、行政法规收取费用的，应当按照公布的法定项目和标准收费；所收取的费用必须全部上缴国库，任何机关或者个人不得以任何形式截留、挪用、私分或者变相私分。财政部门不得以任何形式向行政机关返还或者变相返还实施行政许可所收取的费用。

六、监督检查

（一）上级行政机关对下级机关的监督

上级行政机关应当加强对下级行政机关实施行政许可的监督检查，及时纠正行政许可实施中的违法行为。

（二）行政机关对被许可人的监督

行政机关应当建立健全监督制度，通过核查反映被许可人从事行政许可事项活动情况的有关材料，履行监督责任。

行政机关依法对被许可人从事行政许可事项的活动进行监督检查时，应当将监督检查的情况和处理结果予以记录，由监督检查人员签字后归档。公众有权查阅行政机关监督检查记录。

行政机关应当创造条件，实现与被许可人、其他有关行政机关的计算机档案系统互联，核查被许可人从事行政许可事项活动情况。

行政机关可以对被许可人生产经营的产品依法进行抽样检查、检验、检测，对其生产经营场所依法进行实地检查。检查时，行政机关可以依法查阅或者要求被许可人报送有关材料；被许可人应当如实提供有关情况和材料。

行政机关根据法律、行政法规的规定，对直接关系公共安全、人身健康、生命财产安全的重要设备、设施进行定期检验。对检验合格的，行政机关应当发给相应的证明文件。

行政机关实施监督检查，不得妨碍被许可人正常的生产经营活动，不得索取或者收受被许可人的财物，不得谋取其他利益。

被许可人在作出行政许可决定的行政机关管辖区域外违法从事行政许可事项活动的，违法行为发生地的行政机关应当依法将被许可人的违法事实、处理结果抄告作出行政许可决定的行政机关。

个人和组织发现违法从事行政许可事项的活动，有权向行政机关举报，行政机关应当及时核实、处理。

被许可人未依法履行开发利用自然资源义务或者未依法履行利用公共资源义务的，行政机关应当责令限期改正；被许可人在规定期限内不改正的，行政机关应当依照有关法律、行政法规的规定予以处理。

取得直接关系公共利益的特定行业的市场准入行政许可的被许可人，应当按照国家规定的服务标准、资费标准和行政机关依法规定的条件，向用户提供安全、方便、稳定和价格合理的服务，并履行普遍服务的义务；未经作出行政许可决定的行政机关批准，不得擅自停业、歇业。

被许可人不履行前述的义务的，行政机关应当责令限期改正，或者依法采取有效措施督促其履行义务。

对直接关系公共安全、人身健康、生命财产安全的重要设备、设施，行政机关应当督促设计、建造、安装和使用单位建立相应的自检制度。

行政机关在监督检查时，发现直接关系公共安全、人身健康、生命财产安全的重要设备、设施存在安全隐患的，应当责令停止建造、安装和使用，并责令设计、建造、安装和使用单位立即改正。

（三）行政许可的撤销

作出行政许可决定的行政机关或者其上级行政机关，根据利害关系人的请求或者依据职权，可以撤销下列行政许可：

（1）行政机关工作人员滥用职权、玩忽职守作出准予行政许可决定的；

（2）超越法定职权作出准予行政许可决定的；

（3）违反法定程序作出准予行政许可决定的；

（4）对不具备申请资格或者不符合法定条件的申请人准予行政许可的；

（5）依法可以撤销行政许可的其他情形。

被许可人以欺骗、贿赂等不正当手段取得行政许可的，应当予以撤销。

依照上述规定撤销行政许可，可能对公共利益造成重大损害的，不予撤销。

依照规定撤销行政许可，被许可人的合法权益受到损害的，行政机关应当依法给予赔偿。撤销行政许可的，被许可人以欺骗、贿赂等不正当手段取得行政许可的被许可人基于行政许可取得的利益不受保护。

（四）行政许可的注销

有下列情形之一的，行政机关应当依法办理有关行政许可的注销手续：

（1）行政许可有效期届满未延续的；

（2）赋予公民特定资格的行政许可，该公民死亡或者丧失行为能力的；

（3）法人或者其他组织依法终止的；

（4）行政许可依法被撤销、撤回，或者行政许可证件依法被吊销的；

（5）因不可抗力导致行政许可事项无法实施的；

（6）法律、法规规定的应当注销行政许可的其他情形。

📝 真题

市规划局向某房地产开发公司发放建设工程规划许可证。后接到群众举报，该公司许可证系提供虚假材料欺骗所得，经查证属实。关于对许可证的处理，该局下列做法正确的是：

A. 撤回

B. 撤销

C. 吊销

D. 待有效期限届满后注销

【解析】

行政许可的撤回是指具备行政许可的条件，但因行政许可所依据的客观情况发生重大变化，基于公共利益的需要，行政机关可以撤回行政许可。据此可知，本题中提供虚假材料获得行政许可的，不是撤回行政许可的情形，故 A 选项错误。

《行政许可法》第 69 条第 2 款规定：被许可人以欺骗、贿赂等不正当手段取得行政许可的，应当予以撤销。由此可知，撤销适用于行政机关纠正违法实施行政许可的情形，适用前提是行政机关违法作出行政许可决定或者相对人违法取得行政许可。本案中，该公司的建设工程规划许可证系提供虚假材料欺骗所得，因此应予撤销，故 B 选项正确。

行政许可的吊销是指被许可人取得行政许可后从事违法活动，依法需要吊销行政许可的，行政机关应当吊销行政许可。吊销许可证属于行政处罚，针对的是合法取得许可证，后来从事违法行为而被处罚，本题不属于这种情形，故 C 选项错误。

《行政许可法》第 70 条规定：有下列情形之一的，行政机关应当依法办理有关行政许可的注销手续：（1）行政许可有效期届满未延续的；（2）赋予公民特定资格的行政许可，该公民死亡或者丧失行为能力的；（3）法人或者其他组织依法终止的；（4）行政许可依法被撤销、撤回，或者行政许可证件依法被吊销的；（5）因不可抗力导致行政许可事项无法实施的；（6）法律、法规规定的应当注销行政许可的其他情形。注销属于有上述情形时，行政机关办理手续的程序性行为，D 选项错误。

【答案】B

真题

天龙房地产开发有限公司拟兴建天龙金湾小区项目，向市规划局申请办理建设工程规划许可证，并提交了相关材料。下列哪一说法是正确的？

A. 公司应到市规划局办公场所提出申请

B. 公司应对其申请材料实质内容的真实性负责

C. 公司的申请材料不齐全的，市规划局应作出不受理决定

D. 市规划局为公司提供的申请格式文本可收取工本费

【解析】

《行政许可法》第 29 条第 2、3 款规定：申请人可以委托代理人提出行政许可申请。但是，依法应当由申请人到行政机关办公场所提出行政许可申请的除外。行政许可申请可以通过信函、电报、电传、传真、电子数据交换和电子邮件等方式提出。本题中涉及的许可是建设工程规划许可，不具有人身属性，不属于必须由申请人到办公场所办理的情况，是可以委托办理的。A 选项错误。

《行政许可法》第 31 条第 1 款规定：申请人申请行政许可，应当如实向行政机关提交有关材料和反映真实情况，并对其申请材料实质内容的真实性负责。行政机关不得要求申请人提交与其申请的行政许可事项无关的技术资料和其他材料。由此可知，申请人要对申请材料的真实性负责。B 选项正确。

《行政许可法》第 32 条第 1 款第 4 项规定：申请材料不齐全或者不符合法定形式的，应当当场或者在 5 日内一次告知申请人需要补正的全部内容，逾期不告知的，自收到申请材料之日起即为受理。由此可知，当申请人申请材料不齐全的时候，行政机关是有告知补正的义务的，并非直接作出不受理的决定。C 选项错误。

《行政许可法》第 58 条第 2 款规定：行政机关提供行政许可申请书格式文本，不得收费。由此可知，行政许可申请所涉及的格式文本是不得收费的。D 选项错误。

【答案】B

其他行政行为

 本专题导读

本专题需要考生了解行政征收与征用的概念及区别，行政确认的概念和种类，行政合同的概念、种类以及特点，行政给付的概念等；熟练并能够运用行政合同的原理判断是否为行政合同及其合法性。

 知识点

一、行政征收与征用

（一）行政征收

行政征收是指行政机关为了公共利益的需要，依照法律规定强制从行政相对人处有偿或无偿获取一定私有财产、税费或者劳务的行为。

行政征收主要分为两类：一类是税费的征收，是无偿的；另一类是财产的征收，主要是房屋、土地、海域等，国家会给予一定补偿。

（二）行政征用

行政征用是指行政机关为了公共利益的需要，依照法律规定强制取得原属于公民、法人或者其他组织的财产使用权的行为。征用完毕后，应当将财产返还给相对人，造成损毁的，应当给予适当补偿。

（三）行政征收与行政征用的区别

（1）对象不同，征收的对象是所有权，征用的对象是使用权。

（2）补偿不同，征收有的是无偿的，如征税，有的是有偿的，如征收土地、房屋；而征用一般都是有偿的。

（3）征用一般发生在紧急状态下，如战争、灾难等，而征收不具有应急性。

二、行政确认

(一) 概念

行政确认是指行政机关针对特定的法律事实、法律关系或者法律状态作出具有法律效力的认定并且予以证明的行政行为。

(二) 种类

(1) 身份确认。

(2) 法律关系确认。

(3) 法律事实确认。

(4) 资格确认。

三、行政合同

(一) 概念

行政合同是指行政机关为了实现行政管理或者公共服务目标，与公民、法人或者其他组织协商订立的具有行政法上权利义务内容的协议。

(二) 种类

(1) 政府特许经营协议；

(2) 土地、房屋等征收征用补偿协议；

(3) 矿业权等国有自然资源使用权出让协议；

(4) 政府投资的保障性住房的租赁、买卖等协议；

(5) 行政机关为了实现行政管理或者公共服务目标与社会资本合作协议；

(6) 其他行政协议。

行政机关之间因公务协助等事由而订立的协议及行政机关与其工作人员订立的劳动人事协议不属于行政合同。

(三) 特点

(1) 合同一方必须是行政机关，且合同目的是为了行政管理或者公共服务的需要。

(2) 行政机关一方拥有行政优益权，即在履行合同时有指挥权、单方变更权和解除权，但给对方当事人造成损失的应当依法补偿。

(3) 救济渠道为行政诉讼，但不可约定仲裁。

四、行政给付

行政给付一般是指行政主体依照有关法律、法规，向符合条件的相对人提供物质利益或者赋予其与物质利益有关的权益的行政行为。

行政给付是现代服务行政的产物，在行政给付实施中应当注意要符合法定、公开、公平、合理、程序正当、信赖利益保护等基本原则。

五、行政奖励

行政奖励，是指行政机关为了表彰先进、激励后进，充分调动和激发人们的积极性和创造性，依照法定条件和程序，对为国家、人民和社会作出突出贡献或者模范地遵纪守法的行政相对人，给予物质的或精神的奖励的行政行为。

六、行政裁决

行政裁决是指行政机关依照法律授权和法定程序，对当事人之间发生的与行政管理活动密切相关的、与合同无关的特定民事、经济纠纷进行裁决的行政行为。

专题十一

行政程序与政府信息公开

 本专题导读

本专题需要考生重点理解和掌握信息公开的意义，核心考点是政府信息公开的范围、要求、公开方式和依申请公开的程序、监督救济内容。本专题在法考中会以选择题和案例分析题的形式对考生进行考查。

 知识点

一、行政程序

（一）概念

行政程序是指国家行政机关在行使行政权力、实施行政活动过程中所遵循的步骤方式、时限和顺序的总和。

（二）基本制度

1. 听证制度

行政听证制度是行政机关在作出影响行政相对人合法权益之前，由行政机关告知决定理由和听证权利，行政相对人陈述意见、提供证据以及行政机关听取意见、接纳证据并作出相应决定等程序所构成的一种法律制度。我国《行政处罚法》《行政许可法》均规定了听证制度。

2. 说明理由制度

说明理由是指行政机关对其行政行为向相对人说明理由的制度，包括事实依据、法律依据以及其他理由。

3. 行政案卷制度

行政案卷制度是关于行政决定只能以行政案卷体现的事实作为根据的行政程序制度。

行政案卷是有关案件事实的证据、调查或者听证记录等案卷材料的总和，其构成和形成应当依据法律的规定。行政案卷一旦形成，就具有封闭性，行政机关在行政程序结束之后调取的证据或者其他书面材料，不得成为案卷的一部分。

二、政府信息公开制度

（一）概念

1. 政府信息

政府信息是指行政机关在履行行政管理职能过程中制作或者获取的，以一定形式记录、保存的信息。

2. 政府信息公开制度

政府信息公开制度是指国家行政机关和法律、法规以及规章授权和委托的组织，在行使国家行政管理职权的过程中，通过法定形式和程序，主动将政府信息向社会公众或依申请而向特定的个人或组织公开的制度。

（二）主要内容

1. 主管部门

国务院办公厅是全国信息公开工作的主管部门，各级地方政府的办公厅（室）是本地区政府信息公开工作的主管部门。

2. 公开原则

以公开为常态，以不公开为例外，遵循公正、公平、合法、便民的原则。

3. 公开的主体和范围

原则上谁制作谁公开。涉及国家秘密的信息及公开后可能危及国家安全、公共安全、经济安全、社会稳定的政府信息，不予公开。涉及商业秘密、个人隐私等公开会对第三方合法权益造成损害的政府信息，行政机关不得公开。但是，第三方同意公开或者行政机关认为不公开会对公共利益造成重大影响的，予以公开。行政机关的内部事务信息、过程信息可以不公开。

4. 主动公开

对涉及公众利益调整、需要公众广泛知晓或者需要公众参与决策的政府信息，行政机关应当主动公开。

5. 依申请公开

除行政机关主动公开的政府信息外，公民、法人或者其他组织可以向地方各级人民政府、对外以自己名义履行行政管理职能的县级以上人民政府部门申请获取相关政府信息。依申请公开的政府信息公开会损害第三方合法权益的，行政机关应当书面征求第三方的意见。第三方应当自收到征求意见书之日起15个工作日内提出意见。第三方逾期未提出意见的，由行政机关依照《政府信息公开条例》的规定决定是否公开。第三方不同意公开且有合理理由的，行政机关不予公开。行政机关认为不公开可能对公共利益造成重大影响的，可以决定予以公开，并将决定公开的政府信息内容和理由书面告知第三方。

申请人申请公开政府信息的数量、频次明显超过合理范围，行政机关可以要求申请人说明理由。

　　行政机关依申请提供政府信息，不收取费用。但是，申请人申请公开政府信息的数量、频次明显超过合理范围的，行政机关可以收取信息处理费。

（三）救济

　　公民、法人或者其他组织认为行政机关在政府信息公开工作中侵犯其合法权益的，可以向上一级行政机关或者政府信息公开工作主管部门投诉、举报，也可以依法申请行政复议或者提起行政诉讼。

📄 真题

　　赵某向国土部申请公开 M 公司的××号采矿许可证的申请材料，国土部向 M 公司口头询问是否公开相关申请资料的意见，M 公司回复不同意公开。后国土部作出公开申请资料的决定，M 公司不服提起行政诉讼。下列说法错误的是：

A. 国土部向 M 公司征询意见的时间不计入答复期限

B. 赵某的申请应当写明申请政府公开信息的名称、用途

C. 国土部不应采用口头方式询问 M 公司是否同意公开资料

D. 如法院经审理认为国土部决定合法，应依法作出驳回原告诉讼请求的判决

【解析】

　　《政府信息公开条例》第 33 条规定：行政机关收到政府信息公开申请，能够当场答复的，应当当场予以答复。行政机关不能当场答复的，应当自收到申请之日起 20 个工作日内予以答复；需要延长答复期限的，应当经政府信息公开工作机构负责人同意并告知申请人，延长的期限最长不得超过 20 个工作日。行政机关征求第三方和其他机关意见所需时间不计算在前款规定的期限内。A 选项正确。

　　《政府信息公开条例》第 29 条第 2 款规定：政府信息公开申请应当包括下列内容：（1）申请人的姓名或者名称、身份证明、联系方式；（2）申请公开的政府信息的名称、文号或者便于行政机关查询的其他特征性描述；（3）申请公开的政府信息的形式要求，包括获取信息的方式、途径。依据上述规定可知，申请获取政府信息的用途并不要求写入申请文书，故 B 选项错误。

　　根据《政府信息公开条例》第 32 条的规定，依申请公开的政府信息公开会损害第三方合法权益的，行政机关应当书面征求第三方的意见。本题中，国土部口头征询 M 公司意见的做法违法，故 C 选项正确。

　　《行政诉讼法》第 69 条规定：行政行为证据确凿，适用法律、法规正确，符合法定程序的，或者原告申请被告履行法定职责或者给付义务理由不成立的，人民法院判决驳回原告的诉讼请求。本题中，如法院经审理认为国土部的决定合法的，M 公司的诉讼请求不能得到支持，据此，法院应当作出驳回原告诉讼请求的判决，故 D 选项正确。

　　【答案】B

📄 真题

　　戴某连续 55 次申请了镇政府的防汛信息公开，2019 年又向镇政府申请了信息公开，政府可以采取的正确处理方式有：

A. 可以收取相应信息处理费用

B. 可以以其不具有申请人资格为由不予提供

C. 如果镇政府认为戴某说明理由不成立，可以以其此前多次重复申请为由不予处理

D. 可以要求其说明理由

【解析】

为防止申请人滥用申请权，2019 年《政府信息公开条例》规定，申请公开政府信息的数量、频次明显超过合理范围的，行政机关可以收取信息处理费，所以，针对连续 55 次申请公开防汛信息的戴某可以收取相应信息处理费用，A 选项正确。

2019 年《政府信息公开条例》取消了申请人所申请的信息应当与"自身生产、生活、科研等特殊需要"相关的要求，申请人也无须说明申请信息之用途，B 选项错误。

2019 年《政府信息公开条例》第 35 条规定：申请人申请公开政府信息的数量、频次明显超过合理范围，行政机关可以要求申请人说明理由。行政机关认为申请理由不合理的，告知申请人不予处理；行政机关认为申请理由合理，但是无法在本条例第 33 条规定的期限内答复申请人的，可以确定延迟答复的合理期限并告知申请人。可见，对于数量、频次明显超过合理范围的信息公开申请，行政机关是有权要求申请人说明理由的，C、D 选项正确。

【答案】 ACD

专题十二
行政复议

 本专题导读

本专题需要考生重点掌握行政复议的范围、行政复议的申请人与被申请人、行政复议的受理以及行政复议的决定类型，并熟练掌握分析、解决行政机关在受理和作出复议决定中程序合法性的问题。本专题在法考中以选择题和案例分析题的形式进行考查。

 知识点

一、概述

（一）概念

行政复议是指公民、法人或者其他组织认为行政主体的具体行政行为违法或不当侵犯其合法权益，依法向主管行政机关提出复查该具体行政行为的申请，行政复议机关依照法定程序对被申请的具体行政行为进行合法性、适当性审查，并作出行政复议决定的一种法律制度。

（二）原则

合法、公正、公开、及时、便民。

二、复议范围

（一）对具体行政行为申请复议的范围

有下列情形之一的，公民、法人或者其他组织可以依照《行政复议法》申请行政复议：

（1）对行政机关作出的警告、罚款、没收违法所得、没收非法财物、责令停产停业、暂扣或者吊销许可证、暂扣或者吊销执照、行政拘留等行政处罚决定不服的；

（2）对行政机关作出的限制人身自由或者查封、扣押、冻结财产等行政强制措施决定不服的；

（3）对行政机关作出的有关许可证、执照、资质证、资格证等证书变更、中止、撤销的决定不服的；

（4）对行政机关作出的关于确认土地、矿藏、水流、森林、山岭、草原、荒地、滩涂、海域等自然资源的所有权或者使用权的决定不服的；

（5）认为行政机关侵犯合法的经营自主权的；

（6）认为行政机关变更或者废止农业承包合同，侵犯其合法权益的；

（7）认为行政机关违法集资、征收财物、摊派费用或者违法要求履行其他义务的；

（8）认为符合法定条件，申请行政机关颁发许可证、执照、资质证、资格证等证书，或者申请行政机关审批、登记有关事项，行政机关没有依法办理的；

（9）申请行政机关履行保护人身权利、财产权利、受教育权利的法定职责，行政机关没有依法履行的；

（10）申请行政机关依法发放抚恤金、社会保险金或者最低生活保障费，行政机关没有依法发放的；

（11）认为行政机关的其他具体行政行为侵犯其合法权益的。

（二）对抽象行政行为申请一并审查

公民、法人或者其他组织认为行政机关的具体行政行为所依据的下列规定不合法，在对具体行政行为申请行政复议时，可以一并向行政复议机关提出对该规定的审查申请：

（1）国务院部门的规定；

（2）县级以上地方各级人民政府及其工作部门的规定；

（3）乡、镇人民政府的规定。

注意：对规范性文件一并审查不含国务院制定的规范性文件和国务院部、委员会规章和地方人民政府规章。

（三）排除事项

（1）不服行政机关作出的行政处分或者其他人事处理决定的，依照有关法律、行政法规的规定提出申诉。

（2）不服行政机关对民事纠纷作出的调解或者其他处理，依法申请仲裁或者向人民法院提起诉讼。

三、提出申请

（一）申请期限

公民、法人或者其他组织认为具体行政行为侵犯其合法权益的，可以自知道该具体行政行为之日起 60 日内提出行政复议申请；但是法律规定的申请期限超过 60 日的除外。

因不可抗力或者其他正当理由耽误法定申请期限的，申请期限自障碍消除之日起继续计算。

（二）申请人、第三人和被申请人

申请行政复议的公民、法人或者其他组织是申请人。

有权申请行政复议的公民死亡的，其近亲属可以申请行政复议。有权申请行政复议的公民为无民事行为能力人或者限制民事行为能力人的，其法定代理人可以代为申请行政复议。有权申请行政复议的法人或者其他组织终止的，承受其权利的法人或者其他组织可以申请行政复议。

同申请行政复议的具体行政行为有利害关系的其他公民、法人或者其他组织，可以作为第三人参加行政复议。

公民、法人或者其他组织对行政机关的具体行政行为不服申请行政复议的，作出具体行政行为的行政机关是被申请人。

申请人、第三人可以委托代理人代为参加行政复议。

（三）管辖

（1）对县级以上地方各级人民政府工作部门的具体行政行为不服的，由申请人选择，可以向该部门的本级人民政府申请行政复议，也可以向上一级主管部门申请行政复议。

（2）对海关、金融、国税、外汇管理等实行垂直领导的行政机关和国家安全机关的具体行政行为不服的，向上一级主管部门申请行政复议。

（3）对地方各级人民政府的具体行政行为不服的，向上一级地方人民政府申请行政复议。

（4）对省、自治区人民政府依法设立的派出机关所属的县级地方人民政府的具体行政行为不服的，向该派出机关申请行政复议。

（5）对国务院部门或者省、自治区、直辖市人民政府的具体行政行为不服的，向作出该具体行政行为的国务院部门或者省、自治区、直辖市人民政府申请行政复议。对行政复议决定不服的，可以向人民法院提起行政诉讼；也可以向国务院申请裁决，国务院作出最终裁决。

（6）对其他行政机关的复议管辖：

①对县级以上地方人民政府依法设立的派出机关的具体行政行为不服的，向设立该派出机关的人民政府申请行政复议；

②对政府工作部门依法设立的派出机构依照法律、法规或者规章规定，以自己的名义作出的具体行政行为不服的，向设立该派出机构的部门或者该部门的本级地方人民政府申请行政复议；

③对法律、法规授权的组织的具体行政行为不服的，分别向直接管理该组织的地方人民政府、地方人民政府工作部门或者国务院部门申请行政复议；

④对两个或者两个以上行政机关以共同的名义作出的具体行政行为不服的，向其共同上一级行政机关申请行政复议；

⑤对被撤销的行政机关在撤销前所作出的具体行政行为不服的，向继续行使其职权的行政机关的上一级行政机关申请行政复议。

四、行政复议的受理

（一）复议申请

行政复议机关收到行政复议申请后，应当在5日内进行审查，对不符合规定的行政复议申请，决定不予受理，并书面告知申请人；对符合规定，但是不属于本机关受理的行政复议申请，应当告知申请人向有关行政复议机关提出。

除前述情形外，行政复议申请自行政复议机关负责法制工作的机构收到之日起即为受理。

（二）不受理复议的救济

法律、法规规定行政复议为行政诉讼前置程序的，行政复议机关决定不予受理或者受理后超过行政复议期限不作答复的，公民、法人或者其他组织可以自收到不予受理决定书之日起或者行政复议期满之日起 15 日内，依法向人民法院提起行政诉讼。

公民、法人或者其他组织依法提出行政复议申请，行政复议机关无正当理由不予受理的，上级行政机关应当责令其受理；必要时，上级行政机关也可以直接受理。

（三）复议期间停止执行的规定

行政复议期间具体行政行为不停止执行；但是，有下列情形之一的，可以停止执行：

（1）被申请人认为需要停止执行的；

（2）行政复议机关认为需要停止执行的；

（3）申请人申请停止执行，行政复议机关认为其要求合理，决定停止执行的；

（4）法律规定停止执行的。

五、行政复议决定

（一）书面审查制度

行政复议原则上采取书面审查，但是申请人提出要求或者行政复议机关负责法制工作的机构认为有必要时，可以向有关组织和人员调查情况，听取申请人、被申请人和第三人的意见。

（二）撤回申请

行政复议决定作出前，申请人要求撤回行政复议申请的，经说明理由，可以撤回；撤回行政复议申请的，行政复议终止。

（三）对规范性文件的一并审查

申请人在申请行政复议时，一并提出对有关规范性文件的审查申请的，行政复议机关对该规定有权处理的，应当在 30 日内依法处理；无权处理的，应当在 7 日内按照法定程序转送有权处理的行政机关依法处理，有权处理的行政机关应当在 60 日内依法处理。处理期间，中止对具体行政行为的审查。

（四）复议决定

行政复议机关负责法制工作的机构应当对被申请人作出的具体行政行为进行审查，提出意见，经行政复议机关的负责人同意或者集体讨论通过后，按照下列规定作出行政复议决定：

（1）具体行政行为认定事实清楚，证据确凿，适用依据正确，程序合法，内容适当的，决定维持；

（2）被申请人不履行法定职责的，决定其在一定期限内履行；

（3）具体行政行为有下列情形之一的，决定撤销、变更或者确认该具体行政行为违法；决定撤销或者确认该具体行政行为违法的，可以责令被申请人在一定期限内重新作出具体行政行为：

①主要事实不清、证据不足的；

②适用依据错误的；

③违反法定程序的；

④超越或者滥用职权的；

⑤具体行政行为明显不当的。

（五）一并赔偿

申请人在申请行政复议时可以一并提出行政赔偿请求，行政复议机关对符合《国家赔偿法》的有关规定应当给予赔偿的，在决定撤销、变更具体行政行为或者确认具体行政行为违法时，应当同时决定被申请人依法给予赔偿。

申请人在申请行政复议时没有提出行政赔偿请求的，行政复议机关在依法决定撤销或者变更罚款，撤销违法集资、没收财物、征收财物、摊派费用以及对财产的查封、扣押、冻结等具体行政行为时，应当同时责令被申请人返还财产，解除对财产的查封、扣押、冻结措施，或者赔偿相应的价款。

（六）涉及自然资源权属的复议

公民、法人或者其他组织认为行政机关的具体行政行为侵犯其已经依法取得的土地、矿藏、水流、森林、山岭、草原、荒地、滩涂、海域等自然资源的所有权或者使用权的，应当先申请行政复议；对行政复议决定不服的，可以依法向人民法院提起行政诉讼。

根据国务院或者省、自治区、直辖市人民政府对行政区划的勘定、调整或者征收土地的决定，省、自治区、直辖市人民政府确认土地、矿藏、水流、森林、山岭、草原、荒地、滩涂、海域等自然资源的所有权或者使用权的行政复议决定为最终裁决。

（七）审理期限

行政复议机关应当自受理申请之日起 60 日内作出行政复议决定；但是法律规定的行政复议期限少于 60 日的除外。情况复杂，不能在规定期限内作出行政复议决定的，经行政复议机关的负责人批准，可以适当延长，并告知申请人和被申请人；但是延长期限最多不超过 30 日。

（八）复议决定的执行

被申请人应当履行行政复议决定。被申请人不履行或者无正当理由拖延履行行政复议决定的，行政复议机关或者有关上级行政机关应当责令其限期履行。

申请人逾期不起诉又不履行行政复议决定的，或者不履行最终裁决的行政复议决定的，按照下列规定分别处理：

（1）维持具体行政行为的行政复议决定，由作出具体行政行为的行政机关依法强制执行，或者申请人民法院强制执行；

（2）变更具体行政行为的行政复议决定，由行政复议机关依法强制执行，或者申请人民法院强制执行。

📄 **真题**

某省甲市乙县工商局以某企业构成不正当竞争为由，决定予以罚款 2 万元。该企业不服，申请行政复议。有关本案的复议机关，下列选项错误的是：

A. 复议机关可以为乙县政府

B. 复议机关可以为甲市工商局

C. 若国家市场监督管理总局对工商部门作出的具体行政行为申请复议的复议机关作出了规定，则依此规定办理

D. 若某省政府对工商部门作出的具体行政行为申请复议的复议机关作出了规定，则依此规定办理

【解析】

《行政复议法》第 12 条第 1 款规定：对县级以上地方各级人民政府工作部门的具体行政行为不服的，由申请人选择，可以向该部门的本级人民政府申请行政复议，也可以向上一级主管部门申请行政复议。A、B 选项正确。

《行政复议法实施条例》第 24 条规定：申请人对经国务院批准实行省以下垂直领导的部门作出的具体行政行为不服的，可以选择向该部门的本级人民政府或者上一级主管部门申请行政复议；省、自治区、直辖市另有规定的，依照省、自治区、直辖市的规定办理。C 选项错误，D 选项正确。

【答案】C

专题十三

行政诉讼概述

 本专题导读

本专题要求考生了解行政诉讼的概念与特征以及行政诉讼的基本原则，其中行政诉讼的基本原则是本专题的重点内容，要求考生做到能够熟练掌握并运用。

 知识点

一、行政诉讼的概念及特征

（一）概念

行政诉讼是以诉讼的方式解决行政争议的制度。

（二）特征

1. 受案范围的有限性与发展性

行政诉讼不同于民事诉讼，其受案范围是有限的。因为行政诉讼是对行政行为的审查，如果不对受案范围进行一定的限制，很容易成为全民诉讼，行政机关将不堪其扰，正常的行政管理也会受到影响。而且，很多行政行为也不适合由法院进行审查。因此，各国都会对行政诉讼范围进行一定的限制。但随着社会经济的发展，行政诉讼的受案范围也会不断地发展、变化，我国改革开放后 40 多年的行政"为所欲为"发展史，也是一个行政诉讼受案范围不断发展、拓宽的历史。

2. 当事人的恒定性与发展性

行政诉讼是"民告官"的诉讼，当事人的地位是恒定的。民永远是原告，而"官"永远是被告，这一地位不会发生变化。但是，行政诉讼的原告范围在不断地发展、变化，从初始的相对人诉讼，到后来的利害关系人诉讼，乃至美国等西方国家的纳税人诉讼。行政诉讼的被告也是不断拓宽的，从最初的行政机关，发展到现在的高校、行业协会、村委会、居委会等。

3. 行政诉讼审查范围的有限性和发展性

行政诉讼是司法权对行政权进行审查，合法性审查原则是行政诉讼的特有原则。但随着社会的发展，合理性审查的范围越来越大，我国《行政诉讼法》的历次修改，也体现了这种变化。

（三）行政诉讼的目的

行政诉讼的目的在《行政诉讼法》第 1 条有规定：为保证人民法院公正、及时审理行政案件，解决行政争议，保护公民、法人和其他组织的合法权益，监督行政机关依法行使职权。但是，行政诉讼的核心目的只有一个，即保护人民的权益，这是由行政诉讼制度是救济制度的本质特征所决定的，行政诉讼的所有制度设计，都体现了保护人民的权益这一核心目的。在学习行政诉讼制度时要深刻领会这一点，才会真正掌握行政诉讼制度。

二、行政诉讼的基本原则

本书只讲述行政诉讼特有的原则，即保护诉权、依法应诉原则和合法性审查原则。其他原则大家在民事诉讼和刑事诉讼制度中都学习过，不再重复讲述。

（一）保护诉权、依法应诉原则

人民法院应当保障公民、法人和其他组织的起诉权利，对应当受理的行政案件依法受理。行政机关及其工作人员不得干预、阻碍人民法院受理行政案件。

被诉行政机关负责人应当出庭应诉。不能出庭的，应当委托行政机关相应的工作人员出庭。

这一原则要求法院保护当事人的诉权，对行政案件能受即受，同时要求行政机关及其工作人员不得干预、阻碍法院受理行政案件。

这一原则还要求行政机关负责人出庭应诉，即使负责人不能出庭的，也应当委托行政机关的工作人员出庭，不得委托律师出庭，甚至不出庭应诉。这一规定是为了保证人民群众"告官能见官"，以更合法、合理、方便、迅速地解决行政争议，化解社会矛盾。

（二）合法性审查原则

人民法院审理行政案件，对行政行为是否合法进行审查。

合法性审查原则是行政诉讼制度中最重要、最能体现行政诉讼制度特点的原则。理解这一原则要从司法权和行政权的关系，国家在对行政权和司法权在行政诉讼制度中权力配置的角度出发。从国家对不同权力在行政诉讼制度中的配置看，把合法性审查权赋予司法机关而把自由裁量权赋予行政机关是合理的。但合法性审查一定会有例外，这一例外就是有限地赋予司法机关合理性审查的权力。即在行政处罚明显不当，或者其他行政行为涉及对款额的确定、认定确有错误的，人民法院可以判决变更。

专题十四

行政诉讼的受案范围

 本专题导读

本专题需要考生掌握行政诉讼的受案范围以及四类不属于行政诉讼受案范围的行为，这是法考中比较常见的考点，多出现在客观题中，偶尔也会在主观题中进行考查，对此一定要认真进行学习。

 知识点

行政诉讼的受案范围是行政诉讼最复杂也是最重要的问题之一，也是法考的重点。行政诉讼的受案范围有两个标准，即行政标准和权利标准。《行政诉讼法》用了三个条文规定了行政诉讼的受案范围。

第2条规定：公民、法人或者其他组织认为行政机关和行政机关工作人员的行政行为侵犯其合法权益，有权依照本法向人民法院提起诉讼。前款所称行政行为，包括法律、法规、规章授权的组织作出的行政行为。

第12条规定：人民法院受理公民、法人或者其他组织提起的下列诉讼：（1）对行政拘留、暂扣或者吊销许可证和执照、责令停产停业、没收违法所得、没收非法财物、罚款、警告等行政处罚不服的；（2）对限制人身自由或者对财产的查封、扣押、冻结等行政强制措施和行政强制执行不服的；（3）申请行政许可，行政机关拒绝或者在法定期限内不予答复，或者对行政机关作出的有关行政许可的其他决定不服的；（4）对行政机关作出的关于确认土地、矿藏、水流、森林、山岭、草原、荒地、滩涂、海域等自然资源的所有权或者使用权的决定不服的；（5）对征收、征用决定及其补偿决定不服的；（6）申请行政机关履行保护人身权、财产权等合法权益的法定职责，行政机关拒绝履行或者不予答复的；（7）认为行政机关侵犯其经营自主权或者农村土地承包经营权、农村土地经营权的；（8）认为行政机关滥用行政权力排除或者限制竞争的；（9）认为行政机关违法集资、摊派费用或者违法要求履行其他义务的；（10）认为行政机关没有依法支付抚恤金、最低生活保障待遇或者社会保险待遇的；（11）认为行政机关不依法履行、未按照约定履行或者违法变更、解除政府特许经营协议、土地房屋征收补偿协议等协议的；（12）认为行政机关侵犯其他人身权、财产权等合法权益的。除前款规定外，人民法院受理法律、法规规定可以提起诉讼的其他行政案件。

第13条规定：人民法院不受理公民、法人或者其他组织对下列事项提起的诉讼：（1）国防、外交等国家行为；（2）行政法规、规章或者行政机关制定、发布的具有普遍约束力的决定、命令；（3）行政机关对行政机关工作人员的奖惩、任免等决定；（4）法律规定由行政机关最终裁决的行政行为。

第2条是用概括的方式、第12条是用列举的方式、第13条是用排除的方式规定了行政诉讼的受案范围。

行政标准即是具体行政行为标准，1989年的《行政诉讼法》直接使用了"具体行政行为"这一表述，2014年修改后的《行政诉讼法》虽然用"行政行为"替代"具体行政行为"一词，但是，实质上并没有改变行政诉讼只针对具体行政行为提起这一规定。第13条第2项直接排除了抽象行政行为，那么剩下的就只有具体行政行为了。修改后的《行政诉讼法》增加了对规章以下的抽象行政行为一并审查的制度，但并没有改变行政诉讼受案范围只限于具体行政行为这一事实。

第二个标准是权利标准，即原则上只保护人身权和财产权，其他权利为例外。第2条规定的是行政机关及其工作人员侵犯公民、法人或者其他组织的合法权利即可受理，但第12条从第1款第1项到第12项规定的均是人身权和财产权，而第2款规定，"除前款规定外，人民法院受理法律、法规规定可以提起诉讼的其他行政案件"。把第2条和第12条结合起来看就知道，权利标准是指行政诉讼的保护范围是人身权和财产权，而除此之外的其他权利，需要有法律、法规的规定才可以成为行政诉讼的受案范围。

第13条排除了四类不属于行政诉讼受案范围的行为，分别是国家行为、抽象行政行为、内部行政行为和终局行政行为。

《最高人民法院关于适用〈中华人民共和国行政诉讼法〉的解释》（简称《行政诉讼法解释》）中关于受案范围的规定有两条，其中第1条排除了公安、国家安全等机关依照刑事诉讼法的明确授权实施的行为；调解行为及仲裁行为；行政指导行为；驳回当事人对行政行为提起申诉的重复处理行为；行政机关作出的不产生外部法律效力的行为；行政机关为作出行政行为而实施的准备、论证、研究、层报、咨询等过程性行为；行政机关根据人民法院的生效裁判、协助执行通知书作出的执行行为；上下级行政机关之间的听取报告、执法检查、督促履责等行为；行政机关针对信访事项作出的登记、受理、交办、转送、复查、复核意见等行为；对公民、法人或者其他组织权利义务不产生实际影响的行为。

第2条解释了《行政诉讼法》第13条排除在受案范围外的四种情形。"国家行为"，是指国务院、中央军事委员会、国防部、外交部等根据宪法和法律的授权，以国家的名义实施的有关国防和外交事务的行为，以及经宪法和法律授权的国家机关宣布紧急状态等行为。"具有普遍约束力的决定、命令"，是指行政机关针对不特定对象发布的能反复适用的规范性文件。"对行政机关工作人员的奖惩、任免等决定"，是指行政机关作出的涉及行机关工作人员公务员权利义务的决定。"法律规定由行政机关最终裁决的行政行为"中的"法律",是指全国人民代表大会及其常务委员会制定、通过的规范性文件。

📑 **真题**

下列哪一协议类型不属于行政协议之诉的受案范围?

A. 政府特许经营协议

B. 土地、房屋等征收征用补偿协议

C. 矿业权等国有自然资源使用权出让协议

D. 行政机关之间因公务协助等事由而订立的协议

【解析】

《最高人民法院关于审理行政协议案件若干问题的规定》第2条规定:公民、法人或者其他组织就下列行政协议提起行政诉讼的,人民法院应当依法受理:(1)政府特许经营协议;(2)土地、房屋等征收征用补偿协议;(3)矿业权等国有自然资源使用权出让协议;(4)政府投资的保障性住房的租赁、买卖等协议;(5)符合本规定第一条规定的政府与社会资本合作协议;(6)其他行政协议。第3条规定:因行政机关订立的下列协议提起诉讼的,不属于人民法院行政诉讼的受案范围:(1)行政机关之间因公务协助等事由而订立的协议;(2)行政机关与其工作人员订立的劳动人事协议。D选项内容不属于行政协议之诉的受案范围,故选D。

【答案】D

专题十五

行政诉讼的管辖

 本专题导读

本专题要求考生在理解的基础上，掌握级别管辖、地域管辖、专属管辖以及裁定管辖等的区分。考生需要注意的是在确定管辖法院时不仅要确定地域管辖，也要满足级别管辖要求。本专题在法考中主要以选择题出现，也会出现在案例分析题中。

 知识点

一、级别管辖

学习级别管辖，只要掌握了中级法院的管辖，其他法院的管辖也就一目了然了。

《行政诉讼法》第15条规定：中级人民法院管辖下列第一审行政案件：（1）对国务院部门或者县级以上地方人民政府所作的行政行为提起诉讼的案件；（2）海关处理的案件；（3）本辖区内重大、复杂的案件；（4）其他法律规定由中级人民法院管辖的案件。

《行政诉讼法解释》第5条规定：有下列情形之一的，属于《行政诉讼法》第15条第3项规定的"本辖区内重大、复杂的案件"：（1）社会影响重大的共同诉讼案件；（2）涉外或者涉及香港特别行政区、澳门特别行政区、台湾地区的案件；（3）其他重大、复杂案件。

根据上述法律、司法解释的规定，中院管辖的一审行政案件主要有三类：一是以县级以上人民政府为被告的案件，这类案件由中院管辖，主要考虑的因素是县级以上人民政府对基层法院的影响力较大，为了防止行政干预，保证法院公正审理行政案件，因此这类案件交由中院一审比较合适。二是海关处理的案件，一般会涉及比较专业的问题，因此也规定由中院一审。三是重大复杂案件，《行政诉讼法解释》把重大、复杂案件解释为：社会影响重大的共同诉讼案件和涉外、涉港澳台的案件。

二、地域管辖

1. 行政案件由最初作出行政行为的行政机关所在地人民法院管辖。经复议的案件，也可以由复议机关所在地人民法院管辖。

按照原告就被告的原则，一般由被告所在地即最初作出行政行为的行政机关所在地法院管辖。经复议的案件，《行政诉讼法》规定，无论复议是维持还是改变原行政行为，复议机关必然是被告，因此凡是经复议的案件，复议机关所在地法院也可以管辖。

2. 对限制人身自由的行政强制措施不服提起的诉讼，由被告所在地或者原告所在地人民法院管辖。

这条规定是对原告就被告原则的例外规定，目的是为了保护被限制人身自由的公民的合法权益，方便其进行诉讼。《行政诉讼法解释》规定的"原告所在地"，包括原告的户籍所在地、经常居住地和被限制人身自由地。对这条的理解和记忆，可以比较民诉法的相关规定。民诉法规定的户籍所在地和经常居住地只能二选一，二者不一致的，以经常居住地确定住所地，且原告所在地肯定没有被限制人身自由地一说。而在行政诉讼中，这三个地方的法院均有管辖权，且可以由原告选择。

《行政诉讼法解释》还规定，对行政机关基于同一事实，既采取限制公民人身自由的行政强制措施，又采取其他行政强制措施或者行政处罚不服的，由被告所在地或者原告所在地的人民法院管辖。这一规定同样是为了方便诉讼和诉讼经济的考量。因为在涉及限制公民人身自由的案件中，原被告所在地的法院均有管辖权，而行政机关基于同一事实，既对原告采取了限制人身自由的强制措施，又采取了其他强制措施或行政处罚，那就可能产生基于同一事实的两个案件会在不同的法院审理的局面。为了避免这种情况发生，对此类案件允许原被告所在地的法院均可管辖是最合适的选择。

三、跨地区集中行使管辖权

为了避免行政诉讼受地方党政机关的影响，减少来自外部对行政诉讼的影响，《行政诉讼法》规定，经最高人民法院批准，高级人民法院可以根据审判工作的实际情况，确定若干人民法院跨行政区域管辖行政案件。目前这项改革正在全国稳步推进。许多有铁路法院的地方，铁路法院被指定为当地管辖行政诉讼案件的法院，也成为一种新的发展趋势。

四、专属管辖

因不动产提起的行政诉讼，由不动产所在地人民法院管辖。

《行政诉讼法解释》规定，"因不动产提起的行政诉讼"是指因行政行为导致不动产物权变动而提起的诉讼。不动产已登记的，以不动产登记簿记载的所在地为不动产所在地；不动产未登记的，以不动产实际所在地为不动产所在地。

注意：理解专属管辖时，须理解只有因行政行为导致不动产物权变动而提起的诉讼，而非因不动产争议提起的诉讼，这是行政诉讼"民告官"的特点所决定的。

五、裁定管辖

1. 移送管辖

两个以上人民法院都有管辖权的案件，原告可以选择其中一个人民法院提起诉讼。原告向两个以上有管辖权的人民法院提起诉讼的，由最先立案的人民法院管辖。

人民法院发现受理的案件不属于本院管辖的，应当移送有管辖权的人民法院，受移送的人民法院应当受理。受移送的人民法院认为受移送的案件按照规定不属于本院管辖的，应当报请上级人民法院指定管辖，不得再自行移送。这一规定与民诉法的规定一致。

2. 指定管辖

有管辖权的人民法院由于特殊原因不能行使管辖权的，由上级人民法院指定管辖。人民法院对管辖权发生争议，由争议双方协商解决。协商不成的，报它们的共同上级人民法院指定管辖。

指定管辖的规定也与民诉法的规定一致。

3. 移转管辖

上级人民法院有权审理下级人民法院管辖的第一审行政案件。下级人民法院对其管辖的第一审行政案件，认为需要由上级人民法院审理或者指定管辖的，可以报请上级人民法院决定。

注意：行政诉讼制度中上级法院可以管辖下级法院的案件，但不得将自己管辖的案件交由下级法院管辖，这一点与刑诉法的规定一致，但民诉法则规定了上级法院在一定条件下可以将自己审理的案件交由下级法院审理。

当事人以案件重大复杂为由，认为有管辖权的基层人民法院不宜行使管辖权或者根据《行政诉讼法》第52条的规定，向中级人民法院起诉，中级人民法院应当根据不同情况在7日内分别作出以下处理：（1）决定自行审理；（2）指定本辖区其他基层人民法院管辖；（3）书面告知当事人向有管辖权的基层人民法院起诉。

基层人民法院对其管辖的第一审行政案件，认为需要由中级人民法院审理或者指定管辖的，可以报请中级人民法院决定。中级人民法院的处理方式和上述规定相同，可以自行审理、指定其他基层法院审理或决定由报送的法院审理。

4. 管辖争议

人民法院受理案件后，被告提出管辖异议的，应当在收到起诉状副本之日起15日内提出。对当事人提出的管辖异议，人民法院应当进行审查。异议成立的，裁定将案件移送有管辖权的人民法院；异议不成立的，裁定驳回。人民法院对管辖异议审查后确定有管辖权的，不因当事人增加或者变更诉讼请求等改变管辖，但违反级别管辖、专属管辖规定的除外。

有下列情形之一的，人民法院不予审查：

（1）人民法院发回重审或者按第一审程序再审的案件，当事人提出管辖异议的；

（2）当事人在第一审程序中未按照法律规定的期限和形式提出管辖异议，在第二审程序中提出的。

📑 真题

李某在甲地修建了一栋别墅，在不动产登记簿上登记地址为乙地，后经县政府查明，李某的别墅违法占道，限期李某自行拆除。到期李某并未拆除，于是县政府对李某的别墅进行了强拆，李某不服，向市政府申请复议，市政府认为县政府的行为合法，作了维持决定，李某不服，提起诉讼。下列说法正确的有：

A. 李某起诉，县政府所在地和市政府所在地的法院都有管辖权

B. 李某起诉，甲地法院有管辖权

C. 李某起诉，本案应由中级人民法院管辖

D. 李某起诉，乙地法院有管辖权

【解析】

《行政诉讼法》第20条规定：因不动产提起的行政诉讼，由不动产所在地人民法院管辖。《行政诉讼法解释》第9条规定：《行政诉讼法》第20条规定的"因不动产提起的行政诉讼"是指因行政行为导致不动产物权变动而提起的诉讼。不动产已登记的，以不动产登记簿记载的所在地为不动产所在地；不动产未登记的，以不动产实际所在地为不动产所在地。在本案中，首先考虑地域管辖，本案为不动产案件，按专属管辖的规定，只有乙地法院有管辖权。其次考虑级别管辖，本案是经过复议的案件，且是复议维持，所以县政府和市政府作共同被告，复议维持的案件，以原行为机关确定级别管辖，根据《行政诉讼法》的规定，以县级以上政府为被告的案件，由中级人民法院管辖。A、B选项错误，C、D选项正确。

【答案】 CD

📄 真题

某企业被甲市乙区环保局罚款20万元，某企业对此不服，向市环保局提起复议，甲市环保局（位于甲市丙区）改为罚款10万元，某企业依然不服，提起诉讼，下列哪个选项是正确的？

A. 被告是乙区环保局和甲市环保局，甲市中院有管辖权

B. 被告是乙区环保局和甲市环保局，乙区法院有管辖权

C. 被告是甲市环保局，甲市中院有管辖权

D. 被告是甲市环保局，乙区法院有管辖权

【解析】

本题中复议机关将罚款改为10万元，属于改变处理结果（实体权利义务）的复议改变行为，根据《行政诉讼法》的规定，复议机关改变原行政行为的，复议机关为被告，所以，被告应当为复议机关甲市环保局，A、B选项错误。

先看本案的级别管辖。本案被告是甲市环保局，不属于国务院部门或者县级以上地方人民政府，所以，本案应由基层法院管辖而不是由中院管辖，C选项错误。

再看地域管辖。《行政诉讼法》规定，经复议的案件，可以由原机关所在地法院，也可以由复议机关所在地法院管辖。所以，本题可以在甲市环保局所在地法院或乙区环保局所在地法院管辖。乙区环保局位于甲市乙区，其所在地的基层法院为乙区法院，D选项正确。

【答案】 D

専題十六

行政诉讼参加人

 本专题导读

　　本专题要求考生理解行政诉讼的原告、被告、共同诉讼、第三人、诉讼代理人以及行政机关负责人出庭制度，熟悉并学会运用行政诉讼中原告和被告确认规则的具体适用。行政诉讼中的原告和被告是每年必考考点，法考中选择题和案例分析题都会涉及。

 知识点

一、原告

　　行政诉讼的原告，是行政诉讼制度中最重要也是最难以把握的问题之一。对原告资格进行一定的限制，是为了防止行政诉讼成为全民诉讼而使得行政机关不堪其累，使正常行政管理难以实施。

　　《行政诉讼法》第 25 条规定："行政行为的相对人以及其他与行政行为有利害关系的公民、法人或者其他组织，有权提起诉讼。

　　有权提起诉讼的公民死亡，其近亲属可以提起诉讼。

　　有权提起诉讼的法人或者其他组织终止，承受其权利的法人或者其他组织可以提起诉讼。

　　人民检察院在履行职责中发现生态环境和资源保护、食品药品安全、国有财产保护、国有土地使用权出让等领域负有监督管理职责的行政机关违法行使职权或者不作为，致使国家利益或者社会公共利益受到侵害的，应当向行政机关提出检察建议，督促其依法履行职责。行政机关不依法履行职责的，人民检察院依法向人民法院提起诉讼。"

　　第 1 款讲的是行政诉讼原告必须是行政行为的相对人或者利害关系人。相对人比较好理解，如何理解利害关系人则是确认行政诉讼原告资格的一个难点。为了更好地规范行政诉讼的原告,《行政诉讼法解释》专门进行了规定,有下列情形之一的,属于《行政诉讼法》第25条第1款规定的"与行政行为有利害关系":(1)被诉的行政行为涉及其相邻权或者公平竞争权的;(2)在行政复议等行政程序中被追加为第三人的;(3)要求行政机关依法追究加害人法律责任的;(4)撤销或者变更行政行为涉及其合法权益的;(5)为维护自身合法权益向行政机关投诉,具有处理投诉职责的行政机关作出或者未作出处理的;(6)其他与行政行为有利害关系的情形。

行政机关对债务人的行政行为可能损害债权人权益,且作出行政行为时依法对债权人的权益应予保护或者应予考虑而未予保护或未予考虑的,债权人也可被视为利害关系人。

第2款、第3款分别讲的是公民和法人原告资格的转移。原告死亡的,其近亲属有权起诉,其中近亲属包括配偶、父母、子女、兄弟姐妹、祖父母、外祖父母、孙子女、外孙子女和其他具有扶养、赡养关系的亲属。需要注意的是,这里的近亲属范围比民法中的近亲属多了一个"其他具有扶养、赡养关系的亲属",原因就是为了更好地保护公民的合法权益。为了更好地保护公民因被限制人身自由而不能提起诉讼的情形,《行政诉讼法解释》规定近亲属可以依其口头或者书面委托以该公民的名义提起诉讼。近亲属起诉时无法与被限制人身自由的公民取得联系的,近亲属可以先行起诉,并在诉讼中补充提交委托证明。

法人终止后,承受其权利的法人或者其他组织可以起诉。

第4款讲的是检察院具有行政公益诉讼的原告资格。行政公益诉讼的范围一般是生态环境和资源保护、食品药品安全、国有财产保护、国有土地使用权出让等。

合伙企业以核准登记的字号为原告。未依法登记领取营业执照的个人合伙的全体合伙人为共同原告;全体合伙人可以推选代表人。

个体工商户以营业执照上登记的经营者为原告。有字号的,以营业执照上登记的字号为原告。

股份制企业的股东大会、股东会、董事会等认为行政机关作出的行政行为侵犯企业经营自主权的,可以企业名义提起诉讼。

联营企业、中外合资或者合作企业的联营、合资、合作各方,认为联营、合资、合作企业权益或者自己一方合法权益受行政行为侵害的,可以自己的名义提起诉讼。

非国有企业被行政机关注销、撤销、合并、强令兼并、出售、分立或者改变企业隶属关系的,该企业或者其法定代表人可以提起诉讼。

事业单位、社会团体、基金会、社会服务机构等非营利法人的出资人、设立人认为行政行为损害法人合法权益的,可以自己的名义提起诉讼。

业主委员会对于行政机关作出的涉及业主共有利益的行政行为,可以自己的名义提起诉讼。业主委员会不起诉的,专有部分占建筑物总面积过半数或者占总户数过半数的业主可以提起诉讼。

二、被告

1. 一般规定及经复议的案件的被告

公民、法人或者其他组织直接向人民法院提起诉讼的,作出行政行为的行政机关是被告。经复议的案件,复议机关决定维持原行政行为的,作出原行政行为的行政机关和复议机关是共同被告；复议机关改变原行政行为的，复议机关是被告。

复议机关在法定期限内未作出复议决定，公民、法人或者其他组织起诉原行政行为的，作出原行政行为的行政机关是被告；起诉复议机关不作为的，复议机关是被告。

一般情况下，作出行政行为的行政机关是被告，这一规定不难理解。经复议的案件，复议机关维持原行政行为的，复议机关和原机关是共同被告，复议机关改变原行政行为的，复议机关是被告。这一规定与 1989 年《行政诉讼法》相比，有一较大改变。1989 年《行政诉讼法》规定，复议机关维持原行政行为的，原机关是被告，改变原行政行为的，复议机关是被告。现行法的规定从原来的单一被告制，变成了维持原行为的实行双被告制。立法者之所以这样改变，主要考虑到在原先单一被告制下，复议机关出于不愿意当被告的考虑，往往轻易不会改变原行政行为，从而成为"维持会"。但在双被告制下，复议机关无论维持还是改变原行政行为，都要成为被告，复议机关就会更有动力认真审查原行政行为，应改即改，让行政复议的功能正常发挥。

为配合《行政诉讼法》的这一修改，《行政诉讼法解释》规定"复议机关改变原行政行为"，是指复议机关改变原行政行为的处理结果。复议机关改变原行政行为所认定的主要事实和证据、改变原行政行为所适用的规范依据，但未改变原行政行为处理结果的，视为复议机关维持原行政行为。复议机关确认原行政行为无效，属于改变原行政行为。复议机关确认原行政行为违法，属于改变原行政行为，但复议机关以违反法定程序为由确认原行政行为违法的除外。

2. 其他情形下的被告

（1）共同行政行为：两个以上行政机关作出同一行政行为的，共同作出行政行为的行政机关是共同被告。

（2）行政委托情形：行政机关委托的组织所作的行政行为，委托的行政机关是被告。

（3）行政机关被撤销：行政机关被撤销或者职权变更的，继续行使其职权的行政机关是被告。

行政机关被撤销或者职权变更，没有继续行使其职权的行政机关的，以其所属的人民政府为被告；实行垂直领导的，以垂直领导的上一级行政机关为被告。

（4）村委会、居委会。

对村民委员会或者居民委员会依据法律、法规、规章的授权履行行政管理职责的行为不服提起诉讼的，以村民委员会或者居民委员会为被告。

对村民委员会、居民委员会受行政机关委托作出的行为不服提起诉讼的，以委托的行政机关为被告。

（5）高校等事业单位、行业协会。

对高等学校等事业单位以及律师协会、注册会计师协会等行业协会依据法律、法规、规章的授权实施的行政行为不服提起诉讼的，以该事业单位、行业协会为被告。

对高等学校等事业单位以及律师协会、注册会计师协会等行业协会受行政机关委托作出的行为不服提起诉讼的，以委托的行政机关为被告。

（6）市、县政府确定的房屋征收部门。

市、县级人民政府确定的房屋征收部门组织实施房屋征收与补偿工作过程中作出行政行为，被征收人不服提起诉讼的，以房屋征收部门为被告。

征收实施单位受房屋征收部门委托，在委托范围内从事的行为，被征收人不服提起诉讼的，应当以房屋征收部门为被告。

（7）被告不适格及遗漏被告。

原告所起诉的被告不适格，人民法院应当告知原告变更被告；原告不同意变更的，裁定驳回起诉。

应当追加被告而原告不同意追加的，人民法院应当通知其以第三人的身份参加诉讼，但行政复议机关作共同被告的除外。

真题

关于行政诉讼中的被告，下列说法错误的是：

A. 当事人对村民委员会或者居民委员会依据法律、法规、规章的授权履行行政管理职责的行为不服提起诉讼的，以村民委员会或者居民委员会为被告

B. 当事人对高等学校等事业单位以及律师协会、注册会计师协会等行业协会依据法律、法规、规章的授权实施的行政行为不服提起诉讼的，以该事业单位、行业协会为被告

C. 市、县级人民政府确定的房屋征收部门组织实施房屋征收与补偿工作过程中作出行政行为，被征收人不服提起诉讼的，以人民政府为被告

D. 行政机关被撤销或者职权变更，没有继续行使其职权的行政机关的，以其所属的人民政府为被告

【解析】

《行政诉讼法解释》第 24 条第 1 款规定：当事人对村民委员会或者居民委员会依据法律、法规、规章的授权履行行政管理职责的行为不服提起诉讼的，以村民委员会或者居民委员会为被告。该条第 3 款规定：当事人对高等学校等事业单位以及律师协会、注册会计师协会等行业协会依据法律、法规、规章的授权实施的行政行为不服提起诉讼的，以该事业单位、行业协会为被告。A、B 选项正确。

《行政诉讼法解释》第 25 条第 1 款规定：市、县级人民政府确定的房屋征收部门组织实施房屋征收与补偿工作过程中作出行政行为，被征收人不服提起诉讼的，以房屋征收部门为被告。故 C 项表述的"以人民政府为被告"错误。

《行政诉讼法解释》第 23 条规定：行政机关被撤销或者职权变更，没有继续行使其职权的行政机关的，以其所属的人民政府为被告；实行垂直领导的，以垂直领导的上一级行政机关为被告。D 选项正确。

【答案】C

三、共同诉讼

当事人一方或者双方为 2 人以上，因同一行政行为发生的行政案件，或者因同类行政行为发生的行政案件、人民法院认为可以合并审理并经当事人同意的，为共同诉讼。

必须共同进行诉讼的当事人没有参加诉讼的，人民法院应当依法通知其参加；当事人

也可以向人民法院申请参加。

人民法院应当对当事人提出的申请进行审查，申请理由不成立的，裁定驳回；申请理由成立的，书面通知其参加诉讼。

必须共同进行诉讼，是指按照《行政诉讼法》的规定，当事人一方或者双方为 2 人以上，因同一行政行为发生行政争议，人民法院必须合并审理的诉讼。

当事人一方人数众多的共同诉讼，可以由当事人推选代表人进行诉讼。代表人的诉讼行为对其所代表的当事人发生效力，但代表人变更、放弃诉讼请求或者承认对方当事人的诉讼请求，应当经被代表的当事人同意。

法院追加共同诉讼的当事人时，应当通知其他当事人。应当追加的原告，已明确表示放弃实体权利的，可不予追加；既不愿意参加诉讼，又不放弃实体权利的，应追加为第三人，其不参加诉讼，不能阻碍人民法院对案件的审理和裁判。

当事人一方人数众多的，由当事人推选代表人。当事人推选不出的，可以由人民法院在起诉的当事人中指定代表人。"人数众多"，一般指 10 人以上。代表人为 2～5 人。代表人可以委托 1～2 人作为诉讼代理人。

四、第三人

公民、法人或者其他组织同被诉行政行为有利害关系但没有提起诉讼，或者同案件处理结果有利害关系的，可以作为第三人申请参加诉讼，或者由人民法院通知参加诉讼。

人民法院判决第三人承担义务或者减损第三人权益的，第三人有权依法提起上诉。

行政机关的同一行政行为涉及两个以上利害关系人，其中一部分利害关系人对行政行为不服提起诉讼，人民法院应当通知没有起诉的其他利害关系人作为第三人参加诉讼。与行政案件处理结果有利害关系的第三人，可以申请参加诉讼，或者由人民法院通知其参加诉讼。人民法院判决其承担义务或者减损其权益的第三人，有权提出上诉或者申请再审。

第三人因不能归责于本人的事由未参加诉讼，但有证据证明发生法律效力的判决、裁定、调解书损害其合法权益的，可以依照《行政诉讼法》的规定，自知道或者应当知道其合法权益受到损害之日起 6 个月内，向上一级人民法院申请再审。

没有诉讼行为能力的公民，由其法定代理人代为诉讼。法定代理人互相推诿代理责任的，由人民法院指定其中一人代为诉讼。

📑 真题

陈某为综合执法局工作人员，在执法过程中与公民李某发生肢体冲突，将李某打成轻微伤。区公安局对陈某作出拘留 5 天，罚款 500 元的处罚决定，陈某向区政府复议，区政府认为陈某打伤李某属于职务行为，遂撤销区公安局的处罚决定。李某不服，提起诉讼。下列哪些选项是正确的？

A. 本案争议焦点是陈某的行为是否是职务行为

B. 被告可就打人一事提起反诉

C. 本案被告是区政府

D. 如果陈某起诉，李某可以成为第三人

【解析】

本题属于复议改变行为，提起行政诉讼后，法院的审理对象为"区政府撤销区公安局处罚决定"的合法性，而区政府撤销处罚决定的理由为陈某的行为属于职务行为，此时，对陈某打人行为究竟属于公职行为还是个人行为的定性，会直接影响对撤销决定是否合法的判断，所以，陈某的行为是否是职务行为是本案的争议焦点。A 选项正确。

行政诉讼是"民告官"的制度，行政诉讼的被告具有恒定性，只能是行政主体，所以，在行政诉讼制度中不存在反诉制度，B 选项错误。

区政府将行政处罚予以撤销，属于复议改变行为，根据《行政诉讼法》的规定，复议机关改变原行政行为的，复议机关为被告，C 选项正确。

综合执法局工作人员陈某将李某打伤，李某属于侵权关系的受害人，与行政处罚之间具有法律上的利害关系，在处罚被复议机关撤销后，李某有权成为第三人。故 D 选项正确。

【答案】ACD

五、诉讼代理人

当事人、法定代理人，可以委托 1~2 人作为诉讼代理人。

下列人员可以被委托为诉讼代理人：

1. 律师、基层法律服务工作者。

2. 当事人的近亲属或者工作人员。

3. 当事人所在社区、单位以及有关社会团体推荐的公民。

代理诉讼的律师，有权按照规定查阅、复制本案有关材料，有权向有关组织和公民调查，收集与本案有关的证据。对涉及国家秘密、商业秘密和个人隐私的材料，应当依照法律规定保密。当事人和其他诉讼代理人有权按照规定查阅、复制本案庭审材料，但涉及国家秘密、商业秘密和个人隐私的内容除外。

六、行政机关负责人出庭

《行政诉讼法》规定，被诉行政机关负责人应当出庭应诉。不能出庭的，应当委托行政机关相应的工作人员出庭。

为了落实《行政诉讼法》的规定，最高人民法院于 2020 年 3 月颁布了《关于行政机关负责人出庭应诉若干问题的规定》。

（一）涉及的案件

1. 一审、二审、再审案件。

2. 法律、法规、规章授权独立行使行政职权的行政机关内设机构、派出机构或者其他组织作被告的案件。

3. 应当追加为被告而原告不同意追加，人民法院通知以第三人身份参加诉讼的行政机关应诉的案件。

（二）负责人的范围

1. 行政机关负责人，包括行政机关的正职、副职负责人、参与分管被诉行政行为实施工作的副职级别的负责人以及其他参与分管的负责人。

2. 被诉行政机关委托的组织或者下级行政机关的负责人，不能作为被诉行政机关负责人出庭。

3. 有共同被告的行政案件，可以由共同被告协商确定行政机关负责人出庭应诉；也可以由人民法院确定。

（三）负责人应当、可以出庭的案件

1. 应当出庭的案件

对于涉及食品药品安全、生态环境和资源保护、公共卫生安全等重大公共利益，社会高度关注或者可能引发群体性事件等的案件，人民法院应当通知行政机关负责人出庭应诉。

2. 可以出庭的案件

有下列情形之一，需要行政机关负责人出庭的，人民法院可以通知行政机关负责人出庭应诉：

（1）被诉行政行为涉及公民、法人或者其他组织重大人身、财产权益的；

（2）行政公益诉讼；

（3）被诉行政机关的上级机关规范性文件要求行政机关负责人出庭应诉的；

（4）人民法院认为需要通知行政机关负责人出庭应诉的其他情形。

（四）行政机关负责人无正当理由不出庭的后果

有下列情形之一的，人民法院应当向监察机关、被诉行政机关的上一级行政机关提出司法建议：

1. 行政机关负责人未出庭应诉，且未说明理由或者理由不成立的；

2. 行政机关有正当理由申请延期开庭审理，人民法院准许后再次开庭审理时行政机关负责人仍未能出庭应诉，且无正当理由的；

3. 行政机关负责人和行政机关相应的工作人员均不出庭应诉的；

4. 行政机关负责人未经法庭许可中途退庭的；

5. 人民法院在庭审中要求行政机关负责人就有关问题进行解释或者说明，行政机关负责人拒绝解释或者说明，导致庭审无法进行的。

有前述情形之一的，人民法院应当记录在案并在裁判文书中载明。

人民法院可以通过适当形式将行政机关负责人出庭应诉情况向社会公开。

专题十七

行政诉讼的程序

 本专题导读

本专题要求考生理解起诉条件与立案登记、行政诉讼简易程序、行政诉讼上诉案件的审理方式以及审判监督程序的提起，需要重点掌握的是复议前置、起诉期限、立案登记以及普通程序与简易程序的适用。

 知识点

一、起诉与受理

（一）诉讼与复议的关系

1. 一般情形

原告可以先向行政机关申请复议，对复议决定不服的，再向人民法院提起诉讼；也可以直接向人民法院提起诉讼。

原告既提起诉讼又申请行政复议的，由先立案的机关管辖；同时立案的，由原告选择。原告已经申请行政复议，在法定复议期间内又向人民法院提起诉讼的，人民法院裁定不予立案。

2. 复议前置的情形

法律、法规规定应当先向行政机关申请复议，对复议决定不服再向人民法院提起诉讼的，依照法律、法规的规定。

法律、法规规定应当先申请复议，原告未申请复议直接提起诉讼的，人民法院裁定不予立案。复议机关不受理复议申请或者在法定期限内不作出复议决定，原告不服，依法向人民法院提起诉讼的，人民法院应当依法立案。

法律、法规未规定行政复议为提起行政诉讼必经程序，公民、法人或者其他组织向复议机关申请行政复议后，又经复议机关同意撤回复议申请，在法定起诉期限内对原行政行为提起诉讼的，人民法院应当依法立案。

（二）起诉期限

1. 一般规定

公民、法人或者其他组织直接向人民法院提起诉讼的，应当自知道或者应当知道作出行政行为之日起6个月内提出。法律另有规定的除外。

2. 最长期限

因不动产提起诉讼的案件自行政行为作出之日起超过20年，其他案件自行政行为作出之日起超过5年提起诉讼的，人民法院不予受理。

行政机关作出行政行为时（含复议程序），未告知相对人起诉期限的，起诉期限从相对人知道或者应当知道起诉期限之日起计算，但从知道或者应当知道行政行为内容之日起最长不得超过1年。

相对人不知道行政机关作出的行政行为内容的，其起诉期限从知道或者应当知道该行政行为内容之日起计算，但最长不得超过最长起诉期限（一般行政行为5年，涉及不动产的20年）。

3. 不作为案件的起诉期限

公民、法人或者其他组织申请行政机关履行保护其人身权、财产权等合法权益的法定职责，行政机关在接到申请之日起2个月内不履行的，公民、法人或者其他组织可以向人民法院提起诉讼。法律、法规对行政机关履行职责的期限另有规定的，从其规定。

公民、法人或者其他组织在紧急情况下请求行政机关履行保护其人身权、财产权等合法权益的法定职责，行政机关不履行的，提起诉讼不受前述规定期限的限制。

相对人对行政机关不履行法定职责提起诉讼的，应当在行政机关履行法定职责期限届满之日起6个月内提出。

4. 延误期限的处理

公民、法人或者其他组织因不可抗力或者其他不属于其自身的原因耽误起诉期限的，被耽误的时间不计算在起诉期限内。

公民、法人或者其他组织因前述规定以外的其他特殊情况耽误起诉期限的，在障碍消除后10日内，可以申请延长期限，是否准许由人民法院决定。

5. 经复议后的行政案件的起诉期限

公民、法人或者其他组织不服复议决定的，可以在收到复议决定书之日起15日内向人民法院提起诉讼。复议机关逾期不作决定的，申请人可以在复议期满之日起15日内向人民法院提起诉讼。法律另有规定的除外。

注意起诉期限与民事诉讼中诉讼时效的区别。行政诉讼中的起诉期限制度不是民诉法中的诉讼时效制度，没有诉讼时效制度中的中止、中断、延长的规定，只有耽误起诉期限的处理规定。

（三）起诉的条件

1. 提起诉讼应当符合下列条件：

（1）原告是符合《行政诉讼法》第25条规定的公民、法人或者其他组织；

（2）有明确的被告；

（3）有具体的诉讼请求和事实根据；

（4）属于人民法院受案范围和受诉人民法院管辖。

2. 原告提供被告的名称等信息足以使被告与其他行政机关相区别的，可以认定为"有明确的被告"。

3. "有具体的诉讼请求"是指：

（1）请求判决撤销或者变更行政行为；

（2）请求判决行政机关履行特定法定职责或者给付义务；

（3）请求判决确认行政行为违法；

（4）请求判决确认行政行为无效；

（5）请求判决行政机关予以赔偿或者补偿；

（6）请求解决行政协议争议；

（7）请求一并审查规章以下规范性文件；

（8）请求一并解决相关民事争议；

（9）其他诉讼请求。

（四）立案

1. 一般规定

人民法院在接到起诉状时对符合规定的起诉条件的，应当登记立案。对当场不能判定是否符合起诉条件的，应当接收起诉状，出具注明收到日期的书面凭证，并在7日内决定是否立案。7日内仍不能作出判断的，应当先予立案。不符合起诉条件的，作出不予立案的裁定。裁定书应当载明不予立案的理由。原告对裁定不服的，可以提起上诉。

起诉状内容欠缺或者有其他错误的，应当给予指导和释明，并一次性告知当事人需要补正的内容。不得未经指导和释明即以起诉不符合条件为由不接收起诉状。

对于不接收起诉状、接收起诉状后不出具书面凭证，以及不一次性告知当事人需要补正的起诉状内容的，当事人可以向上级人民法院投诉，上级人民法院应当责令改正，并对直接负责的主管人员和其他直接责任人员依法给予处分。

2. 不立案的救济

人民法院既不立案，又不作出不予立案裁定的，当事人可以向上一级人民法院起诉。上一级人民法院认为符合起诉条件的，应当立案、审理，也可以指定其他下级人民法院立案、审理。

3. 撤诉后的处理

人民法院裁定准许原告撤诉后，原告以同一事实和理由重新起诉的，人民法院不予立案。准予撤诉的裁定确有错误，原告申请再审的，人民法院应当通过审判监督程序撤销原准予撤诉的裁定，重新对案件进行审理。

4. 未交诉讼费用的处理

原告或者上诉人未按规定的期限预交案件受理费，又不提出缓交、减交、免交申请，或者提出申请未获批准的，按自动撤诉处理。在按撤诉处理后，原告或者上诉人在法定期限内再次起诉或者上诉，并依法解决诉讼费预交问题的，人民法院应予立案。

5. 对重新作出的行政行为的立案审查

人民法院判决撤销行政机关的行政行为后，公民、法人或者其他组织对行政机关重新作出的行政行为不服向人民法院起诉的，人民法院应当依法立案。

6. 未制作或送达法律文书案件的处理

行政机关作出行政行为时，没有制作或者没有送达法律文书，公民、法人或者其他组织只要能证明行政行为存在，并在法定期限内起诉的，人民法院应当依法立案。

7. 立案后应予驳回的情形

有下列情形之一，已经立案的，应当裁定驳回起诉：

（1）不符合《行政诉讼法》第 49 条规定的；

（2）超过法定起诉期限且无《行政诉讼法》第 48 条规定情形的；

（3）错列被告且拒绝变更的；

（4）未按照法律规定由法定代理人、指定代理人、代表人为诉讼行为的；

（5）未按照法律、法规规定先向行政机关申请复议的；

（6）重复起诉的；

（7）撤回起诉后无正当理由再行起诉的；

（8）行政行为对其合法权益明显不产生实际影响的；

（9）诉讼标的已为生效裁判或者调解书所羁束的；

（10）其他不符合法定起诉条件的情形。

（五）立案后新增诉讼请求的处理

起诉状副本送达被告后，原告提出新的诉讼请求的，人民法院不予准许，但有正当理由的除外。这一点与民事诉讼程序也不一样，需要注意。

📖 **真题**

刘某沿街边修建违章建筑物，区规划局向刘某发出《拆除所建房屋通知》，要求刘某在 30 日内拆除房屋。到期后，刘某未拆除所建房屋，第 2 日，区规划局将其违章建筑物强制拆除。下列哪些说法是正确的？

A. 刘某就责令限期拆除通知书起诉，法院应当受理本案

B. 区规划局强制拆除行为违法

C. 责令限期拆除通知书的性质为行政指导

D. 刘某应先申请复议再向法院起诉

【解析】

《拆除所建房屋通知》的性质为行政处罚，属于可诉的具体行政行为。《拆除所建房屋通知》不属于行政指导，行政指导是指行政机关以倡导、示范、建议、咨询等方式，引导公民自愿配合而达到行政管理目的的不具有强制性的行为。A 选项正确，C 选项错误。

规划局强制拆除是违法的行政行为，理由如下：（1）有权作出责令拆除决定的是规划主管部门，而有权决定强制拆除执行的是县级以上政府。因此，区规划局强制拆除行为主体违法。（2）在拆除时，区规划局没有按照《行政强制法》的要求催告当事人并听取刘某陈述申辩，属于程序违法。（3）《行政强制法》第 44 条规定：对违法的建筑物、构筑物、

设施等需要强制拆除的，应当由行政机关予以公告，限期当事人自行拆除。当事人在法定期限内不申请行政复议或者提起行政诉讼，又不拆除的，行政机关可以依法强制拆除。区规划局既未公告，也没有待刘某起诉期和复议期期满，就实施了强拆行为，属于时限违法。综上，B选项正确。

涉及复议前置的只有三种情况：行政确权案件中侵犯已经取得的自然资源的所有权或者使用权的案件、纳税争议案件以及《反垄断法》中的限制集中或禁止经营集中的决定。本案并不属于三种情形中任何一种，所以，刘某无须先复议再提起诉讼，可以直接提起行政诉讼。D选项错误。

【答案】AB

真题

某环保联合会对某公司提起环境民事公益诉讼，因在诉讼中需要该公司的相关环保资料，遂向县环保局提出申请公开该公司的排污许可证、排污口数量和位置等有关环境信息。申请书中载明了单位名称、住所地、联系人及电话并加盖了公章、获取信息的方式等。县环保局收到申请后，要求环保联合会提供申请人身份的证明材料。环保联合会提供了社会团体登记证复印件。县环保局以申请公开的内容不明确为由拒绝公开，该环保联合会遂提起行政诉讼。关于本案的起诉，下列说法正确的是：

A. 本案由县环保局所在地法院或者环保联合会所在地的法院管辖

B. 起诉期限为6个月

C. 如法院当场不能判定起诉是否符合条件的，应接受起诉状，出具注明收到日期的书面凭证，并在7日内决定是否立案

D. 如法院当场不能判定起诉是否符合条件，7日内仍不能作出判断的，应裁定暂缓立案

【解析】

本题是县环保联合会对县环保局拒绝公开政府信息的行政行为不服提起诉讼。案件的管辖法院是被告所在地的基层法院。原告所在地也就是县环保联合会所在地法院对本案没有管辖权。A选项错误。

根据《行政诉讼法》第46条第1款的规定，公民、法人或者其他组织直接向人民法院提起诉讼的，应当自知道或者应当知道作出行政行为之日起6个月内提出。法律另有规定的除外。本题不属于法律另有规定的情况，起诉期限为6个月。B选项正确。

根据《行政诉讼法》第51条第2款的规定，对当场不能判定是否符合规定的起诉条件的，应当接收起诉状，出具注明收到日期的书面凭证，并在7日内决定是否立案。不符合起诉条件的，作出不予立案的裁定。裁定书应当载明不予立案的理由。原告对裁定不服的，可以提起上诉。C选项正确。

法院当场不能判定是否符合起诉条件的，并且在7日内仍不能对是否符合起诉条件作出判断的，正确的做法应当是先予立案。所以D选项的暂缓立案的说法是错误的。

【答案】BC

真题

（接上一题）若法院受理此案，关于此案的审理，下列说法正确的是：

A. 法院审理第一审行政案件，当事人各方同意适用简易程序的，可适用简易程序

B. 县环保局负责人出庭应诉的，可另委托 1 至 2 名诉讼代理人

C. 县环保局应当对拒绝的根据及履行法定告知和说明理由义务的情况举证

D. 法院应要求环保联合会对其所申请的信息与其自身生产、生活、科研等需要的相关性进行举证

【解析】

《行政诉讼法》第 82 条规定：人民法院审理下列第一审行政案件，认为事实清楚、权利义务关系明确、争议不大的，可以适用简易程序：（1）被诉行政行为是依法当场作出的；（2）案件涉及款额 2 000 元以下的；（3）属于政府信息公开案件的。除前款规定以外的第一审行政案件，当事人各方同意适用简易程序的，可以适用简易程序。发回重审、按照审判监督程序再审的案件不适用简易程序。当事人各方同意适用简易程序的，可以适用简易程序来审理。A 选项正确。

根据《行政诉讼法解释》第 128 条的规定，《行政诉讼法》第 3 条第 3 款规定的"行政机关负责人"，包括行政机关的正职和副职负责人以及其他参与分管的负责人。行政机关负责人出庭应诉的，可以另行委托 1～2 名诉讼代理人。行政机关负责人不能出庭的，应当委托行政机关相应的工作人员出庭，不得仅委托律师出庭。由此可知，本题中县环保局负责人出庭应诉是可以另行委托 1～2 名诉讼代理人的。B 选项正确。

《最高人民法院关于审理政府信息公开行政案件若干问题的规定》第 5 条第 1 款规定：被告拒绝向原告提供政府信息的，应当对拒绝的根据以及履行法定告知和说明理由义务的情况举证。县环保局拒绝公开政府信息，要对拒绝的理由和履行法定告知和说明理由义务的情况进行举证，C 选项正确。

《政府信息公开条例》第 27 条规定：除行政机关主动公开的政府信息外，公民、法人或者其他组织可以向地方各级人民政府、对外以自己名义履行行政管理职能的县级以上人民政府部门（含本条例第 10 条第 2 款规定的派出机构、内设机构）申请获取相关政府信息。2019 年修改的《政府信息公开条例》为了保障公民的知情权，取消了申请信息与申请人生产、生活和科研要有关联性的要求，所有申请人都具有申请资格。故法院不应要求环保联合会对其所申请的信息与其自身生产、生活、科研等需要的相关性进行举证，D 选项错误。

【答案】ABC

二、一审程序

1. 庭前准备

人民法院应当在立案之日起 5 日内，将起诉状副本发送被告。被告应当在收到起诉状副本之日起 15 日内向人民法院提交作出行政行为的证据和所依据的规范性文件，并提出答辩状。人民法院应当在收到答辩状之日起 5 日内，将答辩状副本发送原告。

被告不提出答辩状的，不影响人民法院审理。

人民法院审理行政案件，由审判员组成合议庭，或者由审判员、陪审员组成合议庭。合议庭的成员，应当是 3 人以上的单数。

2. 审理期限

人民法院应当在立案之日起 6 个月内作出第一审判决。有特殊情况需要延长的，由高级人民法院批准，高级人民法院审理第一审案件需要延长的，由最高人民法院批准。

3. 简易程序

人民法院审理下列第一审行政案件，认为事实清楚、权利义务关系明确、争议不大的，可以适用简易程序：

（1）被诉行政行为是依法当场作出的；

（2）案件涉及款额 2 000 元以下的；

（3）属于政府信息公开案件的。

除前述以外的第一审行政案件，当事人各方同意适用简易程序的，可以适用简易程序。

发回重审、按照审判监督程序再审的案件不适用简易程序。

适用简易程序审理的行政案件，由审判员 1 人独任审理，并应当在立案之日起 45 日内审结。

人民法院在审理过程中，发现案件不宜适用简易程序的，裁定转为普通程序。

真题

甲公司与乙公司发生纠纷向工商局申请公开乙公司的工商登记信息。该局公开了乙公司的名称、注册号、住所、法定代表人等基本信息，但对经营范围、从业人数、注册资本等信息拒绝公开。甲公司向法院起诉，法院受理。关于此案，下列说法不正确的是：

A. 甲公司应先向工商局的上一级工商局申请复议，对复议决定不服再向法院起诉

B. 工商局应当对拒绝公开的依据以及履行法定告知和说明理由义务的情况举证

C. 本案审理不适用简易程序

D. 因相关信息不属政府信息，拒绝公开合法

【解析】

《政府信息公开条例》第 51 条规定：公民、法人或者其他组织认为行政机关在政府信息公开工作中侵犯其合法权益的，可以向上一级行政机关或者政府信息公开工作主管部门投诉、举报，也可以依法申请行政复议或者提起行政诉讼。该条例并未规定政府信息公开诉讼属于复议前置的情形。A 选项错误。

《最高人民法院关于审理政府信息公开行政案件若干问题的规定》第 5 条第 1 款规定：被告拒绝向原告提供政府信息的，应当对拒绝的根据以及履行法定告知和说明理由义务的情况举证。B 选项正确。

《行政诉讼法》第 82 条第 1 款规定：人民法院审理下列第一审行政案件，认为事实清楚、权利义务关系明确、争议不大的，可以适用简易程序：（1）被诉行政行为是依法当场作出的；（2）案件涉及款额 2 000 元以下的；（3）属于政府信息公开案件的。据此可知，本案可适用简易程序。C 选项错误。

企业工商登记信息由行政机关负责制作并保存，因此属于政府信息的范畴，可依法申请公开。D选项错误。

【答案】ACD

三、二审程序

1. 审理方式

既可以开庭审理也可以书面审理。

2. 全面审查原则

人民法院审理上诉案件，应当对原审人民法院的判决、裁定和被诉行政行为进行全面审查。

全面审查原则是行政案件二审程序的特有原则。民事诉讼的二审审查范围受上诉人上诉请求的羁束，不得超越当事人的上诉请求，而行政诉讼案件的二审不受上诉人上诉请求的羁束，实行全面审查的原则，不仅要对一审裁判进行审查，还应对被诉行政行为进行全面审查。这是因为民事法律意思自治是基本原则，二审审查不能突破当事人的意思自治，而行政诉讼则是以合法性审查为基本原则，应对一审裁判和被诉行政行为全面审查。

3. 二审审限

人民法院审理上诉案件，应当在收到上诉状之日起3个月内作出终审判决。有特殊情况需要延长的，由高级人民法院批准，高级人民法院审理上诉案件需要延长的，由最高人民法院批准。

四、审判监督程序

1. 再审案件的条件

当事人的申请符合下列情形之一的，人民法院应当再审：

（1）不予立案或者驳回起诉确有错误的；

（2）有新的证据，足以推翻原判决、裁定的；

（3）原判决、裁定认定事实的主要证据不足、未经质证或者系伪造的；

（4）原判决、裁定适用法律、法规确有错误的；

（5）违反法律规定的诉讼程序，可能影响公正审判的；

（6）原判决、裁定遗漏诉讼请求的；

（7）据以作出原判决、裁定的法律文书被撤销或者变更的；

（8）审判人员在审理该案件时有贪污受贿、徇私舞弊、枉法裁判行为的。

2. 再审案件的启动

（1）各级人民法院院长对本院已经发生法律效力的判决、裁定，发现有符合再审情形的，或者发现调解违反自愿原则或者调解书内容违法，认为需要再审的，应当提交审判委员会讨论决定。

（2）最高人民法院对地方各级人民法院已经发生法律效力的判决、裁定，上级人民法院对下级人民法院已经发生法律效力的判决、裁定，发现有符合再审条件情形之一，或者发现调解违反自愿原则或者调解书内容违法的，有权提审或者指令下级人民法院再审。

（3）最高人民检察院对各级人民法院已经发生法律效力的判决、裁定，上级人民检察院对下级人民法院已经发生法律效力的判决、裁定，发现有符合再审条件情形之一，或者发现调解书损害国家利益、社会公共利益的，应当提出抗诉。

（4）地方各级人民检察院对同级人民法院已经发生法律效力的判决、裁定，发现有符合再审条件情形之一，或者发现调解书损害国家利益、社会公共利益的，可以向同级人民法院提出检察建议，并报上级人民检察院备案；也可以提请上级人民检察院向同级人民法院提出抗诉。

专题十八

行政诉讼的特有制度和规则

 本专题导读

本专题主要考查的是行政诉讼的证据规则、举证责任，行政诉讼的法律适用，行政诉讼中的特殊制度以及涉外行政诉讼等。本专题的知识点比较庞杂且重要，平均每年考查2～4分，需要考生多花费时间去记忆。

 知识点

一、行政诉讼的证据规则

本专题内容限于行政诉讼特有的证据规则，与民事诉讼相同的制度不重复讲授，在法考中，行政法一般也不会出现与民事诉讼证据制度相同的制度。

（一）被告的举证责任

被告对作出的行政行为负有举证责任，应当提供作出该行政行为的证据和所依据的规范性文件。被告不提供或者无正当理由逾期提供证据，视为没有相应证据。但是，被诉行政行为涉及第三人合法权益，第三人提供证据的除外。

在行政诉讼中，由被告对自己作出的行政行为承担举证责任，不能简单地理解为在行政诉讼中由被告承担举证责任。因为行政诉讼制度是法院审查被诉行政行为的合法性的制度，由被告证明自己作出的行政行为的合法性，并不违反谁主张谁举证的举证责任分配的一般原则。

在诉讼过程中，被告及其诉讼代理人不得自行向原告、第三人和证人收集证据。被告在作出行政行为时已经收集了证据，但因不可抗力等正当事由不能提供的，经人民法院准许，可以延期提供。

禁止行政机关及其代理人在诉讼阶段自行收集证据，与要求被告对自己作出的行政行为承担举证责任并不矛盾，这是行政程序先调查后决定的原则决定的，也符合案卷封闭性的要求。

《行政诉讼法》不仅禁止行政机关在诉讼中收集证据，也禁止法院为证明行政行为的合法性收集、调查证据，也是前述原则的要求。

允许被告收集证据的例外情形是原告或者第三人提出了其在行政处理程序中没有提出的理由或者证据的，经人民法院准许，被告可以补充证据。

由于复议机关在经复议的案件中无论维持还是改变原行政行为都会成为被告，法律并不禁止复议机关在复议程序中收集证明原行政行为合法的证据。

（二）原告的举证责任

1. 原告的举证权利

原告可以提供证明行政行为违法的证据。原告提供的证据不成立的，不免除被告的举证责任。

2. 原告的举证义务

在起诉被告不履行法定职责的案件中，原告应当提供其向被告提出申请的证据。但有下列情形之一的除外：其一，被告应当依职权主动履行法定职责的；其二，原告因正当理由不能提供证据的。

在行政赔偿、补偿的案件中，原告应当对行政行为造成的损害提供证据。因被告的原因导致原告无法举证的，由被告承担举证责任。

（三）法院责令当事人举证及法院调取证据

人民法院有权要求当事人提供或者补充证据。

人民法院有权向有关行政机关以及其他组织、公民调取证据。但是，不得为证明行政行为的合法性调取被告作出行政行为时未收集的证据。

原告或者第三人不能自行收集的，可以申请人民法院调取。

（四）原告或第三人在行政程序中不提供证据的后果

被告有证据证明其在行政程序中依照法定程序要求原告或者第三人提供证据，原告或者第三人依法应当提供而没有提供，在诉讼程序中提供的证据，人民法院一般不予采纳。

二、行政诉讼的法律适用

1. 行政审判的依据

（1）法律；

（2）行政法规；

（3）地方性法规；

（4）自治条例和单行条例。

2. 参照规章

人民法院审理行政案件，参照规章。参照规章的言下之意，既可以参照，也可以不参照。其实暗含了授权法院对规章进行审查的含义，若法院没有对规章的审查权，也就谈不上参照的问题。

3. 行政规范性文件

法院经审查，行政规范性文件合法的，可以作为认定行政行为合法的依据。

4. 司法解释

法院在判决文书中，应当援引相关的司法解释。

三、行政诉讼中的特殊制度

（一）撤诉制度

1. 申请撤诉

人民法院对行政案件宣告判决或者裁定前，原告申请撤诉的，或者被告改变其所作的行政行为，原告同意并申请撤诉的，是否准许，由人民法院裁定。

2. 按撤诉处理

经人民法院传票传唤，原告无正当理由拒不到庭，或者未经法庭许可中途退庭的，可以按照撤诉处理；被告无正当理由拒不到庭，或者未经法庭许可中途退庭的，可以缺席判决。

原告或者上诉人未按规定的期限预交案件受理费，又不提出缓交、减交、免交申请，或者提出申请未获批准的，按自动撤诉处理。在按撤诉处理后，原告或者上诉人在法定期限内再次起诉或者上诉，并依法解决诉讼费预交问题的，人民法院应予立案。

3. 撤诉的法律后果

人民法院裁定准许原告撤诉后，原告以同一事实和理由重新起诉的，人民法院不予立案。

准予撤诉的裁定确有错误，原告申请再审的，人民法院应当通过审判监督程序撤销原准予撤诉的裁定，重新对案件进行审理。

相比民事诉讼制度，行政诉讼制度对撤诉的限制更严格一些，撤诉后的法律后果也必然不同。民事诉讼中，撤诉后当事人仍可以再诉；而行政诉讼中，一旦撤诉，再诉法院不再受理，除非按审判监督程序撤销准许撤诉的裁定。

4. 不准予撤诉的情形

原告或者上诉人申请撤诉，人民法院裁定不予准许的，原告或者上诉人经传票传唤无正当理由拒不到庭，或者未经法庭许可中途退庭的，人民法院可以缺席判决。

第三人经传票传唤无正当理由拒不到庭，或者未经法庭许可中途退庭的，不发生阻止案件审理的效果。

原告或者上诉人在庭审中明确拒绝陈述或者以其他方式拒绝陈述，导致庭审无法进行，经法庭释明法律后果后仍不陈述意见的，视为放弃陈述权利，由其承担不利的法律后果。

当事人申请撤诉或者依法可以按撤诉处理的案件，当事人有违反法律的行为需要依法处理的，人民法院可以不准许撤诉或者不按撤诉处理。

法庭辩论终结后原告申请撤诉，人民法院可以准许，但涉及国家利益和社会公共利益的除外。

（二）诉讼期间行政行为的执行问题

以不停止执行为原则，以停止执行为例外。

1. 有下列情形之一的，停止执行：

（1）被告认为需要停止执行的；

（2）原告或者利害关系人申请停止执行，人民法院认为该行政行为的执行会造成难以弥补的损失，并且停止执行不损害国家利益、社会公共利益的；

（3）人民法院认为该行政行为的执行会给国家利益、社会公共利益造成重大损害的；

（4）法律、法规规定停止执行的。

2. 当事人对停止执行或者不停止执行的裁定不服的，可以申请复议一次。

（三）保全与先予执行

1. 保全

人民法院对于因一方当事人的行为或者其他原因，可能使行政行为或者人民法院生效裁判不能或者难以执行的案件，根据对方当事人的申请，可以裁定对其财产进行保全，责令其作出一定行为或者禁止其作出一定行为。当事人没有提出申请的，人民法院在必要时也可以裁定采取保全措施。

人民法院采取保全措施，可以责令申请人提供担保；申请人不提供担保的，裁定驳回申请。

人民法院接受申请后，对情况紧急的，必须在48小时内作出裁定；裁定采取保全措施的，应当立即开始执行。

当事人对保全的裁定不服的，可以申请复议；复议期间不停止裁定的执行。

2. 先予执行

人民法院对起诉行政机关没有依法支付抚恤金、最低生活保障金和工伤、医疗社会保险金的案件，权利义务关系明确、不先予执行将严重影响原告生活的，可以根据原告的申请，裁定先予执行。

当事人对先予执行裁定不服的，可以申请复议一次。复议期间不停止裁定的执行。

（四）一并审理民事争议

在涉及行政许可、登记、征收、征用和行政机关对民事争议所作的裁决的行政诉讼中，当事人申请一并解决相关民事争议的，人民法院可以一并审理。

1. 提出的时间

应当在第一审开庭审理前提出；有正当理由的，也可以在法庭调查中提出。

2. 管辖

一并审理民事争议的案件，由受理行政案件的法院管辖。

3. 行政案件已超过起诉期限的处理

人民法院经审查发现行政案件已经超过起诉期限，民事案件尚未立案的，告知当事人另行提起民事诉讼；民事案件已经立案的，由原审判组织继续审理。

4. 不予准许一并审理民事争议的情形

有下列情形之一的，人民法院应当作出不予准许一并审理民事争议的决定，并告知当事人可以依法通过其他渠道主张权利：

（1）法律规定应当由行政机关先行处理的；

（2）违反《民事诉讼法》专属管辖规定或者协议管辖约定的；

（3）约定仲裁或者已经提起民事诉讼的；

（4）其他不宜一并审理民事争议的情形。

5. 立案和裁判

人民法院在行政诉讼中一并审理相关民事争议的，民事争议应当单独立案，由同一审判组织审理。人民法院审理行政机关对民事争议所作裁决的案件，一并审理民事争议的，不另行立案。

对行政争议和民事争议应当分别裁判。

6. 法律适用

人民法院一并审理相关民事争议，适用民事法律规范的相关规定，法律另有规定的除外。

当事人在调解中对民事权益的处分，不能作为审查被诉行政行为合法性的根据。

（五）调解

人民法院审理行政案件，不适用调解。但是，行政赔偿、补偿以及行政机关行使法律、法规规定的自由裁量权的案件可以调解。

调解应当遵循自愿、合法原则，不得损害国家利益、社会公共利益和他人合法权益。

行政案件原则上不适用调解，是由于行政案件是审查行政行为的合法性，行政机关行使行政职权，既是权力，也是职责，而职责是不能放弃和处分的，因此除法律规定的例外情况外，行政案件不适用调解。

（六）规范性文件的一并审查

1. 审查的范围

国务院部门和地方人民政府及其部门制定的规范性文件，不含规章，也不含国务院制定的规范性文件。

2. 管辖

公民、法人或者其他组织在对行政行为提起诉讼时一并请求对所依据的规范性文件审查的，由行政行为案件管辖法院一并审查。

3. 提出的时间

公民、法人或者其他组织请求人民法院一并审查规范性文件，应当在第一审开庭审理前提出；有正当理由的，也可以在法庭调查中提出。

4. 审查程序

人民法院在对规范性文件审查过程中，发现规范性文件可能不合法的，应当听取规范性文件制定机关的意见。制定机关申请出庭陈述意见的，人民法院应当准许。

制定机关未陈述意见或者未提供相关证明材料的，不能阻止人民法院对规范性文件进行审查。

5. 审查标准

人民法院对规范性文件进行一并审查时，可以从规范性文件制定机关是否超越权限或者违反法定程序、作出行政行为所依据的条款以及相关条款等方面进行。

有下列情形之一的，属于"规范性文件不合法"：

（1）超越制定机关的法定职权或者超越法律、法规、规章的授权范围的；

（2）与法律、法规、规章等上位法的规定相抵触的；

（3）没有法律、法规、规章依据，违法增加公民、法人和其他组织义务或者减损公民、法人和其他组织合法权益的；

（4）未履行法定批准程序、公开发布程序，严重违反制定程序的；

（5）其他违反法律、法规以及规章规定的情形。

6. 法律后果

人民法院经审查认为行政行为所依据的规范性文件合法的，应当作为认定行政行为合法的依据；经审查认为规范性文件不合法的，不作为人民法院认定行政行为合法的依据，并在裁判理由中予以阐明。作出生效裁判的人民法院应当向规范性文件的制定机关提出处理建议，并可以抄送制定机关的同级人民政府、上一级行政机关、监察机关以及规范性文件的备案机关。

7. 后续处理程序

规范性文件不合法的，人民法院可以在裁判生效之日起 3 个月内，向规范性文件制定机关提出修改或者废止该规范性文件的司法建议。

规范性文件由多个部门联合制定的，人民法院可以向该规范性文件的主办机关或者共同上一级行政机关发送司法建议。

接收司法建议的行政机关应当在收到司法建议之日起 60 日内予以书面答复。情况紧急的，人民法院可以建议制定机关或者其上一级行政机关立即停止执行该规范性文件。

人民法院认为规范性文件不合法的，应当在裁判生效后报送上一级人民法院进行备案。涉及国务院部门、省级行政机关制定的规范性文件，司法建议还应当分别层报最高人民法院、高级人民法院备案。

8. 对规范性文件审查的审判监督

各级人民法院院长对本院已经发生法律效力的判决、裁定，发现规范性文件合法性认定错误，认为需要再审的，应当提交审判委员会讨论。

最高人民法院对地方各级人民法院已经发生法律效力的判决、裁定，上级人民法院对下级人民法院已经发生法律效力的判决、裁定，发现规范性文件合法性认定错误的，有权提审或者指令下级人民法院再审。

▶ **真题**

罗某被某电信公司收取了 50 元的 UIM 卡卡费，罗某认为将手机 UIM 卡定价为 50 元/张属于违法收费，要求市市场监督局对该公司进行查处，退还自己被违法征收的 50 元卡费。市监局进行调查后答复："省通管局和省发改委联合下发的《关于电信全业务套餐资费优化方案的批复》规定：UIM 卡收费上限标准：入网 50 元/张。我局非常感谢您对物价工作的支持和帮助。"下列选项正确的是：

A. 罗某的行为属于信访行为

B. 市监局的行为属于对信访问题的复查

C. 罗某可就《关于电信全业务套餐资费优化方案的批复》直接提起诉讼

D. 罗某就行政行为提起诉讼的同时，可就《关于电信全业务套餐资费优化方案的批复》一并起诉

【解析】

信访是指公民、法人或者其他组织采用书信、电子邮件、传真、电话、走访等形式，向行政机关反映情况，提出建议、意见或投诉请求，依法由有关行政机关处理的活动。行政信访办理行为不是行政机关对相关事务的首次处理的行为，而是对行政机关已经处理过的行政法律关系进行的二次甚至是多次处理行为，并不会对公民的权利义务带来新的影响，故而不可诉。本题中，罗某认为某电信公司将手机UIM卡定价为50元/张属于违法收费，要求市监局对该公司进行查处。市监局进行调查后表示应当收取卡费，驳回了罗某的请求。市监局的驳回是对罗某合法请求的"一次处理"，属于行政不作为，而不是被排除在行政诉讼受案范围之外的信访行为，故A、B选项错误。

《行政诉讼法》规定原告在提起行政诉讼时可以向法院提出附带性审查规范性文件的请求，但不能仅对规范性文件提起诉讼。本案《关于电信全业务套餐资费优化方案的批复》由省通管局和省发改委制定，属于可以提出附带性审查的范围，但不能单独起诉，C选项错误，D选项正确。

【答案】 D

真题

区公安局依据省公安厅和司法厅联合制定的《律师管理意见》对涉嫌寻衅滋事的律师王某罚款5 000元，王某对处罚不服提起诉讼，一并要求审查《律师管理意见》。下列说法正确的是：

A. 两个制定机关申请出庭陈述意见，法院应当准许

B. 一审法院可以向省人大常委会提出修改该文件的司法建议

C. 法院有权宣告该文件无效

D. 法院在对该文件审查过程中，应当听取两个制定机关的意见

【解析】

司法解释明确规定制定机关申请出庭陈述意见的，人民法院应当准许，即便没记住相关司法解释，依常识亦可判断其正确性。A选项正确。

根据司法解释的规定，法院经审查认为规范性文件不合法的，应当：首先，"不适用"。不作为认定行政行为合法的依据。同时，可以在判决书裁判理由中予以阐明。但法官只是有权在具体个案当中不予适用，而不能直接宣告文件无效或撤销。其次，作出生效裁判的法院应当向规范性文件的制定机关提出处理建议，并可以在裁判生效之日起3个月内，向规范性文件制定机关提出修改或者废止该规范性文件的司法建议。法院提出司法建议的对象为文件的制定机关，而非人民代表大会或上级行政机关。另外，只有作出生效裁判的法院才可以提出司法建议。再次，法院可以在向制定机关提司法建议的同时，抄送制定机关的同级人民政府、上一级行政机关、监察机关以及规范性文件的备案机关。B选项错误，C选项错误。

法院在对规范性文件审查过程中，只有在发现规范性文件可能不合法的时候，才应当

听取规范性文件制定机关的意见，所以 D 选项欠缺了"发现规范性文件可能不合法"的要素，错误。

【答案】A

四、涉外行政诉讼

外国人、无国籍人在中国进行行政诉讼，适用中国法律，并实行平等原则和对等原则。

专题十九

行政案件的裁判与执行

 本专题导读

　　本专题考生需要了解行政诉讼的判决、裁定，行政诉讼案件的执行与非诉行政案件的执行，重点掌握行政诉讼案件的执行与非诉行政案件的执行的相关知识点，这是法考中比较常考的知识点。

 知识点

一、行政诉讼的判决、裁定

（一）判决

1. 驳回判决

　　行政行为证据确凿，适用法律、法规正确，符合法定程序的，或者原告申请被告履行法定职责或者给付义务理由不成立的，人民法院判决驳回原告的诉讼请求。

2. 撤销判决和重作判决

　　行政行为有下列情形之一的，人民法院判决撤销或者部分撤销，并可以判决被告重新作出行政行为：

　　（1）主要证据不足的；

　　（2）适用法律、法规错误的；

　　（3）违反法定程序的；

　　（4）超越职权的；

　　（5）滥用职权的；

　　（6）明显不当的。

　　人民法院判决被告重新作出行政行为的，被告不得以同一的事实和理由作出与原行政行为基本相同的行政行为。

人民法院判决被告重新作出行政行为，被告重新作出的行政行为与原行政行为的结果相同，但主要事实或者主要理由有改变的，不属于前述情形。

人民法院以违反法定程序为由，判决撤销被诉行政行为的，行政机关重新作出行政行为不受前述规定的限制。

行政机关以同一事实和理由重新作出与原行政行为基本相同的行政行为，人民法院应当判决撤销或者部分撤销，并根据《行政诉讼法》的相关规定予以制裁。

3. 履行判决

对被告不履行法定职责的，判决被告在一定期限内履行。对被告依法负有给付义务的，判决被告履行给付义务。

原告请求被告履行法定职责的理由成立，被告违法拒绝履行或者无正当理由逾期不予答复的，人民法院可以判决被告在一定期限内依法履行原告请求的法定职责；尚需被告调查或者裁量的，应当判决被告针对原告的请求重新作出处理。

原告申请被告依法履行支付抚恤金、最低生活保障待遇或者社会保险待遇等给付义务的理由成立，被告依法负有给付义务而拒绝或者拖延履行义务的，人民法院可以判决被告在一定期限内履行相应的给付义务。

4. 确认判决

行政行为有下列情形之一的，人民法院判决确认违法，但不撤销行政行为：

（1）行政行为依法应当撤销，但撤销会给国家利益、社会公共利益造成重大损害的；

（2）行政行为程序轻微违法，但对原告权利不产生实际影响的。

行政行为有下列情形之一，不需要撤销或者判决履行的，人民法院判决确认违法：

（1）行政行为违法，但不具有可撤销内容的；

（2）被告改变原违法行政行为，原告仍要求确认原行政行为违法的；

（3）被告不履行或者拖延履行法定职责，判决履行没有意义的。

行政行为有实施主体不具有行政主体资格或者没有依据等重大且明显违法情形，原告申请确认行政行为无效的，人民法院判决确认无效。

人民法院判决确认违法或者无效的，可以同时判决责令被告采取补救措施；给原告造成损失的，依法判决被告承担赔偿责任。

公民、法人或者其他组织起诉请求撤销行政行为，人民法院经审查认为行政行为无效的，应当作出确认无效的判决。

有下列情形之一的，属于"重大且明显违法"：

（1）行政行为实施主体不具有行政主体资格；

（2）减损权利或者增加义务的行政行为没有法律规范依据；

（3）行政行为的内容客观上不可能实施；

（4）其他重大且明显违法的情形。

公民、法人或者其他组织起诉请求确认行政行为无效，人民法院审查认为行政行为不属于无效情形，经释明，原告请求撤销行政行为的，应当继续审理并依法作出相应判决；原告请求撤销行政行为但超过法定起诉期限的，裁定驳回起诉；原告拒绝变更诉讼请求的，判决驳回其诉讼请求。

人民法院经审理认为被诉行政行为违法或者无效，可能给原告造成损失，经释明，原告请求一并解决行政赔偿争议的，人民法院可以就赔偿事项进行调解；调解不成的，应当一并判决。人民法院也可以告知其就赔偿事项另行提起诉讼。

5. 变更判决

行政处罚明显不当，或者其他行政行为涉及对款额的确定、认定确有错误的，人民法院可以判决变更。

人民法院判决变更，不得加重原告的义务或者减损原告的权益。但利害关系人同为原告，且诉讼请求相反的除外。

6. 对行政协议纠纷的判决

被告不依法履行、未按照约定履行或者违法变更、解除行政协议的，人民法院判决被告承担继续履行、采取补救措施或者赔偿损失等责任。

被告变更、解除行政协议合法，但未依法给予补偿的，人民法院判决给予补偿。

（二）裁定

裁定适用于下列范围：（1）不予立案；（2）驳回起诉；（3）管辖异议；（4）终结诉讼；（5）中止诉讼；（6）移送或者指定管辖；（7）诉讼期间停止行政行为的执行或者驳回停止执行的申请；（8）财产保全；（9）先予执行；（10）准许或者不准许撤诉；（11）补正裁判文书中的笔误；（12）中止或者终结执行；（13）提审、指令再审或者发回重审；（14）准许或者不准许执行行政机关的行政行为；（15）其他需要裁定的事项。

其中，不予立案、驳回起诉、管辖异议三种裁定可以上诉。

二、行政诉讼案件的执行

（一）执行主体

生效的行政判决书、裁定书、调解书、行政赔偿判决书由一审人民法院执行，第一审人民法院认为情况特殊，需要由第二审人民法院执行的，可以报请第二审人民法院执行；第二审人民法院可以决定由其执行，也可以决定由第一审人民法院执行。

（二）执行依据

人民法院生效的行政判决书、裁定书、调解书、行政赔偿判决书。

（三）执行措施

1. 对当事人不履行生效法律文书的执行措施

公民、法人或者其他组织拒绝履行判决、裁定、调解书的，行政机关或者第三人可以向第一审人民法院申请强制执行，或者由行政机关依法强制执行。

2. 对行政机关不履行生效法律文书的执行措施

行政机关拒绝履行判决、裁定、调解书的，第一审人民法院可以采取下列措施：

（1）对应当归还的罚款或者应当给付的款额，通知银行从该行政机关的账户内划拨；

（2）在规定期限内不履行的，从期满之日起，对该行政机关负责人按日处 50~100 元的罚款；

（3）将行政机关拒绝履行的情况予以公告；

（4）向监察机关或者该行政机关的上一级行政机关提出司法建议，接受司法建议的机关，根据有关规定进行处理，并将处理情况告知人民法院；

（5）拒不履行判决、裁定、调解书，社会影响恶劣的，可以对该行政机关直接负责的主管人员和其他直接责任人员予以拘留；情节严重，构成犯罪的，依法追究刑事责任。

三、非诉行政案件的执行

1. 非诉执行的案件

公民、法人或者其他组织对行政行为在法定期限内不提起诉讼又不履行的，行政机关可以申请人民法院强制执行，或者依法强制执行。

2. 非诉执行的条件

（1）行政行为依法可以由人民法院执行；

（2）行政行为已经生效并具有可执行内容；

（3）申请人是作出该行政行为的行政机关或者法律、法规、规章授权的组织；

（4）被申请人是该行政行为所确定的义务人；

（5）被申请人在行政行为确定的期限内或者行政机关催告期限内未履行义务；

（6）申请人在法定期限内提出申请；

（7）被申请执行的行政案件属于受理执行申请的人民法院管辖。

3. 非诉执行案件的受理

行政机关申请人民法院执行，应当提交《行政强制法》第55条规定的相关材料。人民法院对符合条件的申请，应当在5日内立案受理，并通知申请人；对不符合条件的申请，应当裁定不予受理。行政机关对不予受理裁定有异议，在15日内向上一级人民法院申请复议的，上一级人民法院应当在收到复议申请之日起15日内作出裁定。

4. 申请期限

没有强制执行权的行政机关申请人民法院强制执行其行政行为，应当自被执行人的法定起诉期限届满之日起3个月内提出。逾期申请的，除有正当理由外，人民法院不予受理。

行政机关根据法律的授权对平等主体之间民事争议作出裁决后，当事人在法定期限内不起诉又不履行，作出裁决的行政机关在申请执行的期限内未申请人民法院强制执行的，生效行政裁决确定的权利人或者其继承人、权利承受人在6个月内可以申请人民法院强制执行。

5. 非诉执行案件的管辖

行政机关申请人民法院强制执行其行政行为的，由申请人所在地的基层人民法院受理；执行对象为不动产的，由不动产所在地的基层人民法院受理。

基层人民法院认为执行确有困难的，可以报请上级人民法院执行；上级人民法院可以决定由其执行，也可以决定由下级人民法院执行。

6. 非诉执行案件的审查

人民法院受理行政机关申请执行其行政行为的案件后，应当在7日内由行政审判庭对行政行为的合法性进行审查，并作出是否准予执行的裁定。

人民法院在作出裁定前发现行政行为明显违法并损害被执行人合法权益的，应当听取被执行人和行政机关的意见，并自受理之日起 30 日内作出是否准予执行的裁定。

需要采取强制执行措施的，由受案法院负责强制执行非诉行政行为的机构执行。

被申请执行的行政行为有下列情形之一的，人民法院应当裁定不准予执行：

（1）实施主体不具有行政主体资格的；

（2）明显缺乏事实根据的；

（3）明显缺乏法律、法规依据的；

（4）其他明显违法并损害被执行人合法权益的情形。

行政机关对不准予执行的裁定有异议，在 15 日内向上一级人民法院申请复议的，上一级人民法院应当在收到复议申请之日起 30 日内作出裁定。

注意：法院对非诉执行的审查标准实际上是无效行政行为的标准，对于一般违法的行政行为，法院在非诉执行审查时并不会否定其效力而不予执行。

专题二十

国家赔偿概述

 本专题导读

本专题考生需要熟练掌握并运用国家赔偿的概念、国家赔偿的种类以及国家赔偿的构成要件，理解国家赔偿与国家补偿的区别。在法考中客观卷和主观卷都有可能考查本专题内容。

 知识点

一、国家赔偿

国家赔偿是指国家机关和国家机关工作人员违法行使职权，或者有过错，侵犯公民、法人和其他组织合法权益，造成损害的，国家对受害人给予赔偿的制度。

二、国家赔偿的种类

行政赔偿和司法赔偿都属于国家赔偿。

行政赔偿是行政机关及其工作人员在行使行政职权过程中引起的国家赔偿责任。

司法赔偿是司法机关行使审判、检察、侦查、监狱管理职权引起的国家赔偿责任。司法赔偿根据三大诉讼（刑事、民事、行政）制度，包含刑事司法赔偿、民事司法赔偿和行政司法赔偿。

三、国家赔偿的构成要件

1. 主体要件

国家机关及其工作人员，法律、法规授权组织和行政委托组织及其工作人员，均可构成国家赔偿行为的主体。

2. 行为要件

国家仅对国家机关及其工作人员的职务行为承担赔偿责任，因此，理解什么是职务行为是掌握国家赔偿制度的关键。所谓职务行为，是指国家机关或国家机关工作人员履行或不履行其职责和义务的行为，既包括作为，也包括不作为；既包括法律行为，也包括事实行为。一般来说，可以从以下几个方面判断一个行为是否职务行为：

（1）职权标准，看行为人的行为是否为履行其法定职责，至于其行为是否合法，是否滥用职权则在所不问。

（2）时空标准，看行为人行为的时间、空间是否为正常履行职责的时间、空间。

（3）名义标准，看行为是否以国家机关及其工作人员的名义作出，有一些外观标准如着装、示证、佩戴标志、声明身份等，也可以作为判断标准。

（4）目的标准，职务行为是为了实现公共目的和职权，而不是为了公务人员的个人目的。

当然，以上标准应当综合判断，并非单一孤立标准。

3. 损害结果要件

损害结果是承担赔偿责任的基本要件，只有国家机关及其工作人员的行为给特定对象造成了人身、财产上的实际损害，国家才应当承担赔偿责任。

4. 因果关系要件

国家机关及其工作人员的行为与损害结果之间必须有法律上的因果关系，这是国家承担赔偿责任的必要条件。

四、国家赔偿与国家补偿

国家补偿是国家对国家机关及其工作人员的合法行为造成公民、法人、其他组织人身、财产损害的补偿。国家补偿与国家赔偿之间最大的区别就是国家补偿是对合法行为造成的损害的补偿，而国家赔偿是对违法或过错造成的损害承担的赔偿责任。

专题二十一
行政赔偿

 本专题导读

　　本专题要求考生了解行政赔偿的概念和范围、行政赔偿的请求人、行政赔偿的义务机关、行政赔偿程序的概念和特征，理解行政赔偿的归责原则、行政赔偿义务机关的确定规则，熟练掌握并运用行政赔偿的范围与程序。

 知识点

一、行政赔偿的概念

　　行政赔偿是行政机关及其工作人员在行使职权过程中违法侵犯公民、法人和其他组织的合法权益并造成损害，国家应当承担的赔偿责任。

二、行政赔偿的范围

（一）人身权

1. 人身自由权

（1）违法行政拘留。

（2）违法行政强制。

（3）非法拘禁等非法侵犯人身自由的行为。

2. 生命健康权

（1）暴力行为。

行政机关及其工作人员在执行职权过程中非法使用暴力侵犯公民的生命健康。

（2）违法使用武器警械。

行政机关及其工作人员在执行职权过程中，违法使用武器、警械（枪支、警棍、手铐、警绳等），给公民造成生命健康方面的损害。

（二）财产权

1. 违法的行政处罚造成的损害

包括罚款、没收、吊销许可证和执照、责令停产停业、其他侵犯财产权的行政处罚行为。

2. 违法行政强制

包括查封、扣押、冻结、保全、拍卖等。

3. 违法征收、征用财产

4. 其他侵犯财产权的违法行为

如行政不作为等。

（三）国家不承担赔偿责任的情形

1. 与职务无关的个人行为

2. 受害人自身行为致使损害发生的

3. 其他原因

主要是不可抗力和第三人责任造成的损害。

三、行政赔偿请求人和行政赔偿义务机关

1. 行政赔偿请求人

（1）受害的公民、法人和其他组织。

（2）受害的公民死亡，其继承人和其他有扶养关系的亲属。

（3）受害的法人或者其他组织终止的，其权利承受人。

2. 行政赔偿义务机关

（1）行政机关及其工作人员行使行政职权侵犯公民、法人和其他组织的合法权益造成损害的，该行政机关为赔偿义务机关。

（2）两个以上行政机关共同行使行政职权时侵犯公民、法人和其他组织的合法权益造成损害的，共同行使行政职权的行政机关为共同赔偿义务机关。

（3）法律、法规授权的组织在行使授予的行政权力时侵犯公民、法人和其他组织的合法权益造成损害的，被授权的组织为赔偿义务机关。

（4）受行政机关委托的组织或者个人在行使受委托的行政权力时侵犯公民、法人和其他组织的合法权益造成损害的，委托的行政机关为赔偿义务机关。

（5）赔偿义务机关被撤销的，继续行使其职权的行政机关为赔偿义务机关；没有继续行使其职权的行政机关的，撤销该赔偿义务机关的行政机关为赔偿义务机关。

（6）经复议机关复议的，最初造成侵权行为的行政机关为赔偿义务机关，但复议机关的复议决定加重损害的，复议机关对加重的部分履行赔偿义务。

四、行政赔偿程序

1. 赔偿要求的提出

赔偿请求人要求赔偿应当先向赔偿义务机关提出，也可以在申请行政复议或者提起行

政诉讼时一并提出。

赔偿请求人可以向共同赔偿义务机关中的任何一个赔偿义务机关要求赔偿，该赔偿义务机关应当先予赔偿。

赔偿请求人根据受到的不同损害，可以同时提出数项赔偿要求。

2. 行政赔偿的决定

赔偿义务机关应当自收到申请之日起 2 个月内，作出是否赔偿的决定。赔偿义务机关作出赔偿决定，应当充分听取赔偿请求人的意见，并可以与赔偿请求人就赔偿方式、赔偿项目和赔偿数额进行协商。

赔偿义务机关决定赔偿的，应当制作赔偿决定书，并自作出决定之日起 10 日内送达赔偿请求人。

赔偿义务机关决定不予赔偿的，应当自作出决定之日起 10 日内书面通知赔偿请求人，并说明不予赔偿的理由。

3. 行政赔偿诉讼

赔偿义务机关在规定期限内未作出是否赔偿的决定，赔偿请求人可以自期限届满之日起 3 个月内，向人民法院提起诉讼。

赔偿请求人对赔偿的方式、项目、数额有异议的，或者赔偿义务机关作出不予赔偿决定的，赔偿请求人可以自赔偿义务机关作出赔偿或者不予赔偿决定之日起 3 个月内，向人民法院提起诉讼。

人民法院审理行政赔偿案件，赔偿请求人和赔偿义务机关对自己提出的主张，应当提供证据。

赔偿义务机关采取行政拘留或者限制人身自由的强制措施期间，被限制人身自由的人死亡或者丧失行为能力的，赔偿义务机关的行为与被限制人身自由的人的死亡或者丧失行为能力是否存在因果关系，赔偿义务机关应当提供证据。

4. 行政追偿

赔偿义务机关赔偿损失后，应当责令有故意或者重大过失的工作人员或者受委托的组织或者个人承担部分或者全部赔偿费用。

对有故意或者重大过失的责任人员，有关机关应当依法给予处分；构成犯罪的，应当依法追究刑事责任。

专题二十二
司法赔偿

 本专题导读

本专题要求考生掌握刑事赔偿的范围、刑事赔偿请求人和刑事赔偿义务机关、刑事赔偿程序，考生可以对比民事、行政司法赔偿进行记忆。另外还需要注意请求国家赔偿的时效问题，在考试中也偶尔出现。

 知识点

一、刑事赔偿

1. 侵犯人身权

（1）违反《刑事诉讼法》的规定对公民采取拘留措施的，或者依照《刑事诉讼法》规定的条件和程序对公民采取拘留措施，但是拘留时间超过《刑事诉讼法》规定的时限，其后决定撤销案件、不起诉或者判决宣告无罪终止追究刑事责任的；

（2）对公民采取逮捕措施后，决定撤销案件、不起诉或者判决宣告无罪终止追究刑事责任的；

（3）依照审判监督程序再审改判无罪，原判刑罚已经执行的；

（4）刑讯逼供或者以殴打、虐待等行为或者唆使、放纵他人以殴打、虐待等行为造成公民身体伤害或者死亡的；

（5）违法使用武器、警械造成公民身体伤害或者死亡的。

2. 侵犯财产权

（1）违法对财产采取查封、扣押、冻结、追缴等措施的；

（2）依照审判监督程序再审改判无罪，原判罚金、没收财产已经执行的。

3. 免责情形

（1）因公民自己故意作虚伪供述，或者伪造其他有罪证据被羁押或者被判处刑罚的；

（2）因未达到刑事责任年龄或因精神病无刑事责任能力不负刑事责任的人被羁押的；

（3）依照《刑事诉讼法》第 273 条第 2 款、第 279 条规定因认罪认罚、犯罪情节轻微不起诉、被附条件不起诉、因犯罪情节轻微被判处免于刑事责任等不追究刑事责任的人被羁押的；

（4）行使侦查、检察、审判职权的机关以及看守所、监狱管理机关的工作人员与行使职权无关的个人行为；

（5）因公民自伤、自残等故意行为致使损害发生的；

（6）法律规定的其他情形。

二、刑事赔偿请求人和刑事赔偿义务机关

1．刑事赔偿请求人

（1）受害的公民、法人和其他组织。

（2）受害的公民死亡，其继承人和其他有扶养关系的亲属。

（3）受害的法人或者其他组织终止的，其权利承受人。

2．刑事赔偿义务机关

行使侦查、检察、审判职权的机关以及看守所、监狱管理机关及其工作人员在行使职权时侵犯公民、法人和其他组织的合法权益造成损害的，该机关为赔偿义务机关。

（1）对公民采取拘留措施，作出拘留决定的机关为赔偿义务机关。

（2）对公民采取逮捕措施后决定撤销案件、不起诉或者判决宣告无罪的，作出逮捕决定的机关为赔偿义务机关。

（3）再审改判无罪的，作出原生效判决的人民法院为赔偿义务机关。二审改判无罪，以及二审发回重审后作无罪处理的，作出一审有罪判决的人民法院为赔偿义务机关。

三、刑事赔偿程序

1．赔偿请求的提出

赔偿请求人要求赔偿，应当先向赔偿义务机关提出。

2．赔偿决定

赔偿义务机关应当自收到申请之日起 2 个月内，作出是否赔偿的决定。赔偿义务机关作出赔偿决定，应当充分听取赔偿请求人的意见，并可以与赔偿请求人就赔偿方式、赔偿项目和赔偿数额依照有关规定进行协商。

赔偿义务机关决定赔偿的，应当制作赔偿决定书，并自作出决定之日起 10 日内送达赔偿请求人。

赔偿义务机关决定不予赔偿的，应当自作出决定之日起 10 日内书面通知赔偿请求人，并说明不予赔偿的理由。

3．对赔偿决定（含不赔偿决定）的复议

赔偿义务机关在规定期限内未作出是否赔偿的决定，赔偿请求人可以自期限届满之日起 30 日内向赔偿义务机关的上一级机关申请复议。

赔偿请求人对赔偿的方式、项目、数额有异议的，或者赔偿义务机关作出不予赔偿决

定的，赔偿请求人可以自赔偿义务机关作出赔偿或者不予赔偿决定之日起 30 日内，向赔偿义务机关的上一级机关申请复议。

赔偿义务机关是人民法院的，赔偿请求人可以向其上一级人民法院赔偿委员会申请作出赔偿决定。

复议机关应当自收到申请之日起 2 个月内作出决定。

4. 法院审理赔偿的程序

（1）赔偿请求的提出。

赔偿请求人不服复议决定的，可以在收到复议决定之日起 30 日内向复议机关所在地的同级人民法院赔偿委员会申请作出赔偿决定；复议机关逾期不作决定的，赔偿请求人可以自期限届满之日起 30 日内向复议机关所在地的同级人民法院赔偿委员会申请作出赔偿决定。

（2）处理赔偿请求的机关。

中级以上的人民法院设立赔偿委员会，由人民法院 3 名以上审判员组成，组成人员的人数应当为单数。赔偿委员会作赔偿决定，实行少数服从多数的原则。赔偿委员会作出的赔偿决定，是发生法律效力的决定，必须执行。

（3）赔偿案件的举证责任。

人民法院赔偿委员会处理赔偿请求，赔偿请求人和赔偿义务机关对自己提出的主张，应当提供证据。

被羁押人在羁押期间死亡或者丧失行为能力的，赔偿义务机关的行为与被羁押人的死亡或者丧失行为能力是否存在因果关系，赔偿义务机关应当提供证据。

（4）审理方式、期限。

人民法院赔偿委员会处理赔偿请求，采取书面审查的办法。必要时，可以向有关单位和人员调查情况、收集证据。赔偿请求人与赔偿义务机关对损害事实及因果关系有争议的，赔偿委员会可以听取赔偿请求人和赔偿义务机关的陈述和申辩，并可以进行质证。

人民法院赔偿委员会应当自收到赔偿申请之日起 3 个月内作出决定；属于疑难、复杂、重大案件的，经本院院长批准，可以延长 3 个月。

（5）对赔偿决定的申诉。

赔偿请求人或者赔偿义务机关对赔偿委员会作出的决定，认为确有错误的，可以向上一级人民法院赔偿委员会提出申诉。

赔偿委员会作出的赔偿决定生效后，如发现赔偿决定违反法律规定的，经本院院长决定或者上级人民法院指令，赔偿委员会应当在 2 个月内重新审查并依法作出决定，上一级人民法院赔偿委员会也可以直接审查并作出决定。

最高人民检察院对各级人民法院赔偿委员会作出的决定，上级人民检察院对下级人民法院赔偿委员会作出的决定，发现违反法律规定的，应当向同级人民法院赔偿委员会提出意见，同级人民法院赔偿委员会应当在 2 个月内重新审查并依法作出决定。

5. 追偿

赔偿义务机关赔偿后，应当向有下列情形之一的工作人员追偿部分或者全部赔偿费用：

（1）刑讯逼供或者以殴打、虐待等行为或者唆使、放纵他人以殴打、虐待等行为造成公民身体伤害或者死亡的；

（2）违法使用武器、警械造成公民身体伤害或者死亡的；

（3）在处理案件中有贪污受贿、徇私舞弊、枉法裁判行为的。

对有前述情形的责任人员，有关机关应当依法给予处分；构成犯罪的，应当依法追究刑事责任。

四、民事、行政司法赔偿

人民法院在民事诉讼、行政诉讼过程中，违法采取对妨害诉讼的强制措施、保全措施或者对判决、裁定及其他生效法律文书执行错误，造成损害的，赔偿请求人要求赔偿的程序，适用刑事赔偿程序的规定。

五、时效

赔偿请求人请求国家赔偿的时效为 2 年，自其知道或者应当知道国家机关及其工作人员行使职权时的行为侵犯其人身权、财产权之日起计算，但被羁押等限制人身自由期间不计算在内。在申请行政复议或者提起行政诉讼时一并提出赔偿请求的，适用《行政复议法》《行政诉讼法》有关时效的规定。

赔偿请求人在赔偿请求时效的最后 6 个月内，因不可抗力或者其他障碍不能行使请求权的，时效中止。从中止时效的原因消除之日起，赔偿请求时效期间继续计算。

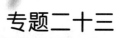

国家赔偿的赔偿方式、计算标准和费用

 本专题导读

本专题以了解为主，不作为考试重点章节。考生要了解国家赔偿的方式以及赔偿计算标准，侵犯的权利不同赔偿的计算标准也有所不同，这点尤其需要注意。

 知识点

一、赔偿方式

国家赔偿以支付赔偿金为主要方式。能够返还财产或者恢复原状的，予以返还财产或者恢复原状。

二、赔偿计算标准

（一）侵犯人身自由权的计算标准

侵犯公民人身自由的，每日赔偿金按照国家上年度职工日平均工资计算。

（二）侵犯公民生命健康权的计算标准

侵犯公民生命健康权的，赔偿金按照下列规定计算：

（1）造成身体伤害的，应当支付医疗费、护理费，以及赔偿因误工减少的收入。减少的收入每日的赔偿金按照国家上年度职工日平均工资计算，最高额为国家上年度职工年平均工资的 5 倍。

（2）造成部分或者全部丧失劳动能力的，应当支付医疗费、护理费、残疾生活辅助具费、康复费等因残疾而增加的必要支出和继续治疗所必需的费用，以及残疾赔偿金。残疾赔偿金根据丧失劳动能力的程度，按照国家规定的伤残等级确定，最高不超过国家上年度职工年平均工资的 20 倍。造成全部丧失劳动能力的，对其扶养的无劳动能力的人，还应当支付生活费。

（3）造成死亡的，应当支付死亡赔偿金、丧葬费，总额为国家上年度职工年平均工资的 20 倍。对死者生前扶养的无劳动能力的人，还应当支付生活费。

前述规定的生活费的发放标准，参照当地最低生活保障标准执行。被扶养的人是未成年人的，生活费给付至 18 周岁止；其他无劳动能力的人，生活费给付至死亡时止。

（三）精神损害赔偿

侵犯公民人身权，致人精神损害的，应当在侵权行为影响的范围内，为受害人消除影响，恢复名誉，赔礼道歉；造成严重后果的，应当支付相应的精神损害抚慰金。

（四）侵犯财产权的赔偿标准

1. 处罚款、罚金、追缴、没收财产或者违法征收、征用财产的，返还财产。

2. 查封、扣押、冻结财产的，解除对财产的查封、扣押、冻结，造成财产损坏或者灭失的，恢复原状或支付赔偿金。

3. 应当返还的财产损坏的，能够恢复原状的恢复原状，不能恢复原状的，按照损害程度给付相应的赔偿金。

4. 应当返还的财产灭失的，给付相应的赔偿金。

5. 财产已经拍卖或者变卖的，给付拍卖或者变卖所得的价款；变卖的价款明显低于财产价值的，应当支付相应的赔偿金。

6. 吊销许可证和执照、责令停产停业的，赔偿停产停业期间必要的经常性费用开支。

7. 返还执行的罚款或者罚金、追缴或者没收的金钱，解除冻结的存款或者汇款的，应当支付银行同期存款利息。

8. 对财产权造成其他损害的，按照直接损失给予赔偿。

三、国家赔偿费用

国家赔偿费用列入各级财政预算。

巩固提升

"百闻不如一见，百看不如一练。"下载嗨学课堂 APP，多多做题，勤于思考，善于总结，方能学以致用，一举通关！

DAY 13-14

国家统一法律职业资格考试

百日通关攻略

21天突破商经法

嗨学法考 组编　　张倩 编著

中国人民大学出版社
·北京·

图书在版编目(CIP)数据

国家统一法律职业资格考试·百日通关攻略. 21 天突破商经法/嗨学法考组编；张倩编著. -- 北京：中国人民大学出版社，2021.12
ISBN 978-7-300-30071-9

Ⅰ.①国… Ⅱ.①嗨… ②张… Ⅲ.①商法-中国-资格考试-自学参考资料 ②经济法-中国-资格考试-自学参考资料 Ⅳ.①D92

中国版本图书馆 CIP 数据核字（2021）第 250321 号

国家统一法律职业资格考试·百日通关攻略·21 天突破商经法
嗨学法考　组编
张倩　编著
Guojia Tongyi Falü Zhiye Zige Kaoshi · Bairi Tongguan Gonglüe · 21 Tian Tupo Shangjingfa

出版发行	中国人民大学出版社			
社　址	北京中关村大街 31 号		**邮政编码**	100080
电　话	010 - 62511242（总编室）		010 - 62511770（质管部）	
	010 - 82501766（邮购部）		010 - 62514148（门市部）	
	010 - 62515195（发行公司）		010 - 62515275（盗版举报）	
网　址	http://www.crup.com.cn			
经　销	新华书店			
印　刷	涿州市星河印刷有限公司			
规　格	185 mm×260 mm　16 开本		**版　次**	2021 年 12 月第 1 版
印　张	13.75		**印　次**	2021 年 12 月第 1 次印刷
字　数	301 000		**定　价**	258.00 元（全 8 册）

目 录

第一部分 商 法

第四部分 劳动与社会保障法

第五部分 知识产权法

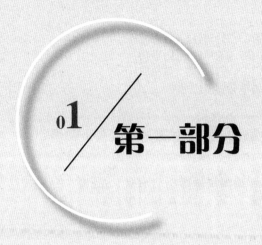

01 / 第一部分

商　　法

第一章
公司法

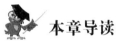 **本章导读**

　　本章主要涉及公司的概念、特点、分类以及其设立、变更、合并、分立、解散、清算各个环节的基本要求、特点等，并对股东及管理人员的种类、职责与权力进行精讲。本章是经济法部分的重点，是历年考试中分值较高的一章，每年分值30－39分，占商法分值的一半左右，题型包括主观题和客观题，近年的案例分析题越来越灵活，越来越难，考生在学习过程中应多总结、多对比、多背诵，做到准确记忆。

第一节　公司法概述

一、公司的概念与特征☆☆★

公司是指股东依照公司法的规定，以其认缴的出资额或认购的股份为限对公司承担责任，公司以其全部法人财产对公司债务承担责任的企业法人			
特征	1. 公司具有独立的法人资格	（1）独立名义	公司以自己的名义进行各种民事活动以及诉讼等
		（2）独立财产	公司是企业法人，有独立的法人财产，享有法人财产权
		（3）独立责任	公司以其全部财产对自己的债务承担责任，股东仅以出资为限对公司承担责任
	2. 公司具有社团性		公司是社团组织，具有社团性
	3. 公司具有营利性		公司以营利为目的，具有营利性

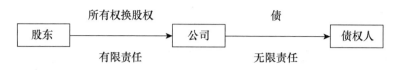

二、公司法人人格否认制度☆☆☆★

（一）制度规则

1. 概念

在特定的法律关系中，如果公司股东滥用公司法人独立地位和股东有限责任，逃避债务，严重损害公司债权人利益，应当对公司债务承担连带责任。

2. 常见案情

（1）主体混同（包括纵向混同和横向混同）

认定公司人格与股东人格是否存在混同，最根本的判断标准是公司是否具有独立意思和独立财产，最主要的表现是公司的财产与股东的财产是否混同且无法区分①。

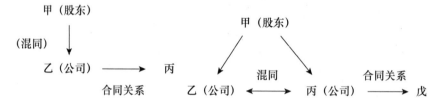

（2）过度支配与控制

公司控制股东对公司过度支配与控制，操纵公司的决策过程，使公司完全丧失独立性，沦为控制股东的工具或躯壳，严重损害公司债权人利益，应当否认公司人格，由滥用控制权的股东对公司债务承担连带责任。

（3）资本显著不足

资本显著不足指的是，公司设立后在经营过程中，股东实际投入公司的资本数额与公司经营所隐含的风险相比明显不匹配。

（二）诉讼地位☆★

人民法院在审理公司人格否认纠纷案件时，应当根据不同情形确定当事人的诉讼地位。

1. 债权人对债务人公司享有的债权已经由生效裁判确认，其另行提起公司人格否认诉讼，请求股东对公司债务承担连带责任的，列股东为被告，公司为第三人。

2. 债权人对债务人公司享有的债权提起诉讼的同时，一并提起公司人格否认诉讼，

---

① 在认定是否构成人格混同时，应当综合考虑以下因素：

一是股东无偿使用公司资金或者财产，不作财务记载的；

二是股东用公司的资金偿还股东的债务，或者将公司的资金供关联公司无偿使用，不作财务记载的；

三是公司账簿与股东账簿不分，致使公司财产与股东财产无法区分的；

四是股东自身收益与公司盈利不加区分，致使双方利益不清的；

五是公司的财产记载于股东名下，由股东占有、使用的；

六是人格混同的其他情形。

请求股东对公司债务承担连带责任的，列公司和股东为共同被告。

3. 债权人对债务人公司享有的债权尚未经生效裁判确认，直接提起公司人格否认诉讼，请求公司股东对公司债务承担连带责任的，人民法院应当向债权人释明，告知其追加公司为共同被告。债权人拒绝追加的，人民法院应当裁定驳回起诉。

精讲精练

零盛公司的两个股东是甲公司和乙公司。甲公司持股70%并派员担任董事长，乙公司持股30%。后甲公司将零盛公司的资产全部用于甲公司的一个大型投资项目，待债权人丙公司要求零盛公司偿还货款时，发现零盛公司的资产不足以清偿。关于本案，下列哪一选项是正确的？（2016 三/27）

A. 甲公司对丙公司应承担清偿责任

B. 甲公司和乙公司按出资比例对丙公司承担清偿责任

C. 甲公司和乙公司对丙公司承担连带清偿责任

D. 丙公司只能通过零盛公司的破产程序来受偿

【答案】A

三、公司的分类

（一）法定分类

有限责任公司	股东以其认缴的出资额为限对公司承担责任，公司以其全部资产对公司债务承担责任的企业法人
股份有限公司	其全部资本分为等额股份，股东以其所持股份为限对公司承担责任，公司以其全部资产对公司的债务承担责任的企业法人

（二）学理分类

1. 以公司股东的责任范围为标准分类

无限责任公司	由两个以上股东组成、全体股东对公司的债务负无限连带责任的公司
两合公司	由部分无限责任股东和部分有限责任股东共同组成，前者对公司债务负无限连带责任，后者仅以出资额为限承担责任的公司
股份两合公司	由部分对公司债务负无限连带责任的股东和部分仅以所持股份对公司债务承担有限责任的股东共同组建的公司

2. 以公司股份转让方式为标准分类

封闭式公司	公司股本全部由设立公司的股东拥有，且其股份不能在证券市场上自由转让的公司。有限责任公司属于封闭式公司
开放式公司	可以按法定程序公开招股，股东人数通常无法定限制、公司的股份可以在证券市场公开自由转让的公司。股份有限公司属于开放性公司，但股份有限公司中的非上市公司仍然具有封闭性，只有股份有限公司中的上市公司才是真正意义上的开放式公司

3. 以公司的信用基础为标准分类

人合公司	公司的经营活动以股东个人信用而非公司资本的规模为基础的公司。人合公司的对外信用主要取决于股东个人的信用状况，故人合公司的股东之间通常存在特殊的人身信任或人身依附关系
资合公司	公司的经营活动以公司资本的规模而不是股东的个人信用为基础的公司
人资兼合公司	公司的设立和经营同时依赖于股东个人信用和公司资本规模，兼有上述两类公司的特点

有限公司：人合为主兼具资合
股份公司（未上市）：资合为主兼具人合
上市公司：资合公司

4. 以公司之间的组织关系为标准分类☆

（1）总公司与分公司

总公司	又称本公司，是指依法设立并管辖公司全部组织的具有企业法人资格的总机构
分公司	分公司是指在业务、资金、人事等方面受到本公司管辖而不具有法人资格的分支机构
	①分公司应当向公司登记机关申请登记，领取营业执照，是独立的诉讼主体 ②分公司不具有法人资格，不能独立承担责任，其民事责任由总公司承担 【有诉讼能力，有缔约能力，无独立责任承担能力】

（2）母公司与子公司

母公司	拥有其他公司一定数额的股份或根据协议能够控制、支配其他公司的人事、财务、业务等事项的公司
子公司	一定数额的股份被另一公司控制或依照协议被另一公司实际控制、支配的公司
	子公司具有法人资格，依法独立承担民事责任 【财产独、名义独、责任独】

📝 **精讲精练**

植根农业是北方省份一家从事农产品加工的公司。为拓宽市场，该公司在南方某省分别设立甲分公司与乙分公司。关于分公司的法律地位与责任，下列哪一选项是错误的？（2017 三/25）

A. 甲分公司的负责人在分公司经营范围内，当然享有以植根公司名义对外签订合同的权利

B. 植根公司的债权人在植根公司直接管理的财产不能清偿债务时，可主张强制执行各分公司的财产

C. 甲分公司的债权人在甲分公司直接管理的财产不能清偿债务时，可主张强制执行植根公司的财产

D. 乙分公司的债权人在乙分公司直接管理的财产不能清偿债务时，不得主张强制执行甲分公司直接管理的财产

【答案】D

四、公司的权利能力与行为能力

（一）一般规则

1. 公司权利能力与行为能力具有一致性。

2. 公司权利能力与行为能力均始于公司营业执照签发之日，终于公司注销登记之日。

（二）超越经营范围订立的合同

原则上有效，但违反国家限制经营、特许经营以及法律、行政法规禁止经营规定的除外。

（三）表见代表☆★

1. 公司法定代表人依照公司章程的规定，由董事长、执行董事或者经理担任，并依法登记。

2. 表见代表行为，除相对人知道或者应当知道以外，该代表行为有效。

（四）对公司投资的限制

1. 公司可以向其他企业投资。一般情况下，公司可以作为合伙人，普通合伙人和有限合伙人均可。

2. 公司向其他企业投资，按照公司章程的规定由董事会或者股东会、股东大会决议。

（五）对公司担保的限制☆☆★

1. 内部决议规则

对外担保	公司为他人提供担保，按照公司章程的规定由董事会或者股东会、股东大会决议
对内担保	公司为公司股东或者实际控制人提供担保的，必须经股东会或者股东大会决议；被担保的股东或者受实际控制人支配的股东，不得参加对该担保事项进行的表决；该项表决由出席会议的其他股东所持表决权的过半数通过

2. 违规担保

违规担保	法定代表人未经授权擅自为他人提供担保的，构成越权代表，应当根据关于法定代表人越权代表的规定，区分订立合同时债权人是否善意分别认定合同效力：债权人善意的，合同有效；反之，合同无效
善意相对人的判断	形式审查： （1）对内担保：要求债权人必须对股东会决议进行了审查且股东会决议经出席会议的无关联股东所持表决权过半数同意 （2）对外担保：无论章程如何规定，只要债权人对董事会决议或股东会决议进行了审核即可
无须机关决议的例外情况	（1）金融机构开立保函或者担保公司提供担保 （2）公司为其全资子公司开展经营活动提供担保 （3）担保合同系由单独或者共同持有公司 2/3 以上对担保事项有表决权的股东签字同意 上市公司对外提供担保，不适用前款第（2）项、第（3）项的规定

3. 担保合同无效的后果

最高人民法院关于适用《中华人民共和国民法典》有关担保制度的解释第 17 条主合同有效而第三人提供的担保合同无效，人民法院应当区分不同情形确定担保人的赔偿责任。

（1）债权人与担保人均有过错的，担保人承担的赔偿责任不应超过债务人不能清偿部分的 1/2；

（2）担保人有过错而债权人无过错的，担保人对债务人不能清偿的部分承担赔偿责任；

（3）债权人有过错而担保人无过错的，担保人不承担赔偿责任。

主合同无效导致第三人提供的担保合同无效，担保人无过错的，不承担赔偿责任；担保人有过错的，其承担的赔偿责任不应超过债务人不能清偿部分的 1/3。

4. 上市公司特殊规则

上市公司在一年内购买、出售重大资产或者担保金额超过公司资产总额 30% 的，应当由股东大会作出决议，并经出席会议的股东所持表决权的 2/3 以上通过
债权人根据上市公司公开披露的关于担保事项已经董事会或者股东大会决议通过的信息订立的担保合同，法院应当认定有效。

第二节　公司的设立

一、公司设立的概念与设立方式

含义		公司设立人依照法定的条件和程序，为组建公司并取得法人资格而必须采取和完成的行为
方式	发起设立	公司的全部股份或首期股份由发起人自行认购而设立的方式
	募集设立	发起人只认购公司股份或者首期发行股份的一部分，其余部分对外募集而设立公司的方式

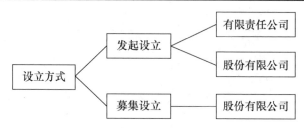

二、设立登记

申请人	设立有限责任公司应由全体股东指定的代表或共同委托的代理人为申请人；设立股份有限公司应由董事会作为申请人

应当载明的事项	公司营业执照应当载明公司的名称、住所、注册资本、经营范围、法定代表人姓名等事项
公司名称预先核准	(1) 公司名称：行政区划＋字号＋行业或经营特点＋组织形式 (2) 可以使用的字号：①外文名称；②有正当理由可以使用本地或者异地地名（但不得使用县以上行政区划名称作为字号）；③私营企业可以使用投资人姓名作为字号 (3) 不可使用的字号：①有损于国家、社会公共利益的；②可能对公众造成欺骗或者误解的；③外国国家（地区）名称……及部队番号；④汉语拼音字母（外文名称中使用的除外）、数字
	(1) 设立公司应当向公司登记机关申请公司名称的预先核准 (2) 预先核准的公司名称保留期为 6 个月。预先核准的公司名称在保留期内不得从事经营活动，不得转让

三、发起人

（一）发起人的概念

1. 概念

概念	为设立公司而签署公司章程、向公司认购出资或者股份并履行公司设立职责的人 自然人、法人、非法人组织、国家均可以作为公司的发起人
考点	发起人应当签订发起人协议 发起人之间属于合伙性质

2. 发起人人数与资格

有限责任公司	1～50 人，无资格要求	
股份公司	人数	2～200 人
	资格要求	(1) 半数以上的发起人在中国境内有住所 (2) 必须承担公司筹办事务 (3) 必须在公司章程上签章 (4) 必须认购股份

（二）发起人责任与公司责任的区分☆☆★

1. 合同责任

情形	处理
发起人以个人名义订立合同	公司成立后，合同相对人可以选择请求该发起人承担合同责任，也可以选择该公司承担合同责任
发起人以设立中的公司名义订立合同	(1) 原则上公司承担 (2) 公司成立后有证据证明发起人利用设立中的公司名义为自己的利益与相对人签订合同，公司以此为由主张不承担合同责任的，法院应予支持，但相对人为善意的除外

2. 侵权责任

公司设立过程中发起人因履行公司设立职责造成他人损害	公司成立后：受害人有权请求公司承担侵权责任 公司未成立：受害人有权请求全体发起人承担连带赔偿责任
发起人设立公司过程中造成公司损害	发起人承担过错责任

3. 设立失败的责任承担

（1）有限责任公司不能成立时，发起人对设立行为所产生的债务和费用负连带责任，然后向有过错的发起人追偿。都均无过错的，按照发起人约定的责任比例清偿；没有约定责任比例的，按照约定的出资比例清偿，没有约定出资比例，按照均等份额清偿。

（2）股份有限公司不能成立时，发起人对认股人已缴纳的股款，负返还股款并加算银行同期存款利息的连带责任。

总结

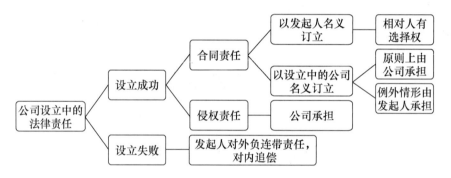

精讲精练

李某和王某正在磋商物流公司的设立之事。通大公司出卖一批大货车，李某认为物流公司需要，便以自己的名义与通大公司签订了购买合同，通大公司交付了货车，但尚有150 万元车款未收到。后物流公司未能设立。关于本案，下列哪一说法是正确的？（2016 三/25）

A. 通大公司可以向王某提出付款请求

B. 通大公司只能请求李某支付车款

C. 李某、王某对通大公司的请求各承担 50% 的责任

D. 李某、王某按拟定的出资比例向通大公司承担责任

【答案】A

四、公司章程

概念	公司所必备的，规定其名称、宗旨、资本、组织机构等对内对外事务的基本法律文件	
订立方式	共同订立：由全体股东或者发起人共同起草、协商制定公司章程	
	部分订立：由部分成员起草、制定公司章程，而后再经其他股东或发起人签字同意	

书面形式	1. 有限责任公司＋发起设立的股份公司：全体股东同意并在章程上签名或盖章 2. 募集设立的股份公司：经出席创立大会的认股人所持表决权过半数通过才能生效
效力	1. 设立公司必须依法制定公司章程 2. 公司章程对公司、股东[①]、董事、监事、高级管理人员具有约束力 3. 公司设立时制定的初始章程，应报经公司登记部门登记后才能生效
变更程序	董事会提议修改——通知其他股东——股东会或股东大会表决——工商行政管理机关变更登记（公司可以修改公司章程，但是应当办理变更登记，不登记不得对抗善意第三人）

五、公司的资本

（一）公司资本与公司资产

1. 公司资本

公司资本也称为股本，它在公司法上的含义是指由公司章程确定并载明的、全体股东的出资总额。

公司资本的具体形态包括：

（1）注册资本：是指公司在设立时筹集的、由章程载明的、经公司登记机关登记的资本。

（2）发行资本：是指公司实际上已向股东发行的股本总额。

（3）认购资本：是指出资人同意缴付的出资总额。

（4）实缴资本：又称实收资本，是指公司成立时公司实际收到的股东的出资总额。

2. 公司资产

公司拥有或控制的能以货币计量的经济资源，包括各种财产、债权和其他权利。

3. 公司资本与公司资产

公司的信用特别是公司的偿债能力其实与公司成立时的注册资本关系甚微，因为公司是以其全部资产（而不是注册资本）对外承担债务清偿责任的。

4. 注册资本☆☆

有限责任公司的注册资本为在公司登记机关登记的全体股东认缴的出资额	
股份有限公司	采取发起设立方式设立的，注册资本为在公司登记机关登记的全体发起人认购的股本总额
	采取募集方式设立的，注册资本为在公司登记机关登记的实收股本总额
总结	（1）原则：认缴资本制；不需要法定验资；无货币出资比例要求；无出资期限要求；无最低注册资本要求 （2）例外：实缴资本制（募集设立的股份公司、银行、证券公司、保险公司）：法定验资 （3）注册资本的变更，以变更登记时间为准

---

① 股东包括：起草制定公司章程的股东及后加入公司的股东。

（二）出资方式☆☆☆★

出资方式	1. 具体要求：货币或者可以用货币估价并可以依法转让的非货币财产
	2. 股东不得以劳务、信用、自然人姓名、商誉、特许经营权或者设定担保的财产等作价出资
货币	1. 无金额限制 2. 无来源限制。占有即所有（以贪污、受贿、侵占、挪用等违法犯罪所得的货币出资后取得股权的，对违法犯罪行为予以追究、处罚时，应当采取拍卖或者变卖的方式处置其股权）① 3. 无须评估
实物	1. 实物包括房屋、车辆、设备、原材料等，要求以实物所有权出资
	2. 出资人以不享有处分权的财产出资，参照无权处分认定②
	3. 以知识产权、土地使用权、房屋等出资：交付＋登记 (1) 已交付，但未登记的，应当登记，自交付之日实际享有股东权利 (2) 已登记，但未交付的，应当交付，实际交付前不享有相应的股东权利
股权	1. 出资的股权由出资人合法持有并依法可以转让 2. 出资的股权无权利瑕疵或者权利负担 3. 出资人已履行关于股权转让的法定手续 4. 出资的股权已依法进行了价值评估（合法性＋无瑕疵＋手续全＋已评估）
	瑕疵补正：(1) 股东出资不符合1、2、3项条件的，公司、其他股东、债权人请求认定该出资人未履行出资义务的，人民法院责令该出资人在指定的合理期限内采取补正措施，逾期未补正的，应认定为未全面履行出资义务 (2) 股东出资未依法评估的，公司、其他股东、债权人请求认定该出资人未依法履行出资义务的，人民法院应当委托具有合法资格的评估机构对该财产评估作价。评估确定的价额显著低于章程所定价额的，人民法院应当认定出资人未依法全面履行出资义务
土地使用权	1. 因土地所有权不能转让，故仅能以土地使用权出资 2. 要求 (1) 以出让方式获得的国有土地使用权可以出资 (2) 该国有土地使用权上无权利负担

---

① 以非法货币出资取得的股权，不适用善意取得制度。

② 《民法典》第311条：无处分权人将不动产或者动产转让给受让人的，所有权人有权追回；除法律另有规定外，符合下列情形的，受让人取得该不动产或者动产的所有权：

（一）受让人受让该不动产或者动产时是善意；

（二）以合理的价格转让；

（三）转让的不动产或者动产依照法律规定应当登记的已经登记，不需要登记的已经交付给受让人。

受让人依据前款规定取得不动产或者动产的所有权的，原所有权人有权向无处分权人请求损害赔偿。

当事人善意取得其他物权的，参照适用前两款规定。

（三）出资瑕疵及其法律后果☆☆☆★

1. 出资不足

表现形式	法律责任
货币未出资或者未足额出资	（1）对公司：补足出资，其他发起人股东承担连带责任 ①股东未履行或者未全面履行出资义务，公司或者其他股东请求其向公司依法全面履行出资义务的，法院应予支持 ②公司的发起人与该出资瑕疵股东承担连带责任 ③其他发起人承担责任后，可以向被告股东追偿
非货币财产未办理其财产权转移手续	（2）对债权人：补充赔偿责任（出资不足范围内），其他发起人承担连带责任 ①公司债权人请求未履行或者未全面履行出资义务的股东在未出资本息范围内对公司债务不能清偿部分承担补充赔偿责任的，法院应予支持 ②未履行或者未全面履行出资义务的股东已经承担上述责任，其他债权人提出相同请求的，法院不予支持 ③公司的发起人与该出资瑕疵股东承担连带责任 ④其他发起人承担责任后，可以向被告股东追偿 （3）对其他股东：违约 当发起人未出资或未足额出资时，该出资瑕疵的股东应当向已按期足额缴纳出资的股东承担违约责任

2. 出资不实

表现形式	法律责任
（设立时）非货币财产的实际价额显著低于公司章程所定价额的（虚假评估）	（1）对公司：补足出资，其他发起人股东承担连带责任 （2）对债权人：承担补充赔偿责任（出资不实范围内），其他发起人承担连带责任 （3）对其他股东：无违约责任 （4）中介机构：除能够证明自己没有过错外，在评估或者证明不实的金额范围内承担赔偿责任（过错推定）

3. 对瑕疵出资的处理

（1）可以限制股东权利	①对利润分配请求权、新股优先认购权、剩余财产分配请求权作出相应的合理限制 ②"相应的合理限制"即瑕疵股东按照实缴出资比例行使权利
（2）剥夺股东资格（有限责任公司）	①未履行出资义务/抽逃全部出资 ②经公司催告缴纳或者返还，其在合理期间内仍未缴纳或者返还出资 ③公司可以股东会决议解除该股东的股东资格 ④解除股东资格时，公司要减资或者安排其他主体缴纳 ⑤在减资或其他人缴足前，股东对债权人的责任不免除
（3）另行募股（股份公司）	①股份有限公司的认股人未按期缴纳所认股份的股款 ②经公司发起人催缴后在合理期间内仍未缴纳，发起人可以对该股份另行募集

4. 瑕疵股权的转让

受让人对此知道或者应当知道，公司、公司债权人可要求受让人对出资瑕疵承担连带责任。受让人承担责任后，可追偿。但是，当事人另有约定的除外。①

---

① 特别提示：未届出资缴纳期限的股权，既可以出资也可以转让；瑕疵出资股权，不可以出资但可以转让。

> 扩展考点:
> 未届出资缴纳期限,股权转让,出资义务到来时,出资义务的承担主体目前不适用上述瑕疵股权转让规则,关于该义务承担主体主要存在以下几种学术观点(了解即可):
> (1) 转让股东承担责任说
> (2) 受让股东承担责任说
> (3) 转让股东与受让股东承担连带责任说
> (4) 受让股东承担第一顺位的义务,转让股东承担补充赔偿责任

5. 时效

(1) 对公司的出资义务不适用诉讼时效抗辩。

(2) 对债权人的补充赔偿责任,以债权人的债权保护时效为承担责任的时效。

精讲精练

2017 年 6 月,李某、张某、汪某、赵某四人共同出资成立了某有限责任公司,公司章程约定李某认缴出资 400 万元,其他三人分别认缴出资 200 万元,出资期限为公司成立后 3 个月内缴足。至 2017 年年末,经公司多次催告,李某仍未缴纳出资。2018 年 1 月,公司召开股东会会议,李某未出席,经张某、汪某、赵某三股东同意,最终通过了对李某除名的决议。对此,下列哪个说法是正确的?(2018 三/65)

A. 李某系该公司重要股东,其未出席此次股东会会议,该决议无效

B. 对李某除名的决议,李某有利害关系,没有表决权,该决议有效

C. 在李某被除名的相关登记事项变更完成之前,若公司有对外债务不能清偿,李某仍须承担补充赔偿责任

D. 公司对李某除名后,应当及时办理相应的减资程序,或安排其他主体缴纳相应的出资

【答案】BCD

(四)增资瑕疵☆☆★

增资瑕疵,是指公司成立后,股东在公司增资时未履行或者未全面履行出资义务。

方式	公司新增资本时,股东有权优先按照实缴的出资比例认缴出资,但是,全体股东另有约定的除外
法律责任	1. 该增资瑕疵股东对公司承担补足出资的责任
	2. 公司的债权人可请求增资瑕疵股东在未出资本息范围内对公司债务不能清偿部分承担补充赔偿责任
	3. 上述公司、债权人可请求未尽到忠实、勤勉义务而使出资未缴足的董事、高级管理人员承担相应的责任。董事、高级管理人员承担责任后,可以向被告股东追偿
	4. 其他股东无须承担连带责任

(五)加速到期及表决权受限☆☆☆★

1. 股东出资应否加速到期

在注册资本认缴制下,股东依法享有期限利益。债权人不得以公司不能清偿到期债务为由,请求未届出资期限的股东在未出资范围内对公司不能清偿的债务承担补充赔偿责任。但是,下列情形除外。

（1）公司作为被执行人的案件，人民法院穷尽执行措施无财产可供执行，已具备破产原因，但不申请破产的；【恶意规避破产】

（2）在公司债务产生后，公司股东（大）会决议或以其他方式延长股东出资期限的。【恶意延长出资期限】

2. 表决权能否受限☆

股东认缴的出资未届履行期限，对未缴纳部分的出资是否享有以及如何行使表决权等问题，应当根据公司章程来确定。公司章程没有规定的，应当按照认缴出资的比例确定。如果股东（大）会作出不按认缴出资比例而按实际出资比例或者其他标准确定表决权的决议，必须经代表 2/3 以上表决权的股东通过，否则无效。

第三节　公司的股东与股东权利

一、公司股东的概念☆★

股东是指向公司出资、持有公司股份、享有股东权利和承担股东义务的人。

股东名册	效力	记载于股东名册的股东，可以依照股东名册主张行使股东权利。股东名册是股东身份或者资格的法定证明文件
	记载事项	（1）股东的姓名或者名称、住所 （2）股东的出资额 （3）出资证明书编号
工商登记	效力	（1）公司应当将股东的姓名或者名称向公司登记机关登记 （2）登记事项发生变更的，应当办理变更登记。未经登记或者变更登记，不得对抗善意第三人 （3）工商登记机关记载的股东名单与股东名册记载有冲突的，对内以股东名册为准，对外以工商登记为准
出资证明书		出资证明书是证权证书。有限责任公司成立后，应当向股东签发出资证明书。 出资证明书应当载明下列事项： （1）公司名称 （2）公司成立日期 （3）公司注册资本 （4）股东的姓名或者名称、缴纳的出资额和出资日期 （5）出资证明书的编号和核发日期

二、股东资格的特殊问题☆☆☆★

（一）实际出资人与名义股东（有限责任公司）

1. 定义

（1）名义股东：是指登记于股东名册及公司登记机关的登记文件，但事实上并没有向公司出资的人。

15

（2）实际出资人：是实际出资并实际享有股东权利，但其姓名或者名称并未记载于公司股东名册及公司登记机关的登记文件的人，也即公司的真实出资人。

2．法律规则

（1）对内：承认代持股协议的效力；投资权益属于实际出资人，不属于"名义股东"。

①有限责任公司的实际出资人与名义出资人订立合同，约定由实际出资人出资并享有投资权益，以名义出资人为名义股东，实际出资人与名义股东对该合同效力发生争议的，如无法律规定的无效情形，应当认定该合同有效。

②实际出资人与名义股东因投资权益的归属发生争议，实际出资人可以以其实际履行了出资义务为由向名义股东主张权利。

（2）与公司的关系：实际出资人请求公司改变股东名义，应当经其他股东半数以上同意。

实际出资人能够提供证据证明有限责任公司过半数的其他股东知道其实际出资的事实，且对其实际行使股东权利未曾提出异议的，对实际出资人提出的登记为公司股东的请求，人民法院依法予以支持。

（3）涉及善意第三人时：名义股东处分股权，定性为有权处分，符合善意取得条件时，受让人可以取得股权。

①名义股东将登记于其名下的股权转让、质押或者以其他方式处分，实际出资人以其对于股权享有实际权利为由，请求认定处分股权行为无效的，人民法院可以参照善意取得制度规定处理。

②名义股东处分股权造成实际出资人损失，实际出资人可以请求名义股东承担赔偿责任。

（4）与债权人的关系：债权人有权请求名义股东承担相应责任，名义股东承担责任后，可以向实际出资人追偿。

①公司债权人以登记于公司登记机关的股东未履行出资义务为由，请求其对公司债务不能清偿的部分在未出资本息范围内承担补充赔偿责任，股东不得以其仅为名义股东而非实际出资人为由进行抗辩。

②名义股东承担赔偿责任后，可以向实际出资人追偿。

（二）冒名股东☆

冒名登记行为人应当承担相应责任。

（三）一股二卖☆☆

一股二卖，是指股权转让后尚未向公司登记机关办理变更登记，原股东仍将登记于其名下的股权转让、质押或者以其他方式处分的行为。

一股二卖的处理规则：

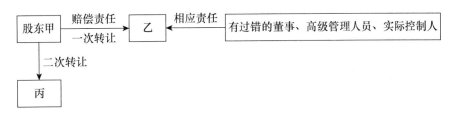

1. 合同有效，股权转让效力参照善意取得制度处理。

2. 原股东处分股权造成受让股东损失，受让股东可以请求原股东承担赔偿责任，对于未及时办理变更登记有过错的董事、高级管理人员或者实际控制人承担相应责任；受让股东对于未及时办理变更登记也有过错的，可以适当减轻上述董事、高级管理人员或者实际控制人的责任。

(四) 股东资格诉讼☆★

股东资格纠纷，均以公司为被告，与案件争议股权有利害关系的人作为第三人参加诉讼。

三、股东权利☆☆★

股东权简称股权，是指公司股东依据法律和公司章程享有的自益权和共益权的总称。

	股东权利	有限公司	股份公司
自益权	1. 利润分配请求权	按照实缴出资比例，约定可排除①	按照股东持有的股份比例
	2. 新股优先认购权	股东有权优先按照实缴的出资比例认缴出资，约定可排除	无优先认购权
	3. 优先购买权	有限公司的股东向股东之外的人转让股权时，其他股东有同等条件下的优先购买权	无优先购买权
	4. 剩余财产分配请求权		
共益权	5. 知情权	有限公司股东可以要求查阅公司会计账簿，但不能复制 有权查阅、复制公司章程、股东会会议记录、董事会会议决议、监事会会议决议和财务会计报告	股份公司股东无查账权 有权查阅公司章程、股东名册、公司债券存根、股东大会会议记录、董事会会议决议、监事会会议决议、财务会计报告
	6. 表决权	按出资比例行使表决权；但是，公司章程另有规定的除外。 以投票表决的方式通过股东（大）会行使	出席会议的股东一股一权
	7. 选择权	选举和更换非由职工代表担任的董事、监事	

① 《公司法》第 34 条：股东按照实缴的出资比例分取红利；公司新增资本时，股东有权优先按照实缴的出资比例认缴出资。但是，全体股东约定不按照出资比例分取红利或者不按出资比例优先认缴出资的除外。

四、股东诉权☆☆☆★

（一）知情权之诉☆☆☆

股东要求查阅公司会计账簿的，应当向公司提出书面请求，说明目的。

	股东
原告	公司提供证据证明原告起诉时或者在诉讼中已经不具有股东身份的，应当驳回起诉，但原告有初步证据证明在持股期间其合法权益受到损害，请求依法查阅或者复制其持股期间的公司特定文件材料的除外
固有权	公司不得以下列情形，拒绝股东依法查阅、复制公司文件材料： （1）股东出资存在瑕疵 （2）公司章程限制股东查阅、复制公司文件材料 （3）股东间协议约定限制股东查阅、复制公司文件材料
股东有不正当目的，可驳回诉讼请求	公司有合理根据认为股东查阅会计账簿有不正当目的，可能损害公司合法利益的，可以15日内书面拒绝
	有限责任公司有证据证明股东存在下列情形之一的，人民法院应当认定股东有"不正当目的"： （1）股东自营或者为他人经营与公司主营业务有实质性竞争关系业务的，但公司章程另有规定或者全体股东另有约定的除外 （2）股东为了向他人通报有关信息查阅公司会计账簿，可能损害公司合法利益的 （3）股东在向公司提出查阅请求之日前的3年内，曾通过查阅公司会计账簿，向他人通报有关信息损害公司合法利益的 （4）股东有不正当目的的其他情形
查账允许第三人辅助	法院审理股东请求查阅或者复制公司特定文件材料的案件，对原告诉讼请求予以支持的，应当在判决中明确查阅或者复制公司特定文件材料的时间、地点和特定文件材料的名录 股东依据人民法院生效判决查阅公司文件材料的，在该股东在场的情况下，可以由会计师、律师等依法或者依据执业行为规范负有保密义务的中介机构执业人员辅助进行
无法查询的赔偿责任	公司未依法制作和保存公司法规定的公司文件材料，股东可以起诉请求公司董事、高级管理人员承担民事赔偿责任
商业秘密泄露后的责任承担	股东行使知情权后泄露公司商业秘密，导致公司合法利益受到损害，公司可以请求该股东赔偿相关损失

📝 **精讲精练**

张某是红叶有限公司的小股东，持股5%；同时，张某还在枫林有限公司任董事，而红叶公司与枫林公司均从事保险经纪业务。红叶公司多年没有给张某分红，张某一直对其会计账簿存有疑惑。关于本案，下列哪一选项是正确的？（2016 三/26）

A. 张某可以用口头或书面形式提出查账请求

B. 张某可以提议召开临时股东会表决查账事宜

C. 红叶公司有权要求张某先向监事会提出查账请求

D. 红叶公司有权以张某的查账目的不具正当性为由拒绝其查账请求

【答案】D

（二）利润分配请求权☆☆☆

1. 公司应当在每一会计年度终了时编制财务会计报告，并依法经会计师事务所审计

2. 公司的收益分配制度

弥补亏损	在公司已有的法定公积金不足以弥补以前年度公司亏损时，先用当年利润弥补亏损
提取法定公积金	应当提取税后利润的10％列入公司法定公积金；公司法定公积金累计额为公司注册资本的50％以上的，可以不再提取
提取任意公积金	经股东会或者股东大会决议，提取任意公积金，任意公积金的提取比例由股东会或者股东大会决定
支付股利	即在公司弥补亏损和提取法定公积金后，所余利润应分配给股东，即向股东支付股息
	公司持有本公司股份不得分配利润
违反上述顺序分配，决议无效，利润退还公司	

3. 公积金制度

含义	公积金是指企业根据法律和企业章程的规定提留备用，不作为股利分配的部分所得或收益
分类	（1）根据来源可分为盈余公积金和资本公积金 （2）根据提取依据可分为法定公积金和任意公积金
提取	（1）公司分配当年税后利润时，应当提取利润的10％列入公司法定公积金 （2）公司法定公积金累计额为公司注册资本的50％以上的，可以不再提取 （3）法定公积金转为资本时，所留存的该项公积金不得少于转增前公司注册资本的25％
使用	公司的公积金用于弥补公司的亏损、扩大公司生产经营或者转为增加公司资本。但是，资本公积金不得用于弥补公司的亏损

4. 利润分配请求权之诉

当事人	原告：股东 被告：公司
	其他股东：在一审法庭辩论结束前以相同的诉讼请求；列为共同原告
依据（股东会决议）	股东未提交载明具体分配方案的股东会或者股东大会决议，请求公司分配利润的，人民法院应当驳回其诉讼请求，但违反法律规定滥用股东权利导致公司不分配利润，给其他股东造成损失的除外①
利润分配期限	（1）分配利润的股东会或者股东大会决议作出后，公司应当在决议载明的时间内完成利润分配。决议没有载明时间的，以公司章程规定的为准 （2）决议、章程中均未规定时间或者时间超过1年的，公司应当自决议作出之日起1年内完成利润分配 （3）决议中载明的利润分配完成时间超过公司章程规定时间的，股东可以请求人民法院撤销决议中关于该时间的规定

---

① 常见的情形包括：公司不分配利润，但董事、高级管理人员领取过高薪酬；由控股股东操纵公司购买与经营无关的财物或者服务，用于其自身使用或者消费；隐瞒或者转移利润。

■ 利润分配期限总结

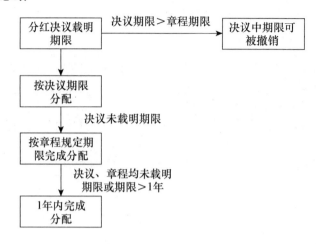

(三) 股东代表诉讼与股东直接诉讼☆☆☆

1. 股东代表诉讼

(1) 基本规则

概念	股东代表诉讼,又称派生诉讼、股东代位诉讼,是指当公司的合法权益受到不法侵害而公司却怠于起诉时,公司的股东即以自己的名义起诉,而所获赔偿归于公司的一种诉讼形态
主体	①有限责任公司的股东 ②股份有限公司连续180日单独或联合持有1%以上股份的股东 ③股东提起股东代表诉讼,被告以行为发生时原告尚未成为公司股东为由抗辩该股东不是适格原告的,人民法院不予支持
适用情形	董事、监事、高级管理人员、其他人侵害公司利益
前置程序①	董事、高管或者第三人侵害公司利益,股东书面请求监事会或者不设监事会的有限责任公司的监事向法院提起诉讼;监事有该种情形的,前述股东可以书面请求董事会或者不设董事会的有限责任公司的执行董事向法院提起诉讼。监事会、不设监事会的有限责任公司的监事,或者董事会、执行董事收到上述规定的股东书面请求后,拒绝提起诉讼,或者自收到请求之日起30日内未提起诉讼,或者情况紧急、不立即提起诉讼将会使公司利益受到难以弥补的损害的,上述规定的股东有权为了公司的利益以自己的名义直接向法院提起诉讼。他人侵犯公司合法权益,给公司造成损失的,股东可以依照前款的规定向人民法院提起诉讼 <div align="center">董事、高管 监事 董事会 监事会</div>

---

① 提示:如果没有提起前置程序的可能性,可以直接提起股东代表诉讼。

（2）诉讼中的具体安排

原告	①股东为原告，公司作为第三人参加诉讼 ②一审法庭辩论终结前，符合条件的其他股东，以相同的诉讼请求申请参加诉讼的，应当列为共同原告
反诉	提起股东代表诉讼后，被告以原告股东恶意起诉侵犯其合法权益为由提起反诉的，人民法院应予受理。被告以公司在案涉纠纷中应当承担侵权或者违约等责任为由对公司提出的反诉，因不符合反诉的要件，人民法院应当裁定不予受理；已经受理的，裁定驳回起诉
诉讼中调解	只有在调解协议经公司股东（大）会、董事会决议通过后，人民法院才能出具调解书予以确认。至于具体决议机关，取决于公司章程的规定。公司章程没有规定的，人民法院应当认定公司股东（大）会为决议机关
后果	股东代表诉讼的后果由公司承担，归于公司
	胜诉利益处置： ①股东胜诉后，请求公司承担合理的律师费以及为诉讼支出的调查费、评估费、公证费等合理费用的，应予支持 ②股东请求被告直接向其承担民事责任的，不予支持

2. 股东直接诉讼

董事、高级管理人员违反法律、行政法规或者公司章程的规定，损害股东利益的，股东可以向法院提起诉讼。

（四）决议效力☆☆☆

1. 决议分类

类型	情形
决议不成立	股东会或者股东大会、董事会决议存在下列情形之一，当事人可以主张决议不成立： （1）公司未召开会议的，但依据《公司法》第 37 条第 2 款①或者公司章程规定可以不召开股东会或者股东大会而直接作出决定，并由全体股东在决定文件上签名、盖章的除外 （2）会议未对决议事项进行表决的 （3）出席会议的人数或者股东所持表决权不符合公司法或者公司章程规定的 （4）会议的表决结果未达到公司法或者公司章程规定的通过比例的 （5）导致决议不成立的其他情形
决议无效	决议内容违反法律、行政法规的无效
决议撤销	程序违法、程序违反章程、内容违反章程
决议撤销的事由	（1）"召集程序"和"表决方式"，包括股东会或者股东大会、董事会会议的通知、股权登记、提案和议程的确定、主持、投票、计票、表决结果的宣布、决议的形成、会议记录及签署等事项
	（2）修改公司章程的有效决议不属于公司法规定的"决议内容违反公司章程"
	（3）轻微瑕疵撤销豁免：会议召集程序或者表决方式仅有轻微瑕疵，且对决议未产生实质影响的，人民法院不予撤销
	（4）在可撤销诉讼中，决议依据的事实不属于法院审查范围

---

① 股东以书面形式一致表示同意的，可以不召开股东会会议，直接作出决定，并由全体股东在决定文件上签名、盖章。

续表

类型	情形
保护善意相对人	股东会或者股东大会、董事会决议被人民法院判决确认无效或者撤销的，公司依据该决议与善意相对人形成的民事法律关系不受影响

2. 诉讼

	原告	被告	处理
确认之诉	利害关系人	公司（对决议涉及的其他利害关系人，可以依法列为第三人）	（1）自始无效 （2）决议效力直接认定 （3）诉讼中，原告可申请禁止实施有关决议。原告提供相应担保的，应当禁止实施有关决议
撤销之诉（60 天除斥期间）	股东（起诉时具有股东资格）		
他人在一审法庭辩论结束前以与原告相同的诉讼请求申请参加诉讼，其诉讼主体资格符合民事诉讼法、公司法规定的，应当列为共同原告			

五、股东义务☆☆

股东的一般义务：出资义务；不得抽逃出资；不得干涉公司正常经营；不得滥用职权。

（一）不得抽逃出资

抽逃出资的认定	（1）制作虚假财务会计报表虚增利润进行分配 （2）通过虚构债权债务关系将其出资转出 （3）利用关联交易将出资转出 （4）其他未经法定程序将出资抽回的行为
抽逃出资的后果	（1）向公司返还出资本息，向债权人在抽逃出资的本息范围内对公司债务不能清偿部分承担补充赔偿责任 （2）协助抽逃出资的其他股东、董事、高管或实际控制人对此承担连带责任 （3）抽逃全部出资，经催告在合理期限内没有返还，股东会可以协议解除有限责任公司股东的股东资格 （注意：代垫出资并非抽逃出资）

（二）不得滥用职权

滥用行为	（1）滥用财产管理权；（2）滥用表决权；（3）滥用经营管理权
滥用职权的法律后果	（1）公司股东滥用股东权利给公司或者其他股东造成损失的，应当依法承担赔偿责任 （2）有争议的"深石原则" （3）法人人格否认
深石原则	如果股东的请求权在某种意义上是不公平的话，法院可使股东的债权后于其他债权而受清偿【劣后清偿】
	深石原则（Deep Rock Doctrine），又称衡平居次原则（Equitable Subordination Rule），是揭开公司面纱原则在破产或执行分配案件中的体现。在该案中，控股公司为被告，深石公司为其从属公司，法院认为深石公司在成立之初即资本不足，且其业务经营完全受被告公司所控制，经营方式主要是为了被告的利益，因此，判决被告对深石公司的债权应次于深石公司其他债权受清偿

精讲精练

榴凤公司章程规定：股东夏某应于 2016 年 6 月 1 日前缴清货币出资 100 万元。夏某认为公司刚成立，业务尚未展开，不需要这么多现金，便在出资后通过银行的熟人马某将这笔钱转入其妻的理财账户用于购买基金。对此，下列哪些说法是正确的？（2017 三/70）

A. 榴凤公司可要求夏某补足出资

B. 榴凤公司可要求马某承担连带责任

C. 榴凤公司的其他股东可要求夏某补足出资

D. 榴凤公司的债权人得知此事后可要求夏某补足出资

【答案】ABC

第四节　公司的董事、监事、高级管理人员☆☆

一、董事、监事、高级管理人员的范围及任职资格

高管的范围	公司的经理、副经理、财务负责人、上市公司董事会秘书和公司章程规定的其他人员
担任董事、监事、高级管理人员的消极条件	1. 无民事行为能力或者限制民事行为能力 2. 因贪污、贿赂、侵占财产、挪用财产或者破坏社会主义市场经济秩序，被判处刑罚，执行期满未逾 5 年，或者因犯罪被剥夺政治权利，执行期满未逾 5 年 3. 担任破产清算的公司、企业的董事或者厂长、经理，对该公司、企业的破产负有个人责任的，自该公司、企业破产清算完结之日起未逾 3 年 4. 担任因违法被吊销营业执照、责令关闭的公司、企业的法定代表人，并负有个人责任的，自该公司、企业被吊销营业执照之日起未逾 3 年 5. 个人所负数额较大的债务到期未清偿 公司违反前款规定选举、委派董事、监事或者聘任高级管理人员，该选举、委派或者聘任无效。董事、监事、高级管理人员在任职期间出现上述情形的，公司应当解除其职务

二、董事、监事、高级管理人员的义务和责任★

董事、监事、高级管理人员的共有义务	董事、监事、高级管理人员对公司负有忠实义务和勤勉义务
董事、高级管理人员特有的义务	董事、高级管理人员不得有下列行为： 1. 挪用公司资金 2. 将公司资金以其个人名义或者以其他个人名义开立账户存储【公款私存】 3. 违反公司章程的规定，未经股东会、股东大会或者董事会同意，将公司资金借贷给他人或者以公司财产为他人提供担保【违规借贷/担保】 4. 违反公司章程的规定或者未经股东会、股东大会同意，与本公司订立合同或者进行交易【违规自我交易】 5. 未经股东会或者股东大会同意，利用职务便利为自己或者他人谋取属于公司的商业机会，自营或者为他人经营与所任职公司同类的业务【篡夺公司交易机会】 6. 接受他人与公司交易的佣金归为己有【中饱私囊】 7. 擅自披露公司秘密 8. 违反对公司忠实义务的其他行为 董事、高级管理人员违反前款规定所得的收入应当归公司所有 董事、监事、高级管理人员执行公司职务时违反法律、行政法规或者公司章程的规定，给公司造成损失的，应当承担赔偿责任

📑 **精讲精练**

烽源有限公司的章程规定，金额超过 10 万元的合同由董事会批准。蔡某是烽源公司的总经理。因公司业务需要车辆，蔡某便将自己的轿车租给烽源公司，并约定年租金 15 万元。后蔡某要求公司支付租金，股东们获知此事，一致认为租金太高，不同意支付。关于本案，下列哪一选项是正确的？(2016 三/28)

A. 该租赁合同无效

B. 股东会可以解聘蔡某

C. 该章程规定对蔡某没有约束力

D. 烽源公司有权拒绝支付租金

【答案】D

第五节　公司的变更、合并与分立

一、公司的变更

含义	公司设立登记事项中的某一项或者某几项的改变
内容	公司变更的内容，主要包括公司名称、住所、法定代表人、注册资本、公司的组织形式、经营范围、营业期限、有限责任公司股东或者股份有限公司发起人的姓名或者名称的变更
组织形式变更	有限责任公司变更为股份有限公司时，折合的实收股本总额不得高于公司净资产额。有限责任公司变更为股份有限公司，为增加资本公开发行股份时，应当依法办理

二、公司的合并 ☆

含义		两个或两个以上的公司订立合并协议，依照公司法的规定，不经过清算的程序，直接结合为一个公司的法律行为
形式	吸收合并：甲＋乙＝甲	一个公司吸收其他公司为吸收合并，被吸收的公司解散
	新设合并：甲＋乙＝丙	两个以上公司合并设立一个新的公司为新设合并，合并各方解散
程序		1. 作出决定或决议 2. 签订合并协议 3. 编制资产负债表和财产清单 4. 通知公告债权人。公司应当自作出合并决议之日起 10 日内通知债权人，并于 30 日内在报纸上公告。债权人自接到通知书之日起 30 日内，未接到通知书的自公告之日起 45 日内，可以要求公司清偿债务或者提供相应的担保 5. 办理合并登记手续。公司合并，应当自公告之日起 45 日后申请登记
责任承担		公司合并时，合并各方的债权、债务，应当由合并后存续的公司或者新设的公司承继

三、公司的分立☆

含义	一个公司通过依法签订分立协议，不经过清算程序，分为两个或两个以上公司的法律行为
形式	派生分立，是指公司以其部分资产另设一个或数个新的公司，原公司存续
	新设分立，是指公司全部资产分别划归两个或两个以上的新公司，原公司解散
程序	公司分立，应当编制资产负债表及财产清单。公司应当自作出分立决议之日起 10 日内通知债权人，并于 30 日内在报纸上公告
责任承担	公司分立前的债务由分立后的公司承担连带责任。但是，公司在分立前与债权人就债务清偿达成的书面协议另有约定的除外

四、公司的减资☆

公司需要减少注册资本时，必须编制资产负债表及财产清单。公司应当自作出减少注册资本决议之日起 10 日内通知债权人，并于 30 日内在报纸上公告。债权人自接到通知书之日起 30 日内，未接到通知书的自公告之日起 45 日内，有权要求公司清偿债务或者提供相应的担保。

减资应遵循法定程序，不得以公告代替对已知债权人的通知，否则，减资与抽逃出资无异，不能证明自己没有过错的股东，要对债权人承担补充赔偿责任。

第六节　公司的解散与清算

公司解散是指已成立的公司基于一定合法事由而使公司消灭的法律行为。

一、一般解散（略）

二、强制解散（略）

三、股东请求解散（司法解散）☆☆☆☆★

（一）公司僵局

公司僵局	《公司法》第 182 条：公司经营管理发生严重困难，继续存续会使股东利益受到重大损失，通过其他途径不能解决的，持有公司全部股东表决权 10％以上的股东，可以请求人民法院解散公司
对公司僵局的理解	1. 公司持续 2 年以上无法召开股东会或者股东大会，公司经营管理发生严重困难的 2. 股东表决时无法达到法定或者公司章程规定的比例，持续 2 年以上不能作出有效的股东会或者股东大会决议，公司经营管理发生严重困难的 3. 公司董事长期冲突，且无法通过股东会或者股东大会解决，公司经营管理发生严重困难的 4. 经营管理发生其他严重困难，公司继续存续会使股东利益受到重大损失的情形

（二）司法解散之诉

原告	1. 单独或者合计持有公司全部股东表决权 10％以上的股东 2. 其他股东可以申请以共同原告或第三人身份参加诉讼
被告	1. 应当以公司为被告 2. 原告以其他股东为被告一并提起诉讼的，法院应当告知原告将其他股东变更为第三人
先解散， 后清算	1. 股东提起解散公司诉讼，同时又申请人民法院对公司进行清算的，人民法院对其提出的清算申请不予受理 2. 人民法院可以告知原告，在人民法院判决解散公司后，依据公司法规定，自行组织清算或者另行申请人民法院对公司进行清算
诉讼保全	股东提起解散公司诉讼时，向法院申请财产保全或者证据保全的，在股东提供担保且不影响公司正常经营的情形下，法院可以予以保全
诉讼调解	法院审理解散公司诉讼案件，应当注重调解。经法院调解公司收购原告股东股份的，公司应当自调解书生效之日起 6 个月内将股份转让或注销

四、股东重大分歧解决机制

法院审理涉及有限责任公司股东重大分歧案件时，应当注重调解。当事人协商以下列方式解决分歧，且不违反法律、行政法规的强制性规定的，法院应予支持。具体解决方式适用如下。

纠纷解决机制	需要符合的强制性规定
公司回购部分股东股份	1. 符合章程所定的"回购条款" 2. 若章程无此规定，需要满足股权纵向回购的法定条件
其他股东受让部分股东股份	无强制性规定
他人受让部分股东股份	向股东以外的第三人转让股份，应当经其他股东过半数同意
公司减资	1. 编制资产负债表及财产清单 2. 10 日内通知债权人，并于 30 日内在报纸上公告 3. 债权人有权要求清偿债务或者提供担保
公司分立	符合分立程序
其他方式	能够解决纠纷，恢复公司正常经营，避免公司解散

五、公司清算

（一）清算程序

清算是终结已解散公司的一切法律关系，处理公司剩余财产的程序。

成立清算组	自行清算	解散的公司，应当在解散事由出现之日起 15 日内成立清算组，开始清算。有限责任公司的清算组由股东组成，股份有限公司的清算组由董事或者股东大会确定的人员组成
	指定清算	债权人、股东、董事或其他利害关系人，可申请法院指定清算组进行清算： （1）公司解散逾期不成立清算组 （2）虽成立清算组但故意拖延清算的 （3）违法清算可能严重损害债权人或股东利益的
通知、公告债权人申报债权		清算组应当自成立之日起 10 日内通知债权人，并于 60 日内在报纸上公告。债权人应当自接到通知书之日起 30 日内，未接到通知书的自公告之日起 45 日内，向清算组申报其债权。债权人申报债权，应当说明债权的有关事项，并提供证明材料。清算组应当对债权进行登记。在申报债权期间，清算组不得对债权人进行清偿
清算财产		清理财产、清偿债务，资不抵债时向法院申请宣告破产，法院裁定破产后，将清算事务移交给法院
分配剩余财产		
清算终结		

（二）诉讼当事人

1. 企业法人解散，清算并注销前，以该企业法人为当事人。

2. 未依法清算即被注销的，以该企业法人的股东、发起人或者出资人为当事人。

3. 公司成立清算组的，由清算组负责人代表公司参加诉讼。

4. 尚未成立清算组的，由原法定代表人参加诉讼。

（三）清算义务人的责任

1. 未及时清算。有限责任公司的股东未在法定期限内成立清算组开始清算，导致公司财产贬值、流失、毁损或者灭失，债权人有权主张其在造成损失范围内对公司债务承担赔偿责任。

2. 怠于履行义务。有限责任公司的股东因怠于履行义务，导致公司主要财产、账册、重要文件等灭失，无法进行清算，债权人有权主张其对公司债务承担连带清偿责任。

下列情况，股东不承担清偿责任。

（1）股东举证证明其已经为履行清算义务采取了积极措施。

（2）小股东举证证明其既不是董事会或监事会成员，也没有选派人员担任该机关成员，且从未参与工商经营管理，不构成"怠于履行义务"。

（3）股东举证证明其"怠于履行义务"的消极不作为与"公司主要财产、账册、重要文件等灭失，无法进行清算"的结果之间没有因果关系。

第七节　有限责任公司

一、有限责任公司的概念和特征

有限责任公司是指股东以其认缴的出资额为限对公司承担责任，公司以其全部资产对公司债务承担责任的企业法人。有限责任公司的特征有以下几点。

1. 股东人数有最高数额限制。

2. 股东以出资额为限对公司承担责任。

3. 设立手续和公司机关简易化。

4. 股东对外转让出资受到较为严格的限制。

5. 公司的封闭性。

二、有限责任公司的股权转让☆☆★

（一）对内转让股权的规则

有限责任公司的股东之间可以自由转让股权；其他股东无优先购买权。

（二）对外转让股权的规则☆☆☆

1. 其他股东的同意权及行使

（1）股东向股东以外的人转让股权，应当经其他股东半数以上同意。

（2）程序上，股东应就其股权转让事项以书面或者其他能够确认收悉的合理方式通知其他股东，其他股东自接到书面通知之日起满30日未答复的，视为同意转让。其他股东半数以上不同意转让的，不同意的股东应当购买该转让的股权；不购买的，视为同意转让。

2. 其他股东的优先购买权

（1）股东对外转让股权，取得了其他股东的同意，则在同等条件下，其他股东享有优先购买权。转让股权的股东应当向其他股东以书面或者其他能够确认收悉的合理方式通知转让股权的同等条件。

（2）所谓"同等条件"主要是指股权转让的价格，但也包括转让的其他条件，如支付方式、支付期限以及其他由转让方提出的合理条件。

（3）两个以上股东主张行使优先购买权的，协商确定各自的购买比例；协商不成的，按照转让时各自的出资比例行使优先购买权。

（4）公司章程对股权转让另有规定的，从其规定。

3. 优先购买权行使规则

行使期间	（1）在公司章程规定的行使期间内主张优先购买 （2）公司章程没有规定或者规定不明的，按照下列情形确定： ①通知中载明行使期间的，以该期间为准 ②通知中未载明行使期间，或者载明的期间短于通知送达之日起30日的，为30日 （3）其他股东没有在前款规定的行使期间内主张优先购买的，或者主张优先购买，但是不符合公司法和司法解释规定的同等条件的，视为同意转让并放弃优先购买权
转让股权的股东的反悔权	（1）有限责任公司的股东向股东以外的人转让股权，其他股东主张优先购买，股东明确表示放弃转让的，对其他股东的主张不予支持，但是双方已经达成股权转让协议或者公司章程另有规定的除外 （2）股东在诉讼中明确表示放弃转让的，诉讼费用由其负担

4. 损害优先购买权合同的效力

（1）有限责任公司的股东向股东以外的人转让股权，未就其股权转让事项征求其他股东意见，或者以欺诈、恶意串通等手段，损害其他股东优先购买权，其他股东可以主张按照同等条件购买该转让股权，但其他股东自知道或者应当知道行使优先购买权的同等条件之日起 30 日内没有主张，或者自股权变更登记之日起超过 1 年的除外。

（2）前述规定的其他股东仅提出确认股权转让合同及股权变动效力等请求，未同时主张按照同等条件购买转让股权的，人民法院不予支持，但其他股东非因自身原因导致无法行使优先购买权，请求损害赔偿的除外。

（3）股东以外的股权受让人，因股东行使优先购买权而不能实现合同目的的，可以依法请求转让股权的股东承担相应民事责任。

📑 精讲精练

大星公司由刘某和陈某出资成立。刘某出资 51%，陈某 49%。公司章程规定，股东对外转让全部股权须全体股东同意，刘某欲转让全部股份给孟某，陈某不同意，刘某提出转让 0.1% 的股份给孟某，陈某同意。于是孟某登记为公司的股东，后刘某将 50.9% 的股份转让给孟某，陈某反对。下列说法正确的是哪项？（2018 回忆版）

A. 章程的内容违反公司法的规定，故转让无效

B. 刘某转让股份给孟某有效

C. 刘某转让给孟某的股权，陈某在 30 日内有优先购买权

D. 刘某转让给孟某 50.9% 的股份未经陈某同意，无效

【答案】B

（三）强制执行程序中的股东优先购买权☆☆

人民法院依法强制执行转让股东的股权时，应当通知公司及全体股东，其他股东在同等条件下有优先购买权。其他股东自人民法院通知之日起满 20 日不行使优先购买权的，视为放弃优先购买权	
注意	1. 股权被强制执行在性质上属于对外转让
	2. 对公司章程的该项修改无须再由股东会表决

（四）纵向收购☆☆

纵向收购是指在法定情况下，对股东会决议投反对票的股东可以请求公司按照合理的价格收购其股权。

条件	1. 公司连续 5 年不向股东分配利润，而公司该 5 年连续盈利，并且符合公司法规定的分配利润条件的
	2. 公司合并、分立、转让主要财产的
	3. 公司章程规定的营业期限届满或者章程规定的其他解散事由出现，股东会会议通过决议修改章程使公司存续的
主体	对股东会该项决议投反对票的股东
程序	1. 协商：自股东会会议决议通过之日起 60 日内向公司提出回购股份请求
	2. 起诉：协商不成，股东可以自股东会会议决议通过之日起 90 日内向人民法院提起诉讼

（五）自然人股东死亡的继承

自然人股东死亡后，其合法继承人可以继承股东资格；但是，公司章程另有规定的除外。

（六）对赌协议

1. 概念

对赌协议，又称估值调整协议，是指投资方与融资方在达成股权性融资协议时，为解决交易双方对目标公司未来发展的不确定性、信息不对称以及代理成本而设计的包含了股权回购、金钱补偿等对未来目标公司的估值进行调整的协议。

2. 类型与规则

与目标公司"对赌"	（1）协议有效 （2）能否"实际履行"要分情况 ①投资方请求目标公司回购股权的，法院应当审查是否构成"股东抽逃出资"或者是否符合"股份回购"的强制性规定。如果目标公司未完成减资程序的，应当驳回其诉讼请求 ②投资方请求目标公司承担金钱补偿义务的，法院应当审查是否构成"股东抽逃出资"和是否符合"利润分配"的强制性规定。如果目标公司没有利润或者虽有利润但不足以补偿投资方的，法院应当驳回或者部分支持其诉讼请求。今后目标公司有利润时，投资方还可以依据该事实另行提起诉讼
与目标公司的"股东"签订对赌协议	（1）协议有效 （2）支持实际履行

3. 新冠疫情的影响

（1）对于批发零售、住宿餐饮、物流运输、文化旅游等受疫情或疫情防控措施影响严重的公司或者其股东、实际控制人与投资方因履行"业绩对赌协议"引发的纠纷——引导双方当事人协商变更或解除合同。

（2）协商不成，按约定的业绩标准或者业绩补偿数额继续履行对一方当事人明显不公平的，根据公平原则变更或者解除合同，合理分配因合同解除造成的损失。

（3）"业绩对赌协议"未明确约定中小股东与控股股东或者实际控制人就业绩补偿承担连带责任，则中小股东不与公司、控制股东或实际控制人共同向投资方承担连带责任。

📄 精讲精练

汪某为兴荣有限责任公司的股东，持股 34%。2017 年 5 月，汪某因不能偿还永平公司的货款，永平公司向法院申请强制执行汪某在兴荣公司的股权。关于本案，下列哪一选项是正确的？（2017 三/28）

A. 永平公司在申请强制执行汪某的股权时，应通知兴荣公司的其他股东

B. 兴荣公司的其他股东自通知之日起 1 个月内，可主张行使优先购买权

C. 如汪某所持股权的 50% 在价值上即可清偿债务，则永平公司不得强制执行其全部股权

D. 如在股权强制拍卖中由丁某拍定，则丁某取得汪某股权的时间为变更登记办理完

毕时

【答案】 C

三、有限责任公司的组织机构

1. 组织机构概述☆

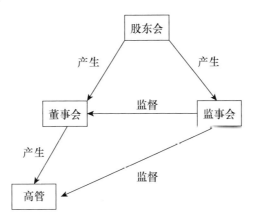

	性质	特别规定	一般规定
股东会	权力机构（非常设）	一人公司、国有独资公司不设股东会	（1）一般的有限责任公司，其组织机构为股东会、董事会和监事会 （2）一人公司、国有独资公司的特殊规定
董事会	业务执行机构（常设）	（1）股东人数较少或者规模较小的有限责任公司，可以不设董事会，设1名执行董事 （2）国有独资公司要设董事会	
监事会	监督机构（常设）	（1）股东人数较少或者规模较小的有限责任公司，可以不设监事会，设1—2名监事 （2）国有独资公司要设监事会	

2. 职权划分☆☆☆★

	股东会	董事会	经理
地位	权力机构	日常经营决策机构，执行股东会决议	主持公司的生产经营管理工作，组织实施董事会决议
战略规划	决定公司的经营方针和投资计划	决定公司的经营计划和投资方案	组织实施公司年度经营计划和投资方案
人事任命	选举和更换非由职工代表担任的董事、监事，决定有关董事、监事的报酬事项	（1）决定聘任或者解聘公司经理及其报酬事项 （2）根据经理的提名决定聘任或者解聘公司副经理、财务负责人及其报酬事项	（1）提请聘任或者解聘公司副经理、财务负责人 （2）决定聘任或者解聘除应由董事会决定聘任或者解聘以外的负责管理人员

续表

	股东会	董事会	经理
相互关系	审议批准董事会、监事会（监事）的报告	召集股东会会议，向股东会报告工作	可列席董事会会议
重大决策 董事会制订方案，股东会审议/决议决定	（1）年度财务预算方案、决算方案；（2）利润分配方案和弥补亏损方案；（3）增加、减少注册资本、债券发行；（4）合并、分立、变更公司形式、解散和清算		
修改章程	修改公司章程		
机构设置		决定公司内部管理机构的设置	拟订公司内部管理机构设置方案
制度制定		制定公司基本管理制度	制定公司的具体规章

📖 精讲精练

茂森股份公司效益一直不错，为提升公司治理现代化，增强市场竞争力并顺利上市，公司决定重金聘请知名职业经理人王某担任总经理。对此，下列哪些选项是正确的？（2017 三/71）

A. 对王某的聘任以及具体的薪酬，由茂森公司董事会决定

B. 王某受聘总经理后，就其职权范围的事项，有权以茂森公司名义对外签订合同

C. 王某受聘总经理后，有权决定聘请其好友田某担任茂森公司的财务总监

D. 王某受聘总经理后，公司一旦发现其不称职，可通过股东会决议将其解聘

【答案】AB

四、一人有限责任公司☆

概念	是指只有一个自然人股东或者一个法人股东的有限责任公司
再投资问题	一个自然人只能投资设立一个一人有限责任公司。该一人有限责任公司不能投资设立新的一人有限责任公司
一人公司人格混同问题	一人有限责任公司的股东不能证明公司财产独立于股东自己财产的，应当对公司债务承担连带责任
一人公司的组织机构	一人有限责任公司不设股东会。股东作出本应属于股东会决定事项时，应当采用书面形式，并由股东签字后置备于公司

五、国有独资公司

概念	国有独资公司，是指国家单独出资、由国务院或者地方人民政府授权本级人民政府国有资产监督管理机构履行出资人职责的公司

有关国有独资公司需要掌握的知识点		1. 国有独资公司是有限责任公司
		2. 股东唯一，不设股东会
		3. 股东法定，只能是国家
		4. 董事会是公司执行机关，法定必设机关
	5. 任职限制	(1) 经国有资产监督管理机构同意，董事会成员可以兼任经理
		(2) 国有独资公司的董事长、副董事长、董事、高级管理人员，未经国有资产监督管理机构同意，不得在其他有限责任公司、股份有限公司或者其他经济组织兼职
		(3) 监事会成员不得少于 5 人，其中职工代表的比例不得低于 1/3，具体比例由公司章程规定。监事会成员由国有资产监督管理机构委派；但是，监事会中的职工代表由公司职工代表大会选举产生。监事会主席由国有资产监督管理机构从监事会成员中指定

第八节　股份有限公司

一、股份有限公司的概念和特征

股份有限公司，简称股份公司，是指其全部资本分为等额股份，股东以其所持有股份为限对公司承担责任，公司以其全部资产对公司的债务承担责任的企业法人。它具有以下特征。

1. 公司的全部资本分为等额股份。

2. 股东负有限责任。

3. 开放性与社会性。

二、股份有限公司的设立☆

(一) 设立条件

1. 发起人符合法定人数。（发起人人数：2－200 人，其中半数以上的发起人在中国境内有住所）

2. 有符合公司章程规定的全体发起人认购的股本总额或者募集的实收股本总额。

3. 股份发行、筹办事项符合法律规定。

4. 发起人制定公司章程，采取募集方式设立的经创立大会通过。

5. 有公司名称，建立符合股份有限公司要求的组织机构。

6. 有公司住所。

(二) 设立程序

1. 发起设立

(1) 发起人书面认足公司章程规定其认购的股份。

(2) 选举董事会和监事会。

（3）由董事会申请设立登记。

2. 募集设立

程序	（1）发起人认购股份。发起人认购的股份不得少于公司应发行股份总数的35％ （2）公告招股说明书，制作认股书 （3）发起人与证券公司签订承销协议，与银行签订代收股款协议 （4）发起人、认股人缴清股款并验资 （5）召开创立大会 发起人应当在发行股款缴足后30日内主持召开创立大会。创立大会由发起人、认股人组成 （6）董事会申请设立登记 以募集方式设立的公司在创立大会结束后30日内，由董事会向公司登记机关申请设立登记，并按照公司登记管理条例的规定，提交有关文件
创立大会	创立大会行使下列职权： （1）审议发起人关于公司筹办情况的报告 （2）通过公司章程 （3）选举董事会成员 （4）选举监事会成员 （5）对公司的设立费用进行审核 （6）对发起人用于抵作股款的财产的作价进行审核 （7）发生不可抗力或者经营条件发生重大变化直接影响公司设立的，可以作出不设立公司的决议 创立大会对前款所列事项作出决议，必须经出席会议的认股人所持表决权过半数通过
抽回股本	发起人、认股人缴纳股款或者交付抵作股款的出资后，除未按期募足股份、发起人未按期召开创立大会或者创立大会决议不设立公司的情形外，不得抽回其股本

📖 **精讲精练**

甲、乙、丙等拟以募集方式设立厚亿股份公司。经过较长时间的筹备，公司设立的各项事务逐渐完成，现大股东甲准备组织召开公司创立大会。下列哪些表述是正确的？（2016 三/70）

A. 厚亿公司的章程应在创立大会上通过

B. 甲、乙、丙等出资的验资证明应由创立大会审核

C. 厚亿公司的经营方针应在创立大会上决定

D. 设立厚亿公司的各种费用应由创立大会审核

【答案】AD

三、股份有限公司的股份发行与转让

（一）股份发行

1. 股票应当载明：股票种类、票面金额及代表的股份数。（我国不允许发行无额面股）

2. 公司向发起人、法人发行的股票，应当为记名股票。向社会公众发行的股票，可以为记名股票，也可以为无记名股票。

3. 股票的发行价格：股票发行价格可以按票面金额，也可以超过票面金额即溢价发行，但不得低于票面金额发行股票。股票发行采取溢价发行的，发行价格由发行人与承销商协商确定，溢价所得列为公司资本公积金。

（二）股份有限公司股份转让☆☆★

1. 转让限制

（1）对转让场所的限制：证券交易场所或者国务院规定的其他方式。

（2）对发起人的限制：成立 1 年，上市 1 年。

（3）对董事、监事、高级管理人员的限制：上市 1 年，离职后半年。在任职期间每年转让的股份不得超过其所持有本公司股份总数的 25％，应当向公司申报所持有的本公司的股份及其变动情况。

（4）公司不得接受本公司的股票作为质押权的标的。

（5）公司原则上不得收购本公司股份。（例外参见《公司法》第 142 条）

2. 公司回购股份的限制

允许回购股份的法定情形	决议	回购后的处理	上市公司特殊要求
（1）减少公司注册资本	股东大会决议，必须经出席会议的股东所持表决权的 2/3 以上通过	收购之日起 10 日内注销	信息披露
（2）与持有本公司股份的其他公司合并		6 个月内转让或注销	
（3）股东因对股东大会作出的对公司合并、分立决议持异议，要求公司收购其股份			
（4）将股份用于员工持股或者股权激励	依照公司章程的规定或者股东大会的授权，经 2/3 以上董事出席的董事会会议决议	公司合计持有的本公司股份数不得超过本公司已经发行股份总额的 10％，并应当在 3 年内转让或者注销	（1）信息披露（2）通过公开的集中交易方式进行
（5）将股份用于转换上市公司发行的可转换为股票的公司债券			
（6）上市公司为维护公司价值及股东权益所必须			

股份有限公司 VS 有限责任公司

	有限责任公司	股份有限公司
法定事由不同	（1）连续 5 年盈余不分红	对股东大会作出的公司合并、分立决议持异议
	（2）对合并、分立、转让主要财产投反对票	
	（3）应解散公司而不解散	
措施不同	股东可以向法院起诉	股东无诉权

📄 精讲精练

紫霞股份有限公司是一家从事游戏开发的非上市公司，注册资本 5 000 万元，已发行股份总额为 1 000 万股。公司成立后经营状况一直不佳，至 2015 年底公司账面亏损 3 000 万元。2016 年初，公司开发出一款游戏，备受玩家追捧，市场异常火爆，年底即扭亏为盈，税后利润达 7 000 万元。进入 2017 年，紫霞公司保持良好的发展势头。为进一步激发员工特别是研发人员的积极性与创造性，公司于 8 月决定收购本公司的部分股份，用于职工奖励。关于此问题，下列选项正确的是哪项？（2017 三/94）

A. 紫霞公司此次可收购的本公司股份的上限为 100 万股

B. 紫霞公司可动用公司的任意公积金来作为此次股份收购的资金

C. 收购本公司股份后，紫霞公司可在两年内完成实施对职工的股份奖励

D. 如在 2017 年底紫霞公司仍持有所收购的股份，则在利润分配时不得对该股份进行利润分配

【答案】ACD

四、股份有限公司的组织机构☆☆★

（一）股东（大）会

	股东会（有限责任公司）	股东大会（股份有限公司）
首次会议	出资最多的股东召集和主持	无此规定
定期会议	章程规定	一年一次
临时会议（提议召集权）	1. 代表 1/10 以上表决权的股东 2. 1/3 以上的董事 3. 监事会或者不设监事会的公司的监事提议的 【股东请求判令公司召开股东（大）会的，人民法院应当告知其按照公司法规定的程序自行召开。股东坚持起诉的，人民法院应当裁定不予受理；已经受理的，裁定驳回起诉】	应当在两个月内召开临时股东大会： 1. 董事会人数不足公司法规定人数（<5 人）或者公司章程所定人数的 2/3 时（<2/3 * n） 2. 公司未弥补亏损达实收股本总额的 1/3 3. 单独或者合计持有公司 10% 以上股份的股东请求时 4. 董事会认为必要时 5. 监事会提议召开时
召集、主持	1. 董事会（执行董事）召集：董事长——副董事长——半数以上董事推举一名董事（执行董事）主持 2. 监事会（监事） 3. 代表 1/10 以上表决权的股东召集和主持 【注】召开 15 日前通知全体股东	1. 董事会召集：董事长——副董事长——半数以上董事推举一名董事主持 2. 监事会 3. 连续 90 日以上单独或者合计持有公司 10% 以上股份的股东 【注】 1. 股东年会于会议召开前 20 日通知 2. 临时股东会提前 15 日通知 3. 发行无记名股票，应当于会议召开 30 日前公告会议召开的时间、地点和审议事项。无记名股票持有人出席股东大会会议的，应当于会议召开 5 日前至股东大会闭会时将股票交存于公司
决议程序	章程决定	所持每一股份有一表决权（公司持有的本公司股份无表决权）；决议，经出席会议的股东所持表决权过半数通过

续表

	股东会（有限责任公司）	股东大会（股份有限公司）
特别规定	股东以书面形式一致表示同意，可以不召开股东会会议，直接作出决定，并由全体股东在决定文件上签名、盖章	无
特别决议	修改公司章程、增加或者减少注册资本的决议，以及公司合并、分立、解散或者变更公司形式的决议	
	经代表 2/3 以上表决权的股东通过	经出席会议的股东所持表决权的 2/3 以上通过
累积投票制	无	股份公司选举董事或监事时，可根据章程或股东大会决议，采取累积投票制，即每一股份拥有与应选董事或者监事人数相同的表决权，股东拥有的表决权可以集中使用
临时提案		1. 单独或者合计持有公司 3% 以上股份的股东，可以在股东大会召开 10 日前提出临时提案并书面提交董事会 2. 董事会应当在收到提案后 2 日内通知其他股东，并将该临时提案提交股东大会审议 3. 临时提案的内容应当属于股东大会职权范围，并有明确议题和具体决议事项 4. 股东大会不得对通知中未列明的事项作出决议

【例】远山公司，A 股东持股 51%，B 股东持股 49%，现在选董事 3 名，候选人 5 名，其中甲、乙、丙由 A 股东提名，丁、戊由 B 股东提名。

方案1. 直接选举　　甲　　乙　　丙　　丁　　戊

方案2. 累积投票制：A：51×3＝153　　B：49＊3＝147

　　　　　　　　甲　　乙　　丙　　丁　　戊

📝 精讲精练

2018 年 5 月，甲有限责任公司成立，张某持有公司 80% 的股权，并担任公司董事长；李某持有公司 7% 的股权。公司章程规定，公司召开股东会应当提前 10 天以书面形式通知全体股东。为了扩大公司规模，张某认为甲公司应当与乙公司合并，遂提议召开公司股东会会议，但因准备匆忙，在会议召开前 5 天才通知李某。股东会会议中持有公司 90% 表决权的股东同意合并，持有公司 3% 表决权的股东反对，最终通过了与乙公司合并的决议，李某拒绝在决议上签字。下列说法正确的是哪项？（2018 三/19）

A. 该次股东会会议的召集程序违反法律规定，李某可以主张该决议无效

B. 李某有权要求公司以合理价款回购其所持有的甲公司股权

C. 该次股东会会议的召集程序违反法律规定，李某可以要求撤销该决议

D. 如果李某针对股东会决议效力提起相关诉讼，应当以公司为被告，其他股东列为第三人

【答案】D

（二）董事会☆☆★

1. 人数、组成、任期

董事会	国有独资公司董事会	有限责任公司董事会	股份有限公司董事会
人数	3～13人		5～19人
组成	（1）股东代表出任的董事		
	（2）国有独资公司董事会中应当有职工代表；两个以上的国有企业或者其他两个以上的国有投资主体投资设立的有限责任公司，其董事会成员中应当有公司职工代表		职工董事不是必须
	（3）（副）董事长：国资委从董事会成员中指定	（3）（副）董事长：产生办法由章程规定	（副）董事长：由董事会议全体董事的过半数选举产生
任期	每届任期不得超过3年。董事任期届满，连选可以连任		
原董事履职	董事任期届满未及时改选，或者董事在任期内辞职导致董事会成员低于法定人数的，在改选出的董事就任前，原董事仍应履行董事职务		

2. 召开和表决

相同	（1）董事会会议由董事长召集和主持	
	（2）董事长不能履行职务或者不履行职务的，由副董事长召集和主持；副董事长不能履行或者不履行职务的，由半数以上董事共同推举一名董事召集和主持	
	（3）董事会决议的表决，实行一人一票	
	（4）董事会应当对会议所议事项的决定作成会议记录，出席会议的董事应当在会议记录上签名	
区别	股份有限公司	有限责任公司
	（1）每年度至少召开2次会议，每次会议应当于会议召开10日前通知全体董事和监事	
	（2）代表1/10以上表决权的股东、1/3以上董事或者监事会，可以提议召开董事会临时会议。董事长应当自接到提议后10日内，召集和主持董事会会议	董事会的议事方式和表决程序，除公司法另有规定外，由公司章程规定（可由章程规定）
	（3）董事会会议应有过半数的董事出席方可举行。董事会作出决议，必须经全体董事的过半数通过	
	（4）董事会会议可书面委托其他董事代为出席，委托书中应载明授权范围	
	（5）董事应当对董事会的决议承担责任 董事会的决议违反法律、行政法规或者公司章程、股东大会决议，致使公司遭受严重损失的，参与决议的董事对公司负赔偿责任。但经证明在表决时曾表明异议并记载于会议记录的，该董事可以免除责任	

精讲精练

彭兵是一家（非上市）股份有限公司的董事长，依公司章程规定，其任期于2017年3月届满。由于公司股东间的矛盾，公司未能按期改选出新一届董事会。此后对于公司内部管理，董事间彼此推诿，彭兵也无心管理公司事务，使得公司随后的一项投资失败，损失100万元。对此，下列哪一选项是正确的？（2017 三/26）

A. 因已经届期，彭兵已不再是董事长
B. 虽已届期，董事会成员仍须履行董事职务
C. 就公司100万元损失，彭兵应承担全部赔偿责任
D. 对彭兵的行为，公司股东有权提起股东代表诉讼

【答案】B

（三）监事会☆

监事会	国有独资公司	有限责任公司	股份公司
人数	≥5人	≥3人	≥3人
组成	1. 国资委委派＋职工代表 2. 监事会（副）主席：国资委从监事会成员中指定	1. 股东代表＋职工代表（≥1/3） 2. 监事会（副）主席：全体监事过半数选举产生	
会议召开	监事会每年度至少召开一次会议	监事会每6个月至少召开一次会议	
议事方式和表决程序	1. 监事会决议应当经半数以上监事通过 2. 除公司法有规定的外，由公司章程规定		
任期	每届3年，连选可以连任		
兼任禁止	董事、高管不得兼任监事		

精讲精练

科鼎有限公司设立时，股东们围绕公司章程的制定进行讨论，并按公司的实际需求拟定条款规则。关于该章程条款，下列哪些说法是正确的？（2016 三/68）

A. 股东会会议召开7日前通知全体股东
B. 公司解散须全体股东同意
C. 董事表决权按所代表股东的出资比例行使
D. 全体监事均由不担任董事的股东出任

【答案】AB

（四）上市公司组织机构的特别规定

1. 独立董事

（1）上市公司设立独立董事——不在公司担任除董事外的其他职务，并与其所受聘的上市公司及其主要股东不存在可能妨碍其进行独立客观判断的关系的董事。

（2）直接或间接持有上市公司已经发行股份1%以上或者是上市公司前10名股东中的自然人股东及其直系亲属不可以做该上市公司的独立董事。

（3）上市公司董事会至少包括1/3的董事，其中至少包括一名会计专业人员。

（4）任职家数：原则上最多在 5 家上市公司担任独立董事。

（5）任期：与其他董事任期相同，可连选连任，但不得超过 6 年。独立董事连续 3 次未出席董事会会议的，由董事会提请股东大会予以撤换。

2. 董事会秘书

上市公司设董事会秘书，董事会秘书属于高级管理人员。

3. 关联董事表决权排除

上市公司董事与董事会会议决议事项所涉及的企业有关联关系的，不得对该项决议行使表决权，也不得代理其他董事行使表决权。该董事会会议由过半数的无关联关系董事出席即可举行，董事会会议所作决议须经无关联关系董事过半数通过。出席董事会的无关联关系董事人数不足 3 人的，应将该事项提交上市公司股东大会审议。

第二章
合伙企业法

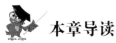 **本章导读**

本章主要对合伙企业的分类、各类合伙企业的设立条件、议事规则、财产与损益分配、事务执行、权利义务以及解散、清算等进行讲解。本章在历次法考中，所占分值波动很大（如 2016 年为 3 分，2015 年为 12 分），出题的方式逐渐从单纯考法条，变成既考法条，也考理论的深度，应该说考题越来越灵活，越来越难了，应引起大家的关注。

第一节　普通合伙企业

一、普通合伙企业的设立条件☆

普通合伙企业由普通合伙人组成，合伙人对合伙企业债务承担无限连带责任。

合伙人	有两个以上合伙人。合伙人为自然人的，应当具有完全民事行为能力	
	国有独资公司、国有企业、上市公司以及公益性的事业单位、社会团体不得成为普通合伙人	
	职业禁止	法律、行政法规禁止从事营利性活动的人，不得成为合伙企业的合伙人，具体包括国家公务员、法官、检察官及警察
合伙协议	有书面合伙协议；合伙协议经全体合伙人签名、盖章后生效	

DAY 6

出资	出资类型	有合伙人认缴或者实际缴付的出资，合伙人可以用货币、实物、知识产权、土地使用权或者其他财产权利出资，也可以用劳务出资
	以使用权出资	合伙人以土地、房屋、商标、专利等使用权出资的，出资人对以上权利仍可以享有所有权，合伙企业只享有使用权和管理权
	价值评估	合伙人以实物、知识产权、土地使用权或者其他财产权利出资，需要评估作价的，可以由全体合伙人协商确定，也可以由全体合伙人委托法定评估机构评估。合伙人以劳务出资的，其评估办法由全体合伙人协商确定，并在合伙协议中载明
	出资瑕疵	（1）未按期足额缴纳的，应当承担补缴义务，并对其他合伙人承担违约责任 （2）普通合伙人未履行出资义务的，经其他合伙人一致同意，可以决议将其除名
其他		有合伙企业的名称和生产经营场所，合伙企业名称中应当标明"普通合伙"字样

二、普通合伙企业的财产与损益分配☆

合伙财产是指合伙企业存续期间，合伙人的出资和所有以合伙企业名义取得的收益以及依法取得的其他财产。

（一）合伙财产的性质

以所有权出资的归全体合伙人共有，以使用权出资的归合伙人单独所有。

（二）合伙企业财产的管理与使用

合伙企业财产依法由全体合伙人共同管理和使用	
1. 财产份额对内转让	应当通知其他合伙人
2. 财产份额对外转让	约定优先；一致同意＋优先购买权
3. 财产份额出质	在合伙企业存续期间，合伙人以其在合伙企业中的财产份额出质的，须经其他合伙人一致同意；否则出质行为无效，由此给善意第三人造成损失的，由行为人依法承担赔偿责任

（三）利润分配与亏损分担

1. 约定——协商——实缴出资比例——平均。
2. 合伙协议不得约定将全部利润分配给部分合伙人或者由部分合伙人承担全部亏损。

（四）增减资

合伙人按照合伙协议约定或者经全体合伙人决定，可以增加或者减少对合伙企业的出资。

三、普通合伙事务的决议规则☆☆

一般规则	约定优先；实行合伙人一人一票并经全体合伙人过半数通过的表决办法
全票决事项	除合伙协议另有约定外，合伙企业的下列事项应当经全体合伙人一致同意： （1）改变合伙企业的名称 （2）改变合伙企业的经营范围、主要经营场所的地点 （3）处分合伙企业的不动产 （4）转让或者处分合伙企业的知识产权和其他财产权利 （5）以合伙企业名义为他人提供担保 （6）聘任合伙人以外的人担任合伙企业的经营管理人员 （7）补充和修改合伙协议 （8）新合伙人入伙

四、普通合伙事务的执行☆☆

合伙人对合伙事务享有同等的权利，但执行方式多样。

（一）执行方式

1. 全体合伙人共同执行。

2. 各合伙人分别单独执行。

3. 按照合伙协议的约定或者经全体合伙人决定，可以委托一个或者数个合伙人对外代表合伙企业，执行合伙事务。

（二）合伙事务执行人

权利	1. 合伙事务执行人对外代表合伙企业。其执行合伙事务所产生的收益归合伙企业，所产生的费用和亏损由合伙企业承担	
	2. 异议权：合伙人分别执行合伙事务的，执行事务的合伙人可以对其他合伙人执行的事务提出异议。提出异议时，应当暂停该项事务的执行	如果发生争议，则进行决议
		异议权只存在于执行人之间
义务	1. 定期报告事务执行情况	
	2. 定期报告经营和财务状况	

（三）非合伙事务执行人

权利	1. 监督权：有权监督执行事务的合伙人执行合伙事务的情况
	2. 查阅权：为了解合伙企业的经营状况和财务状况，有权查阅合伙企业会计账簿等财务资料
	3. 撤销权：可以决定撤销委托
义务	不再执行合伙事务

（四）与善意第三人的关系

1. 内部限制不对外：合伙企业对合伙人执行合伙事务以及对外代表合伙企业权利的限制，不得对抗善意第三人。

2. 第三人善意时，合伙事务执行人擅自执行合伙事务的民事行为对外是有效的，其他合伙人亦应为此对外承担法律责任。

3. 合伙人在合伙企业清算前私自转移或者处分合伙企业财产的，合伙企业不得以此对抗善意第三人。

五、合伙人的义务☆

绝对的竞业禁止	合伙人不得自营或者同他人合作经营与本合伙企业相竞争的业务
受限制的自我交易	除合伙协议另有约定或经全体合伙人一致同意外，合伙人不得同本合伙企业进行交易

六、普通合伙企业与第三人的关系☆☆

（一）合伙人对企业债务的承担

补充责任	合伙企业对其债务，应先以其全部财产进行清偿
无限责任、连带责任	1. 合伙企业不能清偿到期债务的，合伙人承担无限连带责任 2. 合伙人由于承担无限连带责任，清偿数额超过其亏损分担比例的，有权向其他合伙人追偿

（二）合伙人个人债务的清偿规则

债权人抵销权的禁止 代位权的禁止	合伙人发生与合伙企业无关的债务，相关债权人不得以其债权抵销其对合伙企业的债务，也不得代位行使合伙人在合伙企业中的权利
合伙份额的强制执行	1. 合伙人的自有财产不足清偿其与合伙企业无关的债务的，该合伙人可以以其从合伙企业中分取的收益用于清偿 2. 债权人也可以依法请求人民法院强制执行该合伙人在合伙企业中的财产份额用于清偿 3. 人民法院强制执行合伙人的财产份额时，应当通知全体合伙人，其他合伙人有优先购买权；其他合伙人未购买，又不同意将该财产份额转让给他人的，依照规定为该合伙人办理退伙结算，或者办理削减该合伙人相应财产份额的结算

七、普通合伙的入伙与退伙☆☆

（一）入伙

入伙的程序	1. 新合伙人入伙，除合伙协议另有约定外，应当经全体合伙人一致同意，并依法订立书面入伙协议
	2. 订立入伙协议时，原合伙人应当向新合伙人如实告知原合伙企业的经营状况和财务状况
入伙的后果	1. 入伙的新合伙人与原合伙人享有同等权利，承担同等责任。入伙协议另有约定的，从其约定
	2. 新合伙人对入伙前合伙企业的债务承担无限连带责任

（二）退伙

退伙是在合伙存续期间，合伙人资格的消灭。退伙可以分为自愿退伙、法定退伙两大类。

1. 自愿退伙

退伙的分类	退伙理由
约定经营期限的退伙	合伙协议约定合伙期限的，在合伙企业存续期间，有下列情形之一的，合伙人可以退伙： （1）合伙协议约定的退伙事由出现 （2）经全体合伙人一致同意 （3）发生合伙人难以继续参加合伙的事由 （4）其他合伙人严重违反合伙协议约定的义务

续表

退伙的分类	退伙理由
没有约定经营期限的退伙	合伙协议未约定合伙期限的，合伙人在不给合伙企业事务执行造成不利影响的情况下，可以退伙，但应当提前30日通知其他合伙人

2. 法定退伙

退伙的分类	退伙理由
当然退伙（人死财空资格无）	合伙人有下列情形之一的，当然退伙： （1）作为合伙人的自然人死亡或者被依法宣告死亡 （2）个人丧失偿债能力 （3）作为合伙人的法人或者其他组织依法被吊销营业执照、责令关闭、撤销或者被宣告破产 （4）法律规定或者合伙协议约定合伙人必须具有相关资格而丧失该资格 （5）合伙人在合伙企业中的全部财产份额被人民法院强制执行 （6）合伙人被依法认定为无民事行为能力人或者限制民事行为能力人的，经其他合伙人一致同意，可以依法转为有限合伙人，普通合伙企业依法转为有限合伙企业。其他合伙人未能一致同意的，该无民事行为能力或者限制民事行为能力的合伙人退伙 退伙事由实际发生之日为退伙生效日
除名（合伙人有过错）	合伙人有下列情形之一的，经其他合伙人一致同意，可以决议将其除名： （1）未履行出资义务 （2）因故意或者重大过失给合伙企业造成损失 （3）执行合伙事务时有不正当行为 （4）发生合伙协议约定的事由 对合伙人的除名决议应当书面通知被除名人。被除名人接到除名通知之日，除名生效，被除名人退伙。被除名人对除名决议有异议的，可以自接到除名通知之日起30日内，向人民法院起诉

3. 普通合伙企业退伙的效力

（1）退伙人丧失合伙人身份，脱离原合伙协议约定的权利义务关系。

（2）导致合伙财产的清理与结算。

（3）退伙并不必然导致合伙的解散。

（4）退伙人对基于其退伙前的原因发生的合伙企业债务，承担无限连带责任。

（三）普通合伙合伙份额的继承☆

1. 继承

合伙人死亡或者被依法宣告死亡的，对该合伙人在合伙企业中的财产份额享有合法继承权的继承人，按照合伙协议的约定或者经全体合伙人一致同意，从继承开始之日起，取得该合伙企业的合伙人资格。

2. 退还

有下列情形之一的，合伙企业应当向合伙人的继承人退还被继承合伙人的财产份额：

（1）继承人不愿意成为合伙人。

（2）法律规定或者合伙协议约定合伙人必须具有相关资格，而该继承人未取得该资格。

（3）合伙协议约定不能成为合伙人的其他情形。

3. 转换

（1）合伙人的继承人为无民事行为能力人或者限制民事行为能力人的，经全体合伙人一致同意，可以依法成为有限合伙人，普通合伙企业依法转为有限合伙企业。

（2）全体合伙人未能一致同意的，合伙企业应当将被继承合伙人的财产份额退还该继承人。

八、特殊的普通合伙企业

适用范围	以专门知识和专门技能为客户提供有偿服务的专业服务机构
名称	应当标明"特殊普通合伙"字样
特殊的普通合伙企业合伙人的责任形式	一个合伙人或者数个合伙人在执业活动中因故意或者重大过失造成合伙企业债务的： （1）合伙企业承担首位责任 （2）无限（连带）责任＋财产份额为限责任。即对合伙财产不足清偿的债务部分，故意/重大过失的合伙人应当承担无限责任或者无限连带责任，其他合伙人以其在合伙企业中的财产份额为限承担责任。 （3）以合伙企业财产对外承担责任后，该合伙人应当按照合伙协议的约定对给合伙企业造成的损失承担赔偿责任。
执业风险基金	特殊的普通合伙企业应当建立执业风险基金，办理职业保险。执业风险基金用于偿付合伙人执业活动产生的债务。执业风险基金应当单独立户管理，具体办法由国务院规定

📖 **精讲精练**

甲、乙、丙共同成立了某普通合伙企业，2017 年甲向丁借款 100 万元，到期无法清偿。甲拟以其持有的合伙企业份额对丁进行清偿，其他合伙人均不同意。下列选项说法正确的是哪项？（2018 三/22）

A. 可以合伙企业盈利对丁进行清偿

B. 若丁向法院申请强制执行甲的合伙份额，应经其他合伙人一致同意

C. 为了避免债权人强制执行甲的合伙份额，其他合伙人协商代为清偿

D. 若丁向法院申请强制执行甲的合伙份额，其他合伙人不行使优先购买权，也不同意对外转让份额的，则视为其他合伙人同意对外转让

【答案】C

第二节 有限合伙企业

一、有限合伙企业的设立☆☆

概念	由普通合伙人和有限合伙人组成，普通合伙人对合伙企业债务承担无限连带责任，有限合伙人以其认缴的出资额为限对合伙企业债务承担责任

设立条件	1. 合伙人	（1）有限合伙企业由 2 个以上 50 个以下合伙人设立，但法律另有规定的除外
		（2）国有独资公司、国有企业、上市公司以及公益性的事业单位、社会团体不得成为普通合伙人
		（3）至少有一个普通合伙人和至少有一个有限合伙人
	2. 名称	有限合伙企业的名称中应当标明"有限合伙"字样，以区别于普通合伙企业
	3. 出资	有限合伙人可以货币、实物、知识产权、土地使用权或者其他财产权利作价出资，但不得以劳务出资

二、有限合伙企业的事务执行☆

一般规则	有限合伙企业的事务由普通合伙人执行。有限合伙人不执行合伙事务，也不得对外代表有限合伙企业
有关权利	参与决定普通合伙人入伙、退伙；监督权、查账权、诉讼权、经营建议权；代位诉讼权
表见普通合伙	第三人有理由相信有限合伙人为普通合伙人并与其交易的，该有限合伙人对该笔交易承担与普通合伙人同样的责任
	有限合伙人未经授权以有限合伙企业名义与他人进行交易，给有限合伙企业或者其他合伙人造成损失的，该有限合伙人应当承担赔偿责任

三、有限合伙人的特殊权利☆☆

	有限合伙人	普通合伙人
利润分配	有限合伙企业不得将全部利润分配给部分合伙人；但是，合伙协议另有约定的除外	合伙协议不得约定将全部利润分配给部分合伙人或者由部分合伙人承担全部亏损
	合伙协议不得约定由部分合伙人承担全部亏损	
自我交易	允许；合伙协议另有约定的除外	受限制，一致同意
同业竞争	允许；合伙协议另有约定的除外	禁止
合伙份额对外转让	允许，但应当提前 30 日通知其他合伙人。其他合伙人无优先购买权	除合伙协议另有约定外，须经其他合伙人一致同意。其他合伙人有优先购买权
合伙份额的出质	允许；但是，合伙协议另有约定的除外	除合伙协议另有约定外，须经其他合伙人一致同意
对企业债务的承担	有限合伙人，以其认缴的出资额为限对合伙企业债务承担责任	普通合伙人，承担无限连带责任
退伙后责任的承担	有限合伙人，以其退伙时从有限合伙企业中取回的财产承担责任	退伙人对基于其退伙前的原因发生的合伙企业债务，承担无限连带责任
行为能力	作为有限合伙人在合伙企业存续期间丧失民事行为能力的，其他合伙人不得因此要求其退伙	转为有限合伙人或退伙

📖 精讲精练

金凤凰投资是有限合伙企业，从事私募股权投资活动。2017 年 3 月，三江有限公司决

定入伙金凤凰投资，成为其有限合伙人。对此，下列哪些选项是错误的？（2017 三/72）

A. 如合伙协议无特别约定，则须经全体普通合伙人一致同意，三江公司才可成为新的有限合伙人

B. 对入伙前金凤凰投资的对外负债，三江公司仅以实缴出资额为限承担责任

C. 三江公司入伙后，有权查阅金凤凰投资的财务会计账簿

D. 如合伙协议无特别约定，则三江公司入伙后，原则上不得自营与金凤凰投资相竞争的业务

【答案】ABCD

四、有限合伙人与第三人的关系☆

收益清偿	1. 有限合伙人的自有财产不足清偿其与合伙企业无关的债务的，该合伙人可以以其从有限合伙企业中分取的收益用于清偿
强制执行	2. 债权人也可以依法请求人民法院强制执行该合伙人在有限合伙企业中的财产份额用于清偿
	3. 人民法院强制执行有限合伙人的财产份额时，应当通知全体合伙人。在同等条件下，其他合伙人有优先购买权

五、有限合伙人的退伙☆☆

		有限合伙人	普通合伙人
当然退伙的理由	1. 作为合伙人的自然人死亡或被依法宣告死亡		同有限合伙人
	2. 个人丧失偿债能力的，不得退伙		个人丧失偿债能力，当退
	3. 作为合伙人的法人或者其他组织依法被吊销营业执照、责令关闭、撤销或者被宣告破产		同有限合伙人
	4. 法律规定或者合伙协议约定合伙人必须具有相关资格而丧失该资格		同有限合伙人
	5. 合伙人在合伙企业中的全部财产份额被人民法院强制执行		同有限合伙人
合伙人丧失民事行为能力的	不得退伙		转为有限合伙人或退伙
死亡退伙的效力	继承人可以直接继承资格		普通合伙人死亡，其继承人不能当然取得合伙人资格（一致同意）

六、有限合伙与普通合伙的转换

企业转换	1. 当有限合伙企业仅剩普通合伙人时，有限合伙企业转为普通合伙企业，并应当进行相应的变更登记
	2. 当有限合伙企业仅剩有限合伙人时，则该企业不再是合伙企业，故应解散

| 身份变更 | 1.　除合伙协议另有约定外，身份变更，须经全体合伙人一致同意 |
| | 2.　无限连带责任：身份变更，需对原债务承担无限连带责任
（1）有限合伙人变普通合伙人——任有限合伙人期间的债务承担无限连带责任
（2）普通合伙人变有限合伙人——任普通合伙人期间的债务承担无限连带责任 |

第三节　合伙的解散与清算

一、合伙企业解散的事由

1.　合伙协议约定的经营期限届满，合伙人不愿继续经营的。

2.　合伙协议约定的解散事由出现。

3.　全体合伙人决定解散。

4.　合伙人已不具备法定人数满 30 天。

5.　合伙协议约定的合伙目的已经实现或者无法实现。

6.　被依法吊销营业执照、责令关闭或者被撤销。

7.　出现法律、行政法规规定的合伙企业解散的其他原因。

二、合伙企业的清算

| 清算人的确定 | 合伙解散，应确定清算人，由清算人依法进行清算工作。清算人应由全体合伙人担任；如果未能由全体合伙人担任清算人的，经全体合伙人过半数同意，可以自合伙企业解散后 15 日内指定 1 名或者数名合伙人或者委托第三人担任清算人
自合伙企业解散事由出现之日起 15 日内未确定清算人的，合伙人或者其他利害关系人可以申请人民法院指定清算人 |
| 清算程序 | 清算人确定后，应当自确定之日起 10 日内将合伙企业解散事项通知全体合伙企业的债权人，债权人应当自接到通知书之日起 30 日内，未接到通知书的自公告之日起 45 日内，向清算人申报债权。债权人申报债权时应当说明债权的有关事项，并提供证明材料。清算人应当对债权进行登记 |

第三章
个人独资企业法

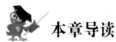 **本章导读**

  本章主要对个人独资企业的基本概念和特点、设立及责任进行分析，内容简单，近几年考的概率不大，分值1—2分。考生要重点掌握个人独资企业的特殊规定以及其与一人公司的区别。

一、概念与特征

概念	个人独资企业，简称独资企业，是指由一个自然人投资，全部资产为投资人所有，投资人以其个人财产对企业债务承担无限责任的经营实体
特征	1. 个人独资企业仅由一个自然人投资设立，并有完全民事行为能力。法律、行政法规禁止从事营利性活动的人，不得作为投资人申请设立个人独资企业 2. 企业财产方面的特征 个人独资企业的全部财产为投资人个人所有，不缴纳企业所得税。个人独资企业就财产方面的性质而言，属于私人财产所有权的客体 3. 责任承担方面的特征 个人独资企业的投资人以其个人财产对企业债务承担无限责任 4. 个人独资企业不具有法人资格

二、个人独资企业投资人的责任

  1. 个人独资企业投资人对企业债务承担无限责任。

  2. 若申请企业设立登记时明确以其家庭共有财产作为个人出资的，应当以家庭共有财产对企业债务承担无限责任。

  3. 分支机构的民事责任由设立该分支机构的个人独资企业承担。

  4. 个人独资企业解散后，原投资人对个人独资企业存续期间的债务仍应承担偿还责任，但债权人在5年内未向债务人提出偿债请求的，该责任消灭。

三、个人独资企业事务管理

(一) 一般规则

1. 个人独资企业投资人可以自行管理企业事务，也可以委托或者聘用其他具有民事行为能力的人负责企业的事务管理。

2. 投资人委托或者聘用他人管理个人独资企业事务，应当与受托人或者被聘用的人签订书面合同，明确委托的具体内容和授予的权利范围。

3. 投资人对受托人或者被聘用的人员职权的限制，不得对抗善意第三人。

(二) 投资人委托或者聘用的管理个人独资企业事务的人员不得有下列行为

1. 利用职务上的便利，索取或者收受贿赂；

2. 利用职务或者工作上的便利侵占企业财产；

3. 挪用企业的资金归个人使用或者借贷给他人；

4. 擅自将企业资金以个人名义或者以他人名义开立账户储存；

5. 擅自以企业财产提供担保；

6. 未经投资人同意，从事与本企业相竞争的业务；

7. 未经投资人同意，同本企业订立合同或者进行交易；

8. 未经投资人同意，擅自将企业商标或者其他知识产权转让给他人使用；

9. 泄露本企业的商业秘密。

📄 精讲精练

2016 年 7 月，张某出资 100 万元，成立恒润有限责任公司（自然人独资），2017 年 8 月，张某又出资设立复星制衣厂（个人独资企业），2018 年 6 月，恒润公司欠刘某货款 80 万元。关于本案，下列哪一选项是正确的？（2018 三/21）

A. 恒润公司可以和复星制衣厂共同出资设立一家有限责任公司

B. 刘某可以张某为恒润公司唯一股东为由，要求张某承担连带责任

C. 张某在设立恒润公司后可以再投资设立一人公司

D. 张某在设立恒润公司后不得再投资设立复星制衣厂

【答案】A

第四章
外商投资法

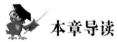 **本章导读**

本章主要介绍了外商投资的种类和准入前国民待遇原则，并对相关法律制度进行详细分析，近几年考的概率不大，分值1—2分。考生要重点掌握三种不同类型的外商投资企业法律制度。

一、总则

外商投资的种类	1. 外国投资者单独或者与其他投资者共同在中国境内设立外商投资企业 2. 外国投资者取得中国境内企业的股份、股权、财产份额或者其他类似权益 3. 外国投资者单独或者与其他投资者共同在中国境内投资新建项目 4. 法律、行政法规或者国务院规定的其他方式的投资
准入前国民待遇	准入前国民待遇，是指在投资准入阶段给予外国投资者及其投资不低于本国投资者及其投资的待遇
	中华人民共和国缔结或者参加的国际条约、协定对外国投资者准入待遇有更优惠规定的，可以按照相关规定执行

二、投资促进法律制度

鼓励、引导	国家根据国民经济和社会发展需要，鼓励和引导外国投资者在特定行业、领域、地区投资
优惠待遇	外国投资者、外商投资企业可以依照法律、行政法规或者国务院的规定享受优惠待遇
强制性标准适用	国家制定的强制性标准平等适用于外商投资企业

政府采购	国家保障外商投资企业依法通过公平竞争参与政府采购活动。政府采购依法对外商投资企业在中国境内生产的产品、提供的服务平等对待
融资	外商投资企业可以依法通过公开发行股票、公司债券等证券和其他方式进行融资

三、投资保护法律制度☆

征收	国家对外国投资者的投资不实行征收
	在特殊情况下，国家为了公共利益的需要，可以依照法律规定对外国投资者的投资实行征收或者征用。征收、征用应当依照法定程序进行，并及时给予公平、合理的补偿
外汇管理	外国投资者在中国境内的出资、利润、资本收益、资产处置所得、知识产权许可使用费、依法获得的补偿或者赔偿、清算所得等，可以依法以人民币或者外汇自由汇入、汇出
知识产权保护	国家保护外国投资者和外商投资企业的知识产权
	行政机关及其工作人员不得利用行政手段强制转让技术
	行政机关及其工作人员对于履行职责过程中知悉的外国投资者、外商投资企业的商业秘密，应当依法予以保密，不得泄露或者非法向他人提供
规范性文件制定	各级人民政府及其有关部门制定涉及外商投资的规范性文件，应当符合法律法规的规定；没有法律、行政法规依据的，不得减损外商投资企业的合法权益或者增加其义务，不得设置市场准入和退出条件，不得干预外商投资企业的正常生产经营活动
信赖保护	地方各级人民政府及其有关部门应当履行向外国投资者、外商投资企业依法作出的政策承诺以及依法订立的各类合同
	因国家利益、社会公共利益需要改变政策承诺、合同约定的，应当依照法定权限和程序进行，并依法对外国投资者、外商投资企业因此受到的损失予以补偿

四、投资管理法律制度☆

负面清单制度	概念	国家规定在特定领域外对外商投资实施的准入特别管理措施。负面清单由国务院发布或者批准发布
	禁止	外商投资准入负面清单规定禁止投资的领域，外国投资者不得投资
		外国投资者投资外商投资准入负面清单规定禁止投资的领域的，由有关主管部门责令停止投资活动，限期处分股份、资产或者采取其他必要措施，恢复到实施投资前的状态；有违法所得的，没收违法所得
	限制	外商投资准入负面清单规定限制投资的领域，外国投资者进行投资应当符合清单规定的条件
		外国投资者的投资活动违反外商投资准入负面清单规定的限制性准入特别管理措施的，由有关主管部门责令限期改正，采取必要措施满足准入特别管理措施的要求；逾期不改正的，依照禁止投资的规定处理
	允许	外商投资准入负面清单以外的领域，按照内外资一致的原则实施管理，即对负面清单以外的外商投资，给予国民待遇

信息报告制度	国家建立外商投资信息报告制度： 1. 外国投资者或者外商投资企业应当通过企业登记系统以及企业信用信息公示系统向商务主管部门报送投资信息 2. 外商投资信息报告的内容和范围按照确有必要的原则确定；通过部门信息共享能够获得的投资信息，不得再行要求报送
审核审查制度	1. 有关主管部门应当按照与内资一致的条件和程序，审核外国投资者的许可申请，法律、行政法规另有规定的除外 2. 国家建立外商投资安全审查制度，对影响或者可能影响国家安全的外商投资进行安全审查。依法作出的安全审查决定为最终决定
活动准则	1. 外商投资企业的组织形式、组织机构及其活动准则，适用中华人民共和国公司法、中华人民共和国合伙企业法等法律的规定 2. 外国投资者并购中国境内企业或者以其他方式参与经营者集中的，应当依照中华人民共和国反垄断法的规定接受经营者集中审查

第五章
企业破产法

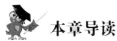**本章导读**

　　本章主要介绍了企业破产原因、申请、程序、债务人财产、破产管理人制度以及相关权利义务等。本章的难点是把握重整程序、和解程序与清算程序之间的转换规则，包括初始申请为破产清算的案件在一定条件下转换为重整或和解程序，以及重整、和解程序在一定条件下转入破产清算，需要结合公司法的有关规定来理解和掌握。本章是商法中的重要部门法，理论深，程序复杂，涉及的各方法律关系比较复杂，综合性强，每年分值5—6分，分值比票据法、证券法、保险法高，考题也比较灵活。

第一节　一般规定

一、破产案件适用范围及程序

适用范围	企业法人，非企业法人，属于破产清算的，参照适用企业破产法规定的程序
程序	和解、重整、破产清算

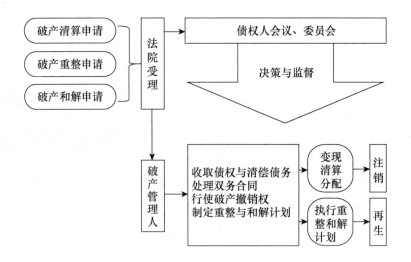

二、破产原因☆

（一）一般认定

破产原因是适用破产程序所依据的特定法律事实。它是法院进行破产宣告所依据的特定事实状态		
	分类	考点提示
原因一	不能清偿到期债务，并且资产不足以清偿全部债务	
原因二	不能清偿到期债务，并且明显缺乏清偿能力	明显缺乏清偿能力的认定： （1）因资金严重不足或者财产不能变现等原因，无法清偿债务 （2）法定代表人下落不明且无其他人员负责管理财产，无法清偿债务 （3）经人民法院强制执行，无法清偿债务 （4）长期亏损且经营扭亏困难，无法清偿债务 （5）导致债务人丧失清偿能力的其他情形
原因三	明显丧失清偿能力的可能（此原因仅仅可以启动重整程序）	"明显丧失清偿能力的可能"是指虽然尚未出现不能清偿的客观事实，但已经出现经营危机
提示： 1. 判断"不能清偿"只能针对"债务人"的情况，如果相关当事人以对债务人的债务负有连带责任的人未丧失清偿能力为由，主张债务人不具备破产原因的，人民法院应不予支持 2. 若以申请人未预先缴纳诉讼费用为由，对破产申请提出异议的，人民法院不予支持		

（二）疫情特殊认定

1. 疫情暴发前经营状况良好，因疫情或者疫情防控措施影响而无法清偿到期债务的企业，结合企业持续经营能力、所在行业的发展前景等因素全面判定。

2. 疫情暴发前已经陷入困境，因疫情或者疫情防控措施导致生产经营进一步恶化，确已具备破产原因的企业，要及时受理破产申请。

三、破产案件的申请☆

（一）申请人

申请人	具体规定
1. 债务人	债务人出现破产原因情形，可以申请重整、和解或者破产清算
	债务人必须提出书面申请。但是如果债务人没有提交财产状况说明等材料，并不影响破产案件的申请和受理，可以在案件受理后补交
2. 债权人	债务人不能清偿到期债务，债权人可以向法院申请对债务人企业进行重整或者破产清算
3. 清算人	企业法人已解散但未清算或者未清算完毕，资产不足以清偿债务的，依法负有清算责任的人应当向人民法院申请破产清算
4. 出资人	（1）原则上：企业的股东（出资人）不得以股东名义申请企业破产 （2）例外：①债权人申请债务人进行破产清算；②法院受理破产申请后，宣告破产前；③债务人或者出资额占债务人注册资本 10% 以上的出资人，可以向人民法院申请重整

（二）审查时限

债权人提出破产申请	1. 通知期≤5 日	法院应当自收到申请之日起 5 日内通知债务人
	2. 债务人异议期≤7 日	债务人对申请有异议的，应当自收到法院的通知之日起 7 日内向法院提出
	3. 法院审理期≤10 日	法院应当自异议期满之日起 10 日内裁定是否受理
	4. 特殊情况延期≤15 日	有特殊情况需要延长受理期限的，经过上一级法院批准，可以延长 15 日
	5. 因此，从法院收到破产申请到法院受理裁定的最长时间是 37 日	
	6. 受理裁定的送达	法院受理破产申请的，应当自裁定作出之日起 5 日内送达申请人。同时，法院自裁定作出之日起 5 日内送达债务人。债务人应当自裁定送达之日起 15 日内，向人民法院提交财产状况说明、债务清册、债权清册、有关财务会计报告以及职工工资的支付和社会保险费用的缴纳情况
	7. 法院在收到破产申请书以及相关的证据材料后，通过形式审查和实质审查，认为不符合破产条件的，应当依法作出不受理的裁定。法院裁定不受理破产申请的，应当自裁定作出之日起 5 日内送达申请人并说明理由。申请人对裁定不服的，可以自裁定送达之日起 10 日内向上一级法院提起上诉	
债务人提出破产申请	1. 法院审理期≤15 日	
	2. 特殊情况延期≤15 日	
	3. 从申请到受理裁定的最长日期为 30 日	
	4. 受理裁定的送达	法院受理破产申请的，应当自裁定作出之日 5 日内送达申请人。债务人应当自裁定送达之日起 15 日内，向人民法院提交财产状况说明、债务清册、债权清册、有关财务会计报告以及职工工资的支付和社会保险费用的缴纳的情况
	5. 法院在收到破产申请书以及相关的证据材料后，通过形式审查和实质审查，认为不符合破产条件的，应该依法作出不受理的裁定，法院裁定不受理破产申请的，应当自裁定作出之日起 5 日内送达申请人并说明理由。申请人对裁定不服的，可以自裁定送达之日起 10 日内向上一级法院提起上诉	

四、破产案件受理后的法律效果☆★

破产案件的受理又称"立案"，法院裁定受理破产申请，是破产程序开始的标志。

(一) 法律意义：受理是破产程序开始的标志

1. 不予受理的裁定、驳回破产申请的裁定可以上诉

2. 程序衔接

执行与保全	保全措施解除、执行程序中止
诉讼仲裁中止	(1) 正在进行的民事诉讼或者仲裁中止，在管理人接管债务人的财产后，该诉讼或者仲裁继续进行 (2) 破产申请受理后当事人新提起的有关债务人的民事诉讼，均由受理破产申请的法院管辖
仲裁条款有效	当事人在破产申请受理前订立有仲裁条款，应当向选定的仲裁机构申请确认债权债务关系

(二) 破产管理人☆☆

破产管理人，是指在破产受理时，由法院选任成立的，用来接管破产企业，负责破产财产的保管、清理估价、处理和分配的专门机构。

破产管理人的产生	管理人应当在法院裁定受理破产的同时指定 清算组、中介机构、个人均可担任管理人。个人担任的，应当参加执业责任保险
破产管理人的更换	债权人会议认为管理人不能依法、公正执行职务或者有其他不能胜任职务的情形的，可以申请法院予以更换
破产管理人的辞任	管理人没有正当理由不得辞去职务。管理人辞去职务应当经法院许可
破产管理人的职责	管理人对债务人财产进行管理、接管债务人经营管理权，向法院报告工作①，并接受债权人会议和债权人委员会的监督。管理人应当列席债权人会议，向债权人会议报告职务执行情况，并回答询问

其中，"破产管理人的职责"下分"法定职责"：

	法定职责	(1) 接管债务人的财产、印章和账簿、文书资料 (2) 调查债务人的财产状况，制作财产状况报告 (3) 管理和处分债务人的财产 (4) 决定债务人的日常开支和其他必要开支 (5) 在第一次债权人会议召开之前，决定继续或者停止债务人的营业 (6) 决定债务人的内部管理事务 (7) 代表债务人参加诉讼、仲裁或者其他法律程序 (8) 提议召开债权人会议 (9) 人民法院认为管理人应当履行的其他职责

---

① 《破产法》第69条规定了10种重大的财产处分行为应当及时报告债权人委员会。第一次债权人会议尚未召开或者债权人会议未设立债权人委员会的，应当报告人民法院。

（三）法律效果☆☆

1. 个别清偿无效	债务人对个别债权人的债务清偿无效，由管理人按清偿方案统一清偿
2. 向管理人为给付	债务人的债务人或者财产持有人应当向管理人清偿债务或者交付财产
3. 待履行合同处理——管理人决定	（1）管理人对破产申请受理前成立而债务人和对方当事人均未履行完毕的合同有权决定解除或者继续履行，并通知对方当事人
	（2）管理人自破产申请受理之日起 2 个月内未通知对方当事人，或者自收到对方当事人催告之日起 30 日内未答复的，视为解除合同。因合同解除给对方当事人带来的损失，确认为破产债权，对方可以向管理人申报
	（3）管理人决定继续履行合同的，对方当事人应当履行；但是，对方当事人有权要求管理人提供担保。管理人不提供担保的，视为解除合同。决定继续履行合同的，因此带来的合同义务，对方可以主张共益债务

五、破产费用和共益债务☆☆

（一）破产费用

概念	破产费用是指破产程序开始后，为破产程序的进行而须支付的费用
一般认定	人民法院受理破产申请后发生的下列费用，为破产费用： （1）破产案件的诉讼费用 （2）管理、变价和分配债务人财产的费用 （3）管理人执行职务的费用、报酬和聘用工作人员的费用
特殊认定	人民法院裁定受理破产申请的，此前债务人尚未支付的公司强制清算费用、未终结的执行程序中产生的评估费、公告费、保管费等执行费用，可以参照破产费用的规定，由债务人财产随时清偿 此前债务人尚未支付的案件受理费、执行申请费，可以作为破产债权清偿

（二）共益债务

概念	共益债务是指法院受理破产后，为全体债权人利益发生的对第三人应当支付的费用。债权人一方与之对应的权利为共益债权
认定	人民法院受理破产申请后发生的下列债务，为共益债务： （1）因管理人或者债务人请求对方当事人履行双方均未履行完毕的合同所产生的债务 （2）债务人财产受无因管理所产生的债务 （3）因债务人不当得利所产生的债务 （4）为债务人继续营业而应支付的劳动报酬和社会保险费用以及由此产生的其他债务 （5）管理人或者相关人员执行职务致人损害所产生的债务 （6）债务人财产致人损害所产生的债务

（三）清偿规则

1. 破产费用和共益债务由债务人财产随时清偿。
2. 债务人财产＜（破产费用＋共益债务）：先清偿破产费用。
3. 债务人财产＜所有破产费用，破产费用每一项按比例清偿。
4. 债务人财产＜所有共益债务，共益债务每一项按比例清偿。
5. 债务人财产＜破产费用：终结破产程序。

【例1】甲公司被法院受理破产。现查明，企业共有债务人财产10万元。破产费用18万元，共益债务40万元（财产＜破产费用）。破产程序终结，共益债务等均不再清偿。

【例2】甲公司被法院受理破产。现查明，企业共有债务人财产10万元。破产费用8万元，共益债务8万元（财产＜破产费用＋共益债务）。先还破产费用，财产剩2万元，再还共益债务。

【例3】接上述例2，企业清偿破产费用后剩余财产为2万元，共益债务为8万元（财产＜共益债务），假设共益债务共有2项：合同之债为4万元，侵权之债为4万元。就共益债务内部这两项，各按照50%的比例清偿，即每项债务可得清偿额为1万元。

【例4】上述例1中，（财产＜破产费用）→破产程序终结。但假设破产费用有3项，每一项均有6万元，就内部这3项，各按照1/3的比例清偿，即每一项破产费用可得清偿3.33万元。

六、债务人财产☆☆☆★

（一）概述

概念	在破产程序中被纳入破产管理的为债务人所拥有的财产
范围	包括破产申请受理时属于债务人的全部财产，以及破产申请受理后至破产程序终结前债务人取得的财产
判断标准	是否拥有所有权
不认为债务人财产	1. 债务人基于仓储、保管、承揽、代销、借用、寄存、租赁等合同或者其他法律关系占有、使用的他人财产 2. 债务人在所有权保留买卖中尚未取得所有权的财产 3. 所有权专属于国家且不得转让的财产 4. 其他依照法律、行政法规不属于债务人的财产

（二）取回权☆☆☆

1. 概念

概念	从管理人接管的财产中取回不属于债务人财产的请求权
特征	（1）取回权是对特定物的返还请求权 （2）取回权是以物权为基础的请求权 （3）取回权是在破产程序中行使的特别请求权 （4）取回权标的物在被取回以前，视同为债务人财产，由管理人管理和支配

2. 一般取回权制度

一般取回权	受理破产申请后，债务人占有的不属于债务人的财产，该财产的权利人可以通过管理人取回。但是，法律另有规定的除外（重整时，应当按照合同约定行使取回权）
行使时间	应在破产财产变价方案或和解协议、重整计划草案提交债权人会议表决之前。上述期限后主张取回相关财产的，应当承担延迟行使取回权增加的相关费用
行使前提	权利人行使取回权应支付相关运输、保管等费用，未支付的，保管人可拒绝其取回
价金取回权	对债务人占有的权属不清的鲜活易腐等不易保管的财产或者不及时变现价值将严重贬损的财产，管理人及时变价并提存变价款后，有关权利人可就该变价款行使取回权

3. 债务人占有的他人财产被违法转让给第三人

第三人善意取得，权利人无法取回的	(1) 转让行为发生在破产申请受理前的，原权利人因财产损失形成的债权，作为普通破产债权清偿
	(2) 转让行为发生在破产申请受理后的，因管理人或者相关人员执行职务导致原权利人损害产生的债务，作为共益债务清偿
第三人支付对价，但未善意取得，原权利人取回财产的，对第三人已支付的对价	(1) 转让行为发生在破产申请受理前的，作为普通破产债权清偿
	(2) 转让行为发生在破产申请受理后的，作为共益债务清偿

【例】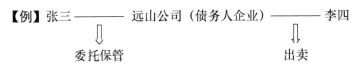

4. 债务人占有的他人财产毁损、灭失，获得的保险金、赔偿金、代偿物

(1) 尚未交付给债务人	权利人可主张取回就此获得的保险金、赔偿金、代偿物
(2) 代偿物虽已交付给债务人，但能与债务人财产予以区分的	
(3) 保险金、赔偿金已经交付给债务人，或者代偿物已经交付给债务人且不能与债务人财产予以区分的	①财产毁损、灭失发生在破产申请受理前的，权利人因财产损失形成的债权，作为普通破产债权清偿
	②财产毁损、火失发生在破产申请受理后的，因管理人或者相关人员执行职务导致权利人损害产生的债务，作为共益债务清偿

【例】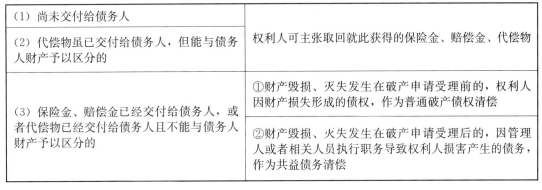

5. 出卖人的取回权

| 概念 | 出卖人的取回权是一种特殊取回权，是指在异地交易中，出卖人已经发运标的物，买受人还没有收到并且也没有付清价款时，买受人就进入破产程序，此时出卖人享有取回权 |
| 处理规则 | (1) 货物在途中且买受人未全额付款：出卖人可取回；管理人可以支付全部价款，要求交付货物
(2) 出卖人主张了取回权但未实现，在货物到达管理人后，出卖人向管理人主张取回的，管理人应予准许
(3) 出卖人对在途标的物未及时行使取回权，标的物到达管理人后，不能再主张取回 |

6. 基于保留所有权买卖协议的取回权

(1) 一般处理

买卖合同双方当事人在合同中约定标的物所有权保留，在标的物所有权未依法转移给

买受人前,一方当事人破产的,该买卖合同属于双方均未履行完毕的合同,管理人有权决定继续履行合同或者解除合同。

(2)买受人破产

情形1:买受人破产,其管理人决定继续履行所有权保留买卖合同的

①原买卖合同中约定的买受人支付价款或者履行其他义务的期限在破产申请受理时视为到期,买受人管理人应当及时向出卖人支付价款或者履行其他义务。

②买受人管理人无正当理由未及时支付价款或者履行完毕其他义务,或者将标的物出卖、出质或者作出其他不当处分,给出卖人造成损害,出卖人可以依据《民法典》第641条等规定主张取回标的物。但是,买受人已支付标的物总价款75%以上或者第三人善意取得标的物所有权或其他物权的除外。

③因上述②中的原因未能取回标的物,出卖人有权主张买受人继续支付价款、履行完毕其他义务,以及承担相应赔偿责任的。对因买受人未支付价款或者未履行完毕其他义务,以及买受人管理人将标的物出卖、出质或者作出其他不当处分导致出卖人损害产生的债务,出卖人有权主张作为共益债务清偿。

情形2:买受人破产,其管理人决定解除所有权保留买卖合同的

出卖人可依据一般取回权制度规定主张取回买卖标的物。

出卖人取回买卖标的物,买受人管理人可以主张出卖人返还已支付价款。取回的标的物价值明显减少给出卖人造成损失的,出卖人可从买受人已支付价款中优先予以抵扣后,将剩余部分返还给买受人;对买受人已支付价款不足以弥补出卖人标的物价值减损形成的债权,出卖人可以主张作为共益债务清偿。

(三)破产抵销权☆☆☆

1.概念

破产抵销权,是指破产债权人在破产申请受理前对债务人负有债务的,无论其债权与所负债务种类是否相同,也不论该债权债务是否到期或者附有条件,均可以向破产管理人主张用该债权抵销其对债务人所负的债务。

【例】张三(债权人)——远山公司(破产企业)

法院受理破产前,张三欠远山公司500万元,远山公司欠张三1000万元。假设远山公司破产清偿率为0。

2.不得抵销的债务

(1)债权人已知债务人有不能清偿到期债务或者破产申请的事实,对债务人负担债务的;但是,债权人因为法律规定或者有破产申请1年前所发生的原因而负担债务的除外。【债权人恶意负债】

(2)债务人的债务人已知债务人有不能清偿到期债务或者破产申请的事实,对债务人取得债权的;但是,债务人的债务人因为法律规定或者有破产申请1年前所发生的原因而取得债权的除外。【次债务人恶意取得债权】

(3)债务人的股东不得以下列债务与债务人对其负有的债务抵销:

①债务人股东因欠缴债务人的出资或者抽逃出资对债务人所负的债务。

②债务人股东滥用股东权利或者关联关系损害公司利益对债务人所负的债务。

【例】

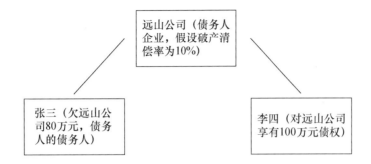

(4) 债务人的债务人在破产申请受理后取得他人对债务人的债权的，禁止抵销。

具有上述禁止抵销情形的债权人，主张以其对债务人特定财产享有优先受偿权的债权与债务人对其不享有优先受偿权的债权抵销允许，但是用以抵销的债权大于债权人享有的优先受偿权财产价值的除外。

3. 债权人提出

债权人依据规定行使抵销权，应当向管理人提出抵销主张。

管理人不得主动抵销债务人与债权人的互负债务，但抵销使债务人财产受益的除外。

4. 抵销生效

(1) 管理人收到债权人提出的主张债务抵销的通知后，经审查无异议的，抵销自管理人收到通知之日起生效。

(2) 管理人对抵销主张有异议的，应当在约定的异议期限内或者自收到主张债务抵销的通知之日起 3 个月内向人民法院提起诉讼。无正当理由逾期提起的，人民法院不予支持。

(3) 人民法院判决驳回管理人提起的抵销无效诉讼请求的，该抵销自管理人收到主张债务抵销的通知之日起生效。

(4) 行使抵销权后，未抵销的债权列入破产债权，参与破产分配。

(四) 管理人的撤销权☆☆☆

（可撤销的）欺诈破产行为	法院受理破产申请前 1 年内，涉及债务人财产的下列行为，管理人有权请求人民法院予以撤销： (1) 无偿转让财产的 (2) 以明显不合理的价格进行交易的 (3) 对没有财产担保的债务提供财产担保的 (4) 对未到期的债务提前清偿的（该债务在破产申请前已经到期的，不予撤销） (5) 放弃债权的
（可撤销的）个别清偿行为	1. 原则：法院受理破产申请前 6 个月内，债务人出现破产原因，仍对个别债权人进行清偿的，管理人有权请求人民法院予以撤销

（可撤销的）个别清偿行为	2. 例外： (1) 对以自有财产设定担保物权的债权进行的个别清偿，不能撤销，但债务清偿时担保财产的价值低于债权额的除外 (2) 债务人经诉讼、仲裁、执行程序对债权人进行的个别清偿，不予撤销。但是，债务人与债权人恶意串通损害其他债权人利益的除外 (3) 债务人为维系基本生产需要而支付水费、电费等的；债务人支付劳动报酬、人身损害赔偿金的；使债务人财产受益的其他个别清偿不予撤销

【例】若甲公司于2017年7月1日被法院受理破产，则处理规则如下：

(1) 在①时间段内清偿一笔债权且该债权到期日早于破产受理日，不可撤销。

(2) 在②时间段内清偿一笔债权，要看是否出现破产原因。

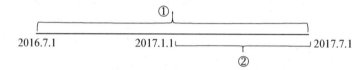

（五）管理人对企业管理层的特别追回权☆（先追再退）

概念	债务人的董事、监事和高级管理人员利用职权从企业获取的非正常收入和侵占的企业财产，管理人应当追回	
范围	债务人有破产原因时，债务人的董事、监事和高级管理人员利用职权获取的以下收入，人民法院应当认定为企业破产法规定的非正常收入	
	1. 普遍拖欠职工工资情况下获取的工资性收入	因返还该项非正常收入形成的债权，按照该企业职工平均工资计算的部分作为拖欠职工工资清偿；高出按照该企业职工平均工资计算的部分，可以作为普通破产债权清偿
	2. 绩效奖金	债务人的董事、监事和高级管理人员因返还该项非正常收入形成的债权，可以作为普通破产债权清偿
	3. 其他非正常收入	
行使	债务人的董事、监事和高级管理人员拒不向管理人返还上述债务人财产，管理人主张上述人员予以返还的，人民法院应予支持	

📌 精讲精练

法院受理了利捷公司的破产申请。管理人甲发现，利捷公司与翰扬公司之间的债权债务关系较为复杂。下列哪些说法是正确的？（2016 三/73）

A. 翰扬公司的某一项债权有房产抵押，可在破产受理后行使抵押权

B. 翰扬公司与利捷公司有一合同未履行完毕，甲可解除该合同

C. 翰扬公司租给利捷公司的一套设备被损毁，侵权人之前向利捷公司支付了赔偿金，翰扬公司不能主张取回该笔赔偿金

D. 茹洁公司对利捷公司负有债务，在破产受理后茹洁公司受让了翰扬公司的一项债权，因此茹洁公司无须再向利捷公司履行等额的债务

【答案】BC

七、破产债权的申报☆☆☆★

（一）可申报债权特定

1. 须为以财产给付为内容的请求权。

2. 须为法院受理破产申请前成立的对债务人享有的债权。至于债权的到期时间，不影响申报资格。

3. 须为平等民事主体之间的请求权。

4. 诉讼时效已经届满的债权、无效债权，均不得申报。

【总结：发生在法院受理破产前、平等民事主体之间、未过诉讼时效的金钱债权】

（二）具体可申报的债权

未到期的债权	未到期的债权，在破产案件受理时视为已到期
利息请求权	附利息的债权自破产申请受理时起停止计息。破产申请受理前的利息，随本金一同申报
待定债权	附条件、附期限的债权和诉讼、仲裁未决的债权，债权人可以申报
连带债务人的代位求偿权	债务人的保证人或者其他连带债务人已经代替债务人清偿债务的，以其对债务人的求偿权申报债权 债务人的保证人或者其他连带债务人尚未代替债务人清偿债务的，以其对债务人的将来求偿权申报债权，但是，债权人已经向管理人申报全部债权的除外 破产人的保证人和其他连带债务人，在破产程序终结后，对债权人依照破产清算程序未受清偿的债权，依法继续承担清偿责任
保证人被裁定进入破产的	1. 债权人有权申报其对保证人的保证债权 2. 主债务未到期的，保证债权在保证人破产申请受理时视为到期。一般保证的保证人不得主张行使先诉抗辩权，但债权人在一般保证人破产程序中的分配额应予提存，待一般保证人应承担的保证责任确定后再按照破产清偿比例予以分配 3. 保证人被确定应当承担保证责任的，保证人的管理人可以就保证人实际承担的清偿额向主债务人或其他债务人行使求偿权
保证人、债务人均被裁定进入破产程序的	债务人、保证人均被裁定进入破产程序的，债权人有权向债务人、保证人分别申报债权 债权人对债务人、保证人均申报全部债权的，从一方破产程序中获得清偿后，其对另一方的债权额不作调整，但债权人的受偿额不得超过其债权总额。保证人履行保证责任后不再享有求偿权
损害赔偿请求权	管理人或者债务人依照企业破产法规定解除合同的，对方当事人因合同解除所产生的损害赔偿请求权，可申报债权
债务人是票据的出票人，该票据的付款人继续付款或者承兑的，付款人以由此产生的请求权，可申报债权	

（三）不得作为债权申报的情形

1. 职工债权不必申报，由管理人调查后列出清单并予以公示。

2. 诉讼时效已经届满的债权。

3. 罚金、罚款、违约金。

4. 破产申请受理后，债务人欠缴款项产生的滞纳金，包括债务人未履行生效法律文书应当加倍支付的迟延利息和劳动保险金的滞纳金，不作为破产债权申报。

5. 债权人参加债权人会议的费用。

(四) 申报期限

1. 法院确定，公告起计算，30天到3个月。

2. 未在法律规定的期限内申报债权的，可以进行补充申报。但是此前已经进行的分配，不再对其进行补充分配。为审查和确认补充申报债权的费用，由补充申报人承担。

八、债权人会议与债权人委员会

(一) 债权人会议

债权人会议是全体债权人参加破产程序并集体行使权利的决议机构。

(二) 职权

专属职权	1. 核查债权 2. 选任和更换债权人委员会成员 3. 通过重整计划 4. 通过和解协议 5. 通过债务人财产的管理方案 6. 通过破产财产的变价方案 7. 通过破产财产的分配方案 8. 人民法院认为应当由债权人会议行使的其他职权
可委托债权人委员会行使的职权	1. 申请人民法院更换管理人，审查管理人的费用和报酬 2. 监督管理人 3. 决定继续或者停止债务人的营业
债权人会议不得作出概括性授权，委托其行使债权人会议所有职权	

(三) 债权人会议的召开

召集	召集人	第一次债权人会议，由人民法院召集。以后的债权人会议由会议主席召集
	召集时间	第一次债权人会议为法定会议，应当在债权申报期限届满后15日内召开。以后的债权人会议，在人民法院认为必要时召开，或者在管理人、债权人委员会、占债权总额1/4以上的债权人向债权人会议主席提议时召开
	召集通知	召开债权人会议，管理人应当提前15日通知已知的债权人
决议	表决	1. 对债务人的特定财产享有担保权的债权人，未放弃优先受偿权利的，对于通过和解协议、通过破产财产的分配方案事项不享有表决权
		2. 债权人会议的决议，由出席会议的有表决权的债权人过半数通过，并且其所代表的债权额占无财产担保债权总额的1/2以上。但是，企业破产法另有规定（通过重整计划、通过和解协议）的除外

救济	撤销	债权人认为债权人会议的决议违反法律规定，损害其利益的，可以自债权人会议作出决议之日起 15 日内，请求人民法院裁定撤销该决议，责令债权人会议依法重新作出决议
	复议	1. 债务人财产的管理方案和破产财产的变价方案，经债权人会议表决未通过的，由人民法院依法裁定。债权人对该裁定不服的，自裁定宣告之日起或收到通知之日起 15 日内向该人民法院申请复议
		2. 破产财产分配方案，经债权人会议两次讨论仍未通过的，由人民法院依法裁定。债权额占无财产担保债权总额 1/2 以上的债权人，自裁定宣布之日或收到通知之日起 15 日内向该人民法院申请复议
		3. 复议期间不停止裁决的执行

（四）债权人委员会

组成	债权人委员会由债权人会议选任的债权人代表和 1 名债务人的职工代表或者工会代表组成。债权人委员会成员不得超过 9 人。债权人委员会成员应当经人民法院书面决定认可
一般监督权	1. 监督债务人财产的管理和处分 2. 监督破产财产分配 3. 提议召开债权人会议 4. 债权人会议委托的其他职权
特别监督权	管理人实施下列行为，属于对债权人利益关系重大的处分行为，应当及时报告债权人委员会： （1）涉及土地、房屋等不动产权益的转让 （2）探矿权、采矿权、知识产权等财产权的转让 （3）全部库存或者营业的转让 （4）借款 （5）设定财产担保 （6）债权和有价证券的转让 （7）履行债务人和对方当事人均未履行完毕的合同 （8）放弃权利 （9）担保物的取回 （10）对债权人利益有重大影响的其他财产处分行为 未设立债权人委员会的，管理人实施前款规定的行为应当及时报告人民法院
重大财产处分	1. 管理人处分债务人重大财产的，应当事先制作财产管理或者变价方案并提交债权人会议进行表决，债权人会议表决未通过的，管理人不得处分 2. 管理人实施处分前，应当根据企业破产法的规定，提前 10 日书面报告债权人委员会或者人民法院。债权人委员会可以依照企业破产法的规定，要求管理人对处分行为作出相应说明或者提供有关文件依据 3. 债权人委员会认为管理人实施的处分行为不符合债权人会议通过的财产管理或变价方案的，有权要求管理人纠正。管理人拒绝纠正的，债权人委员会可以请求人民法院作出决定 4. 人民法院认为管理人实施的处分行为不符合债权人会议通过的财产管理或变价方案的，应当责令管理人停止处分行为。管理人应当予以纠正，或者提交债权人会议重新表决通过后实施

第二节　重整程序

重整，指对可能或已经发生破产原因但又有挽救希望的法人企业，通过对各方利害关系人的利益协调，借助法律强制进行营业重组与债务清理，以避免企业破产的法律制度。

一、重整程序的发动☆

重整程序的启动	1. 初始重整申请	破产案件受理前的初始重整申请，可以由债务人或债权人提出
	2. 后续重整申请	破产案件受理后、破产宣告前，债务人或者出资额占债务人注册资本1/10以上的出资人，可以向人民法院申请重整

二、重整期间的财产管理☆

重整期间	自人民法院裁定受理债务人重整之日起至重整程序终止，为重整期间	
	重整期间包括两个阶段	1. 重整计划制备阶段，从人民法院裁定受理债务人重整之日起，到债务人或者管理人向人民法院和债权人会议提交重整计划草案时止。这一期间通常为6个月，但有正当理由的，经债务人或者管理人请求，人民法院可以裁定延期3个月
		2. 重整计划通过阶段，从重整计划草案提交时起，到债权人会议表决后人民法院裁定批准或不批准重整计划并终止重整程序时止，或者依据表决未通过的事实裁定终止重整程序时止。这一期间没有法定期限，由人民法院酌情决定
管理人监督下的债务人自行管理	《企业破产法》第73条：在重整期间，经债务人申请，人民法院批准，债务人可以在管理人的监督下自行管理财产和营业事务 有前款规定情形的，依照本法规定已接管债务人财产和营业事务的管理人应当向债务人移交财产和营业事务，本法规定的管理人的职权由债务人行使	
管理人负责及债务人参与的管理	《企业破产法》第74条：管理人负责管理财产和营业事务的，可以聘任债务人的经营管理人员负责营业事务	

三、重整期间营业保护的特别规定☆★

对担保物权的限制	对债务人的特定财产享有的担保权暂停行使
新借款	债务人或者管理人为继续营业而借款的，可以为该借款设定担保
对取回权的限制	债务人合法占有的他人财产，该财产的权利人在重整期间要求取回的，应当符合事先约定的条件
对出资人和管理层的限制	债务人的出资人不得请求投资收益分配
	债务人的董事、监事、高级管理人员不得向第三人转让其持有的债务人的股权。但是，经人民法院同意的除外

四、重整计划☆★

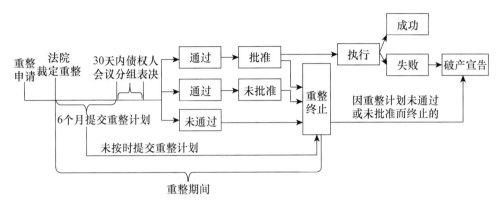

（一）重整计划的制备与通过

重整计划的制备	1. 债务人自行管理财产和营业事务的，由债务人制备重整计划草案
	2. 管理人负责管理财产和营业事务的，由管理人制备重整计划草案
重整计划的表决通过	1. 分组表决，有担保债权组、职工债权组、税收债权组、普通债权组。涉及出资人权益的，应设出资人组表决
	2. 每一组内，出席会议的同一表决组的债权人过半数同意重整计划草案，并且其所代表的债权额占该组债权总额的 2/3 以上，即为该组通过重整计划草案
	3. 每组都通过，重整计划通过
重整计划的批准	1. 法院对通过的重整计划的审查批准。一旦裁定批准，则终止重整程序，破产程序终结
	2. 强行批准 部分表决组未通过重整计划草案的，债务人或者管理人可以同未通过重整计划草案的表决组协商。该表决组可以在协商后再表决一次。双方协商的结果不得损害其他表决组的利益。未通过重整计划草案的表决组拒绝再次表决或者再次表决仍未通过重整计划草案，但重整计划草案符合法定条件的，债务人或者管理人可以申请人民法院批准重整计划草案

（二）重整计划的执行

1. 重整计划由债务人负责执行，由管理人监督重整计划的执行。人民法院裁定批准重整计划后，已接管财产和营业事务的管理人应当向债务人移交财产和营业事务。

2. 重整计划的终止。

重整计划因执行不能而终止	(1) 债务人不能或者不执行重整计划的，法院经管理人或者利害关系人请求，裁定终止重整计划的执行，宣告破产。
	①人民法院裁定终止重整计划执行的，债权人在重整计划中作出的债权调整的承诺失去效力。债权人因执行重整计划所受的清偿仍然有效，债权未受清偿的部分作为破产债权
	②前款规定的债权人，只有在其他同顺位债权人同自己所受的清偿达到同一比例时，才能继续接受分配
	③为重整计划的执行提供的担保继续有效

> （2）重整计划因执行完毕而终止
> 重整计划执行完毕后，债务人应当及时向人民法院提交执行报告，人民法院审查确认后，裁定终结破产案件。自法院裁定终结破产案件时确认的重整计划执行完毕之日起，债务人对于依照重整计划减免的债务免除清偿责任

精讲精练

思瑞公司不能清偿到期债务，债权人向法院申请破产清算。法院受理并指定了管理人。在宣告破产前，持股20%的股东甲认为如引进战略投资者乙公司，思瑞公司仍有生机，于是向法院申请重整。关于重整，下列哪一选项是正确的？（2017 三/31）

A. 如甲申请重整，必须附有乙公司的投资承诺

B. 如债权人反对，则思瑞公司不能开始重整

C. 如思瑞公司开始重整，则管理人应辞去职务

D. 只要思瑞公司的重整计划草案获得法院批准，重整程序就终止

【答案】D

第三节　和解程序

一、一般和解程序☆

和解申请与裁定	1. 和解的申请人必须是已经具备破产原因的债务人 2. 债务人既可以直接提出破产和解，也可以从破产清算程序转换为破产和解 3. 债务人在申请和解时必须提交和解协议草案。人民法院经审查认为和解申请符合企业破产法规定的，应当裁定和解，予以公告，并召集债权人会议讨论和解协议草案
和解协议的成立和生效	1. 和解协议的成立　债权人会议通过和解协议的决议，由出席会议的有表决权的债权人过半数同意，并且其所代表的债权额占无财产担保债权总额的2/3以上
	2. 和解协议的生效　和解协议必须经人民法院裁定认可才能生效
	和解债权人对债务人的保证人和其他连带债务人所享有的权利，不受和解协议的影响
债务人不能执行或者不执行和解协议的后果	1. 债务人不能执行或者不执行和解协议的，人民法院经和解债权人请求，应当裁定终止和解协议的执行，并宣告债务人破产 2. 和解债权人在和解协议中作出的债权调整的承诺失去效力。和解债权人因执行和解协议所受的清偿仍然有效，和解债权未受清偿的部分作为破产债权 3. 前述规定的债权人，只有在其他债权人同自己所受的清偿达到同一比例时，才能继续接受分配 4. 为和解协议的执行提供的担保继续有效

二、法庭外的和解

企业破产法规定，人民法院受理破产申请后，债务人与全体债权人就债权债务关系的处理自行达成协议的，可以请求人民法院裁定认可，并终结破产程序。法庭外和解的条件：

1. 必须经全体债权人一致同意。
2. 不损害有担保债权人的权益。
3. 经人民法院审查同意。

法庭外达成的和解协议经人民法院裁定认可的，与经由债权人会议表决通过后人民法院裁定认可的和解协议，具有同等效力，其以后的执行或者终止执行，适用相同的法律规则。

第四节 破产清算程序

一、破产宣告

破产宣告，标志着破产案件无可逆转地进入清算程序，债务人无可挽回地陷入破产倒闭。

破产宣告的效果	1. 对破产案件的效果	无可逆转地进入破产清算程序
	2. 对债务人的效果	(1) 债务人成为破产人 (2) 债务人财产成为破产财产（别除权财产不属于破产财产，但是属于债务人财产） (3) 债务人丧失对财产和事务的管理权
	3. 对债权人的效果	(1) 有财产担保的债权人即别除权人可以由担保物获得清偿 (2) 无财产担保的债权人依破产分配方案获得清偿

二、三大程序转换☆

三大程序	和解、重整和破产清算	
申请	1. 债务人可以申请和解、重整或破产清算	
	2. 债权人可以申请重整或破产清算	
转化	1. 债权人申请破产清算的案件，债务人可以申请和解	在破产宣告前
	2. 债权人申请破产清算的案件，债务人可以申请重整	
	3. 债权人申请破产清算的案件，出资人可以申请重整	
	4. 和解失败，经破产宣告转入破产清算程序	一旦经破产宣告进入破产清算程序，则不得转入和解或重整程序
	5. 重整失败，经破产宣告转入破产清算程序	

三、破产清偿☆

别除权	对特定财产享有担保权的权利人，对特定财产享有优先受偿权利	
	别除权的行使	(1) 债权已依法申报并获得确认 (2) 别除权以破产人的特定财产为标的物 (3) 别除权的行使人不参加集体清偿程序 (4) 别除权标的物不计入破产财产（别除权标的物属于债务人财产） (5) 别除权的标的物不得用于清偿破产费用和共益债务 (6) 建设工程价款优先于别除权清偿
	别除权标的物的回赎	1. 有财产担保的债权人放弃优先受偿权利的，其债权作为普通债权，依破产清偿程序行使权利 2. 管理人可以通过清偿债务或者提供为债权人接受的担保，收回质物、留置物
清偿顺序	1. 职工工资和医疗、伤残补助、抚恤费用、社会保险等 【注】董事、监事、高级管理人员的工资按照企业职工的平均工资计算	
	2. 欠缴除前项以外的社会保险费用和破产人所欠税款	
	3. 普通债权	

📝 **精讲精练**

甲是某有限公司的工人，2016 年 8 月 2 日，甲因工伤住院治疗，久治未愈，其间医疗费用、护理费等一直由该公司垫付。2017 年 9 月，该公司向甲支付 10 万元赔偿金后便不再垫付其后续的医疗费用。甲认为公司支付的赔偿金额过低，于 2017 年 10 月向法院提起诉讼，要求该公司支付医疗费、护理费、伤残补助金等共计 20 万元。2017 年 11 月，该公司经营不善，法院裁定受理其破产申请。对此，下列说法正确的是哪项？（2018 三/23）

A. 管理人可以要求甲返还医疗费

B. 对于该公司向甲支付的赔偿金，管理人可向法院申请予以撤销

C. 甲经过申报债权后，有权参加债权人会议

D. 法院裁定受理某公司破产申请后，甲提起的诉讼应当中止审理

【答案】D

四、破产程序结束后的追加分配

破产程序因破产人无财产可供分配或破产财产分配完毕而终结的，自终结之日起 2 年内，债权人可以请求人民法院按照破产财产分配方案进行追加分配。如果发现的财产数量不足以支付分配费用的，不再进行追加分配，由人民法院将其上缴国库。

法律规定的情形包括：

1. 发现破产人有应当供分配的其他财产的。

2. 发现应当追回的涉及债务人财产的可撤销的无效行为取得的财产。

3. 发现应当追回的债务人的董事、监事和高级管理人员利用职权从企业获取的非正常收入和侵占的企业财产。

第六章

票据法

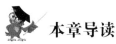 **本章导读**

　　本章主要介绍了票据的分类、当事人、票据行为以及票据权利。本章每年分值3分左右，应着重理解和熟悉票据的特征、票据权利、各种票据权利瑕疵的内涵、票据抗辩、公示催告程序、汇票的法定记载事项与未记载事项的认定、汇票出票的效力、汇票背书转让的效力、限制背书、汇票质押的法律效果、汇票承兑的原则与程序、汇票保证的成立与法律效力、汇票追索权的行使。

银行承兑汇票				2 00000000

（此处为银行承兑汇票票样）

第一节 票据法概述

一、票据的概念、种类、特征

（一）票据的概念

票据是出票人依票据法签发，由本人或委托他人在见票时或指定日期无条件支付确定的金额给收款人或持票人的一种有价证券。

（二）票据的种类

汇票	汇票是出票人签发的，委托付款人在见票时或者在指定日期无条件支付确定的金额给收款人或者持票人的票据。汇票分为银行汇票和商业汇票
本票	本票是出票人签发的，承诺自己在见票时无条件支付确定的金额给收款人或者持票人的票据。票据法所称本票，是指银行本票
支票	支票是出票人签发的，委托办理支票存款业务的银行或者其他金融机构在见票时无条件支付确定的金额给收款人或者持票人的票据

（三）票据的特征

流通性	票据的基本功能就是流通，票据法的立法宗旨就是保证票据流通的安全
无因性	无因性是指，票据权利人在行使票据权利时，无须证明给付原因，票据债务人也不得以原因关系对抗善意第三人
独立性	是指就同一票据所为的若干票据行为互不牵连，都分别依各行为人在票据上记载的内容，独立地发生效力
文义性	票据权利义务的内容必须严格按照票据上所载文义确定
要式证券	票据记载事项要严格按照规定，否则会影响票据的效力 票据上的行为必须严格按照规定的程序和规则进行
设权性与提示性	无票据无权利，行使票据权利必须出示票据

二、票据法上的法律关系

票据关系	是指票据当事人基于票据行为而发生的债权债务关系	
非票据关系	也称票据基础关系，包括原因关系、票据预约关系、资金关系	
	原因关系	指票据当事人之间收授票据的理由。依据票据法的规定，原因关系只存在于授受票据的直接当事人之间，票据一经转让，其原因关系对票据效力的影响力即被切断
	票据预约关系	指票据当事人在授受票据之前，就票据的种类、金额、到期日、付款地等事项达成协议而产生的法律关系，即当事人之间就授受票据的合同所产生的法律关系
	资金关系	指汇票出票人和付款人、支票出票人与付款银行或其他资金义务人所发生的法律关系，即出票人之所以委托付款人进行付款的原因

三、票据关系的当事人

票据关系的基本当事人	票据关系的基本当事人是指票据一经成立即存在的当事人，包括出票人、收款人、付款人
非基本关系人	非基本关系人是指票据已经成立，通过各种票据行为而加入票据关系中的当事人，如背书人、保证人、参加付款人、预备付款人等

【例】A、C 有合同关系，A 出汇票（A 出 B 付）给 C 以履行合同义务，C 将汇票背书转让给 D，此时即使 A、B 资金关系或者 A、C 原因关系有瑕疵，根据无因性的要求，付款人 B 也不得拒绝付款给 D。

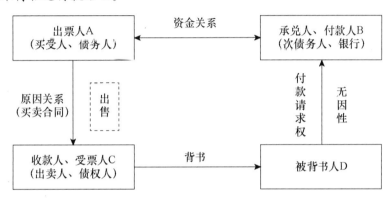

四、票据行为☆☆☆

【例】A、B、C、D 为票据债务人，F 是票据保证人，E 持票是票据权利人。

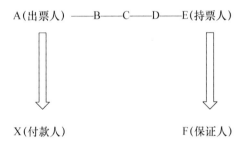

（一）出票☆☆☆

出票是以行为人在票据上进行必备事项的记载、完成签章并予以交付为要件的要式法律行为。

	1. 表明"汇票"的字样
汇票必须记载的事项	2. 无条件支付的委托
	3. 确定的金额（票据金额以中文大写和数码同时记载，二者必须一致，二者不一致的，票据无效）
	4. 付款人名称
	5. 收款人名称
	6. 出票日期
	7. 出票人签章
	汇票上未记载前款规定事项之一的，汇票无效

汇票未记载事项的认定	1. 汇票上未记载付款日期的：视为见票即付，付款人在持票人提示票据时，应当履行付款责任 2. 汇票上未记载付款地的，以付款人的营业场所、住所或者经常居住地为付款地 3. 汇票上未记载出票地的，以出票人的营业场所、住所或者经常居住地为出票地

（二）背书 ☆☆☆

背书是指在票据背面或者粘单上记载有关事项并签章的票据行为。

背书应当连续	是指在票据转让中，转让汇票的背书人与受让汇票的被背书人在汇票上的签章依次前后衔接 【注意：票据转让后，背书人从债权人转为债务人】

粘单

被背书人	被背书人
    背书人签章 年　　月　　日	 背书人签章 年　　月　　日

（三）承兑 ☆

承兑是汇票付款人承诺在汇票到期日支付汇票金额的票据行为。

提示承兑	对于见票后定期付款的汇票，持票人应当自出票日起一个月内，提示承兑；见票即付的汇票无须承兑
附条件承兑	承兑不得附有条件（部分承兑亦视为附条件），附条件则视为拒绝承兑

（四）保证 ☆☆

保证是债务人以外的第三人为了保证债务的履行而提供的担保。

成立	（1）表明"保证"的字样（绝对必要记载事项） （2）保证人名称和住所 （3）被保证人名称。保证人未记载被保证人名称的，已承兑的汇票，承兑人为被保证人；未承兑的汇票，出票人为被保证人 （4）保证日期。保证人未记载保证日期的，以出票日期为保证日期 （5）保证人签章（绝对必要记载事项）
法律效力	（1）保证人与被保证人之间以及保证人之间就票据债务负连带责任
	（2）保证具有独立性 【注意：保证不会因为原因关系无效而无效；但票据无效，保证无效】
	（3）保证不得附条件。附条件者，保证依然有效，所附条件视为无记载
	（4）保证人的代位权：保证人清偿汇票债务后，可以行使持票人对被保证人及其前手的追索权

精讲精炼

甲公司为支付货款向乙公司签发了一张金额为 80 万元的汇票。丙公司在汇票上作为保证人并签章。下列说法正确的是哪项？（2018 三/26）

A. 甲公司未在汇票上记载被保证人的名称，则丙公司无须承担保证责任

B. 甲公司未在汇票上记载保证日期，保证无效

C. 甲公司可以进行附条件保证

D. 丙公司与甲公司对持票人乙公司承担连带责任

【答案】D

（五）付款

狭义的票据付款是指付款人或承兑人在票据到期时，对持票人所进行的票据金额的支付。

1. 付款时，应当审查汇票背书的连续及提示付款人的合法身份证明或者有效证件。

2. 因恶意或者有重大过失付款的，付款人应当自行承担责任。

3. 对定日付款、出票后定期付款或者见票后定期付款的汇票，付款人在到期日前付款的，由付款人自行承担所产生的责任。

4. 提示付款期限。

（1）见票即付的汇票，自出票日起 1 个月内向付款人提示付款。

（2）定日付款、出票后定期付款或见票后定期付款的汇票，自到期日起 10 日内向承兑人提示付款。

（3）逾期后果：持票人未按照票据法规定的期限提示付款的，在作出说明后，承兑人或者付款人仍应当继续对持票人承担付款责任。即对付款人和承兑人来说，持票人是否在规定期限内提示付款，其效力并无实质区别，只是对于背书人来说，持票人未在法定期限内提示付款，则会丧失对背书人的追索权。

五、票据权利☆☆

（一）票据权利的种类

票据权利是指持票人向票据债务人请求支付票据金额的权利，包括付款请求权和追索权。

1. 付款请求权

付款请求权是持票人请求主债务人（付款人或承兑人）支付票据所载金额的权利。

持票人必须首先向付款人（或承兑人）行使该项请求权，而不能越过它直接行使追索权。

2. 追索权

汇票的追索权是指在法定情况下，持票人向其前手，也就是背书人、出票人以及汇票的其他债务人请求支付票据金额的权利。

原因	（1）汇票到期被拒绝付款的 （2）汇票到期日前，有下列情形之一的： ①汇票被拒绝承兑的 ②承兑人或者付款人死亡、逃匿的 ③承兑人或者付款人被依法宣告破产的或者因违法被责令终止业务活动的

条件	行使追索权的条件： （1）持票人行使追索权时，应当提供被拒绝承兑或者被拒绝付款的有关证明 （2）持票人不能出示拒绝证明、退票理由书或者未按照规定期限提供其他合法证明，丧失对其前手的追索权。但是，承兑人或者付款人仍应当对持票人承担责任 （3）持票人提示承兑或者提示付款被拒绝的，承兑人或者付款人必须出具拒绝证明，或者出具退票理由书。未出具拒绝证明或者退票理由书的，应当承担由此产生的民事责任
追索权的行使规则	（1）追索权具有选择性。持票人可以不按照汇票债务人的先后顺序，对其中任何一人、数人或者全体行使追索权 （2）追索权具有变更性。持票人对汇票债务人中的一人或者数人已经进行追索的，对其他汇票债务人仍可以行使追索权 （3）追索权具有代位性。被追索人清偿债务后，与持票人享有同一权利
再追索	被追索人清偿债务后，与持票人享有同一追索权利，可以再向其他汇票债务人行使追索权，直至汇票上的债权债务关系因履行或其他法定原因消灭为止

【例】

A ⟹ B ⟹ C ⟹ D ⟹ E ⟹ F ⟹ G

（二）票据权利的取得原则☆

1. 持票人取得票据必须给付对价。

2. "对价"原则的例外：税收、继承、赠与。但是，所享有的票据权利不得优于其前手的权利。前手是指在票据签章人或者持票人之前签章的其他票据债务人。

3. 手段必须合法，主观上是善意的。

（三）票据权利的瑕疵☆☆☆

所谓票据权利的瑕疵，是指影响票据效力的行为。

1. 伪造

含义	以行使票据权利义务为目的，假冒或虚构他人名义在票据上签章，伪为票据的行为
后果	伪造、变造的签章不影响真实签章的效力，其他签章人仍须依其签章按照票据所载文义承担票据责任 【注意：伪造人、被伪造签名的人都不承担票据责任】

2. 无权代理

没有代理权而以代理人名义在票据上签章的，应当由签章人承担票据责任；代理人超越代理权限的，应当就其超越权限的部分承担票据责任。

3. 行为能力限制

无民事行为能力人或者限制民事行为能力人在票据上签章的，其签章无效，但是不影响其他签章的效力。

4. 变造

含义	没有变更权限的人变更票据上除签章外其他记载事项的行为
后果	在变造之前签章的人，对原记载事项负责；在变造之后签章的人，对变造之后的记载事项负责；不能辨别是在票据被变造之前或者之后签章的，视同在变造之前签章

5. 更改

含义	将票据上的记载事项更改的行为
后果	（1）票据金额、日期、收款人名称不得更改，更改的票据无效 （2）对票据上的其他记载事项（如付款人名称、付款日期、付款地、出票地等），原记载人可以更改，更改时只需签章证明即可

6. 涂销

含义	票据涂销，是指将票据上的签名或者其他记载事项涂抹消除的行为
后果	（1）权利人故意：涂销事项为金额、日期、收款人名称的，票据无效 （2）权利人非故意：涂销行为无效 （3）非权利人：发生伪造、变造的法律后果，承担相应的法律责任

（四）票据抗辩☆☆☆

票据抗辩，是指票据债务人根据票据法的规定对票据债权人拒绝履行义务的行为。票据抗辩可以分为对物的抗辩和对人的抗辩。

1. 对物的抗辩

对物的抗辩，是指因票据本身所存在的事由而发生的抗辩。

常见票面记载导致无效的事由：

（1）出票时有条件的委托或承诺。

（2）票据金额更改。

（3）票面金额大小写不一致。

（4）票据超过时效期间。

（5）票据不连续。

（6）票据因记载内容欠缺而无效。

（7）除权判决后无效。

（8）票据尚未到期。

2. 对人的抗辩

对人的抗辩，是指因票据债务人和特定的票据权利人（持票人）之间存在一定关系而发生的抗辩。

抗辩理由	票据债务人可以对不履行约定义务的与自己有直接债权债务关系的持票人，进行抗辩
票据抗辩的限制（抗辩切断制度）	（1）票据债务人不得以自己与出票人或者与持票人的前手之间的抗辩事由，对抗持票人。但是，持票人明知存在抗辩事由而取得票据的除外
	（2）因税收、继承、赠与可以依法无偿取得票据的，不受给付对价的限制。但是，所享有的票据权利不得优于其前手的权利

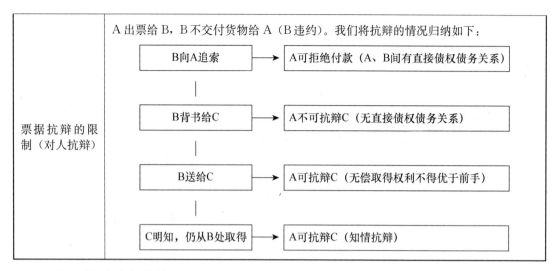

票据抗辩的限制（对人抗辩）	A出票给B，B不交付货物给A（B违约）。我们将抗辩的情况归纳如下：

（五）票据丧失与补救☆

1. 挂失止付

（1）票据丧失，失票人可以及时通知票据的付款人挂失止付，但是，未记载付款人或者无法确定付款人及其代理付款人的票据除外。

（2）收到挂失止付通知的付款人，应当暂停支付。若付款人违反该规定继续付款的，应当向权利人承担赔偿责任。

（3）失票人应当在通知挂失止付后3日内，也可以在票据丢失后，依法向人民法院申请公示催告，或者向人民法院提起诉讼。

（4）挂失止付不是公示催告和提起诉讼的必经程序。

2. 直接向人民法院申请公示催告

（1）按照规定可以背书转让的票据持有人，因票据被盗、遗失或者灭失，可以向票据支付地的基层人民法院申请公示催告。

（2）公示催告的期间，由人民法院根据情况决定，但不得少于60日。

（3）支付人收到人民法院停止支付的通知，应当停止支付，至公示催告程序终结。

（4）公示催告期间，转让票据权利的行为无效。

（5）法院作出除权判决，宣告票据无效。

3. 直接向人民法院提起诉讼

失票人在丧失票据后，可以直接向法院提起民事诉讼，请求法院判令票据债务人向其支付票据金额。我国票据法没有对该程序作出详细规定。

（六）票据权利的消灭事由

1. 付款。根据我国票据法规定，付款人依法足额付款后，全体汇票债务人的责任解除。

2. 追索义务人清偿票据债务及追索费用。

3. 票据时效届满。

票据权利在下列期间内不行使而消灭：

（1）持票人对票据的出票人和承兑人的权利，自票据到期日起2年。见票即付的汇票、本票，自出票日起 2 年。

（2）持票人对支票出票人的权利，自出票日起 6 个月。

（3）持票人对前手的追索权，自被拒绝承兑或者被拒绝付款之日起 6 个月。

（4）持票人对前手的再追索权，自清偿日或者被提起诉讼之日起 3 个月。

4．票据记载事项欠缺。根据《票据法》第 18 条的规定，票据可以因记载事项的欠缺而使持票人丧失票据权利，这时，持票人只享有利益偿还请求权。

5．保全手续欠缺。《票据法》第 65 条规定，持票人不能出示拒绝证明、退票理由书或者未按照规定期限提供其他合法证明的，丧失对其前手的追索权。

第二节　汇　票

一、概念与类型

概念		汇票是出票人签发的、委托付款人在见票时或者在指定的日期无条件支付确定的金额给收款人或者持票人的票据
种类	根据汇票当事人身份的不同	银行汇票：是以银行为出票人，同时以银行为付款人的汇票
		商业汇票：是以银行以外的其他公司、企业为出票人，以银行或者其他公司、企业等为付款人的汇票
	根据汇票付款期限的不同	即期汇票也称见票即付的汇票，是指汇票上没有到期日的记载或者明确记载见票即付，收款人或者持票人一经向付款人提示汇票、请求付款，该汇票即为到期，付款人就应当承担付款责任的汇票
		远期汇票是指汇票上记载了到期日，付款人在到期时承担付款责任的汇票

二、汇票背书转让 ☆☆☆

票据法上的汇票转让是通过背书方式进行的。背书转让无须经票据债务人同意，背书转让的转让人不退出票据关系。

1．限制背书

出票人的限制背书	出票人在汇票上记载"不得转让"字样的，汇票不得转让。转让的不发生背书转让的效力。这时的转让只是一般指名债权的转让
背书人的限制背书	背书人在汇票上记载"不得转让"字样，其后手再背书转让的，原背书人对后手的被背书人不承担保证责任

【例1】

【例2】

2. 附条件背书

背书不得附有条件，背书时附有条件的，所附条件不具有汇票上的效力。

3. 部分背书和分别背书

将汇票金额的一部分转让的背书或者将汇票金额分别转让给二人以上的背书无效，票据权利不发生转移。

4. 期后背书

汇票被拒绝承兑、被拒绝付款或者超过付款提示期限的，不得背书转让；背书转让的，背书人应当承担汇票责任（即期后背书，被背书人以背书人为被告行使追索权而提起诉讼的，人民法院应当依法受理）。

【例3】

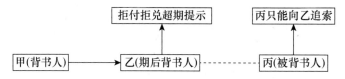

5. 回头背书

（1）持票人为出票人的，对其前手无追索权。

【例4】

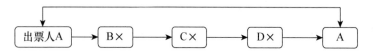

（2）持票人为背书人的，对其后手无追索权。

【例5】

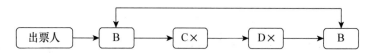

6. 委托收款背书

（1）委托收款背书是指以委托他人代替自己行使票据权利、收取票据金额而进行的背书。

（2）背书人是委托人，被背书人是受托人。

（3）委托收款的背书人在进行背书时，必须记载"委托收款"字样。

（4）被背书人行使票据权利后，应将所得金额归于背书人。

（5）被背书人不得再以背书转让汇票权利。

三、汇票质押☆

概念	汇票质押是指以设定质权、提供债务担保为目的而进行的背书
方式	背书人在设定质押背书时，必须在背书中载明"质押"字样，并签名盖章
法律效果	1. 质押背书的被背书人在实现债权时，不限定在设质的债权范围内，而是可以依票据请求全部票据金额的完全给付
	2. 质押背书的被背书人以质押票据再行背书或者背书转让票据，背书行为无效
	3. 出票人在票据上记载"不得转让"字样，其后手以此票据进行贴现、质押的，通过贴现、质押取得票据的持票人不享有票据权利
	4. 背书人在票据上记载"不得转让""委托收款""质押"字样，其后手再背书转让、委托收款或者质押的，原背书人对后手的被背书人不承担票据责任，但不影响出票人、承兑人以及原背书人之前手的票据责任

第三节　本票和支票

一、本票

概念	本票是出票人签发的，承诺自己在见票时无条件支付确定金额给收款人或者持票人的票据
自付证券	本票是自付证券（无须承兑），它是由出票人自己对收款人支付并承担绝对付款责任的票据。这是本票和汇票、支票最重要的区别
基本当事人	只有出票人和收款人；债权债务关系相对简单
类型	银行本票分为转账和现金两种。申请人或收款人为单位的，不得申请现金银行本票；申请人和收款人均为个人时，才能申请现金银行本票
只有银行本票，只有即期本票	

二、支票☆

概念	支票是出票人签发的，委托办理支票存款业务的银行或者其他金融机构在见票时无条件支付确定的金额给收款人或者持票人的票据
限制	1. 票据法对支票付款人的资格有严格限制，仅限于银行或其他金融机构，不能是其他法人或自然人
	2. 出票人签发的支票金额超过其付款时在付款人处实有的存款金额的，为空头支票。禁止签发空头支票
分类	1. 以支票上权利人的记载方式为标准，可以分为记名支票、无记名支票和指示支票。《票据法》第86条规定：支票上未记载收款人名称的，经出票人授权，可以补记
	2. 以支票的付款方式为标准，可以分为现金支票和转账支票。现金支票只能用来支取现金；转账支票只能用来转账，不能支取现金

见票即付	支票限于见票即付，不得另行记载付款日期。另行记载付款日期的，该记载无效 支票的持票人应当在出票日起 10 日内提示付款；异地使用的支票，付款提示期限由中国人民银行另行规定。超过付款提示期限的，付款人可以拒绝付款
逾期提示的法律后果	因超过提示付款期限付款人不予付款的，持票人仍享有票据权利，出票人仍应对持票人承担票据责任，支付票据所载金额

三、三类票据的对比

	性质	种类	基本当事人	付款日	付款地	出票地
汇票	委付证券	1. 银行汇票 2. 商业汇票	3 人（出票人；收款人；付款人）	未记载的，推定见票即付	未记载的，付款人的营业场所、住所或者经常居住地为付款地	未记载的，出票人的营业场所、住所或者经常居住地为出票地
本票	已付证券	银行本票	2 人（出票人；收款人）	无须记载	未记载的，推定为出票人的营业场所	未记载的，出票人的营业场所为出票地
支票	结算凭证	1. 现金支票 2. 转账支票	2（出票人；付款人）	另行记载无效	未记载付款地的，付款人的营业场所为付款地	未记载出票地的，出票人的营业场所、住所或者经常居住地为出票地

第七章

证券法

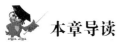 **本章导读**

本章主要介绍了证券的种类、发行、交易、信息公开以及投资者保护等，内容繁多，应结合公司法及相关法律法规，重点把握证券发行制度和交易制度、证券机构的特殊规定、信息公开制度等内容。本章每年分值 3 分左右，分值不高。

一、证券的种类

常规证券	在中华人民共和国境内，股票、公司债券、存托凭证和国务院依法认定的其他证券的发行和交易
特殊证券	政府债券、证券投资基金份额的上市交易
金融产品	资产支持证券、资产管理产品发行、交易
境外证券	在中华人民共和国境外的证券发行和交易活动，扰乱中华人民共和国境内市场秩序，损害境内投资者合法权益的，依照证券法有关规定处理并追究法律责任

二、证券发行☆

证券的发行，即通常所谓的"一级市场"。它是通过发行证券进行筹资活动的市场。其功能在于一方面为资本的需求者提供募集资金的渠道，另一方面为资本的供应者提供投资的场所。

（一）发行方式

公开发行	注册要求	（1）公开发行应依法注册；未经注册不得公开发行 （2）注册机构：证监会或者国务院授权部门
	公开发行的界定及有限度例外	向不特定对象发行证券的 向特定对象发行证券累计超过200人的，但依法实施员工持股计划的员工人数不计算在内 法律、行政法规规定的其他发行行为
	交易场所	（1）在证券交易所上市交易；（2）在国务院批准的其他全国性证券交易场所交易
非公开发行		非公开发行证券，不得采用广告、公开劝诱和变相公开方式 非公开发行的证券，可以在证券交易所、国务院批准的其他全国性证券交易场所和按照国务院规定设定的区域性股权市场转让
先发行，再交易		依法买卖的证券，必须是依法发行并交付的证券。非依法发行的证券，不得买卖 股票依法发行后，发行人经营与收益的变化，由发行人自行负责 由此变化引起的投资风险，由投资者自行负责

（二）公司首次公开发行新股的条件

1. 具备健全且运行良好的组织机构。

2. 具有持续经营能力。

3. 最近3年财务会计报告被出具无保留意见审计报告。

4. 发行人及其控股股东、实际控制人最近3年不存在贪污、贿赂、侵占财产、挪用财产或者破坏社会主义市场经济秩序的刑事犯罪。

5. 经国务院批准的国务院证券监督管理机构规定的其他条件。

（三）股票公开发行的一般程序

1. 发行人股东大会批准

2. 交易所受理申报

3. 申请文件预先披露

（1）申请文件应充分披露投资者作出价值判断和投资决策所必需的信息。

（2）申请文件内容应当真实、准确、完整。

（3）中介机构应严格履职、保证其所出具文件的真实性、准确性和完整性。

4. 交易所审核申请

（1）按国务院及证监会规定，交易所可以审核公开发行申请。

（2）交易所判断发行人是否符合发行条件、信息披露要求，督促发行人完善信息披露内容。

（3）证监会受理3个月内发行注册。

（4）公告募集文件公开发行。

三、证券交易

"证券交易"也即通常而言的"二级市场"，是指对已经依法发行的证券的买卖、转让和流通的市场。

1. 对从业人员的禁限（禁收、禁持、禁交易）

（1）证券交易场所、证券公司和证券登记结算机构的从业人员，证券监督管理机构的工作人员以及法律、行政法规规定禁止参与股票交易的其他人员，在任期或者法定限期内，不得直接或者以化名、借他人名义持有、买卖股票或者其他具有股权性质的证券，也不得收受他人赠送的股票或者其他具有股权性质的证券。

（2）任何人在成为前款所列人员时，其原已持有的股票或者其他具有股权性质的证券，必须依法转让。

（3）实施股权激励计划或者员工持股计划的证券公司的从业人员，可以按照国务院证券监督管理机构的规定持有、卖出本公司股票或者其他具有股权性质的证券。

2. 对服务机构（人员）的禁限（承销+6个月；委托+5日）

为证券发行出具审计报告或者法律意见书等文件的证券服务机构和人员，在该证券承销期内和期满后6个月内，不得买卖该证券
除前款规定外，为发行人及其控股股东、实际控制人，或者收购人、重大资产交易方出具审计报告或者法律意见书等文件的证券服务机构和人员，自接受委托之日起至上述文件公开后5日内，不得买卖该证券。实际开展上述有关工作之日早于接受委托之日的，自实际开展上述有关工作之日起至上述文件公开后5日内，不得买卖该证券

3. 对短线交易的限制

上市公司、股票在国务院批准的其他全国性证券交易场所交易的公司持有5%以上股份的股东、董事、监事、高级管理人员，将其持有的该公司的股票或者其他具有股权性质的证券在买入后6个月内卖出，或者在卖出后6个月内又买入，由此所得收益归该公司所有，公司董事会应当收回其所得收益。但是，证券公司因购入包销售后剩余股票而持有5%以上股份，以及有国务院证券监督管理机构规定的其他情形的除外。

前款所称董事、监事、高级管理人员、自然人股东持有的股票或者其他具有股权性质的证券，包括其配偶、父母、子女持有的及利用他人账户持有的股票或者其他具有股权性质的证券。

公司董事会不按照第一款规定执行的，股东有权要求董事会在30日内执行。公司董事会未在上述期限内执行的，股东有权为了公司的利益以自己的名义直接向人民法院提起诉讼。

公司董事会不按照第一款的规定执行的，负有责任的董事依法承担连带责任。

考点

适用范围	由上市公司延展到新三板公司
监管对象	5%以上股东及董事、监事、高级管理人员，持股比例采用"实际持有原则"
标的证券	股票或其他有股权性质的证券
违规后果	收益归公司所有。董事会不行使归入权的，股东有权要求董事会30内执行，从而引发股东代表诉讼
例外情形	增加授权条款，允许证监会规定短线交易规则的例外

4. 禁止内幕交易

禁止证券交易内幕信息的知情人和非法获取内幕信息的人利用内幕信息从事证券交易活动。

内幕信息	证券交易活动中，涉及发行人的经营、财务或者对该发行人证券的市场价格有重大影响的尚未公开的信息，为内幕信息
规制行为	证券交易内幕信息的知情人和非法获取内幕信息的人，在内幕信息公开前，不得买卖该公司的证券，或者泄露该信息，或者建议他人买卖该证券

5. 禁止操纵证券市场

禁止任何人以下列手段操纵证券市场，影响或者意图影响证券交易价格或者证券交易量：

（1）单独或者通过合谋，集中资金优势、持股优势或者利用信息优势联合或者连续买卖；

（2）与他人串通，以事先约定的时间、价格和方式相互进行证券交易；

（3）在自己实际控制的账户之间进行证券交易；

（4）不以成交为目的，频繁或者大量申报并撤销申报；

（5）利用虚假或者不确定的重大信息，诱导投资者进行证券交易；

（6）对证券、发行人公开作出评价、预测或者投资建议，并进行反向证券交易；

（7）利用在其他相关市场的活动操纵证券市场；

（8）操纵证券市场的其他手段。

操纵证券市场行为给投资者造成损失的，应当依法承担赔偿责任。

6. 禁止传播虚假信息

禁止任何单位和个人编造、传播虚假信息或者误导性信息，扰乱证券市场。

四、信息公开

（一）报告制度

一般规则	1. 应当同时向所有投资者披露，不得提前向任何单位和个人泄露（但是，法律、行政法规另有规定的除外） 2. 任何单位和个人不得非法要求信息披露义务人提供依法需要披露但尚未披露的信息 3. 任何单位和个人提前获知的前述信息，在依法披露前应当保密 4. 除依法需要披露的信息之外，信息披露义务人可以自愿披露与投资者作出价值判断和投资决策有关的信息，但不得与依法披露的信息相冲突，不得误导投资者 5. 发行人及其控股股东、实际控制人、董事、监事、高级管理人员等作出公开承诺的，应当披露。不履行承诺给投资者造成损失的，应当依法承担赔偿责任
定期报告	中期报告：在每一个会计年度的上半年结束之日起 2 个月内，报送并公告中期报告（7月1日—8月31日）
	年度报告：在每一会计年度结束之日起 4 个月内，报送并公告年度报告，其中的年度财务会计报告应当经符合证券法规定的会计师事务所审计（1月1日—4月30日）

临时报告	1. 发生可能对证券交易价格产生较大影响的重大事件，投资者尚未得知时，公司应当立即将有关该重大事件的情况向国务院证券监督管理机构和证券交易场所报送临时报告，并予公告，说明事件的起因、目前的状态和可能产生的法律后果 2. 公司的控股股东或者实际控制人对重大事件的发生、进展产生较大影响的，应当及时将其知悉的有关情况书面告知公司，并配合公司履行信息披露义务
董事、监事、高级管理人员义务	1. 董事、高级管理人员应当签署书面确认意见 2. 监事会应当进行审核并提出书面审核意见。监事应当签署书面确认意见 3. 董事、监事和高级管理人员无法保证证券发行文件和定期报告内容的真实性、准确性、完整性或者有异议的，应当在书面确认意见中发表意见并陈述理由，发行人应当披露。发行人不予披露的，董事、监事和高级管理人员可以直接申请披露

（二）信息公开不实的法律后果☆☆

信息披露义务人未按照规定披露信息，或者公告的证券发行文件、定期报告、临时报告及其他信息披露资料存在虚假记载、误导性陈述或者重大遗漏，致使投资者在证券交易中遭受损失的	
无过错责任	信息披露义务人
过错推定责任	发行人的控股股东、实际控制人、董事、监事、高级管理人员和其他直接责任人员以及保荐人、承销的证券公司及其直接责任人员、证券服务机构，应当与发行人承担连带赔偿责任，但是能够证明自己没有过错的除外
先行赔付规则	发行人因欺诈发行、虚假陈述或者其他重大违法行为给投资者造成损失的： （1）发行人的控股股东、实际控制人、相关的证券公司可以委托投资者保护机构，就赔偿事宜与受到损失的投资者达成协议，予以先行赔付 （2）先行赔付后，可以依法向发行人以及其他连带责任人追偿

五、上市公司收购☆☆☆

（一）收购方式
要约收购、协议收购、其他合法方式。

（二）权益变动的披露规则

达到5% （T+3）	通过证券交易所的证券交易，投资者持有或者通过协议、其他安排与他人共同持有一个上市公司已发行的有表决权股份达到5%时，应当在该事实发生之日起3日内，向国务院证券监督管理机构、证券交易所作出书面报告，通知该上市公司，并予公告，在上述期限内不得再行买卖该上市公司的股票，但国务院证券监督管理机构规定的情形除外
增减5% （T+X+3）	投资者持有或者通过协议、其他安排与他人共同持有一个上市公司已发行的有表决权股份达到5%后，其所持该上市公司已发行的有表决权股份比例每增加或者减少5%，应当依照前款规定进行报告和公告，在该事实发生之日起至公告后3日内，不得再行买卖该上市公司的股票，但国务院证券监督管理机构规定的情形除外
增减1% （T+1）	投资者持有或者通过协议、其他安排与他人共同持有一个上市公司已发行的有表决权股份达到5%后，其所持该上市公司已发行的有表决权股份比例每增加或者减少1%，应当在该事实发生的次日通知该上市公司，并予公告
表决权限制	敏感期内（初始的5%的T+3及后续的增减5%的T+X+3）买入的，在买入后的36个月内，对超过规定比例部分的股份不得行使表决权
披露内容	要求披露增持股份的资金来源

（三）要约收购

	通过证券交易所的证券交易，投资者持有或者通过协议、其他安排与他人共同持有一个上市公司已发行的有表决权股份达到30％时，继续进行收购的，应当依法向该上市公司所有股东发出收购上市公司全部或者部分股份的要约
条件	30％且继续收购的，应当发出要约
对象	向该上市公司所有股东发出要约，收购条件适用于被收购公司的所有股东
内容	收购上市公司全部或者部分股份
收购期限	不得少于30日，并不得超过60日
排他性	收购人在收购期限内，不得卖出被收购公司的股票，也不得采取要约规定以外的形式和超出要约的条件买入被收购公司的股票
不可撤销性	在收购要约确定的承诺期限内，收购人不得撤销其收购要约
可变更收购要约	收购人需要变更收购要约的，应当及时公告，载明具体变更事项，且不得存在下列情形： （1）降低收购价格 （2）减少预定收购股份数额 （3）缩短收购期限 （4）国务院证券监督管理机构规定的其他情形
法律后果	（1）在上市公司收购中，收购人持有的被收购的上市公司的股票，在收购行为完成后的18个月内不得转让 （2）收购期限届满，被收购公司股权分布不符合上市要求的，终止上市交易 （3）被收购公司不再具备股份有限公司条件的，应当依法变更企业形式

六、投资者保护☆☆☆

（一）证券公司的义务

1. 证券公司应如实说明证券、服务的重要内容，充分揭示投资风险，销售、提供与投资者状况相匹配的证券、服务。

2. 证券公司违反相关规定导致投资者损失的，应当承担相应的赔偿责任。

3. 投资者拒绝提供或者未按照要求提供信息的，证券公司应当告知其后果，并按照规定拒绝向其销售证券、提供服务。

4. 普通投资者与证券公司发生纠纷的，证券公司应当证明其行为符合法律、行政法规以及国务院证券监督管理机构的规定，不存在误导、欺诈等情形。证券公司不能证明的，应当承担相应的赔偿责任。

5. 普通投资者与证券公司发生证券业务纠纷，普通投资者提出调解请求的，证券公司不得拒绝。

（二）征集人制度

1. 征集人范围：上市公司董事会、独立董事、持有1％以上有表决权股份的股东或者依照法律、行政法规或者国务院证券监督管理机构的规定设立的投资者保护机构（以下简称投资者保护机构），可以作为征集人。

2. 征集人的权利：自行或者委托证券公司、证券服务机构，公开请求上市公司股东委托其代为出席股东大会，并代为行使提案权、表决权等股东权利。征集股东权利的，征集人应当披露征集文件，上市公司应当予以配合。

3. 征集人的义务：禁止以有偿或者变相有偿的方式公开征集股东权利。

（三）股息分配

1. 在章程中明确分配现金股利的具体安排和决策程序，依法保障股东的资产收益权。

2. 上市公司当年税后利润，在弥补亏损及提取法定公积金后有盈余的，应当按照公司章程的规定分配现金股利。

（四）投资者保护机构

1. 投资者与发行人、证券公司等发生纠纷的，双方可以向投资者保护机构申请调解。

2. 投资者保护机构对损害投资者利益的行为，可以依法支持投资者向人民法院提起诉讼。

3. 发行人的董事、监事、高级管理人员执行公司职务时，侵犯公司合法权益给公司造成损失，投资者保护机构持有该公司股份的，可以为公司的利益以自己的名义向人民法院提起诉讼，持股比例和持股期限不受公司法规定的限制。

4. 投资者保护机构受 50 名以上投资者委托，可以作为代表人参加诉讼，并为经证券登记结算机构确认的权利人依照前款规定向人民法院登记，但投资者明确表示不愿意参加该诉讼的除外。

（五）民事赔偿

1. 民事赔偿责任和缴纳罚款、罚金、违法所得，违法行为人的财产不足以支付的，优先用于承担民事赔偿责任。

2. 投资者提起虚假陈述等证券民事赔偿诉讼时，诉讼标的是同一种类，且当事人一方人数众多的，可以依法推选代表人进行诉讼。

第八章
保险法

 本章导读

  本章主要介绍了保险的基本制度以及人身保险合同、财产保险合同的相关知识点。本章每年分值 3 分左右，分值不高，应着重理解和把握保险法的基本原则、人身保险合同和财产保险合同的主要内容，结合保险法与三个司法解释理解相关法律制度的内容。

第一节 保险法基本制度

  保险法所称保险，是指投保人根据合同约定，向保险人支付保险费，保险人对于合同约定的可能发生的事故因其发生所造成的财产损失承担赔偿保险金责任，或者当被保险人死亡、伤残、疾病或者达到合同约定的年龄、期限等条件时承担给付保险金责任的商业保险行为。

一、保险法的基本原则

（一）保险利益原则☆☆

  保险利益，是指投保人或者被保险人对保险标的具有法律上承认的利益。其目的在于防止道德风险的发生。

	人身保险	财产保险
时间要求	订立合同时，投保人对被保险人应当具有保险利益	保险事故发生时，被保险人应当对保险标的具有保险利益

续表

	人身保险	财产保险
对象要求	投保人对下列人员具有保险利益： 1. 本人 2. 配偶、子女、父母 3. 前项以外与投保人有抚养、赡养或者扶养关系的家庭其他成员、近亲属 4. 与投保人有劳动关系的劳动者 除前款规定外，被保险人同意投保人为其订立合同的，视为投保人对被保险人具有保险利益	法律无直接规定。依据财产保险中保险利益的构成——合法性、经济性、确定性进行判断
后果	若订立合同时无保险利益，保险人不得承保 若已经承保的，保险合同无效，保险人扣除手续费后，应当退还保费	被保险人对保险标的不具有保险利益的，不得向保险人请求赔偿
法院审查要求	法院应主动审查投保人订立保险合同时是否具有保险利益，以及以死亡为给付保险金条件的合同是否经过被保险人同意并认可保险金额	法院无审查要求

（二）最大诚实信用原则☆☆

保险保险活动当事人行使权利、履行义务应当遵循诚实信用原则。

1. 订立合同时，投保人如实告知义务

如实告知的内容	未如实告知的后果		对保险人解除合同的限制
（1）订立时，投保人明知的保险标的或者被保险有关的情况，属于"应当如实告知的内容" （2）告知义务，限于保险人询问的范围和内容 （3）对询问范围及内容有争议的，保险人负举证责任 （4）人身保险中，体检不免除"如实告知义务" （5）人身保险中，保险人知道体检结果，投保人可不告知相关状况	故意不告知 （1）解除合同 （2）不支付保险金 （3）不退保费，即不赔不退	重大过失未告知 （1）解除合同 （2）不支付保险金 （3）退保费，即不赔要退	（1）明知＋收取保费——不可解除（禁反言） （2）明知＋超过30日——不可解除 （3）合同成立超过2年——不可解除 （4）未告知"概括性条款"——不可解除 （5）保险人未行使合同解除权，不得直接以"未如实告知"为由拒绝赔偿

2. 订立合同时，保险人的提示义务

对保险合同中免除保险人责任的条款，保险人在订立合同时应当在投保单、保险单或者其他保险凭证上作出足以引起投保人注意的提示，并对该条款的内容以书面或者口头形式向投保人作出明确说明；未作提示或者明确说明的，该条款不产生效力。

免责条款		提示	明确说明
减免责条款（免赔额）	提示＋明确说明（未提示或者明确说明，该条款不产生效力）	（1）明显标志提示（以足以引起投保人注意的文字、字体、符号或者其他明显标志作出提示的） （2）通过网络、电话等方式订立的保险合同，保险人可以网页、音频、视频等形式对免除保险人责任条款予以提示和明确说明的	（1）保险人以书面或者口头形式向投保人作出常人能够理解的解释说明的 （2）投保人对保险人履行了明确说明义务，在相关文书上签字、盖章或者以其他形式予以确认的（但另有证据证明保险人未履行明确说明义务的除外） （3）保险人对其履行了说明义务负举证责任
禁止性规定情形，作为免责事由	提示		
不属于免责条款（保险人享有的法定解除合同权的条款）	无须提示与说明		

（三）近因原则

"近因"是指造成保险标的损害的最直接、最有效的原因。在某一保险事故中，保险标的的损失往往是多方面的原因导致的，如果主要的、起决定性作用的原因（即近因）在保险责任范围内，保险人就应承担保险责任。（即只有近因属于保险责任，保险人才承担保险责任）

二、保险合同

保险合同是投保人与保险人约定保险权利义务关系的协议。

（一）保险合同当事人和关系人 ☆☆

1. 保险合同当事人

保险人：保险人又称承保人，是指与投保人订立保险合同，并按照保险合同约定承担赔偿责任或者给付保险金责任的保险公司。

投保人：是指与保险人订立保险合同，并按照保险合同负有支付保险费义务的人。

2. 保险合同关系人

被保险人：是指约定的保险事故可能在其财产或人身上发生的人。

受益人：

（1）即保险金受领人，指由投保人指定的，于保险合同发生时，享有赔偿请求权的人。

（2）只存在人身保险中。

（3）受益人不受有无行为能力及保险利益的限制。

产生	①被保险人可单独指定、单独变更受益人 ②投保人指定、变更受益人时须经被保险人同意。未经被保险人同意，行为无效 ③投保人为其劳动者投保人身保险，只能由被保险人及其近亲属为受益人（劳动者及其近亲属，为受益人） ④被保险人为无民事行为能力人或者限制民事行为能力人的，可以由其监护人指定受益人

变更	投保人或者被保险人变更受益人时： ①变更行为自变更意思表示发出时生效 ②变更受益人未通知保险人的，保险人可主张变更对其不发生效力（未通知不得对抗保险人） ③在保险事故发生后变更受益人，变更后的受益人请求保险人给付保险金的，法院不予支持
受益人约定不明	当事人对保险合同约定的受益人存在争议，除投保人、被保险人在保险合同之外另有约定外，按照以下情形分别处理： ①受益人约定为"法定"或者"法定继承人"的，以民法典继承编规定的法定继承人为受益人 ②受益人仅约定为身份关系，投保人与被保险人为同一主体的，根据保险事故发生时与被保险人的身份关系确定受益人；投保人与被保险人为不同主体的，根据保险合同成立时与被保险人的身份关系确定受益人 ③受益人的约定包括姓名和身份关系，保险事故发生时身份关系发生变化的，认定为未指定受益人

（二）保险合同的成立

一般规则	投保人提出保险要求，经保险人同意承保，保险合同成立
代签字	投保人或者投保人的代理人订立保险合同时没有亲自签字或者盖章，而由保险人或者保险人的代理人代为签字或者盖章的，对投保人不生效。但投保人已经交纳保险费的，视为其对代签字或者盖章行为的追认
代填单	保险人或者保险人的代理人代为填写保险单证后经投保人签字或者盖章确认的，代为填写的内容视为投保人的真实意思表示
保险合同审查期间事故的处理	保险人接受了投保人提交的投保单并收取了保险费，尚未作出是否承保的意思表示，发生保险事故： （1）符合承保条件的，保险人承担保险责任 （2）不符合承保条件的，保险人不承担保险责任，但退还已经收取的保险费 （3）保险人主张不符合承保条件的，应承担举证责任

（三）保险合同其他问题

保险合同的解释	规则1：按照通常理解予以解释 规则2：有利于被保险人和受益人的解释
"保险合同中记载的内容不一致的"，如何处理？	规则1：投保单与保险单或者其他保险凭证不一致的，以投保单为准。但不一致的情形经保险人说明并经投保人同意的，以投保人签收的保险单或者其他保险凭证载明的内容为准 规则2：非格式条款与格式条款不一致的，以非格式条款为准 规则3：保险凭证记载的时间不同的，以形成时间在后的为准 规则4：保险凭证存在手写和打印两种方式的，以双方签字、盖章的手写部分的内容为准

三、保险合同的解除

原则上，保险合同成立后，投保人可以解除合同，保险人不得解除合同，除非有法律明确规定其可以解除的情形。

例外：对于货物运输保险合同以及运输工具航程保险合同，在保险责任开始后，无论是保险人或者投保人（被保险人）均不得解除保险合同。

原则上，保险人不得解除合同，但是，法律另有规定或者合同另有约定者除外。"另有规定"是指投保人或被保险人有下述行为的，保险人可以解除保险合同。

事由	考点：概括而言，当投保人、被保险人一方违反最大诚信义务时，保险人可以解除合同
投保人未如实告知	故意不告知，解除合同，不赔不退；重大过失不告知，解除合同，不赔要退
谎称	未发生保险事故，被保险人或者受益人谎称发生了保险事故，向保险人提出赔偿或者给付保险金请求的，保险人有权解除合同，并不退还保险费 【注意：如果只是编造事故原因、夸大损失程度，保险人对虚报的部分不承担给付保险金责任】
故意制造保险事故	投保人、被保险人故意制造保险事故的，保险人有权解除合同，不退还保险费（但若已经交足2年以上保险费的，保险人应当按照合同约定向其他权利人退还保险单的现金价值）
未尽安全责任	投保人、被保险人未按照约定履行其对保险标的的安全应尽责任的，保险人有权要求增加保险费或者解除合同
危险增加	1. 在合同有效期内，保险标的的危险程度显著增加的，被保险人应当按照合同约定及时通知保险人，保险人可以按照合同约定增加保险费或者解除合同 2. 因保险标的的转让导致危险程度显著增加的，保险人自收到前款规定的通知之日起30日内，可以按照合同约定增加保险费或者解除合同
年龄误保（人保）	投保人申报的被保险人年龄不真实并且真实年龄不符合合同约定的年龄限制的，保险人可以解除合同，保险人按照合同约定退还保险单的现金价值
未缴保费（人身保险）	人身保险中，自合同效力中止之日起满2年双方未达成协议的，保险人有权解除合同

第二节　人身保险合同

一、人身保险合同概述

（一）人身保险合同的概念和特征

概念	人身保险合同是指以人的寿命和身体为保险标的的保险合同，包括人寿保险、健康保险、意外伤害险
特征	1. 保险金定额支付 2. 具有投资储蓄性，保险费不得强制请求 3. 人身保险合同不适用代位求偿规则

（二）死亡保险☆☆☆

投保	1. 投保人不得为无民事行为能力人投死亡保险，父母为其未成年子女投保的不受此限，但死亡给付保险金额不得超过保险监督管理机构规定的限额 2. 未成年人父母之外的其他履行监护职责的人为未成年人订立以死亡为给付保险金条件的合同，除非经过未成年人父母同意，否则无效
保险金额	死亡保险合同未经被保险人同意并认可保险金额的无效，但父母为其未成年子女投保的除外
	被保险人同意并认可保险金额，可以采取书面形式、口头形式或者其他形式；可以在合同订立时作出，也可以在合同订立后追认 有下列情形之一的，应认定为被保险人同意投保人为其订立保险合同并认可保险金额： （1）被保险人明知他人代其签名同意而未表示异议的 （2）被保险人同意投保人指定的受益人的 （3）有证据足以认定被保险人同意投保人为其投保的其他情形
转让及质押的限制	依照以死亡为给付保险金条件的合同所签发的保险单，未经被保险人书面同意，不得转让或质押
宣告死亡	1. 投保人为被保险人订立以死亡为给付保险金条件的人身保险合同，被保险人被宣告死亡后，适用死亡保险的规定
	2. 被保险人被宣告死亡之日在保险责任期间之外，但下落不明之日在保险责任期间之内，要支付保险金
被保险人同意的撤销	被保险人以书面形式通知保险人和投保人撤销其同意并认可保险金额意思表示的，可认定为保险合同解除

二、年龄误保的特殊规则

年龄误保，简要言之，就是投保人申报的被保险人年龄不真实。

	年龄误保＋真实年龄不可保	年龄误保＋真实年龄可保
保险合同的处理	1. 原则：保险人可以解除合同	保险人不可解除
	2. 例外：即不可解除的情形（2年和不可抗辩条款） （1）明知＋收取保费 （2）明知＋超过30日 （3）自合同成立之日起超过2年	
保费的处理	1. 不退保费 2. 保险人按照合同约定退还保险单的现金价值	多退少补： （1）投保人申报的被保险人年龄不真实，致使投保人支付的保险费少于应付保险费的，保险人有权更正并要求投保人补交保险费，或者在给付保险金时按照实付保险费与应付保险费的比例支付 （2）投保人申报的被保险人年龄不真实，致使投保人支付的保险费多于应付保险费的，保险人应当将多收的保险费退还投保人

三、人身保险保险费及其缴纳☆☆☆

人身保险合同约定分期支付保险费，投保人支付首期保险费后，到期未支付当期保费的，除合同另有约定外，按照以下规则处理。

宽限期	（自保险人催告之日起 30 日内，或超过约定之日起 60 日内，为宽限期） 宽限期发生保险事故，保险人给付保险金，但可以扣减欠交的保费，宽限期合同恢复效力，无限制
中止期	（催告之日起超过 30 日未支付，或超约定期 60 日未支付当期保费→2 年内） 1. 中止期发生的保险事故，保险人不负保险责任 2. 中止期内，投保人提出复效申请且具有可保证明，并同意补交保费，保险人不得拒绝复效 3. 30 日内未明确拒绝，同意复效 4. 在复效期间，保费到位，保险合同自投保人补交保险费之日恢复效力，保险人要求投保人补交相应利息的，法院应予支持
中止之日起满 2 年	自合同效力中止之日起 2 年内双方未达成协议的，保险人有权解除合同，应当按照合同约定退还保险单的现金价值

四、人身保险保险金给付、继承☆

原则	保险金首先应当支付给受益人
例外：保险金作为被保险人的遗产的情况	被保险人死亡后，有下列情形之一的，保险金作为被保险人的遗产，由保险人依照民法典继承编的规定履行给付保险金的义务： （1）没有指定受益人，或者受益人指定不明无法确定的 （2）受益人先于被保险人死亡，没有其他受益人的 （3）受益人依法丧失受益权或者放弃受益权，没有其他受益人的 受益人与被保险人在同一事件中死亡，且不能确定死亡先后顺序的，推定受益人死亡在先
和第三人的关系	1. 被保险人因第三人发生保险事故的，保险人向被保险人或受益人给付保险金后，不享有向第三者追偿的权利 2. 保险事故发生后，被保险人或者受益人起诉保险人，保险人不得以被保险人或者受益人未要求第三者承担责任为由抗辩
保险金请求权可转让	保险事故发生后，受益人可将与本次保险事故相对应的全部或部分保险金请求权转让给第三人。但根据合同性质、当事人约定或者法律规定不得转让的除外

五、自杀、故意犯罪的处理☆☆

（一）自杀

合同成立 2 年内	以被保险人死亡为给付保险金条件的合同，自合同成立或者合同效力恢复之日起 2 年内，被保险人自杀的，保险人不承担给付保险金的责任。保险人应当按照合同约定退还保单的现金价值
	被保险人自杀时为无民事行为能力人的，给付保险金

合同成立满2年	2年后被保险人自杀的，保险人应当按照合同约定承担保险金支付责任
举证责任	1. 保险人以被保险人自杀为由拒绝承担给付保险金责任的，保险人负举证责任
	2. 受益人或者被保险人的继承人以被保险人自杀时无民事行为能力为由抗辩的，由其承担举证责任

（二）故意犯罪

投保人故意犯罪	1. 投保人故意造成被保险人死亡、伤残或者疾病的，保险人不承担给付保险金的责任 2. 但投保人已经交足2年以上保险费的，保险人应当按照合同约定向其他享有权利的人退还保险单的现金价值
被保险人故意犯罪	被保险人故意犯罪或者抗拒依法采取的刑事强制措施导致其伤残或者死亡的，保险人不承担给付保险金的责任。投保人已交足2年以上保险费的，保险人应当按照合同约定退还保险单的现金价值 1. 保险人主张不承担给付保险金责任的，应当证明被保险人的死亡、伤残结果与其实施的故意犯罪或者抗拒依法采取的刑事强制措施的行为之间存在因果关系 2. 被保险人在羁押、服刑期间因意外或者疾病造成伤残或者死亡，保险人不得主张根据被保险人故意犯罪的规定不承担给付保险金责任
受益人故意犯罪	受益人故意造成被保险人死亡、伤残或者疾病的，或者故意杀害被保险人未遂的，该受益人丧失受益权

六、人身保险投保人解除保险合同

1. 投保人解除合同的，保险人应当自收到解除合同通知之日起30内，按照合同约定退还保险单的现金价值
2. 投保人解除保险合同，无须经被保险人或受益人同意，但被保险人或者受益人已向投保人支付相当于保险单现金价值的款项并通知保险人的除外
3. 保险合同解除时，投保人与被保险人、受益人为不同主体，被保险人或者受益人要求退还保险单的现金价值的，人民法院不予支持，但保险合同另有约定的除外
4. 投保人故意造成被保险人死亡、伤残或者疾病，保险人退还保险单的现金价值的，其他权利人按照被保险人、被保险人继承人的顺序确定

第三节 财产保险合同

一、财产保险合同

（一）概念和特征

财产保险合同是以财产及其有关利益为保险标的的保险合同，包括财产损失保险、责任保险、信用保险、保证保险

特征	1. 财产保险合同是一种填补损失的合同 （1）超额保险：超过部分无效 （2）不足额保险：按比例赔付，即保险金额/保险价值 2. 财产保险合同实行保险责任限定制度 3. 财产保险实行保险代位的原则

（二）费用承担

下列费用及损失赔偿金，由保险人负担。

施救费用	勘察费用	仲裁、诉讼费用
保险事故发生后，被保险人为防止或者减少保险标的的损失所支付的必要的、合理的费用	保险人、被保险人为查明和确定保险事故的性质、原因和损失程度所支付的必要的、合理的费用	责任保险的被保险人因给第三者造成损害的保险事故而被提起仲裁或者诉讼的，被保险人支付的仲裁或者诉讼费用以及其他必要的、合理的费用

二、保险标的的转让

（一）保险标的的转让☆

权利、义务继承	1. 保险标的的受让人承继被保险人的权利和义务 2. 保险标的已经交付受让人，但尚未办理所有权变更登记，承担保险标的的毁损灭失风险的受让人，可主张行使被保险人的权利
通知义务	被保险人或者受让人应当及时通知保险人，但货物运输保险合同和另有约定的合同除外
	向保险人发出保险标的的转让通知后，保险人作出答复前，发生保险事故，按照保险合同承担赔偿保险金的责任
危险显著增加	因保险标的的转让导致危险程度显著增加的，保险人自收到通知之日起 30 日内，可以按照合同约定增加保费或者解除合同
免责情形	保险人已向投保人提示和明确说明，保险标的的转让后，未向受让人提示或者明确说明，保险人的免责条款仍然生效
	被保险人、受让人未履行通知义务，因转让导致保险标的的危险程度显著增加而发生的保险事故，保险人无须承担赔偿保险金的责任

（二）受损标的物的权利转移

1. 保险事故发生后，保险人已支付了全部的保险金额，并且保险金额等于保险价值的，受损保险标的的全部权利归于保险人。

2. 保险金额低于保险价值的，保险人按照保险金额与保险价值的比例取得受损保险标的的部分权利。

三、重复保险制度

概念	重复保险，是指投保人对同一保险标的、同一保险利益、同一保险事故分别向 2 个以上保险人订立保险合同的保险，且保险金额总和超过保险价值的保险
赔付原则	分摊原则，各保险人按照比例清偿，各保险人赔付的总额不超过保险价值 赔偿比例＝保险金额/保险金额总和

四、代位求偿权☆☆☆

代位求偿权是指财产保险中保险人赔偿被保险人的损失后，可以取得在其赔付保险金的限度内，要求被保险人转让其对造成损失的第三人享有的追偿的权利。

1. 代位求偿权仅适用于第三人的行为引起的财产保险事故。【第三人引起＋财产保险＋保险人已支付保险金】

2. 行使规则

（1）保险事故是由第三人的行为引起的，包括被保险人因第三者侵权或者违约享有的请求赔偿的权利。

（2）保险人已向被保险人支付保险赔偿。

（3）保险人行使代位求偿权的数额以给付的保险金额为限，对于超过保险人已支付的保险金额以外的部分，保险人无权要求第三人赔偿，求偿权仍由被保险人所享有。

（4）第三人（加害人）的范围有限制，除被保险人的家庭成员或者其组成人员故意造成保险法规定的保险事故外，保险人不得对被保险人的家庭成员或者其组成人员行使代位请求赔偿的权利。投保人造成保险事故，保险人可代位行使被保险人对投保人请求赔偿的权利，但法律另有规定或者保险合同另有约定的除外。

3. 保险人获得代位权后的通知规则

（1）未通知或者通知到达第三者前，第三者（在保险人赔偿范围内）已经向被保险人作出赔偿，保险人无代位权，被保险人返还保险金。

（2）已经通知第三者，第三者又向被保险人作出赔偿，保险人可以主张代位权。

4. 被保险人放弃向第三者的求偿权

（1）保险合同订立前，被保险人放弃，保险人就相应部分（放弃部分）无代位权。

（注意：保险合同订立时，保险人询问是否放弃，投保人未如实告知，导致保险人不能行使代位权，则被保险人返还保险金，但保险人知道或者应当知道上述情形仍统一承保的除外）

（2）事故发生后，保险人赔偿前，被保险人放弃的，保险人就放弃部分不承担赔偿责任；保险人赔偿后，被保险人放弃的，该放弃行为无效。

5. 代位权诉讼

（1）原告

①保险人以自己名义行使代位权。

②如果被保险人已经向第三者提起诉讼，保险人可申请变更当事人。被保险人同意的法院应予准许，保险人为原告；被保险人不同意的，保险人作为共同原告。

（2）诉讼时效：自取得代位权之日起计算。

（3）管辖法院：依被保险人与第三者之间的关系确定。

五、责任保险合同☆☆

概念	责任保险是指以被保险人依法对第三者应负的赔偿责任为保险标的的保险，所以又称为第三者责任保险。
特征	1. 保险人承担被保险人的赔偿责任 2. 责任保险的标的为一定范围内的侵权损害赔偿责任，非损害赔偿责任不能作为责任保险的标的 3. 责任保险不能及于被保险人的人身或财产，即责任保险是为第三人的利益而订立的保险合同 4. 保险最高限额给付
范围	赔偿责任、费用
直接赔付规则	1. 保险人依照法律的规定或者合同的约定直接向该第三者赔偿保险金 2. 责任保险的被保险人给第三者造成损害，被保险人对第三者应负的赔偿责任确定的①，根据被保险人的请求，保险人应当直接向该第三者赔偿保险金。被保险人怠于请求的②，第三者有权就其应获赔偿部分直接向保险人请求赔偿保险金
先行赔付规则	责任保险的保险人在被保险人向第三者赔偿之前向被保险人赔偿保险金，第三者行使保险金请求权时，保险人以其已向被保险人赔偿为由拒绝赔偿保险金的，人民法院不予支持。保险人向第三者赔偿后，请求被保险人返还相应保险金的，人民法院应予支持
共同侵权的处理	责任保险的被保险人因共同侵权依法承担连带责任，保险人以该连带责任超出被保险人应承担的责任份额为由，拒绝赔付保险金的，人民法院不予支持 保险人承担保险责任后，主张就超出被保险人责任份额的部分向其他连带责任人追偿的，人民法院应予支持
诉讼时效	商业责任险的被保险人向保险人请求赔偿保险金的诉讼时效期间，自被保险人对第三者应负的赔偿责任确定之日起计算

---

① "应付赔偿责任确定"的情形：《保险法司法解释（四）》第 14 条规定，具有下列情形之一的，被保险人可以依照保险法第 65 条第 2 款的规定请求保险人直接向第三者赔偿保险金：

(1) 被保险人对第三者所负的赔偿责任经人民法院生效裁判、仲裁裁决确认；

(2) 被保险人对第三者所负的赔偿责任经被保险人与第三者协商一致；

(3) 被保险人对第三者应负的赔偿责任能够确定的其他情形。

前款规定的情形下，保险人主张按照保险合同确定保险赔偿责任的，人民法院应予支持。

② "被保险人怠于请求"的认定：《保险法司法解释（四）》第 15 条规定，被保险人对第三者应负的赔偿责任确定后，被保险人不履行赔偿责任，且第三者以保险人为被告或者以保险人与被保险人为共同被告提起诉讼时，被保险人尚未向保险人提出直接向第三者赔偿保险金的请求的，可以认定为属于保险法第 65 条第 2 款规定的"被保险人怠于请求"的情形。

经 济 法

第一章

竞争法

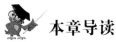**本章导读**

　　本章主要从反垄断与反不正当竞争两个方面介绍了为维护正常的竞争秩序而对市场主体的竞争行为进行规制的法律规范。本章所规制的市场行为存在着一定的重合，即垄断属于广义的不正当竞争行为的一部分，但反垄断法所规制的行为并非全部包括在反不正当竞争法之中。在理论上需从行为的性质、认定标准等角度来进行区分。本章是经济法中的重要部门法，每年分值1—3分，分值不高。近年的出题越来越灵活，考点也比较刁钻，应引起大家的高度关注。

第一节　反垄断法

一、垄断协议☆☆

（一）垄断协议的认定

概念	垄断协议，是指排除、限制竞争的协议、决定或者其他协同行为
主体	经营者、行业协会
内容	排除、限制竞争

类型	[横向垄断] 禁止具有竞争关系的经营者达成下列垄断协议	(1) 固定或者变更商品价格 (2) 限制商品的生产数量或者销售数量 (3) 分割销售市场或者原材料采购市场 (4) 限制购买新技术、新设备或者限制开发新技术、新产品 (5) 联合抵制交易 (6) 国务院反垄断执法机构认定的其他垄断协议
	[纵向垄断] 禁止经营者与交易相对人达成下列垄断协议	(1) 固定向第三人转售商品的价格 (2) 限定向第三人转售商品的最低价格 (3) 国务院反垄断执法机构认定的其他垄断协议

（二）垄断协议的豁免情形（经营者证明）

1. 合理化	为改进技术、研究开发新产品的
2. 标准化、专业化	为提高产品质量、降低成本、增进效率，统一产品规格、标准或者实行专业化分工的
3. 中小企业	为提高中小经营者经营效率，增强中小经营者竞争力的
4. 环保救灾	为实现节约能源、保护环境、救灾救助等社会公共利益的
5. 不景气	因经济不景气，为缓解销售量严重下降或者生产明显过剩的
6. 进出口	为保障对外贸易和对外经济合作中的正当利益的
7. 法律和国务院规定的其他情形	
1～5项的经营者还应当证明所达成的协议不会严重限制相关市场的竞争，并且能够使消费者分享由此产生的利益	

（三）法律责任

民事责任	1. 经营者实施垄断行为，给他人造成损失的，依法承担民事责任 2. 达成的垄断协议的合同内容、行业协会的章程等违反反垄断法或者其他法律、行政法规的强制性规定的，法院应认定为无效
行政责任	1. 经营者： (1) 达成并实施：责令停止违法行为、没收违法所得并罚款（上一年度销售额1%以上10%以下的罚款） (2) 达成未实施：可罚（可以处50万元以下的罚款） (3) 宽容条款：主动报告情况并提供重要证据，可以酌情减轻或者免除对该经营者的处罚 2. 行业协会：行业协会违反本法规定，组织本行业的经营者达成垄断协议的，反垄断执法机构可以处50万元以下的罚款；情节严重的，社会团体登记管理机关可以依法撤销登记
刑事责任	我国反垄断法没有与刑法衔接追究垄断行为的刑事责任的条款，自然也没有关于追究垄断协议的刑事责任的规定。但这并不等于我国所有的垄断协议行为都不会承担刑事责任

二、滥用市场支配地位☆☆

（一）市场支配地位的认定与推定

概念	市场支配地位，是指经营者在相关市场内具有能够控制商品价格、数量或者其他交易条件，或者能够阻碍、影响其他经营者进入相关市场能力的市场地位
认定因素	"以市场份额为主、兼顾反映企业综合经济实力的其他因素"的认定标准
推定制度	（一般规定）有下列情形之一的，可以推定经营者具有市场支配地位： （1）一个经营者在相关市场的市场份额达到1/2的 （2）两个经营者在相关市场的市场份额合计达到2/3的 （3）三个经营者在相关市场的市场份额合计达到3/4的 （例外规定）有前款第（2）项、第（3）项规定的情形，其中有的经营者市场份额不足1/10的，不应当推定该经营者具有市场支配地位 （反证规定）被推定具有市场支配地位的经营者，有证据证明不具有市场支配地位的，不应当认定其具有市场支配地位

（二）滥用市场支配地位的行为

滥用市场支配地位的行为	1. 以不公平的高价销售商品或者以不公平的低价购买商品 2. 没有正当理由，以低于成本的价格销售商品 3. 没有正当理由，拒绝与交易相对人进行交易 4. 没有正当理由，限定交易相对人只能与其进行交易或只能与其指定的经营者进行交易 5. 没有正当理由搭售商品，或者在交易时附加其他不合理的交易条件 6. 没有正当理由，对条件相同的交易相对人在交易价格等交易条件上实行差别待遇 7. 国务院反垄断执法机构认定的其他滥用市场支配地位的行为
举证责任	原告应当对被告在相关市场具有支配地位和其滥用市场支配地位承担举证责任

（三）法律责任

行政责任	停止违法行为、没收违法所得并罚款（上一年度销售额1%以上10%以下的罚款）
民事责任	被告承担停止侵害、赔偿损失的民事责任，原告因调查制止垄断行为所支付的合理开支计入损失赔偿范围

三、经营者集中☆

（一）经营者集中的认定与申报

概念	经营者集中是指两个或两个以上企业以一定的方式或手段所形成的企业间的资产、营业和人员的整合
类型	1. 经营者合并 2. 经营者通过取得股权或者资产的方式获得对其他经营者的控制权 3. 经营者通过合同等方式获得对其他经营者的控制权或者能够对其他经营者施加决定性影响

申报制度	1. 事先申报制度 2. 申报标准（国务院规定）
申报的例外	1. 已经形成控制与被控制关系的经营者之间的集中 2. 受同一经营者控制的经营者集中

（二）经营者集中的审查

初步审查	概念	是指国务院反垄断执法机构对经营者拟实施的集中依法所进行的第一次审查
	期限	初步审查的期限为国务院反垄断执法机构收到申请文件、资料之日起 30 日内。如果经营者提交的文件、资料不完备的，则应当在规定的期限内补交文件、资料，初步期限自经营者补交文件、资料之日起计算
	决定	(1) 通过审查，可以实施集中 (2) 实施进一步审查的决定
进一步审查	概念	是指国务院反垄断执法机构对没有通过初步审查的经营者集中案进行的第二次审查
	期限	进一步审查的期限分为两种情况： (1) 一般期限：指国务院反垄断执法机构作出实施进一步审查决定之后，对经营者集中申报实施进一步审查并作出决定的期限。该期限为 90 日，自作出实施进一步审查的决定之日起计算 (2) 延长期限，当法定情形出现时，国务院反垄断执法机构可以在一般审查期限之外，延长进一步审查的期限。但延长的期限最长不得超过 60 日，且应当书面通知经营者
审查结果		禁止集中，不予禁止，附条件的不予禁止
审查期间，经营者不得实施集中		

（三）法律责任

法律责任	行政责任	1. 责令停止实施集中	适用于已经开始实施集中但尚未完成的情况
		2. 责令限期处分股份或者资产、限期转让营业	针对已经完成的违法经营者集中，必须采取相应的措施，恢复到经营者集中前的状态
		3. 罚款	在采取有效措施使违法实施的经营者集中恢复到集中前状态的同时，国务院反垄断执法机构还可以根据情况，对违法实施集中的经营者处 50 万元以下的罚款
	民事责任	经营者实施垄断行为，给他人造成损失的，依法承担民事责任	
救济	复议前置	对反垄断执法机构作出的禁止集中和附加限制性条件决定不服的，可以先依法申请行政复议；对行政复议决定不服的，可以依法提起行政诉讼	

四、滥用行政权力排除、限制竞争行为☆

（一）滥用行政权力排除、限制竞争行为

概念	行政机关和法律、法规授权的具有管理公共事务职能的组织不得滥用行政权力，限定或者变相限定单位或者个人经营、购买、使用其指定的经营者提供的商品

行为	1. 限制商品在地区间自由流通	（1）对外地商品设定歧视性收费项目、实行歧视性收费标准，或者规定歧视性价格 （2）对外地商品规定与本地同类商品不同的技术要求、检验标准，或者对外地商品采取重复检验、重复认证等歧视性技术措施，限制外地商品进入本地市场 （3）采取专门针对外地商品的行政许可，限制外地商品进入本地市场 （4）设置关卡或者采取其他手段，阻碍外地商品进入或者本地商品运出 （5）妨碍商品在地区之间自由流通的其他行为
	2. 排斥或者限制外地经营者参加本地的招标投标活动	
	3. 排斥或限制外地经营者投资或设立分支机构	
	4. 强制交易	限定或者变相限定单位或者个人经营、购买、使用其指定的经营者提供的商品
	5. 强制经营者实施危害竞争的垄断行为	
	6. 制定含有限制竞争内容的行政法规、行政命令等	

（二）法律责任

对违法机构的行政问责	上级机关责令改正，对直接负责的主管人员和其他直接责任人员依法给予处罚 反垄断执法机构可以向有关上级机关提出依法处理的建议

五、反垄断调查机制☆

反垄断执法机构①	中央	组建国家市场监督管理总局，作为国务院直属机构，负责反垄断执法工作
	地方	国务院反垄断执法机构根据工作需要，可以授权省级政府相应的机构，负责有关反垄断执法工作
调查的中止、终止和恢复	中止调查	经营者承诺改正
	终止调查	经营者履行承诺，并且消除了垄断后果
	恢复调查	（1）经营者未履行承诺 （2）作出中止调查所依据的事实发生了重大变化 （3）中止调查的决定是基于经营者提供的不完整或者不真实的信息作出的
诉讼管辖		第一审垄断民事纠纷案件，由省、自治区、直辖市人民政府所在地的市、计划单列市中级人民法院以及最高人民法院指定的中级人民法院管辖。经最高人民法院批准，基层人民法院可以管辖第一审垄断民事纠纷案件

第二节 反不正当竞争法

经营者在生产经营活动中，应当遵循自愿、平等、公平、诚信的原则，遵守法律和商业道德。

---

① 反垄断委员会并非反垄断执法机构，其主要职责为组织、协调、指导。具体职责包括：第一，研究拟定有关竞争政策；第二，组织调查、评估市场总体竞争状态，发布评估报告；第三，制定、发布反垄断指南；第四，协调反垄断执法工作；第五，国务院规定的其他职责。

一、商业混淆行为☆☆☆

主体	从事市场交易活动的经营者
行为	经营者不得实施下列混淆行为，引人误认为是他人商品或者与他人存在特定联系： （1）擅自使用与他人有一定影响的商品名称、包装、装潢等相同或者近似的标识 （2）擅自使用他人有一定影响的企业名称（包括简称、字号等）、社会组织名称（包括简称等）、姓名（包括笔名、艺名、译名等） （3）擅自使用他人有一定影响的域名主体部分、网站名称、网页等 （4）其他足以引人误认为是他人商品或者与他人存在特定联系的混淆行为

二、商业贿赂行为☆

规则	经营者不得采用财物或者其他手段贿赂下列单位或者个人，以谋取交易机会或者竞争优势： （1）交易相对方的工作人员 （2）受交易相对方委托办理相关事务的单位或者个人 （3）利用职权或者影响力影响交易的单位或者个人
与正常折扣、佣金的区别	经营者在交易活动中，可以以明示方式向交易相对方支付折扣，或者向中间人支付佣金。经营者向交易相对方支付折扣、向中间人支付佣金的，应当如实入账。接受折扣、佣金的经营者也应当如实入账
反证	经营者的工作人员进行贿赂的，应当认定为经营者的行为；但是，经营者有证据证明该工作人员的行为与为经营者谋取交易机会或者竞争优势无关的除外

三、虚假宣传行为☆☆

1. 经营者不得对其商品的性能、功能、质量、销售状况、用户评价、曾获荣誉等作虚假或者引人误解的商业宣传，欺骗、误导消费者。

2. 经营者不得通过组织虚假交易等方式，帮助其他经营者进行虚假或者引人误解的商业宣传。

四、侵犯商业秘密的行为☆

概念	商业秘密是指，不为公众所知悉、具有商业价值并经权利人采取相应保密措施的技术信息和经营信息	
行为	经营者不得实施下列侵犯商业秘密的行为： （1）以盗窃、贿赂、欺诈、胁迫或者其他不正当手段获取权利人的商业秘密 （2）披露、使用或者允许他人使用以前项手段获取的权利人的商业秘密 （3）违反约定或者违反权利人有关保守商业秘密的要求，披露、使用或者允许他人使用其所掌握的商业秘密 （4）教唆、引诱、帮助他人违反保密义务或者违反权利人有关保守商业秘密的要求，获取、披露、使用或者允许他人使用权利人的商业秘密	
	第三人明知或者应知商业秘密权利人的员工、前员工或者其他单位、个人实施前款所列违法行为，仍获取、披露、使用或者允许他人使用该商业秘密的，视为侵犯商业秘密	
例外	自主研发	
	反向工程	

五、不正当有奖销售☆

主体	不正当有奖销售的主体为经营者。有关机构、团体经政府和政府有关部门批准的有奖募捐及其彩票发售活动不适用本规定
行为	经营者进行有奖销售不得存在下列情形： （1）所设奖的种类、兑奖条件、奖金金额或者奖品等有奖销售信息不明确，影响兑奖 （2）采用谎称有奖或者故意让内定人员中奖的欺骗方式进行有奖销售 （3）抽奖式的有奖销售，最高奖的金额超过 5 万元

六、诋毁商誉的行为☆

经营者不得编造、传播虚假信息或者误导性信息，损害竞争对手的商业信誉　商品声誉	
主体	1. 有竞争关系的经营者 2. 经营者利用新闻媒体诋毁其他经营者的商誉时，新闻单位被利用和被唆使的，仅构成一般的侵害他人名誉权行为，而非不正当竞争行为
行为	编造、传播行为
主观	故意
对象	针对一个或者多个特定竞争对手。如果捏造、散布的虚假事实不能与特定的经营者联系，商誉主体的权利便不会受到侵害

七、互联网不正当竞争行为☆☆

经营者不得利用技术手段，通过影响用户选择或者其他方式，实施下列妨碍、破坏其他经营者合法提供的网络产品或者服务正常运行的行为。

1. 未经其他经营者同意，在其合法提供的网络产品或者服务中，插入链接、强制进行目标跳转。

2. 误导、欺骗、强迫用户修改、关闭、卸载其他经营者合法提供的网络产品或者服务。

3. 恶意对其他经营者合法提供的网络产品或者服务实施不兼容。

4. 其他妨碍、破坏其他经营者合法提供的网络产品或者服务正常运行的行为。

八、民事赔偿

一般行为	1. 按照经营者因被侵权所受到的实际损失确定 2. 实际损失难以计算的，按照侵权人因侵权所获得的利益确定 3. 经营者恶意实施侵犯商业秘密行为，情节严重的，可以在按照上述方法确定数额的 1 倍以上 5 倍以下确定赔偿数额 4. 赔偿数额还应当包括经营者为制止侵权行为所支付的合理开支
法定赔偿	经营者因实施"混淆行为、侵犯商业秘密"不正当竞争行为，权利人因被侵权所受到的实际损失、侵权人因侵权所获得的利益难以确定的，由法院根据侵权行为的情节判决给予权利人 500 万元以下的赔偿

第二章

消费者法

 **本章导读**

本章主要包括三部法律：《消费者权益保护法》《产品质量法》《食品安全法》，是经济法中的重要部门法，每年分值 6 分左右。近年的出题比较灵活，把不同的考点放在一道题中进行考查。在复习中应注意比较不同知识点。

第一节　消费者权益保护法

一、消费者权益保护法调整的对象

生活消费	消费者为生活消费需要购买、使用商品或者接受服务，其权益受消法保护
农业生产资料	农民购买、使用直接用于农业生产的生产资料，参照消法执行

二、消费者权利与经营者义务

（一）消费者权利

消费者权利包括：安全保障权；知悉真情权；自主选择权；公平交易权；依法求偿权；依法结社权；受教获知权；维护尊严权；监督批评权；个人信息权。

（二）经营者的义务☆☆

1. 保证商品和服务的安全的义务

（1）经营者应当保证其提供的商品或者服务符合保障人身、财产安全的要求

| | （2）宾馆、商场、银行、车站、娱乐场所等公共场所的管理人或者群众性活动的组织者，未尽到安全保障义务，造成他人损害的，应当承担侵权责任 |
| | （3）因第三人的行为造成他人损害的，由第三人承担侵权责任；管理人或者组织者未尽到安全保障义务的，承担相应的补充责任 |

2. 经营者的召回义务

（1）经营者发现其提供的商品或者服务存在缺陷，有危及人身、财产安全危险的，应当立即向有关行政部门报告和告知消费者，并采取停止销售、警示、召回、无害化处理、销毁、停止生产或者服务等措施。

（2）有关行政部门发现并认定经营者提供的商品或者服务存在缺陷，有危及人身、财产安全危险的，应当立即责令经营者采取停止销售、警示、召回、无害化处理、销毁、停止生产或者服务等措施。

（3）采取召回措施的，经营者应当承担消费者因商品被召回支出的必要费用。

3. 保证质量的义务

| 一般商品 | 经营者要保证在正常使用商品或者接受服务的情况下其提供的商品或者服务应当具有的质量、性能、用途和有效期限；但消费者在购买该商品或者接受该服务前已经知道其存在瑕疵，且存在该瑕疵不违反法律强制性规定的除外 |
| 耐用品 | 经营者提供的耐用商品或者装饰装修等服务，消费者自接受商品或者服务之日起 6 个月内发现瑕疵，发生争议的，由经营者承担有关瑕疵的举证责任 |

4. 一般退货义务

（1）经营者提供的商品或者服务不符合质量要求的，消费者可以依照国家规定、当事人约定退货，或者要求经营者履行更换、修理等义务。

（2）没有国家规定和当事人约定的，消费者可以自收到商品之日起 7 日内退货。

（3）7 日后符合法定解除合同条件的，消费者可以及时退货，不符合法定解除合同条件的，可以要求经营者履行更换、修理等义务。

（4）依照前款规定进行退货、更换、修理的，经营者应当承担运输等必要费用。

5. 无理由退货义务

原则	经营者采用网络、电视、电话、邮购等方式销售商品，消费者有权自收到商品之日起 7 日内退货，且无须说明理由
例外	但下列商品除外： （1）消费者定作的 （2）鲜活易腐的 （3）在线下载或者消费者拆封的音像制品、计算机软件等数字化商品 （4）交付的报纸、期刊 （5）除前款所列商品外，其他根据商品性质并经消费者在购买时确认不宜退货的商品，不适用无理由退货
邮费	消费者退货的商品应当完好。经营者应当自收到退回商品之日起 7 日内返还消费者支付的商品价款。退回商品的运费由消费者承担；经营者和消费者另有约定的，按照约定

6. 正确使用格式条款的义务

提示说明义务	经营者在经营活动中使用格式条款的,应当以显著方式提请消费者注意商品或者服务的数量和质量、价款或者费用、履行期限和方式、安全注意事项和风险警示、售后服务、民事责任等与消费者有重大利害关系的内容,并按照消费者的要求予以说明
禁止滥用格式条款的义务	经营者不得以格式条款、通知、声明、店堂告示等方式,作出排除或者限制消费者权利、减轻或者免除经营者责任、加重消费者责任等对消费者不公平、不合理的规定,不得利用格式条款并借助技术手段强制交易。违反此义务的,其条款无效

7. 禁止泄露消费者信息

（1）收集、使用消费者的个人信息时应合法、正当、必要。

（2）明示、经本人同意。

（3）严格保密。

（4）禁发垃圾信息。

（5）必须承担法律后果。

8. 其他义务

（1）经营者应当标明其真实名称和标记;租赁他人柜台或者场地的经营者,应当标明其真实名称和标记。

（2）消费者索要发票等购货凭证或者服务单据的,经营者必须出具。

（3）不得单方作出对消费者不利规定的义务。

（4）提供真实信息的义务,不得作虚假或者引人误解的宣传。

三、争议的解决 ☆☆

（一）一般规定

违约责任	1. 消费者购买产品或接受服务,合法权益受到侵害的,可以找销售者或服务提供者要求赔偿 2. 销售者或服务者赔偿后,属于生产者的责任或者属于向销售者提供商品的其他销售者的责任的,销售者有权向生产者或者其他销售者追偿
侵权责任	1. 消费者或者其他受害人因商品缺陷造成人身、财产损害的,可以向销售者要求赔偿,也可以向生产者要求赔偿 2. 属于生产者责任的,销售者赔偿后,有权向生产者追偿。属于销售者责任的,生产者赔偿后,有权向销售者追偿

（二）网站消费纠纷 ☆

1. 可以向销售者或者服务者要求赔偿。

2. 网络交易平台提供者不能提供销售者或者服务者的真实名称、地址和有效联系方式的,消费者也可以向网络交易平台提供者要求赔偿。

3. 网络交易平台提供者作出更有利于消费者的承诺的,应当履行承诺。网络交易平台提供者赔偿后,有权向销售者或者服务者追偿。

4. 网络交易平台提供者明知或者应知销售者或者服务者利用其平台侵害消费者合法权益，未采取必要措施的，依法与该销售者或者服务者承担连带责任。

（三）虚假广告消费纠纷

1. 消费者因经营者利用虚假广告或者其他虚假宣传方式提供商品或者服务，其合法权益受到损害的，可以向经营者要求赔偿。广告经营者、发布者不能提供经营者的真实名称、地址和有效联系方式的，应当承担赔偿责任。

2. 广告经营者、发布者发布虚假广告的，消费者可以请求行政主管部门予以惩处。

3. 广告经营者、发布者设计、制作、发布关系消费者生命健康商品或者服务的虚假广告，造成消费者损害的，应当与提供该商品或者服务的经营者承担连带责任。

4. 社会团体或者其他组织、个人在关系消费者生命健康商品或者服务的虚假广告或者其他虚假宣传中向消费者推荐商品或者服务，造成消费者损害的，应当与提供该商品或者服务的经营者承担连带责任。

四、违反消费者权益保护法的法律责任☆☆

1.	经营者提供商品或者服务有欺诈行为	增加赔偿的金额为消费者购买商品的价款或者接受服务的费用的 3 倍；增加赔偿的金额不足 500 元的，为 500 元。法律另有规定的，依照其规定
2.	经营者明知商品或者服务存在缺陷，仍然向消费者提供，造成消费者或者其他受害人死亡或者健康严重损害	受害人有权要求经营者赔偿损失，并有权要求所受损失 2 倍以下的惩罚性赔偿
		赔偿损失包括：（1）医疗费、护理费、交通费等为治疗和康复支出的合理费用；（2）因误工减少的收入；（3）残疾生活辅助具费和残疾赔偿金；（4）丧葬费和死亡赔偿金
3.	经营者有侮辱诽谤、搜查身体、侵犯人身自由等侵害消费者或者其他受害人人身权益的行为，造成严重精神损害的，受害人可以要求精神损害赔偿	

第二节　产品质量法

一、适用范围

适用对象	经加工、制作，用于销售的产品
不适用对象	天然物品、非销售物品、建设工程（建设工程所用材料适用本法）、军工产品（军工企业生产的民用产品，适用本法）

二、质量瑕疵担保责任

1. 承担违约责任的方式：修理、更换、退货。
2. 对已告知的瑕疵，销售者可以免责。

三、产品责任☆

对象	必须是"缺陷"产品
对外责任	受害人可以向生产者要求赔偿，也可以向销售者要求赔偿
对内责任	生产者： （1）无过错责任 （2）免责事由 ①未将产品投入流通的 ②投入流通的，引起损害的缺陷不存在的 ③投入流通时科学技术水平尚不能发现缺陷的存在的 （3）产品投入流通后发现存在缺陷的，生产者、销售者应当及时采取警示、召回等补救措施。未及时采取补救措施或者补救措施不力造成损害的，应当承担侵权责任
	销售者：过错责任 （1）因销售者的过错使产品存在缺陷，造成他人损害的，销售者应当承担侵权责任 （2）销售者不能指明缺陷产品的生产者也不能指明缺陷产品的供货者，销售者应当承担侵权责任
	社会团体、社会中介机构对产品质量作出承诺、保证，而该产品又不符合其承诺、保证的质量要求，给消费者造成损失的，与产品的生产者、销售者承担连带责任
时效	"损害赔偿请求权"的消灭时效为10年。因产品存在缺陷造成损失要求赔偿的请求权，在造成损害的缺陷产品交付最初消费者满10年丧失；但是，尚未超过明示的安全使用期的除外

第三节　食品安全法

一、适用范围

食品安全法适用范围	食品及食品生产经营相关
	食品包括： （1）食用或饮用的成品和原料 （2）既是食品又是中药材的物品，但是不包括以治疗为目的的物品
本法不适用对象	食用农产品（如大米）质量安全管理，不适用食品安全法，但是食用农产品的质量安全标准，公布食用农产品安全有关信息，应当遵守食品安全法规定（质量安全由农产品质量安全法规定）
标签、说明书	1. 不得含有虚假内容，不得涉及疾病预防、治疗功能 2. 食品和食品添加剂与标签、说明书的内容不符，不得上市销售 3. 散装食品要标识 4. 转基因食品强制标示。生产经营转基因食品应当按照规定显著标示

二、食品安全风险监测和评估

（一）食品安全风险监测☆

监测的对象	1. 食源性疾病 2. 食品污染 3. 对食品中的有害因素进行监测
实施机构	1. 国务院卫生行政部门会同国务院食品药品监督管理、质量监督等部门：制定实施国家食品安全风险监测计划【卫生健康委员会和国家市场监督管理总局：计划】
	2. 省级卫生行政部门会同同级食品药品监督管理、质量监督等部门，根据国家食品安全风险监测计划，结合本行政区域的具体情况，组织制定、实施本行政区域的食品安全风险监测方案，报国务院卫生行政部门备案【省级：方案】
	3. 食品安全风险监测结果通报：食品安全风险监测结果表明可能存在食品安全隐患的，县级以上人民政府卫生行政部门应当及时将相关信息通报同级市场监督管理等部门，并报告本级人民政府和上级人民政府

（二）食品安全风险评估☆

评估对象	对食品、食品添加剂中的生物性、化学性和物理性危害进行风险评估
评估机构	1. 由国务院卫生行政部门负责组织食品安全风险评估工作，成立由医学、农业、食品、营养、生物、环境等方面的专家组成的食品安全风险评估专家委员会进行食品安全风险评估。食品安全风险评估结果由国务院卫生行政部门公布 2. 对农药、肥料、生长调节剂、兽药、饲料和饲料添加剂等的安全性评估，应当有食品安全风险评估专家委员会的专家参加
作用	食品安全风险评估结果是制定、修订食品安全标准和对食品安全实施监督管理的科学依据

三、食品安全标准☆

一般规定	1. 食品安全标准是强制执行的标准。除食品安全标准外，不得制定其他食品强制性标准 2. 省级以上人民政府卫生行政部门应当在其网站上公布三类食品安全标准，供公众免费查阅、下载
国家标准	1. 由国务院卫生行政部门会同国务院食品药品监督管理部门制定、公布 2. 国务院标准化行政部门提供国家标准编号
地方标准	1. 对地方特色食品、没有食品安全国家标准的，可以制定食品安全地方标准 2. 省级卫生行政部门组织制定食品安全地方标准，并报国务院卫生行政部门备案 3. 食品安全国家标准制定后，该地方标准即行废止
企业标准	1. 国家鼓励食品生产企业制定严于食品安全国家标准或者地方标准的企业标准 2. 企业标准应当报省级卫生行政部门备案，在本企业内部适用
跟踪评价	省级以上人民政府食品药品监督管理、质量监督、农业行政等部门应当对食品安全标准执行中存在的问题进行收集、汇总，并及时向同级卫生行政部门通报

四、食品安全控制

（一）生产经营过程的控制☆

行政许可	1. 国家对食品生产经营实行许可制度（含食品生产、销售、餐饮服务） 2. 但是，销售食用农产品，不需要取得许可 3. 国家对食品添加剂生产实行许可制度 4. 对直接接触食品的包装材料等具有较高风险的食品相关品，实行生产许可制度
对农作物的管理	1. 执行农业投入品使用安全期隔期、休药期的规定 2. 不得使用国家明令禁止的农业投入品 3. 禁止将剧毒、高毒农药用于蔬菜、瓜果、茶叶和中草药等
网络食品交易	1. 对入网食品经营者进行实名验证，明确其食品安全管理责任 2. 依法应当取得许可证的，还应当审查其许可证
食品添加剂	1. 对食品添加剂生产实行许可制度 2. 食品中不得添加药品，但是可以添加按照传统既是食品又是中药材的物质 3. 应当按照食品安全国家标准使用食品添加剂 4. 食品添加剂应当有标签、说明书和包装，并在标签上载明"食品添加剂"字样
食品广告	1. 食品广告的内容应当真实合法，不得含有虚假内容，不得涉及疾病预防、治疗功能。食品生产经营者对食品广告内容的真实性、合法性负责 2. 县级以上人民政府食品药品监督管理部门和其他有关部门以及食品检验机构、食品行业协会不得以广告或者其他形式向消费者推荐食品。消费者组织不得以收取费用或者其他牟取利益的方式向消费者推荐食品

（二）食品召回制度☆

主动召回	生产者召回	停止生产、召回食品、通知经营者（消费者）、记录召回情况
	经营者停止经营及报告通知义务	1. 食品经营者发现其经营的食品不符合食品安全标准，应当立即停止经营，通知相关生产经营者和消费者，并记录停止经营和通知情况。食品生产者认为应当召回的，应当立即召回
		2. 由于食品经营者的原因造成其经营的食品有上述情形的，食品经营者应当召回
责令召回	县级以上食品药品监督管理部门可以责令其召回或者停止经营	
召回后处理	食品生产经营者应当对召回的食品采取无害化处理、销毁等措施，防止其再次流入市场 例外：因标签、标志或者说明书不符合食品安全标准而被召回的食品，可继续销售 食品生产经营者应当将食品召回和处理情况向所在地县级人民政府食品药品监督管理部门报告；需要对召回的食品进行无害化处理、销毁的，应当提前报告时间、地点。食品药品监督管理部门认为必要的，可以实施现场监督	

（三）特殊食品☆

保健食品	保健食品声称保健功能，应当具有科学依据，不得对人体产生急性、亚急性或者慢性危害
	1. 保健食品原料目录和允许保健食品声称的保健功能目录，由国务院食品药品监督管理部门会同国务院卫生行政部门、国家中医药管理部门制定、调整并公布 2. 保健食品原料目录应当包括原料名称、用量及其对应的功效；列入保健食品原料目录的原料只能用于保健食品生产，不得用于其他食品生产
	使用保健食品原料目录以外原料的保健食品和首次进口的保健食品应当经国务院食品药品监督管理部门注册。但是，首次进口的保健食品中属于补充维生素、矿物质等营养物质的，应当报国务院食品药品监督管理部门备案。其他保健食品应当报省、自治区、直辖市人民政府食品药品监督管理部门备案
	进口的保健食品应当是出口国（地区）主管部门准许上市销售的产品
	保健食品的标签、说明书不得涉及疾病预防、治疗功能，内容应当真实，与注册或者备案的内容相一致，声明"本品不能代替药物"。保健食品的功能和成分应当与标签、说明书相一致
婴幼儿配方食品	婴幼儿配方食品生产企业应当实施从原料进厂到成品出厂的全过程质量控制，对出厂的婴幼儿配方食品实施逐批检验，保证食品安全
	婴幼儿配方食品生产企业应当将食品原料、食品添加剂、产品配方及标签等事项向省、自治区、直辖市人民政府食品药品监督管理部门备案
	婴幼儿配方乳粉的产品配方应当经国务院食品药品监督管理部门注册。注册时，应当提交配方研发报告和其他表明配方科学性、安全性的材料
	不得以分装方式生产婴幼儿配方乳粉，同一企业不得用同一配方生产不同品牌的婴幼儿配方乳粉
	专供婴幼儿和其他特定人群的主辅食品，其标签还应当标明主要营养成分及其含量

（四）食品安全事故处置☆

三级应急预案	1. 国务院：组织制定国家食品安全事故应急预案 2. 县级政府：制定本行政区域的食品安全事故应急预案，并报上一级人民政府备案 3. 食品生产经营企业：应当制定食品安全事故处置方案
重大事故通报制度	1. 事故发生单位、治疗单位，向县级卫生行政部门、食药监管部门报告 2. 发生食品安全事故，县级食药监管部门向本级人民政府、上级食药监管部门报告 3. 县级人民政府和上级食药监管部门应当按照规定上报 4. 发生重大食品安全事故的，县级以上人民政府应当立即成立食品安全事故处置指挥机构 5. 县级以上疾病预防控制机构，应当对事故现场进行卫生处理，并对事故有关的因素开展流行病学调查；县级以上疾病预防控制机构应当向同级食品安全监督管理、卫生行政部门提交流行病学调查报告 6. 县级以上卫生行政部门，在调查处理传染病或者其他突发公共卫生事件中发现与食品安全相关的信息，应当及时通报同级食品安全监督管理部门

五、对消费者造成损害的民事责任☆

消费者索赔选择权（首付责任）	1. 消法者可以向经营者要求赔偿，也可以向生产者要求赔偿 2. 属于生产者责任的，经营者赔偿后有权向生产者追偿；属于经营者责任的，生产者赔偿后有权向经营者追偿
侵权/无过错	1. 厂家无过错：只要生产了不符合食品安全标准的食品，均要承担赔偿责任 2. 善意商家无过错，可免行政处罚，但不可免民事责任
惩罚性赔偿	1. 生产不符合安全标准的食品或者销售明知是不符合安全标准的食品，消费者除要求赔偿损失外，向生产者、销售者主张支付价款 10 倍或者损失 3 倍的赔偿金，增加赔偿的金额不足 1 000 元的，为 1 000 元（退 1 赔 10 或者损失 3 倍，最低 1 000 元） 2. 但是，食品的标签、说明书存在不影响食品安全且不会对消费者造成误导的瑕疵的除外
知假买假/要赔	生产者、销售者以购买者明知食品、药品存在质量问题而仍然购买为由进行抗辩的，人民法院不予支持
赠品过期/要赔	生产者、销售者以消费者未对食品或者药品的赠品支付对价为由进行免责抗辩的，人民法院不予支持
食品有缺陷/要赔	食品、药品虽在销售前取得检验合格证明，且食用或者使用时尚在保质期内，但经检验确认产品不合格，生产者或者销售者以该食品、药品具有检验合格证明为由进行抗辩的，人民法院不予支持
举证责任	1. 食品的生产者与销售者应当对食品符合质量标准承担举证责任 2. 消费者举证证明因食用食品或者使用药品受到损害，初步证明损害与食用食品或者使用药品存在因果关系
民事赔偿优先	违反食品安全法规定，应当承担民事赔偿责任和缴纳罚款、罚金，其财产不足以同时支付时，先承担民事赔偿责任

六、连带责任

主体	连带责任
出租者、展销会举办者、食品经营者	集中交易市场的开办者、柜台出租者、展销会举办者未履行食品安全法规定的审查、检查、管理等义务，发生食品安全事故，致使消费者遭受人身损害的，集中交易市场的开办者、柜台出租者、展销会举办者承担连带责任
网站、食品经营者	网络交易平台提供者知道或者应当知道食品、药品的生产者、销售者利用其平台侵害消费者合法权益，未采取必要措施，给消费者造成损害，其与生产者、销售者承担连带责任
挂靠者与被挂靠者	消费者可请求挂靠者与被挂靠者承担连带责任

续表

主体	连带责任
代言人、广告经营者、食品经营者	1. 消费者因虚假广告推荐的食品、药品存在质量问题遭受损害的，广告经营者、广告发布者承担连带责任 2. 社会团体或者其他组织、个人，在虚假广告中向消费者推荐食品、药品，使消费者遭受损害的，其与食品、药品的生产者、销售者承担连带责任
食品检验（认证）机构、食品生产经营	食品、药品检验机构故意出具虚假检验报告，食品认证机构故意出具虚假认证，造成消费者损害，其承担连带责任（但过失出具不实检验报告，过失出具不实认证，对消费者承担相应责任）

巩固提升

"百闻不如一见，百看不如一练。"下载嗨学课堂APP，多多做题，勤于思考，善于总结，方能学以致用，一举通关！

DAY14

第三章

银行业法

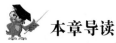 **本章导读**

  本章由商业银行组织法和商业银行监管法两部分构成，前者提供了商业银行的基本行为规范，后者提供了商业银行运行的监管制度，每年分值不高，为 1—3 分。本章主要考查法条，需要对相关法条进行精准记忆。

第一节　商业银行法

一、商业银行的组织形式

商业银行的设立	1. 我国商业银行的组织形式为有限责任公司、股份有限责任公司
	2. 商业银行的设立、变更、终止均采取审批制，即需要经过国家银行保险监督管理机构的批准
	3. 符合法定最低要求的注册资本[①]
商业银行分支机构的设立和责任的承担	1. 设立分支机构须经中国银行保险监督管理委员会审批
	2. 分支机构的设立采取"大区制"，我国境内的分支机构，不按行政区划设立
	3. 拨付各分支机构的营运资金总和，不得超过总行资本金总额的 60%
	4. 分支机构不是独立的法人，总行对其统一核算；分支机构对外先以自己经营管理的财产承担民事责任，不足部分，由总行承担
	5. 分支机构可作为诉讼主体

---

  ① 设立全国性商业银行的注册资本最低限额为 10 亿元人民币。设立城市商业银行的注册资本最低限额为 1 亿元人民币，设立农村商业银行的注册资本最低限额为 5 000 万元人民币。注册资本应当是实缴资本。

  国务院银行业监督管理机构根据审慎监管的要求可以调整注册资本最低限额，但不得少于前款规定的限额。

二、商业银行业务制度☆☆

商业银行以安全性、流动性、效益性为经营原则，实行自主经营、自担风险、自负盈亏、自我约束。

（一）贷款法律制度

1. 以担保贷款为原则，信用贷款为例外。商业银行贷款，必须对借款人的借款用途、偿还能力、还款方式等进行严格审查，实行审贷分离、分级审批的制度	
2. 借款合同制度	商业银行贷款，应当与借款人订立书面合同。合同应当约定贷款种类、借款用途、金额、利率、还款期限、还款方式、违约责任和双方认为需要约定的其他事项
3. 遵守本法关于资产负债比例的规定	（1）资本充足率不得低于8% （2）流动性资产余额与流动性负债余额的比例不得低于25% （3）对同一借款人的贷款余额与商业银行资本余额的比例不得超过10%
4. 不得发放人情贷款	商业银行不得向关系人发放信用贷款；向关系人发放担保贷款的条件不得优于其他借款人同类贷款的条件 前款所称关系人是指： （1）商业银行的董事、监事、管理人员、信贷业务人员及其近亲属 （2）前项所列人员投资或者担任高级管理职务的公司、企业和其他经济组织
5. 担保物处分时限	因借款人到期不归还担保贷款，商业银行依法行使抵押权、质权而取得的不动产或者股权，应当自取得之日起2年内予以处分

（二）投资

对商业银行投资人的监管	任何单位和个人购买商业银行股份总额5%以上的，应当事先经国务院银行业监督管理机构批准
对商业银行投资行为的限制	商业银行在中华人民共和国境内不得从事信托投资和证券经营业务，不得向非自用不动产投资或者向非银行金融机构和企业投资，但国家另有规定的除外

（三）同业拆借

1. 同业拆借，应当遵守中国人民银行的规定   2. 禁止利用拆入资金发放固定资产贷款或者用于投资。拆出资金限于交足存款准备金、留足备付金和归还中国人民银行到期贷款之后的闲置资金。拆入资金用于弥补票据结算、联行汇差头寸的不足和解决临时性周转资金的需要

三、商业银行的接管、破产☆☆

（一）商业银行的接管

概念	商业银行已经或者可能发生信用危机，严重影响存款人的利益时，国务院银行业监督管理机构可以对该银行实行接管或者促成机构重整
目的	接管的目的是对被接管的商业银行采取必要措施，以保护存款人的利益，恢复商业银行的正常经营能力

法律后果	自接管开始之日起，由接管组织取代银行原管理层，行使商业银行的经营管理权力，接管组织的组成人员由国务院银行业监督管理机构指定。被接管的商业银行的债权债务关系不因接管而变化。接管期限最多不超过 2 年
接管商业银行的终止	有下列情形之一的，接管终止： (1) 接管决定规定的期限届满或者国务院银行业监督管理机构决定的接管延期届满 (2) 接管期限届满前，该商业银行已经恢复正常经营能力 (3) 接管期限届满前，该商业银行被合并或者被依法宣告破产
措施	经国务院银行业监督管理机构负责人批准，对直接负责的董事、高级管理人员和其他直接责任人员，可以采取下列措施： (1) 按照银保监会的要求履行职责 (2) 直接负责的董事、高级管理人员和其他直接责任人员出境将对国家利益造成重大损失的，通知出境管理机关依法阻止其出境 (3) 申请司法机关禁止其转移、转让财产或者对其财产设定其他权利

（二）商业银行的破产

概念	商业银行不能支付到期债务，经国务院银行业监督管理机构同意，由人民法院依法宣告其破产。商业银行被宣告破产的，由人民法院组织国务院银行业监督管理机构等有关部门和有关人员成立清算组，进行清算 商业银行破产清算时，在支付清算费用、所欠职工工资和劳动保险费用后，应当优先支付个人储蓄存款的本金和利息
特征	1. 破产原因单一：商业银行不能支付到期债务的 2. 商业银行的破产需要经过银保监会的同意，并且清算组的组成成员中应当有银监会代表 3. 破产清算有特殊的清算顺序：清算费用——职工债权——个人储蓄存款的本金和利息——税款——破产债权

第二节　银行业监督管理法

一、违反商业银行法的法律责任

（一）银保监会监管对象

分类		注意
银行业金融机构	(1) 商业银行；(2) 城市、农村信用社；(3) 政策性银行	证券公司、央行不受银保监会管理
非银行业金融机构	(1) 金融资产管理公司；(2) 信托投资公司；(3) 财务公司；(4) 金融租赁公司	
保险公司		

（二）商业银行与中国人民银行和银保监会的关系☆☆

商业银行接受中国人民银行的业务指导和检查监督。中国人民银行制定和执行货币政

策，如决定存款、贷款利率上下限；决定加息、减息；接受存款准备金等业务。（央行是执行货币政策的机构）

商业银行接受中国银保监会的行政监督管理。商业银行的设立、变更和终止，须经银保监会批准。（银保监会是行政性事务监管机构）

考查角度	背诵点
由央行责令整改的事项	（1）未经批准办理结汇、售汇的；（2）未经批准在银行间债券市场发行、买卖金融债券或者到境外借款的；（3）违反规定同业拆借的；（4）未按照中国人民银行规定的比例缴存存款准备金的；（5）拒绝或者阻碍中国人民银行检查监督的
二者均有权查处的事项	提供虚假的或者隐瞒重要事实的财务会计报告、报表和统计报表的
由银保监会责令整改的事项	（1）未经批准设立分支机构的；（2）未经批准分立、合并或者违反规定对变更事项不报批的；（3）违反规定提高或者降低利率以及采用其他不当手段，吸收存款，发放贷款的；（4）出租、出借经营许可证的；（5）未经批准买卖、代理买卖外汇的；（6）未经批准买卖政府债券或者发行、买卖金融债券的；（7）违反国家规定从事信托投资和证券经营业务，向非自用不动产投资或者向非银行金融机构和企业投资的；（8）向关系人发放信用贷款或者发放担保贷款的条件优于其他借款人同类贷款的条件的；（9）拒绝或者阻碍国务院银行业监督管理机构检查监督的；（10）提供虚假的或者隐瞒重要事实的财务会计报告、报表和统计报表的；（11）未遵守资本充足率、存贷比例、资产流动性比例、同一借款人贷款比例和国务院银行业监督管理机构有关资产负债比例管理的其他规定的；（12）未经批准在名称中使用"银行"字样的；（13）未经批准购买商业银行股份总额5%以上的；（14）将单位的资金以个人名义开立账户存储的

二、监督管理措施

（一）强制信息披露

获取财务资料	国务院银行业监督管理机构根据履行职责的需要，有权要求银行业金融机构按照规定报送资产负债表、利润表和其他财务会计、统计报表、经营管理资料以及注册会计师出具的审计报告
现场检查	银行业监督管理机构根据审慎监管的要求，可以采取下列措施进行现场检查： （1）进入银行业金融机构进行检查 （2）询问银行业金融机构的工作人员，要求其对有关检查事项作出说明 （3）查阅、复制银行业金融机构与检查事项有关的文件、资料，对可能被转移、隐匿或者毁损的文件、资料予以封存 （4）检查银行业金融机构运用电子计算机管理业务数据的系统
	进行现场检查，应当经银行业监督管理机构负责人批准。现场检查时，检查人员不得少于2人，并应当出示合法证件和检查通知书；检查人员少于2人或者未出示合法证件和检查通知书的，银行业金融机构有权拒绝检查
询问制度	银行业监督管理机构根据履行职责的需要，可以与银行业金融机构董事、高级管理人员进行监督管理谈话，要求银行业金融机构董事、高级管理人员就银行业金融机构的业务活动和风险管理的重大事项作出说明

责令信息披露	银行业监督管理机构应当责令银行业金融机构按照规定，如实向社会公众披露财务会计报告、风险管理状况、董事和高级管理人员变更以及其他重大事项等信息
对违法资金的审查	经银保监会或省银监局负责人批准，有权查询涉嫌金融违法的银行业金融机构及其工作人员以及关联行为人的账户 对涉嫌转移或者隐匿违法资金的，经银行业监督管理机构负责人批准，可以申请司法机关予以冻结

（二）强制整改制度

银行业金融机构违反审慎经营规则的，国务院银行业监督管理机构或者其省一级派出机构应当责令限期改正；逾期未改正的，或者其行为严重危及该银行业金融机构的稳健运行、损害存款人和其他客户合法权益的，经国务院银行业监督管理机构或者其省一级派出机构负责人批准，可以区别情形，采取下列措施：
（1）责令暂停部分业务、停止批准开办新业务
（2）限制分配红利和其他收入
（3）限制资产转让
（4）责令控股股东转让股权或者限制有关股东的权利
（5）责令调整董事、高级管理人员或者限制其权利
（6）停止批准增设分支机构

银行业金融机构整改后，应当向国务院银行业监督管理机构或者其省一级派出机构提交报告。国务院银行业监督管理机构或者其省一级派出机构经验收，符合有关审慎经营规则的，应当自验收完毕之日起3日内解除对其采取的前款规定的有关措施

（三）突发事件的报告和处理

概念	突发事件是指可能引发系统性银行业风险、严重影响社会稳定的突发事件
报告	1. 立即向国务院银行业监督管理机构负责人报告 2. 负责人认为需要向国务院报告的，应当立即向国务院报告，并告知中国人民银行、国务院财政部门等有关部门
处置机构	银保监会、中国人民银行、财政部

第四章

财税法

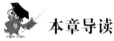 **本章导读**

　　本章主要涉及八部法律法规，分别为《税收征收管理法》《税收征收管理法实施细则》《增值税暂行条例》《消费税暂行条例》《个人所得税法》《企业所得税法》《车船税法》《审计法》。其中《企业所得税法》主要考查纳税主体、不征税收入、免税收入、可以免征、减征企业所得税的项目，允许减除的各种支出等；《个人所得税法》主要考查纳税范围、免纳个人所得税的所得、应纳个人所得税的所得、税率等；《税收征收管理法》主要考查税收申报、税收保全、税收强制执行措施，以及纳税人的权利等。财税法每年分值3—6分，命题方面以考查法条为主，需要对相关法条进行精准记忆。

　　税收是国家为了实现其职能的需要，凭借政治权力，依照法律规定的程序向满足法定课税要件的自然人和法人所征收的货币或实物。一般认为，税收具有三个基本特征：法定性、强制性、无偿性。

　　按照征税对象不同，可以将我国税种分为以下几类：

　　1. 商品税：如增值税、消费税、关税和烟叶税。

　　2. 所得税：如企业所得税和个人所得税。

　　3. 财产税：如资源税、房产税、土地增值税、土地使用税、契税、车船税。

　　4. 行为税：如印花税。

第一节　增值税、消费税、车船税

一、增值税

概念	增值税是以商品和劳务在流通过程中产生的增加值为征税对象的一种流转税
纳税人	在我国境内销售货物或者加工、修理修配劳务（以下简称劳务），销售服务、无形资产、不动产以及进口货物的单位和个人，为增值税的纳税人
税收优惠	下列项目免征增值税： （1）农业生产者销售的自产农业产品 （2）避孕药品和用具 （3）古旧图书 （4）直接用于科学研究、科学试验和教学的进口仪器、设备 （5）外国政府、国际组织无偿援助的进口物资和设备 （6）由残疾人的组织直接进口供残疾人专用的物品 （7）销售的自己使用过的物品

二、消费税☆

消费税是以特定消费品的流转额为征税对象的一种税。

纳税人	在我国境内生产、委托加工和进口应税消费品的单位和个人，以及国务院确定的销售《消费税暂行条例》规定的消费品的其他单位和个人
征税对象	应税消费品（主要为高耗能、高污染和高档消费品） 目前，应税消费品的范围由国务院发布的《消费税暂行条例》和财政部、国家税务总局的行政决定规定
	（1）烟；（2）酒；（3）化妆品；（4）贵重首饰及珠宝玉石；（5）鞭炮、烟火；（6）成品油（含铅汽油除外）和用于调和汽油的主要原材料；（7）摩托车；（8）小汽车；（9）高尔夫球及球具；（10）高档手表；（11）游艇；（12）木制一次性筷子；（13）实木地板；（14）电池、涂料
税收优惠	对纳税人出口应税消费品，免征消费税；国务院另有规定的除外

三、车船税

车船税是以车船为特征对象，向车辆、船舶的所有人或者管理人征收的一种税。

纳税人	中国境内车辆、船舶的所有人或管理人
征税对象	乘用车、商用车、挂车、其他车辆、摩托车、船舶

减免	法定	（1）捕捞、养殖渔船 （2）军队、武装警察部队专用的车船【渔船军警外救援】 （3）警用车船 （4）悬挂应急救援专用号牌的国家综合性消防救援车辆和国家综合性消防救援专用船舶 （5）依照法律规定应当予以免税的外国驻华使领馆、国际组织驻华代表机构及其有关人员的车船以及其他法律、行政法规规定的其他车船免征车船税
	酌定	（1）对节约能源、使用新能源的车船可以免征或者减征车船税 （2）对受地震、洪涝等严重自然灾害影响纳税困难，以及其他特殊原因确需减税、免税的，可以在一定期限内减征或者免征车船税。具体办法由国务院规定，并报全国人民代表大会常务委员会备案 （3）省级政府可以根据实际情况，对公共交通车船减征或免征车船税；农村居民拥有并主要在农村地区使用的摩托车、三轮汽车和低速载货汽车等定期减征或免征车船税
申报缴纳和扣缴		1．车船税按年申报缴纳
		2．车船税纳税义务发生时间为取得车船所有权或者管理权的当月
		3．从事机动车第三者责任强制保险业务的保险机构为机动车车船税的扣缴义务人，应当在收取保险费时依法代收车船税，并出具代收税款凭证

第二节　个人所得税法

一、个人所得税基本制度☆

纳税人	居民个人（税务居民）	（1）在中国境内有住所，或者无住所而一个纳税年度内在中国境内居住累计满183天的个人，为居民个人 （2）居民个人从中国境内和境外取得的所得，依照本法规定缴纳个人所得税
	非居民个人（非税务居民）	（1）在中国境内无住所又不居住，或者无住所而一个纳税年度内在中国境内居住累计不满183天的个人，为非居民个人 （2）非居民个人从中国境内取得的所得，依照本法规定缴纳个人所得税
扣缴义务人		1．所得人为"纳税人"，支付所得的单位或者个人为"扣缴义务人" 2．扣缴义务人应当按照国家规定办理全员全额扣缴申报，并向纳税人提供其个人所得和已扣税款等信息 3．对于扣缴义务人按照所扣缴的税款，付给2%的手续费
纳税年度		纳税年度，自公历1月1日起至12月31日止

二、个人所得税的征税对象

（一）综合所得☆☆☆

纳税收入	1. 工资、薪金所得 2. 劳务报酬所得 3. 稿酬所得 4. 特许权使用费所得
计税规则	居民个人按纳税年度合并计算个人所得税
	非居民个人按月或者按次分项计算个人所得税
收入额	1. 劳务报酬所得、稿酬所得、特许使用费所得以收入减除20％费用后的余额为收入额 2. 稿酬所得的收入额减按70％计算
各项扣除	1. 专项扣除，包括居民个人按照国家规定的范围和标准缴纳的基本养老保险、基本医疗保险、失业保险等社会保险费和住房公积金等 2. 专项附加扣除，包括子女教育、继续教育、大病医疗、住房贷款利息或者住房租金、赡养老人等支出，具体范围、标准和实施步骤由国务院确定，并报全国人民代表大会常务委员会备案 3. 其他扣除：个人将其所得对教育、扶贫、济困等公益慈善事业进行捐赠，捐赠额未超过纳税人申报的应纳税所得额30％的部分，可以从其应纳税所得额中扣除；国务院规定对公益慈善事业捐赠实行全额税前扣除的，从其规定
应纳税所得额	1. 居民个人的综合所得，以每一纳税年度的收入额减除费用6万元以及专项扣除、专项附加扣除和依法确定的其他扣除后的余额，为应纳税所得额 2. 非居民个人的工资、薪金所得，以每月收入额减除5 000元后的余额为应纳税所得额；劳务报酬所得、稿酬所得、特许使用费所得，以每次收入额为应纳税所得额
适用税率	3％－45％超额累进税率

（二）经营所得

适用税率	5％－35％超额累进
应纳税所得额	以每一纳税年度的收入总额减除成本、费用以及损失后的余额，为应纳税所得额

（三）利息、股息、红利所得、偶然所得

适用税率	20％比例税率
应纳税所得额	以每次收入额为应纳税所得额

（四）财产租赁所得

适用税率	20％比例税率
应纳税所得额	每次收入不超过4 000元的，减除费用800元；4 000元以上的，减除20％的费用，其他为应纳税所得额

（五）财产转让所得

适用税率	20%比例税率
应纳税所得额	以转让财产的收入额减除财产原值和合理费用后的余额，为应纳税所得额

三、税收优惠☆☆☆

（一）免征

1. 省级人民政府、国务院部委和中国人民解放军军以上单位，以及外国组织、国际组织颁发的科学、教育、技术、文化、卫生、体育、环境保护等方面的奖金。

2. 国债和国家发行的金融债券利息。

3. 按照国家统一规定发给的补贴、津贴。

4. 福利费、抚恤金、救济金。

5. 保险赔款。

6. 军人的转业费、复员费、退役金。

> 省部军级发奖金、国债利息国家补三费三金一赔款、外交离退老干部

7. 按照国家统一规定发给干部、职工的安家费、退职费、基本养老金或者退休费、离休费、离休生活补助费。

8. 依照有关法律规定应予免税的各国驻华使馆、领事馆的外交代表、领事官员和其他人员的所得。

9. 中国政府参加的国际公约、签订的协议中规定免税的所得。

10. 国务院规定的其他免税所得。

前款第10项免税规定，由国务院报全国人民代表大会常务委员会备案。

（二）减征

有下列情形之一的，经批准可以减征个人所得税：

1. 残疾、孤老人员和烈属所得。

2. 因严重自然灾害造成重大损失的。

3. 国务院可以规定其他减税情形，报全国人民代表大会常务委员会备案。

四、税收征收

纳税申报	1. 取得综合所得需要办理汇算清缴 2. 取得应税所得没有扣缴义务人 3. 取得应税所得，扣缴义务人未扣缴税款 4. 取得境外所得 5. 因移居境外注销中国户籍 6. 非居民个人在中国境内从两处以上取得工资、薪金所得 7. 国务院规定的其他情形
	扣缴义务人应当按照国家规定办理全员全额扣缴申报，并向纳税人提供其个人所得和已扣缴税款等信息

纳税调整	1. 个人与其关联方之间的业务往来不符合独立交易原则而减少本人或者其关联方应纳税额，且无正当理由 2. 居民个人控制的，或者居民个人和居民企业共同控制的设立在实际税负明显偏低的国家（地区）的企业，无合理经营需要，对应当归属于居民个人的利润不作分配或者减少分配 3. 个人实施其他不具有合理商业目的的安排而获取不当税收利益
税额抵免	居民个人从中国境外取得的所得，可以从其应纳税额中抵免已在境外缴纳的个人所得税税额，但抵免额不得超过该纳税人境外所得依照本法规定计算的应纳税额

第三节　企业所得税法

一、企业所得税的纳税人

（一）纳税人

1. 在中华人民共和国境内，企业和其他取得收入的组织（以下统称企业）为企业所得税的纳税人		
2. 个人独资企业、合伙企业不适用《企业所得税法》		
3. 分为居民企业和非居民企业	（1）居民企业	是指依法在中国境内成立或者依照外国（地区）法律成立但实际管理机构在中国境内的企业
		居民企业应当就其来源于中国境内、境外的所得缴纳企业所得税
	（2）非居民企业	是指依照外国（地区）法律成立且实际管理机构不在中国境内，但在中国境内设立机构、场所的，或者在中国境内未设立机构、场所，但有来源于中国境内所得的企业
		①非居民企业在中国境内设立机构、场所的，应当就其所设机构、场所取得的来源于中国境内的所得，以及发生在中国境外但与其所设机构、场所有实际联系的所得，缴纳企业所得税 ②非居民企业在中国境内未设立机构、场所的，或者虽设立机构、场所但取得的所得与其所设机构、场所没有实际联系的，应当就其来源于中国境内的所得缴纳企业所得税

（二）税率

1. 企业所得税	税率为 25%
2. 非居民企业在中国境内未设立机构、场所的，或者虽设立机构、场所但取得的所得与其所设机构、场所没有实际联系的	税率为 20%
3. 符合条件的小型微利企业	减按 20% 的税率征收企业所得税
4. 国家需要重点扶持的高新技术企业	减按 15% 的税率征收企业所得税

二、企业所得税税收优惠☆☆☆

分类	内容
不征税收入	1. 财政拨款 2. 依法收取并纳入财政管理的行政事业性收费、政府性基金 3. 国务院规定的其他不征税收入
免税收入	1. 国债利息收入 2. 符合条件的居民企业之间的股息、红利等权益性投资收益 3. 在中国境内设立机构、场所的非居民企业从居民企业取得与该机构、场所有实际联系的股息、红利等权益性投资收益 4. 符合条件的非营利组织的收入
免征、减征企业所得税	1. 从事农、林、牧、渔业项目的所得 2. 从事国家重点扶持的公共基础设施项目投资经营的所得 3. 从事符合条件的环境保护、节能节水项目的所得 4. 符合条件的技术转让所得 5. 非居民企业在中国境内未设立机构、场所的，或者虽设立机构、场所但取得的所得与其所设机构、场所没有实际联系的
公益性捐赠支出	企业发生的公益性捐赠支出，在年度利润总额12%以内的部分，准予在计算应纳税所得额时扣除；超过年度利润总额12%的部分，准予结转以后3年内在计算应纳税所得额时扣除
亏损	企业纳税年度发生的亏损，准予向以后年度结转，用以后年度的所得弥补，结转年限最长不得超过5年
加计扣除	1. 开发新技术、新产品、新工艺发生的研究开发费用【研发费用】 2. 安置残疾人员及国家鼓励安置的其他就业人员所支付的工资【特殊工资】
不可扣除项目	企业从其关联方接受的债权性投资与权益性投资的比例超过规定标准而发生的利息支出，不得在计算应纳税所得额时扣除 下列无形资产不得在计算摊销费用时扣除：（1）自行开发的支出已在计算应纳税所得额时扣除的无形资产；（2）自创商誉；（3）与经营活动无关的无形资产；（4）其他 下列支出不得扣除：企业所得税税款；税收滞纳金；罚金、罚款和被没收财物的损失
特殊企业可以享受税收优惠	创业投资企业从事国家需要重点扶持和鼓励的创业投资，可以按投资额的一定比例抵扣应纳税所得额

第四节　税收征收管理法

一、税收征收管理制度☆

税收法定	税务机关依照法律、行政法规的规定征收税款，不得违反法律、行政法规的规定开征、停征、多征、少征、提前征收、延缓征收或者摊派税款

税务稽查	1. 税务机关负责征收、管理、稽查、行政复议的人员的职责应当明确，并相互分离、相互制约 2. 稽查局具有独立执法主体资格
减、免税（纳税人）	纳税人可以依照法律、行政法规的规定书面申请减税、免税（仅限纳税人，不含扣缴义务人）
延期缴纳（纳税人）	1. 纳税人因有特殊困难，不能按期缴纳税款的，经批准可以延期缴纳税款 2. 延期最长不得超过 3 个月（仅限纳税人，不含扣缴义务人） 3. 不予批准的，从缴纳税款期限届满之日起加收滞纳金（按日加收滞纳税款万分之五的滞纳金）
税务机关核定应纳税额	纳税人有下列情形之一的，税务机关有权核定其应纳税额： (1) 依照法律、行政法规的规定可以不设置账簿的 (2) 依照法律、行政法规的规定应当设置账簿但未设置的 (3) 擅自销毁账簿或者拒不提供纳税资料的 (4) 虽设置账簿，但账目混乱或者成本资料、收入凭证、费用凭证残缺不全，难以查账的 (5) 发生纳税义务，未按照规定的期限办理纳税申报，经税务机关责令限期申报，逾期仍不申报的 (6) 纳税人申报的计税依据明显偏低，又无正当理由的
税收调整	1. 企业或者外国企业在中国境内设立的从事生产、经营的机构、场所与其关联企业之间的业务往来，应当按照独立企业之间的业务往来收取或者支付价款、费用 2. 不按照独立企业之间的业务往来收取或者支付价款、费用，而减少其应纳税的收入或者所得额的，税务机关有权进行合理调整

二、税款征收保障制度☆☆☆

（一）扣押

前提	未办理税务登记的从事生产、经营的纳税人，以及临时从事经营的纳税人，由税务机关核定应纳税额，责令缴纳，但不缴纳时
措施	1. 税务机关可以扣押其价值相当于应纳税款的商品、货物 2. 扣押后缴纳应纳税款的，税务机关必须立即解除扣押，并归还所扣押的商品、货物 3. 扣押后仍不缴纳应纳税额的，经县以上税务局（分局）局长批准，依法拍卖或者变卖所扣押的商品、货物，以拍卖或者变卖所得抵缴税款

（二）税收保全

对象	从事生产经营的纳税人
前提	1. 规定纳税期之前 2. 有明显转移、隐匿财产行为 3. 该提供担保不提供 4. 县以上局长批准
税收保全的具体措施	冻结、扣押、查封

抵缴措施	扣缴税款、拍卖、变卖
注意	1. 维持生活必需的住房、生活必需品、单价 5 000 以下生活用品不可保全、强制执行 2. 机动车、金银饰品、古玩字画、豪宅可执行

（三）税收强制执行

从事生产、经营的纳税人、扣缴义务人未按照规定的期限缴纳或者解缴税款，纳税担保人未按照规定的期限缴纳所担保的税款，由税务机关责令限期缴纳，逾期仍未缴纳的，经县以上税务局（分局）局长批准，税务机关可以采取下列强制执行措施。

1. 书面通知其开户银行或者其他金融机构从其存款中扣缴税款；

2. 扣押、查封、依法拍卖或者变卖其价值相当于应纳税款的商品、货物或者其他财产，以拍卖或者变卖所得抵缴税款。税务机关采取强制执行措施时，对前款所列纳税人、扣缴义务人、纳税担保人未缴纳的滞纳金同时强制执行。个人及其所扶养家属维持生活必需的住房和用品，不在强制执行措施的范围之内。

		税收保全	税收强制执行
不同点	对象	生产、经营的纳税人	生产、经营的纳税人、扣缴义务人、纳税担保人
	措施	冻结；扣押；查封（没有滞纳金）	扣缴税款；扣押；查封；依法拍卖、变卖（缴纳滞纳金）
相同点	批准	二者均要经过局长批准	
	必需品	生活必需品均不得采取税收保全和税收强制执行措施	

（四）其他税收保障制度

离境清税	1. 欠缴税款的纳税人或者他的法定代表人需要出境的，应当在出境前向税务机关结清应纳税款、滞纳金或者提供担保 2. 未结清税款、滞纳金，又不提供担保的，税务机关可以通知出境管理机关阻止其出境
税收优先权	1. 税收优先于无担保债权 2. 税收与有特定物担保的债权：看欠税时间是否发生在之前 3. 税收优先于罚款、没收违法所得
税收代位权与撤销权	1. 前提 (1) 欠税人怠于行使到期债权，或者放弃到期债权，无偿转让财产，或者以不合理低价转让财产 (2) 受让人为恶意 (3) 对国家税收造成损害
	2. 代位权行使：向人民法院以自己的名义代为行使欠税人的债权
	3. 撤销权行使：请求法院撤销其行为

（五）税款的追征

1. 税务机关的责任，致使少缴、未缴的	3年内，可要求补缴，不得要求滞纳金
2. 因纳税人、扣缴义务人计算错误等失误，未缴或者少缴税款的	税务机关在3年内可以追征税款、滞纳金；有特殊情况的（10万元），追征期可以延长到5年
3. 对偷税、抗税、骗税的，税务机关追征其未缴或者少缴的税款、滞纳金或者所骗取的税款	不受期限的限制

三、法律责任

纳税争议	1. 须先缴纳税款及滞纳金或提供相应担保 2. 依法申请行政复议 3. 对复议不服，可以依法起诉
处罚争议（强制措施）	或议或诉

第五节　审计法

一、审计机关的职责☆

财政收支、预算决算	1. 国务院各部门：地方各级人民政府及其各部门的财政收支 （1）对本级各部门、下级政府的预算决算、财政收支：审计机关可直接审计 （2）对本级政府预算执行、财政收支：向本级政府和上一级审计机关提出审计结果报告
	2. 审计署对中央预算执行情况、财政收支情况进行审计
	3. 对政府投资和以政府投资为主的建设项目的预算决算进行审计
财务收支	1. 对中央银行的财务收支进行审计 2. 对国有金融机构的财务收支进行审计 3. 对国家的事业组织、使用财政资金的其他事业组织的财务收支进行审计 4. 对政府部门管理的和其他单位受政府委托管理的社会保障基金、社会捐赠资金及其他有关基金、资金的财务收支，进行审计监督 5. 对国际组织和外国政府援助、贷款项目的财务收支，进行审计监督
资产、负债、损益	1. 对国有金融机构的资产、负债、损益，进行审计监督 2. 对国有企业的资产、负债、损益，进行审计监督
审计程序	1. 组成审计组 2. 送达审计通知书（实施审计3日前；遇有特殊情况，经本级人民政府批准，审计机关可以直接持审计通知书实施审计） 3. 审计时，出示审计人员的工作证件和审计通知书副本 4. 审计后，审计组制作审计报告并先征求被审计对象的意见 5. 报送审计报告和书面意见 审计机关应当将审计机关的审计报告和审计决定送达被审计单位和有关主管机关、单位，审计决定自送达之日起生效

二、审计权限☆

1. 审计机关独立行使审计监督权，不受其他行政机关、社会团体和个人的干涉。

2. 各级审计机关对本级人民政府和上一级审计机关负责报告工作，审计业务以上级审计机关领导为主。

3. 审计机关经县级以上人民政府审计机关负责人批准，有权查询被审计单位在金融机构的账户。

4. 审计机关经县级以上审计机关主要负责人批准，有权查询被审计单位以个人名义在金融机构的存款。

5. 必要时，经县级以上审计机关负责人批准，有权封存有关资料和违反国家规定取得的资产，对其中在金融机构的有关存款需要予以冻结的，应当向法院提出申请。

三、行政救济☆

1. 被审计单位对审计机关作出的有关财务收支的审计决定不服的，可以申请行政复议或者提起行政诉讼。

2. 被审计单位对审计机关作出的有关财政收支的审计结果不服的，可以提请审计机关的本级人民政府裁决，本级人民政府的裁决为最终裁决。

第五章
土地法和房地产法

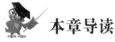 **本章导读**

　　本章主要涉及四部法律及司法解释，分别为《土地管理法》《城乡规划法》《城市房地产管理法》《不动产登记暂行条例》。其中《土地管理法》规定的土地基本制度，是房地产市场的基础，也是城乡规划的依据，而城乡规划法则是土地管理法的实施保障，同时也是房地产市场秩序的重要组成部分。而不动产登记则是产权保护与市场流转的重要保障。本章是经济法的必考内容，每年分值3分左右，命题方面没有特别的重点，考生需要对相关内容及法条进行理解和记忆。

第一节　土地管理法

一、土地所有权制度☆☆

（一）土地公有制

中华人民共和国实行土地的社会主义公有制，即全民所有制和劳动群众集体所有制。

国家所有	城市市区的土地属于国家所有
集体所有	1. 农村和城市郊区的土地，除由法律规定属于国家所有的以外，属于农民集体所有
	2. 宅基地和自留地、自留山，属于农民集体所有

（二）集体土地征收

1. 适用前提

为了公共利益的需要，有下列情形之一，确需征收农民集体所有的土地的，可以依法实施征收：

（1）军事和外交需要用地的；

（2）由政府组织实施的能源、交通、水利、通信、邮政等基础设施建设需要用地的；

（3）由政府组织实施的科技、教育、文化、卫生、体育、生态环境和资源保护、防灾减灾、文物保护、社区综合服务、社会福利、市政公用、优抚安置、英烈保护等公共事业需要用地的；

（4）由政府组织实施的扶贫搬迁、保障性安居工程建设需要用地的；

（5）在土地利用总体规划确定的城镇建设用地范围内，经省级以上人民政府批准由县级以上地方人民政府组织实施的成片开发建设需要用地的；

（6）法律规定为公共利益需要可以征收农民集体所有的土地的其他情形。

前款规定的建设活动，应当符合国民经济和社会发展规划、土地利用总体规划、城乡规划和专项规划；第（4）项、第（5）项规定的建设活动，还应当纳入国民经济和社会发展年度计划；第（5）项规定的成片开发应当符合国务院自然资源主管部门规定的标准。

2. 适用程序

批准主体	征收下列土地的，由国务院批准： （1）永久基本农田 （2）永久基本农田以外的耕地超过35公顷的 （3）其他土地超过70公顷的 征收前款规定以外的土地的，由省、自治区、直辖市人民政府批准
	征收农用地的，应当依照规定先行办理农用地转用审批。其中，经国务院批准农用地转用的，同时办理征地审批手续，不再另行办理征地审批；经省、自治区、直辖市人民政府在征地批准权限内批准农用地转用的，同时办理征地审批手续，不再另行办理征地审批，超过征地批准权限的，应当依照本条第一款的规定另行办理征地审批
组织实施	国家征收土地的，依照法定程序批准后，由县级以上地方人民政府予以公告并组织实施

3. 征收补偿

征收土地应当给予公平、合理的补偿，保障被征地农民原有生活水平不降低、长远生计有保障。

征收土地应当依法及时足额支付土地补偿费、安置补助费以及农村村民住宅、其他地上附着物和青苗等的补偿费用，并安排被征地农民的社会保障费用。

（三）权属争议

处理顺序	1. 当事人协商解决 2. 协商不成，政府处理 3. 当事人对政府的处理决定不服的，可以向法院起诉
特别提示	1. 单位之间的争议，由县级以上人民政府处理；个人之间、个人与单位之间的争议，由乡级人民政府或者县级以上人民政府处理 2. 在权属争议解决前，任何一方不得改变土地利用现状

二、土地用途制度☆☆

(一) 用途划分管理

国家编制土地利用总体规划,规定土地用途,将土地分为农用地、建设用地和未利用地。严格限制农用地转为建设用地,控制建设用地总量,对耕地实行特殊保护。

(二) 国家建立国土空间规划

国家建立国土空间规划体系。编制国土空间规划应当坚持生态优先,绿色、可持续发展,科学有序统筹安排生态、农业、城镇等功能空间,优化国土空间结构和布局,提升国土空间开发、保护的质量和效率。

经依法批准的国土空间规划是各类开发、保护、建设活动的基本依据。已经编制国土空间规划的,不再编制土地利用总体规划和城乡规划。

(三) 建设用地管理

城市建设用地规模应当符合国家规定的标准,充分利用现有建设用地,不占或者尽量少占农用地。

1. 农用地转建设用地

建设占用土地,涉及农用地转为建设用地的,应当办理农用地转用审批手续。

(1) 永久基本农田转为建设用地的,由国务院批准。

(2) 在土地利用总体规划确定的城市和村庄、集镇建设用地规模范围内,为实施该规划而将永久基本农田以外的农用地转为建设用地的,按土地利用年度计划分批次按照国务院规定由原批准土地利用总体规划的机关或者其授权的机关批准;在已批准的农用地转用范围内,具体建设项目用地可以由市、县人民政府批准。

在土地利用总体规划确定的城市和村庄、集镇建设用地规模范围外,将永久基本农田以外的农用地转为建设用地的,由国务院或者国务院授权的省、自治区、直辖市人民政府批准。

2. 临时建设用地

前提	(1) 建设项目施工和地质勘查需要临时使用国有土地或者农民集体所有的土地的,由县级以上人民政府自然资源主管部门批准
	(2) 在城市规划区内的临时用地,在报批前,应当先经有关城市规划行政主管部门同意
	(3) 土地使用者应当根据土地权属,与有关自然资源主管部门或者农村集体经济组织、村民委员会签订临时使用土地合同,并按照合同的约定支付临时使用土地补偿费
使用限制	临时使用土地的使用者应当按照临时使用土地合同约定的用途使用土地,并不得修建永久性建筑物
期限	临时使用土地期限一般不超过2年

(四) 耕地保护制度☆☆

1. 总体要求

(1) 国家保护耕地,严格控制耕地转为非耕地。

(2) 国家实行占用耕地补偿制度。

(3) 确保本行政区域内耕地总量不减少、质量不降低。

2. 禁止闲置荒芜耕地

(1) 禁止任何单位和个人闲置、荒芜耕地。

(2) 已经办理审批手续的非农业建设占用耕地，1 年内不用而又可以耕种并收获的，应当由原耕种该幅耕地的集体或者个人恢复耕种，也可以由用地单位组织耕种；2 年以上未动工建设的，应当按照省、自治区、直辖市的规定缴纳闲置费；连续 2 年未使用的，经原批准机关批准，由县级以上人民政府无偿收回用地单位的土地使用权；该幅土地原为农民集体所有的，应当交由原农村集体经济组织恢复耕种。

3. 永久基本农田制度

基本要求	国家实行永久基本农田保护制度
	下列耕地应当根据土地利用总体规划划为永久基本农田，实行严格保护： (1) 经国务院农业农村主管部门或者县级以上地方人民政府批准确定的粮、棉、油、糖等重要农产品生产基地内的耕地 (2) 有良好的水利与水土保持设施的耕地，正在实施改造计划以及可以改造的中、低产田和已建成的高标准农田 (3) 蔬菜生产基地 (4) 农业科研、教学试验田 (5) 国务院规定应当划为永久基本农田的其他耕地
	各省、自治区、直辖市划定的永久基本农田一般应当占本行政区域内耕地的 80％以上
	永久基本农田转为建设用地，由国务院批准
禁止性规定	(1) 永久基本农田经依法划定后，任何单位和个人不得擅自占用或者改变其用途
	(2) 国家能源、交通、水利、军事设施等重点建设项目选址确实难以避让永久基本农田，涉及农用地转用或者土地征收的，必须经国务院批准
	(3) 禁止通过擅自调整总体规划等方式规避永久基本农田农用地转用或者土地征收的审批
	(4) 禁止占用耕地建窑、建坟或者擅自在耕地上建房、挖砂、采石、采矿、取土等
	(5) 禁止占用永久基本农田发展林果业和挖塘养鱼

三、国有土地使用权☆

(一) 出让

出让程序	1. 出让土地符合土地利用总体规划、城市规划和年度建设用地计划
	2. 经市、县政府批准，由市、县土地管理部门与土地使用者签订书面出让合同
	3. 签订合同后支付出让金，领取土地使用权证，取得土地使用权。在付清全部出让金之前，只能领取临时土地使用权证
	4. 建设用地的土地有偿使用费，30％上缴中央财政，70％留给有关地方政府
改变用途	1. 必须取得出让方和市县人民政府城市规划行政主管部门的同意 2. 签订土地使用权出让合同变更协议或者重新签订土地使用权出让合同，相应调整土地使用权出让金

收回	1. 原则上,在合同约定使用年限届满前不收回 2. 特殊情况下,根据社会公共利益的需要,可以依法律程序提前收回,并根据实际年限和实际情况给予相应的补偿

(二)划拨

范围	下列建设用地,经县级以上人民政府依法批准,可以以划拨方式取得: (1)国家机关用地和军事用地 (2)城市基础设施用地和公益事业用地 (3)国家重点扶持的能源、交通、水利等基础设施用地 (4)法律、行政法规规定的其他用地
性质	1. 是行政行为 2. 原则上,以划拨方式取得土地使用权的,没有使用期限的限制

四、集体土地使用权☆☆

(一)宅基地使用权

一户一宅	农村村民一户只能拥有一处宅基地,其宅基地的面积不得超过省、自治区、直辖市规定的标准
	农村村民出卖、出租、赠与住宅后,再申请宅基地的,不予批准
户有所居	人均土地少、不能保障一户拥有一处宅基地的地区,县级人民政府在充分尊重农村村民意愿的基础上,可以采取措施,按照省、自治区、直辖市规定的标准保障农村村民实现户有所居
使用限制	农村村民建住宅,应当符合乡(镇)土地利用总体规划、村庄规划,不得占用永久基本农田,并尽量使用原有的宅基地和村内空闲地
程序	农村村民住宅用地,由乡(镇)人民政府审核批准;其中,涉及占用农用地的,依法办理审批手续
退出有偿	国家允许进城落户的农村村民依法自愿有偿退出宅基地,鼓励农村集体经济组织及其成员盘活利用闲置宅基地和闲置住宅

(二)土地承包经营权

总要求	发包方和承包方应当依法订立承包合同,约定双方的权利义务	
家庭承包	农民集体所有和国家所有依法由农民集体使用的耕地、林地、草地,以及其他依法用于农业的土地,采取农村集体经济组织内部的家庭承包方式承包	
	期限	家庭承包的耕地的承包期为30年,草地的承包期为30年至50年,林地的承包期为30年至70年;耕地承包期届满后再延长30年,草地、林地承包期届满后依法相应延长
对外承包	不宜采取家庭承包方式的荒山、荒沟、荒丘、荒滩等,可以采取招标、拍卖、公开协商等方式承包,从事种植业、林业、畜牧业、渔业生产	

（三）乡村建设用地

兴办企业	农村集体经济组织使用乡（镇）土地利用总体规划确定的建设用地兴办企业或者与其他单位、个人以土地使用权入股、联营等形式共同举办企业的，应当持有关批准文件，向县级以上地方人民政府自然资源主管部门提出申请，按照省、自治区、直辖市规定的批准权限，由县级以上地方人民政府批准；其中，涉及占用农用地的，依照《土地管理法》第44条的规定办理审批手续
公共设施、公益事业建设	乡（镇）村公共设施、公益事业建设，需要使用土地的，经乡（镇）人民政府审核，向县级以上地方人民政府自然资源主管部门提出申请，按照省、自治区、直辖市规定的批准权限，由县级以上地方人民政府批准；其中，涉及占用农用地的，依照《土地管理法》第44条的规定办理审批手续

（四）集体经营性建设用地

入市条件	土地利用总体规划、城乡规划确定为工业、商业等经营性用途，并经依法登记的集体经营性建设用地，经本集体经济组织成员的村民会议2/3以上成员或者2/3以上村民代表的同意，土地所有权人可以通过出让、出租等方式交由单位或者个人使用，并应当签订书面合同
流转条件	通过出让等方式取得的集体经营性建设用地使用权可以转让、互换、出资、赠与或者抵押，但法律、行政法规另有规定或者土地所有权人、土地使用权人签订的书面合同另有约定的除外
使用限制	集体建设用地的使用者应当严格按照土地利用总体规划、城乡规划确定的用途使用土地
	在土地利用总体规划制定前已建的不符合土地利用总体规划确定的用途的建筑物、构筑物，不得重建、扩建
年限	参照同类用途的国有建设用地执行

第二节　城乡规划法

一、城乡规划☆

（一）城镇体系规划

全国城镇体系规划	报国务院审批。用于指导省域城镇体系规划、城市总体规划的编制	
省域城镇体系规划	审批机关	报国务院审批。在报审批前，应当先经本级人民代表大会常务委员会审议，审议意见交由本级人民政府研究处理
	内容	城镇空间布局和规模控制，重大基础设施的布局，为保护生态环境、资源等需要严格控制的区域

（二）城市规划、镇规划

1. 总体规划

内容	城镇的发展布局，功能分区，用地布局，综合交通体系，禁止、限制和适宜建设的地域范围，各类专项规划等
强制性内容	建设用地规模、基础设施和公共服务设施用地、水源地和水系、基本农田和绿化用地、环境保护、自然与历史文化遗产保护以及防灾减灾等应当作为总体规划的强制性内容
限制	总体规划确定的建设用地范围以外，不得设立各类开发区和城市新区
审批	总体规划，在报上一级人民政府审批前，应当先经本级人民代表大会常务委员会审议，审议意见交由本级人民政府研究处理
期限	总体规划的规划期限一般为 20 年

2. 详细规划

控制性详细规划	根据城（镇）总体规划的要求，组织编制控制性详细规划
	经本级人民政府批准后，报本级人民代表大会常务委员会和上一级人民政府备案
修建性详细规划	城乡规划主管部门和镇人民政府可以组织编制重要地块的修建性详细规划
	修建性详细规划应当符合控制性详细规划
	优先安排基础设施、公共服务设施的建设

二、城乡规划的实施☆

（一）一般规则

1. 城市的建设和发展，应当优先安排基础设施以及公共服务设施的建设。

2. 在选址意见书、建设用地规划许可证、建设工程规划许可证或者乡村建设规划许可证发放后，因依法修改城乡规划给被许可人合法权益造成损失的，应当依法给予补偿。

3. 城乡规划主管部门不得在城乡规划确定的建设用地范围以外作出规划许可。

（二）建设用地规划许可

划拨方式	事先申请选址的项目	1. 需要有关部门批准或者核准的建设项目、以划拨方式提供国有土地使用权的，建设单位在报送有关部门批准前或者核准前，应当向城乡规划主管部门申请核发选址意见书
		2. 其他建设项目不需要申请选址意见书
	划拨用地规划程序	审核建设项目→建设单位提出建设用地规划许可申请→规划局核发建设用地规划许可证→自然资源管理部门划拨土地
出让方式		出让土地规划的许可程序：取得建设项目的批准、核准、备案文件→签出让合同→到规划局领建设用地规划许可证→自然资源管理部门出让土地

（三）乡村建设规划许可的程序

建设单位向乡镇政府提出申请→规划局核发乡村建设规划许可证→自然资源管理部门办理用地审批手续。

（四）变更规划条件

1. 建设单位应当按照规划条件进行建设。

2. 确需变更的，必须向城乡规划主管部门提出申请。变更内容不符合控制性详细规划的，城乡规划主管部门不得批准。

3. 城乡规划主管部门应当及时将依法变更后的规划条件通报同级土地主管部门并公示。

4. 建设单位应当及时将依法变更后的规划条件报有关人民政府土地主管部门备案。

（五）临时建设规划许可

批准部门	1. 进行临时建设的，应当经城乡规划主管部门批准 2. 临时建设影响近期建设规划或者控制性详细规划的实施以及交通、市容、安全等的，不得批准
违章建设的种类	1. 未经批准进行临时建设的 2. 未按照批准内容进行临时建设的 3. 临时建筑物、构筑物超过批准期限不拆除的
对违章建设的处罚	1. 违反者，由城乡规划主管部门责令限期拆除，可并处罚款 2. 城乡规划主管部门作出责令停止建设或者限期拆除的决定后，当事人不停止建设或者逾期不拆除的，建设工程所在地县级以上地方人民政府可以责成有关部门采取查封施工现场、强制拆除等措施

第三节　房地产交易制度

按照交易形式不同，房地产交易可分为房地产转让、抵押、租赁。

一、房地产转让

房地一体主义	交易原则采取房地一体主义。房地产交易时，房屋的所有权和该房屋占用范围内的土地使用权同时转让、抵押
登记生效	房地产转让、抵押，当事人应当办理权属登记
以出让方式取得土地使用权的转让条件	以出让方式取得土地使用权，转让其上房屋的条件要满足"一金二证一投资开发"的条件。 （1）按照出让合同约定已经支付全部土地使用权出让金，并取得土地使用权证书 （2）按照出让合同约定进行投资开发，属于房屋建设工程的，完成开发投资总额的25%以上，属于成片开发土地的，形成工业用地或者其他建设用地条件 （3）转让房地产时房屋已经建成的，还应当持有房屋所有权证书
	签订书面转让合同
	转让房地产后其土地使用权的使用年限为原出让合同约定的使用年限减去已经使用年限后的剩余年限

以划拨方式取得土地，转让房地产的条件	1. 报有批准权的人民政府审批。有批准权的人民政府准予转让的，应当由受让方办理土地使用权出让手续，并依照国家有关规定缴纳土地使用权出让金 2. 有批准权的人民政府按照国务院规定决定可以不办理土地使用权出让手续的，转让方应当按照国务院规定将转让房地产所获收益中的土地收益上缴国家或者作其他处理

二、房地产的抵押

规则1	以出让方式取得的土地使用权，可以单独设定抵押权；若该土地上有房屋时，应当将该国有土地上的房屋同时抵押
规则2	以划拨方式取得的土地使用权不得单独抵押。但如果该土地上有房产，以房产设定抵押时必须同时抵押房屋所占用范围内划拨土地的使用权
规则3	新增地上物的处理 房地产抵押合同签订后，土地上新增的房屋不属于抵押财产。需要拍卖该抵押的房地产时，因新增房屋与抵押财产无法实际分割，可以依法将土地上新增的房屋与抵押财产一同拍卖，但对拍卖新增房屋所得，抵押权人无权优先受偿

三、房屋租赁

以营利为目的，房屋所有权人将以划拨方式取得使用权的国有土地上建成的房屋出租的，应当将租金中所含土地收益上缴国家。

四、商品房预售

商品房预售条件	1. 已交付全部土地使用权出让金，取得土地使用权证书 2. 持有建设工程规划许可证 3. 按提供预售的商品房计算，投入开发建设的资金达到工程建设总投资的25%以上，并已经确定施工进度和竣工交付日期 4. 向房产管理部门办理预售登记，取得商品房预售许可证明。无证预售的，预售合同无效，但起诉前取得预售许可证的，可以认定有效
备案	商品房预售人应当将预售合同报县级以上房产管理部门备案。未备案不影响合同效力
款项用途	商品房预售所得款项，必须用于有关的工程建设

五、房地产开发

（一）开发合同

出让土地使用权	1. 可以作价入股，合资、合作开发经营房地产 2. 合作开发合同，当事人双方均不具备房地产开发经营资质的，合同无效
划拨土地使用权	合作开发合同无效

（二）超过出让合同约定的动工开发日期

满1年未开发的	可以对其征收出让金20%以下的土地闲置费
满2年未开发的	可以无偿收回土地使用权，但是，因不可抗力或者政府、政府有关部门的行为或者动工开发必需的前期工作造成动工开发迟延的除外

第四节 不动产登记制度

一、不动产登记概述

对象	下列不动产权利，依照条例的规定办理登记： （1）集体土地所有权 （2）房屋等建筑物、构筑物所有权 （3）森林、林木所有权 （4）耕地、林地、草地等土地承包经营权（没有办理登记，不影响物权法上的效果） （5）建设用地使用权 （6）宅基地使用权 （7）海域使用权 （8）地役权 （9）抵押权 （10）法律规定的其他不动产权利 【不登记对象：国有土地的使用权、所有权，集体土地使用权，小产权房，海外房产】
机构	唯一性：县级以上地方政府应当确定一个部门为本行政区域的不动产登记机构 管辖： （1）不动产登记由不动产所在地的县级政府不动产登记机构办理 （2）直辖市、设区的市政府可以确定本级不动产登记机构统一办理所属各区的不动产登记 （3）跨县级行政区域的不动产登记，由所跨县级行政区域的不动产登记机构分别办理。不能分别办理的，由所跨县级行政区域的不动产登记机构协商办理；协商不成的，由共同的上一级政府不动产登记主管部门指定办理
登记簿	1. 内容：不动产的坐落、界址、空间界限、面积、用途等自然状况；不动产权利的主体、类型、内容、来源、期限、权利变化等权属状况；涉及不动产权利限制、提示的事项；其他相关事项 2. 介质：不动产登记簿应当采用电子介质，暂不具备条件的，可以采用纸质介质。不动产登记机构应当明确不动产登记簿唯一、合法的介质形式 3. 保存：不动产登记簿由不动产登记机构永久保存。不动产登记簿损毁、灭失的，不动产登记机构应当依据原有登记资料予以重建

二、不动产登记程序

申请	1. 因买卖、设定抵押权等申请不动产登记的，应当由当事人双方共同申请
	2. 属于下列情形之一的，可以由当事人单方申请： （1）尚未登记的不动产首次申请登记的 （2）继承、接受遗赠取得不动产权利的 （3）法院、仲裁委员会生效的法律文书或者政府生效的决定等设立、变更、转让、消灭不动产权利的 （4）权利人姓名、名称或者自然状况发生变化，申请变更登记的 （5）不动产灭失或者权利人放弃不动产权利，申请注销登记的 （6）申请更正登记或者异议登记的 （7）其他
受理	不动产登记机构收到不动产登记申请材料，应当分别按照下列情况办理： （1）属于登记职责范围，申请材料齐全、符合法定形式，或者申请人按照要求提交全部补正申请材料的，应当受理并书面告知申请人 （2）申请材料存在可以当场更正的错误的，应当告知申请人当场更正，申请人当场更正后，应当受理并书面告知申请人 （3）申请材料不齐全或者不符合法定形式的，应当当场书面告知申请人不予受理并一次性告知需要补正的全部内容 （4）申请登记的不动产不属于本机构登记范围的，应当当场书面告知申请人不予受理并告知申请人向有登记权的机构申请 （5）不动产登记机构未当场书面告知申请人不予受理的，视为受理
查验	不动产登记机构受理不动产登记申请的，应当按照下列要求进行查验： （1）不动产界址、空间界限、面积等材料与申请登记的不动产状况是否一致 （2）有关证明材料、文件与申请登记的内容是否一致 （3）登记申请是否违反法律、行政法规规定
实地查看调查	属于下列情形之一的，不动产登记机构可以对申请登记的不动产进行实地查看： （1）房屋等建筑物、构筑物所有权首次登记 （2）在建建筑物抵押权登记 （3）因不动产灭失导致的注销登记 （4）其他
	对可能存在权属争议，或者可能涉及他人利害关系的登记申请，不动产登记机构可以向申请人、利害关系人或者有关单位进行调查
登记	不动产登记机构应当自受理登记申请之日起 30 个工作日内办结不动产登记手续，法律另有规定的除外
	登记事项自记载于不动产登记簿时完成登记。不动产登记机构完成登记，应当依法向申请人核发不动产权属证书或者登记证明（不动产登记簿效力高于不动产权属证书和登记证明）
	登记申请有下列情形之一的，不动产登记机构应当不予登记，并书面告知申请人： （1）违反法律、行政法规规定的 （2）存在尚未解决的权属争议的 （3）申请登记的不动产权利超过规定期限的 （4）法律、行政法规规定不予登记的其他情形

环境资源法

第一章
环境保护法

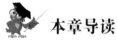

本章导读

本章主要考查《环境保护法》《环境影响评价法》两部法律。环境保护法主要包括环境保护基本制度和环境责任制度，按照"事前预防为主，事后追究为辅"的思想，前者处于优先和重点的地位。环境保护法越来越重要，每年3分左右。命题方面重点关注环境保护中的违法行为及其责任，考生需要对相关内容及法条进行理解和记忆。

第一节　环境保护基本制度

一、环境影响评价制度

（一）规划的环境影响评价 ☆☆☆

总体规划	对象	土地利用的有关规划，区域、流域、海域的建设、开发利用规划
	程序	1. 在规划编制过程中组织进行环境影响评价，编写该规划有关环境影响的篇章或者说明
		2. 未编写有关环境影响的篇章或者说明的规划草案，审批机关不予审批
		3. 编制机关应当及时组织环境影响的跟踪评价，并将评价结果报告审批机关

专项规划	对象	工业、农业、畜牧业、林业、能源、水利、交通、城市建设、旅游、自然资源开发的有关专项规划
	程序	1. 应当在该专项规划草案上报审批前，组织进行环境影响评价，并向审批该专项规划的机关提出环境影响报告书。未附送环境影响报告书的，审批机关不予审批
		2. 对可能造成不良影响并直接涉及公众权益的规划，应当在该规划草案报送审批前，举行听证会、论证会
		3. 人民政府在审批专项规划草案，作出决策前，对环境影响报告书进行审查
		4. 有重大影响的规则实施后，进行跟踪评价，并将评价结果报告审批机关

（二）建设项目的环境影响评价☆☆☆

1. 建设项目环评的分类管理

类别	分类管理
可能造成重大环境影响的建设项目→报告书、全面评价、审批	（1）应当编制环境影响报告书；对产生的环境影响进行全面评价 （2）在对水环境可能造成影响和可能产生环境噪声污染的建设项目的环境影响报告书中，应该有该建设项目所在地单位和居民的意见（水污染、噪声污染）
可能造成轻度环境影响的建设项目→报告表、专项评价、审批	应当编制环境影响报告表，对产生的环境影响进行分析或者专项评价
对环境影响很小的建设项目→登记表、备案	应当填报环境影响登记表；无须审批，备案管理

2. 建设项目环评时间及审批

环评时间	（1）建设项目的环境影响评价报告文件，均应在建设项目可行性研究阶段报批 （2）建设单位应当在报批建设项目环境影响报告书前，举行论证会、听证会或者采取其他形式，征求有关单位、专家和公众的意见
审批机关	（1）国务院生态环境主管部门负责审批 ①核设施、绝密工程等特殊性质的建设项目 ②跨省、自治区、直辖市行政区域的建设项目 ③由国务院审批的或者由国务院授权有关部门审批的建设项目的环评文件 （2）其他项目的审批权限，由省级政府规定 建设项目可能造成跨行政区域的不良环境影响，有关生态环境主管部门对该项目的环境影响评价结论有争议的，其环境影响评价文件由共同的上一级生态环境主管部门审批
费用收取	审核、审批建设项目环境影响报告书、报告表以及备案环境影响登记表，不得收取任何费用
未环评不得开工建设	建设项目的环境影响评价文件未依法经审批部门审查或者审查后未予批准的，建设单位不得开工建设
环评机构	环评技术服务的机构，不得与审批部门存在任何利益关系

3. 特殊环评

重新报批	建设项目的环境影响评价文件经批准后，建设项目的性质、规模、地点、采用的生产工艺或者防治污染、防止生态破坏的措施发生重大变动的，建设单位应当重新报批建设项目的环境影响评价文件
重新审核	建设项目的环境影响评价文件自批准之日起超过 5 年，方决定该项目开工建设的，其环境影响评价文件应当报原审批部门重新审核
后评价	在项目建设、运行过程中产生不符合经审批的环境影响评价文件的情形的，建设单位应当组织环境影响的后评价，采取改进措施，并报原环境影响评价文件审批部门和建设项目审批部门备案；原环境影响评价文件审批部门也可以责成建设单位进行环境影响的后评价，采取改进措施

4. 规划与项目环评间的关系

（1）建设项目的环境影响评价，应当避免与规划的环境影响评价相重复。

（2）作为一项整体建设项目的规划，按照建设项目进行环境影响评价，不进行规划的环境影响评价。

（3）已经进行了环境影响评价的规划包含具体建设项目的，规划的环境影响评价结论应当作为建设项目环境影响评价的重要依据，建设项目环境影响评价的内容应当根据规划的环境影响评价审查意见予以简化。

二、环境标准制度☆☆

环境质量标准	环境质量标准，是环境中所允许含有有害物质或因素的最高限额
	环境质量标准是确认环境是否被污染，以及排污者承担相应民事责任的主要根据
	分类： (1) 国标。由环境部制定国家环境质量标准 (2) 地标。省级政府对国家环境质量标准中未作规定的项目，可以制定地方环境质量标准；对国家环境质量标准中已作规定的项目，可以制定严于国家环境质量标准的地方环境质量标准。地方标准报国务院环境保护行政主管部门备案
排污标准	污染物排放标准，是允许排污企业排放污染物或有害环境的能量的最高限额
	污染物排放标准是认定排污行为是否合法，以及排污者是否承担行政法律责任的主要根据
	分类： (1) 国标。生态环境部制定国家污染物排放标准 (2) 地标。省级政府对国家污染物排放标准中未作规定的项目，可以制定地方污染物排放标准；对国家污染物排放标准中已作规定的项目，可以制定严于国家污染物排放标准的地方污染物排放标准。地方污染物排放标准应当报国务院环境保护主管部门备案
二者关系	二者关系：在我国环保标准体系中，环境质量标准是核心。例如，根据国家环境质量标准、国家经济、技术条件，制定国家污染物排放标准（环境质量标准是基础）

三、信息公开和公众参与☆

主体	公开内容
重点排污单位	如实向社会公开其主要污染物的名称、排放方式、排放浓度和总量、超标排放情况，以及防治污染设施的建设和运行情况，接受社会监督
依法应当编制环境影响报告书的建设项目	建设单位编制时向可能受影响的公众说明情况，充分征求意见
负责审批建设项目环境影响评价文件的部门	收到建设项目环境影响报告书后，除涉及国家秘密和商业秘密的事项外，应当全文公开；发现建设项目未充分征求公众意见的，应当责成建设单位征求公众意见

四、生态保护制度☆

红线制度	1. 我国分为：生态功能红线；环境质量红线；资源利用红线 2. 国家在重点生态功能区、生态环境敏感区和脆弱区等区域划定生态保护红线，实行严格保护（功、敏、脆）
生态保护补偿制度	1. 国家加大对生态保护地区的财政转移支付力度 2. 国家指导受益地区和生态保护地区政府通过协商或者按照市场规则进行生态保护补偿
保护生物多样性	1. 开发利用自然资源，应当合理开发，保护生物多样性，保障生态安全，依法制定有关生态保护和恢复治理方案并予以实施 2. 引进外来物种以及研究、开发和利用生物技术，应当采取措施，防止对生物多样性的破坏

五、其他环境保护制度☆☆

制度类型	具体内容
"三同时"制度	1. 建设项目主体工程、环保防治污染的设施：同时设计、同时施工、同时投产使用（包括同时投入试运行、同时竣工验收） 2. 防治污染的设施不得擅自拆除或者闲置
环境保护税制度	对大气污染物、水污染物、固体废物和噪声四类污染物，由税务部门征收环保税
总量控制制度	1. 针对重点污染物排放的地区和流域 2. 程序：国务院下达重点污染物排放总量控制指标→省级政府分解落实→企业事业单位遵守分解落实到本单位的总量控制指标 3. 对超过国家重点污染物排放总量控制指标或者未完成国家确定的环境质量目标的地区，省级以上环保局应当暂停审批其新增重点污染物排放总量的建设项目环境影响评价文件

第二节　环境法律责任

一、环境行政责任☆

违法排放的行政责任	1. 企业事业单位和其他生产经营者违法排放污染物，受到罚款处罚，被责令改正，拒不改正的，依法作出处罚决定的行政机关可以自责令改正之日的次日起，按照原处罚数额按日连续处罚，上不封顶 2. 罚款的数额，按照防止污染设施的运行成本、违法行为造成的直接损失或违法所得等因素确定 3. 地方性法规可以根据环境保护的实际需要，增加按日连续处罚的违法行为的种类
超标排放的行政责任	超过污染物排放标准或者超过重点污染物排放总量控制指标排放污染物的，县级以上人民政府环境保护主管部门可以责令其采取限制生产、停产整治等措施；情节严重的，报经有批准权的人民政府批准，责令停业、关闭
擅自开工建设的行政责任	建设单位未依法提交建设项目环境影响评价文件或者环境影响评价文件未经批准，擅自开工建设的，由负有环境保护监督管理职责的部门责令停止建设，处以罚款，并可以责令恢复原状
违反信息公开义务的行政责任	重点排污单位不公开或者不如实公开环境信息的，由县级以上地方人民政府环境保护主管部门责令公开，处以罚款，并予以公告
直接责任人员的行政责任	企业事业单位和其他生产经营者有下列行为之一，尚不构成犯罪的，除依照有关法律法规规定予以处罚外，由县级以上人民政府环境保护主管部门或者其他有关部门将案件移送公安机关，对其直接负责的主管人员和其他直接责任人员，处10日以上15日以下拘留；情节较轻的，处5日以上10日以下拘留。 (1) 建设项目未依法进行环境影响评价，被责令停止建设，拒不执行的（未环评、不停建） (2) 违反法律规定，未取得排污许可证排放污染物，被责令停止排污，拒不执行的（违法排污） (3) 通过暗管、渗井、渗坑、灌注或者篡改、伪造监测数据，或者不正常运行防治污染设施等逃避监管的方式违法排放污染物的 (4) 生产、使用国家明令禁止生产、使用的农药，被责令改正，拒不改正的

二、环境民事责任☆

无过错责任原则	法定免责理由： (1) 不可抗力 (2) 被害人故意自招其害
举证责任倒置规则	侵权方需要证明：其排污行为与损害后果之间没有因果关系 被侵权方需要证明： (1) 污染者排放了污染物 (2) 被侵权人的损害 (3) 污染者排放的污染物或者其次生污染物与损害之间具有关联性

多因一果	两个以上侵权人污染环境、破坏生态的，承担责任的大小，根据污染物的种类、浓度、排放量，破坏生态的方式、范围、程度，以及行为对损害后果所起的作用等因素确定
第三人过错的处理	因第三人的过错污染环境、破坏生态的，被侵权人可以向侵权人请求赔偿，也可以向第三人请求赔偿。侵权人赔偿后，有权向第三人追偿
第三人连带责任	环境影响评价机构、环境监测机构以及从事环境监测设备和防治污染设施维护、运营的机构，在有关环境服务活动中弄虚作假，对造成的环境污染和生态破坏负有责任的，除依照有关法律法规规定予以处罚外，还应当与造成环境污染和生态破坏的其他责任者承担连带责任
诉讼时效	1. 停止侵害、排除妨碍、消除危险，无时效限制 2. 损害赔偿的诉讼时效是3年，从当事人知道或者应当知道受到污染损害时起计算

三、环境公益诉讼

主体	1. 依法在设区的市级以上人民政府民政部门登记的社会组织 2. 专门从事环境保护公益活动连续5年以上且无违法记录
跨区诉讼	环境公益诉讼不受地域限制
与私益诉讼并行	环境公益诉讼，不影响同一污染行为的受害人提起私益诉讼。生效判决有利于私益诉讼原告的，该原告可在诉讼中主张适用

第二章
自然资源法

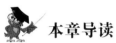

本章导读

本章主要考查《森林法》《矿产资源法》两部法律，命题方面重点关注各项自然资源的权属问题，需要对相关内容及法条进行理解和记忆。

第一节　森林法

一、权属制度

（一）总则

立法理念	绿水青山就是金山银山
原则	尊重自然、顺应自然，坚持生态优先、保护优先、保育结合、可持续发展的原则
制度支持	1. 国家建立森林生态效益补偿制度 2. 加大公益林保护支持力度 3. 完善重点生态功能区转移支付政策，指导受益地区和森林生态保护地区人民政府通过协商等方式进行生态效益补偿 4. 国家通过贴息、林权收储担保补助等措施，鼓励和引导金融机构开展涉林抵押贷款、林农信用贷款等符合林业特点的信贷业务，扶持林权收储机构进行市场化收储担保 5. 国家支持发展森林保险

（二）森林权属☆

所有权	1. 森林资源属于国家所有 2. 由法律规定属于集体所有的除外	
权属登记	林地和林地上的森林、林木的所有权、使用权，由不动产登记机构统一登记造册，核发证书	
	重点林区的森林、林木和林地，由国务院自然资源主管部门负责登记	
使用权	国有林地使用权：经批准可以转让、出租、作价出资等	
	集体林地使用权	实行承包经营的： (1) 承包方享有林地承包经营权和承包林地上的林木所有权，合同另有约定的从其约定 (2) 承包方可以依法采取出租（转包）、入股、转让等方式流转林地经营权、林木所有权和使用权（应当签订书面合同）
		未实行承包经营的： (1) 由农村集体经济组织统一经营 (2) 经村民会议 2/3 以上成员或者 2/3 以上村民代表同意并公示，可以通过招标、拍卖、公开协商等方式依法流转（应当签订书面合同）

（三）林木权属☆

个人	1. 农村居民在房前屋后、自留地、自留山种植的林木，归个人所有 2. 城镇居民在自有房屋的庭院内种植的林木，归个人所有
营造者	1. 国有企业事业单位、机关、团体、部队营造的林木，由营造单位管护并按照国家规定支配林木收益 2. 其他组织或者个人营造的林木，依法由营造者所有并享有林木收益；合同另有约定的从其约定
承包者	集体或者个人承包国家所有和集体所有的宜林荒山荒地荒滩营造的林木，归承包的集体或者个人所有；合同另有约定的从其约定
权属登记	1. 林地和林地上的森林、林木的所有权、使用权，由不动产登记机构统一登记造册、核发证书 2. 国家重点林区的森林、林木和林地，由国务院自然资源主管部门负责登记

（四）权属争议

行政处理前置	1. 单位之间发生的林木、林地所有权和使用权争议，由县级以上政府依法处理 2. 个人之间、个人与单位之间发生的林木所有权和林地使用权争议，由乡镇人民政府或者县级以上人民政府依法处理 3. 当事人对政府的处理决定不服的，可以向法院起诉
维持林地现状	权属争议解决前，除因森林防火、林业有害生物防治、国家重大基础设施建设等需要外，当事人任何一方不得砍伐有争议的林木或者改变林地现状

（五）森林保护措施☆

森林防火	1. 地方各级人民政府负责本行政区域的森林防火工作，发挥群防作用 2. 国家综合性消防救援队伍承担国家规定的森林火灾扑救任务和预防相关工作
林地保护	1. 严格控制林地转为非林地，实行占用林地总量控制，确保林地保有量不减少 2. 各类建设项目占用林地不得超过本行政区域的占用林地总量控制指标
临时用地	1. 应当经县级以上人民政府林业主管部门批准 2. 一般不超过 2 年 3. 不得修建永久性建筑物 4. 临时使用林地期满后 1 年内，用地单位或者个人应当恢复植被和林业生产条件

二、森林分类经营管理☆

（一）公益林

概念		根据生态保护的需要，将森林生态区位重要或者生态状况脆弱，以发挥生态效益为主要目的的林地和林地上的森林划定为公益林
种类	生态区位重要	1. 重要江河源头汇水区域 2. 重要江河干流及支流两岸、饮用水水源地保护区 3. 重要湿地和重要水库周围 4. 沿海防护林基干林带
	生态状况脆弱	1. 森林和陆生野生动物类型自然保护区 2. 荒漠化和水土流失严重地区的防风固沙林基干林带 3. 未开发利用的原始林地区 4. 需要划定的其他区域
管理		1. 国家对公益林实施严格保护 2. 可以合理利用公益林林地资源和森林景观资源，适度开展林下经济、森林旅游等
采伐		公益林只能进行抚育、更新和低质低效林改造性质的采伐（但因科研或者实验、防治林业有害生物、建设护林防火设施、营造生物防火隔离带、遭受自然灾害等需要采伐的除外）

（二）商品林☆

概念	未划定为公益林的林地和林地上的森林属于商品林
种类	国家鼓励发展下列商品林： 1. 以生产木材为主要目的的森林 2. 以生产果品、油料、饮料、调料、工业原料和药材等林产品为主要目的的森林 3. 以生产燃料和其他生物能源为主要目的的森林 4. 其他以发挥经济效益为主要目的的森林 在保障生态安全的前提下，国家鼓励建设速生丰产、珍贵树种和大径级用材林，增加林木储备，保障木材供给安全
管理	商品林由林业经营者依法自主经营
采伐	商品林严格控制砍伐面积，伐育同步规划实施

（三）自然保护区的林木☆

自然保护区的林木，禁止采伐。

但是，因防治林业有害生物、森林防火、维护主要保护对象生存环境、遭受自然灾害等特殊情况必须采伐的和实验区的竹林除外。

（四）禁止性规定

1. 任何组织和个人不得侵犯森林、林木、林地的所有者和使用者的合法权益。
2. 不得非法改变林地用途和毁坏森林、林木、林地。
3. 禁止毁林开垦、采石、采砂、采土以及其他毁坏林木和林地的行为。
4. 禁止向林地排放重金属或者其他有毒有害物质。
5. 禁止在幼林地砍柴、毁苗、放牧。
6. 禁止擅自移动或者损坏森林保护标志。
7. 禁止破坏古树名木和珍贵树木及其生存的自然环境。

第二节　矿产资源法

一、权属制度

1. 矿产资源属于国家所有。
2. 地表或者地下的矿产资源的国家所有权，不因其所依附的土地的所有权或者使用权的不同而改变。
3. 矿业权包括：探矿权和采矿权。国家实行探矿权、采矿权有偿取得的制度。
4. 开采矿产资源，必须按照国家有关规定缴纳资源税和资源补偿费。

二、勘察开发管理

1. 实行统一规划、合理布局、综合勘查、合理开采和综合利用的方针。
2. 国家对矿产资源勘查实行统一的区块登记管理制度。
3. 实行中央政府和省级政府两级审批制度。
4. 有计划开采：（1）对国家规划矿区。（2）对国民经济具有重要价值的矿区。（3）对实行保护性开采的特定矿种，实行有计划的开采；未经国务院有关主管部门批准，任何单位和个人不得开采。
5. 对集体矿山企业和个体采矿实行积极扶持、合理规划、正确引导、加强管理的方针。
6. 允许个人采挖的项目：

（1）零星分散的资源；（2）只能用作普通建筑材料的砂、石、黏土；（3）为生活自用采挖少量矿产。

矿产储量规模适宜由矿山企业开采的矿产资源、国家规定实行保护性开采的特定矿种、禁止个人开采的其他矿产资源，个人不得开采。

7. 矿区争议的解决：

（1）矿区范围的争议，由当事人协商解决。

（2）协商不成的，由有关县级以上地方人民政府根据依法核定的矿区范围处理。

（3）跨省、自治区、直辖市的矿区范围的争议，由有关省级人民政府协商解决，协商不成的，由国务院处理。

劳动与社会保障法

第一章
劳动法律关系

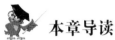**本章导读**

本章主要涉及 4 部法律及司法解释，分别为《劳动法》《劳动合同法》《劳动合同法实施条例》《劳动争议调解仲裁法》以及最高人民法院《关于审理劳动争议案件适用法律若干问题的解释》。其中《劳动合同法》最重要。命题方面，《劳动合同法》《劳动争议调解仲裁法》为重点，本次大纲新增了"工会和劳动行政部门在劳动法上的地位"的考点。本章是经济法中的重点内容，每年分值 6—10 分，需要考生对相关内容及法条进行深入理解和精准记忆。

第一节　劳动合同法与劳动法

一、适用范围的一般规定

（一）调整对象

劳动者	1. 劳动者包括：帮工、学徒、乡镇企业职工（含农民工）、进城务工的农民等
	2. 不包括公务员、参公管理人员、实行聘用制的事业单位工作人员、现役军人、家庭雇佣劳动关系、在校学生、单纯从事农业生产的农民等
	3. 禁止用人单位招用未满 16 周岁的未成年人。文艺、体育和特种工艺单位招用未满 16 周岁的未成年人，必须遵守国家有关规定，并保障其接受义务教育的权利
用人单位	我国境内的企业、我国境内的个体经济组织、民办非企业单位等组织、事业单位与实行聘用制的工作人员之间也应当订立劳动合同

（二）对特殊对象的保护

对未成年工的特殊保护	1. 未成年工是指年满 16 周岁未满 18 周岁的劳动者
	2. 不得安排未成年工从事矿山井下、有毒有害、国家规定的第四级体力劳动强度的劳动和其他禁忌从事的劳动
	3. 用人单位应当对未成年工定期进行健康检查
对女职工的特殊保护	1. 禁止安排女职工从事矿山井下、国家规定的第四级体力劳动强度的劳动和其他禁忌从事的劳动
	2. 不得安排女职工在经期从事高处、低温、冷水作业和国家规定的第三级体力劳动强度的劳动
	3. 不得安排女职工在怀孕期间从事国家规定的第三级体力劳动强度的劳动和孕期禁忌从事的劳动。对怀孕 7 个月以上的女职工，不得安排其延长工作时间和夜班劳动
	4. 女职工生育享受不少于 90 天的产假
	5. 不得安排女职工在哺乳未满一周岁的婴儿期间从事国家规定的第三级体力劳动强度的劳动和哺乳期禁忌从事的其他劳动，不得安排其延长工作时间和夜班劳动

（三）劳动安全卫生与职业培训

"三同时"制度	新建、改建、扩建工程的劳动安全卫生设施必须与主体工程同时设计、同时施工、同时投入生产和使用
定期健康检查	用人单位必须为劳动者提供符合国家规定的劳动安全卫生条件和必要的劳动防护用品，对从事有危害作业的劳动者应当定期进行健康检查
专门培训	从事特种作业的劳动者必须经过专门培训并取得特种作业资格
上岗前培训	从事技术工种的劳动者，上岗前必须经过培训

二、劳动合同☆☆

劳动合同，是劳动者与用人单位之间确立劳动关系，明确双方权利和义务的书面协议。

劳动合同的种类	劳动合同分为固定期限劳动合同、无固定期限劳动合同和以完成一定工作任务为期限的劳动合同
无固定期限劳动合同	无固定期限劳动合同，是指用人单位与劳动者约定无确定终止时间的劳动合同
	1. 协商一致订立：用人单位与劳动者协商一致，可以订立无固定期限劳动合同
	2. 有下列情形之一，劳动者提出或者同意续订、订立劳动合同的，除劳动者提出订立固定期限劳动合同外，应当订立无固定期限劳动合同： （1）劳动者在该用人单位连续工作满 10 年的 （2）用人单位初次实行劳动合同制度或者国有企业改制重新订立劳动合同时，劳动者在该用人单位连续工作满 10 年且距法定退休年龄不足 10 年的 （3）连续订立 2 次固定期限劳动合同，且劳动者没有过错性辞退和非过错性辞退的情形，续订劳动合同的（从 2008 年 1 月 1 日起计算）

	3. 推定：用人单位自用工之日起满1年不与劳动者订立书面劳动合同的，视为用人单位与劳动者已订立无固定期限劳动合同
无固定期限劳动合同	用人单位违反本规定不与劳动者订立无固定期限劳动合同的，自应当订立无固定期限劳动合同之日起向劳动者每月支付2倍的工资
	例外情形：各级人民政府及县级以上地方人民政府有关部门，为安置就业困难人员提供的给予岗位补贴和社会保险补贴的公益性岗位，其劳动合同不适用无固定期限劳动合同的规定以及支付经济补偿的规定

三、劳动合同的订立☆☆

劳动关系的建立	建立劳动关系，应当订立书面劳动合同 劳动关系自用工之日起建立	
未订立书面劳动合同	1个月内	1. 用人单位尚无不利后果 2. 经用人单位书面通知，若劳动者不愿签订劳动合同，用人单位应当书面通知劳动者终止劳动关系，无须支付经济补偿，但应当支付劳动报酬
	1个月—1年	1. 用人单位应当每月支付2倍工资，并补订书面劳动合同 2. 劳动者不与用人单位订立书面劳动合同的，用人单位应书面通知劳动者终止劳动关系，并支付经济补偿
	超过1年	1. 视为已订立无固定期限劳动合同 2. 并同时向劳动者最多支付11个月双倍工资

四、劳动合同的条款☆☆☆

（一）试用期条款

不得约定试用期的情形	（1）以完成一定工作任务为期限的劳动合同 （2）劳动合同期限不满3个月的 （3）非全日制用工	
试用期时间	劳动合同期限3个月以上不满1年的	不超过1个月
	劳动合同期限1年以上不满3年的	不得超过2个月
	3年以上固定期限和无固定期限的劳动合同	试用期不得超过6个月
试用期工资	劳动者在试用期的工资不得低于本单位相同岗位最低档工资的80%或者劳动合同约定工资的80%，并不得低于用人单位所在地的最低工资标准	
试用期约定限制	（1）同一用人单位与同一劳动者只能约定一次试用期。劳动者在同一用人单位调整或变更工作岗位，用人单位不得再次约定试用期	
	（2）试用期包含在劳动合同期限内。劳动合同仅约定试用期的，试用期不成立，该期限为劳动合同期限	
解除试用期合同的限制	在试用期中，劳动者有过错或者劳动者自身原因导致不能胜任工作，可以解除合同	

法律责任	违法约定的试用期已经履行的，由用人单位以劳动者试用期满月工资为标准，按照已经履行的超过法定试用期的期间向劳动者支付赔偿金。
试用期内劳动者的各项劳动权利受法律保护。用人单位应为试用者缴纳社会保险	

（二）保密条款

保密协议	1. 双方当事人可以就商业秘密的范围、保密期限、保密措施、保密义务及赔偿责任等进行约定 2. 劳动者因违反约定保密事项给用人单位造成损失的，应承担赔偿责任

（三）竞业限制条款

主体	负保密义务的人员：高级管理人员；高级技术人员；其他负有保密义务的人员
内容	在解除或终止劳动合同后： 1. 禁止到竞争对手处工作 2. 禁止自己开业与原单位竞争
时间	最长 2 年，原单位在禁止期限内，按月给付经济补偿
对未约定金额的处理	因用人单位的原因导致 3 个月未支付经济补偿，劳动者可解除竞业限制约定
注意	1. 单位解约：额外支付 3 个月经济补偿 2. 单位违约：如果因为用人单位的原因 3 个月未支付经济补偿金，劳动者可以请求解除竞业限制约定 3. 劳动者违约：支付违约金，遵守竞业义务

（四）服务期条款

1. 一般规则

概念	法律规定的因用人单位为劳动者提供专业技术培训，双方约定的劳动者为用人单位必须服务的期间
适用	用人单位为劳动者提供专项培训费用，对其进行专业技术培训的，可以与该劳动者订立协议，约定服务期
违约金	劳动者违反服务期约定的，应当按照约定向用人单位支付违约金 违约金的数额不得超过用人单位提供的培训费用。用人单位要求劳动者支付的违约金不得超过服务期尚未履行部分所应分摊的培训费用
工资调整	用人单位与劳动者约定服务期的，不影响按照正常的工资调整机制提高劳动者在服务期期间的劳动报酬

2. 约定服务期条款下，劳动合同的解除

用人单位解除	原则	用人单位因裁员、情势变更、解除未到服务期的合同，劳动者无须支付违约金
	例外	劳动者有严重过错，用人单位解除约定服务期的劳动合同的，用人单位要支付违约金

劳动者解除	一般	未到服务期，劳动者提出解除劳动合同的，劳动者要支付违约金
	例外	无须支付违约金的情形： （1）用人单位未按照劳动合同约定提供劳动保护或者劳动条件的 （2）用人单位未及时足额支付劳动报酬的 （3）用人单位未依法为劳动者缴纳社会保险费的

五、劳动合同的解除☆☆☆

劳动合同的解除，指在劳动合同期满之前终止劳动合同关系的法律行为。

（一）双方协商解除劳动合同

用人单位与劳动者协商一致，可以解除劳动合同。

（二）劳动者单方解除劳动合同

预告解除	劳动者提前30日以书面形式通知用人单位，可以解除劳动合同。劳动者在试用期内提前3日通知用人单位，可以解除劳动合同
随时通知解除（违约）	用人单位有下列情形之一的，劳动者可以解除劳动合同： （1）未按照劳动合同约定提供劳动保护或者劳动条件的 （2）未及时足额支付劳动报酬的 （3）未依法为劳动者缴纳社会保险费的 （4）用人单位的规章制度违反法律、法规的规定，损害劳动者权益的 （5）因欺诈、胁迫、乘人之危等情形致使劳动合同无效的 （6）其他
立即解除，不需要事先通知（侵权）	用人单位以暴力、威胁或者非法限制人身自由的手段强迫劳动者劳动的，或者用人单位违章指挥、强令冒险作业危及劳动者人身安全的，劳动者可以立即解除劳动合同，不需事先告知用人单位

（三）用人单位单方解除劳动合同

劳动合同在劳动者享有单方解除权的同时，也赋予了用人单位的"单方解除权"。即具备法律规定的条件时，用人单位享有单方解除权，无须双方协商达成一致意见。但是，用人单位单方解除劳动合同，应当事先将理由通知工会。用人单位违反法律、行政法规规定或者劳动合同约定的，工会有权要求用人单位纠正；用人单位应当研究工会的意见，并且将处理结果书面通知工会。

1. 劳动者有过错解除劳动合同

方式	原因
无严格的程序限制	劳动者有下列情形之一的，用人单位可以解除劳动合同： （1）在试用期间被证明不符合录用条件的 （2）严重违反用人单位的规章制度的 （3）严重失职，营私舞弊，给用人单位造成重大损害的 （4）劳动者同时与其他用人单位建立劳动关系，对完成本单位的工作任务造成严重影响，或者经用人单位提出，拒不改正的 （5）因欺诈情形致使劳动合同无效的 （6）被依法追究刑事责任的

2. 劳动者无过错解除劳动合同（用人单位需预告的解除）

方式	原因
提前 30 日，书面通知或者额外支付 1 个月工资	有下列情形之一的，用人单位提前 30 日以书面形式通知劳动者本人或者额外支付劳动者 1 个月工资后，可以解除劳动合同： （1）劳动者患病或者非因工负伤，在规定的医疗期满后不能从事原工作，也不能从事由用人单位另行安排的工作的 （2）劳动者不能胜任工作，经过培训或者调整工作岗位，仍不能胜任工作的 （3）劳动合同订立时所依据的客观情况发生重大变化，致使劳动合同无法履行，经用人单位与劳动者协商，未能就变更劳动合同内容达成协议的

3. 经济性裁员

原因	企业因为经营不善等经济性原因，一次裁减 20 人以上或者裁减不足 20 人但占企业职工总数 10% 以上的劳动者	用人单位提前 30 日向工会或者全体职工说明情况，听取工会或者职工的意见后，裁减人员方案经向劳动行政部门报告，可以裁减人员： （1）依照企业破产法规定进行重整的 （2）生产经营发生严重困难的 （3）企业转产、重大技术革新或者经营方式调整，经变更劳动合同后，仍须裁减人员的 （4）其他因劳动合同订立时所依据的客观经济情况发生重大变化，致使劳动合同无法履行的
优先留用人员	（1）与本单位订立较长期限的固定期限劳动合同的 （2）与本单位订立无固定期限劳动合同的 （3）家庭无其他就业人员，有需要扶养的老人或者未成年人的	
限制	在 6 个月内重新招用人员的，应当通知被裁减的人员，并在同等条件下优先招用被裁减的人员	

4. 用人单位不得解除合同的情形（不影响过错解除）

【记忆：职业病工 15＋5；医疗期间孕产哺】	劳动者有下列情形之一的，用人单位不得依照非过错解除、经济性裁员的规定解除劳动合同： （1）从事接触职业病危害作业的劳动者未进行离岗前职业健康检查，或者疑似职业病病人在诊断或者医学观察期间的 （2）在本单位患职业病或者因工负伤并被确认丧失或者部分丧失劳动能力的 （3）患病或者非因工负伤，在规定的医疗期内的 （4）女职工在孕期、产期、哺乳期的 （5）在本单位连续工作满 15 年，且距法定退休年龄不足 5 年的 （6）法律、行政法规规定的其他情形

5. 违法解除的后果

（1）劳动者可要求继续履行劳动合同。

（2）劳动者不要求继续履行或者不能继续履行的，用人单位应当支付经济赔偿。

六、用人单位经济补偿☆☆☆

（一）一般规定

补偿金的支付原则	除以下三种情形外，都应当有补偿： （1）劳动者自愿主动离职 （2）劳动者因过错被解除劳动合同 （3）劳动合同期满，用人单位维持或者提高劳动合同约定条件续订劳动合同，劳动者不同意续订
经济补偿的计算	按劳动者工作年限：满1年支付1个月工资，6个月到1年的支付1个月工资，不满6个月的，支付半个月工资
赔偿、补偿不并用	用人单位违反劳动合同法的规定解除或者终止劳动合同，依照劳动合同法规定支付了赔偿金的，不再支付经济补偿
	用人单位有重大过错，迫使劳动者提出解除劳动合同的，用人单位应当支付劳动报酬和经济补偿，并根据用人单位过错支付赔偿金

（二）特殊情况

工作年限	1. 原单位已经支付经济补偿的，新用人单位计算支付经济补偿（赔偿金）的工作年限时，不再计算原用人单位的工作年限 2. 原用人单位未支付经济补偿的，在计算支付经济补偿（赔偿金）的工作年限时，在原用人单位的工作年限合并计算为新用人单位工作年限
工资标准	高于本地区上年度职工月平均工资3倍：经济补偿的标准按照月平均工资3倍，向其支付经济补偿的年限最高不超过12年

七、集体合同

概念	1. 集体合同是指企业职工一方与用人单位通过平等协商，就劳动报酬、工作时间、休息休假、劳动安全卫生、保险福利等事项订立的书面协议 2. 集体合同草案应当提交职工代表大会或者全体职工讨论通过（全体职工代表半数以上或者全体职工半数以上同意，集体合同草案或者专项集体合同草案获通过） 3. 集体合同由工会代表企业职工一方与用人单位订立，尚未建立工会的用人单位，由上级工会指导劳动者推举的代表与用人单位签订
效力	1. 劳动行政部门自收到集体合同文本之日起15日内未提出异议的，集体合同即生效 2. 依法订立的集体劳动合同对用人单位和劳动者具有约束力。行业性、区域性集体劳动合同对当地本行业、本区域的用人单位和劳动者具有约束力 3. 劳动合同规定的劳动者的个人劳动条件和劳动标准不得低于集体合同的规定，否则无效 4. 劳动合同约定不明时，适用集体合同的规定 5. 未订立书面劳动合同的，有集体合同的适用集体合同的规定

八、非全日制用工

	非全日制	全日制
要件	以小时计酬为主，结算支付周期最长不超过 15 日	以月薪为主，按月结算
	每日工作不超过 4 小时	每日 8 小时
	每周工作时间累计不超过 24 小时	每周 40 小时
用工协议	可以签订书面协议，也可以订立口头协议	书面
	从事非全日制用工的劳动者可以订立多个劳动合同。但是，后订立的劳动合同不得影响先订立的劳动合同的履行	原则上不可以，如拒绝改正或对本单位工作造成严重影响，用人单位可以解除
特殊规则	禁止试用	原则上可以试用
	双方当事人任何一方都可以随时通知对方终止用工	不可以任意终止
	终止用工，用人单位不向劳动者支付经济补偿	

九、劳务派遣☆☆☆

劳务派遣，是指劳务派遣单位与劳动者订立劳动合同后，由劳务派遣单位与实际用工单位通过签订劳务派遣协议，将劳动者派遣到用工单位工作，用工单位实际使用劳动者，用工单位向劳务派遣单位支付管理费而形成的关系。

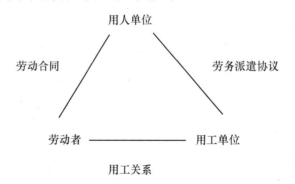

（一）劳务派遣的"三性"

劳动合同用工是我国企业的基本用工形式，劳务派遣用工是补充形式	
劳务派遣只能在临时性、辅助性或者替代性的工作岗位上实施	
1. 临时性工作岗位	存续时间不超过 6 个月的岗位
2. 辅助性工作岗位	为主营业务岗位提供服务的非主营业务岗位
3. 替代性工作岗位	在用工单位的劳动者因脱产学习、休假等原因无法工作的一定期间内，可以由其他劳动者替代工作的岗位

（二）劳务派遣考点

用人单位	1. 劳务派遣单位	（1）注册资本不得少于人民币 200 万元 （2）经营劳务派遣业务，应当向劳动行政部门依法申请行政许可；经许可的，依法办理相应的公司登记。未经许可，任何单位和个人不得经营劳务派遣业务
	2. 劳动者	（1）履行劳动法中用人单位的义务
		（2）由劳务派遣单位与劳动者订立 2 年以上的固定期限劳动合同，按月支付劳动报酬。被派遣劳动者在无工作期间，劳务派遣单位应当按照所在地人民政府规定的最低工资标准，向其按月支付报酬
		（3）禁止收费。劳务派遣单位和用工单位不得向被派遣劳动者收取费用
		（4）用人单位不得设立劳务派遣单位向本单位或者所属单位派遣劳动者（禁止自派遣）
		（5）告知义务。劳务派遣单位应当将劳务派遣协议的内容告知被派遣劳动者
用工单位的义务		1. 用工单位不得将连续用工期限分割订立数个短期劳务派遣协议（禁止短期分割用工） 2. 用工单位不得将被派遣劳动者再派遣到其他用人单位（禁止再派遣） 3. 跨区派遣，按照用工单位所在地的标准执行 4. 用工单位应当严格控制劳务派遣用工数量，不得超过其用工总量的一定比例（10%） 5. 异地派遣的，被派遣劳动者享有的劳动报酬和劳动条件，按照用工单位所在地标准执行
连带责任		用工单位给被派遣劳动者造成损害的，劳务派遣单位与用工单位承担连带赔偿责任
补充责任		劳务派遣期间，被派遣的劳动者因执行工作任务造成他人损害的，由接受劳务派遣的用工单位承担侵权责任；劳务派遣单位有过错的，承担相应的责任

【补充考点】劳动法中的连带赔偿责任

用人单位与劳动者的连带赔偿责任	用人单位招用与其他用人单位尚未解除或者终止劳动合同的劳动者，给其他用人单位造成损失的，应当承担连带赔偿责任
劳务派遣单位与用工单位的连带赔偿责任	用工单位给被派遣劳动者造成损害的，劳务派遣单位与用工单位承担连带赔偿责任
个人承包经营者与发包的组织的连带赔偿责任	个人承包经营违反劳动合同法规定招用劳动者，给劳动者造成损害的，发包组织与个人承包经营者承担连带赔偿责任

（三）劳动合同的解除

情形	处理
1. 双方协商一致解除	用人单位提出解除，需要支付经济补偿金
2. 劳动者提前 30 日以书面形式通知；试用期内提前 3 日通知劳务派遣单位	（1）可以解除劳动合同；无经济补偿 （2）劳务派遣单位应当将被派遣劳动者通知解除劳动合同的情况及时通知用工单位

续表

情形	处理
3. 用人单位有过错	劳动者可以解除；有经济补偿
4. 劳动者有过错（违法违规违纪）	（1）用工单位可以退工 （2）用人单位可以即时解除 （3）无经济补偿
5. 劳动者无过错，但生病、非因工负伤；不能胜任工作	（1）用工单位可以退工 （2）用人单位提前30日通知或者额外支付一个月工资 （3）有经济补偿
6. 用工单位有情势变更、裁员情形的 7. 用工单位被依法宣告破产、吊销营业执照、责令关闭、撤销、决定提前解散或者经营期限届满不再继续经营的 8. 劳务派遣协议期满终止的	（1）用工单位可以退工 （2）用人单位不可解除劳动合同 （3）被派遣劳动者退回后，在无工作期间 ①劳务派遣单位应当按照不低于所在地人民政府规定的最低工资标准，向其按月支付报酬 ②被用工单位退回，劳务派遣单位重新派遣时维持或者提高劳动合同约定条件，被派遣劳动者不同意的，劳务派遣单位可以解除劳动合同，但应当支付经济补偿 ③被用工单位退回，劳务派遣单位重新派遣时降低劳动合同约定条件，被派遣劳动者不同意的，劳务派遣单位不得解除劳动合同，但被派遣劳动者提出解除劳动合同的除外
9. 老弱病残孕＋无过错：不得退工	

十、工作时间、休假及加班加点的法律规定

（一）工作时间和休息休假

工作时间	标准工时制（＝8小时）	劳动者每日工作8小时，每周工作40小时。每周至少休息一天
休息休假	一般情况	在公休日、法定节假日期间应当安排劳动者休假
带薪年休假	劳动者连续工作1年以上的，享受带薪年休假	

（二）加班加点法律制度

概念	用人单位不得违反劳动法规定延长劳动者的工作时间
一般情况	用人单位由于生产经营需要，经与工会和劳动者协商后可以延长工作时间，一般每日不得超过1小时；因特殊原因需要延长工作时间的，在保障劳动者身体健康的条件下延长工作时间每日不得超过3小时，但是每月不得超过36小时
特殊情况	有下列情形之一的，延长工作时间不受一般情况下加班的限制： （1）发生自然灾害、事故或者因其他原因，威胁劳动者生命健康和财产安全，需要紧急处理的 （2）生产设备、交通运输线路、公共设施发生故障，影响生产和公众利益，必须及时抢修的 （3）法律、行政法规规定的其他情形

7. 矿区争议的解决：

（1）矿区范围的争议，由当事人协商解决。

（2）协商不成的，由有关县级以上地方人民政府根据依法核定的矿区范围处理。

（3）跨省、自治区、直辖市的矿区范围的争议，由有关省级人民政府协商解决，协商不成的，由国务院处理。

一的，用人单位应当按照下列标准支付高于劳动者正常工作时间工资的工资

者延长工作时间的，支付不低于工资 150％ 的工资报酬

排劳动者工作又不能安排补休的，支付不低于工资 200％ 的工资报酬

日安排劳动者工作的，支付不低于工资 300％ 的工资报酬

第二节 劳动争议调解仲裁法

认定

是指劳动关系的双方当事人因执行劳动法律、法规或者履行劳动合同、集生的纠纷

者与用人单位在履行劳动合同过程中发生的纠纷

者与用人单位之间没有订立书面劳动合同，但已形成劳动关系后发生的纠纷

者与用人单位因劳动关系是否已经解除或者终止，以及应否支付解除或者终系经济补偿金发生的纠纷

者与用人单位解除或者终止劳动关系后，请求用人单位返还其收取的劳动合保证金、抵押金、抵押物发生的纠纷，或者办理劳动者的人事档案、社会保多转手续发生的纠纷

者以用人单位未为其办理社会保险手续，且社会保险经办机构不能补办导致受社会保险待遇为由，要求用人单位赔偿损失发生的纠纷

者退休后，与尚未参加社会保险统筹的原用人单位因追索养老金、医疗费、待遇和其他社会保险待遇而发生的纠纷

者因为工伤、职业病，请求用人单位依法给予工伤保险待遇发生的纠纷

者依据《劳动合同法》第 85 条（未依法支付劳动报酬）规定，要求用人单位付赔偿金发生的纠纷

业自主进行改制发生的纠纷

者请求社会保险经办机构发放社会保险金的纠纷

者与用人单位因住房制度改革产生的公有住房转让纠纷

者对劳动能力鉴定委员会的伤残等级鉴定结论或者对职业病诊断鉴定委员会诊断鉴定结论的异议纠纷

或者个人与家政服务人员之间的纠纷

工匠与帮工、学徒之间的纠纷

包经营户与受雇人之间的纠纷

解决方式与处理程序

可以采取协商、调解、仲裁、诉讼等方式解决。

（一）一般规定

当事人	1. 劳动者和用人单位，为双方当事人 2. 劳动派遣单位或者用工单位与劳动者发生劳动争议的，劳务派遣单位和用人单位为共同当事人 3. 合并前发生的劳动争议，由合并后的单位为当事人 4. 分立前发生的劳动争议，由分立后的实际用人单位为当事人；分立后，具体承受劳动权利义务的单位不明确的，分立后的单位均为当事人 5. 用人单位招用尚未解除劳动合同的劳动者 （1）原用人单位与劳动者发生的劳动争议，可以列新的用人单位为第三人 （2）原用人单位以新的用人单位侵权为由提起诉讼的，可以列劳动者为第三人 （3）原用人单位以新的用人单位和劳动者共同侵权为由提起诉讼的，新的用人单位和劳动者列为共同被告	
管辖	仲裁	（1）由劳动合同履行地或者用人单位所在地的劳动争议仲裁委员会管辖 （2）双方当事人分别向劳动合同履行地和用人单位所在地的劳动争议仲裁委员会申请仲裁的，由劳动合同履行地的劳动争议仲裁委员会管辖
	诉讼	（1）由用人单位所在地或者劳动合同履行地的基层法院管辖。劳动合同履行地不明确的，由用人单位所在地的基层人民法院管辖 （2）双方当事人就同一仲裁裁决，分别向有管辖权的人民法院起诉的，后受理的人民法院应当将案件移送给先受理的人民法院
时效	1. 自劳动争议发生之日起1年内向劳动争议仲裁委员会提出书面申请 2. 劳动关系存续期间因拖欠劳动报酬发生争议的，劳动者申请仲裁不受1年仲裁时效期间的限制 3. 劳动关系终止的，应当自劳动关系终止之日起1年内提出	
举证责任	1. 当事人对自己提出的主张，有责任提供证据 2. 与争议事项有关的证据属于用人单位掌握管理的，用人单位应当提供；用人单位不提供的，应当承担不利后果 3. 因用人单位作出的开除、除名、辞退、解除劳动合同、减少劳动报酬、计算劳动者工作年限等决定而发生的劳动争议，用人单位负举证责任 4. 劳动者主张加班费的 （1）应当就加班事实的存在承担举证责任 （2）但劳动者有证据证明用人单位掌握加班事实存在的证据，用人单位不提供的，由用人单位承担不利后果	

（二）调解

1. 协商、调解均不是劳动争议解决的必经程序。

2. 当事人可以书面申请，也可以口头申请。

3. 调解协议书由双方当事人签名或者盖章，经调解员签名并加盖调解组织印章后生效。

4. 因支付拖欠劳动报酬、工伤医疗费、经济补偿或者赔偿金事项达成调解协议，用人单位在协议约定期限内不履行的，劳动者可以持调解协议书依法向人民法院申请支付令。人民法院应当发出支付令。

（三）仲裁 ☆☆☆

1. 仲裁前置

仲裁是劳动争议案件处理必经的法律程序。

仲裁前置	劳动争议仲裁委员会接到仲裁申请后，应当在 5 日内作出是否受理的决定。受理后，应当在收到仲裁申请的 45 日内作出仲裁裁决。案情复杂需要延期的，经劳动争议仲裁委员会主任批准，可以延期并书面通知当事人，但是延长期限不得超过 15 日。逾期未作出仲裁裁决的，当事人可以就该劳动争议事项向人民法院提起诉讼
	仲裁庭在作出裁决前，应当先行调解，调解达成协议的，仲裁庭应当制作调解书 （1）调解书应当写明仲裁请求和当事人协议的结果。调解书由仲裁员签名，加盖劳动争议仲裁委员会印章，送达双方当事人（当庭调解） （2）调解书经双方当事人签收后，发生法律效力。调解不成或者调解书送达前，一方当事人反悔的，仲裁庭应当及时作出裁决
机构	（1）劳动争议仲裁委员会不按行政区划层层设立
	（2）劳动争议仲裁委员会由劳动行政部门代表、工会代表和企业方面代表组成，组成人员应当是单数

2. 一裁终局

事项	（1）追索劳动报酬、工伤医疗费、经济补偿或者赔偿金，不超过当地月最低工资标准 12 个月金额的争议【小额纠纷】 （2）因执行国家的劳动标准在工作时间、休息休假、社会保险等方面发生的争议【劳动标准争议】
裁决书自作出之日起发生法律效力	

救济措施	劳动者不服	劳动者对一裁终局事项的仲裁裁决不服的，可以自收到仲裁裁决书之日起 15 日内向人民法院提起诉讼（片面一裁终局）
	用人单位不服	用人单位有证据证明（一裁终局）的仲裁裁决有下列情形之一，可以自收到仲裁裁决书之日起 30 日内向劳动争议仲裁委员会所在地的中级人民法院申请撤销裁决： （1）适用法律、法规确有错误的 （2）劳动争议仲裁委员会无管辖权的 （3）违反法定程序的 （4）裁决所根据的证据是伪造的 （5）对方当事人隐瞒了足以影响公正裁决的证据的 （6）仲裁员在仲裁该案时有索贿受贿、徇私舞弊、枉法裁决行为的 仲裁裁决被人民法院裁定撤销的，当事人可以自收到裁定书之日起 15 日内就该劳动争议事项向人民法院提起诉讼
	劳动者申请执行	劳动者向法院申请执行，用人单位向劳动争议仲裁机构所在地的中级人民法院申请撤销的，法院应当裁定中止执行
	双方均不服	劳动者依法向基层法院提起诉讼，用人单位依法向中级人民法院申请撤销仲裁裁决的： （1）中级人民法院应当不予受理（用人单位的申请）；已经受理的，应当裁定驳回申请（因为对劳动者"倾斜保护"，所以先审劳动者提出的诉讼） （2）劳动者被驳回起诉或者劳动者撤诉的，用人单位可以自收到裁定书之日起 30 日内，向劳动争议仲裁机构所在地的中级人民法院申请撤销仲裁裁决。中级人民法院作出的驳回申请或者撤销仲裁裁决的裁定为终审裁定 （3）仲裁裁决被法院裁定撤销的，当事人可以自收到裁定书之日起 15 日内就该劳动争议事项向法院提起诉讼

3. 其他事项的仲裁裁决

裁决类型	
一般规则	（1）仲裁裁决的类型，分为"终局裁决""非终局裁决" （2）裁决类型，以仲裁裁决书确定为准
特殊情形	（1）未载明裁决类型时，用人单位不服向法院提起诉讼的，由法院审查： ①法院审查为非终局裁决的，应予受理 ②法院审查为终局裁决的，不予受理。但应告知用人单位可以向劳动争议仲裁机构所在地的中级人民法院申请撤销该仲裁裁决 （2）同一仲裁裁决同时包含终局裁决事项和非终局裁决事项，当事人不服该仲裁裁决向人民法院提起诉讼的，应当按照非终局裁决处理
裁决效力	
对部分事项不服	当事人对裁决中的部分事项不服，依法提起诉讼的，劳动争议仲裁裁决不发生法律效力
部分人不服	对多个劳动者的劳动争议作出仲裁裁决后，部分劳动者对仲裁裁决不服，依法提起诉讼的： （1）仲裁裁决对提起诉讼的劳动者不发生法律效力 （2）对未提起诉讼的部分劳动者，发生法律效力，如其申请执行的，法院应当受理

（四）诉讼

原则	仲裁前置，不经过劳动争议仲裁，法院不直接接受劳动争议纠纷
法院应当受理的情况	1. 劳动争议仲裁机构不予受理或者逾期未作出决定的，申请人可提起诉讼 2. 劳动争议仲裁机构逾期未作出仲裁裁决的，可起诉 3. 对仲裁裁决不服的，除本法另有规定的外，可起诉 4. 仲裁裁决被法院裁定撤销的，可起诉
法院不予受理的情况	1. 仲裁的事项不属于法院受理的案件范围，法院不予受理；已经受理的，裁定驳回起诉 2. 当事人不服劳动争议仲裁机构作出的预先支付劳动者劳动报酬、工伤医疗费、经济补偿或者赔偿金的裁决，依法提起诉讼的：法院不予受理 3. 劳动争议仲裁机构作出的调解书已经发生法律效力，一方当事人反悔，提起诉讼的：法院不予受理；已经受理的，裁定驳回起诉
特殊情形	1. 劳动者可以持调解协议书向法院申请支付令。上述支付令被法院裁定终结督促程序后，劳动者可以依据调解协议直接向法院提起诉讼 2. 劳动者以用人单位的工资欠条为证据直接提起诉讼，诉讼请求不涉及劳动关系其他争议的，视为拖欠劳动报酬争议，法院按照普通民事纠纷受理 3. 当事人在调解组织主持下仅就劳动报酬争议达成调解协议，用人单位不履行调解协议确定的给付义务，劳动者直接提起诉讼的：法院可以按照普通民事纠纷受理

第二章
社会保障法

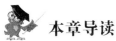 **本章导读**

　　本章的重点为社会保障法的基本制度与主要险种。社会保障法的基本制度包括社会保险费征缴制度、社会保险基金制度、社会保险经办制度以及社会保险监督制度。社会保险的主要险种包括：基本养老保险、基本医疗保险、工伤保险、生育保险以及军人保险。每年分值不高，需要对相关法条进行精准记忆。

第一节　社会保险法

一、基本养老保险☆

养老保险体系	基本养老保险，是保障公民在年老时从国家和社会获得物质帮助的权利。基本养老保险基金由用人单位和个人缴费以及政府补贴等组成（单位＋个人＋政府）
保险费缴纳	1. 用人单位的缴费基数：本单位职工工资总额。即，用人单位应当按照国家规定的本单位职工工资总额的比例缴纳基本养老保险费，记入基本养老保险统筹基金 2. 职工的缴费基数：本人工资。即，职工应当按照国家规定的本人工资的比例缴纳基本养老保险费，记入个人账户
个人账户不得提前支取	个人账户不得提前支取，记账利率不得低于银行定期存款利率，免征利息税。个人死亡的，个人账户余额可以继承
基本养老保险金	基本养老金由统筹养老金和个人账户养老金组成 1. 个人领取条件：到法定退休年龄、累计缴费15年 2. 个人跨统筹地区就业的，其基本养老保险关系随本人转移，缴费年限累计计算。个人达到法定退休年龄时，基本养老金分段计算、统一支付

二、基本医疗保险☆

保费缴纳	1. 在职职工用人单位和职工按照国家规定共同缴纳基本医疗保险费 2. 无单位人员，由个人按照国家规定缴纳基本医疗保险费 3. 参加职工基本医疗保险的个人，达到法定退休年龄时累计缴费达到国家规定年限的，退休后不再缴纳基本医疗保险费，按照国家规定享受基本医疗保险待遇；未达到国家规定年限的，可以缴费至国家规定年限
保险待遇	1. 符合基本医疗保险药品目录、诊疗项目、医疗服务设施标准，以及急诊、抢救的医疗费用，按照国家规定从基本医疗保险基金中支付
	2. 下列医疗费用不纳入医保基金支付范围的费用 （1）应当从工伤保险基金中支付的 （2）应当由第三人负担的 （3）应当由公共卫生负担的 （4）在境外就医的
	3. 医疗费用应当由第三人负担的，第三人不支付或无法确认第三人的，由基本医疗保险基金先行支付，支付后，有权向第三人追偿
转移	个人跨统筹地区就业的，其基本医疗保险关系随本人转移，缴费年限累计计算

三、工伤保险☆☆

（一）缴费及工伤认定

对象		在职员工
保费		1. 用人单位缴纳，职工不缴纳 2. 社会保险经办机构根据用人单位使用工伤保险基金、工伤发生率和所属行业费率档次等情况，确定用人单位缴费费率
工伤认定	认定为工伤	职工有下列情形之一的，应认定为工伤： （1）在工作时间和工作场所内，因工作原因受到事故伤害的 （2）工作时间前后在工作场所内，从事与工作有关的预备性或者收尾性工作受到事故伤害的 （3）在工作时间和工作场所内，因履行工作职责受到暴力等意外伤害的 （4）患职业病的 （5）因工外出期间，由于工作原因受到伤害或者发生事故下落不明的 （6）在上下班途中，受到非本人主要责任的交通事故或者城市轨道交通、客运轮渡、火车事故伤害的 （7）法律、行政法规规定应当认定为工伤的其他情形
	视同工伤	职工有下列情形之一的，视同工伤： （1）在工作时间和工作岗位，突发疾病死亡或者在48小时之内经抢救无效死亡的 （2）在抢险救灾等维护国家利益、公共利益活动中受到伤害的 （3）职工原在军队服役，因战、因公负伤致残，已取得革命伤残军人证，到用人单位后旧伤复发的
	不视为工伤	职工有下列情形之一，导致本人在工作中伤亡的，不认定为工伤：★ （1）故意犯罪的 （2）醉酒或者吸毒的 （3）自残或者自杀的

（二）工伤保险待遇支付

工伤保险基金支付	因工伤发生的下列费用，按国家规定从工伤保险基金中支付： （1）治疗工伤的医疗费用和康复费用 （2）住院伙食补助费 （3）到统筹地区以外就医的交通食宿费 （4）安装配置伤残辅助器具所需费用 （5）生活不能自理的，经劳动能力鉴定委员会确认的生活护理费 （6）一次性伤残补助金和一至四级伤残职工按月领取的伤残津贴 （7）终止或者解除劳动合同时，应当享受的一次性医疗补助金 （8）因工伤死亡的，其遗属领取的丧葬补助金、供养亲属的抚恤金和因工死亡补助金 （9）劳动能力鉴定费
用人单位支付	因工伤发生的下列费用，按照国家规定由用人单位支付： （1）治疗工伤期间的工资福利 （2）五级、六级伤残职工按月领取的伤残津贴 （3）终止或者解除劳动合同时，应当享受的一次性伤残就业补助金
支付的变更和停止	工伤职工符合领取基本养老金条件的，停发伤残津贴，享受基本养老保险待遇。基本养老保险待遇低于伤残津贴的，从工伤保险基金中补足差额 工伤职工有下列情形之一的，停止享受工伤保险待遇： （1）丧失享受待遇条件的 （2）拒不接受劳动能力鉴定的 （3）拒绝治疗的
先行支付规则	职工所在用人单位未依法缴纳工伤保险费，发生工伤事故的，由用人单位支付工伤保险待遇。用人单位不支付的，从工伤保险基金中先行支付 从工伤保险基金中先行支付的工伤保险待遇应当由用人单位偿还。用人单位不偿还的，社会保险经办机构可以依照《社会保险法》第63条的规定追偿 由于第三人的原因造成工伤，第三人不支付工伤医疗费用或者无法确定第三人的，由工伤保险基金先行支付。工伤保险基金先行支付后，有权向第三人追偿

四、失业保险 ☆

对象	在职员工
保费☆	单位和员工共同缴纳
失业保险待遇	1. 给付条件及标准 失业人员符合下列条件的，从失业保险基金中领取失业保险金： （1）失业前用人单位和本人已经缴纳失业保险费满一年的 （2）非因本人意愿中断就业的 （3）已经进行失业登记，并有求职要求的 2. 其他保险和补助 失业人员在领取失业保险金期间，参加职工基本医疗保险，享受基本医疗保险待遇 失业人员应当缴纳的基本医疗保险费从失业保险基金中支付，个人不缴纳基本医疗保险费 失业人员在领取失业保险金期间死亡的，参照当地对在职职工死亡的规定，向其遗属发给一次性丧葬补助金和抚恤金。所需资金从失业保险基金中支付 个人死亡同时符合领取基本养老保险丧葬补助金、工伤保险丧葬补助金和失业保险丧葬补助金条件的，其遗属只能选择领取其中的一项

失业保险待遇	3. 停止领取 失业人员在领取失业保险金期间有下列情形之一的，停止领取失业保险金，并同时停止享受其他失业保险待遇： （1）重新就业的 （2）应征服兵役的 （3）移居境外的 （4）享受基本养老保险待遇的 （5）无正当理由，拒不接受当地人民政府指定部门或者机构介绍的适当工作或者提供的培训的

五、生育保险

对象	在职员工
缴费	用人单位
生育保险待遇	用人单位已经缴纳生育保险费的，其职工享受生育保险待遇；职工未就业，配偶按照国家规定享受生育医疗费用待遇。所需资金从生育保险基金中支付 1. 生育医疗费用包括下列各项： （1）生育的医疗费用 （2）计划生育的医疗费用 （3）法律、法规规定的其他项目费用 2. 职工有下列情形之一的，可以按照国家规定享受生育津贴 （1）女职工生育享受产假 （2）享受计划生育手术休假 （3）法律法规规定的其他情形 生育津贴按照职工所在用人单位上年度职工月平均工资计发

第二节　军人保险法

一、军人伤亡保险

保费来源	军人伤亡保险所需资金由国家承担，个人不缴纳保险费
保险待遇	1. 军人因战、因公死亡的，给付军人死亡保险金 2. 军人因战、因公、因病致残的，给付军人残疾保险金 3. 除外条款：军人因下列情形之一死亡或者致残的，不享受军人伤亡保险待遇 （1）故意犯罪的 （2）醉酒或者吸毒的 （3）自残或者自杀的 （4）法律、行政法规和军事法规规定的其他情形 4. 退役后的工伤待遇 已经评定残疾等级的因战、因公致残的军人退出现役参加工作后旧伤复发的，依法享受相应的工伤待遇

二、退役养老保险

退役养老保险补助	军人退出现役参加基本养老保险的，国家给予退役养老保险补助
基本养老保险的军地对接	1. 军人入伍前已经参加基本养老保险的，由地方社会保险经办机构和军队后勤（联勤）机关财务部门办理基本养老保险关系转移接续手续 2. 军人退出现役后参加职工基本养老保险的，由军队后勤（联勤）机关财务部门将军人退役养老保险关系和相应资金转入地方社会保险经办机构，地方社会保险经办机构办理相应的转移接续手续 军人服现役年限与入伍前和退出现役后参加职工基本养老保险的缴费年限合并计算

三、退役医疗保险

保费缴纳	1. 参加军人退役医疗保险的军官、文职干部和士官应当缴纳军人退役医疗保险费，国家按照个人缴纳的军人退役医疗保险费的同等数额给予补助 2. 义务兵和供给制学员不缴纳军人退役医疗保险费，国家按照规定的标准给予军人退役医疗保险补助
医疗保险的军地对接	1. 军人入伍前已经参加基本医疗保险的，由地方社会保险经办机构和军队后勤（联勤）机关财务部门办理基本医疗保险关系转移接续手续 2. 军人退出现役后参加职工基本医疗保险的，由军队后勤（联勤）机关财务部门将军人退役医疗保险关系和相应资金转入地方社会保险经办机构，地方社会保险经办机构办理相应的转移接续手续 军人服现役年限视同职工基本医疗保险缴费年限，与入伍前和退出现役后参加职工基本医疗保险的缴费年限合并计算
【注意】军人服役期间，享受免费医疗待遇，在军队期间医疗保险个人账户资金只积累不消费	

四、随军未就业的军人配偶保险

保障范围和保费缴纳	国家为随军未就业的军人配偶建立养老保险、医疗保险等 随军未就业的军人配偶参加保险，应当缴纳养老保险费和医疗保险费，国家给予相应的补助
随军期间的保险待遇	1. 随军未就业的军人配偶随军前已经参加社会保险的，由地方社会保险经办机构和军队后勤（联勤）机关财务部门办理保险关系转移接续手续 2. 随军未就业的军人配偶实现就业或者军人退出现役时，由军队后勤（联勤）机关财务部门将其养老保险、医疗保险关系和相应资金转入地方社会保险经办机构，地方社会保险经办机构办理相应的转移接续手续 军人配偶在随军未就业期间的养老保险、医疗保险缴费年限与其在地方参加职工基本养老保险、职工基本医疗保险的缴费年限合并计算
退休后的保险待遇	随军未就业的军人配偶达到国家规定的退休年龄时，按照国家有关规定确定退休地，由军队后勤（联勤）机关财务部门将其养老保险关系和相应资金转入退休地社会保险经办机构，享受相应的基本养老保险待遇

接受就业服务	地方人民政府和有关部门应当为随军未就业的军人配偶提供就业指导、培训等方面的服务 随军未就业的军人配偶无正当理由拒不接受当地人民政府就业安置，或者无正当理由拒不接受当地人民政府指定部门、机构介绍的适当工作、提供的就业培训的，停止给予保险缴费补助

知识产权法

第一章
著作权法

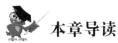 **本章导读**

　　本章内容主要是著作权法法律制度，包括著作权作品的构成要件、不受著作权法保护的对象、著作权的归属、著作权的权利内容、合理使用和法定许可制度以及表演者、录制者、广播电视组织者的权利内容。本章每年分值3—5分，应注意软件著作权与普通作品著作权在权利主体、权利归属和权利内容方面的差异。

第一节　著作权

一、作品概述

概念	作品，是指文学、艺术和科学领域内具有独创性并能以一定形式表现的智力成果
不受著作权保护的对象	1. 思想：广义的思想，包括概念、原则、发现、创意、程序、方法等 2. 操作方法、技术方案和实用功能 3. 单纯的事实消息 4. 官方正式文件（法律、法规，国家机关的决议、决定、命令和其他具有立法、行政、司法性质的文件，及其官方正式译文） 5. 竞技体育活动 6. 公有领域的作品（历法、通用数表、通用表格和公式）

二、著作权主体

（一）一般规则

1. 著作权属于作者，法律另有规定的除外	
2. 作者的认定	（1）创作作品的自然人是作者。著作权自作品创作完成之日起产生 （2）为他人创作进行组织工作，提供咨询意见、物质条件，或者进行其他辅助工作，均不视为创作 （3）著作权自动保护原则，不以"发表"为前提
3. 外国人和无国籍人	（1）外国人、无国籍人的作品根据其作者所属国或者经常居住地国同中国签订的协议或者共同参加的国际条约享有著作权的，受著作权法保护
	（2）外国人、无国籍人的作品首先在中国境内出版的，享有著作权
	（3）未与中国签订协议或者共同参加国际条约的国家的作者以及无国籍人的作品首次在中国参加的国际条约的成员国出版的，或者在成员国和非成员国同时出版的，受著作权法保护

（二）职务作品

概念		自然人为完成法人或者非法人组织工作任务所创作的作品是职务作品
特殊职务作品	类型	1. 主要是利用单位物质技术条件创作，并由单位承担责任的工程设计图、产品设计图、地图、示意图、计算机软件等职务作品 2. 报社、期刊社、通讯社、广播电台、电视台的工作人员创作的职务作品
	权利归属	1. 作者权利： （1）署名权（构成单位作品①的除外） （2）获得奖励权
		2. 著作权的其他权利由法人或者非法人组织享有
一般职务作品		1. 著作权由作者享有 2. 但法人或者非法人组织有权在其业务范围内优先使用 3. 作品完成2年内，未经单位同意，作者不得许可第三人以与单位使用的相同方式使用该作品

（三）演绎作品

法律规定	改编、翻译、注释、整理已有作品而产生的作品，其著作权由改编、翻译、注释、整理人享有，但行使著作权时不得侵犯原作品的著作权 【注意】 （1）将汉字作品翻译成英文作品——演绎作品 （2）将汉字作品"改成盲文"——非作品
理解	（1）演绎作品的著作权由演绎作品的作者享有 （2）第三人使用演绎作品时须经演绎作品以及原作品著作权人的同意，并支付报酬

---

① 单位作品是指由法人或者非法人组织主持，代表法人或者非法人组织意志创作，并由法人或者非法人组织承担责任的作品，法人或者非法人组织视为作者。

（四）合作作品

构成	(1) 具有共同创作的合意 (2) 合作作者均参与了共同的创作活动
著作权归属	(1) 合作作品，著作权由合作作者共同享有
	(2) 合作作品的著作权由合作作者通过协商一致行使；不能协商一致，又无正当理由的，任何一方不得阻止他方行使除转让、许可他人专有使用、出质以外的其他权利，但是所得收益应当合理分配给所有合作作者
	(3) 合作作品可以分割使用的，作者对各自创作的部分可以单独享有著作权，但行使著作权时不得侵犯合作作品整体的著作权

（五）委托作品

(1) 有约定的，按约定。无约定的，著作权属于受托人
(2) 著作权属于受托人的，委托人享有的权利 ①在约定的使用范围内使用该作品 ②没有约定使用范围的，有权在委托创作的特定目的范围内免费使用该作品

（六）视听作品

电影、电视剧	1. 著作权由制作者享有 2. 编剧、导演、摄影、作词、作曲等作者享有署名权，并有权按照与制作者签订的合同获得报酬
其他视听作品	1. 著作权归属由当事人约定 2. 没有约定或者约定不明确的，由制作者享有，但作者享有署名权和获得报酬的权利
视听作品中的剧本、音乐等可以单独使用的作品的作者有权单独行使其著作权	
视听作品是"特殊演绎作品" (1) 将视听作品改编成其他文艺形式，应适用"双重权利、双重许可"规则，应经原作品著作权人和视听作品著作权人的许可 (2) 利用视听作品本身的权利，即以不将视听作品改编成其他文艺形式的方式利用，完全属于制片者，无须经过原作品著作权人的许可	

（七）匿名作品（孤儿作品）、汇编作品、美术作品等

汇编作品	1. 汇编若干作品、作品的片段或者不构成作品的数据或者其他材料，对其内容的选择或者编排体现独创性的作品，为汇编作品 2. 其著作权由汇编人享有，但行使著作权时，不得侵犯原作品的著作权
美术作品、摄影作品	1. 作品原件所有权的转移，不改变作品著作权的归属，但美术、摄影作品原件的展览权由原件所有人享有 2. 作者将未发表的美术、摄影作品的原件所有权转让给他人，受让人展览该原件不构成对作者发表权的侵犯

匿名作品 （孤儿作品）	1. 作者身份不明的作品，由作品"原件的所有人"行使"除署名权以外"的著作权 2. 作者身份确定后，由作者或者其继承人行使著作权

三、著作权的内容

（一）著作人身权

特点	著作权人身权具有专属性，原则上不得转让与继承	
内容	署名权、发表权、修改权、保护作品完整权	
发表权	1. 概念：发表权，即决定作品是否公之于众的权利	
	2. 特点：（1）公之于众，但不要求公众知晓 （2）须著作权人自行或者许可他人公之于众	
	3. 推定著作权人许可他人行使其发表权的情形 （1）将未发表的美术作品或摄影作品的原件转让 （2）同意将未发表的作品摄制成电影（其他利用方式亦同） （3）将未发表之作品的著作权财产权转让	
	4. 遗作的发表权归属：作者生前未发表的作品，如果作者未明确表示不发表，作者死亡后 50 年内，其发表权可由继承人或者受遗赠人行使；没有继承人又无人受遗赠的，由作品原件的所有人行使	
署名权	1. 是否署名、署什么名、署名顺序 2. 作者有权禁止未参加创作的人在作品上署名 3. 对于基于原作品而产生的演绎作品，原作品的作者仍然享有署名权 4. 制作、出售假冒他人署名的作品的，构成对他人姓名权的侵犯，不构成对署名权的侵犯	
修改权与保护作品完整权	概念	保护作品不受歪曲、篡改的权利
	以下行为不视为侵权	1. 报社、期刊社可以不经作者同意对作品作"文字性"修改、删节，但对"内容"的修改，应当经作者许可 例外：图书出版者未经作者"许可"，不能对作品进行修改、删节 2. 著作权人许可他人将作品摄制成电影和电视剧的，视为已同意对其作品进行必要的改动，但这种改动不得歪曲篡改原作品

（二）著作财产权

1. 复制权

概念：即以印刷、复印、拓印、录音、录像、翻录、翻拍、数字化等方式将作品制作一份或者多份的权利	
"复制行为"的构成	（1）在有形物质载体上再现作品
	（2）作品须相对稳定和持久地固定在物质载体上

2. 发行权

概念	发行权，即以出售或者赠与方式向公众提供作品的原件或者复制件的权利

构成	（1）提供作品的对象是公众 （2）方式为销售或者赠与 （2）须有作品载体（原件或复制件）所有权的移转
发行权一次用尽 （首次销售原则）	经著作权人许可，向公众出售或者赠与作品的原件或复制件后，该特定原件或复制件上的发行权消灭，他人向公众的再销售、再赠与的行为不侵犯发行权 【记忆：对正版作品的再发行，不构成侵权】

3. 出租权

权利主体	（1）视听作品的著作权人 （2）计算机软件的著作权人（计算机软件不是出租的主要标的的除外） （3）录音、录像制品的制作者 （4）表演者

4. 表演权

概念	表演权是公开表演作品，以及用各种手段公开播送作品的表演的权利
表演权控制的行为	（1）公开的活表演，指面向公众现场表演作品
	（2）公开的机械表演，包括：①通过技术设备向公众播送主要作品；②通过技术设备向公众传播对作品的表演
表演权不能控制两种行为	（1）非公开表演，包括非公开的现场表演和非公开的机械表演
	（2）免费的公开表演 免费的公开表演属于合理使用。免费表演，指双向免费，既不向观众收取费用，也不向表演者支付报酬

5. 广播权

类型	（1）即以有线或者无线方式公开传播（广播） （2）以有线或者无线的方式公开转播他人（广播）的作品 （3）以技术设备向公众传播（所接收到的）他人正在公开播放（广播）或者公开转播的作品
权利主体	（1）一般著作权人享有广播权，但受到广播电台、电视台法定许可权的限制；视听作品的著作权人享有广播权，且不受广播电台、电视台法定许可的限制 （2）表演者享有半个广播权（仅限于"现场表演"） （3）录像制品享有广播权，且不受电视台法定许可权的限制，录音制作者不享有广播权，但享有获得合理报酬的权利 （4）广播电台、电视台对其播放的"节目信号"享有转播权，不受其他广播电台、电视台法定许可的限制

6. 信息网络传播权

概念	信息网络传播权，即以有线或者无线方式向公众提供作品，使公众可以在其个人选定的时间和地点获得作品的权利
权利主体	著作权人、表演者、录音录像制品的制作者、广播组织者

侵犯信息网络传播权的责任承担	网络用户	内容提供者承担侵犯信息网络传播权的责任
	网络服务提供者①	（1）无监控义务
		（2）受到"避风港原则"的保护，即《民法典》第 1195—1196 条
		（3）受到"红旗飘飘原则"的限制，即《民法典》第 1197 条
有关"浅层链接"的规制	（1）"浅层链接"不构成侵权（用户在点击链接后会离开设链网站，而进入被链接的网站）。但在提供搜索或者链接服务时，如果明知或者应知所链接的作品、表演、录音录像制品侵权的，应当承担共同侵权责任。 （2）网络服务提供者，符合"避风港原则"，不构成侵权（参见《民法典》第 1195—1196 条）	

四、著作权的保护期限

署名权 修改权 保护作品完整权	1. 保护期不受限制 2. 著作权人死亡后，由其继承人、受遗赠人保护（注意不是"享有"） 3. 无人继承又无人受遗赠的，由著作权行政管理部门保护	
发表权 著作财产权	1. 自然人享有著作权的作品	（1）保护期为作者终生及其死亡后 50 年，截止于作者死亡后第 50 年的 12 月 31 日 （2）合作作品截止于最后死亡的合作作者死亡后第 50 年的 12 月 31 日
	2. 法人或其他组织享有著作权的作品	（1）发表权的保护期为 50 年，截止于作品创作完成后第 50 年的 12 月 31 日 （2）著作财产权的保护期为 50 年，截止于作品首次发表后第 50 年的 12 月 31 日；但作品自创作完成后 50 年内未发表的，不再保护
	3. 视听作品	（1）发表权的保护期为 50 年，截止于作品创作完成后第 50 年的 12 月 31 日 （2）著作财产权的保护期为 50 年，截止于作品首次发表后第 50 年的 12 月 31 日；但作品自创作完成后 50 年内未发表的，不再保护
	4. 匿名作品	（1）保护期截止于作品首次发表后第 50 年的 12 月 31 日 （2）作者身份确定后，适用著作权法的一般规定

---

① 第 1194 条 【网络侵权】网络用户、网络服务提供者利用网络侵害他人民事权益的，应当承担侵权责任。法律另有规定的，依照其规定。

第 1195 条 【通知、移除规则】网络用户利用网络服务实施侵权行为的，权利人有权通知网络服务提供者采取删除、屏蔽、断开链接等必要措施。通知应当包括构成侵权的初步证据及权利人的真实身份信息。

网络服务提供者接到通知后，应当及时将该通知转送相关网络用户，并根据构成侵权的初步证据和服务类型采取必要措施；未及时采取必要措施的，对损害的扩大部分与该网络用户承担连带责任。

权利人因错误通知造成网络用户或者网络服务提供者损害的，应当承担侵权责任。法律另有规定的，依照其规定。

第 1196 条 【通知、移除规则】网络用户接到转送的通知后，可以向网络服务提供者提交不存在侵权行为的声明。声明应当包括不存在侵权行为的初步证据及网络用户的真实身份信息。

网络服务提供者接到声明后，应当将该声明转送发出通知的权利人，并告知其可以向有关部门投诉或者向人民法院提起诉讼。网络服务提供者在转送声明到达权利人后的合理期限内，未收到权利人已经投诉或者提起诉讼通知的，应当及时终止所采取的措施。

第 1197 条 网络服务提供者知道或者应当知道网络用户利用其网络服务侵害他人民事权益，未采取必要措施的，与该网络用户承担连带责任。

DAY 19

第二节 邻接权

定义	不构成作品的特定文化产品的创造者对该文化产品所享有的排他性权利。在我国著作权法中，特指表演者对其表演活动、录音录像制作者对其制作的录音录像、广播组织对其播出的广播信号以及出版者对其版式设计所享有的专有权利
邻接权 VS 狭义著作权	1. 客体不同
	2. 法律保护水平相对较低

一、表演者权

（一）表演者权的主体

一般表演	表演者
职务表演	1. 演员为完成本演出单位的演出任务进行的表演为职务表演
	2. 表演者享有
	（1）表明身份
	（2）保护表演形象不受歪曲的权利
	3. 其他权利归属
	（1）约定优先，职务表演的权利由演出单位享有
	（2）职务表演的权利由演员享有的，演出单位可以在其业务范围内免费使用该表演

（二）表演者权的客体

表演者权的客观是对作品的表演活动。表演者对同一作品的"每一次表演"均分别享有表演者权。

（三）表演者权的内容

1. 表明表演者身份	
2. 保护表演形象不受歪曲	
3. 对"现场表演"的广播权	许可他人从现场直播和公开传送其现场表演，并获得报酬
4. 首次固定权	许可他人录音录像，并获得报酬
5. 复制权、发行权、出租权	许可他人复制、发行、出租录有其表演的录音录像制品，并获得报酬
6. 信息网络传播权	许可他人通过信息网络向公众传播其表演，并获得报酬
被许可人以前款第 3 项至第 6 项规定的方式使用作品，还应当取得著作权人许可，并支付报酬	

（四）保护期

1. 表明表演者身份、保护表演形象不受歪曲的保护期不受限制；

2. 其他权利的保护期为 50 年，截止于该表演发生后第 50 年的 12 月 31 日。

（五）表演者的义务

1. 表演者公开表演他人作品的，应当取得著作权人许可，并支付报酬。

2. 表演者公开表演演绎作品的，应当取得演绎作品和原作品著作权人的许可，并支付报酬。

3. 表演者不得侵犯著作权人的署名权、修改权、保护作品完整权和获得报酬权。

（六）表演权与表演者权的区别

权利主体不同	表演权由著作权人享有；表演者权由作品的表演者享有
权利客体不同	表演权的客体是作品；表演者权的客体是对作品的表演活动
权利性质不同	表演权为财产权；表演者权包括六项权能，既有人身权，也有财产权
保护期限不同	自然人的作品，其表演权的保护期限截止到作者死亡后第 50 年的 12 月 31 日；表演者权的保护期限截止到该表演发生后第 50 年的 12 月 31 日

二、录音录像制作者权

（一）主体

录音录像制作者权的主体是录音制作者和录像制作者。

（二）客体

录音录像制作者权的客体是录音制品和录像制品。

1. 录音制品，指任何对表演的声音或者其他声音的录制品。

2. 录像制品，指视听作品"以外"的任何有伴音或者无伴音的连续相关形象、图像的录制品。

（三）权利内容

录音制品制作者	(1) 复制权；(2) 发行权；(3) 出租权；(4) 信息网络传播权；(5) 二次获酬权，即将录音制品用于无线或者有线播放，或者通过传送声音的技术设备向公众传播的，应当向录音制作者支付报酬
录像制作者	(1) 复制权；(2) 发行权；(3) 出租权；(4) 信息网络传播权；(5) 许可电视台播放权（即广播权）

（四）义务

1. 使用他人作品制作录音录像制品，应当取得著作权人的许可，并支付报酬。

2. 使用演绎作品制作录音录像制品，应取得演绎作品和原作品著作权人的许可，并支付报酬。

3. 对表演活动制作录音录像制品，应取得表演者许可，并支付报酬。

4. 不得侵犯作者的署名权、修改权、保护作品完整权和获得报酬权。

5. 不得侵犯表演者的表明表演者身份的权利、保护表演形象不受歪曲的权利。

（五）保护期

录音录像制作者权的保护期为 50 年，截止于该制品"首次制作完成后"第 50 年的 12 月 31 日。

三、广播组织者权

（一）主体

广播组织者权的主体是广播电台、电视台。

（二）客体

1. 广播组织播放的节目"信号"。
2. "广播组织权的客体"和"广播组织播放的节目"是不同的事情。

（三）内容

转播权	广播电台、电视台有权禁止未经其许可将其播放的广播、电视节目信号以有线或者无线方式转播
录制、复制权	广播电台、电视台有权禁止未经其许可将其播放的广播、电视节目信号录制在音像载体上以及复制其播放的节目信号
信息网络传播权	广播电台、电视台有权禁止未经其许可将其播放的广播、电视节目信号通过信息网络向公众传播

（四）保护期

广播组织权的保护期为 50 年，截止于该广播、电视首次播放后第 50 年的 12 月 31 日。

第三节　对著作权的限制

一、合理使用

在下列情况下使用作品，可以不经著作权人许可，不向其支付报酬，但应当指明作者姓名或者名称、作品名称，并且不得影响该作品的正常使用，也不得不合理地损害著作权人的合法权益。

1. 为个人学习、研究或者欣赏，使用他人已经发表的作品；
2. 为介绍、评论某一作品或者说明某一问题，在作品中适当引用他人已经发表的作品；
3. 为报道新闻，在报纸、期刊、广播电台、电视台等媒体中不可避免地再现或者引用已经发表的作品；
4. 报纸、期刊、广播电台、电视台等媒体刊登或者播放其他报纸、期刊、广播电台、电视台等媒体已经发表的关于政治、经济、宗教问题的时事性文章，但著作权人声明不许刊登、播放的除外；
5. 报纸、期刊、广播电台、电视台等媒体刊登或者播放在公众集会上发表的讲话，但作者声明不许刊登、播放的除外；
6. 为学校课堂教学或者科学研究，翻译、改编、汇编、播放或者少量复制已经发表的作品，供教学或者科研人员使用，但不得出版发行；
7. 国家机关为执行公务在合理范围内使用已经发表的作品；
8. 图书馆、档案馆、纪念馆、博物馆、美术馆、文化馆等为陈列或者保存版本的需要，复制本馆收藏的作品；
9. 免费表演已经发表的作品，该表演未向公众收取费用，也未向表演者支付报酬，且不以营利为目的；

10. 对设置或者陈列在公共场所的艺术作品进行临摹、绘画、摄影、录像；（非接触性复制）

11. 将中国公民、法人或者非法人组织已经发表的以国家通用语言文字创作的作品翻译成少数民族语言文字作品在国内出版发行；

12. 以阅读障碍者能够感知的无障碍方式向其提供已经发表的作品；

13. 法律、行政法规规定的其他情形。

前款规定适用于对与著作权有关的权利的限制。

二、法定许可

法定许可，是指依照法律的明文规定，不经著作权人同意有偿使用他人已经发表作品的行为。

（一）法定许可的法定情形

1. 教科书法定许可	为实施义务教育和国家教育规划而编写出版教科书，可以不经著作权人许可，在教科书中汇编已经发表的作品片段或者短小的文字作品、音乐作品或者单幅的美术作品、摄影作品、图形作品，但应当按照规定向著作权人支付报酬，指明作者姓名或者名称、作品名称，并且不得侵犯著作权人享有的其他权利
2. 制作录音制品的法定许可	录音制作者使用他人已经合法录制为录音制品的音乐作品制作录音制品，可以不经著作权人许可，但应当按照规定支付报酬；著作权人声明不许使用的不得使用
3. 广播组织播放作品的法定许可	广播电台、电视台播放他人已发表的作品（不包括视听作品）、已经出版的录音制品（不包括录像制品），可以不经著作权人许可，但应当支付报酬
4. 报刊转载的法定许可	作品刊登后，除著作权人声明不得转载、摘编的外，其他报刊可以转载或者作为文摘、资料刊登，但应当按照规定向著作权人支付报酬 提示：作品必须发表在报纸和期刊上，发表在网络上的，不适用法定许可

（二）法定许可与合理使用的区别

1. 相同点	（1）均体现了对著作权和邻接权的限制 （2）使用的作品均为已经发表的作品 （3）均无须取得权利人的许可
2. 不同点	（1）法定许可权人仅限于录音制作者、广播组织者和报社（期刊社）等邻接权人，一般人不享有法定许可权；合理使用无主体范围的限制 （2）法定许可须向权利人支付报酬；合理使用无须支付报酬 （3）权利人可以事先声明排除法定许可；权利人不能以事先声明排除合理使用（时事性文章、公众集会上的讲话除外）

三、著作权侵权

（一）判断侵犯著作权的标准

"依照受控行为界定专有权利"，只要他人擅自实施了著作权法规定的受控行为，又无违法阻却事由，就侵犯了著作权。

（二）几种特殊的侵权

1. 技术措施

构成侵权	不构成侵权
（1）故意避开或者破坏技术措施 （2）制造、进口或者向公众提供有关装置或者部件（以避开或者破坏技术措施为目的） （2）提供技术服务（特指故意为他人避开或者破坏技术措施提供）	下列情形可以避开技术措施，但不得向他人提供避开技术措施的技术、装置或者部件，不得侵犯权利人依法享有的其他权利： （1）学校课堂教学或者科学研究＋提供少量已经发表的作品＋该作品无法通过正常途径获取 （2）不以营利为目的＋为阅读障碍者提供已经发表的作品＋该作品无法通过正常途径获取 （3）国家机关依照行政、监察、司法程序执行公务 （4）对计算机及其系统或者网络的安全性能进行测试 （5）进行加密研究或者计算机软件反向工程研究

2. 针对计算机软件的特殊侵权

（1）商业使用盗版计算机软件，构成侵权并赔偿。

（2）个人使用盗版软件构成侵权，应当停止使用、销毁该侵权复制品；但是，不承担赔偿责任。

（3）如果停止使用并销毁该侵权复制品将给复制品使用人造成重大损失的，复制品使用人可以在向软件著作权人支付合理费用后继续使用。

（4）未经许可出租计算机软件，构成侵权（计算机软件不是出租主要标的的除外）。

3. 权利管理信息

（1）故意删除或者改变作品、版式设计、表演、录音录像制品或者广播、电视上的权利管理信息。

（2）知道或者应当知道上述权利管理信息未经许可被删除或者改变，仍然向公众提供。

（3）由于技术上的原因无法避免的，不构成侵权。

第二章
专利法

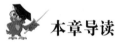 **本章导读**

　　本章主要涉及专利法、专利法实施细则、最高人民法院《关于审理专利纠纷案件适用法律问题的若干规定》、最高人民法院《关于审理侵犯专利权纠纷案件应用法律若干问题的解释》、最高人民法院《关于审理专利权纠纷案件应用法律若干问题的解释（二）》等法律、法规。本章难点是侵犯专利权的判定，应熟练掌握专利权保护的范围、理解侵犯专利权的构成要件、表现形式、抗辩事由等内容。

一、本法适用对象

专利权的客体	1. 发明	是指对产品、方法或者其改进所提出的新的技术方案
	2. 实用新型	是指对产品的形状、构造或者其结合所提出的适于实用的新的技术方案
	3. 外观设计	是指对产品的形状、图案或者其结合以及色彩与形状、图案的结合所作出的富有美感并适于工业应用的新设计
不授予专利权的客体	1. 对违反法律规定获取或者利用遗传资源，并依赖该遗传资源完成的发明创造 2. 对"平面"印刷品的图案、色彩或者二者的结合作出的主要起标识作用的设计 3. 科学发现 4. 智力活动的规则和方法 5. 疾病的诊断和治疗方法 6. 动物和植物品种（但动植物品种的"生产方法"，可授予专利权） 7. 原子核变换方法以及用原子核变换方法获得的物质 8. 违反法律、社会公德或者妨害公共利益的发明创造 9. 任何单位或者个人将在中国完成的发明或者实用新型向外国申请专利的，应当事先报经国务院专利行政部门进行保密审查。若违反前述规定向外国申请专利后，又就该发明或者实用新型向中国申请专利的，不授予专利权	

二、专利权的主体

一般情形，专利权人为发明人（或设计人）。特殊规则如下。

（一）职务发明

类型	1."主要"是利用本单位的物质技术条件所完成的发明创造 2.执行本单位的任务所完成的发明创造，包括： (1)履行本职工作任务完成的发明创造 (2)履行本单位交付的本职工作之外的任务完成的发明创造 (3)退职、退休或者调动工作后1年内作出的，与其在原单位承担的本职工作或者原单位分配的任务"有关"的发明创造。本单位包括"临时"工作单位
归属	1.申请专利的权利属于该单位，申请被批准后，该单位为专利权人 2.利用本单位的物质技术条件所完成的发明创造，单位与发明人或者设计人订有合同，对申请专利的权利和专利权的归属作出约定的，从其约定 3.所在单位转让专利申请权的，发明人或者设计人享有以同等条件优先受让的权利
发明人、设计人的权利	(1)署名权（可以书面声明放弃）；(2)获得奖励权；(3)获得报酬权

（二）共同发明

1.共同发明的专利权归属	(1)专利申请权由共同发明人共同享有 (2)共同发明人一方不同意申请专利的，另一方或者其他各方不得申请专利（原因在于有些技术采用技术秘密保护比申请专利更为合适） (3)一方转让其专利申请权的，其他各方享有优先受让权 (4)取得专利权后，放弃自己共有的专利申请权的一方，可以免费实施该专利
2.共有专利权	(1)专利申请权或者专利权的共有人对权利的行使有约定的，从其约定 (2)没有约定的，共有人均有权自己实施该专利或者以"普通许可方式"许可他人实施该专利。所获得的报酬应在共有人中合理分配 (3)除上述第(2)部分所属情形外，行使共有的专利申请权或专利权应当取得全体共有人的同意

（三）委托发明

1. 有约定的从约定，无约定的归受托人。
2. 研究开发人（即受托人）取得专利权的，委托人可以免费实施该专利。

三、专利的授权条件

（一）发明、实用新型专利的授权条件

1.授予发明、实用新型专利权的条件	(1)新颖性：不属于现有技术且无抵触申请 (2)实用性：（所属领域普通技术人员）能够制造或使用，并能够产生积极效果 (3)创造性：与现有技术相比，该发明具有突出的实质性特点和显著的进步；该实用新型具有实质性特点和进步

2. 对新颖性的判断	指申请专利的发明和实用新型不属于现有技术且无抵触申请 （1）所谓"现有技术"，指"申请日以前"在国内外为公众所知的技术
	（2）没有"抵触申请" 抵触申请，是指在申请日以前，已经有单位或者个人就同样的发明或者实用新型向专利局提出申请并且记载在申请日以后公布的专利申请文件中
3. 新颖性丧失的例外	申请专利的发明创造在申请日以前 6 个月内，有下列情形之一的，不丧失新颖性： （1）在国家出现紧急状态或者非常情况时，为公共利益目的首次公开的 （2）在中国政府主办或者承认的国际展览会上首次展出的 （3）在规定的学术会议或者技术会议上首次发表的 （4）他人未经申请人同意而泄露其内容的

（二）外观设计专利的授权条件（略）

四、专利申请的原则

（一）先申请原则

两个以上的申请人分别就同样的发明创造申请专利的，专利权授予最先申请的人。（先到先得）

（二）优先权原则

国际优先权	申请人自发明或者实用新型在外国"第一次"提出专利申请之日起 12 个月内，或者自外观设计在外国"第一次"提出专利申请之日起 6 个月内，又在中国就相同主题提出专利申请的，根据国际条约、双边协议、互惠原则享有优先权的，以其在外国第一次提出申请的日期为在中国提出申请的日期 例如，美国人甲于 2006 年 2 月 1 日就一项发明创造首次向美国专利商标局申请发明专利，然后又在 2006 年 7 月 1 日在英国就相同主题提出了发明专利申请，然后 2007 年 1 月 30 日向中国国家知识产权局就相同的发明创造申请专利权并声明要求优先权。在此前的 2006 年 12 月 1 日，中国人乙向中国国家知识产权局就独立完成的相同发明申请专利权。甲在美国的第一次申请，视为在中国的申请
国内优先权	申请人自发明或者实用新型在中国第一次提出专利申请之日起 12 个月内，或者自外观设计在中国第一次提出专利申请之日起 6 个月内，又向国务院专利行政部门就相同主题提出专利申请的，可以享有优先权
总结	（1）专利局收到专利申请文件之日为申请日，申请日享有优先权的，优先权日为申请日 （2）优先权是"先申请原则"的延伸，只与专利申请日的确定有关

（三）单一性原则

1. 一件专利申请，限于一项发明（或者实用新型或外观设计）。

2. 属于一个总的发明构思的两项以上的发明（或实用新型；或同一产品两项以上的相似外观设计，或用于同一类别并且成套出售或使用的产品的两项以上外观设计），可以作为一件申请提出。

五、专利申请的审批

（一）专利审批流程

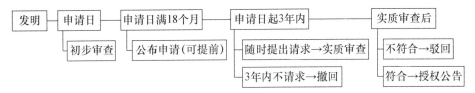

（二）发明专利^①的临时保护制度

临时保护期	是指"发明申请公布—授权公告期间"
自愿付费	临时保护期内，他人使用该发明应支付适当的使用费
侵权认定	临时保护期内，他人实施制造、销售、进口行为，并向权利人支付或者书面承诺支付适当费用的，临时保护期内已制造、销售、进口的产品不视为侵权产品
	其后续的使用、销售、许诺销售不构成侵权行为（但他人后续的"制造"构成侵权）
诉讼时效	临时保护期使用该发明未支付适当使用费的，专利权人要求支付使用费的诉讼时效，自专利权人得知或者应当得知他人使用其发明之日起计算
	但是，专利权人于专利权授予之日前即已得知或者应当得知的，自专利权授予之日起计算

（三）专利保护期

1. 各类专利的保护期

	专利	实用新型	外观设计
保护期	20 年	10 年	15 年
期限起算点	\multicolumn{3}{l}{（1）专利期限均自"实际申请日"起计算（该"申请日"不适用"优先权原则"，应当自向中国专利行政部门实际提出申请日开始计算） （2）专利权人应当自被授予专利权的当年开始缴纳年费}

2. 发明专利期限补偿制度

一般发明专利	自发明专利申请日起满 4 年，且自实质审查请求之日起满 3 年后授予发明专利权的，国务院专利行政部门应专利权人的请求，就发明专利在授权过程中的不合理延迟给予专利权期限补偿，但由申请人引起的不合理延迟除外
新药品发明专利	为补偿新药上市审评审批占用的时间，对在中国获得上市许可的新药相关发明专利，国务院专利行政部门应专利权人的请求给予专利权期限补偿。补偿期限不超过 5 年，新药批准上市后总有效专利权期限不超过 14 年

---

① 注意：实用新型、外观设计没有临时保护制度。

六、专利的无效

事由	自国务院专利行政部门公告授予专利权之日起，任何单位或者个人认为该专利权的授予不符合专利法有关规定的，可以请求国务院专利行政部门宣告该专利权无效
行政诉讼	1. 国务院专利行政部门对宣告专利权无效的请求应当及时审查和作出决定，并通知请求人和专利权人。宣告专利权无效的决定，由国务院专利行政部门登记和公告
	2. 对国务院专利行政部门宣告专利权无效或者维持专利权的决定不服的，可以自收到通知之日起3个月内向人民法院起诉（先复审、再诉讼）
	3. 人民法院应当通知无效宣告请求程序的对方当事人作为第三人参加诉讼
宣告无效的后果	1. 宣告无效的专利权视为自始即不存在
	2. 宣告专利权无效的决定，对在宣告专利权无效前人民法院作出并已执行的专利侵权的判决、调解书，已经履行或者强制执行的专利侵权纠纷处理决定，以及已经履行的专利实施许可合同和专利权转让合同，不具有追溯力。但是因专利权人的恶意给他人造成的损失，应当给予赔偿
	3. 依照前款规定不返还专利侵权赔偿金、专利使用费、专利权转让费，明显违反公平原则的，应当全部或者部分返还

七、专利实施的特别许可

（一）推广应用

对象	国有企业事业单位＋发明＋对国家利益或者公共利益具有重大意义
方式	国务院有关主管部门和省、自治区、直辖市人民政府报经国务院批准，可以决定在批准的范围内推广应用，允许指定的单位实施，由实施单位按照国家规定向专利权人支付使用费

（二）开放许可

实施	专利权人自愿以书面方式向国务院专利行政部门声明愿意许可任何单位或者个人实施其专利，并明确许可使用费支付方式、标准的，由国务院专利行政部门予以公告，实行开放许可
	任何单位或者个人有意愿实施开放许可的专利的，以书面方式通知专利权人，并依照公告的许可使用费支付方式、标准支付许可使用费后，即获得专利实施许可
	实行开放许可的专利权人可以与被许可人就许可使用费进行协商后给予普通许可，但不得就该专利给予独占或者排他许可
	开放许可实施期间，对专利权人缴纳专利年费相应给予减免
撤回	1. 专利权人撤回开放许可声明的，应当以书面方式提出，并由国务院专利行政部门予以公告 2. 开放许可声明被公告撤回的，不影响在先给予的开放许可的效力
纠纷解决	当事人就实施开放许可发生纠纷的，由当事人协商解决；不愿协商或者协商不成的，可以请求国务院专利行政部门进行调解，也可以向人民法院起诉

（三）强制许可

防止专利权滥用的强制许可	有下列情形之一的，国务院专利行政部门根据具备实施条件的单位或者个人的申请，可以给予实施发明专利或者实用新型专利的强制许可： （1）专利权人自专利权被授予之日起满3年，且自提出专利申请之日起满4年，无正当理由未实施或者未充分实施其专利的 （2）专利权人行使专利权的行为被依法认定为垄断行为，为消除或者减少该行为对竞争产生的不利影响的
为了公共利益的强制许可	在国家出现紧急状态或者非常情况时，或者为了公共利益的目的，国务院专利行政部门可以给予实施发明专利或者实用新型专利的强制许可
	为了公共健康目的，对取得专利权的药品，国务院专利行政部门可以给予制造并将其出口到符合中华人民共和国参加的有关国际条约规定的国家或者地区的强制许可
交叉许可	一项取得专利权的发明或者实用新型比前已经取得专利权的发明或者实用新型具有显著经济意义的重大技术进步，其实施又有赖于前一发明或者实用新型的实施的，国务院专利行政部门根据后一专利权人的申请，可以给予实施前一发明或者实用新型的强制许可 在依照前款规定给予实施强制许可的情形下，国务院专利行政部门根据前一专利权人的申请，也可以给予实施后一发明或者实用新型的强制许可
强制许可的限制	强制许可涉及的发明创造为半导体技术的，其实施限于公共利益的目的和防止垄断的情形
强制许可的效力	1. 仅适用于发明和实用新型，不包括外观设计专利 2. 取得实施强制许可的单位或者个人 （1）不享有独占的实施权 （2）无权允许他人实施 （3）应当付给专利权人合理的使用费

八、专利侵权及其抗辩事由

（一）专利侵权的判定

专利侵权行为，是指在专利权有效期限内，任何单位或者个人未经专利权人许可又无法律依据，以生产经营为目的实施他人专利的行为。

1. 一般侵权行为

发明/实用新型	产品发明	未经许可又无法律规定，为生产经营目的的制造①、使用②、许诺销售③、销售、进口专利产品
	方法发明	未经许可又无法律规定，为生产经营目的使用专利方法以及使用、许诺销售、销售、进口依照该专利方法直接获得的产品
外观设计		未经许可又无法律规定，为生产经营目的制造、许诺销售、销售、进口外观设计专利产品

---

① 制造：将部件组装，属于制造；对专利产品的部件进行更换性维修，或者对已过使用寿命的专利产品进行维修属于制造。

② 使用：将侵犯发明\实用新型的产品作为零部件制造另一产品的，应当认定为使用，侵犯"使用权"。

③ 许诺销售：以做广告、在商店橱窗中陈列或者在展销会上展出等方式作出销售商品的意思表示。

2. 特殊侵权行为

善意侵权	为生产经营目的使用、许诺销售或者销售不知道是未经专利权人许可而制造并售出的专利侵权产品，能证明该产品合法来源的，不承担赔偿责任
	注意：专利权人可以要求其停止使用、许诺销售、销售
不停止被诉行为的侵权	被告构成对专利权的侵犯，权利人请求判令其停止侵权行为的，人民法院应予支持，但基于国家利益、公共利益的考量，人民法院可以不判令被告停止被诉行为，而判令其支付相应的合理费用

3. 间接侵权

（1）明知有关产品系专门用于实施专利的材料、设备、零部件、中间物等，未经专利权人许可，为生产经营目的将该产品提供给他人实施了侵犯专利权的行为，认定为"帮助他人实施侵权行为"。

（2）明知有关产品、方法被授予专利权，未经专利权人许可，为生产经营目的积极诱导他人实施了侵犯专利权的行为，认定为"教唆他人实施侵权行为"。

（二）专利侵权抗辩

权利用尽	专利产品或者依照专利方法直接获得的产品，由专利权人或者经其许可的单位、个人售出后，使用、许诺销售、销售、进口该产品的
先用权	在专利申请日前已经制造相同产品、使用相同方法或者已经做好制造、使用的必要准备，并且仅在原有范围内继续制造、使用的
临时过境	临时通过中国领陆、领水、领空的外国运输工具，依照其所属国同中国签订的协议或者共同参加的国际条约，或者依照互惠原则，为运输工具自身需要而在其装置和设备中使用有关专利的
专为科研	专为科学研究和实验而使用有关专利的
药品行政审批抗辩	为提供行政审批所需要的信息，制造、使用、进口专利药品或者专利医疗器械的，以及专门为其制造、进口专利药品或者专利医疗器械的
	行政审批过程中，药品上市许可申请人与有关专利权人，因申请注册的药品相关的专利权产生纠纷的： （1）相关当事人可以向法院起诉，请求就申请注册的药品相关技术方案是否落入他人药品专利权保护范围作出判决 （2）也可以向国务院专利行政部门请求行政裁决
现有技术抗辩	在专利侵权纠纷中，被控侵权人有证据证明其实施的技术或者设计属于现有技术或者现有设计的，不构成侵犯专利权

第三章
商标法

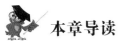**本章导读**

　　本章内容为商标权法律制度，包括商标权的取得、丧失、内容和商标侵权行为。应当重点掌握商标的构成要件，特别是申请注册商标的要件、商标权的权利内容、侵犯商标权的表现形式和驰名商标的保护。每年考试分值约 3 分。

一、商标概述

概念	商标，是指经营者在商品或服务项目上使用的，将自己经营的商品或提供的服务与其他经营者经营的商品或提供的服务区别开来的一种商业识别标志
组成	任何能够将自然人、法人或者其他组织的商品与他人的商品区别开的标志，包括文字、图形、字母、数字、三维标志、颜色组合和声音等，以及上述要素的组合，均可以作为商标申请注册

种类	集体商标	以团体、协会或者其他组织名义注册，供该组织成员在商事活动中使用，以表明使用者在该组织中的成员资格的标志
	证明商标	由对某种商品或者服务具有监督能力的组织所控制，而由该组织以外的单位或者个人使用于其商品或者服务，用以证明该商品或者服务的原产地、原料、制造方法、质量或者其他特定品质的标志

二、商标注册的条件

（一）积极条件

　　1. 显著性，申请注册的商标应当具有显著特征，便于识别，包括标志本身具有显著特征及通过使用获得显著特征。

2. 非功能性。

3. 非冲突性。

4. 可视性或可听性。

（二）消极条件

1. 禁用商标：不予注册、禁止使用

类别	具体规则
特定标志	（1）同中华人民共和国的国家名称、国旗、国徽、国歌、军旗、军徽、军歌、勋章等相同或者近似的，以及同中央国家机关的名称、标志、所在地特定地点的名称或者标志性建筑物的名称、图形相同的 （2）同外国的国家名称、国旗、国徽、军旗等相同或者近似的，但经该国政府同意的除外 （3）同政府间国际组织的名称、旗帜、徽记等相同或者近似的，但经该组织同意或者不易误导公众的除外 （4）与表明实施控制、予以保证的官方标志、检验印记相同或者近似的，但经授权的除外 （5）同"红十字""红新月"的名称、标志相同或者近似的
违反公序良俗的标志	（1）带有民族歧视性的 （2）带有欺骗性，容易使公众对商品的质量等特点或者产地产生误认的 （3）有害于社会主义道德风尚或者有其他不良影响的
特殊地名	（1）县级以上行政区划的地名，不得作为注册商标 （2）公众知晓的外国地名，不得作为注册商标 （3）例外：地名具有其他含义或者地名作为集体商标、证明商标组成部分 （4）已经注册的使用地名的商标继续有效
无权代理	未经授权，代理人或者代表人以自己的名义将被代理人或者被代表人的商标进行注册，被代理人或者被代表人提出异议的，不予注册并禁止使用

2. 禁注商标：可以使用，不得注册（有例外）

原则	下列标志不得作为商标注册，但可作为"未注册商标"使用： （1）仅有本商品的通用名称、图形、型号的 （2）仅直接表示商品的质量、主要原料、功能、用途、重量、数量及其他特点的 （3）其他缺乏显著特征的 上述标志经过使用取得显著特征，并便于识别的，可以作为商标注册
例外	但下列三种情况中的三维标志即使通过使用获得显著性也不得注册： （1）仅由商品自身的性质产生的形状 （2）为获得技术效果而需有的商品形状 （3）使商品具有实质性价值的形状
不得侵害他人在先权利	就同一种商品或者类似商品申请注册的商标，与他人在先使用的未注册商标相同或者近似，申请人与该他人具有合同、业务往来关系[①]或者其他关系而明知该他人商标存在，该他人提出异议的，不予注册

---

① 此处不包括代理商标注册合同，如果是"代理、代表"合同关系，无权代理会导致商标禁止注册并禁止使用。

3. 对驰名商标的特殊保护

概念	驰名商标，是指在中国境内为相关公众广为知晓的商标
未注册驰名商标：同类保护	就相同或者类似商品申请注册的商标是复制、摹仿或者翻译他人未在中国注册的驰名商标，容易导致混淆的，不予注册并禁止使用
已注册驰名商标：跨类保护	就不相同或者不相类似商品申请注册的商标是复制、摹仿或者翻译他人已经在中国注册的驰名商标，误导公众，致使该驰名商标注册人的利益可能受到损害的，不予注册并禁止使用
个案中做事实认定	人民法院对于商标驰名的认定，仅作为案件事实和判决理由，不写入判决主文；以调解方式审结的，在调解书中对商标驰名的事实不予认定
恶意注册的无效宣告	对恶意注册的，驰名商标所有人申请商标无效宣告不受 5 年的时间限制
驰名商标禁止用于宣传	

三、商标注册的原则

（一）申请在先原则

1. 两个或者两个以上的商标注册申请人，在同一种商品或者类似商品上，以相同或者近似的商标申请注册的，初步审定并公告申请在先的商标。

2. 同一天申请的，初步审定并公告使用在先的商标，驳回其他人的申请，不予公告。

3. 同日使用或者均未使用的，各申请人可以自收到商标局通知之日起 30 日内自行协商；不愿协商或者协商不成的，商标局通知各申请人以抽签的方式确定一个申请人，驳回其他人的注册申请。

【记忆：申请在先→使用在前→协商不成→再来抽签】

（二）优先权原则

概念	申请日以商标局收到申请文件的日期为准，申请人享有优先权的，以优先权日为申请日
国外申请优先权	1. 自其商标在外国第一次提出商标注册申请之日起 6 个月内 2. 又在中国就相同商品以同一商标提出商标注册申请 3. 第一次提出商标申请的所在国，应当与我国签订涉及优先权的协议，或者也参加了我国参加的规定了优先权的国际条约，或者与我国相互承认优先权 注意：优先权不能自动产生 提出书面声明＋时间上应在提出商标注册申请时提出＋在 3 个月内提交第一次提出的商标注册申请文件的副本 例如：甲在 2016 年 1 月 1 日在中国就某商标申请注册，乙于 2016 年 1 月 2 日就同一商标向商标局申请注册，乙曾经在 2015 年 12 月 1 日就该商标在同一商品上在美国申请注册，则以其 2015 年 12 月 1 日为在后申请日

（三）一表多类原则

商标注册申请人可以通过一份申请就多个类别的商品申请注册同一商标。

四、异议制度

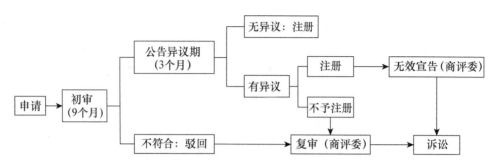

1. 异议程序发动的条件	（1）异议期限：初审公告之日起 3 个月
	（2）异议事由法定。涉嫌：①违反相对拒绝注册事由；②违反绝对拒绝注册事由
	（3）异议提出对象：商标局
	（4）异议人分两种情况： ①涉嫌违反相对拒绝注册事由的，仅限于在先权利人和利害关系人 ②涉嫌违反绝对拒绝注册事由的，任何人都有权提出异议
2. 公告期满无异议	3 个月公告期满无异议的，予以核准注册，发给商标注册证，并予以公告
3. 商标局对异议的处理	（1）要么作出核准注册的决定，要么作出不予注册的决定 （2）期限：公告期满之日起 12 个月（特殊情况下，经国务院工商行政管理部门批准，可延长 6 个月）
4. 异议人与被异议人的程序权利	（1）异议人的权利 对商标局作出的准予注册的决定，不能申请复审，只能在商标核准注册之后，依照规定向商标评审委员会请求宣告该注册商标无效 （2）被异议人的权利 ①对商标局作出的不予注册的决定，可自收到通知之日起 15 日内向商标评审委员会申请复审（须在 12 个月内作出复审决定，可延长 6 个月） ②对复审决定不服的，可自收到通知之日起 30 日提起行政诉讼

五、商标权的内容

专用权	1. 以核准注册的商标和核定使用的商品为限 2. 生产、经营者不得将驰名商标字样用于商品、商品包装或者容器上，或者用于广告宣传、展览以及其他商业活动中
禁止权	范围大于专用权，还包含相似的情形也禁止使用
转让权	1. 转让注册商标的，转让人和受让人应当签订转让协议 2. 双方共同向商标局提出申请 3. 转让注册商标经核准后，予以公告 4. 受让人自公告之日起享有商标专用权 5. 除非另有约定，注册商标的转让不影响转让前已经生效的商标使用许可合同的效力

许可权	1. 商标注册人可以通过签订商标使用许可合同，许可他人使用其商标。使用许可合同签订后，应当在 3 个月内将合同副本报送商标局备案。未经备案的，不影响该许可合同的效力，但不得对抗善意第三人
	2. 许可人应当监督被许可人使用其注册商标的商品质量；被许可人应当保证使用该注册商标的商品质量。被许可人还应当在使用该注册商标的商品上标明自己的名称和商品产地

六、商标的续展

1. 注册商标的有效期为 10 年，原则自核准注册之日起计算
2. 期满后商标所有人需要继续使用该商标并维持专用权的，可以通过续展注册延长商标权的保护期限
3. 续展注册应当在有效期满前 12 个月内办理
4. 在此期间未能提出申请的，有 6 个月的宽展期
5. 宽展期仍未提出申请的，注销其注册商标。注销之日起 1 年内，商标局对与该商标相同、近似的申请，仍不予核准
6. 每次续展注册的有效期为 10 年，自该商标上一届有效期满次日起计算
7. 续展注册没有次数的限制

七、商标权的消灭

（一）注册商标的撤销

商标注册人有下列行为之一的，由商标局责令限期改正或者撤销其注册商标。

类型	1. 自行改变注册商标的
	2. 自行改变注册商标的注册人名义、地址或者其他注册事项的
	3. 注册商标成为其核定使用的商品的通用名称或者没有正当理由连续 3 年停止商标使用的
	4. 显著性消灭
后果	1. 无溯及力 2. 对商标局撤销决定不服，可以自收到通知之日起 15 日内向商标评审委员会申请复审。对商标评审委员会的决定不服的，可以自收到通知之日起 30 日内起诉 3. 除上述第三种原因之外，撤销之日起一年内，商标局对与该商标相同或者近似的商标注册申请，不予核准

（二）注册商标的无效宣告

违反商标注册的禁止性条件或者是以欺骗及其他不正当手段取得	已经注册的商标，违反商标注册的禁止性条件或者是以欺骗及其他不正当手段取得注册的，由商标局宣告该注册商标无效；其他单位或个人可以请求商标评审委员会宣告该注册商标无效
侵害他人民事权益	已经注册的商标侵害他人民事权益，自商标注册之日起 5 年内，在先权利人或者利害关系人可以请求商标评审委员会宣告该注册商标无效。对恶意注册的，驰名商标所有人不受 5 年的时间限制

注册商标无效宣告的法律后果	1. 有溯及力；因注册商标争议或注册不当而被宣告无效的，其商标权视为自始不存在 （1）宣告注册商标无效的决定或者裁定，对宣告无效前人民法院作出并已执行的商标侵权案件的判决、裁定、调解书和工商行政管理部门作出并已执行的商标侵权案件的处理决定以及已经履行的商标转让或者使用许可合同不具有追溯力 （2）依照前款规定不返还商标侵权赔偿金、商标转让费、商标使用费，明显违反公平原则的，应当全部或者部分返还
	2. 但是，因商标注册人恶意给他人造成的损失，应当给予赔偿

注册商标被宣告无效或者期满不再续展的，自撤销、宣告无效或者注销之日起一年内，商标局对与该商标相同或者近似的商标注册申请，不予核准

八、商标侵权

（一）商标侵权行为

1. 假冒或仿冒行为	（1）同一种商品上使用与他人注册商标相同的商标
	（2）同一种商品上使用与他人注册商标相近似的商标
	（3）类似商品上使用与注册商标相同的商标
	（4）类似商品上使用与他人注册商标相近似的商标
2. 销售侵犯商标专用权的商品	
3. 伪造、擅自制造他人注册商标标识或者销售伪造、擅自制造的注册商标标识	
4. 未经商标注册人同意，更换其注册商标并将该更换商标的商品又投入市场	
5. 故意为侵犯他人商标专用权行为提供便利条件，帮助他人实施侵犯商标专用权行为的	

（二）商标侵权抗辩

1. 不侵权的抗辩	（1）正当使用 ①注册商标中含有的本商品的通用名称、图形、型号或者直接表示商品的质量、主要原料、功能、用途、重量、数量及其他特点，或者含有的地名，注册商标专用权人无权禁止他人正当使用 ②三维标志注册商标中含有的商品自身的性质产生的形状、为获得技术效果而需有的商品形状或者使商品具有实质性价值的形状，注册商标专用权人无权禁止他人正当使用
	（2）先用权 商标注册人申请商标注册前，他人已经在同一种商品或者类似商品上先于商标注册人使用与注册商标相同或者近似并有一定影响的商标的，注册商标专用权人无权禁止该使用人在原有使用范围内继续使用该商标，但可以要求其附加适当区别标志
	（3）商标权用尽 对于经商标权人许可或者以其他方式合法投放市场的商品，他人在购买后无须经过商标权人许可，即可将带有该商标的商品再次出售或者以其他方式提供给公众，包括为此目的在广告宣传中使用该商标，均不构成对注册商标的侵害

2. 不承担赔偿责任的抗辩	（1）注册商标3年未使用。注册商标3年未使用，并且注册商标专用权人不能证明受到其他损失的，侵权人不承担赔偿责任
	（2）善意销售。销售不知道是侵犯注册商标专用权的商品，能证明该商品是自己合法取得并说明提供者的，不承担赔偿责任
	（3）侵犯未注册驰名商标。侵犯未注册驰名商标的，只承担停止侵害、销毁侵权物品等责任，不承担赔偿责任

第四章

知识产权侵权的共同规则

 本章导读

　　本章主要涉及知识产权请求权与损害赔偿请求权、知识产权纠纷案件的级别管辖、原告的确定、损害赔偿数额的确定以及善意侵权的情形，应与前三章结合记忆。本次大纲新增"技术调查官制度"这一考点，值得注意。

一、知识产权请求权与损害赔偿请求权

1. 知识产权请求权	(1) 不以加害人的过错为要件 (2) 不以权利人遭受损失为要件 (3) 不适用诉讼时效，也不适用除斥期间
2. 知识产权权利人对加害人主张的赔偿损失之请求	(1) 以加害人的过错为要件 (2) 以权利人遭受损失为要件 (3) 适用 3 年的诉讼时效期间。自权利人知道或者应当知道权利受侵害之日起计算。权利人超过 3 年起诉的，如果侵权行为在起诉时仍在持续，在该项知识产权的有效期内，人民法院应当判决被告停止侵权，侵权损害赔偿数额应当自权利人向人民法院起诉之日起向前推算 3 年计算

二、原告的确定

1. 知识产权人
2. 法定的利害关系人（被许可人、继承人）

3. 使用许可合同（利害关系人的一种）的被许可人的诉讼地位	（1）"独占"使用许可合同的被许可人，可以作为原告独立起诉
	（2）"排他"使用许可合同的被许可人可以和知识产权人共同起诉，也可以在权利人不起诉的情况下，作为原告自行提起诉讼
	（3）"普通"使用许可合同的被许可人通常不享有起诉权。但许可合同明确约定被许可人可以单独起诉，或者经知识产权人书面授权单独起诉的，可以独立起诉

三、损害赔偿数额的确定

1. 侵犯专利权赔偿的数额依序按照下列规则确定	（1）补偿性损害赔偿（顺序） ①按照权利人因被侵权遭受的实际损失或者侵权人因侵权所获得的利益确定 ②参照该专利许可使用费的倍数合理确定 ③法定赔偿金：3 万元以上 500 万元以下
	（2）惩罚性损害赔偿 "故意"侵犯专利权，且"情节严重的"，可以在依照上述第一顺序至第二顺序确定的补偿性损害赔偿数额的"一倍以上五倍以下"确定赔偿数额。其中所增加的"一至四倍"即为惩罚性赔偿
2. 侵犯商标专用权赔偿的数额依序按照下列规则确定	（1）补偿性损害赔偿 ①按照权利人因侵权遭受的实际损失或者侵权人因侵权所获得的利益确定赔偿数额 ②参照该商标许可使用费的倍数合理确定 ③法定赔偿金（500 万元以下）
	（2）惩罚性赔偿金 对于故意侵犯商标专用权，且情节严重的，可以在依照上述第一顺序至第二顺序确定的补偿性损害赔偿数额的"一倍以上五倍以下"确定赔偿数额。其中所增加的"一至四倍"即为惩罚性赔偿
3. 侵犯著作权赔偿的数额依序按照下列规则确定	（1）补偿性损害赔偿 ①侵权人应当按照权利人因侵权遭受的实际损失或者侵权人的违法所得给予赔偿 ②参照该权利使用费给予赔偿 ③法定赔偿金：500 元以上 500 万元以下
	（2）惩罚性损害赔偿 对故意侵犯著作权或者与著作权有关的权利，情节严重的，可以在按照补偿性损害赔偿确定数额的一倍以上五倍以下给予赔偿。其中所增加的"一至四倍"即为惩罚性赔偿
4. 此外，权利人还可以要求赔偿为制止侵权所支付的合理开支（如律师费、公证费、诉讼费、差旅费）	

巩固提升

"百闻不如一见，百看不如一练。"下载嗨学课堂 APP，多多做题，勤于思考，善于总结，方能学以致用，一举通关！

国家统一法律职业资格考试

百日通关攻略

21天突破理论法

❯ 嗨学法考 组编 ❮　　❯ 王炜 编著 ❮

中国人民大学出版社

·北京·

图书在版编目(CIP)数据

国家统一法律职业资格考试·百日通关攻略·21天突
破理论法/嗨学法考组编；王炜编著. --北京：中国
人民大学出版社，2021.12
　　ISBN 978-7-300-30071-9

　　Ⅰ.①国… Ⅱ.①嗨…②王… Ⅲ.①法的理论-中
国-资格考试-自学参考资料 Ⅳ.①D92

　　中国版本图书馆 CIP 数据核字（2021）第 250323 号

国家统一法律职业资格考试·**百日通关攻略·21 天突破理论法**
嗨学法考　组编
王炜　编著
Guojia Tongyi Falü Zhiye Zige Kaoshi · Bairi Tongguan Gonglüe · 21 Tian Tupo Lilunfa

出版发行	中国人民大学出版社		
社　　址	北京中关村大街 31 号	**邮政编码**	100080
电　　话	010－62511242（总编室）	010－62511770（质管部）	
	010－82501766（邮购部）	010－62514148（门市部）	
	010－62515195（发行公司）	010－62515275（盗版举报）	
网　　址	http://www.crup.com.cn		
经　　销	新华书店		
印　　刷	涿州市星河印刷有限公司		
规　　格	185 mm×260 mm　16 开本	**版　　次**	2021 年 12 月第 1 版
印　　张	15.75	**印　　次**	2021 年 12 月第 1 次印刷
字　　数	344 000	**定　　价**	258.00 元（全 8 册）

目　录

第三编　司法制度和法律职业道德

第四编　习近平法治思想

第五编　中国法律史

理论法学备考概述

一、理论法学考试分值介绍

理论法学是国家统一法律职业资格考试（以下简称"法考"）中法理学、宪法、司法制度与法律职业道德、习近平法治思想以及中国法律史五个科目的统称。

根据考生回忆，在法考中，理论法学每年至少考 80 分，占到法考总分（480 分）的 1/6 以上。其中，理论法学在客观题考 50 分左右，在主观题考 30—40 分。

二、理论法学备考常见误区

理论法学是法考中当之无愧的重点科目，然而，每年都有大量考生对理论法学重视程度不够，在理论法学备考上投入的时间和精力较少，导致理论法学得分较低，进而影响了法考总成绩，考完追悔莫及。

为什么大量考生对理论法学重视程度不够？通过多年和学员交流，我把考生的心态误区总结为两点。

误区一：很多考生认为"理论法学知识太抽象，太枯燥，将来从事法律工作用不上，所以没必要花精力学"。

分析：1. 相对于民法、刑法等学科，理论法学确实相对抽象、枯燥，很多人对理论法学没有兴趣，但是，从应试角度，理论法学命题难度低于民法、刑法等学科，理论法学的特点是"分值占比高，难度不算大"，因此，理论法学备考性价比高。

2. 在未来法律工作中，的确很少能直接用上理论法学知识，但是，理论法学对法考取证非常重要，如果因不重视理论法学，导致法考没考过，纵使其他科目学得再好，未来也无法从事相关工作。

结论：既然是参加考试，就不能仅仅以兴趣为导向，要更加务实，理论法学备考性价比高，值得考生高度重视。

误区二：很多考生认为"理论法学要拿分纯靠背，考前突击背一背就足够了"。

分析：1."理论法学要拿分纯靠背"这句话，只适用于司考时代前期的真题（大约

2010年以及更早年份的题目），司考时代后期，理论法学的"活题"就开始增加。法考时代，"活题"更多，这些题目把知识点放入法律典故，融入实务案例，藏于法律谚语。例如，2021年法考，命题人通过"商鞅立木"的典故考查"立法与法的实施"，通过火灾保险赔偿的案例考查"法律解释方法的适用模式"，通过法律谚语考查"法律规则与法律原则的关系"。要做对这些"活题"，必须理解相关知识。

2. 法考时代，理论法学确实还有不少题目重点考背诵，但是，如此多学科，如此多考点，仅仅靠考前突击背诵是不够的，建议考生先理解后记忆。

结论：法考时代的理论法学命题，既考记忆，也考理解，建议考生不要死记硬背，而要"听课理解，做题强化，考前背诵"三步走，这样才能把知识有效转化为分数。

三、理论法学备考总体规划

轮次	要点	说明
第一轮	听课＋做题	1. 本轮总体目标：结合本书规划，通过21天突破理论法学，打好基础。 2. 本轮首要任务：听课。建议把本书配套课程完整听一遍，通过听课，达成对考点的初步理解。 3. 本轮次要任务：做题。建议通过题库，配合听课，把近十年真题做一遍，通过做题深化理解。
第二轮	做题＋看书	1. 本轮总体目标：通过做题、看书，强化重点，查漏补缺。 2. 本轮首要任务：做题。建议通过题库，把近十年真题再做一遍，通过做题巩固重点，发现薄弱点。 3. 本轮次要任务：看书。发现薄弱点后，迅速回归教材，通过看书重新掌握，必要时也可有针对性地听与薄弱点相关的课。
第三轮	做题＋背诵	1. 本轮总体目标：回顾错题，背诵重点，精准记忆。 2. 本轮首要任务：背诵。把老师平时强调的重点以及做题发现的薄弱点反复背诵，尽量做到精准记忆。 3. 本轮次要任务：做题。回顾错题为主、做新修考点模拟题为辅，以做题配合背诵，进一步强化印象。

四、理论法学备考核心原则

（一）心态：整体务必重视，细节切勿求全

理论法学备考性价比很高，从宏观上，考生务必重视，在理论法学上留足时间、精力，至少安排三轮学习。从微观上，考生要避免完美主义，切勿追求面面俱到。因为法考是通过性考试，拿到60％的分数即可拿到A证，因此学习要做到"主要精力学重点"，不要"眉毛胡子一把抓"。

为了帮助考生明确重点，本书结合历年真题考点考频统计，以及法考改革四年来（2018—2021年）的命题特色，把本书内容按重要性标注了星级（从一星到五星）。建议考生：第一轮打基础时，把一星到五星知识点全部学一遍；第二轮强化时，重点学习三星、四星和五星知识点；第三轮冲刺时，重点背诵四星和五星知识点。

（二）听课：听课促进理解，勾画批注重点

理论法学内容距离考生日常生活较远，难免抽象枯燥，因此，建议考生初学时通过听课促进理解。老师在课上会多举例子，多作类比，多讲原理，帮助考生达成理解，从而打好基础。建议考生听课时，勾画批注重点，"好记性不如烂笔头"，勾画批注可以增强听课效果，也会让考生在二轮、三轮复习时迅速定位重点，提升复习的效率和精准度。

（三）做题：做题多多益善，贯穿备考全程

做题对法考所有科目备考都非常重要。然而，很多考生存在一种共性误区，以致考试失利。他们认为备考应当"前期听课，后期做题"。不料，八大科目听课听了几个月，等一做题发现知识点忘了七七八八，挫败感很强，于是转头进行二轮听课……整个考季，这些考生课听了很多，题没做多少，对知识的掌握停留在表层，达不到考试要求，分数自然不理想。

考生要想跳出上述误区，就要把做题贯穿备考全程。首先，在备考前期，边听课，边做题，听完一节课，做一节课的题目，通过做题，强迫自己集中精力，积极思考，运用所学知识解决问题，从而深化对考点的理解。其次，在备考中期，通过二轮做题，巩固所学知识，发现薄弱环节，针对性查漏补缺。最后，在备考后期，通过重做错题，强化重点，辅助记忆。

有些考生（特别是在职考生）表示："老师，我也知道做题重要，但是奈何时间实在不够，课都怕听不完，哪有时间做题？"对此，我的建议是：整块时间听课，碎片时间做题。不妨把日常玩手机的时间抽出一部分，关掉短视频，打开手机题库，积少成多，水滴石穿。

（四）背诵：平时化整为零，考前集中突击

背诵对理论法学备考非常重要。考前不仅要背理论法学，还有其他科目，因此，考生不能把背诵仅仅集中在考前，否则压力大，背不完，容易崩溃。

建议考生日常背诵和突击背诵相结合，例如，在第二轮强化时，在做题的基础上，就可以启动背诵，配合做题，利用碎片时间背诵题目考查的考点。平时背得越多，考前背诵压力就越小。

总之，希望考生高度重视理论法学，严格执行备考规划，坚持备考核心原则，争取法考一举通关。

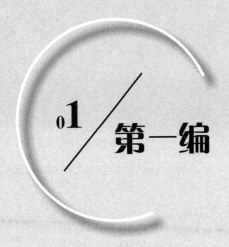

01 / 第一编

法 理 学

法理学考情与备考要点

一、考试分值

法考改革后,司法部官方不公布真题以及答案,因此题目多源自考生的回忆。法理学考查情况如下:

首先,在客观题考试中,法理学每年每套卷考查12分左右。

其次,在主观题考试中,法考改革后,主观题均直接针对中国特色社会主义法治理论(2018—2020年)以及习近平法治思想(2021年)命题,而不是直接考查法理学。

二、命题特点

(一)重点非常突出

法考各个学科都有"重者恒重"的命题特点,这一特点在法理学命题中表现得尤为典型,法理学一共有四章内容,根据考生回忆,分值分布如下:

第一章:法的本体,分值占比大于50%。

第二章:法的运行,分值占比大于30%。

第三章:法的演进,分值占比小于10%。

第四章:法与社会,分值占比小于10%。

由此我们不难得出结论:在法考中,法理学命题重点非常突出,"绝对重点前两章,重中之重第一章"。因此,本书以及本书的配套课程会对前两章内容详细展开,对于后两章内容则会点明重点,点到即止。

(二)内容看着抽象,命题角度固定

法理学这四章有非常多的抽象名词,仅以第一章第一节为例,我们会看到"实证主义""非实证主义""分析主义法学""法社会学""法现实主义""传统自然法""第三条道路"等名词。大量抽象名词让很多考生感到无所适从。考生不要被法理学抽象晦涩的表象吓倒,实际上,在法考中,法理学命题角度很固定,只要掌握常见命题角度,做对题目拿到分数就不难。因此,本书对法理学的重要考点均总结了常见命题角度,并配以经典题

目，让大家不仅学会知识，而且知道"为什么这样出题"，学会解题。

（三）理解与记忆并重

考生如果想在法理学取得不错的分数，仅靠死记硬背是远远不够的，法考改革后，很多考点均结合历史典故或者现实案例命题，以 2021 年法考为例，通过"商鞅立木"的典故考查"立法与法的实施"，通过火灾保险赔偿的案例考查"法律解释方法的适用模式"。因此，一方面，考生应结合本书内的例子理解考点，先理解，再记忆；另一方面，应多做题，通过做题强化理解，加深记忆。

三、备考建议

学习目标：充分理解法理学的考点，在理解的基础上记忆关键点。具体做法：

首先，结合本书配套课程理解知识点。对于难点内容，考生朋友如果一遍听不懂可以多听一两遍，理解之后无论做题还是背诵均可以事半功倍。

其次，法理学真题至少做三遍。第一遍做题，建议配合听课。学习一节知识点，配套做一节题目。考生不要在意做题的正确率，做题的目的是调动思考，增进理解。第二遍做题，建议在法理学课程完整听完之后，做题的目的是发现薄弱点，针对性强化。第三遍做题，建议在冲刺阶段，配合背诵，做题的目的是增进记忆。

最后，法理学重要考点需考前背诵。考生要把本书法理学部分强调的重点在考前进行精准记忆。通过"前期理解，做题强化，考前背诵"三步走，相信可以获得法理学的理想分数。

第一章
法的本体

第一节　法的概念 ★★★★★

 应试导读

　　本节内容是法考的五星级重点，非常重要，在客观题考试中，一般每套卷每年至少出1道题，分值至少1—2分。重难点提示：本节中"法的概念的学说"非常抽象，是整个法理学的重难点，考生要避免畏难心理，避免死记硬背，应当结合案例和真题进行理解。

 知识点

一、法的概念的学说

　　关于法是什么，法学家们并没有达成共识，围绕内容正确性（符合道德）、权威性制定（国家制定）、法的实效（实际社会效果）这三个要素的取舍，法学家们对法的概念产生了争议。

　　争议核心问题：<u>法律是不是必须符合道德？</u>

不是	实证主义 "恶法亦法"	分析主义法学	权威性制定是法的概念的首要要素
		法社会学 法现实主义	社会实效是法的概念的首要要素
是	非实证主义 "恶法非法"	传统自然法	道德是法的概念的唯一要素
		第三条道路	既强调道德，又强调权威性制定和社会实效

📑 背诵口诀

道德不实证，实证不道德。

传统自然法，道德是唯一。

分析主义法，权威是首要。

社会学现实，关键看实效。

第三条道路，三点都需要。

📑 命题角度

法的概念的学说常见命题角度：

1. 给考生一句话/一段话，问这句话/这段话体现了哪个法学流派的学说。

2. 考查法学流派的学说之间的异同。

📑 经典题目

"法学作为科学无力回答正义的标准问题，因而是不是法与是不是正义的法是两个必须分离的问题，道德上的善或正义不是法律存在并有效力的标准，法律规则不会因违反道德而丧失法的性质和效力，即使那些同道德严重对抗的法也依然是法。"关于这段话，下列说法正确的是：（2015-01-90）

A. 这段话既反映了实证主义法学派的观点，也反映了自然法学派的基本立场

B. 根据社会法学派的看法，法的实施可以不考虑法律的社会实效

C. 根据分析实证主义法学派的观点，内容正确性并非法的概念的定义要素

D. 所有的法学学派均认为，法律与道德、正义等在内容上没有任何联系

解析要点：

A 项："即使那些同道德严重对抗的法也依然是法"，即"恶法亦法"，反映实证主义法学派的观点，未反映自然法学派的观点，A 项错误。

B 项：社会法学派认为，社会实效是法的概念的首要要素，B 项错误。

C 项：分析实证主义法学派认为，权威性制定是法的概念的首要要素，法律可以不考虑内容正确性，C 项正确。

D 项：非实证主义法学派认为，定义法的概念时，道德因素被包括在内，法与道德是相互联结的，D 项错误。

综上所述，本题答案是 C 项。

【答案】C

二、马克思主义关于法的本质的基本观点

阶级性	法的本质首先反映为法的阶级性
	法是国家意志的体现，实质上是统治阶级意志的体现
	法是统治阶级共同意志的体现，不是统治阶级内部各个成员、集团、阶层的意志简单相加
	法的制定和实施要考虑被统治阶级的承受能力

物质制约性	法的本质最终反映为法的物质制约性
	物质生活条件或物质生产关系是<u>最终决定因素</u> 其他因素，比如政治、文化、历史传统等也会对法产生影响

注意：法是统治阶级意志的体现，并不意味着统治阶级的意志就是法。统治阶级的意志只有经过国家机关被上升为国家意志、被客观化正式化为具体规定才能成为法。统治阶级意志也可能表现为政策等。

背诵口诀

马克思主义关于法的本质的基本观点："首先阶级，最终物质"。

三、国法

到目前为止，有关法的概念的争论并未终结，但是，任何特定国家的法律人，在其工作过程中，都必须以该国现行有效的法律作为处理法律问题的出发点和前提。所谓特定国家现行有效的法，笼统地讲是指国法。

国法	国家专门机关（立法机关）制定的法（成文法）
	法院或法官在判决中创制的规则（判例法）
	国家通过一定的方式认可的习惯法（不成文法）
	其他执行国法职能的法（如教会法）

背诵口诀

国法：现行有效是国法，判成习惯和其他。（解释："判成习惯和其他"是指判例法、成文法、习惯法和其他法）

四、法的特征

规范性	法是一种规范。规范是人们行为的标准、尺度（针对不特定主体反复适用）。
	法是一种社会规范（调整人与人之间的行为）。法不是自然法则（自然事物之间的客观必然联系），也不是技术规范（调整人与自然之间的关系）。
国家意志性	法是由国家制定或认可的社会规范。
国家强制性	任何规范都有保障自己实现的力量，但法律的保障力量是<u>国家强制力</u>。
	国家强制力只是最终保障力量，并不是唯一力量。
普遍性	法对于国家主权管辖范围内的一切成员一律平等适用。不同于道德、社团章程。
程序性	法的创制、执行、适用、监督等都必须严格按照程序进行。 注意：关于其他社会规范，道德、习俗不具有程序性；纪律、政策、宗教的创制、执行或实施虽然是按照一定规则进行的，但是它们的程序性不像法的程序性表现得明显、严格和正式。
可诉性	可争讼性：可以用来作为起诉、辩护的根据。
	可裁判性：可以用来作为法院裁判的直接依据。

经典题目

法是以国家强制力为后盾，通过法律程序保证实现的社会规范。关于法的这一特征，下列哪些说法是正确的？（2013-01-55）

A. 法律具有保证自己得以实现的力量

B. 法律具有程序性，这是区别于其他社会规范的重要特征

C. 按照马克思主义法学的观点，法律主要依靠国家暴力作为外在强制的力量

D. 自然力本质上属于法的强制力之组成部分

解析要点：

A项：规范都具有保证自己实现的力量，法律自然也不例外，A项正确。

B项：法律具有程序性，法的创制、执行、适用、监督等都必须严格按照程序进行，这是法律区别于其他社会规范的重要特征，B项正确。

C项：法律强制是一种国家强制，是以军队、宪兵、警察、法官、监狱等国家暴力为后盾的强制，C项正确。

D项：法律的保障力量是国家强制力，国家强制力是人为的力量，不是自然的力量，D项错误。

综上所述，本题答案是ABC项。

【答案】ABC

五、法的作用

（一）法的作用

规范作用	指引作用：对本人行为的引导 法的指引是一种规范性指引，是通过一般规则对同类的人或行为的指引： 确定的指引——通过设定义务来实现（应为即积极义务或不为即消极义务） 不确定的指引——通过宣告权利来实现（可为）
	评价作用：判断、衡量他人行为的合法性
	预测作用：预先估计人们相互之间会如何行为
	教育作用：通过法的实施对一般人的行为产生影响：示警作用（反面）；示范作用（正面）
	强制作用：制裁违法犯罪，强制人们守法
社会作用	三个领域：社会经济生活、政治生活、思想文化生活领域
	两个方向：政治职能（阶级统治职能）、社会职能（执行社会公共事务的职能）

背诵口诀

法的规范作用：指引自己，评价他人，预测对方，教育大众，强制违法者。

案例延伸

吴某某妨害传染病防治案——村卫生室负责人违规收治发热病人，致457人被隔离。

简要案情

被告人吴某某系安徽省六安市霍邱县周集镇某村卫生室负责人。2020年1月29日，霍邱县卫健委下发《关于进一步规范发热病人就诊程序的通知》，严禁村卫生室、个体诊所对未经预检分诊的发热病人进行诊疗。同日，霍邱县周集镇中心卫生院召开全镇卫生室主任会议，对上述通知进行传达，吴某某参会。1月30日至2月10日，吴某某擅自收治未经预检分诊的发热病人刘某某、李某某，并安排在卫生室协助工作的妻子王某为二人输液治疗各5次。吴某某隐瞒收治发热病人的情况，每日向镇中心卫生院上报的收治发热病人数均为零。其间，该卫生室作为快递收发点、电费代交点，有大量人员进出。

2月15日至18日，李某某、刘某某、王某先后被确诊为新冠肺炎患者。截至3月2日，457人为此被隔离。六安市疾控中心、合肥市检测机构对被隔离人员进行680次核酸检测。

裁判结果

安徽省六安市霍邱县人民法院经审理认为，被告人吴某某作为村卫生室负责人，明知新冠肺炎疫情期间村卫生室严禁对未经预检分诊的发热病人进行诊疗，仍违规收治发热病人，并瞒报收治情况，引起新型冠状病毒传播的严重危险，其行为构成妨害传染病防治罪，应依法惩处。吴某某具有自首等情节，依法从轻处罚。据此，于2020年4月2日以妨害传染病防治罪判处被告人吴某某有期徒刑一年。

——《人民法院依法惩处妨害疫情防控犯罪典型案例》

（二）法的局限性

1. 法的作用范围不可能是无限的；
2. 法律受其他社会规范、社会条件和环境制约；
3. 法律与事实之间的对应难题，不是法律自身所能够完全解决的；
4. 自身条件的制约，如表达法律的语言具有开放性。

📑 命题角度

常见命题角度：给考生一个案例，请考生判断该案例体现法的哪种作用。

📑 经典题目

2011年7月5日，某公司高经理与员工在饭店喝酒聚餐后表示：别开车了，"酒驾"已入刑，咱把车推回去。随后，高经理在车内掌控方向盘，其他人推车缓行。记者从交警部门了解到，如机动车未发动，只操纵方向盘，由人力或其他车辆牵引，不属于酒后驾车。但交警部门指出，路上推车既会造成后方车辆行驶障碍，也会构成对推车人的安全威胁，建议酒后将车置于安全地点，或找人代驾。鉴于我国对"酒后代驾"缺乏明确规定，高经理起草了一份《酒后代驾服务规则》，包括总则、代驾人、被代驾人、权利与义务、代为驾驶服务合同、法律责任等共六章二十一条邮寄给国家立法机关。关于高经理和公司员工拒绝"酒驾"所体现的法的作用，下列说法正确的有：（2011-01-89）

A. 法的指引作用

B. 法的评价作用

C. 法的预测作用

D. 法的强制作用

解析要点：

"某公司高经理与员工在饭店喝酒聚餐后表示：别开车了，'酒驾'已入刑，咱把车推回去。"可见，相关刑法条款只是对高经理等行为人本人产生了引导作用，属于指引作用，A项正确。题干案例未体现其他作用，B、C、D项错误。

综上所述，本题答案是A项。

【答案】 A

第二节　法的价值 ★★★

应试导读

本节内容是法考中的三星级重点，比较重要，在客观题考试中，一般每套卷每两到三年出1道题，分值1—2分。同时，本节内容也可能和其他章节内容结合命题。重难点提示：本节中，"法的价值冲突的解决原则"是整个法理学的重难点，考生应结合案例进行深入理解，进而学会区分两种解决原则。

知识点

一、法的价值的种类

秩序	1. 秩序是维持人类存在与发展的前提和基础条件。 2. 秩序是法的基础价值。
自由	1. 自由是人之所以为人的本质属性，自由必然是法的价值之一。 2. 自由需要法律限制，限制自由是为了更好地保障自由。 3. 法律不得无故限制或剥夺自由，基本原则是： (1) 伤害原则：伤害他人权利、利益的行为，需要法律进行禁止或限制。例如：法律禁止杀人放火。 (2) 道德主义原则（冒犯原则）：违背特定社会道德的行为，需要法律进行禁止或限制。例如：法律禁止公开焚烧国旗。 (3) 家长主义原则：伤害自身的行为，需要法律进行禁止或限制。例如：法律禁止驾驶机动车不系安全带。
人权	1. 人权是一种权利，是指"人因其为人"就应该享有的权利。 2. 人权是人凭自己是人而享有的权利，不依赖国家或者国家法。 3. 人权根本上是一种道德权利，在逻辑上先于法律权利，可以作为法的评价标准，必须尽可能被转化为法律权利。

正义	作为法的价值的正义主要涉及的是分配正义。分配正义涉及的对象是一个共同体或社会如何分配其成员作为共同体的一分子的基本权利与义务，它所遵循的准则有： 1. 平等原则或无差别原则：每一个人作为社会或共同体的成员享有相同的基本的社会权利与义务； 2. 差别原则：即按照每个社会成员自身的贡献进行分配； 3. 个人需求的原则：即使有的社会成员因先天的因素作出的贡献很小或没有作出贡献，但是他作为人应该得到维持其存在的物与东西，即满足他作为人的必然的客观的个人需求。

📑 背诵口诀

法律限制自由的三个原则：

"伤害"禁止害别人；

"家长"禁止害自己；

"冒犯"禁止犯公德。

📑 经典题目

我国《民法典》增设居住权。下列关于居住权的说法，哪一说法是错误的？（2020 年考生回忆版）

A. 居住权既是一项道德权利，又是一项法律权利

B. 从逻辑上看，居住权先于民法典而存在

C. 人民群众的基本需求已经全部纳入法律的调整范围

D. 增设居住权有助于保护弱势群体的利益

解析要点：

A、B 项：居住权属于人权，人权是一项法律权利，从根本上是一种道德权利，在逻辑上先于法律权利。人权是每个人作为人应享有或享有的权利，不依赖国家或者国家法。A、B 项正确。

C 项："已经全部纳入"措辞过于绝对，C 项错误。

D 项：居住权的设立，保障了部分社会弱势群体的基本生存权利，体现了民法的人文关怀精神，符合现代人权保障的要求，D 项正确。

综上所述，本题答案是 C 项。

【答案】C

二、法的价值冲突的解决原则

个案中的比例原则	在具体个案中，如某种价值的实现必须以其他价值损害为代价时，个案中的比例原则要求我们应当把被损害的价值降低到最小限度
价值位阶原则	不同位阶的价值发生冲突时，价值位阶原则要求我们优先保护高位阶价值，牺牲低位阶价值

📄 背诵口诀

个案比例原则：价值小冲突，尽量保留，损害最小。

价值位阶原则：价值大冲突，应当取舍，取一舍一。

📄 命题角度

法的价值冲突的解决原则常见命题角度：给考生一个案例，请考生判断该案例体现法的价值冲突的哪种解决原则。

📄 经典题目

临产孕妇黄某由于胎盘早剥被送往医院抢救，若不尽快进行剖宫产手术将危及母子生命。当时黄某处于昏迷状态，其家属不在身边，且联系不上。经医院院长批准，医生立即实施了剖宫产手术，挽救了母子生命。该医院的做法体现了法的价值冲突的哪一解决原则？（2015-01-09）

A. 价值位阶原则

B. 自由裁量原则

C. 比例原则

D. 功利主义原则

解析要点：

A、C项：本案中，医院面对母子的生命权和家属的知情权的冲突，为了母子的生命权，牺牲了家属的知情权，体现了价值位阶原则，A项正确，C项错误。

B、D项：自由裁量原则和功利主义原则不属于法的价值冲突的解决原则，是干扰项，B、D项错误。

综上所述，本题答案是A项。

【答案】A

第三节　法的要素 ★★★★★

应试导读

本节内容是法考中的五星级考点，非常重要，在客观题考试中，一般每套卷每年至少出1道题，分值至少1—2分。重难点提示："法律规则的分类""法律规则和法律原则的区别"是重中之重，考生应理解到位；"法律概念"是法考改革后大纲新增点，也是备考重难点，值得考生重点关注。

⚖ 知识点

法律由法律规范组成，包括法律规则和法律原则。

法律规则，是指以一定的逻辑结构形式具体规定人们的法律权利、法律义务以及相应的法律后果的一种法律规范。例如，《民法典》第 1047 条规定：结婚年龄，男不得早于 22 周岁，女不得早于 20 周岁。

法律原则，是指为法律规则提供某种基础或本源的综合性、指导性的价值准则或规范。例如，《民法典》第 7 条规定：民事主体从事民事活动，应当遵循诚信原则，秉持诚实，恪守承诺。

📑 **背诵口诀**

规则较具体，原则很抽象。

一、法律规则

（一）法律规则的逻辑结构（新三要素说）

假定条件	含义：法律规则中有关适用该规则的条件和情况的部分，即法律在什么时间、空间、对什么人适用以及在什么情景下对人的行为有约束力		
行为模式	含义：法律规则中规定人们如何具体行为之方式或范型的部分	权利模式	可为模式（可以）
		义务模式	应为模式：积极义务（应当）
			勿为模式：消极义务（禁止）
法律后果	含义：法律规则中规定人们在作出符合或不符合行为模式的要求时应承担相应的结果的部分	合法后果	许可、保护和鼓励
		违法后果	不予保护、制裁等

例如，《民法典》第 1049 条规定：要求结婚的男女双方（假定条件）应当亲自到婚姻登记机关申请结婚登记（行为模式）。符合本法规定的，予以登记，发给结婚证（法律后果）。

注意：法律规则的三要素在逻辑上虽然缺一不可，但在实践中可能被省略。

（二）法律规则与语言

语句	规范语句	直接使用道义助动词的语句。道义助动词："可以""必须""不得"等。例1：《民法典》第 1046 条：结婚应当男女双方完全自愿，禁止任何一方对另一方加以强迫，禁止任何组织或者个人加以干涉。第 1047 条：结婚年龄，男不得早于 22 周岁，女不得早于 20 周岁。（命令句）例2：《民法典》第 1109 条：外国人依法可以在中华人民共和国收养子女。（允许句）
	陈述句	没有使用道义助动词的语句。例如：《民法典》第 25 条：自然人以户籍登记或者其他有效身份登记记载的居所为住所；经常居所与住所不一致的，经常居所视为住所。

（三）法律规则的分类

根据内容规定	授权性规则：具体规定权利或权力的规则。（可为模式）
	义务性规则：具体设定义务的规则。 ——命令性规则：设定"积极义务"的规则。（应为模式） ——禁止性规则：设定"消极义务"的规则。（勿为模式）
根据内容的确定性程度	确定性规则：内容本身已经确定，无须援引其他法律规定或委托其他机关另行制定相应规则。
	委任性规则：需委托其他国家机关进行规定。例如：《计量法》第32条：中国人民解放军和国防科技工业系统计量工作的监督管理办法，由国务院、中央军事委员会依据本法另行制定。
	准用性规则：需援引其他法律规定。例如：《商业银行法》第17条：商业银行的组织形式、组织机构适用《中华人民共和国公司法》的规定。
根据对行为的限定程度和范围	强行性规则：内容有强制性，必须遵从，不得自由协商变更。
	任意性规则：内容有任意性，可自由选择，也可自由协商变更。

📑 **背诵口诀**

法律规则分类，三组三句话。

第一组：授权可为，命令应为，禁止勿为。

第二组：确定独立，委任他人，准用文件。

第三组：强行必须干，任意可商量。

📑 **命题角度**

法律规则的分类常见命题角度：给考生一个法条，请考生判断该法条体现哪种法律规则。

📑 **经典题目**

《治安管理处罚法》第115条规定："公安机关依法实施罚款处罚，应当依照有关法律、行政法规的规定，实行罚款决定与罚款收缴分离；收缴的罚款应当全部上缴国库。"关于该条文，下列哪一说法是正确的？（2016-01-08）

A. 表达的是禁止性规则

B. 表达的是强行性规则

C. 表达的是程序性原则

D. 表达了法律规则中的法律后果

解析要点：

A项：该条规定使用了道义助动词"应当"，因此应为命令性规则而非禁止性规则，A项错误。

B项：该条规定的内容公安机关必须遵守，不允许随意更改，属于强行性规则，B项正确。

C 项：该条规定内容明确具体，属于法律规则，不属于法律原则，C 项错误。

D 项：该条规定只表达了假定条件和行为模式，未表达法律后果，D 项错误。

综上所述，本题答案是 B 项。

【答案】B

二、法律原则

（一）法律原则的分类

产生基础不同	公理性原则：在国际范围内具有较大的普适性的原则
	政策性原则：具有国家特色（针对性、民族性、时代性）
适用范围不同	基本原则：整个法律体系或某一部门适用的
	具体原则：某一部门法中特定情形下适用的
涉及的内容和问题不同	实体性原则：例如宪法、民法、刑法、行政法中的原则
	程序性原则：如诉讼法中的辩护原则、无罪推定原则等

（二）法律规则和法律原则的区别

	法律规则	法律原则
性质	法律规则是一种"应该做"的规范，直接要求规范主体"做"或"实施"某行为或活动	法律原则是一种"应该是"的规范，法律规则是以法律原则为前提或基础的，是法律原则或理念和价值的具体化和详细化
内容	明确具体，削弱自由裁量权	笼统模糊，赋予自由裁量权
适用范围	适用范围窄	适用范围广
适用方式	主要以"全有或全无的方式"适用	不以"全有或全无的方式"适用

📌 **经典题目**

法谚说："一切规则皆有例外，例外明示原则。"对此，下列哪一说法是正确的？（2021 年考生回忆版）

A."规则有漏洞，原则无歧义"

B."规则乃原则之例外"

C."规则乃共通原则，原则系特别规则"

D."规则具化原则，原则证成规则"

解析要点：

A 项：法律规则的确难免有漏洞，但是，法律原则也可能因其笼统模糊的特点而产生歧义，"原则无歧义"说法过于绝对。A 项错误。

B 项：法律规则以法律原则为前提或基础，故规则是原则的具体化和详细化，而不是原则的例外，例如，"直系血亲或者三代以内的旁系血亲禁止结婚"这一规则体现了公序良俗原则。B 项错误。

C 项：法律原则为法律规则提供某种综合性、指导性的价值准则，因此，原则是共通规则。C 项错误。

D项：法律规则是法律原则的具体化和详细化，规则具化原则。同时，法律规则背后有法律原则作为理论依据，原则证成规则。例如，"因胁迫结婚的，受胁迫的一方可以向人民法院请求撤销婚姻"背后体现了意思自治原则。D项正确。

综上所述，本题答案是D项。

【答案】 D

（三）法律原则的适用条件

1. 穷尽法律规则，方得适用法律原则。
2. 除非为了实现个案正义，否则不能舍弃法律规则而直接适用法律原则。
3. 舍弃规则而适用原则时，应当进行充分论证，提供更强的理由。

▶ 案例延伸

里格斯诉帕尔默案

美国纽约上诉法院在1889年曾经审理过这样一个案件：帕尔默是其祖父所立遗嘱中指定的财产继承人，因恐其祖父撤销遗嘱并为了及早获得遗产，帕尔默将其祖父毒死。后来，帕尔默被其姑妈里格斯诉至法院。

面对这一案件，法官必须裁决帕尔默是否能够依据该项遗嘱继承其祖父的遗产。根据纽约州有关遗嘱的法律规则的规定，该遗嘱有效，帕尔默有权继承其祖父的遗产。但是，这样判决将明显带来不公正的结果，后来法官并没有依据有关遗嘱的法律规则裁决案件，而是依据普通法中的一项原则，即"任何人都不得从他的不当行为中获利"，作出裁决，帕尔默无权继承其祖父的财产。

泸州遗赠案

1994年黄某某与张某某相识，于1996年年底公开以夫妻名义租房同居。2001年2月，黄某某被确诊为肝癌晚期，在他住院治疗期间，张某某以妻子身份陪侍在黄某某的病床前。2001年4月，黄某某立下公证遗嘱，将其去世后的住房补贴、公积金和原住房售价的一半赠给张某某。黄某某去世后，由于其妻蒋某某拒绝执行该遗嘱，张某某诉至法院。最后，法院以原告与被告丈夫间的婚外情为由，认定被告丈夫将财产赠给原告的遗赠协议违背我国《民法通则》第7条关于"民事活动应当尊重社会公德"的法律原则（该原则在民法上被称为"善良风俗"原则），宣告该遗赠协议无效。

▶ 经典题目

全兆公司利用提供互联网接入服务的便利，在搜索引擎讯集公司网站的搜索结果页面上强行增加广告，被讯集公司诉至法院。法院认为，全兆公司的行为违反诚实信用原则和公认的商业道德，构成不正当竞争。关于该案，下列哪一说法是正确的？（2016－01－09）

A. 诚实信用原则一般不通过"法律语句"的语句形式表达出来

B. 与法律规则相比，法律原则能最大限度实现法的确定性和可预测性

C. 法律原则的着眼点不仅限于行为及条件的共性，而且关注它们的个别性和特殊性

D. 法律原则是以"全有或全无"的方式适用于个案当中

解析要点：

A项：法律规范必须通过"法律语句"来表达，法律规范包括法律规则和法律原则，诚实信用原则作为法律原则，必须通过"法律语句"的语句形式表达。A项错误。

B项：在内容上，法律规则明确具体，法律原则抽象模糊，因此法律规则更能实现法的确定性和可预测性。B项错误。

C项：法律原则的着眼点不仅限于行为及条件的共性，而且关注它们的个别性。在本案中，抽象模糊的诚实信用原则结合了具体个案，才体现出其意义。C项正确。

D项：法律原则不是以"全有或全无"的方式适用，同一个案中可以同时适用多个法律原则。D项错误。

综上所述，本题答案是C项。

【答案】C

总结

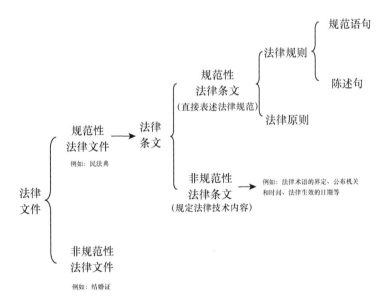

非规范性法律条文举例：

《刑法》第97条　【首要分子的范围】本法所称首要分子，是指在犯罪集团或者聚众犯罪中起组织、策划、指挥作用的犯罪分子。（法律术语的界定）

《刑法》第98条　【告诉才处理的含义】本法所称告诉才处理，是指被害人告诉才处理。如果被害人因受强制、威吓无法告诉的，人民检察院和被害人的近亲属也可以告诉。（法律术语的界定）

《刑法》第452条　【施行日期】本法自1997年10月1日起施行。（法律生效的日期）

三、法律概念

(一) 法律概念的含义

法律概念指任何具有法律意义的概念。

法律概念既包括法律和法学中所特有的具有专门法律意义的概念，如"法人""债权"等，也包括来自日常生活但具有法律意义的概念，如"故意""过失"等。

(二) 法律概念的分类

1. 根据概念的定义要素是否确定，划分如下。

确定性概念	语意构成清晰的概念。
不确定性概念	是语意构成不清晰的概念，语义构成的不清晰主要包括歧义、模糊和评价的开放性等。不确定性法律概念又可以被区分为描述性不确定性概念与规范性不确定性概念。

2. 根据概念的定义要素之间的关系的不同，划分如下。

分类概念	定义要素之中不存在可分级的要素的概念。特点：边界清晰，非此即彼。例如，人。
类型概念	定义要素之中含有可分级的要素的概念。特点：边界模糊，弹性较大。例如，暴力。

3. 根据概念的功能，划分如下。

描述性概念	描述事实的概念。具有真假之分。
评价性概念	包含对事实或事物的价值判断的概念。
论断性概念	基于对某个事实的确认来认定（论断）另一个事实的存在的概念。例如，民法上的宣告死亡。

📎 经典题目

关于法律概念，下列哪些认识是错误的？（2019年考生回忆版）

A. 法律规范是由法律概念构成的，法律概念相对于法律规范具有一定的独立性

B. 含有评价性概念的语句涉及适用者的主观价值判断，在法律实务中，描述性概念往往会被转化为评价性概念

C. 论断性概念是指基于对某个事实的确认来认定另一个事实的存在的概念，"宣告死亡"即属于论断性概念

D. 法律概念是指法律中所特有的概念，不包含来自日常生活中的概念

解析要点：

A项：法律概念相对于法律规范具有一定的独立性，例如，刑法中的"枪支""弹药""爆炸物"等法律概念具有一定独立性，不依赖于法律规范而存在。A项正确。

B项：在法律实务中，往往将评价性概念转化为描述性概念。例如，将盗窃罪的"数额较大"认定为"1 000元至3 000元以上"。B项错误。

C项：论断性概念是基于对某个事实的确认来认定（论断）另一个事实的存在的概念。例如，民法上的宣告死亡。C项正确。

D 项：法律概念既包含法律中所特有的概念，例如"既遂""未遂"，也包含来自日常生活中的概念，例如"侮辱""诽谤"。D 项错误。

综上所述，本题答案是 BD 项。

【答案】BD

四、权利和义务

（一）权利和义务的分类

1. 根据根本法与普通法律规定的不同，可以将权利义务划分如下。

基本权利义务	基本权利义务是宪法所规定的人们在国家政治生活、经济生活、文化生活和社会生活中的根本权利和义务。 例如，选举权和被选举权、财产权、受教育的权利和义务、依法纳税。
普通权利义务	普通权利义务是宪法以外的普通法律所规定的权利和义务。 例如，民法规定的用益物权、担保物权。

2. 根据相对应的主体范围可以将权利义务划分如下。

绝对权利义务	绝对权利和义务，又称"对世权利"和"对世义务"，是对应不特定的法律主体的权利和义务，绝对权利对应不特定的义务人，绝对义务对应不特定的权利人。
相对权利义务	相对权利和义务又称"对人权利"和"对人义务"，是对应特定的法律主体的权利和义务，相对权利对应特定的义务人，相对义务对应特定的权利人。

3. 根据权利义务主体的性质，可以将权利义务划分如下。

个人权利义务	个人权利义务是指公民个人（自然人）在法律上所享有的权利和应履行的义务。
集体权利义务	集体（法人）权利义务是国家机关、社会团体、企事业组织等的权利和义务。
国家权利义务	国家权利义务是国家作为法律关系主体在国际法和国内法上所享有的权利和承担的义务。

（二）权利和义务的相互联系

结构上	两者是紧密联系、不可分割的。没有无义务的权利，也没有无权利的义务。
数量上	两者的总量是相等的。
产生和发展上	两者经历了一个从浑然一体到分裂对立再到相对一致的过程。 1. 原始社会：由于还不存在法律制度，权利和义务的界限也不很明确，两者实际上是混为一体的。 2. 阶级社会：随着阶级社会、国家的出现和法律的产生，权利和义务发生分离。在剥削阶级法律制度中，两者甚至在数量分配上也出现不平衡：统治者集团只享受权利，而几乎把一切义务强加于被统治者。 3. 社会主义社会：社会主义法律制度的建立，实行"权利和义务相一致"的原则，使两者之间的关系发展到了一个新的阶段。

价值上	1. 在等级社会，如奴隶社会和封建社会，法律制度往往强调以<u>义务为本位</u>，权利处于次要的地位。 2. 在民主法制社会，法律制度往往强调以<u>权利为本位</u>，较为重视对个人权利的保护，因此权利是第一性的，义务是第二性的，义务设定的目的是保障权利的实现。

经典题目

王甲经法定程序将名字改为与知名作家相同的"王乙"，并在其创作的小说上署名"王乙"以增加销量。作家王乙将王甲诉至法院。法院认为，公民虽享有姓名权，但被告署名的方式误导了读者，侵害了原告的合法权益，违背诚实信用原则。关于该案，下列哪一选项是正确的？（2017-01-10）

A. 姓名权属于应然权利，而非法定权利

B. 诚实信用原则可以填补规则漏洞

C. 姓名权是相对权

D. 若法院判决王甲承担赔偿责任，则体现了确定法与道德界限的"冒犯原则"

解析要点：

A项：姓名权属于应然权利，同时《民法典》也明确规定了姓名权，因此，姓名权也属于法定权利。A项错误。

B项：诚实信用原则是法律原则，本案中，法院通过诚实信用原则填补民法规则的漏洞，维护了原告和读者的合法权益。B项正确。

C项：姓名权是绝对权而不是相对权，姓名权的义务人不确定，同时，无须通过义务人实施一定行为即可实现。C项错误。

D项：法院判决王甲承担赔偿责任，体现了"伤害原则"，因为王甲的行为侵害了知名作家王乙的合法权利，故应当受到限制。D项错误。

综上所述，本题答案是B项。

【答案】B

第四节　法的渊源　★★★★★

 应试导读

本节内容是法考的五星级重点，非常重要，在客观题考试中，一般每套卷每年至少出1道题，分值至少1—2分。同时，本节内容还很有可能和宪法监督等考点结合命题，总体分值在3—4分。重难点提示：本节中，"当代中国的正式法律渊源的制定主体"是重中之重，必须精准记忆。

知识点

法的渊源是能够作为法律决定的大前提的规范准则来源的那些资料。

正式渊源具有明文规定的法律效力，并且可以直接作为法律人的法律决定的大前提。

非正式渊源不具有明文规定的法律效力，但具有法律说服力并能够构成法律决定的大前提。

注意：正式渊源和非正式渊源的重要区别是能不能直接作为法律决定的大前提。

一、当代中国的正式法律渊源

行政区划：

省级：省、自治区、直辖市。

市级：设区的市、自治州。

县级：县、不设区的市、市辖区、自治县。

乡级：乡、镇、民族乡。

种类	制定机关	说明
宪法	第一届全国人大第一次全体会议	1. 宪法是根本大法，具有最高法律效力。 2. 宪法的制宪主体是人民，制宪机关是第一届全国人大第一次全体会议。
法律	全国人大 全国人大常委会	基本法律由全国人大制定，全国人大闭会时，可由全国人大常委会部分补充和修改（不能与该法律基本原则相抵触）。例如：刑法、刑事诉讼法。 其他法律由全国人大常委会制定。例如：文物保护法、商标法等。 公布方式：国家主席发布主席令。签署公布后，应及时刊登在：A. 全国人大常委会公报（标准文本）；B. 中国人大网；C. 全国范围内发行的报纸。
行政法规	国务院	名称：条例、规定、办法。 公布方式：总理签署国务院令。签署公布后，应及时刊登在：A. 国务院公报（标准文本）；B. 中国政府法制信息网；C. 全国范围内发行的报纸。
地方性法规	省、自治区、直辖市的人大及其常委会	名称：条例、规则、规定、办法。 公布方式：省级人大主席团发布公告。
	设区的市或自治州的人大及其常委会	内容仅限于城市建设与管理、环境保护、历史文化保护等。 报省级人大常委会批准后生效。
自治条例单行条例	民族自治地方（自治区、自治州、自治县）的人大	自治条例：综合性法规。 单行条例：有关某一方面事务的规范性文件。 自治区的自治条例和单行条例，报全国人大常委会批准后生效。 自治州、自治县的自治条例和单行条例，报省级人大常委会批准后生效。 【背诵口诀】 事先审查三批准，区级条例全人常。 州县条例省人常，市州法规省人常。

续表

种类	制定机关	说明
部门规章	国务院各部门	国务院各部委根据法律和国务院制定的行政法规、决定、命令制定、发布的规章。
地方政府规章	省、自治区、直辖市和设区的市，自治州人民政府	省级、地级市的政府根据法律、行政法规和本省级的地方性法规制定、发布的规章。
国际条约国际惯例	国际条约是指我国作为国际法主体同外国缔结的双边、多边协议和其他具有条约、协定性质的文件。条约生效后，对缔约国的国家机关、团体和公民具有法律上的约束力。	
	国际惯例是指以国际法院等各种国际裁决机构的判例所体现或确认的国际法规则和国际交往中形成的共同遵守的不成文的习惯。	
其他	1. 中央军事委员会制定的军事法规和军内有关方面制定的军事规章； 2. 国家监察委员会根据宪法和法律制定的监察法规； 3. "一国两制"条件下特别行政区的各种法律； 4. 经全国人大授权，由经济特区所在的省、市的人大和常委会制定的经济特区法规。	

二、正式法律渊源的效力原则

（一）效力等级

宪法		
法律、国际公约		
行政法规		
部门规章	省级地方性法规	
	省级政府规章	市级地方性法规
	市级政府规章	

📌 **背诵提示**

1. 效力等级不用死记硬背，应当首先把制定机关背下来。一般而言，制定机关地位越高，其制定的规范性法律文件效力也就越高。例如，某省人大制定的地方性法规，效力高于该省政府制定的政府规章。

2. 特殊记忆：行政法规的效力等级高于地方性法规。

（二）冲突解决原则

不同位阶之间渊源冲突		上位法优于下位法原则
同一位阶之间渊源冲突	同一制定主体	1. 新法优于旧法 2. 特别法优于一般法 3. 新的一般法与旧的特别法冲突，制定机关裁决
	不同制定主体	1. 规章之间不一致——国务院裁决 2. 根据授权制定的法规与法律不一致——全国人大常委会裁决 3. 地方性法规与部门规章不一致——国务院提意见 情况一：国务院认为适用地方性法规，决定用地方性法规 情况二：国务院认为适用部门规章，提请全国人大常委会裁决

三、当代中国的非正式法律渊源

非正式渊源	习惯	社会习惯
	判例	指导性案例（作为非正式渊源的指导性案例只能由最高人民法院颁布）
	政策	国家政策、党的政策

📄 **经典题目**

某区质监局以甲公司未依《食品安全法》取得许可从事食品生产为由，对其处以行政处罚。甲公司认为，依特别法优先于一般法原则，应适用国务院《工业产品生产许可证管理条例》（以下简称《条例》）而非《食品安全法》，遂提起行政诉讼。对此，下列哪些说法是正确的？（2017-01-56）

A.《条例》不是《食品安全法》的特别法，甲公司说法不成立

B.《食品安全法》中规定食品生产经营许可的法律规范属于公法

C. 若《条例》与《食品安全法》抵触，法院有权直接撤销

D.《条例》与《食品安全法》都属于当代中国法的正式渊源中的"法律"

解析要点：

A项：《条例》属于行政法规，《食品安全法》是法律，《条例》无法成为《食品安全法》的特别法。A项正确。

B项：《食品安全法》中规定食品生产经营许可的法律规范，调整的是行政机关与私主体之间的不平等关系，属于公法。B项正确。

C项：法院没有权力直接撤销与法律抵触的行政法规。C项错误。

D项：《条例》是行政法规，《食品安全法》是法律，当代中国法的正式渊源中的"法律"是指狭义的法律。D项错误。

综上所述，本题答案是AB项。

【答案】AB

第五节　法的效力 ★★

应试导读

本节内容是法考的二星级知识点，重要性一般，在客观题考试中，一般每三到五年出1道题，分值1—2分。重难点提示：本节中，"法的对人效力"和"法的溯及力"需要考生相对重点关注。

知识点

法的效力，即法的约束力，指人们应当按照法律规定的行为模式来行为、必须服从的法律力。

效力范围	对人效力	属地主义：法律适用于该国管辖区域内的所有人，不论是否本国公民，都受法律约束和保护；本国公民不在本国，则不受本国法律约束和保护。
		属人主义：法律只适用于本国公民，不论其身在国内还是在国外；非本国公民即便身在该国领域内也不适用。
		保护主义：以维护本国利益作为是否适用本国法律的依据。任何侵害本国利益的人，不论其国籍和地域，都要受本国法律追究。
		以属地主义为主，属人主义、保护主义相结合，这是近代以来多数国家采用的原则，我国也是如此。
	空间效力	法律适用于一国主权所及的全部领域，包括领土、领水及其底土和领空，以及作为领土延伸意义的领土，如驻外使领馆、该国的境外飞行器和船舶。
	时间效力	生效：（1）自法律公布之日起生效；（2）法律规定生效时间；（3）法律公布后符合一定条件生效。
		废止： （1）明示废止。例如：《民法典》第 1260 条：本法自 2021 年 1 月 1 日起施行。《中华人民共和国婚姻法》、《中华人民共和国继承法》、《中华人民共和国民法通则》、《中华人民共和国收养法》、《中华人民共和国担保法》、《中华人民共和国合同法》、《中华人民共和国物权法》、《中华人民共和国侵权责任法》、《中华人民共和国民法总则》同时废止。 （2）默示废止（因适用新法而使旧法事上被废止）。
		溯及力： 含义：法对生效前的事件和行为是否适用。若适用，则有溯及力。 原则：现代国家，一般均坚持不溯及既往原则。 例外：有利追溯，承认法的溯及力。例如刑法"从旧兼从轻"。

经典题目

《中华人民共和国刑法》第 8 条规定："外国人在中华人民共和国领域外对中华人民共和国国家或者公民犯罪，而按本法规定的最低刑为三年以上有期徒刑的，可以适用本法，但是按照犯罪地的法律不受处罚的除外。"关于该条文，下列哪些判断是正确的？（2012-01-52）

A. 规定的是法的溯及力

B. 规定的是法对人的效力

C. 体现的是保护主义原则

D. 体现的是属人主义原则

解析要点：

A 项：溯及力是指法对生效前的事件和行为是否适用，本条不涉及溯及力问题。A 项错误。

B项：法对人的效力，指法律对谁有效力，适用于哪些人。本条规定了刑法对外国人的适用，体现了法对人的效力。B项正确。

C项：本条针对的是"外国人在中华人民共和国领域外对中华人民共和国国家或者公民犯罪"，是为了保护我国国家和公民的利益，只要侵害了我国利益，即便是外国人，或者身在国外，也适用我国法律，属于对人效力中的保护主义。C项正确。

D项：属人主义是指法律只适用于本国公民，本条规定了刑法对外国人的适用，不体现属人主义。D项错误。

综上所述，本题答案是BC项。

【答案】BC

第六节　法律部门与法律体系 ★

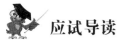 **应试导读**

本节内容是法考的一星级知识点，重要性一般，在客观题考试中，一般每套卷每五到十年出1道题，分值1—2分。

 知识点

一、法律部门

(一) 法律部门的含义

法律部门，又称部门法，是根据一定标准和原则对一国现行的全部法律规范进行划分所形成的同类法律规范的总称。

(二) 法律部门的划分标准

主要标准	按照法律所调整的社会关系的性质和种类的不同来划分法律部门，是划分法律部门的主要标准。例如，调整平等主体之间的人身关系和财产关系的法律规范被划入民法部门。
辅助标准	法律调整方法是划分法律部门的辅助标准。例如，将凡属于用刑罚作为制裁手段的法律规范划为刑法部门。

(三) 公法、私法和社会法

1. 公法与私法是大陆法系国家的一项基本分类，最早由古罗马法学家乌尔比安提出。现在公认的公法部门包括宪法和行政法等，私法包括民法和商法等。

2. 随着社会的发展，又形成了一种新的法律即社会法，如社会保障法。社会法是介于公法和私法之间的法。

二、法律体系

法律体系的含义	法律体系，又称部门法体系，是指一国的<u>全部现行法律规范</u>，按照一定的标准和原则，划分为不同的法律部门而形成的内部和谐一致、有机联系的整体。
当代中国法律体系	当代中国的法律体系主要由七个法律部门构成：宪法及宪法相关法，行政法，民商法，经济法，社会法，刑法，诉讼与非诉讼程序法。

第七节　法律关系 ★★★★★

 **应试导读**

　　本节内容是法考的五星级重点，非常重要，在客观题考试中，一般每套卷每年至少出1道题，分值至少1—2分。重难点提示：本节中，"法律关系的分类""法律关系的产生、变更和消灭"是重中之重，考生应通过听课和做题保证理解到位，同时牢记关键点。

 知识点

　　法律关系，是在法律规范调整社会关系过程中形成的人们之间的权利义务关系。
　　法律关系的性质和特征如下：
　　1. 法律关系是根据法律规范建立的一种社会关系，具有合法性；
　　2. 法律关系是一种特种社会关系，体现国家意志性；
　　3. 法律关系是特定法律主体之间的权利和义务关系。

一、法律关系的种类

标准	结果	特点	示例
根据法律关系产生的依据、执行的职能和实现规范的内容不同	调整性法律关系	基于<u>合法行为</u>产生，执行法的调整职能，无须适用法律制裁	民事法律关系（如买卖合同、婚姻）
	保护性法律关系	基于<u>违法行为</u>产生，执行法的保护职能，旨在恢复被破坏的社会关系，需要适用法律制裁	刑事法律关系
根据法律主体的地位是否平等	平权性法律关系（横向法律关系）	<u>主体地位平等</u> 权利义务具有一定程度的任意性	民事法律关系
	隶属性法律关系（纵向法律关系）	<u>主体地位不平等</u> 权利义务具有强制性（不能随意转让与放弃）	行政管理关系 行政处罚关系

续表

标准	结果	特点	示例
根据法律主体多少及其权义是否一致	单向法律关系	一方仅享有权利，另一方仅履行义务	不附条件的赠与关系
	双向法律关系	存在两个密不可分的单向权利义务关系	买卖法律关系
	多向法律关系	三个或三个以上相关法律关系的复合体	行政法中的人事调动关系
根据相关法律关系的地位和作用	第一性法律关系（主法律关系）	能够独立存在，居于支配地位	借贷法律关系 实体法律关系 调整性法律关系
	第二性法律关系（从法律关系）	不能独立存在，居于从属地位	担保法律关系 程序法律关系 保护性法律关系

二、法律关系的主体、内容和客体

主体	1. 法律关系的主体是法律关系的参加者，大体上归属于两方：一方是权利的享有者，称为权利人；另一方是义务的承担者，称为义务人； 2. 在我国，法律关系的主体包括公民（自然人）、机构和组织（法人）、国家。
内容	法律关系的内容，就是法律关系主体之间的法律权利和法律义务。
客体	1. 法律关系的客体是指法律关系主体权利和义务指向的对象； 2. 法律关系的客体归纳起来，有以下几类：物、人身、精神产品、行为结果。

三、法律关系的产生、变更和消灭

法律关系产生、变更和消灭的条件：1. 法律规范的变化；2. 法律事实的变化。

法律规范是法律关系产成、变更和消灭的法律依据。

法律事实是法律规范所规定的，能够引起法律关系产生、变更和消灭的客观情况或现象。根据是否以人们的意志为转移，可以分为两类：

法律事件	不以当事人的意志为转移	自然事件：自然灾害、生老病死等
		社会事件：社会革命、战争等
法律行为	以当事人的意志为转移	合法行为：符合法律规定的行为
		违法行为：违反法律规定的行为

📑 背诵口诀

事件"天"注定，行为"人"打拼。

📑 命题角度

法律关系常见命题角度：

1. 给考生一个案例，请考生判断案例中的法律关系是哪种法律关系；
2. 给考生一个案例，请考生判断案例中的法律事实是法律事件还是法律行为。

经典题目

王某恋爱期间承担了男友刘某的开销计 20 万元。后刘某提出分手，王某要求刘某返还开销费用。经过协商，刘某自愿将该费用转为借款并出具了借条，不久刘某反悔，以不存在真实有效借款关系为由拒绝还款，王某诉至法院。法院认为，"刘某出具该借条系本人自愿，且并未违反法律强制性规定"，遂判决刘某还款。对此，下列哪些说法是正确的？(2014-01-53)

A. "刘某出具该借条系本人自愿，且并未违反法律强制性规定"是对案件事实的认定
B. 出具借条是导致王某与刘某产生借款合同法律关系的法律事实之一
C. 因王某起诉产生的民事诉讼法律关系是第二性法律关系
D. 本案的裁判是以法律事件的发生为根据作出的

解析要点：

A 项："刘某出具该借条系本人自愿，且并未违反法律强制性规定"属于对案件事实的认定，是法律推理小前提。A 项正确。

B 项："出具借条"是引起借款合同法律关系产生的一个重要事实，当然，引起借款合同法律关系产生，还需要其他法律事实，例如"刘某自愿将该费用转为借款"，因此，出具借条是导致王某与刘某产生借款合同法律关系的法律事实之一。B 项正确。

C 项：民事诉讼法律关系是程序性法律关系，因此相对于实体性法律关系，属于第二性法律关系。C 项正确。

D 项：本案中法院判决刘某还款的理由是"刘某出具该借条系本人自愿，且并未违反法律强制性规定"。可见，刘某自愿出具借条，由自身意志支配，所以属于法律行为而非法律事件。D 项错误。

综上所述，本题答案是 ABC 项。

【答案】ABC

第八节　法律责任 ★★★

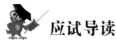 **应试导读**

本节内容是法考的三星考点，比较重要，在客观题考试中，一般每套卷每两到三年出 1 道题，分值 1—2 分。重难点提示：本节中，"法律责任的竞合"相对重要，考生可以结合刑法"法条竞合""想象竞合"等考点加深理解。

知识点

一、法律责任的概念

含义	法律责任，是指行为人由于违法行为、违约行为或法律规定而应承受的某种不利的法律后果。
引起原因	法律责任是由三种原因所引起：1. 违法行为；2. 违约行为；3. 法律特别规定。 注意：前两种原因引起的法律责任被称为过错责任，后一种原因引起的法律责任被称为无过错责任。
特征	1. 法律责任是由法律规定的，具有法定性； 2. 法律责任的追究最终是由国家强制力保证的，具有国家强制性。

二、法律责任的竞合

法律责任的竞合，是指一个法律主体的同一个法律行为导致了两种或两种以上的法律责任的产生，并且这些法律责任之间是冲突的。

法律责任竞合可能是同一部门法之中的不同法律责任的竞合，比如民法上的违约责任和侵权责任的竞合；也可能是不同部门法之中的不同法律责任的竞合，比如民事责任与行政责任的竞合，民事责任和刑事责任的竞合，甚至三者的竞合。

📄 **背诵口诀**

法律责任的竞合：一个行为，多种责任，互相冲突，选择其一。

三、归责与免责

归责	含义	法律责任的归结，即特定国家机关根据法定职权与程序对行为人应该承担的法律责任进行判断与认定。
	原则	责任法定：责任的性质、范围、方式等预先由法律规定； 责任公正：人人平等、定性公正、定量公正； 效益原则：在追究责任时，应当进行成本收益分析； 责任自负：谁违法谁负责，反对株连或变相株连。
免责	含义	由于出现法律上规定的条件或法律允许的条件，责任人所应承担的法律责任被部分或全部免除。
	条件	1. 时效免责；2. 不诉免责；3. 自愿协议免责；4. 不可抗力、正当防卫、紧急避险免责；5. 自首立功免责；6. 人道主义免责；等等。

📄 **经典题目**

李某向王某借款 200 万元，由赵某担保。后李某因涉嫌非法吸收公众存款罪被立案。王某将李某和赵某诉至法院，要求偿还借款。赵某认为，若李某罪名成立，则借款合同因违反法律的强制性规定而无效，赵某无须承担担保责任。法院认为，借款合同并不因李某

犯罪而无效，判决李某和赵某承担还款和担保责任。关于该案，下列哪些说法是正确的？（2016-01-59）

    A. 若李某罪名成立，则出现民事责任和刑事责任的竞合

    B. 李某与王某间的借款合同法律关系属于调整性法律关系

    C. 王某的起诉是引起民事诉讼法律关系产生的唯一法律事实

    D. 王某可以免除李某的部分民事责任

解析要点：

A项：本题中，若李某的罪名成立，则其借款这一行为，既构成刑法上的非法吸收公众存款罪，又构成民法中的借款合同的违约。但是，这两个法律责任并不互相冲突，可以同时追究，因此不是民事责任和刑事责任的竞合。A项错误。

B项：调整性法律关系是基于人们的合法行为而产生，保护性法律关系是由于违法行为而产生，本题中，法院认为借款合同有效，因此李某与王某间的借款合同法律关系属于调整性法律关系。B项正确。

C项：本案中，王某的起诉只是引起民事诉讼法律关系产生的法律事实之一，民事诉讼法律关系产生还需要法院受理。C项错误。

D项：民事责任可以基于权利人的放弃而部分或者全部免除。D项正确。

综上所述，本题答案是BD项。

【答案】BD

第二章
法的运行

第一节 立法 ★★

 **应试导读**

  本节内容是法考的两星级知识点，重要性一般，在客观题考试中，一般每套卷每三到五年出1道题，分值1—2分。重难点提示：本节中，"立法的定义""立法原则"重在理解，"立法程序"中的程序细节需要记忆，考生可以通过口诀和做题辅助记忆。

 知识点

一、立法的定义

广义的 立法概念	泛指一切有权的国家机关依法制定、认可、修改和废止不同效力等级的法律、法规、规章的活动，它既包括国家最高权力机关及其常设机关制定宪法和法律的活动，也包括有权的地方权力机关制定地方性法规的活动，还包括国务院、国务院各部委等机构和有权的地方行政机关制定行政法规和规章的活动
狭义的 立法概念	仅指享有国家立法权的国家机关的立法活动，即国家的最高权力机关及其常设机关依法制定、修改和废止宪法和法律的活动

二、立法原则

科学立法 原则	尊重社会客观实际情况，揭示立法内在规律；健全立法机关主导、社会各方有序参与立法的途径和方式

民主立法原则	立法体现广大人民的意志和要求；通过法律规定保障人民参与立法活动；坚持立法公开，坚持群众路线	
依法立法原则	一切立法活动都必须以宪法为依据，遵循宪法原则，符合宪法精神，立法活动要有法律根据	

三、立法程序

步骤	全国人大	全国人大常委会
提案	有权向全国人大提案的主体：全国人大主席团、一个代表团、全国人大常委会、全国人大各专门委员会、国务院、中央军事委员会、最高人民法院、最高人民检察院、国家监察委员会或者三十名以上的代表联名。 【总结】 "两团""两委""两高""两央""一监""三十名代表"。 【背诵口诀】 三十名代表，"团""委""监""高""央"。	有权向全国人大常委会提案的主体：全国人大常委会委员长会议、国务院、中央军事委员会、最高人民法院、最高人民检察院、国家监察委员会、全国人大各专门委员会、常委会组成人员十人以上联名。 【总结】 "两委""两高""两央""十名常委"。 【背诵口诀】 十名常委，"监""高""央""委"。
审议	全体会议上，提案机关作说明； 各代表团和有关专门委员会提出审议意见； 宪法和法律委员会进行统一审议，提出审议结果报告和法律草案修改稿； 法律草案修改稿经各代表团审议，由宪法和法律委员会修改，然后提出法律草案表决稿，由主席团提请大会全体会议表决。	一般应当经过三次常委会会议审议后再交付表决，除非该议案各方意见比较一致，两次审议即可；或者该议案是部分修改的法律案，各方意见比较一致，也可一次审议即付表决。
表决通过	宪法修正案：由全国人大代表的2/3以上多数通过； 法律案：由主席团提请大会全体会议表决，由全体代表的过半数通过。	法律案：由委员长会议提请常委会全体会议表决，由常委会全体组成人员的过半数通过。
公布	国家主席根据全国人大及其常委会的决定，公布法律； 公布刊物：《全国人大常委会公报》（标准文本）、中国人大网，以及在全国范围内发行的报纸。	

第二节　法的实施 ★

应试导读

　　本节内容是法考的一星级知识点，重要性一般，在客观题考试中，一般每套卷每五到十年出 1 道题，分值 1—2 分。

知识点

法的实施，亦称法律的实施或法律的施行，是指法律在社会现实生活中具体运用的过程。

法律实施包括执法、司法、守法和法律监督四个环节。

执法	广义的执法，或法的执行，是指所有国家行政机关、司法机关及其公职人员依照法定职权和程序实施法律的活动； 狭义的执法，专指国家行政机关及其公职人员依法行使管理职权、履行职责、实施法律的活动。
司法	司法，又称法的适用，通常指国家司法机关根据法定职权和法定程序，具体应用法律处理案件的专门活动。 注意：在我国，司法机关是指人民法院和人民检察院。
守法	守法，指公民、社会组织和国家机关以法律为自己的行为准则，依照法律行使权利、履行义务的活动。 消极的守法：履行义务。 积极的守法：行使权利。
法律监督	狭义的法律监督，是指特定的国家机关，依照法定权限和法定程序对于各种法律活动的合法性进行的检查、监察、督促和指导，以及由此形成的法律制度。 广义的法律监督，是指所有国家机关、各政党、各社会组织、舆论媒体和公民对于各种法律活动的合法性进行的监督。 国家法律监督体系，具体包括国家权力机关、行政机关、监察机关和司法机关的法律监督。 社会法律监督体系，具体包括各政党、各社会组织和公民依照宪法和有关法律，对各种法律活动的合法性进行的监督，具体分为中国共产党的监督、人民政协的监督、各民主党派的监督、人民团体和社会组织的监督、公民的监督、舆论媒体的监督等。

经典题目

王某向市环保局提出信息公开申请，但未在法定期限内获得答复，遂诉至法院，法院判决环保局败诉。关于该案，下列哪些说法是正确的？（2016-01-60）

A. 王某申请信息公开属于守法行为

B. 判决环保局败诉体现了法的强制作用

C. 王某起诉环保局的行为属于社会监督

D. 王某的诉权属于绝对权利

解析要点：

A 项：守法包括履行义务和行使权利。本题中，王某申请信息公开是行使权利的表现。A 项正确。

B 项：法院判决环保局败诉，意味着环保局是违法者，必须承担法律责任，体现了强制作用。注意：法院判决环保局败诉也体现了评价作用。B 项正确。

C 项：王某的行为属于公民监督，属于社会法律监督体系。C 项正确。

D 项：绝对权利又称为"对世权利"，对应不特定的义务人。相对权利又称为"对人权利"，对应特定的义务人。本题中，王某的诉权是相对权，对应特定的义务人，即环保局。D 项错误。

综上所述，本题答案是 ABC 项。

【答案】ABC

第三节　法律适用 ★★★★

 **应试导读**

本节内容是法考的四星级重点，比较重要，在客观题考试中，一般每套卷每一到两年出 1 道题，分值 1—2 分。同时，本节内容也可能和其他章节内容结合命题。重难点提示：(1) 通过本节学习，考生应重点掌握"大前提和小前提的区别""内部证成和外部证成的区别"；(2)"法的发现与法的证成"是法考改革后大纲新增内容，同样值得考生重点关注。

 知识点

一、法律适用的目标

法律人适用法律的最直接的目标就是要获得一个合理的法律决定，在法治社会，合理的法律决定就是指法律决定具有可预测性和正当性。

含义	可预测性建立在法律规定基础上，尽可能地避免武断和恣意，这是形式法治的要求，旨在实现法律的确定性、安定性； 正当性建立在实质价值和道德考量的基础上，这是实质法治的要求，旨在实现法律的正当性、合目的性。
关系	法律决定的可预测性和正当性存在一定的紧张关系：实现了可预测性，未必实现了正当性；实现了正当性，未必实现了可预测性。 因此，从整体法治来看，必然要求作法律决定的人努力在二者之间寻找最佳的协调；对特定时间段内的特定国家的法律人来说，可预测性具有初始的优先性。

📑 **经典题目**

沈某通过遗嘱继承了爷爷遗产房子的所有权，然后起诉至法院，要求继祖母李某搬离房子。法院认为，此住房是李某唯一住房，且李某年事已高，无其他生活来源，如让其搬离会违背社会公序良俗。虽然此房屋并未登记设立居住权，但根据《民法典》规定居住权立法目的，应当承认李某的居住权利。故判决沈某败诉。关于该案，下列哪些说法是正确的？（2021年考生回忆版）

A. 法院的判决体现了法律分配正义的个人需求原则
B. 为了证成李某的权利，法院做了目的论扩张
C. 沈某的所有权是普通权利，李某的居住权是基本权利
D. 法院考量公序良俗原则，是为了确保判决的合目的性

解析要点：

A项：法律分配正义的个人需求原则是指，人之为人应该得到维持其存在的物与东西，法律应该满足他作为人的必然的客观的个人需求。本案中，法院满足了年事已高且无经济来源的李某的居住需求，体现了法律分配正义的个人需求原则。A项正确。

B项：目的论扩张是填补明显漏洞的方法，明显漏洞是指关于某个法律问题，法律依其规范目的或立法计划，应积极地加以规定却未规定。本案中，居住权已有法律明文规定，因此不存在明显漏洞，法院做目的论扩张自然也无从谈起。B项错误。

C项：基本权利是宪法所规定的人们在国家政治生活、经济生活、文化生活和社会生活中的根本权利，普通权利是宪法以外的普通法律所规定的权利，居住权规定于《民法典》，也属于普通权利。C项错误。

D项：判决的正当性和合目的性均是实质法治的要求，法院考量了公序良俗原则，保障了本案中的老年人居有定所，安度晚年，从而确保了判决的合目的性，维护了实质法治，保证了判决结果符合社会道德，维护了公平正义。D项正确。

综上所述，本题答案是AD项。

【答案】AD

二、法律适用的步骤

确定案件事实（小前提）＋确定法律规范（大前提）→推导法律决定（结论）。
注意：实际上，三个步骤不是独立且严格区分的单个行为，它们可以相互转换。

三、法律证成

证成，就是给一个决定提供充足理由的活动或过程。

外部证成	外部证成，是指对法律决定所依赖的前提的证成。
内部证成	内部证成，是指法律决定必须按一定推理规则，从前提中逻辑地推导出来。

📄 **背诵口诀**

法律规范大前提；
案件事实小前提；
外部证成证前提（大小前提是否真实存在）；
内部证成证结论（大小前提是否能够推导出结论）。

📄 命题角度

法律证成常见命题角度：

1. 给考生一个法律决定，请考生区别大前提与小前提；

2. 给考生一个法律决定，请考生区别外部证成与内部证成。

📄 经典题目

关于法的适用，下列哪一说法是正确的？（2015-01-15）

A. 在法治社会，获得具有可预测性的法律决定是法的适用的唯一目标

B. 法律人查明和确认案件事实的过程是一个与规范认定无关的过程

C. 法的适用过程是一个为法律决定提供充足理由的法律证成过程

D. 法的适用过程仅仅是运用演绎推理的过程

解析要点：

A项：法律人适用法律的直接目标是获得一个合理的法律决定，合理的法律决定需要同时具有可预测性（形式法治的要求）和正当性（实质法治的要求）。A项错误。

B项：法律人查明和确认案件事实的过程不是一个纯粹的事实归结过程，而是一个在法律规范与事实之间的循环过程，即目光在规范与事实之间来回穿梭。B项错误。

C项：法律适用的过程，无论是寻找大前提还是确定小前提，都是用来向法律决定提供支持程度不同的理由；所谓"证成"，便是给一个决定提供充足理由的活动或过程。C项正确。

D项：法的适用过程可以采用演绎推理、类比推理、归纳推理和设证推理等多种推理形式。D项错误。

综上所述，本题答案是C项。

【答案】 C

四、法的发现与法的证成

定义	法的发现：法律人的心理因素与社会因素引发或引诱他针对特定案件作出某个具体决定或判断的事实行为过程。
	法的证成：法律人对其所作的决定和判断提供尽可能充足的理由支持，保证其决定或判断理性、正当、正确的推理或论证过程。
联系	法的发现和法的证成不是两个先后各自独立发生的过程，而是同一个过程的不同层面。
区别	法的发现：结论先于理由。 法的证成：理由先于结论。
启示	基于法律决定的合理性要求，相比法的发现，法的证成具有优先性。 理由一：影响法的发现的心理因素与社会因素不公开； 理由二：影响法的发现的心理因素与社会因素不具有普遍必然性。

第四节 法律解释 ★★★★★

 应试导读

本节内容是法考的五星级重点,非常重要,在客观题考试中,一般每套卷每年出1道题,分值1—2分。同时,本节内容也可能和其他章节内容结合命题。重难点提示:(1)通过本节学习,考生应重点掌握"法律解释的方法"以及"正式解释与非正式解释的区分";(2)"法律解释方法的适用模式"是法考改革后大纲新增点,考生也应特别关注。

 知识点

一、法律解释的方法

法律解释方法	文义解释	又称语法解释、文法解释、文理解释、语义学解释,是指按照表达法律的语言文字的日常意义或者技术意义来解释说明法律的含义。注意:平义解释、扩张解释和限缩解释都属于文义解释。
	体系解释	也称逻辑解释、系统解释,是指将被解释的法律条文放在整部法律乃至整个法律体系中,联系此法条与其他法条的相互关系来解释法律。
	历史解释	依据正在讨论的法律问题的历史事实对某个法律规定进行解释。
	比较解释	根据外国的立法或判例学说对某个法律规定进行解释。
	主观目的解释	又称立法者目的解释,是指根据参与立法的人的意志或立法的资料揭示某个法律规定的含义。
	客观目的解释	根据法的客观目的,而不是根据过去或目前事实上存在着的任何个人的目的,对某个法律规定进行解释,往往借助社会伦理道德。

二、法律解释方法的适用模式与位阶

法律人针对特定案件事实对某个法律文本或法的渊源进行解释时,既可能只适用一种法律解释方法,也可能同时适用两种以上的法律解释方法。

法律解释方法有三种适用模式:单一模式、累积模式与冲突模式。

单一模式	所谓单一模式,是指法律人针对特定案件事实对特定法律文本或法的渊源进行解释时,只适用一种法律解释方法。一般来说,这个模式中的那个单一的法律解释方法就是语义学法律解释方法。 法律人运用单一模式的条件:那个单一的解释方法是证成对某个法律文本或法的渊源的解释结果的充分理由,从而证成法律决定并使人们能够在理性上接受该法律决定。 例如,刑法第140条生产、销售伪劣产品罪规定的"以次充好",是指以低等级、低档次产品冒充高等级、高档次产品,或以残次、废旧零配件组合、拼装后冒充正品或者新产品的行为。

累积模式	所谓累积模式，是指法律人针对特定案件事实同时适用两种以上的法律解释方法对特定法律文本或法的渊源进行解释，而且在最终意义上得到了相同的解释结果。 这个模式不是不同的法律解释方法偶然地遭遇或碰在一起，而是它们相互独立地证成了相同法律解释结果，它们各自的证成力累积在一起而形成了一个整体的证成力。
冲突模式	所谓冲突模式，是指法律人针对特定案件事实同时适用两种以上的法律解释方法对特定法律文本或法的渊源进行解释，而得到至少两个相互对立、冲突的解释结果，而且这些解释结果证成了不同法律决定。 冲突模式的运用：冲突模式运用的关键和根本之处不在于法官或法律适用者运用不同的相互独立的法律解释方法证成不同的法律解释结果，而在于证成哪一个法律解释结果具有优先性，即解决冲突问题。这就必然涉及法律解释方法的位阶问题。
位阶	文义解释→体系解释→主观目的解释→历史解释→比较解释→客观目的解释。 注意：这个位阶关系不是固定的，若存在更强理由，优先性关系可以推翻。

📑 **背诵口诀**

单一模式"一锤定音式"——一种方法，一个结论；

累积模式"殊途同归式"——两种方法，一个结论；

冲突模式"大相径庭式"——两种方法，两个结论。

三、当代中国的法律解释体制

正式解释（法定解释、有权解释），是指有法律解释权的国家机关、官员作出的有法律约束力的解释。

非正式解释，是指没有法律解释权的机关、团体、组织或个人对法律作出的不具有法律约束力的解释，包括学理解释和任意解释。

种类	主体	对象	说明
立法解释	全国人大常委会	宪法和法律（狭义）	立法解释与法律的效力相同； 有权提出法律解释要求的主体包括：国务院、中央军事委员会、最高法、最高检、全国人大各专门委员会和各省级人大常委会（"两央""两高""两委"）。
司法解释	最高人民法院 最高人民检察院	法律适用过程中具体法律应用问题	包括：审判解释、检察解释、联合解释； 虽然不是严格意义上的"立法"，但是具有普遍的法律约束力。 注意：指导性案例不属于司法解释。
行政解释	国务院及其主管的部门	有关法律法规	针对不属于审判和检察工作中的具体法律应用问题，以及自身制定的法规。
地方国家机关的解释	地方人大常委会和政府	地方性法规	针对地方性法规条文本身需要进一步明确界限或作补充规定的，由制定的地方人大常委会解释； 属于地方性法规如何具体应用问题，由同级人民政府解释。

命题角度

常见命题角度：给考生一个案例，请考生判断案例中运用的解释是哪种解释。

经典题目

李某在某餐馆就餐时，被邻桌互殴的陌生人误伤。李某认为，依据《消费者权益保护法》第7条第1款中"消费者在购买、使用商品和接受服务时享有人身、财产安全不受损害的权利"的规定，餐馆应负赔偿责任，据此起诉。法官结合该法第7条第2款中"消费者有权要求经营者提供的商品和服务，符合保障人身、财产安全的要求"的规定来解释第7条第1款，认为餐馆对商品和服务之外的因素导致伤害不应承担责任，遂判决李某败诉。对此，下列哪一说法是不正确的？（2013-01-13）

A. 李某的解释为非正式解释

B. 李某运用的是文义解释方法

C. 法官运用的是体系解释方法

D. 就不同解释方法之间的优先性而言，存在固定的位阶关系

解析要点：

A项：非正式解释，是指没有法律解释权的机关、团体、组织或个人对法律作出的不具有法律约束力的解释，包括学理解释和任意解释。本案中，李某属于普通公民，所作解释为任意解释。A项正确。

B项：文义解释是指按照表达法律的语言文字的日常意义或者技术意义来解释说明法律的含义。本案中，李某解释的是相关条款的表面文义。B项正确。

C项：体系解释是指将被解释的条文放在整部法律当中乃至整个法律体系当中，联系此条文和其他法条的相互关系来解释法律。本案中，法官结合了其他条款来解释系争条款，因此运用了体系解释方法。C项正确。

D项：在各种法律解释方法之间，位阶关系不是固定的，若存在更强理由，优先性关系可以推翻。D项错误。

综上所述，本题答案是D项。

【答案】D

第五节　法律推理 ★★★★★

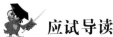 **应试导读**

本节内容是法考的五星级重点，非常重要，在客观题考试中，一般每套卷每年出1道题，分值1—2分。同时，本节内容也可能和其他章节内容结合命题。重难点提示：通过本节学习，考生应重点掌握六种常见推理方法之间的区别。

知识点

法律推理，就是指法律人在从一定的前提推导出法律决定的过程中所必须遵循的推论规则。

演绎推理	演绎推理是从一般到个别的推论。 演绎推理经典形式：三段论（大前提—小前提—结论）。 演绎推理是一种必然性推理，所谓"必然"，意味着只要前提为真（正确），则结论一定为真（正确）。 例1：所有的人都会死，苏格拉底是人，所以苏格拉底会死。 例2：饮酒后驾驶机动车的，处暂扣6个月机动车驾驶证，并处1 000元以上2 000元以下罚款。甲饮酒后驾驶机动车。甲应处暂扣6个月机动车驾驶证，并处1 000元以上2 000元以下罚款。（法律规范大前提，案件事实小前提，大小前提得结论）
归纳推理	归纳推理是从个别到一般的推论。 例：从"一只乌鸦是黑的""两只乌鸦是黑的""三只乌鸦是黑的"……推导出"所有乌鸦都是黑的"。 归纳推理的分类：包括完全归纳推理（必然性推理）与不完全归纳推理（或然性推理）。 归纳推理的推理规则：被考察对象数量要尽可能多，范围尽可能广，差异尽可能大。
类比推理	类比推理是从个别到个别的推论，又称"相似性论证"，它在本质上是一种比较，一般形式为：A（类）事物具有a、b、c、d等属性，B（类）事物具有a、b、c属性，因此B（类）事物也具有d属性。 例1：地球上有水、大气层和适当的温度，且存在生物。火星上也有水、大气层和适当的温度。因此，火星上也存在生物。 例2：某法院在审理一起合同纠纷案时，参照最高法院发布的第15号指导性案例所确定的"法人人格混同"标准作出了判决。法官在该案中运用了类比推理。（2017-01-11）
反向推理	反向推理又称"反面推论"，从"一件事是什么"推出"不同的事不是什么"，"明示其一即否定其余"。反向推理是或然性推理，主要运用于高度重视法律安定性或确定性价值的法律规范。 例：法律明文规定为犯罪行为的，依照法律定罪处刑；法律没有明文规定为犯罪行为的，不得定罪处刑。
当然推理	当然推理包括两种形式：举轻以明重；举重以明轻。 注意：考虑到罪刑法定原则，不能从刑法将某种行为规定为犯罪，推导出在性质上比它更严重的行为也是犯罪。
设证推理	设证推理又称"推定"，是指从某个结论或事实出发，依据某个假定的法则推导出某个前提或曾发生的事实的推论。（由果推因） 例：在宋代话本小说《错斩崔宁》中，刘贵之妾陈二姐因轻信刘贵欲将她休弃的戏言连夜回娘家，路遇年轻后生崔宁并与之结伴同行。当夜盗贼自刘贵家盗走15贯钱并杀死刘贵，邻居追赶盗贼遇到陈、崔二人，因见崔宁刚好携带15贯钱，遂将二人作为凶手捉拿送官。邻居就是运用设证推理方法断定崔宁为凶手。 设证推理是一种效力很弱、很不确定的推理，要求推理者尽可能地去增强其可信度。

背诵口诀

> 演绎一般到个别，归纳个别到一般，类比个别到个别。
> 反向明一否其余，当然轻重要对比，设证由果倒推因。

命题角度

常见命题角度：给出一个案例，请考生判断案例运用的推理方式是哪种推理方式。

经典题目

新郎经过紧张筹备准备迎娶新娘。婚礼当天迎亲车队到达时，新娘却已飞往国外，由其家人转告将另嫁他人，离婚手续随后办理。此事对新郎造成严重伤害。法院认为，新娘违背诚实信用和公序良俗原则，侮辱了新郎人格尊严，判决新娘赔偿新郎财产损失和精神抚慰金。关于本案，下列哪些说法可以成立？（2014-01-52）

A. 由于缺乏可供适用的法律规则，法官可依民法基本原则裁判案件

B. 本案法官运用了演绎推理

C. 确认案件事实是法官进行推理的前提条件

D. 只有依据法律原则裁判的情形，法官才需提供裁判理由

解析要点：

A项：在司法实践中，法律原则的主要作用在于填补法律规则的空白和克服其僵硬性，因此，当缺乏可供适用的法律规则时，法官可依民法基本原则裁判案件。A项正确。

B项：本案中，法院以诚实信用和公序良俗原则为大前提，以案件事实为小前提，进行了演绎推理。B项正确。

C项：法律人应当确定案件事实作为小前提，寻求法律规范作为大前提，基于两个前提得出法律结论。C项正确。

D项：法律人适用法律解决具体纠纷的过程是一个说理的过程，无论是适用规则还是适用原则都必须提供裁判理由。D项错误。

综上所述，本题答案是ABC项。

【答案】ABC

第六节　法律漏洞的填补 ★★★★

 **应试导读**

本节内容是法考的四星级重点，比较重要，在客观题考试中，一般每套卷每一到两年出1道题，分值1—2分。同时，本节内容也是法考改革后法理学大纲新增点，值得考生重点关注。重难点提示：考生学习本节时，应重点掌握"法律漏洞的分类"。

知识点

法律漏洞，是指违反立法计划的不圆满性，即某事项本应由法律规定但法律却未做规定。法律漏洞不是法外空间，法外空间不属于法律调整的范围。

一、法律漏洞的分类

根据是否完全没有规定	全部漏洞	对于某个需要被规范的问题，法律完全没有规定，则为全部漏洞，也叫立法空白
	部分漏洞	某个需要被规范的问题，虽已为法律所规范，但并不完全，则为部分漏洞
根据表现形态	明显漏洞	关于某个法律问题，法律应积极地加以规定却未设规定（"该有规定未规定"）
	隐藏漏洞	关于某个法律问题，法律虽已有规定，但应设有例外却未设例外（"该有例外无例外"）
根据漏洞产生时间	自始漏洞	在法律制定时即已存在的漏洞，又分为明知漏洞和不明知漏洞（"当初就有"）
	嗣后漏洞	法律制定和实施后，因社会客观形势的变化发展而产生了新问题，但未被立法者所预见以致没有被纳入法律的调控范围（"后来才有"）

二、法律漏洞的填补方法

1. 目的论扩张

目的论扩张	目的论扩张，指法律规范的文义未能涵盖某类案件，但依其规范目的应当包含该类案件，因而扩张该规范的适用范围。 目的论扩张是法律文义的范围窄于法律规范目的范围，也即"词不达意"的情形，扩张词的含义以满足规范的目的。
目的论扩张和扩张解释	目的论扩张和扩张解释不同： （1）扩张解释属于文义解释的一种情形，因条文的文义不足以表达立法意旨，而扩张条文中的词语意义，但该扩张并未超出规范文义的范围。 （2）目的论扩张所适用之案件，已经超越了规范文义所涵盖的范围，因为该案件满足规范目的而适用该规范。

2. 目的论限缩

目的论限缩	目的论限缩，指法律规范的文义涵盖了某类案件，但依据规范目的，不应涵盖该类案件，因而限缩规范的适用范围，将该类案件排除在外。 目的论限缩是规范文义所指的范围宽于规范目的所指的范围，也即"言过其实"。基本原理是不同案件应作不同处理，排除掉不同类案件在同一规范的适用。
目的论限缩与限制解释	目的论限缩与限制解释的区别： （1）限缩解释则是该规范已经适用于案件，但文义过于宽泛，从而限缩该规范的文义，以便正确适用。 （2）目的论限缩增添了新的限制性规范，限缩解释则压缩了规范的文义范围。

📄 经典题目

下列关于法律漏洞的说法，哪些是正确的？（2019年考生回忆版）

A. 法律漏洞是法律没有规定的问题，但法律没有规定的问题未必是法律漏洞

B. "法内空间"和"法外空间"之间的界限并非总是确定的，因此法律漏洞无法填补

C. 立法者出于法政策上的考虑，在立法时有意不作规定而形成的法律漏洞是明显漏洞

D. 目的论扩张要解决的是立法"词不达意""言不尽意"的问题

解析要点：

A项：法律漏洞是法律没有规定的问题，但法律没有规定的问题未必是法律漏洞，也可能是法外空间。A项正确。

B项：法内空间和法外空间的界限并非总是确定的，但是法律漏洞可以通过目的论扩张或者目的论限缩等方式进行弥补。B项错误。

C项：立法者在立法时有意不作规定而形成的法律漏洞是明知漏洞。明显漏洞是"该有规定未规定"的漏洞。C项错误。

D项：目的论扩张指法律规范的文义未能涵盖某类案件，但依其规范目的应当包含该类案件，因而扩张该规范的适用范围，解决立法"词不达意"的情形。D项正确。

综上所述，本题答案是AD项。

【答案】 AD

第三章

法的演进

第一节　法的起源与历史类型 ★

应试导读

　　本节内容是法考的一星级知识点，重要性一般，在客观题考试中，一般每套卷每五到十年出1道题，分值1—2分。同时，本节以及本章其他节内容相对简单，考生应认真掌握，稳拿相应分数。

知识点

一、法的产生

　　马克思主义法学认为，法不是从来就有的，也不是永恒存在的，它是人类历史发展到奴隶社会阶段才出现的社会现象。总结世界不同民族和地区法产生的历史，可以归纳出如下一般规律：

调整机制上	法的产生经历了从个别调整到一般规范性调整，再到法的调整的发展过程
形式上	法的产生经历了由习惯到习惯法，再到制定法的发展过程
内容上	法的产生经历了法与宗教规范、道德规范的浑然一体到不断分化、相对独立的发展过程

二、法的历史类型

　　以阶级意志和经济基础为标准进行分类：奴隶制法—封建制法—资本主义法—社会主义法。
　　前三类是建立在生产资料私有制基础上的剥削阶级类型的法，社会主义法建立在生产资料公有制基础上，反映广大劳动人民意志，因此是更高历史类型的法。

经典题目

有学者这样解释法的产生：最初的纠纷解决方式可能是双方找到一位共同信赖的长者，向他讲述事情的原委并由他作出裁决；但是当纠纷多到需要占用一百位长者的全部时间时，一种制度化的纠纷解决机制就成为必要了，这就是最初的法律。对此，下列哪一说法是正确的？（2017-01-13）

A. 反映了社会调整从个别调整到规范性调整的规律

B. 说明法律始终是社会调整的首要工具

C. 看到了经济因素和政治因素在法产生过程中的作用

D. 强调了法律与其他社会规范的区别

解析要点：

A项：学者的解释说明社会纠纷由个别存在演变成普遍存在，而制度化纠纷解决机制出现，可以将一个制度应用到同一类型的多个纠纷之中，不针对具体的人和事，可以被反复适用，反映了社会调整从个别调整到规范性调整的规律。A项正确。

B项：法律并非始终是社会调整的首要工具，例如在法律产生之前，人们依靠道德、宗教、习惯等进行社会调整。B项错误。

C项：题干中没有体现经济因素和政治因素在法产生过程中的作用。C项错误。

D项：题干中没有体现法律和其他社会规范的区别。D项错误。

综上所述，本题答案是A项。

【答案】A

第二节　法的继承与法的移植 ★★

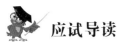

应试导读

本节内容是法考的二星级知识点，重要性一般，在客观题考试中，一般每套卷每三到五年出1道题，分值1—2分。重难点提示：通过本节学习，考生应重点掌握"法的继承和法的移植的区别"。

知识点

法的继承	含义	不同历史时代的法律制度之间的延续和继受，一般表现为旧法对新法的影响和新法对旧法的继受。
	理由	社会生活条件的历史延续性； 法的相对独立性； 法作为人类文明成果决定了法的继承的必要性。

法的移植	含义	在鉴别、认同、调适、整合的基础上，引进、吸收、采纳、摄取、同化外国法，使之成为本国法律体系的有机组成部分。
	理由	社会和法的发展的不平衡性； 经济全球化； 推动法的现代化发展，各个国家相互借鉴，形成更优良的法律制度。
	注意事项	要选择优秀的、适合本国国情和需要的法律进行移植； 要注意国外法与本国法之间的同构性和兼容性； 注意法律体系的系统性； 要有适当的超前性。

注意：法律移植的范围，除了外国的法律外还包括国际法和国际惯例。

 **背诵口诀**

继承和移植的区别：不同时代是继承，同一时代是移植。

第三节　法系 ★

 应试导读

本节内容是法考的一星级知识点，重要性一般，在客观题考试中，一般每套卷每五到十年出 1 道题，分值 1—2 分。重难点提示：通过本节学习，考生应重点掌握"大陆法系和海洋法系"的不同特点。

知识点

根据历史传统和外部特征的不同对法进行的分类，是比较法上的概念。人类历史上的法系有中华法系、印度法系、伊斯兰法系、大陆法系和英美法系等。当今世界最有影响的是大陆法系和英美法系。

法系	大陆法系（民法法系）	英美法系（普通法系）
正式渊源	制定法	制定法和判例法
思维方式	演绎型思维	归纳式思维，注重类比推理
法律分类	公法、私法	普通法、衡平法
诉讼程序	纠问制	对抗制
法典编纂	法典	不倾向法典，但近代以来制定法的数量也在增加

第四节　法的现代化 ★★

 应试导读

　　本节内容是法考的二星级知识点，重要性一般，在客观题考试中，一般每套卷每三到五年出1道题，分值1—2分。重难点提示：通过本节学习，考生应重点掌握"内发型现代化和外源型现代化的区别"。

 知识点

一、法的现代化的标志

内涵	法与道德的相互分离。法成为实证化的法律，道德成为理性的道德。 法成为形式法。法的合法性来源于法自身，依赖于确立和证成它的形式程序，而不是伦理或者神学因素。 法对现代价值的体现和保护。不断彰显社会的基本价值准则，如人人平等、政治民主化、保障人的权利与自由。 法具有形式合理性。即可理解性、精确性、一致性、普遍性、公开性，一般来说是成文的，以及不具有溯及既往的效力，等等。
类型	内发型法的现代化：特定社会力量产生的法的创新，自发的、缓慢的、自下而上、渐进变革的过程。
	外源型法的现代化：外部环境影响下，社会受外力冲击，引起思想、政治、经济领域的变革，最终导致法律领域的变革与转型。 特点： 1. 被动性：外部因素压力（外来干涉、殖民统治、经济依附关系）； 2. 依附性：带有明显的工具色彩，服务于政治、经济变革； 3. 反复性：由于不是通过社会自身力量演变的自然结果，与本土文化存在尖锐矛盾，现代化的过程经常出现反复。

二、当代中国法的现代化

起点	以收回领事裁判权为契机的清末修律，开启了中国法的现代化之门。
特点	由被动接受到主动选择； 由模仿大陆法系到建立中国特色社会主义法律制度； 法的现代化的启动形式是立法主导型； 法律制度变革在前，法律观念更新在后。

命题角度

法的现代化常见命题角度：考查内发型现代化和外源型现代化的各方面区别。

经典题目

关于法的现代化，下列哪一说法是正确的？（2017-01-14）

A. 内发型法的现代化具有依附性，带有明显的工具色彩

B. 外源型法的现代化是在西方文明的特定历史背景中孕育、发展起来的

C. 外源型法的现代化具有被动性，外来因素是最初的推动力

D. 中国法的现代化的启动形式是司法主导型

解析要点：

A项：外源型法的现代化是外部环境影响下的现代化，具有依附性和明显的工具色彩。A项错误。

B项：内发型法的现代化是在西方文明的特定历史背景中孕育、发展起来的。B项错误。

C项：外源型法的现代化具有被动性，即在法的外源型现代化中，现代化最初是迫于某种外来压力而进行的。C项正确。

D项：中国法的现代化属于立法主导型，清末修律活动开启了中国法的现代化之门。D项错误。

综上所述，本题答案是C项。

【答案】C

第五节　法治理论 ★

 应试导读

本节内容是法考的一星级知识点，重要性一般，在客观题考试中，一般每套卷每五到十年出1道题，分值1—2分。重难点提示：学习本节，考生应重在理解，同时明确"法治和法制的区别"。

 知识点

一、法制与法治

"法制"基本可以和广义上的"法律"通用，指一国法律和制度的总称。

"法治"是指以民主为基础，以法律为最高权威，尊重和保障人权的现代政治文明；是"良法善治"。

注意：有国家一定有法制，但未必有法治。

二、现代法治的内涵

1. 法律在社会生活中具有<u>最高权威</u>。任何人都要在宪法和法律范围内活动。
2. <u>良法之治</u>。良法必须是以民众的福祉为目的，必须与社会公认的价值保持一致。
3. <u>人权应得到尊重和保障</u>，确保所有人平等地享有法律规定的各项自由。
4. <u>国家权力必须依法行使</u>，法无规定即禁止。

第四章

法与社会

第一节　法与经济 ★★

应试导读

本节内容是法考的二星级知识点，重要性一般，在客观题考试中，一般每套卷每三到五年出1道题，分值1—2分。同时，本节以及本章其他节内容相对简单，考生应认真掌握，稳拿相应分数。重难点提示：通过本节学习，考生应重点掌握"法与科学技术"关系。

知识点

一、法与经济

经济基础对法有<u>决定</u>作用。
法对经济基础有<u>反作用</u>。

二、法与科学技术

科技进步对法的影响	立法：扩大了法律调整的社会关系的范围；提高了立法的质量和水平；新技术的出现也导致了伦理困境和法律评价上的困难。 司法：司法过程中事实认定和法律适用环节越来越深刻地受到了现代科学技术的影响。例1：电子证据出现挑战既有的证据法则和事实认定的基础；例2：人工智能和大数据技术发展改变了法官的思维方式，减轻了法官的工作负担，提高了同案同判的可能性。

法对科技进步的作用	1. 运用法律管理科技活动，推动科技的进步。 2. 通过法律促进科技成果商品化。例 1：通过立法规范知识产权制度；例 2：通过立法构建公平有序的竞争规则。 3. 法律对科技可能导致的问题进行必要的限制，以防止产生不利的社会后果。例如，《刑法》第 336 条之一【非法植入基因编辑、克隆胚胎罪】：将基因编辑、克隆的人类胚胎植入人体或者动物体内，或者将基因编辑、克隆的动物胚胎植入人体内，情节严重的，处 3 年以下有期徒刑或者拘役，并处罚金；情节特别严重的，处 3 年以上 7 年以下有期徒刑，并处罚金。

📄 经典题目

无人驾驶汽车是人工智能在汽车行业的具体应用。随着人工智能的不断发展，无人驾驶汽车热度持续升温，无人驾驶汽车上路行驶是否合法、出现事故如何担责、如何进行规范等问题引发公众热议。对此，下列哪一说法是正确的？（2018 年考生回忆版）

A. 我国道路交通安全法对无人驾驶汽车上路行驶尚无规定，体现了法律的局限性

B. 科技发展应尽量避免法律干预，从而为科技营造宽松的发展环境，促进科技进步

C. 科技发展如果引发了问题，只能通过法律手段解决

D. 只有当科技发展造成了实际危害后果时，才能动用法律手段进行干预

解析要点：

A 项：法律受其他社会规范、社会条件和环境制约，因此，立法具有一定的滞后性，这是法律局限性的体现。A 项正确。

B 项：政府应当运用法律管理科技活动，推动科技的进步，而非避免干预。B 项错误。

C 项：科技发展如果引发了问题，法律手段只是解决问题的手段之一，也可以运用道德、政策手段解决问题。C 项错误。

D 项：法律不仅能解决实际问题，还能预防问题，防止产生不利的社会后果。D 项错误。

综上所述，本题答案是 A 项。

【答案】A

第二节　法与政治 ★

 应试导读

本节内容是法考的一星级知识点，重要性一般，在客观题考试中，一般每套卷每五到十年出 1 道题，分值 1—2 分。重难点提示：通过本节学习，考生应重点掌握"法与政策"的区别。

知识点

一、一般关系

法与政治都属于上层建筑，都受制于和反作用于一定的经济基础。二者相互作用，相辅相成，政治直接影响、约束法，法确认和调整政治关系，影响政治的发展。

二、法与政策

联系	1. 党的政策对法的指导作用； 2. 社会主义法对党的政策有制约作用。	
区别		法	执政党政策
	意志属性	国家意志	全党意志
	规范形式	规范性法律文件或者其他渊源形式	决议、宣言、决定、声明等
	实施方式	国家强制力保障	宣传和纪律
	调整范围	交涉性和可诉性的社会关系	范围广于法律，要求高于法律
	稳定性、程序化	稳定性更高、程序更严格	灵活性

三、法与国家

1. 法与国家权力相互依存、相互支撑。

2. 法与国家权力存在紧张、冲突关系：国家权力天然具有扩张性，总想凌驾于法之上；法律对国家权力进行约束和限制。

注意：近现代法治的实质和精义在于控权，强调权力形式和实质的合法性。

📑 **经典题目**

我国于2015年公布了全面实施一对夫妇可生育两个孩子的政策，《人口与计划生育法》随即作出修改。对此，下列哪些说法是正确的？（2016-01-51）

A. 在我国，政策与法律具有共同的指导思想和社会目标

B. 立法在实践中总是滞后的，只能"亡羊补牢"而无法适度超越和引领社会发展

C. 越强调法治，越要提高立法质量，通过立法解决改革发展中的问题

D. 修改《人口与计划生育法》有助于缓解人口老龄化对我国社会发展的压力

解析要点：

A项：在我国，政党政策与法律在赖以建立的经济基础、指导思想、基本精神和历史使命等方面，都是相同的，二者应当是一致的，A项正确。

B、C项：虽然立法具有一定的滞后性，但是，建设中国特色社会主义法治体系，必须坚持立法先行，发挥立法的引领和推动作用，B项错误，C项正确。

D项：修改《人口与计划生育法》，实施全面两孩政策，可以通过进一步释放生育潜力，减缓人口老龄化压力，增加劳动力供给，促进人口均衡发展，D项正确。

综上所述，本题答案是ACD项。

【答案】ACD

第三节　法与道德 ★★★★

 **应试导读**

　　本节内容是法考的四星级重点，比较重要，在客观题考试中，一般每套卷每一到两年出 1 道题直接考查，分值 1—2 分。同时，本节内容有可能和法的概念、习近平法治思想等知识点结合命题。重难点提示：通过本节学习，考生应重在理解，在理解的基础上掌握法与道德的联系和区别。

 知识点

一、法与道德的联系

	法	道德
概念联系	非实证主义法学：法与道德在概念上存在必然联系 实证主义法学：法与道德在概念上不存在必然联系	
内容联系	几乎所有学者都认为，法与道德在内容上相互渗透 古代：法与道德内容重合程度极高 近现代：法律是最低限度的道德	
功能联系	法律与道德在功能上相辅相成，共同调整社会关系 古代法学家强调道德在社会调控中的首要地位 近现代法学家强调法律在社会中的首要地位	

二、法与道德的区别

	法	道德
产生方式	形式上是国家机关按照法定程序主动制定或认可的，是立法者自觉建构的产物	是在社会生产生活中自然演进生成的，是自发和非建构的产物
表现形式	通常表现为规范性文件	通常存在于人的内心和社会舆论
调整范围	关注和规范外在行为，不问动机	调整外在行为，关注内在动机
内容结构	规则为主	原则为主
实施方式	国家强制力保证实施	主要依靠人的内心信念和社会舆论等方式加以强制实施

经典题目

《摩奴法典》是古印度的法典,《法典》第五卷第一百五十八条规定:"妇女要终生耐心、忍让、热心善业、贞操,淡泊如学生,遵守关于妇女从一而终的卓越规定。"第一百六十四条规定:"不忠于丈夫的妇女生前遭诟辱,死后投生在豺狼腹内,或为象皮病和肺痨所苦。"第八卷第四百一十七条规定:"婆罗门贫困时,可完全问心无愧地将其奴隶首陀罗的财产据为己有,而国王不应加以处罚。"第十一卷第八十一条规定:"坚持苦行,纯洁如学生,凝神静思,凡十二年,可以偿赎杀害一个婆罗门的罪恶。"结合材料,判断下列哪一说法是错误的?(2009-01-08)

A. 《摩奴法典》的规定表明,人类早期的法律和道德、宗教等其他规范是浑然一体的

B. 《摩奴法典》规定苦修可以免于处罚,说明《法典》缺乏强制性

C. 《摩奴法典》公开维护人和人之间的不平等

D. 《摩奴法典》带有浓厚的神秘色彩,与现代法律精神不相符合

解析要点:

A项:《摩奴法典》是典型的奴隶制法,奴隶社会处于人类社会的早期,此时,法与宗教、道德等社会规范是浑然一体的,A项正确。

B项:《摩奴法典》作为法律,具有强制性,受到奴隶制国家强制力的保障,B项错误。

C项:作为奴隶制法,《摩奴法典》严格保护奴隶主的所有制,例如"婆罗门贫困时,可完全问心无愧地将其奴隶首陀罗的财产据为己有"等规定都是公开反映和维护贵族的等级特权,C项正确。

D项:"不忠于丈夫的妇女……死后投生在豺狼腹内"等规定带有浓厚的神秘色彩,与现代法律精神不相符合,D项正确。

综上所述,本题答案是B项。

【答案】B

02／第二编

宪　法

概述

宪法考情与备考要点

一、考试分值

法考改革后，司法部官方不公布真题以及答案，根据考生回忆：

首先，在客观题考试中，宪法每年每套卷大约考查 15 分左右。

其次，在主观题考试中，法考时代的主观题均直接针对中国特色社会主义法治理论（2018－2020 年）以及习近平法治思想（2021 年）命题，不直接考查宪法。

二、命题特点

宪法命题，既有重者恒重、新修必考、热点常考等法考科目共性命题特点，还有如下个性特点：

（一）命题较直接，很少绕弯子

宪法命题较为直接，经常考查法条原文或者官方辅导用书原文。以 2020 年一道考生回忆版题目为例：

根据《宪法》关于公民的基本权利与义务，下列说法正确的是：（2020 年考生回忆版）

A. 公安机关和检察机关可以基于国家安全或追查刑事犯罪的需要，对公民的通信进行检查

B. 国家依照法律规定实行企业事业组织的职工和国家机关工作人员的退休制度

C. 中华人民共和国公民在年老、疾病或者丧失行为能力的情况下有从国家和社会获得物质帮助的权利

D. 国家保护华侨的正当的权利和利益，保护归侨和侨眷的合法的权利和利益

分析：本题四个选项，分别依据《宪法》第 40 条、第 44 条、第 45 条和第 50 条原文设计，以上四条在官方辅导用书也能找到原文。答案为 ABD，三个正确选择均为法条原文，错误选项是 C 项，命题人对法条原文做了词语替换，正确表述应将 C 项中"行为能力"改为"劳动能力"。

（二）注重考细节，背准即得分

宪法命题经常考查法条或官方辅导用书中的细节词句，试举两例：

例 1：所有规范性文件都应纳入全国人大常委会备案审查范围。（2021 年考生回忆版某选项）

分析：例 1 表述错误。正确表述是：所有规范性文件都应纳入备案审查范围。命题人设计这个选项时，故意增加了"全国人大常委会"这个主体。事实上，全国人大常委会只接受行政法规、监察法规、地方性法规、自治州和自治县的自治条例和单行条例以及司法解释的备案，不接受规章等规范性文件备案。如果考生记忆不准，可能选错。

例 2：村民委员会成员两次被评议不称职的，其职务终止。（2020 年考生回忆版某选项）

分析：例 2 表述错误。正确表述是：村民委员会成员连续两次被评议不称职的，其职务终止。命题人设计这个选项时，故意遗漏了"连续"这个信息。如果考生记忆不准或者读题粗心，可能选错。

宪法命题人会使用上述命题方式每年出多道题目，考生应该重视细节，精准记忆。

三、备考建议

学习目标：对宪法考点重点记忆＋精准记忆。

具体做法：

（一）结合本书以及配套课程，明确重点

通过看书以及听课，一方面，考生可以对考点达成初步理解，先理解，再记忆；另一方面，明确哪些是重点，通过实时勾划，划出重点，标注关键字词，以便在后期复习时，能够迅速定位重点，针对性背诵。

（二）配套做题

宪法真题至少做两遍。第一遍做题是配合听课做题，学习一节知识点，配套做一节题目，考生不要在意做题正确率，做题的目的是调动思考，增进理解。第二遍做题在宪法课程完整听完之后，做题的目的是发现薄弱点，针对性强化。

（三）考前背诵

考生要把本书宪法部分强调的重点，在考前多背几遍，尽量做到精准记忆。

第一章
宪法基本理论

第一节　宪法的概念 ★★★★

 **应试导读**

　　本节内容是法考的四星级重点，比较重要，在客观题考试中，一般每套卷每一到两年出 1 道题，分值 1—2 分。同时，本节内容也是整个宪法学科的基础，考生应当认真对待。重难点提示：本节中，"宪法的分类"相对重要，考生应学会区分"成文宪法和不成文宪法""刚性宪法和柔性宪法"等。

 知识点

一、宪法的基本特征

国家根本法	内容上，规定国家最根本、最核心的问题	宪法规定国家最根本、最核心的问题，诸如国家性质、国家政权组织形式、国家结构形式等
		其他法律规定国家生活中具体领域的问题
	效力上，具有最高法律效力	宪法是普通法律的制定依据，普通法律是宪法的具体化
		任何普通法律、法规不得与宪法规范、原则和精神相违背
		宪法是一切国家机关、社会团体和全体公民的最高行为准则
	制定与修改程序上，比其他法律更严格	制定和修改宪法的机关往往是特别成立的机关。例如，1787 年美国宪法由 55 名代表组成的制宪会议制定
		通过或批准宪法或其修正案的程序更加严格。例如，我国宪法规定，宪法的修改，由全国人民代表大会常务委员会或者五分之一以上的全国人民代表大会代表提议，并由全国人民代表大会以全体代表的三分之二以上的多数通过
		【背诵口诀】
		"常委""五一"提修宪，三分之二才通过

| 公民权利保障书 | 在内容上，分为对国家权力的限制和对公民权利的保障两个部分，其中核心是保障公民权利 |
| 民主事实法律化 | 宪法与民主紧密相连，民主事实的普遍化是宪法得以产生的前提之一 |

📄 **背诵口诀**

宪法的基本特征是什么？

国家根本法、公民权利保障书、民主事实法律化。

宪法为什么是国家根本法？

内容根本、效力最高、制修严格。

宪法为什么效力最高？

立法依据、不得违背、行为准则。

二、宪法的分类

（一）传统的宪法分类

分类标准	具体类型	举例
是否具有统一法典的形式	成文宪法：具有统一法典形式的宪法，又称为文书宪法或制定宪法	世界历史上第一部成文宪法是 1787 年美国宪法 欧洲大陆第一部成文宪法是 1791 年法国宪法 注意：世界上绝大多数国家都是成文宪法国家
	不成文宪法：不具有统一的法典形式，内容散见于多种法律文书、宪法判例或宪法惯例的宪法	英国、新西兰、以色列、沙特阿拉伯等少数国家 英国是典型的不成文宪法国家，英国宪法包括大量宪法惯例和宪法判例，还包括 1628 年《权利请愿书》、1679 年《人身保护法》、1689 年《权利法案》、1701 年《王位继承法》、1928 年《男女选举平等法》等
有无严格的制定、修改机关和程序	刚性宪法：制定机关往往是特别成立的，制定或修改的程序更严格	实行成文宪法的国家往往也是刚性宪法国家
	柔性宪法：制定、修改的机关和程序与一般法律相同，效力亦无差异	最典型的是英国宪法
制定宪法的机关不同	钦定宪法：由君主或以君主的名义制定和颁布的宪法	1889 年日本明治宪法 1908 年清政府的《钦定宪法大纲》
	民定宪法：由民意机关或全民公决制定的宪法	世界上大多数国家；例如，在我国，人民是制宪主体，第一届人大一次会议是制宪机关
	协定宪法：由君主和国民或国民的代表机关协商制定的宪法	1215 年英国《自由大宪章》 1830 年法国宪法

（二）马克思主义宪法学的分类

以国家的类型和宪法的阶级本质为标准	资本主义类型宪法 社会主义类型宪法
以宪法是否与现实相一致为标准	如果法律同现实脱节，宪法是虚假的 如果法律同现实一致，宪法便不是虚假的

▶ 命题角度

宪法的分类常见命题角度：

1. 给考生一部宪法，请考生判断属于哪种宪法。（例如，1830 年法国宪法是钦定宪法。正确吗？）

2. 给考生一种宪法类型，问考生该种宪法类型的内在特点。（例如，不成文宪法的特点是其内容不见于制定法。正确吗？）

▶ 经典题目

成文宪法和不成文宪法是英国宪法学家提出的一种宪法分类。关于成文宪法和不成文宪法的理解，下列哪一选项是正确的？（2017-01-21）

A. 不成文宪法的特点是其内容不见于制定法

B. 宪法典的名称中必然含有"宪法"字样

C. 美国作为典型的成文宪法国家，不存在宪法惯例

D. 在程序上，英国不成文宪法的内容可像普通法律一样被修改或者废除

解析要点：

A 项：不成文宪法的特点是没有统一法典的形式，内容散见于多种法律文书、宪法判例和宪法惯例，而非内容不见于制定法。A 项错误。

B 项：宪法典的名称一般含有"宪法"字样，但有例外，例如澳大利亚联邦基本法、德国基本法。B 项错误。

C 项：美国虽然是世界上最早颁布成文宪法的国家，但同时也存在着大量的宪法惯例，而最为人们熟悉的司法审查权，就是由宪法惯例形成的。C 项错误。

D 项：英国宪法是柔性宪法，因此英国的宪法性法律在修改程序上与普通法律无异。D 项正确。

综上所述，本题答案是 D 项。

【答案】D

三、宪法的制定

宪法制定即制宪，是指制宪主体按照一定的程序创制宪法的活动。**人民作为制宪主体是现代宪法发展的基本特点**，表明了人民在政治社会中的地位。为了保障制宪工作的严肃性和权威性，各国在制宪中一般遵守如下程序：

设立制宪机关	为使制宪权的实现程序具体化，各国通常成立制宪机关。制宪机关通常包括：(1) 宪法起草机关。例如，我国 1954 年成立的中华人民共和国宪法起草委员会。(2) 宪法通过机关。例如美国的制宪议会、我国的全国人民代表大会等。
提出宪法草案	宪法草案的起草要遵循一定的指导思想或原则，以保证草案内容的民主性和科学性。宪法草案的提出以广泛的民主讨论为基础。例如，我国在 1954 年宪法的制定过程中，确立了社会主义原则、民主原则，把领导意见和群众意见有机结合，使宪法草案具有广泛的民主基础。
通过宪法草案	为了保证宪法的权威性和稳定性，大多数国家对宪法草案的通过程序作出严格规定，通常要求宪法通过机关成员的 2/3 以上或 3/4 以上的多数赞成才有效。有的国家规定要通过全体国民投票、全民公决的方式批准。
公布宪法	宪法草案经过一定程序通过后，由国家元首或代表机关公布。例如，我国 1954 年宪法由第一届全国人民代表大会第一次会议以全国人民代表大会公告的形式公布，自通过之日起生效。

■ 经典题目

宪法的制定是指制宪主体按照一定程序创制宪法的活动。关于宪法的制定，下列哪一选项是正确的？（2015—01—20）

A. 制宪权和修宪权是具有相同性质的根源性的国家权力

B. 人民可以通过对宪法草案发表意见来参与制宪的过程

C. 宪法的制定由全国人民代表大会以全体代表的 2/3 以上的多数通过

D. 1954 年《宪法》通过后，由中华人民共和国主席根据全国人民代表大会的决定公布

解析要点：

A 项：制宪权和修宪权都是本源性的国家权力，但两者性质不同，修宪权受制宪权的约束，不得违背制宪权的基本精神和原则。A 项错误。

B 项：人民可以通过对宪法草案发表意见来参与制宪，但是人民作为制宪主体并不意味着人民直接参与制宪的过程。B 项正确。

C 项：我国的制宪主体是人民，制宪机关是第一届全国人大第一次全体会议，全国人民代表大会是修宪机关。C 项错误。

D 项：我国 1954 宪法是第一届全国人大第一次全体会议以全国人大公告的形式公布。D 项错误。

综上所述，本题答案是 B 项。

【答案】B

第二节　宪法的历史 ★★★★

应试导读

本节内容是法考的四星级重点，比较重要，在客观题考试中，一般每套卷每一到两年

出 1 道题，分值 1—2 分。重难点提示：（1）2022 年是 1982 年宪法通过 40 周年，考生应重点掌握"1982 年宪法的结构和特点"。（2）"1982 年宪法的历次修改"记忆量很大，考生朋友应优先掌握最近一次修宪，即 2018 年宪法修正案的内容。

 知识点

一、新中国宪法的历史发展

	时间	文件名称	说明
1	1949 年	共同纲领	1949 年中国人民政治协商会议制定了起临时宪法作用的《中国人民政治协商会议共同纲领》
2	1954 年	1954 年宪法	1954 年 9 月 20 日，第一届全国人民代表大会第一次全体会议在北京召开，会议主要任务之一是通过宪法，即 1954 年宪法。1954 年宪法是新中国第一部社会主义类型的宪法
3	1975 年	1975 年宪法	第二部宪法。内容很不完善，指导思想上存在严重错误
4	1978 年	1978 年宪法	第三部宪法。从总体上说仍然不能适应新时期社会发展的需要
5	1982 年	1982 年宪法	1982 年 12 月 4 日，第五届全国人大第五次会议通过了新中国的第四部宪法，即现行宪法

注意：1975 年、1978 年和 1982 年宪法进行了全面修改。1988 年、1993 年、1999 年、2004 年和 2018 年宪法进行了部分修改，共通过 52 条修正案。

二、1982 年宪法的结构和特点

1982 年宪法的结构	序言、正文（正文包括四章：总纲，公民的基本权利和义务，国家机构，国旗、国歌、国徽、首都）。
1982 年宪法的基本特点	1. 总结"文化大革命"的历史教训，以四项基本原则为指导思想； 2. 进一步完善国家机构体系，扩大全国人大常委会的职权，恢复设立国家主席等； 3. 扩大公民权利和自由范围，恢复"公民在法律面前人人平等"原则等； 4. 确认经济体制改革的成果，如发展多种经济形式、扩大企业自主权等； 5. 维护国家统一和民族团结，完善民族区域自治制度，根据"一国两制"原则规定特别行政区制度。

三、1982 年宪法的历次修改

时间	内容
1988	1. 国家允许私营经济在法律规定的范围内存在和发展。私营经济是社会主义公有制经济的补充。国家保护私营经济的合法权利和利益，对私营经济实行引导、监督和管理。 2. 土地的使用权可以依照法律的规定转让。 【背诵口诀】 土地使用可转让、私营经济是补充。

续表

时间	内容
1993	1. 我国正处于社会主义<u>初级阶段</u>，建设有中国特色社会主义，坚持改革开放（序言）。 2. 中国共产党领导的<u>多党合作</u>和政治协商制度将长期存在和发展（序言）。 3. 国营经济修改为<u>国有经济</u>； 4. <u>家庭联产承包责任制</u>是农村集体经济组织的基本形式； 5. 将<u>社会主义市场经济</u>确定为国家的基本经济制度； 6. 县级人民代表大会的任期由 3 年改为 5 年。 【背诵口诀】 初级阶段有特色，改革开放多合作。 国有经济重市场，家庭联产限（县）五年。
1999	1. <u>长期</u>处于社会主义初级阶段，沿着建设有中国特色社会主义道路，在邓小平理论指导下，发展社会主义市场经济（序言）； 2. 实行<u>依法治国</u>，建设社会主义法治国家； 3. <u>公有制为主体</u>、多种所有制经济共同发展的基本经济制度，<u>按劳分配为主体</u>、多种分配方式并存的分配制度； 4. 农村集体经济组织实行家庭承包经营为基础、统分结合的双层经营体制； 5. 非公有制经济是社会主义市场经济的<u>重要组成部分</u>，国家对个体经济、私营经济实行引导、<u>监督</u>和<u>管理</u>； 6. 镇压"反革命的活动"修改为镇压"<u>危害国家安全的犯罪活动</u>"。 【背诵口诀】 长期初级搞法治，小平理论需坚持。 公有按劳双主体，统分结合双层制。 非公经济要组成，国家安全要重视。
2004	1. <u>三个代表重要思想</u>（序言）； 2. 爱国统一战线中增加"社会主义事业的建设者"（序言）； 3. 国家为了公共利益的需要，可以依照法律规定，对土地实行征收或者征用，并给予补偿； 4. 国家<u>鼓励</u>、支持和引导非公有制经济的发展，并对非公有制经济依法实行<u>监督</u>和管理； 5. 公民合法的<u>私有财产不受侵犯</u>，保护公民的私有财产权和继承权；国家为了公共利益，可以依照法律规定对公民的私有财产实行征收或者征用并给予补偿； 6. 建立健全同经济发展水平相适应的<u>社会保障制度</u>； 7. 国家尊重和保障<u>人权</u>； 8. 全国人大代表中增加特别行政区选出的代表； 9. 将全国人大常委会、国务院对戒严的决定权改为对<u>紧急状态</u>的决定权； 10. 国家主席职权中增加"进行国事活动"； 11. 乡镇人民代表大会的任期由 3 年改为 5 年； 12. 在宪法中增加关于<u>国歌</u>的规定，将《义勇军进行曲》作为国歌。 【背诵口诀】 特区选出三个代表，决定进入紧急状态。 征收土地给予补偿，私有财产不受侵犯。 鼓励支持非公经济，建立社保保障人权。 乡镇任期改为五年，国事活动奏唱国歌。

续表

时间	内容
2018	1. 增加科学发展观、习近平新时代中国特色社会主义思想，"健全社会主义法制"修改为"健全社会主义法治"，写入"贯彻新发展理念"、"社会文明、生态文明"和"把我国建设成为富强民主文明和谐美丽的社会主义现代化强国，实现中华民族伟大复兴"（序言）； 2. "在长期的革命和建设过程中"修改为"在长期的革命、建设、改革过程中"，在爱国统一战线增加了"致力于中华民族伟大复兴的爱国者"（序言）； 3. "平等团结互助和谐的社会主义民族关系已经确立，并将继续加强""国家保障各少数民族的合法的权利和利益，维护和发展各民族的平等团结互助和谐关系"（序言）； 4. "中国革命、建设、改革的成就是同世界人民的支持分不开的"，增加了"坚持和平发展道路，坚持互利共赢开放战略"和"推动构建人类命运共同体"（序言）； 5. 中国共产党领导是中国特色社会主义最本质的特征； 6. 国家倡导社会主义核心价值观，提倡爱祖国、爱人民、爱劳动、爱科学、爱社会主义的公德； 7. 国家工作人员就职时应当依照法律规定公开进行宪法宣誓； 8. 国家主席、副主席删掉了"连续任职不得超过两届"的限制； 9. 设区的市的人民代表大会和它们的常务委员会，在不同宪法、法律、行政法规和本省、自治区的地方性法规相抵触的前提下，可以依照法律规定制定地方性法规，报本省、自治区人民代表大会常务委员会批准后施行； 10. 在国家机构中增加了"监察委员会"； 11. 全国人大下设的法律委员会改名为"宪法和法律委员会"。

命题角度

常见命题角度：

1. 给考生一条宪法修正案，请考生判断该条修正案对应的年份；

2. 给考生一条宪法修正案，请考生判断该条修正案的位置（序言还是正文）。

经典题目

下列关于宪法修改的说法，哪些选项是正确的？（2019 年考生回忆版）

A. 2018 年宪法修正案首次将核心价值观写入宪法序言

B. 2018 年宪法修正案首次将党的领导写进宪法正文

C. 2018 年宪法修正案在爱国统一战线中增加了"致力于中华民族伟大复兴的爱国者"

D. 2018 年宪法修正案把"我国正处于社会主义初级阶段"改为"我国将长期处于社会主义初级阶段"

解析要点：

A 项：2018 年宪法修正案将核心价值观写入宪法正文（第 24 条），而非宪法序言。A项错误。

B 项：2018 年宪法修正案首次将党的领导写进宪法正文（第 1 条"中国共产党领导是中国特色社会主义最本质的特征"）。B 项正确。

C 项：2018 年宪法修正案在爱国统一战线中增加了"致力于中华民族伟大复兴的爱国

者"。C 项正确。

D 项：1999 年宪法修正案把"我国正处于社会主义初级阶段"改为"我国将长期处于社会主义初级阶段"。D 项错误。

综上所述，本题答案是 BC 项。

【答案】BC

第三节　宪法的基本原则和基本功能　★

 应试导读

本节内容是法考的一星级知识点，重要性一般，在客观题考试中，一般每套卷每五到十年出 1 道题，分值 1—2 分。同时，本节内容比较宏观，考生学习时应重在理解。

 知识点

一、宪法的基本原则

原则	含义	原则在我国宪法中的体现
人民主权原则	主权 是指国家的最高权力；人民主权是指国家中绝大多数人拥有国家的最高权力。	1.《宪法》第 1 条第 1 款规定："中华人民共和国是工人阶级领导的、以工农联盟为基础的人民民主专政的社会主义国家。"第 2 条第 1 款规定："中华人民共和国的一切权力属于人民。" 2. 宪法规定了人民主权的具体实现形式与途径。如规定："人民行使国家权力的机关是全国人民代表大会和地方各级人民代表大会。""人民依照法律规定，通过各种途径和形式，管理国家事务，管理经济和文化事业，管理社会事务。" 3. 宪法对公民基本权利和义务的规定是人民主权原则的具体体现。 4. 为体现人民主权原则，宪法规定了选举制度的基本原则和选举的具体程序。
基本人权原则	人权是指作为一个人所应该享有的权利；人权在本质上首先属于应有权利、道德权利。	1. 基本人权原则在我国宪法中的体现从 1949 年《共同纲领》开始，我国历部宪法都规定公民的基本权利和义务。 2. 2004 年将"国家尊重和保障人权"写入宪法后，基本人权原则成为国家的基本价值观。 3. 我国宪法还规定了公民参与国家政治生活的权利和自由、人身自由和宗教信仰自由、社会经济文化方面的权利等具体的基本权利。
法治原则	法治是指统治阶级按照民主原则，把国家事务法律化、制度化，并严格依法进行管理的一种方式。	2018 年宪法修改将序言第 7 自然段中"健全社会主义法制"修改为"健全社会主义法治"。 《宪法》第 5 条第 1 款规定："中华人民共和国实行依法治国，建设社会主义法治国家。"

续表

原则	含义	原则在我国宪法中的体现
权力制约原则	权力制约原则是指国家权力各部分之间互相监督，彼此牵制，从而保障公民权利。 在资本主义国家的宪法中，权力制约原则主要表现为分权原则；在社会主义国家宪法中，权力制约原则主要表现为监督原则。	1. 宪法规定了人民对国家权力活动进行监督的制度。例如，规定"全国人民代表大会和地方各级人民代表大会都由民主选举产生，对人民负责，受人民监督"。 2. 宪法规定了公民对国家机关及其工作人员的监督权。例如，规定"中华人民共和国公民对于任何国家机关和国家工作人员，有提出批评和建议的权利"。 3. 宪法规定了不同国家机关之间、国家机关内部不同的监督形式。例如，规定"监察机关办理职务违法和职务犯罪案件，应当与审判机关、检察机关、执法部门互相配合，互相制约"；"人民法院、人民检察院和公安机关办理刑事案件，应当分工负责，互相配合，互相制约，以保证准确有效地执行法律"。

二、宪法的基本功能

确认功能	确认宪法赖以存在的经济基础； 确认国家权力的归属； 确认国家法制统一的原则； 确认社会共同体的基本价值目标与原则。
保障功能	宪法对民主制度和人权发展提供有效的保障。
限制功能	宪法是授权法，确立授予国家权力的原则与程序，使国家权力运行具有合宪性； 宪法是限权法，规定限制国家权力行使的原则与程序，确立公权力活动的界限。
协调功能	宪法能够以合理的机制平衡利益，寻求多数社会成员普遍认可的规则，以此作为社会成员普遍遵循的原则； 对少数人利益的保护，宪法也规定了相应的救济制度。

第四节 宪法的渊源和结构 ★★★

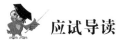 **应试导读**

本节内容是法考的三星级重点，比较重要，在客观题考试中，一般每套卷每两到三年出1道题，分值1—2分。同时，本节内容也可能和其他章节内容结合命题。

 知识点

一、宪法的渊源

宪法的渊源即宪法的表现形式。

宪法典	宪法典是绝大多数国家采用的形式，是指将一国最根本、最重要的问题由统一的法律文本加以明确规定而形成的成文宪法。拥有宪法典是成文宪法国家的标志。
宪法性法律	不成文宪法国家：国家最根本的问题由多部单行法律文书予以规定，制定和修改的机关和程序与普通法律相同。
	成文宪法国家：国家立法机关制定的、有关宪法内容的具体规定的法律。例如，组织法、选举法、代表法等。
宪法惯例	是指宪法条文虽无明确规定，但在实际政治生活中已经存在，并为国家机关、政党及公众所普遍遵循，且与宪法具有同等效力的习惯或传统。
宪法判例	在不成文宪法国家，法律没有明文规定的前提下，判决乃是宪法的表现形式。
	在某些成文宪法国家，法院享有宪法解释权，其判决对下级法院具有拘束力。
国际条约	国际条约是国际法主体之间就权利义务关系缔结的一种书面协议，其宪法上的效力取决于各个国家的参与和认可。

📑 经典题目

宪法的渊源即宪法的表现形式。关于宪法渊源，下列哪一表述是错误的？（2015-01-21）

A. 一国宪法究竟采取哪些表现形式，取决于历史传统和现实状况等多种因素

B. 宪法惯例实质上是一种宪法和法律条文无明确规定、但被普遍遵循的政治行为规范

C. 宪法性法律是指国家立法机关为实施宪法典而制定的调整宪法关系的法律

D. 有些成文宪法国家的法院基于对宪法的解释而形成的判例也构成该国的宪法渊源

解析要点：

A项：一国的宪法采用哪些渊源形式，取决于其本国的历史传统和现实政治状况等综合因素。A项正确。

B项：宪法惯例是指宪法条文虽无明确规定，但在实际政治生活中已经存在，并为国家机关、政党及公众所普遍遵循，且与宪法具有同等效力的习惯或传统。B项正确。

C项：宪法性法律主要有两种形式：一是指在不成文宪法国家中，国家最根本、最重要的问题不采用宪法典的形式，而是由多部单行法律文书予以规定；二是指在成文宪法国家中，国家立法机关为实施宪法典而制定的调整宪法关系的法律。C项未考虑第一种情况，C项错误。

D项：在某些成文法国家，法院享有宪法解释权，其判决对下级法院具有拘束力，宪法判例也构成宪法渊源。D项正确。

综上所述，本题答案是C项。

【答案】 C

二、宪法的结构

结构	说明	我国情况
序言	1. 宪法序言是宪法精神和内容的高度概括，内容包括揭示制宪的机关和依据、揭示制宪的基本原则、揭示制宪的目的和价值体系等； 2. 从形式上看，各国宪法序言的长短不尽相同； 3. 从内容上看，通常涉及制宪权的来源、宪法性质、国家独立、正义与和平价值的阐述、社会和公共利益的维护、民族主义价值等不同的理念。	我国宪法序言主要包括如下内容： 1. 历史发展的叙述； 2. 国家的根本任务； 3. 国家的基本国策； 4. 宪法的根本法地位和最高效力。
正文	宪法正文是宪法典的主要部分，是宪法的主体内容。基本内容大概包括以下方面： 1. 国家和社会生活诸方面的基本原则； 2. 公民的基本权利和义务； 3. 国家机构； 4. 国旗、国歌、国徽和首都。	我国宪法的正文排列顺序： 1. 总纲； 2. 公民的基本权利和义务 3. 国家机构； 4. 国旗、国歌、国徽和首都。
附则	1. 宪法对于特定事项需要特殊规定而作出的附加条款； 2. 宪法附则的法律效力与一般宪法条文相同； 3. 宪法附则法律效力的特点：特定性、临时性。	我国现行宪法无附则。

经典题目

综观世界各国成文宪法，结构上一般包括序言、正文和附则三大部分。对此，下列哪一表述是正确的？（2016-01-21）

A. 世界各国宪法序言的长短大致相当

B. 我国宪法附则的效力具有特定性和临时性两大特点

C. 国家和社会生活诸方面的基本原则一般规定在序言之中

D. 新中国前三部宪法的正文中均将国家机构置于公民的基本权利和义务之前

解析要点：

A项：各国宪法序言的长短不尽相同。例如，美国1787年宪法的序言，只有65个单词。前南斯拉夫1974年宪法的序言，长达2万余字。A项错误。

B项：宪法的附则虽具有特定性和临时性的特点，但是，我国现行宪法没有规定附则。B项错误。

C项：国家和社会生活诸方面的基本原则一般规定在正文之中。C项错误。

D项：新中国成立后的前三部宪法均将国家机构置于公民的基本权利和义务之前，1982年宪法调整了这种结构，将公民的基本权利和义务一章提到国家机构之前，这一调整表明我国宪法对公民权利的保护居于核心地位，合理定位了公民与国家之间的关系，符合人民主权原则。D项正确。

综上所述，本题答案是D项。

【答案】D

第五节　宪法规范与宪法效力 ★★

 **应试导读**

本节内容是法考的二星级知识点，重要性一般，在客观题考试中，一般每套卷每三到五年出1道题，分值1—2分。其中，"宪法效力"相对重要。

 知识点

一、宪法规范

宪法规范是宪法的基本要素。宪法规范所调整的社会关系具有两个基本特点：一是调整的对象非常广泛，涉及国家社会生活各个方面最基本的社会关系；二是调整的社会关系的一方通常是国家和国家机关。宪法规范的主要特点是：根本性、最高性、原则性、纲领性和稳定性。

宪法规范的分类：

确认性规范	确认性规范是对已经存在的事实的认定，以肯定性规范为主要特征。例如，《宪法》第1条第1款规定："中华人民共和国是工人阶级领导的、以工农联盟为基础的人民民主专政的社会主义国家。"第2条第1款规定："中华人民共和国的一切权力属于人民。"
禁止性规范	禁止性规范是指对特定主体或行为的一种限制，也称为强制性规范。例如，《宪法》第65条第4款规定："全国人民代表大会常务委员会的组成人员不得担任国家行政机关、监察机关、审判机关和检察机关的职务。"第140条规定："人民法院、人民检察院和公安机关办理刑事案件，应当分工负责，互相配合，互相制约，以保证准确有效地执行法律。"这里的"应当"指强制性要求。
权利性规范与义务性规范	权利性规范与义务性规范主要是在调整公民基本权利与义务的过程中形成的，同时为行使权利与履行义务提供依据。从我国宪法看，权利性规范与义务性规范有下列三种形式： 一是权利性规范。宪法赋予特定主体权利，使之具有权利主体资格。例如，《宪法》第35条规定："中华人民共和国公民有言论、出版、集会、结社、游行、示威的自由。" 二是义务性规范。这集中表现在公民应履行的基本义务。例如，《宪法》第52条规定："中华人民共和国公民有维护国家统一和全国各民族团结的义务。" 三是宪法中的权利性规范与义务性规范相互结合为一体。例如，宪法规定，我国公民有劳动的权利和义务，有受教育的权利和义务。
程序性规范	程序性规范具体规定宪法制度运行过程的程序，主要涉及国家机关活动程序方面的内容。程序性规范主要有两种表现形式： 一是直接的程序性规范，即宪法中对有关行为的程序作了具体规定。例如，全国人大召开临时会议的程序、全国人大延长本届任期的规定、有关宪法修改程序的规定、全国人大代表质询权的规定等。 二是间接的程序性规范，即宪法本身对程序性规范不作具体规定，而通过法律规定具体程序。例如，法律的制定程序、国家机关负责人的选举罢免程序等，宪法只作原则性规定，具体程序由法律规定。

二、宪法效力

宪法的效力指宪法作为法律规范所发挥的约束力与强制性。

宪法效力具有最高性、直接性与强制性。在整个法律体系中，宪法效力是最高的，不仅成为立法的基础，同时对立法行为与依据宪法进行的各种行为产生直接约束力。

对人效力	我国宪法适用于所有中国公民
	外国人和法人在一定条件下也可以成为某些基本权利的主体
领土效力	任何一个主权国家的宪法的空间效力都及于国土的所有领域，因此我国宪法当然适用于港澳台地区

经典题目

关于宪法效力的说法，下列选项正确的是：（2014-01-94）

A. 宪法修正案与宪法具有同等效力

B. 宪法不适用于定居国外的公民

C. 在一定条件下，外国人和法人也能成为某些基本权利的主体

D. 宪法作为整体的效力及于该国所有领域

解析要点：

A 项：宪法修正案是宪法修改的一种方式，构成现行宪法的有机组成部分。所以，宪法修正案一旦生效通过，与宪法具有同等效力。A 项正确。

B 项：中华人民共和国宪法适用于所有中国公民，自然包括定居在国外的中国公民。B 项错误。

C 项：外国人和法人在一定条件下也可以成为某些基本权利的主体。C 项正确。

D 项：任何一个主权国家的宪法的空间效力都及于国土的所有领域，这是由主权的唯一性和不可分割性所决定的。D 项正确。

综上所述，本题答案是 ACD 项。

【答案】ACD

第二章
国家的基本制度

第一节 人民民主专政制度 ★

 **应试导读**

　　本节内容是法考的一星级知识点，重要性一般，在客观题考试中，一般每套卷每五到十年出1道题，分值1—2分。

 知识点

一、人民民主专政的内涵

1. 人民民主专政的根本标志是工人阶级成为国家政权的领导力量；
2. 人民民主专政的国家政权以工农联盟为阶级基础；
3. 人民民主专政是对人民实行民主与对敌人实行专政的统一。

二、人民民主专政的主要特色

中国共产党领导的多党合作和政治协商制度	1. 《宪法》序言指出："中国共产党领导的多党合作和政治协商制度将长期存在和发展。"（1993） 2. 中国共产党是执政党，各民主党派是参政党，区别于西方的两党制和多党制。 3. 中国共产党对各民主党派的领导是政治领导，即政治原则、政治方向和重大方针政策的领导。 4. 各民主党派有在宪法规定范围内的政治自由、组织独立和法律地位平等的权利。

爱国统一战线	1. 统一战线是我国新民主主义革命和社会主义革命时期，中国共产党为取得革命和建设的胜利，而与各阶级组成的<u>政治联盟</u>。 2. 我国新时期的爱国统一战线是由中国共产党领导的，有各民主党派和各人民团体参加的，包括全体社会主义劳动者、社会主义事业的建设者、拥护社会主义的爱国者、拥护祖国统一和致力于中华民族伟大复兴的爱国者的广泛的政治联盟。 3. 爱国统一战线的<u>组织形式是中国人民政治协商会议</u>，简称"政协"。政协不是国家机关，也不同于一般的人民团体，它是在我国政治体制中具有重要地位和影响的政治性组织。

📑 经典题目

根据《宪法》，关于中国人民政治协商会议，下列哪些选项是正确的？（2013—01—62）

A. 中国人民政治协商会议是具有广泛代表性的统一战线组织

B. 中国人民政治协商会议是重要的国家机关

C. 中国共产党领导的多党合作和政治协商制度将长期存在和发展

D. 中国共产党领导的爱国统一战线将继续巩固和发展

解析要点：

A 项：中国人民政治协商会议是爱国统一战线的组织形式，爱国统一战线由全体社会主义劳动者、社会主义事业的建设者、拥护社会主义的爱国者、拥护祖国统一和致力于中华民族伟大复兴的爱国者组成，具有广泛的代表性。A 项正确。

B 项：政协是爱国统一战线的组织形式，属于人民团体，不属于国家机关。B 项错误。

C 项：1993 年宪法修正案规定："中国共产党领导的多党合作和政治协商制度将长期存在和发展。"C 项正确。

D 项：《宪法》序言中明确规定，中国共产党领导的爱国统一战线将继续巩固和发展。D 项正确。

综上所述，本题答案是 ACD 项。

【答案】ACD

第二节　国家的基本经济制度 ★★★★

应试导读

本节内容是法考的四星级重点，比较重要，在客观题考试中，一般每套卷每一到两年出 1 道题，分值 1—2 分。重难点提示："中国特色的社会主义市场经济体制组成部分"是重中之重，考生应做到精准记忆。

知识点

经济制度包括生产资料的所有制形式、各种经济成分的相互关系及其宪法地位、国家发展经济的基本方针、基本原则等内容。自 1919 年德国《魏玛宪法》以来，经济制度便成为现代宪法调整的重要内容之一。

一、中国特色的社会主义市场经济体制的特殊性

社会主义市场经济体制是市场对资源配置起决定性作用的一种经济体制	
社会主义市场经济本质上是法治经济	
社会主义市场经济 体制的特殊性的主 要表现	所有制：公有制为主体、多种所有制经济共同发展
	分配制度：按劳分配为主体、多种分配方式并存
	在宏观调控上，更好发挥计划与市场两种手段的长处

二、中国特色的社会主义市场经济体制组成部分

社会主义市场 经济体制	公有制 （基础）	全民所有制经济（国有经济）：国民经济的主导力量
		集体所有制经济：国民经济的基础力量
	非公有制 （重要组成部分）	劳动者个体经济
		私营经济
		外商投资

附：自然资源

自然资源	专属国有（全民所有）	矿藏、水流、城市土地
	专属集体所有	宅基地、自留山、自留地

注意：以上六种之外的自然资源，既可能归国有，也可能归集体所有。

背诵口诀

自然资源的归属：国有矿城水，集体宅自留。

三、国家保护社会主义公共财产和公民合法私有财产

公共财产	社会主义公共财产神圣不可侵犯。
私有财产	1. 公民的合法私有财产不受侵犯； 2. 国家依照法律规定保护公民的私有财产权和继承权； 3. 国家为了公共利益的需要，可以依照法律规定对公民的私有财产实行征收或者征用并给予补偿。

经典题目

根据《宪法》规定，关于我国基本经济制度的说法，下列选项正确的是：（2014-01-95）

A. 国家实行社会主义市场经济

B. 国有企业在法律规定范围内和政府统一安排下，开展管理经营

C. 集体经济组织实行家庭承包经营为基础、统分结合的双层经营体制

D. 土地的使用权可以依照法律的规定转让

解析要点：

A 项：1993 年宪法修正案明确规定"国家实行社会主义市场经济"。A 项正确。

B 项：1993 年宪法修正案将"国营经济"修改为"国有经济"，国有企业在法律规定的范围内有权自主经营，而非由政府统一安排经营管理。B 项错误。

C 项：农村集体经济组织实行家庭承包经营为基础、统分结合的双层经营体制，但是城市集体经济组织则不然，C 项说法以偏概全。C 项错误。

D 项：宪法规定，土地的使用权可以依照法律的规定转让。D 项正确。

综上所述，本题答案是 AD 项。

【答案】 AD

第三节 国家的基本文化制度 ★

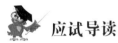 **应试导读**

本节内容是法考的一星级知识点，重要性一般，在客观题考试中，一般每套卷每五到十年出 1 道题，分值 1—2 分。重难点提示：本节中，考生应重点掌握我国基本文化制度的具体内容。

 知识点

近代意义的宪法产生以来，文化制度便成为宪法不可缺少的重要内容。1919 年德国《魏玛宪法》不仅详尽地规定公民的文化权利，而且还明确地规定了国家的基本文化政策。这部宪法第一次比较全面系统地规定了文化制度，后为许多资本主义国家宪法所效仿。

我国宪法对文化制度的原则、内容等作了比较全面和系统的规定。具体内容包括：

国家发展教育事业	国家举办各种学校，普及初等义务教育，发展中等教育、职业教育和高等教育，并且发展学前教育。 国家发展各种教育设施，扫除文盲，对工人、农民、国家工作人员和其他劳动者进行政治、文化、科学、技术、业务的教育，鼓励自学成才。 国家鼓励集体经济组织、国家企业事业组织和其他社会力量依照法律规定举办各种教育事业。
国家发展科学事业	国家发展自然科学和社会科学事业，普及科学和技术知识，奖励科学研究成果和技术发明创造。

国家发展文学艺术及其他文化事业	国家发展为人民服务、为社会主义服务的文学艺术事业、新闻广播电视事业、出版发行事业、图书馆博物馆文化馆和其他文化事业，开展群众性的文化活动。国家保护名胜古迹、珍贵文物和其他重要历史文化遗产。
国家倡导社会主义核心价值观，开展公民道德教育	国家通过普及理想教育、道德教育、文化教育、纪律和法制教育，通过在城乡不同范围的群众中制定和执行各种守则、公约，加强社会主义精神文明的建设。公民道德教育是国家文化建设的基础，并对整个国家文化制度发展的方向具有决定性意义。 国家倡导社会主义核心价值观。

背诵口诀

文化制度，科教文道。

命题角度

国家基本制度常见命题方法：给考生一项制度，请考生判断属于政治、经济、文化还是社会制度。

典型真题

关于国家文化制度，下列哪些表述是正确的？（2015-01-62）

A. 我国宪法所规定的文化制度包含了爱国统一战线的内容

B. 国家鼓励自学成才，鼓励社会力量依照法律规定举办各种教育事业

C. 是否较为系统地规定文化制度，是社会主义宪法区别于资本主义宪法的重要标志之一

D. 公民道德教育的目的在于培养有理想、有道德、有文化、有纪律的社会主义公民

解析要点：

A项：爱国统一战线属于政治制度。A项错误。

B项：宪法规定："国家发展各种教育设施，扫除文盲，对工人、农民、国家工作人员和其他劳动者进行政治、文化、科学、技术、业务的教育，鼓励自学成才。"B项正确。

C项：资本主义国家德国的《魏玛宪法》第一次系统规定了文化制度，社会主义国家中国的现行宪法同样系统地规定了文化制度。C项错误。

D项：宪法规定："国家通过普及理想教育、道德教育、文化教育、纪律和法制教育，通过在城乡不同范围的群众中制定和执行各种守则、公约，加强社会主义精神文明的建设。"D项正确。

综上所述，本题答案是BD项。

【答案】BD

第四节 国家的基本社会制度 ★

 **应试导读**

本节内容是法考的一星级知识点，重要性一般，在客观题考试中，一般每套卷每五到十年出1道题，分值1—2分。重难点提示：本节中，考生应重点掌握我国基本社会制度的具体内容。

 知识点

社会制度是指一国通过宪法和法律调整以基本生活保障及社会秩序维护为核心的各种基本关系的准则、原则和政策的综合。

社会制度以维护平等为基础，以保障公平为核心，以维护和谐稳定的法治秩序为使命。

我国宪法关于基本社会制度的如下。

社会保障制度	社会保障制度是基本社会制度的核心内容，狭义的社会制度就是指社会保障制度。 宪法规定：1. 国家建立健全同经济发展水平相适应的社会保障制度；2. 中华人民共和国公民在年老、疾病或者丧失劳动能力的情况下，有从国家和社会获得物质帮助的权利。
医疗卫生事业	良好的医疗、卫生条件是公民正常生活的基础，是社会健康运转的必要条件。 宪法规定：国家发展医疗卫生事业，发展现代医药和我国传统医药，鼓励和支持农村集体经济组织、国家企业事业组织和街道组织举办各种医疗卫生设施，开展群众性的卫生活动，保护人民健康。
劳动保障制度	劳动是公民的一项基本权利，也是社会维持正常运转和持续发展的基础。公民有劳动的权利和义务。 宪法规定：国家通过各种途径，创造劳动就业条件，加强劳动保护，改善劳动条件，并在发展生产的基础上，提高劳动报酬和福利待遇。国家对就业前的公民进行必要的劳动就业训练。
人才培养制度	人才是推动社会发展的动力，是保持社会活力以及创新力的关键。 宪法规定：国家培养为社会主义服务的各种专业人才，扩大知识分子的队伍，创造条件，充分发挥他们在社会主义现代化建设中的作用。
计划生育制度	社会人口数量及其结构的合理性是社会健康稳定发展的重要因素，因而国家应该通过宪法、法律建立科学、合理的计划生育制度，并对公民的生育观进行积极的引导。 宪法规定：国家推行计划生育，使人口的增长同经济和社会发展计划相适应。
维护社会秩序	安定有序的社会秩序是社会存在与发展的前提和基础。 宪法规定：国家维护社会秩序，国家加强武装力量的革命化、现代化、正规化的建设，增强国防力量。

📌 **经典题目**

国家的基本社会制度是国家制度体系中的重要内容。根据我国宪法规定，关于国家基本社会制度，下列哪一表述是正确的？（2015-01-22）

A. 国家基本社会制度包括发展社会科学事业的内容

B. 社会人才培养制度是我国的基本社会制度之一

C. 关于社会弱势群体和特殊群体的社会保障的规定是对平等原则的突破

D. 社会保障制度的建立健全同我国政治、经济、文化和生态建设水平相适应

解析要点：

A项：发展社会科学事业属于文化制度。A项错误。

B项：我国宪法关于基本社会制度的规定包括了社会人才培养制度等六方面的内容。B项正确。

C项：社会制度以保障公平为核心，保障弱势群体和特殊群体，有助于促进社会实质公平的形成。C项错误。

D项：宪法规定，国家建立健全同经济发展水平相适应的社会保障制度，社会保障制度未规定与"政治、文化和生态建设水平"相适应。D项错误。

综上所述，本题答案是B项。

【答案】 B

第五节　选举制度 ★★★★★

 **应试导读**

本节内容是法考的五星级重点，非常重要，在客观题考试中，一般每套卷每年出1道题，分值1—2分。重难点提示：本节中，"选举程序""代表的罢免、辞职"内容较多，细节需要记忆。

 知识点

一、选举原则

原则	含义及例外
普遍性原则	1. 享有选举权的条件： （1）具有中国国籍；（2）年满18周岁；（3）依法享有政治权利。
	2. 停止行使选举权： （1）精神病人不能行使选举权利的，<u>经选举委员会确认，不列入选民名单</u>； （2）因犯危害国家安全罪或其他严重刑事犯罪被羁押、正在受侦查、起诉、审判的人，<u>经法院或检察院决定</u>，在被羁押期间<u>停止行使选举权利</u>。

续表

原则	含义及例外
平等性原则	1. 选民平等地享有选举权与被选举权。
	2. 对特定主体的选举权进行保护。我国对特定主体（残疾人、旅居国外的中国公民、少数民族）的选举权加以特别保护。人口特少的民族，至少应有一名代表，体现民族平等。
	3. 一人一票，代表所代表人数相同，2010 年选举法修正，城乡比例相同。
间接和直接选举并用原则	1. 不设区的市、市辖区、县、自治县、乡、民族乡、镇的人民代表大会的代表，由选民直接选举。
	2. 全国人民代表大会的代表，省、自治区、直辖市、设区的市、自治州的人民代表大会的代表，由下一级人民代表大会选举。 【背诵口诀】 间接选举国省市，直接选举县和乡。
秘密投票原则	秘密选举包括：（1）秘密填写选票；（2）在选票上不标识身份；（3）投票时不显露选举意向。
	各级人大代表的选举，一律采用无记名投票的方法，选举时设秘密写票处。

二、选举程序

	直接选举	间接选举
级别	县乡	国省市
主持机构	选举委员会 注意：选举委员会受县级人大常委会任命和领导，受省市人大常委会指导	人大常委会 注意：本级人大常委会主持本级代表选举，具体工作交由下级人大主席团主持
选区划分	直接选举设选区 每个选区选 1—3 名代表 本行政区域内各选区每一代表所代表的人口数应当大体相等	间接选举无选区
选民登记	原则：一次登记，长期有效 选民名单 选举日的 20 日以前公布选民名单 有不同意见的，可自公布之日起 5 日内向选举委员会申诉；选委会应当 3 日内作出处理决定；申诉人如果不服，可以在选举日的 5 日以前向人民法院起诉，人民法院在选举日以前作出判决。人民法院的判决为最后决定	间接选举无选民
提名候选人	各政党、各人民团体可以联合或单独推荐 选民 10 人以上联名推荐	各政党、各人民团体可以联合或单独推荐 代表 10 人以上联名推荐

续表

	直接选举	间接选举
候选人数量	差额为 1/3—1 倍 【背诵口诀】 直选三四六 （解释：假设直接选举选 3 名代表，根据差额规定，候选人数量为 4—6 人）	差额为 1/5—1/2 倍 【背诵口诀】 间选十二五 （解释：假设间接选举选 10 名代表，根据差额规定，候选人数量为 12—15 人）
候选人确定	选举委员会汇总后，在选举日的 15 日以前公布，并交各该选区的选民小组讨论、协商，确定正式代表候选人名单；正式代表候选人名单及基本情况应当在选举日的 7 日以前公布 如超过差额比例的，由选举委员会交各该选区的各选民小组讨论、协商，根据多数选民的意见，确定正式代表候选人名单；不能形成一致意见的，进行预选，根据预选时得票多少的顺序，确定正式候选人名单	提名、酝酿候选人的时间不得少于 2 天 各该级人大主席团将依法提出的代表候选人名单及其基本情况印发全体代表，由全体代表酝酿、讨论 如果所提代表候选人的人数超过法定的最高差额比例，进行预选，根据预选时得票多少的顺序，再按照法定的具体差额比例，确定正式代表候选人名单，进行投票选举
投票	普通情况→设立投票站 选民居住比较集中→可以召开选举大会 行动或交通不便者→可以设立流动投票箱 代写：文盲或者因残疾不能写选票的，可以委托他信任的人代写 代投：选民在选举期间外出，经过选举委员会同意，书面委托其他选民代为投票；每一选民接受的委托不得超过 3 人	
当选	双过半：选区全体选民过半数参加，候选人获得选民过半数选票	候选人获得全体代表过半数选票

三、代表的罢免、辞职与补选

	直接选举	间接选举
罢免	县人大代表罢免：原选区选民 50 人以上联名 乡人大代表罢免：原选区选民 30 人以上联名 ——向县人大常委会提罢免要求，罢免须经过半数选民通过	人大开会期间：主席团或 1/10 代表联名 人大闭会期间：人大常委会主任会议或 1/5 常委联名 ——提出由该级选出的上一级人大代表的罢免案，罢免须经过半数通过
辞职	县人大代表辞职：向县人大常委会书面辞职 乡人大代表辞职：向乡人大书面辞职 辞职须经过半数通过	国省市代表辞职：向选举他的人大常委会书面辞职 辞职须经过半数通过

续表

	直接选举	间接选举
补选	代表在任期内因故出缺，由原选区或者原选举单位补选； 代表在任期内调离或者迁出本行政区域的，其代表资格自行终止，缺额另行补选； 间接选举的代表，在人大闭会期间，可由本级人大常委会补选上一级人大代表； 补选出缺的代表时，代表候选人的人数可以多于应选代表的名额，也可以同应选代表的名额相等。	

经典题目

根据《选举法》和相关法律的规定，关于选举的主持机构，下列哪一选项是正确的？（2016-01-24）

A. 乡镇选举委员会的组成人员由不设区的市、市辖区、县、自治县的人大常委会任命

B. 县级人大常委会主持本级人大代表的选举

C. 省人大在选举全国人大代表时，由省人大常委会主持

D. 选举委员会的组成人员为代表候选人的，应当向选民说明情况

解析要点：

根据《选举法》规定：

A项：乡、民族乡、镇的选举委员会的组成人员由不设区的市、市辖区、县、自治县的人民代表大会常务委员会任命。A项正确。

B项：不设区的市、市辖区、县、自治县、乡、民族乡、镇设立选举委员会，主持本级人民代表大会代表的选举。B项错误。

C项：县级以上的地方各级人民代表大会在选举上一级人民代表大会代表时，由各该级人民代表大会主席团主持。因此，省人大在选举全国人大代表时，应由省人民代表大会主席团主持。C项错误。

D项：选举委员会的组成人员为代表候选人的，应当辞去选举委员会的职务。D项错误。

综上所述，本题答案是A项。

【答案】A

第六节 国家结构形式 ★★

应试导读

本节内容是法考的二星级知识点，重要性一般，在客观题考试中，一般每套卷每三到五年出1道题，分值1—2分。重难点提示：本节中，"行政区划的变更"相对重要，考生应相对重点关注。

知识点

一、国家结构形式的种类

	单一制	联邦制
含义	国家由若干个普通行政单位或自治单位组成，这些组成单位都是国家不可分割的一部分	国家由两个或者两个以上的成员单位（邦、州、共和国）组成
法律制度	只有一部宪法	联邦的宪法与成员（国）或加盟国的宪法并存
政权组织形式	中央和地方采用相同的政府体制	多套政府体制，一般不要求成员（国）或加盟国与联邦政府体制相一致
权力配置	地方权力来源于中央	联邦权力来源于成员（国）或加盟国的让与
对外关系	只有一个国际法主体 公民具有统一的国籍 地方作为国家的行政区域单位，无独立性	有些国家允许其成员（国）作为完全的国际法主体参与国际关系 公民既有联邦的国籍，又有成员（国）的国籍 有些联邦制国家，成员（国）或加盟国有脱离联邦的权力

我国实行单一制国家结构形式，主要特点：

1. 通过建立民族区域自治制度解决单一制下的民族问题。
2. 通过建立特别行政区制度解决单一制下的历史遗留问题。

二、当代中国的行政区划

省级：省、自治区、直辖市。

市级：设区的市、自治州。

县级：县、不设区的市、市辖区、自治县。

乡级：乡、镇、民族乡。

三、行政区划的变更

审批机关	权限
全国人大	批准省、自治区和直辖市的设立、撤销、更名
	决定特别行政区的设立及其制度
国务院	批准省、自治区、直辖市的行政区域界线的变更，人民政府驻地的迁移，简称、排列顺序的变更由国务院审批
	批准自治州、县、自治县、市、市辖区的设立、撤销、更名和隶属关系的变更以及自治州、自治县、设区的市人民政府驻地的迁移由国务院审批
	批准自治州、自治县的行政区域界线的变更，县、市、市辖区的行政区域界线的重大变更由国务院审批

续表

审批机关	权限
省级人民政府	县、市、市辖区的部分行政区域界线的变更，由国务院授权省、自治区、直辖市人民政府审批
	乡、民族乡、镇的设立、撤销、更名，行政区域界线的变更，由省、自治区、直辖市人民政府审批

背诵口诀

省特变更全人大，县市部分省政府。

乡镇一切省政府，其他全归国务院。

经典题目

根据《宪法》和法律法规的规定，关于我国行政区划变更的法律程序，下列哪一选项是正确的？（2015-01-23）

A. 甲县欲更名，须报该县所属的省级政府审批

B. 乙省行政区域界线的变更，应由全国人大审议决定

C. 丙镇与邻近的一个镇合并，须报两镇所属的县级政府审批

D. 丁市部分行政区域界线的变更，由国务院授权丁市所属的省级政府审批

解析要点：

A项：县的更名应由国务院审批，A项错误。

B项：省级行政区域界线的变更应由国务院审批，B项错误。

C项：镇的合并应报省级人民政府审批，C项错误。

D项：县、市、市辖区的部分行政区域界线的变更，由国务院授权省、自治区、直辖市人民政府审批，D项正确。

综上所述，本题答案是D项。

【答案】D

第七节　民族区域自治制度 ★★★★★

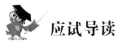 **应试导读**

本节内容是法考的五星级重点，非常重要，在客观题考试中，一般每套卷每年出1道题，分值1—2分。重难点提示：本节中，"民族自治地方的自治权"是重中之重，考生应重点掌握。

知识点

民族区域自治制度是指在国家的统一领导下，以少数民族聚居区为基础，建立相应的自治地方，设立自治机关，行使自治权，使实行区域自治的民族的人民自主地管理本民族地方性事务的制度。

民族自治地方	民族区域自治必须以少数民族聚居区为基础，是民族自治与区域自治的结合； 民族自治地方：自治区、自治州、自治县，民族乡不是民族自治地方。
民族自治机关	自治区、自治州、自治县的人大和政府； 民族自治地方的人大常委会中主任或副主任应当由实行区域自治的民族的公民担任； 自治区主席、自治州州长、自治县县长由实行区域自治的民族的公民担任。
民族自治地方的自治权	制定自治条例和单行条例： 1. 自治区制定的自治条例和单行条例需报全国人大常委会批准后才能生效； 2. 自治州、自治县制定的自治条例和单行条例，需报省或者自治区的人大常委会批准后生效。 **【背诵口诀】** 事先审查三批准，区级条例全人常。州县条例省人常，市州法规省人常。
	根据当地民族的实际情况，贯彻执行国家的法律和政策。 如果上级国家机关的决议、决定、命令和指示，有不适合民族自治地方实际情况的，自治机关可以报经该上级国家机关批准，变通执行或者停止执行；该上级国家机关应当在收到报告之日起60日内给予答复。
	自主管理地方财政： 凡是依照国家财政体制属于民族地方的财政收入，都应当由民族自治地方的自治机关自主地安排使用。 自治州、自治县决定减税或者免税，须报省或者自治区人民政府批准。
	自主地管理地方性经济建设： 民族自治地方依照国家规定可以开展对外经济贸易活动，经国务院批准，可以开辟对外贸易口岸； 与外国接壤的民族自治地方经国务院批准，开展边境贸易。
	自治机关经国务院批准，可以组织本地方维护社会治安的公安部队。
	自主管理教育、科学、文化、卫生、体育事业。 注意：自治区、自治州的自治机关依照国家规定，可以和国外进行教育、科学技术、文化艺术、卫生、体育等方面的交流。
	使用本民族的语言文字： 民族自治地方的自治机关在执行职务的时候，使用当地通用的一种或者几种语言文字，必要时，可以以实行区域自治的民族的语言文字为主。

经典题目

根据我国民族区域自治制度，关于民族自治县，下列哪一选项是错误的？（2017-01-23）

A. 自治机关保障本地方各民族都有保持或改革自己风俗习惯的自由

B. 经国务院批准，可开辟对外贸易口岸

C. 县人大常委会中应有实行区域自治的民族的公民担任主任或者副主任

D. 县人大可自行变通或者停止执行上级国家机关的决议、决定、命令和指示

解析要点：

根据《民族区域自治法》规定：

A项：民族自治地方的自治机关保障本地方各民族都有使用和发展自己的语言文字的自由，都有保持或者改革自己的风俗习惯的自由。A项正确。

B项：民族自治地方依照国家规定，可以开展对外经济贸易活动，经国务院批准，可以开辟对外贸易口岸。B项正确。

C项：民族自治地方的人民代表大会常务委员会中应当由实行区域自治的民族的公民担任主任或者副主任。根据上述规定，自治县属于民族自治地方，其人大常委会中应有实行区域自治的民族的公民担任主任或者副主任，C项正确。

D项：县人大要变通或者停止执行上级国家机关的决议、决定、命令和指示，必须报经该上级国家机关的批准，本项中"自行变通或者停止执行"的说法错误，D项错误。

综上所述，本题答案是D项。

【答案】D

第八节　特别行政区制度 ★★★★★

 应试导读

本节内容是法考的五星级重点，非常重要，在客观题考试中，一般每套卷每年至少出1道题，分值至少1—2分。重难点提示：（1）本节中，"中央与特别行政区的关系"是重中之重，也是近年热点问题。（2）"香港特别行政区行政长官产生办法""特别行政区维护国家安全的宪制责任"是法考改革后大纲新增内容，需要重点掌握。

 知识点

一、特别行政区的特点

特别行政区是指在我国版图内，根据宪法和基本法的规定而设立的，具有特殊的法律地位，实行特别的政治、经济制度的行政区域。其特点主要表现在：

享有高度自治权	行政管理权；立法权；独立的司法权和终审权；经国务院授权自行处理有关对外事务的权力。
特别行政区保持原有资本主义制度和生活方式50年不变	在特别行政区不实行社会主义制度和政策，保持原有的资本主义制度和生活方式50年不变。这充分体现了"一国两制"的基本方针。

特别行政区的行政机关和立法机关由该地区永久性居民组成	特别行政区的行政机关和立法机关由该地区永久性居民依照基本法的有关规定组成。 注意："永久性居民"是指在特别行政区享有居留权和有资格依照特别行政区法律取得载明其居留权的永久性居民身份证的居民。
特别行政区原有的法律基本不变	香港原有法律，即普通法、衡平法、条例、附属立法和习惯法，除同基本法相抵触或经香港特别行政区的立法机关作出修改者外，予以保留。 澳门原有的法律、法令、行政法规和其他规范性文件，除同基本法相抵触或经澳门特别行政区的立法机关或其他有关机关依照法定程序作出修改者外，予以保留。

二、中央与特别行政区的关系

中央与特别行政区的关系，是一个主权国家内中央与地方的关系，或者说是中央对特别行政区进行管辖和特别行政区在中央监督下实行高度自治而产生的相互关系。这种关系的核心在于中央与特别行政区的权力划分和行使。

全国人大	1. 全国人大决定特别行政区设立及其制度； 2. 全国人大对特别行政区基本法享有修改权。
全国人大常委会	1. 全国人大常委会享有对特别行政区基本法的解释权； 2. 全国人大常委会有权决定特别行政区进入紧急状态； 3. 全国人大常委会如认为特别行政区立法机关制定的法律不符合基本法，可将法律发回，但不修改； 4. 全国人大常委会可将有关国防、外交和不属于特别行政区自治范围的全国性法律，列入基本法附件三，在特别行政区生效适用。
中央人民政府	1. 中央人民政府负责管理与特别行政区有关的外交事务； 2. 中央人民政府负责管理特别行政区的防务； 3. 中央人民政府任命特别行政区行政长官和行政机关的主要官员； 4. 全国人民代表大会常务委员会决定宣布战争状态或决定特别行政区进入紧急状态，中央人民政府可发布命令将有关全国性法律在特别行政区实施。

三、特别行政区的政治体制

	香港	澳门
行政长官	性质：行政长官是特别行政区的首长，代表特别行政区，既对中央政府负责，又对特别行政区负责。 产生：行政长官由选举委员会选出，由中央人民政府任命。 任期：任期5年，可连任一次。 任职资格：年满40周岁＋连续满20年＋永久性居民＋中国公民（香港行政长官要求"在外国无居留权"；澳门行政长官要求"任职期内不得具有外国居留权"）。 【背诵口诀】 行政长官任职资格：四十二十无居留，永久居民中国人。	

续表

	香港	澳门
行政机关	性质：特别行政区政府是特别行政区的行政机关。 组成：首长是行政长官。下设政务司、财务司、律政司和各局、厅、处、署等。特别行政区政府的主要官员均由行政长官提名并报请中央人民政府任命和免职。	
立法机关 （立法会）	立法权：立法会有权依照基本法的规定和法定的程序制定、修改和废除法律。立法会制定的法律由行政长官签署、公布；须报全国人大常委会备案，备案不影响该法律的生效。 全国人大常委会认为特别行政区制定的法律同基本法冲突，可以发回，不能修改，一旦发回该法律就立即失效，但对以前的判决不具有溯及力。	
	财政权：立法会通过的财政预算案须由行政长官签署并由行政长官报送中央人民政府备案。	
	监督权：行政长官如有严重违法或渎职行为而不辞职，可以进行弹劾。	
	香港特别行政区立法会全体议员的1/4以上，澳门特别行政区立法会全体议员的1/3以上可以提出弹劾联合动议。	
	经立法会通过以后，立法会应组成调查委员会进行调查，如调查以后认定有足够的证据证明行政长官有严重违法和渎职行为，立法会以全体议员2/3多数通过，可以提出弹劾案，报请中央政府决定。	
	其他职权：立法会有权接受当地居民申诉，并进行处理。	
司法机关	香港的法律属于英美法系，司法机关只有法院，没有检察院；律政司主管刑事检察工作。	澳门的法律属于大陆法系，司法机关包括检察机关。
	终审法院、高等法院、区域法院、裁判司署法庭和其他专门法庭。	终审法院、中级法院、初级法院和行政法院。
	香港终审法院法官和高等法院首席法官的任免，需要行政长官征得立法会同意，并报全国人大常委会备案。	澳门终审法院法官的免职由行政长官根据立法会议员组成的审议委员会建议决定，终审法院法官的任免须报全国人大常委会备案。

附：香港特别行政区行政长官产生办法

行政长官产生的具体办法由附件一《香港特别行政区行政长官的产生办法》规定。

选举委员会的职责	2021年3月11日，第十三届全国人大第四次会议通过全国人民代表大会《关于完善香港特别行政区选举制度的决定》，香港特别行政区设立一个具有广泛代表性、符合香港特别行政区实际情况、体现社会整体利益的选举委员会，负责选举行政长官候任人、立法会部分议员，以及提名行政长官候选人、立法会议员候选人等事宜。
选举委员会的组成	选举委员会委员共1 500人，由下列各界人士组成： 第一界别：工商、金融界，300人； 第二界别：专业界，300人； 第三界别：基层、劳工和宗教等界，300人； 第四界别：立法会议员、地区组织代表等界，300人； 第五界别：香港特别行政区全国人大代表、香港特别行政区全国政协委员和有关全国性团体香港成员的代表界，300人。 选举委员会委员必须由香港特别行政区永久性居民担任。

| 行政长官选举 | 选举委员会以一人一票无记名投票选出行政长官候任人，候任人须获得选举委员会全体委员过半数支持；
香港特别行政区行政长官由选举委员会选出，由中央人民政府任命。 |

四、特别行政区公职人员就职宣誓

特别行政区公职人员就职宣誓是公职人员就职的法定条件和必经程序，未进行合法有效宣誓或者拒绝宣誓，不得就任相应公职，不得行使相应职权和享受相应待遇。	
宣誓主体	香港：行政长官、主要官员、行政会议成员、立法会议员、各级法院法官和其他司法人员。
	澳门：行政长官、主要官员、行政会委员、立法会议员、法官和检察官。
宣誓内容	香港：拥护中华人民共和国香港特别行政区基本法，效忠中华人民共和国香港特别行政区。
	澳门：拥护中华人民共和国澳门特别行政区基本法，尽忠职守，廉洁奉公，效忠中华人民共和国澳门特别行政区，效忠中华人民共和国。
宣誓要求	要求：符合法定形式和内容要求； 真诚、庄重； 准确、完整、庄重地宣读宣誓内容； 在法律规定的监誓人面前进行。
	结果：宣誓符合规定→有效； 宣誓不符合规定→无效＋不得重新安排宣誓。

五、特别行政区的法律制度

特别行政区基本法	由全国人大制定，在我国社会主义法律体系中，地位仅低于宪法，在特别行政区法律体系中，处于最高法律地位； 体现的是包括港澳同胞在内的全国人民的意志，是社会主义性质的法律； 特区立法机关制定的任何法律，均不得同该基本法律相抵触。
予以保留的原有法律	香港原有法律，即普通法、衡平法、条例、附属立法和习惯法，除同基本法相抵触或经香港特别行政区的立法机关作出修改者外，予以保留。 澳门原有的法律、法令、行政法规和其他规范性文件，除同基本法相抵触或经澳门特别行政区的立法机关或其他有关机关依照法定程序作出修改者外，予以保留。 凡属殖民统治性质或带有殖民主义色彩、有损我国主权的法律，都应废止或者修改。
特区立法机关制定的法律	除国防、外交和其他根据基本法有关规定不属于特别行政区自治范围的法律之外，立法会可以制定任何它有权制定的法律。比如民法、刑法等。
适用于特区的全国性法律	全国性法律一般不在特别行政区实施。但特别行政区作为中华人民共和国不可分离的一部分，有些体现国家主权和统一的全国性法律又有必要在特别行政区实施。因此，在特别行政区实施的全国性法律也是特别行政区的法律渊源之一。 例如，根据《香港特别行政区基本法》附件三的规定，在香港特别行政区实施的全国性法律现有 14 部，包括《关于中华人民共和国国都、纪年、国歌、国旗的决议》《关于中华人民共和国国庆日的决议》《中华人民共和国国籍法》《中华人民共和国国旗法》《中华人民共和国国徽法》《中华人民共和国国歌法》《中华人民共和国香港特别行政区维护国家安全法》等。

经典题目

关于特别行政区的法律制度，下列哪些说法是正确的？（2020年考生回忆版）

A. 特别行政区保持其原有的法律制度，全国性法律一律不在特别行政区实施

B. 特别行政区原有的法律、法令、行政法规等，同基本法抵触的，经立法会同意可以继续保留

C. 特别行政区基本法在特别行政区具有最高法律效力

D. 《国籍法》列入《香港特别行政区基本法》附件三

解析要点：

A项：体现国家主权和统一的全国性法律有必要在特别行政区实施。A项错误。

B项：香港原有法律，即普通法、衡平法、条例、附属立法和习惯法，除同基本法相抵触或经香港特别行政区的立法机关作出修改者外，予以保留。因此，同基本法抵触的原有法律需要废止或修改。B项错误。

C项：特别行政区基本法由全国人大制定，在我国社会主义法律体系中，地位仅低于宪法，在特别行政区法律体系中，处于最高法律地位。C项正确。

D项：《国籍法》是体现国家主权和统一的全国性法律，有必要在特别行政区实施，故列入香港、澳门基本法附件三。D项正确。

综上所述，本题答案是CD项。

【答案】CD

六、特别行政区维护国家安全的宪制责任

（一）全国人民代表大会关于建立健全香港特别行政区维护国家安全的法律制度和执行机制的决定

背景	维护国家安全是全中国人民的共同义务，是国家和香港特别行政区的共同责任。
	"一国两制"在香港取得前所未有的成功，也遇到了新情况新问题。 其中最突出的问题就是香港特别行政区国家安全风险日益凸显，成为制度短板。
意义	有助于改变特区国家安全领域长期"不设防"状况。
	有助于推进国家安全法律制度建设。
	有助于确保"一国两制"事业行稳致远。
重点内容	在坚持"一国两制"、"港人治港"、高度自治的方针的前提下，建立健全香港特别行政区维护国家安全的法律制度和执行机制，依法防范、制止和惩治危害国家安全的行为和活动。
	国家坚决反对任何外国和境外势力以任何方式干预香港特别行政区事务，采取必要措施予以反制，依法防范、制止和惩治外国和境外势力利用香港进行分裂、颠覆、渗透、破坏活动。
	维护国家主权、统一和领土完整是香港特别行政区的宪制责任。香港特别行政区应当尽早完成香港特别行政区基本法规定的维护国家安全立法。香港特别行政区行政机关、立法机关、司法机关应当依据有关法律规定有效防范、制止和惩治危害国家安全的行为和活动。

重点内容	中央人民政府维护国家安全的有关机关根据需要在香港特别行政区设立机构，依法履行维护国家安全相关职责。
	香港特别行政区行政长官应当就香港特别行政区履行维护国家安全职责、开展国家安全教育、依法禁止危害国家安全的行为和活动等情况，定期向中央人民政府提交报告。
	授权全国人大常委会制定相关法律；全国人大常委会决定将上述相关法律列入基本法附件三，由香港特别行政区在当地公布实施。

（二）《中华人民共和国香港特别行政区维护国家安全法》（简称《香港国安法》）

立法目的	《香港国安法》的立法目的是防范、制止和惩治分裂国家、颠覆国家政权、组织实施恐怖活动和勾结外国或境外势力危害国家安全等犯罪行为，保持香港特别行政区的繁荣和稳定，以及保障香港特别行政区居民的合法权益。
立法过程	通过：2020年6月30日，第十三届全国人大常委会通过《香港国安法》。 生效：《香港国安法》通过后，全国人大常委会决定将其列入《香港特别行政区基本法》附件三。《香港国安法》已于2020年6月30日当晚在香港特别行政区生效。
职责	中央人民政府对香港特别行政区有关的国家安全事务负有根本责任。 香港特别行政区负有维护国家安全的宪制责任，应当履行维护国家安全的职责。 香港特别行政区履行维护国家安全职责，应当切实执行该法和特区现行有关防范、制止和惩治危害国家安全行为和活动的规定；加强维护国家安全和防范恐怖活动的工作；采取必要措施，对学校、社会团体、媒体、网络等涉及国家安全的事宜，加强宣传、指导、监督和管理；尽早完成《香港特别行政区基本法》规定的维护国家安全立法，完善相关法律。香港特别行政区行政长官应当就香港特别行政区履行维护国家安全职责的情况向中央人民政府提交年度报告。
法治原则	《香港国安法》规定了防范、制止和惩治危害国家安全犯罪应当坚持的法治原则，包括依照法律定罪处刑、无罪推定、一事不二审和保障犯罪嫌疑人诉讼权利等； 香港特别行政区维护国家安全应当尊重和保障人权，依法保护香港特别行政区居民依法享有的各项权利和自由。
机构	维护国家安全委员会：香港特别行政区设立由行政长官担任主席的香港特别行政区维护国家安全委员会，负责维护国家安全事务，承担维护国家安全的主要责任，并接受中央人民政府的监督和问责。委员会设国家安全事务顾问，由中央人民政府指派。 香港特别行政区政府警务处和律政司：香港特别行政区政府警务处和律政司作为主要执行部门，设立专门处理维护国家安全事务的部门。《香港国安法》规定的犯罪案件，除特定情形外，由香港特别行政区行使管辖权，包括立案侦查、检控、审判和刑罚的执行等诉讼程序。 警务处维护国家安全部门办理国家安全犯罪案件时，可采取特别行政区现行法律准予警方调查严重犯罪案件的各种措施以及其他《香港国安法》规定的措施；律政司专门的国家安全犯罪检控部门负责国家安全犯罪案件的检控工作；未经律政司司长书面同意，任何人不得就危害国家安全犯罪案件提出检控。 各级法院指定法官负责审理危害国家安全犯罪案件，除涉及国家秘密、公共秩序等情形不宜公开审理的以外，审判应当公开进行，但判决结果应当一律公开宣布。
罪行	《香港国安法》防范、制止和惩治分裂国家罪、颠覆国家政权罪、恐怖活动罪以及勾结外国或者境外势力危害国家安全罪等四类危害国家安全的罪行。

维护国家安全公署	《香港国安法》规定，中央人民政府在香港特别行政区设立维护国家安全公署，人员由中央人民政府维护国家安全的有关机关联合派出，须遵守全国性法律和香港特别行政区法律，依法接受国家监察机关的监督。 有下列情况之一的，经香港特别行政区政府或者中央人民政府驻香港特别行政区维护国家安全公署提出，并报中央人民政府批准，公署对《香港国安法》规定的危害国家安全犯罪案件行使管辖权： 1. 案件涉及外国或境外势力介入的复杂情况，香港特别行政区管辖确有困难的； 2. 出现香港特别行政区政府无法有效执行《香港国安法》的严重情况的； 3. 出现国家安全面临重大现实威胁的情况的。

第九节　基层群众自治制度 ★★★★★

应试导读

　　本节内容是法考的五星级重点，非常重要，在客观题考试中，一般每套卷每年出 1 道题，分值 1—2 分。重难点提示：考生在学习本节时，应重点掌握"村民委员会、村民会议和村民代表会议"的关系，以及"村民委员会和居民委员会"的异同。

知识点

一、基层群众自治组织含义及特点

　　基层群众自治组织是指依照有关法律规定，以城乡居民（村民）一定的居住地为纽带和范围设立，并由居民（村民）选举产生的成员组成的，实行自我管理、自我教育、自我服务的社会组织。基层群众自治组织有以下特点：

群众性	不同于国家政权组织和其他政治、经济等社会组织。目的是解决居住地范围内的公共事务和公益事业方面的社会问题。
自治性	具有自身组织上的独立性。不是国家机关，也不是国家机关的下属或下级组织。
基层性	只存在于居住地范围的基层社区。

二、村民委员会

村民委员会	设置	乡级政府提建议＋村民会议同意＋县级政府批准。
	组织	1. 主任＋副主任＋委员（3—7 人）； 2. 应当有妇女成员，多民族村民居住的村应当有人口较少的民族的成员。

村民委员会	产生	1. 本村年满18周岁未被剥夺政治权利的村民直接选举产生； 2. 选民过半数投票并且参加投票选民过半数通过（双过半）；任期5年，可以连选连任。
	下属委员会	村民委员会根据需要设人民调解、治安保卫、公共卫生与计划生育等委员会；人口少的村的村民委员会可以不设下属委员会。
	监督	村务公开：一般事项至少每季度公布一次；集体财务往来较多的，财务收支情况应当每月公布一次；涉及村民利益的重大事项应当随时公布。
		民主评议：由村民会议或村民代表会议进行评议，每年至少一次；连续两次不称职，其职务终止。
		审计：任期和离任均需经济责任审计。
	罢免	本村1/5以上有选举权的村民或1/3以上村民代表联名。
		选民过半数投票并且参加投票选民过半数通过（双过半）。 【背诵口诀】 "三一""五一"提罢免，选举罢免双过半。
村民会议	组成	本村18周岁以上的村民组成。
	开会	召集和主持：村民委员会。
		1/10以上的村民或1/3以上村民代表提议，应当召集。
		会议有效：本村18周岁以上村民过半数或2/3以上户的代表参加。
	职权	监督村委会：村委会向村民会议负责并报告工作。
		制定自治章程和村规民约，报乡政府备案；若与宪法、法律相抵触，则由乡政府责令改正。
		改变或撤销村民代表会议和村民委员会不适当决定。
村民代表会议	组成	人数较多或者居住分散的村，可以设立村民代表会议。 1. 村委会成员＋村民代表（4/5以上）； 2. 妇女村民代表1/3以上。
	开会	每季度召开一次；1/5以上村民代表提议，应当召集。
	职权	审议村委会的工作报告。
		改变或撤销村委会的决定。

三、居民委员会和村民委员会的主要区别

	村民委员会	居民委员会
设立、撤销、范围调整	由乡、民族乡、镇的政府提出，经村民会议讨论同意后，报县级人民政府批准。	不设区的市、市辖区的人民政府决定。
组织	主任、副主任和委员共3—7人组成。应有妇女成员。	主任、副主任和委员共5—9人组成。
产生	年满18周岁未被剥夺政治权利的村民直接选举产生。	1. 由本居住地范围内全体有选举权的居民选举产生； 2. 由每户派代表选举产生； 3. 由每个居民小组选举代表2—3人选举产生。

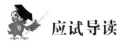 **命题角度**

基层群众自治制度常见命题角度：

1. 考查基层群众自治组织和国家机关的关系；
2. 考查村民委员会和村民会议的关系。

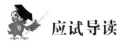 **经典题目**

根据《村民委员会组织法》的规定，下列说法错误的是：（2020 年考生回忆版）

A. 村民委员会成员实行任期和离任经济责任审计，由县级政府农业、财政部门或者乡、镇政府负责组织

B. 村民委员会成员两次被评议不称职的，其职务终止

C. 村民会议由本村 18 周岁以上的没有被剥夺政治权利的村民组成

D. 村民会议向村民委员会负责并报告工作

解析要点：

A 项：根据《村民委员会组织法》的规定，村民委员会成员的任期和离任经济责任审计，由县级人民政府农业部门、财政部门或者乡、民族乡、镇的人民政府负责组织。A 项正确。

B 项：村民委员会成员连续两次被评议不称职的，其职务终止。B 项错误。

C 项：村民会议由本村 18 周岁以上的村民组成，不要求未被剥夺政治权利的条件。C 项错误。

D 项：村民委员会向村民会议负责并报告工作。D 项错误。

综上所述，本题答案是 BCD 项。

【答案】BCD

第十节　国家标志 ★★★

 应试导读

　　本节内容是法考的三星级重点，虽然过往命题不多，但属于近几年的命题热点，考生应结合常识进行记忆，不要死记硬背。

知识点

国旗	中华人民共和国国旗是<u>五星红旗</u>。
	应当每日升挂国旗的场所或者机构所在地： 1. 北京天安门广场、新华门； 2. 中国共产党中央委员会，全国人民代表大会常务委员会，国务院，中央军事委员会，中国共产党中央纪律检查委员会、国家监察委员会，最高人民法院，最高人民检察院；中国人民政治协商会议全国委员会；（总结：两央两高一监四委） 3. 外交部； 4. 出境入境的机场、港口、火车站和其他边境口岸，边防海防哨所。

国旗	应当在工作日升挂国旗的机构所在地： 1. 中国共产党中央各部门和地方各级委员会； 2. 国务院各部门； 3. 地方各级人民代表大会常务委员会； 4. 地方各级人民政府； 5. 中国共产党地方各级纪律检查委员会、地方各级监察委员会； 6. 地方各级人民法院和专门人民法院； 7. 地方各级人民检察院和专门人民检察院； 8. 中国人民政治协商会议地方各级委员会； 9. 各民主党派、各人民团体； 10. 中央人民政府驻香港特别行政区有关机构、中央人民政府驻澳门特别行政区有关机构。
	学校除寒假、暑假和休息日外，应当每日升挂国旗。有条件的幼儿园参照学校的规定升挂国旗。
	图书馆、博物馆、文化馆、美术馆、科技馆、纪念馆、展览馆、体育馆、青少年宫等公共文化体育设施应当在开放日升挂、悬挂国旗。
国歌	中华人民共和国国歌是《义勇军进行曲》。
	应当奏唱国歌的场合： 1. 全国人民代表大会会议和地方各级人民代表大会会议的开幕、闭幕；中国人民政治协商会议全国委员会会议和地方各级委员会会议的开幕、闭幕； 2. 各政党、各人民团体的各级代表大会等； 3. 宪法宣誓仪式； 4. 升国旗仪式； 5. 各级机关举行或者组织的重大庆典、表彰、纪念仪式等； 6. 国家公祭仪式； 7. 重大外交活动； 8. 重大体育赛事； 9. 其他应当奏唱国歌的场合。
国徽	中华人民共和国国徽，中间是五星照耀下的天安门，周围是谷穗和齿轮。
	应当悬挂国徽的机构： 1. 各级人民代表大会常务委员会； 2. 各级人民政府； 3. 中央军事委员会； 4. 各级监察委员会； 5. 各级人民法院和专门人民法院； 6. 各级人民检察院和专门人民检察院； 7. 外交部； 8. 国家驻外使馆、领馆和其他外交代表机构； 9. 中央人民政府驻香港特别行政区有关机构、中央人民政府驻澳门特别行政区有关机构。 国徽应当悬挂在机关正门上方正中处。
	应当悬挂国徽的场所： 1. 北京天安门城楼、人民大会堂； 2. 县级以上各级人民代表大会及其常务委员会会议厅，乡、民族乡、镇的人民代表大会会场； 3. 各级人民法院和专门人民法院的审判庭； 4. 宪法宣誓场所； 5. 出境入境口岸的适当场所。
首都	中华人民共和国首都是北京。

经典题目

下列关于国歌的说法，哪些是错误的？（2020年考生回忆版）

A. 各级机关举行或组织的重大庆典上应当奏唱国歌

B. 国歌可以作为公共场所的背景音乐

C. 国歌应当纳入中小学教育

D. 公民可以在国庆节等重要的国家法定节日，在广播电台、电视台点播国歌

解析要点：

A项：《国歌法》规定：各级机关举行或者组织的重大庆典、表彰、纪念仪式等，应当奏唱国歌。A项正确。

B项：《国歌法》规定：国歌不得用于或者变相用于商标、商业广告，不得在私人丧事活动等不适宜的场合使用，不得作为公共场所的背景音乐等。B项错误。

C项：《国歌法》规定：国歌纳入中小学教育。中小学应当将国歌作为爱国主义教育的重要内容，组织学生学唱国歌，教育学生了解国歌的历史和精神内涵、遵守国歌奏唱礼仪。C项正确。

D项：《国歌法》规定：国庆节、国际劳动节等重要的国家法定节日、纪念日，中央和省、自治区、直辖市的广播电台、电视台应当按照国务院广播电视主管部门规定的时点播放国歌。D项错误。

综上所述，本题答案是BD项。

【答案】 BD

第三章

公民的基本权利和义务

第一节　公民基本权利和义务概述　★

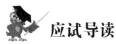 **应试导读**

　　本节内容是法考的一星级知识点，重要性一般，其整体内容比较宏观，很少直接命题。考生学习本节时，应重在理解。

 知识点

一、基本权利和基本义务的概念

基本权利	基本权利是指由宪法规定的公民享有的最重要的、必不可少的权利。
基本义务	基本义务也称宪法义务，是指由宪法规定的公民必须遵守的法律义务。
基本权利的主体	基本权利的主体主要是公民，公民是指具有一国国籍的自然人。

二、我国基本权利和基本义务的特点

广泛性	1. 享有基本权利和自由的主体非常广泛。我国现阶段的权利主体包括占全国人口绝大多数的社会主义劳动者，社会主义事业的建设者，拥护社会主义的爱国者，拥护祖国统一和致力于中华民族伟大复兴的爱国者等； 2. 公民享有的权利和自由的范围非常广泛。包括政治权利，人身权利，宗教信仰自由，社会经济权利，文化教育权利等。

平等性	1. 公民在享有权利和履行义务方面一律平等; 2. 司法机关在适用法律上一律平等。
现实性	1. 公民基本权利和义务的内容具有现实性; 2. 法律对于公民基本权利和义务的规定,既有物质保障又有法律保障,因而是可以实现的。
一致性	1. 享有权利和承担义务的主体是一致的; 2. 公民某些基本权利和基本义务是互相结合的,例如,劳动、受教育既是公民的基本权利,又是公民的基本义务; 3. 公民的基本权利和基本义务相互促进,相辅相成。

第二节　我国公民的基本权利 ★★★★★

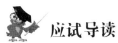 **应试导读**

本节内容是法考的五星级重点,非常重要,在客观题考试中,一般每套卷每年出1道题,分值1—2分。同时,本节内容相对简单,考生应重点掌握,稳拿相应分数。

 知识点

一、平等权

概念	平等权是公民依法平等地享有权利,不受任何差别对待,要求国家给予同等保护的权利。平等权是我国宪法所保护的公民的一项基本权利,同时也是公民行使其他权利的基础。
内容	法律面前一律平等;禁止差别对待;允许合理差别。
我国宪法保护的特定主体	保障妇女权利; 保障退休人员和军烈属的权利; 保护婚姻、家庭、母亲、儿童、老年人; 关怀青少年和儿童的成长; 保护华侨、归侨和侨眷的正当权利。

二、政治权利和自由

选举权和被选举权		见"选举制度"
政治自由	言论自由	1. 言论自由是指公民有权通过各种语言形式,针对国家政治和社会中各种问题,表达其思想和见解的自由; 2. 言论自由在政治自由中居于首要地位,延伸出其他的政治自由。

政治自由	出版自由	1. 通过公开出版物表达自己的见解和看法； 2. 包括著作自由和出版单位的设立和管理要遵循法律规定； 3. 各国对出版物管理主要有两种制度：事前审查制和追惩制，我国采用二者结合的制度。
	结社自由	1. 主要指组织政治性团体的自由； 2. 我国社会团体的成立实行核准登记制度，登记管理机关是县级以上民政部门。
	集会游行示威自由	1. 都是言论自由的延伸和具体化； 2. 都源于公民的请愿权，都是公民表达强烈意愿的自由；主要在公共场所行使，必须是多个公民共同行使，属于集合性权利。

📑 命题角度

公民的基本权利常见命题角度：给考生一项权利，请考生判断是公民的哪种基本权利。

📑 经典题目

某市执法部门发布通告："为了进一步提升本市市容和环境卫生整体水平，根据相关规定，全市范围内禁止设置各类横幅标语。"根据该通告，关于禁设横幅标语，下列哪一说法是正确的？（2017-01-25）

A. 涉及公民的出版自由

B. 不构成对公民基本权利的限制

C. 在目的上具有正当性

D. 涉及宪法上的合理差别问题

解析要点：

A项：公民享有出版自由，但是本题中设置各类横幅标语的限制并不涉及出版自由，设置横幅标语并不是出版行为，A项错误。

B项：该市禁止公民设置各类横幅标语的通告明显是对公民言论的限制，B项错误。

C项：该市禁止设置横幅标语的通告是出于提升本市市容和环境卫生整体水平的目的，在目的上具有正当性，C项正确。

D项：宪法上的合理差别是为了实现公民在宪法和法律面前实质的平等而存在，本题中该市通告禁止设置横幅标语，与合理差别问题无关，D项错误。

综上所述，本题答案是C项。

【答案】C

三、宗教信仰自由

宗教信仰自由的含义	宗教信仰自由是指公民依据内心的信念，自愿地信仰宗教的自由。其含义包括： 1. 公民有信教或者不信教的自由； 2. 有信仰这种宗教或者那种宗教的自由； 3. 有信仰同宗教中的这个教派或者那个教派的自由； 4. 有过去不信教而现在信教或者过去信教而现在不信教的自由。
我国宪法对宗教信仰自由的规定	1. 任何国家机关、社会团体和个人不得强制公民信仰宗教或者不信仰宗教，不得歧视信仰宗教的公民和不信仰宗教的公民。 2. 国家保护正常的宗教活动。任何人不得利用宗教进行破坏社会秩序、损害公民身体健康、妨碍国家教育制度的活动。 3. 宗教团体和宗教事务不受外国势力的支配。

四、人身自由（广义）

生命权	宪法没有明确规定，但价值上是充分尊重和保障生命权的。 主体：自然人。法人不能成为生命权的主体。
人身自由（狭义）	公民的身体不受非法限制、搜查、拘留和逮捕。 任何公民，非经人民检察院批准、决定或者人民法院决定，并由公安机关执行，不受逮捕。
人格尊严	禁止用任何方法对公民进行侮辱、诽谤和诬告陷害。 包括姓名权、肖像权、名誉权、荣誉权和隐私权。
住宅不受侵犯	属于人身自由的延伸，禁止非法搜查或者非法侵入公民的住宅，公安和检察机关搜查住宅须依法进行。
通信自由和通信秘密	除因国家安全或者追查刑事犯罪的需要，由公安机关或者检察机关依照法律规定的程序对通信进行检查外，任何组织或者个人不得以任何理由侵犯公民的通信自由和通信秘密。

五、社会经济权利

财产权	1. 公民的合法的私有财产不受侵犯； 2. 国家依照法律规定保护公民的私有财产权和继承权； 3. 国家为了公共利益的需要，可以依照法律规定对公民的私有财产实行征收或者征用并给予补偿。
劳动权和休息权	公民有劳动的权利和义务； 劳动者有休息的权利。
获得物质帮助权	公民年老、疾病、丧失劳动能力时，有从国家和社会获得物质帮助的权利。

六、文化教育权利

受教育的权利	学龄前儿童有接受学前教育的机会； 适龄儿童有接受初等教育的权利和义务； 公民有接受中等教育、职业教育和高等教育的权利和机会； 成年人有接受成人教育的权利； 公民有从集体经济组织、国家企业事业组织和其他社会力量举办的教育机构接受教育的机会； 就业前的公民有接受必要的劳动就业训练的权利和义务。
进行科学研究、文艺创作和其他文化活动的自由	国家对于从事教育、科学、技术、文学、艺术和其他文化事业的公民的有益于人民的创造性工作，给予鼓励和帮助。 国家通过立法的形式，促进文化艺术事业发展，有助于推动公民文化权利的实现。例如《电影产业促进法》《公共文化服务保障法》。

📓 **经典题目**

为坚持立德树人，发展素质教育，切实解决人民群众反映强烈的中小学生课外负担过重问题，国务院办公厅发布《国务院办公厅关于规范校外培训机构发展的意见》。关于这一意见，下列哪些说法是正确的？（2020考生回忆版）

A.《意见》属于行政法规

B.《意见》构成了对公民的基本权利的限制

C. 受教育既是公民的基本权利，又是公民的基本义务

D. 受教育权属于公民的积极受益权

解析要点：

A项：行政法规的制定主体是国务院，不是国务院办公厅，A项错误。

B项：《意见》规范培训机构发展，目的是更好地保障而非限制公民受教育权，也未限制公民其他基本权利，B项错误。

C项：《宪法》规定，受教育既是公民的基本权利，又是公民的基本义务，C项正确。

D项：公民的文化教育权利属于公民的积极受益权，即公民可以积极主动地向国家提出请求、国家也应积极予以保障的权利，D项正确。

综上所述，本题答案是CD项。

【答案】 CD

七、监督权和获得赔偿权

监督权	批评、建议权：批评权是指对国家机关和国家工作人员工作中的缺点和错误，提出批评意见的权利；建议权是指公民有对国家机关和国家工作人员的工作提出合理化建议的权利。 控告、检举权：控告权是指公民对任何国家机关和国家工作人员的违法失职行为，有向有关机关进行揭发和指控的权利；检举权是指公民对于违法失职的国家机关和国家工作人员，有向有关机关揭发事实、请求依法处理的权利。

监督权	控告权与检举权的共同之处：都是同违法失职行为作斗争。 控告权与检举权的区别：一是控告人通常是直接受到不法侵害的人，而检举人不一定与案件有直接关系；二是控告人是为了保护自己的权益，检举人多为出于正义感和维护公共利益的目的。
	申诉权：公民合法权益因国家工作人员的违法失职行为受到侵害时，有向有关机关申述理由，要求重新处理的权利。
获得赔偿权	国家机关和国家机关工作人员行使职权，有规定的侵犯公民、法人和其他组织合法权益的情形，造成损害的，受害人有权取得国家赔偿； 致人精神损害、造成严重后果的，赔偿义务机关应当支付"精神损害抚慰金"。

经典题目

张某对当地镇政府干部王某的工作提出强烈批评，引起群众热议，被公安机关以诽谤他人为由行政拘留5日。张某的精神因此受到严重打击，事后相继申请行政复议和提起行政诉讼，法院依法撤销了公安机关的《行政处罚决定书》。随后，张某申请国家赔偿。根据《宪法》和法律的规定，关于本案的分析，下列哪些选项是正确的？（2016-01-63）

A. 王某因工作受到批评，人格尊严受到侵犯

B. 张某的人身自由受到侵犯

C. 张某的监督权受到侵犯

D. 张某有权获得精神损害抚慰金

解析要点：

A项：张某对王某工作提出强烈批评，是行使监督权的表现，并未使用侮辱、诽谤和诬告陷害等方式侵犯王某人格尊严。A项错误。

B项：张某因行使正当权利被公安机关行政拘留，人身自由受到侵犯。B项正确。

C项：张某因批评王某的工作而被行政拘留，导致监督权被侵犯。C项正确。

D项：根据《国家赔偿法》相关规定，张某的精神受到严重打击，因此，有权获得精神损害抚慰金。D项正确。

综上所述，本题答案是BCD项。

【答案】BCD

第三节 我国公民的基本义务 ★

 **应试导读**

本节内容是法考的一星级知识点，重要性一般，在客观题考试中，一般每套卷每五到十年出1道题，分值1分左右。

知识点

根据宪法的规定，我国公民的基本义务包括：

1. 维护国家统一和民族团结。
2. 遵守宪法和法律，保守国家秘密，爱护公共财产，遵守劳动纪律，遵守公共秩序，尊重社会公德。
3. 维护祖国的安全、荣誉和利益。
4. 保卫祖国、依法服兵役和参加民兵组织。拒绝、逃避征集的，经教育不改，基层政府可以强制其履行兵役义务。
5. 依法纳税。
6. 其他义务，如劳动的义务、受教育的义务、夫妻双方计划生育的义务、父母抚养教育未成年子女的义务、成年子女赡养扶助父母的义务等。

📑 **经典题目**

根据现行《宪法》规定，关于公民权利和自由，下列哪一选项是正确的？（2008-01-17）

A. 劳动、受教育和依法服兵役既是公民的基本权利又是公民的基本义务

B. 休息权的主体是全体公民

C. 公民在年老、疾病或者未丧失劳动能力的情况下，有从国家和社会获得物质帮助的权利

D. 2004年《宪法修正案》规定，国家尊重和保障人权

解析要点：

A项：劳动、受教育既是公民的基本权利又是公民的基本义务，但是服兵役是公民的义务而非权利。A项错误。

B项：中华人民共和国劳动者有休息的权利。因此，休息权的主体是劳动者而非全体公民。B项错误。

C项：中华人民共和国公民在年老、疾病或者丧失劳动能力的情况下，有从国家和社会获得物质帮助的权利。C项多了一个"未"字，C项错误。

D项：2004年《宪法修正案》规定："国家尊重和保障人权。"D项正确。

综上所述，本题答案是D项。

【答案】 D

第四章 国家机构

第一节　国家机构概述　★

 应试导读

　　本节内容是法考的一星级知识点，重要性一般，其整体内容比较宏观，很少直接命题。考生学习本节时，应重在理解。其中，"民主集中制原则"和"责任制原则"相对重要。

 知识点

一、国家机构的概念和特点

　　国家机构是国家为实现其职能而建立起来的一整套有机联系的国家机关的总和，其特点是：阶级性、历史性、强制性和组织性。

二、我国国家机构的组织和活动原则

民主集中制原则	1. 在国家机构与人民的关系方面，由人民组织国家机构体现了<u>国家权力来自人民</u>。 2. 在同级国家机构中，<u>国家权力机关居于主导地位</u>。 3. 在中央与地方国家机构的关系方面，实行"中央和地方的国家机构职权的划分，遵循在中央的统一领导下，充分发挥地方的主动性、积极性的原则"。中央统一领导和地方的主动性与积极性体现了民主集中制原则的<u>地方服从中央</u>的要求。 4. 在国家机关内部，无论是实行合议制还是实行首长负责制，在作出决策和决定时，都在不同程度上实行<u>民主集中制</u>。
社会主义法治原则	社会主义法治原则的含义：就是指国家机构在组织和活动中必须依法办事，不以领导人的个人意志为转移，也不能以政策代替法律。 社会主义法治原则的基本要求：有法可依、有法必依、执法必严、违法必究。

责任制原则	集体负责制是指由全体组成人员集体讨论，并且按照少数服从多数的原则作出决定，集体承担责任的一种体制。集体组织中每个成员的地位平等。 实行集体负责制的机关：各级人大及其常委会、监察委员会、人民法院和人民检察院等。 集体负责制的特点：能够集思广益，充分发挥集体的智慧和作用，避免主观性、片面性，而且还可以避免国家权力过多地集中于个人或者少数人手中，防止个人独断专行。 个人负责制是指由首长个人决定问题并承担相应责任的领导体制。 实行个人负责制的机关：国务院及其各部委，中央军委和地方各级人民政府等。 个人负责制的特点：权责界限明确，果断迅速，讲究效率，适合国家行政机关和军事机关的性质和工作特点。
为人民服务 原则	在思想上：国家工作人员应能够认识国家权力来自人民的授予，树立密切联系群众、一切为人民服务的意识。 在活动中：1. 一切工作都要从最大多数人的最大利益出发，为人民的根本利益服务。2. 认真贯彻"从群众中来，到群众中去"的工作方法。3. 要开辟各种途径，广泛地吸引人民群众参加国家管理，这既是我国政权本质的要求，也是贯彻群众路线的重要形式和有效方法。例如，组织人民群众参加宪法以及其他重要法律草案的讨论、接受人民来信来访、建立人民代表联系选民的制度等。
精简和效率 原则	根据《宪法》第27条第1款的规定，一切国家机关实行精简的原则，实行工作人员的培训和考核制度，不断提高工作质量和工作效率，反对官僚主义。 国家机构是否精简，直接影响着工作效率。因此，推动国家机构改革，有助于克服官僚主义，做到廉政、勤政，提高工作质量和效率，是精简和效率原则的基本要求。

第二节　全国人民代表大会 ★★★★★

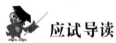 **应试导读**

　　本节内容是法考的五星级重点，非常重要，在客观题考试中，一般每套卷每年至少出1道题，分值至少1—2分。重难点提示：考生学习本节时，应重点掌握两部分，一是"全国人民代表大会和全国人民代表大会常务委员会的职权、会议制度和工作程序"，这部分是本节的重中之重；二是"专门委员会"部分，法考改革后大纲有新修内容。

 知识点

一、人民代表大会制度的基本内容和性质

基本 内容	我国的政权组织形式是人民代表大会制度。人民代表大会制度的基本内容包括以下方面： 1. 人民主权原则（人民代表大会制度最核心的基本原则）； 2. 人民掌握和行使国家权力的组织形式的制度； 3. 人大代表由人民选举，受人民监督； 4. 各级人大是国家权力机关，其他国家机关都由人大选举产生，对其负责，受其监督。

性质	1. 人民代表大会制度是我国的根本政治制度； 2. 人民代表大会制度是实现社会主义民主的基本形式。

二、全国人民代表大会和全国人民代表大会常务委员会

	全国人民代表大会	全国人民代表大会常务委员会
性质和地位	最高国家权力机关、最高国家立法机关，在我国国家机构体系中处于首要地位，任何国家机关都不能超越全国人大，也不能和它并列。	全国人大的常设机关，是最高国家权力机关的组成部分，对全国人大负责并报告工作，行使国家立法权。 在全国人大闭会期间，国务院、最高人民法院、最高人民检察院必须对全国人大常委会负责并报告工作，中央军委和国家监察委除对全国人大负责外，也要对全国人大常委会负责。
组成和任期	1. 全国人大由各省、自治区、直辖市人大、军队和特别行政区选出的代表组成，每届任期5年。 2. 在任期届满前的2个月以前，全国人大常委会必须完成下届全国人大代表的选举工作。如果遇到不能进行选举的非常情况，由全国人大常委会以全体委员2/3以上的多数通过，可以推迟选举，延长本届全国人大的任期；但在非常情况结束后1年以内，全国人大常委会必须完成下届全国人大代表的选举。	1. 委员长，副委员长若干人，秘书长，委员若干人，必须是人大代表，由全国人大选举产生； 2. 任期与全国人大相同为5年，可连选连任，但是委员长、副委员长连续任职不得超过两届。
职权	1. 修改宪法、监督宪法实施。 2. 制定基本法律，包括刑法、刑事诉讼法、民法、民事诉讼法等。 3. 选举、决定和罢免国家机关的重要组成人员。 4. 决定国家重大问题：审查和批准国民经济和社会发展计划和计划执行情况的报告；审查和批准国家预算和预算执行情况的报告；改变或者撤销全国人民代表大会常务委员会不适当的决定；批准省、自治区和直辖市的建置；决定特别行政区的设立及其制度；决定战争与和平。 5. 最高监督权：全国人大有权监督由其产生的国家机关的工作，全国人大常委会、国务院、最高人民法院、最高人民检察院必须对全国人大负责并报告工作，中央军委和国家监察委对全国人大负责。	1. 解释宪法、监督宪法实施。 2. 解释法律、制定非基本法律，在全国人大闭会期间修改基本法律。 3. 审查和监督规范性文件。 4. 预算管理权：对国民经济和社会发展计划、国家预算部分调整方案和国家决算的审批权，审议审计工作报告。 5. 监督国家机关工作：提出质询案；听取工作报告；检查法律法规实施情况。 6. 决定、任免国家机关组成人员。 7. 其他重大事项决定权：在全国人大闭会期间，决定战争状态的宣布；决定任免驻外全权代表；决定同外国缔结的条约和重要协定的批准和废除；规定军人和外交人员的衔级制度和其他专门衔级制度；规定和决定授予国家的勋章和荣誉称号；决定特赦；决定全国总动员或者局部动员；决定全国或者个别省、自治区、直辖市进入紧急状态。 总结：紧急重要，荣誉称号。

续表

	全国人民代表大会	全国人民代表大会常务委员会
会议制度和工作程序	1. 全国人大开展工作的主要方式是举行会议，全国人大会议每年举行一次。 2. 如果全国人大常委会认为有必要或者1/5 以上的全国人大代表提议，可以临时召集。 3. 全国人大会议均由全国人大常委会召集。 4. 全国人大的会议形式主要有预备会议、全体会议和小组会议等。首先是由全国人大常委会主持召集预备会议，选举产生本次大会主席团和秘书长，讨论本次会议的议程以及其他准备事项。预备会议后，全国人大便由主席团正式主持全体会议。在全体会议期间，根据需要举行小组会议，审议和讨论有关事项。全体会议一般公开举行，在必要时经主席团和各代表团团长会议决定，可以举行秘密会议。	1. 全国人大常委会主要通过举行会议、作出会议决定的形式行使职权。 2. 全国人大常委会全体会议一般每两个月举行一次，由委员长召集并主持。 3. 由委员长、副委员长、秘书长组成委员长会议，处理全国人大常委会重要的日常工作，但委员长会议有其职权的界限，不能代替常委会行使职权。

附：国家的勋章和荣誉称号制度

国家勋章和国家荣誉称号	1. 国家勋章和国家荣誉称号为国家最高荣誉。国家勋章包括"共和国勋章"和"友谊勋章"，国家荣誉称号的具体名称由全国人大常委会在决定授予时确定。 2. 授予国家勋章、国家荣誉称号的议案由全国人大常委会委员长会议及国务院、中央军事委员会向全国人大常委会提出，由全国人大常委会作出决定，由国家主席授予和签发证书。 3. 国家主席进行国事活动，可以直接授予外国政要、国际友人等人士"友谊勋章"。
国家功勋簿	国家设立国家功勋簿，记载国家勋章和国家荣誉称号获得者及其功绩。

📑 经典题目

关于国家勋章和国家荣誉，下列说法正确的是：（2021 年考生回忆版）

A. 国家勋章和国家荣誉称号为国家法定的最高荣誉

B. 国务院可以向全国人民代表大会常务委员会提出授予国家勋章、国家荣誉称号的议案

C. 全国人民代表大会常务委员会决定授予国家勋章和国家荣誉称号

D. 全国人民代表大会常务委员会有权决定撤销国家勋章、国家荣誉称号

解析要点：

根据《国家勋章和国家荣誉称号法》规定：

A 项：国家勋章和国家荣誉称号为国家最高荣誉。A 项正确。

B 项：全国人民代表大会常务委员会委员长会议根据各方面的建议，向全国人民代表大会常务委员会提出授予国家勋章、国家荣誉称号的议案。国务院、中央军事委员会可以

向全国人民代表大会常务委员会提出授予国家勋章、国家荣誉称号的议案。B项正确。

C项：全国人民代表大会常务委员会决定授予国家勋章和国家荣誉称号。C项正确。

D项：国家勋章和国家荣誉称号获得者因犯罪被依法判处刑罚或者有其他严重违法、违纪等行为，继续享有国家勋章、国家荣誉称号将会严重损害国家最高荣誉的声誉的，由全国人民代表大会常务委员会决定撤销其国家勋章、国家荣誉称号并予以公告。D项正确。

综上所述，本题答案是ABCD项。

【答案】ABCD

附：全国人民代表大会、全国人民代表大会常务委员会的人事权对比

全国人民代表大会人事权	全国人民代表大会常务委员会人事权
——选举全国人民代表大会常务委员会的组成人员（委员长、副委员长、秘书长、委员）； ——选举中华人民共和国主席、副主席、中央军事委员会主席； ——选举国家监察委员会主任、最高人民法院院长、最高人民检察院检察长； ——根据中华人民共和国主席的提名，决定国务院总理的人选； ——根据国务院总理的提名，决定国务院副总理、国务委员、各部部长、各委员会主任、审计长、秘书长的人选； ——根据中央军事委员会主席的提名，决定中央军事委员会其他组成人员的人选。	——在全国人民代表大会闭会期间，根据国务院总理的提名，决定部长、委员会主任、审计长、秘书长的人选； ——在全国人民代表大会闭会期间，根据中央军事委员会主席的提名，决定中央军事委员会其他组成人员的人选； ——根据最高人民法院院长的提请，任免最高人民法院副院长、审判员、审判委员会委员和军事法院院长； ——根据最高人民检察院检察长的提请，任免最高人民检察院副检察长、检察员、检察委员会委员和军事检察院检察长，并且批准省、自治区、直辖市的人民检察院检察长的任免； ——根据国家监察委员会主任的提请，任免国家监察委员会副主任、委员； ——决定驻外全权代表的任免。

三、全国人大各委员会

组织名称	性质	组成
调查委员会	临时性委员会	1. 开会时，主席团、3个以上代表团或1/10以上代表提议设立，由主席团在代表中提名，大会通过； 2. 闭会时，委员长会议或1/5以上常委会组成人员提议设立；在全国人大常委会组成人员和全国人大代表中提名，提请常委会审议通过； 3. 调查委员会由主任委员、副主任委员若干人和委员若干人组成。
专门委员会	常设性委员会	1. 由主任1人、副主任和委员若干人组成，由主席团在代表中提名，大会通过； 2. 全国人大闭会期间，常委会可以补充任命副主任委员和委员； 3. 可由全国人大常委会任命若干不是人大代表的专家担任兼职顾问或专职顾问。

各专门委员会的工作：

1. 审议全国人民代表大会主席团或者全国人民代表大会常务委员会交付的议案（审议议案）；

2. 向全国人民代表大会主席团或者全国人民代表大会常务委员会提出属于全国人民代表大会或者全国人民代表大会常务委员会职权范围内同本委员会有关的议案，组织起草法律草案和其他议案草案（提出议案）；

3. 承担全国人民代表大会常务委员会听取和审议专项工作报告有关具体工作（听取审议专项工作报告）；

4. 承担全国人民代表大会常务委员会执法检查的具体组织实施工作（执法检查）；

5. 承担全国人民代表大会常务委员会专题询问有关具体工作（专题询问）；

6. 按照全国人民代表大会常务委员会工作安排，听取国务院有关部门和国家监察委员会、最高人民法院、最高人民检察院的专题汇报，提出建议（听取专题汇报）；

7. 对属于全国人民代表大会或者全国人民代表大会常务委员会职权范围内同本委员会有关的问题，进行调查研究，提出建议（调查研究提建议）；

8. 审议全国人民代表大会常务委员会交付的被认为同宪法、法律相抵触的规范性文件，提出意见（审议文件）；

9. 审议全国人民代表大会主席团或者全国人民代表大会常务委员会交付的质询案，听取受质询机关对质询案的答复，必要的时候向全国人民代表大会主席团或者全国人民代表大会常务委员会提出报告（审议质询）；

10. 研究办理代表建议、批评和意见，负责有关建议、批评和意见的督促办理工作（研究办理建议批评）；

11. 按照全国人民代表大会常务委员会的安排开展对外交往（对外交往）；

12. 全国人民代表大会及其常务委员会交办的其他工作（其他工作）。

📖 **经典题目**

根据《宪法》的规定，关于全国人大的专门委员会，下列哪一选项是正确的？（2013-01-26）

A. 各专门委员会在其职权范围内所作决议，具有全国人大及其常委会所作决定的效力

B. 各专门委员会的主任委员、副主任委员由全国人大及其常委会任命

C. 关于特定问题的调查委员会的任期与全国人大及其常委会的任期相同

D. 全国人大及其常委会领导专门委员会的工作

解析要点：

A项：专门委员会虽然也作出决议，但这种决议必须经过全国人大或者全国人大常委会审议通过以后才具有国家权力机关所作决定的效力。A项错误。

B项：各委员会的人选由全国人大主席团在代表中提名，由大会表决通过。在全国人大闭会期间，全国人大常委会可以任免副主任委员和委员。因此，主任委员不能由全国人大常委会任命。B项错误。

C项：作为临时性委员会，调查委员会并无一定的任期，对特定问题的调查任务一经完成，该委员会予以撤销。C项错误。

D项：《宪法》规定：各专门委员会在全国人民代表大会和全国人民代表大会常务委

员会领导下，研究、审议和拟订有关议案。D 项正确。

综上所述，本题答案是 D 项。

【答案】D

四、全国人大代表

权利	1. 出席全国人大会议，参加审议各项议案、报告和其他议题，发表意见。 2. 提出议案、质询案、罢免案等。 (1) 提出议案：<u>一个代表团或者 30 名以上代表联名</u>，可以向全国人大提出属于全国人大职权范围内的议案。 (2) 提出质询案：在全国人大会议期间，<u>一个代表团或者 30 名以上代表联名</u>，有权书面提出对国务院及其部委、国家监察委员会、最高人民法院、最高人民检察院的质询案。质询案按照主席团的决定由受质询机关答复。提出质询案的代表半数以上对答复不满意的，可以要求受质询机关再作答复。 (3) 提出罢免案：<u>全国人民代表大会主席团、三个以上的代表团或者 1/10 以上的代表</u>，可以提出对全国人民代表大会常务委员会的组成人员，中华人民共和国主席、副主席，国务院和中央军事委员会的组成人员，国家监察委员会主任，最高人民法院院长和最高人民检察院检察长的罢免案，由主席团提请大会审议。 3. 提出对各方面工作的建议、批评和意见。 4. 参加各项选举和表决。 5. 获得信息、物质等各项保障。 6. 人身受特别保护。 (1) 在全国人大会议期间，没有经过全国人大主席团的许可，在全国人大闭会期间，没有经过全国人大常委会的许可，全国人大代表<u>不受逮捕或者刑事审判</u>。 (2) 如果因为全国人大代表是<u>现行犯</u>而被拘留的，执行拘留的公安机关必须立即向全国人大主席团或者全国人大常委会<u>报告</u>。 (3) 如果依法对全国人大代表采取除逮捕和刑事审判等法律规定之外的<u>限制人身自由的措施</u>，如行政拘留、监视居住等，应当经全国人大主席团或者全国人大常委会许可。 7. 言论免责权。宪法规定，全国人大代表<u>在全国人大各种会议上的发言和表决不受法律追究</u>。全国人大的会议包括大会全体会议、小组会议、代表团会议、专门委员会会议、主席团会议、常委会全体会议和分组会议。 8. 其他权利，如参观、视察等。代表在参观或者视察工作中发现问题，可以提交有关国家机关处理，必要时可以报全国人大常委会处理。
义务	1. 模范地遵守宪法和法律，保守国家秘密，并且在自己参加的生产、工作和社会活动中，协助宪法和法律的实施； 2. 按时出席全国人大会议，认真审议各项议案、报告和其他议题，发表意见，做好会议期间的各项工作； 3. 积极参加统一组织的视察、专题调研、执法检查等履职活动； 4. 加强履职学习和调查研究，不断提高执行代表职务的能力； 5. 与原选举单位和人民群众保持密切联系，听取和反映他们的意见和要求，努力为人民服务； 6. 自觉遵守社会公德，廉洁自律，公正道德，勤勉尽责； 7. 法律规定的其他义务。

▶ 经典题目

根据《宪法》和法律的规定，关于全国人大代表的权利，下列哪些选项是正确的？（2016-01-64）

A. 享有绝对的言论自由

B. 有权参加决定国务院各部部长、各委员会主任的人选

C. 非经全国人大主席团或者全国人大常委会许可，一律不受逮捕或者行政拘留

D. 有五分之一以上的全国人大代表提议，可以临时召集全国人民代表大会会议

解析要点：

A项：全国人民代表大会代表在全国人民代表大会和全国人民代表大会常务委员会各种会议上的发言和表决，不受法律追究，而非享有绝对自由。A项错误。

B项：全国人民代表大会根据中华人民共和国主席的提名，决定国务院总理的人选；根据国务院总理的提名，决定国务院副总理、国务委员、各部部长、各委员会主任、审计长、秘书长的人选。B项正确。

C项：全国人民代表大会代表如果因为是现行犯被拘留，执行拘留的公安机关应当立即向全国人大主席团或者全国人大常委会报告。因此C项表述过于绝对，忽略了"现行犯"情况，C项错误。

D项：如果全国人民代表大会常务委员会认为必要，或者有五分之一以上的全国人民代表大会代表提议，可以临时召集全国人民代表大会会议。D项正确。

综上所述，本题答案是BD项。

【答案】 BD

第三节　国家主席 ★★

 **应试导读**

本节内容是法考的二星级知识点，重要性一般，在客观题考试中，一般每套卷每五到十年出1道题，分值1—2分。同时，本节内容也可能和其他章节内容结合命题。其中，"国家主席的职权"相对重要。

 知识点

性质和地位	中华人民共和国主席是我国国家机构的重要组成部分，对内对外代表中华人民共和国。
组成和任期	中华人民共和国主席、副主席由全国人民代表大会选举产生； 候选人条件：年满45周岁并具有选举权和被选举权的中国公民； 任期5年，没有任届限制。

职权	1. 公布法律，发布命令。法律在全国人大或全国人大常委会正式通过后，由国家主席予以颁布施行。国家主席根据全国人大常委会的决定，发布特赦令、动员令、宣布进入紧急状态、宣布战争状态等。 2. 任免国务院的组成人员和驻外全权代表。国务院总理、副总理、国务委员、各部部长、各委员会主任、审计长、秘书长，经全国人大或全国人大常委会正式确定人选后，由国家主席宣布其任职或免职。国家主席根据全国人大常委会的决定，派出或召回驻外大使。 3. 外事权。国家主席代表国家，进行国事活动，接受外国使节，接受外国使节的仪式也叫递交国书仪式。国家主席根据全国人大常委会的决定，宣布批准或废除条约和重要协定。 4. 荣典权。国家主席根据全国人大常委会的决定，向国家勋章和国家荣誉称号获得者授予国家勋章、国家荣誉称号奖章，签发证书。国家主席进行国事活动，可以直接授予外国政要、国际友人等人士"友谊勋章"。

📑 经典题目

根据《国家勋章和国家荣誉称号法》规定，下列哪一选项是正确的？（2017-01-26）

A. 共和国勋章由全国人大常委会提出授予议案，由全国人大决定授予

B. 国家荣誉称号为其获得者终身享有

C. 国家主席进行国事活动，可直接授予外国政要、国际友人等人士"友谊勋章"

D. 国家功勋簿是记载国家勋章和国家荣誉称号获得者的名录

解析要点：

根据《国家勋章和国家荣誉称号法》规定：

A 项：授予国家勋章、国家荣誉称号的议案由全国人大常委会委员长会议及国务院、中央军事委员会向全国人大常委会提出，由全国人大常委会作出决定。A 项错误。

B 项：如果国家荣誉称号的获得者因犯罪等严重违法违纪行为，继续享有国家荣誉称号将会严重损害国家最高荣誉的声誉的，全国人大常委会可以决定撤销其国家荣誉称号，因此，国家荣誉称号并不一定是终身享有。B 项错误。

C 项：中华人民共和国主席进行国事活动，可以直接授予外国政要、国际友人等人士"友谊勋章"。C 项正确。

D 项：国家设立国家功勋簿，记载国家勋章和国家荣誉称号获得者及其功绩。D 项缺少了"记载功绩"。D 项错误。

综上所述，本题答案是 C 项。

【答案】 C

第四节　国务院　★

 **应试导读**

　　本节内容是法考的一星级知识点，重要性一般，在客观题考试中，一般每套卷每五到十年出1道题，分值1—2分。同时，本节内容也可能和其他章节内容结合命题。其中，"国务院的职权"这一知识点相对重要。

 知识点

性质和地位	最高国家权力机关的执行机关，最高国家行政机关。
组成和任期	1. 总理，副总理若干人，国务委员若干人，各部部长，各委员会主任，审计长，秘书长。 2. 国务院总理根据国家主席提名，由全国人大决定，其他由总理提名经全国人大决定，决定之后由主席宣布任免（主席提名定总理，总理提名定其他）。 3. 任期均为5年，正副总理、国务委员连任不得超过两届。
职权	1. 制定和发布行政法规。 2. 行政措施的规定权：采取各种具体办法和实施手段执行法律和全国人大的决议。 3. 提出议案权：提出有关法律草案和国民经济和社会发展计划，报告计划的执行情况，报告国家的预算和预算的执行情况等。 4. 对所属部委和地方各级行政机关的领导权及监督权。 5. 对国防、民政、文教、经济等各项工作的领导权和管理权，对外事务的管理权。 6. 行政人员的任免、奖惩权。
领导体制	总理负责制是指国务院总理对其主管的工作负全部责任，与负全部责任相联系的是他对自己主管的工作有完全决定权。 具体表现在： 1. 领导权。 2. 提名权。国务院其他组成人员的人选由总理提名，由全国人大或全国人大常委会决定。在必要时，总理有权向全国人大或全国人大常委会提出免除他们职务的请求。 3. 召集主持会议权。国务院的常务会议和全体会议由总理召集和主持，会议议题由总理确定，重大问题必须经全体会议或常务会议讨论，总理在集体讨论的基础上形成国务院的决定。 4. 签署权。国务院发布的决定、命令，国务院制定的行政法规，国务院向全国人大或者全国人大常委会提出的议案，国务院任免的政府机关工作人员，均须由总理签署才有法律效力。

会议制度	1. 国务院的会议分为国务院全体会议和国务院常务会议。 2. 国务院全体会议由国务院全体成员组成，一般每两个月召开一次，主要讨论和部署国务院的重要工作，或者通报国内形势和协调各部门的工作。 3. 国务院常务会议由总理、副总理、国务委员、秘书长组成，一般每周召开一次，主要是讨论、决定国务院工作中的重大问题，如讨论议案的提出、讨论行政法规、讨论各部门的请示事项。 4. 总理召集和主持国务院的全体会议和常务会议。根据《国务院组织法》，国务院工作中的重大问题，必须经国务院常务会议或者国务院全体会议讨论决定。

经典题目

预算制度的目的是规范政府收支行为，强化预算监督。根据《宪法》和法律的规定，关于预算，下列表述正确的是：（2015-01-93）

A. 政府的全部收入和支出都应当纳入预算

B. 经批准的预算，未经法定程序，不得调整

C. 国务院有权编制和执行国民经济和社会发展计划、国家预算

D. 全国人大常委会有权审查和批准国家的预算和预算执行情况的报告

解析要点：

A项：根据《预算法》规定，政府的全部收入和支出都应当纳入预算。A项正确。

B项：根据《预算法》规定，政府编制预算之后，经过人大批准，未经法定程序，不得调整。B项正确。

C项：根据《宪法》规定，国务院编制和执行国民经济和社会发展计划和国家预算。C项正确。

D项：就预算的审批权而言，全年的审批权在人大手里，在执行过程中需要作部分调整的，审批权在人大常委会手里。D项错误。

综上所述，本题答案是ABC项。

【答案】ABC

第五节　中央军事委员会 ★

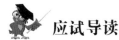 **应试导读**

本节内容是法考的一星级知识点，重要性一般，在客观题考试中，一般每套卷每五到十年出1道题，分值1—2分。同时，本节内容也可能和其他章节内容结合命题。其中，"中央军委的职权"这一知识点相对重要。

知识点

性质和地位	全国武装力量的最高领导机关，享有对国家武装力量的决策权和指挥权。
组成和任期	1. 主席，副主席若干，委员。 2. 中央军委主席由全国人大选举产生；根据中央军委主席提名决定其他人选；全国人大闭会期间，全国人大常委会根据中央军委主席提名决定其他人选。 3. 人员任期 5 年，无任届限制。
职权	实行主席负责制。 1. 中央军事委员会作为一个集体来领导国家武装力量； 2. 中央军委主席在对重大问题作出决策之前，必须进行集体研究和讨论，然后再集中正确意见作出决策； 3. 中央军委主席有权对中央军事委员会职权范围内的事务作出最后决策。

经典题目

中华人民共和国中央军事委员会领导全国武装力量。关于中央军事委员会，下列哪一表述是错误的？（2015-01-26）

A. 实行主席负责制

B. 每届任期与全国人大相同

C. 对全国人大及其常委会负责

D. 副主席由全国人大选举产生

解析要点：

A 项：中央军委作为军事机关，实行首长负责制。A 项正确。

B 项：中央军委每届任期 5 年，与全国人大相同。B 项正确。

C 项：《宪法》规定，中央军委主席对全国人大及其常委会负责，由于中央军委实行首长负责制，亦可推出中央军委对全国人大及其常委会负责。C 项正确。

D 项：军委主席由全国人大选举产生，并向它负责。全国人大根据军委主席的提名，决定副主席、委员等其他组成人员的人选。可见，军委副主席是决定产生而非选举产生，D 项错误。

综上所述，本题答案是 D 项。

【答案】D

第六节　地方人大及政府 ★★★

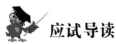 **应试导读**

本节内容是法考的三星级重点，比较重要，在客观题考试中，一般每套卷每两到三年出 1 道题，分值 1—2 分。近年针对本节内容单独命题虽然较少，但与全国人大等章节结合命题。

知识点

一、地方人大及政府

	地方人大		地方人大常委会 （乡级无人大常委会）	地方人民政府
	省、市人大	县、乡人大		
性质	地方国家权力机关＋地方立法机关。	地方国家权力机关。	地方国家权力机关的常设机关； 省级、市级的人大常委会是地方立法机关。	地方各级国家权力机关的执行机关，向本级国家权力机关负责，也向上一级政府负责。
组成	下一级人大选举的代表组成。	选民选举的代表组成。	主任、副主任、委员、秘书长（县级人大常委会无秘书长）； 常委会组成人员不得担任国家行政机关、审判机关和检察机关的职务。	1. 各级都有正副首长； 2. 县乡两级无秘书长。
任期	5 年		5 年	5 年
会议制度	地方各级人大主要以召开会议的方式进行工作； 地方各级人大会议每年至少举行一次； 经过 1/5 以上代表提议，可以临时召集本级人大会议。		常委会会议由主任召集，至少每两个月举行一次。	

📋 **背诵口诀**

乡级无"人常"，县无"秘书长"。

二、地方各级人大代表

（一）地方各级人大代表的权利和义务

权利	1. 出席本级人大会议，参加审议各项议案、报告和其他议题，发表意见。 2. 参加本级人大的选举和表决。 3. 提出议案、质询案、罢免案等。 （1）提出议案：县级以上地方各级人大举行会议时，主席团、人大常委会、各专门委员会、本级人民政府可以向大会提案；县级以上人大代表 10 名以上，乡镇人大代表 5 名以上联名，也可以向人大提出属于本级人大职权范围内的议案。 （2）提出质询案：代表 10 人以上联名，有权提出对本级人民政府及其所属各工作部门、监察委员会、人民法院、人民检察院的质询案。乡、民族乡、镇的人民代表大会代表有权依照法律规定的程序提出对本级人民政府的质询案。 （3）提出罢免案：县级以上人大会议期间，大会主席团、常务委员会或 1/10 以上代表联名，可以提出对本级人大常委会组成人员、人民政府组成人员、监察委员会主任、人民法院院长、人民检察院检察长的罢免案，由主席团提请大会审议。

权利	乡镇人大主席团或1/5以上代表联名，可以提出对人大（副）主席、（副）乡长、（副）镇长的罢免案，由主席团提请乡镇人大会议审议。 罢免案均须经全体代表过半数通过。 4. 提出对各方面工作的建议、批评和意见。 5. 进行视察。 6. 人身受特别保护。 县级以上的人大代表：非经本级人大主席团许可，闭会期间非经本级人大常委会许可，<u>不受逮捕或刑事审判以及被限制人身自由</u>。 县级以上的人大代表：如果因为是现行犯被拘留，执行拘留的机关应当<u>立即</u>向该级人民代表大会主席团或者人民代表大会常务委员会<u>报告</u>。 乡、民族乡、镇的人大代表：如果被逮捕、受刑事审判，或者被采取法律规定的其他限制人身自由的措施，执行机关应当<u>立即报告</u>乡、民族乡、镇的人民代表大会。 7. 言论免责权：各级人民代表大会代表、常务委员会组成人员，<u>在人民代表大会和常务委员会会议上的发言和表决，不受法律追究</u>。 8. 获得信息、物质等各项保障。
义务	参考全国人大代表的义务。

（二）代表资格的终止

终止	地方各级人民代表大会代表迁出或者调离本行政区域的
	辞职被接受的
	未经批准两次不出席本级人民代表大会会议的
	被罢免的
	丧失中华人民共和国国籍的
	依照法律被剥夺政治权利的
	丧失行为能力的

📖 **经典题目**

我国《宪法》第二条明确规定："人民行使国家权力的机关是全国人民代表大会和地方各级人民代表大会。"关于全国人大和地方各级人大，下列选项正确的是：（2015-01-91）

A. 全国人大代表全国人民统一行使国家权力

B. 全国人大和地方各级人大是领导与被领导的关系

C. 全国人大在国家机构体系中居于最高地位，不受任何其他国家机关的监督

D. 地方各级人大设立常务委员会，由主任、副主任若干人和委员若干人组成

解析要点：

A项：全国人大是最高国家权力机关，代表全国人民统一行使国家权力。A项正确。

B项：上下级人大之间没有隶属关系，是监督与被监督的关系。B项错误。

C项：全国人大是最高国家权力机关，因此不受任何"其他国家机关"的监督，受到人民监督。C项正确。

D项：乡级人大不设立常委会。D项错误。

综上所述，本题答案是 AC 项。

【答案】AC

第七节　监察委员会 ★★★

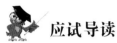 **应试导读**

　　本节内容是法考的三星级重点，比较重要，在客观题考试中，近年来每套卷每两到三年出1道题，分值1—2分。同时，本节内容也是法考改革后的新增内容，值得考生重点关注。

 知识点

一、监察委员会概述

性质和地位	监察委员会是国家的监察机关，专司国家监察职能，是行使国家监察职能的专责机关，其他任何机关、团体和个人都无权行使监察权。
组成和任期	1. 主任，副主任若干人，委员若干人；国家监察委员会主任由全国人大选举，副主任、委员由国家监察委员会主任提请全国人大常委会任免； 2. 主任任期5年，连续任职不得超过两届； 3. 地方监察委员会人员产生方式与国家监察委一致，但是没有任届限制；监察委对本级人大及常委会负责，上下级之间为领导关系。
领导体制	1. 监察委员会既要对同级国家权力机关负责，又要对上一级监察委员会负责； 2. 监察委员会上下级之间为领导和被领导关系。例如，上级监察机关可以办理下一级监察机关管辖范围内的监察事项，必要时也可以办理所管辖各级监察机关范围内的监察事项。

二、监察委员会与审判机关、检察机关、执法部门的关系

　　监察委员会依照法律规定独立行使监察权，不受行政机关、社会团体和个人的干涉。监察机关办理职务违法和职务犯罪案件，应当与审判机关、检察机关、执法部门相互配合、相互制约。

监察委员会依法独立行使监察权是前提	监察委员会成立后，法院、检察院、公安机关、审计机关等国家机关在工作中发现公职人员涉嫌贪污贿赂、失职渎职等职务违法或者职务犯罪的问题线索，应当移送监察机关，由监察机关依法调查处置。
	被调查人既涉嫌严重职务违法或者职务犯罪，又涉嫌其他违法犯罪的，一般应当由监察机关为主调查，其他机关予以协助。

各机关间的互相配合是各机关在各司其职的基础上，通力合作、密切配合，依法办理职务违法犯罪案件	监察机关在工作中需要协助的，有关机关和单位应当根据监察机关的要求依法予以协助。
	在办理职务违法犯罪案件的程序上，对涉嫌职务犯罪的行为，监察委员会享有监督调查处置权限，监察委员会调查终结后移送检察机关依法审查、提起公诉，由法院审判。
各机关间的互相制约是监督原则的体现，也是监督权依法行使的制度保障	对监察机关移送的案件，检察院认为犯罪事实已经查清，证据确实、充分，依法应当追究刑事责任的，应当作出起诉决定。
	检察院经审查后，认为需要补充核实的，应当退回监察机关补充调查，必要时可以自行补充侦查。
	检察院对于有刑事诉讼法规定的不起诉的情形的，经上一级检察院批准，依法作出不起诉的决定。
	对于监察委员会所作结论，检察院认为不构成犯罪的可以退回补充调查，也可以作出不起诉的决定。监察机关认为不起诉决定有误，可要求复议。

三、对监察委员会的监督

国家权力机关的监督	1. 各级人大常委会听取和审议本级监察机关的专项工作报告，根据需要可以组织执法检查。 2. 县级以上各级人大及其常委会举行会议时，人大代表或者常委会组成人员可以依照法定程序就监察工作中的有关问题提出询问或者质询。
社会监督	监察委员会应当依法公开监察工作信息，接受民主监督、社会监督、舆论监督。
自我监督	监察委员会通过设立内部专门的监督机构等方式，加强对监察人员执行职务和遵守法律情况的监督，建设忠诚、干净、担当的监察队伍。 监察机关及其工作人员有违法行为的，被调查人及其近亲属有权向该机关申诉；受理申诉的监察机关应当及时处理。申诉人对处理不服的，可以在法定期限内向上一级监察机关申请复查，上一级监察机关应当在法定期限内处理，情况属实的，及时予以纠正。

📖 典型真题

根据《宪法》和《监察法》的规定，下列说法错误的是：（2019年考生回忆版）

A. 监察委员会依照法律规定独立行使监察权，不受行政机关、社会团体和个人的干涉

B. 监察机关办理职务违法和职务犯罪案件，应当与审判机关、检察机关、执法部门互相配合，互相制约

C. 国家监察委员会对全国人大及其常委会负责并接受其监督

D. 国家监察委员会副主任、委员，由国家监察委员会主任提名，全国人民代表大会决定

解析要点：

根据《监察法》规定：

A、B、C项：均是《监察法》法条原文，均正确。

D项：国家监察委员会由主任、副主任若干人、委员若干人组成，主任由全国人民代

表大会选举，副主任、委员由国家监察委员会主任提请全国人民代表大会常务委员会任免，并不是全国人民代表大会决定，D 项错误。

综上所述，本题答案是 D 项。

【答案】D

第五章

宪法的实施与保障

第一节　宪法实施概述 ★

 **应试导读**

　　本节内容是法考的一星级知识点，重要性一般，其整体内容比较宏观，很少直接命题。考生学习本节时，应重在理解。

 知识点

一、宪法实施的概念

　　宪法实施是指宪法规范在实际生活中的具体落实，是宪法制定、颁布后的运行状态。宪法实施通常包括宪法的遵守、宪法的适用和宪法实施的保障三个方面。

宪法的遵守	1. 宪法的执行，是指国家机关贯彻落实宪法内容的活动； 2. 狭义的宪法遵守是指社会组织和公民个人遵守宪法的禁止性规定，行使宪法规定的权利和履行宪法规定的义务。
宪法的适用	宪法的适用主要有两种途径： 1. 通过宪法解释消除分歧，保证宪法规范的准确适用； 2. 通过宪法监督纠正违宪行为，维护宪法秩序。

宪法实施的保障	1. 政治保障：主要是指作为执政党的中国共产党，对于宪法的遵守。 2. 社会保障：即宪法本身没有规定，但在其所处的社会中，可以推动宪法实施的社会心理与制度环境。例如，公民良好的宪法意识，稳定的政治环境等。 3. 法律保障：是指由宪法本身所规定的维护宪法尊严、保障宪法实施的理念宣示与制度程序。例如，宪法明确宣示它是国家的根本法，具有最高法律效力。 注意：政治保障与社会保障是外在保障，法律保障是内在保障。

二、宪法实施的特点

广泛性	实施范围的广泛性，实施主体的广泛性。
综合性	宪法实施不可能单纯是宪法本身或者社会某一方面的问题，而是整个国家具有高度综合性的社会问题。
最高性	1. 宪法直接约束国家法律和其他法律性文件的制定和实施； 2. 宪法对于一切国家机关、社会组织和公民的活动也具有最高的约束力。
原则性	1. 宪法确定社会关系主体的基本方向和原则标准，一般不涉及行为的具体模式，这些具体模式通常由普通法律调整； 2. 宪法在实施过程中，对于人们的行为后果往往只是从总体上作出肯定与否定的评价，从而为普通法律对人们行为进行具体评价和追究法律责任提供基础和依据。
直接性	直接制裁是指直接根据宪法来追究违宪行为的法律责任，主要适用于国家机关以及国家机关负责人的违宪行为。
间接性	间接制裁是指宪法对于违宪行为不直接规定制裁措施，而是通过普通法律来追究法律责任。

第二节　宪法解释 ★★

应试导读

　　本节内容是法考的二星级知识点，重要性一般，在客观题考试中，一般每套卷每五到十年出1道题，分值1—2分。同时，本节内容也可能和其他章节内容结合命题。重难点提示：考生学习本节时，应重点掌握三种宪法解释模式的特点。

知识点

　　宪法解释由特定的国家机关作出，它是宪法直接规定的或者由宪法惯例认可的。

代议机关解释	1. 代议机关解释源自英国，由代议机关行使宪法解释权，不允许司法机关推翻议会制定的法律。 2. 代议机关行使宪法解释权要按照立法程序进行。 3. 既可以主动对宪法进行解释，也可应其他机关或政党等的请求进行解释。 4. 宪法解释既可以单独以代议机关的决议、决定的形式出现，也可寓于代议机关的立法文件之中。 5. 在我国，全国人大常委会有权解释宪法，其解释和宪法具有同等效力。
司法机关解释	1. 起源于美国，1803年美国联邦最高法院首席法官马歇尔通过马伯里诉麦迪逊案开创了司法审查制度的先河，确立了"违宪的法律不是法律"。 2. 按照司法程序解释，一般遵循"不告不理"和附带性审查原则。 3. 因为是在个案的附带性审查中进行的解释，所以该解释只对审理的具体案件产生法律效力，一般没有普遍的约束力。
专门机关解释	1. 最早提出设立宪法法院的是奥地利规范法学派代表人物汉斯·凯尔森。 2. 专门机关解释宪法普遍采用司法积极主义原则。 3. 目前，奥地利、西班牙、德国、意大利、俄罗斯、韩国等国均建立了宪法法院，而法国等国家建立了宪法委员会。 4. 德国宪法法院既可以结合具体案件对宪法含义进行说明，即具体性解释；也可以在不存在个案的情况下进行解释，即抽象性解释。法国宪法委员会主要进行抽象性解释。

📖 经典题目

宪法解释是保障宪法实施的一种手段和措施。关于宪法解释，下列选项正确的是：（2015-01-94）

A. 由司法机关解释宪法的做法源于美国，也以美国为典型代表

B. 德国的宪法解释机关必须结合具体案件对宪法含义进行说明

C. 我国的宪法解释机关对宪法的解释具有最高的、普遍的约束力

D. 我国国务院在制定行政法规时，必然涉及对宪法含义的理解，但无权解释宪法

解析要点：

A项：由司法机关按照司法程序解释宪法的体制起源于美国。1803年美国联邦最高法院首席法官马歇尔在马伯里诉麦迪逊一案中确立了"违宪的法律不是法律""阐释宪法是法官的职责"的宪法规则，从此开创了由司法机关进行违宪审查的制度先河。A项正确。

B项：德国属于宪法法院解释模式，不一定非得结合具体个案才开展解释。美国的司法解释模式才需要结合司法个案开展解释。B项错误。

C项：全国人大常委会既可以在出现具体宪法争议时解释宪法，也可以在没有出现宪法争议时抽象地解释宪法，它对宪法的解释应当具有最高的、普遍的约束力。C项正确。

D项：我国由全国人大常委会解释宪法，属于立法机关解释宪法的体制，其他国家机关无权解释宪法。D项正确。

综上所述，本题答案是ACD项。

【答案】ACD

第三节　宪法监督 ★★★★★

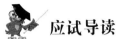 **应试导读**

　　本节内容是法考的五星级重点，非常重要，在客观题考试中，一般每套卷每年至少出 1 道题，分值至少 1—2 分。重难点提示："我国的宪法监督制度"是重中之重，也是宪法中的难点。学习该部分内容时，考生应先回顾掌握法理学"法的渊源"一节的内容，在此基础上，对"我国的宪法监督制度"尽量做到理解性记忆。

 知识点

一、宪法监督体制

代议机关作为宪法监督机关	1. 由代议机关作为宪法监督机关的体制起源于英国； 2. 社会主义国家大多采取由代议机关负责保障宪法实施的体制； 3. 我国现行宪法规定，全国人大及其常委会负有监督宪法实施的职责。
司法机关作为宪法监督机关	1. 由普通司法机关作为宪法监督机关的体制起源于 1803 年美国联邦最高法院就马伯里诉麦迪逊一案的判决； 2. 普通司法机关在具体案件的审理中，审查确定其所适用的法律是否符合宪法。
专门机关作为宪法监督机关	1. 由专门机关作为宪法监督机关的体制起源于 1799 年法国宪法设立的护法元老院； 2. 宪法法院和宪法委员会是专门机关负责保障宪法实施体制的两种主要形式。

　　注意：谁解释，谁监督。

二、宪法监督方式

事先审查	法律、法规和法律性文件颁布实施之前，由特定机关对其是否合宪进行审查。
事后审查	在法律、法规和法律性文件颁布实施之后，由特定机关对其是否合宪进行审查。
附带性审查	司法机关在审理案件过程中，因提出对所适用的规范性文件是否违宪的问题，而对该文件所进行的审查。
宪法控诉	又称宪法诉讼、宪法诉愿，指当公民的基本权利受到侵害后，其向宪法法院或其他有权机关提出基于宪法的控诉的制度。

三、我国的宪法监督制度

　　1. 我国属于代议机关作为宪法监督机关的模式，是 1954 年宪法确立的模式。

　　2. 我国采取事先审查与事后审查相结合的方式，事先审查主要体现为自治条例和单行条例、地方性法规等规范性文件经批准生效；<u>事后审查</u>主要体现为有权机关接受规范性文件备案后进行合宪性审查，并可要求原制定机关作出处理。

（一）事先审查

规范性文件	制定机关	批准机关
自治条例和单行条例	自治区人大	全国人大常委会
	自治州、自治县人大	省、自治区、直辖市人大常委会
地方性法规	设区的市、自治州人大及其常委会	省、自治区人大常委会

背诵口诀

事先审查三批准，区级条例全人常。

州县条例省人常，市州法规省人常。

（二）事后审查

1. 规范性文件的备案

规范性文件	制定机关	接受备案机关
行政法规	国务院	全国人大常委会
监察法规	国家监察委员会	全国人大常委会
地方性法规	省级人大、人大常委会	全国人大常委会、国务院
	市级人大、人大常委会	全国人大常委会、国务院
自治条例和单行条例	自治州、自治县人大	全国人大常委会、国务院
部门规章	国务院部门	国务院
地方政府规章	省级政府	国务院、省级人大常委会
	市级政府	国务院、省级人大常委会、省级政府、市级人大常委会
授权法规	被授权机关	授权决定规定的机关
司法解释	最高人民法院、最高人民检察院	全国人大常委会

背诵口诀

原则：

备案找上级机关，法律不需要备案。

人大不接受备案，规章不到全人常。

例外：

事先批准视同批准机关立法，由批准机关报送备案；

区级条例不备案。

命题角度

宪法监督常见命题角度：给考生一部规范性法律文件，请考生判断该文件批准和备案的主体是谁（找谁批准/找谁备案）。

2. 规范性文件的审查请求

分类	请求主体	情形
要求审查	国务院、中央军事委员会、最高人民法院、最高人民检察院和各省、自治区、直辖市的人民代表大会常务委员会	认为行政法规、地方性法规、自治条例和单行条例同宪法或者法律相抵触的，可以提出要求或建议
建议审查	其他国家机关和社会团体、企业事业组织以及公民	

（三）违宪制裁措施

关系	措施	举例
领导关系	领导机关有权改变或撤销被领导机关制定的规范性文件。	1. 人大对同级常委会； 2. 上下级行政机关； 3. 政府和工作部门。
监督关系	监督机关有权撤销被监督机关制定的规范性文件。	1. 上级人大常委会与下级人大及其常委会； 2. 人大常委会与同级人民政府； 3. 授权机关与被授权机关。

举例：

机关	改变或撤销	只能撤销
全国人大	全国人大常委会制定的法律、决定	全国人大常委会批准的自治条例、单行条例
全国人大常委会		行政法规、国务院的决定和命令 监察法规 地方性法规、省级人大及其常委会决议 省级人大常委会批准的自治条例、单行条例
国务院	部门规章 地方政府规章 各部委发布的命令、指示 地方各级行政机关的决定	

📎 **经典题目**

根据《立法法》，关于规范性文件的备案审查制度，下列哪些选项是正确的？（2017-01-66）

A. 全国人大有关的专门委员会可对报送备案的规范性文件进行主动审查

B. 自治县人大制定的自治条例与单行条例应按程序报全国人大常委会和国务院备案

C. 设区的市市政府制定的规章应报本级人大常委会、市所在的省级人大常委会和政府、国务院备案

D. 全国人大法律委员会经审查认为地方性法规同宪法相抵触而制定机关不予修改的，应向委员长会议提出予以撤销的议案或者建议

解析要点：

根据《立法法》规定：

A项：有关的专门委员会和常务委员会工作机构可以对报送备案的规范性文件进行主动审查。A项正确。

B项：自治州、自治县的人民代表大会制定的自治条例和单行条例，由省、自治区、直辖市的人民代表大会常务委员会报全国人民代表大会常务委员会和国务院备案。B项正确。

C项：备案找上级机关，规章不到全人常，因此，设区的市市政府制定的规章应报本级人大常委会、市所在的省级人大常委会和政府、国务院备案。C项正确。

D项：全国人民代表大会法律委员会认为行政法规、地方性法规、自治条例和单行条例同宪法或者法律相抵触而制定机关不予修改的，应当向委员长会议提出予以撤销的议案、建议，由委员长会议决定提请常务委员会会议审议决定。D项正确。

综上所述，本题答案是ABCD项。

【答案】ABCD

第四节　宪法宣誓 ★

 **应试导读**

本节内容是法考的一星级知识点，重要性一般，在客观题考试中，一般每套卷每五到十年出1道题，分值1—2分。

 知识点

宪法宣誓，是指经过合法、正当的选举程序后，当选的国家元首或其他国家公职人员在就职时，公开宣读誓词、承诺遵守宪法的制度。

宣誓主体	各级人大以及县级以上各级人大常委会选举或者决定任命的国家工作人员，以及各级政府、监察委员会、法院、检察院任命的国家工作人员。
组织机构	原则：谁产生，谁组织。 例外： 最高人民法院除院长外，其他组成人员由最高人民法院自己组织宣誓； 最高人民检察院除检察长外，其他组成人员由最高人民检察院自己组织宣誓； 国家监察委员会除主任外，其他组成人员由国家监察委员会自己组织宣誓； 驻外全权代表由外交部组织宣誓。
宣誓方式	1. 可以采取单独宣誓或者集体宣誓的形式； 2. 宣誓场所应当庄重、严肃，悬挂中华人民共和国国旗或者国徽。

📑 **经典题目**

《全国人民代表大会常务委员会关于实行宪法宣誓制度的决定》于2016年1月1日起实施。关于宪法宣誓制度的表述，下列哪些选项是正确的？（2016-01-61）

A. 该制度的建立有助于树立宪法的权威

B. 宣誓场所应当悬挂中华人民共和国国旗或者国徽

C. 宣誓主体限于各级政府、法院和检察院任命的国家工作人员

D. 最高法院副院长、审判委员会委员进行宣誓的仪式由最高法院组织

解析要点：

A项：为彰显宪法权威，激励和教育国家工作人员忠于宪法、遵守宪法、维护宪法，加强宪法实施，全国人民代表大会常务委员会决定通过《全国人民代表大会常务委员会关于实行宪法宣誓制度的决定》。Λ项正确。

B项：《决定》规定，宣誓场所应当庄重、严肃，悬挂中华人民共和国国旗或者国徽。B项正确。

C项：宣誓的主体不限于各级政府、法院和检察院任命的国家工作人员，还包括各级人大及县级以上人大常委会选举或者决定任命的国家工作人员，以及监察委员会任命的国家工作人员。C项错误。

D项：全国人大常委会任命或者决定任命的最高人民法院副院长、审判委员会委员、庭长、副庭长、审判员和军事法院院长的宣誓仪式由最高人民法院组织。D项正确。

综上所述，本题答案是ABD项。

【答案】ABD

巩固提升

"百闻不如一见，百看不如一练。"下载嗨学课堂APP，多多做题，勤于思考，善于总结，方能学以致用，一举通关！

DAY 13

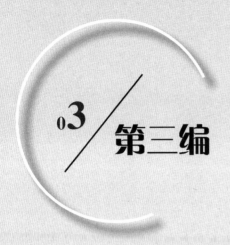

03／第三编

司法制度和法律职业道德

司法制度和法律职业道德考情与备考要点

一、考试分值

法考改革后，司法部官方不公布真题以及答案，根据考生回忆：

首先，在客观题考试中，司法制度和法律职业道德每年每套卷大约考查 9 分。

其次，在主观题考试中，法考时代，理论法学主观题均直接针对中国特色社会主义法治理论（2018—2020 年）以及习近平法治思想（2021 年）命题，没有考过司法制度和法律职业道德大题。司考时代，2016 年卷四考过一道民事诉讼法案例题，共六小问，前五问考查民事诉讼法，最后一问考查司法制度和法律职业道德。因此，未来法考主观题不排除司法制度和法律职业道德与诉讼法结合命题的可能性，但概率较低。

二、命题特点

司法制度和法律职业道德命题既有重者恒重、新修必考、热点常考等法考科目共性命题特点，还有如下个性特点：

（一）司法制度——命题比较直接，注重考查细节

司法制度板块经常考查法条或官方辅导用书中的细节词句，试举一道典型题目：

关于检察官的惩戒，下列哪一说法是正确的？（2020 年考生回忆版）

A. 检察官惩戒委员会负责从专业角度审查认定检察官是否存在违反检察职责的行为，并依照有关规定作出是否予以惩戒的决定，并给予相应处理

B. 检察官惩戒委员会由检察官代表、其他从事法律职业的人员和有关方面代表组成，其中检察官代表不少于 1/3

C. 检察官惩戒委员会审议惩戒事项时，当事检察官有权申请有关人员回避，有权进行陈述、举证、辩解

D. 当事检察官对检察官惩戒委员会作出的审查意见有异议的，可以向上级检察院申诉

分析：本题四个选项，分别依据《检察官法》第 49 条、第 50 条和第 51 条设计，以上三条在官方辅导用书也能找到原文。正确答案是 C 项，属于法条原文引用。A 项的正确

表述为"检察官惩戒委员会提出审查意见后，人民检察院依照有关规定作出是否予以惩戒的决定，并给予相应处理"，B项中"检察官代表不少于1/3"应改为"检察官代表不少于半数"，D项的正确表述为"当事检察官对检察官惩戒委员会作出的审查意见有异议的，可以向惩戒委员会提出"。三个错误选项，均是命题人在细节上设置陷阱。

（二）法律职业道德——命题贴近常识

法律职业道德部分的命题比起司法制度部分相对简单，贴近常识，试举一道典型题目：

张法官与所承办案件当事人的代理律师系某业务培训班同学，偶有来往，为此张法官向院长申请回避，经综合考虑院长未予批准。张法官办案中与该律师依法沟通，该回避事项虽被对方代理人质疑，但审判过程和结果受到一致肯定。对照《法官职业道德基本准则》，张法官的行为直接体现了下列哪一要求？（2017-01-48）

A. 严格遵守审限

B. 约束业外活动

C. 坚持司法便民

D. 保持中立地位

分析：本题正确答案为D项，考生通过常识也能大体发现A、B、C三项的内容和题干的案例无关，D项较为贴合题意。

三、备考建议

学习目标：对司法制度和法律职业道德部分的考点有选择、有针对地背诵。

具体做法：

（一）结合本书以及配套课程，明确重点

通过看书以及听课，一方面，考生可以初步理解考点，之后记忆；另一方面，明确哪些是重点，通过实时勾划，划出重点，标注关键字词，以便在后期复习时，能够迅速定位重点，针对性背诵。

（二）配套做题

司法制度和法律职业道德部分的真题至少做两遍。第一遍做题要配合听课，学习一节知识点，配套做一节题目，考生不要在意做题正确率，做题的目的是调动思考，增进理解。第二遍做题在课程完整听完之后，做题的目的是发现薄弱点，针对性强化。

（三）有选择、有针对地背诵

司法制度和法律职业道德内容较多，考生切勿"眉毛胡子一把抓，大点小点统统背"，在背诵阶段应结合本书"应试导读"，对内容做出区分，有选择、有针对地背诵。

首先，符合常识的考点，不用刻意背诵。例如"律师不得扰乱法庭、仲裁庭秩序，干扰诉讼、仲裁活动的正常进行，不得煽动、教唆当事人采取扰乱公共秩序、危害公共安全等非法手段解决争议"，这个考点符合社会大众的常识，不用死记硬背，熟悉即可。

其次，超出常识的考点，进行重点背诵。例如："申请律师执业，应当向**设区的市级**或者**直辖市的区**人民政府**司法行政**部门提出申请，并提交材料。"这个考点估计超出社会大众的常识，应当重点背诵，精准记忆加粗强调的关键词句。

第一章
概述

第一节 中国特色社会主义司法制度概述 ★★★★

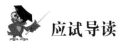 **应试导读**

本节内容是法考的四星级重点，非常重要，在客观题考试中，一般每套卷每一到两年出1道题，分值1—2分。同时，本节内容也是整个司法制度和法律职业道德学科的基础，考生学习本节时无须死记硬背，应在理解基础上记忆关键点。

 知识点

一、司法的概念和特征

司法通常是指国家司法机关根据法定职权和法定程序，具体应用法律处理案件的专门活动。

司法和行政都属于法律实施的具体形式，行政是实现国家目的的<u>直接活动</u>，而司法是实现国家目的的<u>间接活动</u>。司法具有区别于行政的如下特点：

独立性	在组织技术上，司法机关只服从法律，不受上级机关、行政机关的干涉；司法的独立性是法治的基本要求。
被动性	"不告不理"，司法程序的启动离不开权利人或特定机构的提请或诉求，但司法者从来都不能主动发动一个诉讼。
交涉性	法律适用过程离不开多方当事人的诉讼参与，刑事诉讼中控辩双方辩驳、质证、对抗，民商事诉讼中原被告双方协商、交涉、辩论；司法者所作的裁判必须是在受判决直接影响的有关各方参与下，通过提出证据并进行理性说服和辩论的基础上制作，不能像行政管理一样单方调查取证而形成决定。

程序性	司法机关依照法定程序处理案件，法定程序是保证司法机关正确、合法、及时地适用法律的前提，是司法公正的重要保证。
普遍性	形式意义：运用法律解决个案，赋予其普遍的意义。 实质意义：司法可解决其他机关不能解决的一切纠纷；因此，在现代社会，司法是纠纷解决最具普适性的方式。
终极性	法律适用是解决纠纷、处理冲突的最后环节，是最终性的决定；相对于其他纠纷解决方式，司法成为现代社会中最重要的解决争端的手段。

📖 经典题目

司法与行政都是国家权力的表现形式，但司法具有一系列区别于行政的特点。下列哪些选项体现了司法区别于行政的特点？（2014-01-83）

A. 甲法院审理一起民事案件，未按照上级法院的指示作出裁判

B. 乙法院审理一起刑事案件，发现被告人另有罪行并建议检察院补充起诉，在检察院补充起诉后对所有罪行一并作出判决

C. 丙法院邀请人大代表对其审判活动进行监督

D. 丁法院审理一起行政案件，经过多次开庭审理，在原告、被告及其他利害关系人充分举证、质证、辩论的基础上作出判决

解析要点：

A项：表明了司法的独立性，法院上下级之间是监督与被监督的关系，有别于行政机关上下级之间领导与被领导的关系，A项正确。

B项：表明司法活动的被动性，司法的裁判权性质决定司法奉行"不告不理"原则，有别于行政执法的主动性，B项正确。

C项：人大代表既可以对司法机关的司法活动进行监督，又可以对行政机关的执法活动进行监督，因此C项未体现司法和行政的区别，错误。

D项：表现了司法活动的交涉性，有别于行政机关一些行政行为的单向性，D项正确。

综上所述，本题答案是ABD项。

【答案】 ABD

二、司法的功能

直接功能	解决纠纷	解决纠纷是司法的直接功能、主要功能，此外，惩罚犯罪也是我国司法机关的功能。 解决纠纷是审判制度的首要任务，是司法的普遍特征，它构成司法制度的基础、运作的内容和直接任务，是其他功能发挥的先决条件。

	人权保障	司法机关是保障人权的责任主体，保障人权是司法机关的重要职责。
间接功能	调整社会关系	通过司法机关和司法组织的各项司法活动发挥出来；人民法院通过审理民事、商事、海事、海商案件，解决纠纷，以调整人身关系、财产关系等社会关系，维护社会秩序。
	解释补充法律	法律相对于调整的社会关系具有滞后性，所以法官在司法过程中不应当机械性地适用法律，应根据社会生活的变化正确阐释法律；法官自由裁量应力求达到合法与合理高度统一，尽可能减少法律适用中的不确定性。
	形成公共政策	我国法院在形成公共政策方面的功能主要表现在，司法对法律与政策没有规定的问题的妥善处理，符合法律与政策精神，符合社会公众的一般愿望，促进裁判结果形成相关法律、政策。

三、中国特色社会主义司法制度

司法制度是关于司法功能、司法机构、司法组织、司法程序、司法机制等方面规范的总称。

在大多数西方国家，司法制度仅指审判制度；在我国，一般认为司法制度是指审判制度和检察制度。不过，从我国法律实践具体考量，对司法制度宜作较广泛的理解，可认为司法制度包括审判制度、检察制度、律师制度、公证制度等。

全面推进依法治国总目标是建设中国特色社会主义法治体系、建设社会主义法治国家。中国特色社会主义司法制度是高效的法治实施体系的有机组成部分。中国特色社会主义司法制度已经建成。具体如下：

司法规范体系	包括建构中国特色社会主义司法制度、司法组织以及规范司法活动的各种法律规范。
司法组织体系	主要是指审判组织体系和检察组织体系，我国司法组织体系和相关组织体系已经建成并不断完善。
司法制度体系	我国各项司法制度已经比较完善并基本适应司法实践需要，主要包括侦查、检察、审判、监狱、律师和公证六大制度，还有人民调解、人民陪审、死刑复核、审判监督、案例指导等独具中国特色的司法制度。
司法人员管理体系	我国司法人员是指有侦查、检察、审判、监管职责的工作人员和辅助人员。

📑 背诵口诀

中国特色社会主义司法制度："规""组""制""管理"。

我国司法人员："侦""检""审""管"。

四、司法公正

司法公正	实体公正	实体公正表现为结果公正，主要体现在事实认定真实和法律适用正确两方面。
	程序公正	程序公正主要包括法官中立、当事人平等地参与和主体性地位、程序公开以及对于法官裁判的尊重。
	程序公正与实体公正尽管存在某些一致之处，但在不少场合也存在矛盾和冲突，需要进行协调。	
司法公正的具体体现	司法活动的合法性	合法性是指司法机关审理案件要严格按照法律的规定办事，不仅要按实体法办事，而且要按程序法办事。
	司法人员的中立性	中立性原则是现代程序的基本原则，是"程序的基础"。 中立是对法官的最基本要求，即法官与争议的事实和利益没有关联性，法官不得对任何一方当事人存在歧视或偏爱。
	司法活动的公开性	为实现司法公正，法院应当努力实现立案公开、庭审公开、审判结果公开、裁判文书公开和执行过程公开，检察院应当实行检务公开。
	当事人地位的平等性	1. 当事人享有平等的诉讼权利； 2. 法院平等保护当事人诉讼权利的行使。
	司法程序的参与性	参与性要求争议主体的当事人能够有充分的机会参与诉讼程序，提出自己的主张和有利于自己的证据，并反驳对方的证据、进行交叉询问和辩论。
	司法结果的正确性	首先是适用法律时，事实要调查清楚，证据要确凿可靠； 其次是案件定性准确； 最后是处理适当，宽严适度，合法合情合理。
	司法人员的廉洁性	严禁司法人员与当事人、律师、特殊关系人、中介组织有下列接触交往行为： 1. 泄露司法机关办案工作秘密或者其他依法依规不得泄露的情况； 2. 为当事人推荐、介绍诉讼代理人、辩护人，或者为律师、中介组织介绍案件，要求、建议或者暗示当事人更换符合代理条件的律师； 3. 接受当事人、律师、特殊关系人、中介组织请客送礼或其他利益； 4. 向当事人、律师、特殊关系人、中介组织借款、租借房屋，借用交通工具、通讯工具或者其他物品； 5. 在委托评估、拍卖等活动中徇私舞弊，与相关中介组织和人员恶意串通、弄虚作假、违规操作等行为； 6. 司法人员与当事人、律师、特殊关系人、中介组织的其他不正当接触交往行为。 其他事项： 1. 司法人员在案件办理过程中，应当在工作场所、工作时间接待当事人、律师、特殊关系人、中介组织。因办案需要，确需与当事人、律师、特殊关系人、中介组织在非工作场所、非工作时间接触的，应依照相关规定办理审批手续并获批准。 2. 司法人员在案件办理过程中因不明情况或者其他原因在非工作时间或非工作场所接触当事人、律师、特殊关系人、中介组织的，应当在3日内向本单位纪检监察部门报告有关情况。

📋 **经典题目**

司法公正体现在司法活动各个方面和对司法人员的要求上。下列哪一做法体现的不是

司法公正的内涵？（2014-01-45）

  A. 甲法院对社会关注的重大案件通过微博直播庭审过程

  B. 乙法院将本院公开审理后作出的判决书在网上公布

  C. 丙检察院为辩护人查阅、摘抄、复制案卷材料提供便利

  D. 丁检察院为暴力犯罪的被害人提供医疗和物质救助

解析要点：

  A项：甲法院对社会关注的重大案件通过微博直播庭审过程，有利于实现社会对案件的实时监督，属于审判过程的公开，通过公开保障公正。A项正确。

  B项：乙法院将本院公开审理后作出的判决书在网上公布，属于审判结果的公开，通过公开保障公正。B项正确。

  C项：丙检察院为辩护人查阅、摘抄、复制案卷材料提供便利，有利于保障辩护人的阅卷权，维护辩护人的正当权利，体现了当事人地位平等原则，是司法公正的内涵。C项正确。

  D项：丁检察院为暴力犯罪的被害人提供医疗和物质救助，体现人道主义，与司法公正无关。D项错误。

  综上所述，本题的答案是D项。

【答案】 D

五、司法效率

  司法效率强调的是司法机关在司法活动中，在正确、合法前提下，提高办案效率，不拖延积压案件，及时审理和结案，合理利用和节约司法资源。

司法效率的组成	包括时间效率、资源利用效率和司法活动的成本效率。
效率公正的关系	公正优先，兼顾效率。

📄 经典题目

  关于法官在司法活动中如何理解司法效率，下列哪一说法是不正确的？（2014-01-46）

  A. 司法效率包括司法的时间效率、资源利用效率和司法活动的成本效率

  B. 在遵守审理期限义务上，对法官职业道德上的要求更加严格，应力求在审限内尽快完成职责

  C. 法官采取程序性措施时，应严格依法并考虑效率方面的代价

  D. 法官应恪守中立，不主动督促当事人或其代理人完成诉讼活动

解析要点：

  A项：司法效率包括司法的时间效率、资源利用效率和司法活动的成本效率三个方面。A项正确。

  B项：近年来，我国法院努力提高司法效率，强化审限意识，严格禁止超审限审理案件。B项正确。

C 项：在司法过程中，"公正优先，兼顾效率"是基本原则，因此自然要求合理地进行诉讼程序的制度设计，在采取程序性措施时，严格依法并考虑效率方面的代价。C 项正确。

D 项：法官在保障司法公正的同时，也应提高司法效率，严格遵守法定办案时限，节约司法资源，监督当事人及时完成诉讼活动。法官应在不违反其中立地位的前提下，积极督促当事人或其代理人提高效率，减少拖延。D 项错误。

综上所述，本题答案是 D 项。

【答案】D

六、审判独立和检察独立

审判独立与检察独立是现代法治国家普遍承认的一项基本法律准则。

人民法院、人民检察院依法独立公正行使审判权、检察权是保障国家法律统一正确实施的关键。这种独立性不意味着法官、检察官可以根据个人主张作决定，而是表明，他们可以依法裁决。

根据宪法和法律的规定，审判独立与检察独立的基本内容为：

1. 国家的审判权和检察权只能分别由人民法院和人民检察院依法统一行使，其他机关、团体或个人无权行使这两项权力，也不允许在司法机关之外另设特别法庭。

2. 司法机关依照法律独立行使职权，不受行政机关、社会团体和个人的干涉。行政机关等不得使用任何权力干涉司法程序。

3. 司法机关在司法活动中必须依照法律规定，正确地适用法律。

📑 **典型真题**

关于司法制度的表述，下列说法正确的是：（2019 年考生回忆版）

A. 解决纠纷是司法的主要功能，它构成司法制度的基础、运作的主要内容和直接任务，是其他功能发挥的先决条件

B. 司法具有解决纠纷、调整社会关系的直接功能，人权保障、解释和补充法律、形成公共政策、秩序维持、文化支持等间接功能

C. 司法人员应当在工作场合、工作时间与当事人接触，这体现了司法效率的要求

D. 司法人员不得向当事人借用交通工具、通讯工具

解析要点：

A 项：解决纠纷是审判制度的首要任务，也是主要功能，是司法的普遍特征，它构成司法制度的基础、运作的内容和直接任务，是其他功能发挥的先决条件。A 项正确。

B 项：调整社会关系是司法的间接功能而非直接功能。B 项错误。

C 项：司法人员应当在工作场合、工作时间与当事人接触，这体现了司法人员的廉洁性，从而体现了司法公正的要求，和司法效率无关。C 项错误。

D 项：司法人员不得向当事人借用交通工具、通讯工具，也体现了司法人员的廉洁性。D 项正确。

综上所述，本题答案是 AD 项。

【答案】 AD

第二节　法律职业道德概述 ★

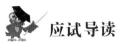 **应试导读**

本节内容是法考的一星级知识点，重要性一般，其整体内容比较宏观，很少直接命题。考生学习本节时，应结合常识，重在理解。

 知识点

法律职业		法律职业是以<u>法官、检察官、律师、法学家</u>为核心的人员所组成的特殊的社会群体，他们受过专门的法学教育，具有较高的法律知识水准、掌握法律职业技能、具有法律职业伦理。在我国法律职业主要包括：法官，检察官，律师，公证员，法律顾问，仲裁员（法律类），政府部门从事行政处罚审核、行政复议、行政裁决的人员，从事法律法规起草的立法工作者，其他行政执法人员，法学教育研究工作者等。
法律职业道德特征	政治性	法治工作是政治性很强的业务工作，也是业务性很强的政治工作； 政治性是法律职业人员首要的职业道德。
	职业性	法律职业道德规范的是法律职业从业人员的职业行为，在特定职业范围内发挥作用。
	实践性	只有在法律职业实践过程中，才能体现出法律职业道德的水准。
	正式性	表现形式比较正式，除了一般职业道德的规章制度、工作守则、服务公约、劳动规程、行为须知等表现形式以外，还通过法律、法规、规范性文件等形式表现出来。
	更高性	要求法律职业人员具有更高的法律职业道德水准，要求明确，<u>约束力和强制力更明显</u>。
法律职业道德的基本原则		忠于党、忠于国家、忠于人民、忠于法律。 以事实为根据，以法律为准绳。 严明纪律，保守秘密。 互相尊重，互相配合。 恪尽职守，勤勉尽责。 清正廉洁，遵纪守法。

📑 **经典题目**

法律在社会中负有分配社会资源、维持社会秩序、解决社会冲突、实现社会正义的功能，这就要求法律职业人员具有更高的法律职业道德水准。据此，关于提高法律职业道德水准，下列哪些表述是正确的？（2016-01-83）

A. 法律职业道德主要是法律职业本行业在职业活动中的内部行为规范，不是本行业对社会所负的道德责任和义务

B. 通过长期有效的职业道德教育，使法律职业人员形成正确的职业道德认识、信念、意志和习惯，促进道德内化

C. 以法律、法规、规范性文件等形式赋予法律职业道德以更强的约束力和强制力，并加强道德监督，形成他律机制

D. 法律职业人员违反法律职业道德和纪律的，应当依照有关规定予以惩处，通过惩处教育本人及其他人员

解析要点：

A项：法律职业道德是指法官、检察官、律师等从事法律职业的人员所应遵循的道德规范的总和，是社会道德体系的重要组成部分，是社会道德在法律职业领域中的具体体现和升华。因此，法律职业道德是法律职业本行业在职业活动中的内部行为规范，也是本行业对社会所负的道德责任和义务。A项错误。

B、C、D项：均正确。

综上所述，本题答案是BCD项。

【答案】 BCD

第二章
审判制度与法官职业道德

第一节　审判制度 ★★★★★

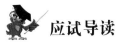 **应试导读**

　　本节内容是法考的五星级重点，非常重要，在客观题考试中，一般每套卷每年出 1 道题，分值 1—2 分。重难点提示：本节中，"法官"部分（包括法官的任职条件、任免、遴选等）是重中之重，需要考生重点掌握，精准记忆。

 知识点

一、审判制度概述

我国审判制度的基本原则	司法公正	人民法院坚持司法公正，以事实为依据，以法律为准绳，遵守法定程序。
	审判独立	人民法院依照法律规定<u>独立行使审判权</u>，不受行政机关、社会团体和个人的干涉。
	不告不理	未经控诉一方提起，法院<u>不得自行主动</u>对案件进行裁判； 法院审理案件的范围由<u>当事人确定</u>，法院无权变更、撤销； 在审理中只能按照当事人提出的事实和主张进行审理。
	直接言词	直接原则：要求参加审判的法官必须亲自参加证据审查，亲自聆听法庭辩论，强调审理法官和判决法官的一体化。 言词原则：要求当事人等在法庭上必须用<u>言词</u>形式开展质证辩论。
	及时审判	及时审理案件，提高办案效率。

	两审终审	一个案件经过两级人民法院审理即宣告终结。
我国主要审判制度	审判公开	只有评议过程是秘密进行，案件审判其他工作原则上公开。
	人民陪审员制度	审判员和人民陪审员共同对案件进行审判，逐步实行人民陪审员只参与事实认定，不参与法律适用。
	审判监督制度	又称再审制度，人民法院对已经发生法律效力的判决和裁定依法重新审判的制度。

📋 经典题目

法院的下列哪些做法是符合审判制度基本原则的？（2016-01-84）

A. 某法官因病住院，甲法院决定更换法官重新审理此案

B. 某法官无正当理由超期结案，乙法院通知其三年内不得参与优秀法官的评选

C. 对某社会高度关注案件，当地媒体多次呼吁法院尽快结案，丙法院依然坚持按期审结

D. 因人身损害纠纷，原告要求被告赔付医疗费，丁法院判决被告支付全部医疗费及精神损害赔偿金

解析要点：

A项：在我国诉讼制度中，审理一般采取直接言词原则，直接原则要求参加审判的法官必须亲自参加证据审查，亲自聆听法庭辩论；言词原则要求当事人等在法庭上必须用言词形式开展质证辩论。A项中法院更换法官重新审理此案，符合直接言词原则，A项正确。

B项：某法官无正当理由超期结案，乙法院对其进行处罚，符合及时审判原则。B项正确。

C项：丙法院不受社会媒体的影响，坚持按期审结，体现了审判独立原则。C项正确。

D项：原告没有主张精神损害赔偿，而丁法院主动判决被告支付精神损害赔偿金，违反了不告不理原则。D项错误。

综上所述，本题答案是ABC项。

【答案】 ABC

二、审判机关

最高人民法院	最高人民法院是中华人民共和国的最高审判机关。 最高人民法院的主要职权包括：一审管辖权、上诉管辖权、审判监督权、司法解释权、死刑核准权。 注意：最高人民法院可以设巡回法庭，审理最高人民法院依法确定的案件。巡回法庭是最高人民法院的组成部分。巡回法庭的判决和裁定即最高人民法院的判决和裁定。

地方各级人民法院	地方各级人民法院分为基层人民法院、中级人民法院和高级人民法院。 1. 基层人民法院，包括县、自治县人民法院，不设区的市人民法院，市辖区人民法院。其职权主要包括：一审管辖权、庭外处理权（处理不需要开庭审判的案件）、调解指导权（指导人民调解委员会的工作）。 2. 中级人民法院，包括省、自治区、直辖市的中级人民法院，在直辖市内设立的中级人民法院，自治州中级人民法院，在省、自治区内按地区设立的中级人民法院。其职权主要包括：一审管辖权、上诉管辖权、审判监督权。 3. 高级人民法院，包括省高级人民法院、自治区高级人民法院、直辖市高级人民法院。其职权主要包括：一审管辖权、上诉管辖权、审判监督权。
专门人民法院	专门人民法院是人民法院组织体系中的一个特殊组成部分。它们是设在特定部门或者针对特定案件而设立，受理与设立部门相关的专业性案件的法院。目前，我国的专门人民法院包括：军事法院、海事法院、知识产权法院、金融法院等。

三、法官

（一）法官的任职条件

一般条件	1. 具有中华人民共和国国籍。 2. 拥护中华人民共和国宪法，拥护中国共产党领导和社会主义制度。 3. 具有良好的政治、业务素质和道德品行。 4. 具有正常履行职责的身体条件。 5. 法学学士/非法学类的学士（具有法律专业知识），从事法律工作满五年； 法律硕士/法学硕士，从事法律工作满四年； 法学博士，从事法律工作满三年。 【背诵口诀】 本硕博，五四三。 注意：学历条件确有困难的地方，经最高人民法院审核确定，在一定期限内，可以将担任法官的学历条件放宽为高等学校本科毕业。 6. 初任法官应当通过国家统一法律职业资格考试取得法律职业资格。
禁止条件	下列人员不得担任法官： 1. 因犯罪受过刑事处罚的； 2. 被开除公职的； 3. 被吊销律师、公证员执业证书或者被仲裁委员会除名的； 4. 有法律规定的其他情形的。
限制条件	法官不得兼任人民代表大会常务委员会组成人员，不得兼任行政机关、检察机关以及企事业单位的职务，不得兼任律师、仲裁员和公证员。

注意：1. 人民法院可以根据审判工作需要，从律师或者法学教学、研究人员等从事法律职业的人员中公开选拔法官。

除应当具备法官任职条件外，参加公开选拔的律师应当实际执业不少于五年，执业经验丰富，从业声誉良好；参加公开选拔的法学教学、研究人员应当具有中级以上职称，从事教学、研究工作五年以上，有突出研究能力和相应研究成果。

2. 检察官任职条件参照法官任职条件记忆。

（二）法官的任免

最高人民法院	院长	全国人大选举和罢免
	副院长、审判委员会委员、正副庭长、审判员	院长提请全国人大常委会任免
地方各级人民法院	院长	本级人大选举和罢免
	副院长、审判委员会委员、正副庭长、审判员	院长提请本级人大常委会任免
在省、自治区内按地区设立的和在直辖市内设立的中级人民法院	院长	由省、自治区、直辖市人民代表大会常务委员会根据主任会议的提名决定任免
	副院长、审判委员会委员、庭长、副庭长和审判员	由高级人民法院院长提请省、自治区、直辖市人民代表大会常务委员会任免

（三）法官的遴选

省级法官遴选委员会	1. 省、自治区、直辖市设立法官遴选委员会，负责初任法官人选专业能力的审核； 2. 省级法官遴选委员会的组成人员应当包括地方各级人民法院法官代表、其他从事法律职业的人员和有关方面代表，其中法官代表不少于1/3。
最高人民法院法官遴选委员会	遴选最高人民法院法官应当设立最高人民法院法官遴选委员会，负责法官人选专业能力的审核。
遴选方式	1. 初任法官一般到基层人民法院任职； 2. 上级人民法院法官一般逐级遴选； 3. 最高人民法院和高级人民法院法官可以从下两级人民法院遴选； 4. 参加上级人民法院遴选的法官应当在下级人民法院担任法官一定年限，并具有遴选职位相关工作经历。

注意：检察官的遴选参照法官的遴选记忆。

（四）法官的回避

任职回避	法官之间有夫妻关系、直系血亲关系、三代以内旁系血亲以及近姻亲关系的，不得同时担任下列职务： 同一人民法院的院长、副院长、审判委员会委员、庭长、副庭长； 同一人民法院的院长、副院长和审判员； 同一审判庭的庭长、副庭长、审判员； 上下相邻两级人民法院的院长、副院长。 【背诵口诀】 不在同院当领导，不在同一审判庭，院长回避审判员，上下级院长不相邻。
	法官的配偶、父母、子女有下列情形之一的，法官应当实行任职回避： 1. 担任该法官所任职人民法院辖区内律师事务所的合伙人或者设立人的； 2. 在该法官所任职人民法院辖区内以律师身份担任诉讼代理人、辩护人，或者为诉讼案件当事人提供其他有偿法律服务的。

离职回避	1. 法官从人民法院离任后，两年内不得以律师身份担任诉讼代理人或者辩护人； 2. 法官从人民法院离任后，（终身）不得担任原任职法院办理案件的诉讼代理人或者辩护人，但是作为当事人的监护人或者近亲属代理诉讼或者进行辩护的除外； 3. 法官被开除后，（终身）不得担任诉讼代理人或者辩护人，但是作为当事人的监护人或者近亲属代理诉讼或者进行辩护的除外。

注意：检察官的回避参照法官的回避记忆。

经典题目

关于法官、检察官的任职条件，下列说法错误的是：（2019年考生回忆版）

A. 甲律师的律师执业证书被注销，因此，甲未来不得担任法官或者检察官

B. 乙法官可以兼职担任仲裁员，但不得收取任何费用

C. 丙法官从法院离任后，一律不得担任原任职法院的诉讼代理人或者辩护人

D. 丁检察官被免职后，不得担任诉讼代理人或者辩护人，但是作为当事人的监护人或者近亲属代理诉讼或者进行辩护的除外

解析要点：

A项：律师执业证书被注销不是法官职业的禁止条件，律师执业证书被吊销才是禁止条件。A项错误。

B项：无论是否收费，法官不得兼任仲裁员。B项错误。

C项：法官从人民法院离任后，不得担任原任职法院办理案件的诉讼代理人或者辩护人，但是作为当事人的监护人或者近亲属代理诉讼或者进行辩护的除外。C项未考虑例外情况，C项错误。

D项：检察官被免职后可以担任诉讼代理人或者辩护人，如被开除，则不得担任诉讼代理人或者辩护人，但是作为当事人的监护人或者近亲属代理诉讼或者进行辩护的除外。D项错误。

综上所述，本题答案是ABCD项。

【答案】ABCD

（五）法官的考核

人民法院设立法官考评委员会，负责对本院法官的考核工作。法官考评委员会的组成人员为五至九人。法官考评委员会主任由本院院长担任。

考核内容	审判工作实绩、职业道德、专业水平、工作能力、审判作风。重点考核审判工作实绩。
考核结果	分为优秀、称职、基本称职和不称职，可作为奖惩、辞退、工资的依据。

注意：检察官的考核参照法官的考核记忆。

（六）法官的奖惩

法官的奖励	对于法官的奖励，法律规定实行精神鼓励和物质鼓励相结合的原则； 奖励一般分为集体奖励和个人奖励。

法官的惩戒	惩戒制度：广义的惩戒制度包括法官的弹劾制度和惩戒制度，一般国家都规定有弹劾制度，有的国家则既存在弹劾制度，也规定有惩戒制度。为保障法官队伍的廉洁公正，我国法律规定了法官的惩戒制度。 法官惩戒委员会： 1. 设立：最高人民法院和省、自治区、直辖市设立法官惩戒委员会。 2. 组成：法官惩戒委员会由法官代表、其他从事法律职业的人员和有关方面代表组成，其中法官代表不少于半数。 3. 审查意见：负责从专业角度审查认定法官是否存在违反审判职责的行为，提出构成故意违反职责、存在重大过失、存在一般过失或者没有违反职责等审查意见。 4. 处理决定：法官惩戒委员会提出审查意见后，人民法院依照有关规定作出是否予以惩戒的决定，并给予相应处理。 注意：法官惩戒委员会作出的审查意见应当送达当事法官。当事法官对审查意见有异议的，可以向惩戒委员会提出，惩戒委员会应当对异议及其理由进行审查，作出决定。
法官的处分	根据《公务员法》及《法官法》的规定，处分包括下列六种： 1. 警告，期间为 6 个月； 2. 记过，期间为 12 个月； 3. 记大过，期间为 18 个月； 4. 降级，期间为 24 个月； 5. 撤职，期间为 24 个月； 6. 开除，受开除处分的，自处分决定生效之日起，解除与人民法院的人事关系，不得再担任公务员职务。（最严重） 免予处分：违纪违法行为情节轻微，经过批评教育后改正的，可以免予处分。 从重、加重处分：1. 在共同违纪违法行为中起主要作用的；2. 隐匿、伪造、销毁证据的；3. 串供或者阻止他人揭发检举、提供证据材料的；4. 包庇同案人员的；5. 法律、法规和人民法院工作人员处分条例分则中规定的其他从重情节。 从轻处分：1. 主动交代违纪违法行为的；2. 主动采取措施，有效避免或者挽回损失的；3. 检举他人重大违纪违法行为，情况属实的；4. 法律、法规和人民法院工作人员处分条例分则中规定的其他从轻情节。 减轻处分：主动交代违纪违法行为，并主动采取措施有效避免或者挽回损失的，应当在人民法院工作人员处分条例分则规定的处分幅度以外降低一个档次给予减轻处分。 处分的解除、变更和撤销：受开除以外处分的，在受处分期间有悔改表现，并且没有再发生违纪违法行为的，处分期满后应当解除处分。解除处分后，晋升工资档次、级别、职务不再受原处分的影响。但是，解除降级、撤职处分的，不视为恢复原级别、原职务。

注意：检察官的奖惩参照法官的奖惩记忆。

📖 **经典题目**

关于检察官的惩戒，下列哪一说法是正确的？（2020 年考生回忆版）

A. 检察官惩戒委员会负责从专业角度审查认定检察官是否存在违反检察职责的行为，并依照有关规定作出是否予以惩戒的决定，并给予相应处理

B. 检察官惩戒委员会由检察官代表、其他从事法律职业的人员和有关方面代表组成，

其中检察官代表不少于 1/3

C. 检察官惩戒委员会审议惩戒事项时，当事检察官有权申请有关人员回避，有权进行陈述、举证、辩解

D. 当事检察官对检察官惩戒委员会作出的审查意见有异议的，可以向上级检察院申诉

解析要点：

A 项：检察官惩戒委员会提出审查意见后，由人民检察院依照有关规定作出是否予以惩戒的决定，并给予相应处理。检察官惩戒委员会无权作出处理决定。A 项错误。

B 项：检察官惩戒委员会中检察官代表不少于半数。B 项错误。

C 项：检察官惩戒委员会审议惩戒事项时，当事检察官有权申请有关人员回避，有权进行陈述、举证、辩解。C 项正确。

D 项：检察官惩戒委员会作出的审查意见应当送达当事检察官。当事检察官对审查意见有异议的，可以向惩戒委员会提出，惩戒委员会应当对异议及其理由进行审查，作出决定。D 项错误。

综上所述，本题答案是 C 项。

【答案】 C

（七）法官的职业保障

根据《法官法》的有关规定，对法官的保障主要有履行职务保障、人身和财产保障、工资保险福利保障等。

履行职务保障	法官依法审判案件不受行政机关、社会团体和个人的干涉，有权拒绝任何单位或者个人违反法定职责或者法定程序、有碍司法公正的要求； 司法机关依法独立公正行使职权，不得执行任何领导干部违反法定职责或者法定程序、有碍司法公正的要求； 对领导干部干预司法活动、插手具体案件处理的情况，司法人员应当全面、如实记录，做到全程留痕，有据可查； 对于司法机关内部人员的干预、说情或者打探案情，法官应当予以拒绝； 对于不依正当程序转递涉案材料或者提出其他要求的，应当告知其依照程序办理； 非因法定事由，非经法定程序，不得将法官调离、免职、辞退或者作出撤职等处分。
人身和财产保障	法官依法履行职责，受法律保护； 法官的人身、财产和住所安全受法律保护。
工资保险福利保障	根据审判工作特点，国家规定了法官的工资制度和工资标准； 法官实行定期增资制度； 经考核确定为优秀、称职的，可以按照规定晋升工资档次； 法官享受国家规定的津贴、补贴、奖金、保险和福利待遇。

第二节　法官职业道德 ★★★★

应试导读

　　本节内容是法考的四星级重点，比较重要，在客观题考试中，一般每套卷每两到三年出1道题，分值1—2分。同时，法官职业道德也可能和检察官、律师、公证员职业道德结合命题。本节内容不难，考生无须死记硬背，应结合常识，重在理解。

知识点

　　法官职业道德的核心是公正、廉洁、为民；基本要求是忠诚司法事业、保证司法公正、确保司法廉洁、坚持司法为民、维护司法形象。

忠诚司法事业	1. 牢固树立社会主义法治理念，忠于党、忠于国家、忠于人民、忠于法律； 2. 坚持和维护中国特色社会主义司法制度，认真贯彻落实依法治国基本方略； 3. 热爱司法事业，珍惜法官荣誉，坚持职业操守，恪守法官良知； 4. 维护国家利益，遵守政治纪律。
保证司法公正	1. 维护审判独立； 2. 确保案件裁判结果公平公正； 3. 实体公正与程序公正并重：实体公正是程序公正的目的，程序公正是实体公正的保障； 4. 提高司法效率：严守时限，充分考虑效率因素，监督当事人及时完成诉讼； 5. 公开审判； 6. 遵守回避制度，保持中立地位； 7. 不办人情案、关系案、金钱案。
确保司法廉洁	1. 自重、自省，坚守廉洁底线； 2. 不得接受诉讼当事人的钱物和其他利益； 3. 不得从事或者参与营利性的经营活动； 4. 不得以其身份谋取特殊利益。
坚持司法为民	1. 以人为本； 2. 发挥司法的能动作用； 3. 司法便民； 4. 尊重当事人及其他诉讼参与人。
维护司法形象	1. 坚持学习，精研业务； 2. 坚持文明司法，遵守司法礼仪； 3. 加强自身修养，约束业外活动； 4. 退休及辞职法官谨慎行为。

📑 经典题目

张法官与所承办案件当事人的代理律师系某业务培训班同学，偶有来往，为此张法官向院长申请回避，经综合考虑院长未予批准。张法官办案中与该律师依法沟通，该回避事项虽被对方代理人质疑，但审判过程和结果受到一致肯定。对照《法官职业道德基本准则》，张法官的行为直接体现了下列哪一要求？（2017-01-48）

A. 严格遵守审限

B. 约束业外活动

C. 坚持司法便民

D. 保持中立地位

解析要点：

根据法官职业道德基本准则及相关要求，"法官在审判活动中，除了应当自觉遵守法定回避制度外，如果认为自己审理某案件时可能引起公众对该案件公正裁判产生合理怀疑的，应当提出不宜审理该案件的请求""法官审理案件应当保持中立"。张法官自觉申请回避，且审判过程保持中立，体现了保持中立地位的要求，D项正确。A、B、C三项均与题干无关。

综上所述，本题答案是D项。

【答案】D

第三章

检察制度与检察官职业道德

第一节　检察制度 ★★★

 **应试导读**

　　本节内容是法考的三星级重点，比较重要，在客观题考试中，一般每套卷每两到三年出1道题，分值1—2分。重难点提示：检察官相关考点有很多内容和法官内容一致，这部分在上一节已作了说明，本节重点展示检察制度的特殊规定。

 知识点

一、检察制度概述

　　检察是一种由特定机关代表国家向法院提起诉讼及维护法律实施的司法职能，检察制度是司法制度的重要组成部分。

我国检察制度的主要特征	独立的宪法地位	检察机关是人民代表大会下与行政机关、监察机关、审判机关平行的国家机关。
	国家的法律监督机关	通过履行审批起诉、诉讼监督等职能，维护国家法制的统一，定位不仅仅是公诉机关，其拥有明显的法律监督的性质。
	实行检察一体化原则	检察长统一领导检察院工作。
		各级检察院设立检察委员会。检察委员会实行民主集中制，在检察长的主持下，讨论决定重大案件和其他重大问题。
		最高检察院领导地方各级检察院和专门检察院的工作，上级检察院领导下级检察院的工作。

我国检察制度的基本原则	检察权统一行使	又称检察一体原则，是指各级检察机关、检察官依法构成统一的整体，在行使职权、执行职务的过程中实行"上命下从"，即根据上级检察机关、检察官的指示和命令进行工作。
	检察权独立行使	是指检察机关依照法律规定独立行使检察权，不受其他机关、社会团体和个人的非法干涉。
	检察机关对诉讼活动实行法律监督	是指检察机关依法对各种诉讼的进行以及诉讼中国家机关和诉讼参与人的诉讼活动进行监督，其重点是对诉讼中的国家机关及其工作人员的违法行为进行监督。

二、检察机关

组织体系		最高人民检察院
		地方人民检察院（省级人民检察院；市级人民检察院；基层人民检察院）
		专门人民检察院包括军事检察院等
领导体制	双重从属制	人民检察院实行双重从属制，既要对同级国家权力机关负责，又要对上级人民检察院负责。
	国家权力机关对人民检察院的领导	国家权力机关对人民检察院的领导，主要表现在：人大及其常委会选举、罢免或者任免人民检察院主要组成人员，审议工作报告，进行各种形式的监督等。
	上级人民检察院对下级人民检察院的垂直领导体制	1. 人事任免。 2. 业务领导： 上级人民检察院认为下级人民检察院的决定错误的，指令下级人民检察院纠正，或者依法撤销、变更； 上级人民检察院可以对下级人民检察院管辖的案件指定管辖；上级人民检察院可以办理下级人民检察院管辖的案件； 上级人民检察院可以统一调用辖区的检察人员办理案件； 下级人民检察院应当执行上级人民检察院的决定，有不同意见的，可以在执行的同时向上级人民检察院报告。
	检察长	1. 检察官在检察长领导下开展工作，重大办案事项由检察长决定。 2. 检察长可以将部分职权委托检察官行使，可以授权检察官签发法律文书。 3. 人民检察院检察长领导本院检察工作，管理本院行政事务。人民检察院副检察长协助检察长工作。
	检察委员会	检察委员会的组成：检察长、副检察长和若干资深检察官组成，成员人数应当为单数。 检察委员会的职能： 1. 总结检察工作经验； 2. 讨论决定重大、疑难、复杂案件； 3. 讨论决定其他有关检察工作的重大问题。 注意：最高人民检察院对属于检察工作中具体应用法律的问题进行解释、发布指导性案例，应当由检察委员会讨论通过。
	检察长和检察委员会的关系	检察委员会会议由检察长或者检察长委托的副检察长主持。 检察委员会实行民主集中制。 地方各级人民检察院的检察长不同意本院检察委员会多数人的意见时： 1. 属于办理案件的，可以报请上一级人民检察院决定； 2. 属于重大事项的，可以报请上一级人民检察院或者本级人民代表大会常务委员会决定。

📌 **经典题目**

检察一体原则是指各级检察机关、检察官依法构成统一的整体，下级检察机关、下级检察官应当根据上级检察机关、上级检察官的批示和命令开展工作。据此，下列哪一表述是正确的？（2016-01-47）

A. 各级检察院实行检察委员会领导下的检察长负责制

B. 上级检察院可建议而不可直接变更、撤销下级检察院的决定

C. 在执行检察职能时，相关检察院有协助办案检察院的义务

D. 检察官之间在职务关系上可相互承继而不可相互移转和代理

解析要点：

A项：人民检察院内部实行的是检察长负责制与检察委员会集体领导相结合的领导体制。A项错误。

B项：最高人民检察院领导地方各级人民检察院和专门人民检察院的工作，上级人民检察院领导下级人民检察院的工作。因此，上下级检察院是领导关系，故上级检察院可直接变更、撤销下级检察院的决定。B项错误。

C、D项：检察一体原则是指各级检察机关、检察官依法构成统一的整体，各级检察机关、检察官在履行职权、职务中，应当根据上级检察机关、上级检察官的批示和命令进行工作和活动，因此，各地和各级检察机关之间具有职能协助的义务，检察官之间在职务关系上可以发生相互移转和代理，C项正确，D项错误。

综上所述，本题答案是C项。

【答案】C

三、检察官

我国检察官的任免采取选举和任命相结合的方式：各级检察院的检察长采选举制，其他检察人员采任命制。

最高人民检察院	检察长	全国人大选举和罢免
	副检察长、检察委员会委员、检察员	检察长提请全国人大常委会任免
地方各级人民检察院	检察长	本级人大选举和罢免＋上一级人民检察院检察长提请本级人民代表大会常务委员会批准
	副检察长、检察委员会委员、检察员	检察长提请本级人大常委会任免
在省、自治区内按地区设立的和在直辖市内设立的检察院分院	检察长、副检察长、检察委员会委员和检察员	由省级检察院检察长提请省级人大常委会任免

第二节　检察官职业道德 ★★

 应试导读

本节内容是法考的二星级知识点，重要性一般，在客观题考试中，一般每套卷每三到五年出 1 道题，分值 1—2 分。同时，检察官职业道德也可能和法官、律师、公证员职业道德结合命题。重难点提示：本节中，"检察官职业责任"是法考改革后大纲新增点，考生应重点关注。

 知识点

一、检察官职业道德

检察官职业道德的基本要求为"忠诚、为民、担当、公正、廉洁"五方面。

忠诚	忠于党、忠于国家；忠于人民；忠于宪法和法律；忠于检察事业。
为民	坚持以人民为中心的理念；坚持严格、规范、公正、文明司法；坚持融入群众、倾听群众呼声、解决群众诉求、接受群众监督。
担当	坚决打击发生在群众身边损害群众利益的各类犯罪； 要坚守良知、公正司法、司法公开，自觉接受人民群众和社会的监督，以公开促公正； 要直面矛盾，正视问题。
公正	独立履职；理性履职；履职回避；重视证据；遵循程序；保障人权；尊重律师和法官；遵守纪律；提高效率。
廉洁	坚持廉洁操守；避免不当影响；妥善处理个人事务。

典型真题

关于检察官的行为，下列哪一观点是正确的？（2012-01-49）

A. 房检察官在同乡聚会时向许法官打听其在办案件审理情况，并让其估计判处结果。根据我国国情，房检察官的行为可以被理解

B. 关检察长以暂停工作要挟江检察官放弃个人意见，按照陈科长的判断处理某案。关检察长的行为与依法独立行使检察权的要求相一致

C. 容检察官在本地香蕉滞销，蕉农面临重大损失时，多方奔走将 10 万斤香蕉销往外地，为蕉农挽回了损失，本人获辛苦费 5 000 元。容检察官没有违反有关经商办企业、违法违规营利活动的规定

D. 成检察官从检察院离任 5 年后，以律师身份担任各类案件的诉讼代理人或者辩护人，受到当事人及其家属的一致肯定。成检察官的行为符合《检察官法》的有关规定

解析要点：

A项：检察官必须遵守宪法和法律，严格执行宪法和法律的规定，不得违法过问、干预办案。房检察官插手过问案件的做法是错误的。A项错误。

B项：检察官应当依法履行检察职责，不受行政机关、社会团体和个人的干涉。检察官既不能非法干预他人办理案件，也不能为他人的非法干预所左右。B项错误。

C项：法律、法规禁止检察官从事营利性经营活动。容检察官的行为违反有关经商办企业、违法违规营利活动的规定。C项错误。

D项：检察官从人民检察院离任后2年内，不得以律师身份担任诉讼代理人或者辩护人。成检察官的行为符合《检察官法》的有关规定。D项正确。

综上所述，本题答案是D项。

【答案】D

二、检察官职业责任

检察官职业责任，是指检察官违反法律法规、职业道德规范和检察工作纪律所应当承担的不利后果，包括检察官执行职务中违纪行为的司法责任和检察官执行职务中犯罪行为的刑事责任。

（一）检察官执行职务中违纪行为的司法责任

1. 追责范围

故意违反法律法规责任	例如：（1）隐瞒、歪曲事实，违规采信关键证据，错误适用法律；（2）毁灭、伪造、变造、隐匿、篡改证据材料或者法律文书。
重大过失责任	例如：（1）认定事实、适用法律等方面出现错误，导致案件错误处理；（2）遗漏重要犯罪嫌疑人或者重大罪行，或者使无罪的人受到刑事追究；（3）对明显属于采取非法方法收集的证据未予排除造成错案。
监督管理责任	在行使检察权过程中，检察长、副检察长、业务部门负责人以及其他负有监督管理职责的检察人员，因故意或者重大过失怠于行使或者不当行使监督管理权，在职责范围内对检察人员违反检察职责的行为失职失察、隐瞒不报、措施不当，导致司法办案工作出现严重错误的，应当承担相应的司法责任。

注意：（1）检察人员在司法履职中，虽有错误后果发生，但尽到必要注意义务，对后果发生没有故意或者重大过失，具有下列情形之一的，不予追究司法责任：①因法律法规、司法解释发生变化或者有关政策调整等原因而改变案件定性或者处理决定的；②因法律法规、司法解释规定不明确，存在对法律法规、司法解释理解和认识不一致，但在专业认知范围内能够予以合理说明的；③因当事人故意作虚假陈述、供述，或者毁灭、伪造证据等过错，导致案件事实认定或者处理出现错误的；④出现新证据或者证据发生变化而改变案件定性或者处理决定的；⑤因技术条件限制等客观原因或者不能预见、无法抗拒的其他原因致使司法履职出现错误的；⑥其他事由。

（2）司法瑕疵：检察人员在事实认定、证据采信、法律适用、办案程序、文书制作以及司法作风等方面不符合法律和有关规定，但不影响案件结论的正确性和效力的，属于司法瑕疵，不承担司法责任，可以视情节对其进行谈话提醒、批评教育、责令检查、通报或者予以诫勉。

2. 责任认定

检察官	(1) 独任检察官承办并作出决定的案件，由独任检察官承担司法责任。 (2) 检察官办案组承办的案件，由主办检察官、检察官共同承担司法责任。主办检察官对其职责范围内决定的事项承担司法责任，其他检察官对自己的行为承担司法责任。 (3) 检察官故意隐瞒、歪曲事实，遗漏重要事实、证据或者情节，导致检察委员会、检察长（副检察长）作出错误决定的，主要由检察官承担司法责任。业务部门负责人因故意或者重大过失怠于行使或者不当行使监督管理权，承担相应的司法责任。
检察长	(1) 检察长（副检察长）对职权范围内作出的有关办案事项的决定承担司法责任，对于检察官在职权范围内作出决定的事项，检察长（副检察长）不因签发法律文书承担司法责任。 (2) 检察长（副检察长）不同意检察官的处理意见，要求检察官复核，检察官根据检察长（副检察长）的要求进行复核并改变原处理意见的，检察长（副检察长）与检察官共同承担司法责任。 (3) 检察长（副检察长）改变检察官决定的，对改变部分承担司法责任。
检察院	(1) 上级人民检察院改变下级人民检察院正确意见的，上级人民检察院有关人员应当承担相应的司法责任。 (2) 下级人民检察院有关人员故意隐瞒、歪曲事实，遗漏重要事实、证据或者情节，导致上级人民检察院作出错误命令、决定的，由下级人民检察院有关人员承担司法责任；上级人民检察院有关人员有过错的，应当承担相应的司法责任。

3. 追责程序

受理	检务督察部门统一受理司法责任追究线索。
初核	检务督察部门应当对司法责任追究线索及时进行分析研判，视情形按照谈话函询、初步核实、暂存待查、予以了结等方式进行处置。 对需要初核的线索，应当报检察长批准。初核后应当与派驻纪检监察组协商提出是否立案的意见，报请检察长批准。
立案	批准立案后，应当制作立案决定书，向被调查对象宣布，向其所在部门主要负责人和派驻纪检监察组通报，并在 7 日内报上一级人民检察院检务督察部门备案。
调查	检务督察部门在立案后应当成立调查组，依照《人民检察院检务督察工作条例》规定的方式展开调查；调查结束前，应当听取被调查对象陈述和申辩。调查组应当自立案之日起 90 日内完成调查工作。因特殊原因需要延长调查期限的，应当经检察长批准，并报上一级人民检察院检务督察部门备案，延长时间不得超过 90 日。
处理	调查终结后，认为检察官存在违反检察职责的行为需要追究司法责任的，按照检察官惩戒工作程序，报检察长批准后提请检察官惩戒委员会审议，由其提出构成故意违反职责、存在重大过失、存在一般过失或者没有违反职责的意见。 对于检察官惩戒委员会审查认定检察官构成故意违反职责、存在重大过失的，以及其他检察人员需要追究司法责任的，按照干部管理权限和职责分工，由检务督察部门向相关职能部门提出处理建议，征求派驻纪检监察组的意见后，党组研究作出相应的处理决定。

（二）检察官执行职务中犯罪行为的刑事责任

检察官执行职务行为构成犯罪的，依照刑法有关规定追究其刑事责任。

第四章
律师制度与律师职业道德

第一节　律师制度 ★★★★★

应试导读

　　本节内容是法考的五星级重点，非常重要，在客观题考试中，一般每套卷每年至少出 1 道题，分值至少 1—2 分。重难点提示：（1）律师制度有很多程序细节，需要考生在理解基础上记忆要点；（2）2022 年 1 月 1 日起施行《中华人民共和国法律援助法》，故2022 年法考很可能针对法律援助制度命题，考生应重视法律援助制度的学习。

知识点

一、律师制度概述

律师的概念	律师是指依法取得律师执业证书，接受委托或者指定，为当事人提供法律服务的执业人员。
律师的分类	律师可分为社会律师、公司律师、公职律师和军队律师。 社会律师又可分为专职律师与兼职律师。
律师管理体制	目前世界各国的律师管理体制： 1. 以日本、法国为代表的律师协会行业自律模式； 2. 以德国为代表的司法行政机关监督、指导下的律师协会行业管理模式； 3. 以英国、美国为代表的律师协会行业管理与法院监督结合的管理模式。 我国的律师管理体制：司法行政机关行政管理和律师协会行业管理相结合。

二、律师

（一）律师的执业许可条件

执业资格	一般条件：1. 拥护宪法；2. 通过法律职业资格考试；3. 在律所实习满1年；4. 品行良好。
	特殊条件：本科以上学历，在法律服务人员紧缺领域从事专业工作满15年，具有高级职称或同等专业水平的人员，经国务院司法行政部门考核合格。
	禁止条件： 1. 无民事行为能力或者限制民事行为能力的； 2. 受过刑事处罚的，但过失犯罪的除外； 3. 被开除公职或者被吊销律师、公证员执业证书的。
执业限制	1. 只能在一个律师事务所执业。 2. 不能兼任公务员；可兼任人大常委会组成人员，但任职期间不得从事诉讼代理或辩护。

（二）律师的执业许可程序

申请	申请律师执业，应当向设区的市级或者直辖市的区人民政府司法行政部门提出申请，并提交下列材料： 1. 国家统一法律职业资格证书； 2. 律师协会出具的申请人实习考核合格的材料； 3. 申请人的身份证明； 4. 律师事务所出具的同意接收申请人的证明。 申请兼职律师执业的，还应当提交所在单位的同意证明。
审查决定	1. 受理申请的部门应当自受理之日起20日内予以审查，并将审查意见和全部申请材料报送省、自治区、直辖市人民政府司法行政部门。 2. 省、自治区、直辖市人民政府司法行政部门应当自收到报送材料之日起10日内予以审核，作出是否准予执业的决定。准予执业的，向申请人颁发律师执业证书；不准予执业的，向申请人书面说明理由。（总结：省级决定，下级审查） 注意：首次取得或者重新申请取得律师执业证书的执业律师应当进行律师宣誓。宣誓仪式由地市一级律师协会或省级律师协会组织实施。律师协会应当在律师取得执业证书之日起3个月内组织律师宣誓。

（三）律师的权利

接受委托权	犯罪嫌疑人自被侦查机关第一次讯问或者采取强制措施之日起，有权委托辩护人；在侦查期间，只能委托律师作为辩护人。被告人有权随时委托辩护人。
会见权	1. 受委托律师凭律师执业证书、律师事务所证明和委托书或者法律援助公函，有权会见犯罪嫌疑人、被告人并了解有关案件情况。律师会见犯罪嫌疑人、被告人时不被监听。 2. 辩护律师在侦查期间可以为犯罪嫌疑人提供法律帮助；代理申诉、控告；申请变更强制措施；向侦查机关了解犯罪嫌疑人涉嫌的罪名和案件有关情况，提出意见。 3. 辩护律师可以同在押的犯罪嫌疑人、被告人会见和通信。其他辩护人经人民法院、人民检察院许可，也可以同在押的犯罪嫌疑人、被告人会见和通信。
阅卷权	辩护律师自人民检察院对案件审查起诉之日起，有权查阅、摘抄、复制本案的案卷材料。
调查取证权	律师自行调查取证的，凭律师执业证书和律师事务所证明，可以向有关单位或者个人调查与承办法律事务有关的情况； 辩护律师经人民法院或者人民检察院许可，并经被害人或者其近亲属、被害人提供的证人同意，可以向他们收集与本案有关的材料。

受保障权	律师在执业活动中的人身权利不受侵犯。律师在法庭上发表的代理、辩护意见不受法律追究，但是，发表危害国家安全、恶意诽谤他人、严重扰乱法庭秩序的言论除外。
拒绝权	1. 接受委托前，有权拒绝委托； 2. 接受委托后，无正当理由不得拒绝辩护或者代理。 但是以下情形可以拒绝辩护和代理：委托事项违法；委托人利用律师提供的服务从事违法活动；委托人故意隐瞒与案件有关的重要事实。
在法庭审理阶段的权利	在法庭审理时律师享有广泛的权利，具体包括：对法庭不当询问的拒绝回答权、发问权、提出新证据的权利、质证权、参加法庭辩论的权利等。
其他权利	要求回避、申请复议权；得到人民法院开庭通知权；代为上诉的权利；代理申诉或控告权；获取本案诉讼文书副本的权利；为犯罪嫌疑人、被告人申请变更和要求解除强制措施的权利。

（四）律师的义务

只能在一个律师事务所执业	律师只能在一个律师事务所执业； 律师变更执业机构的，应当申请换发律师执业证书； 律师执业不受地域限制。
不得私自接受委托收取费用	律师承办业务，由律师事务所统一接受委托，与委托人签订书面委托合同，按照国家规定统一收取费用并如实入账。
不得以不正当方式影响依法办理案件	例如，对本人或者其他律师正在办理的案件进行歪曲、有误导的宣传和评论，恶意炒作案件；以串联组团、联署签名、发表公开信、组织网上聚集、声援等方式或者借个案研讨之名，制造舆论压力，攻击、诋毁司法机关和司法制度；违反规定披露、散布不公开审理案件的信息、材料等。
保守秘密	原则：律师应当保守在执业活动中知悉的国家秘密、商业秘密，不得泄露当事人的隐私。 例外：委托人或者其他人准备或者正在实施危害国家安全、公共安全以及严重危害他人人身安全的犯罪事实和信息除外。 【背诵口诀】 准备正在"国""公""人"。
其他义务	加入所在地的地方律师协会，并履行律师协会章程规定的义务； 不得利用提供法律服务的便利谋取当事人争议的权益，或者接受对方当事人的财物； 不得在同一案件中，为双方当事人担任代理人； 律师接受委托后，无正当理由的，不得拒绝辩护或代理； 不得违反规定会见法官、检察官、仲裁员以及其他有关工作人员； 不得向法官、检察官、仲裁员以及其他有关工作人员行贿、介绍贿赂或者指使、诱导当事人行贿； 不得提供虚假证据，不得妨碍对方当事人合法取得证据； 不得扰乱法庭、仲裁庭秩序，干扰诉讼、仲裁活动的正常进行； 不得煽动、教唆当事人采取扰乱公共秩序、危害公共安全等非法手段解决争议； 不得发表危害国家安全、恶意诽谤他人、严重扰乱法庭秩序的言论； 按照国家规定承担法律援助义务； 依法纳税。

三、律师事务所

（一）律师事务所的设立

律师事务所设立条件	资格条件	1. 有自己的名称、住所和章程； 2. 符合规定的律师； 3. 设立人应当具有一定的执业经历，且3年内未受过停止执业处罚； 4. 有符合国务院司法行政部门规定数额的财产。
	合伙律师事务所	普通合伙：书面合伙协议；3名以上合伙人作为设立人；设立人有3年以上执业经历；30万元资产。 注意：合伙人对律师事务所债务承担无限连带责任。 特殊合伙：书面合伙协议；20名以上合伙人作为设立人；设立人有3年以上执业经历；1 000万元资产。 注意：一个或数个合伙人因故意或重大过失造成律师事务所债务的，承担无限连带责任，其他合伙人以在律所资产为限承担有限责任。
	个人律师事务所	设立人有5年以上执业经历；10万元资产。 注意：设立人对律师事务所的债务承担无限责任。 【背诵口诀】 普通所设立：3人3年30万； 特殊所设立：20人3年1 000万； 个人所设立：1人5年10万。
	国资律师事务所	国家出资设立。 注意：以该律师事务所的全部资产对其债务承担责任。
律师事务所设立程序		1. 申请：设立律师事务所，应当向设区的市级或者直辖市的区人民政府司法行政部门提出申请。 2. 审查：受理申请的部门应当自受理之日起20日内予以审查，并将审查意见和全部申请材料报送省、自治区、直辖市人民政府司法行政部门。 3. 决定：省、自治区、直辖市人民政府司法行政部门应当自收到报送材料之日起10日内予以审核，作出是否准予设立的决定。准予设立的，向申请人颁发律师事务所执业证书；不准予设立的，向申请人书面说明理由。（总结：省级决定，下级审查） 注意：成立3年以上并具有20名以上执业律师的合伙律师事务所，可以设立分所。设立分所，须经拟设立分所所在地的省、自治区、直辖市人民政府司法行政部门审核。

（二）律师事务所的变更、终止

律师事务所的变更	律师事务所变更名称、负责人、章程、合伙协议的，应当报原审核部门批准； 律师事务所变更住所、合伙人的，应当自变更之日起15日内报原审核部门备案。
律师事务所的终止	律师事务所有下列情形之一的，应当终止： 1. 不能保持法定设立条件，经限期整改仍不符合条件的； 2. 律师事务所执业证书被依法吊销的； 3. 自行决定解散的； 4. 法律、行政法规规定应当终止的其他情形。 注意：1. 设立许可后，6个月内未开业或者无正当理由停止业务活动满1年的，视为自行停办，应当终止； 2. 律师事务所终止的，由颁发执业证书的部门注销该律师事务所的执业证书。

四、法律援助制度

法律援助是国家建立的为经济困难公民和符合法定条件的其他当事人无偿提供法律咨询、代理、刑事辩护等法律服务的制度，是公共法律服务体系的组成部分。

（一）法律援助的范围

刑事案件	申请援助	刑事案件的犯罪嫌疑人、被告人因经济困难或者其他原因没有委托辩护人的，本人及其近亲属可以向法律援助机构申请法律援助。 注意：申请应当采用书面形式，填写申请表；以书面形式提出申请确有困难的，可以口头申请。（总结："应当书面，可以口头"）
	通知援助	刑事案件的犯罪嫌疑人、被告人属于下列人员之一，没有委托辩护人的，人民法院、人民检察院、公安机关应当通知法律援助机构指派律师担任辩护人： 1. 未成年人； 2. 视力、听力、言语残疾人； 3. 不能完全辨认自己行为的成年人； 4. 可能被判处无期徒刑、死刑的人； 5. 申请法律援助的死刑复核案件被告人； 6. 缺席审判案件的被告人。 强制医疗案件的被申请人或者被告人没有委托诉讼代理人的，人民法院应当通知法律援助机构指派律师为其提供法律援助。 【背诵口诀】 通知援助："盲（聋）哑人""未成年"，"无期""死刑""精神疾病"，"死刑复核""缺席判"，"强制医疗"应通知。
	无须经济状况审查	法律援助机构无须进行经济状况审查的四种情形： 1. 犯罪嫌疑人、被告人属于一级或者二级智力残疾的； 2. 共同犯罪案件中，其他犯罪嫌疑人、被告人已委托辩护人的； 3. 人民检察院抗诉的； 4. 案件具有重大社会影响的。 【背诵口诀】 无须经济状况审查："智力残疾""共同犯"，"检察抗诉""影响大"。
民事、行政案件		下列事项的当事人，因经济困难没有委托代理人的，可以向法律援助机构申请法律援助： 1. 依法请求国家赔偿； 2. 请求给予社会保险待遇或者社会救助； 3. 请求发给抚恤金； 4. 请求给付赡养费、抚养费、扶养费； 5. 请求确认劳动关系或者支付劳动报酬； 6. 请求认定公民无民事行为能力或者限制民事行为能力； 7. 请求工伤事故、交通事故、食品药品安全事故、医疗事故人身损害赔偿； 8. 请求环境污染、生态破坏损害赔偿。

不受经济困难条件的限制	有下列情形之一，当事人申请法律援助的，<u>不受经济困难条件的限制</u>： 1. 英雄烈士近亲属为维护英雄烈士的人格权益； 2. 因见义勇为行为主张相关民事权益； 3. 再审改判无罪请求国家赔偿； 4. 遭受虐待、遗弃或者家庭暴力的受害人主张相关权益； 5. 法律、法规、规章规定的其他情形。 【背诵口诀】 不受经济困难条件的限制："英烈亲属""见义为"，"受害""无罪求国赔"。

（二）法律援助的申请

诉讼事项法律援助申请	对诉讼事项的法律援助，由申请人向办案机关所在地的法律援助机构提出申请。例如，家住 A 县的乙在邻县涉嫌犯罪被邻县检察院批准逮捕，其因经济困难，可向邻县法律援助中心申请法律援助。
非诉讼事项法律援助申请	对非诉讼事项的法律援助，由申请人向争议处理机关所在地或者事由发生地的法律援助机构提出申请。

（三）法律援助的审查

审查	1. 法律援助机构应当自收到法律援助申请之日起 7 日内进行审查，作出是否给予法律援助的决定。决定给予法律援助的，应当自作出决定之日起 3 日内指派法律援助人员为受援人提供法律援助；决定不给予法律援助的，应当书面告知申请人，并说明理由。 2. 申请人提交的申请材料不齐全的，法律援助机构应当一次性告知申请人需要补充的材料或者要求申请人作出说明。申请人未按要求补充材料或者作出说明的，视为撤回申请。
异议	1. 申请人、受援人对法律援助机构不予法律援助、终止法律援助的决定有异议的，可以向设立该法律援助机构的司法行政部门提出。 2. 司法行政部门应当自收到异议之日起 5 日内进行审查，作出维持法律援助机构决定或者责令法律援助机构改正的决定。 3. 申请人、受援人对司法行政部门维持法律援助机构决定不服的，可以依法申请行政复议或者提起行政诉讼。

（四）法律援助的实施

法律援助服务形式	1. 法律咨询：法律援助机构提供的法律咨询，是对咨询者提出的有关法律援助方面的问题以及日常碰到的简单法律问题进行解答。法律咨询不需要审查经济条件。 2. 代理：刑事代理；民事代理；行政代理（行政诉讼和行政复议）；非诉讼代理（仲裁代理和调解）；强制医疗案件代理。 3. 刑事辩护：法律援助律师担任犯罪嫌疑人、被告人的辩护人，参加刑事诉讼活动。 4. 值班律师法律帮助：法律援助值班律师在人民法院、看守所等场所，为没有辩护人的犯罪嫌疑人、刑事被告人提供法律咨询、程序选择建议、申请变更强制措施、对案件处理提出意见等法律帮助。

法律援助 实施程序	1. 人员指派； 2. 事项承办； 3. 异地协作； 4. 人员更换（受援人有证据证明法律援助人员不依法履行义务）； 5. 结案。 注意：有下列情形之一的，应当终止法律援助： （1）受援人以欺骗或者其他不正当手段获得法律援助； （2）受援人故意隐瞒与案件有关的重要事实或者提供虚假证据； （3）受援人利用法律援助从事违法活动； （4）受援人的经济状况发生变化，不再符合法律援助条件； （5）案件终止审理或者已经被撤销； （6）受援人自行委托律师或者其他代理人； （7）受援人有正当理由要求终止法律援助； （8）法律法规规定的其他情形。

（五）法律援助的救济

检察机关 法律监督	人民检察院审查批准逮捕时，认为犯罪嫌疑人具有应当通知辩护的情形，公安机关未通知法律援助机构指派律师的，应当通知公安机关予以纠正，公安机关应当将纠正情况通知人民检察院。
申诉控告 程序	犯罪嫌疑人、被告人及其近亲属、法定代理人，强制医疗案件中的被申请人、被告人的法定代理人认为公安机关、人民检察院、人民法院应当告知其可以向法律援助机构申请法律援助而没有告知，或者应当通知法律援助机构指派律师为其提供辩护或者诉讼代理而没有通知的，有权向同级或者上一级人民检察院申诉或者控告。人民检察院应当对申诉或者控告及时进行审查，情况属实的，通知有关机关予以纠正。
异议程序	申请人对法律援助机构不予援助或者终止援助的决定有异议的，可以向主管该法律援助机构的司法行政机关提出。司法行政机关应当在收到异议之日起 5 个工作日内进行审查。 经审查认为申请人符合法律援助条件的，应当以书面形式责令法律援助机构及时对该申请人提供法律援助，同时通知申请人； 认为申请人不符合法律援助条件的，应当维持法律援助机构不予援助的决定，并书面告知申请人。

📖 **经典题目**

某检察院对王某盗窃案提出二审抗诉，王某未委托辩护人，欲申请法律援助。对此，下列哪一说法是正确的？（2015-01-49）

A. 王某申请法律援助只能采用书面形式

B. 法律援助机构应当严格审查王某的经济状况

C. 法律援助机构只能委派律师担任王某的辩护人

D. 法律援助机构决定不提供法律援助时，王某可以向该机构提出异议

解析要点：

A 项：申请法律援助，如果以书面形式提出申请确有困难的，申请人可以口头申请。A 项错误。

　　B项：人民检察院抗诉的情形下，犯罪嫌疑人、被告人申请法律援助的，法律援助机构无须进行经济状况审查。B项错误。

　　C项：根据《刑事诉讼法》规定，刑事辩护的法律援助只能委派律师。C项正确。

　　D项：申请人对法律援助机构不予援助或者终止援助的决定有异议的，可以向主管该法律援助机构的司法行政机关提出，而非向该机构提出。D项错误。

　　综上所述，本题答案是C项。

【答案】C

第二节　律师职业道德 ★★★★

 应试导读

　　本节内容是法考的四星级重点，比较重要，在客观题考试中，一般每套卷每一到两年出1道题，分值1—2分。同时，律师职业道德也可能和法官、检察官、公证员职业道德结合命题。重难点提示：本节中，"律师与委托人或者当事人关系规范"相对重要，需要考生结合常识进行理解性记忆。

 知识点

一、律师职业道德基本准则

忠诚、为民、法治、正义、诚信、敬业。

二、律师业务推广规范

推广原则	1. 律师和律师事务所可以依法以广告方式宣传律师和律师事务所以及自己的业务领域和专业特长； 2. 律师和律师事务所可以通过发表学术论文、案例分析、专题解答、授课、普及法律等活动，宣传自己的专业领域； 3. 律师和律师事务所可以通过举办或者参加各种形式的专题、专业研讨会，宣传自己的专业特长； 4. 律师可以以自己或者其任职的律师事务所名义参加各种社会公益活动； 5. 律师和律师事务所在业务推广中不得为不正当竞争行为。
推广广告	1. 律师广告应具可识别性，应能够使社会公众辨明是律师广告。 2. 律师广告可以以律师个人名义发布，也可以以律师事务所名义发布。 注意：以律师个人名义发布的律师广告应当注明律师个人所任职的执业机构名称，应当载明律师执业证号。 3. 律师个人广告的内容：应当限于律师的姓名、肖像、年龄、性别、学历、学位、专业、律师执业许可日期、所任职律师事务所名称、在所任职律师事务所的执业期限；收费标准、联系方法；依法能够向社会提供的法律服务业务范围；执业业绩。

推广广告	4. 律师事务所广告的内容：应当限于律师事务所名称、住所、电话号码、传真号码、邮政编码、电子信箱、网址；所属律师协会；所内执业律师及依法能够向社会提供的法律服务业务范围简介；执业业绩。 具有下列情况之一的，律师和律师事务所不得发布律师广告： 1. 没有通过年度考核的； 2. 处于停止执业或停业整顿处罚期间的； 3. 受到通报批评、公开谴责未满 1 年的。 律师和律师事务所不得以有悖律师使命、有损律师形象的方式制作广告，<u>不得采用一般商业广告的艺术夸张手段制作广告</u>； 律师和律师事务所<u>不得进行歪曲事实和法律</u>，或者可能使公众对律师产生不合理期望的宣传； 律师和律师事务所可以宣传所从事的某一专业法律服务领域，但<u>不得自我声明或者暗示其被公认或者证明为某一专业领域的权威或专家</u>； 律师和律师事务所<u>不得进行律师之间或者律师事务所之间的比较宣传</u>。 总结：<u>不得夸张不歪曲，不称专家不比较。</u>

三、律师与委托人或者当事人关系规范

（一）委托代理关系

按照法律规定，委托代理关系为一种合同关系。同时，律师应当谨慎、诚实、客观地告知委托人拟委托事项可能出现的法律风险。

（二）禁止虚假承诺

律师根据委托人提供的事实和证据，依据法律规定进行分析，向委托人提出分析性意见。律师的辩护、代理意见未被采纳，不属于虚假承诺。

（三）禁止非法谋取委托人利益

律师和律师事务所不得利用提供法律服务的便利，牟取当事人争议的权益。

律师和律师事务所<u>不得违法与委托人就争议的权益产生经济上的联系</u>，不得与委托人约定将争议标的物出售给自己；不得委托他人为自己或为自己的近亲属收购、租赁委托人与他人发生争议的标的物。

律师事务所可以依法与当事人或委托人签订以回收款项或标的物为前提，<u>按照一定比例收取货币或实物作为律师服务费用</u>的协议。

注意：

律师事务所可以实行<u>风险代理收费</u>。实行风险代理收费，最高收费金额不得高于收费合同约定标的额的 <u>30%</u>。

禁止风险代理收费的情形：

1. 婚姻、继承案件；

2. 请求给予社会保险待遇或者最低生活保障待遇的；

3. 请求给付赡养费、抚养费、扶养费、抚恤金、救济金、工伤赔偿的；

4. 请求支付劳动报酬的；

5. 刑事诉讼案件、行政诉讼案件、国家赔偿案件以及群体性诉讼案件。

（四）利益冲突审查

律师事务所在接受委托之前，应当进行利益冲突审查并作出是否接受委托决定。

不得建立或维持委托关系	1. 律师在同一案件中为双方当事人担任代理人，或代理与本人或者其近亲属有利益冲突的法律事务的； 2. 律师办理诉讼或者非诉讼业务，其近亲属是对方当事人的法定代表人或者代理人的； 3. 曾经亲自处理或者审理过某一事项或者案件的行政机关工作人员、审判人员、检察人员、仲裁员，成为律师后又办理该事项或者案件的； 4. 同一律师事务所的不同律师同时担任同一刑事案件的被害人的代理人和犯罪嫌疑人、被告人的辩护人，但在该县区域内只有一家律师事务所且事先征得当事人同意的除外； 5. 在民事诉讼、行政诉讼、仲裁案件中，同一律师事务所的不同律师同时担任争议双方当事人的代理人，或者本所或其工作人员为一方当事人，本所其他律师担任对方当事人的代理人的； 6. 在非诉业务中，除各方当事人共同委托外，同一律师事务所的律师同时担任彼此有利害关系的各方当事人的代理人的； 7. 在委托关系终止后，同一律师事务所或同一律师在同一案件后续审理或者处理中又接受对方当事人委托的； 8. 其他相似情况。
非经委托人同意，不得建立或维持委托关系	1. 接受民事诉讼、仲裁案件一方当事人的委托，而同所的其他律师是该案件中对方当事人的近亲属的； 2. 担任刑事案件犯罪嫌疑人、被告人的辩护人，而同所的其他律师是该案件被害人的近亲属的； 3. 同一律师事务所接受正在代理的诉讼案件或者非诉讼业务当事人的对方当事人所委托的其他法律业务的； 4. 律师事务所与委托人存在法律服务关系，在某一诉讼或仲裁案件中该委托人未要求该律师事务所律师担任其代理人，而该律师事务所律师担任该委托人对方当事人的代理人的； 5. 在委托关系终止后1年内，律师又就同一法律事务接受与原委托人有利害关系的对方当事人的委托的； 6. 其他相似情况。

背诵口诀

　　律师利益冲突审查：直接冲突不能干，间接冲突经同意。

经典题目

　　某律师事务所一审代理了原告张某的案件。一年后，该案再审。该所的下列哪一做法与律师执业规范相冲突？（2014-01-48）

　　A. 在代理原告案件时拒绝与该案被告李某建立委托代理关系

　　B. 在拒绝与被告李某建立委托代理关系时，承诺可在其他案件中为其代理

　　C. 得知该案再审后，主动与原告张某联系

　　D. 张某表示再审不委托该所，该所遂与被告李某建立委托代理关系

　　解析要点：

　　A项：律师在同一案件中拒绝为双方当事人担任代理人，符合律师执业规范要求。A项不选。

　　B项：律师执业规范并未禁止律师向对方当事人承诺可在其他案件中为其代理。B项

不选。

C项：该律师事务所一审代理了原告张某的案件，再审中仍然可以代理原告张某的案件，符合律师执业规范要求。C项不选。

D项：律师执业行为规范规定，律师在委托关系终止后，不得在同一案件后续审理或者处理中又接受对方当事人的委托。D项当选。

综上所述，本题答案是D项。

【答案】D

（五）保管委托人财产

律师事务所可以与委托人签订书面保管协议，妥善保管委托人财产，严格履行保管协议。

律师事务所受委托保管委托人财产时，应当将委托人财产与律师事务所的财产、律师个人财产严格分离。

（六）转委托

未经委托人同意，律师事务所不得将委托人委托的法律事务转委托其他律师事务所办理。但在紧急情况下，为维护委托人的利益可以转委托，但应当及时告知委托人。

（七）委托关系的解除与中止

律师事务所应当终止委托关系	1. 委托人提出终止委托协议的； 2. 律师受到吊销执业证书或者停止执业处罚的，经过协商，委托人不同意更换律师的； 3. 当发现有《律师执业行为规范》第50条规定的利益冲突情形的； 4. 受委托律师因健康状况不适合继续履行委托协议的，经过协商，委托人不同意更换律师的； 5. 继续履行委托协议违反法律、法规、规章或者律师执业行为规范的。
经提示委托人不纠正，律师事务所可以解除委托	1. 委托人利用律师提供的法律服务从事违法犯罪活动的； 2. 委托人要求律师完成无法实现或者不合理的目标的； 3. 委托人没有履行委托合同义务的； 4. 在事先无法预见的前提下，律师向委托人提供法律服务将会给律师带来不合理的费用负担，或给律师造成难以承受的、不合理的困难的； 5. 其他合法理由。

📄 经典题目

王某和李某斗殴，李某与其子李二将王某打伤。李某在王某提起刑事自诉后聘请省会城市某律师事务所赵律师担任辩护人。关于本案，下列哪一做法符合相关规定？（2015-01-48）

A. 赵律师同时担任李某和李二的辩护人，该所钱律师担任本案王某代理人

B. 该所与李某商定辩护事务按诉讼结果收取律师费

C. 该所要求李某另外预交办案费

D. 该所指派实习律师代赵律师出庭辩护

解析要点:

A 项:同一律所的不同律师原则上不能同时担任同一刑事案件的被害人的代理人和犯罪嫌疑人、被告人的辩护人。A 项错误。

B 项:刑事诉讼、行政诉讼、国家赔偿案件以及群体性诉讼案件不得适用风险代理收费。B 项错误。

C 项:办案费用是指律师事务所在提供法律服务过程中代委托人支付的诉讼费、仲裁费、鉴定费、公证费和查档费等费用,其不属于律师服务费,由委托人另行支付。因此,律所可以要求委托人预交办案费,律师应本着节俭的原则合理使用。C 项正确。

D 项:辩护人只能由律师担任,实习律师不得担任。D 项错误。

综上所述,本题答案是 C 项。

【答案】C

第五章
公证制度与公证员职业道德

第一节　公证制度 ★★

 应试导读

本节内容是法考的二星级知识点，重要性一般，在客观题考试中，一般每套卷每三到五年出 1 道题，分值 1—2 分。

 知识点

一、公证制度的概念与特征

公证是公证机构根据自然人、法人或者其他组织的申请，依照法定程序对民事法律行为、有法律意义的事实和文书的真实性、合法性予以证明的活动。

公证制度是国家司法制度的重要组成部分，属于<u>民事程序法</u>的范畴。公证制度是一种司法证明制度，它在民事活动和经济交往中具有预防纠纷、化解矛盾的特殊社会功能。

我国公证制度的特征主要表现为下列两方面：

（一）公证是一种特殊的证明活动

公证主体的特定性	只有公证机构按照法律规定的程序出具的证明才称为"公证"； 公证职能只能由依法设立的证明机构——<u>公证机构</u>统一行使； 公证机构以<u>国家名义</u>进行公证证明活动，其出具的公证文书在法律上具有特定的效力、普遍的法律约束力，在国际国内都能通行使用。

公证对象和内容的特定性	公证对象是没有争议的民事法律行为、有法律意义的事实和文书； 公证的内容是证明公证对象的真实性与合法性。
公证效力的特殊性	公证机构出具的公证文书具有证据效力、强制执行效力、法律行为成立的形式要件效力，这是其他证明所不具备的。例如，《民事诉讼法》第69条规定，经过法定程序公证证明的法律事实和文书，人民法院应当作为认定事实的根据，但有相反证据足以推翻公证证明的除外。
公证程序的法定性	公证机构、公证员和公证当事人必须严格遵守《公证法》《公证程序规则》等，公证的申请和证明活动必须依法律规定的程序进行，符合法律的要求。

（二）公证是一种非诉讼司法活动

公证是一种具有预防性的法律制度，旨在通过公正活动预防纠纷、消除隐患，平衡当事人之间的利害冲突，防患于未然。

二、公证制度的管理体制

根据法律规定，我国实行司法行政机关行政管理与公证协会行业管理相结合的公证管理体制。

三、公证机构

公证机构的设立原则	统筹规划、合理布局。 可以在县、不设区的市、设区的市、直辖市或者市辖区设立；在设区的市、直辖市可以设立一个或者若干个公证机构。公证机构不按行政区划层层设立。
公证机构的设立条件	1. 有自己的名称； 2. 有固定的场所； 3. 有2名以上公证员（负责人应当在有3年以上执业经历的公证员中推选产生）； 4. 有开展公证业务所必需的资金。
公证机构的设立程序	设立公证机构，由所在地的司法行政部门报省、自治区、直辖市人民政府司法行政部门按照规定程序批准后，颁发公证机构执业证书。 省、自治区、直辖市司法行政机关应当自收到申请材料之日起30日内，完成审核，作出批准设立或者不予批准设立的决定。对准予设立的，颁发公证机构执业证书；对不准予设立的，应当在决定中告知不予批准的理由。批准设立公证机构的决定，应当报司法部备案。

四、公证业务范围

我国法律规定了较为广泛的公证业务范围，大致包括证明民事法律行为、证明有法律意义的事实、证明有法律意义的文书、其他公证事务四类。

证明民事法律行为	我国公证机构的主要公证业务为证明民事法律行为，如合同、继承、委托、声明、赠与、遗嘱、财产分割、招标投标、拍卖等。公证机构根据当事人的申请办理合同公证、继承公证、遗嘱公证、财产分割公证、委托公证、声明公证、赠与公证、招标投标公证、拍卖公证等事项，对民事法律行为的真实性、合法性予以证明。

证明有法律意义的事实	除民事法律行为外,有些事实能够引起民事法律关系产生、变更或消灭,具有法律意义。 公证机构根据当事人的申请办理婚姻状况公证(包括已婚公证、未婚公证、离婚公证和丧偶公证)、亲属关系公证、收养关系公证(包括确认收养关系公证和解除收养关系公证)、出生公证、生存公证、死亡公证、身份公证、经历公证、学历和学位公证、职务和职称公证、有无犯罪违法记录公证、保全证据等事项,对有法律意义事实的真实性、合法性予以证明。
证明有法律意义的文书	各种文件、证书、文字材料在法律上具有特定意义,公证机构根据当事人的申请办理公司章程公证,文书的签名、印鉴、日期公证(包括学位证书、技术等级证书、夫妻关系证明书、驾驶证等),文书的副本、影印本与原本相符公证等事项,对有法律意义的文书的真实性、合法性予以证明。
其他公证事务	公证机构根据当事人的申请办理其他公证事务,包括法律、行政法规规定由公证机构登记的事务。 例如提存、保管遗嘱、遗产或者其他与公证事项有关的财产、物品、文书;代书与公证事项有关的法律事务文书;提供公证法律咨询。

五、公证员

(一)公证员的任职条件

一般条件	中国国籍; 25 周岁—65 周岁; 公道正派、遵纪守法、品行良好; 通过法律职业资格考试; 在公证机构实习 2 年以上/具有 3 年以上其他法律职业经历并在公证机构实习 1 年以上,经考核合格。
特殊条件	从事法学教学、研究工作,具有高级职称的人员或本科以上学历,从事审判、检察、法制工作满 10 年的公务员、律师,离开原岗位后经考核合格。
禁止条件	无民事行为能力或者限制民事行为能力的; 因故意犯罪或者职务过失犯罪受过刑事处罚的; 被开除公职的; 被吊销公证员、律师执业证书的。

(二)公证员的任职条件

公证员的任命	担任公证员,应当由符合公证员条件的人员提出申请,经公证机构推荐,由所在地的司法行政部门报省、自治区、直辖市人民政府司法行政部门审核同意后,报请国务院司法行政部门任命,并由省、自治区、直辖市人民政府司法行政部门颁发公证员执业证书。

公证员的免职	公证员有下列情形之一的，由所在地的司法行政部门报省、自治区、直辖市人民政府司法行政部门提请国务院司法行政部门予以免职： 1. 丧失中华人民共和国国籍的； 2. 年满 65 周岁或者因健康原因不能继续履行职务的； 3. 自愿辞去公证员职务的； 4. 被吊销公证员执业证书的。

经典题目

公证制度是司法制度重要组成部分，设立公证机构、担任公证员具有严格的条件及程序。关于公证机构和公证员，下列哪一选项是正确的？（2017—01—50）

A. 公证机构可接受易某申请为其保管遗嘱及遗产并出具相应公证书

B. 设立公证机构应由省级司法行政机关报司法部依规批准后，颁发公证机构执业证书

C. 贾教授在高校讲授法学 11 年，离职并经考核合格，可以担任公证员

D. 甄某交通肇事受过刑事处罚，因此不具备申请担任公证员的条件

解析要点：

A 项：公证机构可接受易某申请为其保管遗嘱及遗产，但保管遗嘱及遗产不是公证事项，不能出具公证书。A 项错误。

B 项：设立公证机构，由所在地的司法行政部门报省、自治区、直辖市人民政府司法行政部门按照规定程序批准后，颁发公证机构执业证书。B 项错误。

C 项：从事法学教学、研究工作，具有高级职称的人员，或者具有本科以上学历，从事审判、检察、法制工作、法律服务满 10 年的公务员、律师，已经离开原工作岗位，经考核合格的，可以担任公证员。贾教授符合条件，可以担任公证员。C 项正确。

D 项：因故意犯罪或者职务过失犯罪受过刑事处罚的不得担任公证员。交通肇事罪既非故意犯罪，也非职务过失犯罪。D 项错误。

综上所述，本题答案是 C 项。

【答案】C

第二节　公证员职业道德 ★★

 应试导读

本节内容是法考的二星级知识点，在客观题考试中，一般每套卷每三到五年出 1 道题，分值 1—2 分。同时，公证员职业道德也可能和法官、检察官、律师职业道德结合命题。

知识点

公证员职业道德的主要内容如下。

忠于法律，尽职履责	1. 忠于宪法和法律，恪守客观、公正原则。以事实为根据，以法律为准绳。 2. 遵守法定回避制度。不得办理本人及近亲属或与本人及近亲属有利害关系的公证。 3. 履行执业保密义务。保守国家秘密、商业秘密、个人隐私。 4. 积极采取措施纠正、制止违法违规行为。公证员在履行职责时，对发现的违法、违规或违反社会公德的行为，应当按照法律规定的权限，<u>积极采取措施予以纠正、制止</u>。
爱岗敬业，规范服务	1. 强化服务意识。 2. 履行告知义务。公证员在履行职责时，应当告知当事人、代理人和参与人的权利和义务，并就权利和义务的真实意思和可能产生的法律后果作出<u>明确解释</u>，避免形式上的简单告知。 3. 平等、热情地对待公证当事人、代理人和参与人。 4. 依法提高办证质量和效率。 5. 注重文明礼仪，维护职业形象。 6. 积极履行监督义务。<u>公证员如果发现已生效的公证文书存在问题或其他公证员有违法、违规行为，应当及时向有关部门反映</u>。 7. 不发表不当评论。
加强修养，提高素质	遵守社会公德；注重个人修养和品行；忠于职守；热爱集体、团结协作；提高自身业务能力和职业素养；终身学习、勤勉进取。
廉洁自律，尊重同行	1. 廉洁自律。公证员<u>不得从事有报酬的其他职业和与公证员职务、身份不相符的活动</u>。 2. 妥善处理个人事务。公证员应当妥善处理个人事务，<u>不得利用公证员的身份和职务为自己、亲属或他人谋取利益</u>。 3. 不得接受不当利益。公证员<u>不得索取或接受当事人及其代理人、利害关系人的答谢款待、馈赠财物或其他利益</u>。 4. 相互尊重。公证员应当相互尊重，与同行保持良好的合作关系，公平竞争，同业互助，共谋发展。 5. 避免不当干预。公证员不得以不正当方式或途径对其他公证员正在办理的公证事项进行干预或施加影响。 6. 不从事不正当竞争行为： 公证员不得利用媒体或其他手段炫耀自己，贬损他人，排斥同行，为自己招揽业务； 公证员不得以支付介绍费、给予回扣、许诺提供利益等方式承揽业务； 公证员不得利用与行政机关、社会团体的特殊关系进行业务垄断。

📋 **经典题目**

法律职业人员应自觉遵守回避制度，确保司法公正。关于法官、检察官、律师和公证员等四类法律职业人员的回避规定，下列哪些判断是正确的？（2015-01-85）

A. 与当事人（委托人）有近亲属关系，是法律职业人员共同的回避事由

B. 法律职业人员的回避，在其《职业道德基本准则》中均有明文规定

C. 法官和检察官均有任职回避的规定，公证员则无此要求

D. 不同于其他法律职业，律师回避要受到委托人意思的影响

解析要点：

A 项：律师与当事人之间有近亲属关系并不构成回避的理由，律师可以与当事人（委托人）有近亲属关系。A 项错误。

B 项：中华全国律师协会 2014 年 6 月 5 日制定了《律师职业道德基本准则》，全文只有 6 条，其中没有规定回避制度。B 项错误。

C 项：《法官法》《检察官法》均规定了法官、检察官的任职回避，但《公证法》对于公证员任职回避没有要求。C 项正确。

D 项：《律师执业行为规范》第 52 条罗列了在一些情形下，律师应当告知委托人并主动提出回避，但委托人同意其代理或者继续承办的除外。也就是说，律师和律师事务所发现存在上述情形的，应当告知委托人利益冲突的事实和可能产生的后果，由委托人决定是否建立或维持委托关系。D 项正确。

综上所述，本题答案是 CD 项。

【答案】 CD

o4 / 第四编

习近平法治思想

习近平法治思想考情与备考要点

一、考试分值

法考改革后，司法部官方不公布真题以及答案。"习近平法治思想"是 2021 年法考大纲新增科目，替换了原科目"中国特色社会主义法治理论"，两个科目在内容上一脉相承，在命题上风格类似，根据考生对"中国特色社会主义法治理论"以及"习近平法治思想"的题目回忆：

首先，在客观题考试中，习近平法治思想每年每套卷考查 10 分左右。

其次，在主观题考试中，法考时代前三年（2018—2020 年）的主观题均直接针对中国特色社会主义法治理论，其中 2018 年和 2019 年分别考了 38 分，2020 年考了 32 分。2021 年法考主观题直接针对习近平法治思想命题，分值为 35 分。

二、命题特点（客观题）

题目难度相对不高，高度结合时事政治。

根据考生回忆，从中国特色社会主义法治理论到习近平法治思想，题目难度相对不高，且高度结合时事政治。试举一道典型题目：

推进全面依法治国是国家治理的一场深刻变革，必须以科学理论为指导。习近平总书记创造性地提出了关于全面依法治国的一系列新理念新思想新战略，形成了内涵丰富、科学系统的思想体系。下列内容中，属于习近平总书记关于全面依法治国的重要论述的是：（2020 年考生回忆版）

A. 坚持党对全面依法治国的领导

B. 坚持以人民为中心

C. 坚持在法治轨道上推进国家治理体系和治理能力现代化

D. 坚持建设中国特色社会主义法治体系

分析：考生结合常识、日常积累和政治学习积累，应该能选出本题正确答案为 AB-CD。

三、备考建议（客观题）

学习目标：对习近平法治思想知识点充分熟悉。

具体做法：

结合本书以及配套课程，明确重点，课后至少认真做一遍配套试题。

说明：习近平法治思想内容宏观，考试细节考查少，应试难度不高，所以，客观题备考阶段，考生无须花太多精力背诵本学科的细节内容。从应试角度，做到宏观了解和充分熟悉，就可以拿到不错的分数。到了主观题阶段再重点背诵，同时训练论述题写作，背练结合。

第一章
习近平法治思想的重大意义

第一节　习近平法治思想的形成和发展 ★★★★★

 应试导读

习近平法治思想是 2021 年大纲新增内容，预计 2022 年法考客观题加主观题总计会考到 40 分以上，因此，从分值角度，本学科所有章节重要性均标注了五颗星。在客观题考试中，习近平法治思想的形成和发展预计每套卷每两到三年出 1 道题，分值 1—2 分。本节内容相对宏观，考生不应死记硬背，而应重在深入理解，充分熟悉，在此基础上记忆要点。

 知识点

一、习近平法治思想形成的时代背景

2020 年 11 月 16 日至 17 日召开的中央全面依法治国工作会议，明确了习近平法治思想在全面依法治国工作中的指导地位。

习近平法治思想是顺应实现中华民族伟大复兴时代要求应运而生的重大理论创新成果，是马克思主义法治理论中国化的最新成果，是全面依法治国的根本遵循和行动指南。习近平法治思想是着眼中华民族伟大复兴战略全局和当今世界百年未有之大变局，顺应实现中华民族伟大复兴时代要求应运而生的重大战略思想。

国际背景	当今世界正经历百年未有之大变局，新冠肺炎疫情全球大流行使这个大变局加速演进，经济全球化遭遇逆流，保护主义、单边主义上升，世界经济低迷，国际贸易和投资大幅萎缩，国际经济、科技、文化、安全、政治等格局都在发生深刻调整。

国内背景	我国正处在中华民族伟大复兴的关键时期，中华民族迎来了从站起来、富起来到强起来的伟大飞跃； 我国经济正处在转变发展方式、优化经济结构、转换增长动力的攻关期，经济已由高速增长阶段转向高质量发展阶段，经济长期向好，市场空间广阔，发展韧性强大，正在形成以国内大循环为主体、国内国际双循环相互促进的新发展格局，改革发展稳定任务日益繁重。

面对新形势新任务，着眼于统筹国内国际两个大局，科学认识和正确把握我国发展的重要战略机遇期，必须把全面依法治国摆在更加突出的全局性、战略性的重要地位。习近平法治思想从历史和现实相贯通、国际和国内相关联、理论和实际相结合上，深刻回答了新时代为什么要实行全面依法治国、怎样实行全面依法治国等一系列重大问题，为深入推进全面依法治国、加快建设社会主义法治国家，运用制度威力应对风险挑战，实现党和国家长治久安，全面建设社会主义现代化国家、实现中华民族伟大复兴的中国梦，提供了科学指南。

二、习近平法治思想形成和发展的逻辑

历史逻辑	习近平法治思想凝聚着中国共产党人在法治建设长期探索中形成的经验积累和智慧结晶，标志着我们党对共产党执政规律、社会主义建设规律、人类社会发展规律认识达到了新高度，开辟了中国特色社会主义法治理论和实践的新境界。
理论逻辑	习近平法治思想坚持马克思主义法治理论的基本原则，贯彻运用马克思主义法治理论的立场、观点和方法，继承我们党关于法治建设的重要理论，传承中华优秀传统法律文化，系统总结新时代中国特色社会主义法治实践经验，是马克思主义法治理论与新时代中国特色社会主义法治实践相结合的产物，是马克思主义法治理论中国化的新发展新飞跃，反映了创新马克思主义法治理论的内在逻辑要求。
实践逻辑	习近平法治思想是从统筹中华民族伟大复兴战略全局和世界百年未有之大变局、实现党和国家长治久安的战略高度，在推进伟大斗争、伟大工程、伟大事业、伟大梦想的实践之中完善形成的，并会随着实践的发展而进一步丰富。

三、习近平法治思想形成和发展的历史进程

党的十八大以来，习近平总书记高度重视法治建设，亲自谋划、亲自部署、亲自推动全面依法治国。

十八届四中全会	专门研究全面依法治国，出台了关于全面推进依法治国若干重大问题的决定。
十九大	提出到2035年基本建成法治国家、法治政府、法治社会。
十九届二中全会	专题研究宪法修改，推动宪法与时俱进、完善发展。
十九届三中全会	决定成立中央全面依法治国委员会，加强党对全面依法治国的集中统一领导。
十九届四中全会	从推进国家治理体系和治理能力现代化的角度，对坚持和完善中国特色社会主义法治体系，提高党依法治国、依法执政能力作出部署。
十九届五中全会	对立足新发展阶段、贯彻新发展理念、构建新发展格局的法治建设工作提出新要求。

习近平总书记在领导全党全国各族人民深化依法治国的伟大实践中，创造性地提出了

关于全面依法治国的一系列新理念新思想新战略，形成了内涵丰富、科学系统的思想体系，为建设法治中国指明了前进方向。

四、习近平法治思想的鲜明特色

习近平法治思想体系完整、理论厚重、博大精深，用"十一个坚持"对全面依法治国进行阐释、部署，都是涉及理论和实践的方向性、根本性、全局性的重大问题，具有鲜明特色。

原创性	马克思主义创造性地揭示了人类社会发展规律，并随着实践的变化而发展。习近平总书记以马克思主义政治家、思想家、战略家的深刻洞察力、敏锐判断力和战略定力，在理论上不断拓展新视野、提出新命题、作出新论断、形成新概括，为发展马克思主义法治理论作出了重大原创性贡献。
系统性	系统观点是马克思主义基本原理的重要内容。习近平总书记强调全面依法治国是一个系统工程，注重用整体联系、统筹协调、辩证统一的科学方法谋划和推进法治中国建设，科学指出当前和今后一个时期推进全面依法治国十一个重要方面的要求，构成了系统完备、逻辑严密、内在统一的科学思想体系。
时代性	时代性是马克思主义的一个基本特性。习近平总书记立足中国特色社会主义进入新时代的历史方位，立时代之潮头，发思想之先声，科学回答了新时代我国法治建设向哪里走、走什么路、实现什么目标等根本性问题，在新时代治国理政实践中开启了法治中国新篇章。
人民性	人民性是马克思主义最鲜明的品格。习近平总书记强调法治建设要为了人民、依靠人民、造福人民、保护人民，推动把体现人民利益、反映人民愿望、维护人民权益、增进人民福祉落实到全面依法治国各领域全过程，不断增强人民群众获得感、幸福感、安全感。
实践性	实践性是马克思主义理论区别于其他理论的显著特征。习近平总书记明确提出全面依法治国并将其纳入"四个全面"战略布局，以破解法治实践难题为着力点，作出一系列重大决策部署，解决了许多长期想解决而没有解决的难题，办成了许多过去想办而没有办成的大事，社会主义法治国家建设发生历史性变革、取得历史性成就。

经典题目

习近平法治思想体系完整、理论厚重、博大精深，具有鲜明特色。下列关于习近平法治思想特色的论述正确的是：（模拟题）

A. 习近平法治思想注重用整体联系、统筹协调、辩证统一的科学方法谋划和推进法治中国建设，这是习近平法治思想系统性的体现

B. 习近平法治思想科学回答了新时代我国法治建设向哪里走、走什么路、实现什么目标等根本性问题，这是习近平法治思想时代性的体现

C. 习近平法治思想强调法治建设要为了人民、依靠人民、造福人民、保护人民，这是习近平法治思想原创性的体现

D. 习近平法治思想提出全面依法治国并将其纳入"四个全面"战略布局，以破解法治实践难题为着力点，这是习近平法治思想实践性的体现

解析要点：

C 项：习近平法治思想强调法治建设要为了人民、依靠人民、造福人民、保护人民，这是习近平法治思想人民性的体现。原创性是指习近平总书记以马克思主义政治家、思想家、战略家的深刻洞察力、敏锐判断力和战略定力，在理论上不断拓展新视野、提出新命题、作出新论断、形成新概括，为发展马克思主义法治理论作出了重大原创性贡献。C 项错误。A、B、D 项正确。

综上所述，本题答案是 ABD 项。

【答案】ABD

第二节 习近平法治思想的重大意义 ★★★★★

 应试导读

习近平法治思想是 2021 年大纲新增内容，在客观题考试中，本节内容预计每套卷每三到五年出 1 道题，分值 1—2 分。本节内容相对宏观，考生不应死记硬背，而应重在深入理解，充分熟悉。

 知识点

习近平法治思想是马克思主义法治理论同中国实际相结合的最新成果	习近平法治思想坚持马克思主义法治理论的基本立场、观点和方法，在法治理论上实现了一系列重大突破、重大创新、重大发展，为马克思主义法治理论的不断发展作出了原创性贡献，是马克思主义法治理论中国化的最新成果，是习近平新时代中国特色社会主义思想的重要组成部分，是习近平新时代中国特色社会主义思想的"法治篇"。
习近平法治思想是对党领导法治建设丰富实践和宝贵经验的科学总结	习近平法治思想以新的高度、新的视野、新的认识赋予中国特色社会主义法治建设事业以新的时代内涵，深刻回答了事关新时代我国社会主义法治建设的一系列重大问题，实现了中国特色社会主义法治理论的历史性飞跃。
习近平法治思想是在法治轨道上推进国家治理体系和治理能力现代化的根本遵循	习近平法治思想贯穿经济、政治、文化、社会、生态文明建设的各个领域，涵盖改革发展稳定、内政外交国防、治党治国治军各个方面，科学指明了在法治轨道上推进国家治理现代化的正确道路，为依法应对重大挑战、抵御重大风险、克服重大阻力、解决重大矛盾，在法治轨道上推进国家治理体系和治理能力现代化提供了根本遵循。
习近平法治思想是引领法治中国建设实现高质量发展的思想旗帜	习近平法治思想从全面建设社会主义现代化国家的目标要求出发，立足新发展阶段、贯彻新发展理念、构建新发展格局的实际需要，提出了当前和今后一个时期全面依法治国的目标任务，为实现新时代法治中国建设高质量发展提供了强有力的思想武器。

第二章
习近平法治思想的核心要义

第一节　坚持党对全面依法治国的领导 ★★★★★

 应试导读

习近平法治思想是 2021 年大纲新增内容，在客观题考试中，本节内容预计每套卷每一到两年出 1 道题，分值 1—2 分。同时，本节内容有可能和"十一个坚持"的其他内容结合命题。对于本节内容，考生不应死记硬背，应认真学习，深入理解，充分熟悉，在此基础上记忆要点。

 知识点

一、党的领导是推进全面依法治国的法治之魂

党政军民学、东西南北中，党是领导一切的。

坚持党的领导，是社会主义法治的根本要求，是党和国家的根本所在、命脉所在，是全国各族人民的利益所系、幸福所系，是全面推进依法治国的题中应有之义。习近平总书记强调："全党同志必须牢记，党的领导是我国社会主义法治之魂，是我国法治同西方资本主义国家法治最大的区别。离开了党的领导，全面依法治国就难以有效推进，社会主义法治国家就建不起来。"党的领导是中国特色社会主义最本质的特征，是社会主义法治最根本的保证。党的领导和社会主义法治是一致的，社会主义法治必须坚持党的领导，党的领导必须依靠社会主义法治。

二、全面依法治国是要加强和改善党的领导

全面依法治国，必须坚持党总揽全局、协调各方的领导核心地位不动摇。必须不断加强和改善党的领导，巩固党的执政地位，完成党的执政使命。

加强和改善党对全面依法治国的领导，是由全面依法治国的性质和任务决定的	习近平总书记指出："全面推进依法治国是一个系统工程，是国家治理领域一场广泛而深刻的革命。""深刻革命"意味着许多改革事项都是难啃的"硬骨头"，迫切需要党中央层面加强顶层设计、统筹协调，需要加强各级党委对法治工作的组织领导和政治引领。 "系统工程"不仅意味着全面依法治国具有复杂性、长期性、艰巨性，涉及经济建设、政治建设、文化建设、社会建设、生态文明建设、国防军队建设、党的建设等各领域，涉及改革发展稳定、内政外交国防、治党治国治军等各个方面，而且意味着全面依法治国是长期历史任务，只有发挥党总揽全局、协调各方的领导核心作用，才能完成全面依法治国这一"系统工程"的总规划，才能实现全面依法治国的总目标。
加强和改善党对全面依法治国的领导，是由党的领导和社会主义法治的一致性决定的	全面推进依法治国需要通过法定程序把党的意志转化为国家意志，把党的路线方针政策转化为国家的法律法规。只有坚持党的领导，才能使立法符合党的基本理论、基本路线、基本方略，符合国家经济社会发展战略，适应全面深化改革需要。 党带头厉行法治，把法治作为治国理政的基本方式，各级党组织和广大党员带头模范守法，才能在全社会普遍形成尊法守法风尚，为社会主义法治建设创造浓厚氛围。

三、把党的领导贯彻落实到依法治国全过程和各方面

推进全面依法治国，必须把党的领导贯彻落实到全面依法治国全过程和各方面。

三个统一	必须坚持党领导立法、保证执法、支持司法、带头守法，把依法治国基本方略同依法执政基本方式统一起来； 把党总揽全局、协调各方同人大、政府、政协、监察机关、审判机关、检察机关依法依章程履行职能、开展工作统一起来； 把党领导人民制定和实施宪法法律同党坚持在宪法法律范围内活动统一起来。
四个善于	善于使党的主张通过法定程序成为国家意志； 善于使党组织推荐的人选通过法定程序成为国家政权机关的领导人员； 善于通过国家政权机关实施党对国家和社会的领导； 善于运用民主集中制原则维护中央权威、维护全党全国团结统一。

四、坚持党的领导、人民当家作主、依法治国有机统一

坚持党的领导、人民当家作主、依法治国有机统一，是对中国特色社会主义法治本质特征的科学概括，是对中国特色社会主义民主法治发展规律的本质把握。

坚持党的领导、人民当家作主、依法治国有机统一，最根本的是坚持党的领导。习近

平总书记强调："党的领导是人民当家作主和依法治国的<u>根本保证</u>，人民当家作主是社会主义民主政治的<u>本质特征</u>，依法治国是党领导人民治理国家的<u>基本方式</u>，三者统一于我国社会主义民主政治伟大实践。"只有坚持党的领导，人民当家作主才能充分实现，国家和社会生活制度化、法治化才能有序推进。

<u>人民代表大会制度是坚持党的领导、人民当家作主、依法治国有机统一的根本制度安排</u>。人民代表大会制度是实现党的领导和执政的制度载体和依托，是人民当家作主的根本途径和实现形式。

📄 要点对比

坚持党的领导、人民当家作主、依法治国有机统一，最根本的是坚持党的领导；

坚持党的领导、人民当家作主、依法治国有机统一，根本制度安排是人民代表大会制度。

五、健全党领导全面依法治国的制度和工作机制

加强党对全面依法治国的领导，必须健全党领导全面依法治国的制度和工作机制。习近平总书记强调："要健全党领导全面依法治国的制度和工作机制，推进党的领导制度化、法治化，通过法治保障党的路线方针政策有效实施。"成立<u>中央全面依法治国委员会</u>，目的就是从机制上加强党对全面依法治国的集中统一领导，统筹推进全面依法治国工作，这既是加强党的领导的应有之义，也是法治建设的重要任务。

📄 经典题目

近年来，一些党员领导干部利用手中权力和职务便利收受巨额贿赂，根据党内法规和法律被开除党籍和公职，并依法移送司法机关处理。对此，下列哪一说法是错误的？（2015-01-08）

A. 这表明党员领导干部在行使权力、履行职责时要牢记法律底线不可触碰

B. 依照党内法规惩治腐败，有利于督促党员领导干部运用法治思维依法办事

C. 要注重将党内法规与国家法律进行有效衔接和协调，以作为对党员违法犯罪行为进行法律制裁的依据

D. 党规党纪严于国家法律，对违反者必须严肃处理

解析要点：

C项：对党员实施法律制裁的依据只能是法律法规，党内法规不能适用于法律制裁，因为党内法规并非法的正式渊源。C项错误，正确的表述是"以国家法律作为对党员违法犯罪行为进行法律制裁的依据"。A、B、D项正确。

综上所述，本题答案是C项。

【答案】C

第二节　坚持以人民为中心 ★★★★★

 应试导读

　　习近平法治思想是2021年大纲新增内容，在客观题考试中，本节内容预计每套卷每一到两年出1道题，分值1—2分。同时，本节内容有可能和"十一个坚持"的其他内容结合命题。对于本节内容，考生不应死记硬背，应认真学习，深入理解，充分熟悉，在此基础上记忆要点。

知识点

一、以人民为中心是中国特色社会主义法治的本质要求

　　人民群众是我们党的力量源泉，人民立场是中国共产党的根本政治立场。习近平总书记指出："必须牢记我们的共和国是中华人民共和国，始终要把人民放在心中最高的位置，始终全心全意为人民服务，始终为人民利益和幸福而努力工作。"以人民为中心是新时代坚持和发展中国特色社会主义的根本立场，是中国特色社会主义法治的本质要求。坚持以人民为中心，深刻回答了推进全面依法治国，建设社会主义法治国家为了谁、依靠谁的问题。

　　全面依法治国最广泛、最深厚的基础是人民，推进全面依法治国的根本目的是依法保障人民权益。习近平总书记强调："我们党的宏伟奋斗目标，离开了人民支持就绝对无法实现。我们党的执政水平和执政成效都不是由自己说了算，必须而且只能由人民来评判。人民是我们党的工作的最高裁决者和最终评判者。"

　　我国社会主义制度保证了人民当家作主的主体地位，也保证了人民在全面推进依法治国中的主体地位。这是我们的制度优势，也是中国特色社会主义法治区别于资本主义法治的根本所在。

要点对比

　　依法治国的根本保证——党的领导。
　　推进全面依法治国的根本目的——依法保障人民权益。

二、坚持人民主体地位

　　坚持人民主体地位，必须把以人民为中心的发展思想融入到全面依法治国的伟大实践中。一方面，要保证人民在党的领导下依照法律规定通过各种途径和形式管理国家事务，管理经济和文化事业，管理社会事务。另一方面，要保证人民依法享有广泛的权利和自由、承担应尽的义务。坚持人民主体地位，要求用法治保障人民当家作主。

三、牢牢把握社会公平正义这一法治价值追求

公平正义是法治的生命线，是中国特色社会主义法治的内在要求。坚持全面依法治国，建设社会主义法治国家，切实保障社会公平正义和人民权利，是社会主义法治的价值追求。全面依法治国必须紧紧围绕保障和促进社会公平正义，把公平正义贯穿到立法、执法、司法、守法的全过程和各方面，紧紧围绕保障和促进社会公平正义来推进法治建设和法治改革，创造更加公平正义的法治环境，努力让人民群众在每一项法律制度、每一个执法决定、每一宗司法案件中都感受到公平正义。加强人权法治保障，非因法定事由、非经法定程序不得限制、剥夺公民、法人和其他组织的权利。

四、推进全面依法治国的根本目的是依法保障人民权益

我们党全心全意为人民服务的根本宗旨，决定了必须始终把人民作为一切工作的中心。

推进全面依法治国，必须切实保障公民的人身权、财产权、人格权和基本政治权利，保证公民经济、文化、社会等各方面权利得到落实。必须着力解决人民群众最关切的公共安全、权益保障、公平正义问题，努力维护最广大人民的根本利益，保障人民群众对美好生活的向往和追求。

第三节　坚持中国特色社会主义法治道路 ★★★★★

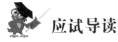 **应试导读**

习近平法治思想是 2021 年大纲新增内容，在客观题考试中，本节内容预计每套卷每一到两年出 1 道题，分值 1—2 分。同时，本节内容有可能和"十一个坚持"的其他内容结合命题。对于本节内容，考生不应死记硬背，应认真学习，深入理解，充分熟悉，在此基础上记忆要点。

 知识点

一、中国特色社会主义法治道路是建设社会主义法治国家的唯一正确道路

道路决定成败。习近平总书记指出："中国特色社会主义法治道路是一个管总的东西。具体讲我国法治建设的成就，大大小小可以列举出十几条、几十条，但归结起来就是开辟了中国特色社会主义法治道路这一条。""中国特色社会主义法治道路，是社会主义法治建设成就和经验的集中体现，是建设社会主义法治国家的唯一正确道路。"

中国特色社会主义法治道路是最适合中国国情的法治道路。在坚持和拓展中国特色社

会主义法治道路这个根本问题上，要树立自信、保持定力，必须从我国实际出发，同推进国家治理体系和治理能力现代化相适应，突出中国特色、实践特色、时代特色，既不能罔顾国情、超越阶段，也不能因循守旧、墨守成规。要学习借鉴世界上优秀的法治文明成果，但必须坚持以我为主、为我所用，认真鉴别、合理吸收，不能搞"全盘西化"，不能搞"全面移植"，不能照搬照抄。

二、中国特色社会主义法治道路的核心要义

坚定不移走中国特色社会主义法治道路，必须深刻把握其核心要义。习近平总书记指出："全面推进依法治国这件大事能不能办好，最关键的是方向是不是正确、政治保证是不是坚强有力，具体讲就是要坚持党的领导，坚持中国特色社会主义制度，贯彻中国特色社会主义法治理论。"这三个方面实质上是中国特色社会主义法治道路的核心要义，规定和确保了中国特色社会主义法治体系的制度属性和前进方向。

坚持党的领导	坚定不移走中国特色社会主义法治道路，最根本的是坚持中国共产党的领导。抓住了这个根本问题，就抓住了中国特色社会主义法治道路的本质。党的领导是实现全面推进依法治国总目标的最根本保证，必须始终坚持党总揽全局、协调各方的领导核心地位不动摇。
坚持中国特色社会主义制度	中国特色社会主义制度是中国特色社会主义法治体系的根本制度基础，是全面推进依法治国的根本制度保障。
贯彻中国特色社会主义法治理论	中国特色社会主义法治理论是中国特色社会主义法治体系的理论指导和学理支撑。

第四节　坚持依宪治国、依宪执政 ★★★★★

应试导读

习近平法治思想是2021年大纲新增内容，在客观题考试中，本节内容预计每套卷每一到两年出1道题，分值1—2分。同时，本节内容有可能和"十一个坚持"的其他内容结合命题。对于本节内容，考生不应死记硬背，应认真学习，深入理解，充分熟悉，在此基础上记忆要点。

知识点

依宪治国、依宪执政是建设社会主义法治国家的首要任务。宪法是国家的根本大法，是治国安邦的总章程，具有最高的法律地位、法律权威、法律效力。

坚持依法治国首先要坚持依宪治国，坚持依法执政首先要坚持依宪执政，这是宪法的地位和作用决定的。习近平总书记强调："宪法是国家的根本法，具有最高的法律效力。党领导人民制定宪法法律，领导人民实施宪法法律，党自身要在宪法法律范围内活动。全

国各族人民、一切国家机关和武装力量、各政党和各社会团体、各企业事业组织，都必须以宪法为根本的活动准则，都负有维护宪法尊严、保证宪法实施的职责。任何组织和个人都不得有超越宪法法律的特权，一切违反宪法法律的行为都必须予以追究。"

坚持依宪治国	坚持依宪治国，是推进全面依法治国、建设社会主义法治国家的基础性工作，科学回答了宪法如何更好促进全面建设社会主义现代化国家的关键性问题。 坚持依宪治国，既强调宪法的根本法地位，又强调在全面依法治国过程中，必须依据宪法精神、宪法原则以及宪法所确定的各项制度推进依法治理。各级国家机关和国家机关工作人员都要依照宪法行使权力、履行职责，所有法律法规和制度政策都不得与宪法相抵触，任何组织和个人都必须维护宪法尊严和权威。
坚持依宪执政	我国宪法坚持党的领导、人民当家作主、依法治国有机统一，发扬人民民主，集中人民智慧，体现了全体人民共同意志，得到最广大人民拥护和遵行。坚持依宪执政，体现了中国共产党作为执政党的执政理念，体现了我们党对执政规律和执政方式的科学把握。 公民的基本权利和义务是宪法的核心内容，宪法是每个公民享有权利、履行义务的根本保证。坚持依宪执政，必须要坚持以人民为中心。
全面贯彻实施宪法	全面贯彻实施宪法，切实维护宪法尊严和权威，是维护国家法制统一、尊严、权威的前提，也是维护最广大人民根本利益、确保国家长治久安的重要保障。 新时代推进全面依法治国，必须更加坚定维护宪法尊严和权威，加强宪法实施和监督。习近平总书记指出："宪法的生命在于实施，宪法的权威也在于实施。"党的十八大以来，以习近平同志为核心的党中央以前所未有的力度推进全面依法治国，把实施宪法摆在全面依法治国的突出位置，全面加强宪法实施和监督。

第五节　坚持在法治轨道上推进国家治理体系和治理能力现代化 ★★★★★

应试导读

习近平法治思想是 2021 年大纲新增内容，在客观题考试中，本节内容预计每套卷每一到两年出 1 道题，分值 1—2 分。同时，本节内容有可能和"十一个坚持"的其他内容结合命题。对于本节内容，考生不应死记硬背，应认真学习，深入理解，充分熟悉，在此基础上记忆要点。

知识点

在法治轨道上推进国家治理体系和治理能力现代化是国家治理领域一场广泛而深刻的革命。我国社会主义法治凝聚着我们党治国理政的理论成果和实践经验，是制度之治最基本最稳定最可靠的保障。历史和现实都告诉我们，法治是治国理政的基本方式，是社会文明进步的显著标志。法治兴则国兴，法治强则国强。

法治是国家治理体系和治理能力的重要依托	法治是治国理政的基本方式。习近平总书记指出："法治是国家治理体系和治理能力的重要依托。只有全面依法治国才能有效保障国家治理体系的系统性、规范性、协调性，才能最大限度凝聚社会共识。"
在法治轨道上推进国家治理体系现代化	国家治理体系是在党领导下管理国家的制度体系，包括经济、政治、文化、社会、生态文明和党的建设等各领域的体制机制、法律法规安排，是一整套紧密相连、相互协调的制度构成的体系。 习近平总书记指出："建设中国特色社会主义法治体系、建设社会主义法治国家是实现国家治理体系和治理能力现代化的必然要求，也是全面深化改革的必然要求，有利于在法治轨道上推进国家治理体系和治理能力现代化，有利于在全面深化改革总体框架内全面推进依法治国各项工作，有利于在法治轨道上不断深化改革。"
在法治轨道上推进国家治理能力现代化	国家治理能力是运用国家制度管理社会各方面事务的能力，是改革发展稳定、内政外交国防、治党治国治军等各个方面国家制度执行能力的集中体现。国家治理能力是影响我国社会主义制度优势充分发挥、党和国家事业顺利发展的重要因素。 面对世界百年未有之大变局，在法治轨道上推进国家治理能力现代化，最关键是要发挥党总揽全局、协调各方的领导核心作用。

第六节　坚持建设中国特色社会主义法治体系 ★★★★★

 **应试导读**

　　习近平法治思想是2021年大纲新增内容，在客观题考试中，本节内容预计每套卷每一到两年出1道题，分值1—2分。同时，本节内容有可能和"十一个坚持"的其他内容结合命题。对于本节内容，考生不应死记硬背，应认真学习，深入理解，充分熟悉，在此基础上记忆要点。

 知识点

　　全面推进依法治国涉及立法、执法、司法、普法、守法各个环节、各个方面，必须有一个总揽全局、牵引各方的总抓手，这个总抓手就是建设中国特色社会主义法治体系。

　　中国特色社会主义法治体系是国家治理体系的骨干工程。建设中国特色社会主义法治体系，就是在中国共产党领导下，坚持中国特色社会主义制度，贯彻中国特色社会主义法治理论，形成<u>完备的法律规范体系</u>、<u>高效的法治实施体系</u>、<u>严密的法治监督体系</u>、<u>有力的法治保障体系</u>，形成<u>完善的党内法规体系</u>。（记忆："规范""实施"需"监督"，"党内法规"应"保障"）

　　全面推进依法治国，要求各项工作都要围绕建设中国特色社会主义法治体系、建设社会主义法治国家这个总目标来部署、来展开，都要围绕中国特色社会主义法治体系这个总抓手来谋划、来推进。

📖 背诵口诀

　　中国特色社会主义法治体系：规范实施需监督，党内法规应保障（具体指完备的法律规范体系、高效的法治实施体系、严密的法治监督体系、有力的法治保障体系，形成完善的党内法规体系）。

📖 要点对比

　　依法治国的<u>根本保证</u>——党的领导。
　　推进全面依法治国的<u>根本目的</u>——依法保障人民权益。
　　全面推进依法治国<u>总抓手</u>——建设中国特色社会主义法治体系。

建设完备的法律规范体系	经过长期努力，<u>中国特色社会主义法律体系已经形成</u>，国家和社会生活各方面总体上实现了有法可依。法律体系必须随着时代变化、理论创新和实践需要不断发展、不断完善。 要不断完善以宪法为核心的中国特色社会主义法律体系，坚持立法先行，坚持立改废释并举，健全完善法律、行政法规、地方性法规，为全面推进依法治国提供遵循。
建设高效的法治实施体系	法治实施体系是执法、司法、守法等宪法法律实施的工作体制机制。"世不患无法，而患无必行之法"，"天下之事，不难于立法，而难于法之必行"。 高效的法治实施体系，<u>最核心的是健全宪法实施体系</u>。全面贯彻实施宪法，是建设社会主义法治国家的首要任务和基础性工作。
建设严密的法治监督体系	法治监督体系是由党内监督、人大监督、民主监督、行政监督、司法监督、审计监督、社会监督、舆论监督等构成的权力制约和监督体系。 没有监督的权力必然导致腐败。全面推进依法治国，必须健全完善权力运行制约和监督机制，规范立法、执法、司法机关权力行使，建设严密的法治监督体系。
建设有力的法治保障体系	法治保障体系包括党领导全面依法治国的制度和机制、队伍建设和人才保障等。有力的法治保障体系，是推进全面依法治国的重要支撑。 坚持党的领导，把党的领导贯穿于依法治国各领域全过程，是社会主义法治的根本保证。
建设完善的党内法规体系	党内法规既是管党治党的重要依据，也是建设社会主义法治国家的有力保障。 习近平总书记指出："加强党内法规制度建设是全面从严治党的长远之策、根本之策。我们党要履行好执政兴国的重大历史使命、赢得具有许多新的历史特点的伟大斗争胜利、实现党和国家的长治久安，必须坚持依法治国与制度治党、依规治党统筹推进、一体建设。"

📖 要点对比

　　中国特色社会主义法律体系已经形成。
　　法治国家、法治政府、法治社会尚未建成（2035年）。

第七节 坚持依法治国、依法执政、依法行政共同推进，法治国家、法治政府、法治社会一体建设 ★★★★★

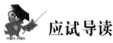 **应试导读**

习近平法治思想是2021年大纲新增内容，在客观题考试中，本节内容预计每套卷每一到两年出1道题，分值1—2分。同时，本节内容有可能和"十一个坚持"的其他内容结合命题。对于本节内容，考生不应死记硬背，应认真学习，深入理解，充分熟悉，在此基础上记忆要点。

 知识点

全面推进依法治国各领域各方面的工作相互联系、相互衔接，必须加强统筹、协同推进。坚持依法治国、依法执政、依法行政共同推进，法治国家、法治政府、法治社会一体建设，是对全面依法治国的工作布局，为我们从整体上把握全面依法治国提供了科学指引。

坚持依法治国、依法执政、依法行政共同推进	依法治国是党领导人民治理国家的基本方略，依法执政是我们党执政的基本方式，依法行政是政府施政的基本准则，三者密不可分，必须共同推进。
坚持法治国家、法治政府、法治社会一体建设	法治国家、法治政府、法治社会三者相互联系、相互支撑、相辅相成，法治国家是法治建设的目标，法治政府是建设法治国家的重点，法治社会是构筑法治国家的基础。 习近平总书记强调："推进全面依法治国，法治政府建设是重点任务和主体工程，对法治国家、法治社会建设具有示范带动作用，要率先突破。" 法治国家、法治政府、法治社会三者各有侧重、相辅相成，全面依法治国必须坚持三者同步规划、同步实施，推动三者相互促进、相得益彰。

经典题目

关于法治社会、法治国家、法治政府间的关系，下列说法错误的是：（2019年考生回忆版）

A. 法治国家、法治政府、法治社会三者相互联系、相互支撑

B. 法治社会是建设法治国家的基础

C. 法治社会是法治建设的目标

D. 法治政府的建设对法治国家的建设具有示范作用

解析要点：

C 项：法治国家是法治建设的目标，法治政府是建设法治国家的重点，法治社会是构筑法治国家的基础，C 项错误。A、B、D 项正确。

综上所述，本题答案是 C 项。

【答案】C

第八节　坚持全面推进科学立法、严格执法、公正司法、全民守法 ★★★★★

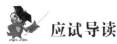 **应试导读**

习近平法治思想是 2021 年大纲新增内容，在客观题考试中，本节内容预计每套卷每一到两年出 1 道题，分值 1—2 分。同时，本节内容有可能和"十一个坚持"的其他内容结合命题。对于本节内容，考生不应死记硬背，应认真学习，深入理解，充分熟悉，在此基础上记忆要点。

 知识点

全面依法治国是一项长期而重大的历史任务，党的十一届三中全会确立了有法可依、有法必依、执法必严、违法必究的社会主义法制建设的"十六字方针"。

习近平总书记在党的十九大报告中指出，全面依法治国是国家治理的一场深刻革命，必须坚持厉行法治，推进科学立法、严格执法、公正司法、全民守法。"科学立法、严格执法、公正司法、全民守法"是全面依法治国的重要环节，成为指引新时代法治中国建设的"新十六字方针"。

科学立法	法律是治国之重器，良法是善治之前提。 建设中国特色社会主义法治体系，必须坚持立法先行，深入推进科学立法、民主立法、依法立法，提高立法质量和效率，以良法促进发展、保障善治。
严格执法	执法是行政机关履行政府职能、管理经济社会事务的主要方式。 要加强宪法和法律实施，维护社会主义法制的统一、尊严、权威，形成人们不愿违法、不能违法、不敢违法的法治环境，做到有法必依、执法必严、违法必究； 坚决排除对执法活动的非法干预，坚决防止和克服地方保护主义和部门保护主义； 坚决惩治腐败现象，做到有权必有责、用权受监督、违法必追究； 要加强行政执法与刑事司法有机衔接，坚决克服有案不移、有案难移、以罚代刑等现象； 要健全行政纠纷解决体系，推动构建行政调解、行政裁决、行政复议、行政诉讼有机衔接的纠纷解决机制。

公正司法	公正司法是维护社会公平正义的最后一道防线。 要改进司法工作作风，通过热情服务切实解决好老百姓打官司过程中遇到的各种难题，特别是要加大对困难群众维护合法权益的法律援助，加大司法公开力度，以回应人民群众对司法公正公开的关注和期待； 要紧紧抓住影响司法公正、制约司法能力的深层次问题，深化司法体制和工作机制改革，加强党对司法工作的领导，确保审判机关、检察机关依法独立公正行使审判权、检察权，全面落实司法责任制； 健全公安机关、检察机关、审判机关、司法行政机关各司其职，侦查权、检察权、审判权、执行权相互配合、相互制约的体制机制； 强化诉讼过程中当事人和其他诉讼参与人的知情权、陈述权、辩护辩论权、申请权、申诉权的制度保障，加强对刑事诉讼、民事诉讼、行政诉讼的法律监督； 完善人民监督员制度，依法规范司法人员与当事人、律师、特殊关系人、中介组织的接触、交往行为。
全民守法	法律要发生作用，全社会首先要信仰法律。 要深入开展法治宣传教育；要引导全体人民遵守法律，有问题依靠法律来解决，使法治成为社会共识和基本准则；要突出普法重点内容，落实"谁执法谁普法"的普法责任制；要坚持法治教育与法治实践相结合；要坚持依法治国和以德治国相结合。

📖 **经典题目**

增强全民法治观念，推进法治社会建设，使人民群众内心拥护法律，需要健全普法宣传教育机制。某市的下列哪一做法没有体现这一要求？（2015-01-07）

A. 通过《法在身边》电视节目、微信公众号等平台开展以案释法，进行普法教育

B. 印发法治宣传教育工作责任表，把普法工作全部委托给人民团体

C. 通过举办法治讲座、警示教育报告会等方式促进领导干部带头学法、模范守法

D. 在暑期组织"预防未成年人违法犯罪模拟法庭巡演"，向青少年宣传《未成年人保护法》

解析要点：

B项中"把普法工作全部委托给人民团体"做法不妥。政府应坚持普法责任制，谁执法、谁普法，普法工作可以部分委托但不能完全交给人民团体，B项错误，A、C、D项正确。

综上所述，本题答案是B项。

【答案】B

第九节 坚持统筹推进国内法治和涉外法治 ★★★★★

 应试导读

习近平法治思想是2021年大纲新增内容，在客观题考试中，本节内容预计每套卷每一到两年出1道题，分值1—2分。同时，本节内容有可能和"十一个坚持"的其他内容结合命题。对于本节内容，考生不应死记硬背，应认真学习，深入理解，充分熟悉，在此

基础上记忆要点。

 知识点

一、统筹推进国内法治和涉外法治是维护国家主权、安全、发展利益的迫切需要

当今世界正面临百年未有之大变局，国际社会经济发展和地缘政治安全发生深刻变化。国家主权、安全、发展利益是国家核心利益，切实维护国家主权、安全、发展利益是涉外法治工作的首要任务。

当前，随着我国经济实力和综合国力快速增长，对外开放全方位深化，"一带一路"建设深入推进，我国日益走近世界舞台中央，深度融入全球化进程，维护我国国家利益和公民、法人在境外合法权益的任务日益繁重。

统筹推进国内法治和涉外法治，协调推进国内治理和国际治理，是全面依法治国的必然要求，是建立以国内大循环为主体、国内国际双循环相互促进的新发展格局的客观需要，是维护国家主权、安全、发展利益的迫切需要。

二、加快涉外法治工作战略布局

统筹国内国际两个大局是我们党治国理政的重要理念和基本经验，统筹推进国内法治和涉外法治，加快涉外法治工作战略布局即是这一理念和经验在法治领域的具体体现。

立法	要加快形成系统完备的涉外法律法规体系，积极构建更加完善的涉外经济法律体系，逐步形成法治化、国际化、便利化的营商环境。
执法司法	要提升涉外执法司法效能，引导企业、公民在"走出去"过程中更加自觉遵守当地法律法规和风俗习惯，提高运用法治和规则维护自身合法权益的意识和能力。
理论研究	要加强反制裁、反干涉和反制"长臂管辖"的理论研究和制度建设，努力维护公平公正的国际环境。
人才培养	要加大涉外法治人才培养力度，尽快建设一支精通国内法治和涉外法治，既熟悉党和国家方针政策、了解我国国情，又具有全球视野、熟练运用外语、通晓国际规则的高水平法治人才队伍，为我国参与国际治理提供有力人才支撑。

三、加强国际法治合作

法治是人类政治文明的重要成果，是现代社会治理的基本手段，既是国家治理体系和治理能力的重要依托，也是维护世界和平与发展的重要保障。

维护、引导国际秩序	要旗帜鲜明地坚定维护以联合国为核心的国际体系，坚定维护以联合国宪章宗旨和原则为基础的国际法基本原则和国际关系基本准则，坚定维护以国际法为基础的国际秩序；引导国际社会共同塑造更加公正合理的国际新秩序，推动构建人类命运共同体。

执法安全 国际合作	积极参与执法安全国际合作，共同打击暴力恐怖势力、民族分裂势力、宗教极端势力和贩毒走私、跨国有组织犯罪。
司法领域 国际合作	坚持深化司法领域国际合作，完善我国司法协助体制，扩大国际司法协助覆盖面。
反腐败 国际合作	加强反腐败国际合作，加大海外追赃追逃、遣返引渡力度。

四、提高涉外法治工作能力

提高国际法斗争能力	要提高国际法斗争能力，坚持国家主权平等，坚持反对任何形式的霸权主义，坚定推进国际关系民主化法治化，综合利用立法、执法、司法等法律手段开展斗争，坚决维护国家主权、安全、发展利益。
参与、引领国际规则制定	要主动参与并努力引领国际规则制定，对不公正不合理、不符合国际格局演变大势的国际规则、国际机制提出中国的改革方案，推动形成公正、合理、透明的国际规则体系，提高我国在全球治理体系变革中的话语权和影响力。

第十节　坚持建设德才兼备的高素质法治工作队伍 ★★★★★

 应试导读

习近平法治思想是 2021 年大纲新增内容，在客观题考试中，本节内容预计每套卷每一到两年出 1 道题，分值 1—2 分。同时，本节内容有可能和"十一个坚持"的其他内容结合命题。对于本节内容，考生不应死记硬背，应认真学习，深入理解，充分熟悉，在此基础上记忆要点。

 知识点

建设德才兼备的高素质法治工作队伍是推进全面依法治国的一项<u>基础性</u>工作。全面推进依法治国，必须建设一支德才兼备的高素质法治工作队伍。

一、加强法治专门队伍建设

法治工作是政治性很强的业务工作，也是业务性很强的政治工作。全面推进依法治国，首先必须把法治专门队伍建设好。

政治标准	*要坚持把政治标准放在首位*，加强科学理论武装，坚持用习近平新时代中国特色社会主义思想特别是习近平法治思想武装头脑。

公正廉洁	要把强化公正廉洁的职业道德作为必修课，自觉用法律职业伦理约束自己，信仰法治、坚守法治，培育职业良知，坚持严格执法、公正司法，树立惩恶扬善、执法如山的浩然正气，杜绝办"金钱案""权力案""人情案"。
职业准入	完善法律职业准入资格管理制度，建立法律职业人员统一职前培训制度和在职法官、检察官、警官、律师同堂培训制度。
招录制度	完善从符合条件的律师、法学专家中招录立法工作者、法官、检察官、行政复议人员制度。
交流机制	加强立法工作队伍建设。建立健全立法、执法、司法部门干部和人才常态化交流机制，加大法治专门队伍与其他部门具备条件的干部和人才交流力度。
边疆地区、民族地区、基层建设	加强边疆地区、民族地区和基层法治专门队伍建设。
员额管理	健全法官、检察官员额管理制度，规范遴选标准、程序。
辅助人员队伍建设	加强执法司法辅助人员队伍建设。
职业保障	建立健全符合职业特点的法治工作人员管理制度，完善职业保障体系； 健全执法司法人员依法履职免责、履行职务受侵害保障救济、不实举报澄清等制度。

二、加强法律服务队伍建设

法律服务队伍是全面依法治国的重要力量。

律师队伍建设	要充分发挥律师在全面依法治国中的重要作用，加强律师队伍思想政治建设，完善律师执业保障机制，增强广大律师走中国特色社会主义法治道路的自觉性和坚定性，建设一支拥护党的领导、拥护社会主义法治的高素质律师队伍； 要落实党政机关、人民团体、国有企事业单位普遍建立法律顾问制度和公职律师、公司律师制度，健全相关工作规则，理顺管理体制机制，重视发挥法律顾问和公职律师、公司律师作用。
其他队伍建设	要加强公证员、基层法律服务工作者、人民调解员队伍建设； 推动法律服务志愿者队伍建设。
人才流动	建立激励法律服务人才跨区域流动机制，逐步解决基层和欠发达地区法律服务资源不足和人才匮乏问题。

三、创新法治人才培养机制

全面推进依法治国是一项长期而重大的历史任务，必须坚持以习近平法治思想为指导，立德树人，德法兼修，培养大批高素质法治人才。

高校教育	高校作为法治人才培养的第一阵地，要充分利用学科齐全、人才密集的优势，加强法治及其相关领域基础性问题的研究；大力加强法学学科体系建设。

实践教育	要强化法学教育实践环节，处理好法学知识和法治实践教学的关系，将立法执法司法实务工作部门的优质法治实践资源引进高校课堂； 加强法学教育、法学研究工作者和法治实务工作者之间的交流。
借鉴吸收	坚持以我为主、兼收并蓄、突出特色，积极吸收借鉴世界上的优秀法治文明成果，有甄别、有选择地吸收和转化。

经典题目

某市律师协会与法院签订协议，选派10名实习律师到法院从事审判辅助工作6个月，法院为他们分别指定一名资深法官担任导师。对此，下列哪一说法是正确的？（2017-01-07）

A. 法官与律师具有完全相同的职业理想和职业道德

B. 是对法院审判活动进行监督的一种新途径

C. 有助于加深律师和法官相互的了解和信任

D. 是从律师中招录法官、充实法官队伍的一种方式

解析要点：

A项：法官与律师的职业理想与职业道德，既有共性要求，也有个性特点。"完全相同"说法过于绝对，A项错误。

B项：实习律师到法院从事审判辅助工作目的是辅助工作和学习而不是监督。B项错误。

C项：实习律师到法院从事审判辅助工作有助于加深律师和法官相互的了解和信任。C项正确。

D项：法官法规定，初任法官采用严格考核的办法，按照德才兼备的标准，从通过国家统一法律职业资格考试取得法律职业资格，并具备法官条件的人中择优提出人选，实行统一招考制度，而不是直接从律师中招录法官。D项错误。

综上所述，本题答案是C项。

【答案】C

第十一节　坚持抓住领导干部这个"关键少数"★★★★★

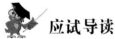

应试导读

习近平法治思想是2021年大纲新增内容，在客观题考试中，本节内容预计每套卷每一到两年出1道题，分值1—2分。同时，本节内容有可能和"十一个坚持"的其他内容结合命题。对于本节内容，考生不应死记硬背，应认真学习，深入理解，充分熟悉，在此基础上记忆要点。

知识点

领导干部是全面依法治国的关键	习近平总书记指出，各级领导干部作为具体行使党的执政权和国家立法权、行政权、司法权的人，在很大程度上决定着全面依法治国的方向、道路、进度。党领导立法、保证执法、支持司法、带头守法，主要是通过各级领导干部的具体行动和工作来体现、来实现。 领导干部对法治建设既可以起到关键推动作用，也可能起到致命破坏作用。必须把领导干部作为全面依法治国实践的重中之重予以高度重视，牢牢抓住领导干部这个"关键少数"。
领导干部应做尊法学法守法用法的模范	尊崇法治、敬畏法律，是领导干部必须具备的基本素质。 领导干部必须做尊法的模范，带头尊崇法治、敬畏法律，彻底摒弃人治思想和长官意识，决不搞以言代法、以权压法； 领导干部必须做学法的模范，深入学习贯彻习近平法治思想，带头了解法律、掌握法律，充分认识法治在推进国家治理体系和治理能力现代化中的重要地位和重大作用； 领导干部必须做守法的模范，牢记法律红线不可逾越、法律底线不可触碰，带头遵纪守法、捍卫法治； 领导干部必须做用法的模范，带头厉行法治、依法办事，真正做到在法治之下、而不是法治之外、更不是法治之上想问题、作决策、办事情。
领导干部要提高法治思维和依法办事能力	善用法治思维和法治方式可以促进法治实践，法治实践又会激发人们自觉能动地运用法治思维和法治方式。 党政主要负责人要履行推进法治建设第一责任人职责，统筹推进科学立法、严格执法、公正司法、全民守法； 领导干部要守法律、重程序，带头营造办事依法、遇事找法、解决问题用法、化解矛盾靠法的法治环境，善于用法治思维谋划工作，用法治方式处理问题； 要牢记职权法定，牢记权力来自哪里、界线划在哪里，做到法定职责必须为、法无授权不可为； 要坚持以人民为中心，牢记法治的真谛是保障人民权益，权力行使的目的是维护人民权益； 要加强对权力运行的制约监督，依法设定权力、规范权力、制约权力、监督权力，把权力关进制度的笼子里； 要把法治素养和依法履职情况纳入考核评价干部的重要内容，让尊法学法守法用法成为领导干部自觉行为和必备素质。

经典题目

实施依法治国方略，要求各级领导干部善于运用法治思维思考问题，处理每项工作都要依法依规进行。下列哪一做法违反了上述要求？（2014-01-03）

A. 某市环保部门及时发布大型化工项目的环评信息，回应社会舆论质疑

B. 某市法院为平息来访被害人家属及群众情绪签订保证书，根据案情承诺加重处罚被告人

C. 某市人大常委会就是否在地方性法规中规定"禁止地铁内进食"举行立法听证

D. 某省推动建立涉法涉诉信访依法终结制度

解析要点：

A项：某市环保部门及时发布环评信息回应社会舆论质疑的行为，体现了政府依法公开信息的要求。A项正确。

B项：某市法院为平息群众情绪签订承诺加重处罚被告人的保证书的行为违反了司法公正，没有做到"以事实为依据，以法律为准绳"。B项错误。

C项：在制定地方性法规前，对某项规定举行立法听证，确保了公众的知情权和参与权，符合依法治国原则。C项正确。

D项：对信访采取法律程序进行终结，体现了以法治思维解决矛盾的要求。D项正确。

综上所述，本题答案是B项。

【答案】B

第三章
习近平法治思想的实践要求

第一节　发挥法治在经济社会发展中的作用 ★★★★★

 应试导读

习近平法治思想是2021年大纲新增内容，在客观题考试中，本节内容预计每套卷每两到三年出1道题，分值1—2分。对于本节内容，考生不应死记硬背，应认真学习，深入理解，充分熟悉，在此基础上记忆要点。

 知识点

一、以法治保障经济发展

意义	厉行法治是发展社会主义市场经济的内在要求，也是社会主义市场经济良性运行的根本保障。习近平总书记在中央全面依法治国委员会第一次会议上指出：贯彻新发展理念，实现经济从高速增长转向高质量发展，必须坚持以法治为引领。习近平总书记在中央全面依法治国委员会第二次会议上强调：法治是最好的营商环境。
措施	1. 要加强党领导经济工作制度化建设，提高党领导经济工作法治化水平，以法治化方式领导和管理经济； 2. 要不断完善社会主义市场经济法律制度，加快建立和完善现代产权制度，推进产权保护法治化，加大知识产权保护力度； 3. 要积极营造公平有序的经济发展的法治环境，依法平等保护各类市场主体合法权益，营造各种所有制主体依法平等使用资源要素、公开公平公正参与竞争、同等受到法律保护的市场环境； 4. 要切实贯彻实施好《民法典》，更好保障人民权益，推进全面依法治国、建设社会主义法治国家。

二、以法治保障政治稳定

意义	保障政治安全、政治稳定是法律的重要功能。 党的十八大以来，党和国家通过修改宪法，依法保障人民当家作主，依法维护国家政治安全，党心民心进一步提振和凝聚，党的领导地位和人民民主专政政权更加稳固。 习近平总书记指出：国际国内环境越是复杂，改革开放和社会主义现代化建设任务越是繁重，越要运用法治思维和法治手段巩固执政地位、改善执政方式、提高执政能力，保证党和国家长治久安。
措施	推进全面依法治国，必须要加强和改善党的领导，健全党领导全面依法治国的制度和工作机制，推进党的领导制度化、法治化，通过法治保障党的路线方针政策有效实施，以法治方式巩固党的执政地位，以党的领导维护和促进政治稳定和国家长治久安。

三、以法治保障文化繁荣

意义	文化是民族血脉和人民的精神家园，是一个国家的灵魂。 党的十八大以来，紧紧围绕建立健全坚持社会主义先进文化前进方向、遵循文化发展规律、有利于激发文化创造力、保障人民基本文化权益的文化法律制度，深化文化体制改革，依法保障社会主义文化事业建设，促进社会主义文化大发展、大繁荣。
措施	当前，我国文化建设进入一个新的发展阶段，文化事业日益繁荣，文化产业快速发展，特别是互联网新技术新应用日新月异，由此带来的相关法律问题日益突出。 要坚持用社会主义核心价值观引领文化立法，完善社会主义先进文化的法治保障机制，依法规范和保障社会主义先进文化发展方向，进一步完善中国特色社会主义文化法律制度体系； 要深入推进社会主义文化强国建设，加快公共文化服务体系建设，运用法治方式保障人民文化权益，满足人民群众的基本文化需求； 要坚持依法治网、依法办网、依法上网，加快网络法治建设，加强互联网领域立法，完善网络信息服务、网络安全保护、网络社会管理等方面的法律法规，依法规范网络行为，促进互联网健康有序发展。

四、以法治保障社会和谐

意义	社会和谐稳定是人民群众的共同心愿，是改革发展的重要前提。 随着改革开放和社会主义现代化建设不断推进，我国经济社会发生深刻变化，民生和社会治理领域出现一些新情况、新问题。妥善处理好这些矛盾和问题，处理好各方面利益关系，充分调动各方面积极性，从根本上还是要靠法律、靠制度。

措施	要充分发挥法治作为保障和改善民生制度基石的作用，加强民生法治保障，破解民生难题，着力保障和改善民生； 要更加注重社会建设，推进社会体制改革，扩大公共服务，完善社会管理，促进社会公平正义，满足人民日益增长的美好生活需要； 要坚持和完善共建共治共享的社会治理制度，完善党委领导、政府负责、社会协同、公众参与、法治保障的社会治理体制，畅通公众参与重大公共决策的渠道，切实保障公民、法人和其他组织合法权益； 要贯彻落实总体国家安全观，加快国家安全法治建设，提高运用法治手段维护国家安全的能力； 切实做好新冠肺炎疫情依法防控工作，抓紧构建系统完备、科学规范、运行有效的疫情防控和公共卫生法律体系，依法保障人民群众生命健康安全。

五、以法治保障生态良好

意义	生态环境是关系党的使命宗旨的重大政治问题，也是关系民生的重大社会问题。党的十八大描绘了生态文明建设的宏伟蓝图，勾勒出"美丽中国"的美好愿景。
措施	要加大生态环境保护执法司法力度，大幅度提高破坏环境违法犯罪的成本，强化各类环境保护责任主体的法律责任，强化绿色发展法律和政策保障，用严格的法律制度保护生态环境； 要建立健全自然资源产权法律制度，完善国土空间开发保护法律制度，完善生态环境保护管理法律制度，加快构建有效约束开发行为和促进绿色发展、循环发展、低碳发展的生态文明法治体系。

第二节　正确处理全面依法治国重大关系 ★★★★★

 应试导读

　　习近平法治思想是 2021 年大纲新增内容，在客观题考试中，本节内容预计每套卷每两到三年出 1 道题，分值 1—2 分。对于本节内容，考生不应死记硬背，应认真学习，深入理解，充分熟悉，在此基础上记忆要点。

 知识点

一、政治和法治

政治和法治的关系	正确处理政治和法治的关系，是法治建设的一个根本问题； 有什么样的政治就有什么样的法治，政治制度和政治模式必然反映在以宪法为统领的法律制度体系上，体现在立法、执法、司法、守法等法治实践之中； 习近平总书记指出：法治当中有政治，没有脱离政治的法治。

党和法的关系	"党大还是法大"是一个伪命题。"我们说不存在'党大还是法大'的问题,是把党作为一个执政整体而言的,是指党的执政地位和领导地位而言的,具体到每个党政组织、每个领导干部,就必须服从和遵守宪法法律,就不能以党自居,就不能把党的领导作为个人以言代法、以权压法、徇私枉法的挡箭牌。" "权大还是法大"则是一个真命题。各级领导干部尤其要弄明白法律规定怎么用权,什么事能干,什么事不能干,把权力运行的规矩立起来、讲起来、守起来,真正做到谁把法律当儿戏,谁就必然要受到法律的惩罚。
党的政策和国家法律的关系	两者在本质上是一致的。党的政策是国家法律的先导和指引,是立法的依据和执法司法的重要指导。 要善于通过法定程序使党的政策成为国家意志、形成法律,并通过法律保障党的政策有效实施,从而确保党发挥总揽全局、协调各方的领导核心作用。党的全面领导在法治领域,就是党领导立法、保证执法、支持司法、带头守法。

二、改革和法治

法治和改革有着内在的必然联系,二者相辅相成、相伴而生,如鸟之两翼、车之两轮。必须在法治下推进改革,在改革中完善法治。

党的十八大以来,习近平总书记就改革和法治的关系作出了一系列重要论述,强调全面深化改革需要法治保障,全面推进依法治国也需要深化改革,把法治改革纳入全面深化改革的总体部署。

要坚持改革决策和立法决策相统一、相衔接,确保改革和法治实现良性互动	立法主动适应改革需要,积极发挥引导、推动、规范、保障改革的作用,做到重大改革于法有据,改革和法治同步推进,增强改革的穿透力。 ——对实践证明已经比较成熟的改革经验和行之有效的改革举措,要尽快上升为法律,先修订、解释或者废止原有法律之后再推行改革; ——对部门间争议较大的重要立法事项,要加快推动和协调,不能久拖不决; ——对实践条件还不成熟、需要先行先试的,要按照法定程序作出授权,在若干地区开展改革试点,既不允许随意突破法律红线,也不允许简单以现行法律没有依据为由迟滞改革; ——对不适应改革要求的现行法律法规,要及时修改或废止,不能让一些过时的法律条款成为改革的"绊马索"。
善于通过改革和法治推动贯彻落实新发展理念	习近平总书记指出:要深入分析新发展理念对法治建设提出的新要求,深入分析贯彻落实新发展理念在法治领域遇到的突出问题,有针对性地采取对策措施,运用法治思维和法治方式贯彻落实新发展理念。 立足新发展阶段,必须坚持以法治为引领,坚决纠正"发展要上,法治要让"的认识误区,杜绝立法上"放水"、执法上"放弃"的乱象,用法治更好地促进发展,实现经济高质量发展。

三、依法治国和以德治国

习近平总书记指出:法律是准绳,任何时候都必须遵循;道德是基石,任何时候都不可忽视。在新的历史条件下，我们要把依法治国基本方略、依法执政基本方式落实好，把法治中国建设好，必须坚持依法治国和以德治国相结合，使法治和德治在国家治理中相互补充、相互促进、相得益彰，推进国家治理体系和治理能力现代化。

要强化道德对法治的支撑作用	坚持依法治国和以德治国相结合，就要重视发挥道德的教化作用，提高全社会文明程度，为全面依法治国创造良好人文环境； 要在道德体系中体现法治要求，发挥道德对法治的滋养作用，努力使道德体系同社会主义法律规范相衔接、相协调、相促进； 要在道德教育中突出法治内涵，注重培育人们的法律信仰、法治观念、规则意识，引导人们自觉履行法定义务、社会责任、家庭责任，营造全社会都讲法治、守法治的文化环境。
要把道德要求贯彻到法治建设中	以法治承载道德理念，道德才有可靠制度支撑。 法律法规要树立鲜明道德导向，弘扬美德义行，立法、执法、司法都要体现社会主义道德要求，都要把社会主义核心价值观贯穿其中，使社会主义法治成为良法善治。 立法：要把实践中广泛认同、较为成熟、可操作性强的道德要求及时上升为法律规范，引导全社会崇德向善； 执法：要坚持严格执法，弘扬真善美、打击假恶丑； 司法：要坚持公正司法，发挥司法断案惩恶扬善功能。
要运用法治手段解决道德领域突出问题	法律是底线的道德，也是道德的保障。 要加强相关立法工作，明确对失德行为的惩戒措施。 要依法加强对群众反映强烈的失德行为的整治。对突出的诚信缺失问题，既要抓紧建立覆盖全社会的征信系统，又要完善守法诚信褒奖机制和违法失信惩戒机制，使人不敢失信、不能失信。对见利忘义、制假售假的违法行为，要加大执法力度，让败德违法者受到惩治、付出代价。 要提高全民法治意识和道德自觉，使全体人民成为社会主义法治的忠实崇尚者、自觉遵守者、坚定捍卫者，争做社会主义道德的示范者、良好风尚的维护者。 要发挥领导干部在依法治国和以德治国中的关键作用，以实际行动带动全社会崇德向善、尊法守法。

📖 经典题目

　　相传，清朝大学士张英的族人与邻人争宅基，两家因之成讼。族人驰书求助，张英却回诗一首："一纸书来只为墙，让他三尺又何妨？万里长城今犹在，不见当年秦始皇。"族人大惭，遂后移宅基三尺。邻人见状亦将宅基后移三尺，两家重归于好。根据上述故事，关于依法治国和以德治国的关系，下列哪一理解是正确的？（2016-01-02）

　　A. 在法治国家，道德通过内在信念影响外部行为，法律的有效实施总是依赖于道德

　　B. 以德治国应大力弘扬"和为贵、忍为高"的传统美德，不应借诉讼对利益斤斤计较

　　C. 道德能够令人知廉耻、懂礼让、有底线，良好的道德氛围是依法治国的重要基础

　　D. 通过立法将"礼让为先""勤俭节约""见义勇为"等道德义务全部转化为法律

义务，有助于发挥道德在依法治国中的作用

解析要点：

A项：法律是约束人们行为的，却不能因此认为法律的有效实施总是依赖于道德，法律与道德二者应该是相辅相成，A项错误。

B项：在法治国家，追逐合法利益是无可厚非的，而通过诉讼等合法方式也是被允许的。"斤斤计较"往往是权利意识觉醒的体现，如消费者权益的保障，这些是要提倡的，B项错误。

C项：坚持依法治国与以德治国相结合，必须坚持一手抓法治、一手抓德治，以道德滋养法治精神、强化道德对法治文化的支撑作用，实现法律和道德相辅相成、法治和德治相得益彰。C项正确。

D项：道德与法律是相互区别的，不能认为道德义务可以完全转化为法律义务，D项错误。

综上所述，本题答案是C项。

【答案】C

四、依法治国和依规治党

依规管党治党是依法治国的重要前提和政治保障。只有把党建设好，国家才能治理好。正确处理依法治国和依规治党的关系，是中国特色社会主义法治建设的鲜明特色。

党的十九大提出要坚持依法治国和依规治党有机统一，并将其纳入新时代中国特色社会主义基本方略。习近平总书记强调：要发挥依法治国和依规治党的互补性作用，确保党既依据宪法法律治国理政，又依据党内法规管党治党、从严治党。

要完善党内法规体系	党内法规体系是中国特色社会主义法治体系重要组成部分。 党内法规是党的中央组织、中央纪律检查委员会以及党中央工作机关和省、自治区、直辖市党委制定的体现党的统一意志、规范党的领导和党的建设活动、依靠党的纪律保证实施的专门规章制度； 党内法规体系是以党章为根本，以民主集中制为核心，以准则、条例等中央党内法规为主干，由各领域各层级党内法规制度组成的有机统一整体； 要从全面依法治国和全面从严治党相统一的高度，科学认识党内法规及其与国家法律的关系，确保党内法规与国家法律的衔接与协调。
坚持依规治党带动依法治国	习近平总书记指出：依规治党深入党心，依法治国才能深入民心。 只有坚持依规治党，切实解决党自身存在的突出问题，才能使中国共产党始终成为中国特色社会主义事业的坚强领导核心，才能为全面依法治国确立正确的方向和道路，才能发挥好党领导立法、保证执法、支持司法、带头守法的政治优势； 只有坚持依规治党，使各级党组织和全体党员牢固树立法治意识、规则意识、程序意识，弘扬宪法精神和党章精神，才能对科学立法、严格执法、公正司法、全民守法实行科学有效的领导，在全面依法治国中起到引领和保障作用。

05／第五编

中国法律史

概述

中国法律史考情与备考要点

一、考试分值

法考改革后，司法部官方不公布真题以及答案，根据考生回忆：

首先，在客观题考试中，中国法律史每年每套卷大约考查 4 分左右。

其次，在主观题考试中，不考查中国法律史。

二、命题特点

（一）内容庞杂，命题重点不够突出

中国法律史内容很多，从纵向看，时间跨度长，包括先秦、秦汉、魏晋南北朝、隋唐、宋元、明清、中华民国各个历史时期的法律思想和制度；从横向看，内容范围广，每个历史时期既考查法律思想，又考查法律制度（刑事法律制度、民事法律制度、司法制度等）。

但是，中国法律史命题重点不够突出，给考生备考造成一定的压力。

（二）命题直接，考查细节

中国法律史命题经常考查官方辅导用书中的细节词句。试举几例：

例1：隋代正式设置大理寺，以大理寺卿和少卿为正副长官。（2021年考生回忆版某选项）

分析：该选项表述错误，应为北齐时期正式设置大理寺。命题人有意混淆了朝代。

例2：古代成语"大逆不道"中，"大逆"和"不道"是十恶中两种罪名。（2020年考生回忆版某选项）

分析：该选项表述正确。十恶分别是谋反、谋大逆、谋叛、恶逆、不道、大不敬、不孝、不睦、不义、内乱。

例3：封建制五刑中，最轻一级刑罚是杖刑。（2019年考生回忆版某选项）

分析：该选项表述错误。封建制五刑是笞、杖、徒、流、死，最轻一级刑罚是笞刑。

综上所述，中国法律史内容多，考得细，分值低，属于备考性价比较低的学科。

三、备考建议

学习目标：其他科目学有余力时，背诵法律史要点。

具体做法：

对于中国法律史，整体不建议考生投入太多备考时间精力。

考生在其他科目学有余力的前提下，首先，可以结合本书以及配套课程，明确中国法律史相对重要的考点；其次，将本学科配套习题做一遍；最后，到了在客观题冲刺阶段，建议优先背诵其他科目，有余力时再背诵中国法律史。

第一章
中国古代法律史

第一节　中国古代法律思想演变 ★★

 应试导读

　　本节内容是法考的二星级知识点，重要性一般，在客观题考试中，一般每套卷每三到五年出1道题，分值1分。

　　基础知识：历史朝代顺序。

　　夏商与西周，东周分两段；

　　春秋和战国，一统秦两汉；

　　三分魏蜀吴，两晋前后延；

　　南北朝并立，隋唐五代传；

　　宋元明清后，皇朝至此完。

 知识点

一、西周时期的法律思想

以德配天 明德慎罚	"德"的要求：敬天、敬祖、保民； "明德慎罚"：实施德教，用刑宽缓。 注意：西周"以德配天，明德慎罚"；汉代中期"德主刑辅，礼刑并用"；唐代"礼律合一"。

出礼入刑	礼的含义： 1. 抽象的精神原则。可归纳为"亲亲"与"尊尊"两方面。"亲亲父为首，尊尊君为首"。 2. 具体的礼仪形式。西周时期主要有五个方面，通称"五礼"：吉礼（祭祀之礼）、凶礼（丧葬之礼）、军礼（行兵仗之礼）、宾礼（迎宾待客之礼）、嘉礼（冠婚之礼）。 注意：西周的礼已经具备法的性质，具有规范性、国家意志性和强制性。 礼刑关系： "礼"正面、积极地规范人们言行。 "刑"对一切违礼的行为进行处罚。 "礼不下庶人，刑不上大夫"： "礼不下庶人"强调礼有等级差别，禁止任何越礼的行为； "刑不上大夫"强调贵族官僚在适用刑罚上的特权； 整体强调平民百姓与贵族官僚之间的不平等，强调官僚贵族的法律特权。

📖 经典题目

《汉书·陈宠传》就西周礼刑关系描述说："礼之所去，刑之所取，失礼则入刑，相为表里。"关于西周礼刑的理解，下列哪一选项是正确的？（2017-01-15）

A. 周礼分为五礼，核心在于"亲亲""尊尊"，规定了政治关系的等级

B. 西周时期五刑，即墨、劓、剕（刖）、宫、大辟，适用于庶民而不适用于贵族

C. "礼"不具备法的性质，缺乏国家强制性，需要"刑"作为补充

D. 违礼即违法，在维护统治的手段上"礼""刑"二者缺一不可

解析要点：

A项：周礼的核心在于"亲亲""尊尊"，即"亲亲父为首"和"尊尊君为首"，既规定了政治关系等级，又规定了血缘亲属关系等级。A项错误。

B项：西周所谓"刑不上大夫"，指的是贵族在适用刑罚上可以享有某些特权，一般犯罪能够获得宽宥，但贵族若有严重犯罪，也会受到刑罚制裁。B项错误。

C项：西周的礼已经具备法的性质，具有规范性、国家意志性和强制性。C项错误。

D项：西周时期，礼刑互为表里，"礼"正面、积极地规范人们言行，"刑"对一切违礼的行为进行处罚；刑与礼是个统一体，共同构成西周法制的完整体系。D项正确。

综上所述，本题答案是D项。

【答案】 D

二、东周时期的法律思想

商鞅变法 与法家思想	1. 改法为律：强调法律规范的普遍性。 2. 运用法律手段推行富国强兵的措施。富国强兵是变法的终极目的，为此颁布《分户令》与《军爵律》。 3. 运用法律手段剥夺旧贵族特权：废除世卿世禄，按军功授爵；取消分封制，实行郡县制。 4. 以法治国，明法重刑：以法治国、轻罪重刑、不赦不宥、鼓励告奸、实行连坐。

三、汉代的法律思想

上请	1. 始于西汉，即通过请示皇帝给有罪贵族官僚某些优待。 2. 东汉时，上请成为官僚贵族的一项普遍特权，从徒刑二年到死刑都可以适用。
恤刑	1. 以"为政以仁"相标榜，贯彻儒家矜老恤幼的思想。 2. 年 80 岁以上的老人，8 岁以下的幼童，以及怀孕未产的妇女、老师、侏儒等，在有罪监禁期间，给予不戴刑具的优待。 3. 老人、幼童及连坐妇女，除犯大逆不道诏书指明追捕的犯罪外，一律不再拘捕监禁。
亲亲得 相首匿	汉宣帝时期确立，主张亲属间首谋藏匿一般犯罪，可以不负刑事责任。
	对卑幼亲属首匿尊长亲属的犯罪行为，不追究刑事责任。 对尊长亲属首匿卑幼亲属的犯罪行为，罪应处死的，可上请皇帝宽贷。
	来源于儒家"父为子隐，子为父隐，直在其中"的理论，一直影响后世封建立法。

四、唐代的法律思想

礼律合一	《唐律》开篇载明："德礼为政教之本，刑罚为政教之用。" 把封建伦理道德的精神力量与政权法律统治力量紧密糅合在一起； 法的强制力加强了礼的束缚作用，礼的约束力增强了法的威慑力量，从而构筑了严密的统治法网。
科条简要 宽简适中	以往秦汉法律，向以繁杂著称。西汉武帝以后，因一事立一法，导致律令杂乱。唐朝沿袭隋制，实行精简、宽平的原则，定律 12 篇 502 条，并为后世所继承。
立法技术完善	唐律在立法技术上表现出高超的水平。

五、明清的法律思想

明刑弼教	"明刑弼教"一词最早见于《尚书》，宋代朱熹作出新的阐释：提高了礼刑关系中刑的地位，认为礼律二者对治国同等重要，刑与德的关系不再是"德主刑辅"中的"从属"关系，德对刑不再有制约作用，而只是刑罚的目的，刑罚也不必拘泥于"先教后刑"的框框，而可以"先刑后教"。 经朱熹阐发、朱元璋身体力行的"明刑弼教"思想，则完全是借"弼教"之口实，为推行重典治国政策提供思想理论依据。
刑罚从重从新	凡律自颁降日为始，若犯在以前者，并依新律拟断。
重其所重轻其所轻	重其所重：对于贼盗及有关钱粮等事，明律较唐律处刑为重，不分情节，一律处以重刑，且扩大株连范围。 轻其所轻：为了突出"重其所重"的原则，对于"典礼及风俗教化"等一般性犯罪，处罚轻于唐律。 发展：清代继承了这一原则，扩大加重对"谋反""谋大逆"等侵犯皇权犯罪的惩罚。"文字狱"按谋反大逆定罪，多被处以极刑并株连最广。

第二节　中国古代重要法典 ★★★

 **应试导读**

　　本节内容是法考的三星级重点，比较重要，在客观题考试中，一般每套卷每两到三年出1道题，分值1分。重难点提示：考生学习本节时，要相对重视记忆考点中的"第一次""第一部""最后一部"。

 知识点

一、春秋战国时期的重要法典

铸刑书	郑国子产"铸刑书"：中国历史上第一次公布成文法。	
铸刑鼎	晋国赵鞅"铸刑鼎"：中国历史上第二次公布成文法。 意义：成文法的公布，否定了"刑不可知，则威不可测"的旧传统，明确了"法律公开"这一新兴地主阶级的立法原则。	
《法经》	内容	1. 盗法：侵犯公私财产。 2. 贼法：人身伤害、破坏社会秩序。 注意：魏国李悝将盗、贼两篇放在法典之首，认为"王者之政莫急于盗贼"。 3. 网法：囚禁和审判罪犯，又名囚法。 4. 捕法：追捕盗贼及其他犯罪者。 注意：网捕两篇相当于诉讼法。 5. 杂法："盗贼"以外的其他犯罪与刑罚，主要规定了"六禁"（淫禁、狡禁、城禁、嬉禁、徒禁、金禁）； 6. 具法：定罪量刑中从轻从重等法律原则的规定。起着"具其加减"的作用，相当于近代刑法典中的总则部分。
	评价	中国历史上第一部比较系统的成文法典； 贯彻了法家轻罪重刑的法治理论； 反映了新兴地主阶级的意志与利益； 为后世传统封建成文法典的进一步完善奠定了重要的基础。

二、魏晋南北朝时期的重要法典

《魏律》 （《曹魏律》）	结构	魏明帝下诏改定刑制，作新律18篇，将"具律"改为"刑名"，置于律首。
	内容	"八议"入律：对特定人物犯罪实行减免处罚（议亲、议故、议贤、议能、议功、议贵、议勤、议宾）。

《晋律》 (《泰始律》)	结构	西晋晋武帝诏颁《晋律》，20篇。 总则：在刑名后增加"法例律"，丰富了刑法总则的内容； 分则：分则重新编排，向"刑宽""禁简"方向迈进。
	内容	1. "准五服以制罪"的确立：《晋律》与《北齐律》中相继确立"准五服以制罪"的制度。这项制度影响广泛，直到明清。 服制是中国封建社会以丧服为标志，按服制依亲属从近到远分为五等：斩衰、齐衰、大功、小功、缌麻。 服制不但确定继承与赡养等权利义务关系，同时也是亲属相犯时确定刑罚轻重的依据。例如，斩衰亲服制最高，尊长犯卑幼减免处罚，卑幼犯尊长加重处罚。缌麻亲服制最疏，尊长犯卑幼处罚相对从重，卑幼犯尊长处罚相对从轻。 2. 张斐、杜预为之作注，经晋武帝批准颁行，成为与《晋律》具有同等法律效力的自力法律解释；《晋律》及该注解合称"张杜律"。
《北魏律》	结构	结构：20篇。
	内容	"官当"制度：允许官吏以官职爵位折抵徒刑的特权制度。 《北魏律·法例篇》规定：每一爵级抵当徒罪2年； 南朝《陈律》规定：凡以官抵折徒刑，同赎刑结合使用。
	评价	"八议"与"官当"制度实质上是适用刑罚的特殊原则的体现。
《北齐律》	结构	将"刑名"与"法例律"合为"名例律"一篇，充实了刑法总则； 精炼了分则，成为11篇。
	内容	规定"重罪十条"，置于律首，作为严厉打击的对象。"其犯此十者，不在八议论赎之限"。 反逆（造反）；大逆（毁坏皇帝宗庙、山陵与宫殿）；叛（叛变）；降（投降）；恶逆（殴打谋杀尊亲属）；不道（凶残杀人）；不敬（盗用皇室器物及对皇帝不尊重）；不孝（不侍奉父母，不按礼制服丧）；不义（杀本府长官与授业老师）；内乱（亲属间乱伦行为）。
	评价	《北齐律》是当时最有水准的法典，在中国封建法律史上起着承前启后的作用，对封建后世的立法影响深远。

三、隋唐时期的重要法典

《开皇律》	12篇，500条。 确立五刑体例：笞、杖、徒、流、死（区别于奴隶制五刑）。 创设十恶之条：在《北齐律》"重罪十条"的基础上加以删增，创设了"十恶"条款，置于律之首篇"名例律"予以特别规定。
《武德律》	唐高祖李渊制定，以《开皇律》为准，是唐代首部法典。
《贞观律》	唐太宗在《武德律》基础上修订，基本确立了唐律的主要内容和风格。

《唐律疏议》 (《永徽律疏》)	唐高宗在《贞观律》的基础上修订。 《永徽律》＋《律疏》（注释）＝《永徽律疏》。
	尽可能引用儒家经典作为律文的理论根据； 标志着中国古代立法达到了<u>最高水平</u>； 中国历史上迄今保存下来的<u>最完整、最早、最具有社会影响</u>的古代成文法典。
《唐六典》	唐玄宗开元年间制定的<u>行政法典</u>。

附：唐律的历史地位。

唐律是我国传统 法典的楷模	唐律是我国传统法典的楷模，在中国法律史上具有继往开来、承前启后的重要 地位，对东南亚各国均有影响。 唐朝承袭秦汉立法成果，吸收汉晋律学成就，集古代中国传统法典之大成，对 宋元明清产生了深刻影响。
唐律是中华法系 形成的标志	作为中华法系的代表作，唐律超越国界，对亚洲诸国产生了重大影响： 1. 朝鲜《高丽律》篇章内容都取法于唐律； 2. 日本文武天皇制定《大宝律令》，也以唐律为蓝本； 3. 越南李太宗时期颁布的《刑书》，大多参用唐律。

📖 经典题目

元代人在《唐律疏议序》中说："乘之（指唐律）则过，除之则不及，过与不及，其失均矣。"表达了对唐律的敬畏之心。下列关于唐律的哪一表述是错误的？（2016-01-17）

A. 促使法律统治"一准乎礼"，实现了礼律统一

B. 科条简要、宽简适中、立法技术高超，结构严谨

C. 是我国传统法典的楷模与中华法系形成的标志

D. 对古代亚洲及欧洲诸国产生了重大影响，成为其立法渊源

解析要点：

A项：《唐律疏议》承袭和发展了以往礼法并用的统治方法，使得法律统治"一准乎礼"，真正实现了礼与律的统一。A项正确。

B项：《唐律疏议》以科条简要、宽简适中为特点；在立法技术上，表现出高超的水平，且结构严谨，如自首、化外人有犯、类推原则的确定都有充分的表现。B项正确。

C、D项：作为中国传统法制的最高成就，《唐律疏议》全面体现了中国法律制度的水平、风格和基本特征，成为中华法系的代表性法典，但是，《唐律疏议》的影响尚未到达欧洲等国。C项正确，D项错误。

综上所述，本题答案是D项。

【答案】D

四、宋元时期的重要法典

《宋刑统》	1. 宋太祖建隆三年（公元962年）开始修订宋朝新的法典，次年完成，《宋刑统》是中国历史上第一部刊印颁行的封建法典； 2. 《宋刑统》的编纂体例可追溯至唐宣宗时颁行的《大中刑律统类》，在具体编纂上，仍以传统的刑律为主，同时将有关敕、令、格、式和朝廷禁令、州县常科等条文，都分类编附于后，使其成为一部具有统括性和综合性的法典。
编敕	敕在南北朝以后成为皇帝诏令的一种。宋代的敕是指皇帝对特定的人或事所做的命令，效力往往高于律，成为断案的依据。
	编敕是将一个个单行的敕令整理成册，上升为一般法律形式的立法过程，是宋代一项重要和频繁的立法活动。特点为： 1. 宋仁宗前基本是"敕律并行"，编敕一般依律的体例分类，但独立于《宋刑统》； 2. 宋神宗时敕的地位提高，达到以敕破律、代律的地步； 3. 敕主要是关于犯罪与刑罚方面的规定。

五、明清时期的重要法典

《大明律》	历史：《大明律》是明太祖朱元璋在建国初年开始编修，于洪武三十年（公元1397年）完成并颁行天下的法典； 结构：一改唐、宋旧律的传统体例，形成了以名例、吏、户、礼、兵、刑、工七篇为构架的格局； 内容：律文简于唐律，精神严于宋律。
《明大诰》	背景：为防止"法外遗奸"，明太祖手订四编《大诰》，将其亲自审理的案例加以整理汇编，并加上因案而发的"训导"，作为训诫臣民的特别法令颁布天下，具有与《大明律》相同的法律效力。
	特点：1. 重典治世：对律中原有的罪名，一般都加重处罚，集中体现了朱元璋"重典治世"的思想； 2. 滥用法外之刑：族诛、枭首、断手、斩趾等酷刑； 3. 重典治吏：大多数条文专为惩治贪官污吏而定，以强化统治效能； 4. 空前普及：《明大诰》是中国法律史上空前普及的法规，每户一册，也列入科举考试的内容；明太祖死后，被束之高阁，不具法律效力。
《大清律例》	结构：乾隆年间修订颁行，结构、形式、体例、篇目与《大明律》基本相同，共7篇，自乾隆五年（公元1740年）颁律以后律文部分基本定型，极少修订，后世只是不断增修后面的"附例"。 评价：中国历史上最后一部传统成文法典，是中国传统法典的集大成者。
清代的例	清代最重要的法律形式之一就是例。例是统称，可分为条例、则例、事例、成例等名目。例能够顺应形势发展需要"因时酌定"，是成文法的补充。 条例：一般而言是专指刑事单行法规，指导类似案件的审理判决。 则例：指某一行政部门或某项专门事务方面的单行法规汇编。 事例：指皇帝就某项事务发布的"上谕"或经皇帝批准的政府部门提出的建议。事例一般不自动具有永久的、普遍的效力，但可以作为处理该事务的指导原则。 成例：也称"定例"，指经过整理编订的事例，是一项单行法规。成例是一种统称，包括条例及行政方面的单行法规。

经典题目

"名例律"作为中国古代律典的"总则"篇，经历了发展、变化的过程。下列哪一表述是不正确的？（2013-01-18）

A.《法经》六篇中有"具法"篇，置于末尾，为关于定罪量刑中从轻从重法律原则的规定

B.《晋律》共 20 篇，在刑名律后增加了法例律，丰富了刑法总则的内容

C.《北齐律》共 12 篇，将刑名与法例律合并为名例律一篇，充实了刑法总则，并对其进行逐条逐句的疏议

D.《大清律例》的结构、体例、篇目与《大明律》基本相同，名例律置首，后为吏律、户律、礼律、兵律、刑律、工律

解析要点：

C 项：《北齐律》共 12 篇，将刑名与法例律合并为名例律一篇，充实了"刑法总则"，但并未对其进行逐条逐句的疏议。注意，唐朝时期，唐高宗安排律学通才和重要幕僚以疏议的形式对《永徽律》全篇律文逐条逐句地作了统一的法律解释，与《永徽律》合并，形成《永徽律疏》。C 项错误。A、B、D 项正确。

综上所述，本题答案是 C 项。

【答案】C

第三节　中国古代刑事制度 ★★★

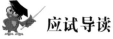 **应试导读**

本节内容是法考的三星级重点，比较重要，在客观题考试中，一般每套卷每两到三年出 1 道题，分值 1 分。

 知识点

一、罪名

（一）秦代的罪名

危害皇权罪	谋反；泄露机密；偶语《诗》《书》、以古非今；诅咒、诽谤；妄言、妖言；非所宜言；投书；不行君令等。	
侵犯财产和人身罪	<u>盗（侵犯财产）</u>：共盗（五人以上）、群盗（聚众反抗）。	
	<u>贼（侵犯人身）</u>：贼杀、伤人。	

渎职罪	1. 官吏失职造成经济损失的犯罪。 2. 军职罪。 3. 司法官员渎职犯罪：见知不举；不直（罪应重而故意轻判，应轻而故意重判）；纵囚（应当论罪而故意不论罪）；失刑（因过失而量刑不当）。

（二）隋唐的罪名

隋	十恶	谋反：谋害皇帝、危害国家。
		谋大逆：图谋破坏国家宗庙、皇帝陵寝以及宫殿。
		谋叛：背叛本朝、投奔敌国。
		恶逆：殴打或谋杀祖父母、父母等尊亲属。
		不道：杀一家非死罪三人、肢解人及造畜蛊毒、厌魅。
		大不敬：损害皇帝尊严，例如盗窃皇帝祭祀物品或皇帝御用物、伪造或盗窃皇帝印玺、调配御药误违原方、御膳误犯食禁以及指斥皇帝、无人臣之礼等。
		不孝：控告祖父母、父母，未经祖父母、父母同意私立门户、分异财产，对祖父母、父母供养有缺，为父母尊长服丧不如礼等不孝行为。
		不睦：谋杀或卖五服以内亲属，殴打或控告丈夫大功以上尊长等行为。
		不义：杀本管上司、授业师及夫丧违礼的行为。
		内乱：奸小功以上亲属等乱伦行为。
		总结："十恶"制度所规定的犯罪大致可以分为两类：一为侵犯皇权与特权的犯罪；二为违反伦理纲常的犯罪。唐律将这些犯罪集中规定在名例律之首，并在分则各篇中对这些犯罪相应规定了最严厉的刑罚。 注意：唐律规定凡犯十恶者，不适用八议等规定，且为常赦所不原。
		评价：这些特别规定充分体现了唐律的本质和重点在于维护皇权、特权、传统的伦理纲常及伦理关系。
唐	六杀	谋杀：预谋杀人。
		故杀：无预谋，临时起意杀人。
		斗杀：斗殴过程，激愤失手杀人。
		误杀：对象错误的杀人。
		戏杀：以力共戏导致杀人。
		过失杀：过失杀人。
	六赃	受财枉法：官吏收受财物导致枉法裁判。
		受财不枉法：官吏收受财物，但无枉法裁判。
		受所监临：官吏利用职权非法收受所辖范围内百姓或下属财物。
		强盗：以暴力获取公私财物的行为。
		窃盗：以隐蔽的手段将公私财物据为己有的行为。
		坐赃：官吏或常人非因职权之便非法收受财物的行为。
	保辜	内容：伤人罪要求加害方在一定期限内对被害方伤情变化负责的制度。 在限定的时间内受伤者死去，伤人者承担杀人的刑责； 限外死去或者限内以他故死亡者，伤人者只承担伤人的刑事责任。 评价：保辜制度，不够科学，也是进步。

（三）明清的罪名

奸党罪	明太祖时期创设，用以惩办官吏结党危害皇权统治的犯罪； 该罪无确定内容，实际是为皇帝任意杀戮功臣宿将提供合法依据。
充军刑	强迫犯人到边远地区服苦役，并有本人终身充军与子孙永远充军的区分。

二、刑罚

（一）西周的刑罚

1. 西周的刑罚种类

奴隶制五刑：墨、劓、剕（刖）、宫、大辟。

2. 西周的刑罚适用原则

（1）虽有刑书，但不布之于众："灵活用刑""刑不可知，则威不可测"。

（2）区分故意（非眚）与过失（眚）。

（3）区分惯犯（惟终）与偶犯（非终）。

（二）秦代的刑罚

1. 秦代的刑罚种类

笞刑	以竹、木板责打犯人背部的轻刑。
徒刑	剥夺罪犯人身自由，强制服劳役的刑罚。 城旦舂：男犯筑城，女犯舂米，实际从事的劳役不限于此； 鬼薪白粲：男犯伐薪，女犯择米，实际从事的劳役不限于此； 隶臣妾：将罪犯及其家属罚为官奴婢； 司寇：伺察寇盗； 候：发往边地充当斥候。
流放刑	包括迁刑和谪刑，比后世的流刑要轻。
肉刑	黥（墨）、劓、刖、宫。
死刑	弃市、戮、磔、腰斩、车裂、枭首、族刑、具五刑。
耻辱刑	髡（剃光犯人的头发和胡须）、耐。
赀赎刑	赀：一是纯属罚金性质的"赀甲""赀盾"；二是"赀戍"，即发往边地做戍卒；三是"赀徭"，即罚服劳役。 赎：犯人缴纳一定金钱或者服一定劳役免除刑罚。例如"赎宫"。
株连刑	族、收（在对犯人判处某种刑罚时，还同时将其妻子、儿女等家属没收为官奴婢）。

注意：笞刑、徒刑、流放刑、肉刑、死刑相当于主刑。

羞辱刑、赀赎刑、株连刑相当于附加刑。

2. 秦代的刑罚适用原则

刑事责任能力的规定	未成年犯罪，不负刑事责任或减轻刑事处罚。 以身高判定是否成年：以大约六尺五寸为成年身高标准。
区分故意和过失	区分故意（端）与过失（不端）。 故意诬告者，实行反坐；主观没有故意，按告不审从轻处罚。

盗窃按赃值定罪	盗窃罪依据不同数目分为三等赃值（110 钱、220 钱、660 钱），分别定罪。
共同犯罪与集团犯罪加重处罚	在处罚侵犯财产罪上共同犯罪较个体犯罪处罚从重； 集团犯罪（5 人以上）较一般犯罪处罚从重。
累犯加重处罚	本身已犯罪，再犯诬告他人罪，加重处罚。
教唆犯加重处罚	教唆未成年人犯罪者加重处罚。教唆未成年人抢劫杀人，虽分赃仅为十文钱，教唆者也要处以碎尸刑。
自首减轻	凡携带所借公物外逃，主动自首者，不以盗窃论处，而以逃亡论处；若犯罪后能主动消除犯罪后果，可以减免处罚。
诬告反坐	以被诬告人所受的处罚，反过来制裁诬告者。

📖 经典题目

关于秦代的刑事罪名和刑罚，下列说法中哪一选项是错误的？（2020 年考生回忆版）

A. 偶语《诗》《书》、以古非今、非所宜言都是危害皇权的犯罪

B. 赎刑是秦代附加刑的一种，是指已被判刑的犯人通过金钱或者劳役来赎免刑罚

C. 秦代年满 14 岁即需承担刑事责任，不能减轻刑事处罚

D. 秦代区分故意犯罪与过失犯罪，分别称为"端"和"不端"

解析要点：

C 项：秦代未成年者犯罪不负刑事责任或减轻刑事处罚。以身高判定是否成年，即男六尺五寸、女六尺二寸（秦时尺寸比现在小，六尺约合现今 1.38 米）为成年人。C 项错误。A、B、D 项正确。

综上所述，本题答案是 C 项。

【答案】C

（三）汉代的刑罚

汉文帝汉景帝废肉刑	汉文帝	背景	总结秦亡教训；继续沿用肉刑，不利于政权的稳固。
		起因	缇萦救父。
		内容	黥刑改为髡钳城旦舂（去发颈部系铁圈服苦役五年）； 劓刑改为笞三百； 斩左趾改为笞五百； 斩右趾改为弃市（死刑）。
		评价	具有重要意义，但也有由轻改重的现象，因而班固称其为"外有轻刑之名，内实杀之"。
	汉景帝	内容	笞三百改为笞二百； 笞五百改为笞三百； 颁布《箠令》，规定笞杖尺寸，以竹板制成，削平竹节，以及行刑不得换人等。
		评价	使得刑制改革趋于完善。

秋冬行刑	内容	1. 根据"天人感应"理论，规定春、夏不得执行死刑。 2. 除谋反、大逆等"决不待时"者外，一般死刑犯须在秋天霜降以后、冬至以前执行。因为这时"天地始肃"，杀气已至，便可"申严百刑"，以示所谓"顺天行诛"。
	评价	对后世有着深远影响，唐律规定"立春后不决死刑"，明清律中的"秋审"制度亦溯源于此。

（四）魏晋南北朝时期的刑罚

刑罚制度改革	1. 规定绞、斩等死刑制度。 2. 规定流刑。把流刑作为死刑的一种宽贷措施。 3. 规定鞭刑与杖刑。北魏时期开始改革以往五刑制度，增加鞭刑与杖刑，后北齐、北周相继采用。 4. 废除宫刑制度。西魏与北齐相继宣布废除宫刑，自此结束了使用宫刑的历史。
死刑复奏制度	北魏太武帝时期正式确立，奏请皇帝批准执行死刑。这一制度的建立既加强了皇帝对司法审判的控制，又体现了皇帝对民众的体恤。
妇女犯罪行刑特殊规定	魏明帝时，为免对女犯用刑使身体裸露，改妇人加笞还从鞭督之例，以罚金代之。《北魏律》规定：妇人当刑而孕，产后百日乃决。

（五）唐代的刑罚

1. 五刑

笞刑；杖刑；徒刑；流刑；死刑。（隋《开皇律》确立，唐律承用）

2. 刑罚原则

区分公私罪原则	公罪："缘公事致罪而无私曲者"，即在执行公务中，由于公务上的关系造成某些失误或差错，而不是为了追求私利而犯罪。 私罪：一种是指"不缘公事私自犯者"，即所犯之罪与公事无关，如盗窃、强奸；另一种是指"虽缘公事，意涉阿曲"的犯罪，即利用职权，徇私枉法，如受人嘱托枉法裁判。 公罪从轻，私罪从重。
自首原则	自首：犯罪未发，主动交代。自首可以免罪。 自新：犯罪已发，然后投案。自新可以减轻。
	重罪，不适用自首。 造成严重危害后果无法挽回，不适用自首。
	"自首不实"：交代不真实。 "自首不尽"：交代不彻底。 自首不实及自首不尽者，各依不实不尽之罪罪之。至死者，听减一等。 如实交代的部分，不再追究。
类推原则	出罪者，则举重以明轻； 入罪者，则举轻以明重。
化外人原则	具有相同国籍外国人间发生的诉讼，依其本国法处理； 不同国籍的外国人之间或与中国人之间发生诉讼的，依唐律处理。

（六）宋代的刑罚

折杖法	宋太祖建隆四年（公元963年）颁行"折杖法"，意在笼络人心，改变五代以来用刑严苛的弊端。 "折杖法"规定：除死刑外，其他笞、杖、徒、流四刑均折换成臀杖和脊杖。对反逆、强盗等重罪不予适用。
配役	配役刑在两宋多为刺配。刺是刺字，配是流刑的配役。 宋初并不常行，《宋刑统》也无此规定。宋太祖时偶一用之，宋仁宗以后，刺配之刑滥用，成为常制。 刺配是刑罚制度的倒退，在宋代和后世多受非议。
凌迟	凌迟始于五代时的西辽。 宋仁宗时使用，宋神宗以后成为常刑，南宋后成为法定死刑的一种（《大清现行刑律》中被废止）。

📖 **经典题目**

《唐律·名例律》规定："诸断罪而无正条，其应出罪者，则举重以明轻；其应入罪者，则举轻以明重。"关于唐代类推原则，下列哪一说法是正确的？（2014—01—17）

A. 类推是适用法律的一般形式，有明文规定也可"比附援引"

B. 被类推定罪的行为，处罚应重于同类案件

C. 被类推定罪的行为，处罚应轻于同类案件

D. 唐代类推原则反映了当时立法技术的发达

解析要点：

A项："诸断罪而无正条，其应出罪者，则举重以明轻；其应入罪者，则举轻以明重。"意思是说，对律文无明文规定的同类案件，凡应减轻处罚，则列举重罪处罚规定，比照以解决轻案；凡应加重处罚的罪案，则列举轻罪处罚规定，比照以解决重案。可见，类推针对的是法无明文规定的情形。A项错误。

B、C项：类推定罪，既可能举轻以明重，也可能举重以明轻，也就是说对犯罪行为的处罚既可能重于同类案件，也可能轻于同类案件。B、C两项说法片面，B、C项错误。

D项：唐代类推原则的完善反映了当时立法技术的发达。D项正确。

综上所述，本题答案是D项。

【答案】 D

第四节　中国古代民事制度 ★★

 应试导读

本节内容是法考的二星级知识点，重要性一般，在客观题考试中，一般每套卷每三到五年出1道题，分值1分。

知识点

一、西周的民事制度

契约	质剂 （买卖契约）	质：买卖奴隶、牛马所使用的较长的契券。 剂：买卖兵器、珍异之物所使用的较短的契券。 质剂都由官府制作，并由"质人"专门管理。
	傅别 （借贷契约）	傅：把债的标的和双方权利义务等写在契券上。 别：在简札中间写字，然后一分为二，双方各执一半。
婚姻	婚姻缔结原则	1. 一夫一妻：虽然古代男子可以有妾有婢，但法定的妻子只能是一个。正妻所生子女为嫡出，其他皆为庶出。 2. 同姓不婚：一方面，"男女同姓，其生不蕃"；另一方面，附远厚别，即通过联姻加强与异姓贵族的联系，巩固家族与宗法制度。 3. 父母之命，媒妁之言：在宗法制下，必然要求由父母家长决定子女的婚姻大事，否则称为"淫奔"。
	婚姻"六礼" （必要条件）	纳采：男家请媒人向女家提亲。 问名：男方询问女子名字、生辰等，卜于宗庙以定吉凶。 纳吉：卜得吉兆后即与女家订婚。 纳征（纳币）：男方派人送聘礼至女家，婚约正式成立。 请期：商请女方择定婚期。 亲迎：婚期之日新郎迎娶新妇。
	婚姻关系解除	七出：不顺父母、无子、淫、妒、恶疾、多言、窃盗。 为人妻者若有此七项之一，夫家即可休弃之。
		三不去： 有所娶无所归，是指女子出嫁时有娘家可依，但休妻时已无本家亲人可靠，若此时休妻则会置女子于无家可归之境，故不能休妻。 与更三年丧，是指女子入夫家后与丈夫一起为公婆守过三年之孝，已尽子媳之道，亦不能休妻。 前贫贱后富贵，是指夫娶妻时贫贱，但婚后却变得富贵的，不得离弃妻子。
继承	嫡长子继承制	"立嫡以长不以贤，立子以贵不以长"； 主要是政治身份的继承，土地、财产的继承是其次。

二、宋代的民事制度

契约	买卖 契约	绝卖：一般买卖。 活卖：附条件的买卖，条件达成买卖才成立。 赊卖：采取类似商业信用或预付方式，而后收取出卖物的价金。
	租赁 契约	对房屋的租赁：租、赁或借。 对人畜车马的租赁：庸、雇。
	借贷 契约	借：使用借贷。不付息的使用借贷称为负债。 贷：消费借贷。付息的消费借贷称为出举，又称"出息"。

婚姻	婚龄："男年十五、女年十三以上，并听婚嫁"。
	诸州县官人在任之日，不得共部下百姓交婚；但订婚在前，任官居后，及三辅内官门阀相当情愿者，并不在禁限。
	实行"七出"与"三不去"制度，但也有少许变通： 夫外出三年不归，六年不通问，准妻改嫁或离婚；但是"妻擅走者徒三年，因而改嫁者流三千里，妾各减一等"。如果夫亡，妻"不守志"者，"若改嫁，其现在的部曲、奴婢、田宅不得费用"，从而严格维护家族财产不得转移的固有传统。
继承	南宋绝户财产继承制度： 1. 立继（夫亡妻在——从妻）； 2. 命继（夫妻俱亡——从其尊长亲属）。
	允许在室女、出嫁女享受部分继承权. 1. 只有在室女（未嫁女）的：在室女 3/4，继子 1/4； 2. 只有出嫁女（已婚女）的：出嫁女 1/3，继子 1/3，官府 1/3； 3. 遗腹子与亲生子享有同样的继承权。

🔖 经典题目

关于先秦时期的法律思想和法律制度，下列哪一说法是正确的？（2018 年考生回忆版）

A. 西周时期，法律思想的特征是德主刑辅，对于德的要求包括三个方面：敬天、尊祖、保民

B. 西周时期，婚姻关系解除的法定理由称为"七出"，如果有七种理由之一，男女即可离婚

C. 西周时期，甲、乙就买卖一头黄牛所签订之契约称为"傅别"，因此产生的纠纷法官审理称为"听讼"

D. 战国时期，《法经》是中国历史上第一部比较系统的成文法典，具有六篇制的法典结构，其中《具法》相当于现代刑法的总则部分，置于法典最后

解析要点：

A 项：西周的法律思想是"以德配天，明德慎罚"，"德主刑辅"是汉代法律思想。A 项错误。

B 项："七出"是指有七种理由之一，夫家可以休妻，而非男女即可离婚。B 项错误。

C、D 项：买卖契约称为"质剂"，借贷契约称为"傅别"。C 项错误。D 项正确。

综上所述，本题答案是 D 项。

【答案】D

第五节　中国古代诉讼制度 ★

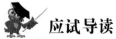 **应试导读**

本节内容是法考的一星级知识点，重要性一般，在客观题考试中，一般每套卷每五到十年出 1 道题，分值 1 分。

 知识点

一、西周的诉讼制度

听讼断狱	审理民事案件："听讼"。 审理刑事案件："断狱"。
五听	辞听、色听、气听、耳听、目听。 "五听"说明西周时期已经注意到司法心理问题并将其应用到审判实践中。
三刺	西周凡遇重大疑难案件，一刺群臣、再刺群吏、三刺万民。 "三刺"说明西周对司法判案的慎重，是"明德慎罚"思想在司法实践中的体现。
三宥	因主观上不识、过失、遗忘而犯罪者，应减刑。
三赦	幼弱、老旄、蠢愚者（智障者），犯罪从赦。

二、汉代的诉讼制度

《春秋》决狱	含义：依据儒家经典《春秋》等著作中提倡的精神原则审判案件，而不仅仅依据汉律审案。
	内容：1. 强调审断时应重视行为人的主观动机；同时还要依据事实，分别首犯、从犯和已遂、未遂。 2. 实行"论心定罪"原则。 犯罪人主观动机符合儒家"忠""孝"精神，即使其行为构成社会危害，也可以减免刑事处罚。 犯罪人主观动机严重违背儒家倡导的精神，即使没有造成严重危害后果，也要认定犯罪给予严惩。
	评价：1. 法律儒家化在司法领域的反映； 2. 对传统的司法和审判是一种积极的补充； 3. 如果专以主观动机"心""志"的"善恶"，判断有罪无罪或罪行轻重，在某种程度上为司法擅断提供了依据。

三、唐代的诉讼制度

刑讯	1. 刑讯的条件与证据： (1) 在拷讯之前，必须先审核口供的真实性，然后反复查验证据。 (2) 证据确凿，仍狡辩否认的，经主审官与参审官共同决定，可以刑讯。 (3) 对人赃俱获，经拷讯仍拒不认罪的，也可"据状断之"，即根据证据定罪。 2. 刑讯方法： (1) 刑讯必须使用符合标准规格的常行杖，以杖外他法拷打甚至造成罪囚死亡者，承审官要负刑事责任。 (2) 拷囚不得超过三次，每次应间隔 20 天，总数不得超过 200 次，杖罪以下不得超过所犯之数。若拷讯数满仍不招供者，必须取保释放。凡有违犯，承审官须负刑事责任。此时应当反拷告状之人，以查明有无诬告等情形，同时规定了反拷的限制。 (3) 禁止刑讯的两类人：具有特权身份的人；老幼废疾之人。老幼分指 70 岁以上、15 岁以下者。
回避	回避制度：《唐六典》第一次以法典的形式，肯定了法官的回避制度。

四、宋代的诉讼制度

翻异别勘	遇有翻供案件，请另一官员或另一司法机关重审。
证据勘验	原被告均有举证责任。 重视现场勘验。南宋地方司法机构制有专门的"检验格目"，并产生了《洗冤集录》等世界最早的法医学著作。

五、明代的诉讼制度

三司会审	中央刑部、大理寺、都察院三大司法机关统称"三法司"，对重大疑难案件三法司共同会审，称"三司会审"。
九卿会审	又称"圆审"，是由六部尚书及都察院左都御使、大理寺卿、通政使司的通政使九人会审皇帝交付的案件或已判决但囚犯仍翻供不服之案。
朝审	霜降之后，三法司会同公侯、伯爵，在吏部尚书（或户部尚书）主持下会审重案囚犯。清代秋审、朝审皆渊源于此。
大审	司礼监一员在堂居中而坐，尚书各官列居左右，会同三法司在大理寺共审囚徒，"每五年辄大审"。

六、清代的诉讼制度

秋审	针对全国上报的斩、绞监候案件，每年秋天 8 月在天安门金水桥西由九卿、詹事、科道以及军机大臣、内阁大学士等重要官员会同审理，是最重要的死刑复审制度。

朝审	每年霜降后10日举行，对刑部判决的重案及京师附近绞、斩监候案件进行的复审。 秋审或朝审后，分四种情况处理： 其一情实，指罪情属实、罪名恰当者，奏请执行死刑； 其二缓决，指案情虽属实，但危害性不大者，可减为流三千里，或发烟瘴极边充军，或再押监候； 其三可矜，指案情属实，但有可矜或可疑之处，可免予死刑，一般减为徒流刑罚； 其四留养承祀，指案情属实、罪名恰当，但有亲老丁单情形，合乎申请留养条件者，按留养奏请皇帝裁决。
热审	每年小满后10日至立秋前1日，对发生在京师的笞杖刑案件进行重审的制度，由大理寺官员会同各道御史及刑部承办司共同进行，快速决放在监笞杖刑案犯。

第六节　中国古代司法机关 ★

 应试导读

　　本节内容是法考的一星级知识点，重要性一般，在客观题考试中，一般每套卷每五到十年出1道题，分值1分。

 知识点

	审判		监督
	中央	地方	
西周	周天子 大司寇 小司寇	乡士 遂士	
秦汉	皇帝 廷尉	郡守 县令 乡里组织	秦：御史大夫、监察御史 汉：御史大夫（西汉）、御史中丞（东汉）、司隶校尉、刺史（专司各地的行政与法律监督之职）
魏晋南北朝	大理寺（北齐设置，大理寺卿和少卿为正副长官。增强了中央司法机关的审判职能）		御史台（晋以御史台主监察，有权纠举一切不法案件）
唐	大理寺审判 刑部复核	行政长官监理	御史台

续表

	审判		监督
	中央	地方	
宋	大理寺审判 刑部复核（宋沿唐制）	设立提点刑狱司，作为中央在地方的司法派出机构	台谏合一（御史台、谏院）
明	刑部审判 大理寺复核	省、府、县三级 明朝还在各州县及乡设立"申明亭"，由民间德高望重的耆老受理当地民间纠纷，加以调处解决	都察院
清	刑部审判 大理寺复核	州县、府、省按察司、督抚四级	都察院

📖 经典题目

关于中国古代的法律制度，下列哪一说法是正确的？（2019年考生回忆版）

A. 奴隶制五刑以肉刑为中心，包括墨、劓、刖、宫、大辟

B. 封建制五刑中，最轻一级刑罚是杖刑

C. 大理寺在中国古代属于中央审判机构

D. 明代治世，对风俗伦理方面的犯罪处罚比前代较重

解析要点：

A、B项：奴隶制五刑以肉刑为中心，包括墨、劓、刖、宫、大辟。封建制五刑包括答、杖、徒、流、死五种刑罚，答刑最轻。A项正确，B项错误。

C项：大理寺在中国古代曾经作为中央审判机构，明朝以来改为复核机构。C项错误。

D项，明代重典治世，但是采用"轻其轻罪，重其重罪"的原则，对风俗伦理方面的犯罪处罚比唐代较轻。D项错误。

综上所述，本题答案是A项。

【答案】 A

第二章
中国近代法律史

第一节　清末时期的法律思想与制度 ★

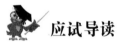

应试导读

本节内容是法考的一星级知识点，重要性一般，在客观题考试中，一般每套卷每五到十年出1道题，分值1分。同时，清末修律可能和古代变法结合命题。

知识点

一、清末"预备立宪"

《钦定宪法大纲》	1. 定义与性质：清廷宪政编查馆编订，于1908年8月颁布，中国近代史上第一个宪法性文件。 2. 结构与内容：共23条，分正文"君上大权"和附录"臣民权利义务"两部分。 3. 特点：皇帝专权，人民无权。 4. 实质：给皇权专制制度披上"宪法"的外衣，以法律的形式确认君主的绝对权力，体现了贵族维护专制统治的意志及愿望。
"十九信条"	1. 定义：全称《宪法重大信条十九条》，是清朝政府最后一部宪法性文件。 2. 背景：1911年清王朝迫于武昌革命风暴，匆匆命令资政院迅速起草宪法，企图度过危机，资政院仅用3天时间即拟定，并于1911年11月3日公布。 3. 内容：形式上被迫缩小了皇帝的权力，相对扩大了议会和总理的权力，但仍强调皇权至上，对人民权利只字未提。

二、清末修律

《大清现行刑律》	制定过程：《大清现行刑律》是清政府在《大清律例》的基础上稍加修改，作为《大清新刑律》完成前的一部过渡性法典，于1910年5月15日颁行。 内容及变化： 1. 内容基本秉承旧律例。 2. 变化包括：改律名为"刑律"，取消了六律总目，将法典各条按其性质分隶30门；纯属民事性质的条款不再科刑；废除酷刑，如凌迟；增加新罪名，如妨害国交罪、妨害选举罪、破坏交通罪、破坏电讯罪等。 评价：只是在形式上对《大清律例》稍加修改而已，不是一部近代意义上的专门刑法典。例如，最能体现封建旧律本质的"十恶""八议"尚还保留，诸法合体的形式也未废除。
《大清新刑律》	制定过程：《大清新刑律》起草工作始于1906年，由于引发了礼教派的攻击和争议，至1911年1月才正式公布，但并未真正施行。 篇章结构：《大清新刑律》分总则和分则两编，附《暂行章程》5条。 内容及变化： 1. 结构上，抛弃了旧律诸法合体的编纂形式，以罪名和刑罚等专属刑法范畴的条文作为法典的唯一内容；抛弃了旧律的结构形式，将法典分为总则和分则。 2. 刑罚上，确立了新刑罚制度，规定刑罚分主刑、从刑。 3. 思想制度上，采用了一些近代西方资产阶级的刑法原则和刑法制度，如罪刑法定原则和缓刑制度等。 评价：中国历史上第一部近代意义上的专门刑法典，但仍保持着旧律维护专制制度和封建伦理的传统。
《大清民律草案》	制定过程：沈家本、伍廷芳、俞廉三等人主持的修订法律馆着力进行的工作，自1907年即正式着手，一方面聘请时为法律学堂教习的日本法学家松冈义正等外国法律专家参与起草工作；另一方面则派员赴全国各省进行民事习惯的调查。1910年12月编纂完成全部草案条文稿，但未能正式颁布与施行。 内容： 1. 共分五编：总则、债权、物权、亲属、继承。 2. 总则、债权、物权三编由松冈义正等人仿照德、日民法典的体例和内容草拟而成，吸收了大量的西方资产阶级民法的理论、制度和原则。 3. 亲属、继承两编则由修订法律馆会同保守的礼学馆起草，其制度、风格带有浓厚的封建色彩，保留了许多封建法律的精神。 评价：修订民律的基本思路，仍然没有超出"中学为体、西学为用"的思想格局。
商事立法	第一阶段（1903—1907年）：商事立法主要由新设立的商部负责。颁布《钦定大清商律》（《商人通例》《公司律》）《公司注册试办章程》《商标注册试办章程》《破产律》。 第二阶段（1907—1911年）：主要商事法典改由修订法律馆主持起草，各单行法规仍由有关机关拟订，修订法律馆于1908年9月起草了《大清商律草案》。

📖 经典题目

中国历史上曾进行多次法制变革以适应社会的发展。关于这些法制变革的表述，下列哪一选项是错误的？（2013-01-19）

A. 秦国商鞅实施变法改革，全面贯彻法家"明法重刑"的主张，加大量刑幅度，对轻罪也施以重刑，以实现富国强兵目标

B. 西汉文帝为齐太仓令之女缇萦请求将自己没官为奴、替父赎罪的行为所动，下令废除肉刑

C. 唐代废除了宫刑制度，创设了鞭刑和杖刑，以宽减刑罚，缓解社会矛盾

D. 《大清新刑律》抛弃了旧律诸法合体的编纂形式，采用了罪刑法定原则，规定刑罚分为主刑、从刑

解析要点：

A项：商鞅变法全面贯彻法家"以法治国""明法重刑"的主张，强调"轻罪重刑"。A项正确。

B项：汉文帝废除肉刑的起因是缇萦上书，文帝、景帝时期的刑制改革，为结束传统肉刑制度、建立新的刑罚制度奠定了重要基础。B项正确。

C项：南北朝时期的刑罚改革废除宫刑，创设了鞭刑和杖刑，而不是唐代。C项错误。

D项：《大清新刑律》结构上分总则和分则两编，后附《暂行章程》5条，抛弃了旧律诸法合体的编纂形式，以罪名和刑罚等专属刑法范畴的条文作为法典的唯一内容，确立了新刑罚制度，规定刑罚分主刑、从刑，采用了一些近代西方资产阶级的刑法原则和刑法制度，如罪刑法定原则和缓刑制度等。D项正确。

综上所述，本题答案是C项。

【答案】C

三、清末司法体制的变化

清末司法机关的变化	改刑部为法部，掌管全国司法行政事务； 改大理寺为大理院，为全国最高审判机关； 实行审检合署。
四级三审制及诉讼制度	确立一系列近代意义上的诉讼制度： 1. 实行四级三审制。 2. 规定了刑事案件公诉制度、证据、保释制度。 3. 审判制度上实行公开、回避等制度。 4. 初步规定了法官及检察官考试任用制度。 5. 改良监狱及狱政管理制度。
领事裁判权	领事裁判权是外国侵略者在强迫中国签订的不平等条约中所规定的一种司法特权。凡在中国享有领事裁判权的国家，其在中国的侨民不受中国法律管辖，只由该国的领事或设在中国的司法机构依其本国法律裁判。 确立：1843年7月22日在香港公布的《中英五口通商章程》《海关税则》及随后签订的《虎门条约》，并在其后签订的一系列不平等条约中得以扩充。 内容：1. 中国人与享有领事裁判权国家的侨民间的诉讼依被告主义原则。2. 享有领事裁判权国家的侨民之间的诉讼由所属国审理；不同国家的侨民之间的争讼适用被告主义原则。3. 享有领事裁判权国家的侨民与非享有领事裁判权国家的侨民之间的争讼，前者是被告则适用被告主义原则，后者是被告则由中国法院管辖。 审理机构：一审由各国在华领事法院或法庭审理；二审上诉案件由各国建立的上诉法院审理；终审案件，则由本国最高审判机关受理。 后果：严重破坏了中国的司法主权，同时也是外国侵略者进行各种犯罪的护身符和镇压中国人民革命运动的工具。

观审制度	外国人是原告的案件，其所属国领事官员也有权前往观审，如认为审判、判决有不妥之处，可以提出新证据等。
会审公廨	会审公廨是1864年清廷与英、美、法三国驻上海领事协议在租界内设立的特殊审判机关。 内容：凡涉及外国人案件，必须有领事官员参加会审；凡中国人与外国人诉讼案，由本国领事裁判或陪审；甚至租界内纯属中国人之间的诉讼也须外国领事观审并操纵判决。 评价：它的确立，是外国在华领事裁判权的扩充和延伸。

四、清末变法修律的特点及影响

特点	1. 在立法指导思想上，借用西方近现代法律制度的形式，坚持中国固有的专制制度内容； 2. 在内容上，皇权专制主义传统与西方资本主义法学最新成果的混合； 3. 在法典编纂形式上，改变"诸法合体"形式，明确了实体法之间、实体法与程序法之间的差别，形成了近代法律体系的雏形； 4. 清末修律是统治者为维护其反动统治，在保持皇权专制政体的前提下进行的，因而既不能反映人民群众的要求和愿望，也没有真正的民主形式。
影响	1. 标志着延续几千年的中华法系开始解体； 2. 为中国法律的近代化奠定了初步基础； 3. 引进和传播了西方近现代的法律学说和法律制度，促进了部分中国人的法治观念的形成； 4. 客观上有助于推动中国资本主义经济的发展和教育制度的近代化。

📄 经典题目

下列关于会审公廨的说法，哪一选项是错误的？（2019年考生回忆版）

A. 会审公廨是1864年清廷与英、美、法三国驻上海领事协议在租界内设立的特殊审判机关

B. 凡涉及外国人案件，必须有领事官员参加会审，中国人之间的案件，仍由清朝司法机关独立审理

C. 会审公廨是领事裁判权的扩充和延伸

D. 会审公廨是对中国司法主权的严重践踏

解析要点：

B项：会审公廨是1864年清廷与英、美、法三国驻上海领事协议在租界内设立的特殊审判机关，不仅涉及外国人案件，必须有领事官员参加会审；凡中国人与外国人诉讼案，由本国领事裁判或陪审；甚至租界内纯属中国人之间的诉讼也须外国领事观审并操纵判决。B项错误。A、C、D项正确。

综上所述，本题答案是B项。

【答案】B

第二节　中华民国的法律思想与制度 ★

 **应试导读**

本节内容是法考的一星级知识点，重要性一般，在客观题考试中，一般每套卷每五到十年出1道题，分值1分。

 知识点

一、法律思想

人物		思想内容	
孙中山	三民主义	民族主义	旧：驱除鞑虏，还我中华。
			新：民族自求解放；民族平等。
		民权主义	旧：创立民国。
			新：各革命阶级的共同民主专政。
		民生主义	旧：平均地权。
			新：耕者有其田；节制资本。
	五权宪法		1. "政"权，管理政府的力量，交由人民执掌；"治"权，政府自身的力量，完全交由政府实施。 2. 行政权、立法权、司法权、考试权、监察权。
章太炎		推崇民主共和，坚决反对君主专制与国家至上的观念。	
宋教仁		1. 主张民主立宪政体，推行议会政治监督政府机关； 2. 法律上的国家主权属于国民，事实上发出意思或指示的是政党； 3. 主张责任内阁制。	

二、南京临时政府的法律制度

修正中华民国临时政府组织大纲	产生：武昌起义后，1912年1月2日在南京公布。 内容：受美国宪法影响，基本采用总统共和政体；三权分立；一院制（参议院是国家立法机关）。 意义：实际上是政府组织法，起着临时宪法的作用，以孙中山为首的中华民国第一届政府得以依法成立。

中华民国临时约法	产生：1912年3月11日由孙中山颁布，清帝退位，袁世凯继任总统，换取形式上民国南北统一。 目的：约束袁世凯，防范其专权，维护民国政体。 内容：以孙中山民权学说为指导思想；确定资产阶级民主共和国的国家制度；肯定资产阶级共和国的政治体制和组织原则；体现一般民主自由原则；保护私有财产。 特点：责任内阁制代替总统制，限制袁世凯权力；扩大参议院权力；规定特别修改程序防止袁世凯擅自变更约法。 意义：中国历史上第一部资产阶级共和国性质的宪法文件，彻底否定封建帝制，肯定了资产阶级民主共和制度和资产阶级民主自由原则，使民主共和观念深入人心。
南京临时政府司法制度	建立新型的司法机关：中央设"临时中央审判所"作为全国最高审判机关，地方审判机构的设置未及制定新法；法官独立审判，不受上级官厅干涉。 改革审判制度：废除刑讯体罚，不论何种案件一概不准刑讯。 采用律师制度：仿照西方国家律师制度草拟了《律师法草案》。

三、北京政府的法律制度

中华民国宪法草案（"天坛宪草"）	1913年4月8日首届国会正式召开，组成宪法起草委员会，开始起草宪法；天坛宪草采用资产阶级宪法的形式和原则，肯定中华民国为资产阶级共和国，规定国会有较大权力，还规定采用责任内阁制；1914年1月10日袁世凯下令解散国会，"天坛宪草"胎死腹中。
中华民国约法（"袁记约法"）	1914年5月1日正式公布，其特点为： 1. 废除责任内阁制，实行总统制； 2. 无限扩张总统权力； 3. 废除国会制，设立立法院。
中华民国宪法（"贿选宪法"）	1922年6月，直系军阀控制北京，曹锟继续修订宪法。1923年10月10日，《中华民国宪法》公布，其特点为： 1. 以资产阶级共和国粉饰军阀独裁； 2. 以资产阶级自由民主掩盖军阀独裁。
北京政府的司法制度	北京政府的司法机关体系： 普通法院系统：大理院（最高审判机关）、高等审判厅、地方审判厅、初等审判厅（1915年被废除，改四级三审制为三级三审制）； 兼理司法法院：未设普通法院的各县所设； 特别法院：军事审判机关和地方特别审判机关，后者是临时在少数民族地区或特别区域设立的； 平政院：主管行政诉讼。

四、南京国民政府的法律制度

南京国民政府法律体系	1. 南京国民政府的法律体系由制定法、判例、解释例和党规党法、蒋氏手谕构成。 2. 南京国民政府成立后，从 1928 年开始进行大规模立法活动：先后制定了宪法、民法、刑法、商事法、诉讼法、法院组织法及其他单行法规、特别法规，通称"六法全书"。 3. 特点：法律内容上法制制度是继受法与固有法的混合；立法权限上受制于国民党中央；文本层次上特别法效力高于普通法；立法文本与司法实践脱节严重。
中华民国训政时期约法	1928 年，南京国民政府宣布"军政时期"结束，"训政时期"开始，实行"约法之治"。1931 年 5 月 12 日"国民会议"讨论并通过《中华民国训政时期约法》，6 月 1 日由国民政府正式公布。 主要内容：中华民国"主权属于国民全体"，国体"永为统一共和国"；采取五院制的政权组织形式，"国民政府设行政院、立法院、司法院、考试院、监察院及各部会"；规定了一系列公民的民主自由权利，国民"在法律上一律平等"。但人民的政权，即选举、罢免、创制、复决四种权力的行使，由国民党政府训导之。 核心精神：以根本法形式确认训政时期国民党为最高"训政"者，代行国民大会的统治权。
中华民国宪法	背景：抗战胜利后，南京国民政府慑于全国各界、各党派要求和平、民主的呼声压力，以及共产党关于成立联合政府的宣言，不得不召开政治协商会议，通过政治协商，解决召开国民大会、改组政府、制定宪法等问题。1946 年 12 月 25 日国民大会通过《中华民国宪法》，1947 年 1 月 1 日公布。 特点：1. 表面上的"民有、民治、民享"和实际上的个人独裁，即人民无权、党国一体、个人集权。 2. 政权体制不伦不类，既非国会制、内阁制，又非总统制；实际上是用不完全责任内阁制与实质的总统制的矛盾条文，掩盖总统即蒋介石的个人专制统治的本质。 3. 罗列人民各项民主自由权利，比以往任何宪法文件都充分。但依据宪法第 23 条颁布的《维持社会秩序临时办法》《戒严法》《紧急治罪法》等，把宪法抽象的民主自由条款加以具体切实的否定。
南京国民政府司法制度	司法机关体系： 司法院：司法院为国家最高司法机关，有掌握民事、刑事、行政诉讼之审判及公务员之惩戒、解释宪法，并有统一解释法律及命令之权。司法院之下设立各级法院。 普通法院：分为地方法院、高等法院、最高法院三级，实行三级三审制，对于"危害民国"经司法警察官移送的案件，不需经检察官提起公诉，法庭可径行作出判决，且不得上诉，复判后还可作出重于原判决的刑罚。 特别法庭：依据特别法规设置，如特种刑事法庭、军事审判组织。 其他特殊审判机关：国民党各级党部操纵司法审判权；南京国民政府军事机关在戒严时期也有司法审批权。

经典题目

关于《中华民国临时约法》，下列哪一选项是正确的？（2011-01-21）

A.《临时约法》是辛亥革命后正式颁行的宪法

B.《临时约法》设立临时大总统，采行总统制

C.《临时约法》是中国历史上唯一一部具有资产阶级共和国性质的宪法性文件

D.《临时约法》确立了五权分立的原则

解析要点：

A、C项：《临时约法》是中国第一部也是唯一一部具有资产阶级共和国性质的宪法性文件，但不是正式颁行的宪法，首部正式颁行的宪法是"贿选宪法"，即北洋政府于1923年公布的《中华民国宪法》。A项错误，C项正确。

B项：革命党人希望利用《临时约法》制约袁世凯，保护革命成果，所以在国家政权体制上，改总统制为责任内阁制，以限制袁世凯的权力。B项错误。

D项：《临时约法》依照资产阶级三权分立原则，采用责任内阁制，规定临时大总统、副总统和国务员行使行政权力，参议院是立法机关，法院是司法机关。D项错误。

综上所述，本题答案是C项。

【答案】C

第三节 中国共产党民主政权宪法性文件 ★★★

 应试导读

本节内容是法考的三星级重点，比较重要，是2021年法考大纲的新增考点，考生应重点关注，将本节内容作为中国法律史的记忆重点。

 知识点

一、《中华苏维埃共和国宪法大纲》

制定经过	1930年7月党中央成立"中华工农兵苏维埃第一次全国代表大会中央准备委员会"，负责草拟宪法； 1931年11月7日第一次全国工农兵代表大会在江西瑞金召开，通过《中华苏维埃共和国宪法大纲》； 1934年1月第二次代表大会作某些修改，最主要的是在第1条内增加"同中农巩固的联合"条文。

主要内容	《中华苏维埃共和国宪法大纲》遵循党中央提出的"制宪七大原则",规定苏维埃政权的性质、政治制度、公民权利义务、外交政策等内容,共 17 条。主要内容是: 1. 规定苏维埃国家性质是"工人和农民的民主专政国家"。所谓专政,一是将地主资产阶级(军阀、官僚、地主、资本家、豪绅、僧侣及一切剥削者)拒绝于政权之外;二是剥夺他们的言论、出版、集会、结社等自由;三是使用革命武力和法庭镇压一切反革命复辟活动。 2. 规定苏维埃国家政治制度是工农兵苏维埃代表大会制度。它保证工农大众参加国家管理,便于工人阶级及其政党的领导,实行民主集中制和议行合一原则。它是根据革命实践及苏联经验建立的新式民主制度。 3. 规定苏维埃国家公民的权利和义务,包括政治、经济、文化等各方面。工农兵及一切劳苦民众享有广泛民主权利。各级政府采取切实有效措施,提供力所能及的物质保障条件。 4. 规定苏维埃国家外交政策。宣布中华民族完全自由独立,不承认帝国主义在中国的特权及不平等条约。与世界无产阶级和被压迫民族站在一起,苏联是巩固的同盟者。对受迫害的世界革命者给予保护。对居住在苏区从事劳动的外国人给予法定的政治权利。
制定意义	1. 它是第一部由劳动人民制定,确保人民民主制度的根本大法,是共产党领导人民反帝反封建的工农民主专政的伟大纲领。 2. 它同民国政府制定的"约法""宪法"有本质的区别。 3. 它肯定革命胜利成果,提出斗争方向。尽管受到"左"的影响,但仍是划时代的宪法性文件。 4. 它的颁行调动了苏区人民的革命积极性,为以后制定民主宪法提供了宝贵经验。

二、《陕甘宁边区施政纲领》

制定经过	中国共产党领导的地方抗日民主政权以 1937 年 8 月 25 日公布的《抗日救国十大纲领》为准绳,继承发扬苏区法制传统,建立起切合国情的抗日民主法制,标志着新民主主义法制的形成和重大发展。 陕甘宁边区政府于 1939 年 1 月公布《陕甘宁边区抗战时期施政纲领》。 1941 年抗日根据地制定了新的《陕甘宁边区施政纲领》,完善了原有的保障抗战、加强团结、健全民主、发展经济、普及文化教育的规定;增加了"三三制"政权组织形式和保障人权等崭新内容。
主要内容	1. 保障抗战的规定。团结边区内各阶级、党派,发动一切人力、物力、财力抗战。严厉镇压汉奸及反共分子。 2. 加强团结的规定。坚持抗日民族统一战线方针,团结边区内各抗日阶级、工人、农民、地主、资本家。主要措施是:调节各阶级的关系,地主减租息,农民交租息;改善工农生活,资本家有利可图;一致对外,共同抗日。 3. 健全民主制度的规定。将其提到保证全国人民团结的高度。规定几项重大措施: 其一,普遍、直接、平等、无记名投票的选举制度; 其二,保障一切抗日人民的选举权与被选举权; 其三,"三三制"政权组织原则; 其四,保障一切抗日党派、团体、人民的人权、财权及各项自由; 其五,人民享有用任何方式控告任何公务人员非法行为的权利; 其六,男女平等,提高妇女地位,保护其特殊利益; 其七,反对民族歧视,实行民族平等、自治,尊重宗教信仰、风俗习惯。 4. 发展经济的规定。从"发展经济,保障供给"总方针出发,发展农、林、牧、手工和工业,奖励扶助私人企业,保障经营自由。实施外贸统治。贯彻统筹统支的财政制度。征收统一累进税,巩固边币,维护法币。 5. 普及文化教育的规定。举办各类学校,普及免费义务教育。尊重知识分子,提高边区人民政治文化水平。

制定意义	以反对日本帝国主义，保护抗日人民，调节各抗日阶级利益，改善工农生活，镇压汉奸反动派为基本出发点； 全面系统反映了抗日民族统一战线的要求和抗战时期的宪政主张，是实践经验的科学概括与总结。

三、《陕甘宁边区宪法原则》

制定经过	1945 年抗日战争结束，国共两党于 10 月 10 日签订"双十协定"。 1946 年 1 月南京国民政府在重庆召开政治协商会议，通过《关于宪草问题的协议》，规定了制定省宪的原则。因此，<u>各解放区政府开始制定宪法原则与施政纲领</u>。其中，有代表性的是 1946 年 4 月 23 日陕甘宁边区第三届参议会通过的《陕甘宁边区宪法原则》。其结构分为"政权组织""人民权利""司法""经济""文化"五部分，共二十余条。
主要内容	1. <u>确立边区、县、乡人民代表会议为管理政权机关，各级权力机关由抗日时的参议会过渡为人民代表会议制度</u>，为新中国基本政治制度奠定了初步基础。 2. <u>规定人民政治上行使的各项自由权利，受政府指导与物质帮助</u>。边区人民不分民族一律平等。 3. 规定除司法机关、公安机关依法执行职务外，任何机关、团体不得有逮捕审讯行为。<u>人民有权用任何方式控告失职的任何公务人员。司法独立不受任何干涉</u>。 4. 应保障<u>耕者有其田</u>的原则。劳动者有职业，企业者有发展机会。经济上采取<u>公营、合作、私营</u>三种方式，组织一切人力、财力促进经济繁荣，为消灭贫穷而斗争。 5. 普及提高人民文化水准。从速消灭文盲，减少疾病与死亡。

经典题目

关于《陕甘宁边区施政纲领》的表述，下列说法正确的是：（模拟题）

A.《陕甘宁边区施政纲领》是第一部由劳动人民制定，确保人民民主制度的根本大法

B.《陕甘宁边区施政纲领》规定的政权组织形式为人民代表会议制度

C.《陕甘宁边区施政纲领》调节各阶级关系，农民免租息；改善工农生活

D.《陕甘宁边区施政纲领》规定，人民享有用任何方式控告任何公务人员非法行为的权利

解析要点：

A 项：《中华苏维埃共和国宪法大纲》是第一部由劳动人民制定，确保人民民主制度的根本大法。A 项错误。

B 项：《陕甘宁边区施政纲领》规定的政权组织形式为"三三制"，人民代表会议制度规定于《陕甘宁边区宪法原则》。B 项错误。

C、D 项：《陕甘宁边区施政纲领》调节各阶级关系，地主减租息，农民交租息；改善工农生活，注意：农民是"少交"而非"免交"租息。C 项错误。D 项正确。

综上所述，本题答案是 D 项。

【答案】D

DAY 20-21

巩固提升

"百闻不如一见，百看不如一练。"下载嗨学课堂 APP，多多做题，勤于思考，善于总结，方能学以致用，一举通关！

国家统一法律职业资格考试

百日通关攻略

14天突破三国法

→ 嗨学法考 组编 ←　→ 庚欣 编著 ←

中国人民大学出版社

·北京·

图书在版编目(CIP)数据

国家统一法律职业资格考试·百日通关攻略. 14 天突破三国法/嗨学法考组编；庚欣编著. --北京：中国人民大学出版社，2021.12

ISBN 978-7-300-30071-9

Ⅰ.①国… Ⅱ.①嗨…②庚… Ⅲ.①国际法-资格考试-教学参考资料②国际私法-资格考试-教学参考资料③国际经济法-资格考试-教学参考资料 Ⅳ.①D92

中国版本图书馆 CIP 数据核字（2021）第 250325 号

国家统一法律职业资格考试·百日通关攻略·14 天突破三国法

嗨学法考　组编

庚欣　编著

Guojia Tongyi Falü Zhiye Zige Kaoshi · Bairi Tongguan Gonglüe · 14 Tian Tupo Sanguofa

出版发行	中国人民大学出版社			
社　址	北京中关村大街 31 号		邮政编码	100080
电　话	010 - 62511242（总编室）		010 - 62511770（质管部）	
	010 - 82501766（邮购部）		010 - 62514148（门市部）	
	010 - 62515195（发行公司）		010 - 62515275（盗版举报）	
网　址	http://www.crup.com.cn			
经　销	新华书店			
印　刷	涿州市星河印刷有限公司			
规　格	185 mm×260 mm　16 开本		版　次	2021 年 12 月第 1 版
印　张	5.5		印　次	2021 年 12 月第 1 次印刷
字　数	113 000		定　价	258.00 元（全 8 册）

目　　录

国际法

国际经济法

第一章
国际货物买卖法

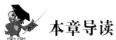 **本章导读**

　　本章考点重考率很高，内容较多，主要有国际贸易术语和《联合国国际货物销售合同公约》，国际贸易术语中重要的是FOB、CIF和CFR术语，而《联合国国际货物销售合同公约》中的重要考点主要有买卖双方的义务、国际货物买卖的风险转移和违反合同的补救办法。

第一节 《国际贸易术语解释通则》

考点一：2010/2020《国际贸易术语解释通则》概览

项目	内容									
完税交货	DDP								D	↑由下至上合同价格递增↑
运输终端交货/卸货地交货						DAT	（DPU）			
目的地交货				DAP						
成本＋保险＋运费/运费＋保险费付至		CIF	CIP						C	
		CFR	CPT							
成本＋运费/运费付至		FOB	FCA						F	
船上交货/货交承运人	FAS									
船边交货	EXW								E	
工厂交货	卖方工厂	船边	船上	承运人所在地	途中	终端未卸	终端未卸税后	终端卸货	目的地卸货	
术语名称　交货										
风险转移	交货时	交货时	装上船交货时		交货时	交货时	交货时	交货时		
→由左到右交货地点逐渐远离卖方营业地，靠近买方营业地，卖方责任递增，合同价格递增→ EXW术语下进出口清关等手续均由买方办理；DDP术语下进出口清关等手续均由卖方办理。除此之外，其余所有术语均是由卖方办理出口清关手续，买方办理进口清关手续。										

考点二：FOB (FCA)、CFR (CPT)、CIF (CIP) 及 FAS 术语

	比较 术语	价格构成		安排运 输责任	投保责任	
1. 常用 术语比较	CIF (CIP)	成本 +保险费 +运费	价渐高责任多 →	卖方	合同价包含保费，卖方有义务投保。	CIF (2010/2020) 和 CIP (2010)：卖方最低投保平安险，除非另有协议。
						CIP (2020)：卖方最低投保义务是一切险，除非另有协议。
	CFR (CPT)	成本 +运费			卖方不具有投保义务，买方可自行安排投保。	
	FOB (FCA)	成本		买方		
	FOB 和 CFR 的特殊通知事项： ①FOB 术语买方租船后要将船名、装货地点、装货时间等充分通知卖方，以便卖方交货。 ②FOB、CFR 术语卖方在装运港将货物装船时应给予买方充分通知，以便买方为货物安排投保，若卖方不通知则风险不转移。					
2. 相关 术语	FAS	FAS 交货地点是船边，免除了 FOB 术语下的卖方装船义务及装船过程中的风险承担。				
3. 常用 术语与 相似术 语比较	术语 比较	FOB、CFR、CIF			FCA、CPT、CIP	
	风险转移	装运港装运上船时风险转移			货交承运人时风险转移	
	交货地点	船上交货			约定地点交承运人	
	运输方式	适用于海运和河运			适用于各种运输方式	

考点三：DAP、DAT、DPU 术语

1. DAP	当卖方将货物运抵指定的目的地，并做好卸载准备时，即交由买方处置并转移风险。	
2. DAT、DPU	当卖方将货物运抵指定的目的地，在指定的运输终点将货物从载货运输工具上卸下，交由买方处置时，方为交货。DAT 是 2010 版中卖方承担目的地卸货义务的术语，DPU 是 2020 版本中卖方承担目的地卸货义务的术语。二者区别如下：	
	DAT (2010) 交货地点只能是国际运输的终端，即卸货后即交货。	DPU (2020) 术语下作为目的地的交货地点，可以是任何地方而不仅仅是国际运输的终端。

考点四：EXW 和 DDP 术语

1. EXW	卖方在工厂或仓库将货物交由买方即完成交货。买方办理出口清关手续，即进出口手续均由买方办理。
2. DDP	当卖方将货物运抵指定的目的地，完成进口清关，并做好卸载准备时，即交由买方处置并转移风险，即进出口手续均由卖方办理。

考点五：各术语所适用的运输方式

1. 适用于多种或单一运输方式	EXW、FCA、CPT、CIP、DAP、DDP、DAT、DPU
2. 仅适用于海运或河运	FAS、FOB、CFR、CIF

📌 **精讲精练**

法国甲公司与中国乙公司签订合同向中国出口一批货物，合同选用了《2020 年国际贸易术语解释通则》的 CIP 术语。下列哪一判断是正确的？（2020 学员回忆版）

A. CIP 约定适用 2020 通则，但是当事人约定投保相当于平安险的最低险别为有效

B. 货物风险自装运港装运上船时转移

C. 如果双方合同未约定保险险别，则甲公司只需要投保平安险

D. 即使双方合同约定投保平安险，甲公司也应投保一切险

【答案】A

第二节 《联合国国际货物销售合同公约（CISG）》

考点一：《公约》的适用范围

1. 主体	公约适用于营业地在不同国家的当事人订立的货物销售合同。
2. 客体	公约适用于国际货物销售合同。
3. 公约适用的任意性	（1）当事人可以通过选择其他法律排除公约的适用，贸易术语的选择并不排除公约适用，二者相互补充。 （2）当事人可以在买卖合同中约定部分地适用公约，或对公约的内容进行改变。

考点二：卖方的义务

1. 交货义务			交货时间、地点，双方合同中有约定的按照其约定（如选择某贸易术语）。 未约定交货时间的，则应在订立合同后一段合理时间内交货。 未约定交货地点的，如果合同涉及货物运输，则在第一承运人所在地交货；如果合同所指定货物在一批货物中还未特定化，则该批货物存放地为交货地；其他情况下，在卖方营业地交货。
2. 质量担保			卖方要保证其交付的货物与合同的约定相符，除当事人另有约定，不符合以下规定，将视为与合同不符： ①适用于通常使用目的；②适用于合同约定的特定目的；③与样品或样式相符；④按照同类货物通用的方式装箱或包装，如果没有通用方式，装箱或包装要足以保全和保护货物。
3. 权利担保	（1）所有权担保		卖方保证对其出售的货物享有完全的所有权，必须是第三方不能提出任何权利或要求的货物。
	（2）知识产权担保	地域限制	①依买方营业地所在国法律。 ②依订立合同时预期的货物使用地或转售地法律。
		免责情形	①买方在订立合同时已知道或不可能不知道此项权利或要求。此时买方若不在合理时间通知卖方则卖方免责。 ②卖方所销售的货物遵照买方所提供的技术图样、图案、程式或其他规格，而引起第三方主张权利或要求。
4. 交付单据			①卖方必须按照合同约定的时间、地点和方式移交与货物有关的单据。 ②卖方若在约定时间之前已移交单据，则可以在时间届满前纠正单据中任何与合同不符的情形。但买方有权就此遭受的损失主张损害赔偿。

考点三：买方的义务

1. 支付货款	(1) 约定优先：付款地点或时间一般依据买卖双方合同的约定或选择的支付规则。 (2) 未约定付款地点的，在卖方营业地支付，如凭移交货物或单据支付货款，则移交货物或单据的地点为支付地。 (3) 未约定付款时间的，在货物置于买方控制下时付款，涉及运输的，在收到银行的付款通知时付款，在买方没有机会检验货物前，无义务付款。
2. 接收货物	(1) 采取一切应采取的行动，如为卖方指定准确的发货地点，按时接收货物，依贸易术语作出相应的运输安排等。 (2) 按时提取货物。但接收≠接受，接收不表明买方对于货物质量没有异议，即使经检验与合同不符，也应接收货物，然后再进行索赔。

考点四：《公约》其他内容

1. 风险转移	(1) 合同一般对风险转移时间、地点作出约定（如选用贸易术语），若无约定，货交承运人时风险由卖方转移至买方承担。 (2) 对于在运输途中销售的货物的风险，自买卖合同成立时起转移给买方。
2. 中止履行	当一方预期违约时，另一方可中止履行义务。中止履行义务的一方当事人不论是在货物发运前还是发运后，都必须立即通知另一方当事人，另一方当事人对履行义务提供充分保证，则其必须继续履行义务。
3. 保全货物	如遇买卖合同一方履行合同不符约定，如买方不付款或不接收货物，或卖方交货不符约定，买方预备退货，另一方应采取保全措施减损。保全货物的方式有：①将货物寄存于仓库；②将易坏货物出售。

📒 **精讲精练**

中国甲公司与法国乙公司签订了向中国进口服装的合同，价格条件为 CIF。货到目的港时，甲公司发现有两箱货物因包装不当途中受损，因此拒收，该货物在目的港码头又被雨淋受损。依 1980 年《联合国国际货物销售合同公约》及相关规则，下列哪一选项是正确的？（2015-1-40）

A. 因本合同已选择了 CIF 贸易术语，则不再适用《公约》

B. 在 CIF 条件下应由法国乙公司办理投保，故乙公司也应承担运输途中的风险

C. 因甲公司拒收货物，乙公司应承担货物在目的港码头雨淋造成的损失

D. 乙公司应承担因包装不当造成的货物损失

【答案】D

📒 **精讲精练**

某国甲公司向中国乙公司出售一批设备，约定贸易术语为 "FOB（Incoterms 2010）"，后设备运至中国。依《国际贸易术语解释通则》和《联合国国际货物销售合同公约》，下列哪一选项是正确的？（2013-1-40）

A. 甲公司负责签订货物运输合同并支付运费

B. 甲、乙公司的风险承担以货物在装运港越过船舷为界

C. 如该批设备因未按照同类货物通用方式包装造成损失，应由甲公司承担责任

D. 如该批设备侵犯了第三方在中国的专利权，甲公司对乙公司不承担责任

【答案】C

第二章

国际货物运输与保险

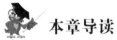 **本章导读**

　　本章考点在历年法考中经常考查。本章主要分为两个部分：国际货物运输和国际货物运输保险。其中，国际货物运输中的重要考点有提单、无单放货、调整班轮运输的国际公约和其他方式的国际货物运输，国际货物运输保险中的重要考点有国际海洋运输保险。本章知识点较多，考试时往往交叉考查。

第一节　国际货物运输

考点一：班轮运输

1. 提单	（1）特征	提单是班轮运输中的重要法律文件，是用以证明海上运输合同由承运人接管或装载货物，以及承运人保证据以交付货物的凭证。其特征如下： ①提单是海上运输合同的证明。 ②提单是承运人出具的接收货物的收据。 ③提单是向承运人提取货物的物权凭证。
	（2）种类	①根据货物是否已装船分为已装船提单和收货待运提单。 ②依发货人抬头可将提单分为记名提单、不记名提单和指示提单。 ┌记名提单：正面载明收货人名称，一般不能转让。 │不记名提单：未载明收货人名称，交付即转让。 └指示提单：载明凭指示交货，必须经过背书转让。 ③根据提单有无批注分为清洁提单和不清洁提单。
2. 海运单		海运单是证明海上运输货物由承运人接管或装船，且承运人保证将货物交给指定的收货人的一种不可流通的书面运输单证。海运单不是物权凭证。

考点二：承运人无正本提单交付货物的问题

1. 法律依据		最高人民法院《关于审理无正本提单交付货物案件适用法律若干问题的规定》
2. 承运人责任	（1）责任性质	①《规定》采用竞合责任制，即正本提单持有人可以要求承运人承担违约责任，或者要求承担侵权责任。②可要求承运人与无正本提单提货人承担连带赔偿责任。
	（2）责任限制	无正本提单放货，承运人存在主观故意，不得主张海事赔偿责任限额。
	（3）赔偿范围	承运人赔偿额依货物装船时的价值＋运费＋保险费计算。
3. 免责情形		（1）承运人依照卸货港所在地法律，必须将货物交付给当地海关或者港口当局。（2）承运到港的货物超过法律规定的期限无人向海关申报，被海关提取并依法变卖处理，或法院依法裁定拍卖承运人留置的货物。（3）承运人按照记名提单托运人的要求中止运输、返还货物、变更到达地或将货物交给其他收货人。（4）其他正本提单已提货。
4. 时效		诉讼时效适用《海商法》，为1年。

精讲精练

中国甲公司从国外购货，取得了代表货物的单据，其中提单上记载"凭指示"字样，交货地点为某国远东港，承运人为中国乙公司。当甲公司凭正本提单到远东港提货时，被乙公司告知货物已不在其手中。后甲公司在中国法院对乙公司提起索赔诉讼。乙公司在下列哪些情形下可免除交货责任？（2013-1-81）

A. 在甲公司提货前，货物已被同样持有正本提单的某公司提走

B. 乙公司按照提单托运人的要求返还了货物

C. 根据某国法律要求，货物交给了远东港管理当局

D. 货物超过法定期限无人向某国海关申报，被海关提取并变卖

【答案】ACD

考点三：调整班轮运输的国际公约

公约 比较	《海牙规则》	《维斯比规则》 （对《海牙规则》的修改和补充）	《汉堡规则》
1. 承运人最低限度义务	①适航义务。承运人在开航前和开航时要谨慎检查，保障船舶适航。②管货义务。承运人应适当谨慎地装载、运送、保管、卸载所承运货物。		
2. 责任期间	"装到卸"		"接到交"
3. 承运人免责	①承运人无过失免责。②航海过失免责：承运人的雇佣人在驾驶船舶和管理船舶时所造成的货物损失，承运人免责。③火灾免责，但承运人实际过失或私谋造成的火灾除外。		承运人无过失免责。
4. 关于延迟交货的责任	没有规定承运人延迟交货责任。		延迟交货的赔偿责任限额为迟交货物应付运费的2.5倍，但不应超过应付运费总额。

续表

公约 比较	《海牙规则》	《维斯比规则》 （对《海牙规则》的修改和补充）	《汉堡规则》
5. 保函效力	没有规定保函效力问题。		善意保函只在托运人与承运人之间有效。
6. 索赔时效	时效为1年。		时效为2年。

📄 **精讲精练**

一批货物由甲公司运往中国青岛港，运输合同适用《海牙规则》。运输途中因雷击烧毁部分货物，其余货物在目的港被乙公司以副本提单加保函提走。丙公司为该批货物正本提单持有人。根据《海牙规则》和我国相关法律规定，下列哪一选项是正确的？（2010-1-45）

A. 甲公司应对雷击造成的货损承担赔偿责任，因损失在其责任期间内发生

B. 甲公司可限制因无正本提单交货的赔偿责任

C. 丙公司可要求甲公司和乙公司承担连带赔偿责任

D. 甲公司应以货物成本加利润赔偿因无正本提单交货造成的损失

【答案】C

考点四：其他方式的国际货物运输的主要内容

其他运输 方式的要点	航空货运单、铁路运单和多式联运单据都不是货物物权凭证，只有提单可作为物权凭证。
	国际铁路货物运输中，按运单承运货物的铁路部门应对货物承担连带责任。
	航空运输承运人的责任期间：依《华沙公约》，货物在承运人保管下的整个期间。
	依《联运公约》，多式联运经营人应对货物在其掌管期间发生的损失承担赔偿责任，而不论该损失发生在哪个运输区段。

📄 **精讲精练**

中国伟业公司与甲国利德公司签订了采取铁路运输方式自中国出口一批货物的合同。后甲国法律发生变化，利德公司在收货后又自行将该批货物转卖到乙国，现乙国一公司声称该批货物侵犯了其知识产权。中国和甲国均为《国际货物销售合同公约》和《国际铁路货物联运协定》缔约国。依相关规则，下列哪一选项是正确的？（2017-1-40）

A. 伟业公司不承担该批货物在乙国的知识产权担保义务

B. 该批货物的风险应于订立合同时由伟业公司转移给利德公司

C. 铁路运输承运人的责任期间是从货物装上火车时起至卸下时止

D. 不同铁路运输区段的承运人应分别对在该区段发生的货损承担责任

【答案】A

第二节　国际货物运输保险

考点一：中国海洋货物运输保险的基本险别

<table>
<tr>
<td rowspan="5">1. 货损形态</td>
<td colspan="8">(1) 实际全损；(2) 推定全损；(3) 部分损失。</td>
</tr>
<tr>
<td colspan="8">(1) 共同海损。共同海损的条件有：船货共同危险、有意造成损失、措施合理。可能造成被保险货物的全部损失，也可能造成部分损失。
(2) 单独海损：货物由于意外造成的部分损失。</td>
</tr>
<tr>
<td colspan="3">全部损失</td>
<td colspan="5">部分损失</td>
</tr>
<tr>
<td colspan="3">实际全损/推定全损</td>
<td colspan="2">共同海损</td>
<td colspan="3">单独海损</td>
</tr>
<tr><td colspan="8"></td></tr>
</table>

<table>
<tr>
<td rowspan="7">2. 基本险别</td>
<td rowspan="2">　　　　货损形态
险别</td>
<td colspan="3">海上自然灾害</td>
<td colspan="3">海上意外事故</td>
<td colspan="3">外来风险（附加险）</td>
</tr>
<tr>
<td>全部损失</td><td>共损</td><td>单损</td><td>全部损失</td><td>共损</td><td>单损</td><td>一般</td><td>特别</td><td>特殊</td>
</tr>
<tr>
<td rowspan="2">(1) 平安险</td>
<td>✔</td><td>✔</td><td>✘</td><td colspan="3"></td><td colspan="3">✘</td>
</tr>
<tr>
<td colspan="9">单独海损不赔：航行中自然灾害引起的单独海损不在平安险的承保范围。</td>
</tr>
<tr>
<td rowspan="2">(2) 水渍险</td>
<td colspan="6">✔</td><td colspan="3">✘</td>
</tr>
<tr>
<td colspan="9">单独海损要赔：该险的承保范围除平安险的各项责任外，还包括"自然灾害"所造成的单独海损。</td>
</tr>
<tr>
<td rowspan="2">(3) 一切险</td>
<td colspan="6">✔</td><td>✔</td><td>✘</td><td>✘</td>
</tr>
<tr>
<td colspan="9">除承保水渍险的责任范围，还承保被保险货物在运输途中由于一般外来原因所致的全部或部分损失，即水渍险加一般附加险。</td>
</tr>
</table>

📌 **精讲精练**

中国甲公司与某国乙公司签订茶叶出口合同，并投保水渍险，议定由丙公司"天然"号货轮承运。下列哪些选项属于保险公司应赔偿范围？（2011-1-80）

A. 运输中因茶叶串味等外来原因造成货损

B. 运输中因"天然"号过失与另一轮船相撞造成货损

C. 运输延迟造成货损

D. 运输中因遭遇台风造成部分货损

【答案】BD

考点二：中国海洋货物运输保险的附加险

1. 一般附加险	投保各种一般外来原因导致的货物损失。一般附加险包括 11 种：偷窃提货不着险，淡水雨淋险，短量险，混杂、沾污险，渗漏险，碰损、破碎险，串味异味险，受潮受热险，钩损险，包装破裂险，锈损险。
2. 特别附加险	特别附加险对因特别风险造成的保险标的的损失负赔偿责任，包括：交货不到险、进口关税险、舱面货物险、拒收险、黄曲霉素险、出口货物到香港或澳门存仓火险 6 种。
3. 特殊附加险	特殊附加险包括海洋运输货物战争险和货物运输罢工险。

考点三：中国海洋货物运输保险的除外责任和索赔时效

1. 除外责任	(1) 被保险人的故意或过失致损。 (2) 发货人责任致损。 (3) 保险责任开始前，被保险货物已存在的品质不良或数量短差致损。 (4) 被保险货物的自然耗损、本质缺陷、市价跌落、运输迟延等致损。
2. 索赔时效	索赔时效为 2 年，从被保险货物在最后卸货港全部卸离运输工具后起算。

第三章
国际贸易支付

本章导读

本章主要内容包括托收、信用证、信用证欺诈以及例外原则，考点虽然不多，但知识点却很多，法考中的重考率也非常高。

考点一：托收

托收程序图示	托收的法律依据：《托收统一规则》，国际惯例。 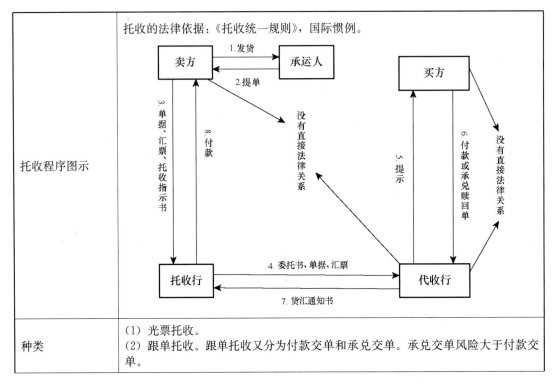
种类	(1) 光票托收。 (2) 跟单托收。跟单托收又分为付款交单和承兑交单。承兑交单风险大于付款交单。

银行责任	（1）义务	①提示付款或承兑；②及时将货款结交托收申请人；③向申请人通知托收结果；④保证汇票和装运单据与托收指示书表面一致等。
	（2）免责	①对收到的单据免责（单据丢失不赔）；②对单据的有效性免责（形式审单）；③对寄送中的延误、丢失及翻译错误免责；④托收行对代收行的行为免责；⑤对不可抗力免责；⑥汇票被拒绝承兑或拒绝付款，银行没有作出拒绝证书的义务。

考点二：信用证

信用证的流转程序	信用证的法律依据：《跟单信用证统一惯例》UCP600 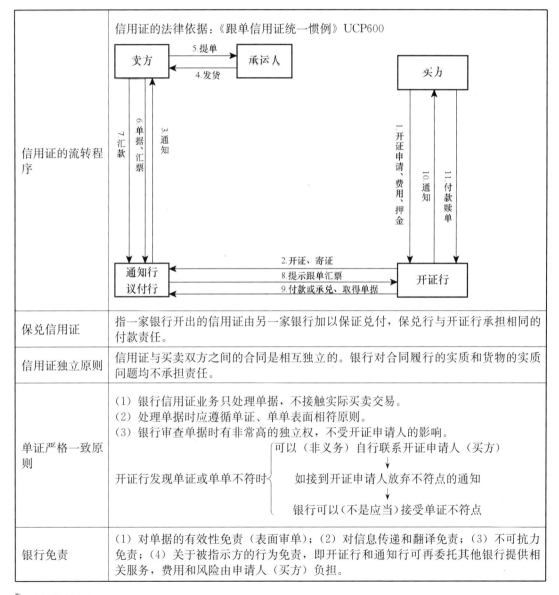
保兑信用证	指一家银行开出的信用证由另一家银行加以保证兑付，保兑行与开证行承担相同的付款责任。
信用证独立原则	信用证与买卖双方之间的合同是相互独立的。银行对合同履行的实质和货物的实质问题均不承担责任。
单证严格一致原则	（1）银行信用证业务只处理单据，不接触实际买卖交易。 （2）处理单据时应遵循单证、单单表面相符原则。 （3）银行审查单据时有非常高的独立权，不受开证申请人的影响。 开证行发现单证或单单不符时 { 可以（非义务）自行联系开证申请人（买方）→ 如接到开证申请人放弃不符点的通知 → 银行可以（不是应当）接受单证不符点
银行免责	（1）对单据的有效性免责（表面审单）；（2）对信息传递和翻译免责；（3）不可抗力免责；（4）关于被指示方的行为免责，即开证行和通知行可再委托其他银行提供相关服务，费用和风险由申请人（买方）负担。

精讲精练

中国甲公司与法国乙公司订立了服装进口合同，信用证付款，丙银行保兑。货物由"铂丽"号承运，投保了平安险。甲公司知悉货物途中遇台风全损后，即通知开证行停止

付款。依《海牙规则》、UCP600 号及相关规则，下列哪一选项是正确的？（2016-1-41）

  A. 承运人应承担赔偿甲公司货损的责任

  B. 开证行可拒付，因货已全损

  C. 保险公司应赔偿甲公司货物的损失

  D. 丙银行可因开证行拒付而撤销其保兑

  【答案】C

📖 **精讲精练**

  中国 A 公司从甲国埃拉公司以 DPU 术语进口一批货物，信用证方式付款。根据国际经济法的相关规则和实践，下列哪一判断是正确的？（2020 学员回忆版）

  A. 埃拉公司有义务为中国 A 公司投保货物运输险

  B. 卖方应在"运输终端"完成交货

  C. 埃拉公司应承担运输中的风险

  D. 中国 A 公司可以埃拉公司货物质量不符合同约定为由，要求银行拒付部分货款

  【答案】C

考点三：信用证欺诈及例外原则

1. 信用证欺诈的种类	（1）开立假信用证；（2）"软条款"信用证，即以信用证附加条件等方式加重受益人（卖方）风险；（3）伪造单据；（4）以保函换取与信用证相符的提单；（5）受益人（卖方）恶意不交货或交付的货物无价值等。	
2. 信用证欺诈例外（止付信用证项下款项）	（1）止付条件	①必须由有管辖权的法院审理判决终止支付信用证项下款项。②申请人须提供证据材料证明有信用证欺诈情形。③不中止支付将会使申请人合法权益遭受难以弥补的损失。④申请人提供了可行、充分的担保。
	（2）禁止止付情形	若存在如下情形，则不能再通过司法手段干预信用证下的付款：①开证行的指定人、授权人已按照开证行的指令善意地进行了付款或承兑；②保兑行善意地履行了付款义务；③议付行善意地进行了议付。

📖 **精讲精练**

  根据最高人民法院《关于审理信用证纠纷案件若干问题的规定》，中国法院认定存在信用证欺诈的，应当裁定中止支付或者判决终止支付信用证项下款项，但存在除外情形。关于除外情形，下列哪些表述是正确的？（2012-1-81）

  A. 开证行的指定人、授权人已按照开证行的指令善意地进行了付款

  B. 开证行或者其指定人、授权人已对信用证项下票据善意地作出了承兑

  C. 保兑行善意地履行了付款义务

  D. 议付行善意地进行了议付

  【答案】ABCD

第四章
对外贸易管理制度

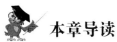 **本章导读**

    本章分为两部分，《对外贸易法》和贸易救济措施，其中贸易救济措施中重要考点有反倾销措施、反补贴措施、保障措施。本章考点不多，掌握起来也较前几章更为容易，记忆性的知识点占多数，但考题所涉及的知识点较细，复习时应在理解的基础上记忆重点。

考点一：我国《对外贸易法》

1. 适用范围	我国对外贸易管理制度以《对外贸易法》为基本框架，管理我国大陆（不包括港澳台地区）的货物、技术、服务的进出口。
2. 外贸经营资格	依法办理工商登记或其他执业手续的法人、其他组织或者个人。 ①外贸经营者包括自然人。 ②外贸经营权的获得实行登记制，依法不需要登记的除外。

考点二：《出口管制法》

1. 职能部门	国务院、中央军事委员会	
2. 管制目的	维护国家安全和利益、履行防（核）扩散、防恐怖主义等国际义务。	
3. 管制对象	主体对象	我国：出口经营者。应当向出口管制管理部门提交最终用户及最终用途证明文件，证明文件由最终用户或最终用户所在国政府出具。 外国（进口国）：进口商、最终用户。违反管制要求的，列入管控名单（将被禁止、限制有关交易）；最终用户应承诺不得擅自改变管制物项的最终用途或者向任何第三方转让。
	客体对象	两用物项（既有民事又有军事用途）、军品以及核等相关的货物、技术、服务等。
4. 管制清单	出口管制清单	
	临时管制	临时管制期限不超过两年。届满前应评估决定取消或延长管制，或将相关物项列入出口管制清单。
	禁止出口	
5. 管制措施	国家对管制物项的出口实施许可制度。	

考点三：反倾销

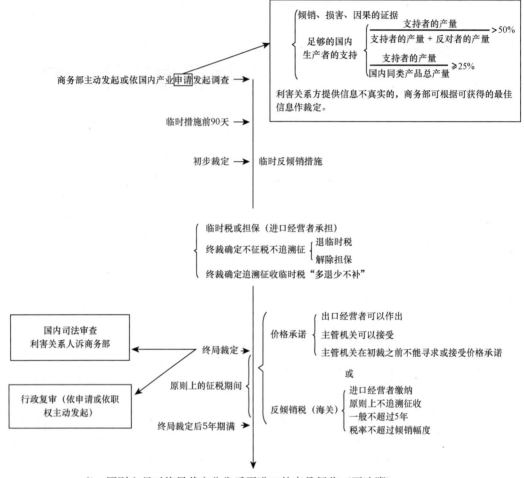

反倾销税的
征税期间
{
1. 原则上只对终局裁定公告后再进口的产品征收（不追溯）
2. 有实质损害并且已采取临时措施，可以追溯至临时措施期间
3. 有倾销历史或进口商明知并且短期大量进口，可以追溯至临时措施前 90 天
}

📖 精讲精练

应国内化工产业的申请，中国商务部对来自甲国的某化工产品进行了反倾销调查。依《反倾销条例》，下列哪一选项是正确的？（2016-1-42）

A. 商务部的调查只能限于中国境内

B. 反倾销税税额不应超过终裁确定的倾销幅度

C. 甲国某化工产品的出口经营者必须接受商务部有关价格承诺的建议

D. 针对甲国某化工产品的反倾销税征收期限为 5 年，不得延长

【答案】B

考点四：反补贴

1. 适用条件	①专向补贴	出口国政府提供（直接或间接）的财政资助（现金或非现金）。 接受者获得利益。 专向性：给予特定对象（企业或产业）。 依据WTO《补贴与反补贴措施协定》，如果中国政府提供的补贴主要接受者是国有企业，或者国有企业接受了补贴中的绝大多数，该补贴视为专向补贴。
	②损害（同反倾销）：实质损害、实质损害威胁、实质阻碍。	
	③因果关系：专向补贴是损害的原因之一。	
2. 措施	①调查程序：同反倾销（临时反补贴税、价格承认、反补贴税）。	
	②反补贴措施	基本同反倾销。 区别：承诺主体包括 出口国政府：承诺取消或限制补贴或其他有关措施 出口经营者：承诺修改价格

▶ **精讲精练**

根据《中华人民共和国反补贴条例》，下列哪些选项属于补贴？（2014-1-82）

A. 出口国政府出资兴建通向口岸的高速公路

B. 出口国政府给予企业的免税优惠

C. 出口国政府提供的贷款

D. 出口国政府通过向筹资机构付款，转而向企业提供资金

【答案】BCD

考点五：保障措施

1. 适用条件	(1) 进口数量增加（绝对增加和相对增加）。 (2) 进口国相同或竞争产品生产者受到严重损害或严重损害威胁。 (3) 因果关系。
2. 调查程序	基本同反倾销，但没有司法审查程序。
3. 措施	(1) 初裁：临时保障措施（提高关税）。 (2) 终裁：保障措施（提高关税或数量限制）。 (3) 措施细节基本同反倾销。
4. 期限	不超过4年，特殊情况下也不得超过10年。
5. 限制	(1) 针对进口产品实施，不区分来源国或地区。 (2) 实施期限超过一年的，应当在实施期间内按固定时间间隔逐年放宽。

▶ **精讲精练**

根据《中华人民共和国保障措施条例》，下列哪一说法是不正确的？（2013-1-44）

A. 保障措施中"国内产业受到损害"，是指某种进口产品数量增加，并对生产同类产品或直接竞争产品的国内产业造成严重损害或严重损害威胁

B. 进口产品数量增加指进口数量的绝对增加或与国内生产相比的相对增加

C. 终裁决定确定不采取保障措施的，已征收的临时关税应当予以退还

D. 保障措施只应针对终裁决定作出后进口的产品实施

【答案】D

第五章
世界贸易组织

本章导读

本章分为两大部分，即世界贸易组织概述和世界贸易组织的主要法律制度，其中第一部分主要是世界贸易组织的机构设置和法律框架，第二部分中重要考点有关税与贸易总协定、与贸易有关的投资措施协议、服务贸易总协定和世界贸易组织争端解决制度。本章考点较多，且较为繁杂，但记忆性的知识点仍占多数，复习时应当加强对重要考点的记忆。

考点一：世界贸易组织的法律框架

1. 法律框架	(1) 多边协议：章程：《世界贸易组织协定》 附件1：附件1A：货物贸易多边协定《关贸总协定》 附件1B：《服务贸易总协定》 附件1C：《与贸易有关的知识产权协定》 附件2：《关于争端解决规则和程序的谅解》 附件3：《贸易政策审议机制》	所有成员均受其约束
	(2) 诸边贸易协定：附件4：《民用航空器贸易协议》（中国未参加） 《政府采购协议》（中国未参加） 《信息技术产品协定》 《国际奶制品协议》（已失效） 《国际牛肉协议》（已失效）	
2. 中国义务	(1) WTO成员不仅包括国家还包括单独关税区政府。中国在WTO有四个成员席位。 (2) 中国在WTO中的义务由各协议条款规定的义务和《中国入世议定书》中中国作出的承诺组成。 (3) 国有企业补贴。如果中国政府提供的补贴主要接受者是国有企业，或国有企业接受了补贴中不成比例的大量数额，该补贴视为专向补贴。	

考点二：《关税与贸易总协定》（GATT）

1. 国民待遇	国民待遇是WTO的基本原则。外国进口产品所享受的待遇不低于本国同类产品、直接竞争或替代产品所享受的待遇。	
2. 最惠国待遇（MFN）	（1）概述	对最惠国待遇原则的修改，必须经全体成员同意才有效。
	（2）特点	①普遍性。 ②相互性。 ③自动性。 ④同一性。
	（3）例外	边境贸易、普遍优惠制度（对发展中国家的优惠待遇）、关税同盟和区域经济安排。

考点三：《与贸易有关的投资措施协议》（TRIMs）

1. 宗旨	维护货物贸易的国民待遇原则和取消数量限制原则。
2. 禁止性投资措施	（1）当地成分要求：购买或使用东道国产品作为生产投入。 （2）贸易平衡要求：将企业的进口限制在与出口相当水平。 （3）进口用汇限制：限制企业进口所需外汇的使用。 （4）国内销售要求：企业的产品必须有一部分在国内销售。

📖 **精讲精练**

针对甲国一系列影响汽车工业的措施，乙、丙、丁等国向甲国提出了磋商请求。四国均为世界贸易组织成员。关于甲国采取的措施，下列哪些是《与贸易有关的投资措施协议》禁止使用的？（2009-1-84）

A. 要求汽车生产企业在生产过程中必须购买一定比例的当地产品

B. 依国产化率对汽车中使用的进口汽车部件减税

C. 规定汽车生产企业的外资股权比例不应超过60%

D. 要求企业购买进口产品的数量不能大于其出口产品的数量

【答案】ABD

考点四：《服务贸易总协定》（GATS）

1. 服务贸易方式	《服务贸易总协定》通过四种服务贸易方式来调整服务贸易： ①跨境交付。 ②境外消费。 ③商业存在。 ④自然人流动。
2. 非歧视原则	框架性协议。是否给予市场准入及国民待遇依据每一成员具体列出的承诺表来确定。服务贸易领域也要求完全的最惠国待遇（既适用于服务，也适用于服务提供者）。

📖 **精讲精练**

《服务贸易总协定》规定了服务贸易的方式，下列哪一选项不属于协定规定的服务贸易？（2012-1-40）

A. 中国某运动员应聘到美国担任体育教练
B. 中国某旅行公司组团到泰国旅游
C. 加拿大某银行在中国设立分支机构
D. 中国政府援助非洲某国一笔资金

【答案】D

考点五：WTO 争端解决制度

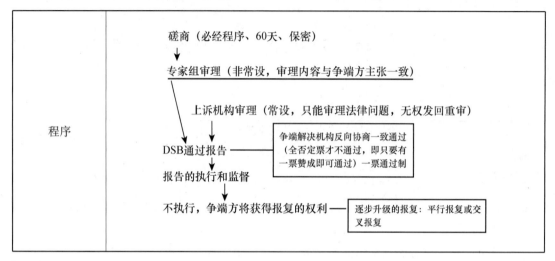

📑 精讲精练

甲、乙、丙三国均为世界贸易组织成员，甲国对进口的某类药品征收 8% 的国内税，而同类国产药品的国内税为 6%。针对甲国的规定，乙、丙两国向世界贸易组织提出申诉，经裁决甲国败诉，但其拒不执行。依世界贸易组织的相关规则，下列哪些选项是正确的？（2015-1-80）

A. 甲国的行为违反了国民待遇原则
B. 乙、丙两国可向上诉机构申请强制执行
C. 乙、丙两国经授权可以对甲采取中止减让的报复措施
D. 乙、丙两国的报复措施只限于在同种产品上使用

【答案】AC

第六章
国际经济法领域的其他法律制度

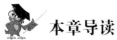 **本章导读**

　　本章分为四大块,知识产权的国际保护、国际投资法、国际融资法和国际税法,包括但不限于《保护工业产权巴黎公约》《保护文学和艺术作品伯尔尼公约》《与贸易有关的知识产权协议》《多边投资担保机构公约》等。本章考点是国际经济法中最多的,以记忆性考点为主,复习时可理解记忆来加深印象。

第一节　国际知识产权法

考点一:《保护工业产权巴黎公约》的基本原则

1. 保护范围:专利权、商标权等工业产权	
2. 基本原则	国民待遇原则 优先权 　适用范围:专利权(发明、实用新型、外观设计)和商品商标 　适用条件 　　已经在一个成员国正式提出申请 　　在规定期限内(发明、实用新型 12 个月／外观设计、商标 6 个月)在其他成员国再次提出申请 　　申请人在在后申请中提出优先权申请 　效力 　　在优先权期限内每一个在后申请的申请日均为第一个申请的申请日 　　在先申请的撤回、放弃或驳回不影响该申请的优先权地位 　展品在临时保护期间申请专利或商标注册,优先权日从公开展出之日起算 临时保护原则:缔约国对成员国举办或官方承认的国际展会展出的商品给予临时保护 独立性原则 最低标准原则

📖 **精讲精练**

2011 年 4 月 6 日，张某在广交会上展示了其新发明的产品。4 月 15 日，张某在中国就其产品申请发明专利（后获得批准）。6 月 8 日，张某在向《巴黎公约》成员国甲国申请专利时，得知甲国公民已在 6 月 6 日向甲国就同样产品申请专利。下列哪一说法是正确的？（2013-1-41）

A. 如张某提出优先权申请并加以证明，其在甲国的申请日至少可以提前至 2011 年 4 月 15 日

B. 2011 年 4 月 6 日这一时间点对张某在甲国以及《巴黎公约》其他成员国申请专利没有任何影响

C. 张某在中国申请专利已获得批准，甲国也应当批准他的专利申请

D. 甲国不得要求张某必须委派甲国本地代理人代为申请专利

【答案】A

考点二：《保护文学和艺术作品伯尔尼公约》的基本原则

1. 保护范围：著作权				
2. 基本原则	国民待遇 自动保护	"双国籍"国民待遇		
		作者国籍	作者身份：成员国国民和在成员国有惯常居所的非成员国国民	
			在一切成员国获得著作权条件：创作完成→自动性	
			著作权保护标准：同各成员国本国国民→国民性	
		作品国籍	作者身份：在成员国没有惯常居所的非成员国国民	
			在成员国获得著作权的条件	出版：在任何一个成员国首次出版，或在成员国和非成员国同时（30 天之内）出版
			著作权保护标准：同本国国民→国民性	
	独立保护：作品在其他缔约国的保护不依赖于作品来源国所受保护			

📖 **精讲精练**

甲国人柯里在甲国出版的小说流传到乙国后出现了利用其作品的情形，柯里认为侵犯了其版权，并诉诸乙国法院。尽管甲、乙两国均为《伯尔尼公约》的缔约国，但依甲国法，此种利用作品不构成侵权，另外，甲国法要求作品要履行一定的手续才能获得保护。根据相关规则，下列哪一选项是正确的？（2014-1-43）

A. 柯里须履行甲国法要求的手续才能在乙国得到版权保护

B. 乙国法院可不受理该案，因作品来源国的法律不认为该行为是侵权

C. 如该小说在甲国因宗教原因被封杀，乙国仍可予以保护

D. 依国民待遇原则，乙国只能给予该作品与甲国相同水平的版权保护

【答案】C

考点三：《与贸易有关的知识产权协议》TRIPs

1. 概要	（1）首先将最惠国待遇原则纳入知识产权国际保护。 （2）首次规定了知识产权执法程序（民事、行政和刑事程序）。 （3）进一步提高了知识产权保护水平，以《巴黎公约》《伯尔尼公约》为基础。
2. 保护提升	著作权 {对计算机程序和有独创性的数据汇编进行版权保护 增设计算机程序和电影作品的出租权 专利 {权利内容：增加专利进口权和许诺销售权 保护期限：不少于自提交专利申请之日起的 20 年（最低标准） 商标：提高驰名商标保护标准 {驰名商品商标→驰名商品商标＋驰名服务标志 相对（同类）保护→绝对（跨类）保护

考点四：国际知识产权许可协议的种类

1. 普通许可	在合同规定的期限和地域内，被许可方和许可方都对该技术及其产品拥有制造、使用和销售的权利，而且许可方还可以把技术许可给第三方。
2. 独占许可	独占许可是指技术的被许可方在协议的有效期内，在特定地区对许可协议规定的技术拥有独占的使用权；同时技术的许可方不得在该地区使用该技术制造和销售商品，更不能把该技术再授予该地区的任何第三方。
3. 排他许可	在合同规定的期限和地域内，被许可方和许可方都对该技术及其产品拥有制造、使用和销售的权利，但许可方不能再将技术许可给第三方。

📌 **精讲精练**

中国甲公司与德国乙公司签订了一项新技术许可协议，规定在约定期间内，甲公司在亚太区独占使用乙公司的该项新技术。依相关规则，下列哪一选项是正确的？（2016-1-43）

A. 在约定期间内，乙公司在亚太区不能再使用该项新技术

B. 乙公司在全球均不能再使用该项新技术

C. 乙公司不能再将该项新技术允许另一家公司在德国使用

D. 乙公司在德国也不能再使用该项新技术

【答案】A

第二节　国际投资法

考点一：外商投资法

1. 积极促进外商投资	（1）明确对外商投资实行准入前国民待遇加负面清单管理制度。 （2）提高外商投资政策的透明度。 （3）明确给予外商投资者国民待遇。 （4）国家建立健全外商投资服务体系。

2. 加强对外商投资的保护	(1) 加强对外商投资企业的产权保护。 (2) 强化对涉及外商投资规范性文件制定的约束。 (3) 促使地方政府守约践诺。 (4) 完善外商投资企业投诉维权机制。	
3. 投资安全审查 （2021 年起实施）	(1) 审查投资类型	影响或可能影响国家安全的外商投资，包括直接和间接投资。
	(2) 审查机构	国家发改委、商务部牵头
	(3) 审查范围	①投资军工、军事相关领域及其周边地域； ②投资关系国家安全的重要领域，并取得所投资企业的实际控制权。

考点二：《多边投资担保机构公约》（《汉城公约》）

1. 险别（政治风险）	货币汇兑险：禁止或拖延汇兑或汇出 征收或类似措施险 {剥夺投资者对其投资的所有权和控制权 / 剥夺投资产生的大量收益 战争内乱险：不论东道国是否为战争一方，也不论是否发生在东道国境内 政府违约险：东道国违约且投资者无法寻求当地救济
2. 适格投资者	适格投资者是指以商业营利为目的从事经营的非东道国自然人或法人。 ①原则：适格投资者不得具有东道国国籍，法人的国籍和主要营业地均不在东道国。 ②例外：若用于投资的资本来自境外，适格投资者可以扩大到东道国自然人和法人。
3. 适格东道国	发展中国家成员。
4. 代位权	机构一经向投保人支付或同意支付赔偿，即代位取得投保人对东道国或其他债务人所拥有的有关承保投资的各种权利或索赔权。 但担保人在向机构要求支付前，应当寻求东道国的行政补救办法。

精讲精练

甲国 T 公司与乙国政府签约在乙国建设自来水厂，并向多边投资担保机构投保。下列哪一选项是正确的？（2016-1-44）

A. 乙国货币大幅贬值造成 T 公司损失，属货币汇兑险的范畴

B. 工人罢工影响了自来水厂的正常营运，属战争内乱险

C. 乙国新所得税法致 T 公司所得税增加，属征收和类似措施险的范畴

D. 乙国政府不履行与 T 公司签订的合同，乙国法院又拒绝受理相关诉讼，属政府违约险

【答案】D

考点三：《关于解决国家与他国国民间投资争端的公约》（《华盛顿公约》）

1. 中心	该公约设立"解决国际投资争端中心"（ICSID），作为世界银行下属的一个独立机构。中心为解决缔约国与他国国民之间的投资争端提供调解和仲裁的便利。

		中心管辖权具有排他效力。裁决的效力：终局性，有约束力。	
2. 中心管辖权	（1）争端主体	原则：争议当事人一方必须是缔约国政府（东道国）；另一方当事人是其他缔约国国民（外国投资者），包括自然人、法人、其他经济实体。 例外：如双方同意，投资者也可以是直接受另一缔约国利益控制的东道国法人。	
	（2）争端性质	直接因投资而产生的任何法律争端。	
	（3）主观要求	争端双方书面同意提交给中心裁决。	
3. 法律适用	争端双方如选择法律，中心则按照其选择的法律审理。若无选择，中心适用作为争端一方的东道国国内法及可适用的国际法规则。		

📙 **精讲精练**

　　甲、乙均为《解决国家和他国公民间投资争端公约》缔约国。甲国A公司拟将与乙的争端提交根据该公约成立的解决国际投资争端中心。对此，下列哪一选项是不正确的？（2012-1-43）

　　A. 该中心可根据A公司的单方申请对该争端行使管辖权

　　B. 该中心对该争端行使管辖权，须以A公司和乙书面同意为条件

　　C. 如乙没有特别规定，该中心对争端享有管辖权不以用尽当地救济为条件

　　D. 该中心对该争端行使管辖权后，可依争端双方同意的法律规则作出裁决

【答案】A

第三节　国际融资法

考点一：国际货币基金组织与特别提款权

1. 国际货币基金组织	国际货币基金组织的宗旨之一是通过发放贷款调整成员际收支的失衡。其发放贷款的对象仅限成员政府机构，不对私人企业组织贷款。
2. 普通提款权	发放贷款的对象仅限成员政府机构。 与成员在基金中所分得或认缴的股份成正比（0～125%）。
3. 特别提款权	是国际货币基金组织在普通贷款权之外，按各成员认缴的份额比例分配给成员的一种使用资金的特别权利。 ①可与黄金、外汇一样作为储备资产，亦称"纸黄金"。 ②可用于办理政府间结算，偿付政府间结算逆差。 ③可作为记账单位。

考点二：国际融资的信用担保

1. 见索即付的保函	又称独立保函，担保人与收益人之间以保函为根据而形成的独立的债权债务关系。
2. 备用信用证	指担保人（开证银行）应债务人的要求，向债权人开具备用信用证，当债权人向担保人出示备用信用证及债务人违约证明时，担保人（银行）须按信用证的规定支付款项的保证。
3. 意愿书	又称"安慰信"，只有道义上的约束力，不具有法律约束力。

📑 **精讲精练**

甲国公司承担乙国某工程，与其签订工程建设合同。丙银行为该工程出具见索即付的保函。后乙国发生内战，工程无法如期完工。对此，下列哪些选项是正确的？（2011-1-82）

A. 丙银行对该合同因战乱而违约的事实进行实质审查后，方履行保函义务

B. 因该合同违约原因是乙国内战，丙银行可以此为由不履行保函义务

C. 丙银行出具的见索即付保函独立于该合同，只要违约事实出现即须履行保函义务

D. 保函的被担保人无须对甲国公司采取各种救济方法，便可直接要求丙银行履行保函义务

【答案】CD

考点三：《关于审理独立保函纠纷案件若干问题的规定》

1. 单证审查	《规定》明确了保函的独立性和单据性的特征，保证付款的快捷性和确定性。只要受益人提交的单据与独立保函条款、单据与单据之间在表面上相符，开立人就必须独立承担付款义务。		
2. 保函欺诈	（1）欺诈情形		受益人欺诈是法定的唯一的开立人拒绝承担付款义务的情形：①无真实基础交易；②单据欺诈；③明显滥用付款请求权（法院判决或仲裁裁决认定基础交易债务人没有付款义务、基础交易债务已经得到完全履行、保函载明的付款到期事件并未发生等）。
	（2）止付	条件	法院裁定中止支付独立保函项下的款项，必须同时具备下列条件：①止付申请人提交的证据证明欺诈存在；②情况紧急，不立即采取止付措施，将给止付申请人的合法权益造成难以弥补的损害；③止付申请人提供了足以弥补被申请人因止付可能遭受损失的担保；④开立人未善意付款。法院受理止付申请后，应当在48小时内作出书面裁定。

📑 **精讲精练**

中国某工程公司在甲国承包了一项工程，中国某银行对甲国的发包方出具了见索即付的保函，后甲国发包方以中国公司违约为由向中国某银行要求支付保函上的款项遭到拒绝，遂诉至人民法院。关于本案，根据相关法律和司法解释，以下说法正确的是哪一项？（2018学员回忆版）

A. 如果工程承包公司是我国政府独资的国有企业，则银行可以此为由拒绝向受益人付款

B. 中国某银行可以主张保函受益人先向中国承包公司主张求偿，待其拒绝后再履行保函义务

C. 中国某银行应对施工合同进行实质性审查，后方可决定是否履行保函义务

D. 如甲国发包方提交的书面文件与保函要求相符，中国某银行应承担付款责任

【答案】D

第四节　国际税法

考点一：国际税收管辖权

	居民税收管辖权	所得来源地税收管辖权
1. 管辖权	属人管辖权	属地管辖权
2. 纳税主体	纳税居民	非纳税居民
3. 征税对象	境内外所得（无限纳税义务）	来源于本国的所得（营业所得、投资所得、劳务所得和财产所得）
4. 纳税居民	自然人 { 国籍标准、住所标准、居所标准和居住时间标准等 我国兼采住所标准和居住时间（183 天）标准	
	法人 { 登记注册地、实际控制中心所在地、总（实际管理）机构所在地等标准 我国兼采登记注册地和总（实际管理）机构所在地	

考点二：国际双重征税

比较＼类型	国际重复征税	国际重叠征税
征税主体	两个或两以上国家（地区）	
纳税主体	同一纳税人	不同纳税人（公司和股东）
征税对象	同一所得或税源	
税种	相同税种	税种相同或不同

📝 **精讲精练**

甲、乙两国均为 WTO 成员，甲国纳税居民马克是甲国保险公司的大股东，马克从该保险公司在乙国的分支机构获利 35 万美元。依《服务贸易总协定》及相关税法规则，下列哪些选项是正确的？（2016-1-82）

A. 甲国保险公司在乙国设立分支机构，属于商业存在的服务方式

B. 马克对甲国承担无限纳税义务

C. 两国均对马克的 35 万美元获利征税属于重叠征税

D. 35 万美元获利属于甲国人马克的所得，乙国无权对其征税

【答案】AB

考点三：国际逃避税和共同申报准则（CRS）

1. 国际逃税和国际避税	国际逃税是指纳税人采用非法手段或措施，逃避或减少就其跨国（地区）所得本应承担的纳税义务的行为。 国际避税是指纳税人利用各国（地区）税法的差异或国际税收协定的漏洞，以形式上合法的方式躲避或减少就其跨国（地区）所得本应承担的纳税义务的行为。

2. 共同申报准则（CRS）		经合组织发布的《金融账户信息自动交换标准》旨在打击跨国逃税。其中CRS是遏制跨境逃税的有效国际合作。
	方式	国家间相互交换对方纳税居民在本国的金融账户信息。由金融机构收集信息并上报本国相关政府部门，与其他国家相关政府部门进行信息交换。 负责收集信息的金融机构包括存款机构、托管机构、投资机构、特定保险机构等。
	特点	①自动性：无须理由和申请 ②定期进行：每年一次。 ③以税收居民身份作为属人依据进行交换，即本国税收居民信息无须向外交换，非本国税收居民，依据税收身份来判定与何国交换。

📖 **精讲精练**

中国和新加坡都接受了《金融账户信息自动交换标准》中的"共同申报准则"（CRS），定居在中国的王某在新加坡银行和保险机构均有账户，同时还在新加坡拥有房产和收藏品等。下列哪些判断是正确的？（2019学员回忆版）

A. 王某可以自己持有巴拿马护照，要求新加坡不向中国报送其在新加坡的金融账户信息

B. 如中国未提供正当理由，新加坡无须向中国报送王某的金融账户信息

C. 新加坡应向中国报送王某在特定保险机构的账户信息

D. 新加坡可不向中国报送王某在新加坡的房产和收藏品信息

【答案】CD

国际私法

第一章
国际私法的基本问题

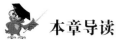 **本章导读**

本章主要涉及国际私法的主体、冲突规范、准据法，并详细介绍定性、反致、外国法的查明、公共秩序保留和法律规避五种适用冲突规范的制度。本章考查频率不高，一般不考理论问题，而是直接考我国的法条和司法解释。

考点一：国际私法的主体

1. 自然人属人连结点	（1）国籍	
	（2）住所	自然人以户籍登记或者其他有效身份登记记载的居所为住所；经常居所与住所不一致的，经常居所视为住所。
	（3）经常居所	经常居所是《涉外民事关系法律适用法》中主要的属人法连结点。自然人在涉外民事关系产生或者变更、终止时已经连续居住一年以上且作为其生活中心的地方，人民法院可以认定为涉外民事关系法律适用法规定的自然人的经常居所地，但就医、劳务派遣、公务等情形除外。
2. 法人属人连结点	（1）国籍	我国以法人登记成立地作为其国籍国。
	（2）住所	我国将法人的主要办事机构所在地认定为其住所。
	（3）经常居所	法人的经常居所地为其主营业地。法人有两个以上营业所的，应以与产生纠纷的民事关系有最密切联系的营业所为准。

🔖 **精讲精练**

张某居住在深圳，2008年3月被深圳某公司劳务派遣到马来西亚工作，2010年6月回深圳，转而受雇于香港某公司，其间每周一到周五在香港上班，周五晚上回深圳与家人团聚。2012年1月，张某离职到北京治病，2013年6月回深圳，现居该地。依《涉外民事关系法律适用法》（不考虑该法生效日期的因素）和司法解释，关于张某经常居所地的认定，下列哪一表述是正确的？（2013-1-37）

A. 2010年5月，在马来西亚

B. 2011 年 12 月，在香港

C. 2013 年 4 月，在北京

D. 2008 年 3 月至今，一直在深圳

【答案】D

考点二：冲突规范和准据法

1. 冲突规范及其构成	冲突规范是指明某种民商事法律关系应由何国法律调整的规范，它既非实体规范，也非程序规范，而是法律适用规范。	
	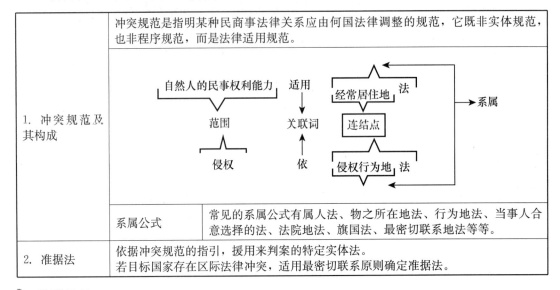	
	系属公式	常见的系属公式有属人法、物之所在地法、行为地法、当事人合意选择的法、法院地法、旗国法、最密切联系地法等等。
2. 准据法	依据冲突规范的指引，援用来判案的特定实体法。 若目标国家存在区际法律冲突，适用最密切联系原则确定准据法。	

📖 **精讲精练**

关于冲突规范和准据法，下列哪一判断是错误的？（2010-1-33）

A. 冲突规范与实体规范相似

B. 当事人的属人法包括当事人的本国法和住所地法

C. 当事人的本国法指的是当事人国籍所属国的法律

D. 准据法是经冲突规范指引，能够具体确定国际民事法律关系当事人权利义务的实体法

【答案】A

考点三：冲突规范的种类

1. 单边冲突规范	直接规定适用某国法律的冲突规范。 例：合营企业合同的订立、效力、解释、执行及其争议的解决均应适用中国法律。
2. 双边冲突规范	只是规定一个可推定的连结点，再根据这个连结点并结合民商事法律关系的具体情况去推定应适用的某法律的冲突规范。 例：不动产所有权适用不动产所在地法律。
3. 重叠适用的冲突规范	是指连结点有两个或两个以上，并且同时适用于某种民商事法律关系的冲突规范。 例：收养的条件和手续适用收养人经常居所地法律和被收养人经常居所地法律。

4. 选择适用的冲突规范	指有两个或两个以上连结点，但只选择其中之一来调整民商事法律关系的冲突规范。 ①无条件选择适用的冲突规范：各系属所提供的可供选择的法律并无先后顺序，任意选择适用。 例：结婚手续，符合婚姻缔结地法律、一方当事人经常居所地法律或国籍国法律的，均为有效。 ②有条件选择适用的冲突规范：各系属所供选择的法律有主次轻重之分，只允许依次序或有条件地选择其一作为国际民商事法律关系的准据法。 例：当事人可以协议选择动产物权适用的法律，当事人没有选择的，适用法律事实发生时动产所在地法律。

考点四：适用冲突规范的制度

1. 定性	《涉外民事关系法律适用法》第8条：涉外民事关系的定性，适用法院地法律。
2. 反致	包括：直接反致、转致、间接反致、包含直接反致的转致等。我国不采用转反致。 《涉外民事关系法律适用法》第9条：涉外民事关系适用的外国法律，不包括该国的法律适用法。
3. 外国法查明	(1) 当事人选择适用外国法律的，应当提供该国法律。此时审案机关没有补充查明义务。 (2) 并非当事人选择适用外国法的情况下，由人民法院、仲裁机构或行政机关查明。 (3) 不能查明外国法律或者该国法律没有规定的，适用中华人民共和国法律。
4. 公共秩序保留	外国法律的适用将损害中华人民共和国社会公共利益的，适用中华人民共和国法律。
5. 直接适用的法	直接适用的法是指无须冲突规范指引而直接适用于涉外民事关系的法律、行政法规。有关以下"一保护、两反、三安全"的法律和行政法规，人民法院应认定为直接适用的强制性规定： ①涉及劳动者权益保护的；②涉及反垄断、反倾销的；③涉及食品或公共卫生安全的、涉及环境安全的、涉及外汇管制等金融安全的。
6. 法律规避	《涉外民事关系法律适用法司法解释（一）》第11条：一方当事人故意制造涉外民事关系的连结点，规避中华人民共和国法律、行政法规的强制性规定的，人民法院应认定为不发生适用外国法律的效力。

考点五：准据法的选择方法

1. 根据当事人协议确定准据法（意思自治）	(1) 中国法律没有明确规定当事人可以选择涉外民事关系适用的法律，当事人选择适用法律的，选择无效。 (2) 选择方式包括书面、口头、各方援引相同法律且未提出法律适用异议的行为等。 (3) 应在一审法庭辩论终结前进行选择。 (4) 除非法律规定，被选择法律与系争涉外民事关系不要求存在实际联系。 (5) 当事人可以选择尚未对中国生效的国际条约及国际惯例。
2. 根据分割方法来确定准据法	案件涉及两个或两个以上涉外民事关系时，法院应分别确定应适用的法律。 诉讼时效，适用相关涉外民事关系应当适用的法律。

第二章
国际民商事关系的法律适用

 本章导读

　　本章内容包括准据法的选择方法、权利能力和行为能力的法律适用、物权的法律适用、合同的法律适用、债权的法律适用、商事关系的法律适用、婚姻家庭关系的法律适用、继承的法律适用、知识产权的法律适用等。本章内容多，也是考试的重点，一般每年出 5～6 道题，所占分值超过国际私法的一半。本章不考理论，只考法条，主要考查《涉外民事关系法律适用法》和《涉外民事关系法律适用法司法解释（一）》的内容，《海商法》《票据法》《民用航空法》中有关涉外商事关系的法条偶尔也会出考题。

考点一：权利能力和行为能力的法律适用

1. 自然人	一般自然人	①自然人的民事权利能力和民事行为能力、宣告失踪和宣告死亡、人格权的内容，适用经常居所地法律。②自然人从事民事活动，依照经常居所地法律为无民事行为能力，依照行为地法律为有民事行为能力的，适用行为地法律，但涉及婚姻家庭、继承的除外。
	票据债务人	①票据债务人的民事行为能力，适用其本国法律（即国籍国法）。②票据债务人的民事行为能力，依照其本国法律为无民事行为能力或者为限制民事行为能力，而依照行为地法律为完全民事行为能力的，适用行为地法律。
2. 法人		法人及其分支机构的民事权利能力、民事行为能力、组织机构、股东权利义务等事项，适用登记地法律。法人的主营业地与登记地不一致的，可以适用主营业地法律。

考点二：物权的法律适用

1. 一般物权	（1）不动产	不动产物权，适用不动产所在地法律。
	（2）动产	当事人协议选择动产物权适用法律的，当事人选择优先。当事人没有选择的，适用法律事实发生时动产所在地法律。

2. 特殊物权	（1）船舶物权	①船舶的所有权和一般抵押权适用船旗国法。 ②船舶优先权适用法院地法律。 ③特殊抵押权，即船舶光船租赁以前或期间设立船舶抵押权的，适用原船舶登记国法。
	（2）民用航空器物权	①民用航空器的所有权和抵押权适用国籍登记国法。 ②民用航空器优先权适用法院地法律。
	（3）运输中的动产	当事人协议选择运输中动产物权发生变更所适用的法律的，选择优先。当事人没有选择的，适用运输目的地法律。
	（4）有价证券	有价证券，适用有价证券权利实现地法律或者其他与该有价证券有最密切联系的法律。
	（5）权利质权	权利质权，适用质权设立地法律。

📌 精讲精练

2014年1月，北京居民李某的一件珍贵首饰在家中失窃后被窃贼带至甲国。同年2月，甲国居民陈某在当地珠宝市场购得该首饰。2015年1月，在获悉陈某将该首饰带回北京拍卖的消息后，李某在北京某法院提起原物返还之诉。关于该首饰所有权的法律适用，下列哪一选项是正确的？（2015-1-36）

A. 应适用中国法

B. 应适用甲国法

C. 如李某与陈某选择适用甲国法，不应支持

D. 如李某与陈某无法就法律选择达成一致，应适用甲国法

【答案】D

考点三：合同的法律适用

1. 一般合同	当事人协议选择的法律优先。当事人没有选择的，适用与该合同有最密切联系的法律（依特征性履行原则确定最密切联系地）。	
2. 特殊合同	（1）在中国履行的特殊合同	在中国境内履行的中外合资经营企业合同、中外合作经营企业合同、中外合作勘探开发自然资源合同等，适用中国法律。
	（2）消费者合同	①消费者选择适用商品、服务提供地法律的，选择优先； ②若消费者未选择，经营者在消费者经常居所地从事相关经营活动的，适用消费者经常居所地法律； ③经营者在消费者经常居所地没有从事相关经营活动的，适用商品、服务提供地法律。
	（3）劳动合同	劳动合同，适用劳动者工作地法律；难以确定劳动者工作地的，适用用人单位主营业地法律。劳务派遣，可以适用劳务派出地法律。

📌 精讲精练

甲国公司与乙国航运公司订立海上运输合同，由丙国籍船舶"德洋"号运输一批货物，有关"德洋"号的争议现在中国法院审理。根据我国相关法律规定，下列哪一选项是正确的？（2010-1-35）

A. 该海上运输合同应适用船旗国法律

B. 有关"德洋"号抵押权的受偿顺序应适用法院地法律

C. 有关"德洋"号船舶优先权的争议应适用丙国法律

D. 除法律另有规定外，甲国公司与乙国航运公司可选择适用于海上运输合同的法律

【答案】D

📄 **精讲精练**

甲国公民大卫被乙国某公司雇佣，该公司主营业地在丙国，大卫工作内容为巡回于东亚地区进行产品售后服务，后双方因劳动合同纠纷诉诸中国某法院。关于该纠纷应适用的法律，下列哪一选项是正确的？（2014-1-38）

A. 中国法

B. 甲国法

C. 乙国法

D. 丙国法

【答案】D

考点四：侵权行为的法律适用

1. 一般侵权		（1）侵权行为发生后，当事人协议选择适用法律的，选择优先。 （2）当事人未选择，但当事人有共同经常居所地的，适用共同经常居所地法律。 （3）否则，适用侵权行为地法律。
2. 特殊侵权	（1）海事侵权	①同一国籍的船舶，不论碰撞发生于何地，碰撞船舶之间的损害赔偿适用船旗国法律。 ②船舶在公海上发生碰撞的损害赔偿，适用法院地法律。 ③船舶在领水发生碰撞的损害赔偿，适用侵权行为地法律。 ④海事赔偿责任限制，适用法院地法律。 ⑤共同海损理算，适用理算地法律。
	（2）民航侵权（空对地）	①民用航空器对地面第三人的损害赔偿，适用侵权行为地法律。 ②民用航空器在公海上空对水面第三人的损害赔偿，适用法院地法律。
	（3）产品责任	①被侵权人选择适用侵权人主营业地法律、损害发生地法律的，选择优先。 ②若被侵权人未选择，侵权人在被侵权人经常居所地从事相关经营活动的，适用被侵权人经常居所地法律。 ③若被侵权人未选择，侵权人在被侵权人经常居所地没有从事相关经营活动的，适用侵权人主营业地法律或者损害发生地法律。
	（4）侵犯人格权	通过网络或者采用其他方式侵害姓名权、肖像权、名誉权、隐私权等人格权的，适用被侵权人经常居所地法律。

📄 **精讲精练**

中国甲公司将其旗下的东方号货轮光船租赁给韩国乙公司，为便于使用，东方号的登记国由中国变更为巴拿马。现东方号与另一艘巴拿马籍货轮在某海域相撞，并被诉至中国某海事法院。关于本案的法律适用，下列哪一选项是正确的？（2017-1-37）

A. 两船碰撞的损害赔偿应适用中国法

B. 如两船在公海碰撞，损害赔偿应适用《联合国海洋法公约》

C. 如两船在中国领海碰撞，损害赔偿应适用中国法

D. 如经乙公司同意，甲公司在租赁期间将东方号抵押给韩国丙公司，该抵押权应适用中国法

【答案】D

考点五：知识产权、不当得利和无因管理的法律适用

1. 知识产权	（1）归属和内容	知识产权的归属和内容，适用被请求保护地法律。
	（2）转让和许可	知识产权的转让和许可，本质上属于技术转让和许可合同关系，与一般合同法律适用相同：当事人协议选择的法律优先。当事人没有选择的，适用与该合同有最密切联系的法律（依特征性履行原则确定最密切联系地）。
	（3）侵权	①在侵权行为发生后当事人协议选择适用法院地法律的，选择优先。②没有选择的，知识产权的侵权责任，适用被请求保护地法律。
2. 不当得利和无因管理	（1）当事人协议选择的法律优先适用。（2）当事人没有选择的，适用当事人共同经常居所地法律。（3）没有共同经常居所地的，适用不当得利、无因管理发生地法律。	

📌 精讲精练

韩国甲公司为其产品在中韩两国注册了商标。中国乙公司擅自使用该商标生产了大量仿冒产品并销售至中韩两国。现甲公司将乙公司诉至中国某法院，要求其承担商标侵权责任。关于乙公司在中韩两国侵权责任的法律适用，依中国法律规定，下列哪些选项是正确的？（2016-1-79）

A. 双方可协议选择适用中国法
B. 均应适用中国法
C. 双方可协议选择适用韩国法
D. 如双方无法达成一致，则应分别适用中国法与韩国法

【答案】AD

考点六：商事关系的法律适用

1. 票据	（1）票据行为方式	①票据行为（出票、背书、承兑、付款和保证行为），适用行为地法律。②支票出票时的记载事项，当事人协议选择适用付款地法的，选择优先。没有选择的，仍适用行为地法律（即出票地法律）。
	（2）追索权行使期限	票据追索权的行使期限，适用出票地法律。
	（3）持票人责任	票据的提示期限、有关拒绝证明的方式、出具拒绝证明的期限，适用付款地法律。
	（4）保全程序	票据丧失时，失票人请求保全票据权利的程序，适用付款地法律。
2. 代理	（1）委托代理当事人协议选择法律的，选择优先。（2）代理（包括委托代理未选择法律情形和所有法定代理情形）中，被代理人与代理人的民事关系，适用代理关系发生地法律。（3）代理中的其他问题（如代理人与第三人之间的民事关系），适用代理行为地法律。	

3. 信托	(1) 当事人协议选择信托所适用法律的，选择优先。 (2) 当事人未选择的，适用信托财产所在地法律或者信托关系发生地法律。
4. 涉外独立保函	(1) 开立人（担保人）和受益人的涉外独立保函纠纷：双方协议选择法律优先→开立人经常居所地法律；独立保函由金融机构依法登记设立的分支机构开立的，适用分支机构登记地法律。 (2) 涉外独立保函欺诈纠纷：双方协议选择法律优先→当事人共同经常居所地法→被请求止付的独立保函的开立人经常居所地法律；独立保函由金融机构依法登记设立的分支机构开立的，适用分支机构登记地法律。 (3) 涉外独立保函止付保全程序，适用中华人民共和国法律。

📖 **精讲精练**

中国公民李某在柏林签发一张转账支票给德国甲公司用于支付货款，付款人为中国乙银行北京分行。甲公司在柏林将支票背书转让给中国丙公司，丙公司在北京向乙银行请求付款时被拒。关于该支票的法律适用，依中国法律规定，下列哪一选项是正确的？（2017-1-36）

A. 如李某依中国法为限制民事行为能力人，依德国法为完全民事行为能力人，应适用德国法

B. 甲公司对该支票的背书行为，应适用中国法

C. 丙公司向甲公司行使票据追索权的期限，应适用中国法

D. 如丙公司不慎将该支票丢失，其请求保全票据权利的程序，应适用德国法

【答案】A

考点七：婚姻关系的法律适用

1. 结婚	(1) 条件	依以下顺序： ①适用当事人共同经常居所地法律； ②没有共同经常居所地的，适用共同国籍国法律； ③没有共同国籍的，在一方当事人经常居所地或者国籍国缔结婚姻的，适用婚姻缔结地法律。
	(2) 手续	结婚手续，符合婚姻缔结地法律、一方当事人经常居所地法律或者国籍国法律的，均为有效。（无条件选择适用）
2. 夫妻关系	(1) 人身关系	①适用当事人共同经常居所地法律； ②没有共同经常居所地的，适用共同国籍国法律。
	(2) 财产关系	①夫妻双方协议选择适用一方当事人经常居所地法律、国籍国法律或者主要财产所在地法律的，选择优先； ②未选择时，适用当事人共同经常居所地法律； ③没有的，适用共同国籍国法律。
3. 离婚	(1) 协议离婚	①双方协议选择适用一方当事人经常居所地法律、国籍国法律的，选择优先； ②未选择时，适用当事人共同经常居所地法律； ③没有共同经常居所的，适用共同国籍国法律； ④若经常居所和国籍均不同，适用办理离婚手续机构所在地法律。
	(2) 诉讼离婚	适用法院地法律。

考点八：家庭关系的法律适用

1. 父母子女关系	(1) 父母子女人身、财产关系，适用共同经常居所地法律； (2) 没有共同经常居所地的，适用一方当事人经常居所地法律或者国籍国法律中有利于保护弱者权益的法律。
2. 收养	(1) 收养的条件和手续，适用收养人和被收养人经常居所地法律。 (2) 收养的效力，适用收养时收养人经常居所地法律。 (3) 收养关系的解除，适用收养时被收养人经常居所地法律或者法院地法律。 (4) 收养程序： 外国人应该通过外国收养组织向中国收养组织转交申请，并提供家庭情况报告证明。 外国人应亲自来华办理登记手续（夫妻共同收养应共同来，一方不能来应来书面委托另一方）。 外国人来华收养子女，应当与送养人订立书面收养协议。
3. 扶养	扶养，适用一方当事人经常居所地法律、国籍国法律或者主要财产所在地法律中有利于保护被扶养人权益的法律。
4. 监护	监护，适用一方当事人经常居所地法律或者国籍国法律中有利于保护被监护人权益的法律。

精讲精练

中国公民王某将甲国公民米勒诉至某人民法院，请求判决两人离婚、分割夫妻财产并将幼子的监护权判决给她。王某与米勒的经常居所及主要财产均在上海，其幼子为甲国籍。关于本案的法律适用，下列哪些选项是正确的？（2017-1-78）

A. 离婚事项，应适用中国法

B. 夫妻财产的分割，王某与米勒可选择适用中国法或甲国法

C. 监护权事项，在甲国法与中国法中选择适用有利于保护幼子利益的法律

D. 夫妻财产的分割与监护权事项均应适用中国法

【答案】ABC

精讲精练

经常居住于英国的法国籍夫妇甲和乙，想来华共同收养某儿童。对此，下列哪一说法是正确的？（2014-1-37）

A. 甲、乙必须共同来华办理收养手续

B. 甲、乙应与送养人订立书面收养协议

C. 收养的条件应重叠适用中国法和法国法

D. 若发生收养效力纠纷，应适用中国法

【答案】B

考点九：继承的法律适用

1. 法定继承	(1) 不动产法定继承，适用不动产所在地法律。 (2) 其他资产的法定继承，适用被继承人死亡时经常居所地法律。

2. 遗嘱继承	(1) 遗嘱方式，符合遗嘱人立遗嘱时或者死亡时经常居所地法律、国籍国法律或者遗嘱行为地法律的，遗嘱均为成立。 (2) 遗嘱效力，适用遗嘱人立遗嘱时或者死亡时经常居所地法律或者国籍国法律。
3. 遗产管理	遗产管理等事项，适用遗产所在地法律。
4. 无人继承遗产	无人继承遗产的归属，适用被继承人死亡时遗产所在地法律。

📖 精讲精练

经常居所在上海的瑞士公民怀特未留遗嘱死亡，怀特在上海银行存有100万元人民币，在苏黎世银行存有10万欧元，且在上海与巴黎各有一套房产。现其继承人因遗产分割纠纷诉至上海某法院。依中国法律规定，下列哪些选项是正确的？(2016-1-78)

A. 100万元人民币存款应适用中国法

B. 10万欧元存款应适用中国法

C. 上海的房产应适用中国法

D. 巴黎的房产应适用法国法

【答案】ABCD

第三章

国际民商事争议的解决

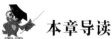

本章导读

本章内容包括国际商事仲裁与国际民事诉讼两大部分。本章内容多，也是考试的重点，一般每年3道题。本章不考理论，只考法条，主要考查《仲裁法》《民事诉讼法》及相关司法解释的内容，具体考点包括仲裁协议、仲裁程序中的财产保全与证据保全、国际商事仲裁的法律适用、仲裁裁决的撤销、仲裁裁决的承认与执行、外国人在中国的民事诉讼地位、中国关于国际民事案件管辖权的规定、国际民事诉讼的期间、诉讼保全、诉讼时效、域外送达、域外取证、外国法院判决的承认与执行等。

第一节　国际商事仲裁

考点一：仲裁协议有效性的认定

1. 认定机构	当事人对仲裁协议的效力有异议的，可以请求仲裁委员会作出决定或者请求人民法院作出裁定。一方请求仲裁委员会作出决定，另一方请求人民法院作出裁定的，由人民法院裁定。
2. 法院认定仲裁协议效力的法律适用	（1）当事人协议选择仲裁协议所适用法律的，协议优先； （2）当事人没有选择的，适用仲裁机构所在地法律或者仲裁地法律中认定仲裁协议有效的法律； （3）既没有选择法律，又无法得知仲裁机构或仲裁地的，适用中国法律认定仲裁协议的效力。
3. 我国认定仲裁协议无效的报核制度	各中级人民法院或者专门法院经审查认定涉外、涉港澳台仲裁协议无效的，应当向本辖区所属高级人民法院报核；高级人民法院经审查拟同意的，应当向最高人民法院报核。待最高人民法院审核后，方可依最高人民法院的审核意见作出裁定。

📖 **精讲精练**

中国A公司与甲国B公司签订货物买卖合同，约定合同争议提交中国C仲裁委员会仲裁，仲裁地在中国，但对仲裁条款应适用的法律未作约定。后因货物质量问题双方发生纠纷，中国A公司依仲裁条款向C仲裁委提起仲裁，但B公司主张仲裁条款无效。根据我国相关法律规定，关于本案仲裁条款的效力审查问题，下列哪些判断是正确的？（2012-1-78）

A. 对本案仲裁条款的效力，C仲裁委员会无权认定，只有中国法院有权审查

B. 对本案仲裁条款的效力，如A公司请求C仲裁委员会作出决定，B公司请求中国法院作出裁定的，由中国法院裁定

C. 对本案仲裁条款效力的审查，应适用中国法

D. 对本案仲裁条款效力的审查，应适用甲国法

【答案】BC

考点二：涉外仲裁程序中的财产保全和证据保全

1. 财产保全	（1）管辖	涉外仲裁机构应将当事人财产保全申请提交被申请人住所地或其财产所在地的中级人民法院作出裁定。
	（2）担保	申请人应当提供担保，否则驳回申请。
2. 证据保全	（1）管辖	涉外仲裁机构应将当事人证据保全申请提交证据所在地的中级人民法院作出裁定。
	（2）担保	法院经审查认为无须提供担保的，申请人可不提供担保。

考点三：申请撤销本国仲裁机构所作的涉外仲裁裁决

1. 程序		对于中国的涉外仲裁裁决，当事人可以在收到裁决书之日起6个月内，向仲裁机构所在地的中级人民法院申请撤销。 人民法院应当组成合议庭审理，并询问当事人。
2. 撤销情形	（1）无协议	当事人在合同中没有订立仲裁条款或者事后没有达成书面仲裁协议。
	（2）未保障被申请人程序性权利	被申请人没有得到指定仲裁员或进行仲裁程序的通知，因不属于个人的原因未能陈述意见。
	（3）组庭或庭审程序不合规	仲裁庭的组成或者仲裁程序与仲裁规则不符。
	（4）超裁	裁决的事项不属于仲裁协议的范围或者仲裁机构无权仲裁。
3. 法院裁定撤销涉外仲裁裁决的应内部报核。		

考点四：外国仲裁裁决的承认与执行

1. 申请与管辖	国外仲裁机构的裁决，需要中国法院承认和执行的，应当由当事人直接向被执行人住所地或者其财产所在地的中级人民法院申请。
2. 依据	依据条约，或者按照互惠原则办理。

3.《纽约公约》	我国已加入1958年《纽约公约》，因此对于另一缔约国领土内作出的仲裁裁决应适用公约的有关规定。我国对公约作出两项保留： ①互惠保留，即我国只对在另一缔约国领土内作出的裁决适用该公约。 ②商事保留，即我国仅对契约性或非契约性商事法律关系引起的争议所作的裁决适用公约的规定。
4. 程序	①法院应在受理申请之日起2个月内作出裁定，裁定承认的，如无特殊情况，应在裁定后6个月内执行完毕。若当事人只申请承认的，法院予以承认后，当事人申请执行的期限为2年。 ②决定不予承认和执行的，实行内部报核制度。

📖 精讲精练

2015年3月，甲国公民杰夫欲向中国法院申请承认并执行一项在甲国境内作出的仲裁裁决。中国与甲国均为《承认与执行外国仲裁裁决公约》成员国。关于该裁决的承认和执行，下列哪一选项是正确的？（2015-1-38）

A. 杰夫应通过甲国法院向被执行人住所地或其财产所在地的中级人民法院申请

B. 如该裁决系临时仲裁庭作出的裁决，人民法院不应承认与执行

C. 如承认和执行申请被裁定驳回，杰夫可向人民法院起诉

D. 如杰夫仅申请承认而未同时申请执行该裁决，人民法院可以对是否执行一并作出裁定

【答案】C

第二节 国际民事诉讼

考点一：外国人的民事诉讼地位

1. 诉讼代理	（1）一般	①外国当事人需要委托律师代理诉讼的，必须委托我国律师。 ②委托其本国律师或公民：涉外民事诉讼中的当事人，可以委托其本国人为诉讼代理人，也可以委托其本国律师以非律师身份代理诉讼。
	（2）领事代理制	①外国当事人可以委托其本国驻华使领馆官员以个人名义担任诉讼代理人，但诉讼中不享有外交或领事特权与豁免。 ②外国当事人本国驻华使领馆可授权其本馆官员，以外交代表身份为其本国国民聘请中国律师或公民代理民事诉讼，此种外交代表代为聘任代理人的行为是行使外交或领事职权，享有特权与豁免。
2. 身份证明	（1）外国人	外国人参加诉讼，应当向人民法院提交护照等身份证明。
	（2）外国企业或组织	须向法院出示两份证明：外国企业的身份证明、代表人的身份证明。 证明手续如下： ①外国企业或组织参加诉讼，向法院提交的身份证明，应当经所在国公证机关公证（再依该国与中国是否有外交关系分以下两种认证）： 其一，再经中国驻该国使领馆认证。 其二，若中国与所在国间没有外交关系，则通过与中国有外交关系的第三国驻该国使领馆认证，再转由中国驻该第三国使领馆认证。 ②依照两国共同参加的有关条约中规定的证明手续。

(3) 授权委托书	外国当事人委托代理人进行诉讼的授权委托书,符合下列情形,我国法院予以认可:①在我国法官的见证下签署;②外国当事人在中国境内签署,经我国公证机构公证;③在我国境外签署,依上述身份证明有关公证与使领馆认证的手续或依有关条约进行公证认证。
3. 诉讼语言	当事人向人民法院提交的外文书面材料,应当同时提交中文翻译件。对中文翻译件有异议的,当事人应共同委托翻译机构提供翻译文本,对翻译机构的选择不能达成一致的,由人民法院确定。

📖 精讲精练

英国人施密特因合同纠纷在中国法院涉诉。关于该民事诉讼,下列哪一选项是正确的?(2015-1-39)

A. 施密特可以向人民法院提交英文书面材料,无须提供中文翻译件

B. 施密特可以委托任意一位英国出庭律师以公民代理的形式代理诉讼

C. 如施密特不在中国境内,英国驻华大使馆可以授权本馆官员为施密特聘请中国律师代理诉讼

D. 如经调解双方当事人达成协议,人民法院已制发调解书,但施密特要求发给判决书,应予拒绝

【答案】C

考点二:管辖权

1. 拒绝管辖	又称非方便法院原则,指当案件与中国关联不大,我国法院不方便管辖,外国法院享有管辖权且方便管辖时,我国法院可以裁定驳回起诉,告知向更方便的外国法院起诉。
2. 平行诉讼	我国允许平行诉讼,但适用以下原则: ①判决在先原则。 ②一事不再理原则。
3. 国际商事法庭管辖权	根据最高人民法院《关于设立国际商事法庭若干问题的规定》,国际商事法庭受理下列五类案件: ①当事人协议选择最高人民法院管辖,且标的额3亿元以上的一审国际商事案件。 ②高级人民法院管辖的第一审国际商事案件,认为须由最高人民法院审理并获准许。 ③全国有重大影响的第一审国际商事案件。 ④经最高人民法院选定与国际商事法庭"一站式"解决纠纷的国际商事仲裁机构所仲裁案件的仲裁保全、仲裁裁决的撤销与执行。 ⑤最高人民法院认为应当由国际商事法庭管辖的。 注:当事人提交的证据材料系英文且经对方当事人同意的,可以不提交中文翻译件。

📖 精讲精练

中国甲公司和美国乙公司签订1亿美元标的额的买卖合同,合同约定纠纷由中国国际商事法庭管辖。根据我国相关法律规定,以下表述正确的是哪一项?(2019学员回忆版)

A. 因为违反级别管辖,合同中选择国际商事法庭的约定无效

B. 若国际商事法庭受理此案,可以直接委托国际商事专家委员会调解

C. 若国际商事法庭受理此案并作出判决,败诉方不能上诉

D. 若国际商事法庭受理此案，双方视为均同意可以用英文进行案件的审理

【答案】C

考点三：域外送达

1. 送达方式	我国法院对在中国境内没有住所的当事人送达诉讼文书的方式有： ①依条约规定的送达方式向缔约国送达。 ②没有条约关系的，通过外交途径送达。 ③委托我国驻受送达人所在国使领馆送达（只能向具有中国国籍的人送达）。 ④向受送达人委托的有权代其接收送达的诉讼代理人送达。 ⑤向受送达人在中国境内的代表机构或有权接收送达的分支机构、业务代办人送达。 ⑥邮寄送达（前提是受送达人所在国法律允许）。 ⑦传真、电子邮件等能够确认受送达人收悉的方式。 ⑧向在我国境内出现的受送达人或其法定代表人、主要负责人（董事、监事、高管）送达。 ⑨不能用上述方式送达的，公告送达（兜底）。
	外国法院向我国境内的受送达人送达的方式有： ①依该国与我国缔结或共同参加的条约所规定的途径送达。 ②没有条约关系的，通过外交途径送达。 ③外国驻我国使领馆可以向其本国公民送达文书，但不得违反我国法律，不得采取强制措施。
2. 是否送达的认定	①邮寄方式送达的，自邮寄之日起满3个月，若根据各种情况都不足以认定已送达的，视为不能送达。 ②以公告方式送达的，公告之日起满3个月视为已送达。 ③留置送达：法院向受送达人在中国领域内的法定代表人、主要负责人、诉讼代理人、代表机构以及有权接受送达的分支机构、业务代办人送达司法文书，可以适用留置送达的方式。
3.《海牙送达公约》	①缔约国不得因该案件属于该国专属管辖而拒绝送达。 ②对于国外按照公约提交的未附有中文译本，但附有英文、法文译本的文书，法院仍应予以送达。但当事人有权以未附有中文译本为由拒收。 ③送达途径 外国文书向中国｛外国法院→该国驻华使领馆→司法部↓ 受送达人←有关法院←最高人民法院← 我国文书向外国｛有关人民法院→最高人民法院→司法部（或我国驻该国使馆）↓ 被请求国中央机关←

📖 **精讲精练**

中国某法院审理一起涉外民事纠纷，需要向作为被告的外国某公司进行送达。根据《关于向国外送达民事或商事司法文书和司法外文书公约》（《海牙送达公约》）、中国法律和司法解释，关于该案件的涉外送达，法院下列哪一做法是正确的？（2013-1-39）

A. 应首先按照《海牙送达公约》规定的方式进行送达

B. 不得对被告采用邮寄送达方式

C. 可通过中国驻被告所在国使领馆向被告进行送达

D. 可通过电子邮件方式向被告送达

【答案】D

考点四：域外调取证据

1. 代为取证	以公约为基础，以请求书的方式进行，通过被请求国指定的中央机关（司法部）提出，仅限于调取司法程序的证据。
2. 领事取证	通过本国驻他国领事或外交人员在驻在国直接调取证据，但只能向本国国民调查取证，且不得违反当地法律，不得采取强制措施。
3. 特派员取证、当事人或诉讼代理人自行取证是我国原则上不允许的两种取证方式。	

考点五：外国法院判决的承认与执行

1. 依据		有条约和互惠关系是我国承认外国法院判决的前提。 外国法院离婚判决中解除夫妻身份关系的判项除外，财产分割、生活费负担、子女抚养方面的内容仍然以条约或互惠为前提。
2. 程序	（1）申请主体	由当事人、外国法院按照条约的规定或者互惠原则请求我国法院承认和执行。
	（2）管辖	由被执行人住所地或财产所在地的中级人民法院管辖。
	（3）期间	①当事人申请承认和执行外国法院判决、裁定的期间为2年。 ②当事人仅申请承认的，自法院作出承认的裁定生效之日起重新计算2年申请执行的期间。
3. 条件		（1）请求承认与执行的判决或裁定必须是已经发生法律效力的判决或裁定。 （2）外国判决、裁定不违反我国法律的基本原则，或者不违反我国的公共利益。 （3）如系缺席判决，申请人应同时提交外国法院已经合法传唤和送达的证明文件，或在判决、裁定中对以上情况作出说明。 （4）判决在先原则。若我国法院已经对当事人之间相同诉因作出判决，则不予承认外国法律的判决和裁定。 （5）案件不属于我国法院专属管辖。

📖 **精讲精练**

Y国人朴某与中国人杨某在Y国诉讼离婚，朴某向杨某住所地的中国某法院申请承认和执行Y国法院的判决。中国和Y国之间没有关于法院判决承认和执行的双边协议，也没有相应的互惠关系。根据我国相关法律法规，下列哪一判断是正确的？（2019学员回忆版）

A. 法院应依两国既无双边协议也无互惠关系，拒绝承认和执行Y国离婚判决

B. 若Y国离婚判决是在杨某缺席且未得到合法传唤情况下作出的，法院应拒绝承认

C. 若法院已经受理了朴某的申请，杨某向同一法院起诉离婚的，法院应当受理

D. 若法院已经受理了朴某的申请，朴某不得撤回其申请

【答案】B

第四章
区际司法协助

 本章导读

　　本章主要内容是中国内地（大陆）与港澳台之间的区际司法协助，一般每年考1道题。本章不考理论，只考法条，主要考查内地（大陆）与港澳台之间的各项区际司法协助安排，包括内地（大陆）与港澳台之间的送达、调查取证、判决的承认与执行、仲裁裁决的承认与执行。

考点一：区际文书送达

区际文书送达与外国文书送达比较	涉台送达共八种	涉港澳送达共七种	涉外送达共六种	涉外送达共九种，其中这六种也适用于我国内地（大陆）与港澳台之间： ①向受送达人委托的有权代其接收送达的诉讼代理人送达。 ②向受送达人在我国内地的代表机构或有权接收送达的分支机构、业务代办人送达。 ③邮寄送达（前提是受送达人所在地法律允许）。 ④传真、电子邮件等能够确认受送达人收悉的方式。 ⑤向在内地出现的受送达人或其法定代表人、主要负责人（董事、监事、高管等）送达。 ⑥不能用其他方式送达的，公告送达（兜底）。
			⑦委托送达（见考点二）。涉港澳台都有委托送达途径。	
		⑧指定代收人送达。仅适用于涉台送达。		

考点二：区际委托送达司法文书

1. 委托送达的途径	涉港	①双方各级法院均有权委托送达司法文书，但须通过内地各高级人民法院和香港特区高等法院进行。 ②内地最高人民法院的司法文书可直接委托香港高等法院送达。	最高院→ 香港高等法院 高院⇆

	涉澳	①澳门与内地法院相互委托送达司法文书，均须经内地各高级人民法院和澳门特区终审法院进行。 ②最高人民法院与澳门终审法院可直接相互委托送达。 ③最高人民法院可以授权部分中级人民法院、基层人民法院与澳门特别行政区终审法院相互委托送达和调取证据。经授权的内地中级人民法院、基层法院收到澳门终审法院委托书后，认为不属于本院管辖的，应当报请高级人民法院处理。 ④请求送达司法文书的委托书应盖有法院印章或由法官签名。	最高院 ⇄ 澳门终审法院 ↓ 高院 中级或基层法院 ⇄ 网络委托平台：相互委托通过内地与澳门司法协助网络平台以电子方式转递，若不能用网络平台转递的，采用邮寄方式。
	涉台	台湾地区与大陆法院相互委托司法文书送达须经各高级人民法院和台湾地区法院进行。	‖高院⇄‖台湾地区法院
2. 期限		上述内地（大陆）与港澳台所涉法院在收到委托书之日起的 2 个月内完成送达。 受托法院无法送达的，应当及时书面回复委托方法院。	

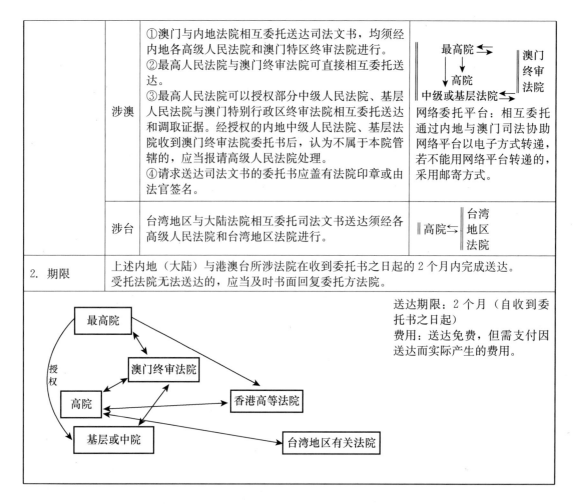

送达期限：2 个月（自收到委托书之日起）
费用：送达免费，但需支付因送达而实际产生的费用。

考点三：区际委托调查取证

	涉港	①内地法院与香港法院就民商事案件相互委托提取证据，须通过各自指定的联络机关进行。内地联络机关为各高级人民法院，香港指定特区政府政务司司长办公室所辖行政署为联络机关。 ②最高人民法院可直接通过香港特区指定的以上联络机关提取证据。 ③香港特区法院委托内地取证的委托书应加盖香港高等法院印章。	最高院 →‖香港政务司行政署 高院⇄
1. 委托取证的途径		期限：内地与香港间委托调取证据最迟不得超过自收到委托书之日起 6 个月。	
	涉澳	①涉澳委托取证的途径与涉澳委托送达一致（同涉澳委托送达的途径①②③）。 ②受委托方法院可以根据委托方法院的请求，并经证人、鉴定人同意，协助安排其辖区的证人、鉴定人通过视频、音频作证。	最高院 ⇄‖澳门终审法院 ↓ 高院 中级或基层法院 ⇄ 网络委托平台
		期限：内地与澳门间委托取证时间最迟不得超过自收到委托书之日起 3 个月。	

2. 其他	①材料语言：涉港澳委托书及相关材料应以中文文本提出。没有中文文本，应当提供中文译本。 ②如果委托请求在受委托方取证时到场，以及参与录取证言的程序，受委托方可以按照其辖区内相关法律规定予以考虑批准。

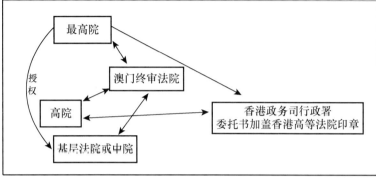

取证期限：澳门3个月，香港6个月（自收到委托书之日起）
费用：取证免费，但需支付因取证而实际产生的费用。

📌 **精讲精练**

内地某中级法院审理一起涉及澳门特别行政区企业的商事案件，需委托澳门特别行政区法院进行司法协助。关于该司法协助事项，下列哪些表述是正确的？（2013-1-79）

A. 该案件司法文书送达的委托，须通过该中级法院所属高级法院转交澳门特别行政区终审法院

B. 澳门特别行政区终审法院有权要求该中级法院就其中文委托书提供葡萄牙语译本

C. 该中级法院可以请求澳门特别行政区法院协助调取与该案件有关的证据

D. 在受委托方法院执行委托调取证据时，该中级法院司法人员经过受委托方允许可以出席并直接向证人提问

【答案】ACD

考点四：内地（大陆）与港澳台相互认可与执行民商事案件判决

1. 适用范围	港	①《关于内地与香港特别行政区法院相互认可和执行民商事案件判决的安排》（2019） ②《关于内地与香港特别行政区法院相互认可和执行婚姻家庭民事案件判决的安排》（2017）	
	澳	《内地与澳门特别行政区关于相互认可和执行民商事判决的安排》（2006）	
	台	《关于认可和执行台湾地区法院民事判决的规定》（2015）	
2. 管辖			①涉港民商事案件	②涉港婚姻家庭案件
	涉港	（1）内地	向申请人住所地或者被申请人住所地、财产所在地的中级人民法院提出。	向申请人住所地、经常居住地或者被申请人住所地、经常居住地、财产所在地的中级人民法院提出。
		（2）香港	向香港高等法院提出。	向香港区域法院提出。
	涉澳	（1）内地	向被申请人住所地、经常居住地或者财产所在地的中级人民法院提出。	
		（2）澳门	有权受理认可内地判决申请的法院为澳门中级法院，有权执行的法院为澳门初级法院。	

	涉台	申请认可台湾地区法院民事判决的案件，由申请人或者被申请人住所地、经常居住地、财产所在地中级人民法院或者专门人民法院受理。	
3. 多地执行		①有关跨区际同时执行	②向多个人民法院提出
	涉港	可：被申请人在内地和香港特别行政区均有可供执行财产的，申请人可以分别向两地法院申请执行。	可，但由最先立案的人民法院管辖。
	涉澳	不可：被申请人在内地和澳门特别行政区均有可供执行财产的，申请人只能向一地法院提出执行申请。申请人向一地法院提出执行申请的同时，可向另一地法院申请查封、扣押或者冻结被执行人的财产。	
	涉台	未涉及跨区执行。	
4. 其他	①承认与执行须按各地程序法缴纳诉讼费。③申请所提交材料均须以中文制成或提供中文译本。②关于平行诉讼参照承认与执行外国法院判决，适用判决在先和一事不再理原则。		

考点五：内地（大陆）与港澳台相互执行仲裁裁决

	涉港	内地	向被申请人住所地、财产所在地的中级人民法院提出。
1. 管辖		香港	向高等法院提出。
	涉澳	内地	向被申请人住所地、经常居住地或财产所在地的中级人民法院提出。
		澳门	有权受理认可仲裁裁决申请的法院为澳门中级法院，有权执行的法院为澳门初级法院。
	涉台		申请由申请人或被申请人住所地、经常居住地或者被申请人财产所在地中级人民法院或者专门人民法院受理。
2. 区际执行	涉港		（2021变化）可：申请人可以分别向两地法院申请执行。应对方要求，两地法院应相互提供本方执行的情况。两地法院执行财产的总额不得超出裁决确定数额。
	涉澳		可：当事人分别向两地法院提出申请的，两地法院都应当依法进行审查。仲裁地法院应当先进行执行清偿；另一地法院对申请人未获清偿的部分进行执行清偿。

国际法

第一章
导论

 **本章导读**

本章内容包括国际法的渊源和基本原则。本章内容考得很少，一般两到三年考一道题，考查的重点主要集中于：一是国际法的渊源；二是国际法的基本原则，特别是对民族自决权原则的理解；三是国际法与国内法的关系，尤其是国际法在国内的适用和与国内法冲突时的处理规则。

考点一：国际法的渊源

1. 概要	(1) 国际法的渊源包括三类：国际条约、国际习惯和一般法律原则； (2) 司法判例、国际法权威学者的学说和政府间国际组织的决议不是国际法的渊源，只是确立国际法原则时的辅助方法。	
2. 内容	(1) 国际条约	对缔约国具有法律拘束力。
	(2) 国际习惯	具有法律拘束力，原则上所有国际法主体都应遵守。
	(3) 一般法律原则	

精讲精练

甲、乙、丙、丁四国是海上邻国，2000年四国因位于其海域交界处的布鲁兰海域的划分产生了纠纷。同年，甲国进入该区域构建了石油平台，并提出了划界方案；2001年乙国立法机关通过法案，对该区域作出了划定；2002年丙、丁两国缔结划界协定，也对该区域进行划定。2004年某个在联合国拥有"普遍咨商地位"的非政府国际组织通过决议，提出了一个该区域的划定方案。上述各划定方案差异较大。根据国际法的相关原则和规则，下列哪一选项是正确的？（2008延-1-31）

A. 甲国的行为不构成国际法中的先占，甲国的划界方案对其他国家没有拘束力

B. 乙国立法机构的法案具有涉外性，构成国际法的一部分，各方都应受其拘束

C. 丙、丁两国缔结的协定是国际条约，构成国际法的一部分，对各方均有拘束力

D. 上述非政府组织的决议，作为国际法的表现形式，对各方均有拘束力

【答案】A

考点二：国际法的基本原则

1. 基本原则的特征	(1) 各国公认，普遍接受； (2) 适用于国际法律关系的所有领域，贯穿国际法的各个方面； (3) 具有强行法性质。		
2. 基本原则的主要内容	(1) 国家主权平等原则		
	(2) 不干涉内政原则	①内政	本质上属于国内管辖的事项 不违背已经确立的国际法规则及所承担的国际义务
		②不干涉	约束主体：任何国家不得干涉他国内政 例外：人道主义干涉 有公认的法律作为依据 严格在国际法律框架中进行
	(3) 不使用武力威胁或武力原则	不是禁止一切武力的使用，和平≠非武力； 国家对侵略行为进行的自卫行动 联合国集体安全制度下的武力使用	
	(4) 和平解决国际争端的原则		
	(5) 民族自决原则	①殖民地民族的独立权：只严格适用于殖民地民族的独立； ②呼吁国家通过国内法和措施增进国内各民族的平等与自由。	
	(6) 善意履行国际义务原则		

📖 **精讲精练**

2001 年，甲国新政府上台后，推行新的经济政策和外交政策，在国内外引起强烈反应。乙国议会通过议案，谴责甲国的政策，并要求乙国政府采取措施，支持甲国的和平反政府运动。同时，乙国记者兰摩也撰写了措辞严厉的批评甲国政策的文章在丙国报纸上发表。甲国的邻国丁国暗自支持甲国的反政府武装活动。根据上述情况和国际法的相关原则，下列哪一选项是正确的？（2008 延-1-32）

A. 乙国记者的行为，涉嫌违反国际法

B. 乙国议会的法案一旦被执行，则涉嫌违反国际法

C. 丙国的行为涉嫌违反国际法

D. 丁国的行为不涉嫌违反国际法

【答案】B

第二章
国际法的主体与国际法律责任

本章导读

　　本章内容包括国际法的主体、国际法律责任的构成和形式以及国际责任制度的新发展。本章每年分值1～3分，考点主要有四个：一是国家主权豁免；二是国际法上的承认和继承；三是联合国；四是国际法律责任。

考点一：国家的管辖权与国家主权豁免

1. 国家管辖权	（1）属地管辖权	
	（2）属人管辖权	国家对具有其国籍的人（包括自然人、法人，还包括船舶、航空器、航天器等获得国籍的特定物），具有管辖的权力，不论其是在领土范围内还是领土范围外。
	（3）保护性管辖权	
	（4）普遍性管辖权	
2. 国家主权豁免	（1）绝对豁免主义（国际习惯规则）	①一国本身及其财产在另一国法院享有管辖豁免； ②国家管辖豁免放弃（一次放弃仅针对特定事项或特定案件） 明示放弃 默示放弃──主动起诉、介入诉讼或提起反诉 不属于默示放弃的情形──同意适用另一国法律／为主张豁免而介入诉讼／出庭作证
	（2）限制豁免理论（国际条约规则）	①该公约未生效：2004年《联合国国家及其财产管辖豁免公约》。 ②限制豁免主张一国因某些商业行为而引发的诉讼，不得向另一国法院援引管辖豁免，但对主权行为仍享有管辖豁免。
	（3）财产执行豁免	不论是绝对豁免主义，还是限制豁免理论都主张绝对执行豁免，即除非国家明示同意放弃执行豁免，否则，另一国法院不得对该国财产采取任何强制措施。

📖 **精讲精练**

乘坐乙国航空公司航班的甲国公民，在飞机进入丙国领空后实施劫机，被机组人员制服后交丙国警方羁押。甲、乙、丙三国均为 1963 年《东京公约》、1970 年《海牙公约》及 1971 年《蒙特利尔公约》缔约国。据此，下列哪一选项是正确的？（2017-1-32）

A. 劫机发生在丙国领空，仅丙国有管辖权

B. 犯罪嫌疑人为甲国公民，甲国有管辖权

C. 劫机发生在乙国航空器上，仅乙国有管辖权

D. 本案涉及国际刑事犯罪，应由国际刑事法院管辖

【答案】B

📖 **精讲精练**

甲国某公司与乙国驻甲国使馆因办公设备合同产生纠纷，并诉诸甲国法院。根据相关国际法规则，下列哪些选项是正确的？（2014-1-75）

A. 如合同中有适用甲国法律的条款，则表明乙国放弃了其管辖的豁免

B. 如乙国派代表出庭主张豁免，不意味着其默示接受了甲国的管辖

C. 如乙国在本案中提起了反诉，则是对管辖豁免的默示放弃

D. 如乙国曾接受过甲国法院的管辖，甲国法院即可管辖本案

【答案】BC

考点二：国际法上的承认

1. 概念	国家或国际组织对于新国家、新政府或其他态势的出现，以一定的方式表示接受或同时表明愿意与其发展正常关系的单方面行为。
2. 承认方式	（1）法律承认，是正式的和不可撤销的，包括： 明示承认：通过正式通知、函电、声明、条约或国际文件等。 默示：与承认对象建立正式外交关系／正式接受领事／与承认对象缔结正式的政治性条约／投票支持参加仅对国家开放的国际组织 （2）事实承认：是不完全的、非正式的和暂时的，它比较模糊并可以随时撤销。
3. 新国家和新政府	（1）新国家产生的四种情况：独立（殖民地）、合并、分立、分离。 （2）新政府的承认：只有一国由于剧烈的社会变革或政变而产生的新政府才可能带来政府的承认问题。对新政府的承认意味着对旧政府承认的撤销。

📖 **精讲精练**

甲、乙两国建立正式外交关系数年后，因两国多次发生边境冲突，甲国宣布终止与乙国的外交关系。根据国际法相关规则，下列哪一选项是正确的？（2010-1-29）

A. 甲国终止与乙国的外交关系，并不影响乙国对甲国的承认

B. 甲国终止与乙国的外交关系，表明甲国不再承认乙国作为一个国家

C. 甲国主动与乙国断交，则乙国可以撤回其对甲国作为国家的承认

D. 乙国从未正式承认甲国为国家，建立外交关系属于事实上的承认

【答案】A

考点三：国际法上的继承

1. 条约继承	(1) 继承范围：依相关国家达成的协议或依条约法解决条约继承，如无协议，只继承有关领土边界、河流交通、水利灌溉等"非人身性条约"； (2) 不予继承的条约类型：与国际法主体人格有关的所谓"人身性条约"以及政治性条约，如和平友好、同盟互助、共同防御等条约。	
2. 国家财产的继承	(1) 基本标准：被继承的财产应与领土有关联； (2) 两种继承方式：	所涉领土内的财产（特别是不动产）：随领土一并转属或分别转属继承 所涉领土外的财产（动产）：依所涉领土的实际生存原则
3. 国家债务的继承	(1) 国家债务是指一国对他国、国际组织等国际法主体所负担的财政义务。 (2) 所需继承的国家债务包括两类： (3) "恶债"不予继承。	国债 地方化债务

考点四：联合国主要机关

1. 大会	(1) 大会职权	①大会可以讨论宪章范围内或联合国任何机关的任何问题，但安理会正在审议的除外。 ②大会不是立法机关。
	(2) 大会表决	大会表决实行一国一票制。对于一般决议采取简单多数通过，对于重要问题决议采取2/3多数通过。
	(3) 大会决议的效力	根据《联合国宪章》，大会对于联合国组织内部的事务通过的决议对会员国具有拘束力；对于其他一般事项作出的决议属于建议性质，不具有法律拘束力。
2. 安全理事会	(1) 安理会组成	①安理会是联合国中唯一有权采取行动的机关。 ②安理会由15个理事国组成，其中中、法、俄、英、美五国为常任理事国。
	(2) 表决机制	①程序事项（如国际法官的选举）：采取9个同意票即可通过。 ②非程序事项（又叫实质性事项）：要求包括所有常任理事国在内的9个同意票才可通过，又称"大国一致原则"，即常任理事国有一票否决权，但常任理事国弃权和缺席不影响决议的通过。 ③适用非程序（实质性）事项表决程序的问题：和平解决争端、推荐秘书长人选、接纳新会员、建议中止会员国权利和开除会员国等问题。 ④关于和平解决争端的决议，作为争端当事国的理事国不得投票。但有关采取执行行动的决议，其可以投票，并且常任理事国可以行使否决权。
	(3) 决议约束力	安理会作出的决议，对于当事国和所有会员国都具有约束力。
3. 秘书处	①秘书长是联合国的行政首长，任期五年，可以连任。 ②秘书长经安理会推荐（实质性表决程序），并经大会简单多数票通过后委任。	

📝 精讲精练

联合国会员国甲国出兵侵略另一会员国。联合国安理会召开紧急会议，讨论制止甲国侵略的决议案，并进行表决。表决结果为：常任理事国4票赞成、1票弃权；非常任理事

国 8 票赞成、2 票否决。据此，下列哪一选项是正确的？（2016-1-32）

    A. 决议因有常任理事国投弃权票而不能通过

    B. 决议因非常任理事国两票否决而不能通过

    C. 投票结果达到了安理会对实质性问题表决通过的要求

    D. 安理会为制止侵略行为的决议获简单多数赞成票即可通过

【答案】C

📝 精讲精练

联合国大会由全体会员国组成，具有广泛的职权。关于联合国大会，下列哪一选项是正确的？（2015-1-32）

    A. 其决议具有法律拘束力

    B. 表决时安理会 5 个常任理事国的票数多于其他会员国

    C. 大会是联合国的立法机关，三分之二以上会员国同意才可以通过国际条约

    D. 可以讨论《联合国宪章》范围内或联合国任何机关的任何问题，但安理会正在审议的除外

【答案】D

考点五：非政府国际组织

1. 主要特点	①跨国性；②非政治性和非政府性，其性质为社会团体，不是国际法主体；③非营利性；④志愿性。
2. 成立和活动依据	国际非政府组织的成立及其活动，目前主要由各相关国家的国内法加以规范。

考点六：国际法律责任的构成和新发展

1. 构成	（1）归因于国家	下列行为，包括作为和不作为，是可以归因于国家的行为： ①国家机关的行为（包括各类机关、不同等级、国内和驻外机关）； ②经授权行使政府权力的其他实体的行为； ③实际上代表国家行事的个人的行为，分为两类： {国家元首、政府首脑、外交部部长及外交使节的行为归因于国家 {其他人员仅执行职务的行为（包括越权和不法行为）归因于国家 ④别国或国际组织交与一国支配的机关的行为； ⑤被承认为叛乱运动机关的行为，分两类区别对待： {一国领土上的叛乱运动机关自身的行为，不视为该国的国家行为 {已经和正在组成新国家的叛乱运动，被视为该新国家的行为
	（2）违背国际义务	①国际不法行为； ②国际罪行。
	（3）不法性的排除	①明确并自愿同意，且不属于国际强行法规则范畴； ②必要和适度的对抗（非武力）与自卫（武力）； ③不可抗力和偶然事件； ④危难和紧急状况。

2. 新发展	（1）责任主体扩大	第二次世界大战后发展的"双罚原则"将国际法律责任的主体扩大到了个人，即对于从事严重违反国际法的国际罪行的国家，在国家承担国际责任的同时，也追究负有责任国家的领导人的个人刑事责任。
	（2）无过错责任	核污染和外空探索行为导致的损害，虽不违背国际义务，但产生国家赔偿责任。 ①外空探索行为：完全国家责任制度； ②核损害：双重责任制度，即国家承担对营运人的补充责任。

📖 **精讲精练**

甲国某核电站因极强地震引发爆炸后，甲国政府依国内法批准将核电站含低浓度放射性物质的大量污水排入大海。乙国海域与甲国毗邻，均为《关于核损害的民事责任的维也纳公约》缔约国。下列哪一说法是正确的？（2011-1-32）

A. 甲国领土范围内发生的事情属于甲国内政

B. 甲国排污应当得到国际海事组织同意

C. 甲国对排污的行为负有国际法律责任，乙国可通过协商与甲国共同解决排污问题

D. 根据"污染者付费"原则，只能由致害方，即该核电站所属电力公司承担全部责任

【答案】C

第三章
国际法上的空间划分

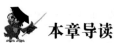 **本章导读**

　　本章内容包括领土、海洋法、国际航空法与外层空间法、国际环境保护法。本章每年分值2～5分。

第一节　国家领土

考点一：领土及其取得方式

1. 领土的构成	（1）领陆。 （2）领水。 （3）领空。 （4）底土。	
2. 领土的取得方式	（1）获取领土的传统方式	①先占。现在世界上已不存在先占的对象。 ②时效。争议大，没有普遍适用意义，我国不承认。 ③添附。合法，人工添附不得损害他国的利益。 ④征服。已经被现代国际法所废弃。 ⑤割让。分为强制性割让和非强制性割让。强制性割让已失去合法性；非强制性割让包括买卖、赠予及互换等，是合法的。
	（2）新发展	①殖民地独立带来的领土变更合法。 ②公民投票方式。相关国家的国内法或有关国家间的具体协议是判断可否运用公民投票方式以及投票效力的法律依据。

📖 **精讲精练**

　　关于领土的合法取得，依当代国际法，下列哪些选项是正确的？（2016-1-75）

A. 甲国围海造田，未对他国造成影响

B. 乙国屯兵邻国边境，邻国被迫与其签订条约割让部分领土

C. 丙国与其邻国经平等协商，将各自边界的部分领土相互交换

D. 丁国最近二十年派兵持续控制其邻国部分领土，并对外宣称拥有主权

【答案】AC

考点二：边境及河流制度

1. 边境制度	（1）界标的维护	①相邻国家对界标的维护负有共同的责任； ②若一方发现界标被移动、损坏或灭失，应尽速通知另一方，在双方代表在场的情况下修复或重建。
	（2）边境土地的利用不得损害邻国权利（相邻权）。	
	（3）界河	①界河以主航道或河道中心线为界； ②沿岸国对界水有共同的使用权，不得损害邻国利益，包括不得单方使河水改道，一方如欲在界水上修建工程设施，应该取得另一方同意； ③除遇难或其他特殊情形，一方船舶未经允许不得在对方靠岸停泊，渔民在界水的本国一侧捕鱼。
	（4）边民往来的便利化	
2. 河流制度	（1）多国河流	①地理位置：流经两个或两个以上国家领土的河流。 ②主权归属：各国分别对流经其领土的河段拥有主权。 ③管理和利用：一般由有关国家协议解决，各国不得从事河流改道或阻塞河流等有害利用行为。 ④航行：多国河流一般对所有沿岸国开放，而非沿岸国船舶未经许可不得航行。
	（2）国际河流	①国际河流是通过条约规定对所有国家开放航行的多国河流。 ②国际河流一般允许所有国家的商船无害通过。 ③国际河流的管理一般由条约成立的专门机构进行。
	（3）国际运河	国际运河的地位和航行制度由有关条约确定，一般对所有国家开放。

📋 精讲精练

甲、乙两国边界附近爆发部落武装冲突，致两国界标被毁，甲国一些边民趁乱偷渡至乙国境内。依相关国际法规则，下列哪一选项是正确的？（2016-1-33）

A. 甲国发现界标被毁后应尽速修复或重建，无须通知乙国

B. 只有甲国边境管理部门才能处理偷渡到乙国的甲国公民

C. 偷渡到乙国的甲国公民，仅能由乙国边境管理部门处理

D. 甲、乙两国对界标的维护负有共同责任

【答案】D

考点三：南极地区的法律地位

原则	目前，南极地区法律制度《南极条约》的主要内容包括： ①南极只用于和平目的；②科学考察自由和科学合作；③维持南极地区水域的公海制度；④冻结对南极的领土要求。

第二节　海洋法

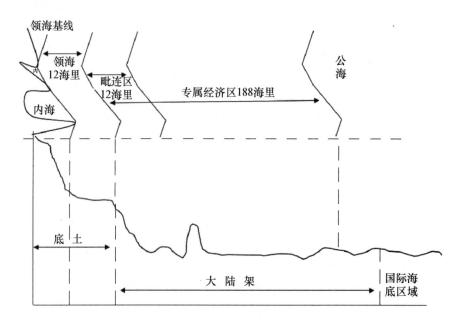

考点一：内海和领海

1. 内海	（1）内海	完全排他的主权，外国船舶非经沿海国同意，不得进入其内海。渤海湾是我国历史上的内海湾，琼州海峡位于我国领海基线以内，是我国国内海峡。
	（2）港口管辖权	在刑事管辖方面，通常只对扰乱港口安宁、受害者是沿岸国或其国民、案情重大或船旗国领事或船长请求时沿岸国才予以管辖。
2. 领海	（1）领海主权	领海是国家领土的一部分，但外国船舶在领海中享有无害通过权。
	（2）领海无害通过权	无害通过要满足以下条件：①要求连续不停地迅速通过，不得停泊或下锚，除非不可抗力、遇难或救助；②通过必须是无害的；③我国不允许军用船舶在领海的无害通过。

📖 **精讲精练**

　　"青田"号是甲国的货轮，"前进"号是乙国的油轮，"阳光"号是丙国的科考船，三船通过丁国领海。依《联合国海洋法公约》，下列哪些选项是正确的？（2016-1-76）

　　A. 丁国有关对油轮实行分道航行的规定是对"前进"号油轮的歧视

　　B. "阳光"号在丁国领海进行测量活动是违反无害通过的

　　C. "青田"号无须事先通知或征得丁国许可即可连续不断地通过丁国领海

　　D. 丁国可以对通过其领海的外国船舶征收费用

　　【答案】BC

考点二：毗连区

毗连区	（1）法律地位	毗连区不是国家领土，国家不享有领土主权。
	（2）管辖权	国家可以在毗连区内行使下列事项所必要的管制： 防止或惩处在其领土或领海内违反其海关、财政、移民或卫生（中国还包括国家安全）的法律规章的行为。

考点三：专属经济区和大陆架的法律制度

1. 专属经济区	（1）构成	专属经济区是领海以外毗邻领海的一定宽度的水域，它从领海基线量起不得超过200海里（注意扣减领海的宽度剩下的才是专属经济区的宽度）。
	（2）法律制度	①沿海国拥有对专属经济区自然资源的专属勘探、开发和管理的权利；此外，其他国家享有航行、飞越、铺设海底电缆和管道等合法活动的权利。 ②沿海国对外国船舶违法行为采取措施时，应遵循以下规则： 　a. 在其提出适当的保证书或担保后，应迅速释放被捕的船只及船员； 　b. 对于仅违反渔业法规的行为的处罚，不得包括监禁和体罚； 　c. 沿海国应将逮捕、扣留船只的措施和处罚迅速通知船旗国。 ③在我国管辖海域实施非法猎杀濒危野生动物或非法捕捞海产品等犯罪的，追究刑事责任。
2. 大陆架	（1）构成	200海里之外的大陆架如果存在，称为外大陆架。 　200＜地理大陆架＜350→法律大陆架＝地理大陆架－12 　地理大陆架＜200→法律大陆架＝200－12 　地理大陆架＜350→法律大陆架＝350－12
	（2）法律制度	①沿海国对大陆架的权利不取决于占领或公告，而取决于向大陆架委员会提交的科学信息和证据所证明的大陆架的构成； ②沿海国具有勘探和开发大陆架自然资源的专属权利； ③所有国家可以在他国大陆架铺设电缆和管道，但线路划定须经沿海国同意； ④沿海国开发200海里以外大陆架的非生物资源，应通过国际海底管理局并缴纳一定的费用或实物，发展中国家在某些条件下可以免缴。

📑 精讲精练

甲国在其宣布的专属经济区水域某暗礁上修建了一座人工岛屿。乙国拟铺设一条通过甲国专属经济区的海底电缆。根据《联合国海洋法公约》，下列哪一选项是正确的？（2010—1—31）

A. 甲国不能在该暗礁上修建人工岛屿

B. 甲国对建造和使用该人工岛屿拥有管辖权

C. 甲国对该人工岛屿拥有领土主权

D. 乙国不可在甲国专属经济区内铺设海底电缆

【答案】B

考点四：公海与国际海底区域

1. 公海	(1) 公海管辖权	①船旗国管辖。②普遍管辖权：a. 海盗行为；b. 非法广播；c. 防止和禁止贩运奴隶和贩运毒品。	
	(2) 临检权和紧追权	主体	一国军舰、军用飞机或其他得到正式授权、有清楚标志可识别的政府船舶或飞机。
		区别	①临检权，又称登临权。对象：公海上的外国船舶（军舰等享有豁免权的除外）法律依据：a. 行使公海普遍管辖权；b. 船舶无国籍。②紧追权，指沿海国拥有对违反其法规并从该国管辖范围内的海域向公海行驶的外国船舶进行追逐的权利。对象：一国内海、领海、毗连区或专属经济区上的外国船舶。法律依据：违背沿海国有关内海、领海、毗连区、专属经济区及大陆架权利有关的法规。限制：a. 紧追前应在被紧追船舶的视听范围内发出视觉或听觉停止信号 b. 追入公海可继续进行，但必须连续不断 c. 紧追在被追船舶进入其本国或第三国领海时立即终止
2. 国际海底区域"平行开发制"			

精讲精练

乙国军舰A发现甲国渔船在乙国领海走私，立即发出信号开始紧追，渔船随即逃跑。当A舰因机械故障被迫返航时，令乙国另一艘军舰B在渔船逃跑必经的某公海海域埋伏。A舰返航半小时后，渔船出现在B舰埋伏的海域。依《联合国海洋法公约》及相关国际法规则，下列哪一选项是正确的？（2009-1-30）

A. B舰不能继续A舰的紧追

B. A舰应从毗连区开始紧追，而不应从领海开始紧追

C. 为了紧追成功，B舰不必发出信号即可对渔船实施紧追

D. 只要B舰发出信号，即可在公海继续对渔船紧追

【答案】A

考点五：群岛水域

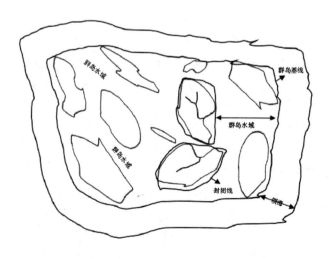

群岛水域	(1) 划定	群岛基线不能明显偏离群岛轮廓，不能将其他国家的领海与公海或专属经济区隔断。
	(2) 法律制度	①群岛国对其群岛水域包括其上空和底土拥有主权，可在基线之外划定领海、毗连区、专属经济区和大陆架。 ②无害通过制度。所有国家享有通过除群岛国内水以外的群岛水域的无害通过权。 ③群岛海道通过制度。群岛国可指定适当的海道和其上的空中通道，以便其他国家的船舶或飞机连续不停地迅速通过或飞越群岛水域及邻接的领海。

📖 **精讲精练**

甲国是群岛国，乙国是甲国的隔海邻国，两国均为《联合国海洋法公约》的缔约国。根据相关国际法规则，下列哪一选项是正确的？（2014-1-33）

A. 他国船舶通过甲国的群岛水域均须经过甲国的许可

B. 甲国为连接其相距较远的两岛屿，其群岛基线可隔断乙国的专属经济区

C. 甲国因已划定了群岛水域，则不能再划定专属经济区

D. 甲国对其群岛水域包括上空和底土拥有主权

【答案】D

考点六：国际海峡

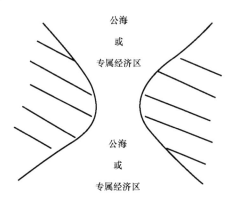

国际海峡	(1) 构成	国际航行海峡，主要是指两端都是公海或专属经济区，而又用于国际航行的海峡。
	(2) 通行制度	①过境通行制度：所有国家的船舶和飞机都可以以迅速通过为目的，连续不停地在国际海峡航行和飞越。过境通行不影响沿岸国其他方面的任何权利。 ②无害通过制度（只适用于船舶）：适用于一国大陆和该国的岛屿构成的海峡，且该岛屿向海一面的海域有一条在航行和水文特征方面同样方便地穿过公海或专属经济区的航道，即此类海峡外国飞机非经许可不得穿越，需要绕行。 ③公海自由航行制度。 ④特别协定制度。

第三节　国际航空法、外层空间法与国际环境保护法

考点一：国际航空法与外层空间法

1. 国际航空法	(1) 领空主权	国家对其领空拥有完全的和排他的主权。外国航空器进入国家领空须经该国许可并遵守领空国有关法律。
	(2) 民航安全	或引渡或起诉原则：针对危害民航安全的罪行，如果嫌疑人所在国没有相关协议引渡义务，并决定不予引渡，则应在本国作为严重的普通刑事案件进行起诉。
2. 外层空间法	(1) 登记制度	发射的空间物体由联合国秘书长在总册登记；若有多个发射国，应由其共同决定其中的一个国家进行登记；外空物体的登记国对该外空物体拥有所有权和管辖控制权。
	(2) 营救制度	援救：对本国领土范围内发现的外国宇航员的营救和帮助 通知：对所知的外国外空遇难立即通知发射国和联合国秘书长 送还：向发射国送还意外落入本国的空间物体和宇航员
	(3) 责任制度	主体是发射国，包括 发射或促使发射空间物体的国家 从其领土或设施发射空间物体的国家 类型 绝对责任：致损对象为地球表面或飞行中的飞机 过错责任：致损对象为地球表面以外的第三国外空物体 不适用《责任公约》的人员 发射国国民 受邀参加发射或回收的外国人

📖 **精讲精练**

　　甲国发生内战，乙国拟派民航包机将其侨民接回，飞机需要飞越丙国领空。根据国际法相关规则，下列哪些选项是正确的？（2011-1-75）

　　A. 乙国飞机因接其侨民，得自行飞越丙国领空

　　B. 乙国飞机未经甲国许可，不得飞入甲国领空

　　C. 乙国飞机未经允许飞越丙国领空，丙国有权要求其在指定地点降落

　　D. 丙国军机有权在警告后将未经许可飞越丙国领空的乙国飞机击落

　　【答案】BC

📖 **精讲精练**

　　乙国与甲国航天企业达成协议，由甲国发射乙国研制的"星球一号"卫星。因发射失败卫星碎片降落到甲国境内，造成人员和财物损失。甲、乙两国均为《空间物体造成损害的国际责任公约》缔约国。下列哪些选项是正确的？（2009-1-98）

　　A. 如"星球一号"发射成功，发射国为技术保密可不向联合国办理登记

　　B. 因"星球一号"由甲国的非政府实体发射，甲国不承担国际责任

　　C. "星球一号"对甲国国民的损害不适用《责任公约》

　　D. 甲国和乙国对"星球一号"碎片造成的飞机损失承担绝对责任

　　【答案】CD

考点二：国际环境保护法的主要制度

1. 大气环境保护	（1）法律依据	防止气候变化的公约主要是《联合国气候变化框架公约》《京都议定书》《〈联合国气候变化框架公约〉巴黎协定》及其实施细则。			
	（2）共同但有区别责任原则	①责任的共同性：保护环境需要所有国家的合作与努力。 ②责任的区别性。公约把参加国分为三类，分别规定了不同的义务： 工业化国家：承担削减温室气体排放的义务。 发达国家：不承担具体削减义务，但承担为发展中国家进行资金和技术援助的义务。 发展中国家：不承担削减义务，可以接受发达国家的资金、技术援助，不得出卖排放指标。 注：以上均依司法部官方教材编写。			
	（3）减排方式	①以净排放量计算温室气体排放量。 ②排放权交易：仅适用于发达国家之间。 ③绿色开发机制：折抵温室气体排放量。 ④集团方式：仅适用于欧盟。			
	（4）《巴黎协定》	《〈联合国气候变化框架公约〉巴黎协定》明确了2020年以后应对气候变化致力于降低碳排放国际机制的整体框架，各国定期提交"国家自主贡献"的"自下而上"的灵活减排机制；重申全球气温升高的控制目标为2摄氏度。			
2. 生物资源	（1）条约	《濒危野生动植物种国际贸易公约》建立了濒危物种清单基础上的许可证制度。			
	（2）清单	受影响因素	管制程度	许可证	
	附件一	贸易→濒于灭绝	最严格管制，但并非绝对禁止	进口、出口均须获得许可证	
	附件二	不管理→濒于灭绝	必须加以限制	出口须获得许可证	
	附件三	一般保护物种	各国自行决定管理		
3. 危险废物	《控制危险废物越境转移及其处置公约》（简称《巴塞尔公约》）对危险废物越境转移规定了严格的条件，主要包括： ①只能在缔约国之间进行危险废物的越境转移。 ②进口国没有禁止该废物进口，并以书面形式就某一特定进口向出口国表示同意。 ③该废物在进口国有无害环境的处置方法。 ④危险废物的任何越境转移都必须有相关的保险、保证或担保。				

第四章
国际法上的个人

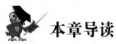**本章导读**

　　本章内容包括国籍、外国人的法律地位、引渡和庇护、国际人权法。可考内容包括国籍的取得与丧失，国籍的冲突和解决，外国人入境、居留和出境，外国人的待遇，外交保护的性质，外交保护的条件和范围，引渡，庇护，国际人权条约体系和国际保护人权机制。本章在法考中通常结合我国的国内立法进行考查。

考点一：《国籍法》

1. 中国国籍的取得	我国《国籍法》因出生获得国籍采取双系血统主义与出生地主义的混合制： ①父母双方或一方为中国公民，本人不论出生在中国或外国，具有中国国籍。但父母双方或一方为中国公民并定居在外国，本人出生时即具有外国国籍的，不具有中国国籍。 ②定居中国的无国籍或国籍不明的人，其出生于中国的子女具有中国国籍。	
2. 中国国籍的丧失	①自动丧失中国国籍：定居外国的中国公民，自愿加入或取得外国国籍的，即自动丧失中国国籍。 ②有关国家工作人员和现役军人的强制性规定：国家工作人员和现役军人，不得退出中国国籍。	
3. 国籍冲突的解决	（1）积极冲突	①我国不承认中国公民拥有外国国籍。 ②国际私法对外国人国籍积极冲突的解决：自然人具有两个以上国籍的，以经常居所对应的国籍为准；在所有国籍国均无经常居所的，适用最密切联系原则确定国籍。
	（2）消极冲突	国际私法中，自然人无国籍或国籍不明的，以其经常居所地代替国籍。

📑 **精讲精练**

　　中国公民李某与俄罗斯公民莎娃结婚，婚后定居北京，并育有一女李莎。依我国《国籍法》，下列哪些选项是正确的？（2017-1-75）

A. 如李某为中国国家机关公务员，其不得申请退出中国国籍

B. 如莎娃申请中国国籍并获批准，不得再保留俄罗斯国籍

C. 如李莎出生于俄罗斯，不具有中国国籍

D. 如李莎出生于中国，具有中国国籍

【答案】ABD

考点二：《出入境管理法》

1. 出入境管理机构	①驻外签证机关（驻外使领馆等）负责在境外签发外国人入境签证；②出入境边防检查机关负责实施出境入境边防检查；③县级以上公安机关及其出入境管理机构负责外国人停留居留管理。		
2. 中国公民的出入境	(1) 定居国外的中国公民可以凭本人的护照证明其身份。		
	(2) 禁止中国公民出境的情形：①被判处刑罚尚未执行完毕或者属于刑事案件被告人、犯罪嫌疑人的；②有未了结的民事案件，人民法院决定不准出境的等。		
3. 外国人出入境	(1) 拒签和禁止入境		①被处驱逐出境或者被决定遣送出境，未满不准入境规定年限的；②患有严重精神障碍、可能对公共卫生造成重大危害的传染病；③可能危害中国国家安全和利益的；④不能提交签证机关要求提交的相关材料或材料造假的等。 对不予签发签证及禁止入境的，无须说明理由。
	(2) 免签		①有互免签证协议的；②持有效的外国人居留证件的；③在中国境内停留不超过 24 小时且不离开口岸等。
	(3) 居留		①外国人在中国境内住旅馆，旅馆应向所在地公安机关报送外国人住宿登记信息。外国人在旅馆以外的其他住所居住或者住宿的，应当在入住后 24 小时内由本人或者留宿人，向居住地的公安机关办理登记。 ②对中国经济社会发展作出突出贡献或者符合其他在中国境内永久居留条件的外国人，经本人申请和公安部批准，取得永久居留资格。
	(4) 就业		①取得工作许可和工作类居留证件；②持留学类居留证的外国人勤工助学或实习的，应当经所在学校同意，并由公安机关出入境管理机构在居留证件上加注相关信息。
	(5) 出境	禁止出境	禁止外国人出境的情形：①有未了结的刑事案件；②有未了结的民事案件，人民法院决定不准出境的；③拖欠劳动者的劳动报酬，经国务院有关部门或者省级人民政府决定不准出境的等。
		强制出境	①限期出境。 ②遣送出境：被遣送出境的人员，自被遣送出境之日起 1 至 5 年内不准入境。 ③驱逐出境：由公安部决定，被驱逐出境的外国人，自被驱逐出境之日起 10 年内不准入境。

精讲精练

马萨是一名来华留学的甲国公民，依中国法律规定，下列哪些选项是正确的？（2017-1-76）

A. 马萨入境中国时，如出入境边防检查机关不准其入境，可以不说明理由

B. 如马萨留学期间发现就业机会，即可兼职工作

C. 马萨留学期间在同学家中短期借住，应按规定向居住地的公安机关办理登记

D. 如马萨涉诉，则不得出境

【答案】AC

考点三：外交保护

1. 条件	(1) 一国国民权利受到侵害是由于所在国的国家不当行为所致，即该侵害行为可以引起国家责任； (2) 国籍继续原则：受害人自受害行为发生起到外交保护结束的期间内，必须持续拥有保护国国籍； (3) 在提出外交保护前，受害人必须用尽当地救济，包括行政和司法救济手段。
2. 范围	(1) 国民被非法逮捕或拘禁； (2) 国民财产或利益被非法剥夺； (3) 国民受到歧视性待遇； (4) 国民被"拒绝司法"等情况。

📌 **精讲精练**

甲国公民廖某在乙国投资一家服装商店，生意兴隆，引起一些从事服装经营的当地商人不满。一日，这些当地商人煽动纠集一批当地人，涌入廖某商店哄抢物品。廖某向当地警方报案，警察赶到后并未采取措施控制事态，而是袖手旁观。最终廖某商店被洗劫一空。根据国际法的有关规则，下列对此事件的哪些判断是正确的？（2006-1-77）

A. 该哄抢行为可以直接视为乙国的国家行为

B. 甲国可以立即行使外交保护权

C. 乙国中央政府有义务调查处理肇事者，并追究当地警察的渎职行为

D. 廖某应首先诉诸乙国行政当局和司法机构，寻求救济

【答案】CD

考点四：引渡

1. 引渡主体	(1) 引渡的主体只能是国家。 (2) 我国要求有引渡相关条约或互惠关系。
2. 对象	(1) 各国有权拒绝引渡本国公民。 (2) 不构成双重犯罪不引渡。 (3) 政治犯罪不引渡。以下罪行不应被视为政治犯罪：①战争罪、反和平罪和危害人类罪；②种族灭绝或种族隔离罪；③非法劫持航空器；④侵害包括外交代表在内的受国际保护人员罪行等。
3. 程序	联系机关：外交部 决策机关：引出：最高人民法院指定的高级人民法院裁定，最高人民法院核准 引入承诺：量刑：最高人民法院 限制追诉：最高人民检察院
4. 引渡效果	(1) 罪名特定。 (2) 将被引渡人转引给第三国，应经原引出国同意。

5. 联合国两公约中的引渡规则	《联合国反腐败公约》及《联合国打击跨国有组织犯罪公约》两个公约明确和充实了多边引渡制度。其主要内容包括： ①成员国可自主决定是否将两公约作为缔约国之间产生引渡义务的条约依据； ②公约所规定的可引渡犯罪应扩展普适于缔约方的其他引渡条约； ③公约所涉罪名可突破双重犯罪要求； ④若被请求引渡者为本国人，缔约国采取或引渡或起诉原则，若同意引渡，可以附加回国执行刑罚作为引渡条件。

精讲精练

甲国公民汤姆于 2012 年在本国故意杀人后潜逃至乙国，于 2014 年在乙国强奸一名妇女后又逃至中国。乙国于 2015 年向中国提出引渡请求。经查明，中国和乙国之间没有双边引渡条约。依相关国际法及中国法律规定，下列哪一选项是正确的？（2015-1-33）

A. 乙国的引渡请求应向中国最高人民法院提出

B. 乙国应当作出互惠的承诺

C. 最高人民法院应对乙国的引渡请求进行审查，并由审判员组成合议庭进行

D. 如乙国将汤姆引渡回本国，则在任何情况下都不得再将其转引

【答案】B

考点五：庇护

1. 庇护的构成	庇护是指一国对于遭到外国追诉或迫害而前来避难的外国人，准予其入境和居留，给予保护，并拒绝将其引渡给另一国的行为。
2. 可庇护对象	对从事侵略战争、种族灭绝和种族隔离、劫机、侵害外交代表等国际罪行的人，不得进行庇护。
3. 有关域外庇护	域外庇护指利用国家在外国的外交或领事机构馆舍、船舶或飞机等场所进行的庇护。域外庇护没有国际法依据，是违背国际义务的。

精讲精练

甲国人亨利持假护照入境乙国，并以政治避难为名进入丙国驻乙国的使馆。甲、乙、丙三国都是《维也纳外交关系公约》的缔约国，此外，彼此间没有相关的其他协议。根据国际法的有关规则，下列哪些选项是正确的？（2007-1-78）

A. 亨利目前位于乙国领土上，其身份为非法入境者

B. 亨利目前位于丙国领土内，丙国有权对其提供庇护

C. 丙国有义务将亨利引渡给甲国

D. 丙国使馆有义务将亨利交由乙国依法处理

【答案】AD

第五章
外交关系和领事关系法

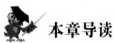 **本章导读**

　　本章内容包括外交关系法与领事关系法。本章内容较重要，一般每年都会考一道题，常考点包括外交机关、外交特权与豁免、领事机构的建立及其职务、领事特权与豁免。本章通常侧重考查对外交机关、领事机关的职权理解，并在对比的基础上对外交特权与豁免、领事特权与豁免的内容进行考查。

考点一：外交代表机关

1. 外交机关	(1) 中央外交机关：国家元首、政府和外交部门。 (2) 外交代表机关：使馆（常驻）和特别使团（临时）。
2. 使馆和外交代表	(1) 使馆由使馆馆长、其他外交人员、行政技术人员及服务人员等组成。 (2) 使馆馆长分为大使、公使、代办三级，大使（最高一级使节）和公使（第二级使节）是派遣国元首向接受国元首派出的使节，代办是派遣国外交部部长向接受国外交部部长派遣的使节。 (3) 外交人员包括：馆长、参赞、武官、秘书、随员。
3. 礼遇	对于派遣国的使馆馆长及外交人员，接受国可以随时不加解释地宣布其为"不受欢迎的人"。对于使馆的其他人员，包括行政技术人员和服务人员，接受国可宣布其为"不能接受"。

考点二：使馆和领馆特权与豁免

	使馆	领馆
1. 馆舍不得侵犯	(1) 接受国人员非经使馆馆长许可，不得进入使馆馆舍，没有任何例外； (2) 使馆财产及档案不得侵犯，使馆馆舍、设备及其他财产免受搜查、征用、扣押或强制执行。	(1) 非经馆长同意，接受国人员不能进入领馆的工作区域，遇紧急情况须迅速采取保护时，可推定馆长同意。 (2) 领馆馆舍、设备及其他财产一般免受征用，如接受国确有征用必要，应向派遣国作出迅速、充分的补偿。

2. 通讯自由	接受国应保护使馆的通讯自由，不得干扰或妨碍。但非经接受国同意，不得装置使用无线电发报机。 外交信差和领事信差执行职务时应受接受国保护。	
	接受国对外交邮袋不得予以开拆或扣留，并应保障迅速送达。	领馆邮袋不得予以开拆或扣留，但如有重大理由可在派遣国授权代表在场下开拆邮袋。若派遣国拒绝开拆，邮袋应退回原发送地。

考点三：外交人员和领事官员的特权与豁免

	外交人员	领事官员
1. 人身不可侵犯	不受接受国搜查、逮捕和拘留，除非为制止正在进行的犯罪行为或实施正当防卫而采取的措施。	原则上不得限制领事官员的人身，但对犯有严重罪行或执行已生效裁判的除外。
2. 管辖豁免	(1) 完全的刑事管辖的豁免。 (2) 外交人员一般也享有对接受国民事和行政管辖的豁免，但下列情形除外：①私有不动产之物权诉讼；②以私人身份参与的继承诉讼；③公务范围以外从事专业或商业行为引起诉讼；④主动起诉而被反诉。 (3) 外交人员完全免除作证义务。	(1) 领事官员执行职务行为不受接受国司法和行政管辖。 (2) 领事官员对执行职务所涉及的事项没有作证义务。除此之外，领事官员不得拒绝作证。
	以上特权与豁免可以由其派遣国放弃，且放弃只能由派遣国明示作出，外交人员和领事官员本身无权放弃。	

📖 精讲精练

甲、乙、丙3国均为《维也纳外交关系公约》缔约国。甲国汤姆长期旅居乙国，结识甲国驻乙国大使馆参赞杰克，2人在乙国与丙国汉斯发生争执并互殴，汉斯被打成重伤。后杰克将汤姆秘匿于使馆休息室。关于事件处理，哪一选项是正确的？(2012-1-32)

A. 杰克的行为已超出职务范围，乙国可对其进行逮捕

B. 该使馆休息室并非使馆工作专用部分，乙国警察有权进入逮捕汤姆

C. 如该案件在乙国涉及刑事诉讼，杰克无作证义务

D. 因该案发生在乙国，丙国法院无权对此进行管辖

【答案】C

考点四：外交人员特权与豁免的适用范围

1. 人员范围	(1) 使馆馆长和其他外交人员； (2) 与外交人员共同生活的配偶与未成年子女； (3) 外国派遣至中国的外交代表如果是中国公民或者获得在中国永久居留资格的外国人，仅就其执行公务的行为，在中国享有特权与豁免和不受侵犯； (4) 使馆中的行政人员和服务人员如不具有接受国国籍及永久居留资格，也享有一定范围的特权与豁免。
2. 时间范围	(1) 享有外交特权与豁免的人员自其被接受国接受而入境就任时开始享有此等特权与豁免，离境或给予离境的合理时间结束时终止。 (2) 如遇使馆人员死亡，其家属应继续享有其应享有的特权与豁免，直至给予其离境的合理期间结束时为止。

📖 **精讲精练**

甲、乙两国均为《维也纳外交关系公约》缔约国，甲国拟向乙国派驻大使馆工作人员。其中，杰克是武官，约翰是二秘，玛丽是甲国籍会计且非乙国永久居留者。依该公约，下列哪一选项是正确的？（2017-1-33）

A. 甲国派遣杰克前，无须先征得乙国同意

B. 约翰在履职期间参与贩毒活动，乙国司法机关不得对其进行刑事审判与处罚

C. 玛丽不享有外交人员的特权与豁免

D. 如杰克因参加斗殴意外死亡，其家属的特权与豁免自其死亡时终止

【答案】B

考点五：外交和领事官员的派遣

派遣和任职	(1) 使馆馆长、领馆馆长、武官、特别使团和不具有派遣国国籍的人：派遣之前应先征得接受国同意后才能正式派遣。针对不具有派遣国国籍的人的同意可随时撤销。 (2) 使馆馆长到达接受国后，递交国书或委任书是接受国接受其履行职务的依据。 (3) 领馆馆长由接受国外交部向其颁发领事证书。 (4) 其他人员可直接派遣，无须征得同意。

📖 **精讲精练**

甲国与乙国基于传统友好关系，兼顾公平与效率原则，同意任命德高望重并富有外交经验的丙国公民布朗作为甲、乙两国的领事官员派遣至丁国。根据《维也纳领事关系公约》，下列哪一选项是正确的？（2015-1-34）

A. 布朗既非甲国公民也非乙国公民，此做法违反《公约》

B. 《公约》没有限制，此做法无须征得丁国同意

C. 如丁国明示同意，此做法是被《公约》允许的

D. 如丙国与丁国均明示同意，此做法才被《公约》允许

【答案】C

第六章
条约法

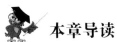**本章导读**

　　本章考试内容包括条约的定义和特征、条约成立的实质要件、条约的缔结程序和方式、条约的保留、条约的生效、条约的适用、条约对第三国的效力、条约的解释、条约的修订、条约的终止和暂停施行。条约法是法考中的重要内容，一般每年都会考一道题，偶尔会考两道题。

考点一：条约成立的实质要件

1. 缔约能力和缔约权	（1）缔约能力	缔约能力又称为缔约资格，指国家和其他国际法主体拥有的合法缔结条约的能力。
	（2）缔约权	①缔约权是指拥有缔约能力的主体，根据内部的规则赋予某个机关或个人对外缔结条约的权限。 ②全权证书。国家元首、政府首脑、外交部部长、使馆馆长及国家向国际会议或国际组织派遣的代表，在其职务范围内进行谈判缔约的，无须出示全权证书，但仅限于上述五种人的正职。
2. 自由同意		
3. 符合强行法规则		

考点二：缔约程序

1. 签署	如签署即生效，无须经国内缔约程序。
2. 批准	由全国人民代表大会常务委员会决定。批准书由中华人民共和国主席签署，外交部部长副署。
3. 核准	由国务院核准，国务院总理或外交部部长签署核准书。
4. 加入	由全国人民代表大会常务委员会（条约或重要协定）或者国务院（其他协定）决定。加入书由外交部部长签署。
5. 接受	由国务院决定，接受书由外交部部长签署。

🔲 **精讲精练**

根据《维也纳条约法公约》和《中华人民共和国缔结条约程序法》，关于中国缔约程序，下列哪些表述是正确的？（2013-1-74）

A. 中国外交部长参加条约谈判，无须出具全权证书

B. 中国谈判代表对某条约作出待核准的签署，即表明中国表示同意受条约约束

C. 有关引渡的条约由全国人大常委会决定批准，批准书由国家主席签署

D. 接受多边条约和协定，由国务院决定，接受书由外交部部长签署

【答案】ACD

考点三：条约保留

1. 禁止保留	(1) 条约规定禁止保留。 (2) 条约仅准许特定的保留而有关保留不在其内。 (3) 保留与条约的目的及宗旨不符。
2. 保留的接受	(1) 条约明确允许的保留，一般无须接受自然生效。 (2) 若谈判国数目有限，条约目的和宗旨又表明所有缔约国应当遵守，保留须经全体当事国接受。 (3) 条约为国际组织约章，保留须经该组织有权机构接受。 (4) 不属于上述情况的，由缔约国决定是否接受一项保留。

🔲 **精讲精练**

甲、乙、丙三国为某投资公约的缔约国，甲国在参加该公约时提出了保留，乙国接受该保留，丙国反对该保留，后乙、丙、丁三国又签订了涉及同样事宜的新投资公约。根据《维也纳条约法公约》，下列哪些选项是正确的？（2014-1-76）

A. 因乙、丙、丁三国签订了新公约，导致甲、乙、丙三国原公约失效

B. 乙、丙两国之间应适用新公约

C. 甲、乙两国之间应适用保留修改后的原公约

D. 尽管丙国反对甲国在原公约中的保留，甲、丙两国之间并不因此而不发生条约关系

【答案】BCD

考点四：条约的效力、解释

1. 条约的效力	(1) 对缔约国的效力	①对于有效的条约，缔约国必须遵守。 ②条约冲突的解决：a. 适用条约本身关于解决条约冲突的规定；b. 新旧两个条约当事国完全相同时，适用后约取代前约的原则；c. 当新旧两个条约当事国不完全相同时，个案处理。 先约：甲、乙、丙 后约：乙、丙、丁
	(2) 对第三国的效力	①如果一个条约有意为第三国创设一项义务，必须经第三国以书面形式明示接受，才对第三国产生义务。 ②当一个条约有意为第三国创设一项权利，如果第三国没有表示反对，应推断其同意接受这项权利。 ③权利和义务一般必须经第三国同意方得取消或变更。

| 2. 条约的解释 | （1）一般规则 | ①根据通常含义和上下文解释；
②作符合条约目的和宗旨的解释；
③善意解释。 |
| | （2）辅助方法 | 两种以上语言文字的条约解释：以作准文本为解释依据，其他非作准文本仅可以在解释条约时作为参考。 |

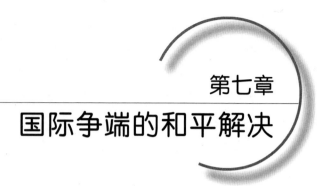

第七章
国际争端的和平解决

 **本章导读**

本章考试内容包括解决国际争端的强制方法、解决国际争端的政治方法、国际常设仲裁法院、国际法院、国际海洋法法庭等。每年一般考一道题，最多的一年考过三道题。

考点一：解决国际争端的方法

1. 强制方法	(1) 战争或武力解决争端，违法。 (2) 干涉，不符合现代国际法。 (3) 平时封锁，只能由安理会决定才能采取的一种措施。 (4) 反报和报复。
2. 非强制方法（政治方法）	非强制性方法是指在争端各方自愿的基础上，解决国际争端的方法，分为政治解决方法和法律解决方法。
	政治方法，又称为外交方法，主要包括以下三组： ①谈判与协商。争端当事国进行交涉，交换意见。 ②斡旋与调停。 ③调查与和解。

📖 **精讲精练**

根据国际法相关规则，关于国际争端解决方式，下列哪些表述是正确的？（2011-1-76）

A. 甲、乙两国就界河使用发生纠纷，丙国为支持甲国可出面进行武装干涉

B. 甲、乙两国发生边界争端，丙国总统可出面进行调停

C. 甲、乙两国可书面协议将两国的专属经济区争端提交联合国国际法院，国际法院对此争端拥有管辖权

D. 国际法院可就国际争端解决提出咨询意见，该意见具有法律拘束力

【答案】BC

考点二：国际争端的法律解决方法

1. 国际常设仲裁法院		国际常设仲裁法院是专门受理国家间仲裁案件的，常设于荷兰海牙的仲裁机构。裁决为终局性的。
2. 国际法院	(1) 组成	①法院由 15 名法官组成，任期 9 年，可以连选连任。 ②法官在联合国大会和安理会中分别独立进行选举，只有在这两个机关同时获得绝对多数票方可当选（安理会 9 票即通过，常任理事国对法官选举没有否决权）。 ③法官对于涉及其国籍国的案件，不适用回避制度，除非其就任法官前曾参与该案件。 ④专案法官制。
	(2) 管辖权	①诉讼管辖权。只有国家可以作为国际法院的诉讼当事国。 国际法院的判决是终局性的。判决一经作出，即产生拘束力，当事国必须履行。判决如需执行由安理会决定。 ②咨询管辖权。联合国机构可以就执行其职务中的任何法律问题请求国际法院发表咨询意见。国际法院作出的咨询意见虽有重要影响，但没有法律拘束力。
3. 国际海洋法法庭	(1) 对人管辖	根据《联合国海洋法公约》，海洋法法庭的诉讼当事人主要是： ①公约所有缔约国；②海底管理局和依据"平行开发制"勘探和开发海底矿物资源的自然人或法人；③自愿接受海洋法法庭管辖的其他协定的当事者。
	(2) 任择强制管辖	只有争端双方都选择了法庭程序，法庭才有管辖权。 法庭判案适用《联合国海洋法公约》和其他与该公约不相抵触的国际法原则规则。

📖 **精讲精练**

关于国际法院，依《国际法院规约》，下列哪一选项是正确的？（2016-1-34）

A. 安理会常任理事国对法官选举拥有一票否决权

B. 国际法院是联合国的司法机关，有诉讼管辖和咨询管辖两项职权

C. 联合国秘书长可就执行其职务中的任何法律问题请求国际法院发表咨询意见

D. 国际法院作出判决后，如当事国不服，可向联合国大会上诉

【答案】B

📖 **精讲精练**

甲、乙、丙三国对某海域的划界存在争端，三国均为《联合国海洋法公约》缔约国。甲国在批准公约时书面声明海洋划界的争端不接受公约的强制争端解决程序，乙国在签署公约时口头声明选择国际海洋法法庭的管辖，丙国在加入公约时书面声明选择国际海洋法法庭的管辖。依相关国际法规则，下列哪一选项是正确的？（2017-1-34）

A. 甲国无权通过书面声明排除公约强制程序的适用

B. 国际海洋法法庭对该争端没有管辖权

C. 无论三国选择与否，国际法院均对该争端有管辖权

D. 国际海洋法法庭的设立排除了国际法院对海洋争端的管辖权

【答案】B

第八章
战争与武装冲突法

 **本章导读**

　　本章考试内容包括战争的开始、战争的结束、战时中立、对作战手段和方法的限制、对战时平民和战争受难者的保护、惩罚战争犯罪的主要国际司法实践等。本章考查的概率不大。

考点一：战争状态与战时中立

1. 战争开始	（1）标志	①战争开始可以交战双方或一方的宣战为标志； ②也可因一方使用武力的行为被另一方、第三方或国际社会认为已构成战争行为为标志。
	（2）法律后果	①外交和领事关系断绝，但特权与豁免在人员离境前的合理期间不减损。 ②条约关系发生变化： 交战国间 ⎰ 维持共同政治行动或友好关系的条约立即废止 　　　　　⎱ 一般政治和经济类条约停止效力 　　　　　　 领土等缔约国间固定或永久状态的条约持续有效 ③经贸往来禁止。
2. 战时中立国的义务	（1）不作为 （2）防止 （3）容忍	

📖 **精讲精练**

　　甲、乙两国发生战争，丙国发表声明表示恪守战时中立义务。对此，下列哪一做法不符合战争法？（2012-1-34）

　　A. 甲、乙战争开始后，除条约另有规定外，两国间商务条约停止效力

　　B. 甲、乙不得对其境内敌国人民的私产予以没收

　　C. 甲、乙交战期间，丙可与其任一方保持正常外交和商务关系

D. 甲、乙交战期间，丙同意甲通过自己的领土过境运输军用装备

【答案】D

考点二：对作战手段的限制和对战时平民及战争受难者的保护

1. 对作战手段和方法的限制	(1) 禁止具有过分杀伤力和滥杀滥伤作用的武器使用，包括： ⎧极度残酷的武器 ⎨有毒化学和生物武器 ⎪有关核武器：国际法并未对核武器作出全面明确的禁止 ⎩禁止杀伤人员的地雷的使用、生产、储存等 (2) 禁止不分皂白的战争手段和作战方法，区分对象原则。 (3) 禁止改变环境的作战手段和方法。 (4) 禁止背信弃义的作战手段和方法。
2. 保护平民和战争受难者	交战国要依法保护战时平民、伤病员及战俘的人身、财产及人格尊严，战争停止后，战俘应立即予以释放并遣返，不得迟延。

精讲精练

甲、乙两国因边境冲突引发战争，甲国军队俘获数十名乙国战俘。依《日内瓦公约》，关于战俘待遇，下列哪些选项是正确的？(2009-1-78)

A. 乙国战俘应保有其被俘时所享有的民事权利

B. 战事停止后甲国可依乙国战俘的情形决定遣返或关押

C. 甲国不得将乙国战俘扣为人质

D. 甲国为使本国某地区免受乙国军事攻击可在该地区安置乙国战俘

【答案】AC

考点三：国际刑事法院

1. 成立		国际刑事法院依《国际刑事法院罗马规约》于 2002 年 7 月成立，法院所在地为荷兰海牙。
2. 管辖权	(1) 对事	①法院是对各国国内司法制度的补充，其管辖范围限于：灭绝种族罪、战争罪、危害人类罪、侵略罪等几大严重的国际罪行。 ②所管辖的犯罪行为限于发生在规约生效后，即 2002 年 7 月之后。
	(2) 对人	法院只追究个人的刑事责任，最高刑为无期徒刑。

巩固提升

"百闻不如一见，百看不如一练。"下载嗨学课堂 APP，多多做题，勤于思考，善于总结，方能学以致用，一举通关！

DAY 13-14